衢州年鉴

QUZHOU YEARBOOK
2022

衢州市地方志编纂委员会办公室
衢　州　市　档　案　馆　编

方志出版社
Publishing House of Local Records

图书在版编目(CIP)数据

衢州年鉴. 2022 / 衢州市地方志编纂委员会办公室, 衢州市档案馆编.—北京 : 方志出版社, 2022.12
ISBN 978-7-5144-5600-4

Ⅰ. ①衢… Ⅱ. ①衢… ②衢… Ⅲ. ①衢州—2022—年鉴 Ⅳ. ①Z525.53
中国版本图书馆CIP数据核字(2022)第249988号

责任编辑： 罗　滔
责任校对： 刘玉霞
责任印制： 梅中英

出 版 者： 方志出版社
地　　址： 北京市朝阳区潘家园东里9号（国家方志馆4层）
邮　　编： 100021
网　　址： http://www.zgfzcb.cn
发　　行： 方志出版社图书营销中心（010-67110500）
印　　刷： 衢州市华宇印刷有限责任公司
开　　本： 889毫米×1194毫米　1/16
印　　张： 37.75
字　　数： 1074千字
版　　次： 2022年12月第1版
印　　次： 2022年12月第1次印刷
定　　价： 300.00元

编辑说明

一、《衢州年鉴》是由中共衢州市委、衢州市人民政府主办，衢州市地方志编纂委员会办公室、衢州市档案馆编纂的地方综合性年鉴。

二、《衢州年鉴(2022)》(以下简称本年鉴)以马克思列宁主义、毛泽东思想、邓小平理论、"三个代表"重要思想、科学发展观、习近平新时代中国特色社会主义思想为指导，坚持辩证唯物主义和历史唯物主义的立场、观点和方法，全面、系统、客观地记述2021年度衢州市境内自然、政治、经济、文化、社会等方面情况，为各级党政机关、研究部门、社会各界人士等了解、研究、建设衢州提供丰富翔实的地情资料，是宣传、推介衢州的权威性工具书。

三、本年鉴由卷首、百科、卷末三部分组成。基本结构分类目、分目、条目三个层次，部分分目设置子目。卷首设衢州市地方志编纂委员会及《衢州年鉴》编辑部名单、编辑说明、地图、彩页、目录；百科设专辑、特载、大事记、市情概览、中共衢州市委员会、衢州市人民代表大会、衢州市人民政府、政协衢州市委员会、中共衢州市纪委 衢州市监委、民主党派·工商联、群众团体、法治、军事、城乡规划建设与管理、交通运输·邮政、信息化建设、水利·电力、生态环境、农业农村、工业、巨化集团有限公司、经济开发区、建筑业·房地产业、商贸、金融业、财政·税务、经济管理、科学技术、教育、卫生健康、体育、媒体、档案·史志、公共文化、南孔文化、社会生活、县(市、区)、人物·荣誉、附录39个类目；卷末设索引。

四、本年鉴数字用法执行《出版物上数字用法》(GB/T 15835—2011)。标点符号用法执行《标点符号用法》(GB/T 15834—2011)。一次文献中人称、数字、计量单位等用法保持原状。本年鉴中所用数据以统计部门提供的为准；小数点后一般保留两位数字；部分数据因四舍五入等因素，总项和分项之间存在合理范围内的误差。本年鉴大部分计量单位使用法定计量单位，统一用中文。考虑到社会使用习惯，全书中"亩""公顷"不作统一要求。

五、本年鉴记述起讫时间原则上为2021年1月1日至2021年12月31日。为保持内容资料的完整性，部分资料适当上溯或下延。

六、本年鉴收录市级机关单位、驻衢州省部属单位、县(市、区)等年度信息资料。文字资料由各承编单位撰写或提供，并经单位领导审核，署作者名。卷首照片署拍摄者名或提供单位；随文照片均由承编单位提供，不另行署名。

衢州市城区图

衢州市城区图
图例
市政府
镇、乡、街道
医院
景点
城门
学校
酒店
汽车站
火车站
高速
国道
省道
街道
高铁
铁路
绿化
建筑
水系
G60沪昆高速（杭金衢段）
市政府
柯城区
衢江区
体育中心
衢州站
沪昆高铁
衢州市测绘院 编制
比例尺 1：61000
地图审核号：浙衢S(2022)8号
地图编制时间：2022年5月
本图界线不作划界依据
基础地理底图资料由浙江省自然资源厅提供

衢州市行政区划图

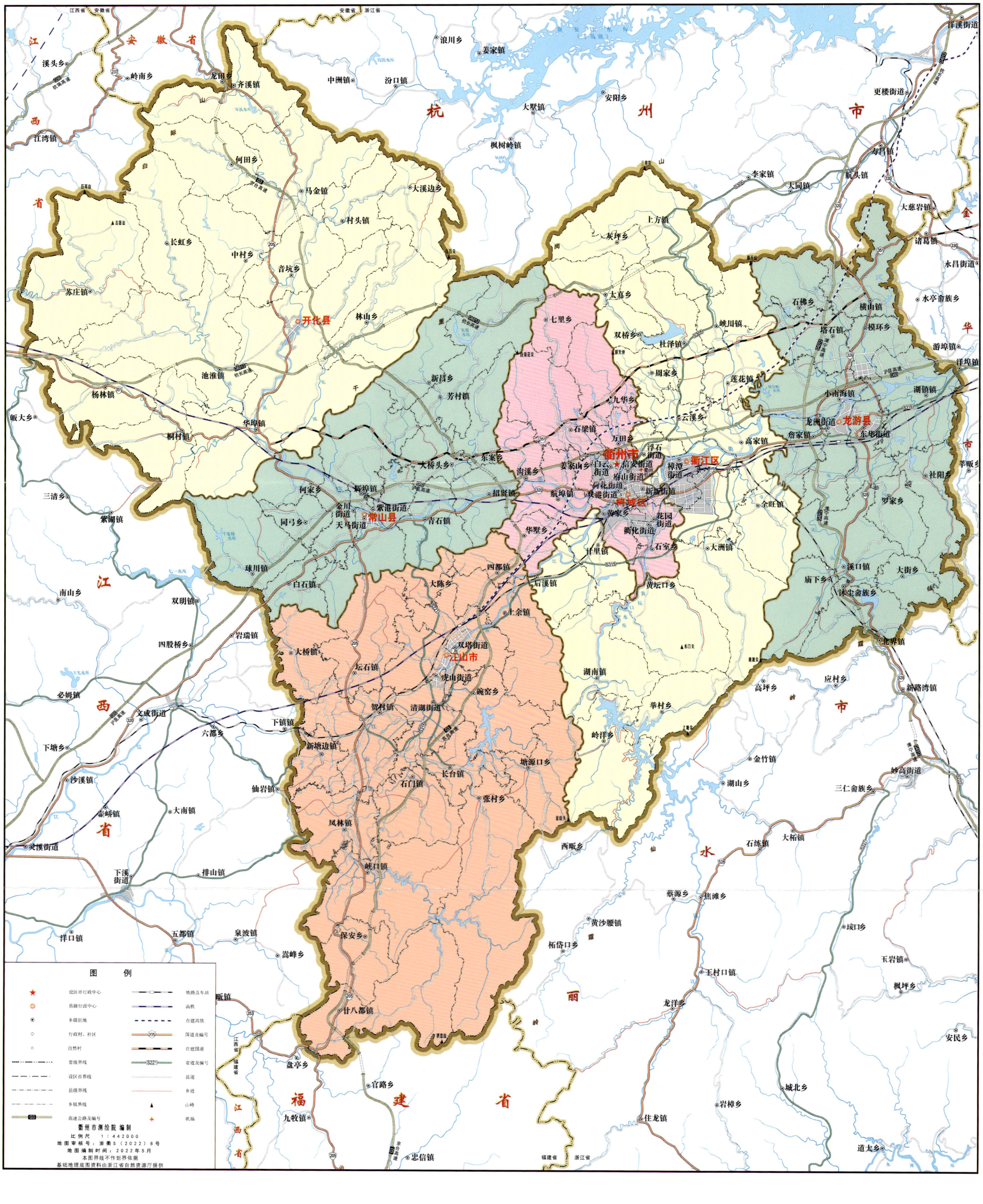

衢州市
柯城区
衢江区
龙游县
江山市
常山县
开化县
杭州市
金华市
丽水市
安徽省
江西省
福建省
图 例
设区市行政中心
县级行政中心
乡级驻地
行政村、社区
自然村
省级界线
设区市界线
县级界线
乡镇界线
高速公路及编号
铁路及车站
高铁
在建高铁
国道及编号
在建国道
省道及编号
县道
乡道
山峰
机场
衢州市测绘院 编制
比例尺 1：442000
地图审核号：浙衢S（2022）8号
地图编制时间：2022年5月
本图界线不作划界依据
基础地理底图资料由浙江省自然资源厅提供

2016—2021年衢州市人口示意图

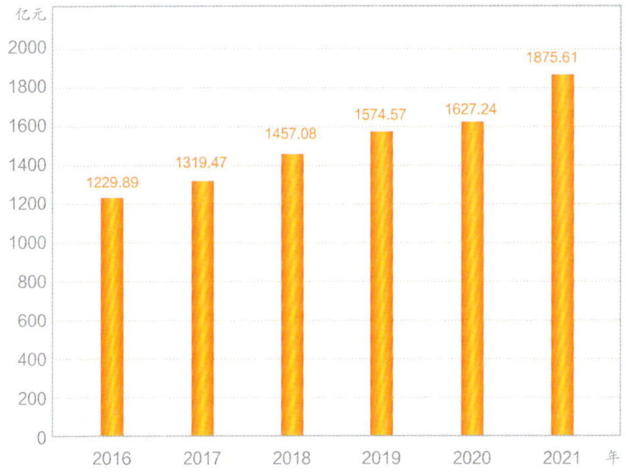

2016—2021年衢州市地区生产总值示意图

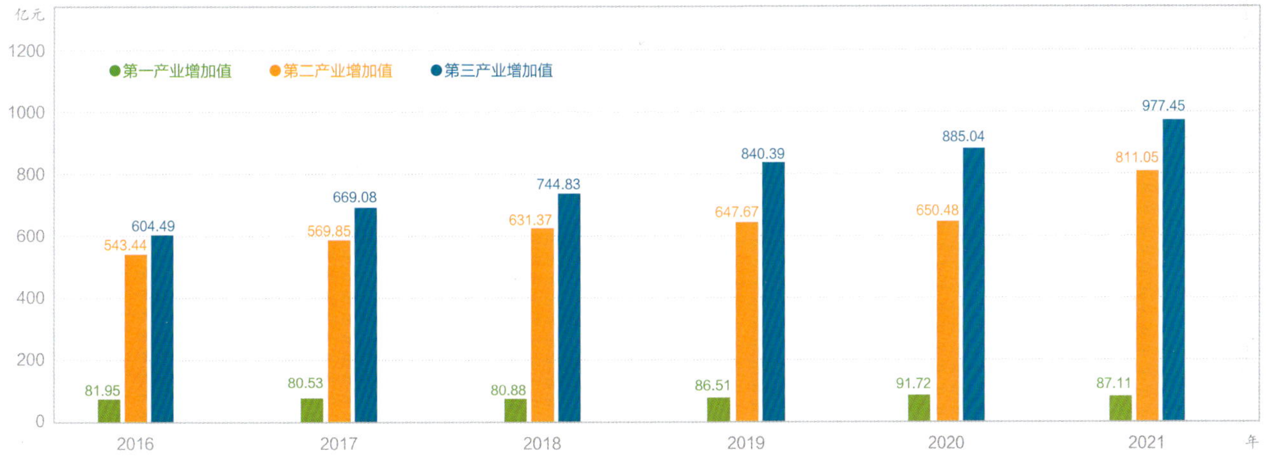

2016—2021年衢州市第一、二、三产业增加值示意图

2016—2021年衢州市财政收入、支出示意图

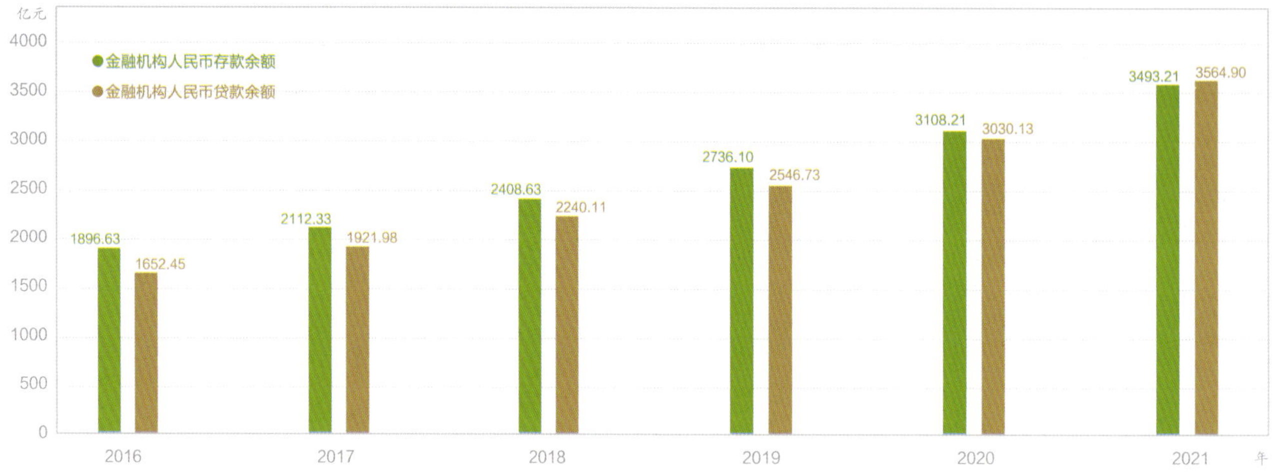

2016—2021年衢州市金融机构人民币存、贷款余额示意图

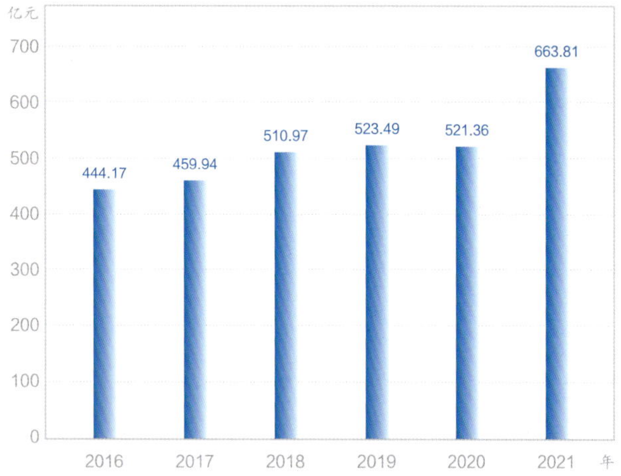

2016—2021年衢州市工业增加值示意图

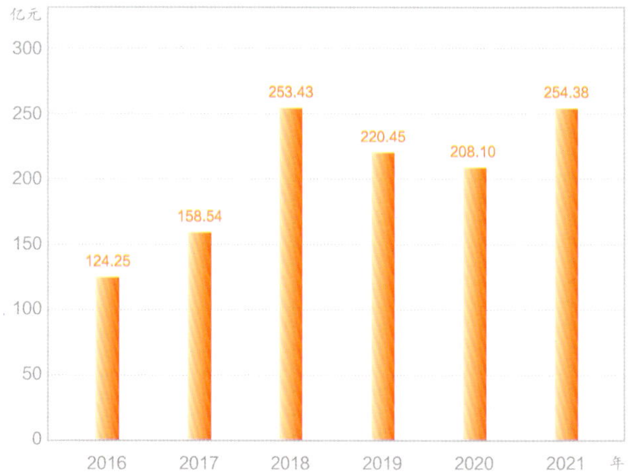

2016—2021年衢州市房地产投资额示意图

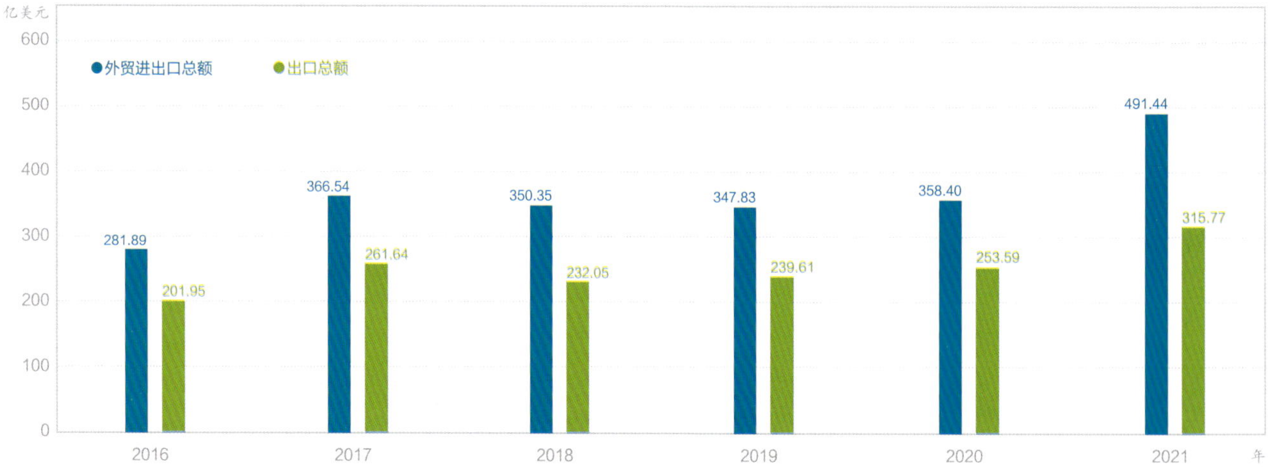

2016—2021年衢州市外贸进出口总额示意图

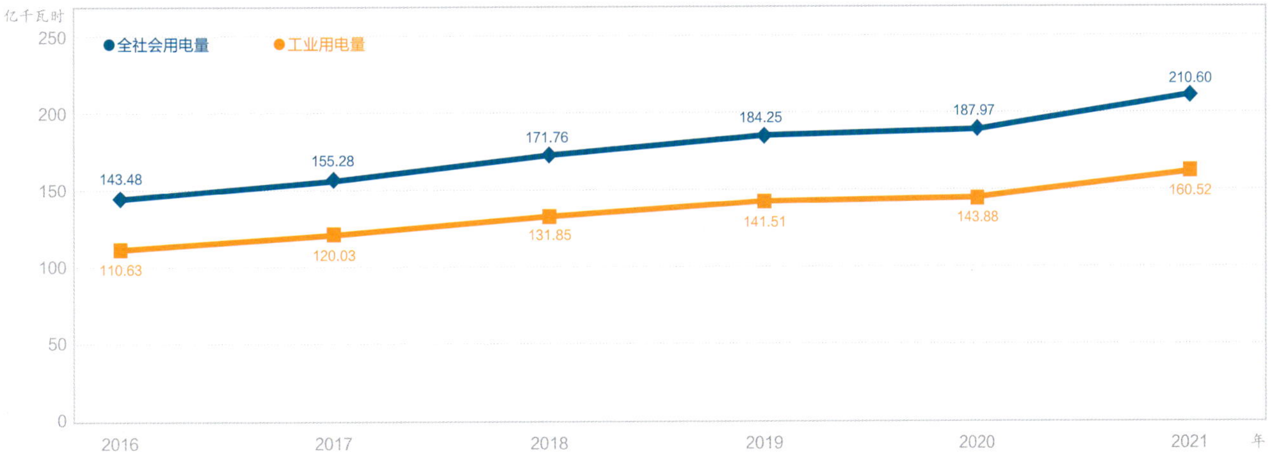

2016—2021年衢州市用电量示意图

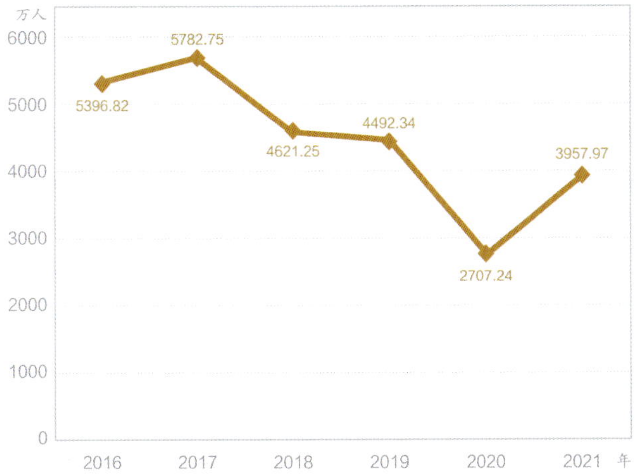

2016—2021年衢州市旅客运送量示意图

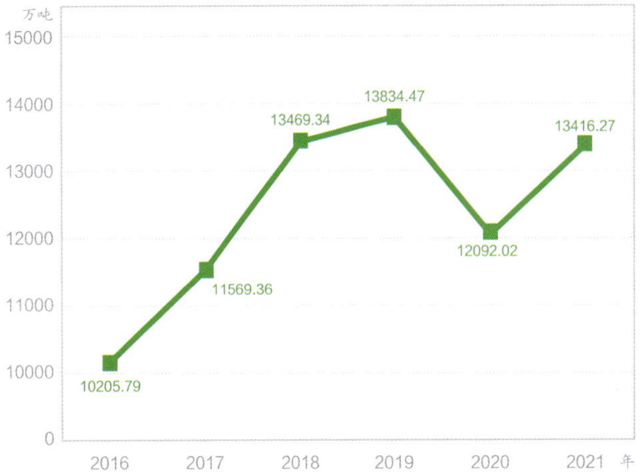

2016—2021年衢州市货物运输量示意图

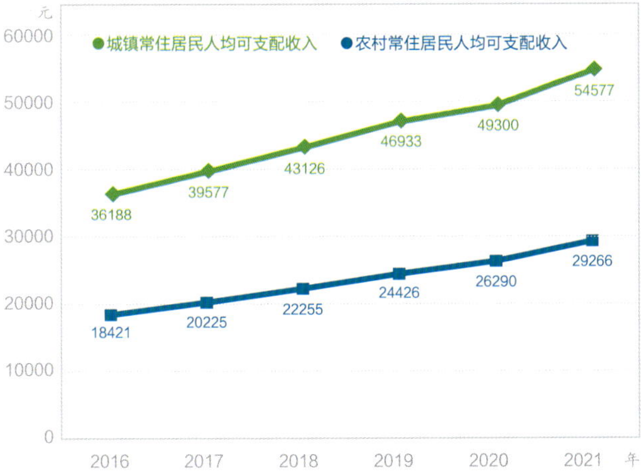

2016—2021年衢州市常住居民人均可支配收入示意图

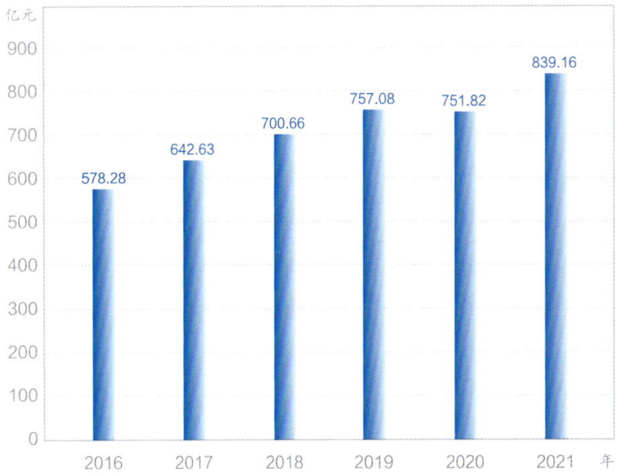

2016—2021年衢州市社会消费品零售总额示意图

2021年1月1日,“百年大党·衢州有礼”迎新年活动在衢州智慧新城草坪公园举行　（市委办 供图）

1

2

1. 2021年4月30日,永远跟党走——“致敬·传承·接力”柯城区庆祝中国共产党成立100周年系列活动启动仪式在鹿鸣小学举行 （许 军 摄）
2. 2021年6月23日,龙游县庆祝中国共产党成立100周年文艺演出 （吴森邦 摄）

1

2

3

4

1. 2021年6月25日，市委书记汤飞帆（左二），市委副书记、市政府党组书记高屹（左三）等市领导为中共衢县支部旧址（棋杆巷18号）揭牌　（市委宣传部　供图）

2. 2021年6月29日，市直机关单位党员干部参观市档案馆举办的庆祝中国共产党成立100周年档案展　（市档案馆　供图）

3.2021年6月16日，衢州市总工会机关党总支组织市总工会机关支部和文化宫支部全体党员赴开化县，开展“重走红军路、再谱新华章”主题党日活动　（市总工会　供图）

4.2021年6月17日，“党恩人民颂　各族一家亲”浙江省各族群众庆祝中国共产党成立100周年文艺展演在市工人文化宫举行　（市委统战部　供图）

1

2

3

4

1.2021年2月24—26日，衢州市第七届人民代表大会第六次会议召开。图为2月24日会议开幕式

（市人大办公室 供图）

2.2021年2月23—25日，中国人民政治协商会议第七届衢州市委员会第五次会议召开。图为2月23日会议开幕式

（市政协办公室 供图）

3.2021年11月3日，市委书记汤飞帆（中）带队调研“县乡一体、条抓块统”改革工作　（市委办 供图）

4.2021年11月8—9日，全省“县乡一体、条抓块统”改革工作现场推进会在衢州市召开。图为11月9日推进会会场

（市委编办 供图）

1

2

3

4

1.2021年4月29日，衢州市基层社会治理"一件事"PK赛举行　（市委编办　供图）

2.2021年4月18日，柯城区村民户主大会实现村民来当家，图为妙源村的"户主圆桌会"　（市委党史学习教育专班　供图）

3.2021年2月26日，衢州市数字化改革部署会召开　（市委改革办　供图）

4.2021年7月28日，衢州市总工会以"助力改革　赋能创新　智绘未来"为主题举办衢州市第六届数据挖掘暨2021"信安数智"杯数据开放创新应用大赛　（市总工会　供图）

1

1.2021年5月18日，2021年度第一季8090说衢州市新时代理论宣讲电视大赛开赛。图为8090说新时代理论宣讲电视大赛2021年度总决赛颁奖现场 （衢州广电传媒集团 供图）

2.2021年6月21日，龙游县8090新时代理论宣讲百团大战举行 （吴森邦 摄）

3.2021年7月15日，衢州市城投集团8090新时代宣讲团成员在进行党史宣讲 （衢州市城投集团 供图）

2

3

1.2021年6月28日，华夏航空华东总部暨华夏云翼国际飞行培训学校开工　（衢州市交投集团 供图）

2.2021年7月18日，浙江时代锂电材料国际产业合作园（一期）开工　（市经信局 供图）

3.2021年11月19日，衢州市柯城区寺桥水库工程开工仪式举行　（市水利局 供图）

4.2021年新建成的电子科技大学长三角研究院　（电子科技大学长三角研究院 供图）

3

4

1

2

3

1.2021年新建成的四省边际中心医院(市人民医院)（市卫健委 供图）

2.2021年新建成的衢州市体育中心（衢州智慧新城管委会 供图）

3.2021年新建成的衢州市艺术中心和便民中心（衢州智慧新城管委会 供图）

全力打造四省边际共同富裕示范区 加快建设四省边际中心城市 积极谋划推进浙西省级新区

1

衢州制造
CHINA (QUZHOU)
CROSS-BORDER
E-COMMERCE SUMMIT
中国（衢州）
跨境电商峰会
品牌出海
"衢州制造·品牌出海"中国(衢州)跨境电商峰会

2

3

4

1.2021年9月30日，第三届衢州人发展大会主旨大会召开 （市委统战部 供图）

2.2021年8月10日，“衢州制造·品牌出海”中国（衢州）跨境电商峰会在衢州举办 （市商务局 供图）

3.2021年10月29日，2021在浙韩资企业（衢州）经贸交流会召开 （市贸促会 供图）

4.2021年，衢江、江山、常山入围数字生活新服务标杆县创建名单，图为衢江城区新貌 （市商务局 供图）

1

2

1.2021年2月9日，浙江华康药业股份有限公司首次公开发行A股上市仪式在上海证券交易所举行 （市金融办 供图）

2.2021年6月18日，金沃股份首次公开发行A股上市仪式在深圳证券交易所举行 （市金融办 供图）

3.2021年7月9日，永和股份在上海证券交易所上市 （市金融办 供图）

4.2021年8月19日，恒盛能源股份有限公司在上海证券交易所上市 （市金融办 供图）

INTCO
英科再生
冰龙
Ice Loong
股票简称：英科再生
股票代码：688087
股票简称：永和股份
股票代码：605020

3

源股份有限公司
代 码：605580
总股本：20000万股
最新价：12.07元
涨跌幅：
恒盛能源股份
简 称：恒盛能源
发行价：8.38元
开盘价：10.06元
249977股

4

2021中国（衢州）未来乡村大会
科技赋能未来乡村

1

深化央地合作 推进共同富裕
央企走进26县建设共同富裕示范区活动（衢州站）

2

衢州市乡村振兴村干部学历提升
开班仪式
衢州广播电视大学

3

4

5

1.2021年5月18日，2021中国（衢州）未来乡村大会召开 （市科协 供图）

2.2021年10月26—27日，央企走进26县建设共同富裕示范区活动（衢州站）。图为10月26日活动现场 （衢州市招商投资促进中心 供图）

3.2021年10月23日，衢州市乡村振兴村干部学历提升开班仪式举行 （市电大 供图）

4.2021年11月4日，柯城区九华山片区流域性地质灾害风险隐患综合治理正式启动仪式举行 （市资源规划局 供图）

5.2021年4月27日，“请你来协商·民生议事堂”走进余东未来社区活动举行 （市政协办公室 供图）

1.2021年4月21日，浙皖闽赣（衢黄南饶）“联盟花园”融媒矩阵战略合作签约上线仪式在衢州市举行（衢报传媒集团　供图）

2.2021年7月20日，浙皖闽赣（衢黄南饶）“联盟花园”合作开发推介会在江西省上饶市召开（衢报传媒集团　供图）

3.2021年11月10日，衢州—绵阳政务服务跨省通办视频签约仪式举行（市营商办　供图）

4.2021年12月8日，白水通衢　礼遇阿克苏——“南孔圣地·衢州有礼”城市品牌阿克苏推介会召开（市委宣传部　供图）

衢州-绵阳政务服务跨省
通办视频签约仪式
衢州有礼
衢州市
市人社局
市市场监管局
洪寒月
曹云
市公安局
市公积金中心
市资规局
衢江区营商办

3

衢州有礼
白水遍衢 礼遇阿克苏
“南孔圣地·衢州有礼”城市品牌阿克苏推介会
主办：中共衢州市委宣传部
协办：衢州市援疆指挥部
衢州市文化广电旅游局 中共乌什县委宣传部
承办：衢州市文化高地金名片暨城市品牌工作专班
衢州广电传媒集团
2021年12月 中国·阿克苏
南孔圣地
衢州有礼
QUZHOU

4

1

1.2021年9月9日，衢州市庆祝第37个教师节表彰大会上，首届南孔教育名师接受表彰　（市教育局 供图）

2.2021年5月25日，致敬百年伟业 争做“真善美”好少年——2021“情暖童心”常山县第130期流动少年宫六一专场活动举行　（常山县府办 供图）

3.2021年9月23日，2021年度钱江源书社“书香润童心”全民阅读推广活动在开化县举行　（开化县府办 供图）

4.2021年9月29日，浙大衢州“两院”新园区落成　（浙大衢州“两院” 供图）

5.2021年11月18日，市科协举行2021年科普助力“双减” 科普大篷车校园行活动。图为科普大篷车开进龙游县溪口镇中银小学　（市科协 供图）

2

3

4

5

1

2

1.2021年11月19日，2021全民读书周暨第十三届衢州书展举办 （衢州广电传媒集团 供图）

2.2021年12月30日，学习路上 强国有我——“学习强国”衢州学习平台上线暨“强国学霸”巅峰对决争霸赛举行

（衢报传媒集团 供图）

1

2

1.2021年1月14日，衢州市人民政府—浙江中医药大学合作项目签约仪式举行 （市政协 供图）

2.2021年12月14日，第七届中医科学大会开幕式在北京、衢州两地同时举行，大会采取线上线下相结合的方式，网络连接京衢两地，全球直播。图为衢州主会场 （衢州广电传媒集团 供图）

“世界长寿之都”揭牌仪式
暨衢州市长寿文化研究会成立大会
中国 衢州
主办单位：衢州市人民政府
承办单位：衢州市卫生健康委
衢州市文联
开化县人民政府
协办单位：衢州市长寿文化研究会
中國衢州
世界長壽之都

1

四省边际中心医院 正式启用

2

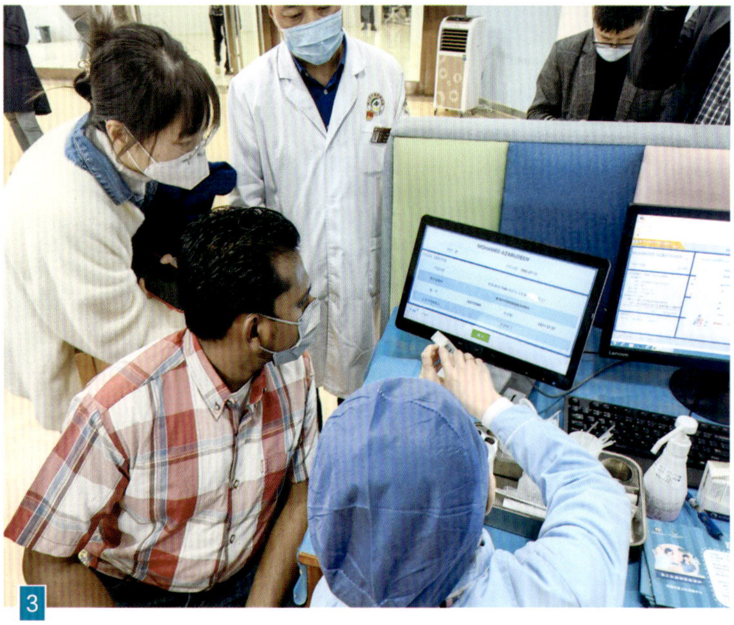

3

4

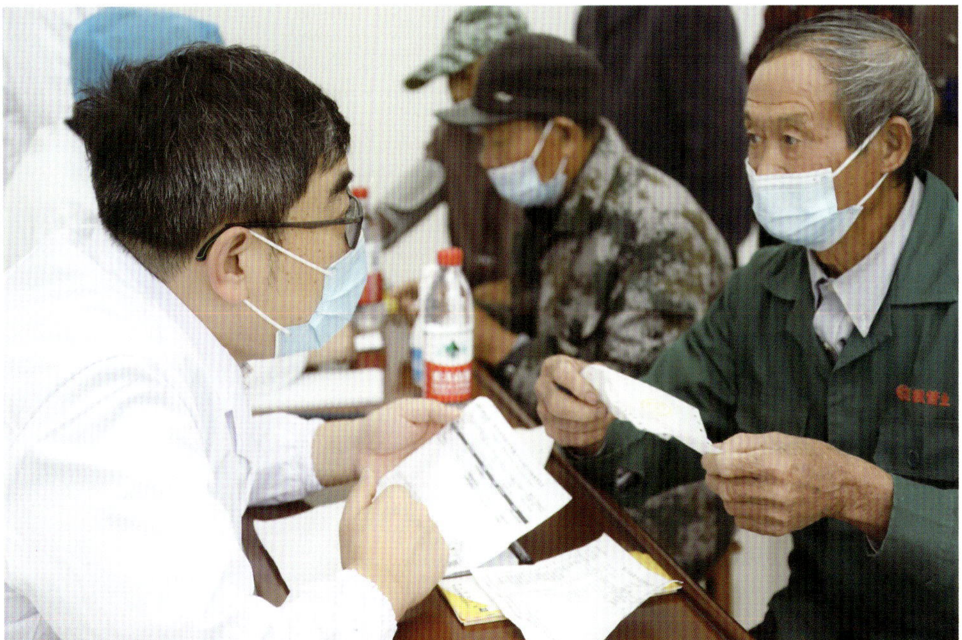

5

1.2021年7月16日，“世界长寿之都”揭牌仪式暨衢州市长寿文化研究会成立大会在开化县举行 （市卫健委 供图）

2.2021年10月28日，四省边际中心医院正式启用仪式在衢州市举行 （市卫健委 供图）

3.2021年12月16日，市委办翻译志愿者悉心服务外籍人士疫苗接种 （市委办 供图）

4.2021年8月12日，衢州市柯城区大规模核酸检测应急演练举行 （市卫健委 供图）

5.2021年10月21日，市政协联合省预防医学会开展2021年“送卫生”下乡活动 （市政协 供图）

1

2

3

1.2021年10月22日，浙江省第四届体育大会开幕式举行（市体育局 供图）

2.2021年4月13—16日，浙江省第四届体育大会拔河比赛在衢州职业技术学院举行。图为4月14日拔河比赛现场（翁令波 摄）

3.2021年9月24—25日，浙江省第四届体育大会游泳比赛在江山市举行。图为9月25日运动员上台领奖（陈水鑫 摄）

1

2

3

1.2021年9月25日，衢州市首届“智汇杯”高层次人才足球友谊赛落幕 （市体育局 供图）

2.2021年5月25日，浙江省第四届体育大会女子篮球比赛举行 （翁令波 摄）

3.2021年10月22日，常山籍奥运选手、全运会混合游泳冠军余依婷手持火炬出席浙江省第四届体育大会开幕式 （钟 睿 摄）

4.2021年5月16日，六春湖山地马拉松比赛参赛人员合影 （周初钊 摄）

4

千年烂柯 衢州有礼
第八届"衢州·烂柯杯"中国围棋冠军赛
闭幕式
许嘉阳
伍拾万元整
¥500000.00
冠军 奖金

1

衢州有礼
中国围棋协会
中国围棋协会 衢州市人民政府
战略合作协议签约仪式

2

3

4

1.2021年1月8日，千年烂柯　衢州有礼——第八届“衢州·烂柯杯”中国围棋冠军赛闭幕式上，中国围棋协会主席林建超（右）、衢州市人大常委会主任吴国升（左）为冠军许嘉阳颁奖　（韩　强　摄）

2.2021年3月26日，中国围棋协会和衢州市人民政府战略合作协议签约仪式在衢州市举行　（市大花园集团　供图）

3.2021年8月7日，首届中拉美Z世代少年儿童网络围棋对抗赛（衢州站）举行　（市大花园集团　供图）

4.2021年12月2日，“烂柯对弈·新千年烂柯谱第一局”柯洁（右）与连笑对弈　（许　军　摄）

1

2

3

1.2021年4月30日，向着幸福出发——衢州市城乡公交一体化方案发布暨公共交通服务提升年活动启动仪式举行　（市交投集团　供图）

2.2021年6月22日，衢州市住房公积金贷款“不见面”启动仪式举行　（市公积金管理中心　供图）

3.2021年8月15日，开化县金星供销社揭牌成立　（市供销社　供图）

4.2021年4月1日起，“虎哥”上门开展回收生活垃圾服务。图为3月21日，衢州虎哥环境有限公司开展“衢州有礼，‘虎哥’来了！”宣传活动　（市住建局　供图）

5.2021年5月6日，村民在柯城区航埠镇北二村幸福老年食堂免费用餐　（市委党史学习教育专班　供图）

6. 2021年8月20日，“衢州有礼 暖心快递”——小哥驿站、衢州市快递行业工会联合会职工之家揭牌仪式在荷一路邮政公司举行，标志着衢州市首个开放式小哥驿站正式运营　（市邮政管理局　供图）

7.2021年11月17日，衢州市举行“凝聚慈善力量 助力共同富裕”工作推进会暨“三衢有福”慈善项目签约仪式举行　（市慈善总会　供图）

转让
3357000922
虎哥服务站
衢州有礼，"虎哥"来了！
4

5

中国邮政
CHINA POST
小哥驿站
6

2021·衢州市
凝聚慈善力量　助力共同富裕
工作推进会
7

2021年度“十大”衢州热词

2021年末，衢州市档案馆、衢州市社科联和《衢州晚报》联合启动2021年衢州年度热词评选活动。主办方从征集到的近百个有效词中筛选出20个最有代表性的词，在《衢州晚报》刊登，并由市民投票评选。最终评定出2021年度“十大”衢州热词——建党百年、红色打卡点，四省边际共同富裕示范区、四省边际中心城市，四省边际中心医院、市体育中心，数字化改革，产业为王 工业强市，未来社区未来乡村，“两子”文化、姑蔑古国，“双减”，“联盟花园”、好吃衢州，两元车票。

要　目

Main Contents

目　录

中共衢州市委员会

衢州市人民代表大会

衢州市人民政府

政协衢州市委员会

中共衢州市纪委　衢州市监委

民主党派·工商联

群众团体

法 治

军 事

城乡规划建设与管理

交通运输·邮政

信息化建设

水利·电力

生态环境

农业农村

工 业

巨化集团有限公司

经济开发区

建筑业·房地产业

商 贸

金融业

财政·税务

经济管理

科学技术

教　育

卫生健康

体 育

媒 体

档案·史志

公共文化

南孔文化

社会生活

县(市、区)

人物·荣誉

附　录

衢州市全域开展“县乡一体、条抓块统”改革推进基层治理现代化

习近平总书记高度重视基层治理工作，反复强调“基层强则国家强，基层安则天下安，必须抓好基层治理现代化这项基础性工作”。2020年10月以来，衢州市按照“党建统领、高效协同、整体智治”的工作导向，以数字化改革为牵引，以县域为单元，以事项为切入口，全域推进“县乡一体、条抓块统”改革，在破解县乡权责不对等、乡镇（街道）“看得见管不着”、多跨事项处置难办理慢、协调指挥体系不集成不高效等基层治理难题方面取得明显成效，形成阶段性理论成果、实践成果、制度成果。

一、梳理“属地管理一清单”，推动基层明责减负。一是编制事项责任清单。坚持清单理事、制度管事，从市场监管、生态环境、应急管理、综合执法等重点领域破题，梳理形成乡镇（街道）“属地管理”事项责任清单，逐项明确部门和乡镇（街道）的工作责任、协同机制、履职流程，进一步厘清工作界面、拴紧职责链条。二是构建清单管理机制。建立事项准入机制，明确县级部门不得以“属地管理”名义随意向乡镇（街道）转嫁责任，避免出现部门“任性甩锅”、乡镇（街道）“无奈接盘”的现象。健全清单管理和应用机制，对清单事项的调整范围、要求、程序进行明确，建立健全一清单、一纪要、一流程、一机制、一案例“五个一”工作体系，保障“属地管理”事项责任清单的规范性和科学性。三是强化清单实施保障。坚持“编随事走、人随编走”，立足乡镇（街道）权力清单、“属地管理”事项责任清单、政务服务事项清单，推行派驻乡镇（街道）干部编制人员“双锁定”，1460名部门派驻人员下沉到乡镇（街道）一线，较改革前增长29%。

二、实施基层治理“一件事”集成改革，实现多跨事项协同联办。一是明确一个牵头单位。聚焦基层治理中高权重、高频率、高需求的多跨事项，推出17件基层治理“一件事”，每个“一件事”都明确一个牵头单位，打破条块壁垒，促进县乡协同，推动多跨事项常态化制度化联办处置。如柯城区针对机动车违停存在多头管理的问题，明确交警部门作为机动车违停治理牵头单位，申请将人行道违停处置执法权重新划给交警，在执法权限未划转前，建立交警部门与综合执法部门联合执法协同机制。二是构建人事匹配链。依托一体化智能化公共数据平台，将基层治理“一件事”涉及的人员库、事件库进行精准链接，实现人事一链匹配、处置一键下达、全局一屏掌控，提高决策处置运行效率。如开化县推出线上线下联动的“三小一摊”（食品小作坊、小餐饮店、小食杂店、食品摊贩）监管“一件事”，“一件事”应用根据监管场景不同类型自动匹配相应监管执法人员、自动下发相应任务，有效提升监管执法效率。三是实行全闭环管理。将基层治理“一件事”办理处置过程接入乡镇(街道)综合信息指挥室和县级社会治理中心,建立事件精准流转、全程动态掌控、即时反馈评估的数字化闭环管理机制。比如衢江区农民建房服务监管“一件事”应用上线后,配置“建房码”,实现建房“一年早知道”、审批“一次就批好”、监管“一码全管到”,审批时间由原来90天缩短至最快7天、最迟17天。

三、推进县域“一网智治”,提升“141”指挥体系效能。一是探索建设县级社会治理中心。整合县级矛调中心、大联动中心等现有资源,协同联通市场监管、综合执法、应急管理、“110”社会应急联动、“12345”统一政务咨询投诉举报平台等社会治理信息系统数据资源,打造集信访和矛调化解、社会治理事件处置、社会风险分析研判、重大应急管理、监管执法协调指挥、基层社会治理业务指导等六大功能为一体的基层治理共同体和平安法治建设综合体。衢州市制定“县级社会治理中心”建设运行指导意见(试行),并在江山市、衢江区、常山县率先完成试点。二是迭代升级“基层治理四平台”。根据全省统一的“基层治理四平台”迭代升级“4+N”构架方案,结合衢州实际,聚焦“治理”“服务”两端,做实综治工作、监管执法、应急管理、公共服务四个平台,做优党建工作、经济生态等个性业务模块,进一步发挥“基层治理四平台”在基层治理中的主干功能和枢纽作用。如江山市清湖街道设立应急管理办公室,整合分散在经济发展办、农业农村办等内设机构的应急管理职能,建立健全应急管理机制,有效解决以往应急管理“一个口子下、多个口子接”、运行不顺畅、上下不贯通的问题。加强乡镇(街道)综合信息指挥室建设,出台乡镇(街道)综合信息指挥室工作规程,明确由乡镇(街道)党(工)委书记兼任指挥室主任,赋予指挥室对“基层治理四平台”的指挥权、督导权、考核权,建立健全事项受理、分析、流转、处置、督办反馈、考核等闭环管理机制,提升指挥室运行质效。三是深化全科网格建设。制定《衢州市进一步加强全科网格建设二十条举措》,落实“网格事务准入审查”,推行网格事件“报办分离”机制,深化“网格+”治理模式,推动网格化服务管理协同联动。

四、实行“一支队伍管执法”,增强基层综合执法效能。一是执法资源集约化。在35个中心镇整合综合执法、自然资源、市场监管、农业农村、生态环境、水利、林业、文化等8个县级部门派驻力量,筹备组建乡镇(街道)综合执法队,并推行中心镇辐射周边乡镇的“1+X”执法模式,实现全市103个乡镇(街道)全覆盖。在常山县率先试点深化县级层面跨领域跨部门综合行政执法改革,将原综合执法、农业、民政等11个县级部门全部执法事项以及市场监管、生态环境、交通运输、应急管理、卫健等5个县级部门部分执法事项,整合划转至重新组建的县综合行政执法局,精简8支部门执法队伍,构建“1+5”执法架构,同时完善执法协调机制,一体化指导、推进、保障乡镇(街道)的执法事项划转、编制统筹、力量保障等工作。二是执法体系标准化。制定乡镇(街道)执法事项下放标准,根据乡镇(街道)实际需求和承接能力,依法将高频率高综合高需求、专业性要求相对较低的执法事项和配套力量下沉到乡镇(街道),推动基层行政执法从“碎片化”向“一体化”加快转变。建立健全乡镇(街道)执法办案机制,制定《乡镇(街道)重大行政执法活动党政碰头会议制度》,明确乡镇(街道)党(工)委对重大案件查处、重大执法决定、重大执法力量调度的统一领导。明确乡镇(街道)执法队伍建设标准,35个乡镇(街道)综合行政执法队均实现执法人员全面到位、办公场地规范化建设全面达标、实战运行全面开展。三是执法方式协同化。大力推行“综合查一次”,厘清执法事项“集中行使”清单,编制企业联合执法检查事项清单、检查对象名录库和执法人员名录库,构建监管、执法单位协同联动机制。2021年1月至8月,全市累计开展“综合查一次”256次,下发责令整改通知书612份,实现“进一次门、查多项事”。

五、建立“一套干部管理考评机制”,激发基层干部活力。一是推行乡镇(街道)“四权管理”。明确乡镇(街道)对派驻干部的指挥协调权、考核管理权、推荐提名权、反向否决权,乡镇(街道)党(工)委既可对表现优秀的派驻人员实行正向激励,也可对日常工作表现差、群众满意度低及年终评议不合格的,实行反向倒逼,申请派驻部门召回。试点以来,全市各乡镇(街道)累计否决退回派驻干部12人。二是推行“四维考评”模式。依托全省机构编制实名制信息系统和“基层治理四平台”,开发上线“岗位赋分+模块评分+组团积分+

专班计分”的乡镇(街道)干部“四维考评”应用场景,优化干部考评方式和考评结果运用。目前,全市6981名乡镇干部和部门派驻干部全部纳入“四维考评”体系,在2020年度考核中,同一层级干部考核奖金差距最高拉开20%以上,考核成绩突出的176名乡镇(街道)中层干部(含18名派驻乡镇中层干部)被提拔为副科级。三是推行县级部门和乡镇(街道)“双向互评”。赋予乡镇(街道)对县级职能部门的考评权,依托“基层治理四平台”和“一件事”集成联办系统,重点考评“属地管理”事项责任清单落实、组团服务村(社区)、人员力量下沉和集成联办“一件事”等工作情况,强化捆绑考核、推动县乡协同,实现责任共担、绩效挂钩。

六、健全一个“四治融合”体系,提升村(社区)治理水平。一是激发群众自治活力。加强村(社区)党组织对各类组织和各项工作的统一领导,推动组团联村(社)全覆盖、网格支部全覆盖、党员联户全覆盖,建立健全村主职干部“一肩挑”、重大事项“五议两公开”决策(“五议”指村“两委”负责人建议、村党支部会提议、村“两委”会商议、党员大会审议、村民代表会议或村民会议决议;“两公开”指决议公开、实施结果公开)等机制,创新红色物业联盟、户主大会、乡贤议事会等协商方式,形成民事民议、民事民办、民事民管的多层次基层协商格局。二是发挥法治保障作用。建设法治乡村知行讲堂215家,推行一村(社区)一法律顾问,一乡镇(街道)一法律服务团,组建由村法律顾问、村干部等组成的普法微信塔群,培育一批村(社区)的“法治带头人”和“法律明白人”。三是营造正德善治格局。培育践行社会主义核心价值观,深入挖掘社会道德力量,推进群众诚信体系建设,将“衢州有礼”内涵融入社会治理。如创新覆盖全市的个人诚信积分“信安分”机制,探索建立个人信用档案,推出停车费优惠、公积金贷款额度提升、健身驿站免费健身等22个守信激励应用场景,推动诚信可量化、可考评、可兑现。四是强化智治支撑功能。发挥数字化改革牵引作用,整合打通“邻礼通”“村情通”等平台资源,拓展应用场景,提升民情沟通和便民服务效能。如龙游县打造“三联工程”(党员联户、两委联格、组团联村)场景应用,通过农户智联、事件智办、清单智盯、指数智考、预警智报,实现群众平时有人联、困难有人帮、诉求有人跑、矛盾有人调。如衢江区上线“强基赋能兴村云图”应用,集成村(社区)治理数据来源,联通村(社区)干部“四维考评”“雪亮村居”“点兵点将·一点就办”等信息系统,基本实现民情村况“一图统揽”、群众所忧“一键解决”、分析结果“一体运用”。

(摘自《衢州通讯》2021年第4期)

衢州市“县乡一体、条抓块统”改革大事记

2020年

5月 衢州市被省委组织部、省委编办确定为构建“县乡一体、条抓块统”模式，提升基层治理能力改革全省唯一综合试点地级市。

10月26日 衢州市加快构建“县乡一体、条抓块统”高效协同治理格局试点工作部署会在衢江区召开，标志着试点工作上升为衢州深化改革的标志性工作、“一号工程”和“一把手工程”。

11月3日 省委改革办常务副主任李岩益一行到衢州调研“县乡一体、条抓块统”试点工作。

11月9日 省委常委、秘书长、改革办主任陈金彪一行到衢州调研“县乡一体、条抓块统”试点工作。

11月10日 “县乡一体、条抓块统”改革工作第一次省市专班联席会议在衢州市召开，明确重点构建完善五大体系，建立省市县专班协同机制，共同推进改革。

12月11日 省政府批复衢江区廿里镇和龙游县湖镇镇列入省级第二批试点开展综合行政执法。

12月17日 “县乡一体、条抓块统”改革工作第二次省市专班联席会议在杭州召开，会议肯定衢州市在加强改革顶层设计、破解实质性问题、推动改革试点扩面等方面取得的成效。

12月18日 印发《衢州市乡镇（街道）“一支队伍管执法”改革指导意见》。

12月22日 省委全面深化改革委员会第十二次会议在杭州召开，重点研究“县乡一体、条抓块统”县域整体智治改革，衢州市作专题汇报。

2021年

1月22日 衢州市构建“县乡一体、条抓块统”高效协同治理格局改革试点入选“2020年度浙江省改革创新最佳实践案例”。

2月1日 浙江省《加快“大综合一体化”行政执法改革实施方案》将常山县列为省级县域“大综合一体化”行政执法改革样板县。

3月1—3日 印发《衢州市加快构建“县乡一体、条抓块统”高效协同治理格局试点实施方案（试行）》《关于进一步加强新时代乡镇（街道）干部管理考评的实施意见》《衢州市基层治理“一件事”集成改革实施方案》《衢州市“大综合一体化”行政执法改革实施方案》《衢州市加快构建“县乡一体、条抓块统”高效协同治理格局试点数字赋能实施方案》《衢州市进一步加强全科网格建设二十条举措》《“县乡一体、条抓块统”改革评价体系方案》等文件。

3月4日 “县乡一体、条抓块

2021年3月4日，“县乡一体、条抓块统”改革工作第三次省市专班联席（扩大）会议在江山市召开

统”改革工作第三次省市专班联席会议在江山市召开，会议要求主动融入数字化改革大局，明确制定出台《关于在衢州等地开展“县乡一体、条抓块统”整体智治改革试点的指导意见》。

3月7—8日 举办全市改革试点集中培训，邀请省市有关部门负责人为全市各乡镇(街道)作业务辅导。

3月11日 副省长刘小涛到衢州调研“大综合一体化”行政执法改革工作。

4月9日 印发《关于推动“三联工程”迭代升级的若干意见》《关于进一步深化“周二无会日”制度的通知》《衢州市乡镇（街道)综合信息指挥室工作规程》等文件。

4月29日 全市“县乡一体、条抓块统”试点工作第十六次工作例会暨基层治理“一件事”PK赛在衢江区召开。会上，通报全市基层治理“一件事”集成改革推进情况，各县(市、区)分别汇报基层治理“一件事”集成改革线上运行情况，并同步演示线上运行系统。

4月30日 中共浙江省委深化改革委员会印发《关于在衢州等地开展“县乡一体、条抓块统”整体智治改革试点的指导意见》。

5月13日 副省长高兴夫率省调研组到衢州调研“大综合一体化”行政执法体制改革工作。

5月20日 中组部公务员三局副局长曹兴信一行到衢州调研“四维考评”（岗位赋分、组团积分、模块评分、专项计分)工作。

2021年7月13日，省委书记袁家军(中)在江山市清泉村考察乡村振兴综合体建设情况

7月6日 “县乡一体、条抓块统”改革工作第四次省市县专班联席会议在杭州召开，衢州市、柯城区作典型发言。

7月7日 市政协开展构建“县乡一体、条抓块统”高效协同治理格局视察活动。

7月13日 省委书记袁家军到衢州调研“县乡一体、条抓块统”改革试点，肯定改革成效，要求坚持问题导向、需求导向，围绕基层治理的共性问题，迭代升级“基层治理四平台”，完善相关体系，取得更多机制性制度性成果。

8月21日 “县乡一体、条抓块统”改革“衢州经验”研讨会召开。

8月24日 印发《衢州市“县级社会治理中心”建设运行指导意见(试行)》和《“基层治理四平台”迭代升级建设方案(试行)》等文件。

9月16日 举办全市试点改革第二轮集中培训会，提升各级领导干部对改革的系统认识，推动改革走深走实。

9月25—26日 “县乡一体、条抓块统”改革与基层治理现代化理论研讨会在衢州市召开，举行衢州基层社会治理“一件事”全域上线运行启动仪式，来自浙江大学、中央党校等专家学者围绕县域基层治理体系的构建、基础治理的运行机制创新作主题发言。

9月30日 《衢州全市域开展“县乡一体、条抓块统”改革推进基层治理现代化》在《领跑者》上刊发。

10月8日 市委书记汤飞帆赴龙游县调研“县乡一体、条抓块统”改革试点工作。

10月11日 省委书记袁家军在市、县数字化改革工作座谈会上对衢州市通过“县乡一体、条抓块统”改革助推“141”承接“152”

落地工作给予肯定。

10月11日 《领导决策信息》刊发《“县乡一体、条抓块统”与县域整体智治》。

10月20日 省委编办主任陈东凌到衢州调研“县乡一体、条抓块统”改革工作。

10月29日 市委书记汤飞帆在全省数字化改革工作推进会上以深化“县乡一体、条抓块统”改革推进“152”和“141”贯通为主题作交流发言，获得省委书记袁家军肯定。

11月2日 《竞跑者》刊发《推进“县乡一体、条抓块统”改革 来看看这些地方的做法(“一网智治”指挥体系篇)》。

11月3日 《竞跑者》刊发《推进“县乡一体、条抓块统”改革 来看看这些地方的做法(一套县乡干部管理考评机制篇)》。

11月4日 《竞跑者》刊发《推进“县乡一体、条抓块统”改革 来看看这些地方的做法(基层治理“一件事”篇)》。

11月5日 市委常委会召开会议，研究关于坚持深化“县乡一体、条抓块统”改革，加强基层治理体系和治理能力现代化建设的实施意见。

11月5日 《竞跑者》刊发《推进“县乡一体、条抓块统”改革来看看这些地方的做法(基层治理“一支队伍管执法”篇)》。

11月6日 《竞跑者》刊发《推进“县乡一体、条抓块统”改革 来看看这些地方的做法(一个“四治融合”城乡基层治理体系篇)》。

11月8日 市委印发《关于持续深化“县乡一体、条抓块统”改革 加强基层治理体系和治理能力现代化建设的实施意见》。

11月8—9日 全省“县乡一体、条抓块统”改革工作现场推进会在衢州市召开。省委书记袁家军作出批示，省委常委、秘书长陈奕君出席会议并讲话。衢州市、柯城区、衢江区、江山市清湖街道作典型发言。

11月15日 市委常委会召开会议，学习贯彻全省“县乡一体、条抓块统”改革工作现场推进会精神。

11月17日 市人大常委会副主任黄孔森召开市委全面依法治市委员会立法协调小组全体(扩大)会议，围绕“县乡一体、条抓块统”改革提出有关立法建议。

11月18日 全市数字化改革推进会召开，市委书记汤飞帆强调，要深入学习贯彻习近平总书记关于全面深化改革的重要论述精神，认真贯彻落实全省数字化改革推进会、“县乡一体、条抓块统”改革工作现场推进会精神，特别是省委书记袁家军系列部署要求，进一步聚焦重大问题、关键环节，强化定力、保持张力，加快形成更多“152”体系与“141”体系衔接贯通的标志性成果，丰富提升、全力打响基层治理现代化的“衢州经验”。

11月22日 市委改革办副主任吾水明召开数字化改革教材编撰协调会，部署数字化改革教材涉及“县乡一体、条抓块统”部分编撰工作。

11月24—25日 杭州市委改革办副主任胡海定一行到柯城区、衢江区调研“县乡一体、条抓块统”改革经验做法。

12月1日 金华市学习考察团到衢江区等地调研“县乡一体、条抓块统”改革及“152”“141”体系贯通工作。

12月6—9日 市委编办副主任郑应龙带队到市人社局、市教育局和江山市、柯城区开展“县乡一体、条抓块统”改革调研。

12月10日 市委副秘书长、改革办主任徐翰带队赴省委改革办汇报“县乡一体、条抓块统”改革工作进展情况及教材编撰情况。

12月16日 市委副书记、政法委书记吴舜泽主持召开衢州市“县乡一体、条抓块统”改革工作第二十四次工作例会。

12月30日 市委副书记、政法委书记徐良平调研“县乡一体、条抓块统”改革工作。

■ *Special Documents*

实干争先　加压奋进
全力打造四省边际共同富裕示范区

——在市委七届十次全体（扩大）会议上的报告

（2021 年 7 月 27 日）

中共衢州市委书记　汤飞帆

今天，我们召开市委七届十次全体（扩大）会议，主要任务是，坚持以习近平新时代中国特色社会主义思想为指导，深入贯彻落实习近平总书记“七一”重要讲话精神，按照省委十四届九次全会的部署要求，进一步动员全市上下弘扬伟大建党精神，坚定不移贯彻“八八战略”、践行“八个嘱托”、推进“八大任务”，锚定新方位、扛起新使命，实干争先、加压奋进，全力打造四省边际共同富裕示范区、四省边际中心城市，率先在四省边际地区展现共同富裕美好社会的基本图景。

一、深刻认识打造共同富裕示范区的重大意义

共同富裕是社会主义的本质要求，是中华民族千百年来的共同期盼，也是中国共产党人始终如一的根本奋斗目标。某种意义上，马克思主义理论就是关于人类共同富裕的理论。以习近平同志为核心的党中央团结带领全国人民，在历史性解决了绝对贫困问题后，对扎实推动共同富裕作出重大战略部署，把共同富裕作为现代化建设的重要目标，并把高质量发展建设共同富裕示范区的历史重任交给了浙江，这既是一份肯定和信任，更是一份期望和要求。我们要用心感悟和深刻领会总书记、党中央的战略意图，充分认清其中所蕴含的重大政治意义、历史意义、理论意义、实践意义，切实把思想和行动统一到党中央、国务院和省委、省政府的决策部署上来，坚决扛起扎实推进共同富裕示范区建设的使命担当和政治责任。

1.扎实推进共同富裕示范区建设，是习近平总书记、党中央赋予浙江新的光荣使命。高质量发展建设共同富裕示范区，是总书记亲自谋划、亲自定题、亲自部署、亲自推动的重大战略决策，是践行“八八战略”的重大主题、打造“重要窗口”的鲜明标志。从“八八战略”到“重要窗口”，再到高质量发展建设共同富裕示范区，总书记对浙江工作的要求既一脉相承,又在不断递进升华。从中,我们真切感受到了总书记对浙江干部群众的关心关怀和充分信任,对浙江工作的高度关注和充分肯定,对浙江发展的殷切期望和明确要求。我们要在感恩总书记、党中央的关心厚爱中,进一步凝聚起奋进前行的力量,更加自觉、更加坚定地扛起这一新的光荣使命,真正用行动书写忠诚和担当。

2.扎实推进共同富裕示范区建设,是我们必须坚决扛起的政治责任。在第一个百年奋斗目标已如期实现、向着第二个百年奋斗目标迈进之际,总书记、党中央确立浙江为全国第一个也是目前唯一一个建设共同富裕示范区的省份,并写入国家"十四五"发展规划,以浙江的先行先试、作出示范,为全国推动共同富裕探路,实际上是赋予了浙江为实现第二个百年奋斗目标先行探路的政治责任。我们要切实提高政治站位,把这份沉甸甸的政治责任牢牢扛在肩上,以探路者和排头兵的奋进姿态,系统谋划、精准破题,找准切入点和突破口,加快探索形成一批具有衢州辨识度的机制性制度性成果,努力为我省共同富裕示范区建设提供更多衢州实践、衢州样本,展现衢州担当、贡献衢州力量。

3.扎实推进共同富裕示范区建设,是衢州必须牢牢抓住的战略机遇。浙江建设共同富裕示范区,关键在筑牢提升衢州、丽水及山区26县的底板。这次省委书记袁家军同志到衢州调研,主题就是推进山区县跨越式高质量发展,回去之后又马不停蹄地召开了山区26县跨越式高质量发展暨山海协作工程推进会,强调要超常规推动山区26县跨越式高质量发展,释放出了强烈信号。高质量发展建设共同富裕示范区,作为我省最具影响力、号召力、吸引力的"金字招牌",也为我们向上争取政策支持、改革试点,吸引高端要素、高端人才树起了一面大旗。我们一定要强化争先意识、沿海意识,抢抓这一前所未有的战略机遇,努力在我们认准了的、之前想干但条件还不成熟的大事要事上取得新的重大突破,把不可能变为可能,把可能变为现实。

4.扎实推进共同富裕示范区建设,是回应人民热切期盼的具体行动。共同富裕美好社会,展现出的是物质普遍富裕、精神普遍富足,人的全生命周期公共服务优质共享的美好社会图景,是广大人民的热切期盼和共同愿望。人民对美好生活的向往,就是我们的奋斗目标。我们要始终坚持以人民为中心的发展思想,尽力而为、量力而行,在高水平解决群众所忧所急所盼上积极作为,切实改善和增进民生福祉,不断增强老百姓的获得感、幸福感、安全感,让共同富裕美好社会的图景更好地描绘在三衢大地上。

二、明确四省边际共同富裕示范区的战略目标、战略抓手、战略平台

高质量发展建设共同富裕示范区,是一场伟大而恢宏的社会革命。衢州作为浙江的一个重要板块,必须找准定位、明确目标,力争为建设社会主义现代化国家、争创社会主义现代化先行省贡献更多衢州力量。找准定位、明确目标,重点要从四个方面出发:

一是做强长板和补齐短板并重。共同富裕首先是全面共富,不能留有明显的短板和缺陷,所以,必须拉长板、补短板、筑底板并重,推动"五位一体"的整体跃升。关于共同富裕,省里建立了一整套指标体系,包括56项具体指标,其中我市与全省的可比指标有45项。这里面,我们有14项优于全省,14项与全省接近或持平,但还有17项与全省差距较大。特别是衡量发展进程以及发展质量效益的一些指标,比如全员劳动生产率、规模以上工业亩均税收、研发经费支出、单位地区生产总值能耗、单位地区生产总值碳排放等,更是我们的短板。作为浙江的一员,我们既要把短板补齐、提升上去,绝对不给全省拖后腿,更要努力做强长板,力争为全省多作贡献。

二是"做大蛋糕"和"分好蛋糕"协同。共同富裕,是全民全域的共富。虽然从均衡性上看,我市的地区人均地区生产总值倍差、城乡居民收入倍差等指标优于全省平均,地区人均可支配收入倍差与全省接近,是比较均衡的。但从绝对值上看,人均生产总值、城乡居民收入、居民人均消费支出与全省差距较大,短期内难以达到全省平均水平,说明这个均衡是较低水平的均衡。所以,从衢州发展现状来看,要实现共同富裕,首要的还是要做大产业、做强工业，全面提升发展的质量效益，从而做大共同富裕的“蛋糕”，在此基础上，要进一步“分好蛋糕”，不断缩小地区差距、城乡差距、收入差距。

三是物质富裕和精神富足共进。共同富裕，既包括物质富裕，也包含精神富足，是物质的充分享有和精神的更好满足。我们要不断探索促进老百姓增收致富的新途径好办法，持续用好文化礼堂、振兴讲堂、南孔书屋等抓手载体，全面加强优质生态产品、公共服务和文化供给，更好地满足人民日益增长的美好生活需要。同时，要注重以文化创新推动思想进步，以文明提升推动社会进步，一体提升老百姓的文化气质、文明素质、精神特质，不断增强城市软实力，持续激发推动共同富裕的内生动力。

四是缩小差距和示范引领同步。衢州建设共同富裕示范区，从省内来看，首要任务是不断缩小与全省的差距，力争早日接近乃至达到全省平均水平，努力与全省同步基本实现高水平现代化。从四省边际地区来看，我市的很多指标是领先的，我们要在四省边际更好地发挥示范引领作用，强化桥头堡功能，蹚出一条省际边际地区共建共富的有效路子来。在此基础上，我们明确提出，我们的战略目标，就是“全力打造四省边际共同富裕示范区”。这个战略目标，综合考虑了衢州的时代背景、历史方位和发展进程，与市委七届八次全会提出的加快建设四省边际中心城市，与市委七届九次全会提出的争创四省边际社会主义现代化先行市，一脉相承、一以贯之，体现了一张蓝图绘到底、一任接着一任干的政治自觉和使命担当。同时，我们也要清醒地认识到，共同富裕是阶梯式、渐进式发展的过程，要把握好拉高标杆与循序渐进的辩证关系，不吊高胃口、不搞“过头事”，按照“每年有新突破、5年有大进展、15年基本建成”的安排压茬推进，既明确5年、10年、15年这样五年为一个周期的大的阶段性安排，又做好1年、3年、5年的具体年度指标任务分解，努力积小胜为大胜，蹄疾步稳向共同富裕美好社会目标迈进。

要实现这一战略目标，最重要的战略抓手，就是“加快建设四省边际中心城市”。这是总书记对衢州提出的重要嘱托，是总书记在将近20年前为衢州指引的路子。这个路子，在城市群都市圈经济时代，在内循环双循环时代，更加彰显了其科学的前瞻性和伟大的指引性。中心城市不做大做强，整个区域就谈不上辐射力、集聚力、带动力、竞争力，就留不住人才、留不住创新要素，也就留不住大项目、引不来好产业，共同富裕就是一句空话，也就无从谈起。

战略目标、战略抓手，再往下深，战略平台就是“浙西省级新区”。通过谋划建设省级新区，推动衢州城市发展实现从“南湖时代”到“跨江时代”，接下来走向“拥江时代”这“三步走”。我们谋划的这个省级新区，一头依托杭衢高铁，建设高铁新城；一头依托机场搬迁，建设空港新城，形成两个以TOD为导向的枢纽，加上中间沿衢江的连接部分，约261平方公里，作为省级新区的核心区；再将121平方公里的智造新城作为联动区，打造高能级产业平台；还有龙游港区、常山港区、江山港区，各2平方公里，作为协作区，加起来一共388平方公里。在这个新区内，我们初步谋划了10亿元以上的重大项目47个，总投资近2500亿元，其中“十四五”计划投资1700亿元。老城是“一区一园”，6月25日我们召开了高规格的专题会议进行了部署。古城新市，南孔古城、省级新区，一老一新、交相辉映。

战略目标、战略抓手、战略平台，都在一整套战略战术框架体系内。我们在深入调查研究和充分集思广益、群策群力的基础上，也作出了大致的战略步骤安排。这次提交全会审议的《衢州高质量发展建设四省边际共同富裕示范区行动计划（2021—2025年）》，就是我们推进共同富裕的第一个五年计划。到2025年，我们的目标是：地区生产总值达到2500亿元，人均生产总值突破10万元，居民人均可支配收入达到5.6万元；市域城镇化率达到66%，市区人口规模达到100万人左右，高质量发展建设四省边际共同富裕示范区取得实质性进展，形成阶段性标志性成果。展望2035年，我们的目标是：基本确立四省边际中心城市地位，与全省同步基本实现共同富裕；人均地区生产总值和城乡居民收入达到全省平均水平；市域常住人口城镇化率达到

80%;物质文明、政治文明、精神文明、社会文明、生态文明充分彰显,基本建成共同富裕美好社会。

要实现这些目标,具体抓手就是持续擦亮6张金名片。

——擦亮数字化改革金名片。我们要以数字化改革为引领,牵引撬动共同富裕体制机制创新取得重大突破性成果,有效破除制约高质量发展、高品质生活的体制机制障碍,形成生活富裕富足、精神自信自强、环境宜居宜业、社会和谐和睦的共同富裕重大场景。

——擦亮"县乡一体、条抓块统"改革金名片。我们要坚持党建统领、整体智治,进一步健全上下联动、高效协同抓落实机制,真正把"县乡一体、条抓块统"县域整体智治改革打造成为全省标杆,为全省提供党建统领整体智治的系统解决方案,打造中国基层治理最优城市。

——擦亮未来社区金名片。我们要面向美好生活、面向现代化、面向未来,全面建成"15分钟幸福生活圈",让幼有所育、学有所教、劳有所得、病有所医、老有所养、住有所居、弱有所扶在衢州达到更高标准更高水平,真正让衢州成为四省边际的品质生活新典范。

——擦亮大花园核心区金名片。我们要一体推进美丽城镇、美丽乡村、美丽田园、美丽河湖建设,真正让生态成为衢州的重要竞争力和响亮品牌,把"两山"转化通道拓得更宽,打造诗画浙江大花园最美核心区,全面呈现衢州版"富春山居图",让衢州成为向国际社会展示"绿水青山就是金山银山"理念实践成果的重要窗口。

——擦亮文化高地金名片。我们要全力推动南孔文化、围棋文化等区域特色文化创造性转化、创新性发展,全域建成新时代文明生活示范市,让社会主义核心价值观和"衢州有礼"弥漫在空气中、浸润在灵魂中,全面形成具有衢州辨识度的文化标签和独具特色魅力的文化高地。

——擦亮营商环境金名片。我们要全力清除阻碍营商环境建设的体制机制问题,加快构建产业集群、招商体系、营商生态优化互促的良性循环,让营商环境成为衢州最大的竞争优势、最显著的城市软实力,真正让企业和企业家愿意来、留得住、发展得好。

三、紧紧抓住创新性突破性重大工作抓手

"十四五"时期是我市加快建设四省边际中心城市的关键期,也是全力打造四省边际共同富裕示范区的"第一程"。我们要围绕"立足新发展阶段、贯彻新发展理念、构建新发展格局",聚焦共同富裕示范区建设的重点、难点、关键点,深化落实重点任务清单、突破性抓手清单、重大改革清单、最佳实践清单"四张清单",突出创新性突破性重大工作抓手,加快形成一批有影响力、有辨识度的重大标志性成果。重点是8个方面:

1.着力在经济高质量发展上实现新突破。共同富裕,离不开产业支撑。我们要坚持"产业为王、工业强市",聚焦聚力聚神抓工业、抓制造业、抓实体经济,为实现共同富裕注入最大的增量。一要构建完善现代产业体系。要牢牢抓住工业经济这个"牛鼻子",突出转型升级这条主线,深入开展工业强市十大专项行动。核心就是要聚焦,聚焦才能聚力,聚焦才能聚能。①聚焦产业。围绕一、二、三产,每个县聚焦2个重点发展支持的产业,市本级聚焦4个,捏指成拳、精准发力,全面提升标志性产业链现代化水平。市里经过研究分析,明确各区块的主导产业:智造新城重点发展电子化学材料产业、新能源动力电池及材料产业,智慧新城重点发展数字服务业、无线电产业,柯城重点发展轴承智能装备产业、运动健康产业,衢江重点发展多式联运主导型现代商贸物流业、通用高分子有机材料产业,龙游重点发展碳基纸基新材料产业、精密数控和轨道交通装备产业,江山重点发展智能家居产业、智慧能源装备产业,常山重点发展高端装备零部件产业、"两柚一茶"特色农产品深加工产业,开化重点发展有机硅材料产业、糖醇产业。我们要扎实开展"雏鹰行动""凤凰行动""雄鹰行动",把"链主"企业、龙头企业做大做强,做强主干、带动枝叶,真正让产业大树枝繁叶茂。②聚焦主体。要对市本级的招商体系进行系统性重塑,画好产业链招商树、产业招商地图,招大商招好商招

“链主”，多抱几个像浙江时代锂电这样的“金娃娃”。下一步，市里要把全市工业项目的决策咨询，收到市里统管，做到全市一盘棋，进一步加强产业把关、供地把关、市域统筹布局把关，让真正优质的项目、效益高的项目在衢州落地。二要构建完善创新生态体系。重点是造平台、聚人才。造平台方面，这几年，我们以空前的力度谋划建设创新平台，目的就是为了提升自主创新的能力。接下来，市本级重点打造好浙大衢州“两院”、电子科大智慧小镇等平台，真正发挥对产业高质量发展的支撑推动作用。聚人才方面，我市已经出台了硬核政策体系，接下来，关键是要抓好政策落地和人才服务，真正让人才有获得感、归属感。三要构建完善新时代开放开发体系。就是要强化沿海意识、开放意识，全市域开放、全方位开放，进一步打开有形和无形的“两个大通道”。有形大通道，重点是打造公、铁、空、水“四位一体”的现代综合交通网络体系，提升交通首位度，加快建设四港联动、多式联运枢纽港，提升物流效率、降低物流成本，争取设立保税物流中心(B型)，打造四省边际商贸物流高地。无形大通道，就是要持续深化“融杭联甬接沪”互动发展、金义都市区联动发展、衢丽花园城市群协同发展、四省边际区域协作发展等四个维度的区域合作。特别要进一步突出杭衢一体化发展主战略，全面对接融入杭州都市圈、创新生态圈。

2. *着力在缩小“三个差距”上实现新突破*。实现共同富裕，缩小地区差距、城乡差距、收入差距是主攻方向，破解发展不平衡、不充分问题是关键着力点。一是加快缩小地区差距。从市域均衡发展角度来说，我们的短板主要是总量偏小。各县(市、区)要牢牢抓住山区26县跨越式高质量发展的重大机遇，用足用好省级综合性、大集成的政策“大礼包”。接下来，要把握4个重点：①加强政策对接和政策承接。把握政策制定的“窗口期”，进一步加强向上对接，力争把更多的衢州诉求、衢州元素纳入省级各类专项政策；对已经出台的各类政策，要深入研究、主动谋划、精准对接，把省级各项扶持政策谋深谋透、“吃干榨尽”，真正把政策优势转化为发展优势。②深化对接合作。省里还会安排省级机关、国企、高校院所、金融机构等进行结对帮扶，各县(市、区)要积极主动对接，争取形成组团结对帮扶体系，凝聚跨越式高质量发展合力。③精准聚焦产业。各县(市、区)都明确了要聚焦的产业，接下来要集中政策、资源、力量，精准施策、精准招商，不断延链补链强链，做优存量、做大增量，打造现代产业集群。市里将对市委领导服务区块进行迭代升级，每个市委领导挂联服务8个区块1个主导产业。④强化争先创优。省里分类施策，将山区26县分为跨越发展和生态发展两大类，常山、开化是生态发展类，其他县是跨越发展类，还制定专门政策，支持龙游打造生态工业高质量发展先行县。26县层面，无论列入哪种类型，各县(市、区)都要争当排头兵。市级层面，要建立赛马机制，对各县(市、区)定期进行晾晒排名。各县(市、区)内部，也要建立争先创优机制，营造比学赶超的浓厚氛围。二是加快缩小城乡差距。如果说，省里的短板、底板在山区26县，那么衢州短板、底板就在农村，重点在农村，难点也在农村。我们要围绕促进农民持续较快增收，以新时代乡村集成改革全市域试点为突破口，持续深化以“三地一房”为核心的农村改革，打通“两进两回”通道，进一步做强乡村产业、激活要素价值、畅通城乡循环。优先做好三件事：①深化“三位一体”农合联改革，这是推进“小农户”对接“大市场”的有效抓手，我们已经有了很好的基础，2019年全省深化“三位一体”改革现场会就是放在衢州开的。我们要对已有机制作进一步的优化完善、迭代升级，核心是打造企业、协会、基地、农户的发展共同体、利益共同体，一头精准对接市场、一头精准反哺农村，在促进农民增收上发挥更大作用。②大力促进乡贤回归，在打通人的回归和项目回归的堵点上积极创新，舍得给政策、给平台、给荣誉，更好地激发乡贤回归家乡、回报桑梓的热情，带领乡亲们创业创新、共同致富，走好乡贤带老乡的共富之路。③持续打响“三衢味”品牌，不断放大品牌效应，把衢州胡柚、茶叶、油茶、柑橘等特色农产品做深做透，把“三头一掌”、烤饼等农家特色小吃做大做强，打造一、二、三产融合的全产业链，推出一批精品、爆品，带动乡村产业高质量发展，带动农民增收致富。三是加快缩小收入差距。重点是“扩中”和“提低”。“扩中”就是要扩大中等收入群体规模，健全扶持中等收入群体后备军发展的政策体系和工作机制，激发科研人员、技能人才、小微创业者、高素质农民等重点群体增收潜能，减轻教育、医疗、养老、住房等负担，推动更多劳动者跨入中等收入群体行列。“提低”就是要筑牢弱势群体底板，重点关注家庭人均年收入13000元以下群体，积极开展就业帮扶，稳步提高低保标准，完善社会救助体系，确保低收入群体增收“不落一村、不落一户、不落一人”，确保共同富裕路上，不让一个人掉队。

*3.着力在公共服务优质共享上实现新突破。*公共服务优质共享是共同富裕的基本特征，也是以人为核心的现代化建设的根本要求，是老百姓最关心、最期盼、最有获得感的领域。重点要放在弱势群体的兜底服务和优质资源的均衡布局上。一要关注“一老一小”两大群体。关注“一老”，就是要降低养老准入门槛。我们正在制定《衢州市居家养老服务条例》，出台以后要真正落实好。要大力发展以居家养老为重点的普惠型养老和互助性养老，构建完善以家庭为基础、村（社区）为依托、社会保障制度为支撑的养老服务模式，政府提供基本公共服务，企事业单位和社会组织提供专业化服务，基层群众自治性组织和志愿者提供公益服务，更好地满足老年人居家养老服务需求。要适应老龄化社会的需要，同步推进家庭、公共设施的适老化改造，全面提高老年人生活质量。关注“一小”，就是要降低育幼成本。要积极应对三孩政策出台后的新变化、新问题，制定好、落实好生育配套支持政策和相关措施，多渠道降低生育、养育、教育成本。特别是要全面扩大普惠性托育服务和优质公办学前教育的资源供给，到2025年，公办幼儿园覆盖面要从去年的36.8%提升到60%以上，打造育儿友好型城市。二要聚焦教育医疗住房三大热点。这是老百姓最关心的三大民生问题，事关老百姓对共同富裕的直观感受。教育方面，重点是加大优质教育资源供给，提升教育现代化水平，同步解决教育资源布局的均衡性问题。要进一步完善城乡教育布局动态调整和优化机制，加快推进优质教育资源向公办学校倾斜、向城市人口密集区倾斜、向农村倾斜。要深入推进新时代城乡义务教育共同体建设，深化集团化办学模式，促进优质教师资源城乡均衡化布局。医疗方面，重点是补齐公共服务体系短板。要坚持“三医联动”“六医统筹”，深化城市医联体，做实县域医共体，实施乡镇医院基础设施补短板项目和村级卫生服务“网底工程”，推动优质医疗资源扩容和全市域均衡布局。要以老百姓的获得感、满意度作为最终评价标准，全面推进公立医院改革。特别是四省边际中心医院10月即将投入使用，运营方案要进一步优化完善，真正高品质打造、高水平运营，全面做强品牌学科和特色专科，推动医疗卫生“事业+产业”双轨并行，更好地满足老百姓看病就医的需求。住房方面，要坚持房子是用来住的、不是用来炒的定位，突出住房的民生属性，促进地价、房价保持在合理区间，确保房地产市场平稳健康发展。要扩大人才公寓和保障性租赁住房供给，多途径有效解决各类人才、新市民、低收入困难群众等重点群体的住房问题，真正让这些群体住有所居、住有宜居、真正安居。同时，要不断提升住房设计水平，加快构筑城乡住房风貌体系，全方位打造“住在衢州”安居品牌。

*4.着力在共同富裕现代化基本单元建设上实现新突破。*未来社区是省委书记袁家军同志亲自研究谋划、亲自部署推动的一项重大集成性改革，也是实现共同富裕美好社会的最好载体。我们要把示范区建设目标任务转化为未来社区、未来乡村的功能场景，落实到生产生活基本单元，让共同富裕更好地惠及每一位群众。一是全域推进未来社区建设。要抢抓创建制机遇，聚焦“整合提升类”“拆改结合类”两个创建类型，加快试点建设，同步谋划运营方案，持续迭代完善“三化九场景”应用，全面发力、全面加速，力争全面提升、全面突破。第一批试点项目礼贤未来社区要确保年内建成、见到“风景”；第二批试点项目鹿鸣未来社区要加快项目进度；第三批整合提升类的6个项目，力争年内建成见效。同时，要以未来社区的理念打造提升整座城市，牢牢把握未来社区的家园属性、民生属性、普惠属性，所有住宅类项目一律实行“2+5”标配，即学校幼儿园、社区办公+居家养老、医疗卫生、公共食堂、南孔书屋、健身驿站，打造15分钟幸福生活链圈，让百姓生活更智慧、更便捷、更温馨。二是全域推进未来乡村建设。乡村唯有走向未来，乡村振兴才有希望。2019

年，我市在全省率先启动乡村未来社区建设，在建设方向、主体、路径等方面加快破题，探索总结了一批创建经验，要持续深化、丰富完善，立足原乡人、归乡人、新乡人的不同需求，突出“微改造+乡土味”，用好用活乡土理念、元素、材料、味道，系统实施微改造、培植微产业、创新微治理，力求做到细致入微、精益求精、尽善尽美，真正让大家在衢州“看得见未来美好乡村，看得见乡村美好未来”。当前的主要任务是，持续提升柯城余东、衢江莲花、龙游溪口和开化下淤创建成果，同步加快推进江山大陈和常山芳村未来乡村建设，鼓励更多有条件的区域开展未来乡村探索实践，尽快实现“风景”变“全景”。

*5.着力在诗画浙江大花园核心区建设上实现新突破。*打造诗画浙江大花园最美核心区，是共同富裕的重大标志。重点是突出“两个大”：一是抓好大保护。要持续打好治水治气治土治废治塑攻坚战，深入开展“雷霆斩污”2.0行动，全域创建“无废城市”，真正实现“天蓝地绿水清无废”全要素美丽。此外，还要深入开展“控煤减碳”专项攻坚行动，探索建立企业“碳账户”制度，建立健全碳排放配额管理机制和激励约束机制，推动企业实施低碳技改，确保与全省同步实现碳达峰。各级各部门都要强化生态保护意识和节能减排意识，在产业发展、城市建设、土地整治等过程中，始终坚守生态底线，坚持铁腕治污、系统治碳，推动生态环境质量高水平持续改善。要探索建立政府主导、全民参与、共建共管的制度机制，发挥好“天眼”“网眼”“众眼”的协同监督作用，让破坏生态环境的行为无处遁形。二是推动大转化。重点是夯实三个载体。①扎实推进“衢州有礼”诗画风光带建设。目前，全市已经先后启动推进152个重点项目，完成投资249亿元。今年重点推进78个项目，计划投资100亿元；截至6月底，72个项目开工建设，完成投资43.8亿元。接下来，重点是打造“衢江宾港大桥—龙游红船头村”示范段，每个县（市、区）也要谋划打造好自己的示范段。更重要的是进一步做好产业导入、文化植入，大力引进一批文旅综合体、田园综合体、商业设施配套等具有牵引力、示范性的重大项目，激活人气，打造“爆点”。②全面推进浙皖闽赣（衢黄南饶）“联盟花园”建设。7月20日，四省四市联合在上饶举行了合作开发推介会，发布了“联盟花园”标识和推广口号。接下来，重点要打造好“95号联盟大道”，以四市现有的县、乡道为主，国、省道为辅，作适当的改造提升，统一标志标线，将“联盟花园”内的重点景区、美丽乡村、精品节点等串联起来，成为一条风光大道、景观大道、旅游大道、文化大道、引流大道，确保早日贯通，9月5日在上海召开推介会。还有“一码游”平台，预计9月上线试运行。这些抓手载体，都要抓紧落地、发挥效用。我们四省四市要通过3—5年的努力，把“联盟花园”打造成具有“窗口标杆”意义的国家级旅游休闲花园城市群和世界级生态文化旅游目的地。③全市域推进“两山银行”改革。市县已经成立了平台公司，创新推出了一批全国全省首创的制度成果和生态金融产品，形成了“两山银行”改革衢州影响力。接下来，要以产品化、市场化、金融化为主线，推进“一县一品一资产包”生态产品标准化建设，建好“生态大脑”，形成确权登记—价值评估—资源储蓄—标准地建设—精准招商—金融授信—收益分红—风险防控的“生态富民一条龙”应用场景。同时，要举办好全省“两山银行”改革试点现场会，启动实施“生态账户”市场机制改革试点，同步推进省级试点争取和国家试点谋划，力争取得更大成效。

*6.着力在最优营商环境建设上实现新突破。*营商环境，集中反映了一座城市的综合软实力，这件事情，我们必须久久为功、一抓到底。下步要抓住两个重点：一是企业社区化网格化服务。要从企业需求侧出发，开展精准服务，做到“需求侧要什么，供给侧给什么”，同步构建形成发现问题、分析研判、提交会商、集体决策、推动解决、评价反馈的闭环机制。要以解决问题作为唯一的衡量标准，不解决问题的服务企业，就是自娱自乐，就是新时期的形式主义、官僚主义。二是营商环境“清障”行动。要聚焦干部队伍存在的“庸、懒、散、慢、推、拖”等问题，以30条负面清单为抓手，严肃查处破坏营商环境的人和事，抓典型、治顽疾，切实破除涉企服务的“中梗阻”“下梗阻”问题。各级各部门都要换位思考，主动上门、主动服务，主动告知、主动解释，绝不允许面对问题不担当不作为、出了问题不解决不报告。

7.着力在文化文明建设上实现新突破。文化高地，是老祖宗留给我们的宝贵财富，一定要十分珍惜、持续擦亮。重点是抓好两个方面：一是打好“两子文化”品牌。南孔文化是衢州的文化内核、城市之魂，当前的工作重点是“一区一园”创建，两项工作要融合推进，关键是要打赢4A扩容验收突击战、5A景评决胜战、面貌提升攻坚战“三场战役”，做好文化植入、产业导入、人流引入“三篇文章”。围棋这一“子”也要加快谋划推动，要深入开展与中国围棋协会的战略合作，聚焦重大赛事活动、围棋文化交流、国家围棋队衢州训练基地建设，加快推进烂柯围棋文化园等项目，共同打造“世界围棋圣地”，让围棋这一“子”也重重地落下去。二是打造新时代文明生活示范市。做好全国文明城市创建“后半篇”文章，开展好新思想学习宣传、文明习惯养成、爱国卫生提升、文明餐桌推广、文明出行促进、绿色生活倡导、移风易俗深化、健康心理疏导、公益服务覆盖、道德模范选树等行动，构建有礼市民培育、有礼创建、有礼城市管理、有礼基层治理、有礼细胞建设、有礼关爱帮扶等长效机制，让规定成习惯、习惯成自然、自然成文化、文化成风尚，形成人人参与、人人支持、人人践行的浓厚氛围。我们也提出了具体创建目标，到2023年，全国文明城市地级市年度复评成绩要稳居全国前10，市民满意度98%以上。江山市、开化县要成功创建全国县级文明城市，龙游县、常山县要入围全国县级文明城市提名城市。

8.着力在提升社会治理品质上实现新突破。高效能治理才能更好地保障高质量发展、高品质生活，促进高水平均衡。要全面加强社会治理体系和治理能力现代化建设，更好地统筹发展和安全、富民与安民，构建舒心安心放心的社会环境。具体来说，重点做好两个方面：一要全面深化“县乡一体、条抓块统”县域整体智治改革。这项改革是省委赋予衢州的一项重大改革，省委寄予厚望，我们没有退路，必须做好。近期的工作重点是，市县两级按照省里“152”的大框架，在找准跑道的基础上加快奔跑，争先创优；县里要抓紧研究“141”下面的子跑道，特别是“四个平台”的子跑道，聚焦基层治理的难点堵点、共性问题，打造一批以问题为导向、小切口大牵引、小切口大民生、可复制可推广的多跨场景应用，确保到10月全省现场会的时候，有东西可看、有经验可学。要做好经验总结、制度集成、迭代升级的文章，在前期《衢州市基层治理“一件事”集成改革实施方案》《衢州市“大综合一体化”行政执法改革实施方案》等48个制度成果基础上，进一步完善机制、优化体系，努力形成更多机制性制度性成果。二要全力以赴防风险、守底线、保平安。要统筹好发展和安全，平安法治一体，标本兼治，落实责任，从严从实从细抓好“防风险、化积案、遏重大、守底线”各项工作。要紧盯人的不安全行为、物的不安全状态、环境的不安全条件和安全管理缺陷“四大事故致因”，聚焦消防、道路交通、危险化学品、食品、药品、生态环境、金融等重点领域，构建完善风险闭环管控大平安机制，坚决遏制重特大安全生产事故。要聚焦重点领域开展安全生产专项整治，突出化工行业安全隐患排查，加强危险化学品及其运输行业、建筑工地、小微企业、有限空间作业等安全综合治理，不断提高行业本质安全水平，确保全市大局持续安全稳定。

四、全面加强党的领导，以创新机制保障和推进四省边际共同富裕示范区建设

四省边际共同富裕示范区建设的发令枪已经打响。全市各级各部门要闻令而动、迅速行动，把党史学习教育激发出来的热情转化为干事创业的强大动力，以更加饱满的激情、更加昂扬的斗志、更加务实的举措，主动投身到示范区建设中去，高标准高质量推动中央和省委、市委决策部署高效落地、全面落实。

1.构建党建统领、能力过硬的领导机制。加强党的全面领导，是示范区建设的根本保证。要坚持把党的政治建设摆在首位，深入学习贯彻习近平新时代中国特色社会主义思想，不断提高政治判断力、政治领悟力、政治执行力，切实增强“四个意识”、坚定“四个自信”、做到“两个维护”。建立健全党总揽全局、协调各方的全面领导制度体系，健全党委议事决策机制，落实好省委“七张问题清单”和市委“八张问题清单”亮晒整改机制，切实把党的领导贯穿推动共同富裕的全过程各领域各环节。当前，市县乡领导班子换届在即，我们要以此为契机，切实选优配强各级党政领导班子，特别是要全面实施“两专工程”，开展好素养提升、大成集智、一线锻炼、导师帮带、战略储备、源头拓展、赛场选马、数字赋能、考核评价、保障激励“十大行动”，全面提升干部专业技术能力、专业科学精神，打造一支政治过硬、“两专”兼备、实干争先、推进现代化建设和共同富裕新能力强的高素质专业化干部队伍。要同步深入推进清廉衢州建设，始终坚持严的主基调，持续正风肃纪反腐，落细落实“合”字形基层监督体系，推动全面从严治党向纵深发展，为示范区建设营造风清气正的政治生态。

2. 建立上下联动、高效协同的落实机制。示范区建设是一项庞大复杂的巨系统，我们要强化系统思维，在中央、省委的统筹指导下，全力以赴抓好落实，做到步调一致、同频共振。省委提出，将成立社会建设委员会，负责对社会建设和社会改革的统筹协调、督促指导、整体推进工作，我们要按照统一部署，市本级和各县（市、区）相应成立社会建设委员会。同时，市委、市政府建立高质量发展建设共同富裕示范区领导小组，由我任组长，定期召开工作例会研究重大问题。领导小组办公室设在市发改委，实行专班运作机制。重点推行“定期性会商、清单化推进、闭环式管理”工作机制，制定重点任务清单、突破性抓手清单、重大改革清单，明确任务责任，实行闭环管理。各地各部门要对标省委、市委决策部署，坚决扛起使命担当，压实工作责任，完善工作机制，形成系统集成、精准施策、一抓到底的工作体系。

3. 建立改革创新、争先创优的赛马机制。示范区建设是一项前无古人的开创性工作，没有前人道路、现成经验可供借鉴，必须大力发扬改革创新精神，解放思想、打开思路，认准了就大胆干、大胆试、大胆闯，努力为全省提供更多实践样板。要坚持以数字化改革为牵引，运用数字化技术、数字化思维、数字化认知，谋划抓实重大改革举措。“两勤”是非常好的抓手，我们必须长期坚持下去，真正做到“脑勤+腿勤”，全力争取中央和省级政策支持，同时围绕示范区建设所需、衢州所能，主动承担全国、全省性的改革试点、探索示范任务，努力在科技创新、城乡区域发展、公共服务、生态产品价值实现等方面先行先试，形成更多的衢州方案、衢州样本、衢州标准。此外，还有我们积累和形成的专班制、例会制、报表制、“十条军规”通报、互看互学互比赛马、市领导挂联区块等制度机制，都是很好的载体，要继续发挥好作用，动态开展重大改革突破年、招商引资攻坚年、重大项目推进年等活动，营造比学赶超、争先创优的浓厚氛围。

4. 建立共同奋斗、共建共享的参与机制。示范区建设，人人参与、人人尽力、人人享有，没有旁观者，没有局外人。我们要注重发挥群众主体作用，发挥好8090新时代理论宣讲团作用，加强引导发动，讲好共富故事，努力把全体人民的积极性、主动性、创造性都激发出来，让每一个人都成为共同富裕的直接参与者、积极贡献者、共同受益者，进一步凝聚人心、凝聚共识、凝聚智慧，汇聚起全社会共同奋斗推动共同富裕的磅礴力量。要结合“八八战略”实施综合评估，坚持定量与定性、客观评价与主观评价相结合，科学设立四省边际共同富裕示范区、四省边际中心城市的评价体系和目标指标体系，全面反映示范区建设工作成效，更好反映人民群众满意度和认同感。

同志们，打造四省边际共同富裕示范区的任务，历史性地落到了我们这一代身上，这是我们这一代人的光荣使命和责任担当。让我们更加紧密地团结在以习近平同志为核心的党中央周围，坚决响应党中央号召，在中共浙江省委的坚强领导下，不忘初心、牢记使命，勇当先锋、勇闯新路，全力打造四省边际共同富裕示范区，让衢州成为全省乃至全国人民的心生向往之地，让257万衢州人民过上更加幸福美好的生活！

政府工作报告

——在衢州市第八届人民代表大会第一次会议上

（2022年4月26日）

衢州市人民政府代市长　徐张艳

一、2021年和过去五年工作回顾

2021年，我们坚持以习近平新时代中国特色社会主义思想为指导，在省委、省政府和市委的坚强领导下，忠实践行“八八战略”、奋力打造“重要窗口”，高质量发展建设四省边际共同富裕示范区，合力推进“工业强市、产业兴市”，以实干实绩庆祝党的百年华诞，实现了“十四五”良好开局。

（一）经济工作争先创优。12项主要经济指标增速全部排名全省前六，8项前三，2项第一。全市生产总值增长8.7%，固定资产投资增长16.2%，一般公共预算收入增长16.3%，社会消费品零售总额增长11.6%，分别比预期目标高1.2、6.2、8.8、4.1个百分点。工业经济扩量提质，规模以上工业总产值增长29.8%，规模以上工业利润总额增长55.7%，规模以上工业企业亩均税收和亩均增加值分别增长41.1%、27.6%。外贸进出口总额增长36.4%，出口首次突破300亿元。新增A股上市公司5家。新增国家高新技术企业113家、省科技型中小企业301家，获批建设省高端化学品技术创新中心。巨化大数据中心冷却液项目列入科技部“揭榜挂帅”重点专项。华康股份荣获省政府质量管理创新奖。

（二）项目建设持续突破。固定资产投资增速连续2年全省第一。浙江时代锂电项目成为全市首个省长工程项目。常山江航电枢纽项目等列入国家“十四五”专项规划。巨化PVDF、巴莫3C用正极材料、一道新能源高效单晶电池、智慧新城数字经济产业园、高铁西站综合交通枢纽、双叶线道路改造、鹿鸣未来社区等项目开工建设。40个省重点建设项目投资完成率132.9%，865个市重点建设项目投资完成率112.5%。签约亿元以上制造业项目162个、到位市外资金185亿元，均创历史新高。

（三）重大改革亮点纷呈。“县乡一体、条抓块统”县域整体智治改革获评全省改革突破奖金奖。“碳账户碳金融”和“智慧助残”入选全省数字化改革“最佳应用”。“大综合一体化”行政执法改革和“两山”生态产品价值实现机制改革全省示范。“联盟花园”入选浙江省推进长三角一体化发展“最佳实践”。新一轮国资国企改革全面启动，衢控集团完成重组，市属国企资产总额、净资产总额增速均列全省第一。公积金贷款“不见面”办理、政务服务“跨省通办”走在前列。连续2年入选全国营商环境标杆城市，高位创成全国社会信用体系建设示范区。

（四）民生答卷温暖厚重。十方面民生实事全面完成。城镇新增就业6.8万人。城乡居民收入分别增长10.7%、11.3%，增速分列全省第一和第二。教育“双减”工作扎实推进，义务教育学校全部开展课后服务。组建60个城乡教育共同体，成立普通高中八校联盟。衢州生源在全省高校新生体质健康测试中，合格率第一、优良率第二。四省边际中心医院建成投用。65岁以上高血压、糖尿病患者享受免费用药。开化公立医院综合改革获得国务院督查激励。衢州市居家养老服务条例发布实施，新增乡镇（街道）居家养老服务中心30

家。“五水共治”七夺大禹鼎、全省首批夺得金鼎，市区$PM_{2.5}$浓度均值24微克/立方米、再创新低，生态环境公众满意度蝉联全省第一，成功创建国家生态文明建设示范市。全国文明城市年度测评在114个参评地级市中排名第一。

（五）平安报表稳固向好。重点领域“遏重大”攻坚战取得实效，安全生产事故起数和死亡人数与前两年均值相比分别下降29.2%、29.6%，降幅分列全省第三和第二。下决心开展化工行业安全整治提升攻坚行动，淘汰出清化工企业78家，事故起数下降41%。扫黑除恶常态化推进，治安领域群众安全感全省第二，电信网络诈骗犯罪发案数和案损额分别下降21.4%、6.4%。连续16年获评浙江省平安市，荣获平安中国建设示范市称号。

各位代表，过去一年，我们认真开展党史学习教育，大力弘扬伟大建党精神，在传承红色基因中凝聚奋进力量，在应对大战大考中提振干部队伍的“精气神”。迈入新的一年，接连而至的“3·6”疫情和“3·13”疫情，给全市人民生命健康安全和经济社会平稳运行带来严重冲击。面对严峻挑战，我们坚决贯彻习近平总书记关于疫情防控的重要指示精神，在省委、省政府和市委的坚强领导下，果断启动平战转换，迅速激活精密智控指挥决策机制，全力推进“五快”循环，彻底排查管控疫情风险点、放大器，在与时间赛跑、病毒较量中，众志成城打赢遭遇战、阻击战、攻坚战、歼灭战。这场没有硝烟的“衢州保卫战”，省委、省政府提级指挥、全力支持，省级部门、兄弟市县火线驰援、鼎力相助，医务人员、公安干警、社区工作者和志愿者逆行冲锋、连续作战，党员干部闻令而动、勇挑重担，广大群众默默坚守、共克时艰，书写了同心战疫的衢州篇章。我们要铭记所有疫情面前的患难真情，带着感恩之心、付出更大努力，牢牢守住来之不易的疫情防控成果。

各位代表，市七届人大一次会议以来的五年，是衢州应对挑战、抢抓机遇、蓄能起势的五年。在习近平新时代中国特色社会主义思想的科学指引下，全市上下勠力同心、奋勇前行，在不平坦的道路上创造了不平凡的业绩。

五年来，我们在推进创新发展中，实现了综合实力的持续提升。全市生产总值从1230亿元增加到1876亿元。财政总收入从155亿元增加到272亿元，一般公共预算收入从103亿元增加到164亿元。新增产值100亿元企业1家、10亿元企业20家、亿元企业59家。规模以上数字经济核心产业增加值年均增长17.7%。规模以上工业企业亩均税收从6.2万元提高到16.6万元，亩均增加值从51.9万元提高到95.1万元。A股上市公司从5家增加到12家，实现县（市、区）全覆盖。金融机构本外币存款余额从1939亿元增加到3530亿元，贷款余额从1656亿元增加到3577亿元。浙大衢州“两院”、电子科大长三角研究院建成运行。国家高新技术企业从158家增加到555家，研发投入强度从1.32%提高到2%。

五年来，我们在推进协调发展中，实现了城乡面貌的精彩蝶变。常住人口城镇化率从52%提高到58.1%，城乡居民收入倍差从1.96缩小至1.86。南孔古城提品质、成景区，核心圈层优功能、聚人气，高铁新城拉框架、现雏形，市体育中心、文化艺术和便民服务中心等成为衢州新地标，荣获联合国“国际花园城市”称号。未来社区、未来乡村建设一体推进。“衢州有礼”诗画风光带串珠成链，省级新时代美丽乡村示范县实现全覆盖，柯城余东、开化下淤等成为中国美丽休闲乡村。全域土地综合整治工作走在全省前列，耕地保护考核实现“三连冠”。在全省率先基本实现城乡同质饮水。全国文明城市高位创成，南孔文化、围棋文化创新发展。龙游姜席堰入选世界灌溉工程遗产。衢江西周高等级土墩墓群入围2021年度全国十大考古新发现终评。“南孔圣地·衢州有礼”登上中国城市品牌评价百强榜。

五年来，我们在推进绿色发展中，实现了生态文明的先行示范。全市绿化造林11.8万亩。市域出境水水质从Ⅲ类提高到Ⅱ类，“五水共治”公众满意度连续4年全省第一。市区空气质量优良率从86.8%提高到95.6%。一般工业固废综合利用率达到99%，工业危废处置利用率达到98%。江化公司顺利关停。常山钙产业整治列入中央生态环保督察整改成效典型案例。柯城河(湖)长制工作获得国务院督查激励。“全球免费游衢州”深入开展，江郎山·廿八都成功创建AAAAA级景区。钱江源国家公园体制试点任务全面完成。衢州成为全国首批绿水青山就是金山银山实践创新基地、国家绿色金融改革创新试验区，荣获全国水生态文明城市、全国森林旅游示范市称号。

五年来，我们在推进开放发展中，实现了区域活力的竞相迸发。杭衢高铁全线推进，九景衢铁路、衢宁铁路开通运营，杭金衢高速改扩建二期、351国道即将竣工。民航通航城市从3个增加到24个。钱塘江中上游航道全线通航。山海协作升级版全方位推进，衢州海创园整体落成开园。获批中国(浙江)自由贸易试验区衢州联动创新区、中国(衢州)跨境电商综合试验区，外贸进出口总额从281亿元增加到491亿元。“最多跑一次”改革全省领跑，营商环境评价保持全国前列，市场主体从18.2万户增加到26.7万户。第七届中医科学大会、第四届全国智力运动会、浙江省第四届体育大会办出了衢州知名度。对口支援、东西部协作、对口合作取得显著成效。

五年来，我们在推进共享发展中，实现了民生事业的全面进步。市县两级财政民生支出年均增长11.9%。城乡居民收入年均分别增长8.6%、9.7%，增速分列全省第一和第二。城镇新增就业31.5万人。新改扩建幼儿园95所、中小学校90所，新投入使用学位5.5万个，全市域实现教育基本现代化。每千人医疗机构床位数从6.02张提高到7.1张，每千人执业(助理)医师数从3.14人提高到3.5人。人均预期寿命从79.3岁提高到81.9岁，荣获世界长寿之都称号。每千人拥有3岁以下婴幼儿托位数3.36个，列全省第一。乡镇(街道)居家养老服务中心实现全覆盖。最低生活保障标准实现城乡同标。养老和医疗保险参保率分别达到99.72%、99.97%，均列全省第一。改造老旧小区390个，建成棚改安置住房1.3万套。全国双拥模范城实现“五连创”。累计办理市人大代表建议1150件、政协提案1871件，完成民生实事项目203项。

各位代表！过去五年的成绩来之不易。这是习近平新时代中国特色社会主义思想科学指引的结果，是省委、省政府和市委坚强领导的结果，是全市广大干部群众艰苦奋斗的结果。在此，我代表市人民政府，向在各个岗位上辛勤工作、无私奉献的衢州人民，尤其是长期奋战在抗疫一线的医务人员、公安干警和社区工作者，向给予政府工作大力支持的人大代表和政协委员，向各民主党派、工商联、人民团体和社会各界人士，向驻衢人民解放军指战员、武警部队官兵和省部属驻衢单位，向外来投资者和建设者，向关心支持衢州发展的港澳台同胞、广大侨胞和海内外朋友，致以崇高的敬意和衷心的感谢！

同时，我们也清醒看到，前进路上还面临不少困难，政府工作还存在许多不足：高质量发展的基础尚不牢固，经济总量偏小，新动能培育不快，现代服务业发展不充分，制造业高端化、集群化程度不够，高消耗高排放、低产出低效益问题仍然突出；重大产业项目少，链主型企业少，开发区能级不高，产城融合不够紧密，营商环境还有短板，以企业为主体的技术创新体系建设滞后；城镇化水平偏低，中心城市首位度不高，县城综合承载能力不强，城市管理精细化程度不够，对优质资源要素、高端项目人才的集聚力亟待提升；民生领域存在不少短板，教育、医疗等优质公共服务供给仍然不足，城乡道路建设及安全设施水平较低，部分区域和时段交通拥堵，少数民生实事项目“重建轻管”，村级集体经济“造血”能力不强，群众收入与全省平均水平仍有较大差距；社会治理面临新的挑战，公共卫生、社会治安、安全生产、环境保护等领域存在不少风险隐患，本质安全的基础不够牢固；政府工作人员的专业技术能力和专业科学精神亟待加强，敢闯敢试的劲头不足，开放意识不强，运用数字化、法治化手段破解难题的本领不够、办法不多，行政效能仍需提升，形式主义、官僚主义现象仍然存在。我们一定正视问题、迎难而上，全力以赴改进工作，决不辜负人民期待！

二、今后五年工作的主要目标任务

今后五年，是牢记殷殷嘱托、加快追赶跨越，高质量发展建设四省边际共同富裕示范区的关键时期。最近胜利闭幕的市第八次党代会，系统描绘了衢州未来五年乃至更长时期的发展蓝图，发出了全面开启共同富裕新征程的动员令。如何把市党代会作出的各项决策部署落到实处，是新一届政府的重大责任和光荣使命。责任在肩、使命在心，没有捷径、唯有奋斗！我们要汇聚257万衢州人民的磅礴之力，咬定目标、不惧风雨、真抓实干，在新征程上砥砺奋进，共同把宏伟蓝图变成美好现实。

今后五年工作的总体要求是：坚持以习近平新时代中国特色社会主义思想为指导，深入贯彻落实习近平总书记对衢州工作的重要指示精神，忠诚拥护“两个确立”、坚决做到“两个维护”，忠实践行“八八战略”、奋力打造“重要窗口”，坚持稳中求进工作总基调，完整准确全面贯彻新发展理念，服务和融入新发展格局，牢记殷殷嘱托、加快追赶跨越，强化党建统领、着力塑造变革，高质量发展建设四省边际共同富裕示范区，全力打造四省边际中心城市，为与全省同步基本实现社会主义现代化打下坚实基础，为全国共同富裕美好社会建设先行探路、创造经验。

今后五年工作的主要目标是：加快高质量发展，主要经济指标增速位居全省前列，全市生产总值超过2800亿元，财政总收入和一般公共预算收入分别达到400亿元、240亿元，规模以上工业总产值突破5000亿元，研发投入强度达到3%以上，成为全省经济发展新的增长点。推进高水平开放，区域性现代综合交通枢纽基本形成，“融杭联甬接沪”开放新格局全面构建，衢州综合保税区建成封关运营，外贸进出口总额突破千亿大关，社会消费品零售总额达到1200亿元，营商环境建设保持全国前列，成为四省边际开放新高地。打造高标准环境，全域创成“无废城市”，市域出境水水质稳定保持Ⅱ类以上，市区$PM_{2.5}$年平均浓度低于23微克/立方米，“衢州有礼”诗画风光带全面建成，新时代山水花园城市基本成型，成为诗画浙江大花园最美核心区。创造高品质生活，推动共同富裕的体制机制基本建立，城乡居民收入达到全省平均水平的90%以上，人的全生命周期公共服务优质共享基本实现，人均预期寿命达到83岁以上，新时代衢州人文精神全面塑造，成为物质富裕精神富有样板地。实现高效能治理，党建统领整体智治体系基本建成，重大风险防范化解能力、突发公共事件应急处置能力、防灾减灾救灾能力显著增强，亿元GDP生产安全事故死亡率下降45%以上，打造全省最具安全感城市，成为全国法治政府建设示范市、市域社会治理现代化标杆市。

实现上述目标，重点要做到“六个聚焦聚力”：

（一）聚焦聚力工业强市。举全市之力抓工业、抓制造业、抓实体经济，力争工业总量翻番、效益倍增，以“工业再造”构筑衢州跨越式高质量发展的“钢筋铁骨”。加快打造高能级平台，全面提升智造新城综合配套、产业服务、项目承载能力，联动推进各县（市、区）做大做强开发区和特色生态产业平台。加快集聚大好高项目，突出精准化招商、狠抓产业链招商，引进落地5个百亿元以上重大制造业项目。加快培育标杆式企业，大力实施“雄鹰行动”“凤凰行动”，力争产值100亿元企业超过10家、500亿元企业“零的突破”，A股上市公司超过30家、总市值突破3000亿元。加快主导产业强链聚群，狠抓新材料、新能源、集成电路、智能装备、生命健康、特种纸等六大标志性产业链建设，打造世界级高端电子化学材料和锂电材料基地，塑造支撑未来发展的战略性产业。

（二）聚焦聚力城市赋能。围绕打造四省边际中心城市，全面实施城市发展十大专项行动，规划建设浙西新区，加快提升城市能级。实施交通先导“九网千亿工程”，建成杭衢高铁，开工浙西航空物流枢纽项目，规划建设市县快速通道，构建外联内畅的城市交通体系。推动智慧新城、智造新城、空港新城协同发展，加快南孔古城、核心圈层、高铁新城建设步伐，提升城市宜居宜业宜游水平。围绕“一统三化九场景”，推进中心城市建成区未来社区全域覆盖、县城建成区基本覆盖，全面构建5—10—15分钟幸福生活圈。坚持宜拆则拆、宜改则改，实施一批城市有机更新项目，推进一批楼栋微整治、空间微改造、景观微提升。加强城市精细化管理，建设“一网统管”的市域治理中心。制定实施人口集聚新政，提升外来人口吸附力，加快农业转移人口市民化集成改革,常住人口城镇化率达68%以上。

(三)聚焦聚力创新驱动。提升产业创新能力,增强企业创新动力,激发人才创新活力,打造四省边际科创和人才高地。围绕产业链布局创新链,谋划建设四省边际科创走廊,积极创建国家技术创新中心,推进关键核心技术"揭榜挂帅"攻关,加快创造"从0到1"的技术成果,推进"从1到N"的产业化应用。强化企业创新主体地位,构建以科技型中小企业为基础、高新技术企业为骨干、上市企业和专精特新"小巨人"企业为标杆的创新型企业梯队,新认定国家高新技术企业500家。实施创新人才汇聚工程,健全人才管理、评价、激励、流动体制机制,组建人才发展集团,开展重点产业人才服务专项行动,人才资源总量达到55万人。

(四)聚焦聚力改革攻坚。一体推进数字化改革、全面深化改革、共同富裕示范区重大改革,持续增强区域发展活力。纵深推进数字化改革,瞄准重大需求,创新制度供给,强化大脑建设,探索数据要素市场化改革,打造更多管用实用好用的多跨场景应用。做好"县乡一体、条抓块统"改革后半篇文章,持续提升实战化能力。深入推进强村富民乡村集成改革,培育形成一批未来乡村连片发展实验区,谋划实施一批共富综合体,村级集体经济年经营性收入50万元以上行政村占比达到60%。抓紧抓实"扩中""提低"改革,推动县域跨越式高质量发展、公共服务优质共享等改革落地见效。全面推进"大综合一体化"行政执法改革,实现"全省走在前列、全国示范引领"。深入实施国土空间治理改革,优化国土空间开发保护格局,狠抓"五未"土地专项整治。持续深化国资国企改革,市属国企资产总额、净资产总额、营业收入分别达到3000亿元、1200亿元、180亿元,做强做优做大国有资本。

(五)聚焦聚力绿色转型。深入践行绿水青山就是金山银山理念,以落实"双碳"目标引领绿色低碳发展。建立健全中央和省生态环保督察整改长效机制,深入打好污染防治攻坚战,生态环境质量保持全省领先。迭代升级碳账户体系,推动形成节约资源和保护环境的空间格局、产业结构、生产生活方式,争创全国低碳示范城市。健全清洁高效能源供应体系,加快发展抽水蓄能、智能光伏,可再生能源装机占比达58%以上。大力发展美丽经济幸福产业,完善提升"3+X"特色农业产业体系,创成国家级全域旅游示范市,深化"两山"生态产品价值实现机制改革,探索生态富民新路子。健全"三线一单"生态环境分区管控体系,全面推行林长制,抓好全域土地综合整治与生态修复、国土绿化试点示范项目建设,实施"一县一库"和水库连通工程,构建生态廊道和生物多样性保护网络。

(六)聚焦聚力共同富裕。自觉践行以人民为中心的发展思想,加大力度保障和改善民生,让百姓生活更加幸福美好。完善高质量就业创业体系,加强新蓝领、新农人、新工匠培训培养,健全新就业形态劳动者权益保护机制。实施城乡居民收入倍增计划和重点群体激励计划,完善工资收入合理增长机制,拓宽群众财产性、经营性收入渠道,家庭年可支配收入10万元—50万元的群体比例达到72%、20万元—60万元的群体比例达到35%,城乡居民收入倍差缩小至1.75以内。促进教育优质均衡发展,加强公共卫生体系建设,进一步增加优质公共产品和服务的多元化、均等化供给。持续提高"一老一小"服务保障水平,完善基本养老服务制度,争取国家儿童友好城市试点,加快建设老年友好型、育儿友好型社会。推进青年发展型城市建设。构建共富型大社保体系,兜牢兜实基本民生底线。健全为民办实事长效机制,确保每一项民生工程都得到群众认可、经得起历史检验。

三、2022年政府工作安排

今年是党的二十大召开之年,是高质量发展建设四省边际共同富裕示范区的关键之年,也是新一届政府工作的开局之年。我们要全面贯彻省委、省政府决策部署,按照市委要求打好"十大关键战",稳进提质、除险保安、塑造变革、改善民生,全力抓好各项工作落实。

综合各方面因素,建议今年全市经济社会发展的主要预期目标为:生产总值增长7.5%以上;固定资产投资增长10%以上;研发投入强度达2.2%以上;一般公共预算收入增长9%;城乡居民收入分别增长8%和10%左右;城镇新增就业3万人以上,调查失业率控制在5.5%以内;节能减排降碳完成省定目标任务。在工作中,我们将全力争取更好的结果。

(一)从严从紧抓好疫情防控工作。坚持"外防输入、内防反弹"总策略和"动态清零"总方针,全面落实常态化疫情防控措施,完善七大机制,压实"四方责任",坚决打赢疫情防控总体战、遭遇战、歼灭战。健全指挥决策体系,用好精密智控平台,畅通"五快"循环,加强清单化管理、实战化演练和数字化赋能,提升统筹协调、综合研判、资源调配和闭环落实水平。突出风险预防和早发现,加强重点人群、重点物品、重点环境监测,加大区域协查和社区网格排查力度,合理布局常设免费核酸检测采样点60个以上。提升综合保障能力,启动实施方舱医院、气膜实验室等项目,加强流调溯源、核酸检测、集中隔离、医疗救治等能力建设。夯实群防群控基础,加强基层队伍培训,抓实基础信息采集,推进无疫单位创建,坚持全民扫码亮码、全民戴口罩,全力保障人民群众生命安全和身体健康,最大限度减少疫情对经济社会发展的影响。

(二)全力惠企助企优化营商环境。全面落实减税降费政策,力争为市场主体减负70亿元以上。有效承接省"5+4"稳进提质政策体系,充分发挥"四大专项"政策撬动作用,狠抓复工复产复市"四十条"落地见效,用真招实策为企业纾困解难。推动惠企政策直达快享,依托"政企通"平台实现70%以上的政策免申即享、即申即享。深入推进小微企业信贷"增氧计划"和金融服务"滴灌工程",扩大首贷、信用贷、无还本续贷规模,力争引进1家独立法人金融机构,小微企业贷款、民营经济贷款和企业中长期贷款增长15%以上,政府性融资担保贷款余额增长18%以上。合力解决企业用工问题,加强政企联动、校企对接,想方设法做好"引、育、留"工作。实施营商环境"清障"行动2.0,做实企业社区化网格化服务,用好政企沟通圆桌例会机制,打通企业服务"最后一公里"。建成数字化政务服务综合体,政务服务"一网通办"率达95%以上。探索"拿地即开工"审批服务机制,深化"证照分离"改革,实现商事主体登记"零干预、零材料、零费用、零跑动"。依法保护民营企业合法权益,深化包容审慎监管,完善涉企政策制定和落实机制,维护公平竞争环境。

(三)着力打好工业强市组合拳。专班化、例会制推动工业强市十大专项行动形成滚雪球效应,力争规模以上工业总产值突破3000亿元。集中精力招大引强,市县领导挂联盯引重大制造业项目,引进50亿元以上项目5个,签约100亿元以上项目3个、落地1个。坚持"打桩论英雄",新开工亿元以上工业项目144个,完成工业投资240亿元。"一企一策"培育链主型企业,当好"金牌管家",新培育产值300亿元、200亿元、100亿元企业各1家,10亿元企业8家以上。大力实施新一轮制造业"腾笼换鸟、凤凰涅槃"攻坚行动,出台资源要素差别化配置和低效用地退出的硬举措,整治提升高耗低效企业400家以上,完成亩均税收3万元以下规模以上企业改造提升,实现低效用地连片出清3000亩。体系化推进企业上市工作,建成运行省股权交易中心衢州服务中心,常态化保持100家"种子"企业,新增A股上市公司数量"保3争4拼5"。狠抓产业数字化、数字产业化,实施规模以上工业数字化改造项目250个以上,加快建设省无线电产业基地,力争数字经济核心产业增加值增长25%。压茬推进衢州巨化一体化融合高质量发展,充分释放巨化裂变效应,加快形成以巨化为"链主"的产业链生态圈。狠抓市县工业一体化,统筹产业布局、项目落地、资源调配,加快补强县域产业短板。建好用好"工业强市在线"平台,以数字化手段提升工业经济治理水平。

(四)千方百计扩大有效投资。坚持重大项目领导挂联、专班攻坚、"红黄绿"三色预警,落实投资"赛马"机制,固定资产投资突破1000亿元。创新重大项目谋划机制,适度超前谋划一批重大产业、重大基础设施和重大公共服务项目,形成扩大有效投资的接续力量。合力攻坚重大战略性项目,确保杭衢高铁主体工程基本贯通,加快浙西航空物流枢纽项目前期进度,推动四省边际枢纽港项目列入国家多式联运示范工程。抓紧抓实甬金衢上高速、杭淳开高速、衢黄铁路、北航数字经济产业园等100个重大前期项目,做深做透前期工作要件。开工建设常山江航电枢纽、衢丽铁路等332个重点项目,力争完成投资300亿元。加快推进浙江时代锂电、柯城寺桥水库、衢江抽水蓄能电站、龙游云墨碳谷、江山研一新材料、常山鹤丰新材料、开化水库等327个重点项目,力争完成投资600亿元。竣工投用杭金衢高速改扩建二期、351国道等216个重点项目,力争完成投资200亿元。争取列入省重大产业项目6个以上,省市县长项目工程当年落地率60%以上。推动资源要素向重大项目集中,争取政府专项债资金增长20%以上,消化批而未供土地1万亩、盘活存量建设用地8000亩、完成城镇低效用地再开发4500亩,腾出用能空间30万吨标煤以上。

(五)加快提升中心城市能级。全面启动城市发展十大专项行动,全链条推进城市规划、建设、管理、经营、安全、保障工作。高质量完成国土空间总体规划编制,开展市区公共服务、综合交通、市政设施等8大类32个专项规划编制。开工建设高铁新城片区综合开发、衢州客厅等项目。加快推进市体育中心、南湖广场文旅综合体、智慧新城数字经济产业园、烂柯山片区开发、双叶线道路改造等项目。高质量竣工投用鹿鸣半岛时尚文化创业园、九华大道隧道与紫薇路隧道、衢时代未来大厦、信安湖夜游、历史街区风貌衔接等项目。抓好城市有机更新,全面启动古城片区,加快推进双西港和衢化片区,谋划实施白沙片区,促进城市功能优化和品质提升。完善城市管理标准体系,上线城市综合管理服务平台,开展市政环卫绿化一体化试点。狠抓城市交通畅行,市区新改建道路8公里、治理堵点15处、新增停车位4000个。加强城市公共服务设施项目专业化运营,真正做到建好、用好、管好。扎实开展城市燃气、高层建筑、桥梁隧道等安全隐患排查整治,系统抓好城市地下管线管理和内涝治理。全域推进未来社区建设,确保新开工项目10个、建成运营项目6个。加快推进城乡风貌样板区试点建设,各县(市、区)至少建成1个城市风貌样板区和1个县域风貌样板区。

(六)加强区域科创体系建设。联动推进科技创新和产业创新,为高质量发展加装科技和人才"双引擎"。加快提升龙游、江山、常山和智慧新城省级高新区,启动创建开化省级高新区,推动衢州国家高新区综合评价进入全省前二十。抓好省高端化学品技术创新中心建设,攻关一批"卡脖子"技术并实现产业化。支持浙大衢州"两院"、电子科大长三角研究院高质量发展,完善促进科技成果转化机制,打造服务市域产业转型升级的创新高地。推动骨干企业牵头组建创新联合体,协同高校院所、产业链上下游企业开展关键核心技术攻关,新增省级企业研发机构20家。构建科技型企业培育协同工作机制,新增国家高新技术企业100家、省科技型中小企业300家,高新技术产业增加值增长16%以上。推进质量强市,新增"品字标"品牌企业10家以上。实施知识产权赋能工程,争创国家知识产权强市建设试点城市。迭代升级人才政策,抓好衢时代"双领"计划、"大学生百校联招"、"金蓝领"职业技能提升行动等人才引育工程,新引进省级以上领军型创新创业人才20人以上、硕士博士等高层次人才2000人以上、大学生4.5万人以上,新增高技能人才7000人以上。

(七)大力推进开放型经济发展。抓住RCEP实施重大机遇,扎实开展外贸提档升级千亿行动,力争进出口总额超过600亿元。全力做好衢州综合保税区申建工作,推进自贸联动创新区和跨境电商综试区建设,实现外贸出口额增长12%以上、跨境电商交易额增长20%以上。建立外贸发展指数,做强外贸综合服务平台,大力培育引进外贸企业,推动更多本地制造业企业实现自营进出口。优化外商投资服务,打造贸易促进机制"衢州样板",力争实际使用外资突破1亿美元。项目化推进"融杭联甬接沪",深化山海协作升级版,实质性运作6个"产业飞地"。聚焦产业导流、税源招引、企业服务,抓好衢州海创园运营,确保入驻率达到30%以上、力争税收达到2亿元。支持消费新业态新模式发展,激发传统消费活力,出台重点商贸企业培育、新能源汽车消费、旅游市场恢复等政策,推动衢州特色餐饮"走出去",打造四省边际"联盟好品"。合力共建"联盟花园",推动"95联盟大道"全线贯通,加快建设富有文化底蕴的世界级旅游景区。

(八)打造重大改革标志性成果。扎实推进数字化改革,围绕群众所盼、企业所需,打造一批示范性重大应用,争取在全省改革突破奖中榜上有名。持续提升一体化智能化公共数据平台支撑水平,加快建设基层治理大脑，基本完成公共视频监控一体化改革。健全数字化项目审批管理机制，避免低水平重复建设。合力推进碳账户体系建设，完成规模以上企业用能基数核定和用能预算指标分配，优化升级碳排放核算标准，组建“双碳”公司，探索基于碳账户的转型金融路径，力争碳账户贷款余额突破200亿元。扎实抓好“扩中”“提低”改革，制定实施重点群体激励计划和年度任务，积极参与收入分配制度改革，力争家庭可支配收入10万—50万元群体占比、20万—60万元群体占比均提高3个百分点以上，低收入农户人均可支配收入增长10%以上。全力推进“大综合一体化”行政执法改革，确保6月底前完成机构整合、事项下放、人员下沉和“1612”体系贯通等工作，年内形成相对成熟的实践成果、理论成果和制度成果。持续优化国有资本布局，加快提升国企核心竞争力，力争AAA国有企业和国有控股上市公司双双“零的突破”，市属国企资产总额超过2000亿元。启动全国金融服务乡村振兴创新示范区建设，争创国家绿色金融改革示范区。

（九）全面推进兴业强村富民。坚决遏制耕地“非农化”、基本农田“非粮化”，全面推行田长制，提升耕地地力，确保粮食播种134.3万亩以上。狠抓科技强农、机械强农，推广农业新品种9万亩，完成宜机化改造5.6万亩，建成农机综合服务中心21个。加快打造柯城柑橘、衢江蔬菜、龙游渔业、江山蜜蜂、常山双柚、开化茶叶等10条农业全产业链，新培育6家省级农业龙头企业，建设6个未来农业园区。做实“农业龙头企业+合作社+农户”共富链，新增产业农合联6家。合力做强“三衢味”，狠抓运营标准化，提升品牌辨识度，推动“三衢味”进杭州亚运会。扎实开展村级集体经济巩固提升行动，深化“千企结千村”，成立强村公司30家，经营性收入50万元以上行政村占比达到30%。打好“强村富民”乡村集成改革组合拳，深化“三块地”改革，新增土地流转面积4.8万亩，盘活利用农房3000宗。全线贯通“衢州有礼”诗画风光带，实施沿线百村整治风貌提升行动，完成示范段景区化改造，争创全国农村改革试验区。精心打造8个以上省级未来乡村标杆，创建8个省级美丽乡村示范乡镇、23个特色精品村。实施病险水库除险加固23座，完成中小河流综合治理73公里。深化“两进两回”，大力推进新农人培育，加强乡村规划、设计、建设、管理人才培养。抓好“数商兴农”共富示范项目建设，办好村播基地，拓宽农产品上行通道。

（十）致力推动绿色低碳发展。高标准构建现代生态环境治理体系，坚决抓好生态环保督察反馈问题整改，力争钱江源国家公园正式命名。深入推进清新空气行动，强化工业废气、建筑扬尘、机动车尾气、餐饮油烟、秸秆焚烧等源头治理，市区$PM_{2.5}$浓度均值控制在24微克/立方米以下，空气质量优良率稳定在95%以上。深化“五水共治”碧水行动，全面压实河（湖）长制，实现“污水零直排区”运维常态化，“五水共治”公众满意度领跑全省，再夺大禹鼎金鼎。加大土壤污染治理和修复力度，加强垃圾分类和资源化利用，全面推进“无废城市”建设，持续开展“雷霆斩污”行动，确保污染地块安全利用率、工业危废和医疗废物无害化处置率均达100%。大力推进节能降耗，优化能源结构，新增光伏装机40万千瓦以上。培育壮大美丽经济幸福产业，探索多种业态共融的生态富民模式。抓好旅游业“微改造、精提升”行动，推进灵鹫山创建国家级旅游度假区、六春湖创建省级旅游度假区，争创省级全域旅游示范市。大力推进“两山”生态产品价值实现机制改革，深化生态大脑、生态账户、生态共富“标准地”和生态占补平衡等创新实践，构建市县乡一体农村产权交易中心，力争生态产品金融授信100亿元、村集体和农户分红4000万元以上。

（十一）用心用力办好民生实事。强化就业优先政策，加强职业技能培训，抓好高校毕业生、退役军人、农民工等重点群体就业，创造更多市场化社会化就业机会。支持各县（市、区）创建全国学前教育普及普惠县和全国义务教育优质均衡发展县。公办幼儿园覆盖面达50%以上，新投入使用学位5000个。新改扩建义务段学校10所，新投入使用学位1万个，争创现代化学校10所。实施“县中崛起”工程，提升普通高中教育质量。深化“五统筹”职教改革。支持衢州学院高水平应用型大学建设和衢州职业技术学院“双高”建设，提升高校毕业生留衢率。巩固扩大教育“双减”成果，规范民办义务教育发展。实施青少年心理健康关爱行动。

推进与温医大、浙中医大等合作,做强四省边际中心医院、市中医医院,支持县级医院发展,办好树兰(衢州)医院。深化疾控体系改革,争创省级中医药综合改革先行市。创成三甲、三乙医院各2家,新增院前急救服务站10家,新改扩建规范化村卫生室(社区卫生服务站)80个。

各县(市、区)全面建成标准化胸痛、卒中、创伤救治中心和检验、影像、病理共享中心。完善支持生育养育配套政策,新增普惠托位1100个以上,实实在在减轻家庭生育养育负担。实施养老服务扩面工程,建成7家智慧公办养老院,新增75个幸福食堂(助餐点),完成1400户困难老年人家庭适老化改造。加强残疾预防和康复服务工作,推进全国无障碍环境示范市创建。提升跨省就医医保结算便捷性,创新医保基金监管方式。促进房地产市场良性循环和健康发展,开工筹集保障性租赁住房3600套。支持建筑业企业做优做强。优化公积金政策,推动公积金建缴扩面。主动承接杭州亚运会外溢效应,争创全国全民运动健身模范市。办好首届"烂柯杯"世界围棋公开赛,加快建设"世界围棋圣地"。实施全域文明创建工程,争当"浙江有礼"示范标杆。加强15分钟品质文化生活圈建设,推进基层文化阵地社会化运营,深化文物安全大排查大整治大提升攻坚行动。全力争取南孔圣地文化旅游区AAAAA级景区创建通过文旅部景观质评,确保儒学文化产业园国家示范创建通过中期评估。

(十二)更高标准建设平安衢州。打好打赢第二轮安全生产综合治理三年行动收官战,高质量完成化工行业安全整治提升攻坚行动,确保安全生产事故起数、死亡人数与前三年均值相比均下降25%以上,亿元地区生产总值生产安全事故死亡率同比下降10%。加快构建食品安全现代化治理体系,全力保障群众"舌尖上的安全"。开展新一轮金融风险专项排查整治,确保金融机构不良贷款率控制在1%以内。积极防范化解地方政府隐性债务风险。坚持和发展新时代"枫桥经验",深化"融警务"建设,完善基层矛盾纠纷多元排查化解机制,提升市长信箱、"12345"政府服务热线办理质效,着力解决群众信访问题。全面开展"铁军护航·警助共富"行动,常态化推进扫黑除恶斗争,严厉打击"盗抢骗、黄赌毒、食药环"等违法犯罪。综合治理电信网络诈骗,力争发案数和案损额"双下降"。全力护航党的二十大、杭州亚运会等重大会议活动,持续擦亮平安中国建设示范市金字招牌。支持驻衢部队建设,加强军人军属、退役军人和其他优抚对象优待工作,巩固军政军民团结。

四、全面加强政府自身建设

新一届政府履职于衢州加快追赶跨越的关键时期,肩负着推动共同富裕的重大使命,必须以更高要求加强自身建设,扎实推进政府治理体系和治理能力现代化,让实干成为政府系统的鲜明标识,努力交出党和人民满意的答卷。

(一)始终坚持党的领导。始终把学习贯彻习近平新时代中国特色社会主义思想作为首要政治任务,深刻领悟习近平总书记寄予衢州的殷殷嘱托,巩固拓展党史学习教育成果,不断汲取真理力量和实践伟力。始终把忠诚拥护"两个确立"、坚决做到"两个维护"落实到政府工作的各方面全过程,不断提高政治判断力、政治领悟力、政治执行力。始终把党的政治纪律和政治规矩挺在前面,坚决同党中央保持高度一致,带头贯彻省委、省政府和市委决策部署,令行禁止、闻令而动,不打折扣、不做选择、不搞变通。始终把争先创优抓发展作为责无旁贷的政治责任,时时放在心上、扛在肩上、抓在手上,以实干实绩体现政治担当。

(二)深入推进依法行政。全面践行习近平法治思想,忠实履行宪法法律赋予的职责,自觉运用法治思维和法治方式开展工作,全力争创法治浙江(法治政府)建设示范市。加强重大行政决策事前论证和事后评估,健全政府合同合法性审查制度,建设政府合同履约监管平台,提高行政决策质量和公信力。坚持和完善一府两院联动机制,全链条预防化解行政争议。深入推进"八五"普法。自觉接受人大法律监督、政协民主监督,主动接受监察监督、司法监督、群众监督、舆论监督,加强审计监督、统计监督。深化政务公开,用好问政平台，让权力在阳光下运行。

（三）全面抓实两专工程。深入践行新时代好干部标准，狠抓学习型政府、专业化队伍建设，全方位提升政府工作人员的学习能力、对话能力、创新能力和实操能力。坚持生成性学习，勇于向“不懂”开战，主动接受新生事物，不断掌握新知识、熟悉新领域、开拓新视野。坚持“一线工作法”，勤调研、接地气，注重在项目现场、企业车间、田间地头、群众身边，看实情、破难题、找答案。坚持实战化历练，脑勤腿勤争项目、争资金、争政策、争试点，在推动发展中锤炼过硬本领。坚持体系化落实，全面运用“四个体系”工作方法，落实“四定”工作要求，强化专班化例会制、清单化销号制，常态化开展重点工作“比晾晒”和争先创优“流动红旗”评价，形成“定一件、干一件、成一件”的滚雪球效应。

（四）持续弘扬担当精神。大兴真抓实干之风，自觉做到平实、务实、真实，决不“把说的当做了，把做了当做成了”。大兴敢闯敢试之风，勇于打破思维定式和路径依赖，系统性重塑机制、工具和方法，创造性推动工作落实。大兴攻坚克难之风，直面矛盾、直击问题，争当“拆弹手”，不当“二传手”，做到“困难面前有我们、我们手下无困难”。大兴敢于斗争之风，防治“软骨病”，不当“老好人”，原则问题寸步不让，歪风邪气坚决斗争，刀刃向内自我革命，努力战胜一切风险挑战。

（五）着力建设廉洁政府。坚决扛起全面从严治党主体责任，严格落实中央八项规定精神，牢牢守住规划、土地、环保、安全红线和廉洁自律底线。聚焦公共资源、国有资产、政府投资等重点领域的监督管理和医保、社保、救助等民生资金的使用管理，打好制度“补丁”，狠抓源头治理。强化财政全过程绩效管理，做到花钱要问效、无效要问责。坚决整治形式主义、官僚主义等问题，真正为基层减负、让基层有感。坚持政府过紧日子，打好行政开支“铁算盘”，进一步压减非刚性、非重点、非急需支出和非必要活动，让勤俭节约成为每位政府工作人员的行为习惯。

各位代表，今年我们继续按照“群众提、代表定、政府办”的原则，梳理形成民生实事候选项目，提请本次大会票决选出10项。对每一项民生实事，我们都将定点定时、定标定责，加强进度和质量管控，主动接受社会各界监督，真正把好事办好、实事办实，让群众更多受益、普遍有感。

各位代表！大道至简，实干兴衢。让我们更加紧密地团结在以习近平同志为核心的党中央周围，全面贯彻市第八次党代会精神，在中共衢州市委的坚强领导下，紧紧依靠全市人民，凝心聚力、克难攻坚，只争朝夕、勇毅前行，为高质量发展建设四省边际共同富裕示范区不懈奋斗，以优异成绩迎接党的二十大胜利召开！

大事记

■ *Chronicle of Major Events*

1月

1日 衢州市8090新时代理论宣讲团演唱的《青年理论宣讲之歌——8090说》在QQ音乐、网易云音乐、酷狗音乐、酷我音乐四大平台唱响。

同日 衢州市民在智慧新城草坪公园，参加“百年大党·衢州有礼”迎新年音乐快闪活动，拉开衢州市庆祝中国共产党成立100周年系列活动序幕。

同日 全国新年登高健身大会在江山市江郎山举行。

4—8日 第八届“衢州·烂柯杯”中国围棋冠军赛开赛，许嘉阳和杨鼎新分获冠亚军。

5日 《衢州市农村住房建设管理条例》公布，于2021年7月1日开始实施。

10日 衢州市举行首个中国人民警察节庆祝活动。

14日 衢州市与浙江中医药大学举行合作项目签约仪式，共同签署战略合作框架协议。

18日 市委常委会召开会议，传达学习贯彻中央农村工作会议精神，研究市委七届九次全会有关事项。市委书记徐文光主持会议。

19日 浙江省宣传思想工作会议召开。会上，2020年“浙江省宣传思想文化工作创新项目奖”揭晓，衢州“8090新时代理论宣讲”获特别项目奖，为全省唯一获此殊荣的项目。

20日 衢州市委七届九次全体(扩大)会议举行。市委常委会主持会议。市委书记徐文光代表市委常委会作工作报告，市委副书记汤飞帆、吴舜泽出席。会议审议通过《中共衢州市委关于制定衢州市国民经济和社会发展第十四个五年规划和二〇三五年远景目标的建议》，动员全市上下深入贯彻“八八战略”、践行“八个嘱托”、推进“八大任务”，争创四省边际社会主义现代化先行市。

21日 市委书记徐文光调研“县乡一体、条抓块统”试点工作，并参加试点工作第十三次周例会。

22日 徐文光、汤飞帆等市领导以视频连线形式出席衢黄南饶“联盟花园”签约仪式。

同日 衢州市构建“县乡一体、条抓块统”高效协同治理格局入选“2020年度浙江省改革创新最佳实践案例”。

2月

3日 衢州宪法公园获全省“十大宪法宣传阵地”第一名。

5日 市委书记徐文光主持召开2020年度全市党委(党组)书记抓基层党建和人才工作述职评议会。省委组织部副部长、省公务员局局长胡旭阳出席会议并讲话，各县(市、区)委书记，智造新城、智慧新城党工委书记和市委机关工委、市教育局、市卫健委、市国资委党委(党组)主要负责人述职；与会人员进行现场评议。

8日 市纪委七届五次全会召开。市委书记徐文光出席会议并讲话。市委常委、市纪委书记、市监委主任蔡旭昶在会上作题为《在"重要窗口"建设中彰显纪检监察新担当新作为 为争创四省边际社会主义现代化先行市提供坚强保障》的工作报告。

9日 浙江华康药业股份有限公司首次公开发行A股上市仪式在上海证券交易所举行。

19日 市委农村工作会议暨全市全面小康决胜年活动举行。徐文光、汤飞帆、吴国升、周伟江等市领导出席。

20日 全市未来社区建设工作推进会举行。市委书记徐文光出席并讲话,汤飞帆主持会议。会上,传达学习省委书记袁家军在未来社区试点建设工作座谈会上的讲话精神。市发展和改革委员会、市住建局、智慧新城、市农业农村局和各县(市、区)委主要负责人汇报未来社区建设工作进展情况和2021年工作计划;相关副市长、专家和企业负责人作交流发言。

23—25日 中国人民政治协商会议第七届衢州市委员会举行第五次会议。

24—26日 衢州市第七届人民代表大会举行第六次会议。

26日 市委召开全市数字化改革部署会。市委书记徐文光出席并讲话。会上,传达学习全省数字化改革大会精神;市大数据局、市发展和改革委员会、江山市主要负责人作交流发言。

3月

1日 市委召开全市政法队伍教育整顿动员会。市委书记、市委政法队伍教育整顿领导小组组长徐文光出席并讲话。会议以视频形式召开,各县(市、区)和市级政法各单位设分会场。

4日 "县乡一体、条抓块统"改革工作省市专班联席(扩大)会议在衢州召开,省委常委、秘书长、改革办主任陈金彪到会并讲话。

5日 全市宣传思想工作会议召开。会议传达市委书记徐文光就全市宣传思想工作所作的批示,总结上年工作、分析当前形势,并就2021年宣传思想工作进行部署。

同日 斗潭片区危旧房改造安置房交付仪式在斗潭家园举行。

11日 副省长刘小涛到巨化集团调研。

同日 汤飞帆、周伟江、吴舜泽等市领导到衢江区莲花乡村国际未来社区芝溪沿岸,和干部群众一起参加义务植树活动。

15日 市委理论学习中心组举行专题学习会,学习贯彻习近平总书记在党史学习教育动员大会上的重要讲话精神和党史学习教育有关书籍资料,以及《中国共产党党员权利保障条例》《中国共产党地方组织选举工作条例》《中国共产党统一战线工作条例》。

同日 市委召开领导干部会议,传达学习全国两会和全省领导干部会议精神,对全市学习贯彻工作作出部署。

同日 衢州8090学党史讲党史主题宣讲系列活动启动。

16日 全省农业春耕备耕暨送科技下乡活动仪式在江山市举行。

17日 全省扩大有效投资重大项目集中开工活动以视频会议形式举行,衢州市33个重大项目集中开工。

18日 全市党史学习教育动员部署会召开。徐文光、汤飞帆等市领导参会。

20日 2021年浙皖闽赣(衢黄南饶)"联盟花园"春季旅游采购大会在浙江衢州举行。会上,"联盟花园"发布"95尊享"AAAAA旅游联盟合作宣言、"联盟花园"主题旅游线路以及旅游市场共建共享宣言,并集中签约一揽子文旅产品采购协议。据统计,本次采购大会现场签约43.4万人,场内场外总计完成游客订单102.3万人次。

23日 市委党校春季学期开学典礼举行,市委书记、市委政法队伍教育整顿领导小组组长徐文光作开班动员暨政法队伍教育整顿专题党课。

同日 衢州市启动庆祝中国共产党成立100周年文化文艺系列活动。

23—24日 省政协主席葛慧君带队赴衢州,调研"扎实推进共同富裕"重点履职课题,并就构建政协协商民主体系听取意见。

26日 衢州市与中国围棋协

会签订战略合作协议。中国围棋协会主席林建超和市委书记徐文光为衢州国际围棋文化交流中心揭牌。

30日 全省建设平安浙江工作暨扫黑除恶专项斗争总结表彰会议在杭州举行。市委书记徐文光在省主会场参会并上台领奖。衢州平安市创建实现“十五连冠”和全域“满堂红”，其中衢州市和龙游县连续15年获评平安市和平安县（市、区），被授予一星平安金鼎；柯城区连续9年获评平安县（市、区），被授予平安银鼎。

同日 “最有礼的城市·最美的人”——衢州市道德模范暨第九届“最美衢州人”十大年度人物颁奖典礼在衢州学院礼堂举行。

同日 由市法院、市工商业联合会联合成立的商会调解工作室揭牌，为衢州市首个商会调解室。

31日 市委书记、市委政法队伍教育整顿领导小组组长徐文光深入衢州市部分政法单位，调研政法队伍教育整顿工作。

同日 市七届人大常委会第三十二次会议审议通过《衢州市历史文化街区保护条例》。5月28日，省十三届人大常委会第二十九次会议批准，于2021年8月1日起施行。

同日 衢州市建成首座环境空气颗粒物组分自动监测站。

是月 2021全国城市传播热度排名发布会在人民日报社举办，衢州市入选城市传播百强榜，排地级市第51位。

4月

1日 衢州市分别与尼山世界儒学中心、山东曲阜市签订战略合作协议。

2日 在莲花乡村国际未来社区，衢州市统一战线市县联动开展“三同工程”助力基层治理行动启动仪式。全国人大常委会委员、民盟中央副主席徐辉等领导出席。

同日 “画·未来”中国·余东乡村未来社区开放仪式在沟溪乡余东村举行，标志着全市首个“旅居型”乡村未来社区正式开放。市人大常委会主任吴国升出席启动仪式。

同日 衢州市首个村级孝亲基金会在开化县东坑口村成立。

6日 衢州一中校友、中国工程院院士汪燮卿及夫人叶嗣懋向衢州一中捐款100万元，设立“汪燮卿、叶嗣懋奖学基金会”，并成立基金管理委员会。

7日 市委书记徐文光在衢州市区调研拆墙透绿、绿化底层治理工作。徐文光一行先后赴市民健身公园、府山公园、衢州学院和市住建局，实地察看公园绿化底层治理、拆墙透绿等情况。随后，徐文光主持召开座谈会听取有关工作情况汇报，对2020年以来城市建设发展方面取得的成效给予充分肯定。

8日 全国集成电路新型显示用电子化学品技术发展研讨会在衢州举行。

9日 《衢州市新时代文明生活健康十条》发布。

11日 宁波市代表团到衢州考察美丽乡村建设工作。

13日 全国政协副主席、民革中央常务副主席郑建邦率民革中央调研组到衢州调研基层组织建设。

同日 全市政法队伍教育整顿工作推进会召开。市委书记、市委政法队伍教育整顿领导小组组长徐文光出席会议并讲话，省委政法队伍教育整顿驻衢州指导组组长李剑飞出席。会议听取学习教育环节评估情况及有关工作汇报，研究“1+5顽瘴痼疾整治方案”等文件。会后，与会人员参加全市政法系统英模先进事迹报告会。

同日 衢州市首个非遗学院在常山成立。

14日 浙江省第四届体育大会正式开赛，本届大会由浙江省人民政府主办，省体育局与衢州市人民政府承办。

同日 全省社区矫正“中华经典诵读大赛”在衢州举行。

15日 市委召开专题会议研究数字化改革工作。市委副书记、市长汤飞帆出席并讲话。会议听取各县（市、区）关于数字化改革推进情况、特色亮点、存在问题和综合场景应用的汇报，研究部署下一步工作。

16日 党史学习教育省委宣讲团宣讲报告会举行。

21日 省人大常委会党组副书记、副主任李卫宁带队到衢州，结合“为群众办实事，为基层减负担，为企业解难题”专题实践开展“三服务”活动。

同日 衢州市召开营商环境建设暨国家信用体系建设示范区创建推进会。市委副书记、市长汤飞帆出席并讲话。

23日 市委副书记、市长汤飞帆带队调研指导重大项目征迁工作，看望慰问一线工作人员。

25日 由市委办公室、市委依法治市办联合主办的“法治浙江建设衢州实践”图文展在市档案馆开展。

同日 “南孔爷爷”获首届“中国年度IP评选”品牌文化铜奖。

26日 衢州市知识产权纠纷人民调解委员会揭牌仪式在衢州市公共法律服务中心举行。

27日 省党史学习教育第五巡回指导组进驻衢州，听取衢州市党史学习教育工作汇报。巡回指导组组长张文华讲话，市委副书记、市长汤飞帆作表态发言。

28日 2021年中国国家围棋队选拔赛在衢州开幕。中国围棋协会主席林建超出席开幕式。

29日 全市“县乡一体、条抓块统”试点工作第十六次工作例会暨基层治理“一件事”PK赛在衢江区召开。会上，通报全市基层治理“一件事”集成改革推进情况，各县(市、区)分别汇报基层治理“一件事”集成改革线上运行情况，并同步演示线上运行系统。

30日 衢州市城乡公交一体化方案发布暨公共交通服务提升年活动启动仪式在衢州市综合客运枢纽举行。市委副书记、市长汤飞帆出席，并宣布市区城乡公交一体化正式运营。

5月

7日 全国政法队伍教育整顿中央第七督导组到衢州开展调研督导，听取衢州市工作汇报。

同日 “南孔圣地·衢州有礼”集体商标正式获国家知识产权局商标局注册公告，获商标专用权。

9日 2021年中国品牌价值信息发布暨中国品牌建设高峰论坛，发布中国地级市品牌综合影响力指数前100名城市名单，衢州排名第35。

同日 2021衢州金庸武林大会在水亭门开幕。

13日 衢黄南饶四市开展水利政务服务数字化合作，取水许可电子证照实现“跨省通办”。

14日 副省长高兴夫在衢州主持召开综合交通工作座谈会。

16日 全国首个乡村未来社区慢直播在开化县音坑乡开幕。

17日 《衢州日报》刊发《衢州市2020年第七次人口普查主要数据公报》，衢州常住人口2276184人。

同日 智造新城2021年上半年招商引资项目集中签约仪式举行，本次集中签约项目22个，计划总投资662亿元。

18日 在全省建设新时代美丽浙江暨中央环境保护督察整改推进大会上，衢州市获大禹鼎金鼎。

同日 中国(衢州)未来乡村大会举行，衢州市政府与中国农学会签订战略合作协议。

19日 2021全国汽染业企业标准“领跑者”会议在衢州举行。

21日 全省碳达峰碳中和工作推进会在杭州召开，会议以视频会议形式召开，各市县设分会场。汤飞帆在主会场参会，吴国升、吴舜泽等市领导在衢州分会场参会。

24日 市委副书记、市长汤飞帆带队检查中央生态环保督察警示案例、长江经济带生态环境问题、省内垃圾非法倾倒问题等整改工作，调研生态环境数字平台建设。

26日 市委副书记、市长汤飞帆在开化县调研信访工作、接待来访群众，并开展信访积案化解协调。下午，汤飞帆带队赴开化县开展挂联区块服务发展工作。

26—27日 省政府调研组到衢州调研民生实事项目推进情况。

27日 中国科学院大学附属肿瘤医院(浙江省肿瘤医院)衢州分院、浙江医院衢州分院揭牌仪式，在柯城区人民医院举行。

同日 2021年衢州市“新时代好少年”(衢州有礼少年)评选活动在市实验学校教育集团新湖校区红领巾会客厅举行。

6月

2日 全省政法队伍英模事

迹报告会在衢州举行。

4日 知名浙商助力衢州跨越式发展大会举行，并签约10个在衢州投资重点项目，投资总额超26亿元，涵盖美丽经济幸福产业和新能源光伏发电项目。会上，衢黄南饶四市统一战线共同发布同心共建"联盟花园"行动宣言，并举行"知名浙商共建乡村振兴共同富裕示范点"授牌仪式。

同日 副省长卢山带队到衢州调研工业科技工作，吴舜泽、周黎旸等市领导陪同调研。

6日 衢州市蛇伤救治中心挂牌成立，为全省首家。

同日 衢州市礼学与政企管理研究会成立，是市社科联主管的首家民办社科联团体。

7日 中国（浙江）自由贸易试验区衢州联动创新区获批。

8日 衢州市乡村振兴局正式挂牌，市委副书记、政法委书记吴舜泽，副市长徐利水出席仪式并揭牌。

9日 2020年度衢州"榜样统战人物"暨统战领域"杰出工匠（大师）"发布会举行。省委统战部常务副部长王晓峰出席并致辞，吴舜泽、傅根友等市领导参加。

10日 外交部原部长李肇星做客第十一期"南孔大讲堂"，与现场观众畅谈"大国外交，爱国爱民"。

同日 钱江源国家公园获评首批"国家青少年自然教育绿色营地"。

15日 省委常委、常务副省长陈金彪带队到衢州调研企业生产经营情况，走访慰问党员，并接待群众来访。

16—17日 省党史学习教育第五巡回指导组到衢州巡回指导。

18日 新时代青年理论宣讲研讨会、浙江省新时代青年理论宣讲志愿者联盟成立仪式在衢州举行。省委常委、宣传部部长朱国贤出席。

同日 浙江金沃精工股份有限公司在深圳证券交易所创业板挂牌上市，成为衢州市第9家A股上市公司。

同日 衢州首支精细化工灭火救援队成立。

23日 市委召开全市领导干部会议，宣布省委关于衢州市委主要领导职务调整的决定。省委副书记、组织部部长黄建发出席会议并讲话。省委组织部副部长温暖宣布省委决定：汤飞帆任中共衢州市委书记，高屹任中共衢州市委委员、常委、副书记。

同日 衢州市委机关工委向市直机关首批6名老党员颁发"光荣在党50年"纪念章。

24日 衢州市政法队伍教育整顿驻点指导反馈会召开。省委第六驻点指导组组长李剑飞作情况反馈。市委书记、市委政法队伍教育整顿领导小组组长汤飞帆作表态讲话。

25日 市委理论学习中心组开展主题党日活动，共同见证中共衢县支部旧址正式对外开放，举行集中宣誓活动，参观衢州百年党史图片展，重温伟大历程，弘扬优良传统，赓续红色血脉，扛起使命担当。

同日 "永远跟党走"衢州市庆祝中国共产党成立100周年文艺演出在衢州学院大会堂举行。

同日 衢州南孔圣地文化旅游区AAAAA创建暨衢州儒学文化产业园国家示范创建工作推进会举行。

同日 "百年峥嵘——衢州市庆祝中国共产党成立100周年美术作品展"在衢州市博物馆开幕。

28日 衢州市人大常委会接受汤飞帆辞去衢州市人民政府市长职务，决定高屹任副市长，代理市人民政府市长职务。

同日 华夏航空华东总部暨华夏云翼国际飞行培训学校奠基开工。市委书记汤飞帆宣布项目开工。市委副书记、市政府党组书记高屹，华夏航空控股（深圳）有限公司董事长胡晓军致辞。

30日 市委党史学习教育领导小组召开全体会议。市委书记、市委党史学习教育领导小组组长汤飞帆主持会议并讲话。

30日至7月3日 党史学习教育中央第五指导组到衢州调研指导，推动衢州市党史学习教育走深走实。中央第五指导组组长孙永春、副组长田哲一和指导组成员，市领导汤飞帆、高屹等参加相关活动。

7月

1日 庆祝中国共产党成立

100周年大会在北京天安门广场隆重举行。汤飞帆、高屹、吴国升、周伟江、吴舜泽等市四套班子领导集中收看实况直播。下午，市领导在衢州分会场参加浙江省庆祝中国共产党成立100周年大会。当晚，衢州市“两优一先”表彰大会暨党史学习教育专题党课报告会举行。汤飞帆出席会议并讲授专题党课。

5—7日 市委书记汤飞帆深入常山县、柯城区、龙游县，调研共同富裕工作。

8日 市委常委会召开会议，研究并原则通过《高水平建设新时代美丽衢州规划纲要(2020—2035)》。会议讨论全面实施“两专工程”有关文件，并研究其他事项。

同日 全市数字化改革推进会召开。市委书记汤飞帆出席会议并讲话。9月9日和11月18日，衢州市相继召开全市数字化改革推进会。

9日 浙江永和制冷股份有限公司在上海证券交易所主板挂牌上市，成为衢州第10家A股上市公司。

同日 衢州市测绘与地理信息行业协会成立。

同日 2021年度浙江证监局辖区上市公司董秘例会在衢州召开。

12日 市委召开全面实施“两专工程”暨县级领导班子换届工作会议，市委书记汤飞帆出席会议并讲话。市委常委、纪委书记、监委主任蔡旭昶就严肃换届纪律提出要求，市委常委、市委组织部部长陈玲芳对县级领导班子换届工作作出部署。与会人员观看换届纪律警示教育片《警钟长鸣》。

同日 衢州与德国海外商会联盟大中华区签订职业教育合作协议。

13日 浙江天蓬畜业有限公司获得江山农商银行2000万元贷款，为衢州市首笔农业碳中和项目贷款。

13—14日 省委书记袁家军在衢州调研习近平总书记“七一”重要讲话精神和省委十四届九次全会精神贯彻落实情况。省领导陈奕君，市领导汤飞帆、王良海参加调研。

16日 衢州“世界长寿之都”揭牌仪式在开化举行，衢州市成为全国第三个正式获评“世界长寿之都”称号的地级市。

17日 衢州市协作中心召开衢州市寓外商会秘书长工作会议。

18日 浙江时代锂电材料国际产业合作园项目(一期)开工。拉开衢州产业新一轮高质量发展的序幕。

同日 市委、市政府举行产业高质量发展大会。会议深入贯彻省委书记袁家军在衢州调研讲话精神，为企业家们加油鼓劲，作出大抓产业、大抓工业的总动员。会议以视频形式召开，主会场设在市工人文化宫，各县(市、区)、智造新城、智慧新城设分会场。会上，表彰2020年度衢州市政府特别奖获奖企业和个人；发布衢州市实施六大产业链提升工程行动方案，介绍衢州市现代服务业招商引资若干政策、衢州市凤凰行动计划2.0版。

20日 市委举办学习习近平总书记在庆祝中国共产党成立100周年大会上重要讲话精神专题读书班。

同日 市农行发放全国首笔工业减碳助力贷。

21日 市委书记、市推动长江经济带发展领导小组组长汤飞帆主持召开市推动长江经济带发展领导小组会议，学习贯彻习近平总书记关于推动长江经济带发展重要讲话精神和浙江省推动长江经济带发展领导小组会议精神，研究部署衢州市推动长江经济带发展相关工作。

同日 全省政法队伍教育整顿“回头看”省委第六督查组到衢州开展督查。

21—22日 四川省绵阳市党政代表团到衢州考察。

24日 浙江大学衢州研究院海内外优秀青年学者论坛在衢州开幕。本次论坛为期3天。

26日 台风“烟花”在嘉兴平湖二次登陆，华东地区遭遇风雨潮齐袭。当天下午，市委书记汤飞帆率队赴市区部分内涝点、地下车库和在建工程，实地检查指导防台防涝工作。

26—27日 2021(第五届)中国行业经济指数论坛暨“鹿鸣山”数字经济指数发布会在衢州举行。

27日 市委七届十次全体

(扩大)会议举行,全会以习近平新时代中国特色社会主义思想为指导,深入学习贯彻习近平总书记"七一"重要讲话精神,全面落实省委十四届九次全会的部署要求,听取和讨论市委常委会工作报告,审议原则通过《衢州高质量发展建设四省边际共同富裕示范区行动计划(2021—2025年)》,进一步动员全市上下弘扬伟大建党精神,坚定不移贯彻"八八战略"、践行"八个嘱托"、推进"八大任务",锚定新方位、扛起新使命,实干争先、加压奋进,全力打造四省边际共同富裕示范区、四省边际中心城市,率先在四省边际地区展现共同富裕美好社会的基本图景。市委常委会主持会议。市委书记汤飞帆代表市委常委会作工作报告。

28—29日 省长郑栅洁到衢州调研。市领导汤飞帆、高屹、周黎旸等陪同调研。

29日 市人大常委会通过《关于促进和保障高质量发展建设四省边际共同富裕示范区的决定》。

同日 市七届人大常委会第三十五次会议审议通过《衢州市居家养老服务条例》。9月29日,省十三届人大常委会第三十一次会议批准,于2022年1月1日起施行。

同日 浙江省消防救援总队在衢州市举行全省消防救援队伍(精细化工)跨区域实战拉动演练。

同日 信安湖龙吟瀑开工建设。

30日 衢州籍运动员黄雅琼获东京奥运会羽毛球混双银牌。

8月

1日 衢州市启动青少年新冠疫苗接种。

3日 衢州市人民政府与中国银行浙江省分行签订战略合作协议。

同日 乌溪江引水工程入选全省十大"最美水利工程",铜山源水库入选全省"最美水利工程"提名奖。

4日 市七届政府第七次全体(扩大)会议召开。高屹讲话,强调要全面实施工业强市十大专项行动。

5—6日 衢州市第七届人民代表大会第七次会议召开。出席大会的276名市人大代表听取代市长高屹所作的关于上半年全市经济社会发展情况的报告。大会通过衢州市七届人大七次会议选举办法,选举高屹为衢州市人民政府市长。

7日 衢州市发布《关于进一步促进市区房地产市场平稳健康发展的通知》。

9日 衢州市与上海喜马拉雅科技有限公司签署战略合作框架协议,双方将开展全面战略合作,共同推进中国(衢州)数字文化产业创新融合最优示范城项目。

同日 云南宣威—浙江衢州劳务合作工作站揭牌成立。

10日 "衢州制造·品牌出海"中国(衢州)跨境电商峰会在衢州举办。峰会上,8个中国(衢州)跨境电商综试区园区举行集中开园仪式,中国(衢州)跨境电商综试区线上综合服务平台举行上线仪式和衢州跨境电商服务商联盟落地仪式。

11日 市委政法委全体(扩大)会议举行。市委书记汤飞帆出席会议并讲话。

12日 衢州市人民政府与农发行浙江省分行签订合作协议。

13日 全省高质量发展建设共同富裕示范区重大项目集中开工活动启动仪式以视频会议形式举行。在衢州分会场,市委书记汤飞帆向省主会场报告衢州标志性项目、特色项目开工情况和本次集中开工项目面上情况。

17日 衢州市融入长三角一体化发展工作领导小组举行会议。市委书记、领导小组组长汤飞帆主持会议并讲话。

同日 衢州市召开深化国有企业改革大会。省国资委党委书记、主任冯波声,市委书记汤飞帆出席并讲话。

同日 衢州发放全国首笔个人碳账户优惠贷款,贷款人是衢江区樟潭街道戚家村村民。

19日 龙游恒盛能源股份有限公司在上海证券交易所主板挂牌上市,为衢州第11家A股上市公司。

19—20日 省政协副主席吴晶到衢州调研城乡供水数字化工作。

22日 《衢州高质量发展建

设四省边际共同富裕示范区行动计划(2021—2025年)》印发。

23日 市委党的群团工作会议召开,市委书记汤飞帆出席并讲话

25日 副省长王文序到衢州开展党史学习教育专题实践活动。

同日 市委书记汤飞帆采取“四不两直”的方式,深入市区部分公共场所,暗访检查疫情防控工作落实情况。

27日 市委书记汤飞帆带队调研351国道(市区段)项目建设工作。

是月 衢州再度荣膺“全国围棋之乡”称号。自2011年首获“全国围棋之乡”后,该荣誉一直与衢州结缘。

9月

1日 衢州市发布《义务教育学校课后服务实施办法》。

1—2日 省人大常委会党组书记、副主任梁黎明带队到衢州市调研县乡人大换届选举、人大数字化改革、人大代表联络站、民生实事项目人大代表票决制等工作。市委书记汤飞帆、市人大常委会主任吴国升等陪同调研。

2日 市委书记汤飞帆专题调研文化工作,并主持召开市宣传思想文化工作领导小组会议暨文化工作座谈会。

3日 市委召开法院工作会议,研究部署进一步加强新时代衢州市法院工作,为全市“十四五”高质量发展、高水平治理提供最好的法治环境和司法保障。省高院党组书记、院长李占国,市委书记汤飞帆出席会议并讲话。

同日 全国首张“跨省通办”取水许可电子证照在衢州发出,申报人是江西客商唐文敏。

6日 2021南孔文化季·“泗淛同源”孔子文化交流活动在衢州市博物馆启动。市委书记汤飞帆,尼山世界儒学中心副主任、孔子博物馆馆长郭思克,浙江省社科联副主席范钧,山东曲阜市政协主席孔令玉致辞。国际儒学联合会副会长张践和衢州市领导周伟江、钱伟刚、徐利水、王良海出席。

7日 衢州市总工会党史党建和劳模工匠展示厅开馆。

8日 市委常委会召开会议,学习贯彻《中共中央关于加强新时代检察机关法律监督工作的意见》和省委《进一步加强检察机关法律监督工作的若干意见》,并研究部署衢州市义务教育“双减”工作。

同日《衢州市进一步减轻义务教育阶段学生作业负担和校外培训负担工作方案》发布。

10日 市委理论学习中心组举行专题学习会,邀请中国社会科学院学部委员、可持续发展研究中心主任潘家华作《碳中和进程与路径的战略思考》专题辅导,中国科学院物理所所务委员、长三角物理研究中心副主任李泓作《先进储能技术分析》专题辅导。

12日 省委书记袁家军,省委副书记、省长郑栅洁赴省防汛防台抗旱指挥部检查指导,对全省防汛防台工作再动员、再部署。市委书记汤飞帆在市防汛防台抗旱指挥部参会,并通过视频系统连线各县(市、区),部署全市防汛防台工作。12日上午,市委副书记、市长高屹在省防汛防台抗旱指挥部关于第14号超强台风“灿都”防御工作会议后,立即召开续会进行贯彻部署。

同日 民建衢州市第八次代表大会召开。

13日 市委书记、高质量发展建设四省边际共同富裕示范区领导小组组长汤飞帆主持召开领导小组第一次会议并讲话。

同日 民革衢州市第七次代表大会召开。

15日 民盟衢州市第八次代表大会召开。

同日 市委党校秋季学期开学典礼暨“两专工程”招商引资实训班开班式在市工人文化宫举行。

15—16日 省委副书记黄建发在衢州调研共同富裕工作。

17日 市委书记汤飞帆赴龙游县、智造新城部分工业企业,进车间、问研发、看产品,与企业负责人面对面交流,听取企业诉求,现场协调交办有关事项。

同日 第30期电视问政《请人民阅卷》节目在衢州广电传媒集团一楼演播大厅举行,并通过衢州电视新闻综合频道、“无线衢州”App首次现场直播。本期主题为“聚焦做好‘创文后半篇文章’,打造新时代文明生活示范市”。

同日 常山籍运动员余依婷

在第十四届全运会上获女子400米个人混合游泳冠军。

23日 “古城双修”系列项目誓师大会举行。

同日 浙江乡村舞蹈大赛在龙游举行。

24日 市委文化工作会议召开，市委书记汤飞帆出席并讲话。会上，市文旅局、龙游县、柯城区沟溪乡余东村、醉根艺品公司、市作协负责人作交流发言。与会人员观看《牢记嘱托 文润三衢》衢州文化工作宣传片。

24—26日 2021首届衢州市数字生活嘉年华活动举行。

25—26日 全省“县乡一体、条抓块统”改革与基层治理现代化理论研讨会在衢州召开。

同日 衢州市版权服务工作站成立。

27日 衢州市与浙江中医药大学签订合作协议，宣布设立浙江中医药大学附属四省边际中医院（衢州临床医学院）、杨继洲学院，并举行授牌仪式

同日 衢州乡村振兴大会暨农业高质量发展推进会召开。市委书记汤飞帆出席大会并讲话。

28日 纪念孔子2572年诞辰祭祀典礼在孔氏南宗家庙举行。市领导高屹、吴国升、钱伟刚、徐利水、琚建军，国际儒学联合会副会长于建福，孔子七十六世嫡长孙孔令立等参加。

同日 市七届人大常委会第三十六次会议审议通过《衢州市围棋发展振兴条例》。11月25日，省十三届人大常委会第三十二次会议批准，于2022年4月1日起施行。该条例是国内首部围棋方面的立法。

同日 生态环境部党组书记孙金龙带队到衢州市调研生态环境高水平保护助推经济高质量发展、促进共同富裕示范区建设等相关情况。

同日 衢州天王塔沉浸式艺术馆开馆。

同日 六道无鱼动画工作室高层次人才、动画导演林魂，原创的动画作品《雾山五行》获第18届中国动漫金龙奖最佳系列动画金奖。

29日 浙江大学工程师学院衢州分院、浙江大学衢州研究院（以下简称浙大衢州“两院”）新校区启用，并举行新时代大学与城市协同发展专家讲座等相关活动。

30日 第三届衢州人发展大会主旨大会举行，市委书记汤飞帆作题为《凝聚乡贤力量、助力共同富裕，齐心协力把美好蓝图绘就在三衢大地》的主旨演讲。高屹、吴国升、周伟江、吴舜泽等市四套班子领导出席。

同日 市党政军领导和社会各界代表在衢州革命烈士纪念碑广场举行敬献花篮仪式，汤飞帆、高屹、吴国升、周伟江、吴舜泽等出席。

10月

8日 市委书记汤飞帆赴龙游县调研“县乡一体、条抓块统”改革试点工作。

9日 2021年度衢州“8090说”新时代理论宣讲电视大赛战队总决赛开赛。

11日 衢州市基层卫生协会揭牌成立。

13日 衢州市举行竞技体育贡献奖表彰仪式，市委书记汤飞帆出席并会见从第三十二届奥运会、第十四届全运会载誉而归的衢州籍运动员黄雅琼及其家人。

同日 市委书记汤飞帆采取“四不两直”的方式，深入市区部分农贸市场、主次干道、背街小巷、商业中心，暗访检查全国文明城市创建成果巩固提升和新时代文明生活示范市建设工作情况。

13—14日 省政协副主席陈小平在衢州调研“城乡义务教育优质共享”和“打造‘浙有众扶’名片民生实事需求”等课题。

14日 联合国生物多样性大会生态文明论坛在云南昆明举行，衢州成功创建国家生态文明建设示范市，并接受表彰授牌。

同日 衢州实现县级邮政监管机构全覆盖。

同日 衢江区廿里镇廿里村姜丽珍当选孝老爱亲类“中国好人”。

16日 首届“四省边际文学周”开幕。

16—17日 省委副书记、代省长王浩到龙游县、常山县和巨化集团，调研山区26县发展和经济运行情况。市领导汤飞帆、高屹、周黎旸分别参加调研。

18日 “青春中国·衢州有礼”全国大学生主题原创音乐大赛巅峰之夜举行。

18—20日 2021北京·衢州人才周活动在北京举办。

19日 市委举行“守好红色根脉 聚力共同富裕”衢州市党史学习教育“四个我为”专题新闻发布会，市党史学习教育领导小组副组长、办公室主任钱伟刚作主发布。

20—21日 台州市委书记李跃旗，市委副书记、市长吴海平率该市党政代表团到衢州考察。

21日 浙江省首届绿色金融改革创新大赛在衢州举办，以案例展示形式，全面展现全省各地市在绿色金融改革创新中取得的重大成果。

同日 衢州市首笔农民住房财产权抵押贷款发放，贷款人是江山市贺村镇山底村村民。

22日 浙江省第四届体育大会开幕式在衢州市体育中心主体育场举行。副省长成岳冲宣布开幕，市委书记汤飞帆致欢迎词，省体育局局长郑瑶致开幕词，省政府副秘书长蔡晓春、市四套班子领导吴国升等出席，市委副书记、政法委书记吴舜泽主持开幕式。10月28日，浙江省第四届体育大会闭幕式在衢州中专举行。

同日 衢州市公布原创的“双减”标准体系——《衢州校内减负提质标准体系》，为在全省首个校内减负提质标准。

24日 衢州市3周岁至11周岁孩子开始接种新冠疫苗。

26日 浙江省发展和改革委员会、衢州市人民政府共同举办的央企走进26县建设共同富裕示范区活动在衢州市举行。市委书记汤飞帆致辞，市委副书记、市长高屹主持，省发展和改革委员会副主任李军讲话，省国资委副主任胡信才和市领导周伟江、陈锦标等参加活动。

同日 高铁新城姜家山片区安居房启动交付。

27日 衢州面向全球征集“衢州烂柯”文化品牌标识，推广口号和吉祥物同步征集。

同日 衢州入选第二批国家级文化和旅游消费试点城市。

28日 四省边际中心医院（衢州市人民医院）新院区正式启用仪式在新院区南广场举行。

同日 衢州首座装配式钢结构220千伏变电站建成投产，该电站位于龙游县模环乡。

同日 浙江省第十八届林业科技周活动在开化启动。

28—29日 在浙韩资企业（衢州）经贸交流会举办，此次活动由浙江省贸促会、衢州市人民政府主办，衢州市贸促会、衢州市商务局、衢州市招商投资促进中心、衢州市制造新城管委会承办。

29日 衢州市首届残健共舞公益创新大赛举行。

11月

3日 市委退役军人事务工作领导小组第三次会议暨双拥领导小组全体会议举行。市委书记、市委退役军人事务工作领导小组组长汤飞帆主持会议并讲话。

同日 市委书记汤飞帆主持召开市对口工作领导小组会议并讲话。市发展和改革委员会负责人汇报全市对口工作进展情况。会议研究部署下一阶段工作。

同日 衢州市两项目获国家科学技术进步奖二等奖。巨化装备工程集团有限公司与浙江大学等单位联合申报的“氢气规模化提纯与高压储存装备关键技术及工程应用”、浙江上洋机械股份有限公司与安徽农业大学等单位联合申报的“绿茶自动化加工与数字化品控关键技术装备及应用”获国家科学技术进步奖二等奖，刷新衢州市获国家级奖项纪录。

4日 衢州职业技术学院牵头成立衢州市职业教育集团。

5日 江山市虎山街道的周明霞获评中国孝老爱亲好人，开化县大溪边乡上安村党支部书记余雄富获评敬业奉献好人。

8日 衢州海创园落成开园仪式在杭州未来科技城衢州海创园二期中心广场举行。

8—9日 全省“县乡一体、条抓块统”改革工作现场推进会在衢州召开。省委书记袁家军做出批示，省委常委、秘书长、省委改革办主任陈奕君出席并讲话，市委书记汤飞帆作交流发言。

9日 浙江银行业保险业支持山区26县跨越式高质量发展现场推进会在衢州市召开。

同日 全省绿道网建设暨城市

园林绿化工作现场会在衢州召开。

9—10日 中国考古学会理事长王巍带队到衢江区考察孟姜村土墩墓群。

10—11日 全省乡村全域土地综合整治与生态修复现场会在衢州召开。会议回顾总结乡村全域土地综合整治三年行动工作成效，研究部署高质量推进乡村全域土地综合整治与生态修复工作。省委常委、常务副省长陈金彪出席会议并讲话。其间，陈金彪一行赴开化县、常山县，调研国家公园创建、共同富裕、中央生态环境保护督察反馈问题整改、生态产品价值实现机制改革等工作。

18日 市委先后召开常委会会议和全市领导干部会议，传达学习中共十九届六中全会和全省领导干部会议精神，对全市学习贯彻工作作出部署。

同日 双港大桥于上午6时封闭禁航。11月20日上午7时爆破拆除。

同日 2021年中国科学院院士增选名单发布，龙游县模环初级中学1982届校友、中国地质大学(武汉)教授谢树成当选。

19日 衢州市“联盟花园”入选浙江省推进长三角一体化最佳实践名单。

同日 2021年全民读书周暨第13届衢州书展开幕。

20日 衢州市发布《工业企业碳账户碳排放核算与评价指南》，为衢州市工业企业碳账户体系地方标准。

22日 市委学习贯彻中共十九届六中全会精神“六讲六做”大宣讲活动动员部署会召开。

同日 衢州市创建的江山港廿里段、衢江城区段、池淮溪集镇段、保安溪等11条省级美丽河湖，全部完成市级验收，并通过省级复核，衢州市在全省率先实现省级美丽河湖全覆盖。据统计，从2018年起，全市创建美丽河湖46条，其中省级34条，累计创建长度429.76千米，投入资金32.35亿元。

同日 市委书记汤飞帆到市信访局接待来访群众并调研信访工作。

26日 市委召开县(市、区)领导班子换届人选集体谈话会。

同日 市委书记汤飞帆赴江山基层一线宣讲中共十九届六中全会精神，并调研基层党建、基层治理和共同富裕工作。

30日 市七届人大常委会第三十七次会议审议通过《衢州市工业固体废物管理若干规定》。12月22日，省十三届人大常委会第三十三次会议批准，于2022年5月1日起施行。

12月

1日 中共衢州市委社会建设委员会揭牌仪式举行。中共衢州市委社会建设委员会和市发展和改革委员会合署办公。

同日 “95联盟大道”现场推进会暨“联盟花园”工作例会在龙游召开。

同日 首届衢州市文艺评论大赛正式开启。

2日 衢州国际围棋文化交流中心正式启用。同日，中国围棋协会、衢州市人民政府联合主办“烂柯对弈·新千年烂柯谱第一局”，邀请中国围棋史上最年轻的“八冠王”柯洁九段与“人气国手”连笑九段在衢州国际围棋文化交流中心落子首局，最终柯洁夺冠。中国围棋协会主席林建超，中国围棋协会副主席聂卫平，市领导汤飞帆、周伟江、徐利水等出席开局仪式。

3日 绍兴市党政代表团到衢州考察。

同日 “学习强国”衢州学习平台App上线试运行。12月30日正式上线运行。

4日 衢州碳账户走进中国企业家博鳌论坛。

7日 全市开放型经济发展暨中国(浙江)自由贸易试验区衢州联动创新区建设推进会召开，市委书记汤飞帆出席并讲话。

8日 在意大利罗马举行的第20届联合国国际花园城市竞赛上，衢江莲花乡村国际未来社区以第一名的成绩获“国际花园社区”大奖(环境可持续发展项目奖)。

同日 市委书记汤飞帆在衢江区调研共同富裕工作。

9日 全市基层党建工作会议召开，市委书记汤飞帆出席会议并讲话。

14日 由中国农工民主党中央委员会、国家中医药管理局主办，中共衢州市委、衢州市人民政府承办的第七届中医科学大会开幕。大会以线上线下相结合方式召开，在北京和衢州分别设立线下会场。全国人大常委会副委员长、农工党中央主席陈竺，国家中医药管理局党组书记余艳红，中国工程院副院长、中国医学科学院院长王辰，农工党中央副主席杨震、龚建明、曲凤宏、焦红、于文明，衢州市委副书记、市长高屹等出席开幕式。

同日 搭乘"神舟十二号"的"江山黄精"种子"回家"。

15日 平安中国建设表彰大会在北京举行。衢州市被授牌命名为平安中国建设示范市，市委书记汤飞帆代表衢州市在北京接受大会表彰，并受到习近平总书记的亲切接见。

同日 衢州市成功创建全国社区治理和服务创新实验区。

18日 庆祝衢州新桥街孔氏南孔家庙建成500周年云纪念活动举行。

同日 国际儒学联合会第十二次普及工作座谈会召开。会议采用线上线下相结合的形式举行，在衢州、北京设分会场。

20日 2021年度国内、国际十大考古新闻发布，衢州西周土墩墓列国内十大考古新闻第9位。

23日 省委召开经济工作会议。会议以视频会议形式召开，各设区市设分会场。汤飞帆、高屹、吴国升、周伟江、吴舜泽等市领导，衢州学院和各县（市、区）、智造新城、智慧新城主要负责人在衢州分会场参加会议，并就学习领会、贯彻落实会议精神进行分组讨论。

24日 市委议军会举行。市委书记、衢州军分区党委第一书记汤飞帆主持会议并讲话。

同日 衢州市与浙江新湖集团股份有限公司签订战略合作协议，并举行新湖中宝股份有限公司迁址落户衢州仪式。

25日 杭州—衢州山海协作视频联席会议召开。省委常委、杭州市委书记刘捷和衢州市委书记汤飞帆讲话，杭州市委副书记、市长刘忻主持，衢州市领导高屹、王良春、王良海和杭州市领导朱建明、王宏出席。

同日 总投资4.8亿元的衢州市城东污水处理厂（三期）通过竣工验收。该项目日处理污水规模由5万吨扩容到10万吨，为衢州市最大的工业污水处理厂。

26日 北京林业大学发布2021年度中国"绿都"评价研究成果，衢州获评"中国绿都"称号。

28日 浙江省首个高速公路隧道技术中心在高速公路衢州管理中心南收费所挂牌成立。

同日 衢州日报报业传媒集团"96811"公众服务中心成立十周年。10年来，"96811"衢报公众服务中心为衢城23.66万户家庭提供民生保障服务。

同日 浙江鑫佳硕科技有限公司获得一笔额度为420万元的贷款担保，为衢州发放的首笔"绿碳保"担保贷款。

同日 经省政府同意，省科技厅、省发展和改革委员会联合发文批复，同意创建"常山信息材料高新技术产业园区、衢州智慧新城高新技术产业园区"，实行省级高新区政策。至此，衢州市共有国家级高新区1家、省级高新区4家。

29日 衢州发布全国首个用能预算化管理应用场景。

同日 由衢州市文化广电旅游局主办，浙江青艺服务有限公司承办的"阙里人家"衢派民宿品牌交流会在常山塞外农场季意民宿举办。

31日 全国国际围棋文化交流中心建设工作会议以视频形式举行。本次会议在北京和衢州分设2个主会场，全国各地设50个视频分会场。会议介绍了衢州国际围棋文化交流中心建设经验。

同日 市委书记汤飞帆赴开化县调研山区县富民强县、扩中提低的落实举措。

是年 全国城市信用状况排名公布，衢州在全国261个地级市中排名第1。

市情概览

■ *Overview of Quzhou*

建置区划

【建置沿革】 五六万年前，衢州市境一带已有智人生息。约秦王政二十五年（前222），于姑蔑地置大末县，东汉时称太末县。东汉初平三年（192），析太末县西境置新安县。建安二十三年（218），分新安县立定阳县。西晋太康元年（280），改新安县为信安县。南朝陈永定三年（559），置信安郡，领信安、定阳两县。此为衢地设郡州级政区之始。天嘉三年（562），撤信安郡。隋开皇九年（589），废太末县。大业三年（607），定阳县并入信安县。唐武德四年（621），于信安县置衢州，又分信安县置须江、定阳县，属衢州。同年，复置太末县，又分置白石县。武德八年（625），废衢州，须江、定阳、太末、白石4个县并入信安县。贞观八年（634），析金华、信安2个县置龙丘县。咸亨五年（674），分信安县置常山县。垂拱二年（686），复置衢州，州治信安，辖信安、龙丘、常山3个县。永昌元年（689），析信安县置须江县。如意元年（692），分龙丘县置盈川县。万岁登封元年（696），分常山、须江及饶州之弋阳置武安县（今玉山），属衢州。唐开元中，于衢州峥嵘岭设信安王府。天宝元年（742），改衢州为信安郡。乾元元年（758），复为衢州，玉山、常山2个县改隶信州，常山寻还衢州。元和七年（812），盈川县并入信安县。咸通年间，改信安县为西安县。吴越宝正六年（931），改龙丘县为龙游县，改须江县为江山县。北宋仍置衢州。乾德四年（966），吴越于常山县西境置开化场。太平兴国三年（978），吴越纳土归宋。太平兴国六年（981），升开化场为开化县。元至元十三年（1276），改州为路，置衢州路总管府。元至正十九年（1359），废衢州路设龙游府。至正二十六年（1366），改龙游府为衢州府。明洪武九年（1376），衢州府隶浙江等处承宣布政使司金衢道。清沿明制，衢州府仍辖西安、龙游、江山、常山、开化5个县。清宣统三年（1911）七月，裁西安县并入衢州府。

辛亥革命后，置衢州军政分府，仍辖西安、龙游、江山、常山、开化5个县。民国元年（1912）2月，废府，改西安县为衢县。民国21年（1932）5月，于衢县设浙江省第一县政督察区。民国24年（1935）8月，改第一县政督察区为衢县行政督察区。民国25年（1936）7月，衢县行政督察区改设第五行政督察区，辖衢县、龙游、江山、常山、开化、淳安、寿昌、遂安8个县。民国33年（1944）9月，划淳安、寿昌2个县归第十一行政督察区管辖。民国37年（1948）4月，改设浙江省第三行政督察区，辖金华、兰溪、东阳、义乌、浦江、汤溪、永康、武义、磐安、衢县、龙游、江山12个县；常山、开化2个县划入第四行政督察区管辖。7月，第三行政督察区改辖衢县、龙游、江山、常山、开化、遂昌6个县。

1949年5月6日，衢州解放，于衢县城区设衢州市（县级）。7月1日，建浙江省第三专区，辖衢州市（县级）及衢县、龙游、江山、常山、开化、遂昌6个县。10月，改称浙江省衢州专区。1950年5月，撤衢州市，并入衢县。1952年1月，松阳、宣平2个县划入衢州专区，辖8个县及衢县城关区。1955年3月，撤衢州专区，衢县、江山、龙游、宣平、松阳、常山、遂昌7个县划归金华专区，开化县划属建德专区。1958年10月，撤销常山县，并入衢县。同月，开化县改属金华专区。1959年12月，撤销龙游县，并入衢县。1960年2月，原龙游县湖镇区划入金华县。1961年10月，恢复常山县。1981年4月，撤销衢县，设立衢州市（县级）。1983年5月，恢复龙游县，湖镇区重归龙游县管辖。1985年5月，国务院批准撤销金华地区，衢州市设地级市，实行市管县体制，原衢州市分设柯城区和衢县。衢州市辖柯城区和衢县、龙游、江山、常山、开化5个县。1987年11月，撤销江山县，设立江山市（县级）。2001年12月，撤衢县，设衢江区。至此，衢州市辖柯城区、衢江区及江山市（县级）、龙游县、常山县和开化县。（市方志办 供稿）

【行政区划】2021年末，衢州市辖柯城、衢江2个市辖区和龙游、常山、开化3个县，代管江山1个县级市，有6个县级行政区，辖18个街道、43个镇、39个乡。年内，完成“常江线”界线联检工作。指导江山市民政局对廿八都丰林村浙闽赣三省边界界碑进行修复，并建造三省边界亭。3月开展向全国征集三省边界亭楹联活动。6月底三省边界界碑和界亭验收完工。

【平安边界建设】2021年，市、县（市、区）两级把平安边界建设纳入平安衢州建设内容，加大工作力度。各县（市、区）不断完善工作机制，调整界桩管理员，开展互访联系，实现平安边界共建活动社会化，管理常态化。9月，衢州市报送的《立足稳定 创新机制 多方协作 衢州市维护边界稳定工作典型做法》被省民政厅作为典型案例推荐至省政法委，这是浙江省民政系统唯一被推荐的典型案例。10月，开化县平安边界建设工作调研报告被民政部选入《区划地名工作调研报告选编》。

【界线联合检查】2021年，对常山县和江山市县级行政区域界线（以下简称常江线）进行联合检查。常江线起点为浙赣线3336011号界桩，终点为柯城区、常山县、江山市三地交汇处，全线长56.80千米，设界桩5个，实地埋设界桩5个。其中082281001号界桩位于常山县天马街道和平村朱家岙自然村东南与江山市大桥镇福塘村进塘自然村北交界处的旱地上；082281002号界桩位于常山县天马街道五联村长田塍自然村与江山市坛石镇占村村凉亭边自然村的屋后；082281003号界桩位于常山县青石镇砚瓦山村界牌自然村南与江山市大陈乡大陈村龙潭自然村北的221省道边［另有2个界桩（浙赣线3336011号界桩、柯常江三地交会处）分别于2018年8月和2018年9月完成联检］。11月13日，市政府将常山县和江山市县级行政区域界线联合检查工作情况上报省政府及省民政厅。

【地名信息化】2021年，建立全市地名数据库，为各部门提供精准的地址数据。创新地名地理空间点位数据建设。完成地名、地址空间数据分析入库1011798条，关联空间点位数据640965条，实现地名数据图像化、空间化，空间点位关联进度位列全省第2。打通省、市区划地名系统，实现数据共享，及时更新数据库。与市资规局、市住建局、市公积金办等单位加强协作，无缝对接地名数据，实现地名数据横向、纵向互通共享。

截至年末，为市民开具地名证明6701件、办理门牌证69358件，地名核准60件，提供各类地名咨询1000余人次，现场答复地名信访件4件，完成数据城管交办件9件，问题解决率100%。

【地名管理】2021年，制定《衢州市地名管理规范》《衢州市中心城区道路命名（更名）工作规范》。召开地名管理工作例会，搭建部门间沟通交流的平台，解决地名管理工作难题3个。开展路牌多杆合一试点工作，完成高铁新城次道路命名工作、主城区35座桥梁和隧道命名工作。加强地名标识日常巡查。

【地名文化建设】2021年，向《中国地名大会》第二季节目组报送68道试题、14条短视频，已确定多题入围，实现该节目中衢州地名“零的突破”。完成《国家标准地名志(上卷)》《省标准地名词典》《省标准地名志(上卷)》衢州部分的编纂、修改、审稿和定稿工作。截至年末，正在修改《省标准地名志(下卷)》。编撰《衢州地名志》，约200万字，地名属性信息2.4万多条，地图150多幅。部署、指导、培训各县(市、区)第二次地名普查档案的分类制作，完成普查档案的制作，在全省率先完成移交案卷档案210盒、光盘档案6盒。根据省民政厅《关于公布第二批浙江省千年古镇(古村落)地名文化遗产名单的通知》，开化县马金镇、衢江区明果村、龙游县团石村、江山市礼贤村入围省第二批千年古镇(古村落)地名文化遗产名单，实现“零的突破”。

(刘青青)

自然环境

【地理位置和面积】衢州市位于浙江省西部，钱塘江源头，位于北纬28°15′26″—29°30′00″、东经118°01′15″—119°20′20″。南连福建南平，西邻江西上饶，北接安徽黄山，东与省内杭州、金华、丽水三市接壤，为浙闽赣皖四省接合部。全境东西宽127.5千米，南北长140.25千米，辖柯城区、衢江区、江山市、龙游县、常山县、开化县两区一市三县。2021年，全市总面积8844.57平方千米，其中湿地9.85平方千米、耕地1054.18平方千米、园地834.35平方千米、林地5661.68平方千米、草地43.41平方千米、城镇村及工矿用地620.41平方千米、交通运输用地98.89平方千米、水工建筑用地12.14平方千米、水域350.18平方千米、其他土地159.48平方千米。

【地形地貌】境域为金衢盆地西段，地势为南北高、中间低，以衢江为轴心南北对称，海拔高度逐级提升。衢江两侧为河谷平原，外延为丘陵低山，再扩展上升为低山与中山。东南边缘为仙霞岭山脉，有境内最高峰——大龙岗，海拔1500.3米。西北及北部边缘为白际山脉南段与部分千里岗山脉。西部多丘陵低山。中部为河谷平原，低丘和岗地交错分布。东部以河谷平原为主，地势平缓。境内最低处为龙游县下童村，海拔33米。地貌类型多样，有山地、丘陵、平原、盆地，以山地、丘陵为主，占总面积的85.44%。域内河流主体属钱塘江水系，由衢江及12条支流组成叶脉状态势，小部分属长江鄱阳湖水系。

【自然资源】境内天然资源优势显著。矿产贮藏种类多，全市探明储量的矿产32种，矿产地96处，其中大型矿床5处、中型矿床15处。探明的矿产中储量居全省前列的有石煤、石灰岩、黄铁矿、叶蜡石、大理岩、耐火黏土、铀矿等。储量居全国前十位的有石煤、石灰岩。建材资源、化工资源和部分有色金属、稀有金属资源都颇丰富。土地资源人均占有量居全省前列，人均耕地面积略高于全省水平。森林资源丰富，是浙江省三大重点林区之一。水资源总量近100亿立方米，人均占有量高出全省80%。水面水产资源丰盛。水力资源理论蕴藏量约66万千瓦，可开发利用的约25万千瓦。境内植物兼有南北相承的特征，动植物种类多，有国家重点保护野生动物56种、国家重点保护野生植物20种，是全国12个具有国际意义的生物多样性分布中心之一。(市方志办 供稿)

气候特征

【常年气候概况】衢州市属亚热带季风气候区，四季分明，光热充足，雨量充沛，无霜期长，地貌类型复杂，小气候资源丰富，丘陵山地垂直气候分布明显。全市年平均(1991—2020年)气温为17.7℃，历年最高气温为41.8℃(1988年7月18日常山)，最低气温为-11.4℃(1977年1月6日龙游)。年平均降水量1797.4毫米，最大降水量2472毫米(2015年)，最小降水量1130.7毫米(1978年)。日最大降水量为212.3毫米(2011年6月15日开化)，年平均降水159天。年平均降霜22天，年平均相对湿度77%，年平均日照1690.2小时，年平均风速2.0米/秒，最多风向为偏东风，年平均蒸发量1480.3毫米，年平均起雾27天。

【2021年气候特征】 2021年，全市年平均气温较常年偏高，创历史新高；全市平均年降水量较常年偏多；全市平均年日照时数较常年略偏少。全市平均气温19.0℃，较常年偏高1.7℃，创历史最高纪录。全市平均高温39.6天，较常年多8.6天。全市平均年降水量1927.9毫米，较常年多一成。全市平均年日照1675.7小时，较常年略偏少。

2021年，全市气象灾害与往年相比偏少，但也遭遇阶段性灾害天气。年初低温冻害、初夏极端强对流、梅汛期暴雨洪涝、秋季干旱、冬季寒潮等气象灾害，给全市公路交通、种（养）殖业等造成较大影响。

【主要气象事件】 2021年，衢州市发生的主要气象事件如下：

年均气温偏高，创历史最高纪录　2021年全市平均气温19.0℃，较常年高1.7℃，创历史最高纪录（2021年前最高气温为2020年和2016年的18.5℃），是1997年以来第24个偏高年（除2012年）。各区县年平均气温18.2℃—19.2℃，较常年高1.5℃—1.8℃，除龙游外，其余各区县均为历史最高。全年各月均呈现不同程度偏高，其中2月、9月全市平均气温分别偏高4.2℃和3.7℃，均创历史新高。

3月温高雨水多，油菜病害率高　3月全市平均温度为13.7℃，较常年同期高2.6℃，是建站以来第二高。3月全市平均降水量253毫米，较常年多三成。高温、高湿极有利于油菜菌核病等病害的发生。衢州各地油菜菌核病普遍发生早、发病率高。

梅雨量全省最大　6月10日入梅，7月5日出梅。全市平均梅雨量464毫米，较常年多15%，为全省梅雨量最大的地级市。全市各县（区、市）面雨量在329—616毫米之间。各区县中最大的为开化的616毫米，乡镇站点雨量最大的为常山高峰村的743.6毫米。

8月倒黄梅天气，影响农作物生长　8月9—17日全市出现倒黄梅天气。全市面雨量147.6毫米，有6个站点雨量超过300毫米，最大的为开化苏庄镇的354.4毫米。持续性强降雨造成部分农田和果园被淹，严重影响连作水稻拔节孕穗、单季稻抽穗，病虫草害程度加大，影响作物产量和品质。

5月强对流天气，暴雨、冰雹、大风齐上阵　5月10日出现多轮极端强对流天气，是全市有气象记录以来影响区域最广、整体强度最强的一次强对流灾害性天气。衢州境内共监测到雷电地闪1万余次；全市普降暴雨和大暴雨，最大过程雨量163.8毫米，最强小时雨量45.0毫米；126个站点出现7—10级大风，4个站点出现11级大风，常山国家气象站监测的最大阵风为27.9米/秒（10级），创常山国家气象站历史新纪录；全市多地出现冰雹。

8月、9月雷雨多，短时暴雨频发　8月至9月中上旬，全市各地多雷雨，其间短时暴雨频发，31个站点小时雨量超过50毫米，7个站点小时雨量超过70毫米。8月15日下午起自南而北，江山、衢江、龙游出现短时强降水，龙游梧村村、江山凤林镇、衢江区杜泽镇3小时雨量超过90毫米，衢江区杜泽镇小时雨量82.4毫米，创该站建站以来新高。

早入晚出夏季长，断崖式降温秒入秋　4月30日入夏，10月16日出夏，夏季长达169天，较常年长32天（常年5月19日入夏，10月3日出夏）。10月15日受较强冷空气影响，全市日平均气温降温9℃—11℃，断崖式降温使衢州10月16日正式入秋。

持续干旱，人影作业缓解旱情　2020年10月至2021年2月，全市平均降水量209.2毫米，较常年同期少48%，为历史同期最少，衢江中北部、龙游北部出现中度、局部重度干旱。2021年9月至10月上旬全市降水持续偏少，大部分地区出现中度或重度干旱。2021年全市气象部门5支人工增雨作业队开展人影作业24次，发射弹药157枚，缓解了旱情。

寒潮频繁，降温冰冻危害大　1月和11—12月冷空气活动频繁，共出现5次寒潮过程。1月7—14日全市日最低气温均在0℃以下，8—10日大部分地区最低气温-4℃—-8℃，山区8℃—12℃，冰冻造成柑橘出现不同程度的叶片发黄、卷曲现象，未采摘的果实被冻伤，损失严重。

2021年衢州市气象要素情况表

表1

要素			衢州市区	江山市	龙游县	常山县	开化县
温度	年平均气温(℃)		19.2	19.3	19	19.2	18.3
	年最高气温(℃)		38.9	38.3	38.2	38.3	37.7
	出现日期		7月14日	7月14日	7月12日	7月15日	7月14日
	年最低气温(℃)		-5.9	-6.1	-6.8	-6.4	-7.8
	出现日期		1月9日	1月9日	1月9日	1月9日	1月9日
降水	年降水总量(毫米)		1881	1955.4	1683.3	1865.2	2254.4
	年降水天数		162	168	177	167	171
	一日最大降水量(毫米)		145.4	105.3	116.3	135.7	169.8
	出现日期		6月30日	6月29日	6月30日	7月1日	6月30日
日照	年日照时数(小时)		1632.8	1896.2	1601.3	1777.2	1543.6
	年日照百分率(%)		37	43	36	40	35
年平均相对湿度(%)			75	76	78	75	79
年平均气压(百帕)			1005.5	1000.1	1007.6	999	997.4
年平均风速(米/秒)			2.5	2.6	1.7	2.2	1.1
主要气象灾害	暴雨天数		8	8	4	6	9
	霾天数		5	15	11	13	4
	高温天数		37	46	36	46	33
	雾天数		20	18	14	35	29
	冰冻天数(≤0℃天数)		13	11	15	12	21
	霜	终霜出现日期	—	—	—	—	—
		初霜出现日期	—	—	—	—	—
	雪	终雪出现日期	1月17日	2月9日	1月7日	2月10日	1月7日
		初雪出现日期	12月25日	12月28日	12月24日	12月28日	12月28日

说明:1.2021年起,霜冻不作人工观测;结冰不作人工观测,用≤0℃天数替代。

2.衢州市区指柯城区、衢江区。

3.表中"—"意思是缺少相关数据。

水　文

【概　况】2021年，衢州市年降水量较常年偏多，梅雨期间出现三轮强降水过程，强降雨区域基本重叠，各地均出现暴雨、大暴雨过程。降水总量大、面广、短时降水集中，导致江河水位普遍出现超警戒或保证水位的洪水。7月1—2日衢江24小时内出现极为少见的“双洪峰”。

【降水量】2021年，据各水文站观测，全市平均年降水量2155.1毫米，折合水量190.62亿立方米，较上年减少2.4%，比多年平均值多17.3%，属丰水年份。降水空间分布的总特点是山区多、盆地少。降水量的高值区在衢江区、柯城区的北部山区，江山市的南部山区和开化县的山区。最大年降水量出现在开化县徐家村降水量站，为2716.0毫米；降水相对较少的为衢州市区到龙游城区一带沿衢江的盆地，最小年降水量出现在龙游县横山降水量站，为1497.5毫米。

降水的主要特点是降水量年内分配不均匀。最大月降水量出现在5月，全市平均降水459.4毫米，占年总降水量的21.3%。最小月降水量出现在1月，全市平均降水23.4毫米，占年总降水量的1.1%。

【蒸发量】2021年，全市平均年蒸发量959.8毫米，高于多年平均值。因衢州市水文站现代化示范改造项目建设，衢州站2021年全年蒸发量值采用气象站资料。最大年蒸发量在衢州站，为1106.7毫米；最小年蒸发量在江山峡口站，为890.6毫米。

【洪　水】2021年，梅雨期间降雨强度大、间歇短、影响范围广，马金溪、常山港和衢江出现流域性大洪水。衢州站于7月2日零时30分出现2021年最高洪峰水位63.63米（1985年国家高程基准，下同），相应最大洪峰流量6960立方米/秒；开化站于6月30日16时45分出现最高洪峰水位125.00米，相应最大洪峰流量1940立方米/秒；常山站于6月30日22时20分出现最高洪峰水位85.01米，相应最大洪峰流量4950立方米/秒；龙游站于7月2日2时出现最高洪峰水位43.02米。江山港流域最大的一次洪水发生在5月23日，江山（二）站于当日21时出现最高洪峰水位92.67米，相应最大洪峰流量822立方米/秒。

【径流量】2021年，主要河流径流量较多年平均值偏多。其中，衢州站实测年径流量73.86亿立方米，较多年平均值多15.8%。全市总水资源量125.64亿立方米，比上年增长1.3%，比多年平均值增长23.4%。全市15座大中型水库年末总蓄水量为15.79亿立方米，比上年末减少6.6%。

【输沙量】2021年，衢州站泥沙停测。（占成悦）

【水资源管理】2021年，全市降水量分布不均匀。全市年总水资源量125.64亿立方米，产水系数0.66，产水模数142.04万立方米/

2021年衢州市降水量与2020年及多年平均值比较情况表

表2

年份	降水量	全市	柯城区	衢江区	江山市	龙游县	常山县	开化县
2021年	降水深（毫米）	2155.10	2195	2200	2100	1834	2141	2330
	折合水量（亿立方米）	190.62	13.33	38.46	42.40	20.97	23.49	51.98
2020年	降水深（毫米）	2207	2225	2146	2200	1844	2196	2449
	折合水量（亿立方米）	195.23	13.50	37.51	44.42	21.08	24.09	54.63
多年平均值	降水深（毫米）	1838	1803	1813	1852	1697	1849	1919
	折合水量（亿立方米）	162.55	10.95	31.69	37.40	19.40	20.28	42.82

平方千米。

全市总供水量(地表水资源供水量)10.36亿立方米,比上年减少0.35亿立方米。全市平均水资源利用率8.2%。农田灌溉用水量5.57亿立方米,占总供水量的53.8%。万元地区生产总值用水量55.2立方米,万元工业增加值用水量31.8立方米。(郭德浩)

人 口

【概 况】2021年,衢州市人口各项主要数据增减平衡,呈现总人口减少、老龄化加剧的发展态势。

【总人口】 2021年底,全市户籍人口总户数为973250户,比上年增加5134户,总人口(不含服现役人员,下同)2559373人,平均每户2.63人。其中,男性1303337人,女性1256036人,分别占总人口的51%和49%,性别比(女=100,下同)103.77。总人口比上年减少9265人,年增长率-0.36%,增幅较上年下降0.06个百分点。6

2021年度衢州市及各县(市、区)总人口情况表

表3

地区	户数(户)	总人口(人)	比上年增加(人)	增长率(%)	性别比(女=100)	平均每户人数(人)
衢州市	973250	2559373	-9265	-0.36	103.77	2.63
柯城区	182785	442078	318	0.07	99.14	2.42
衢江区	167724	410901	-726	-0.18	104.37	2.45
江山市	205883	610847	-2459	-0.40	104.75	2.97
龙游县	169070	397120	-2674	-0.67	101.73	2.35
常山县	124695	339690	-1877	-0.55	107.20	2.72
开化县	123093	358737	-1847	-0.51	106.35	2.91

2011—2021年衢州市总人口变动情况表

表4

年份	户数(户)	总人口(人)	比上年增加(人)	增长率(%)	性别比(女=100)
2011	875333	2525527	13131	0.52	106.33
2012	874729	2528289	2762	0.11	105.94
2013	883090	2542079	13790	0.55	105.57
2014	902201	2556727	14648	0.58	105.22
2015	917670	2563791	7064	0.28	104.79
2016	922829	2574860	11069	0.43	104.54
2017	934020	2578084	3224	0.13	104.25
2018	954725	2578752	668	0.03	104.08

续表4

年份	户数(户)	总人口(人)	比上年增加(人)	增长率(%)	性别比(女=100)
2019	964336	2576325	-427	-0.09	103.96
2020	968116	2568638	-7687	-0.30	103.80
2021	973250	2559373	-9265	-0.36	103.77

个县(市、区)中,柯城区人口增加,增长率为0.07%;龙游县、常山县、开化县、江山市和衢江区人口有所减少,增长率分别为-0.67%、-0.55%、-0.51%、-0.40%和-0.18%。

【城镇人口】 按照公安部办公厅《关于认真做好城镇落户和户籍人口城镇化率统计工作的通知》的统计口径,2021年全市城镇人口数954379人,城镇人口占总人口的37.29%。2021年6个县(市、区)中,柯城区、江山市的城镇人口占比较高,分别是55.54%、44.36%。

2021年衢州市城乡人口基本情况表

表5

地 区	城镇人口数(人)	乡村人口数(人)	城镇人口占总人口(%)
衢州市	954379	1604994	37.29
柯城区	245675	196403	55.57
衢江区	94122	316779	22.91
江山市	270968	339879	44.36
龙游县	130708	266412	32.91
常山县	111852	227838	32.93
开化县	101054	257683	28.17

【人口自然增长】 2021年,全市办理出生登记16538人,比上年减少3714人,出生率为6.45‰,比上年下降1.42个千分点。6个县(市、区)中,柯城区、江山市出生率相对较高,分别为6.98‰、6.79‰。与2020年相比,2021年全市出生率继续下降。从近五年数据分析,衢州市自2017年出现高峰人口数值后,出生人口总数、出生率和自然增长率持续下降。虽然2021年国家出台生育三孩的相关政策,但还未产生显著效果。出生人口中,男性8557人,女性7981人,出生人口性别比为107.22,比上年下降1.97个千分点。6个县(市、区)中,常山县、开化县性别比较高,分别是114.23、111.35。

全市死亡16155人,比上年减少2233人,死亡率为6.30‰,比上年下降0.85个千分点。其中男性死亡9383人,占死亡人口的58.08%,女性死亡6772人,占41.92%。2021年全市人口自然增长383人,比上年减少1481人,自然增长率仅为0.15‰。江山市、柯城区的自然增长率相对较高,均为0.84‰,龙游、衢江、开化的自然增长率则为负值,分别为-1.51‰、-0.34‰、-0.10‰。除2020年因人口普查死亡注销人数相对偏高外,2021年死亡注销人数基本与2019年持平。

2021年衢州市人口自然变动情况表

表6

地区	出生				死亡			人口自然增长		
	人数	比上年增加（人）	出生率（‰）	性别比（女=100）	人数	比上年增加（人）	死亡率（‰）	人数	自然增长率（‰）	增幅（‰）
衢州市	16538	−3714	6.45	107.22	16155	−2233	6.30	383	0.15	−0.58
柯城区	3086	−654	6.98	107.39	2713	−557	6.14	373	0.84	−0.22
衢江区	2686	−453	6.53	103.79	2827	−56	6.87	−141	−0.34	−0.96
江山市	4154	−1079	6.79	104.53	3640	−776	5.95	514	0.84	−0.49
龙游县	2214	−472	5.56	105.57	2815	−55	7.06	−601	−1.51	−1.05
常山县	2183	−497	6.41	114.23	1909	−629	5.60	274	0.80	0.39
开化县	2215	−559	6.16	111.35	2251	−160	6.26	−36	−0.10	−1.11

2011—2021年衢州市人口自然变动情况表

表7

年份	出生人口			死亡人口		人口自然增长		
	人数	性别比（女=100）	出生率（‰）	人数	死亡率（‰）	人数	自然增长率（‰）	比上年增加（‰）
2011	24975	104.75	9.91	16532	6.56	8443	3.35	−0.20
2012	29286	103.80	11.59	26475	10.48	2811	1.11	−2.24
2013	27544	103.08	10.86	14622	5.77	12922	5.10	3.98
2014	30468	104.96	11.95	16303	6.39	14165	5.56	0.46
2015	26995	109.82	10.54	15095	5.90	11900	4.65	−0.91
2016	28239	106.94	10.99	14107	5.49	14132	5.50	0.85
2017	34067	108.42	13.22	24718	9.59	9349	3.63	−1.87
2018	27000	107.44	10.47	17829	6.91	9171	3.56	−0.07
2019	23521	108.24	9.13	16390	6.36	7131	2.77	−0.79
2020	20252	109.19	7.87	18388	7.15	1864	0.72	−2.04
2021	16538	107.22	6.45	16155	6.30	383	0.15	−0.58

【人口机械增长】2021年，全市省外迁入4304人，比上年增加333人；迁往省外3573人，比上年减少666人。人口机械增长-9700人，比上年增长-234人。从数据上分析，衢州市流出人口较多，流出地主要是省内其他经济发达的城市，其中迁往杭州8516人，占迁往省内人数的58.46%。随着近年来户籍制度改革的不断深入，流动人口举家迁移至经济发达地区的情形不断增多。由于衢州市经济发展水平在全省相对落后，尽管2021年陆续出台一系列人才引进措施，但对人口流入的吸引力不大，因此全市人口仍处于向外流出的状态。

2021年衢州市人口机械变动情况表

表8 单位：人

地 区	迁入			迁出			人口机械增长		
	合计	省内迁入	省外迁入	合计	迁往省内	迁往省外	人数	其中省外净迁入	比上年增加人数
衢州市	8439	4135	4304	18139	14566	3573	-9700	731	-234
柯城区	3267	2119	1148	3571	2747	824	-304	324	30
衢江区	1253	527	726	1594	1202	392	-341	334	67
江山市	1480	462	1018	4497	3553	944	-3017	74	1
龙游县	937	410	527	3017	2493	524	-2080	3	-91
常山县	751	325	426	2902	2512	390	-2151	36	-22
开化县	751	292	459	2558	2059	499	-1807	-40	-219

2011—2021年衢州全市人口机械变动情况表

表9 单位：人

年份	迁入		迁出		人口机械增长	
	省内迁入	省外迁入	迁往省内	迁往省外	人数	比上年增加人数
2011	13990	8131	15058	3367	3696	-1478
2012	18019	7502	19906	3925	1690	-2006
2013	15119	6839	17018	3911	1029	-661
2014	13195	6932	16097	3639	391	-638
2015	5213	8090	8462	4877	-36	-427
2016	3264	5109	7626	3332	-2585	-2549
2017	4032	6111	12312	3782	-5951	-3366
2018	4236	5769	13761	4083	-7839	-1888
2019	3575	4745	12620	4689	-8989	-1150
2020	3648	3971	12846	4239	-9466	-477
2021	4135	4304	14566	3573	-9700	-234

【人口年龄构成】 2021年，全市总人口按年龄段分布构成为：17岁以下431040人、18岁至34岁464214人、35岁至59岁1052937人、60岁及以上611182人，分别占总人口的16.84%、18.14 %、41.14%和23.88%。其中，常山、柯城、江山的17岁以下人口占该地区总人口比例位列前三，分别为17.77%、17.47%和17.46%；龙游、衢江、柯城的60岁及以上人口占该地总人口比例位列前三，分别为25.69%、24.97%和24.23%。

与2020年末相比，35岁至59岁年龄段人口较上年增加3510人，占总人口比例上升0.29个百分点，增幅较上年上升0.55个百分点，出现人口占比连续10年下降后的第一次上升。60岁及以上年龄段人口较上年增加8084人，占总人口比例上升0.4个百分点，增幅较上年下降0.38个百分点。全市人口继续呈现60岁以上人口占比不断上升趋势，但也存在35岁至59岁年龄段人口占比有所回升状态，但“上大下小，中间萎缩”的人口结构仍然存在，人口老龄化进一步加剧。

2021年衢州市人口年龄构成情况表

表10

地区	0—17岁			18—34岁			35—59岁			60岁及以上		
	人数	占总人口(%)	比上年增长(%)	人数	占总人口(%)	比上年增长(%)	人数	占总人口(%)	比上年增长(%)	人数	占总人口(%)	比上年增长(%)
衢州市	431040	16.84	−0.39	464214	18.14	−0.3	1052937	41.14	0.29	611182	23.88	0.40
柯城区	77224	17.47	−0.07	76360	17.27	−0.48	181371	41.03	0.28	107123	24.23	0.27
衢江区	66897	16.28	−0.33	74695	18.18	−0.35	166689	40.57	0.44	102620	24.97	0.23
江山市	106627	17.46	−0.46	114072	18.67	−0.24	247484	40.51	0.22	142664	23.36	0.47
龙游县	58088	14.63	−0.39	71576	18.02	−0.28	165421	41.66	0.25	102035	25.69	0.43
常山县	60364	17.77	−0.62	62300	18.34	−0.16	142176	41.85	0.29	74850	22.03	0.48
开化县	61840	17.24	−0.49	65211	18.18	−0.28	149796	41.76	0.26	81890	22.83	0.51

2011—2021年衢州市人口年龄段比较情况表

表11

年份	0—17岁			18—34岁			35—59岁			60岁及以上		
	人数	占总人口(%)	比上年增长(%)	人数	占总人口(%)	比上年增长(%)	人数	占总人口(%)	比上年增长(%)	人数	占总人口(%)	比上年增长(%)
2011	452114	17.9	−0.45	560486	22.19	0.97	1085776	42.99	0.3	427151	16.91	0.75
2012	448093	17.72	−0.18	551116	21.8	−0.39	1085413	42.93	−0.06	443667	17.55	0.64
2013	445723	17.53	−0.19	546129	21.48	−0.32	1080787	42.52	−0.41	469440	18.47	0.92
2014	449201	17.57	0.04	535894	20.96	−0.52	1077629	42.15	−0.37	494003	19.32	0.85

续表11

年份	0—17岁			18—34岁			35—59岁			60岁及以上		
	人数	占总人口(%)	比上年增长(%)	人数	占总人口(%)	比上年增长(%)	人数	占总人口(%)	比上年增长(%)	人数	占总人口(%)	比上年增长(%)
2015	448139	17.48	−0.09	528638	20.62	−0.34	1072106	41.82	−0.33	514908	20.08	0.76
2016	453275	17.6	0.12	517726	20.11	−0.51	1069196	41.52	−0.29	534663	20.76	0.68
2017	459681	17.83	0.23	500663	19.42	−0.69	1062003	41.19	−0.33	555737	21.56	0.79
2018	455402	17.66	−0.17	491017	19.04	−0.38	1060546	41.13	−0.07	571787	22.17	0.62
2019	450860	17.5	−0.16	481186	18.68	−0.36	1059340	41.12	−0.01	584939	22.7	0.53
2020	442490	17.23	−0.27	473579	18.44	−0.24	1049427	40.86	−0.26	603142	23.48	0.78
2021	431040	16.84	−0.39	464214	18.14	−0.3	1052937	41.14	0.29	611182	23.88	0.4

（衢州市公安局　供稿）

【百岁老人】2021年，全市百岁老人（享受百岁老人待遇）147人。最长者为江山市贺村镇中心社区的陈美凤，生于1914年8月。

2021年末衢州市百岁老人一览表

表12

序号	所在地区	姓名	出生年月	性别	年龄（岁）	详细地址
1	柯城区	梁银珠	1917.08	女	104	柯城区信安街道紫荆花园
2		何菊香	1918.02	女	103	柯城区航埠镇何双蓬村
3		徐秀娟	1918.05	女	103	柯城区府山街道天颐老人之家
4		徐世英	1919.02	女	102	柯城区航埠镇长泽街村
5		翁亚子	1919.10	女	102	柯城区石梁镇柴家坊村吴家山头自然村
6		舒秋莲	1919.10	女	102	柯城区万田乡余家山头村
7		周荣海	1919.12	男	102	柯城区荷花街道丰林小区
8		吴先友	1919.12	女	102	柯城区荷花街道清莲小区
9		周竹生	1920.04	男	102	柯城区衢化街道花径
10		叶生倪	1920.04	男	101	柯城区双港街道叶家村

续表12

序号	所在地区	姓名	出生年月	性别	年龄(岁)	详细地址
11	柯城区	李含高	1920.07	男	101	柯城区石梁镇中央方村李家
12		叶金妹	1920.08	女	101	柯城区府山街道天颐老人之家
13		宋大娜	1920.10	女	101	柯城区黄家乡后川祝村
14		陈金生	1920.11	男	101	柯城区信安街道金河湾社区渔村
15		王治文	1920.11	男	101	柯城区府山街道县学街社区杨家巷
16		柴春英	1921.01	女	100	柯城区信安街道荷花
17		周招凤	1921.01	女	100	柯城区衢化街道官碓村
18		陈正礼	1921.04	男	100	柯城区航埠镇衢州市劳动路世通经贸苑
19		余卸雨	1921.04	女	100	柯城区石梁镇大俱源村上社自然村
20		周六娜	1921.06	女	100	柯城区航埠镇衢州市柯城区航埠镇里街
21		张云海	1921.06	男	100	柯城区黄家街道巨化滨一村
22		钟水法	1921.08	男	100	柯城区衢化街道南苑村
23		姚耀家	1921.08	女	100	柯城区航埠镇三十六亩村莲子铺
24		陈彩姣	1921.08	女	100	柯城区沟溪乡沟溪村
25		徐雨莲	1921.09	女	100	柯城区沟溪乡洞头村
26		陈娜倪	1921.10	女	100	柯城区航埠镇里街
27		姜冬莲	1921.10	女	100	柯城区府山街道巨化滨三村
28		王莲玉	1921.10	女	100	柯城区信安街道中河沿裱背巷
29		金合香	1921.10	女	100	柯城区信安街道斗潭区
30		周兰香	1921.11	女	100	柯城区航埠镇万川村
31		朱暹	1921.11	男	100	柯城区府山街道梧桐巷小区天后街
32		鲁荣香	1921.11	女	100	柯城区信安街道信安村

续表12

序号	所在地区	姓名	出生年月	性别	年龄(岁)	详细地址
33	衢江区	黄老三妹	1917.11	女	105	衢江区峡川镇峡口村
34		杜根花	1918.09	女	104	衢江区杜泽镇杜二村
35		徐洪发	1918.12	男	104	衢江区上方镇玳堰村
36		徐卸妹	1919.01	女	103	衢江区云溪乡富西村
37		李樟妹	1919.09	女	103	衢江区高家镇林家村
38		林乾禄	1919.10	男	103	衢江区上方镇金杨村
39		汪四妹	1920.02	女	102	衢江区峡川镇考坑村
40		周凤妹	1920.09	女	102	衢江区东巷街道闹桥村
41		雷翠姣	1920.11	女	102	衢江区樟潭街道卢家村
42		余老扁	1921.02	女	101	衢江区莲花镇两塘村
43		方水珠	1921.04	女	101	衢江区后溪镇后溪村
44		汪兴凤	1921.06	女	101	衢江区全旺镇尹家村麦里坞
45		朱花塘	1921.07	女	101	衢江区后溪镇大珠村
46		徐爱姣	1921.07	女	101	衢江区峡川镇后山村
47		舒车塘依	1921.09	男	101	衢江区周家乡下清源村
48		陈让根	1921.10	男	101	衢江区高家划船塘村社屋垅
49		陈玉仙	1921.11	女	101	衢江区后溪镇上棠村
50		诸翠英	1921.12	女	101	衢江区上方镇金杨村
51	江山市	陈美凤	1914.08	女	107	江山市贺村镇中心社区
52		姜德楷	1916.04	女	105	江山市贺村镇礼贤村
53		徐爱仙	1916.10	女	105	江山市张村乡秀峰村
54		戴正有	1917.02	男	104	江山市石门镇界牌村
55		郑井囡	1917.08	女	104	江山市四都镇傅筑园村

续表12

序号	所在地区	姓名	出生年月	性别	年龄(岁)	详细地址
56	江山市	周香友	1917.09	女	104	江山市石门镇西山村
57		毛和善	1918.01	男	103	江山市坛石镇坛石村
58		毛连仙	1918.04	女	103	江山市新塘边镇上平天村
59		王春居	1918.06	女	103	江山市峡口镇枫石村
60		郑瑞生	1918.12	男	103	江山市四都镇上峰村
61		曾秀爱	1919.01	女	102	江山市大陈乡红星村
62		徐彩香	1919.02	女	102	江山市凤林镇政棠村
63		周高香	1919.02	女	102	江山市清湖镇和睦村
64		王水英	1919.03	女	102	江山市虎山街道市心社区
65		王合芝	1919.07	女	102	江山市石门镇江郎山村
66		姜凤囡	1919.08	女	102	江山市凤林镇政棠村
67		张增盛	1919.08	男	102	江山市贺村镇水晶山底村
68		温五背	1919.09	女	102	江山市上余镇塘岭一村
69		毛哑吧子	1920.02	女	101	江山市峡口镇峡南村
70		毛秀妹	1920.03	女	101	江山市贺村镇淤前村
71		郑金妹	1920.07	女	101	江山市双塔街道赵家村
72		柴仙月	1920.09	女	101	江山市贺村镇东山头村
73		曹乾满	1920.10	男	101	江山市清湖镇花园岗村
74		祝金英	1920.11	女	101	江山市上余镇余航村
75		周甫英	1921.01	女	100	江山市贺村镇明星村
76		谭其明	1921.02	男	100	江山市上余镇望江村
77		祝高本	1921.03	男	100	江山市碗窑乡府前村
78		周玉花	1921.04	女	100	江山市石门镇界牌村

续表12

序号	所在地区	姓名	出生年月	性别	年龄(岁)	详细地址
79	江山市	张月香	1921.05	女	100	江山市峡口镇三卿口村
80		巫七妹	1921.05	女	100	江山市贺村镇周村
81		周新妹	1921.06	女	100	江山市清湖镇路口村
82		姜梅英	1921.06	女	100	江山市新塘边镇塘边村
83		吴瑞香	1921.07	女	100	江山市虎山街道协里村
84		严元寿	1921.09	女	100	江山市贺村镇高路村
85		王招美	1921.09	女	100	江山市峡口镇枫石村
86		吴祥龙	1921.09	男	100	江山市清湖镇花园岗村
87		陆洪林	1921.10	男	100	江山市清湖镇和睦村
88		危云森	1921.10	男	100	江山市张村乡毛长甫村
89		柴金亭	1921.10	女	100	江山市峡口镇峡口居民委员会
90		郑洪仙	1921.10	女	100	江山市贺村镇敖坪村
91		郑春州	1921.10	女	100	江山市凤林镇桃源村
92		毛秀香	1921.11	女	100	江山市双塔街道莲塘村
93		戴毛达囡	1921.11	女	100	江山市贺村镇幸福村
94		黄明生	1921.11	男	100	江山市碗窑乡达河村
95		童秀梅	1921.12	女	100	江山市碗窑乡达河村
96		郑双彩	1921.12	女	100	江山市清湖镇新塘底村
97		徐映梅	1921.12	女	100	江山市峡口镇广渡村
98	龙游县	傅招林	1916.04	男	105	龙游县庙下乡长生桥村
99		何卸梅	1918.05	女	103	龙游县塔石镇杜山徐村
100		杨彩英	1919.08	女	102	龙游县模环乡上向塘村
101		袁五奶	1918.09	男	103	龙游县模环乡兰塘村

续表12

序号	所在地区	姓名	出生年月	性别	年龄(岁)	详细地址
102	龙游县	劳根娣	1919.11	女	102	龙游县模环乡琚家村
103		周文秀	1919.12	女	102	龙游县庙下乡庙下村
104		邵菊梅	1920.02	女	101	龙游县龙洲街道阳光社区
105		何正权	1920.02	男	101	龙游县东华街道岩头村
106		吴春香	1920.07	女	101	龙游县龙洲街道城角坊社区
107		张久贞	1920.12	女	101	龙游县龙洲街道半爿月村
108		吴晓义	1921.01	男	100	龙游县龙洲街道城角坊社区
109		余春美	1921.02	女	100	龙游县龙洲街道方门街村
110		吴文珠	1921.05	女	100	龙游县詹家镇夏金村
111		余爱花	1921.06	女	100	龙游县湖镇镇茆头村
112		李宝银	1921.08	男	100	龙游县龙洲街道红星社区
113		徐美容	1921.09	女	100	龙游县罗家乡马府墩村
114		方文兰	1921.09	女	100	龙游县小南海镇傅家畈村
115		蔡金兰	1921.10	女	100	龙游县湖镇镇洪畈村
116		王水姣	1921.11	女	100	龙游县湖镇镇星火村
117		李秋英	1921.11	女	100	龙游县詹家镇夏金村
118		余爱连	1921.12	女	100	龙游县溪口镇石角村
119	常山县	徐根花	1918.01	女	104	常山县天马街道定阳社区柚乡苑
120		杨水兰	1918.01	女	104	常山县金川街道金川弄村原金家畈村
121		徐娜你	1918.06	女	103	常山县青石镇湖头村朱家
122		王兰香	1918.08	女	103	常山县天马街道和平村袁青口自然村
123		廖荣风	1918.08	女	103	常山县招贤镇游林村
124		郑舍玉	1918.09	女	103	常山县天马街道东明社区竹园

续表12

序号	所在地区	姓名	出生年月	性别	年龄(岁)	详细地址
125	常山县	严娜你	1919.07	女	102	常山县天马街道下东淤
126		胡十五那	1919.11	女	102	常山县东案乡田蓬村莲蓬山
127		曾莲香	1920.01	女	102	常山县青石镇湖头村
128		郑金花	1920.03	女	102	常山县大桥头乡濛桥村
129		李金水	1920.05	男	101	常山县招贤镇古县村
130		王林香	1920.07	女	101	常山县大桥头乡濛桥村
131		杨秋莲	1921.01	女	101	常山县同弓乡山边村
132		占秋香	1921.07	女	100	常山县天马街道东明社区东苑小区
133		叶蓉花	1921.08	女	100	常山县辉埠镇达坞村棚桥
134		姜莲锭	1921.09	女	100	常山县天马街道渡口小区
135		杨金珠	1921.11	女	100	常山县天马街道五联村吴村张
136		徐花花	1921.11	女	100	常山县球川镇吴家村
137		王春梅	1922.01	女	100	常山县天马街道
138		杨仙英	1922.03	女	100	常山县金川街道赵家坪养老院
139	开化县	汪士娟	1919.09	女	102	开化县芹阳办事处金村村
140		孙竹根	1920.01	男	101	开化县华埠镇枫树底社区华工路
141		方金友	1920.02	男	101	开化县华埠镇朝阳村新下自然村
142		姜小松	1920.09	男	101	开化县池淮镇芹源村际坞
143		胡留女	1921.04	女	100	开化县村头镇古竹村
144		汪连香	1921.08	女	100	开化县齐溪镇丰盈坦村
145		徐小芝	1921.09	女	100	开化县芹阳办事处城西社区桃溪路
146		方秋秋	1921.09	女	100	开化县中村乡淳溪村
147		张树法	1922.01	男	100	开化县林山乡塘源口村小举自然村

（郑蕾君）

新任市领导简介

【高 屹】男，汉族，1970年9月生，安徽含山人，1989年12月加入中国共产党，1991年8月参加工作，中央党校研究生学历。

历任宁波市青少年宫宣教部干部，宁波团市委干部，宁波市委办公厅秘书一处副科级秘书、副处长，宁波市委政研室二处副处长、一处副处长、三处处长，嵊州市副市长（正处级），湖州市南浔区委副书记（正处级）、代区长、区长 、区委书记，湖州市委副秘书长（正处长级），湖州市委常委、秘书长，湖州市委常委、副市长，浙江省政府办公厅党组成员、省政府副秘书长，衢州市委副书记、市长、市政府党组书记。

【徐良平】男，汉族，1968年6月生，浙江新昌人，1994年11月加入中国共产党，1991年8月参加工作，省委党校研究生学历。

历任新昌中学教师，新昌县委办干部、团县委副书记，东茗乡党委书记、人大主席，新昌县委常委、宣传部部长、副县长、常务副县长、县委副书记，钦寸水库工程指挥部总指挥（正处长级），诸暨市委副书记、代市长、市长，绍兴市越城区委书记，绍兴市委常委、诸暨市委书记，台州市委常委、常务副市长，衢州市委副书记、市政法委书记、市委社会建设委主任（兼）。

【王 波】男，汉族，1971年3月生，山东阳谷人，1991年7月加入中国共产党，1988年9月参加工作，研究生学历。

历任南京政治学院学员，南昌陆军学院马列教研室社会主义建设教学组教员，浙江陆军预备役副连职干事、正连职干事、通信营副营长、干部科副营职干事、副科长、科长，代理新疆军区某团副政委（任期一年），浙江省军区、衢州军分区领导岗位任职。

【陈玲芳】女，汉族，1971年2月生，浙江绍兴人，1993年12月加入中国共产党，1989年9月参加工作，中央党校研究生学历。

历任绍兴市越城区农机水利站技术员、区妇联干部、区妇联常委，绍兴市妇联城乡部干部、儿童部副部长、常委、儿童部部长、组宣部部长，绍兴市总工会副主席、党组成员，诸暨市委常委、组织部部长、市委党校校长（兼），绍兴市人口和计生委主任、党组书记，诸暨市委副书记、市政法委书记（正处长级），嵊州市委副书记、代市长、市长，海盐县委书记，衢州市委常委、组织部部长，市委机关工委书记（兼），市委党校校长（兼），衢州行政学院院长（兼）。

【周向军】男，汉族，1969年8月生，浙江龙游人，1990年7月加入中国共产党，1990年8月参加工作，大学学历。

历任龙游县土管局干部、办公室主任，龙游县湖镇镇镇长助理、副镇长、党委副书记，龙游县土管局副局长、党组成员，龙游县国土资源局副局长、党组成员 ，龙游县人民政府办公室副主任、党组成员，兼县委防范和处理邪教问题领导小组办公室副主任，龙游县湖镇镇党委副书记、镇长，龙游县建设局局长、党委书记，龙游县人民政府副县长、党组成员，衢州市人民政府副秘书长、办公室党组成员，衢州市招商办主任，衢州市协作办（市招商局）主任（局长）、党组书记，常山县委副书记、县长，衢州市衢江区委书记、一级调研员、二级巡视员，衢州市委副秘书长（保留正县长级），衢州市委常委、常务副市长，市政府党组副书记，市委社会建设委第一副主任（兼）。

【何海彬】男，汉族，1976年8月生，浙江东阳人，1997年6月加入中国共产党，1997年8月参加工作，大学学历。

历任金华市中级人民法院书记员、助理审判员、办公室副主任、审判员，金华市纪委党风廉政建设室主任、市纪委办公室主任、常委，婺城区委常委、纪委书记，金华市委巡视（巡察）办公室常务副主任，金华市纪委副书记、市监委副主任，衢州市委常委、纪委书记，市监委代主任。

【吴松平】男，汉族，1974年9月生，浙江庆元人，

1996年6月加入中国共产党，1992年8月参加工作，省委党校研究生学历。

历任庆元县安南乡中心学校教师、团支部书记，乡团委副书记，菊隆中学教师、团委书记，庆元县纪委办公室科员、副主任、主任，丽水市纪委科员、办公室副主任、纪委研究室（法规室）主任、执法监察室主任，遂昌县委常委、纪委书记，丽水市府办副主任、市府办（法制办）党组成员，丽水市人民政府副秘书长，龙泉市委副书记、政法委书记、代市长、市长，龙泉市委书记，丽水市委副秘书长（保留正处长级），衢州市人民政府副市长、党组成员，市公安局局长、党委书记、督察长（兼），市委政法委副书记（兼）。

【黄孔森】男，汉族，1966年10月生，浙江江山人，1993年3月加入中国共产党，1984年8月参加工作，省委党校研究生学历。

历任江山市中山路小学教师，共青团江山市委干部、副书记、党组成员，江山市大陈乡党委副书记、纪委书记，茅坂乡党委副书记、乡长，保安乡党委书记、人大主席，江山市林业局局长、党委书记，江山市副市长、党组成员，常山县委常委、宣传部部长、组织部部长、副县长、县经济技术开发区党工委书记，衢州市发展和改革委员会副主任、党委委员，衢州市安监局局长、党组书记，衢州市资规局局长、党委书记、一级调研员，衢州市人大常委会副主任、党组成员。

【方健忠】男，1964年5月生，浙江兰溪人，1985年5月加入中国共产党，1985年7月参加工作，省委党校研究生学历。

历任衢州市教委教研室干部、办公室干部、办公室副主任，衢州市委知识分子工作办公室副科级干事，衢州市委组织部调研室副科级干事、组织科副科长、干部科科长、部务会议成员、副部长，衢州市委副秘书长、办公室主任，龙游县委副书记、代县长、县长，开化县委书记，龙游县委书记，衢州市委副秘书长，丽水市委常委、组织部部长，浙江省委直属机关工委副书记，衢州市政协党组书记、主席候选人。

（市委组织部　供稿）

2021年衢州市组织机构和负责人名录

中共衢州市党组织

中共衢州市委员会

书　记　徐文光（—2021.04）
　　　　汤飞帆（2021.06—）

副书记　汤飞帆（—2021.06）
　　　　高　屹（2021.06—）
　　　　吴舜泽（—2021.12）
　　　　徐良平（2021.12—）

常务委员　徐文光（—2021.04）
　　　　　汤飞帆
　　　　　高　屹（2021.06—）
　　　　　吴舜泽（—2021.12）
　　　　　徐良平（2021.12—）
　　　　　傅根友
　　　　　周黎旸
　　　　　刘根宏
　　　　　王　波（2021.03—）
　　　　　陈玲芳（女，2021.06—）
　　　　　周向军（2021.12—）
　　　　　何海彬（2021.12—）

中共衢州市纪律检查委员会　市监察委员会

书　记、监委主任　蔡旭昶（—2021.12）
　　　　　　　　　何海彬（2021.12—）

常务副书记、监委副主任　蔡方林

副书记、监委副主任　张永亮

市委工作机构及直属部门

市委秘书长　王良海

市委办公室

主　任　夏盛民（—2021.11）

市委组织部

部　长　林晓峰（—2021.03）
　　　　陈玲芳（女，2021.06—）

常务副部长 毛胜田

市新时代党员教育中心

主　任　朱君才(—2021.11)

程金敏(2021.11—)

市委宣传部

部　长　钱伟刚

常务副部长 姜建勋

市精神文明建设指导中心

主　任　周宏波(—2021.03)

毛明华(2021.11—)

市社会科学界联合会

主　席　郑小龙(—2021.03)

刘章华(2021.03—)

市委统一战线工作部

部　长　傅根友

常务副部长 叶美峰

市委政法委员会

书　记　吴舜泽(—2021.12)

徐良平(2021.12—)

市委全面深化改革委员会办公室

主　任　徐　翰

市委网络安全和信息化委员会办公室

主　任　何相涯(—2021.11)

傅　强(2021.11—)

市委机构编制委员会办公室

主　任　华　英(女,—2021.07)

占　珺(2021.07—)

市委台湾工作办公室(市政府台湾事务办公室)

主　任　余永军

市委直属机关工作委员会

书　记　林晓峰(—2021.03)

陈玲芳(女,2021.06—)

常务副书记　周群丽(女,—2021.11)

郑勇钦(2021.11—)

市委巡察工作领导小组办公室

主　任　王光辉

市委、市政府信访局

局　长　张群英(女)

市委老干部局

局　长　曾越河

市委党校(衢州行政学院)

校　长　林晓峰(—2021.03)

陈玲芳(女,2021.06—)

常务副校长 余尧正

市档案馆

馆　长　蓝水高

衢州日报报业传媒集团

社　长　毛霄云

总编辑　余　风

衢州市政权组织

衢州市人大常务委员会

主　任　吴国升

副主任　毛建民

马梅芝(女)

俞顺虎

余广宇

朱建华

项瑞良

黄孔森(2021.02—)

吴招明(—2021.02)

秘书长　赖瑞洪

党组书记 吴国升

副书记　毛建民

市人大常委会工作机构

办公室

主　任　林伟民

研究室

主　任　汪　群

法制工作委员会

主　任　周金发

监察和司法工作委员会

主　任　叶正义

财政经济工作委员会

主　任　陈国华

农业和农村工作委员会
主　任　刘祖堂
建设与资源环境保护工作委员会
主　任　方　法
教育科技文化卫生工作委员会
主　任　汪晓敏(女)
民族宗教华侨外事工作委员会
主　任　张国民
社会建设工作委员会
主　任　朱伟正
代表与选举任免工作委员会
主　任　魏晓莲(女)

衢州市人民政府

市　长　汤飞帆(—2021.06)
高　屹(2021.06—)
副市长　陈锦标(—2021.12)
周向军(2021.12—)
王良春
王顺大(—2021.12)
田　俊(女)
廉　俊
徐利水
吴松平(2021.12—)
党组书记　汤飞帆(—2021.06)
高　屹(2021.06—)
党组副书记　陈锦标(—2021.12)
周向军(2021.12—)

市政府工作机构

市政府秘书长　郑河江
市政府办公室
主　任　郑建忠
市发展和改革委员会
主　任　王盛洪
市经信局
局　长　杨思骏
市教育局
局　长　季根寿
市科学技术局
局　长　郑志成
市公安局
局　长　王顺大(—2021.12)
吴松平(2021.12—)
市民政局
局　长　毛卓战
市水库移民管理中心
主　任　胡姣良(—2021.03)
市司法局
局　长　邓胜斌
市财政局
局　长　翁文斌(—2021.07)
方世忠(2021.07—)
市财政国库支付中心
主　任　项雪祥
市政府投资项目评审中心
主　任　方建平
市人力资源和社会保障局
局　长　余龙华
市社会保险事业管理中心
主　任　张碎金
市人才和就业管理中心
主　任　陈志军
市自然资源和规划局
局　长　黄孔森(—2021.04)
徐洪水(2021.04—)
市国土整治和征收储备中心
主　任　杨水荣
市自然资源调查登记中心
主　任　洑　湧
市生态环境局
书　记　叶　骏(2021.11—)
局　长　夏汝红(—2021.11)
钟战铁(2021.11—)
市住房和城乡建设局
书　记　叶　骏(—2021.11)

杨永红(2021.11—)
局　长　杨晓光
市政府投资项目建设中心
主　任　汪金根
市交通运输局
局　长　朱　政
市公路港航与道路运输管理中心
党委书记　陈飞球
主　任　郑文俊
市水利局
局　长　郑明福
市乌溪江引水工程管理中心
主　任　张雄军
市铜山源水库管理中心
主　任　金仕建
市农业农村局
局　长　祝升明(—2021.03)
刘明鹤(2021.03—)
市商务局
党组书记　许　立(—2021.11)
刘卸荣(2021.11—)
局　长　林　静(女)
市文化广电旅游局
局　长　周红燕
市卫生健康委员会
主　任　廖利军
市退役军人事务局
局　长　严可兵(—2021.11)
李纯浩(2021.11—)
市应急管理局
局　长　蒋文军(—2021.11)
汪史唯(2021.11—)
市审计局
局　长　吴剑锋
市政府国有资产监督管理委员会
主　任　翁文斌(—2021.07)
方世忠(2021.07—)
市市场监督管理局
局　长　姜良米
市政府金融工作办公室
主　任　丁丽霞(女)
市体育局
党组书记　申　剑
局　长　汪　晖
市统计局
局　长　郑红福
市社会经济调查队
队　长　许　隆
市医疗保障局
局　长　王政理
市综合行政执法局
局　长　周盛源(—2021.11)
齐富军(2021.11—)
市大数据发展管理局
局　长　张　钢(—2021.11)
市营商环境建设办公室
主　任　洪寒月(女,2020.08—)
市公共资源交易监督管理办公室
主　任　周金岳(2020.01—)
市公共资源交易中心
主　任　李振华(—2021.03)
张　颖(2021.03—)
衢州智造新城管理委员会
主　任　刘根宏
衢州智慧新城管理委员会
主　任　胡益峰(—2021.12)
王继明(2021.12—)
党工委书记　胡益峰(—2021.12)
王继明(2021.12—)
衢州学院
党委书记　杨　玲(女)
院　长　郑友取
衢州职业技术学院
党委书记　徐须实
院　长　吕延文

市政府经济技术协作中心
　　主　任　洪根兴(—2021.08)
　　　　　　兰国云(2021.08—)
市招商投资促进中心
　　主　任　兰国云(2021.11—)
市机关事务保障中心
　　主　任　徐　剑(女)
市住房公积金中心
　　主　任　占　珺(—2021.07)
　　　　　　余卫军(2021.11—)
衢州广播电视大学
　　党委书记　汪权龙
　　校　长　毕　茗(女)
衢州广电传媒集团(市广电总台)
　　总裁(台长)　付炳旺(—2021.07)
　　　　　　　　占金良(2021.07—)
市供销合作社联合社
　　主　任　汪宗德(—2021.11)
　　　　　　周群丽(女,2021.11—)
市农业科学研究院
　　党组书记　范叶和
　　院　长　范叶和
市铁道中心
　　主　任　蔡小龙
市委、市政府接待工作中心
　　主　任　杨永红(—2021.11)
市对口支援新疆阿克苏地区乌什县指挥部
　　指挥长　李　昱

衢州市政协组织

政协衢州市委员会
　　主　席　周伟江
　　副主席　刘炳炎(—2021.06)
　　　　　　金召卫
　　　　　　吕玉茹(女,—2021.03)
　　　　　　吴江平
　　　　　　徐静旋(女)
　　　　　　周　庆
　　　　　　徐旭卿(女)
　　　　　　王良海
　　　　　　琚建军
　　秘书长　程　相
　　党组书记　方健忠(2021.12—)
政协衢州市委员会专门委员会
　　办公室
　　　　主　任　祝云土
　　研究室
　　　　主　任　郑桂林
　　提案委员会
　　　　主　任　詹兰荣
　　委员工作委员会
　　　　主　任　付炳旺
　　经济委员会
　　　　主　任　姜方庆
　　人口资源环境委员会
　　　　主　任　张志清
　　农业和农村委员会
　　　　主　任　祝仁卿
　　教育科技卫生体育委员会
　　　　主　任　黄伟青
　　文化文史和学习委员会
　　　　主　任　郑　彦
　　社会和法制委员会
　　　　主　任　任锦丽
　　港澳台侨和民族宗教委员会
　　　　主　任　朱　俐(女)

衢州市民主党派组织

民革衢州市委员会
　　主任委员　周　庆
民盟衢州市委员会
　　主任委员　汪　晖
民建衢州市委员会
　　主任委员　马梅芝(女,—2021.09)

民进衢州市委员会

主任委员　金召卫(—2021.07)

黄伟青(2021.07—)

农工党衢州市委员会

主任委员　吕玉茹(女,—2021.03)

杨晓光(2021.06—)

九三学社衢州市委员会

主任委员　田　俊(女)

衢州市法检机关

市中级人民法院

院　长　危辉星

副院长　陈一民(—2021.01)

陈　明

任庆原(—2021.11)

崔正华

祝菊红(2021.01—)

党组书记　危辉星

市人民检察院

检察长　黄曙峰

副检察长　吴明田(—2021.11)

黄耀奎

柴志华(女)

方永新

吴　刚(2021.11—)

党组书记　黄曙峰

衢州市群众团体

市总工会

主　席　俞顺虎

党组书记　徐雄强

共青团衢州市委员会

书　记　徐元玮

市妇女联合会

主　席　杨苏萍(女,—2021.01)

贵丽青(女,2021.07—)

市科学技术协会

主　席　陈利民

市归国华侨联合会

主　席　姚利华(女,—2021.07)

洪根兴(2021.08—)

市工商业联合会

党组书记　陈水清(2020.03—)

主　席　余　震

市文学艺术界联合会

主　席　吴利平

中国国际贸易促进委员会衢州市委员会

会　长　郑　琳

市残疾人联合会

理事长　姜忠军(2021.03—)

市红十字会

会　长　王良春

党组书记　姚宏平(—2021.11)

姜苏州(2021.11—)

衢州市垂直管理部门

市税务局

局　长　柳一林

市国家安全局

局　长　华列斌

国网浙江省电力有限公司衢州供电公司

总经理　黄宏和(—2021.09)

张宏达(2021.09—)

党委书记　徐　昱

市邮政管理局

局　长　王　伟

省邮政公司衢州市分公司

总经理　俞　亮

市烟草专卖局(烟草公司)

局长(经理)　周　博(—2021.07)

杨军峰(2021.07—)

市气象局

局　长　周春雨

衢州海关
　　关　长　孔先利
国家统计局衢州调查队
　　队　长　姜理平
衢州机场管理有限公司
　　总经理　王江平
省盐业集团衢州市盐业有限公司
　　总经理　黄云雪(—2021.01)
　　　　　　毛春燕(女,2021.01—)
市无线电管理局
　　局　长　周　全
市长途电信运输局
　　局　长　丁瑞禄(—2021.01)
　　　　　　姜　晔(2021.01—)
中国人民银行衢州市中心支行
　　行　长　何起东
中国银行保险监督管理委员会衢州监管分局
　　局　长　陈　杰(—2021.11)
衢州市通信发展办公室
　　负责人　林培育
市消防救援支队
　　支队长　周文斌
高速公路交警总队衢州支队
　　支队长　白红飞
中国冶金总局浙江地质勘察院
　　党委书记　闫承锋
　　院　长　李巨宝
中石油浙江衢州销售分公司
　　总经理　薛祥圣
中国石油化工股份有限公司浙江衢州石油分公司
　　总经理　林建国
浙石油综合能源销售衢州分公司
　　总经理　吴广生
浙江衢州安邦护卫有限公司
　　总经理　张淑芬(女)
中铁第五勘察设计院集团有限公司浙江分院
　　总经理　应国强
市新华书店有限公司
　　总经理　谢振斌
中国电信股份有限公司衢州分公司
　　总经理　姜向阳
浙江移动通信有限责任公司衢州分公司
　　总经理　夏　斌
中国联合网络通信有限公司衢州市分公司
　　总经理　上官鹰

（市委组织部　供稿）

2021年衢州市县(市、区)机构和负责人名录

柯城区

中共衢州市柯城区委员会
　　书　记　朱素芳(女,—2021.11)
　　　　　　蒋国强(2021.11—)
　　副书记　蒋国强(—2021.11)
　　　　　　胡益峰(2021.11—)
　　　　　　王永明(—2021.11)
　　　　　　张　钢(2021.11—)
　　常务委员　朱素芳(女,—2021.11)
　　　　　　　蒋国强
　　　　　　　胡益峰(2021.11—)
　　　　　　　王永明(—2021.11)
　　　　　　　张　钢(2021.11—)
　　　　　　　贵丽青(女,—2021.07)
　　　　　　　巫建民(2021.07—2021.08)
　　　　　　　陈雪良(2021.07—)
　　　　　　　邵晓航(—2021.11)
　　　　　　　向明虎(2021.11—)
　　　　　　　黄宏瞻(挂职,—2021.01)
　　　　　　　吴来恩(挂职,2021.01—)
　　　　　　　何晓文(—2021.11)
　　　　　　　吴伟红(2021.11—)
　　　　　　　齐富军(—2021.11)
　　　　　　　王盛丰(2021.11—)
　　　　　　　邱雪萍(女,—2021.11)
　　　　　　　施　莹(女,2021.08—)

曲洪娟(女,2021.08—)
柴志强 (—2021.08)
周榜元(2021.08—)
李纯浩(—2021.11)
朱君才(2021.11—)
毛志宏(—2021.11)
刘　丰(—2021.11)
田志伟(2021.11—)

中共衢州市柯城区纪律检查委员会 区监察委员会
书记、监委主任　邵晓航(—2021.11)
书记、监委代主任　向明虎(2021.11—)

柯城区人大常委会
主　任　徐登富
副主任　鲍继红(女)
王国强
李　青
范洁红(女)
姜有源
陈秋荣

柯城区人民政府
区　长　蒋国强(—2021.11)
代区长　胡益峰(2021.11—)
副区长　贵丽青(女,—2021.07)
齐富军(—2021.11)
王盛丰(2021.11—)
程佳良
黄宏瞻(挂职,—2021.01)
吴来恩(挂职,2021.01—)
曾三山(—2021.11)
吴伟红(—2021.11)
余洪富
巫建民(2021.07—2021.08)
陈　崇(2021.11—)
李剑峰(—2021.03)
吴　浩(2021.03—)
曲洪娟(女,2021.08—)
戴郑娇(女,挂职,—2021.12)
许明娟(女,挂职)
朱　俐(女,挂职,2021.03—)

政协衢州市柯城区委员会
主　席　徐连土
副主席　柴文灯
徐小平
吴云林
徐成旺

柯城区人民法院
院　长　祝菊红(—2021.01)
胡卫民(2021.02—)

柯城区人民检察院
检察长　周恩强(—2021.01)
周红梁(2021.02—)

衢江区

中共衢州市衢江区委员会
书　记　周向军(—2021.11)
王慧杰(2021.11—)
副书记　徐惠文
徐爱平(女,—2021.08)
罗亭林(2021.08—)
常务委员　周向军(—2021.11)
王慧杰(2021.11—)
徐惠文
徐爱平(女,—2021.08)
罗亭林(2021.08—)
吴德生(—2021.11)
王继明(—2021.11)
周水忠(—2021.11)
姜利霞(女,—2021.11)
杜　洲
王　典(—2021.11)
严士平(—2021.11)
林　蕙(女)
张　宾(挂职,2021.01—)
方　宁(女,2021.11—)
郭林将(2021.11—)

徐　彪(2021.11—)
张立明(2021.11—)
柴胜辉(2021.11—)
傅红庆(2021.11—)

中共衢州市衢江区纪律检查委员会 区监察委员会
书记、监委主任　姜利霞(女,—2021.11)
书记、监委代主任　方　宁(女,2021.11—)

衢江区人大常委会
主　任　潘　佶
副主任　费里夫
谢土你
袁亚平
童土善
余水林
吴水标(2021.02—)

衢江区人民政府
区　长　徐惠文
副区长　王继明(—2021.11)
郭林将(2021.11—)
巫建民(—2021.07)
章青华(—2021.12)
周松祥
方勇胜
胡志彬
方　宁(女,—2021.11)
徐献文(挂职)
张　宾(挂职,2021.01—)
柴胜辉(2021.07—2021.11)
徐　彪(2021.11—)
徐东升(2021.11—)
曾　珏(女,2021.11—)
刘洪刚(2021.11—)

政协衢州市衢江区委员会
主　席　赵建新(—2021.02)
杨苏萍(2021.02—)
副主席　徐国锋
赵瑞慈(女,—2021.11)
姜文军(女)
徐桂明

衢江区人民法院
院　长　周晓清

衢江区人民检察院
检察长　吴　刚(—2021.11)
代检察长　姚俊宏(2021.11—)

江山市

中共江山市委员会
书　记　童炜鑫(—2021.11)
朱素芳(女,2021.11—)
副书记　王光华(—2021.11)
徐明峰(2021.08—)
胡炳泉(—2021.08)
何日根(2021.11—)
常务委员　童炜鑫(—2021.11)
朱素芳(女,2021.11—)
王光华(—2021.11)
徐明峰
胡炳泉(—2021.08)
何日根(2021.11—)
钱　伟(挂职)
温胜浩
姜方云(—2021.12)
郑东清(—2021.11)
刘明鹤(—2021.03)
郑勇钦(—2021.11)
陈雪良(—2021.07)
李　骏(—2021.03)
雷雅丞(2021.03—2021.11)
俞耀根(2021.03—)
杨　君(2021.07—)
朱永平(2021.11—)
程佳华(2021.11—)
高　峰(2021.11—)
毛香水(女,2021.12—)
毛晓荣(2021.12—)

中共江山市纪律检查委员会　市监察委员会
　书记、监委主任　温胜浩
江山市人大常委会
　主　任　汪　胜
　副主任　宁　晔
　　　　　毛正彩(女)
　　　　　毛吉泽
　　　　　毛长明
　　　　　李培荣
　　　　　郑贤文
江山市人民政府
　市　长　王光华(—2021.11)
　代市长　徐明峰(2021.11—)
　副市长　刘明鹤(—2021.03)
　　　　　俞耀根(2021.03—)
　　　　　巫小雄
　　　　　何正芳(女,—2021.11)
　　　　　张志军
　　　　　钱　伟(挂职)
　　　　　杨　君(—2021.07)
　　　　　马亦忠(挂职,—2021.01)
　　　　　吴晓炯(挂职,2021.01—)
　　　　　程佳华(—2021.11)
　　　　　郭林将(—2021.11)
　　　　　朱永平(2021.11—)
政协江山市委员会
　主　席　郑朝基
　副主席　王子平
　　　　　姜　英(女)
　　　　　毛水芳
　　　　　祝继友
　　　　　毛慧卿(女)
　　　　　周立武
江山市人民法院
　院　长　谢炳连
　代院长　祝志昌(2021.11—)
江山市人民检察院
　检察长　郑柯迅
　代检察长　殷一村(2021.11—)

龙游县

中共龙游县委员会
　书　记　张晓峰(—2021.11)
　　　　　祝建东(2021.11—)
　副书记　祝建东(—2021.11)
　　　　　李芝伟(2021.11—)
　　　　　徐洪水(—2021.03)
　　　　　祝升明(2021.03—)
　常务委员　张晓峰(—2021.11)
　　　　　　祝建东
　　　　　　李芝伟(2021.11—)
　　　　　　徐洪水(—2021.03)
　　　　　　祝升明(2021.03—)
　　　　　　李　昱
　　　　　　姜锋华
　　　　　　徐新华
　　　　　　杨承志(挂职,—2021.01)
　　　　　　王开锋(挂职,2021.01—)
　　　　　　俞耀根(—2021.03)
　　　　　　叶琴仙(女,—2021.03)
　　　　　　李　莉(女,2021.03—)
　　　　　　江建新(—2021.03)
　　　　　　姜建军(2021.03—2021.11)
　　　　　　周明军(2021.03—2021.11)
　　　　　　余继民(2021.07—)
　　　　　　王　斌(2021.08—)
　　　　　　徐　宾(—2021.11)
　　　　　　郑国华(—2021.11)
　　　　　　俞忠胜(—2021.11)
　　　　　　王秋森(2021.11—)
　　　　　　徐　俊(2021.11—)
　　　　　　章　薇(女,2021.11—)
中共龙游县纪律检查委员会　县监察委员会
　书记、监委主任　俞忠胜(—2021.11)
　书记、监委代主任　章　薇(女,2021.11—)

龙游县人大常委会

主　任　舒　畅

副主任　应　敏(女)

赖　云

范卫祥

徐志明

徐建华

龙游县人民政府

县　长　祝建东(—2021.11)

代县长　李芝伟(2021.11—)

副县长　李　昱

龚凤丹(女,挂职)

徐仲利

杨承志(挂职,—2021.01)

王开锋(挂职,2021.01—)

江建新(—2021.03)

姜建军(—2021.03)

万志正(2021.03—)

余继民(—2021.07)

周明军(—2021.11)

詹虎山(—2021.11)

周　飞(—2021.11)

钟爱红(女,—2021.11)

徐　俊(2021.11—)

徐新华(2021.11—)

政协龙游县委员会

主　席　洪一舟

副主席　陆　民

蓝芝苇

陈　政(—2021.11)

陆寿泉

周巧萍(女)

龙游县人民法院

院　长　祝志昌(—2021.11)

代院长　詹金峰(2021.11—)

龙游县人民检察院

检察长　刘建华(—2021.11)

代检察长　徐云涛(2021.11—)

常山县

中共常山县委员会

书　记　潘晓辉

副书记　张少华(—2021.11)

王永明(2021.11—)

翁旭东(—2021.11)

何相涯(2021.11—)

常务委员　潘晓辉

张少华(—2021.11)

王永明(2021.11—)

翁旭东(—2021.11)

何相涯(2021.11—)

郑建华(—2021.01)

姜苏州(—2021.11)

桂美林(—2021.11)

姚金环(女,挂职,—2021.01)

何　健(女,—2021.11)

朱永平(—2021.07)

王荣国(—2021.11)

徐　彪(—2021.11)

戴根林(—2021.11)

姜　敏

姜雪峰(2021.01—)

陈　翊(2021.07—)

周利建(2021.11—)

许露华(2021.11—)

邱雪萍(女,2021.11—)

陈水清(2021.11—)

杨力军(2021.12—)

中共常山县纪律检查委员会　县监察委员会

书记、监委主任　王荣国(—2021.11)

书记、监委代主任　陈水清(2021.11—)

常山县人大常委会

主　任　刘石平(—2021.06)

副主任　苏新祥

徐　柯

王生智
李德勇
樊金国

常山县人民政府
县　长　张少华(—2021.11)
代县长　王永明(2021.11—)
副县长　何　健(女,—2021.11)
许露华(2021.11—)
邱雪萍(女,2021.11—)
胡伟民
姚金环(女,挂职,—2021.01)
姜雪峰(—2021.01)
李德生
朱建忠
傅淑梅(女,—2021.11)
蒋招达(挂职)
姜光明(2021.01—)
李湘虹(女,挂职,2021.01—)
黄晓彬(2021.10—)
方育娟(女,2021.11—)

政协常山县委员会
主　席　林红汉
副主席　黄法云(—2021.01)
郑建华(2021.01—)
谢雨生(兼)
罗诚剑(—2021.11)
范东英(女)
汪卫东(兼)

常山县人民法院
院　长　王小红(—2021.01)
舒燕华(2021.02—)

常山县人民检察院
检察长　姚俊宏(—2021.11)
代检察长　朱聪颖(女,2021.11—)

开化县

中共开化县委员会
书　记　鲁霞光(—2021.11)
夏盛民(2021.11—)
副书记　毛献明
汪黎云(女,—2021.08)
郑胜军(2021.08—)
常务委员　鲁霞光(—2021.11)
夏盛民(2021.11—)
毛献明
汪黎云(女,—2021.08)
郑胜军(2021.08—)
邹燕辉(—2021.11)
张玉山(—2021.11)
何日根(—2021.11)
傅　强(—2021.11)
樊勇军
周明军(—2021.03)
吴有熠
严雪峰
李剑峰(2021.03—)
郜黎明(2021.11—)
李水良(2021.11—)
陈体法(2021.11—)
吕　燕(女,2021.11—)

中共开化县纪律检查委员会　县监察委员会
书记、监委主任　何日根(—2021.11)
书记、监委代主任　李水良(2021.11—)

开化县人大常委会
主　任　张伟刚
副主任　李华蓉(女,—2021.02)
徐海廷(—2021.02)
黄高松
姜立忠
汪宇祥
马建雄
邹志岗
齐忠伟(2021.02—)

开化县人民政府
县　长　毛献明(2021.02—)

副县长　樊勇军
邹志岗(—2021.02)
齐正兰(女,—2021.11)
陈炳荣(挂职,—2021.01)
张　飞
方忠明(—2021.11)
陈　崇(—2021.11)
杨　宇(女,挂职)
曾正君(女,挂职,2021.01—)
陈体法(2021.02—)
杨选科(2021.08—)
傅利红(2021.11—)
雷　珍(女,2021.11—)

政协开化县委员会
主　席　余建华(2021.02—)
副主席　程水珍(女)
谷　声(女)
何万彬
方金菊(女)

开化县人民法院
院　长　王　勇

开化县人民检察院
检察长　周红梁(—2021.02)
袁小荣(2021.02—)

(市委组织部　供稿)

中共衢州市委员会

Quzhou Municipal Committee of the CPC

综　述

【概　况】 2021年，衢州市委坚持以习近平新时代中国特色社会主义思想为指导，全面贯彻落实中央和省委决策部署，推动发展提速、提效、提质，全力防风险、守底线、保平安，较好完成年初确定的各项目标任务，实现“十四五”良好开局。全市生产总值增长8.7%，增幅列全省第3；固定资产投资增长16.2%，增幅列全省第1；财政总收入、一般公共预算收入分别增长19%、16.3%，增幅均列全省第2；城乡居民人均可支配收入分别增长10.7%、11.3%，增幅分列全省第1、第2。

【市委七届九次全体（扩大）会议】 1月20日，中共衢州市委七届九次全体（扩大）会议举行。市委常委会主持会议。全会高举中国特色社会主义伟大旗帜，以习近平新时代中国特色社会主义思想为指导，全面落实中共十九届五中全会和省委十四届八次全会精神，深入贯彻习近平总书记考察浙江重要讲话精神，审议通过《中共衢州市委关于制定衢州市国民经济和社会发展第十四个五年规划和二〇三五年远景目标的建议》。市委书记徐文光代表市委常委会作题为《贯彻“八八战略” 践行“八个嘱托” 推进“八大任务” 争创四省边际社会主义现代化先行市》的工作报告，号召全市各级党组织和广大党员干部更加紧密地团结在以习近平同志为核心的党中央周围，在中共浙江省委的坚强领导下，忠实践行“八八战略”、奋力打造“重要窗口”，为争创四省边际社会主义现代化先行市而努力奋斗，以优异成绩向中国共产党成立100周年献礼。

【市委七届十次全体（扩大）会议】 7月27日，中共衢州市委七届十次全体（扩大）会议举行。市委常委会主持会议。全会以习近平新时代中国特色社会主义思想为指导，深入学习贯彻习近平总书记“七一”重要讲话精神，全面落实省委十四届九次全会的部署要

2021年7月27日，中共衢州市委七届十次全体（扩大）会议召开

求，审议通过《衢州高质量发展建设四省边际共同富裕示范区行动计划（2021—2025年）》。市委书记汤飞帆代表市委常委会作题为《实干争先 加压奋进 全力打造四省边际共同富裕示范区》的工作报告，号召全市各级党组织和广大党员干部群众要紧密团结在以习近平同志为核心的党中央周围，坚决响应党中央号召，在中共浙江省委的坚强领导下，不忘初心、牢记使命，勇当先锋、勇闯新路，全力打造四省边际共同富裕示范区，让衢州成为全省乃至全国人民的向往之地，让257万衢州人民过上更加幸福美好的生活。

【市委常委会会议】2021年，召开市委常委会会议33次。

1月18日，市委常委会召开会议，传达学习贯彻中央农村工作会议精神，研究市委七届九次全会有关事项。市委书记徐文光主持会议。

2月1日，市委常委会召开会议，传达学习习近平总书记在中共中央政治局民主生活会上的重要讲话精神，学习省两会精神和省委书记袁家军参加省人代会衢州代表团审议以及在县（市、区）委书记工作交流会、省委农村工作会议、全省党委（党组）书记抓基层党建和人才工作述职评议会上的讲话精神，研究衢州市贯彻落实意见。市委书记徐文光主持会议。

2月4日，市委常委会召开扩大会议，传达学习习近平总书记在省部级主要领导干部学习贯彻中共十九届五中全会精神专题研讨班开班式上的重要讲话精神，研究部署衢州市贯彻落实意见。市委书记徐文光主持会议，并就衢州市学习贯彻工作提出要求。

2月8日，市委常委会召开会议，学习习近平总书记《论坚持全面依法治国》，交流挂联区块市委督导组、市政府服务组近期工作情况，研究将提交市两会审议、审查的有关文件。市委书记徐文光主持会议。

2月19日，市委常委会召开会议，传达学习习近平总书记在十九届中央政治局第二十七次集体学习时的重要讲话精神、全省全面推进数字化改革大会精神，研究衢州市贯彻落实意见。会议还研究市两会有关事项。

3月15日，市委常委会召开会议，学习贯彻习近平总书记在十九届中央政治局第二十六次集体学习时的重要讲话精神，研究部署中央巡视反馈问题整改工作。市委书记徐文光主持会议。

3月26日，市委常委会召开会议，学习贯彻习近平总书记在十九届中央政治局第二十八次集体学习时的重要讲话精神，研究部署常态化开展扫黑除恶专项斗争和历史文化街区保护等工作。市委书记徐文光主持会议。会议还传达学习省政协主席葛慧君在衢州调研讲话精神，听取2020年度县（市、区）和智造新城、智慧新城、市级机关部门综合考核结果汇报。

4月15日，市委常委会召开会议，传达学习贯彻习近平总书记在福建考察重要讲话精神，研究企业服务和市区城乡客运一体化改造等工作。市委副书记、市长汤飞帆主持会议。

5月11日，市委常委会召开会议，传达学习习近平总书记关于统计工作的重要讲话、指示、批示精神和省委专题学习会精神，研究衢州市贯彻落实意见。市委副书记、市长汤飞帆主持会议。

5月25日，市委常委会召开会议，学习习近平总书记在十九届中央政治局第二十九次集体学习时的重要讲话精神，传达学习全省碳达峰、碳中和工作推进会精神，并研究衢州市贯彻落实意见，会议还研究衢州市“重大项目推进年”活动实施方案、衢州市“招商引资攻坚年”活动实施方案。市委副书记、市长汤飞帆主持会议。

6月11日，市委常委会召开会议，学习贯彻李克强总理考察浙江重要讲话精神，传达学习省委十四届九次全体（扩大）会议精神。市委副书记、市长汤飞帆主持会议。

6月23日，市委常委会召开会议，传达学习习近平总书记在十九届中央政治局第三十次集体学习时的重要讲话精神、对深化东西部协作和定点帮扶工作作出的重要指示精神，以及全国东西部协作工作会议精神，研究衢州市贯彻落实意见。市委书记汤飞帆主持会议。

7月2日，市委常委会召开会议，学习贯彻习近平总书记在庆祝中国共产党成立100周年大会上的重要讲话精神和浙江省庆祝中国共产党成立100周年大会精神。市委书记汤飞帆主持会议并讲话。

7月8日，市委常委会召开会议，研究并原则通过《高水平建设新时代美丽衢州规划纲要(2020—2035年)》。市委书记汤飞帆主持会议。会议讨论全面实施“两专工程”有关文件。

7月15日，市委常委会召开会议，专题传达学习省委书记袁家军在衢州调研讲话精神，研究贯彻落实意见。市委书记汤飞帆主持会议并讲话。

7月23日，市委常委会召开扩大会议，专题研究上半年全市经济形势，查找问题和差距，研究对策举措，部署下一步工作。市委书记汤飞帆主持会议并讲话。

7月23日，市委常委会召开会议，学习贯彻习近平总书记在十九届中央政治局第三十一次集体学习时的重要讲话精神，研究市委七届十次全体(扩大)会议有关事项，听取全市政法队伍教育整顿工作情况汇报。市委书记汤飞帆主持会议并讲话。

7月29日，市委常委会召开会议，传达学习省委副书记、省长郑栅洁在衢州调研讲话精神，研究贯彻落实意见。市委书记汤飞帆主持会议并讲话。会议传达学习《中国共产党组织工作条例》《中共中央关于加强对“一把手”和领导班子监督的意见》及省委十三项实施意见，研究部署衢州市贯彻落实举措。

8月12日，市委常委会召开会议，听取市人大常委会党组、市政府党组、市政协党组、市法院党组、市检察院党组工作汇报。市委书记汤飞帆主持会议。

8月12日，市委常委会召开会议，传达学习贯彻省委常委会会议精神，研究部署当前衢州市疫情防控工作。市委书记汤飞帆主持会议并讲话。

8月25日，市委常委会召开会议，研究衢州市教育工作，讨论并原则通过《关于加快培育“两专”教师队伍推动教育事业高质量发展的实施意见》。市委书记汤飞帆主持会议。

9月8日，市委常委会召开会议，学习贯彻《中共中央关于加强新时代检察机关法律监督工作的意见》和省委《进一步加强检察机关法律监督工作的若干意见》，并研究部署衢州市义务教育“双减”工作。市委书记汤飞帆主持会议。

9月18日，市委常委会召开会议，传达学习省委文化工作会议精神，研究衢州市高质量打造文化高地“金名片”实施意见。市委书记汤飞帆主持会议。

9月24日，市委常委会召开会议，学习习近平总书记在2021年秋季学期中央党校(国家行政学院)中青年干部培训班开班式上的讲话，传达学习中央民族工作会议和省委民族工作会议精神，研究衢州市贯彻落实意见。市委书记汤飞帆主持会议。

10月14日，市委常委会召开会议，传达学习习近平总书记在中央人才工作会议上的重要讲话精神，以及市、县(市、区)数字化改革座谈会和全省基层党建工作会议精神，研究部署衢州市贯彻落实工作。市委书记汤飞帆主持会议并讲话。会议还研究市委“八张问题清单”8—9月新发现问题和浙江省第四届体育大会开幕式筹备工作。

10月22日，市委常委会召开会议，传达学习省委副书记、代省长王浩在衢州调研时的讲话精神，研究衢州市县域跨越式高质量发展五年行动计划(2021—2025年)。市委书记汤飞帆主持会议。

11月5日，市委常委会召开会议，学习贯彻习近平总书记在十九届中央政治局第三十四次集体学习时的重要讲话精神，习近平、栗战书同志在中央人大工作会议上的讲话精神及省委书记袁家军在全省各级人大常委会主任学习会上的讲话精神，研究关于坚持深化“县乡一体、条抓块统”改革，加强基层治理体系和治理能力现代化建设的实施意见。市委书记汤飞帆主持会议。

11月15日，市委常委会召开会议，学习贯彻习近平总书记《扎实推动共同富裕》重要文章和省委书记袁家军《扎实推动高质量发展建设共同富裕示范区》署名文章精神，以及全省“县乡一体、条抓块统”改革工作现场推进会精神。市委书记汤飞帆主持会议。

11月18日，市委召开常委会会议，传达学习中共十九届六中全会和全省领导干部会议精神，对全市学习贯彻工作做出部署。市委书记汤飞帆主持会议。

11月18日，市委常委会召开会议，传达学习全国文明城市创建工作培训班精神，研究衢州市贯彻落实意见。市委书记汤飞帆主持会议。会议还研究《衢州市青年发展规划(2021—2025年)》。

12月2日，市委常委会召开会议，传达学习省委十四届十次全体(扩大)会议精神，研究部署衢州市贯彻落实工作。市委书记汤飞帆主持会议并讲话。会议还传达学习省委加强“一把手”和领导班子监督“五张责任清单”制度。

12月17日，市委常委会召开扩大会议，传达学习中央经济工作会议和全省领导干部会议精神，研究衢州市贯彻落实意见。市委书记汤飞帆主持会议并讲话。

12月22日，市委常委会召开会议，学习习近平总书记在十九届中央政治局第三十五次集体学习时的重要讲话精神，传达学习贯彻省委人才工作会议精神，研究市人大常委会2022年立法计划。市委书记汤飞帆主持会议并讲话。

2021年7月18日，2021衢州市产业高质量发展大会召开

【学习贯彻习近平新时代中国特色社会主义思想】2021年，始终把学懂、弄通、做实习近平新时代中国特色社会主义思想作为首要政治任务，严格落实“第一议题”制度，高标准、高质量开展党史学习教育，自觉筑牢增强“四个意识”、坚定“四个自信”、做到“两个维护”的思想基石。坚决贯彻习近平总书记寄予衢州的“八个嘱托”“两次批示”精神，确保习近平总书记重要指示精神在衢州落地生根、开花结果。

【抓“工业强市、产业兴市”】2021年，坚持“工业强市、产业兴市”，全力做大做强实体经济，谋划实施工业强市十大专项行动，规模以上工业总产值同比增长29.8%。系统重塑招商体系，设立北京、上海、深圳、杭州4个产业招商组，集中政策、资源、力量招引重大项目。持续开展“重大项目推进年”活动，总投资近500亿元的浙江时代锂电材料国际产业合作园等一批十亿、百亿级先进制造业项目成功落地。浙大衢州“两院”、电子科大长三角研究院建成开学，衢州海创园整体落成开园。

【加快建设四省边际中心城市】2021年，加快提升城市能级，积极谋划推进“浙西省级新区”战略平台，机场迁建选址获批，杭衢高铁加快建设，四省边际中心医院、市体育中心主体育场、文化艺术和便民服务中心等一批重大公建“标配”项目、民生项目建成或即将建成，四省边际中心城市的地位逐渐得以显现，城市能级有质的飞跃。

【打造最优营商环境】2021年，建立企业社区化、网格化服务机制，扎实开展营商环境“清障”行动，明确30条负面清单，坚决治理涉企服务“中梗阻”“下梗阻”问题。探索推进政务服务“跨省通办”、高频事项“跨省通办”、异地事项“线上直办”、外省证照共享互认等新模式，通办事项覆盖医疗健康、公安交管、市场监管等9部门151项，累计办理业务6.5万余件。信用体系建设走在全国前列，并入围全国营商环境标杆城市名单。

【着力打造“诗画浙江”大花园最美核心区】2021年，以中央和省生态环保督察整改为契机，持续打好治水、治气、治土、治废、治塑攻坚战，“五水共治”7夺大禹鼎、在全省首批夺得金鼎，生态环境公众满意度连续2年获全省第1，

2021年1月22日，浙皖闽赣（衢黄南饶）“联盟花园”建设工作领导小组第一次会议暨签约仪式举行

市、县城市空气质量全面优于国家二级标准，成功创建国家生态文明建设示范市。“两山银行”改革试点在全市域推广，碳账户体系属全国首创。加快建设“衢州有礼”诗画风光带和衢黄南饶“联盟花园”，“95联盟大道”精彩亮相。

【不断激发区域发展新活力】 2021年，坚持以数字化改革为牵引，统筹推进数字化改革和“县乡一体、条抓块统”改革，探索形成“141”承接“152”衢州模式，被省委主要领导称赞为“基层治理现代化的‘衢州经验’”，为全省数字化改革“1512”体系（“1”即一体化、智能化公共数据平台；“5”即党政机关整体智治综合应用、数字政府综合应用、数字经济综合应用、数字社会综合应用和数字法治综合应用；“1”即基层治理系统；“2”即数字化改革理论体系和制度规范体系）的构建作出积极贡献。在全省首次改革突破奖评选中获金奖1项、铜奖2项，“碳账户碳金融”“智慧助残”被评为全省数字化改革“最佳应用”。启动新一轮国资国企改革，市本级国有企业资产总额达到1540.5亿元，同比增长34.1%。

【切实提高群众获得感】 2021年，市、县两级财政民生支出同比增长8.9%，10个方面的54项民生实事项目全部如期高质量完成，有效解决一大批群众的操心事、烦心事、揪心事。集体经济收入20万元以上村实现全覆盖，在全省考核中位列第1。南孔文化、围棋文化创新发展，成功举办“泗淛同源”南北孔文化交流、“新千年烂柯谱第一局”等活动。承办第七届中医科学大会和浙江省第四届体育大会，获“世界长寿之都”称号。全国文明城市年度测评中在114个参评地级市中排名第1。

2021年1月18日，国际自然医学会、世界长寿乡调查团和世界长寿乡科学认证委员会授予衢州“世界长寿之都”称号

【全面统筹发展和平安建设】 2021年，建立健全“动态清零”精密智控机制，慎终如始抓好常态化疫情防控，有效抵御多轮疫情输入风险，连续23个月未发生本土病例。一体推进平安衢州、法治衢州建设，实现平安建设“十六连冠”，成功创建全国社区治理和服务创新实验区，获评平安中国建设示范市。扎实开展政府隐性债务清零工作，化债率达77.9%，进度居全省前列。

【全面加强党的领导和建设】 2021年，高质量推进市、县、乡领导班子换届，深入实施“红色根脉强基工程”和以提升专业技术能力、专业科学精神为主要内容的“两专工程”，推动干部队伍、干部工作系统性重塑。纵深推进清廉衢州建设，强化对“一把手”和领导班子监督，营造风清气正的政治生态。严格落实“七张问题清单”工作机制，把加强党的领导落实到改革、发展、稳定全过程。

（赵灵洁）

组织工作

【概 况】 2021年，全市组织系统践行新时代党的组织路线，弘扬伟大建党精神，以数字化改革为牵引，抓好市、县、乡领导班子换届工作，实施“红色根脉强基工程”，全面提升干部队伍专业技术能力、专业科学精神，深化人才发展体制机制改革，提高党员干部塑造变革能力，为高质量发展建设四省边际共同富裕示范区、打造四省边际中心城市提供坚强组织保障。年末，全市基层党组织7513个，其中党委397个、总支367个、支部6749个；党的地方委员会7个，党组273个，各级党委派出工委41个；党员162747名，其中女党员40903名、少数民族党员1510名，分别占党员总数的25.13%、0.93%。机关单位公务员（含参照管理单位）16464人，其中女干部4618人，县处级以上领导干部712人。人才资源总量44.43万人（按统计部门口径），其中经营管理人才8.13万人，专业技术人才14.81万人，高技能人才7.15万人，农村实用人才12.29万人，社会工作人才0.45万人。新增大学生4.4万人，同比增长13.7%。

【抓牢抓实党的政治建设】2021年，牢牢把握组织路线服务政治路线基本定位，将服务保障共同富裕示范区建设作为重大政治任务。2021年，制定出台《关于贯彻落实〈中国共产党组织工作条例〉的实施意见》《关于在四省边际共同富裕示范区建设中争做"五个先锋"的二十条意见》，着力推动新时代衢州组织工作高质量发展。深入学习贯彻中共十九届六中全会精神，把学习贯彻中共十九届六中全会精神作为首要政治任务，纳入各级党校、党员干部培训班必修课程，作为基层党组织"三会一课"、主题党日的重要内容。创新开展各类宣讲活动，全市共组织开展"千场党课下基层"活动专题宣讲8380余场次，6718个党支部全面开展主题党日活动，高质量完成专题组织生活会。抓好党史学习教育，巩固深化"不忘初心、牢记使命"主题教育成果，依托乡村振兴讲堂，推动党史学习教育向基层延伸，讲堂全年开课3.7万余场，143.9万人次参加。举办以学习贯彻习近平总书记"七一"重要讲话精神为重点的红色宣讲月活动，选派102名讲师，打造千余堂专题微党课，面向农村基层送教下乡村、进讲堂。开设《奋斗百年路·启航新征程》党史学习教育专栏，引导农村党员群众"点单"学习，专栏累计阅读量900万余人次。

【开展庆祝中国共产党成立100周年系列活动】2021年，组织开展"七个一百"（围绕"学党史悟思想办实事开新局"主题，选树百名担当作为先锋干部；评选百个有代表性的先进基层党组织；集中宣传百个新时代乡村振兴"领头雁"典型；举办乡村振兴讲堂百场党史示范课，邀请中央、省、市党史研究专家开设党史教育"云讲堂"；建设百家红色教育基地、改革担当精神传承基地、综合性党群服务中心；组织开展百名书记党建项目大擂台；编印百个党建特色品牌精品实践案例）党性锤炼系列活动和"党员在身边、温暖千万家"为群众办实事专题实践活动。做好全国、全省"两优一先"推选，常山县离休老党员胡兆富被评为全国优秀共产党员，江山市大陈乡大陈村党总支书记汪衍君被评为全国优秀党务工作者，开化县华埠镇金星村党支部被评为全国先进基层党组织，17名个人、15个集体获全省"两优一先"称号。组织召开全市"两优一先"表彰大会暨党史学习教育专题党课报告会，评选表彰市级优秀共产党员97名、优秀党务工作者95名、先进基层党组织96个。颁发"光荣在党50年"纪念章1.1万枚，走访慰问获得党内功勋荣誉表彰的党员、生活困难党员、老党员、因公牺牲干部家属等1.06万余人。

【推进组织部门数字化改革】2021年，坚持小切口、大牵引，市县一体推进组织部门数字化改革，形成一批具有首创性、影响力，可复制、可推广的改革成果。"资格联审"应用列入全省组织系统首批数字化改革试点，亮相全省数字化改革成果展。干部"四维考评"[从"岗位赋分、实绩（模块）评分、服务（组团）积分、专项计分"等四个维度对干部德、能、勤、绩、廉等方面日常表现进行综合量化评价]应用被列入全省组织系统首批重点培育项目，得到省委主要领导批示肯定。"一屏看考察"为市、县、乡领导班子换届赋能增效。"浙里好干部"（衢州）应用为党委选好干部、配强班子提供科学辅助。"浙里党群心联心"、"资格联审"、干部"四维考评"3个数字化应用被评为全省优秀应用。

【开展市、县、乡领导班子换届】2021年，坚持党管干部、事业为上、制度选人，着眼衢州市未来发展的历史新方位，深化落实省委重塑用人导向“十用十不用”要求和确定人选“二十条原则”。压茬推进乡镇、县（市、区）领导班子换届、市直部门届末考察，综合运用“系统谋换届”专项调研、届末考察、年度考核、巡察审计成果，围绕乡镇、县（市、区）发展功能定位，有针对性选配“两专”（专业技术能力和专业科学精神）过硬的干部充实领导班子，系统重塑领导班子结构功能，提升干部队伍推进共同富裕、现代化建设新能力。换届后，全市81个乡镇党政正职领导平均年龄39.6岁，全日制大学本科及以上学历的有67人，占41.36%；乡镇班子成员中35岁以下的有342人，全日制大学本科及以上学历的有469人，2年及以上乡镇工作经历的有829人。6个县（市、区）党政班子中40岁左右的年轻干部28人，占比从17.8%提升到31.1%；全日制大学本科及以上学历的干部38人，占比从20%提升至42.2%；有乡镇党政正职工作经历的有54人，占比从52.2%提升至60%。

【深化换届风气督查】2021年，抓好中央、省委巡视反馈问题整改落实，对7个单位党委（党组）选人用人工作进行专项检查。组织1115名干部报告个人有关事项，查核402人次。组织党员干部观看教育警示片2.69万人次，签订换届纪律承诺书1.63万份。市、县两级共组建48个换届风气督查组，开展巡回督查36轮，实现县（市、区）和乡镇全覆盖。传达落实《关于严肃领导班子换届纪律的通知》等文件，坚决抵制说情打招呼、妄议人事、造谣传谣等换届不正之风。集中规范领导干部近亲属经商办企业行为，摸排风险点33个，督促整改突出问题13个。

【实施“两专工程”】2021年，深入贯彻省委建设变革型组织、提高领导干部塑造变革能力部署，制定出台《关于全面实施“两专工程”提升党员干部队伍推进现代化建设新能力的实施意见（试行）》，实施素养提升、大成集智、一线锻炼、导师帮带、战略储备、源头拓展、赛场选马、数字赋能、考核评价、保障激励“十大行动”，进一步健全干部选育管用的工作链条。加强源头储备，建立1000名的专业干部库，“一人一档”跟踪管理。健全导师帮带机制，从市、县两级专业部门，省级相关专业部门选聘297名专业导师，分层分类为1000名左右的年轻干部配备导师，帮助其提升专业能力、专业精神。开展实战锻炼，常态化选派干部到招商引资、对口支援、疫情防控等经济社会发展主战场摔打锤炼，重塑招商工作体系，举办“两专工程”招商引资实训班，组织市、县200名专业招商干部赴北京、上海、杭州、深圳等地开展“双招双引”（招商引资、招才引智），实现锻炼干部与服务保障中心工作同步。推行“赛马”机制，每季度组织开展各县（市、区）、市直部门、乡镇（街道）工作交流会，分层分级举行“两专”擂台赛，22名在“赛马”比拼中表现突出的干部被提拔重用，95名表现优秀的干部受到记功嘉奖、通报表扬并列入干部储备名单。结合市直部门届末考察，对全市77家单位进行“两专”建设情况督查，并逐一反馈存在的问题。严格落实市委、市政府“两专”反面典型通报机制，通报反面典型14个。

【“党建联盟”促乡村振兴和共同富裕】2021年，深入推进“党建联

2021年1月6日，开化县党建联盟授牌仪式举行

盟”，制定实施全域党建联盟工作八条指导意见，按照党建帮带型、项目主导型、产业发展型、治理优化型等分类组建196个党建联盟，推动村(社)功能互补、产业共建、抱团发展。深化落实“导师帮带制”实践，从省、市两级“千名好支书”“治村名师”中择优筛选出市、县两级治村导师131名，“一对一”“一对多”帮带村社年轻党员739名。依托乡村振兴讲堂抓好农民增收创富培训，开展来料加工、家政服务、面点制作、汽修汽配等实用技能培训2720余场，培训农民127万余人次。健全农村“三资”(农村集体的资金、资产、资源)管理制度，推进村经济合作社市场化运营改革，复制推广“飞地”抱团、光伏小康等做法，不断发展壮大村集体经济，全市村级集体经济经营性收入20万元村实现全覆盖，在全省集体经济巩固提升工作考评中位列第1。

【强化党建引领基层治理】2021年，发挥组织优势协同推进“县乡一体、条抓块统”改革，17个“一件事”模式全市域推广运行，干部“四维考评”体系在乡镇全面落地，1468名条线干部下沉乡镇，乡镇“四平台”(基层治理“党建统领、经济生态、平安法治、公共服务”四平台)全面迭代升级，有力提升党建统领基层治理效能。11月8—9日，全省“县乡一体、条抓块统”改革工作现场推进会在衢州市召开。持续深化“三联工程”(组团联村、“两委”联格、党员联户)，开发“浙里党群心联心”三联工程数字化应用场景，完善组团“点兵点将”、网格“微事快办”、联户党员“五权赋能”(五权指困难补助提名权、日常事务初审权、评先评优推荐权、政治审查意见权、民生项目监督权)等机制，累计办结服务事项6.2万项、事件办理时间从平均7天以上缩至3天。“浙里党群心联心”多跨场景，数字化改革赋能“三联工程”相关做法在《农民日报》头版头条刊登，并获得省领导批示肯定。

【创建全国城市基层党建示范市】2021年，全市18个街道112个社区建立街道“大工委”、社区“大党委”，探索未来社区党建。深化红色物业联盟升级版工作，全市建立585个小区党支部，通过联建等方式覆盖全市域769个小区，覆盖率100%；“邻礼通”城市党建智慧平台后台总户数51.7万户，日均访问量5万余人次。持续推进机关、国企、学校、医院等领域党建工作。以庆祝中国共产党成立100周年为契机，加强党员队伍建设，全年发展党员3800名，较上年增长52%。深化中组部党员分类管理试点，从严加强党员队伍教育管理。

【“强引领、优服务、争先进”十大专项行动】2021年，对全市140余家重点非公有制企业“一企一策”制订培育计划，全市设立2.3万个党员责任岗、1.8万个党员先锋岗、7400个党员攻关岗，引领广大职工在实施“工业强市、产业兴市”战略中建功立业，产业链党建工作被全国党建研究会评为2021年度百个“两新”党建优秀案例。大力推进新业态、新就业群体党建工作试点，成立市快递物流行业党委，推动市数字经济与互联网行业联合党委实体化运行，累计投入1500万元，建成新就业群体综合性服务平台(站点)122个，改造“小哥驿站”87个。

【保障工业强市人才要素】2021年，制订出台《工业强市人才要素保障方案》，重点围绕新材料、新能源、集成电路、智能装备、生命健康、特种纸六大产业链，提出2021年、2023年、2025年人才队

2021年11月8日，第五届“衢时代”杯高层次人才创新创业大赛在杭州未来科技城衢州海创园举行

2021年7月19日，2021年浙江衢州“大学生实践月”启动仪式在衢时代创新大厦举行

伍建设分阶段目标，累计引进高层次人才项目145个、省级以上领军型人才80人，新增高技能人才9779人。加强领军型创新创业人才引进，国家级、省级重点人才工程均有人才入选。

【建好用好人才平台】2021年，引进浙江大学、电子科技大学、温州医科大学、浙江中医药大学联合办学、办产业、办平台，电子科技大学长三角研究院入选省级新型研发机构，全市总数达到4家，位居全省前列。推动东南数字经济发展研究院提档升级，支持衢州学院、衢州职业技术学院等本地高校建设。各大平台累计引进博士、硕士人才超过400人。浙大“两院”、电子科技大学长三角研究院累计引进科研人员144人。东南院集聚数字经济高层次人才273人，为市内外企业提供科研、技术服务1900余次，谋划实施数字经济项目98个。在全省率先开展博士创新站建设，推动博士智力向企业聚集。截至年末，全市建有99家博士创新站，该做法被省委人才办、省科协在全省推广。（方菲菲）

宣传工作

【概　况】2021年，全市宣传思想文化系统贯彻落实全国、全省宣传思想工作会议和省委文化工作会议精神，按照市委关于宣传思想工作的各项决策部署，围绕“举旗帜、聚民心、育新人、兴文化、展形象”使命任务，牢牢把握正确方向，坚持稳中求进、守正创新，全面提升现代宣传能力，加快打造文化高地“金名片”，为建设四省边际共同富裕示范区、四省边际中心城市提供坚强思想保证和强大精神动力。

【理论武装】2021年，开展市委理论学习中心组集中学习17次，围绕中共十九届六中全会精神、习近平总书记“七一”重要讲话精神、《习近平在浙江》、百年党史等重点内容开展专题集中研讨交流。印发《关于深入学习贯彻党的十九届六中全会精神开展“六讲六做”大宣讲实施“双百双千”行动的通知》，开展全会精神宣讲活动3100余场。推广运用“学习强国”学习平台，成为全省第4个开通地方平台的地级市。

【8090新时代理论宣讲】2021年，深入贯彻落实习近平总书记重要批示精神，下发《关于推进8090新时代理论宣讲工作提档升级的若干意见》，承办新时代青年理论宣讲研讨会，获全省中共十九届六中全会精神“六讲六做”（讲好党的百年奋斗历程，做红色根脉的坚定守护者；讲好新时代的辉煌成就特别是“两个确立”对新时代党和国家事业发展、对推进中华民族伟大复兴历史进程的决定性意义，做“两个维护”的示范引领者；讲好百年奋斗的宝贵经验，做新时代“重要窗口”的优秀建设者；讲好总书记深厚的为民情怀，做人民至上的不懈奋斗者；讲好总书记在浙江的故事，做“八八战略”的忠实践行者；讲好总书记赋予浙江的重大历史使命，做高质量发展促进共同富裕的先行探路者）大宣讲青年宣讲暨微型党课大赛特等奖，持续擦亮浙江省“重要窗口”建设标志性成果“金名片”。出版全国首部青年理论宣讲地方教材，构建全国首个青年宣讲指数评估体系，打造8090新时代理论宣讲智慧管服系统，实现宣讲、点派单、素材、互动、数据等五大功能集成。组织优秀宣讲

2021年9月8日，乌什县8090“南孔文化”宣讲团成立仪式暨宣讲决赛举行

员代表走进新疆乌什、西藏那曲以及黄山学院、上饶师范学院、武夷山学院、浙江水利水电学院等开展宣讲交流活动。全年全市1万余名8090新时代理论宣讲员累计开展宣讲3万余场次，实现党政机关、村居社区、学校、企业等全覆盖。

【党史学习教育】2021年，以“5517”工作体系（“5”是指“五个走在前”的目标要求，即在增强“政治三力”上走在前，在践行“两个维护”上走在前，在当好“重要窗口”的建设者、维护者、展示者上走在前，在打造“3+3”“金名片”等标志性成果上走在前，在持续提升人民群众获得感、幸福感、安全感上走在前。“517”是指专题学习、专题宣讲、专题宣传教育、专题实践、专题组织生活会和民主生活会五大专题活动，以及17项重点举措）和“1+4+2+2”配置体系（“1”是指一个核心业务分解，“4”是指指标、工作、政策、评价“四个体系”，“2”是指系统集成清单、数据资源清单，“2”是指数据集成流程图、业务协同流程图），全方位、高质量、体系化推进党史学习教育各项工作，完成“4+2+3”必读书目的征订和学习任务，打造由30家党史现场基地和10条党史研学线路组成的“30＋10”红色教育阵地。推进“四个我为”专题实践活动，其中衢州市公积金贷款“不见面”实践案例入选浙江党史学习教育“三个我为”（我为群众办实事、我为基层减负担、我为企业解难题）专题实践活动最佳实践案例。开展“我为衢州先行献一策”活动，全市累计开展党员服务10.7万余次，认领微心愿3.3万个，帮助解决各类问题6万余个，相关工作先后获省委书记袁家军等省领导批示肯定4次，得到中央指导组、省委巡回指导组肯定，《人民日报》、央视等媒体多次报道。

【新闻舆论】2021年，谋划推出“数字化改革进行时”“工业强市、产业兴市”“县乡一体、条抓块统”等20多个专题专栏，推出相关报道1300余篇。中央媒体多次重点关注衢州市四省边际中心城市建设、拆墙透绿等工作，《人民日报》2次报道衢州市党史学习教育，中央电视台《新闻联播》3次播出衢州市党史学习教育和庆祝中国共产党成立100周年报道，《浙江日报》头版报道衢州67条。开展“奋斗百年路 启航新征程”“胸怀千秋伟业 恰是百年风华”“百年大党 衢州有礼”等主题网上宣传，全年推送重要稿件2700余篇，总阅读量超过12.8亿人次。整合《请人民阅卷》《今日直击》《聚焦时刻》等媒体监督栏目，打造群众问政议政新平台，全年举办《请人民阅卷》电视问政栏目6期，推出《今日直击》114期、《聚焦时刻》57期，推动解决问题280余个。全年举办市委党史学习教育“四个我为”专题新闻发布会、共同富裕示范区建设系列新闻发布会、疫情防控新闻发布会等33场。

【文化文创】2021年，召开市委文化工作会议，出台《关于高质量打造文化高地金名片的实施意见》，建立市领导挂联骨干文化人才机制。举办庆祝中国共产党成立100周年“永远跟党走”文艺演出、“百年峥嵘”美术作品展、“百年大党·衢州有礼”征文比赛等系列活动，全市开展文艺文化活动3000余场，120万余人次参加。打造“南孔文化季”活动品牌，推动实现衢州与曲阜、南北孔子文化交流破题，举办衢州新桥街家庙建

2021年3月18日，市委文化工作会议召开

成500周年云纪念、"南孔文化创造性转化、创新性发展"研讨会、"泗淛同源"文化交流活动等，国际儒学联合会会长刘延东专门致贺信。组织开展"丰收中国·衢州有礼"——三衢农民颂党恩文艺文化系列活动，连续第三年举办"青春中国·衢州有礼"大学生原创音乐大赛。积极推动文艺精品创作，京剧《战士》在省人民大会堂展演。国风动漫《雾山五行》获第18届金龙奖最佳系列动画金奖，常山科德琴业等5家企业加入全省音乐产业发展联盟，"南孔文化"等7个项目获评全省首批"浙江文化标识"。2021中国地级市品牌综合影响力指数中衢州排名第35位。

【文明有礼】 2021年，持续开展"八个一"有礼（打造一座"车让人"的城市、一座"自觉排队"的城市、一座"烟头不落地"的城市、一座"使用公筷公勺"的城市、一座"没有牛皮癣"的城市、一座"拆墙透绿"的城市、一座"不随地吐痰"的城市、一座"行作揖礼"的城市）系列行动。深入开展打造新时代文明生活示范市"十大行动"，高质量推进精神文明高地。《打造"一座最有礼的城市"以新时代文明风尚推动构建市域德治体系》入选全国市域社会治理现代化试点。衢州餐饮领域"公筷公勺"推广使用标准化建设项目获批国家级试点。在全省"制止餐饮浪费"、推广使用"公筷公勺"专项测评中，上半年位列全省第3，下半年位列全省第1。

【基层阵地】 2021年，新建新时代文明实践站（所）706个，累计有新时代文明实践站1461个，县级文明实践中心全部建成投入使用。全年建成农村文化礼堂260家，累计建成农村文化礼堂1423家，实现500人以上的行政村全覆盖。牵头完成中共衢县支部旧址修缮布展百日攻坚，新命名市级爱国主义教育基地12家，黄坛口水电站旧址入选全省爱国主义教育基地。

【扫黄打非】 2021年，持续开展2021"护苗""净网""秋风"专项行动，查处扫黄打非行政案件38起，其中2件案件被列为全国挂牌案件，处置网络有害信息1400余条，收缴非法出版物2024件。开展印刷行业"平安护航建党百年"安全隐患大排查、大整治专项行动，排查各类安全隐患等问题200余个，查处10余家发行单位并及时督促整改。成立衢州版权服务工作站，完成10余家重点企业的300多件作品登记工作，完成全市100余家机关事业单位的2万余个正版办公软件安装。完成第二批中华版本资源征集工作，征集各类版本4万余件。

（周永佳）

网络与信息安全管理

【概 况】 2021年，衢州市网信系统贯彻落实习近平新时代中国特色社会主义思想特别是习近平总书记关于网络强国的重要思想，围绕庆祝中国共产党成立100周年主题、主线，开展党史学习教育，守牢网上意识形态阵地，网络宣传管理工作再上台阶。

【重大主题网络宣传】 2021年，开展习近平新时代中国特色社会主义思想网上宣传，转载相关新闻稿件6237条，阅读量超1.2亿人次。组织网站、自媒体开展《习近平关于网络强国论述摘编》线上诵读活动，累计推出150期，阅读量554万人次。组织开展"奋斗百年路 起航新征程""胸怀千秋伟业 恰是百年风华""百年大

2021年5月18日，庆祝中国共产党成立100周年2021年衢州网络文化季活动启动仪式举行

党　衢州有礼”等主题网上宣传，推送原创稿件1497篇、视频523个，阅读量5028万人次。开展庆祝中国共产党成立100周年衢州市网络文化季活动，联合教育、文旅、工青妇等部门以及各县(市、区)实施网络文化活动16项，其中衢黄南饶“走进文化高地金名片”网络名人衢州行活动的微博话题阅读量累计突破1亿人次。

【城市形象网上宣传】2021年，聚焦数字化改革、未来社区试点建设、四省边际共同富裕示范区等工作，组织网络媒体开设“共同富裕”专题专栏，转载推送新闻报道，宣传解读省委、市委重大决策部署。全力打造“好看衢州”品牌，全年制作阅读量超1000万人次的短视频27条，超500万人次短视频94条，多条内容被省政府新闻办公室官方抖音账号“美丽浙江”转载，其中3条进入该号排名前十，形成“美丽浙江”的“衢州现象”。

【网络信用监管提质扩面】2021年，结合数字化改革，升级互联网信息服务主体信用管理平台，设计开发微信小程序，重点展示信用等级排名、信用账号分布、网络信用态势等情况。截至年末，共有2570个账号、1705个主体被纳入评价管理，发布新媒体活力指数榜单12期。7月16日，市委常委、宣传部部长钱伟刚代表衢州在中国网络诚信大会上作交流发言。

【网络安全防护】2021年，建立首席网络安全官制度，实现机关、企事业单位首席网络安全官全覆盖。落实政府投资信息化项目网络安全审查制度，明确新建信息化项目的预算经费中不低于5%的经费用于网络安全功能建设。建成网络安全协调指挥平台，累计通报整改网络安全风险问题595个。开展年度工业控制系统安全检查工作，指导重点企业排除化解工业控制系统安全风险隐患。　（柴建林）

精神文明建设

【概　况】2021年，全市精神文明建设工作以庆祝中国共产党成立100周年为主线，以“巩固全国文明城市创建成果、打造新时代文明生活示范市”为重点，全面推进各项群众性精神文明培育、文明实践、文明创建工作，提升社会文明程度和公民道德水平，打造“一座最有礼的城市”，为全力打造四省边际共同富裕示范区、四省边际中心城市营造良好环境、提供精神支撑。2021年，衢州在全国文明城市年度测评中，以总分96.57分的成绩居全国114个地级市第一名，获中央文明办通报表扬。

【文明城市创建】2021年，衢州市坚持文明城市创建“永远在路上”的理念，深度融合文明城市创建和有礼系列行动，坚持“周督导、月点评、季测评、年考核”，常态化开展“有礼指数”测评。一年来，先后组织“八个一”城市推进情况督查40次，其中“有礼指数”核心指标测评25次、“有礼指数”全指标测评8次，下发重点问题抄告单21份、交办单55份，现场交办问题332个。组织召开衢州市创建全国文明城市工作会议、创建全国文明城市工作推进会、全市文明城市工作培训会等会议，落实市领导包保创建点位、城市精细化管理和文明创建工作联席会议、专班干部联系乡镇街道创建点位等制度，推动各项工作落地

2021年12月9日，创建全国文明城市推进会召开

落实。2021年，全国文明城市年度测评中排名全国第1，城市文明程度测评中排名全省第1，文明好习惯养成率位居全省前列。支持江山、开化创建全国县级文明城市，2021年省测开化位居全省第7、江山位居全省第19。指导龙游、常山创建全国县级文明城市提名城市。

【礼治、法治建设】 2021年，推动礼治与法治有机结合、相互支撑，为创建文明城市赋能。贯彻实施《衢州市文明行为促进条例》，推动"八个一"有礼系列行动落地落实。倡导"文明健康、绿色环保"生活方式，衢州餐饮领域"公筷公勺"推广使用标准化建设项目获批国家级试点。全省"礼让斑马线、云上看文明"慢直播的观看量近2000万次，得到省委宣传部领导肯定。策划开展"百名书记、百名局长"话有礼系列宣传活动、电视问政《作揖有礼》节目，中国文明网《两会话文明》专栏推出《浙江衢州市委书记徐文光：打造一座最有"礼"的城市》，《浙江日报》专版刊发《培育"浙江有礼"，记者探访市域样本衢州——有礼文化，如何成为城市大IP》。10月，衢州《打造"一座最有礼的城市"以新时代文明风尚推动构建市域德治体系》被确认为全国市域社会治理现代化"发挥德治教化作用"49个试点项目，工作信息《衢州：全力打造"一座最有礼的城市"》被中央文明办期刊《精神文明建设》第14期录用。衢州在2021中国地级市品牌综合影响力指数中位列第35，比上年提升10位。

【新时代文明实践中心建设】 2021年，深化新时代文明实践中心建设，推进县（市、区）文明实践中心（所、站）三级阵地网络和爱国主义教育基地建设。建成新时代文明实践中心6个、新时代文明实践所103个，覆盖率100%，以及新时代文明实践站1461个，覆盖率96.2%。建成全国首个有礼馆——衢州有礼馆，成为志愿组织孵化培育和"衢州有礼"对外展示的重要窗口。打造"点单—制单—派单—评单—买单"一条龙数智化志愿服务项目，将"文明实践"端口嵌入"志愿浙江"S1版本（"志愿浙江"是省委宣传部在数字化改革中创新推出的全省统一志愿服务数智系统。"志愿浙江"S1版本是"志愿浙江"S0版本的升级版。）、"衢州有礼"公众号中，提升志愿服务新效能。依托新时代文明实践阵地，全市组织开展系列文明实践活动1.4万余场，42万人次参加。

【精神文明建设数字化改革】 2021年，积极推动精神文明建设数字化改革。主动融入数字化改革大潮，率先完成市委"八大任务"之一"城市文明"的"1+4+2+2"体系配置，市委书记汤飞帆听取专项汇报并给予肯定。创新搭建"有礼指数"数字化、可视化看板，配套开发数源管理系统，实现测评结果的信息存储、数据呈现、动态变化等一屏掌控，提升精神文明建设数字化水平，为"浙江有礼"数字化提供衢州样板和经验。同时，承接省级应用在衢州的试点建设，做好"志愿浙江"S2版本（"志愿浙江"S2版本是"志愿浙江"S1版本的升级，功能更全、更方便）在市级层面的使用推广，推进志愿服务助力"双减"点单模式在衢州的试点建设。

【群众性精神文明单位创建】 2021年，下发《衢州市深化新时代文明单位创建工作实施意见》。截至年末，共有全国文明单位18家、全国文明乡镇3个、全国文明村15个、全国文明校园2家、全国文明家庭1户，省级文明单位220家、省级文明乡镇18个、省级文明村86个。开展文明单位系列展播6期，文明单位、文明村镇积极参与公益宣传、志愿服务、庆祝中国共产党成立100周年等活动，14家文明单位主动参与志愿服务冠名月活动，捐赠物资折合15万余元。向上推荐规划培育对象全国文明村镇24个、文明单位12家，省级文明村镇45个、文明单位44家。同时，强化对文明村镇、文明单位、文明校园创建工作的日常督促检查，实现有下有上、动态竞争。

【公民道德建设】 2021年，贯彻落实《新时代公民道德建设实施纲要》，制订实施方案。举办“最有礼的城市·最美的人”——衢州市道德模范暨第九届“最美衢州人”十大年度人物颁奖典礼，抗战老兵余元利匍匐前进的视频被《人民日报》客户端等主流媒体转发，浏览量达2亿人次。开展“中国好人”“浙江好人”“有礼之星”评选活动，全年共评选产生“中国好人”5名、“浙江好人”25名、“有礼之星”97名。开展“人人公筷 家家光盘”全民总动员主题实践活动，营造浪费可耻、节约光荣的浓厚氛围。有礼殡葬成为新时代新风尚，得到副省长徐文光的肯定。举办“余东农民画”主题公益广告设计大赛，表彰大会进行现场直播，观众点击量1.6万人次。

【未成年人思想道德建设】 2021年，全面推进未成年人思想道德建设工作。落实《关于建立衢州市未成年人思想道德建设工作沟通会商机制的通知》等文件精神，启动未成年人心理健康辅导中心市、县(市、区)、学校、社区四级网格运行机制，面向未成年人及其家庭持续开展咨询活动，累计服务6750多个小时。城区56个社区未成年人活动中心和家长学校实现智慧化升级，开展各类活动4000余场次。开展“童心向党”主题实践活动500余场，1万余人次参加。建成8所乡村“复兴少年宫”，面向农村中小学和学龄儿童开展各类活动110余次。推进“春泥计划”品牌工程落地落实，开展“春泥筑童梦”衢州关爱未成年人在行动活动，关心帮助贫困留守儿童健康成长。联合教育、民政、体育、文旅、公安等部门，专项排查学校周边环境，出动执法队员1.2万余人次，维护未成年人健康成长环境。

2021年6月5日，衢州市未成年人心理健康辅导中心“四级网格运行机制”启动仪式在衢州中专举行

【志愿服务建设】 2021年，稳步推进志愿服务工作。坚持党建引领、品牌孵化，形成“三团”(创文青骑团、净城慢跑团、有礼帮帮团)、“三红”(红管家、红手印、红色物业联盟)、“三站”(学雷锋广场、志愿服务有礼站、劳动者港湾)志愿服务品牌。开展“过年有‘衢’新春有礼”文明关爱、“3·5”学雷锋日“十百千万”(“十”个新时代雷锋说、“百”单保险护雷锋、“千”名锦鲤学雷锋、“万”朵鲜花送雷锋)等活动，掀起“学雷锋”志愿服务浓厚氛围。龙游爱在人间协会、柯城区府山街道县学街社区、柯城区沟溪乡余东村入围2020年度全国学雷锋志愿服务“四个100”(100个最美志愿者、100个最佳志愿服务组织、100个最佳志愿服务项目、100个最美志愿服务社区)先进典型。依托衢州有礼馆，融合“志愿服务十大热搜榜”，推出家电维修、爱心义剪、文化文艺等十大类市民喜爱的志愿服务活动，累计服务机关单位70余个、市民9万余人次。

(毛俊寅　耿韶涓)

衢州市社会科学界联合会

2021年7月14—15日，省社科联党组书记、副主席郭华巍（左二）一行在开化县调研

【概　况】2021年，衢州市社会科学界联合会（以下简称市社科联）围绕庆祝中国共产党成立100周年、党史学习教育主题主线和市委、市政府中心工作，推进理论研究阐释、学术研究交流和社科宣传普及等各项工作，为打造四省边际共同富裕示范区、四省边际中心城市贡献社科智慧和力量。市社科联获评2021年度全省理论研究工作优秀单位（第一名）。

【社科课题研究】2021年，围绕市委、市政府中心工作，开展重大应用对策研究。紧扣打造四省边际共同富裕示范区、四省边际中心城市等中心工作和重大主题，组织2021年度市级社科规划课题研究，立项课题50个。实施社科赋能行动，全市各县（市、区）社科联与浙江大学公共政策研究院等15家高校及省级智库结对合作，柯城区、开化县成为第二批市县建设"重要窗口"社科调研基地，形成一批高水平的研究成果，得到省部级领导批示7次、省委主要领导批示3次。承办全省各市社科联主席工作会议与全省市、县（市、区）社科联及部分省级社科普及基地负责人培训班。

【社科普及基地建设】2021年，加强社科普及基地建设，全年新增省级社科普及基地4家、市级社科普及基地15家。截至年末，全市有省级基地22家、市级基地72家、县级108家，形成覆盖城乡、各具特色的省、市、县三级示范基地工作网络。

【社会科学普及】2021年，围绕庆祝中国共产党成立100周年，开展"传承红色基因，汲取奋进力量"2021年度衢州市社科普及周活动，全面开展30余项子活动，10万余人次参与。组织社科专家和研究机构开展疫情防治知识普及。聚焦党史学习教育、习近平总书记"七一"重要讲话、中共十九届六中全会等重大主题，发动万余名8090新时代理论宣讲员深入基层一线开展集中性宣讲5万余场。推进8090新时代理论宣讲工作升级，上线8090新时代理论宣讲智慧管服系统，构建全国首个青年宣讲指数评估体系，承办全省新时代青年理论宣讲工作研讨会，出版全国首部青年理论宣讲辅导书籍《8090说：新时代青年理论微宣讲辅导》，先后获得省委书记袁家军等领导多次批示。开展"南孔爷爷趣味考场"党史知识有奖竞答活动。联合衢州学院共同打造南孔大讲堂2.0升级版，全年举办4场，邀请外交部原部长李肇星等专家作专题讲座，3000余人参与。发挥"衢州有礼"阅读联盟作用，打造百个"乡村悦读驿站"。在浙江卫视公共新闻频道和"西湖之声"广播中推出系列专题节目。开展2021年度衢州市社科普及创新示范项目评选，柯城区"徐徐道来"直播宣讲等14个项目获奖。

【南孔文化研究】2021年，深入推进南孔文化研究，正式出版《孔氏南宗文献丛书》48册，收入自南宋到民国的孔氏南宗文献43种。举办《孔氏南宗文献丛书》新书发布会暨南孔文化研讨会，被20余家国家级和省级主流媒体宣传报道。

【宋韵文化等研究】2021年，对接宋韵文化传世工程与浙江文化研究工程，研究课题《浙西南地区千

2021年12月9日，衢州市社会科学界联合会第四次代表大会召开

年古城古镇研究》被列入2021年度浙江文化研究工程立项课题，江山市大陈村入选浙江“最江南”乡村文化传承创新案例。

【社科体制改革】 2021年，召开市社科联第四次代表大会，选举产生市社科联第四届理事会和新一届领导班子，配齐配强专、兼、挂领导班子，进一步优化代表、理事、常务理事结构。推进市社科联数字化改革，统筹整合全市社科资源，打造“数智文化空间站”社科场景应用，实现社科基地、社科人才、社科活动全域整合、集中“上云”。成立衢州市首家社科联主管的民办社科类社团——市礼学与政企管理研究会。

（郑　涛）

统战工作

【概　况】 2021年，衢州统战系统按照省委统战部和市委、市政府关于共同富裕、数字化改革、变革型组织建设等工作部署要求，围绕中心大局，全面推进全市统一战线工作。全年，全市统一战线工作获得省部级以上领导和市委、市政府主要领导22次肯定。

【思想政治引领】 2021年，围绕中心，强调结合，服务大局，广泛凝聚力量，不断建强全市“大统战”格局，画出最大“同心圆”。为庆祝中国共产党成立100周年，举办“同心向党·礼庆百年”主题系列活动。贯彻落实习近平总书记“七一”重要讲话和全省统一战线暑期读书会等精神。8月11日，召开首次全市统一战线暑期读书会，市委书记汤飞帆出席会议并讲话。创建“同心爱学习”品牌，举办“同心大讲堂”9期，进一步团结和引领广大统战成员同心同德、同心同向、同心同行。贯彻执行《中国共产党统一战线工作条例》（以下简称《条例》）。牵头制定《关于学习宣传贯彻〈中国共产党统一战线工作条例〉的通知》，推动将《条例》纳入党委理论学习中心组学习内容，纳入党校（行政学院、社会主义学院）教学内容，组织领导干部、统战干部、统战成员参加学习培训，举办《条例》学习培训80余场次，培训党政干部1000余人次，培训党外人士5000余人次，发放新修订的《条例》6000余册。开展学习贯彻《条例》立体多维宣传，推出13期音频学习资料，累计阅读量超75万人次。及时启动修订《中共衢州市委统一战线工作领导小组关于学习宣传贯彻〈中国共产党统一战线工作条例〉的通知》。健全“大统战”机制。健全实施考评激励、培训培养、督查通报等制度，先后出台全市统一战线及有关工作年度考评办法，并将统战工作纳入市委对各县（市、区）和市级机关部门综合考核制度体系，制定《市委统一战线工作领导小组2021年工作要点》，压实各成员单位责任，构建“大统战”工作格局。

【“同心共富”工作】 2021年，聚焦省委、市委和省委统战部部署的重点工作，打好“同心共富”组合拳。对照省委、市委关于共同富裕的决策部署，全面开展“同心共富”六大专项行动（新乡贤带富、民营经济强富、党派社团智富、港澳台侨促富、民族齐富、宗教润富）。聚焦贯彻落实市委七届十次全会精神，制订出台全市统一战线助力打造四省边际共同富裕示范区实施方案，全面启动“同心共富”六大专项行动，整合资源力

2021年9月18日，省委副书记、统战部部长黄建发（中）到衢州考察

量，发挥优势作用，持续实施“4+N”（“4”即突出“长三角”“珠三角”“京津冀”“以衢州为中心的四省边际地区”四大重点区域；“N”即每年抓好几个重点城市商会建设）市外商会建设行动、“一乡两带十村”民族乡村振兴示范建设（“一乡”即已被认定为全国民族乡村振兴试点的沐尘畲族乡；“两带”即打造衢江区“千年畲乡·农夫小镇”民族乡村振兴示范带和龙游县沐尘民族乡村旅游风光带，两条示范带均被列为省民宗委计划培育的16条省级民族乡村振兴示范带创建对象；“十村”即以上门村、浦山村、江村、潭头、联盟村等10个发展潜力大的民族重点村为重点）、民主党派“4+4”（即思想建设、组织建设、制度建设、能力建设“四个建设”，以及争取一个批示、一个会议、一个发言、一个活动“四个一”争先，不断提升民主党派工作能级，切实加强民主党派干部队伍建设）争先创优建设、“衢州市光彩事业促进会·中环教育千万元慈善基金”发放等一系列“同心共富”工作举措，汇编36例统一战线助力共同富裕实践案例，创建“同心智富”实践基地29个，为高质量发展和建设共同富裕示范区贡献统战力量。搭建“同心智富”新平台。构筑全市统一战线助力共同富裕“1+6+N”数字化改革（“1”是推进“同心智富”集成应用，构建统一战线助力共同富裕全方位、全链条服务；“6”是“同心智富”集成应用涵盖的“新乡贤带富、民营经济创富、党派社团帮富、港澳台侨助富、民族齐富、宗教润富”等六大模块；“N”是“同心智富”六个模块对应的N个子场景）的“四梁八柱”。在“新乡贤带富”模块中重点打造“礼贤通”应用子场景，推动服务端和治理端打造新乡贤人士线上集成服务平台，横向打通10多个部门和5个跨部门、跨层级业务系统，建立10项可量化指标，切实推动实现新乡贤回归流程再造、制度重塑。截至年末，该应用联系新乡贤3万余名，吸引300余名新乡贤人才回归，联系服务新乡贤项目120个，涉及计划投资总额超过230亿元，新乡贤服务满意率达98.51%。民营经济代表人士综合评价应用在“浙政钉”上线，在全省率先实现市、县贯通，包括发布指令、查看指令、时效统计、人物画像等功能，为市、县领导班子换届各级综合评价高效督办提供有效支撑。“浙里宗教智治”应用中的宗教场所建筑安全风险防控预警系统把衢州作为试点建设，列入全省数字化改革重大应用“一本账S0”目录。创新“三同工程”（即推行“同心矛盾调解”制度、构建“同心协商议事”机制、开展“同心社会服务”活动）新模式。创新谋划推进全市统一战线“三同工程”助力基层治理行动，推动统战资源向一线倾斜、参政议政向一线下沉、服务力量向一线集中。自2021年4月以来，组建市、县、乡三级196支“三同工程”队伍，共有3651名成员，联动开展各类“三同工程”活动157场，参与化解矛盾纠纷2868起，提供各类同心社会服务1016场次，开展各类协商议事活动1500次，受众超3.5万人。

【服务中心工作】2021年，聚焦党委、政府中心大局，围绕助力共同富裕，发挥统一战线资源渠道优势，突出抓好涉统“三个重大”（重大平台、重大活动、重大项目）建设。搭好重大平台促发

2021年12月14日，第七届中医科学大会召开

展。引进"叶檀财经"研究院落户衢州，发挥头部财经平台作用，汇聚更多高端要素。扎实推进统战聚力中心"五个一"(指一会、一园、一套组合拳、一中心、一标准，即衢州市四省边际中心宗教中国化促进会、宗教有礼园、重点寺观改造提升工作举措、国际道文化交流中心、宗教人才选才标准)服务平台、"南孔直播群英·同心荟"展示联谊服务、协同邀引浙江中医药大学到衢州开展合作等重大平台建设，为加快建设四省边际中心城市贡献统战力量。办好重大活动促发展。筹划并成功举办(承办)第三届衢州人发展大会、第七届中医科学大会等重大活动，引导服务一批浙商、侨商、新乡贤回归助力发展，特别是第三届衢州人发展大会选取产业和质量较好、较实的10个项目在现场集中签约，总投资53.15亿元，为家乡发展注入新动力。抓实重大项目促发展。积极对接招引、紧密跟踪推进一批重大项目加快落地转化。蓝城"中国·烂柯围棋小镇"项目在规划推进中；以侨引商的空气动力产业园项目落户智造新城；中国金茂衢州科创金融小镇项目建设方案基本通过，国家电投氢能首席专家、知名乡贤柴茂荣明确表示要在衢州建立材料基地，部分项目在持续推进中。

【民主党派工作】2021年，贯彻落实中央和省委、市委关于民主党派工作的新精神、新要求，抓好党派工作"四个建设"(思想建设、组织建设、制度建设、能力建设)和党派争先"四个一"(一个批示、一个会议、一个发言、一个活动)工作的推进。加强党派能力建设。推进民主党派"4+4"争先创优建设，支持各民主党派市委会轮流举办"互看互学"活动，市委统战部、各民主党派市委会主要领导等赴柯城区余东村、江山市保安乡龙井村等党派创新实践基地开展调研，增进各党派横向交流学习。发挥民主党派优势，邀请28名省、市民主党派专家到衢江区莲花镇乡村国际未来社区开展首次现场义诊、现场咨询社会服务，进一步打响衢州民主党派社会服务品牌。规范从严抓好领导班子换届。注重与民主党派市委会协商沟通，做好思想引导工作，6个民主党派市委会主委、副主委人选均满票当选。选好配强党外干部。发挥市社会主义学院教育培训主阵地作用，举办全市民主党派干部能力素质提升班，培训民主党派人士50余人次。召开民主党派专职副主委交流会、民主党派专职干部学习会等，营造"比学赶超"氛围，提高民主党派机关干部的政治素养、理论知识水平、业务能力。加大党外干部实职安排力度，市、县领导班子换届中，新提拔副县处级党外领导干部5名，14名党外领导干部转任重要岗位。

【非公有制经济领域统战工作】2021年，负起新时代民营经济工作的统战责任。打开民营经济统战工作格局。举办知名浙商助力衢州跨越式发展活动，200余位知名浙商和智库专家参加；50余家中央和省内主流媒体竞相报道，促成总投资超24.08亿元的10个乡村振兴重点项目现场签约，并抓好"后半篇文章"，促成市政府与省工商联在省工商联常委会上签订共推共建四省边际共同富裕示范区深度合作协议，并推介衢州。支持民营经济高质量发展。深化"三服务"(服务企业、服务群众、服务基层)2.0，为相关民营企业提供优质服务。精准服务民企高质量发展。搭建金融服务平台。在疫情防控期间，及时初选符合政策条件、有资金需求的民企41家，24家企业获得贷款2.97亿元，利率1.6%。搭建法律服务平台。广泛宣传《中华人民共和国宪法》《浙江省民营企业发展促进条例》《中华人民共和国民法典》，民众知晓率达100%。成立应对新冠肺炎疫情公益律师服务团，帮助民营企业开展“法治体检”并提供反馈意见和建议354条。搭建暖心服务平台。开通衢航家—衢商绿色服务通道，市工商联与市中医院签订衢商绿色通道服务合作协议，开展民营经济人士生日和住院慰问，关心企业家身心健康，与空军杭州疗养院进行合作洽谈。推进市外商会提质扩面。实施“4+N”寓外商会建设行动发展计划。2021年，新增市外衢州商会、市内异地商会、行业协会等10余家。同时，在“五强十好”商会取得阶段性成果的基础上，探索“商会+”模式，推进“1+4+N”（“1”即衢商总会；“4”即突出“长三角”“珠三角”“京津冀”三大重点区域，以及市委七届八次全会重点部署的四省边际区域城市；“N”即每年抓好十几个重点城市商会建设）工程，打造“衢商之家·城市驿站”品牌，推动民营经济统战工作在商会全覆盖。

【新乡贤工作】2021年，围绕打好“乡情牌”“乡愁牌”，进一步抓改革突破、抓平台提升、抓作用发挥，持续推进新乡贤工作，引领推动海内外新乡贤加快回归，共建四省边际共同富裕示范区和四省边际中心城市。抓实改革突破。改革推行“南孔乡贤共建大花园”八大举措，不断完善新乡贤工作体系。聚焦返乡创业人员急难问题，持续推进农村宅基地制度改革在返乡创业人员上取得新突破。推进新乡贤回归服务工程，全年累计走访新乡贤父母35户，常态化开展健康关爱服务113人次，并面向第一批77名重点市外企业家（新乡贤）逐步落实直系亲属就医绿色通道制度。抓实平台提升。完成新一轮“南孔乡贤共建大花园”数据调研录入，建成“南孔乡贤”数字地图，并将15个“南孔乡贤馆”搬上“云端”，努力打造新乡贤工作数字化工作平台。“南孔乡贤共建大花园”数据库已录入的新乡贤人士信息超过2.3万条，增长率超过26%。“南孔乡贤共建大花园”产业地图在知名浙商助力衢州跨越式发展大会上发布。新乡贤工作数字展示馆迁入“同心社团之家”。持续推动五年内建设50个市级“南孔乡贤馆”。在峡川镇、杜泽镇等首批市级“南孔乡贤馆”基础上，柯城区石梁镇乡贤馆、衢江区陈宅乡贤馆等第二批10个市级“南孔乡贤馆”正式公布授牌，另有一大批乡贤馆建设正在稳步有序推进中。抓实作用发挥。两年来，累计吸引1850名新乡贤人士带资金、带项目、带人才、带团队回归，涉及计划投资总额近805亿元，聘请首批省级党外专家团队17人，400余个乡贤会均建立“乡贤老娘舅工作室”“乡贤工作室”“乡贤议事厅”等议事平台和议事机制。新增“新乡贤启航关爱基金”等新乡贤捐赠教育基金4250万元，受益学生和困难群众达3000余人。

2021年5月29日，南平市衢州商会成立大会召开

【民族工作】2021年，贯彻落实中央、省委民族工作会议精神，不断推进民族工作。铸牢中华民族共同体意识，落实两项举措。加快推进民族乡村振兴共富。重点谋划实施“一乡两带十村”民族乡村振兴示范建设总体布局。截至年末，全市49个民族村中，有30个完成新时代美丽乡村达标创建，

有13个美丽乡村特色精品村、1个浙江省休闲乡村,4个村被评为国家AAA级景区,40个村被评为A级以上景区村庄。西坑村、浦山村、溪口村等3个民族村启动民族乡村未来社区建设。着力打造畲家"十大碗"、龙游畲乡飞鸡、畲乡竹筒酒、江村生姜、衢江中草药、柯城旱田农业古法种植农家菜等民族乡村精品农特产品。全年,220万元民族乡村振兴建设资金落实到位,各县(市、区)出台配套政策补助民族乡村振兴发展。在积极推进省"双百结对"帮扶行动的基础上,实施民族乡村"六个一"结对帮扶机制[一个部门、一个民主党派、一家企业、一个宗教团体(场所)、一名市县领导、一名统战干部(联络员)共同结对帮扶一个民族村],实现民族乡村结对帮扶全覆盖。推进民族团结进步示范单位创建。探索城市民族服务工作数字化提升改革,进一步做好城市民族工作,推动各民族的交往、交流、交融。推荐龙游县沐尘小学申报全国民族团结进步示范单位,推荐参评省级民族团结进步示范单位5家,重点培育中国儒学馆、常山县若溪抗战纪念馆、龙游县龙南山五烈士墓等民族团结进步教育基地,重点培育衢州职业技术学院打造铸牢中华民族共同体意识研究基地。为庆祝中国共产党成立100周年,铸牢中华民族共同体意识,在柯城区举办"党恩人民颂·各族一家亲"主题"三个一"(一台各族群众文艺展演、一次民族工作现场考察、一场全国少数民族围棋大赛)系列活动。做足"衢州有礼""南孔文化"文章,以"游学有礼""助学有礼"等"有礼"为主题,不断谋划开展一系列铸牢中华民族共同体意识的宣传教育、文化交流活动。全市开展"衢州有礼 礼在书法""畲校有礼 礼在沐尘"等主题教育活动百余场,少数民族学生近3000人次参加。及时了解少数民族学生困难和问题,累计帮助45名外来少数民族学龄儿童解决就学问题,实现少数民族学生就学率100%。

【宗教工作】2021年,贯彻落实全国宗教工作会议精神,围绕"三个化"(中国化、数字化、规范化),不断推动宗教工作守正创新。坚持宗教中国化方向,改革创新实践路径。成立衢州市四省边际中心宗教中国化促进会,构建形成市宗教工作协调小组组织领导、市委统战部和市民宗局主导主管、宗教促进会统一协同落实的宗教工作新格局,指导全市各地、各宗教团体、各宗教活动场所开展宗教中国化教育活动、论坛、培训等31场次,2536人次参加。按照"两中心、一站、一室(坛)、一窗口"的功能定位,高标准建成运行宗教有礼园,组建宗教有礼园服务管理委员会,保障宗教有礼园规范运行,打造对外展示宗教中国化的重要窗口。一年以来,累计开展"有礼讲坛"活动35场次,接待社会各界人士1万余人次。谋划建设国际道文化交流中心,融合提升养生文化、道医文化、太极文化等道文化的衍生文化,打造四省边际乃至全球道文化高地。锚定治理现代化目标,提升依法管理水平。做好宗教工作数字化建设,对标省委、市委和省委统战部、省民宗委数字化改革部署要求,配合做好"浙里宗教智治"应用子场景开发建设,推进宗教建筑安全预警系统的研发。持续做好宗教领域疫情防控,加强督查暗访和宣传引导,全年累计出动357人次巡查276个宗教场

2021年7月14日,衢州市四省边际中心宗教中国化促进会第一次会员大会召开

2021年5月29日，衢州市南孔太极文化交流协会成立。图为衢州市南孔太极文化交流协会第一次会员大会召开

所，发现38个隐患，整改38个，未发生违反疫情防控要求的不良事件。全面落实平安建设工作举措，充分发挥"浙江掌上宗教"App平台作用，加强日常巡查检查，及时打击防范宗教领域风险隐患。天宁寺等7个场所被推荐为省级"百优争创"达标宗教活动场所，有省级平安宗教活动场所16个。夯实运行规范化基础，加强团体和场所建设。围绕庆祝中国共产党成立100周年，深入指导推动宗教界开展"三爱"（爱党、爱国、爱社会主义）主题教育，累计举办党史教育、法律法规培训、红色教育等"三爱"主题教育28场次，参加主题教育的宗教界人士达2133人次，引导宗教界代表人士和信教群众将爱教与爱国、爱党、爱社会主义相统一。加快推进重点场所建设，深入实施重点宗教场所建设"1+7"（"1"是指建立一个专项工作组，确保佛教重点寺院改造提升工作有人专门抓、专业抓、具体抓，抓出成效；"7"是指每个重点寺院建设都要做好七项工作，即理好"一个故事"，做好"一本规划"，用好"一批僧才"，修好"一条通道"，讲好"一部经书"，建好"一个寺院"，促进"一方和谐发展"）工作举措。截至年末，全市重点寺院从"2+8"[2个市级重点寺院+县（市、区）8个重点寺院，计10个重点改造寺院]10所扩至15所，各重点寺院改造取得显著成效，同时全面启动10多个有品道观建设，努力确保每个县（市、区）都有1—2个规范化的道教场所。

【港澳台统战工作】2021年，以凝聚共识为主线，围绕庆祝中国共产党成立100周年，在港澳工作中注重增强港澳同胞的国家认同感、民族自豪感和对家乡的桑梓情怀。邀请港澳台同乡社团参加衢州人发展大会。推荐优秀的港澳青年代表人士参加省委统战部举办的港澳台青年国情研修班，提升青年代表人士的政治素质。整合市、县资源，以柯城区余东乡村未来社区等为重心，打造港澳台青年实践、实习、创业基地。加强衢台合作。帮助台资企业解决在生产生活中遇到的困难，积极对接旺旺集团总部，争取旺旺集团将休闲食品、白酒项目落户衢州。开展台企有序用电调研服务，在相关部门支持下，全市台企的生产经营没受到限电影响。认真落实浙江省8项惠及台青举措，为台湾青年在衢州实习、就业、创业打造良好的发展环境。举办"台青看衢州"联谊活动，引领台湾青年更快融入衢州，实现更好的发展。深化对台基层交流工作，召开"金秋话同源·衢台谋共富"座谈会，在联谊交流中凝聚共识、汇聚力量，共同为四省边际共同示范区建设助力。推进引资引智工作，推进浙江新大骏宏集团投资1亿元在衢江区黄坛口乡建设"回来村"民宿综合体项目。

【海外侨胞统战工作】9月29日，克服新冠肺炎疫情影响，成功举办2021年衢州海外侨胞联谊会年会。海外侨胞齐聚衢州，共叙乡愁，共谋发展。加强组织阵地建设，充实衢州海外联谊会领导班子和常务理事成员。

【党外知识分子和新的社会阶层人士工作】2021年，及时组织召开衢州市党外知识分子联谊会、新的社会阶层联谊会常务理事会和理事会等，学习中央和省委、市委重要会议文件精神，举办庆祝中国共产党成立100周年主题书

2021年8月16日，"南孔直播群英·同心荟""寻品衢州·主播有礼"拥抱"大花园"走进举村

画展、"同心向党——感悟百年·携手奋进"等系列活动，进一步凝聚共识。引导组织新联会会长、副会长等参与《会长说》《同心共富·新联有约》等宣传栏目，分享创业历程、帮富故事，充分发挥示范带头作用。提升阵地建设。先后建立衢时代创新大厦、颐高科技创业园、大学生创业园和卢森堡4个市新联会楼宇分会，覆盖从事电商、文创、短视频、直播、旅游、培训等行业新的社会阶层人士5000余人，并建立健全各分会活动制度、运行机制等，推动互动交流、资源共享，激发组织活力不断增强。创建衢州"南孔直播群英·同心荟"众创空间，为全市网络直播代表人士、本土产品企业、电商企业提供一个教育培训、联谊交友、沟通联系、资源共享的良好平台，吸引哔哩哔哩（B站）创始人、总裁徐逸等前来参观。提升履职建设。"南孔直播群英·同心荟"开展"寻品衢州·主播有礼"走进县（市、区）拥抱"大花园"系列活动，为乡村振兴直播赋能，推动各地文旅宣传和农产品销售。开展活动6次，观看直播约30万人次，观看短视频300余万人次。积极开展"文艺美村"助富、"文学点灯"助学、社区关爱助民、知联同心·助农共富、"知新汇"助农共富等"衢州知联智富十大行动"，市知联会成功对接举办中国水稻研究所胡培松院士团队共同富裕示范区龙游服务站签约揭牌仪式，助力衢州市高质量建设四省边际共同富裕示范区。衢州市"创新成立'南孔直播群英·同心荟'助力四省边际共同富裕示范区建设"成功入选衢州市统一战线共同富裕示范案例以及浙江省共富办"高质量发展建设共同富裕示范区典型案例清单"。

（朱　茜）

侨务工作

【概　况】2021年，衢州市侨务系统围绕省委统战部充分展现"重要窗口"下浙江统战侨务工作风采等部署要求，发挥"侨窗口"作用，坚持抓改革、强防控、促联谊、优服务，持续不断为衢州市高质量发展，建设四省边际共同富裕示范区注入侨界新活力。

【为侨服务】2021年，构建统筹整合联动、力量跨界融合的"大侨务"工作新格局。全年召开统筹涉侨工作协商会议5次。完成市侨商会领导班子换届和独立运行，指导基层侨联完成组织换届工作。牵头做好境外疫情输入防控专班工作，常态化落实"一对一"联系人清单制度和入境人员闭环管控制度。开展为侨"三服务"（服务企业、服务基层、服务群众）专项行动，全年通过"走侨企、听侨声，进车间、跑一线，提建议、解难题"等大走访活动，深入侨企60余次，帮助侨企解决问题36个。全年新增23名海外侨胞回浙回衢投资兴业，16家侨企参与"千个侨团（企）扶千村"活动，帮扶结对村社资金200余万元。

【联络联谊】2021年，加强侨务工作，坚持以"侨"架"桥"，汇聚侨心、侨力、侨智，不断扩大海外"朋友圈"。充分利用"侨界医疗专家服务队""浙江省2021年海外中青年侨领研习班走进龙游"等省侨平台资源，多级联动开展中国

2021年9月22日，衢州市开展“千个侨企结千村”结对帮扶活动。图为衢州市涉侨部门及侨企代表走访结对村

共产党成立100周年“同根海联·心怀家国”系列主题活动和联谊活动，创建柯城区城站社区、江山市周家青社区2个市级侨务工作示范基地。指导柯城、开化等地分别打造“侨管家”志愿者、侨界空巢老人关心关爱行动、港澳台侨青年实践创业基地等特色品牌。2021年，直接联谊服务海内外乡亲4600余人。累计开展节日慰问困难侨胞侨眷和重点侨胞侨眷120余人次。指导侨界发起捐助慈善基金等640余万元。通过城市宣传片、“吃遍全球”App等渠道，推动“南孔圣地·衢州有礼”城市形象和文化旅游资源走向全国和海外。（毛碧红）

民族工作

【概 况】2021年，衢州市贯彻落实中央、省委民族工作会议精神，推进民族乡村振兴共富建设，开展民族团结进步示范创建，不断铸牢中华民族共同体意识，为实现“民族齐富”目标而努力。

【组织各族群众开展庆祝中国共产党成立100周年系列活动】2021年，围绕庆祝中国共产党成立100周年，谋划开展系列宣传教育、互动引导、精彩献礼活动，从不同维度重温建党百年峥嵘岁月，展示衢州民族工作创新发展的生动实践。唱响红色歌曲，全市10个民族村举办唱红歌群众性文化活动。民族小学、新疆班组织多场红色音乐会。聆听红色故事，组织多民族中小学生“重走红军路”“跟着电影学党史”等活动。在新疆班开设《党史天天学》栏目。民族村老党员讲述各族群众感党恩、听党话、跟党走的感人故事。开展红色宣讲，组织民族乡村8090新时代理论宣讲团、学校青年教师宣讲团、民族乡村振兴讲师团队等开展各类线上线下党史宣讲活动累计近50场。

【举办“党恩人民颂·各族一家亲”系列活动】6月17—20日，在柯城区举办“党恩人民颂·各族一家亲”主题的“三个一”系列活动，庆祝中国共产党成立100周年，铸牢中华民族共同体意识。活动包括：一台各族群众文艺展演，即浙江省各族群众庆祝中国共产党成立100周年文艺展演，来自全省11个地市的民族代表团齐聚一堂以艺术形式展示浙江省民族团结进步事业的累累硕果。一次民族工作现场考察，即考察组前往柯城区白沙小学、“农民的故事”展示馆、柯城区沟溪乡余东村，实地考察柯城区铸牢中华民族共同体意识、民族团结进步创建和民族乡村振兴等工作，并在白沙小学举行“围棋进校园”活动，第十届中国围棋协会主席林建超代表中国围棋协会授予该校“全国少数民族围棋特色学校”称号。一场全国少数民族围棋大赛，即以中华传统文化围棋为载体，56个民族同下一盘棋。

【推动民族乡村振兴发展】2021年，在推进省“双百结对”帮扶行动的基础上，深入实施民族乡村“六个一”结对帮扶机制，促进乡贤回归，以“多对一、点对点”的方式，加大对少数民族乡村扶持力度，实现民族乡村结对帮扶全覆盖。助力引进中草药种植、光伏发电项目、高端民宿项目等90个特色产业帮扶项目，全年落实帮扶资金3977万元。市政协连续2年在柯城区七里乡上门村召开“请你来协商·助推七里上门畲族村特色发展”专题协商会，为上门村发展建言献策。衢江区举村乡

成立新乡贤刘劲影视工作室等参事议事平台，引导社会各界人才参与少数民族村建设，为乡村振兴提供有力支撑。市委统战部组织“南孔直播群英·同心荟”网络直播达人开展“寻品衢州·主播有礼”走进县(市、区)拥抱“大花园”系列活动，走进衢江举村民族乡村，助力打响畲乡农旅融合发展品牌，助力衢州建设四省边际共同富裕示范区。

2021年5月28日，衢州市工程技术学校新疆班学生在衢州市阿得里传媒公司学习短视频制作

【铸牢中华民族共同体意识教育】 2021年5月，牵线衢州工程技术学校新疆班与阿得里公司合作开展短视频直播教学实践课，让新疆班学子在浙江学习更多行业专业知识，为新疆培育电商人才。积极做好高考加分政策改革的解释工作。

2021年4月19日，龙游县沐尘畲族乡举办第十届沐尘“三月三”畲族风情文化旅游节活动

【创新促进少数民族特色文化传承】 2021年，民族乡村结合各地特色组织开展“三月三”“九月九”等民族节庆品牌活动。衢江区举村乡、龙游县沐尘乡结合庆祝中国共产党成立100周年主题成功举办“三月三”活动。其中，龙游县通过深化“山哈”讲堂建设，新增畲歌畲舞体验点、竹筒酒制作培训点、红色文化教学点等7个实训基地，创作《畲歌“三个一”》《有礼畲族婚礼》等短视频和歌曲，均被市、县媒体录用，其中《畲语唱响新文明》被“学习强国”学习平台录用。

【龙游县开展“一镇带三乡”山区共富实验】 2021年，龙游县境内有衢州市唯一的畲族民族乡和24个民族村，其中在龙游南部山区分布沐尘畲族乡及溪口镇溪口村、庙下乡庙下村、大街乡大街村等15个民族村。一年来，龙游县联合溪口镇、庙下乡、大街乡、沐尘畲族乡等龙游南部四个乡镇，从山区群众需求出发，以问题为导向，协同开展“一镇带三乡”山区共富实验。依托溪口乡村未来社区建设，做强区域核心，推进优势配套、创业资源、人才集聚；打造“一镇三乡”治理共同体，整合执法“一支队伍”(整合综合执法、市场监管、民宗、规划资源、林水、文旅、环保等力量)，推进应急“一体联动”(建立健全龙南应急救援联动机制，统筹龙南专职消防队、山野消防救援队等消防救援力量)，做强矛盾纠纷调解“一个联盟”(建设龙南“舒心驿站”矛盾纠纷调解品牌，吸纳片区社会组织、行业协会、律师乡贤，组建覆盖龙南片区的矛盾纠纷调解联盟），完善智治“一个系统”（打通、融合4个乡镇的治理事项，借助数字化手段，建立覆盖4个乡镇的家庭和个人信用体系），以共治促共富；打造“一镇三乡”产业共同体，在人才引育留用、全域文旅融合、区域特色产业上“抱团发展”；打造“一镇三乡”民生共同体，实现便民服务跨乡镇无差别受理、教育下乡跨乡镇无差别服务、全民健康跨乡镇无差别普惠。通过山区共富实验，4个乡镇的游客接待量突破200万人次，年乡村旅游收入超1.65亿元，村民可支配收入有明显提升。（方韵超）

宗教工作

【概 况】2021年，全市宗教工作围绕推进宗教中国化这一主线和实现宗教领域治理现代化的目标，以护航庆祝中国共产党成立100周年为重点，全面开展宗教领域风险隐患排查和信徒情况调查。创新宗教工作举措，搭建宗教中国化工作新平台，不断提升依法管理宗教事务的能力，夯实宗教工作基层基础，维护全市宗教领域的和谐稳定。

【宗教领域新冠疫情防控】2021年，根据省民宗委、市新冠疫情防控指挥部的要求，督促宗教活动场所落实好“测温+亮健康码+戴口罩+消毒+保持安全距离”等常态化疫情防控措施。在春节和8月、10月国内局部地区疫情防控形势比较严峻的时段，督促全市宗教和民间信仰活动场所严格执行“双暂停”（暂停宗教场所开放、暂停宗教活动）要求。2021年，全市宗教领域没有发生违反疫情防控规定的事件，没有发生涉及宗教领域的疫情传播事件。

【组织宗教界人士开展“庆百年学‘四史’跟党走”系列活动】2021年，以庆祝中国共产党成立100周年为契机，在全市宗教界开展“爱党爱国爱社会主义”主题教育，组织宗教团体和宗教界人士开展党史学习教育、法律法规培训、红色教育，引导宗教界代表人士和信教群众将爱教与爱国、爱党、爱社会主义相统一。全年举办各类“三爱”主题教育28场次，参加教育的宗教界人士达2133人次。5月16日，衢州市佛教协会在宗教有礼园举办中国共产党党史学习活动。6月14日，衢州市基督教两会在基督福音堂举办“纪念建党百年暨宗教中国化”培训班。

【衢州市四省边际宗教中国化促进会成立】7月14日，衢州市四省边际中心宗教中国化促进会第一次会员大会召开。衢州市四省边际中心宗教中国化促进会作为衢州市以推进宗教中国化为主要职责的社会团体正式成立，会员主要由市、县（市、区）统战部（民宗局）领导、宗教工作干部、市级各宗教团体班子成员、宗教教职人员组成。促进会纵向贯通市、县、乡三级宗教工作部门和网络；横向联结市、县两级爱国宗教团体和宗教界代表人士，利用覆盖面最广、力量最集中的构架体系，用社会主义核心价值观引领宗教、用中华传统文化浸润宗教，有力有序有效引导宗教与社会主义社会相适应。

【“十百千万”普法工程】2021年，全市宗教领域继续开展以宪法为主题的“十百千万”普法工程活动。经各地推荐，省民宗委、省普法办遴选，2021年度全市申报省级宗教普法示范点1个，省级宗教法治宣传教育基地6个。衢州市烂柯山宝岩寺为省级宗教普法示范点，柯城区基督教城区教堂、衢江区峡川基督教堂、龙游县湖镇基督教堂、江山市凤林镇洪岗寺、常山县石崆华严寺、开化县泰康禅院6个宗教场所为省级宗教法治宣传教育基地。

【佛教重点寺院改造提升】2021年，衢州市委统战部（民宗局）继续推进佛教重点寺院改造提升。落实工作举措，按照“一年有突破、二年见成效、三年成示范”的工作目标积极推进。截至年末，全市重点寺院从“2+8”10所扩至15所，各重点寺院改造提升取得显著成效。6个需要扩建的寺院有5个完成扩建许可办理和土地指标确认，8个寺院完成寺院建设整体规划，7个寺院完成“一庙一故事”编撰工作，4个寺院改造提升项目和2个寺院的道路建设已动工。3月23日，举行江山市太阳山整体开发暨太阳山寺扩建（修缮）工程奠基仪式。衢州市委

2021年3月23日，江山市太阳山整体开发暨太阳山寺扩建(修缮)工程奠基仪式举行

常委、统战部部长傅根友，舟山市委常委、统战部部长王高瞻，中国佛教协会副会长、舟山市政协副主席、普陀山佛教协会会长道慈应邀出席奠基仪式。10月9日，柯城区灵鹫寺重建工程奠基仪式举行，市委常委、统战部部长傅根友，中国佛教协会副会长、浙江省佛教协会会长、浙江佛学院院长、雪窦山资圣寺方丈怡藏等领导嘉宾出席奠基仪式。

【推进道教活动场所恢复建设】 2021年，衢州市民族宗教事务局、衢州市道教协会积极推进衢州市道教活动场所恢复重建工作。年内批准设立道教场所3处(衢江区全旺镇仙岩道观、龙游县石佛乡三门道院、柯城区七里乡天医观)。截至12月底，全市批准设立道教场所7处，其中一类场所1处、二类场所6处。

【衢州市天主教爱国会第三次代表会议召开】 11月11日，衢州市天主教爱国会第三次代表会议在衢州友好饭店召开。会议审议通过《衢州市天主教爱国会第二届委员会工作报告》，修订《衢州市天主教爱国会章程》，选举产生衢州市天主教爱国会第三届委员会委员、常务委员、主任、副主任、秘书长。市委常委、统战部部长傅根友出席会议并讲话。衢州市天主教爱国会第三届委员会主任为李刚，副主任为王卫堂、严东平、严萌芽(女)、严群仙(女)，秘书长为王卫堂(兼)，副秘书长为刘晏琴(女)、舒晓燕(女)。 (蓝朝龙)

改革与政研

【概　况】 2021年，市委改革办围绕四省边际共同富裕示范区建设，以数字化改革为总抓手，发挥牵头抓总、统筹协调作用，一体推进改革与政研工作，强化数字化改革理念、方法、手段运用，构建完善全周期全过程管理闭环机制。2021年，争取到省部级改革试点16个，在省委改革办《领跑者》《竞跑者》《数字化改革(工作动态)》刊发改革案例31期，在全省改革突破奖评选中获“一金两铜一提名”；编发《衢州政研与改革》62期，获市领导批示37次，其中市委主要领导批示24次。

【市委全面深化改革委员会第四次会议召开】 5月27日，市委全面深化改革委员会召开第四次会议。传达学习中央深改委第十四至十九次会议和省委改革委第十至十三次会议主要精神，审议通过《中共衢州市委全面深化改革委员会2020年工作总结报告》《中共衢州市委全面深化改革委员会2021年工作要点》《市级各改革专项小组2021年工作计划》《衢州市“重大改革突破年”实施方案》《衢州市改革突破奖评选办法》《浙江(衢州)生态产品价值实现机制试点改革总体方案》《衢州市“两山银行”改革试点实施方案》《衢州市新时代乡村集成改革试点实施意见》《衢州市全面深化国有企业改革实施方案》，听取关于“县乡一体、条抓块统”改革进展情况和浙江大学公共政策研究院改革评价报告等情况汇报。

【推进全面深化改革工作】 3月4日，召开“县乡一体、条抓块统”改革工作第三次省市专班联席(扩大)会议。4月30日，省委改革委公布《关于在衢州等地开展“县乡一体、条抓块统”县域整体智治改

2021年9月25—26日，“县乡一体、条抓块统”改革与基层治理现代化理论研讨会在衢州召开

2021年9月9日，全市数字化改革推进会暨典型应用PK赛举办

革试点的指导意见》。7月6日，召开“县乡一体、条抓块统”改革工作第四次省市县专班联席会议。8月27日，开展2021年衢州市最佳改革创新项目征集活动。9月25—26日，“县乡一体、条抓块统”改革与基层治理现代化理论研讨会在衢州召开。11月8—9日，全省“县乡一体、条抓块统”改革工作现场推进会在衢州召开。12月17日，《衢州通讯》印发“县乡一体、条抓块统”改革专刊。12月22日，召开共同富裕理论创新工作部署会。2021年度浙江省改革突破奖评选结果为：衢州市“县乡一体、条抓块统”县域整体智治改革获金奖，残疾人服务综合集成改革“一地创新、全省共享”项目、“两山银行”生态产品价值实现改革探索获铜奖，基于碳账户的碳达峰碳中和落地改革实践获提名奖。2021年度全面深化改革考评结果为：衢州市本级、衢江区、江山市、常山县获优秀等次。2021年度衢州市改革突破奖评选结果为：衢州市“县乡一体、条抓块统”县域整体智治改革等4个项目获特别贡献奖，浙闽赣皖四省边际政务服务“跨省通办”等3个项目获一等奖，资格联审应用等5个项目获二等奖，干部“四维考评”应用等10个项目获三等奖，“合”字形基层监督体系等8个项目获提名奖。

【推进数字化改革工作】 2月26日、4月30日、7月8日、9月9日、11月18日分别召开全市数字化改革推进会。2月25日，中共衢州市委办公室印发《关于建立衢州市数字化改革专班及工作机制的通知》。3月9日，市数字化改革领导小组办公室印发《衢州市数字化改革专班工作运行制度（试行）》的通知。3月10日，市数字化改革领导小组办公室印发《衢州市数字化改革领导小组办公室及推进办成员名单》《衢州市数字化改革领导小组办公室及推进办主要职责》。3月20日，中共衢州市委全面深化改革委员会印发《衢州市数字化改革总体实施方案》。4月30日至5月31日，开展面向社会征集数字化改革需求事项（场景应用）。7月15—29日，赴各县（市、区）开展下沉式评价活动。8月1日，举办市级部门数字化改革多跨场景PK擂台赛。8月29日，四省边际政务服务“跨省通办”应用、残疾人服务数字化应用在全省数字化改革重大应用成果新闻发布会上发布。9月8日至10月31日，开展“一把手”体验数字化改革。9月9日，召开全市数字化改革推进会暨典型应用PK赛。9月24日，《衢州日报》专版刊发《“数”赢未来！数字化改革开启衢州改革新征程》。10月11日，省委书记袁家军听取衢州市“152”和“141”体系衔接贯通情况汇报。10月23日，省委常委、秘书长陈奕君听取衢州市“152”和“141”体系衔接贯通情况汇报。10月29日，衢州市深化“县乡一体、条抓块统”改革推进“141”和“152”体系衔接贯通情况在全省数字化改革工作推进会上作典型发言。12月22日，数字化改革第5期通报公布衢州市“碳账户碳金融应用”“智慧助残应用”入选全省第二批“最佳应用”。10—12月，数字化改革成果展衢州分展厅布展。11—12月，作为全省唯一一个地市参与全省《数字化改革概论》基层治理系统篇教材编撰。

【研究制定重要政策文件】2021年，为市委代拟重要政策文件。围绕“十四五”发展抓谋划，完成《中共衢州市委关于制定衢州市国民经济和社会发展第十四个五年规划和二〇三五年远景目标的建议》起草工作。聚焦打造四省边际共同富裕示范区，牵头起草《衢州高质量发展建设四省边际共同富裕示范区行动计划（2021—2025年）》。围绕“八八战略”实施评估，研判优势长板，找准平台抓手，分析短板问题，提出对策建议，持续推动“八八战略”落细落实。

【重点课题研究】2021年，组织开展市委、市政府年度重点调研课题和各县（市、区）、市级机关部门年度调研课题谋划工作，确定2021年市委、市政府重点调研课题16个。围绕共同富裕理论创新，研究制定《关于推动共同富裕理论创新的实施方案》，统筹推进专家智库组建、课题研究、平台搭建、理论发声等工作，促进理论创新与实践创新、制度创新、文化创新互促并进。围绕浙西新区战略平台，系统梳理比对浙江省已明确的8个省级新区发展情况，形成《赴宁波、舟山等地考察报告》和《关于谋划建设衢州省级新区的课题研究》。

【政策信息服务】2021年，以《衢州政研与改革》为载体，创新工作机制，注重挖掘深层政策信息，及时找准领导关心、需要的内容选题，为市委、市政府领导提供高质量的决策服务。围绕“提升城镇化率水平”，对柯城区姜家山乡撤乡设街、龙游模环乡撤乡设镇进行研究，形成《姜家山乡撤乡设街道的分析及建议》《关于龙游县模环乡撤乡设镇的分析及建议》。组织开展的《关于我市氟化工产业链的调研及建议》《四川攀枝花市人口生育政策及我市人口生育现状分析建议》《关于当前柑橘销售形势的情况分析》《关于深化教育教学改革全面提高义务教育质量的实施意见的解读及对策汇报》等一批调研成果得到市委主要领导批示肯定。 （张妙苗）

机构编制

【概 况】2021年，中共衢州市委机构编制委员会办公室（以下简称市委编办）学习贯彻习近平总书记关于新时代机构编制工作的重要论述，执行中央和省、市委编委会议决策部署，参与“县乡一体、条抓块统”改革，推进“大综合一体化”改革，推进各项重点领域改革，强化民生和重点领域保障，提高机构编制资源使用效益。

【“县乡一体、条抓块统”改革】2021年，围绕“四维考评”（岗位赋分、组团积分、模块评分、专项计分）应用推广，先后赴6个县（市、区）过半数乡镇（街道）开展走访调研，同时，配合市委组织部，编制干部“四维考评”管理应用场景建设方案，建立考评维度、考评周期、考评范围、岗位名称、考核总分“五统一”的标准化考评体系，并依托机构编制实名制系统，搭建一体化智能化线上运行平台，推动考评全程线上化操作。4月，“四维考评”系统被纳入全省组织系统数字化改革第一批项目库。5月，全市100个乡镇（街道）全面开展线上考评，部门、村（社）试点推进。牵头推进“一件事”改革，按照“任务定义、最小子任务项、牵头/协同关系、指标体系、数据需求、数源系统”等六大基本要素，推动事项逐级“V”字拆解至最小颗粒度，建立指标体系、工作体系、政策体系、评价体系四大体

2021年4月28日，省委编办主任陈东凌(前排中)到衢州调研“县乡一体、条抓块统”改革工作

2021年12月24日，衢州市深化基层管理体制改革试点动员会召开

系。同时，按照急用先行、重点聚焦、分步实施原则，从城镇管理、矛盾纠纷、生态环境、综合执法等八大领域入手，建立“一件事”“共性+个性”动态目录清单，梳理形成共性事项17件、个性事项8件，并在全市推广。其中，机动车违停“一件事”案例入选全省IRS(浙江省一体化数字资源系统)应用目录使用优秀案例集。

【重点领域改革】 2021年，推进高速交警体制管理改革，完成高速公安交通警察体制调整，并完成政法专项编制转隶。健全乡村振兴机构设置。6月，专题赴农业农村局调研，结合部门机构编制设置情况，对农业农村局增挂乡村振兴局牌子，设置相关内设机构，新设事业单位乡村振兴中心。深化应急管理综合行政执法改革，将衢州市安全生产行政执法队更名为衢州市应急管理行政执法队，并加强应急管理行政执法监督工作。明确县级开发区管理机构，调整龙游、江山、常山和开化四个经济开发区管理机构，完成开发区(园区)管理机构审批工作，明确4个县(市)开发区机构设置。进一步加强中医药事业发展建设，完善中医管理处设置，在市卫健委内设机构中增设中医管理处，保障机构编制资源。推进开发区安全生产体制调整，围绕智造新城工业平台定位，针对应急管理尤其是安全生产工作短板和管理体制问题，专门设立市应急管理局智造新城分局，同步调整智造新城应急管理机构，推动市区两级应急管理机构整合运行。

【“大综合一体化”行政执法改革】 2021年，配合综合执法局，研究出台“大综合一体化”改革实施方案和“一支队伍管执法”改革指导意见等政策文件。10月，指导贺村镇、廿里镇、湖镇镇等35个中心镇按照“1+X”(1是赋权乡镇，X是辐射乡镇)执法模式完成综合行政执法队组建工作。深化部门执法编制“县属乡用”，推进乡镇(街道)综合行政执法队和县(市、区)综合行政执法局派驻机构整合运行。按照“1+8”整合模式(综合执法+市场监管、生态环境、交通运输、农业、文化、自然资源、应急、卫健)开展市、县两级(除常山外）专业执法队伍整合工作。11月，出台《关于市级“大综合一体化”行政执法改革机构编制调整的通知》，将市发展和改革委员会（市粮食和物资储备局）全部、市水利局全部、市人力资源和社会保障局部分、市民政局部分行政处罚及与之相关的行政检查、行政强制职权划转至市综合行政执法局，撤销衢州市劳动保障行政执法队、衢州市能源行政执法队、衢州市民政行政执法队、衢州市水政行政执法队四家执法队，县（市、区）同步调整，全面完成部门执法队伍整合。

【机构编制资源保障】 2021年，教育方面，牵头研究制定《全市域中小学教职工编制统筹调剂方案》，建立中小学教职工编制资源跨区域统筹、跨层级调剂和动态调整机制，缓解城乡教职工编制结构性矛盾，促进教育资源均衡合理配置。研究制定衢州职业技术学院机构编制规定，根据衢州市产业发展需求，增设材料与化工智能制造学院，按照标准和学校规划8000名在校生的办学规模，核增衢州职业技术学院报备员额129名，助力材料能源产业数字化省级高水平专业群建设，助推衢州市区域产业转型升级。支持设立电子科技大学衢州实验学校，核定事业编制131名，用于招引教育人才。卫生领域，支持市卫健委将医政与中医管理处分设为医政处、中医药管理处，核增市卫健委行政编制2名（其中周转编制1名），核增市卫健委所属事业单位市中心血站事业编制10名、市卫生健康发展中心事业编制5名。支持市卫健委根据重点学科建设需求，在年度计划总量内自行调剂安排高层次医疗卫生人才引进。面对严峻复杂的新冠疫情防控形势，主动与市卫健委对接沟通，了解疫情防控力量需求，核增市疾控中心周转编制8名，专项用于充实流调、实验室检测等方面专业力量，保障疫情防控工作力量。

【机构编制监督检查】 2021年，将机构编制管理和政策法规执行情况纳入日常干部监督和专项检查内容，与选人用人专项检查、干部选拔任用监督检查等有机结合，协同整改落实，全年开展干部任前职数审核131批次，反馈超职数超规格干部线索3条，协同落实整改2人。6—8月，开展超编超职数专项督查，依托省机构编制数字化管理平台预警信息，比对市机构编制实名制系统信息，开展市县单位超编超职数情况专项督查，逐条分析原因，提出整改意见，形成个性化问题清单。2—3月，开展全市市县机关编制数和内设机构、领导职数倒挂问题自查自纠，发现倒挂问题83个，其中65个整改到位。4—5月，开展“条条干预”专项督查，发现省级部门“条条干预”问题5起，及时向省委编办提供线索；发现市级部门“条条干预”问题2起，通知相关部门整改到位。（柴兴荣）

外事工作

【概 况】 2021年，衢州市人民政府外事办公室（以下简称市外办）坚持服务国家总体外交，统筹做好外事管理与服务工作。

【建立“姊妹学校”】 2021年，全市5所学校以传真方式与国外教育机构签订友好协议。市外办做好有关对接、审核和服务工作。6月7日，衢江东港幼儿园与新西兰神秘花园幼儿园签订友好协议；6月11日，全旺小学与澳大利亚舍布鲁克学校签订友好协议；6月21日，衢江东港小学与新西兰陶里克学校签订友好协议；6月21日，衢江横路中学与新西兰Oropi学校签订友好协议；9月9日，衢州三中与美国加利福尼亚州安纳海姆联合教育署签订友好协议。

【疫情期间外事管理与服务】 12月8—9日，市外办完成美国全国广播公司北京分社记者马静等5人到衢州采访拍摄管理和服务工作。（童倩文）

对台港澳事务

【概 况】 2021年，全市对台工作采用“线上+线下”交流方式，持续开展对台经贸、青年、文体交流，全面促进衢台融合发展。受新冠肺炎疫情的不利影响，全市无港澳交流团互访。

【衢台经贸合作】 3月28—30日，

市台办主任余永军及相关处室负责人赴海南省三亚市台湾同胞投资企业协会招商推介。4月26—28日，市台办主任余永军及相关处室负责人赴江苏省昆山市台湾同胞投资企业协会招商推介。6月9—11日，衢台民宿研究会(筹)举办“衢州台商看浙江(湖州)活动”，在衢州台商、台干、台胞25人参加。10月30日，衢台民宿研究会成立，衢州市委统战部常务副部长叶美峰向衢台民宿研究会发起人汪崇文授牌。11月11日，“金秋话同源·衢台谋共富”系列活动在江山开展，省台办副主任何永明、衢州市台办主任余永军等领导参加，金马台澎两岸交流协会、衢州市台资企业和台属企业代表共计50人应邀参加活动。

【衢台青年交流】6月1日，在衢州创业、学习、生活的43位台湾青年，开展以“南孔圣地·筑梦同行”为主题的“台青看衢州”交流活动，邀请岛内多位青年通过网络视频连线的方式开展“云上交流互动”。6月2日，衢州市台青委员会成立大会在柯城区奕园大酒店召开，会议由市台联会秘书长周日成主持，市台联会会长陆红英、市台办副主任叶卫兵、柯城区台办副主任张洋参加会议，在衢州台青、台属代表43人参加。9月3日，由衢州市台青委员会主办，柯城区台联会、柯城区团委联合承办的衢州市首届两岸青年丛林穿越友谊赛在柯城区大荫山丛林飞跃探险基地举行，在衢州台青及本地青年代表40人参加。

【衢台文体交流】4月21日，衢州市台湾圆梦篮球队在中国华电篮球馆正式成立，市委台办主任余永军出席球队成立仪式。7月29—30日，“两岸同根·衢台一家——衢台两岸婚姻家庭牵手”活动在龙游县举行，在衢州25个两岸婚姻家庭代表40人参加活动，畅谈家乡变化、分享创业故事。10月30日，第二季衢台稻田音乐思飨会在衢州市黄坛口乡一亩耘心有机稻田里举行，两岸青年齐聚一堂，用舞蹈演绎江南乡村田间劳作场景，用铜管吹奏传遍台湾大街小巷的民谣。10月31日，2021“烂柯杯”衢台青少年围棋赛以“云端”共弈的方式，在衢州国际围棋文化交流中心和台湾台北大安中学同步进行，60名围棋选手参赛。(吕防震　童倩文)

2021年6月2日，衢州市台青委员会成立大会召开。图为市台办副主任叶卫兵(右一)向台青委员会会长吴忠颖(左一)授牌

机关党建

【概　况】2021年，衢州市委机关工委贯彻落实习近平总书记在中央和国家机关党的建设工作会议上的重要讲话精神，坚持以“清廉机关建设、模范机关创建”为主线，全面聚焦新时代党的建设总要求和机关党建服务中心根本任务，推动形成党建统领、整体智治、唯实惟先新时代衢州机关党建工作新格局。截至年末，市直机关党组织共有82个，党员7976人。全年新发展党员139人。

2021年，与市委组织部、市营商办联合开展2021年度市级机关涉企服务部门中层岗位评议活动，评选出46名先进个人并予以通报表彰。连续3年市级机关部门综合考核等次优秀。“青年宣讲赋能机关党的政治建设”“党建引领社区治理”入选新时代浙江机关党建范式百例，并在2021年长三角机关党建工作研讨会上作经验交流。市委机关工委党支部被

2021年12月28日，市营商办组织开展中共十九届六中全会精神8090巡回宣讲活动

市委评为“2021年度衢州市先进基层党组织”。

【**机关基层组织建设**】2021年，衢州市委机关工委围绕构建党建统领、整体智治、唯实惟先体系部署要求，聚焦聚力服务市委中心大局，健全完善机关党建体制机制。以8090新时代理论宣讲为重点加强理论武装，细化机关党组织书记、机关党务干部、新任科级干部分类，把握需求差异，推进“菜单式”全覆盖轮训。探索青年党员宣讲作为机关思政教育主路径，建立健全领导挂联、导师帮带、支部组团制度，打造进机关、进社区、进企业、进学校和文艺式、沉浸式、互动式宣讲场景，构建形成研学、宣讲、考评、培育“以宣讲员带机关、以机关带社会”的大学习“主链条”，全年新打造精品课件218堂，“四进”宣讲1474场，受众48万余人。打造研发8090智慧管服系统，以“线上+”实现课件云存储、点派单宣讲、理论研讨交流，网络点击量达1200万多人次。

立足“百年大党百年大庆”，开展“两优一先”系列表彰，授予市府办机关党委等30个基层党组织为“先进基层党组织”称号、钟婵娟等49人为“优秀党务工作者”称号、周琳钧等50人为“优秀共产党员”称号。颁发光荣在党50年纪念章461枚。组织困难党员走访慰问等“七个一”庆祝中国共产党成立100周年专项行动。指导的市公安局“学英模、铸忠诚、跟党走”、市财政局“百年风云、我心向党”、市司法局“追寻红色印记、传承红色基因”等优秀展品得到党员群众高度关注。同时，紧抓中国共产党成立100周年契机，严格党内重要活动佩戴党员徽章、重温入党誓词、党员过政治生日的制度，7000余名机关党员“七一·云宣誓”，重忆入党初心。

【**机关党建助推共同富裕**】2021年，谋划机关党建助推共同富裕，推进区域开放合作，牵头组建四省边际机关党建联盟，初步形成以党建促进衢黄南饶区域高质量一体化发展的组织框架和工作体系。助推市域高质量发展，围绕加强党对经济工作领导，组建成立快递物流行业党委和数字经济与互联网行业党委；围绕营商环境清障，牵头开展机关涉企中层岗位评议、政务服务好差评活动；围绕产业发展，推动衢州成为省直机关工委疗休养定点推荐单位、全省唯一列入疗休养推荐点地级市。

【**党史学习教育**】2021年，牵头市直机关党组织开展党史学习教育，被省直机关工委授予“百年潮涌 浙江印记”党史知识大赛优秀组织奖。

2021年，制定17项党史学习教育重点任务清单，每周下发市直机关党组织学习指南。为全市7000余名市直机关党员制定配发关于衢州红色发展史、机关党建史的《党史学习教育资料》(上、下册)。5月，围绕市委党史学习教育巡回指导组反馈意见，补充制定《市委机关工委党史学习教育工作任务清单(6—12月)》，7月，制定《学习贯彻习近平总书记“七一”重要讲话精神专题宣讲工作项目清单》。

构建“学习+宣讲”“线上+线下”“典型引领+整体研学”多层次、多维度党史学习教育矩阵。举办机关党组织书记“新时代新担当新作为”研讨会；在《衢州日报》开设机关党组织书记谈党史学习教育专栏；带动基层党组织围绕党史学习教育投稿562篇，被省直机关工委网站录用101篇，全省录用数最多。在“衢州机关党建”微信公众号开设党史学

2021年3月25日，市直机关党组织党史学习教育动员会暨年度重点工作布置会在市档案馆召开

习教育专栏、党建知识擂台赛，累计在线答题超过11万人次。举办党史学习教育8090新时代理论宣讲专场4场，受众11.2万余人次。

抓好党史学习教育专题创新实践活动，在“邻礼通”上线“微心愿”认领活动，市直机关党员认领完成“微心愿”2613个，县处级党员领导实现“微心愿”认领全覆盖。牵头市直机关开展“我为衢州先行献一策”活动，收集意见建议379条。同时，指导机关党组织全力办实事、开新局，市公积金中心发挥“最多跑一次”先发地优势，以数字化改革为牵引率先全国实现公积金贷款全网上办；市医保局贯彻党中央关于构建多层次医疗保障制度体系要求，于全省率先推行“惠衢保”完全市场化运作，参保率居全省首位。

【基层党组织机关党的建设提升工程】 2021年，以“有礼先锋”党建服务品牌创建为抓手，开展基层党组织规范建设提升工程，培育形成新一批20个“有礼先锋”党建服务品牌。衢州市水利局、江山市等4家单位获全省“建设清廉机关、创建模范机关”先进集体。制定“双建”工作标准、组织工作重点任务清单、问题清单，常态开展调研指导。牵头打造集党员教育培训基地、改革担当精神传承馆和机关党员教育服务中心于一体的党员教育培训阵地集群，为严肃党内政治生活提供阵地支持。

按照“模块实用、功能管用、党建有用”思路，聚焦全省数字化改革“152”跑道，整合“省直机关智慧党建”“邻礼通”“全国党员信息系统”等平台，对机关党组织、党员日常管理等高频业务事项流程再造，打造智慧化机关党建中枢管控平台，优化建设机关工委整体智治综合应用和专题门户。“党员过政治生日”“党建督查考核”2项场景应用列入省直机关“揭榜挂帅”项目，“机关党组织24小时在线服务”列入市数字化改革重大应用“一本账S0”。

推动市委出台《关于加强市直机关基层党建工作的若干意见》，制定《关于加强机关基层党建工作的意见》。常态化开展机关党建调研指导，书面反馈问题，销号管理，并结合市委巡察发现问题形成《64项重点问题整治清单》。继续落实新任机关党组织书记、机关党委专职副书记谈心谈话制度，强化机关党务干部责任意识。

【“红色物业联盟+邻礼通”社区红色治理】 2021年，聚焦党建统领、整体智治，加快“红色物业联盟”升级迭代。“红色物业联盟+邻礼通”入围2021年法治日报社“社会治理创新”名单，“邻礼通”进入2021年第三届人民网内容科技大赛决赛。

推出独创的《党建统领小区治理实施办法》，在全市607个小区建立党支部，占全市小区总数的78.93%，配套建立红色物业联盟联席会议等运行载体，全市小区党支部牵头召开联席会议2292次，协商解决小区治理事项3045次。创新机关党组织服务力指数、小区党员服务力指数，实行“机关+社区”“机关党员+社区群众”工作捆绑，实现机关党组织服务社区治理由“我配合”转轨“我主动参与”。

实现“邻礼通”用户端入驻“浙里办”、管理端入驻“浙政钉”，进一步优化集成“邻礼通”功能，拓宽“邻礼积分”兑换使用渠道，增强用户黏性。“邻礼通”后台总户数达49.8万户，其中小区住户27.6万户，占市区常住人口的96%，日均访问量4万余人次，接收和处理各类上报事件6101件，代收物业费1000余万元。

有序推进“五社联动”治理模式[以提升社区治理能力、建设“共治共建共享”的社区治理共同体为目标，坚持党建引领，社区居委会（村委会）发挥组织作用，以社区为平台、以社会工作者为支撑、以社区社会组织为载体、以社区志愿者为辅助、以社区公益慈善资源为补充的现代社区治理行动框架]，组织372家社会组织、7851名志愿者深入小区开展志愿服务650场，发起公益活动3474起，参与16万余人次。以柯城区为试点成立国有托底物业公司，进行街区化改造施工、完善服务设施、丰富服务业态，实现老旧小区准物业化管理。

坚持市县一体，把“有礼小区”建设作为“红色物业联盟”迭代提升主抓手，开展小区星级评定和星级升级评定、年度工作考评、创建成果资金兑换，市县“一盘棋”硬核推进。全年，为163个小区发放星级牌，兑换奖励资金1135万元，带动209个小区积极申报“有礼小区”星级评定工作。

【党务（员）干部队伍建设】 2021年，严格落实机关党委书记由部门党组（党委）分管干部人事工作的党员领导干部担任，党支部书记由本单位党员主要负责人担任的制度，推进机关专职党务工作人员与行政、业务工作人员双向交流，优化党务干部队伍整体结构。全年27名党务干部提拔重用和跨岗交流，大学以上学历党务干部占比86.7%，科级以上党务干部占比68.7%。

2021年，把“两专工程”纳入机关党员教育培训体系，系统开展大学习大讨论、党组织组织力提升、党建引领重大项目攻坚等“八大行动”，畅通“两专”培养渠道。举办“两专”微论坛10期，形成以讲促学、以学促干良好氛围。

2021年5月19日，全市提升住宅小区管理服务品质暨红色物业联盟物业篇现场会召开

聚焦重点项目、改革专班、服务窗口，开展“专班党支部”“专班党小组”“党员先锋岗”，实现关键岗位党建力量全覆盖。注重实战实践，加快机关党员“两专”能力提升。创新基层党支部向支部党员述职、机关党组织分片区述职、片区推优机关党组织集中联述，强化各层级党组织责任意识，推动整体建强。（吕怿骋）

信访工作

【概　况】 2021年，全市信访系统贯彻落实习近平总书记关于加强和改进人民信访工作重要论述精神，紧紧围绕省委、市委工作大局和信访工作目标任务，将信访融入党建，纳入社会治理体系统筹推进，搭建“党建+治理+信访”工作体系，实现信访事项防范化解全覆盖、全链条、全周期，全信访生态持续优化、各项指标全面提升。“12345”政府热线团队被授予“全国工人先锋号”“浙江省巾帼文明岗”称号，市信访局复查复核处处长周成刚获全省“最美信访干部”称号，农村工作指导员楼秀红被省委、省政府办公厅通报表扬。

【信访受理与办理】 2021年，全市受理诉求类信访总量2.06万件次，与近三年平均值比下降27.68%；网上信访总量1.17万件次，与近三年平均值比下降34.12%，降幅全省第1；全市新增积案化解率46.34%，位列全省第

1；第一批交办的523件“国重件”（国家信访局交给各地办理的诉求相同的重复信访件）化解率98.6%，位列全省第2。充分发挥信访工作联席会议机制，升级完善“三查”（深入排查、全面督查、严格追查）机制，做好信访受理与办理工作，配合做好省政法系统队伍教育整顿督导期间问题线索接听和信访工作，完成督导组交办的各项任务。

2021年5月19日，衢州市信访工作联席会议例会暨信访积案化解工作现场会召开

【建立“党建+信访+治理”工作体系】 3月，出台“党建+信访+治理”实施意见，将信访工作纳入各级党委议事重要内容，纳入县（市、区）党政领导班子和市直单位领导班子年度述职重要内容。实现信访事项防范化解全覆盖、全链条、全周期，打造具有衢州辨识度信访工作新格局。全面推行组团联村服务，市领导和挂联部门把帮助挂联村（社）化解信访积案、教育疏导信访群众作为挂联区块重点督导内容以及“三服务”（服务企业、服务基层，服务群众）、“组团联村”重要工作内容。市信访局主要领导在“组团联村”中，制定村“两委”干部信访工作责任制，接待村民58人次，做好信访对象思想疏导工作。推进矛调中心建设，结合市域社会治理现代化建设，推进县级社会矛盾纠纷调处化解中心质效提升建设。推广组团化解稳控模式，依托“三联工程”（组团联村、“两委”联格、党员联户）、“网格+警务”，建立县、乡两级矛盾问题化解处置资源库，由乡村两级干部、网格员、民警、律师、调解员、乡贤，形成矛盾纠纷化解合力。针对信访矛盾较为集中村社，以点带面、创新开展“信访矛盾集中村帮扶整治”工作。

【重复信访治理、化解信访积案专项工作】 2021年，把重复信访治理、化解信访积案专项工作作为落实省委“七张问题清单”和提升信访重中之重。坚持每20天召开一次信访联席会议，“一会一主题、一会一晾晒”。通过10次专题会议推动、29件化解典型案例正向引领、6个负面事例反向倒逼、14件积案悬榜招贤、9位积案化解先进代表宣讲、15期专报晾晒进度、100天持续攻坚，全市化解各类积案1222件，其中化解10年以上31件、5年以上140件。523件“国重件”中，签订息访承诺书或调解协议的、反馈满意且一年以上无信访记录的378件，占比72.3%。

【信访积案化解专班成立】 12月17日，根据省委交办衢州市的551件信访积案限期化解要求，市委信访工作会议决定成立信访积案化解专班，从相关部门抽调干部在信访局集中办公，实体化运作，负责统筹协调推进全市信访积案化解工作。各县（市、区）相应成立工作专班，市县上下贯通、整体联动、厘清底数、理顺机制、统筹协调、标本兼治，防止出现新的积案。

【领导干部接访】 2021年，通过压实领导干部工作责任，发挥领导干部示范带动作用、调动资源优势，促进疑难复杂信访问题就地化解。市党政领导带头到市联合接待中心、下沉到县级矛调中心接待群众，县级矛调中心每天至少有1名县级领导坐班接访。市委书记汤飞帆在全国两会、“七一”、国庆期间，先后4次公告接访；市委副书记、市长高屹到任后即公开接访，妥善处理历史遗留、疑难复杂、“三跨三分离”（跨地区、跨部门、跨行业，人事分离、人户分离、人事户分离）信访问题。

2021年，市领导接待群众209批1228人次，县领导接待1881批4610人次。

【人民建议征集工作室成立】11月，在“12345”政府热线成立人民建议征集工作室，专门开设“电话专线”，收集、受理日常性人民意见建议，组建信息分析研判小组，定期梳理群众反映高频事项，汇总提炼有价值意见建议，以摘报、专报等形式上报党委、政府，推进人民建议转化为政策措施，实现“智慧从群众中来，实惠到群众中去”。2021年，向市委、市政府报送人民建议专报20余篇，提出意见建议50多条。（楼秀红）

2021年10月18—22日，“银辉耀党 悦享芳华”——第三届衢州市离退休干部健康文化周暨衢州老年大学建校三十周年办学成果展举办

2021年5月11—14日，衢州市委老干部局在市委党校举办2021年度市直老干部政治理论学习班

老干部工作

【概 况】2021年，全市老干部系统注重离退休干部“三项建设”（政治建设、思想建设、党组织建设）、“两个阵地”（老干部活动中心、老年大学）建设，发挥“三银”（银领先锋、银耀乡村、银尚有礼）赋能品牌效应，加强老干部服务管理，助力共同富裕。《“新老8090信仰对话”赓续红色根脉》《打造留守儿童辅导中心2.0版助力“双减”政策》获2021年度全省老干部工作“双十佳创新案例”，《关于离退休干部党建融入基层党建的衢州实践》获2021年度全省老干部工作“十佳调研报告”，《衢州市“银”力量赋能四省边际共同富裕示范区建设》获2021年度全省老干部工作部门十佳信息，《关于离退休干部党建融入城市基层党建初探》获2021年度全市机关党建优秀课题研究成果二等奖。截至年末，全市有离休干部334名。

【离退休干部“三项建设”】2021年，以庆祝中国共产党成立100周年为主题，聚焦“赓续红色根脉”，开展“新老8090信仰对话”“听老党员讲党课”“红色基因永相传”主题党日活动；推出“百年回眸·银辉耀党”“光荣在党50年”先进人物、先进事迹云展播；举办“一心向党 礼赞百年”新老党员“共忆党史话初心”、全市老干部“银辉耀党 薪火赓续”文艺演出、书画展等活动500余场次，“线上+线下”“场景化+具象化”传播老干部弘扬优良传统、赓续红色根脉的感人故事。组织广大离退休干部积极参加党史学习教育，举办市直老干部政治理论学习班，组织老同志收看全国离退休干部网上专题报告会，开展学习贯彻中共十九届六中全会精神“六讲六做 银领争先”红色大宣讲进支部、进课堂、进团队活动。

在老干部中广泛开展“我为衢州先行献一策”活动，老干部提出的“促进科创飞地转型升级”“优化学前教育发展”等意见建议得到市领导批示。提升离退休干部党建工作质量，抓紧抓实离退休干部党支部规范化建设，创建63个规范化党支部，其中示范性党支部3个；深化离退休干部党建融入城市基层党建试点工作，创新“银网格+邻礼通+红色物业联盟”模式，龙游“红银党建联盟”、柯城“银耀先锋党支部”等品牌效应逐步显现，引领退休党员担任小区党支部书记，成为办好“关键小事”、建设和谐家园的硬核力量。侵华日军细菌战衢州展览馆被列入浙江省党史学习教育基地和重点研学线路，累计参观近10万人次。衢江、常山、开化等地成立“银耀宣讲团”，开展“沉浸式”宣讲，被央视、浙江卫视等主流媒体多次报道点赞。

【“三银”赋能】 2021年，聚力打造“银耀乡村”2.0版，聚焦“银雁建言”“银雁返乡”“银雁治理”三大领域，依托乡村振兴讲堂，“果树专家”“养殖达人”等银发专家，开展“百名银雁大咖·百堂精品课”“三服务”活动280余场次，助力培育“一堂一品”（乡村振兴讲堂、老干部品牌工作室）特色产业；依托社会治理中心，融入“县乡一体、条抓块统”改革，引领老同志赋能基层治理，《衢州日报》头版头条点赞常山云河工作室“调解专业化 力量多元化 专解疑难杂症”，衢江区社会治理中心一批具有丰富基层工作经验的老干部成为“四个平台”重要力量；结合打造新时代文明生活示范市，坚持小切口、大牵引，常态化开展“送文化 种文化 育文化”活动百余场，奏响“银耀乡村”同心曲。积极培育“银领”品牌工作室，柯城区建强老年书画研究会平台，衢江区创新打造银雁会客厅，龙游县打响“百老汇”品牌，江山市打造留守儿童辅导中心2.0版，常山县拓展“金妹工作室”影响力，开化县深化“兴村百老慧”品牌建设。共建共享“红色同心家园”，依托新装修的市老干部活动中心阵地，以“银辉耀三衢”为主题，汇聚示范社团、银领头雁、优秀案例，打造正能量活动展示中心，发挥先锋引领和典型示范作用，教育引领更多的老干部参与“党建+正能量”活动。依托未来社区建设，以“银领”党建为抓手，通过“组织联建、阵地联享、党员联培、活动联办”的方式探索建立“红色同心家园”，培育融养、学、乐、为于一体的未来社区“银领”党建示范点。

【服务管理】 2021年，巩固完善离休干部“三个机制”（离休费保障机制、医疗费保障机制、财政支持保障机制），落实“惠老实事”14项。深化与“96811”等社会化服务平台合作，让老干部在家门口共享智能预约、生活服务等服务项目。坚持在职干部联系老干部制度，落实离休干部“一人一策”工作要求。牵头抓好离休干部医疗服务管理工作。推动各地做好“五个一有礼”（进行一次“有礼交流”、开展一次“有礼家访”、举办一场“有礼欢送”、倡导一系列“有礼行动”、送上一组“有礼祝福”）活动，做实干部荣休制度的“后半篇文章”。开展“银尚达人”“银尚之家”选树和宣传活动，引领新时代乐龄乐活新风尚。推广应用“乐活精选商城”，优选、推荐一批衢州优质农产品入驻商城、助力共富。举办首届“浙闽赣皖四省边际书画联盟”庆祝中国共产党成立100周年书

2021年3月5日，乐享智治生活·跨越数字鸿沟——邻礼通推广活动

画摄影作品展。开展“银雁多维助力跨越数字鸿沟”五大行动，帮助3.6万名老同志提升智能应用能力、规避网络陷阱。坚持“服务集成、智能融合”理念，柯城区创新打造居家养老“云点餐”模式，常山县升级“常山孝眼”智慧养老服务系统。对离休干部生活待遇落实情况进行严督实导，提高离休干部生活补贴和部分离休干部医疗待遇。开展常态化走访慰问活动，做好老干部来电来访接待和处置工作。

【“两个阵地”建设】2021年，发挥财政主渠道作用，抓好衢州市老干部活动中心装修工程，协同提升衢州老年人门球场馆能级，衢江区老年大学进入装修阶段，龙游县争取建设老年大学新校区。通过联办合办、建设分校、增设活动点等形式，在老干部集中的区域和银色风景带上设立“家门口老年大学(学堂)”23所，江山市委老干部局与江山农商银行联合创办“江山老年大学城北分校”。通过专题培训班、读书研讨会、“课前”微学习、“8090微宣讲”等举措，提升老年大学政治建校的站位和实效。加强涉老社团资源整合，推动老干部活动中心向党性教育中心、银雁培育中心转型。紧跟数字化潮流，增设“抖音”(短视频)制作等新媒体新技能普及课程。推进老年大学智慧校园建设，开发地方特色线上课程。重视老干部疫情防控工作，确保老干部学习活动安全有序。(张　蓉)

关工委工作

【概　况】2021年，全市各级关心下一代工作委员会(以下简称关工委)积极研究和探索新形势下关心下一代工作特点、规律，发挥“五老”(老干部、老战士、老专家、老教师、老模范)作用，组织多元活动，聚合多方力量，坚持多措并举，在促进青少年健康成长上有新成效，在教育和引导青少年践行社会主义核心价值观上有新提高，在狠抓关工委自身建设上有新举措，全市关心下一代工作实现深入、持续、健康发展。

【“百年潮涌·红船精神薪火相传”主题系列教育活动】2021年，全市各级关工委围绕社会主义核心价值观教育主线，发挥“五老”作用，挖掘红色基因优势，开展“百年潮涌·红船精神薪火相传”主题系列教育活动。通过开展“学党史、颂党恩、跟党走”党史宣讲活动，动员“五老”深入学校、企业、社区(村)，以亲身经历教育青少年知史爱党、知史爱国。5月，联合衢州学院举办“一心向党，礼赞百年”——新老党员“共忆党史话初心”活动，邀请李洪韵、曲绵丰、陈先福、陈兴龙四位老党员为师生讲述奋斗故事，激励青年学子发奋学习、报效祖国。6月以来，柯城区组织“五老”开展“信仰对话”“红色报告会”“红色百年史”等主题宣讲70余场次，受众1万余人次；衢江区以“线上+线下”同步学、“文字+基地”鲜活学等方式，引导青少年学史爱党、学史爱国；江山市组织“五老”利用文化礼堂、乡村振兴讲堂、社区公益学堂等平台，教育青少年知史爱党、知史爱国，受众3万余人次；开化县挖掘开化红色资源，开展“红色报告会”，在乡镇、村、社区、学校开展宣讲50余场次，受教育师生2万余人次。

【“重走长征路 奋进新征程”毅行系列活动】2021年，为庆祝中国共产党成立100周年，市关工委在全市青少年中开展“重走长征路 奋进新征程”毅行活动。组织青少年走进农村，见证新时代家乡巨变，激发他们建设和振兴家乡的热情；组织青少年走进素质拓展中心，体验生火做饭炒菜的乐趣，培养他们生活动手能力；组织青少年重走红色路线，参观革命纪念馆，回顾党的光辉历程，牢记革命先辈的付出，从中汲取智慧和力量。通过活动，培养青少年动手实践和团队合作能力，加深对长征精神的感悟和认识，推动爱党、爱国、爱家乡教育走深走实。常山县、江山市关工委组织开展“研学毅行红色路 献礼建党一百年”等毅行活动，受教育青少年3000余人次。

【“衢州有礼 红心向党”系列文艺会演活动】2021年，为庆祝中国共产党成立100周年，全市各级关工委开展“衢州有礼 红心向党”系列文艺会演活动，组织青少年通过唱红歌、舞蹈、演奏、诗歌朗诵等表演形式礼赞新时代，厚植爱国情怀，增强历史责任感、使命感和荣誉感。6月29日，市关工委携手衢州广电传媒集团广播交通音乐频道，举行“追忆百年忆初心·一心向党铸未来”主题文艺会演。

【青少年思想道德教育】2021年，利用教育基地，开展青少年思想道德教育。发挥侵华日军细菌战衢州展览馆教育警示功能，开展清明节、“七一”、抗战纪念日、国家公祭日等重要时间节点祭奠、纪念活动。龙游县关工委探索利用微视频、微课堂等新媒体形式，在基地开通“网上教育”；常山县关工委组织青少年在革命烈士纪念碑前倾听“五老”讲革命故事，举行入队入团宣誓，在国防教育基地举办“国防教育基础知识普及”讲座。柯城区梅坞红军墓、衢江区灰坪乡红军旧址、龙游县华岗纪念馆、开化县浙西革命纪念馆等思想道德教育基地，在青少年德育教育中发挥重要作用。

【助力创文】2021年，全市各级关工委发挥广大“五老”和青少年作用，较好完成创文年中、年末考评和省测、国测。联合学校、社区，组织广大“五老”和青少年深入大街小巷、街道社区，争做“文明创建宣传员”和“市容环境巡查员”，助力衢州市全国文明城市创建。开展“垃圾不落地·衢城更美丽”主题活动，助力打造衢城美丽环境；开展“文明就餐·使用公筷公勺”活动，倡导文明健康生活理念。柯城区关工委发挥主城区担当，组织“五老”进街道、社区、学校，宣讲创建文明城市的重要意义，提高市民创文知晓率。江山市关工委组织社区“五老”志愿者成立“红色物业联盟文明创建”志愿服务队，开展文明宣传、垃圾分类等活动，助力美丽江城建设。全年，全市各级关工委组织2万余名青少年和4000多名“五老”参与文明城市成果巩固提升行动。

2021年9月18日，衢州市关工委在侵华日军细菌战衢州展览馆举行“九一八”事变90周年纪念仪式

【法治教育】2021年，全市各级关工委联合职能部门，以“牵手‘童’行·共享阳光”活动为载体，推进零犯罪社区、零犯罪村、零犯罪学校创建，开展“崇尚科学 反对邪教”“毒品预防宣传教育”等专项活动。发挥基层关工委组织和“五老”关爱宣讲团作用，开展法治宣传教育，宣讲《中华人民共和国未成年人保护法》《中华人民共和国预防青少年犯罪法》《未成年人网络保护条例》等事关青少年切身利益的法律知识，引导青少年守法用法。动员老同志参与关爱帮教工作，发挥“五老”不同专长，分类结对，对失足青少年开展面对面帮教引导工作。加强与公安局、检察院协调对接，贯彻落实“八五”普法工作，引导学生学法、懂法、守法，全市各中小学聘请法制副校长率100%。

【帮困助学】2021年，完善帮困助学工作制度，拓宽筹资渠道，扩大帮扶济困工作覆盖面，坚持把帮困助学与青少年立志立德结合起来，重视留守儿童、孤儿、病残青少年、失足青少年等弱势青少年群体，让他们共享发展成果。市关工委联合浙江豪龙集团开展“礼敬百年·豪情圆梦”专项资助活动，出资80万元，资助全市400名贫困中学生。柯城区走访慰问200余名贫困学生，送慰问金6.5万元，助学款10余万元。衢江区发动爱心企业家和乡贤，接收社会捐赠助学金36万余元，资助贫困学生200余人次。江山市与爱心企业对接，筹集资金40余万元，资助贫困学生100余名。

【党建带关建】 2021年，各级关工委强化基层组织建设，积极争取各级党委的支持，推动关工委工作纳入党建总体部署和重要内容，党建带关建工作机制上有新突破。以党的建设带动关工委政治建设、思想建设、组织建设和队伍建设，推动关工委工作纳入基层党组织建设工作、纳入离退休干部党建工作。及时解决关工委领导班子接续问题，及时调整充实领导成员，配强配好各级关工委领导班子，优化领导年龄结构和专业结构。探索组织联建、资源联用、工作联动等新模式，将触角延伸到村民小组、社区网格等小微领域，拓展到产业园区、特色小镇等新领域，扩大基层组织覆盖面。龙游县构建"红银党建联盟"，以"红银综合体"为主阵地，建立"党员共育、资源共享、活动共办、服务共担"机制，强化基层关工委组织建设。充实"五老"队伍。市、县(市、区)两级关工委贯彻习近平总书记"弘扬五老精神、尊重五老、爱护五老、学习五老"指示要求，落实《关于进一步发挥"五老"队伍在加强青少年思想道德建设中作用的实施意见》《衢州市"五老"志愿服务管理制度》，优化带头人队伍、强化骨干队伍、壮大工作队伍的工作思路，及时调整、吸收、充实"五老"队伍，做到进出有序、结构合理。各级关工委按照"协同发展、互帮共学"原则，组织"五老"骨干到毗邻地区开展参观考察、交流座谈等活动，共享先进经验、共学先进典型。加强企业关工委组织建设。坚持以"党建带关建"为统领，调研指导全市各级关工委对民营企业关工委建设，在一些建立党组织的民营企业建立关工委组织。对有意愿成立关工委组织的民营企业分类指导，因企施策的原则，成熟一个、发展一个，由企业党组织负责人兼任关工委主任，党组织班子成员、群团负责人兼任副主任，整合资源，共同推动企业文化建设以及对青年员工子女的关爱工作，把民营企业关工委组织建设落到实处。截至年末，全市建立民营企业关工委26家。

（孙敦辉　吾振丽）

党校工作

【概　况】 2021年，市委党校以习近平新时代中国特色社会主义思想为指引，认真贯彻落实《中国共产党党校(行政学院)工作条例》，坚持党校姓党，把握正确办学方向，主业主课全面进步，服务中心能力不断提升。各项工作取得新进展新成效，获2020—2021年度全省党校系统科研进步奖。

【干部培训】 2021年，把学习宣传习近平总书记"七一"重要讲话和中共十九届六中全会精神作为重要任务，单独设立党性教育单元，切实增强政治领悟力、判断力、执行力。2021年度，理论教育和党性教育课程占比72.27%。围绕"两专"干部队伍建设需要，精心举办"两专工程"招商引资、"县乡一体、条抓块统"、数字变革、城市精细化管理等专题班次，提升领导干部专业能力素质。在疫情背景下实现办学、防疫"两不误、两促进"。全年举办主体班次59期，培训干部5903人次。市领导带头进党校授课15人、19次，分别同比增长16.7%和41.7%。

【科研咨政】 2021年，针对科研短板，强化竞争性考核，推动进位升级。完成各级各类科研成果180余项，同比增长81.82%。首次设立教学科研奖励基金，对省级精品课和优秀科研成果进行奖励，激发教职工教学科研工作积极性。修订出台《科研专项经费使用审核管理办法》《教职工使用科研配套经费外出考察调研审批管理办法》等规章制定，促进科研管理科学化、制度化。积极在党报党刊发出党校声音，在《浙江日报》发表理论文章3篇，在《衢州日报》发表理论文章30篇以上，同比增长300%以上。全年编发《中共衢州市委党校专报》30期，同比增长87.5%，获省长批示1篇(次)，市领导批示14个篇(次)。

【课程体系建设】 2021年，制定出台《中共衢州市委党校教学专题管理制度(试行)》，对新课试讲的评委和通过标准等进行规范，切实提升新课试讲质量。全年组织新课试讲7次，新入库专题58个，进一步丰富习近平新时代中国特色社会主义思想"1+6+X"("1"是习近平新时代中国特色社会主义

2021年9月17日，市委常委、市委组织部部长陈玲芳（中间左二）率招商引资实训班学员在海盐开展现场教学

思想总论，“6”是习近平新时代中国特色社会主义思想专论，“X”是习近平新时代中国特色社会主义思想若干领域）系列课程体系，新增《百年大党 不负人民》《世界社会主义发展历程及启示》《百年大党奋进新征程的政治宣言》等课程，课程体系进一步优化完善。

【现场教学基地建设】2021年，向上争取南孔文化现场教学基地，得到省委党校、省社院授牌。制定实施《衢州市党员干部教育培训现场教学基地建设与管理办法（试行）》，开展基地建设管理系列提升行动，全年创建市级现场教学基地2批次共19个，新增省级现场教学基地4个，并编制现场教学基地路线图，规划六大篇章21条现场教学线路，展示衢州特色。举办首期市级现场教学基地讲解员业务能力提升培训班，评选市级“十佳”现场教学基地，并首次给予每个基地1万元教学设施设备采购补助，不断提升现场教学基地的科学化规范化水平。

【服务党史学习教育】2021年，全市各级党校积极开展党史学习教育，高质量完成各项工作任务，做到规定动作高质量、自选工作创特色，在党史学习教育中积极作出党校贡献。立足发挥党校职能作用，谋划“五百行动”（百堂党课送基层、百场红色学府8090党史主题宣讲到基层、百篇咨政报告建言献策、百个乡镇党校规范化建设、百个现场教学基地规范化建设）助推党史学习教育，受到市委副书记吴舜泽的批示肯定。开发党史专业课程10余门，6名教师参加市委党史学习教育宣讲团，组织开展党史宣讲100余场，受众1万余人次；红色学府8090宣讲团组织开展宣讲56次，受众2800余人次。新挂牌龙游革命历史陈列馆、开化新四军集结组编旧址陈列馆等11个市级党史学习教育现场教学基地，为全市开展党史学习教育提供阵地支持。

【为数字化改革提供理论支持】2021年，发挥党校理论研究优势，鼓励全体教研人员围绕数字化改革进行理论研究，发出党校声音。发动全市党校系统教研力量开展“县乡一体、条抓块统”改革研究，编著、出版《“县乡一体、条抓块统”改革的衢州实验与未来设计》，为衢州市“县乡一体、条抓块统”改革提供理论支撑。该书出版以来，受到省内外的广泛关注，人民日报《人民论坛》等10多家媒体平台相继报道。2021年，3个数字化改革方面的课题在省级立项，在省级及以上刊物发表数字化改革类文章7篇次（其中核心期刊1篇），《浙江日报》理论文章2篇。（陈宏卫）

衢州市人民代表大会

Quzhou Municipal People's Congress

综　述

【概　况】2021年，市人大常委会以习近平新时代中国特色社会主义思想为指导，围绕中央和省、市委决策部署，紧贴人民美好生活需要，紧扣推进市域治理现代化，认真履行法定职责，践行全过程人民民主，为打造四省边际共同富裕示范区、四省边际中心城市作出积极贡献。全年召开市人大常委会会议9次，主任会议12次，制定颁布地方性法规4件，审查规范性文件54件，听取和审议“一府两院”工作报告31个，组织执法检查4次、代表视察8次，作出决议决定16个，任免国家机关工作人员66人次，完成市七届人大六次会议确定的各项任务。

【助发展促共富】2021年，围绕市委七届十次全会重大部署，市人大常委会依法作出促进和保障高质量发展建设四省边际共同富裕示范区的决定，突出战略目标、战略抓手、战略平台精准发力，助推经济社会可持续、高质量发展。

保障经济高质量发展。开展“十四五”规划及年度计划审查，听取和审议经济社会发展、计划执行情况等报告。围绕十大专项行动(实施制造业“招大引强”、工业企业“培大育强”、科技型中小企业培育、六大产业延链补链强链、开发区创强高新区进位、深化“亩均论英雄”改革、工业数字化改革、推进企业上市、外贸创强、衢州巨化一体化融合高质量发展专项行动)，主动提出建议，促进政策制定完善，助推“产业为王、工业强市”战略实施。专题听取全市优化营商环境工作情况报告，对市经信局、市资规局、市供销社等单位进行专项工作评议，督促问题整改。连续多年专门审议监督政府重大投资项目建设情况，推进经济高质量发展。

推动城乡协调发展。围绕打造四省边际中心城市的目标定位，市人大常委会领导分别担任机场片区发展战略研究、机场迁建、浙时代锂电等重大项目专班负责人，助力完成市委重大攻坚任务。市人大常委会全过程关注

2021年5月18日，市人大常委会主任吴国升(中)在智慧新城开展“三服务”活动

2021年11月9日，市人大代表江山中心组赴龙游县开展跨县域视察活动

重大规划编制情况，听取城乡规划实施、国土空间规划编制、四省边际中心城市建设情况等报告，要求市政府擦亮国际花园城市和国家历史文化名城金字招牌，增强城市活力和可持续发展能力。重视生态环境保护工作，听取和审议衢州市2020年度环境状况和环境保护目标完成情况报告，政府部门按照审议意见要求坚持新发展理念，以生态环境高水平保护促进衢州可持续发展。围绕城乡区域协调发展，组织代表跨县（市、区）域开展视察。组织代表视察文旅融合发展工作情况和杭衢高铁、古城双修十大工程（历史街区风貌衔接工程、儒学文化区旅游配套工程、南湖广场文旅综合体工程、古城双修征收及安置工程、环古城水系生态景观改造提升工程、东门遗址公园建设工程、古城停车场建设工程、信安湖城市会客厅光影秀、水亭门历史文化街区保护利用二期工程）、“衢州有礼”诗画风光带等项目建设情况，提出意见建议。专题听取全市粮食工作情况报告，省市联动开展省粮食安全保障条例执行情况检查，推动全社会守牢耕地保护红线、粮食安全底线。开展城市地下管线管理、乡村未来社区建设、农产品加工业发展情况等课题调研，配合做好乡村振兴相关条例贯彻实施和重大项目建设情况调研，推动建设浙江大花园最美核心区建设。

促进公共服务优质共享。听取和审议全市公共卫生体系建设情况的报告，提出加强协同机制建设、筑牢基础服务网络、提升人才队伍水平、落实预防为主方针等意见建议，推进重大疫情防控体制机制落实完善；持续关注四省边际中心医院项目建设，形成调研报告，提出意见建议，推动医院如期启用。听取全市高等教育发展情况汇报，提出科学谋划发展战略、优化层次结构、增强服务地方能力、加大政策扶持力度等建议，助力电子科大长三角研究院等重大项目建成开学。听取全市推进落实“十四五”规划科技创新发展部署工作情况汇报，建议政府在形成区域创新策源优势、强化创新主体培育力度、深化创新人才引育模式、优化科技创新创业生态等方面加大力度。听取医保、社保、养老和市区被征地农民参加基本养老保险政策衔接工作情况报告，提出完善医疗保障制度体系、维护医保基金安全运行等建议，促使相关政策落实；听取市民政局专项工作评议整改情况报告，促进养老服务高质量发展。组织代表视察城市无障碍设施建设情况，听取市住建局、市残联关于全市无障碍环境建设情况的专题汇报，要求政府高效优质推进全市无障碍设施建设，提升群众的获得感、幸福感。

【强监督促规范】2021年，市人大常委会贯彻新发展理念，强化监督举措，拓宽监督途径，实现财经监督规范化。

强化预决算审查。强化财政预算统筹监督，推行预算管理一体化改革，监督财政收支平稳运行。首次听取和审议智造新城管委会年度预算编制情况，推动建立并完善开发区预算审查工作体系。听取和审议市政府关于地方政府债务限额及预算调整方案的报告并发布相关决议，防范政府性债务风险。继续对政府专项资金使用绩效情况开展监督审查，重点听取市政府关于大商贸政策资金（商务局部分）使用情况的报告。

强化国有资产监督。继续把国有资产管理情况作为常委会审议议题，重点听取和审议全市自然资源资产管理情况的报告，审议2020年国有资产管理情况的综合报告，有效推动提升政府国资管理体制改革和国资服务保障能级。作出关于加强国有资产管理情况监督的决定，完善监督方式和手段，更好发挥国有资产在服务经济社会发展中的作用。

强化审计整改监督。听取和审议审计工作专项报告，围绕全市审计发现的18个方面59类136个问题，联合市监委、市府办、市审计局开展专项督查，对重点单位开展重点督查，对部分整改问题开展现场核查。常委会专题听取和审议市政府关于审计发现问题整改落实情况的报告，推进审计发现问题的整改落实。截至年末，122个问题整改到位，14个问题部分整改到位或正在落实整改措施，整改率89.4%。通过整改落实，督促建立健全各项管理制度65项，完善体制机制16项。

【立良法促善治】2021年，紧扣市委全面加强治理体系和治理能力现代化建设的部署要求，加强地方立法和法律实施监督，为优化社会治理品质、统筹发展和安全提供法治保障。

地方立法走在前列。全年审议通过4部地方性法规并获省人大常委会批准。围绕打造“两子文化”品牌，建设文化高地，制定《衢州市围棋发展振兴条例》和《衢州市历史文化街区保护条例》，国家历史文化名城建设有法治保障。其中，《衢州市围棋发展振兴条例》为全国首部围棋立法，得到中国围棋协会的高度关注和肯定。围绕环境保护，坚持急用先行，制定《衢州市工业固体废物管理若干规定》，为全省首部工业固体废物管理立法，实现当年立项、当年起草、当年审议。围绕民生需求，体现应时立法，制定《衢州市居家养老服务条例》，得到群众广泛好评。出台地方性法规实施情况报告规定，修改完善地方性法规立法后评估工作规则。

加强执法工作监督。首次听取和审议法治政府建设情况报告，推动《法治政府建设实施纲要》贯彻落实。首次听取和审议市监委关于整治群众身边不正之风和腐败问题工作的专项报告，稳妥推进人大监督监察委员会工作。听取和审议市法院行政诉讼工作、专项评议组调研报告和部分法官履职情况书面报告，作出《关于加强行政诉讼工作、助推市域治理现代化的决议》。对上年度市检察院刑事检察工作专项评议整改情况开展监督，组织人大代表开展“线上+线下”视察监狱检察活动。创新完善“两官”（法官、检察官）履职评议工作机制，助推司法体制改革“三个效果”（政治效果、法律效果、社会效果）有机统一，得到省人大常委会领导批示肯定。

助力社会综合治理。聚焦安全生产，深入调查研究，制作专题片，精选行业领域16个突出问题，举办专题询问会，通过媒体公开实录，推进政府部门整改落实。将打击治理电信网络新型违法犯罪作为重要民生工程重点监督，专门听取情况报告，推动政府依法履职，动员人大代表投身反诈防诈宣传，形成“全民反诈”工作格局。省、市联动开展《中华人民共和国消防法》《浙江省宗教事务条例》《中华人民共和国固体废物污染环境防治法》执法检查，促进法律法规实施。开展《衢州市物业管理条例》贯彻实施情况检查，委托第三方机构开展满意度调查测评，促使物业管理行业健康发展，提高城市管理精细化水平。听取和审议衢州市“八五”普法规划制定及“八五”普法规划部署情况报告，作出关于开展第八个五年法治宣传教育的决议，推动普法规划实施。监察和司法工委被评为“七五”普法全省法治宣传教育先进集体。

推进规范性文件备案审查。按照法律法规要求，依法审查市政府、市法院、市检察院和县（市、区）人大常委会规范性文件，开展专项清理工作，纠正与法律法规相抵触文件，维护国家法制统一。听取和审议备案审查工作情况报告，对开展规范性文件备案审查工作进行梳理总结。加强备案审查制度和能力建设，建立备案审查专家库，举办专题研讨会，加强衔接联动，形成审查合力，提升工作质量。抓好信息宣传，扩大备案审查工作知晓度，全年收到公民审查建议2件，并依法予以办理。

【抓履职提质效】2021年，贯彻落实发展和完善全过程人民民主的重大理念，保障代表依法履行职权，使人民依法享有的知情权、参与权、表达权、监督权落实到人大工作各方面各环节。

依法做好选举任免工作。认真贯彻落实中央和省、市委部署要求，研究提出关于做好县、乡两级人大换届选举工作的意见，报请市委批转实施；开展乡镇人大和街道人大工作两条例执法检查，为县乡人大换届营造良好氛围；加强日常指导，推动选民登记系统应用，在全省率先完成选民登记，保证选民参选率，提高选举工作质量和效率。坚持党管干部与依法行使任免权相统一，重视人事任免工作，确保党组织推荐的人选经过法定程序成为国家机关领导人员。认真做好任前知识考试、拟任职表态发言、颁发任命书、宪法宣誓等工作，增强选举任命干部的法治观念和人大意识。

深化民生实事项目票决制。把以人民为中心作为实施票决制的根本出发点，坚持民生导向，开展开门征集，人大代表票决，全程监督实施，公开进展情况，电视问政曝光，并在岁末年初逐项开展满意度测评，推动10方面54个子项民生实事项目全面完成，其中24项工作超额完成年度目标任务。票决制工作成为衢州市践行全过程人民民主的“金名片”。

2021年9月15日，市人大常委会主任吴国升（左中）赴开化县开展主任接待代表月活动

巩固“四化五提升”成果。实施人大代表联络站全体达标工程，从硬件设施、制度规范、活动开展等方面，构建联络站升级指标体系，市主导、县推动、乡落实，推动代表联络站全部达标升级，实现认识提升，功能定位系统化；组织提升，运行“主”字型体系架构；平台提升，线上线下一体化；服务提升，履职活动主题化；品牌提升，建设管理标准化。全市1900余人次领导干部人大代表带头进站接待群众，围绕共同富裕、文明城市创建、集镇综合整治、农房拆后利用等主题开展接待。全市人大代表联络站开展“请进来”接待活动651次，“走出去”接待活动274次，国家机关负责人进联络站听取群众意见建议497人次，通过网络收集群众反映问题3266个，解决问题3223个；组织开展民生议题视察调研活动348次，代表参与活动2794人，解决民生问题457个。立足发挥人大代表在专业领域参与基层治理的作用，建成农业、企业、社区人大代表联络点23个。

拓宽人大代表联系群众渠道。坚持和完善“双联系”（市人大常委会组成人员联系市人大代表、市人大代表联系人民群众）制度，市人大常委会组成人员联系代表200余人次，召开常委会领导与列席代表座谈会2场12人次。数字赋能人大代表大走访，对代表智慧监督系统进行迭代升级，建立“代表走访”模块，推进走访活动全程留痕，问题全程在线办理、意见建议全程收集、走访数据全程统计。开展“聚民情、汇民智，助力‘十四五’开新局、喜迎建党百年”走访服务选民活动，参与代表2895人，开展活动989次，接待群众6669人，促使解决问题1626个。

创新代表议案建议督办工作。坚持代表议案建议人大常委会领导领衔督办、政府领导牵头领办以及公开办理等制度，确定建设四省边际多式联运枢纽港、立法保障围棋振兴、打造四省边际教育“桥头堡”、全域土地整治后续管护等4件重点督办议案及

22件重点建议，以点带面提升整个代表议案建议办理质量。创新开展B类建议办理情况询问会，围绕社区老年人服务、农村公交线路、老赖执行、残疾人事业信息化发展等4件B类建议暨热点难点问题，召集多个部门共同研讨，做好建议办理工作。224件议案建议中，解决和基本解决的201件，占89.73%；正在解决或列入计划解决的22件，占9.82%；因政策和客观条件一时难以解决的1件。

【重变革强合力】2021年，贯彻落实坚持党的全面领导的政治原则，围绕“四个机关”（政治机关、权力机关、工作机关、代表机关）的定位要求，系统推进人大数字化改革，加快建设变革型组织，提高塑造变革能力。

*构建“主”字型履职体系。*以数字化改革为总牵引，对标省、市框架体系，定方案、建专班、立制度、强指导，形成以“民情大脑”为顶点、以人大常委会为顶线、以人大代表联络站为中线、以“代表+网络”为底线、以数智系统为竖线的人大“主”字型数字化履职服务体系，有效融入党政机关整体智治系统，实现社情民意收集全覆盖，群众意见建议处理反馈全闭环，主流民意分析提炼运用全链条。截至年末，该系统被列入衢州市数字化改革“一本账”，市八届人大一次会议前试运行。市本级和江山市协同省人大开发的“人大代表履职”综合应用，被评为全省数字化改革“最佳应用”。会议服务系统、预算国资监督系统等上线运行。

*组织党史学习教育。*注重把学党史与学习贯彻中共十九届六中全会精神相结合，组织多层次专题学习，抓好学习研究和宣传教育工作，将人大制度优势转化为发展优势、治理优势。全年召开党组学习会13次，35位县处级干部进行交流发言。组织党员干部开展“溯源之旅”，瞻仰中华工农兵苏维埃第一次全国代表大会会址等旧址，重温入党誓词，聆听专题讲座。开展“六讲六做”（讲好党的百年奋斗历程，做红色根脉的坚定守护者；讲好新时代的辉煌成就特别是“两个确立”对新时代党和国家事业发展、对推进中华民族伟大复兴历史进程的决定性意义，做“两个维护”的示范引领者；讲好百年奋斗的宝贵经验，做新时代“重要窗口”的优秀建设者；讲好总书记深厚的为民情怀，做人民至上的不懈奋斗者；讲好总书记在浙江的故事，做“八八战略”的忠实践行者；讲好总书记赋予浙江的重大历史使命，做高质量发展促进共同富裕的先行探路者）大宣讲，推进人大系统8090理论宣讲，组织百场人民代表大会制度宣讲、百个代表联络站视频联播、百件优秀履职事迹风采展等“五个百”活动，开展宣讲100余次、视频联展联播30多次、采编代表履职风采80余个。由市人大常委会领导带队，机关30余名县处级以上党员领导干部赴基层、企业、社区、农村开展调研服务100余次，认领微心愿30多个，化解群众堵点、难点20余个，解决基层难题70多个。党史学习教育得到省人大常委会的肯定。

*提高党建工作质量。*常委会党组全面履行领导责任，充分发挥把方向、管大局、保落实的领导作用。执行请示报告制度，向市委请示报告重大问题和重要事项22件。三次召开机关队伍建设座谈会，党建工作质量整体跃升。重视支持市委巡察组对市人大机关开展巡察工作，对巡察反馈意见明确专人、限时改进，有效推动巡察反馈问题整改落实，制定完善制度8项。落实中央八项规定及其实施细则精神，召开机关警示教育大会，深入开展“清廉机关、模范机关”建设，落实全面从严治党责任。

*加强履职能力建设。*召开市、县人大常委会主任学习会和党组专题学习会，学习贯彻中央人大工作会议精神，学深悟透习近平总书记关于发展和完善全过程人民民主的重要论述，交流发言13人次。认真落实市委“两勤”（腿勤、脑勤），“两专”（专业技术能力、专业科学精神）的部署要求，举办人大讲坛8期；围绕县、乡人大换届选举，举办全市乡镇（街道）人大主席（主任）培训班，开展相关法律政策专题辅导，进行换届选举操作实务等专项培训；组织开展人大代表、人大干部专题培训班3期230人次，加强专业能力建设。发挥人大工作研究会的平台作用，加强人大制度和人大工作的研究宣传，开展全过

程人民民主、人大数字化改革等研讨。全年完成调研报告、理论文章25篇，一批重要稿件在《全国人大》《浙江人大》《人民代表报》等刊播，并获多个奖项。推进代表履职管理，组织4名省人大代表在市人大常委会会议上述职，自觉接受监督。

增强人大工作合力。坚持系统观念、系统方法，密切上下级人大间工作联系和协作配合，完善与“一府一委两院”间沟通协调机制，增强工作合力。深入贯彻落实乡镇、街道人大工作条例，持续开展全市人大工作创新奖评选，总结实践经验，夯实人大工作基础。推进开发区人大试点工作，制订试点工作实施方案，提出智造新城“五有”（有保障、有机制、有内容、有创新、有实效）人大试点工作目标，开展“人大代表+企业社区”活动，实现开发区代表对园区企业联系全覆盖，有效填补人大监督“盲区”。

2021年衢州市人大代表优秀议案一览表

表13

序号	议　案	领衔人	编 号
1	关于进一步加大对四省边际多式联运枢纽港建设支持力度的议案	毛剑霞	1
2	关于加快围棋立法打造衢州围棋文化金名片的议案	朱伟正	2
3	关于大力发展高等教育 全力打造四省边际教育“桥头堡”的议案	方向明	3
4	关于要求市政府重视全域土地整治后续管护工作的议案	何润云	4

2021年衢州市人大代表优秀建议一览表

表14

序号	建　议	领衔人	编 号
1	关于加强“污水零直排区”长效管理对策的建议	余　震	28
2	关于加大衢州主城区南部区域发展建设力度的建议	吴　坚	170
3	关于加强美丽乡村文旅产业发展的建议	叶毛倪	160
4	关于推进城乡公交一体化的建议	郑银富	20
5	关于支持六春湖旅游度假区项目建设 加快打造县域合作示范样板的建议	付卫平	14
6	关于改进小微企业扶持政策的建议	施彩莲	38
7	关于全域土地综合整治+人员集聚+项目招商相结合的建议	胡炎林	15
8	关于加大地方粮食加工企业储备粮食补贴力度的建议	董红专	13
9	关于多方搭台抓好“两山银行”建设方面的建议	林晓越	12
10	关于提高我市中小学校校医专业水平的建议	夏飞华	204
11	关于推进基层治理法治化的建议	王金火	110
12	关于提升城市防灾减灾能力统筹韧性城市建设的建议	王淑君	215
13	关于加快推进老旧小区加装电梯的建议	丁如瑞	77
14	关于优化营商环境方面存在的问题和建议	徐　芳	105
15	关于统筹城乡交通一体化、景区交通便利化的建议	夏菊莲	212

重要会议

【市七届人大六次会议】 2月24—26日，衢州市第七届人民代表大会第六次会议召开。会议听取审查并通过衢州市人民政府工作报告、衢州市国民经济和社会发展第十四个五年规划和二〇三五年远景目标纲要、衢州市2020年国民经济和社会发展计划执行情况及2021年国民经济和社会发展计划的决议、2020年全市和市级预算执行情况及2021年全市和市级预算的决议、市人大常委会工作报告、市中级人民法院工作报告、市人民检察院工作报告。补选黄孔森为市七届人大常委会副主任，方法、陈红升、陈利民、姜旻慧、梅涛为市七届人大常委会委员。通过衢州市第七届人民代表大会农业与农村委员会主任委员名单。票决产生2021年市政府民生实事项目。

【市七届人大七次会议】 8月5—6日，衢州市第七届人民代表大会第七次会议召开。会议补选高屹为衢州市人民政府市长，姜忠军为市七届人大常委会委员。

【市人大常委会会议】 2021年，市七届人大常委会召开常委会会议9次。

1月22日，召开市七届人大常委会第三十次会议。会议听取和审议市政府关于衢州市国民经济和社会发展第十四个五年规划和二〇三五年远景目标纲要编制情况的报告；听取和审议智造新城2021年预算编制情况的报告；听取和审议市人大常委会法工委关于市七届人大以来暨2020年备案审查工作情况的报告；通过关于召开市七届人大六次会议的决定。

2月20日，召开市七届人大常委会第三十一次会议。会议听取和审议市政府关于2020年民生实事项目实施情况和2021年民生实事候选项目建议方案的报告，对2020年民生实事项目实施情况开展满意度测评，通过2021年民生实事候选项目并提请市七届人大六次会议票决；审议通过市七届人大常委会代表资格审查委员会关于补选和选举的市第七届人民代表大会代表的代表资格审查报告；审议提出市七届人大六次会议议程草案，提请市七届人大六次会议预备会议表决；审议提出市七届人大六次会议主席团和秘书长名单草案，提请市七届人大六次会议预备会议表决；审议通过市七届人大六次会议列席人员、代表团召集人名单；审议通过市人大常委会工作报告稿，提请市七届人大六次会议审查；审议通过有关人事任免事项。

3月31日，召开市七届人大常委会第三十二次会议。会议听取和审议市政府关于2020年市级重大政府投资项目计划执行情况和2021年市级重大政府投资项目计划情况的报告；听取和审议市政府关于2020年度生态环境状况和环境保护目标完成情况的报告；审议通过《衢州市历史文化街区保护条例》；审议通过市七届人大六次会议不列入会议议程的议案的审议意见；审议通过有关人事任免事项。

5月31日，召开市七届人大常委会第三十三次会议。会议听取和审议市政府关于法治政府建设情况、贯彻落实“十四五”规划科技创新发展部署情况和优化营商环境工作情况的报告；听取市政府关于《衢州市居家养老服务促进条例（草案）》的起草说明，审议《衢州市居家养老服务促进条例（草案）》；审议通过有关人事任免事项。

6月28日，召开市七届人大常委会第三十四次会议。会议审议通过有关人事任免事项。决定任命高屹为市人民政府副市长；决定接受汤飞帆提出辞去市人民政府市长职务的请求；决定高屹代理市人民政府市长职务。

7月28—29日，召开市七届人大常委会第三十五次会议。会议审议通过《关于促进和保障衢州高质量发展建设四省边际共同富裕示范区的决定》；听取和审议市政府关于衢州市2021年上半年国民经济和社会发展计划执行情况的报告、2020年市级财政决算和2021年上半年财政预算执行情况的报告、2020年财政预算执行和其他财政收支的审计工作报告；通过关于批准衢州市2020年市级财政决算的决议；听取和审议市监察委员会关于整治群众身边不正之风和腐败问题工作情况的报告；会议第一次审议《衢州市围棋发展振兴条例(草案)》,审议通过《衢州市居家养老服务条例》;审议通过市七届人大常委会代表资格审查委员会关于补选的市人民代表大会代表的代表资格审查报告;通过关于召开市七届人大七次会议的决定;审议提出市七届人大七次会议议程草案,提请市七届人大七次会议预备会议表决,审议提出市七届人大七次会议主席团和秘书长名单草案,提请市七届人大七次会议预备会议表决;审议通过市七届人大七次会议列席人员、代表团召集人名单;审议通过有关人事任免事项。

9月27—28日,召开市七届人大常委会第三十六次会议。会议听取和审议市政府关于市“八五”普法规划及“八五”普法工作部署情况的报告;通过《市人大常委会关于开展第八个五年法治宣传教育的决议(草案)》;听取和审议市政府关于衢州市2020年自然资源资产管理情况的报告,审议衢州市国有资产管理情况综合报告;听取和审议市中级人民法院行政诉讼工作和市经信局、市资源规划局、市供销社专项工作情况报告,专项评议组调查报告以及部分法官履职情况书面报告;审议通过《市人大常委会关于加强行政诉讼工作 助推市域社会治理现代化的决议》;听取和审议市政府关于衢州市安全生产工作情况的报告并开展专题询问;听取和审议在衢州的省人大代表履职情况报告;听取和审议市人大建资环委员会关于检查《衢州市物业管理条例》贯彻实施情况的报告;会议第一次审议《衢州市工业固体废物环境管理若干规定(草案)》,审议通过《衢州市围棋发展振兴条例》;审议通过有关人事任免事项。

2021年9月27日,衢州市七届人大常委会第三十六次会议举行安全生产工作专题询问会

11月29—30日,召开市七届人大常委会第三十七次会议。会议听取和审议市政府关于审计发现问题整改、公共卫生体系建设、人大代表议案建议办理情况的报告;听取和审议市政府关于2021年市级新增地方政府债务预算调整方案的说明,通过关于批准市级新增地方政府债务预算调整方案的决议;听取和审议市政府关于提请审议批准2021年市级财政预算调整方案的说明,通过关于提请审议批准2021年市级财政预算调整方案的决议;听取和审议市政府关于《衢州市水亭门和北门街历史文化街区保护规划(修编)》编制情况的报告;审议通过《关于加强国有资产管理情况监督的决定》;审议通过《衢州市工业固体废物环境管理若干规定》;审议通过有关人事任免事项。

12月31日,召开市七届人大常委会第三十八次会议。会议审议通过关于补选省十三届人大代表的议案,补选汤飞帆为浙江省第十三届人民代表大会代表。审议通过有关人事任免事项。

(金新溪)

衢州市人民政府

Quzhou Municipal People's Government

综　述

【概　况】2021年，衢州市人民政府深入学习贯彻习近平新时代中国特色社会主义思想，高质量发展建设四省边际共同富裕示范区，合力推进“工业强市、产业兴市”，实现“十四五”良好开局。全市生产总值1875.61亿元，同比增长8.7%；财政总收入272.13亿元，同比增长19.0%，其中一般公共预算收入163.93亿元，同比增长16.3%。固定资产投资同比增长16.2%；社会消费品零售总额839.17亿元，同比增长11.6%；城镇常住居民人均可支配收入54577元，同比增长10.7%，农村常住居民人均可支配收入29266元，同比增长11.3%。

【市政府常务会议】2021年，市人民政府召开19次常务会议。

1月21日会议　传达贯彻全省工业经济“开门红”视频会议精神，审议《衢州市化工行业安全整治提升攻坚行动方案（2021—2022年）（送审稿）》《关于加快建设高水平学科 集聚高层次医疗卫生人才的实施意见（试行）（送审稿）》《衢州市“无废城市”建设实施方案（送审稿）》《政府工作报告（征求意见稿）》，听取关于2021年市政府民生实事候选项目和2020年第四季度市政府系统执行“十条军规”典型事项情况汇报。

2月6日会议　审议《政府工作报告（送审稿）》《关于衢州市2020年国民经济和社会发展计划执行情况及2021年国民经济和社会发展计划草案的报告（送审稿）》《衢州市国民经济和社会发展第十四个五年规划和二〇三五年远景目标纲要（草案）（送审稿）》《关于2020年全市和市级财政预算执行情况及2021年全市和市级财政预算草案的报告（送审稿）》，听取2021年市政府民生实事备选项目情况汇报，部署春节期间安全生产工作。

3月10日会议　听取“11·9”“1·4”事故有关情况汇报，研究加强安全生产、推进化工行业安全整治提升攻坚行动，审议《关于2020年市级政府投资项目计划执行情况和2021年市级政府投资项目计划编制情况的报告（送审稿）》、《关于2020年市级政府投资预算执行情况和2021年市级政府投资预算草案编制情况的报告（送审稿）》、2020年度衢州市政府特别奖评选结果、《政府工作报告责任分解方案（送审稿）》。

4月1日会议　研究部署防灾减灾工作，学习贯彻《浙江省数字经济促进条例》，审议《衢州市区城乡客运一体化改造实施方案（送审稿）》《全市企业服务工作机制方案（送审稿）》《2021年“全球免费游衢州”活动方案（送审稿）》《过渡期城镇开发边界划订方案（送审稿）》，研究关于对全市小南门征收等专项工作中表现突出集体和个人进行奖励的建议。

4月25日会议　听取全市贯彻落实《法治政府建设实施纲要（2015—2020年）》和2021年第一季度市政府系统执行“十条军规”典型事项的情况汇报，审议《衢州市人民政府2021年度重大行政决策事项目录（送审稿）》《衢州市区拆迁安置房用地国有土地使用权划拨补办出让的意见（送审稿）》《衢州市居家养老服务条例（草案送审稿）》，研究大科创、大商贸、大“三农”、大文旅“四大专项”政策和“5459”大产业创新体系调整优化工作。

5月28日会议 传达贯彻全省建设新时代美丽浙江暨中央生态环境保护督察整改工作推进大会、全省碳达峰碳中和工作推进会和全省房地产市场平稳健康发展工作专题会议精神，审议《关于做好衢州市区被征地农民参加基本养老保险政策衔接工作的通知（送审稿）》《衢州市开发区（园区）整合提升总体方案（送审稿）》《衢州市旅游业“微改造、精提升”五年行动实施方案（2021—2025年）（送审稿）》和《关于加快推进衢州职业技术学院建设高水平高职院校的若干意见（送审稿）》，听取关于《浙江（衢州）生态产品价值实现机制（“生态账户”）试点改革总体方案》《衢州市“两山银行”改革试点实施方案》《衢州市全面深化国有企业改革实施方案》的汇报。

6月29日会议 研究部署贯彻落实市委要求，学习《政府督查工作条例》，传达贯彻全省城镇燃气安全风险隐患排查整治视频会议和副省长卢山在衢州调研时的讲话精神，审议《高水平建设新时代美丽衢州规划纲要（2020—2035年）（送审稿）》《衢州市全面推进新时代爱国卫生运动实施方案（送审稿）》，听取全市新冠肺炎疫情防控工作情况汇报。

7月19日会议 传达学习《浙江省推进数字经济发展2021年工作要点》，审议《衢州市围棋发展振兴条例（草案送审稿）》《衢州市能源发展“十四五”规划（送审稿）》《衢州市综合交通运输发展“十四五”规划（送审稿）》《衢州市工业高质量发展“十四五”规划（送审稿）》和《衢州市突发事件总体应急预案（送审稿）》，听取关于2021年第二季度市政府系统执行“十条军规”典型事项的情况汇报。

7月21日会议 传达学习省委书记袁家军在山区26县跨越式高质量发展暨山海协作工程推进会上的讲话精神，分析上半年经济形势，研究部署新冠肺炎疫苗接种工作，讨论《衢州高质量发展建设四省边际共同富裕示范区行动计划（征求意见稿）》。

8月2日会议 审议《关于上半年全市经济社会发展情况的报告（送审稿）》《关于实施工业强市战略推动工业高质量发展的若干意见（送审稿）》《衢州市农业农村“十四五”发展规划（送审稿）》和《衢州市竞技体育贡献奖励办法（送审稿）》，研究对招商引资、“五水共治”等专项工作中表现突出集体和个人进行奖励事宜。

8月18日会议 传达贯彻全省城乡风貌整治提升暨未来社区建设工作现场会精神，审议《衢州市工业固体废物管理若干规定（草案送审稿）》和《关于加快培育高素质教师队伍推动教育事业高质量发展的实施意见（送审稿）》。

9月2日会议 开展市级政府部门推进重点工作“比、晾、晒”，传达贯彻全省农业高质量发展大会、全省新一轮制造业“腾笼换鸟、凤凰涅槃”攻坚行动推进大会精神，传达学习副省长成岳冲、王文序等到衢州调研讲话精神。

9月17日会议 传达全省能耗“双控”电视电话会议精神，研究部署全市贯彻落实工作，研究衢州市工业强市能源保障行动有关举措、对见义勇为人员刘俊明和林金元给予相关表彰奖励事项、部分市政府议事协调机构主要负责人调整事项，听取2021年衢州市未成年人思想道德建设工作专题汇报，审议《衢州市突发公共卫生事件应急预案（送审稿）》《衢州市突发急性呼吸道传染病事件应急预案（送审稿）》《关于进一步优化招商引资机制的若干意见（送审稿）》。

9月28日会议 开展市级政府部门推进重点工作“比、晾、晒”，传达学习全省文物安全专题工作会议精神、省委副书记黄建发在衢州调研讲话精神，听取浙江省第四届体育大会承办和开闭幕式筹备工作、第二批衢州市有突出贡献中青年专家人选评审情况汇报，审议《关于印发衢州市区国有土地上房屋征收补助和奖励标准的通知（送审稿）》《关于全面推行林长制的实施意见（送审稿）》《衢州市公共视频监控一体化改革实施方案（送审稿）》。

10月15日会议 开展市级政府部门推进重点工作“比、晾、晒”，传达学习全省海洋强省建设专班第三次例会、海洋强省建设推进会及全省能耗“双控”工作电视电话会议精神，审议《衢州市县域跨越式高质量发展五年行动计划（2021—2025年）（送审稿）》《衢州市关于全面做实基本医疗保险市级统筹的实施方案（送审稿）》，听取食品药品安全工作及2021年第三季度市政府系统执行“十条军规”反面典型事项的情况汇报，研究调整全市最低工资标准。

10月29日会议 开展市级政府部门推进重点工作“比、晾、晒”，传达学习26县跨越式高质量发展现场推进会、全省体育工作会议及省委副书记、代省长王浩在衢州调研讲话和市委常委会会议精神，审议《关于调整全市最低生活保障标准的通知（送审稿）》《2021年市级政府投资项目补充计划（送审稿）》《2021年市级政府投资预算（补充）草案（送审稿）》《衢州市人民政府办公室关于公布市政府及市政府办公室行政规范性文件清理结果的通知（送审稿）》，学习《浙江省乡村振兴促进条例》。

11月19日会议 开展市级政府部门推进重点工作“比、晾、晒”，传达学习习近平总书记对知识产权保护工作的重要讲话精神，省委常委、副省长陈金彪到衢州调研讲话和全省乡村全域土地综合整治与生态修复现场会议精神，浙江银行业保险业支持山区26县跨越式高质量发展现场推进会议精神，听取督查激励有关情况汇报，审议《衢州市国有资本运营有限公司组建方案（送审稿）》《衢州市大花园建设投资发展集团有限公司股权结构调整方案（送审稿）》《衢州市加快推进全市“大综合一体化”行政执法改革实施方案（送审稿）》。

12月3日会议 传达贯彻全国、全省城镇燃气安全排查整治动员部署电视电话会议和全省“扩大有效投资、抓好重大项目”专题工作电视电话会议精神，学习《中华人民共和国审计法》（2021年修订版）和《中华人民共和国消防法》（2021年修订版），听取关于防范应对极端天气工作及粮油、应急物资和能源储备情况的汇报，审议《衢州市外贸提档升级千亿行动方案（送审稿）》《2021年衢州市城乡居民基本养老保险基础养老金调整方案（送审稿）》。

12月17日会议 听取2021年“五水共治”工作和电力市场化改革情况汇报，学习《行政区划管理条例》和《行政区划管理条例实施办法》，审议《市区“一把扫帚扫到底”环卫体制改革方案（送审稿）》。

【市政府全体会议】2021年，市政府召开2次全体会议：

3月25日，市政府召开市七届政府第六次全体（扩大）会议暨廉政工作会议，深入贯彻习近平总书记重要指示批示精神，全面落实省委十四届八次全会、省政府第八次全体会议、市委七届九次全会决策部署，以党史学习教育为动力，统筹发展与安全，提速提效抓好年内各项重点工作，确保“十四五”开好局、起好步，以优异成绩庆祝党的百年华诞。

8月4日，市政府召开市七届政府第七次全体（扩大）会议，深入贯彻落实省委十四届九次全会、市委七届十次全会决策部署，突出产业为王、工业强市，研究部署工业十大专项行动和年内重点工作，为打造四省边际共同富裕示范区、四省边际中心城市提供最强支撑。

【市政府其他重要会议】2021年，市政府召开的其他重要会议有：

1月27日，召开常山江（辉埠—双港口）航电枢纽项目工程可行性研究报告审查会。

1月29日，召开全市化工行业安全整治提升攻坚行动推进会。

3月4日，召开全市安全生产暨消防工作会议，深入学习习近平总书记关于安全生产和应急管理重要论述，全面贯彻落实全国安全生产电视电话会议和全省安全生产暨消防工作电视电话会议精神，总结2020年全市安全生产和消防工作情况，部署2021年重点任务。

3月31日，召开浙江省第四届体育大会筹备工作委员会第一次会议。

4月9日，召开全市全域土地综合整治与生态修复暨“十类地”处置高质量提升现场会。

4月21日，召开全市营商环境建设暨国家信用体系建设示范区创建推进会。

4月28日，召开全市小微企

业三年成长计划工作推进会。

5月8日，召开全市企业服务工作推进会。

5月19日，召开全市数字乡村现场推进会。

6月25日，召开全市食品药品安全工作会议。

6月30日，举办第一期“鹿鸣山”数字化大讲堂，邀请摄影测量与遥感专业博士、航天宏图信息技术股份有限公司副总经理刘东升作遥感技术研究进展、发展方向及产业化应用。

7月16日，召开市营商环境“清障”行动领导小组会议。

7月25日，在上海举办好吃“三衢味”长三角鲜辣美食挑战赛（上海站）活动。

7月27日，举办2021（第五届）中国行业经济指数论坛暨“鹿鸣山”数字经济指数发布会。

8月4日，召开全市禁毒工作电视电话会议。

8月10日，举办“衢州制造·品牌出海”中国（衢州）跨境电商峰会。

8月18日，召开外贸创强工作座谈会。

11月25日，召开全市政务公开工作会议暨基层政务公开培训推进会。

【疫情防控】 2021年，坚持“外防输入、内防反弹”不动摇，抽派精干人员参与集中办公。制订印发《衢州市大规模新冠病毒核酸检测工作预案（修订版）》《衢州市新冠病毒核酸检测能力提升建设方案》，以县（市、区）为单位科学合理规划设置采样点，全市具备临床细胞分子遗传学资质的核酸检测人员共541名，设立24支1200人规模采样应急支援机动队，成立7支399人规模核酸检测预备队。全市设置采样点1599个，设置采样通道3199人，确定包括5372名采样人员在内的采样点工作人员25627人，每万常住人口采样人员23.6人。印发《关于开展新冠病毒核酸检测岗位练兵和技能比武活动的通知》《关于组织开展全市2020—2021年期间新取得临床基因扩增检验技术上岗证人员业务轮训的通知》，举办全市核酸新冠病毒核酸检测业务培训，进一步提升核酸检测各环节实战能力和水平。动态修订《衢州市新冠肺炎疫情医疗救治工作方案》，全市确定7家定点医院，总床位5506张，其中重症床位252张，负压病房25间，负压床位46张，确定后备定点医院7家。全市组建医疗救治专家组、重症医疗队、预备医疗队和应急医疗队等四大队伍762人规模的专业救治队伍，配备负压救护车20辆。迭代升级新冠肺炎院感防控智慧监管系统，实现疫情防控关键环节“佩戴口罩”监管事项的全时段、全流程智能监管。新冠疫苗接种工作成为全省标杆，18岁以上人群加强免疫接种、3—11岁人群全程接种、60岁以上人群和80岁以上人群接种等多个阶段任务完成率居全省前列，多次受到省卫健委点名表扬。2021年，全市无本土新增确诊病例和无症状感染者报告；完成全市各类重大会议活动疫情防控保障工作69场次；完成上海空港口岸轮值组任务及驰援大连、绍兴疫情防控任务。

【生态文明建设】 2021年，衢州市创成国家生态文明建设示范市，是全省同时获得国家生态文明建设示范市和“绿水青山就是金山银山”实践创新基地两块金字招牌的两个地市之一。“五水共治”七夺大禹鼎，全省首批夺得金鼎。市区$PM_{2.5}$浓度均值24微克/立方米，再创新低，生态环

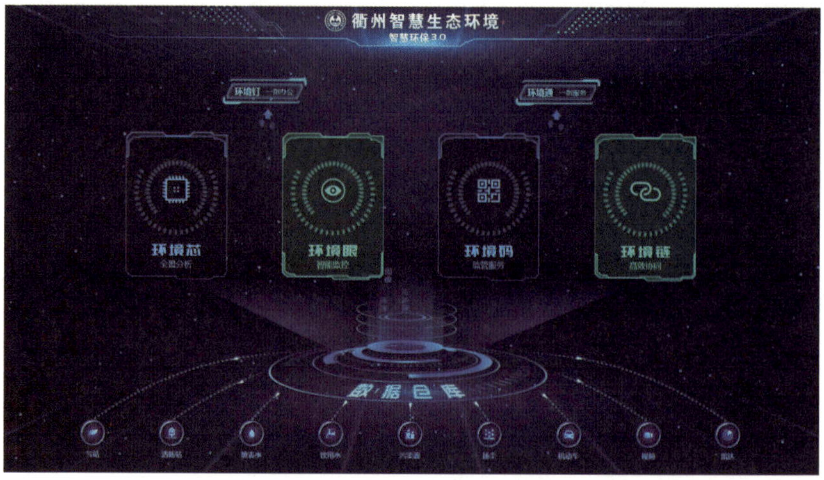

2021年，衢州市迭代升级衢州智慧生态环境数字平台3.0版

境公众满意度蝉联全省第1。《中国环境报》连续两年头版头条专题介绍衢州"两山"实践工作经验。龙游县、常山县创成省级生态文明建设示范县，实现省级生态文明建设示范市县全覆盖。柯城区"两溪"（石梁溪、庙源溪）流域生态环境导向的开发模式入选国家EOD（生态环境导向的开发）模式试点。

【出口规模首次突破300亿元】 2021年，出口规模首次突破300亿元，为315.8亿元，同比增长24.6%，高于全省4.9个百分点。其中，全市机电产品出口86.4亿元，增长19.3%，占全市出口总值的27.3%；高新技术产品出口17.9亿元，增长36.4%，占5.7%，占比提升0.5个百分点；基本有机化学品、纸浆纸及其制品出口均保持26%以上增长。全市对美国、韩国、欧盟等传统贸易市场分别出口56.3亿元、52亿元和41.8亿元，增长14.5%、75.9%和38.1%。

【不动产登记继续领跑全国】 2021年，在全国率先完成商品房"一件事"改革，改革成果得到自然资源部肯定，"浙江衢州深化不动产单元码应用实现商品房生命全周期'一码网上办'"的经验做法被自然资源部专刊报道推广，并获得2021年度全省自然资源系统改革创新优秀案例；牵头完成不动产登记抵押、查询、预告3个事项"跨省通办"，受到"十条军规"通报表扬，被自然资源部列入全国15个居住权登记工作联系点之一，全省唯一，受邀参与自然资源部不动产登记规程的起草工作；结合《中华人民共和国民法典》规定，在全省率先谋划并推出抵押登记方面两项改革。

【在全国率先建成"三智融合"医保"云管家"】 2021年，以国家医保基金智能监控示范点建设为契机，在全国率先建成智能监控、智能审核、智能风控"三智融合"的医保"云管家"集成监管系统，推动部门稽核、联合执法、信用评价的制度重塑，形成全流程基金监管闭环。9月，在国家医保智能监控示范点终评中被评为"优秀"等次。

【"工业强市"战略】 7月18日，衢州市产业高质量发展大会上提出"工业强市"战略。8月25日，中共衢州市委、衢州市人民政府印发《关于实施工业强市战略推动工业高质量发展的若干意见》，组建衢州市工业强市工作专班。8月27日，工业强市领导小组办公室印发《衢州市工业强市十大专项行动方案》。11月19日，印发《衢州市工业强市六大要素保障方案》。2021年，组织召开工业强市推进会5次，汇编周专报19期。全年实现规模以上工业总产值2494.05亿元，同比增长29.8%；实现规模以上工业增加值517.91

2021年12月22日，市政府召开工业强市领导小组第五次推进会

亿元，同比增长13.8%。

【成为全国社会信用体系建设示范区】10月25日，国家发展和改革委员会、人民银行联合下发《关于公布第三批社会信用体系建设示范区名单的通知》，确定34个地区为第三批社会信用体系建设示范区，衢州市入选，在85个参评城市中位列第3。启动国家信用示范区创建以来，衢州市将信用作为城市发展的精神内核和提升"衢州有礼"形象的重要抓手。开展特色信用创新工作，拓展信用应用场景，"信易贷"平台建设全国领先，信用闭环监管做法获国务院办公厅政府职能转变办公室（以下简称国务院职转办）转发肯定；以数字化改革为牵引，全国首创"134N"（"1"是指以"信用分"为基础；"3"是蓝、绿、黄码的三色管理；"4"是将相关当事人的信用信息对接入"政企通""邻礼通""村情通"和行政审批平台，实现信用信息"数据跑""信息通""码上行"；"N"是实现"信用码"在经济、公共服务、社会管理与服务等N个场景的应用）智慧治理模式，实现"信用码"嵌入司法执行；开展个人诚信积分"信安分"兑换、杭衢"信用码"互认等各类活动。

【举办央企走进26县建设共同富裕示范区（衢州站）活动】10月26—27日，举办央企走进26县建设共同富裕示范区活动（衢州站），大会主题是深化央地合作，推进共同富裕。71家央企、10家省属国企的131名嘉宾出席活动。现场签约项目49个，总投资1438.34亿元，其中产业类项目26个，投资额575.49亿元，占总投资额的40.0%（含制造业项目14个，投资额350.32亿元，占总投资额的24.4%）；金融类合作项目1个（国开行授信1000亿元）。6个县（市、区）与6家央企结对（柯城区与中国节能环保、衢江区与中国物流股份、龙游县与中车株洲电机、江山市与华电浙江公司、常山县与南方水泥、开化县与中国电建股份），建立常态化机制，开展全方位合作，确立第一轮合作项目27个、协议投资额608.4亿元。

2021年10月26—27日，央企走进26县建设共同富裕示范区活动（衢州站）

【衢州海创园开园】11月8日，衢州海创园落成开园仪式在位于杭州未来科技城的衢州海创园二期中心广场举行。市委书记汤飞帆、中电海康集团有限公司总经理程瑜致辞，市委副书记、市长高屹主持开园仪式。现场举行签约仪式，"中电海康—衢州"成果转移转化和产业培育中心、复旦科技园国际创新中心、启迪科创集团海创园科创中心、新湖中宝新能源关键材料经营管理总部、开域集团全球总部、浙江禾川科技股份有限公司6个高新技术平台型项目签约入驻。（郑晨浩）

决策咨询

【概　况】2021年，市咨询委围绕全市中心工作、重点工作，开展决策咨询和调查研究，为市委、市政府提供决策参考。

【献计献策】2021年，发挥特邀委员、市内委员的专业精神、专业能力，为衢州市经济社会更好发展献计献策。发挥特邀委员引领作用，年初，就《衢州市国民经济和社会发展第十四个五年规划和二〇三五年远景目标纲要草案（征求意见稿）》《2021年市政府工作报告（征求意见稿）》《2021年市政府民生实事项目（征求意见稿）》征求意见，15人次反馈建议，数条建议被起草组采纳。发挥市

2021年6月3日，市咨询委赴杭州市未来科技城开展《促进我市科创飞地转型提升对策建议》课题调研

内委员参谋作用，全年收到委员建议15篇，以整篇和摘录形式在《衢州决策咨询简报》中印发。

【调查研究】 2021年，围绕课题研究这一中心工作，坚持早谋划、早行动，有序完成年度课题计划。组织咨询委员开展课题研究，通过收集资料、基层调研、学习考察、反复征求意见，全年完成并上报课题报告14个。聚焦高质量发展和创新驱动，组织前往深圳、上海、杭州等地学习考察，提交《促进我市科创飞地转型提升对策建议》《抢占新高地 实现新突破——龙游县制造业发展的调查和思考》《衢州市制造业数字化改革的对策建议》《着眼未来创新发展 打造四省边际智慧物流中心》《加快推进共同富裕背景下的杭衢一体融合发展》《振兴衢州中药材产业的对策建议》等报告；聚焦农业农村和乡村振兴，提交《以数字化赋能为引擎 推进农业高质量发展》《加强水库运维管理 充分发挥综合效益》《保护利用古道资源 助力我市乡村振兴》等报告；聚焦绿色发展和生态文明，提交《衢州碳达峰碳中和路径研究》《持续锚定“五共”思维 高质量建设“联盟花园”》等报告；聚焦守牢底线和改善民生，提交《关于新形势下保障我市粮食安全的调查与思考》《关于优化我市学前教育发展的策略建议》《礼贤未来社区的社群营造和融合策略研究》等报告。获市委书记汤飞帆、市长高屹等市领导批示25条（次），课题批示率100%。

【工作交流】 2021年，通过整合资源，建立内部联系、协调、监督机制，使决策咨询工作规范有序。年初，制定实施《衢州市人民政府咨询委员会课题管理办法（试行）》，为课题研究提供制度保障。充分利用委员自身优势及其社会资源，在系统内外开展课题合作，多项课题得到有关部门和专家的参与和支持。全年组织特邀委员、市内委员和县（市、区）咨询委专家开展各类调研座谈活动20余次。先后接待省咨询委副主任王新海一行、省咨询委乡村振兴部部长陈荣高一行及杭州、嘉兴、绍兴、丽水等省内兄弟地市咨询委到衢州调研考察6次。加强内外联系、上下联系，向省咨询委定期上报课题成果和工作动态，与省内其他地市咨询委加强沟通交流，向各县（市、区）咨询委及时传达重要信息，实现信息共享。

（雷欣悦）

人事人才工作

【概　况】 2021年，引聚青年大学生44376人，完成目标任务的111%；新建省级博士后科研工作站10家，100%完成目标任务；引进培养博士后28名，完成目标任务的280%；开展职业技能培训74376人次，完成目标任务的153%；新增高技能人才9779人，完成目标任务的140%；精心组织“浙江工匠”遴选推荐，入选各层次工匠113人。

【人才引进与开发】 2021年，衢州市全面推进人力资源服务产业园建设，全年引进人力资源机构12家，实现营收3000万元。10月18—21日在北京举办“南孔圣地 衢州有礼”——2021北京·衢州人才周活动，达成到衢州就业意向者124人。

2021年10月19日，2021北京·衢州人才周活动现场

【专业技术职称和博士后科研工作站管理】2021年，衢州市通过评审、认定、考试，取得专业技术资格14460人，其中正高82人、副高1061人、中级3763人、初级9554人；省职称系统推广使用率100%；衢州市博士后科研工作站新建10家，占规模以上工业企业数9‰。

【事业单位人事管理】2021年，会同组织、编制部门分别于2月20日和3月25日对外发布市、县联动事业单位人才引进和公开招聘公告，推出高层次紧缺人才引进职位550个，公开招聘事业单位工作人员职位996个，“智汇衢州”品牌效应初步显现，有力地推进人才引进工作，全年事业单位引进招聘工作人员2130人，其中硕士研究生以上人才438人。

【工资福利】2021年，落实“人才高地”政策，完成15家单位突出绩效考核和总量核定工作，确保业绩突出人员高于本单位人员收入水平，真正做到多劳多得、优绩优酬。抽调精干力量组成核查小组，完成市本级186家事业单位对省系统中8964名事业人员的信息排查工作，对存在的工资问题进一步梳理分类，研究提出解决方案，确保人事工资系统基础数据完整准确。会同市国资委、市财政局，研究起草《市属国有企业工资决定机制》，推进市属国有企业员工薪酬的规范。梳理起草《衢州市行政奖励规程》，进一步明确行政奖励的条件、对象、流程，突出功绩导向。先后完成能源“双控”、被征地农民养老保险征收、“五水共治”、招商引资、浙江省第四届体育大会等12项专项工作共66家集体和89名个人的记功嘉奖工作。

【人事考试】2021年，顺利完成公考笔试、公考面试、选调生考试等考务工作。组织实施“智汇衢州”市县联动公开招聘市属事业单位工作人员考试，4261名考生参考。完成一建、社工、经济、二建等18批次职业（执业）资格考试和3批次职称计算机考试的组织实施工作，考生26997人，比上年增长31.4%。（施煜航）

退役军人事务

【概　况】2021年，衢州市退役军人事务系统践行“衢州有礼”尊崇工作法，高分通过浙江省“双拥”模范城届中检查；开展为驻衢州部队和现役、退役军人办实事工作，得到省退役军人事务厅厅长林云举肯定批示；在全省率先举办退役军人创业创新大赛，评选“双十佳”（“十佳”军创企业和“十佳”退役军人就业基地）；平安护航中国共产党成立100周年；高标准创建“全国示范型退役军人服务站”和“新时代枫桥式退役军人服务站”，努力打造一座崇军最优城市。

【服务保障体系建设】2021年，出台《2021年衢州市退役军人服务保障体系建设推进实施方案》，以“衢州有礼”尊崇工作法为抓手，推动“服务保障能力提升年”活动。新创建全国“示范型退役军人服务中心（站）”1411个、省级新时代枫桥式退役军人服务中心（站）145个、市级“衢州有礼·新时代枫桥式退役军人服务中心（站）”1139个。充分发挥退役军人服务保障“第三驾马车”（“三驾马车”：政府机构、事业单位、社会力量）作用，全市关爱退役军人协会当好党委政府与退役军人之间

2021年8月3日，举办衢州有礼·退役军人服务队成立暨授旗仪式

的桥梁纽带，走访慰问困难退役军人及其他优抚对象，帮助6户困难退役军人修缮家庭危旧房，"一对一"结对10名困难退役军人。5月，成立老兵合唱团，唱响主旋律，营造尊军崇军氛围。8月，成立"衢州有礼·退役军人服务队"，服务队积极参与疫情防控、应急处突、政策宣传、矛盾纠纷调解等志愿服务。

【移交安置】 2021年，围绕"质量+服务"体系建设，完成退役军官和退役士兵安置任务。退役军官安置到机关（含参公）占比97.4%，退役士兵安置到事业单位占比65.2%。首次组织政府安排工作退役士兵二次选岗，2名退役士兵跨区域选到心仪岗位。规范退役士兵待安置期社保接续、组织关系接转、教育管理等工作，落实待安置期间生活补助、一次性经济补助待遇。全面开展"礼送上岗"活动，打通退役军人安置工作"最后一公里"。

【退役军人就业创业】 7月，市退役军人事务局举办衢州市"邮储杯"退役军人创业创新大赛颁奖典礼暨首届衢州市退役军人就业创业"双十佳"表彰大会，评选表彰"十佳"军创企业和"十佳"退役军人就业基地。主动对接衢州职业技术学院，于10月成立退役军人学院，为退役军人提供专业优质的就业、创业、培训服务。举办线上线下退役军人专场招聘会38场，助推退役军人实现稳定就业和体面就业。

【抚恤优待】 2021年，市退役军人事务局及时调整抚恤补助标准，为抚恤补助对象发放各类抚恤补助金。规范义务兵家庭优待金和大学生应征入伍一次性奖励金发放工作。提高优抚对象荣誉感和获得感，为城乡现役义务兵父母和享受定期抚恤补助的烈属进行免费健康体检，为现役义务兵父母和参战老兵免费购买人身意外伤害保险和大病医疗补充保险，组织5批次抚恤优待对象到省荣军康复医院疗养。

【褒扬纪念】 2021年，市退役军人事务局组织开展"守护·2021清明祭英烈""9·30"烈士纪念日活动。清明期间，参与"浙江英烈网"网上祭英烈活动51万人次。"9·30"烈士纪念日期间，举办各类褒扬纪念活动280余场次，社会各界8万余名群众参与。举行"百年·百人·百场"庆祝中国共产党成立100周年浙江英烈故事宣讲活动12场。开展烈士纪念设施数据校核工作，全市有烈士纪念设施281处，其中，烈士陵园4处、烈士墓244处，其他设施33处。整修县级以下烈士纪念设施88处（陵园内1处、陵园外87处），投入资金850.26万元。

【双拥工作】 2021年，衢州市在全省率先出台《2021年度为驻衢部队和现役、退役军人办实事实施方案》，在全市范围为部队和现役、退役军人办实事13件。做好军人"三后"（退役军人转业安置的"后路"问题，随军家属就业的"后院"问题，军人子女入学入托的"后代"问题）工作，帮助随军家属解决就业安置和工作调动问题，现役军人子女得到入学照顾和加分优待。市双拥领导小组33家成员单位与驻衢州部队基层单位结对共建，帮助部队解决困难。组织"赓续本色颂党恩、军民携手开新局"军地联欢晚会、"礼送"新兵入伍、心理法律服务进军营等拥军活动，开展"喜迎建党百年 百份云夹送军娃""关爱功臣·情系老兵"等爱心捐赠，形成社会化拥军良好氛围。春节、"八一"

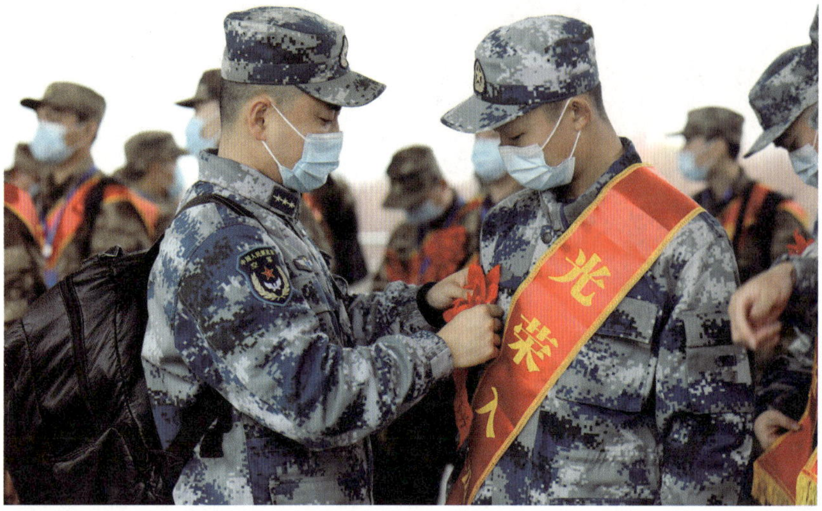

2021年3月19日，衢州市双拥办、衢州市征兵办联合开展2021年春季新兵入伍“礼送”活动

期间，市四套班子领导走访慰问省军区、衢州军分区、驻衢部队，传递党和政府的关怀温暖。

【思想政治建设和权益维护】 2021年，市退役军人事务局结合党史学习教育，广泛开展“忆英烈、行六礼、勇作为”主题教育，激励广大退役军人退役不褪色、建功新时代。全市范围内打造7条退役军人荣誉街，制作《我和我的祖国·致敬老兵》系列专题片，广泛宣传革命先烈、退役军人先进事迹。江山市双塔街道天余村党支部副书记江书修被评为浙江省第二届“最美退役军人”。11月，联合市教育局、市民政局等7个部门下发《关于进一步做好困难退役军人帮扶援助工作的通知》，提高困难退役军人帮扶援助水平。

【军休军供】 2021年，衢州市军队离休退休干部休养所落实军休干部政治待遇、生活待遇“两个待遇”，提升军休精细化服务管理水平，提高“浙军休”App服务管理系统使用率、接入率、应答率，接入医保数据、社会便民服务、公交乘车优待三大功能应用。为36名军休干部颁发“光荣在党50年”纪念章，组织开展各类活动44次，获全省军休干部门球比赛优胜奖。衢州军用饮食供应站坚持“为部队服务、为国防建设服务”宗旨，持续擦亮“有礼军供·兵至如归”品牌，完成部队春秋季新兵入伍、野外驻训、停留中转等军供保障任务。12月，被退役军人事务部、中央军委后勤保障部评为第三轮“全国重点军供站”。

（刘蓉蓉）

安全生产和应急管理

【概　况】 2021年，全市应急管理系统牢固树立“人民至上、生命至上”理念，统筹发展和安全两件大事，切实做好安全生产、防灾减灾和应急管理各项工作，全市安全生产和自然灾害防控形势总体平稳有序。生产安全事故起数、死亡人数持续双下降。1—12月，全市发生各类生产安全事故68起、死亡50人，分别同比下降16.1%、12.3%，与前两年均值相比分别下降29.2%、29.6%，降幅均列全省第3。亿元GDP（国内生产总值）生产安全事故死亡率0.0246，十年来在全省排名首次升至第9位，年度安全生产和消防目标管理责任制考核排名全省第6，较2020年上升3位。自然灾害造成10.9万人受灾，直接经济损失3.7亿元，同比前五年均值分别下降48.4%、44.4%；发生森林火灾1起、过火总面积3.3公顷、受害森林面积2.02公顷，森林受害率0.0032‰（占年度控制指标的0.32%）。

【“遏重大”攻坚战】 2021年，发挥“安委会+8个专业安委会+安委办”组织体系作用，市、县两级分别设立重点行业领域专业委员会，明确专委会运行工作规则，通过督导服务、集中整治、制度优化、完善机制，推进各专委办规范运行。坚持“领导小组+推进办+工作小组”模式，统筹推进消防、道路运输、危险化学品、建设施工、工矿、旅游、城市运行等重点领域安全生产综合治理，2021年度七大重点领域311项“遏重大”任务全面完成。加大重大安全事故隐患挂牌督办和整治力度，打破以往仅有工矿、消防和道路交

2021年1月7日，全市化工行业安全整治提升攻坚行动动员大会召开

通3个领域挂牌的局面，实现重点领域全覆盖。全年，全市挂牌整治重大隐患464处，其中省级挂牌29处、市级挂牌435处，完成整改458处（6处整改期限为2022年），按期整改率100%。

【化工行业等重点领域整治提升】 2021年，深刻汲取巨化“1·4”氟聚厂事故教训，围绕化工企业、化工园区、危险化学品道路运输、危险废物、数字化平台、危化品安全监管水平6个方面，全面开展化工行业安全整治提升攻坚行动。全年，全市淘汰退出化工企业78家，占存量化工企业数的21.8%，完成年度目标任务的144.4%，腾出土地空间1547.7亩、能耗空间37.6万吨标煤。推进“1+6+6”[一个平台+六个县（市、区）+六个化工园区]化工行业数字化平台建设，开展化工企业安全生产风险报告体系建设试点并在全市推广。开展矿山、涉爆粉尘、危险化学品使用、有限空间、铝加工（深井铸造）、一厂多租等专项整治，全市576家危化品使用企业停用危化品仓库60个、改造214个、新建76个，投入整治资金6368.8万元；全市488家涉爆粉尘企业淘汰除尘设备139套、改造356套、新购227套，累计投入整治资金5729.4万元；“一厂多租”企业860家，其中整改提升802家、搬迁53家、关闭5家。

【安全生产违法行为查处】 2021年，全市应急管理系统开展安全生产执法检查1468次，处罚541次，检查处罚率36.85%，同比增长22.75%，典型案例报送率和合格率均为100%，名列全省第1。全年收缴罚款1571.23万元，同比增长37.79%，其中，非事故罚款1465.83万元，非事故处罚率93.29%，同比分别增长61.49%、13.69%，罚款收缴率100%。在全省率先制定行刑衔接、生产安全事故“开小灶”督导整顿和事故提级调查实施办法，依法做到应移尽移。全市移送涉嫌安全生产刑事犯罪案件12起22人，其中涉嫌重大责任事故罪4起14人，涉嫌危险作业罪6起6人，涉嫌非法经营罪2起2人。

【应急管理工作水平提升】 2021年，创新构建“四省四市森林防灭火数字化应急救援体系”场景，提升浙闽赣皖四省交界区域协同应急救援能力。该应用场景纳入浙江省应急处置与救援应用子场景试点建设，9月底正式上线试运行，并入选省应急厅优秀试点应用和市营商办优秀创新案例投票项目。推动数字化改革“152”体系（“1”指一体化智能化公共数据平台；“5”指5个综合应用，分别是党政机关整体智治综合应用、数字政府综合应用、数字经济综合应用、数字社会综合应用和数字法治综合应用；“2”指数字化改革的理论体系和制度规范体系）与“141”基层治理四平台体系（“一中心四平台一网格”县域社会治理体系）贯通，防汛防台在线被列为首批省级贯通试点，江山市贺村镇、清湖街道和柯城区沟溪乡等试点乡镇工作有序推进，相关成效得到省应急厅肯定。

【应急管理工作基层基础夯实】 2021年，完善应急预案体系，完成衢州市突发事件总体应急预案和6个县（市、区）总体应急预案修编，完成市级专项应急预案修订40个。指导督促市级有关部门和县（市、区）开展森林防灭火、自然灾害、道路交通、水上交通等应急演练，新修订预案演练率为100%。规范和优化防汛减灾和应急救援工作运行流程机制，制定完善自然灾害监测预警、风险形势会商研判、重大（突发）气象灾害应急叫应等细则规程。牵头构建森林防灭火联席会议、信息通报、隐患排查等7个方面联动协作机制，协调各方推进工作。积极推进应急救援物资采购、储备和管理工作，全市建立市、县两级物资储备库107个，面积53962平方米，市级库存物资332类价值4000余万元。积极打造“以水灭火”的衢州模式，全市累计安装蓄水桶10993只，蓄水量32665吨。

【应急处置能力提升】 2021年，从场地、队员、装备和制度建设等方面入手，培育完成3支省级社会应急力量、12支乡镇综合救援队伍，新组建6支地面航空应急救援队，完成7个直升机临时起降点建设任务。推进县、乡两级森林扑火队伍建设，组建县级森林扑火专业队伍6支235人，乡镇半专业队伍95支2664人。采取集中培训、技能比赛、互学互看等方式，统筹指导社会队伍、专业队伍开展训练演练，提高应急救援实战能力。全年组织各类培训1600多人次、演练拉练480余次。

【防汛防台抗旱】 2021年，全市围绕“不死人、少伤人、少损失”的总目标，立足防大汛、抗大旱、抢大险、救大灾，坚持“以防为主、防抗救相结合”的原则，持续抓好“六个一”（识别一张图、研判一张单、管控一张表、指挥一平台、应急一指南、案例一个库）工程建设。组织开展风险识别和隐患排查，对重点地区发出风险提示单和工作告知函。密切关注天气形势和全市水雨情，适时组织会商、综合研判。出台《衢州市重大（突发）气象灾害应急叫应工作实施办法（试行）》，及时启动应急响应。全市启动Ⅳ级响应6次，Ⅳ级提升至Ⅲ级、Ⅱ级响应各1次，汇编防汛防台工作简报37期；转移（撤离）人员12122人，出动基层人员62721人次，出动抢险人员7889人次，出动车辆1779辆次，冲锋舟橡皮艇81艘次，使用挖机、铲车等机械882台次，沙袋460余袋，调运漂白粉320千克、84消毒液2700瓶、泡腾消毒片90瓶、漂粉精片355瓶。入汛前，全市各县（市、区）及衢州市人民政府防汛防旱指挥部各成员单位投入2.07万余人次，排查点位15257处，整改隐患911处；汛中，出动巡查人员3.12万余人次、排查各类点位11353处，整改隐患884处，出动抢险人员7889人次、车辆1779辆次、冲锋舟橡皮艇81艘次、挖机铲车等机械882台次，督促指导各地转移（撤离）人员1.2万余人。

【安全和防灾知识宣传】 2021年，借助安全生产月等载体，紧扣“落实安全责任，推动安全发展”主题，联合衢江区在衢江东方广场举办安全生产咨询日活动。活动期间，设置6个应急装备展示区、9个生命安全体验区、28个安全知识咨询台，为市民提供安全知识咨询和普及。开展安全宣传“五进”（进社区、进学校、进企业、进农村、进家庭）活动，组织《生命重于泰山——学习习近平总书记关于安全生产重要论述》电视专题片学习活动397场次，参与人数9522人次；围绕安全生产法律法规、政策文件、事故案例及应急处置，对乡镇（街道）安全生产工作人员、企业负责人及一线员工开展集中授课168场，参与人数4800余人次，完成培训7.2万人次，完成率120%。紧扣“5·12”防灾减灾宣传活动周等重要节点，努力营造全社会参与防灾减灾的良好氛围，其中开展防灾减灾线上有奖答题2期、发布各类公益防灾广告2.5万条，各类媒体

2021年6月16日，2021年衢州市安全生产宣传咨询日活动在衢江东方广场举行

受众105万余人；开展森林防灭火宣传，发放宣传资料21.06万份，发送森林防火短信100.5万条，制作专题警示教育片进行全市域曝光。（池宇霄）

消　防

【概　况】2021年，衢州消防救援支队锚定"全面发展年"目标任务，统筹推进消防安全三年整治行动和消防领域"遏较大"整治攻坚战，打赢"8·23"蓝燕燃气泄漏抢险救援、前置湖州抗击6号台风"烟花"等硬仗、恶仗。全市消防部门挂牌督办重大火灾隐患单位17家，曝光火灾隐患220处，检查单位8886家次，督改隐患3178处，临时查封52家，责令"三停"（停产、停业、停止施工）92家，拘留15人，罚款412.4万元。全市各级消防救援队伍接警出动4756起，疏散抢救被困人员722人，抢救保护财产价值4.2亿元，连续19年未发生过较大以上亡人火灾事故。

2021年，应急管理部消防救援局、省消防救援总队和市委、市政府主要领导先后12次批示肯定支队消防安全工作和综合应急救援工作，市消防救援支队被应急管理部记集体三等功，获评全国"调查研究工作先进支队"和"支队级先进灭火救援指挥部"，14个集体和39名个人获省、市荣誉表彰，柯城大队戴文辉被评选为全国第六批"学雷锋岗位标兵"，柯山大队张力被评选为"最美浙江人·最美应急人"，江山大队李宁宁被评选为"浙江青年工匠"。

【消防安全隐患整治】2021年，坚持以"建党百年"大庆消防安保工作为主线，统筹推进消防安全三年整治行动和消防领域"遏较大"整治攻坚战，调整完善消安委、消安办、成员单位3个层级消防工作职责，推动23个行业、16个区域探索建立联防联治协作体系，制发政务督查通报2份、消安委各类文件44份。紧盯全市火灾防控重点，分类推进高层建筑、居住场所等10个专项整治工作，督促4家大型商业综合体完成达标创建，指导1228家重点单位开展标准化建设，36个老旧小区实施消防设施改造升级，推动安装远程监控系统640套、燃气安全智能报警系统852套、远程切断系统755套、智慧用电监管系统4772套。深刻吸取2020年"11·9"火灾事故教训，协同推进化工行业安全整治提升两年行动，联合制定危险化学品协同监管工作制度，全市关停化工企业77家、提升56家。

【推动治理模式创新】2021年，衢州消防救援支队主动融入衢州市"县乡一体、条抓块统"试点建设，探索开展消防行政执法事项委托，有效拓展基层监管力量；依托县级社会治理中心及乡镇"基层治理四平台"，初步形成电动自行车、基层网格化管理数字化应用场景，有力推动基层监管模式创新。在全市推广运用"消防生命通道"数字化执法平台和电动自行车"114"一键挪车平台，常态化推进消防救援站消防车定期巡查小区工作机制，累计开展巡查108次、巡查小区324个、整改问题110个。召开全市星级微型消防站建设经验推广会，推动1303家单位（社区）实施微型消防站星级提档，各地连续6年组织开展微型消防站比武竞赛活动，全市1150支队伍、4685人参赛。

【消防宣传培训】2021年，深入推

2021年6月16日，开展消防宣传培训

2021年6月18日，衢州市消防救援支队精细化工灭火救援专业队揭牌仪式

进消防宣传“五进”(进社区、进学校、进企业、进农村、进家庭)工作，推动消防宣传志愿活动、消防违法行为举报等纳入“邻礼通”有礼积分兑换，打造“小飞说消防”“老妈妈防火团”等宣传品牌，累计开展各类形式宣传教育培训2000余次、宣传受众18万人次，“进社区、进家庭”工作在全省会议经验交流。联合省、市主流媒体开展火灾隐患曝光和敲门行动，累计刊发曝光新闻220余条次，有效倒逼隐患整改。全市建成4个消防主题公园、100个乡镇(街道)消防宣传体验室、1594个社区(村)消防宣传体验点，20余万人注册“学习云”和“志愿者”平台，探索推进消防屋建设，消防宣传覆盖面、精准度有效提升。同时，利用新媒体开展融合宣传，网络直播“直击‘蓝朋友’的日常训练”等6个专题，实时在线观看人数超20万人次。在央视、《人民日报》、《应急管理报》等国家级媒体发稿34条，省市级媒体发稿132条。

【后勤装备建设】 2021年，科学编制《衢州市消防事业发展“十四五”规划》，启动消防站点大建设，投资1.22亿元的智慧新城特勤战勤消防站和江山城北消防站建设有序推进，计划投资1.2亿元的常山特勤消防站、开化特勤消防站和衢江第二消防站完成立项，升级改造营房营区13个。全市各级消防救援系统紧盯职能拓展和实战需求，投入4275万元新购置消防车9辆、各类装备器材9300余件(套)，与中联重科、上海铁路局衢州站、衢州三志物流等20余个单位签订战略合作协议，实现保障与“一线”的精准对接、无缝衔接。

【提升实战打赢能力】 2021年，坚持“党委议训、主官抓训、机关领训、全员参训”的实战练兵导向，创新推行现场复盘战评，研发“战勤微助手”App，在全市布点建设7支专业队，组建全国首支精细化工灭火救援专业队，派出100余人次参加部局、总队专业培训，举办全市首届消防行业职业技能竞赛、第二届“火焰蓝”比武竞赛等活动6次，队伍实战能力全面提升。制定出台作战训练安全“十条刚性措施”，投入1190万元倾力智造各级指挥“大脑”，创新调度指挥新模式，作战训练全年“零伤亡”。推动市政府出台《衢州市防范处置火灾事故应急预案》，智造新城管委会投入3566万元专项资金推进化工园区水源建设，与中联重科等20余个单位签订战略合作协议，协同联动和应急响应机制得到优化完善。

【全省消防救援队伍(精细化工)跨区域实战拉动演练在衢州举行】 7月29日，浙江省消防救援总队在衢州市举行全省消防救援队伍(精细化工)跨区域实战拉动演练。此次演练设定浙江曙扬化工有限公司报警称厂区内原料储罐区发生火灾，衢州、杭州、绍兴、金华等地消防力量共计58车239人参加，公安、环保、医疗救护、电力、电信、水务、气象等应急联动力量协同参与演练和处置。

【衢州市首届消防行业职业技能竞赛】 9月8—10日，衢州消防救援支队联合衢州市人力资源和社会保障局、衢州市应急管理局、衢州市总工会、共青团衢州市委等部门在消防培训基地举办2021年衢州市首届消防行业职业技能竞赛。此次竞赛分为灭火战斗员、应急救援员、消防装备维护员、消防设施操作员、消防通信员5个岗位，全市12支参赛队、110名精英骨干参赛。

【习近平总书记授旗致训词三周年纪念活动暨“119”消防宣传月启动仪式】11月9日，衢州消防救援支队在培训基地举行“习近平总书记授旗致训词三周年纪念活动暨‘119’消防宣传月启动仪式”，衢州市委常委、常务副市长陈锦标，市政府副秘书长颜雪高，消安委各成员单位负责人，全市重点企业单位代表约150人到场观摩。活动分实战综合技能操法演练和精细化工灾害事故实战演练两个部分，依次进行400米物资疏散、综合救助、枪炮协同、综合体能、无人机5个操法展示和化工区域实装、实景灭火救援演练。

【消防案例】2021年，全市发生火灾251起，死亡1人、受伤4人、直接经济损失2043.9万元，分别同比下降26.6%、66.7%、33.3%、9.3%。

前置湖州抗击6号台风“烟花” 7月25日11时45分，按照省消防救援总队指令，消防救援支队派出12车52人8舟(艇)随队前往湖州安吉和南浔前置备勤。7月27日下午，按照省消防救援总队指令，消防救援支队前置备勤人员休整返回。

浙江慕禾贸易有限公司库房火灾扑救 7月1日19时44分，常山县天马街道浙江慕禾贸易有限公司仓库发生火灾。接警后，消防救援支队迅速调集4个消防站、9辆消防车、43名消防救援人员参与救援。20时23分，首战力量到达现场。经侦查，现场为库房内二亚硫酸钠遇水发热冒烟起火，总存量7吨，具有剧毒、爆炸危险，且仓库内还存储聚合氯化铝25吨、三聚磷酸钠28吨、聚丙烯酰胺2吨、结晶氯化铝2吨。21时38分，支队全勤指挥部到达现场。全勤指挥部根据现场情况，明确“先控制，后消灭”的战术，将现场划分为三个区域(危险区、安全区和洗消区)，设置安全官和紧急救助小组全面实施安全管控。22时45分，脱硫灰细粉粒罐车到达现场，粉粒物料灭火机器人和干粉车展开灭火行动。23时30分，现场火势得到控制。次日0时10分，火势全部被扑灭，无人员伤亡。

万田乡蓝燕煤气站液化石油气储罐泄漏抢险救援 8月23日16时3分，衢州市柯城区万田乡姜红路11号蓝燕煤气站液化石油气储罐发生泄漏。接警后，消防救援支队迅速调集3个消防站、11辆消防车65名消防救援人员参与救援。16时23分，首战力量到达现场。经侦查，煤气站内有3个卧式储罐，每个罐的容量为60立方米，3号罐为事故泄漏罐，泄漏点为温度计阀门处，罐内储存液化气24.5立方米。16时52分，支队全勤指挥部到达现场，确定“疏散警戒、安全管控、冷却防爆、工艺导罐”的战术措施，成立侦查组、警戒组、冷却防爆组、安全管控组、供水组、输转倒罐组

2021年7月25日，市消防救援支队前置湖州抗击6号台风“烟花”

开展抢险救援。16时53分，3号罐内液化气向1号罐继续进行倒罐。18时8分，3号泄漏储罐倒罐实施完毕，险情排除，未造成人员伤亡。（陈立强）

大数据发展管理

【概 况】2021年，衢州市大数据发展管理局（以下简称市大数据局）对标“一体化智能化公共数据平台”核心任务，聚焦“四横四纵两端”（四横：业务应用体系、应用支撑体系、数据资源体系、基础设施体系；四纵：政策制度体系、标准规范体系、组织保障体系、网络安全体系；两端：“浙政钉”“浙里办”）体系架构，夯实基础设施、数据供给、组件支撑等八大方面能力建设，获全省一体化数字资源系统（IRS）、“数字孪生”、“浙里办”城市频道、“152”和“141”体系贯通［“152”指的是：“1”即一体化智能化公共数据平台；“5”即五个综合应用，分别是党政机关整体智治综合应用、数字政府综合应用、数字经济综合应用、数字社会综合应用和数字法治综合应用；“2”即数字化改革的理论体系和制度规范体系。“141”指的是：“1”即县级社会治理中心，“4”即乡镇（街道）基层治理“四个平台”，“1”即村社网格］四大试点，为衢州市各领域各方面数字化改革提供坚实支撑。

2021年，衢州市数字经济呈高速发展态势，数字经济核心产业增加值77.84亿元，同比增长21.2%，增速为全省第2，数字经济核心产业增加值占地区生产总值比重为4.2%，占比排名全省第7。规模以上数字经济核心产业营业收入384.8亿元，同比增长51.4%，增速为全省第2；利润总额21.3亿元，同比增长112.6%，增速为全省第1；税金总额3.98亿元，同比增长0.4%，增速为全省第7。

【一体化智能化公共数据平台】2021年，率先上线数字化改革“衢州门户”，持续夯实“两端”集成建设，“浙政钉”用户日活跃率88%，“浙里办”存量应用关联率100%，位居全省第1。全市编制资源目录1.46万条，按需建设本地特色数据仓59个，提供数据共享服务6.9亿次，数据共享利用率近100%。全市网络安全监测能力横向、纵向覆盖范围均达100%，位列全省第1。为全省首个完成IRS应用目录编制并通过验收的地市，34个高质量组件上架省公共应用组件

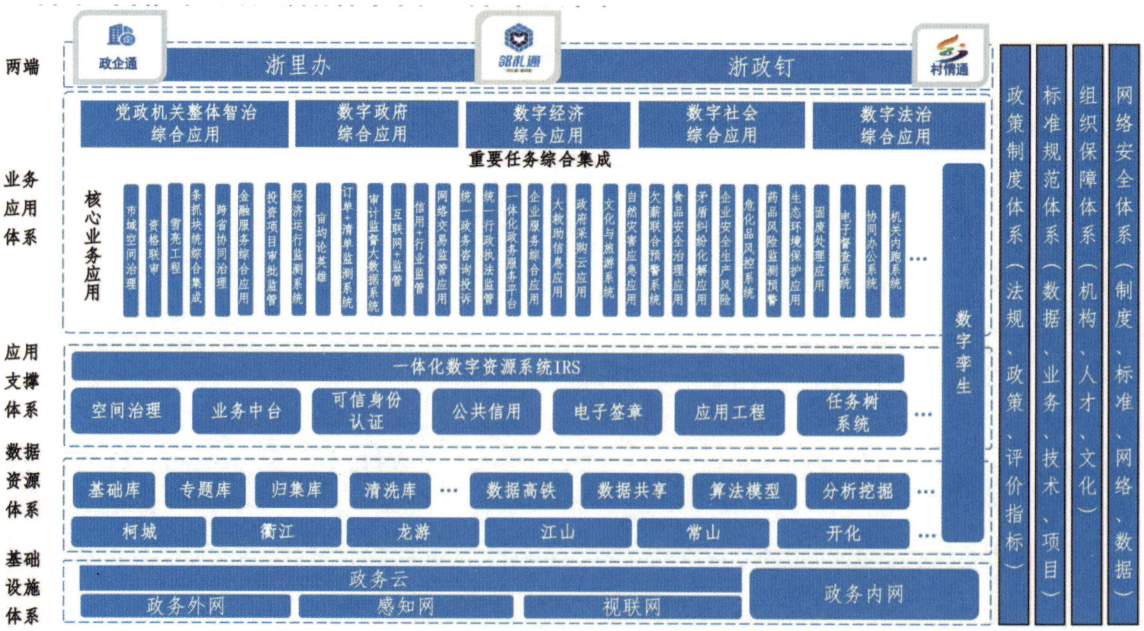

衢州市一体化智能化公共数据平台整体架构图

服务超市，上架数全省第3。开展8轮云资源降配和释放工作，累计降配、释放190个应用系统、488个云资源，节约财政资金约976万元。完善政府投资数字化项目统筹机制，市本级批建项目23个，项目申报资金从4.39亿元压缩至3.17亿元，节约财政资金1.22亿元。开化县共富林业等3个“数字孪生”试点应用初见成效。先后出台《衢州市数字化项目专家库管理办法》等13个制度规范，参与起草《浙江省数字化改革术语定义》省级地方标准，持续夯实《衢州数字化社会治理标准化试点》国家标准和《基层社会治理“一件事”综合集成服务规范》省级标准创建。

【精密智控】2021年，市大数据局紧跟疫情防控工作不同阶段任务，持续迭代精密智控指数，截至年末已升级至10.0版，包含“入境人员管控”“境内人员查控”等五大模块，29个二级指标，58项评价细则，累计发布指数通报49期，29次排名全省前6，其中14次排名全省前3。创新推出“衢通码·防疫登记簿”，通过融合“健康码”“行程卡”和“疫苗接种”等多渠道防疫信息，实现涉疫数据“多码合一”，助力流调溯源、精密智控。截至2021年12月，全市发码量达2.6万个，扫码量突破234万人次。

【项目建设】2021年，重点围绕智造新城和智慧新城两大数字经济核心产业发展主阵地，抓好重大项目存量优化和增量招引。2021年，浙江时代锂电材料国际产业合作园、金瑞泓年产180万片集成电路用12英寸硅片、一道新能源年产5GW高效单晶池+3GW高效组件、中电海康智慧交通产业总部基地等投资10亿元以上重大项目签约落地衢州。此外，引进数字经济服务业等创新类、平台类项目194个，总投资9.43亿元。

【无线电产业基地】2021年，浙江省无线电产业基地（衢州）（以下简称无线电产业基地）正式启动建设。无线电产业基地依托电子科技大学长三角（衢州）研究院、“智慧岛—智慧谷”产业园区、智慧新城、智造新城、各县（市、区）等载体，由衢州市政府、省经信厅、电子科技大学三方联合建设。11月，市长办公会审议通过《浙江省无线电产业基地（衢州）发展规划》。启动无线电相关学科科研教学、无线电产业基地基金和政策研究、无线电新技术新应用典范工程建设、无线电产业企业盯引清单项目编制和项目招引等建设工作。全年，全市无线电产业基地产业规模累计达75亿元，累计落地无线电项目7个，投资29.3亿元，涵盖毫米波雷达、智能模组、射频天线制造、传感器等领域。

【软件产业发展】2021年，衢州市软件产业发展保持稳中有升的向好态势，主要指标增速保持全省第一方阵，盈利水平持续提升，从业人员收入稳健增长，发展韧性逐步显现。巨化集团有限公司、浙江砖助智连科技有限责任公司等6家单位的《打造以零手动为标志的流程行业“未来工厂”》《生活用纸行业头雁工厂案例》等6个案例获评2021年浙江省数字经济“五新”（新技术、新制造、新基建、新业态和新治理）优秀案例。

【信息基础设施建设】2021年，全市年建设基站1567个，累计建设基站3083个，实现中心城区、县（市）城区、重点产业园区、重点旅游景区、行政村的5G网络覆盖。年末，固定电话用户数30.35万户，移动电话用户数247.61万户；固定宽带用户数103.16万户，移动互联网用户数214.11万户。固定宽带普及率、移动宽带普及率均高于国标、省标。

【数字经济活动】7月26—27日，由中国工业经济联合会主办，衢州市人民政府、中国工经联工业经济研究中心共同承办的2021（第五届）中国行业经济指数论坛暨“鹿鸣山”数字经济指数发布会在衢州召开。发布会以“加快数字变革，打造发展高地”为主题。会上，衢州市人民政府与深圳市大疆创新科技有限公司签订战略合作协议，柯城区人民政府与顺丰集团签订投资协议。同时，四省边际数据运营（服务）中心正式揭牌，来自黄山、景德镇、丽水、抚州等四省边际七地市数字经济主管部门领导共同见证中心的成立。在主论坛上，“中国城市数字经济发展综合评价体系”联合研究小组发布“中国城市数字经济发展综合评价体系”。举行“行业经济指数发布论坛”和“数字经济创新发展论坛”两场分论坛。专家学者发表20余场主题演讲。衢州通过此次活动的举办，创新搭建全国性权威性的数字经济数据发布平台和指数开放交流平台。

（毛彦玲）

营商环境

【概　况】2021年，衢州市营商环境建设办公室（以下简称市营商办）坚持围绕“打造中国营商环境最优城市”工作目标，在争取行政备案规范化改革、政务服务“好差评”等6项国家试点，推进企业社区化网格化服务、营商环境“清障”行动等14项市委、市政府全体会议和市政府工作报告确定的重点工作，取得较好成效。先后获“全国五一劳动奖状”、全省“建设清廉机关、创建模范机关”先进集体等荣誉。

【擦亮营商环境“金名片”】2021年，连续入围全国营商环境标杆城市，整体成绩名列前茅。6月公布的全国营商环境评价结果显示，在省会城市、副省级城市全面参评，参评城市从41个倍增到98个的情况下，衢州市总分提高6.5分，位居地级市第2，排名百分位比上年度上升3个点。评价指标持续提升，18个营商环境评价一级指标中有16个入围全国标杆指标，比上年新增7个，其中企业开办排名全国第1。办理建筑许可、政务服务等6个指标的创新经验

2021年10月20日，国务院办公厅政府职能转变办公室领导在衢州调研政务服务工作

入选示范引领“最佳实践篇”，入选案例数量居全国地级市首位。扎实推进“一件事”集成改革，推进车检“一件事”集成改革，全省首个全面完成车检“一件事”集成改革的地市，检测全流程耗时减少2/3，群众满意率99%。推进商品房全周期“不见面”办理“一件事”，不动产单元码“一网码上办”做法得到自然资源部肯定，并在《登记与法治》专刊全国推广。深化司法公证+不动产登记“一件事”，牵头衢州市信安公证处与不动产登记中心共同推进公证+不动产“一件事”改革，该项改革举措受到省司法厅副厅长王兰青表扬并被列入全省先试先行单位。

【创成全国信用示范区】2021年，信用示范区首创首成。全国261个地级市参评的信用监测月度排名稳居前5，最高排名第1。全面完成63个创建指标任务，在85个参评城市中位居第3，“信用衢州”建设水平不断提升，群众归属感、获得感不断增强，社会诚信度、市场活跃度不断攀升。“信用+监管”获全国推广。创新通过告知承诺“信用+监管”闭环链应用，实现告知承诺事项放到位、管得住，形成以“管”促“放”的良性循环，全链条信用监管闭环相关做法被国务院职转办简报第84期刊发。3月16日，副省长陈奕君作出批示，要求各地学习借鉴。“信用+”应用深度融合。协同部门拓展各领域信用信息应用，“智慧+信用”招投标监管入选全国10项典型示范经验，全省信用数字化改革大赛20个获奖案例中衢州占3个，数量最多。衢江区综合信用智能系统、龙游建材市场被列入全省“信用+社会治理”试点，全省地级市数量最多。“信易贷”全国领先。率先与全国“信易贷”平台联网，累计完成线上融资突破千亿元，申贷获得率98.75%。创新账户风险防范体系，有效甄别异常账户，拦截电信网络诈骗汇款198人，挽回客户损失2196.21万元。“信易贷”平台案例入选《2020年

中国营商环境报告》最佳实践案例，2021年在全国观摩评比大赛中位居全国第4，获“全国中小企业融资综合服务示范平台”称号。

【推进国字号试点改革】2021年，推进政务服务“好差评”两项国家标准试点。开展“最多跑一次”改革“回头看”，狠抓“回头看”问题整改，差评按期整改率100%。加快省“放管服”办公室103个问题清单整改，建立问题动态清单，“放管服”工作成效显著提升。加快国务院行政备案规范管理试点改革。起草改革实施方案、事项梳理方案等，梳理形成全市市场监管、交通、住建等25个部门294个备案事项清单目录，完善事项办件量、系统建设情况等信息数据，形成整套资料报送省级专班，为全省面上推进改革提供参考依据。深化国家一体化政务服务联络点建设。推进“电子营业执照+电子证照”创新试点，率先接入全国平台，完成全市1766家试点区域商家“电子身份码”的铺设工作，“跨省通办”能力显著提升。推进政务服务标准化建设。参与《行政许可标准化指引》《村级公共服务中心服务规范》等国家标准制定，深化标准化政务服务基础建设。基本完成筹建浙江省长三角公共服务标准化研究院，推动长三角公共服务标准化建设。

【打造数字化改革品牌】2021年，“跨省通办”获全国推广。牵头推进闽浙赣皖四省边际“跨省通办”，在国办电子政务办及新华社《高管信息》简报刊发，获省长郑

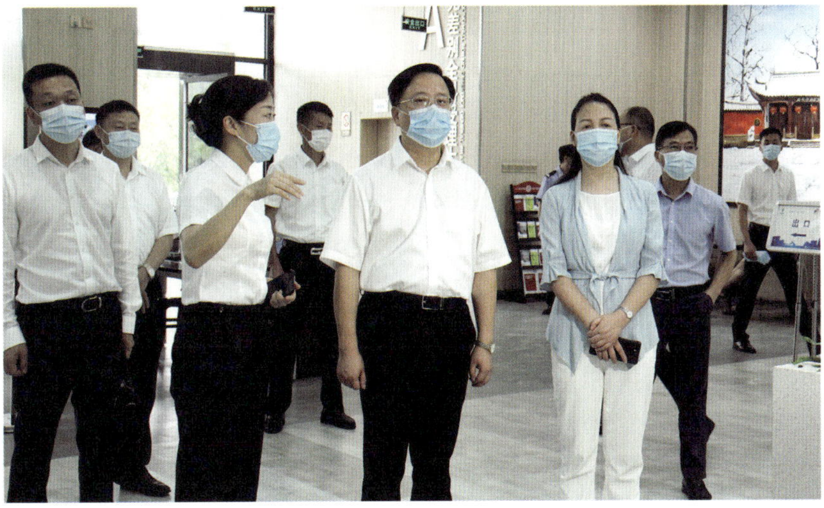

2021年8月11日，市长高屹(中)调研营商环境建设工作

栅洁2次批示。8月29日，在省政府新闻发布会上，被评为全省数字化改革具有地方特色的重大应用成果，并入围全省数字化改革突破奖，获评衢州市改革突破奖一等奖。“跨省通办”事项覆盖医疗健康、公安交管、市场监管等9个部门131项，累计办理业务3.96万件。推进“衢绵通办”，建立衢绵两城“跨省通办”线上专栏和线下专窗，推动实现全流程网办，规范“跨省通办”事项清单，实现群众企业58个高频事项“异地办、跑一次”。“政企通”应用不断迭代优化。新增政策“免申即享”、服务企业“云上社区”、招商导航、政企共治(企业管家)、金融碳账户等应用场景。创新推出企业自治监管等功能，事前、事中、事后“互联网+监管”做法获国务院职转办肯定。“政企通”累计注册用户数23万户、兑现资金29.61亿元、融资贷款1100.81亿元，累计上线应用58个，访问量720余万人次。政策兑现时长明显缩短。平均兑现时长从2020年24.13天缩短至6.06天。融资贷款实现信贷规模在同类型信贷系统中排名全国地级市前3。“政企通”综合服务体系获国家发展和改革委员会高度认可。“数字营商”品牌凸显。以产业分析为切入点，构建重点产业链图谱，明晰产业链的内在逻辑及上下游依存关系，推动要素、算法、业务集成，建立产业链精准招商、科创新企业培育的线上全流程服务机制。“数字营商”列为首批浙江省数字政府系统“一地创新、全省共享”试点应用场景。该场景初步明确作为浙江省营商导航重点打造的子场景。“数字营商”应用被列入全省数字政府创新案例，登上“观星台”。

【提升企业获得感】2021年，推进企业社区化网格化服务。围绕服务“工业强市”战略，结合企业投资、生产、经营、发展核心需求，为企业提供“一站式”服务。截至年末，社区长(由市领导担任，统

筹负责本社区的服务企业工作）带队走访服务企业81人次，副社区长（由主要涉企市级单位和行业主管单位主要负责人担任，具体负责推进本社区服务企业机制运行）和网格长带队下沉服务企业331人次，“中台”（由市营商办、市经信局牵头，市营商环境工作专班具体承担，市级各单位有机融入的服务企业枢纽）牵头组织召开各类企业问题会商105次，一线排查收集33个企业（行业）社区问题1308个，问题解决率98.64%。

打响营商环境“清障”行动。坚持从“改革+服务”向“服务+清障”不断探索，打响营商环境“清障”行动，想方设法解决企业发展遇到的难题，收集营商环境问题382个，经研判过滤、分级分类纳入问题池283个，整改完成269个，解决政策兑现、执法监管等顽瘴痼疾117个，媒体曝光典型事例15个，调查回访重点企业88家，群众和企业满意度90%以上。“清障”行动作为“我为企业解难题”特色做法在全市党史学习教育专题新闻发布会作典型发言。（俞锦峰）

公共资源交易监管

【概　况】2021年，衢州市公共资源交易监督管理办公室（以下简称市监管办）围绕市委、市政府中心工作，立足“服务+监管”，在构建信用体系、优化营商环境、扶持企业发展、服务重大项目、严抓标后监管等方面，探索多跨协同、迭代优化、高效推进、管理闭环的系统推进模式，开创衢州市公共交易监管新局面。全年累计完成各类公共资源交易1272项，总成交额326.52亿元。其中，建设工程405个，交易额174.32亿元，同比增长29.95%，节资率10.48%；政府采购55个，预算金额4.27亿元，同比增长100.88%，合同金额3.9亿元，同比增长93.72%；土地交易100宗，交易额147.85亿元，同比减少7.37%；国有资产交易195宗，交易额0.21亿元，同比减少73.29%；排污权交易517宗，成交额0.24亿元，同比下降41.85%。完成公款竞争性存放项目9个，存放金额76.7亿元。受理分散采购62项，办理交易单15个，预算金额0.95亿元，合同金额0.87亿元。

【出台政策扶持建筑业企业发展】2021年，出台《衢州市政府投资项目招标条件设置指导意见》，针对政府投资重大项目分类设置招标条件，注重项目经理、主要技术人员等的资质、业绩要求，使技术标、商务标分值比例等更具合理性、可操作性等；出台《关于市本级政府投资工程建设项目资信分设置的指导意见》，规范资质、奖项、标化工地、业绩、人员能力等5项资信分设置，防止过度设置资格条件，适度限制招标人自主权，降低企业参与竞争的门槛，提高招投标市场竞争度；出台《衢州市工程建设项目招投标“评定分离”操作导则（试行）》，创新招投标监督和管理模式，落实招标人主体责任，突出扶持建筑业企业发展作用。

【整合资源优化营商环境】2021年，从规则制度、信息化建设、依法执行层面保证招标投标的开放度、便捷化、公平性，推动营商环境持续优化。做好政策文件“规范+清理”，有序竞争促进开放市场。加强政策文件管理，清理整合招投标制度规则，梳理有效的政策文件21份，出台规范性文件清理结果的通知，保留规范性文件2个。做强“互联网+应用”，数字转型促进便捷交易。推进电子保函方式缴纳保证金，2021年对接保函公司从1家增加到4家，全年340个项目的5434个投标单位中，使用保函2412家，数量占比44.39%；保函总额6.89亿元，占总保证金金额53%，为企业减轻占用资金6.89亿元。做实“查处+问责”，严格监管促进公平竞争。2021年受理8起投诉件，依法开展调查核实，作出投诉处理决定。全市监管系统向相关部门移送招投标案件线索34起，其中立案19起，结案7起，涉及标的金额4.5亿元。衢州市招标投标指标连续第二年入选营商环境标杆城市。

【建立信用评价管理体系】2021年，加强投标企业信用管理。修改完善《衢州市建筑施工企业信用评价实施细则》，并在工程建设施工项目中全面推行。全年市交易平台使用第三方信用报告的项目累计196个，项目金额71.46亿

2021年4月23日，衢州公共资源交易信用应用场景入选浙江省2020年度信用数字化改革应用场景十大优秀案例。图为颁奖现场

元，182家/次B级以上企业成为中标人，数量占比92.86%，中标金额合计67.59亿元，金额占比94.58%，基本形成信用有价的市场导向。加强招标代理管理。根据《衢州市工程建设项目招标代理机构信用评价办法》，对代理机构资信状况、经营状况、人力资源、工作质量、社会信誉等方面的综合能力进行评价，并依据评价结果实施综合评价等级分类管理，在衢州市城市建设投资集团有限公司、衢州市基础设施投资有限责任公司的招标代理入围项目中运用评价结果，A级招标代理机构中标率75%以上；加强评标专家管理。根据《衢州市工程建设项目评标专家考核办法》，以“一标一评”的方式，对市工程建设项目评标专家的工作态度、业务水平、职业道德和评标质量等方面进行综合评价，全年对42个项目54名专家予以处理，有效规范专家从业行为。探索全过程工程咨询企业信用管理。完成全过程咨询项目招投标情况分析报告，建立指标体系评价体系。市监管办“信用+公共资源交易”的做法入选浙江省信用数字化改革应用场景十大优秀案例。

【推进数字化改革】2021年，市县一体平台上线运行。梳理业务、系统集成、数据对接，首次实现市本级和全市六个县（市、区）公共资源交易平台的系统性集成，将全市各级公共资源交易平台整合为统一平台，全市公共资源交易实现“主体一网登记、交易一网入口、信息一网公开”。积极融合省级应用。CA数字证书省内率先完成互认，超前完成全市范围内的CA互认工作，实现在浙江省本级和衢州市交易只需办理一次“身份证”。省级投标保证电子保函平台顺利落地。通过新建省电子保函平台链接的方式接入省平台，拓宽投标人选择途径。特色场景应用成效初显。进入市公共资源交易中心平台交易工程招标、政府采购、产权交易、排污权交易等项目，全面实现“不见面”电子交易。全年“不见面”开标项目72个，累计2595家（次）企业足不出户完成招投标。优化排污权交易流程，建设排污权交易市县一体化平台2.0，实现排污权交易全程网上交易，跨部门流转，变企业部门间跑为线上数据跑，排污权竞价从11个节点30天，缩短至全程网上办理1个工作日办结。

（毛建南）

机关事务

【概 况】2021年，市机关事务保障中心（以下简称中心）突出“服务、保障”两大主题，坚持围绕中心、服务大局，对标对表“两勤两专”（腿勤、脑勤和专业技术能力、专业科学精神），主动作为、真抓实干。全年5项工作获省机关事务保障中心领导批示肯定，其中机关事务提质增效、疫情防控两项工作得到省机关事务保障中心主要领导批示，并在全省推广。

【服务保障全市重大活动】2021年，中心牵头做好全市重要会议、重大活动服务保障工作，制订方案预案，落实责任分工，全程跟进保障，统筹协调会务接待、车辆保障、医疗保障、食品安全、经费结

2021年6月10—11日，市机关事务保障中心联合市供销社在市行政中心开展钱江源品牌走进衢州市政府机关活动

算等。全年完成中国(衢州)未来乡村大会、浙江省第四届体育大会、市两会、衢州人发展大会等重大活动保障28次。全力护航全市40个专班正常运转，在72小时内完成市防疫指挥部集中办公场地、设备、家具等任务。全年保障各类大小会议8196场次，参会人数20.3万人次。

【"百县千碗"交流展示活动】 2021年，实施"百县千碗·衢州美味"["百县千碗"，是由浙江省各县(市、区)最具代表性的"10碗"美食组合而成，为浙江省大花园建设"五养"工程的重要内容，2019—2021年连续3年写进省政府工作报告，纳入省委"十四五"规划和高质量发展建设共同富裕示范区范畴，成为助力山区26县发展"一县一策"重要工作内容]，进机关进食堂，打好特色挖掘、品牌宣传、文化弘扬组合拳，挖掘、收集、汇总、整理衢州市域范围内100余道本地菜肴美食。7月12日至8月5日，组织六个县(市、区)赴省政府机关食堂开展"百县千碗"交流展示活动，集中展示156道衢州特色美食，获多位省领导好评和省机关事务保障中心表扬。

【助力共富建设】 2021年，在省政府食堂、市行政中心举办"三衢味""钱江源"等区域公用品牌展销活动，累计参加人数1万余人次；推荐的开化龙顶茶、龙游维达纸产品成为省委、省政府会议室用品；推荐"三衢味"农产品专营店入驻杭州市民中心，年销售收入450万元，并常年在市行政中心开设两家扶贫示范店，年销售额200万元；牵头引进衢州市数字农业产业园等2个招商引资项目，完成投资8000万元，中心被衢州市大督考工作领导小组评定为6—9月共同富裕向上对接工作表现较好部门。

【机关事务数字化改革】 2021年，全面推进办公用房、公务用车2个省建试点项目在衢州市部署应用，实现省、市、县三级数据共建共享、互融互通。衢州"公车管理平台建设"被省机关事务保障中心列入第一批公务用车管理专项领域示范点，市本级智慧食堂、龙游县公物仓、常山县智慧拼车列入全省机关事务系统数字化试点项目，并上线运行。建设衢州市智慧后勤管理服务平台，在"浙政钉"上构建智慧后勤钉门户，打造衢州"邻礼通"机关事务版，实现全方位、系统性、结构性机关事务工作流程再造。

【公务用车服务管理】 2021年，市本级公务用车146辆，公务用车9611车次、192.63万千米。健全完善《公务用车管理制度汇编》《司驾人员薪酬体系汇编》等管理制度，建立健全跨地区的统一信息系统接口、操作流程、数据库标准和信息传输规则的"全省公务出行一张网"管理平台，提升管理水平和服务能力。联合市公安局在全省范围内率先举办警卫车队技能培训班。履行公务用车审批职能，全年完成审批事项14批26次。11月，联合市财政局开展全市各级党政机关和事业单位公务用车管理制度建设和执行情况检查，检查15家市级单位、17家县级单位，有序推动公务用车管理规范化、制度化。

【办公用房管理】 2021年，按照中共中央办公厅、国务院办公厅印发的《党政机关办公用房管理办法》，规范办公用房管理，推进办公用房集中统一管理。组织开展办公用房管理业务培训，做好

2021年8月，市机关事务保障中心在衢州市行政中心举行防疫应急演练

年度房产信息统计工作。推进市级机关搬盘整合，市国资委、市卫健委、市民政局等15家单位入驻国资大楼。加强直管房产管理，稳妥推进4套住宅移交柯城区、51套住宅注入国资工作。

【物业服务】2021年，做好行政中心集中办公区域各类会务、保洁、维修等服务保障工作。全年完成“两中心”（衢州市文化艺术中心和便民中心）地下通道等4项较大项目建设；办结服务需求3643件，维修维护各类设施设备2980件次，维护绿化面积37863平方米。出台市行政中心疫情防控20条措施，“全封闭”加强院落管理，“分散化”实行就餐服务，“全覆盖”落实环境消毒，“常态化”严格自我防护，“嵌入式”加强宣传教育，全年出动消毒9125人次，消毒面积累计29万余平方米。联合市发展和改革委员会制定机关事业单位节能降耗措施，牵头组织每季度监督检查，交办整改问题89个。牵头检查市本级68个部门单位交办整改问题221个，制作垃圾分类宣传画、指示牌3400多个。

【安全保卫】2021年，联合公安、信访发挥应急防控联动作用，市行政中心集中办公区域联防联控应急处置上访异常等突发事件。内部挖潜力，外部腾资源，社会作补充，着力破解停车难。在非工作时间对外开放停车位1000余个。落实安全责任，细化内部管理，加强风险防控，强化应急处突，实施智能提升，安装防疫通行设备32台，实现“刷脸测温亮码”无感通行，实现集中办公区域防疫智控全覆盖。协调召开市机关内保联席会议，定期开展安全生产大检查，消除安全隐患。定期组织交通安全培训，落实车辆日常安全检查登记、车辆安全行驶提醒登记“两项登记制度”和周安全管理分析制度。认真做好信息保密安全、食品安全、施工安全等方面工作。中心被省公安厅评为省级“平安单位”暨省级“智安单位”以及全市信访工作突出贡献集体。

（汪　毅）

援疆工作

【概　况】2021年，衢州市对口支援新疆阿克苏地区和乌什县指挥部（以下简称市援疆指挥部）在衢州市委、市政府和乌什县委、县政府的领导下，扛起“舍家报国、倾情援疆”使命担当，积极打造对口援疆工作升级版，持续擦亮“衢州有礼·乌什有情”金字招牌。2021年，衢州援建项目成为第八次全国对口支援新疆工作会议现场观摩点，得到与会领导点赞。“燕山飞龙”孵化行动、南孔文化润疆2个衢州援疆案例入选国家“十三五”对口支援新疆绩效综合考核评价典型经验做法，案例数量占浙江的2/5。市援疆指挥部党委获评新疆维吾尔自治区先进基层党组织，是新疆维吾尔自治区少数获此殊荣的援疆指挥部之一，是阿克苏地区唯一获评的援疆指挥部。衢州援疆工作得到市委、市政府，省援疆指挥部及乌什县委、县政府的肯定，受到《人民日报》、新华社、《光明日报》、“学习强国”学习平台等主流媒体关注。

【项目援疆】2021年，安排援疆项目35个、援疆资金2.82亿元。乌什县政府与市援疆指挥部援疆项目联席会议、援疆干部挂联服务援疆项目、援疆资金竞争性存放、“百日攻坚”专项行动等“衢州经验”引入乌什，最大限度地凝聚工作合力，乌什·衢州高级中学、青少年活动中心、电商产业基地等标杆项目建设，进一步提高乌什县城乡建设水平。

【产业援疆】2021年，实施衢州乌什联动招商机制，援疆指挥部全员充当招商引资信息员、服务员，帮助乌什县梳理明晰招商引资体系，优化产业政策和落地机制。实施龙游·乌什“燕山飞龙”经济型干部孵化行动，第一批“燕山飞龙”干部学成归来，在乌什县经济工作发挥重要作用；第二批干部按计划到衢州学习，为乌什推动高质量发展提振信心。深入实施“十城百店”“百村千厂”“万亩亿元”2.0工程，新增实施“千匠万岗”工程，创新推出“衢乌双烤”特色美食就业创业短训班、“馕行衢州”乌什馕衢州品鉴会等举措。全年，衢州“十城百店”网点数量增至113个，年销售阿克苏农特产品8800吨，实现销售收入15868万元。积极实施“引客入乌”，推动出台乌什县旅游援疆“引客入乌”奖励办法。举办“丝路泉城·养生乌什”乌什县2021年文化旅游推介会，组织浙江游客包机进疆。全年，衢州市先后有10批次、近300人去乌什旅游。

【智力援疆】2021年，智力援疆提标立杆。深入实施“16234”组团式（明确一个目标凝心聚力、落实六大任务强基固本、推动两大改革增添动能、写好三篇互动文章借势发力、坚强四个团队提升活力）教育援疆工作法，乌什·衢州小学成为“组团式”教育援疆标杆学校。乌什·衢州实验中学中考高考再创新高，中考平均总分较2020年提高52分，高考一本上线12人、二本以上56人（含一本线）；乌什·衢州幼儿园与衢州市实验幼儿园建立协作型教共体，实现衢州教育援疆从学前教育到高中教育的全覆盖。医疗惠民深入人心，“超声引导下髂腹股沟神经阻滞联合生殖股神经阻滞”在急性嵌顿疝的应用等众多技术填补乌什县的医疗空白。全年，“衢乌一家亲”医疗志愿者服务队下乡义诊13次，免费发放药品3万余元，发放宣传资料800余份，惠及群众2100余人次。“启明行动”扎实推进，建立联席会议机制，筛选确定17名符合治疗康复条件的残疾儿童送往阿克苏地区医院接受治疗。“传帮带教”硕果累累，研究推出“1+2+X”圈层（即一名援疆教师深入帮带两名当地教师，并以教学能手工作室、送教下乡等形式辐射带动更多当地教师成长）推进传帮带工作法，得到地区教育局肯定和省援疆指挥部推广。全年，援疆教师累计结对帮带当地教师380人，举办公开示范课175节次、讲座68次，培训指导教师3520余人次。

【乡村振兴】2021年，乡村振兴探路引路。与浙江宗泰农业发展有限公司达成合作，引进“龙游飞鸡”数字农业发展模式，结合乌什实际培育“燕山飞鸡”品牌。首批试养的1万羽“飞鸡”，按每户农户200羽的养殖标准，通过鸡蛋销售和鸡满一年回收，户均年增收1.5万—2万元。不断延伸“燕山飞鸡”产业链，“衢乌情”乡村振兴体验馆在阿克苏市闹市区亮相，“燕山飞鸡”主题餐厅盛大开业。选取阿克托海乡库木奇吾斯塘村为试点打造衢州智慧新村，新村以南孔文化为主题，以浙江未来乡村理念为指引，引入“燕山飞鸡”数字农业，开发“村情巴扎”智慧治理平台，为村庄赋能文化、产业、治理、平台等核心要素，以

2021年5月24日，浙江宗泰数字农业新模式输入乌什暨“燕山飞鸡”鸡苗交接仪式在乌什县阿克托海乡库木奇吾斯塘村举行

2021年11月12日，市委副书记、市长高屹（左一）为全国改革先锋、乌什县依麻木镇国家通用语言小学校长库尔班·尼亚孜（右一）颁发南孔文化推广大使和“南孔圣地·衢州有礼”城市品牌推广大使聘书

文化人，以产兴村，为乌什县乡村振兴工作做有益探索。将衢州乡村振兴大讲堂引入乌什，在乌什建立“飞地”，为乌什干部群众讲授乡村振兴理论知识和实践经验，引领乌什乡村组织振兴和人才振兴。

【文化润疆】2021年，文化润疆倾心润心。牢记习近平总书记“让南孔文化重重落地”殷殷嘱托和党的“文化润疆”方针，树起南孔文化大旗，创新实施南孔文化润疆“1323”行动（即建成1个乌什县南孔儒学馆，创建3所“有礼学校”，打造2条南孔文化长廊，建设学习、推广、展示南孔文化的3个平台），让南孔文化在乌什可看、可学、可体验。聘请全国改革先锋库尔班·尼亚孜担任南孔文化推广大使；建成乌什县南孔儒学馆，与衢州的中国儒学馆遥相呼应；南孔城市书屋在县城多个重要节点开门纳客；“有礼学校”成为中华优秀传统文化传播的主阵地，“有礼教育”“有礼师生”成为乌什县育人新气象；“空中论语课堂”、8090南孔文化宣讲、《论语》诵读大赛等活动的开展，“衢乌大同颂、儒学燕泉风”在祖国西陲边城形成风气。

【民族团结】2021年，民族团结走实走深。深入实施衢州·乌什幸福“石榴籽”融情工程，推动9所乌什学校、1所四团学校与13所衢州学校建立友好共建关系，双方在教学、研讨等方面开展互动交流；承办浙阿“百校十万‘石榴籽’青少年融情工程”首次现场会，乌什·衢州小学成为浙阿“百校十万‘石榴籽’青少年融情工程”示范基地。兵地融合走心暖心，积极为四团争取支持与帮扶，开展“我在四团有棵杏”爱心公益助农，全力为托木儿峰酒、四团小红杏和吊干杏等“四团礼物”市场拓宽营销渠道，促进四团经济发展和农民增收。衢州乌什结对帮扶机制持续发力，衢州有关部门（单位）、乡镇（街道）和企业开展帮扶工作，为乡村发展解燃眉之急。（夏灵飞）

政协衢州市委员会

■ *Quzhou Municipal Committee of the CPPCC*

综　述

【概　况】2021年，市政协及其常委会围绕忠实践行“八八战略”、牢记“八个嘱托”，奋力打造“重要窗口”的主题主线，认真履行政治协商、民主监督、参政议政职能，坚持发扬民主和增进团结相互贯通、建言资政和凝聚共识双向发力，为争创四省边际社会主义现代化先行市、助力四省边际共同富裕示范区建设贡献智慧和力量。

【上级政协和兄弟市政协领导到衢州调研考察】2021年，上级政协和兄弟市政协领导多次到衢州考察调研：

1月14日，省政协副主席蔡秀军到衢州，出席衢州市与浙江中医药大学战略合作协议签订仪式，合作涵盖“四院一体”项目建设、办医办学、特色小镇打造、中药材全产业链发展等多个领域，通过构建中医药教育、医疗、科研、产业、文化“五位一体”，推动衢州市中医药事业发展迈上新台阶。

3月23—24日，省政协主席葛慧君到衢州调研“扎实推进共同富裕”重点履职课题，省政协副主席吴晶、秘书长金长征陪同。调研组赴常山县实地考察青石镇石产业发展、同弓乡全域土地综合整治和田园综合体建设项目，以及常山江综合改造情况，赴衢江区考察大路章港区四省边际枢纽港建设工作，调研信安北·华东(衢州)数字经济示范区建设等情况。调研组召开座谈会，听取衢州市推进共同富裕的情况介绍和市政协关于政协工作向基层延伸的工作汇报。

4月24—25日，中国国际茶

2021年3月23—24日，省政协葛慧君（前排右三）在衢州调研“扎实推进共同富裕”重点履职课题

文化研究会会长、原浙江省政协主席周国富到江山市、开化县调研并参加茶事活动。

6月24—25日，省政协副主席张泽熙一行到龙游县、常山县围绕“深入推进美丽大花园建设、努力打造美丽中国先行示范区”三级政协联动专项集体民主监督，开展“钱塘江诗路建设”调研，并召开座谈会。

7月13日，省政协副主席马光明到开化县调研，实地走访、根缘小镇、开化纸博物馆、钱江源委员会客厅。

8月25—26日，省政协副主席郑继伟在衢州市调研“请你来协商”平台建设工作，详细了解“请你来协商”平台建设运行情况，现场听取“融协商”机制建设情况并与委员交流。在衢州期间，郑继伟一行还先后视察衢江区诗画风光带、四省边际枢纽港和“华东(衢州)数字经济示范区”建设工作。

10月14—16日，宁波市政协主席徐宇宁一行到衢江区、开化县调研，双方就发挥政协作用，助力共同富裕，推进地区间实现互动发展、融合发展、协同发展，共同谱写“山海协作升级版”和共同富裕示范区建设新篇章，助推甬衢协同共迈富裕道路进行交流。

11月10—11日，省政协副主席张泽熙到江山市参加“两岸联谊委员会客厅”活动，为推动共同富裕献良策、聚共识。

2021年11月30日，市政协党组书记、主席周伟江(中)到衢州智创政协委员会客厅，宣讲中共十九届六中全会精神

【加强党的建设】2021年，围绕党史学习教育制定《关于全市政协系统开展“学党史 践使命 助力共同富裕”党史学习教育实施方案》，以群、学、思、讲、研、践“六位一体”为主线，贯穿党史学习教育全过程。组织深入学习必读书目和《习近平在浙江》采访实录、《习近平科学的思维方法在浙江的探索和实践》等，并开展专题学习讨论。组织开展政协系统“同心向党”庆祝中国共产党成立100周年书画展，参观衢州百年党史图片展，举行集体宣誓活动，弘扬伟大建党精神。积极开展为群众办实事“第一责任人”“四个我为”“挂联企业服务”等实践活动，推进以助力共同富裕为主题的委员读书、“请你来协商”、“六送下乡”惠民活动等14项具体任务落地。

【理论研究】2021年，组织开展以习近平总书记关于加强和改进人民政协工作的重要思想等为主题的理论研究，《衢州市多跨应用“融协商”品牌》获全省政协工作创新“十佳案例”，《以“主”字型模式构建省市县三级联动协商民主体系研究》等4项理论研究成果在全省政协系统理论研讨中获奖。

【聚焦省级新区建设】2021年，围绕浙江高质量发展建设共同富裕示范区，发挥协商主业，助力衢州打造四省边际共同富裕示范区。根据衢州市委七届八次全会重点工作任务分工抓落实方案，由市政协牵头开展调研，并完成《关于谋划建设衢州省级新区的课题研究报告》主报告和16个子课题报告，提出“以交通先导、枢纽引领为切入点建设浙西省级新区，为衢州高质量发展提供引领性、高能级的战略平台，打造全省经济向中西部临省拓展桥头堡”的建议，推动浙西省级新区建设进入专班化实体运作。

【助力城市品牌和能级提升】2021年，围绕衢州市打造围棋“圣地”建设，建言“以打造‘世界围棋朝圣地'为支点之一 推进四省边际中心城市建设",助力衢州贯彻习近平总书记重要嘱托、打好"两子文化"品牌、打造有衢州辨识度的标志性文化成果,衢州国际围棋文化交流中心在衢州水亭门古街区正式落地,"烂柯对弈·新千年烂柯谱第一局"全球直播,关注量超5000万次。聚焦医疗卫生领域履职发力,推进衢州市与浙江中医药大学市校合作并正式签约,浙江中医药大学附属四省边际中医院、浙江中医药大学杨继洲学院在衢州落地,为衢州城市能级提升汇聚要素和动能。

【紧贴民生关注民情】 2021年,引导政协委员会客厅(室)发挥作用,全市省级7家会客厅、市级8家会客室和全市县(市、区)41家会客室,围绕"数字经济发展""地方文化发展""衢台两岸联谊"等主题开展活动200余场,政协委员会客厅(室)的影响力进一步扩大。衢州健康产业政协委员会客厅、龙游中小企业政协委员会客厅获省级四星级政协委员会客厅,5家获省级三星级政协委员会客厅。以全省"县乡一体、条抓块统"高效协同治理格局唯一试点市为契机,制定出台《关于政协"请你来协商"嵌入"县乡一体、条抓块统"高效协同治理格局的实施意见》,将"请你来协商"融入全市乡镇(街道)大党建整体智治体系。全市组织开展"请你来协商"及相关"融协商"活动140余场,提出意见建议1000余条,"融协商"成为衢州政协发挥主责主业的一张"金名片"。

【推进政协数字化改革】 2021年,聚焦全省数字化改革目标任务,主动参与、紧跟步伐。制定市政协数字化改革"四张清单"(工作清单、项目清单、时间清单、责任清单),明确工作任务、时间节点和责任人员,有序推进衢州政协"数字政协"工作开展。完成崇学书院、主题议政等8个统建应用以及政协要闻、文件制度等4个市政协自建应用上架使用,推进以"民主监督随手拍"为内容的多跨应用建设,推进政协工作数字化发展。数字化赋能"融协商"工作得到市委书记汤飞帆的批示肯定。

2021年7月13日,省政协副主席马光明(中)在开化县调研

【凝聚思想共识】 2021年,积极推进"书香政协"建设,探索政协委员、机关干部学习新方式,围绕政协委员履职所需、政协机关干部学习所需,广泛开展各项读书活动。与省政协联合开展为期1个月的《学党史话共富》专题读书活动,通过广泛发动,有678人次委员参与交流发言,收到助力共同富裕意见建议1340条次。全年举办省、市委员线上读书活动9场,全市省、市、县三级委员3000余人次参与,发帖总数5000余次。举办线下崇学讲坛、会客室读书沙龙等读书活动30余场,1000余人次参与。与"南孔书屋"合作建立"书香政协书屋",服务广大政协委员、读者,扩大"读好书、好读书"的政协委员读书朋友圈,在读书活动中增进共识、凝聚人心。

【聚焦衢州文化文史发展】 2021年,发挥文史工作"存史、资政、团结、育人"作用,广泛收集文史资料,开展收集编撰工作。继续做好《衢州政协》(双月刊)编纂出版工作,着力挖掘衢州与时代合拍的文史资料,进一步扩大地方政

2021年衢州市政协七届五次会议以来优秀提案一览表

表15

序号	案　　由	提案者	案号
1	关于进一步做好企业上市工作的建议	民建市委会	46
2	关于推进我市无障碍环境建设的建议	民建市委会	58
3	关于系统健全五大体系建设推进我市中医药事业产业更高质量发展的建议	农工党市委会	74
4	关于改革衢州乡镇养老服务模式的建议	农工党市委会	76
5	关于打造四省边际公共法律服务高地的建议	民进市委会	88
6	关于加强我市小型水库安全运行管理的建议	民进市委会	97
7	关于加快建设东南数字经济研究院的建议	九三学社市委会	122
8	关于培育竞争优势加快打造物流“桥头堡”的建议	九三学社市委会	126
9	关于构建完备高效现代环境治理体系的建议	民革市委会	134
10	关于密切统筹环保治理与经济发展的几点建议	民革市委会	138
11	关于发挥工商资本作用促进乡村振兴的建议	市工商联	176
12	关于实施“十百千万”工程助推小微企业做大产业扩大税源的建议	市工商联	179
13	关于为企业“走出去”多元化发展提供更优质服务的建议	民盟市委会	256
14	关于加快推进“两山银行”改革拓宽生态产品价值实现转化路径的建议	民盟市委会	258
15	关于加快我市特种纸产业高质量发展的建议	张志勇	2
16	关于加强基层矛盾化解有效促进依法行政的建议	胡海姣	10
17	关于深化绿色金融改革创新试验区建设打造绿色金融“桥头堡”的建议	吴金龙	15
18	关于加强农饮水长效管理的建议	张惠平	23
19	关于加快道观的恢复提升道教文化的几点建议	许曦文	115
20	关于加强我市全域土地整治管理的建议	周　波	151
21	关于加快推进制造业高质量发展的几点建议	余小明	157
22	关于“一米菜园”赋能乡村振兴的几点建议	方　娉	186
23	关于做强拉长优化旅游产业链走出我市旅游富民新路子的建议	邓柳青	228
24	关于发挥好“三衢味”品牌效应着力打响衢州农业品牌的建议	毛春燕	285
25	关于加快推动分餐文明建设的建议	陈　玮	341
26	关于加快我市青年人才集聚的建议	付琳芸	346
27	关于涵养我市建筑业税源的几点建议	严冠南	349
28	关于加大农村宅基地改革力度推进乡村振兴的建议	郑朝基	364

协刊物的影响。组织编辑出版《孔氏南宗家庙纪事》《发现非遗之美》等文史书籍，推进衢州文化文史的"政协味""衢州味"。

【加强自身建设】 2021年，修订完善《委员履职服务管理办法》，强化履职考评"指挥棒"作用，高质量创建委员履职档案，建好委员"一人一档"，为政协委员履职评优评先、政协换届委员安排做好基础准备。从履职主体评价和履职内容转化两方面，构建"5+N"量化评价体系，激发委员履职热情，涌现一批履职优秀政协委员，其中委员陈玮获评"全国优秀基层政协委员"荣誉称号、李香如获评省政协第二届"最美政协人"荣誉称号。着力提高政协队伍"两勤""两专"能力，开展机关干部"两专"学习大讨论，激发干部干事热情，展现新时代党员干部务实肯干作风。加强专委会建设，每个专委会除主任外逐步配备1—2名工作人员，着力破解两个"薄弱"（市县政协基础工作薄弱、人员力量薄弱），为专委会基础作用的发挥注入新鲜力量。

【市政协七届五次会议以来优秀提案】 市政协七届五次会议以来，广大政协委员、各民主党派、工商联、有关人民团体和政协各专门委员会提交并立案367件。根据《政协衢州市委员会优秀提案评选表彰办法》有关规定，经民主推荐，多方协商，集体评审，并经市政协主席会议审定，14件集体提案、14件个人提案为优秀提案。

重要会议

【政协第七届衢州市委员会第五次会议】 2月23—25日召开。这次会议是在聚焦推动衢州高质量发展、实现衢州共同富裕、提升衢州基层治理体系和治理能力现代化水平、强化衢州战略枢纽地位、助力助推"十四五"开好局背景下召开的一次重要会议。会议期间，中共衢州市委书记徐文光，市委副书记、市长汤飞帆等市领导出席大会并参加分组讨论，与委员们共商衢州市改革发展稳定大计。会议认真讨论并赞同市长汤飞帆所作的政府工作报告、《衢州市国民经济和社会发展第十四个五年规划和二〇三五年远景目标纲要（草案）》和会议其他报告，并积极提出意见建议。会议审议批准市政协主席周伟江代表政协第七届衢州市委员会常务委员会所作的工作报告，审议批准政协第七届衢州市委员会常务委员会关于七届四次会议以来提案工作情况的报告。大会选举孔令立、叶檀、叶美峰、李骏、陈水清、钱昱帆6人为政协第七届衢州市委员会常务委员。会议表彰2020年度优秀大会发言、七届四次会议以来优秀提案、2020年度优秀理论研讨论文。会议期间，收到大会发言材料91份，11名委员作大会发言，以提案形式提出的意见建议367件。

【政协常委会会议】 2021年，市政协召开4次常务委员会议：

2月3日，市政协七届常委会召开第二十次会议，会议听取市政府关于市政协七届四次会议以来提案办理情况的通报，民主评议政府系统提案办理和重点提案办理工作；听取市政府关于《政府工作报告》起草情况的通报，讨论《政府工作报告》（征求意见稿）；听取市中级人民法院2020年度工作情况通报；听取市检察院2020年度工作情况通报；审议通过关于召开政协第七届衢州市委员会第五次会议的决定，政协第七届衢州市委员会第五次会议议程（草案）和日程，政协第七届衢州市委员会第五次会议秘书长、副秘书长名单，政协第七届衢州市委员会第五次会议列席人员范围；审议通过政协第七届衢州市委员会常务委员会工作报告、政协第七届衢州市委员会常务委员会关于七届四次会议以来提案工作情况的报告、政协第七届衢州市委员会关于常务委员会工作报告和提案工作情况报告的报告人名单、政协第七届衢州市委员会关于授权主席会议审议市政协七届二十次常委会会议未尽事宜的决定；审议政协第七届衢州市委员会第五次会议选举办法（草案）；审议通过有关人事事项。

2月24日，市政协七届常委会召开第二十一次会议，审议通过政协第七届衢州市委员会提案委员会关于七届五次会议提案审查情况的报告（草案）；审议通过选举办法；审议通过候选人名单；

2021年10月27日，政协第七届衢州市委员会常务委员会第二十三次会议召开

审议通过大会监票人、总监票人名单。

7月21日，市政协七届常委会召开第二十二次会议，围绕市委七届十次全会即将作出的重大决策进行专题政治协商，收到大会发言18篇，14名委员围绕“建设省级新区”“完善住房体系”“推进多式联运枢纽港建设”等作口头发言，市委书记汤飞帆对市政协柯城委员小组报送的《以数字化改革破解农民建房难题》作出批示。会议审议通过《协商工作规则》《关于加强和促进人民政协凝聚共识工作的实施意见》《关于强化政协委员责任担当的意见》。

10月27日，市政协七届常委会第二十三次会议召开，围绕“持续做好农房整治和风貌提升后半篇文章 助推共同富裕”开展专题协商，收到大会发言19篇，15名委员围绕会议协商主题，聚焦农业产业发展、未来乡村建设、全域土地整治等方面作口头和书面发言，市政协主席周伟江出席会议并讲话。

【政协党组会议】2021年，市政协召开党组会议13次，分别组织学习贯彻中央、省委、省政协和市委重要会议文件精神，组织学习《习近平在浙江》专题学习、开展党史学习教育、审议政协工作、有关人事事项等议题。

【政协主席会议】2021年，市政协召开主席会议13次。分别就政协工作、人事事项、民主监督、委员提案、专题调研以及常委会协商议题等事项进行协商。

【政协主席读书会】8月4日，全市政协主席读书会召开，市委副书记、市长高屹通报2021年以来衢州市经济社会发展情况。市政协主席周伟江主持会议并讲话。会议围绕深入学习贯彻习近平总书记“七一”重要讲话精神、关于加强和改进人民政协工作的重要思想，及全国政协宣传思想工作座谈会和全省政协主席暑期读书会暨宣传思想工作会议精神，省委市委全会精神等，总结交流全市政协系统“学党史、践使命，助力共同富裕”经验做法，探讨新形势下加强衢州市政协工作尤其是宣传思想工作的新思路、新举措、新经验。（黄　聪）

中共衢州市纪委 衢州市监委

Quzhou Commission for Discipline Inspection of the CPC, Quzhou Commission of Supervision

综 述

【概 况】 2021年，全市各级纪检监察机关在省纪委省监委和市委的坚强领导下，增强“四个意识”、坚定“四个自信”、做到“两个维护”，发挥监督保障执行、促进完善发展作用。全市运用“四种形态”处理4158人次，其中第一、第二、第三、第四种形态分别占65.1%、26.3%、4.8%和3.8%。

【政治监督】 2021年，以践行“两个维护”、保障重大决策、服务中心大局为重点，聚焦党史学习教育、常态化疫情防控、中央巡视反馈问题整改、融入长三角一体化发展等，深化落实“365监督在线”工作机制（坚持目标、问题、效果“三个导向”，推行大平台实时化、大数据智慧化、大项目动态化、大联通闭环化、大联动协同化、大融合绩效化监督“六大工作路径”，贯通运用专项监督、立项监督、常项监督、并项监督、外项监督“五项监督法”），推动政治监督更加具体、更加精准、更富成效。贯通运用“五项监督法”，强化“室组地”（监督检查室、派驻纪检监察组、地方纪委监委）联动，深入开展47项专项监督专项治理，切实保障政令畅通、令行禁止。全市开展监督检查9674次，督促整改问题8463个，处理1597人。严明换届纪律，围绕市县乡集中换届跟进监督，开展换届风气巡回督查，认真做好党风廉政意见回复。树立“铁面仁心”的执纪理念，严格落实“三个区分开来”（把干部在推进改革中因缺乏经验、先行先试出现的失误和错误，同明知故犯的违纪违法行为区分开来；把上级尚无明确限制的探索性试验中的失误和错误，同上级明令禁止后依然我行我素的违纪违法行为区分开来；把为推动发展的无意过失，同为谋取私利的违纪违法行为区分开来）要求，注重释放“四种形态”环环相扣、层层设防的效应。连续3年实施容错纠错、“鼓励实名、澄清正名、严查诬名”信访举报全链条、受处分党员干部教育管理等严管厚爱“三项机制”，旗帜鲜明支持干部担当作为。全市受理办理实名举报408件，奖励实名举报有功人员2人，澄清失实举报101起，查处诬告陷害和恶意举报行为6起。

【共建清廉】 2021年，深化“四责协同”（党委主体责任、党委书记第一责任、班子成员“一岗双责”、纪委监委监督责任）机制，推动管党治党责任具体化项目化。重点加强对“一把手”和领导班子监督，协助市委制定114条贯彻落实中央意见和省委十三项实施意见的任务清单，梳理形成“五张责任清单”（党委书记第一责任人责任清单、党委主体责任清单、党委领导班子其他成员责任清单、纪委专责监督责任清单、组织部门职能监督责任清单），推动各项规定落细落实。加强对各级领导干部管党治党政治责任落实情况监督检查，对58起责任落实不力问题实行责任追究，82名党员领导干部受到问责。建立健全政治生态分析研判机制，全面落实政治监督“四清单”“两档案”“两报告”（“四清单”是指政治监督任务清单、责任清单、问题清单、落实清单，“两档案”是指政治生态建设档案和领导干部廉政档案，“两报告”是指政治生态建设自评自查报告和政治监督情况报告）制度，分级建立完善领导干部廉政档案30924份，对各级“一把手”和领导班子成员精准画像。更深层次建设清廉衢州，协助市委出台纵深推进清廉衢州建设的实施意见，督促指导清廉单元和清廉文化建设相关牵头部门制订具体实施方案。积极打造百家清廉单元建设示范标杆，创建省级标杆4家，评选市级标杆20家。协助市委梳理政商关系负面清单“三十条”，进一步规范领导干部廉洁从政从业行为，推动构建亲清政商关系。深入开展“清廉衢州·礼赞百年”系列活动，首次组织参加“玉琮杯”微电影微视频大赛并获得4个奖项。开通“清风有礼号”公交专线，推出“清风巡礼”“清风廉旅”系列宣传，充分发挥清廉文化浸润熏陶作用。

【正风反腐】2021年，坚持纠“四风”（形式主义、官僚主义、享乐主义、奢靡之风）树新风并举，全市查处违反中央八项规定精神问题263起，批评教育帮助和处理371人，党纪政务处分230人。常山县监督推动有关部门创新实施“公务餐”+“公物仓”制度，破解公务接待不规范、公物使用浪费两大难题，相关做法得到省纪委省监委主要领导批示肯定。保持惩治腐败高压态势，针对性开展政法、国企、医疗、供销社、粮食购销等重点领域腐败问题整治，坚决减存量、遏增量。严肃查办市协作办（市招商局）原党组书记、主任（局长）童瑞堂，常山县人大常委会原党组书记、主任刘石平，市生态环境局原党组书记、局长夏汝红，市农业农村局二级调研员王光华等一批有影响力、有震慑力的案件。以衢江区、江山市为试点，积极开展公职人员防逃全覆盖试点工作。稳步推进行贿人信息库建设，完善行贿行为惩戒机制。进一步规范申诉复查工作，切实保障申诉人合法权益。连续两年实施“一评、一书、一建议、一警示、一报告”的“五个一”（一评，是指审查调查组从查办的案件中深刻总结发案原因、问题症结、经验教训；一书，是指督促被调查对象认真撰写悔过书，不仅深入分析个人思想腐化的根源，也要分析梳理所在单位、所在行业领域的廉政风险点；一建议，是指及时向发案单位发出监察建议书，促进堵漏建制、源头治理；一警示，是指督促发案单位召开专题民主生活会，配合相关部门拍摄警示教育片，联合召开警示教育会议，以案释纪、以案释法；一报告，是指督促发案单位结合监察建议书开展整改，并及时报告整改落实情况）工作法，全市发出纪检监察建议书452份，同比增长51.7%。通过拍摄并每月一期播放警示教育片、编印清廉系列丛书和打造全省一流、全国领先的法纪教育综合体等举措，扎实推进警示教育常态化、制度化、阵地化。深入开展监察法、政务处分法、监察法实施条例“两法一条例”普法宣传。在高压震慑和政策感召的叠加效应下，全市55人主动投案，同比增长52.8%。

【基层监督】2021年，围绕村级组织换届后“一肩挑”“换届选举时间从3年改成5年”的新形势新变化，创新构建“抓人促事、一体联动、口形闭环”的“合”字形基层监督体系，不断提升基层监督效能。全市受理农村基层党员干部信访举报541件，同比下降43.8%；立案查处946人。出台《关于进一步加强村务监督委员会和村级监察工作联络站一体运作的指导意见》，充分发挥“老百姓家门口的纪委监委”作用。衢江区打造村级监察工作联络站监察监督“十八招”2.0版，激发基层监察履职活力。全市村级监察工作联络站报送问题信息3018条，转问题线索77件。连续3年开展“最多访一次”工作，创新构建评价体系，推进信访举报“绩效管理提升年”活动，着力打造“责任信访、阳光信访、智慧信访、满意信访”。开化县创新全流程质量控制机制，有效提升办信满意率。全市检举控告量、初次举报量、重复举报量分别同比下降35%、37.2%和10.3%，初信初访办结率、实名举报办理群众满意率、涉纪信访积案化解率分别同比提高11.2个、17.5个和15.9个百分点，呈现“三降三升”的良好态势;全市无检举控告村覆盖率86.4%。紧盯群众“急难愁盼”问题,坚持以小切口推动大治理,推进漠视侵害群众利益问题15项专项治理。柯城区深化校外培训机构专项治理,助推“双减”工作落地见效。全市查处群众身边腐败和作风问题280起,党纪政务处分309人。常态化开展惩腐打伞工作,开展四大行业领域背后腐败和“保护伞”问题整治,坚决防范和整治“村霸”及其“保护伞”问题。

【政治巡察】2021年,有力督促落实中央、省委巡视反馈问题及市委举一反三查摆的面上问题整改工作,衢州市“重大巡视巡察问题清单”管控力指数位居全省第1;对涉及纪检监察系统的17个问题细化整改措施62项,全部完成整改。深化市县巡察一体化建设,高质量实现七届市委巡察全覆盖,市县两级巡察机构对2161家党组织开展巡察,发现并推动解决问题37342个,移交问题线索1717件,推动党纪政务处分619人、移送司法机关58人,清退挽回资金2.27亿元,推动解决群众操心事烦心事揪心事1083件。出台巡察整改闭环管理办法,对巡察发现问题的反馈、整改、评估、回访等环节进行全程管控。在全省率先制定新任党组织主要负责人履行巡察整改政治责任提醒制度,压实“一把手”整改责任。创新建立倾向性问题通报机制,推动全市党组织主动对照、“未巡先改”。做实巡察整改日常监督,市本级对32家被巡察单位党组织开展巡察整改联合评估,责令2家单位党组织进行重新整改,对13个方面共性问题推动面上治理。

【体制改革】2021年,发挥市委反腐败协调小组作用,出台关于在职务犯罪案件办理中执行从宽处罚政策的指导意见,进一步推进纪法贯通、法法衔接。深化派驻机构改革,探索建立市县两级纪委监委派驻机构条线协同、组室(组)联动“四联四互”(及时联络沟通,实现信息互通;盘活联合力量,实现协作互助;开展联动帮带,实现优势互补;召开联席会议,实现业务互学)、联系片区联合监督检查协作等机制,形成纵向贯通、横向协同、合力监督的工作格局。市级派驻机构处置问题线索121件、立案31件、党纪政务处分30人。省对市深化纪检监察派驻机构改革考核中,衢州市位列全省第1。深入推进市属企业、高校纪检监察机构履职制度化建设,深化市属国有企业“2+2”监督机制[压实市国资委监管责任和企业监察专员办监督责任、市属国企党委主体责任;建立“三重一大”事项和项目标书(合同)制定全流程留痕回溯定期报备制度],探索加强对国企“一把手”的监督。搭建“一体五翼三支撑”(“一体”是指整体智治综合应用一体化平台;“五翼”是指综合业务、监督服务、办案服务、巡视巡察和综合办公五大应用体系;“三支撑”是指基础设施支撑、安全运维支撑和数据应用支撑)框架,深入推进数字化改革,江山市成功争创中央纪委“监督一点通”服务平台试点和省基层公权力大数据监督平台建设首期试点、省基层监督数字化改革“揭榜挂帅”试点,龙游县打造“专家云智库”加强监督协作等基层监督好制度、好经验入选全省首批基层监督特色应用场景。按照“三横六纵一闭环”[“三横”是指开发区(园区)、乡镇(街道)、村(社)三个监督层面;“六纵”是指工程项目、财政资金、医疗领域、国资领域、教育领域、多跨领域六个监督单元;“一闭环”是指打造监督闭环的公权力大数据监督应用]框架,推进公权力大数据监督应用建设,“工程建设一网廉通”“财政资金支付落地”“房小莲”“阳光惠农”4个场景纳入省公权力大数据监督应用场景S0账本,打造具有衢州特色的大数据监督体系。在全省率先开发推行纪检监察信访举报“数智+”应用,探索完善“1334”数智留置信息管理中心(建立一个智慧留置研判大脑,开发案管监督、审查调查、服务保障三大业务应用,搭建信息交互、信息共享、信息可视三大协同平台,建立餐饮管理、健康管理、生理监测、行为监控四大监护系统),开展数字监察办试点,推广部署基层小微权力大数据应用,切实提升监督治理的智慧度、现代化。

【队伍建设】2021年,开展具有“纪检味”的党史学习教育,通过上好专题党课、举办8090新时代理论宣讲、开展系列主题党日活动等方式，推动党史学习教育走深走实。推进“我为群众办实事”活动，全市解决群众困难、民生诉求255个。持续开展“清廉卫士”机关党建品牌创建，市纪委市监委机关党委被评为市级先进基层党组织、全市“建设清廉机关、创建模范机关”工作先进集体。在全省首创纪检监察“1221”高质量发展指标体系（清廉衢州建设这条“主线”、政治监督和基层治理“上下两手抓”、审查调查和监督效能“惩治两手抓”、铁军锤炼这个“支撑”，共设置6大类别、19个一级指标、49个二级指标，做到主色与特色、职能与职责、定性与定量、创优与争先“四个结合”），实施创新创优“十大项目”（2021年，实施政治护航、共建清廉、高压震慑、信访提质、基层治理、巡察亮剑、改革攻坚、数字赋能、严管厚爱、铁军锤炼等十大项目，并细化为43个子项目），在全市营造比学赶超、争先创优的浓厚氛围。健全上下打通、内外打通的良性机制，以县乡换届为契机，选优配强纪委监委领导班子，加大系统内外干部交流力度，持续优化干部队伍结构。对标对表市委“两勤两专”要求，深化全员培训，深入开展“四个一”（撰写一篇综合文稿、参与一次办信办案、开展一次监督检查、参加一次政治巡察）实践锻炼活动，加强新进纪检监察干部能力素质培养，积极打造“专业性、综合性，职业化、年轻化，复合型、实干型”的纪检监察干部队伍。按照国家监委、省监委统一部署，市监委向市人大常委会专项报告整治群众身边不正之风和腐败问题工作情况，稳妥有序推进县级监委向同级人大常委会报告专项工作。坚持严管与厚爱结合，开展党员干部思想状况调查分析，落细落实谈心家访、澄清正名和跟踪回访等关心关爱制度。强化年轻干部入职廉政教育，探索建立纪检监察干部“一案双查”工作机制，开展纪检监察干部工作生活表现专项监督行动，持续防止“灯下黑”。全市问责处理纪检监察干部23人，同比下降54%。

重要会议

【市纪委七届五次全会】2月8日，市纪委七届五次全会召开。会议总结回顾2020年纪检监察工作情况，研究部署2021年工作任务。市委常委、纪委书记、监委主任蔡旭昶代表市纪委常委会作题为《在“重要窗口”建设中彰显纪检监察新担当新作为 为争创四省边际社会主义现代化先行市提供坚强保障》的工作报告。

【七届市委第十轮巡察动员部署会】3月24日，七届市委第十轮巡察动员部署会召开，会议学习贯彻习近平新时代中国特色社会主义思想，贯彻落实中央和省委关于巡视巡察工作的新部署新要求，并按照市委书记专题会议要求，对市委第十轮巡察进行动员部署。七届市委第十轮巡察安排5个巡察组巡察17家党组织，即对市委办、市人大机关、市府办（市政府研究室）、市政协机关、市大数据局、市铁路轨道交通建设管理中心等7家单位党组织开展常规巡察，对市公安局柯城分局、市公安局衢江分局、市公安局柯山分局、市公安局开发区分局、市自然资源和规划局柯城分局、市自然资源和规划局衢江分局、市综

2021年2月8日，中国共产党衢州市第七届纪律检查委员会第五次全体会议召开

2021年3月24日，七届市委第十轮巡察动员部署会召开

合执法局柯城分局、市综合执法局衢江分局、市综合执法局智造新城分局、市综合执法局智慧新城分局等10家单位党组织开展提级巡察。

【市委反腐败协调小组会议】12月9日，市委反腐败协调小组召开会议。会议传达学习省委反腐败协调小组《贯彻落实〈关于进一步推进受贿行贿一起查的意见〉的实施意见》精神，并审议衢州市抓落实责任清单，审议通过修订后的《中共衢州市委反腐败协调小组工作规则》和新起草的《关于在职务犯罪案件办理中执行从宽政策的指导意见（试行）》，听取市纪委市监委、市委组织部、市法院、市检察院、市公安局、市审计局关于履行反腐败协调小组成员单位职责情况和下一步工作汇报，研究部署下一阶段反腐败工作。

（徐亚义）

民主党派·工商联

■ Democratic Parties, Federation of Industry and Commerce

民革衢州市委会

【概　况】 至2021年末，中国国民党革命委员会衢州市委会（以下简称民革衢州市委会）有32个支部，406名党员，其中大学以上学历323人，中级职称136人，高级职称66人。党员中任省政协委员1人，市政协副主席1人、副秘书长1人、常委4人、委员17人，县（市、区）政协副主席2人、常委12人、委员40人。市人大代表2人，县级人大代表2人，副县（市、区）长2人。

2021年，民革衢州市委会获民革全国助力脱贫攻坚工作先进集体和民革中央庆祝中国共产党成立100周年网络知识竞赛优秀组织奖，健康综合支部获民革全国示范支部，江山“民革党员之家”获评民革全国优秀党员之家，衢州学院支部获民革全国助力脱贫攻坚工作先进集体，江山市委会获民革全国机关工作先进集体，李华琴获评民革全国组织工作先进个人，胡秀秀获评民革全国助力脱贫攻坚工作先进个人，吕燕萍获评民革全国机关工作先进个人。

【思想政治建设】 2021年，民革衢州市委会完善巩固理论学习中心组学习制度，全年开展集中学习4次，学习习近平新时代中国特色社会主义思想、习近平总书记“七一”重要讲话精神、中共十九届六中全会精神和《中国共产党统一战线工作条例》等。开展“四史”和民革党史学习，开展“学党史、跟党走”主题教育系列活动，举办“主委讲党史”走进“民革党员之家”活动，赴嘉兴南湖、衢江区灰坪乡、江西婺源洙坑村等红色革命教育基地开展“追随红色足迹，学习中共党史”专题学习教育活动，开展庆祝中国共产党成立100周年暨8090新时代理论宣讲比赛，发动党员参加民革中央庆祝中国共产党成立100周年网络知识竞赛。江山市委会依托“民革书吧·悦读驿站”，龙游基层委开好月度学习例会，打造基层中共党史学习教育主阵地。全市在8个“民革党员之家”举办党史讲座，8名基层组织主委、20名8090新时代理论宣讲团成员讲中共党史，150余名民革党员参加学习交流，296名民革党员参加网络知识竞赛，形成市委会主委带头讲、基层组织主委跟进讲、衢州民革8090新时代理论宣讲团成员参与讲、全体民革党员共同学的党史学习氛围，推进中共党史学习教育走深走实。

编印《岁月如歌——民革衢州市第六届委员会工作集锦》、《民革衢州市委会参政议政成果汇编（2017—2021年）》、《同心·大花园》民革专刊、《衢州民革》等书刊，持续发挥《衢州民革》“一刊一号”宣传平台作用，以重大活动、特色事件、优秀党员和先进典型作为宣传工作的切入点，加强对民革市委会履职成果、先进典型的事迹宣传报道，微信公众号全年推送工作动态信息117篇，22篇被《团结报》、团结网采用。

【组织建设】 9月13日，在衢州市冠发君悦大酒店召开民革衢州市第七次代表大会，选举产生民革

2021年9月13日，中国国民党革命委员会衢州市第七次代表大会召开

衢州市第七届委员会，周庆任主任委员，姜英、郑金仙、章青华任副主任委员，完成换届任务。民革衢州市委会印发《2021年民革衢州市委会作风建设年工作方案》，成立作风建设年工作领导小组，建立市委会领导班子民主生活会制度和年度述职评议制度，召开市委会领导班子2020年度民主生活会、市委会领导班子及成员2020年度述职评议会。调整民革衢州市委会监督委员会组成人员，对柯城区基层委员会、健康综合支部、祖国统一（以下简称祖统）支部作风建设工作推进情况开展监督。西区二支部、文化产业支部、衢江区基层委、江山市委会下设7个支部完成换届工作。

"民革党员之家"阵地建设由点扩面、迭代升级。4月13日，全国政协副主席、民革中央常务副主席郑建邦率民革中央调研组专程调研龙游"民革党员之家"，对龙游"民革党员之家"全力升级打造2.0版的做法予以肯定。衢州"民革党员之家"建设、龙游"民革党员之家"建设工作在民革中央调研座谈会上作书面交流。江山"民革党员之家"——江山两岸联谊政协委员会客厅举办"登高望远，情浓重阳"经典诵读会等活动，不断扩大社会影响力，获第二批全国优秀"民革党员之家"。全市建成"民革党员之家"11个，9个被民革省委会评为"示范五好民革党员之家"。

全年发展新党员22人，其中高级职称3人，中级职称7人，副科级1人，博士1人，蒋琦、李华琴获浙江民革2021年度伯乐奖。举办新党员入党承诺暨"青圃营"开营仪式，印发《衢州民革青圃营第一期实施方案》，开展第一期47名营员教育培养工作。积极引导党员双岗建功，一批优秀人才脱颖而出，胡秀秀获全国巾帼建功标兵、全国乡村振兴青年先锋，谭慧获浙江省创新达人，祝小敏获衢州统战领域"杰出工匠（大师）"称号。

【参政议政】2021年，市委会围绕"数字化改革"主题，成立民革专项民主监督团，赴市应急管理局等单位就"安全生产风险防控和应急救援应用平台"课题开展调研，形成《构建"浙里安全"衢州数字化应用平台 推动安全发展示范城市创建》专项民主监督工作报告。全年，通过参加市委、市政府、市纪委、市法院、市检察院、市委统战部等召开的党外人士协商会、座谈会、情况通报会，围绕党风廉政建设和反腐败工作、全市法院工作、全市检察工作，就加强行政执法领域常态化执法的监督等问题提出对策措施，部分意见建议被中共市委、市政府采纳。

与民革省委会联动开展"扎实推进共同富裕"课题调研，组织赴市司法局、市农业农村局等有关单位以及智造新城相关企业，围绕"证照分离"改革、"国家地理标志农产品产业化发展"、"优化营商环境"等专项课题深入调研，形成一批高质量的调研成果。在民革中央第四届莫干山会议上，《共同富裕示范区建设背景下深化山区县农村宅基地改革路径探究》《激发农村社会活力的三个方案》《浅谈垃圾分类的几点思考》等论文入选汇编材料。省政协提案《关于支持衢州建设地质遗产胜地的建议》《完善事中事后监管机制，保障"证照分离"改革成效》获省有关部门重视。提交民革省委会参政议政研讨会调研材料14篇，其中《关于法院诉讼服务中心入驻矛调中心后如何参与诉源治理的调研》等2篇入选会议口头交流发言。在衢州市两会上，提交集体提案12篇，提交个人提案、议案建议33件，《实施富民行动计划 让我市百姓更多分享经济发展红利》被确定为大会口头发言，《关于加强基层矛盾化解有效促进依法行政的建议》被确定为重点提案，《关于构建完备高效现代环境治理体系的建议》《关于密切统筹环保治理与经济发展的几点建议》被确定为重要提案。在市政协常委会上，《以托育机构建管为重点 完善我市3岁以下婴幼儿照护服务体系》《大力发展国家地理标志农产品 精准助农增收致富》等2篇调研材料作口头发言。

2021年11月11日，举行江山—台湾两岸联谊交流展示馆揭牌仪式

在民革专委会工作微信群中开展“每日话题”，及时发布各类信息征集要目，积极报送社情民意信息。2021年报送社情民意信息176件，被各级采用27篇次，其中《外贸企业账户频遭冻结存三大隐患 最优营商环境创建恐遭遇危机》被全国政协、民革中央采用，《加强公民信息规范化制度化安全管理》《关于对民间借贷纠纷建立征缴“利息税”协作机制的建议》被民革中央采用，《关于完善工业企业综合服务平台的几点建议》被省委统战部采用，《关于全面加强农村工作指导员制度建设的建议》等9篇被民革省委会采用，《关于房屋征迁中对特殊弱势群体人员优先照顾的建议》等3篇被市委办采用。

【祖统联谊】2021年，始终把学习贯彻中共中央对台方针政策作为重要任务，组织党员参加民革省委会“同心圆梦·两岸一家亲”祖统沙龙讲座，听取对台研究专家、国台办原副主任王在希主讲的《当前台海形势与祖国统一前景》。开展涉台课题调研，接待民革中央联络部副部长张庆盈到衢州开展“推动海峡两岸新媒体健康交流合作”课题调研。

11月11日，江山两岸联谊交流展示馆正式开馆，以两岸同胞共同传承中华文化为主线，揭示两岸根脉相连、血脉相亲、守望相助和同属一个中国的渊源关系，展示两岸同胞交流交往、融合发展、福祉共享的历史进程，成为两岸联谊交流的新载体。民革江山市委会发挥党员在港澳台和海外有亲友的优势，利用考察、访问、接待之机做好祖统工作，接待台湾金马台澎交流协会到江山考察、与江山史志办等单位联合开展“铭记历史开创未来”纪念抗日战争暨世界反法西斯战争胜利76周年活动、参加廿八都镇省级对台交流基地启动仪式、举办国学大师毛子水研讨活动征求意见会等。民革江山市委会、民革龙游基层委持续走访慰问原国民党抗战老兵。据不完全统计，全市民革组织和党员接待海外亲朋好友20余人次，书信、电话联络30余人次。

民革市委会走访服务浙江明旺乳业有限公司、浙江明源机械有限公司等台资企业，详细了解企业的生产经营情况和企业所需所想所求所盼，帮助台资企业解决发展过程中存在的实际困难。江山民革党员牵头创建的浙江省政协委员会客厅——江山两岸联谊政协委员会客厅，成为推动两岸联谊、协商议事的新平台，承办“金秋话同源 衢台谋共富”座谈会。

【服务社会】2021年，发动民革党

员企业家参与“我为帮扶下一单”活动并签订《消费帮扶承诺书》，健康综合支部主委、浙江大盘山药业有限公司总经理吴文斌作为浙江民革企业家代表在全省民主党派助推乡村振兴工作现场会上签署消费帮扶承诺。龙游县基层委在“龙游飞鸡”总部建立“共享发展 共同富裕”实践基地，以“龙游飞鸡”助农项目为依托，持续带动龙游县、叙永县、乌什县农户脱贫创收，“龙游飞鸡”项目基地获评衢州统战同心共富实践基地。党员企业浙江宗泰农业发展股份有限公司获“全国脱贫攻坚先进集体”“2021浙商助力共同富裕先进企业”等荣誉。6月15日，开化县基层委在华埠镇联盟村设立“同心·博爱社会服务基地”，联合衢州蓝天救援队开展“播撒红色种子 赓续红色血脉”关爱留守儿童公益活动。党员企业龙游鑫世康生物科技有限公司建立龙游鑫世康竹林灵芝野外栽培基地，2021年种植毛竹林下灵芝1300余亩，带动当地500多家农户增收。

发挥法律等领域党员资源优势，在共同助力基层治理中发挥民革同心力量。13名党员入选衢州市统一战线“三同工程”（同心矛盾调解、同心协商议事、同心社会服务）服务团，成为同心矛盾调解团、同心社会服务团成员，参与日常“同心矛盾调解日”等活动，“民革法律援助工作站”持续发挥多元化解矛盾纠纷的平台作用，积极开展法律援助，全面免费服务1200余人次。老党员王天鸿领衔的“天鸿民情直通室”帮助协调解决群众实际困难，持续发挥助力衢州市打造基层治理最优城市的积极作用。全年，“天鸿民情直通室”接待上门反映情况的市民200多人次，落实解决民生实事100余件。

民革市委会主动对接并争取到省级规划设计、文旅产业相关领域专家资源下沉服务衢州，5名省级专家受聘为衢州市统一战线“三同工程”与乡村未来社区建设高级顾问，为衢江区莲花乡村国际未来社区建设、农业特色产业与旅游文化高度融合发展、民宿产业发展提供为期3年的长期咨询服务。省、市、县三级医卫领域民革党员聚力，持续推动“健康衢州 民革同行”品牌发挥实效，民革浙江省委会专家义诊团到衢州开展庆祝中国共产党成立100周年大型义诊活动，为衢江区中医院“创二甲”工作提出指导意见。组织赴市人民医院、市中医院看望慰问一线疫苗接种点的医护人员。人民医院支部、常山县基层委、开化县基层委组织分别赴衢江上方镇、常山招贤镇、开化华埠镇等地开展义诊送健康活动。

（徐建平）

民盟衢州市委会

【概　况】2021年，民盟衢州市委会（以下简称民盟市委会）以践行“四新三好”（中国特色社会主义进入新时代，多党合作要有新气象，思想共识要有新提高，履职尽责要有新作为，参政党要有新面貌，各民主党派和无党派人士要做中国共产党的好参谋、好帮手、好同事，增强责任和担当，共同把中国的事情办好）为目标，精心谋划党派工作“四个建设”（思想建设、组织建设、制度建设、能力建设）和党派争先“四个一”（一个活动、一个批示、一次发言、一次会议），加强自身建设，参政履职，在助力中心服务大局上取得显著成效。

年内，民盟市委会获民盟省委会2021市级组织盟务工作先进单位、社会服务工作先进集体。民盟衢州市委会在民盟省委会2021年暑期读书会暨十二届十七次常委会会议、参政议政工作会议、社会服务工作会议上分别作中共党史学习教育工作、参政议政工作、社会服务工作的经验交流发言。

【民盟衢州市第八次代表大会召开】9月15日，民盟市委会第八次代表大会召开。市委常委、统战部部长傅根友，市委常委、宣传部部长钱伟刚，民盟浙江省委会副主委谢志坚等领导出席大会。民盟衢州市第七届委员会主委汪晖代表民盟衢州市第七届委员会作题为《凝心聚力勇担当 履职尽责谋新篇 为打造四省边际共同富裕示范区作出新贡献》的工作报告。大会选举产生由17名委员组成的民盟衢州市第八届委员会。在民盟衢州市委会八届一次全会上，汪晖当选为主任委员，姜旻慧、周

2021年9月15日，中国民主同盟衢州市第八次代表大会召开

志英、傅淑梅、罗诚剑当选为副主任委员。会议通过八届委员会监督委员会组成人员名单。

【夯实共同思想政治基础】2021年，民盟市委会坚持把思想建设摆在首位，把中共党史学习教育作为贯穿全年的重大政治任务，以中共党史学习教育为主抓手，把深入学习贯彻习近平总书记"七一"重要讲话精神作为首要政治任务，以强化政治引领、强化示范引领、强化活动引领、强化实践引领"四强化"，加强领导，精心部署，认真落实中共衢州市委和民盟省委会关于中共党史学习教育各项部署要求，创新内容、形式、方法，开展"走基地、悟初心"，赴龙游华岗纪念馆、常山西源革命纪念馆开展中共党史学习教育现场活动等10项活动。据统计，全市各级民盟组织通过集中学习研讨、专题辅导报告、主题宣讲、经典讲述、现场教学活动等多种形式开展中共党史学习教育50余次，600余人次参加。

【课题调研】2021年，民盟市委会围绕党委、政府中心工作和重大部署开展调研选题，创新完善联合联动调研等工作机制，完成调研成果15篇，2篇调研课题被民盟省委会立项，《关于提升"直播带货"品质 促进区域经济发展的调查与思考》被民盟省委会作为2022年省政协团体提案提交。联合对口联系部门市教育局，形成的调研成果《中小学心理健康教师队伍建设困境亟待破解》被市委办采用。

【协商建言】2021年，民盟市委会主要领导积极参加市委重大决策、重要工作协商，先后在衢州市"十四五"规划、建设四省边际共同富裕示范区行动计划等方面，提出10余条富有建设性的意见建议，多件建言献策建议得到市委主要领导的肯定。7月，市委会主委汪晖在市政协七届二十二次常委会上，作题为《完善新时代社会救助兜底保障机制 助力打造四省边际共同富裕示范区》的发言，得到市委书记汤飞帆、市政协主席周伟江的肯定。关于"做好住房安全兜底保障 实施被救助群体老旧住房电气线路改造工程"的建议，汤飞帆在大会上明确表示市委、市政府将采纳实施。

【两会履职】2021年，民盟市委会向2021年市政协大会提交大会发言8篇，作口头发言1篇，集体提案10件，其中民盟市委会集体提案《关于加快推进"两山银行"改革 拓宽生态产品价值实现转化路径的建议》，被列为重点提案，由市委书记汤飞帆领办，中共衢州市委召开市委常委会研究该提案。2021年10月，市政协七届常委会第二十三次会议召开，围绕"持续做好农房整治和风貌提升'后半篇'文章，助推共同富裕"主题开展专题协商，3位盟员市政协委员在常委会上作口头发言。

【提案办理】2021年，为推动提案办理增效，民盟市委会加强与提案承办单位和提案撰写作者三方的沟通协作，召开由民盟市委会领导、提案承办单位和提案撰写作者、相关领域盟员专家参加的座谈会10余次，组织提案办理现场调研活动3次，对提案涉及相关问题，由民盟市委会领导、提案撰写作者、相关领域盟员进一步提出相关意见和建议。为做好2021年市委会《关于进一步提升衢州公共服务水平的建议》集体提案办理工作，民盟市委会与提案承办单位市综合执法局多次沟通协商，组织相关领域民盟专家与提案办理单位，联合开展实地调研，并召开提案办理座谈会，对城市管理工作提出相关意见和建议，得到提案办理单位的肯定，并在市城市精细化管理“十大专项”行动中予以吸纳实施。

【社情民意信息】 2021年，民盟市委会反映社情民意信息量质取得新突破，报送社情民意信息（党外人士建议）120余件，被采用90多件，其中被全国政协、民盟中央、省政协采用9件，被市委办采用6件。7月，民盟市委会获市政协信息工作先进单位一等奖。4月，民盟衢州市委会副主委姜旻慧反映的有关司法部门和政府法制部门职责调整的社情民意信息，被全国政协办公厅评为2018—2019年度优秀社情民意信息（全国共评出30篇）。

【党派争先“四个一”活动】 2021年，完成市委统战部提出的党派争先“四个一”活动。“一个活动”：积极协调对接全国人大常委会委员、民盟中央副主席徐辉到衢州出席衢州市统一战线“三同工程”助力基层治理行动启动仪式，并调研民盟衢江区支部“暖阳社会服务中心”和衢江区社会矛盾纠纷调处化解中心。“一个批示”：在衢州调研期间，徐辉对民盟衢江区支部社会服务工作予以批示肯定。“一次发言”超额完成：市委会2021年分别在民盟省委会参政议政、社会服务工作会议上作经验交流发言。“一个会议”：原定10月底在衢州召开的民盟省委会2021年度“盟声议政”法治研讨会暨民生发展研讨会，民盟市委会做好各项筹备工作，因疫情防控形势趋紧原因，该研讨会延期举办。

2021年4月2日，民盟中央副主席徐辉（前排右一）考察民盟衢江区支部暖阳社会服务中心

【组织建设】 2021年，民盟市委会发展新盟员20人。截至年末，全市共有盟员376人。指导民盟衢州职业技术学院支部、衢州二中支部完成换届工作。继续开展“双十佳”基层组织创建活动，2个基层组织被评为民盟省委会“双十佳”基层组织，2个“盟员之家”被评为民盟省委会五星级“盟员之家”。紧密与党委统战部门的联系沟通，民盟市委会领导定期走访盟员所在单位党组织，了解盟员各方面表现，适时推荐优秀盟员在重要岗位任职。年内，2位盟员提拔为正科级领导干部，1位盟员提拔为副科级领导干部，多位盟员转任重要岗位。

【“民盟同心”系列社会服务品牌】 2021年，联系省级和其他地市级医院盟员医疗专家到“民盟同心·名医服务站”开展活动3次，参与专家7人次，接诊患者120余人次，开设医学知识专题讲座4场，开展教学查房40余例，疑难病例研讨5余例。衢江“民盟同心·暖阳社会服务中心”被衢江区委、区政府邀请入驻“衢江区矛盾调解中心”，承办“杭州·衢江‘山海协作’——民盟杭州教育专家送教衢江活动”；举办暑期公益夏令营、心理健康讲座、家事调解等社会服务活动800余次，疫情心理疏导500余次，700余人受益。常山“民盟同心·专家工作站”规范工作站运作，开展省级专家科技服务4次，项目合作2次，参与盟内外专家服务19人次，为常山胡柚、山茶油、轴承、造纸企业开展科技服务，受益企业4家，受益群众1000余人。开化“民盟同心·社区服务站”组织民盟8090宣讲团走入农家小院、社区广场、学校企业等地，开展普法、心理建康、“衢州有礼”等宣讲10余场。邀请省盟专家开展健康讲座2场，开展送医、送教、送文化、送科技等下基层活动5场、家庭教育宣讲4场，累计惠及群众500余人次；“民盟同心雏鹰·关爱之家”争取到民盟省委会博爱基金10万元，全年累计开展活动15场，惠及200余名学生、150余户家庭。江山“民盟同心·法律服务专家站”组织法律服务志愿者开展《中华人民共和国民法典》讲座、《知识产权风险防范》专题沙龙、旅游民宿普法宣传、建筑企业“专项体检”等系列法律服务活动50余次。开展“法律援助 助农讨薪”“妇女儿童权益保护沙龙”“3·15消费者权益保护”等法律咨询、普法宣传活动等线上、线下法律咨询服务100余人次，参与矛盾纠纷调解20余起，办理法律援助案件83件。（余忠前）

民建衢州市委会

【概　况】2021年，民建衢州市委会（以下简称市委会）紧扣民建全会“履职能力建设年”主题，履行参政党职能，开展社会服务，推进自身建设，较好地完成全年目标任务，为高质量发展建设四省边际共同富裕示范区和四省边际中心城市贡献智慧和力量。

市委会多篇材料获上级领导批示。会员凌素培撰写的《关于加强农业科技推广，助推农业现代化的几点建议》得到省委副书记、统战部部长黄建发和副省长刘小涛批示。《关于深化浙闽赣皖四省生态旅游协作区建设的建议》和《关于大力发展乡村康养游的建议》被评为民建省委会参政议政优秀成果三等奖。市委会副主委朱俐撰写的《塑言规 强言值 促言效——关于建构协商民主技术体系的几点思考》获省委会理论研究课题结项成果二等奖。市委会获省委会对外新闻宣传先进集体三等奖、《浙江民建》会刊先进集体三等奖、市政协2019—2020年信息工作先进集体二等奖。谢小兵获评省委会新闻宣传工作先进个人、省委会信息工作积极分子称号。毛朝阳获评2021年“浙江民建年度人物”，作品获省委会年度优秀新闻作品奖。余延金、徐成正、戴竹琴、郜勇军、刘家兵被民建省委会评为全面建成小康社会作贡献成绩突出个人。陈德轮获“衢州市榜样统战人物”称号，徐成正、黄宏健获衢州市统一战线“十大杰出工匠（大师）”称号。汪洋获评2021年度浙江省青春助力乡村振兴带头人“青牛奖”。会员企业实达实公司的“实达实工业购数字化协同与应用平台”作为衢州地区唯一参赛项目在浙江省第二届企业码场景应用创新大赛决赛中获三等奖。实达实公司入选国家级制造示范平台，实现衢州市“零的突破”。会员企业浙江阿帕科技有限公司运营的衢州市大学生创业园智慧新城园，成为衢州首个国家级创业孵化示范基地。常山县会员企业谷舞仁生公司开发出数字化蔬菜直供应用新场景，一“网”打通地头餐桌。

【组织建设】9月12日，民建衢州市第八次代表大会召开。大会审议通过民建第七届委员会的工作报告，选举产生19名委员组成的第八届委员会。在民建衢州市八届一次全会上，蓝芝苇当选主任委员，邓柳青、朱俐、崔巍青、毛秋惠当选副主任委员。成立监督委员会，崔巍青当选主任。民建衢州市第七届和第八届委员会顺利实现政治交接。明确市委会领导班子成员分工，成立5个专门委员会，建立领导班子成员联系基层组织和专委会制度。

全年新发展会员25名。截至年末，全市有会员507人。完成常山县支部换届和直属二支部届中调整。

2021年，市县两级组织开展各具特色活动。各基层组织结合庆祝中国共产党成立100周年，开展学习教育活动。市委会与市食品药品检验研究院联合举办“颂党恩，送健康”实验室开放日活动，20余名会员走进实验室探寻“舌尖上的安全”。妇委会成员、直属四支部会员赴会员企业七里乡“七月上”民宿开展“三八”妇女节庆祝活动。龙游民建妇女委员会举办“以茶会友”沙龙活动。重阳节前夕，市委会组织老会员近30人赴江山市大陈村开展活动。

举办2021年度履职能力提升培训班，第八届市委会委员、各基层组织负责人、理论研究和参政议政委员会成员50余人参训。选送4名会员参加民建省委会参政议政培训班学习，选送9名会员参加市委统战部民主党派干部能力素质提升班学习。

【理论学习】2021年，发挥领导班子在思想政治建设上的引领作用，通过开展学习交流、召开座谈研讨、举办专题讲座、开设学习专栏、编印学习资料等形式，引导市委会机关、各基层组织开展学习。市委会以庆祝中国共产党成立100周年为主线，扎实开展党史学习教育。开展8090新时代理论宣讲。组织赴民建中央爱国主义教育基地孙起孟故居参观学习，开展庆祝中国共产党成立100周年主题征文活动，举办理论研讨和"民建奇点沙龙"活动。全年，市、县两级组织开展党史学习教育40余次，印发学习资料10余种；开展8090宣讲活动10余次，受众300人次；撰写体会文章50余篇，开展思想理论研讨活动10余次。

【参政议政】1月，在省政协十二届四次会议上，省政协常委、市人大常委会副主任、市委会主委马梅芝聚焦现代化先行、共同富裕等，向会议提交4件提案，为全省争创社会主义现代化先行省和打造共同富裕示范区献计献策。并接受《浙江日报》、中新网、《钱江晚报》、天目新闻、无线衢州等媒体采访。市政协七届五次会议上，市委会提交发言材料12篇、集体提案14篇。委员谢小兵代表市委会作题为《积极推动城市大脑向基层延伸拓展，持续助力"县乡一体、条抓块统"改革试点》的大会发言。由市委会提交的《关于进一步优化我市涉企服务的建议》《关于我市打造长三角老年康养旅居产业基地的建议》被评为市政协七届四次会议以来优秀提案。《深入贯彻习近平总书记在浙江考察重要讲话精神，大力推进我市A级景区村可持续发展》《合作共建衢黄南饶钻石大花园旅游区，共同打造世界一流生态旅游目的地》被评为优秀发言。市委会集体提案《关于推进我市无障碍环境建设的建议》被确定为重点提案，由副市长廉俊领办，市政协副主席徐旭卿协办。

【民主监督】2021年，协同民建省委会开展"制造业企业数字化改革"专项民主监督，报送调研文章《关于加快我市制造业企业数字化转型的建议》。由市委会领导带队，走访对口联系部门市经信局、市农业农村局、市水利局，就"衢州有礼诗画风光带"、水利建设等开展监督调研，探索完善常态化联系制度。民建衢江区总支部围绕"打造美丽中国先行示范区"课题，就强化饮用水水源地保护开展民主监督。龙游县基层委赴镇海考察企业科技赋能、数字化改造先进经验，江山市支部调研大陈乡未来社区建设和保安乡茶产业发展。

【助力共同富裕示范区建设】2021年，市委会广泛凝聚共识，开展调研，真情服务社会，为共同富裕示范区建设贡献智慧和力量。利用江山市保安乡化龙溪村龙井自然村的千年古道文化、茶文化等，结

2021年3月26日，民建江山市支部在保安乡龙井村举办庆祝中国共产党成立100周年系列活动之"花成蜜就"助力乡村振兴土蜂养殖"三送"行动，为当地村民送蜂箱、送技术、送市场

合当地民宿经济、“绿牡丹”传统手工茶产业和土蜂养殖产业，调动民建会员企业、挂联部门力量，建成“三馆一基地”（即党农茶馆、延安归来馆、同心馆，“花成蜜就”精准帮扶基地）。通过“花成蜜就”精准帮扶项目，向当地蜂农赠送蜂箱近百只，土蜂蜜500余公斤，为当地村民增收20余万元。“送蜂箱、送技术、送市场”，与浙江福赐德生物科技有限公司签署村企合作、产业融合战略协议。《浙江日报》、浙江电视台《焦点一线》栏目对民建之家“花成蜜就”助农项目作报道。

【推动康养产业发展】2021年，为推进康养产业高质量发展，委员马梅芝在省政协全会上建议开发一批具有区域特色和品牌效应的乡村康养游目的地，打造乡村康养产业综合体。衢州市健康产业政协委员会客厅在开化县杨林镇平川村建立“乡村振兴健康产业同心服务基地”。马梅芝作“推动乡村康养游，助力共同富裕”讲座，从乡村振兴和健康产业发展角度，结合平川村特色优势，提出发展“平川谷雨茶”的建议举措。在根宫佛国设立孙树侠、郭庆华专家楼，挂牌“孙树侠衢州糖尿病国际康养研究中心”。市委会持续助力健康衢州的做法得到省政协副主席、省委会主委陈小平批示。

【服务社会】2021年，市委会开展丰宁县消费扶贫活动，支持欠发达地区加快发展。直属九支部会员到浮石街道塔石塘村的“残疾人之家”，讲解糖尿病科普知

2021年9月24日，民建衢州市委会青年企业家工作委员会成立大会在衢州市大学生创业园智慧新城园召开

识。衢江区总支部开展“同心服务民建行——创建同心助残共富”活动。龙游县会员赴沐尘畲族乡开展送温暖、送春联活动。龙游县三支部慰问罗家乡荷村贫困家庭。江山市支部会员认购四都镇农户滞销柑橘，将爱心柑橘等送给碗窑乡敬老院。赴大陈乡萃文小学开展“六一”捐资助学活动。会员企业衢州市旧机动车辆交易中心开展“学党史、颂党恩、办实事、暖童心”爱心捐赠活动。

【服务会员企业】9月24日，民建衢州市委会青年企业家工作委员会成立大会在衢州市大学生创业园智慧新城园召开，省、市民建青企委成员50余人参加。主委蓝芝苇走访衢州市民建企业家协会并指导协会工作研讨会。江山市支部联合江山市人社局、江山市经信局、江山市企业家协会开展助企活动。选送会员企业家参加民建中央举办的非公有制经济发展论坛。

【服务疫情防控】2021年，市委会及早发出号召，鼓励员工春节就地过年。各会员企业开展多种形式的职工慰问和关爱活动，切实保障春节期间职工劳动报酬、休息休假等合法权益。会员企业浙江联能电气有限公司在春节期间推出现金补贴等福利。（徐 彤）

民进衢州市委会

【概 况】2021年，民进衢州市委会认真开展“学党史 明会史”学习教育，加强思想政治建设，以庆祝中国共产党成立100周年为主线，以深化政治交接和反映社情民意信息为年度工作主题，凝聚思想共识，加强自身建设，积极履行参政党职能，主动服务地方经济社会发展。

至年底，民进衢州市委会有基层组织53个，其中支部47个，总支部6个，总支部下属支部27

个。会员564人，其中女会员297人，大学以上学历415人，占73.6%；具有高、中级职称396人，占70.2%，其中高级职称164人，占29%。省政协委员1人，市政协副主席1人、委员24人（常委5人），县政协委员54人（县政协副主席1人，常委11人）；省人大代表1人，市人大代表3人，县（市、区）人大代表5人（其中常委2人）。

2021年，民进衢州市委会被评为民进全国社会服务暨脱贫攻坚先进集体、民进全国反映社情民意信息先进集体、民进全省学习宣传工作先进单位、市委执行"十条军规"正面典型通报表扬、市政协2019—2020年度信息工作先进单位一等奖、2020年度全市统战工作先进单位一等奖和2020年度全市统战"双招双引"工作先进单位。民进龙游县总支、民进市直六支部被评为2021年度民进全省优秀基层组织。方向明、汪秀芳被评为民进全国社会服务暨脱贫攻坚先进个人，刘立忠被评为民进全国反映社情民意信息先进个人，江伟琴被评为2020年度全国巾帼建功标兵，张红萍、刘立忠被评为2021年度民进全省优秀基层组织负责人，刘立忠被市政府授予第二批"衢州市有突出贡献中青年专家"荣誉称号，余家富被评为2020年度衢州"榜样统战人物"，徐则文被评为2020年度统战领域"杰出工匠（大师）"。

2021年6月24日，民进衢州市委员会举行"学党史 明会史"学习教育活动

【"学党史 明会史"学习教育】2021年，为庆祝中国共产党成立100周年，民进衢州市委会成立党史会史学习教育领导小组，制订实施方案，召开部署推进会，开展"学党史 明会史"学习教育。会同民进杭州市委会在衢州举办"同心筑梦——庆祝中国共产党成立100周年"美术作品联展，展出美术作品100件；组织民进衢州市委会领导班子、基层组织负责人赴杭州师范大学马叙伦历史资料陈列馆瞻仰先辈风采，重温民进历史；举办"学党史 明会史"学习教育活动，邀请衢州军分区原司令员讲党史，主委黄伟青讲会史，并集体重温入会承诺，回顾同中国共产党团结合作的奋斗历程。发挥领头雁的示范带动作用，领导班子成员通过座谈、调研、走访、宣讲等形式指导各基层组织开展系列学习教育活动。各基层组织先后组织诗歌朗诵会、书画展、绘制革命先辈水墨人物画、创作革命题材小说、参观徐以新陈列馆、华岗故居、"重走红军路"等活动20余次；民进8090宣讲员开展"家门口的红色故事"宣讲20余次。

【信息宣传】2021年，编印《春秋五度 同心筑梦——民进衢州市第七届委员会工作印记》和市委统战部《同心·大花园》衢州民进专刊一期，展示民进衢州市委会履职成果。完善"衢州民进"微信公众号，开设"学党史、明会史""会员风采""三同工程"等专栏，全年发布信息165条，其中8篇次报道被民进中央公众号和网站采用，40余篇次报道被民进省委会公众号和网站采用，29篇报道被市委统战部采用。着力培养和发挥传媒界别会员力量，对外宣传工作有新突破，浙江民进助力衢州山区共同富裕和"同心筑梦——庆祝中国共产党成立100周年"杭州·衢州民进美术作品联展等活动在《人民政协报》、《团结报》、中国网、《浙江日报》、《联谊报》、浙江公共新闻频道、衢州新闻、《衢州日报》等媒体上报道，其中王小俊撰写的《大山深处药材香——民进浙江中医药大学基层委员会、民进衢州市委会携手助力衢州中医药发展记事》获浙江省第三届人民政协好新闻“优秀新闻作品”。民进衢州市委会被评为2021年度民进全省学习宣传工作先进单位。

【会史和理论研究】2021年，组织会员参与民进中央参政党理论研究会课题招标活动，以刘立忠为组长的民进衢州市委会课题“民进信息化建设的路径与效能研究”顺利中标并结题，为民进全国13个课题之一，浙江省唯一中标课题。配合民进省委会参政党理论研究会在衢州开展“中国共产党百年党建经验对中国特色社会主义参政党建设的启示”课题调研并形成调研成果。动员会员参与“庆祝中国共产党成立100周年——多党合作·民进记忆”等主题征稿活动，其中刘艳萍撰写的《张廉：和省委书记交朋友》一文，被民进中央、民进省委会公众号采用刊发。专题研究和开展会史资料抢救整理，指导各基层组织采用集体史、回忆录、口述记、故事集等多种方式开展会史撰写整理工作，部分基层组织已完成初稿。组织会员撰写参政党理论研究文章，姜文撰写的《大格局理论视角下基层单位统战有效实现的路径探索——基于衢江区统战工作“五化五好”三级联创的实践》获市政协2021年度优秀理论研讨论文二等奖，邓心悦、姜晨、刘立忠等撰写的文章分获市政协2021年度优秀理论研讨论文三等奖。

2021年9月7日，中国民主促进会衢州市委会第八次代表大会召开

【民进衢州市委会第八次代表大会召开】9月7日，民进衢州市委会召开第八次代表大会，选举产生由18名委员组成的民进衢州市第八届委员会。在民进衢州市委会八届一次全体会议上，黄伟青当选为主任委员，郑颖娴、沈燕、曹蓉当选为副主任委员，沈燕兼任秘书长。同步成立由9名成员组成的民进衢州市第八届委员会监督委员会。

【领导班子和机关建设】2021年，贯彻执行民主集中制，落实领导班子有关学习、民主生活会、述职评议等工作，开展五种能力（政治把握能力、参政议政能力、组织领导能力、合作共事能力、解决自身问题能力）建设，认真执行学习、议事、决策制度，推进会内民主。召开民进衢州市第七届委员会第十次全体会议，进行届中调整选举，黄伟青当选民进衢州市委会第七届委员会主委。召开民进衢州市第八次代表大会，选举民进衢州市第八届委员会成员，完成领导班子新老交替。以制度建设为先导，起草修订主委会议、委员会议议事规则等，完善并落实集体领导和分工负责制。继续深化“六型”（学习型、服务型、效率型、创新型、表率型、亲和型）机关建设。加强廉政建设，开展警示教育活动。

【基层组织建设】2021年，统筹全市基层组织建设工作，根据实际情况调整优化基层组织结构，新成立民进衢州市职业技术学院支部、民进市直八、九支部。民进市实验学校支部，民进市人民医院支部，民进市文化支部，民进市直一、二、三、四、五、六、七支部10个基层组织完成换届工作，民进常山支部完成届中调整，民进市实验学校支部更名为民进市实验学校教育集团支部，民进市文化支部更名为民进市文旅支部。严格遵循选拔任用程序，将优秀中青年骨干会员充实到基层组织领导班子中。进一步优化完善领导班子成员联系基层组织、基层组织分级分类考核、重大活动领衔承办等制度。

【人才队伍建设】2021年，发展新会员36人。至年末，全市共有会员564人。加大各基层组织领导班子后备干部队伍建设，对人才数据库进行动态管理。举办民进衢州市第八届委员会委员读书会暨基层组织负责人培训班，研讨交流学习宣传、参政议政等工作。推荐骨干会员参加各级各类培训30余人次。努力推动岗位锻炼、实职安排等工作，引导会员在实践中提升自身能力。截至年末，全市会员中省人大代表和政协委员2人、市人大代表和政协委员27人、县（市、区）人大代表和政协委员54人；副科以上干部40人，其中副厅级1人，正县级2人，副县级4人，正科级15人，副科级18人。

【"互看互学"活动】2021年，根据市委统战部统一部署，民进衢州市委会牵头组织全市各民主党派第一次"互看互学"活动。市委会以此为契机，加快基层组织活动场所建设。新建江山民进开明嘉苑·中医药文化进校园实践创新基地，提升柯城民进开明嘉苑·助力乡村未来社区建设实践创新基地，初步打造形成全市开明嘉苑"一个统一的LOGO,一县一阵地、一支部一品牌，一个省市县三级联动专家团队"三大鲜明特色，努力形成系统、规模、集成效应，进一步提升衢州民进辨识度、影响力，得到民进省委会和市委统战部的多次肯定。

【开展"反映社情民意信息"主题年活动】2021年，把反映社情民意信息工作列为重点工作进行部署落实。注重发挥"关键少数"的作用，要求民进市委会班子成员主题年内到基层组织参加反映社情民意信息工作专题活动不少于一次，市委会委员、各级人大代表和政协委员主题年内提交社情民意信息不少于一篇，强化示范带动效应。注重信息骨干队伍的培养，召开信息骨干工作交流座谈会，举办参政议政能力提升培训班，邀请专家传授信息撰写技巧，建立"信息攻坚"群，及时探讨交流信息选题、内容修改、采用情况等，保持骨干会员撰写热情。注重信息工作的传帮带，聘任一些老信息骨干会员为信息"导师"，加强指导培养。2021年，1篇信息被全国政协采用，4篇信息被民进中央采用，100余篇信息被省委统战部、民进省委会、市委办、市政协、市委统战部采用，其中沈燕撰写的《建议加强城市"第五立面"建设 打造空中美丽衢州》获市长汤飞帆批示。刘立忠、刘美芳、郑雪良获2019—2020年度市政协信息工作先进个人，周巧萍获2020年度全市统战信息工作先进个人。

【协商监督】2021年，民进市委会领导多次参加市委、市政府、市政协、市委统战部召开的各类协商座谈会、情况通报会、征求意见会、调研视察活动等，围绕衢州市"十四五"规划、2035年远景目标、数字化改革、四省边际共同富裕示范区建设等主题，提出意见建议。许多意见建议被市委、市政府采纳。根据市委统战部统一部署，针对全市医保领域数字化改革工作开展专项民主监督活动。支持担任纪检监察、法院、信访、医保等部门民主监督员的会员认真履职，并推荐会员参加"电视问政"活动，助力改进政风。

【议政建言】2021年，提交两会发言11篇，其中5篇被选入重点大会发言（共24篇），黄伟青撰写的《建好"四院一体" 打造中医药医学高峰 全力推动我市中医药高水平发展》和刘艳萍撰写的《深耕税务源涵养 增强区域经济活力》被选定为大会口头发言，并获2021年度优秀大会发言；提交集体提案8件，会员中的代表委员共提交提案、议案40余件，其中《关于加强我市小型水库安全运行管理的建议》被列为重点提案。在市政协常委会上，黄伟青和潘宇分别作题为《加快补齐学前教育短板 助力共同富裕示范区建设》和《让乡村更艺术》的口头发言。《关于打造四省边际公共法律服务高地的建议》等2件提案获市政协七届五次以来优秀提案。向省委会申报课题5个，吴红峰领衔的"在推进共同富裕背景下完善职业病卫生鉴定的对策研究"、蓝建芳领衔的"中小学生的健康体质问题研究"和汪耘领衔的"推动工业互联网示范建设，加强数字经济产业赋能"3个课题获民进省委会立项并顺利结题。上报省委会开明教育论坛征文5篇，其中周翠撰写的《特色思路提升县域高中高质量发展》获民进全省开明教育论坛优秀征文一等奖。郑颖娴撰写的《推进我省家政服务业转型升级，充分释放第三产业内需红利》获民进省委会2021年度参政议政优秀成果三等奖。

【促成市校合作】2021年，充分发挥联系广泛、智力密集优势，紧贴党委政府中心，找准与中心工作的切入点、融合点。在民进省委会、市政协和市委统战部的大力支持下，市委会通过与民进浙江中医药大学基层委员会签订合作共建协议，积极助推市校深入合作，为促成市校双方签订《战略合作框架协议》发挥重要作用。“深化细化民进浙江中医药大学基层委员会与民进衢州市委会结对共建，集聚医卫专家资源，形成长效常态合作”被纳入“推进‘全市域’合作”板块内容，民主党派工作首次载入市级战略合作协议。市委会获市委执行“十条军规”正面典型通报表扬，“2020年度全市统线‘双招双引’工作先进单位”，有关经验做法获市委常委、统战部部长傅根友批示肯定。

【助力共同富裕】2021年，邀请民进省委会副主委、浙江中医药大学校长陈忠等领导、专家一行到衢州开展助力山区共同富裕项目考察对接活动，走进开化、江山、龙游，与当地有代表性的有关中医药工作的医院、学校、企业和种植基地进行深入座谈交流，谋划助力山区共同富裕合作项目。《人民政协报》、《团结报》、浙江新闻客户端等媒体相继报道点赞。民进柯城总支成立“民进帮帮团”，通过在余东村设立助力乡村未来社区建设实践创新基地，从增收致富、教育帮扶、医卫惠民、文体活动等多方面，助力共同富裕；江山总支在清湖小学设立中医药文化进校园实践创新基地，传承和发扬中医药文化等，得到民进省委会、市委统战部和社会各界的肯定。落实全市统一战线“三同工程”（同心社会服务、同心矛盾调解、同心协商议事），聘请2位省级民进专家，助力“县乡一体、条抓块统”改革；民进衢江总支等基层组织开展送医、送科技下乡等活动，共同助力四省边际共同富裕示范区建设。民进柯城总支部“开明帮帮团”、会员方向明的衢州早田农业科技有限公司获评衢州市统一战线同心共富实践基地。

2021年8月2—4日，民进省委会向民进江山市支部开明嘉苑中医药文化进校园实践创新基地赠送中药材标本

【打造服务品牌】2021年，引导各支部发挥自身优势，谋划“一支部一品牌”，开展社会服务。柯城总支“小草行动”结对帮扶贫困学生，衢江总支依托医卫专家工作基地服务社会、服务群众，龙游总支开展书画艺术公益培训，江山总支设立“开明周末课堂”等系列服务活动，常山支部开展关爱助困活动，开化总支设立“爱之翼”品牌关心关爱留守儿童，巨化总支关爱侵华日军细菌战遗留的“烂脚病”受害者，市直一支部、四支部会同民进市委会法制工作委员会开展法律咨询服务，市直六支部科技助农增收，市直七支部高考志愿填报公益讲座，市中医院支部送医送健康，衢州学院支部承办“南孔大讲堂”助力南孔文化金名片建设。依托衢州开明画院，开展“春联万家”等社会服务活动。（黄咏梅）

2021年4月26日，农工党衢州市委会召开中共党史学习教育动员部署会

农工党衢州市委会

【概　况】2021年，农工党衢州市委会（以下简称市委会）弘扬农工党“爱国、革命、奉献”的优良传统，不忘合作初心，继续携手前进，建设政治坚定、组织坚实、履职有力、作风优良、制度健全的中国特色社会主义参政党地方组织，在自身建设、参政议政、社会服务等方面都取得进步。

截至年末，全市基层委员会2个，总支委员会6个，支部委员会30个，党员429人，平均年龄52.78岁。其中医药卫生界196人，占45.69%；生态环境和人口资源64人，占14.92%；文教界91人，占21.21%；科学技术界19人，占4.43%；其他界别59人，占13.75%。中高级职称比例81.6%。党员中在各级政府担任副科以上职务30名，担任省、市、县（区）人大代表和政协委员71名，其中人大代表7名，政协委员64名。

【中共党史学习教育】2021年，市委会开展中共党史学习教育动员部署会，全市各级基层组织立即响应，分别开展专题学习、座谈交流、参观中共党史图片展等各种形式的活动。紧扣中国共产党成立100周年等系列重大时间节点，组织开展“同心跟党走”征文、8090新时代理论宣讲等“学党史跟党走”系列主题教育活动。广泛发动各级组织积极参与省、市级大型活动，如市委统战部榜样人物晚会、农工党省委会庆祝中国共产党成立100周年主题活动等。选送傅振、陈星明、朱云斐等党员的作品参加“携手共建 筑梦中华”和中国共产党成立100周年书画巡展等活动。

【政治协商】2021年，市委会领导参加市委、市政府、市政协、市委统战部召开的协商会、通报会、征求意见会等，就衢州市政府工作报告、党风廉政建设和反腐败工作、全市法检工作、“十四五”规划制订、市委市政府中心工作等建言献策，在市政协全会、市政协常委会上围绕“未来社区建设、最优营商环境打造、四省边际共同富裕示范区建设”等中心工作协商议政，作口头发言3次，提出多项具有较强针对性和专业性的意见建议，获市领导肯定及部门采纳。

【议政建言】2021年，市委会各级人大代表、政协委员围绕经济社会发展的重点、热点和难点问题积极建言献策，在市级及以上两会平台主动提交提案、议案34件。其间，主委杨晓光代表市委会作题为《增强沿海意识 为加快四省边际中心城市注入新动能》的口头发言，获市委副书记、市长汤飞帆点赞；赵瑞慈作题为《关于争创省级衢州新区的建议》的口头发言。《关于推进我市医联体、医共体融合建设的几点建议》《关于推进我市服务业跨越式发展的几点建议》获优秀集体提案；《城市居住区建筑形态的衢州模式探索》获优秀大会发言一等奖；《积极践行“两山”理论 加快创建国家森林城市群》获优秀大会发言三等奖。4月，市委会召开2021年度调研宣传工作暨课题研讨会。10月，市委会开展未来社区建设调研，杨晓光带队赴杭州学习未来社区在数字赋能、居民参与自治共享机制和社区治理新模式。同时，市委会主动承接省委会中药材产业专题调研等任务，4个调研课题被省委会立项。市委会坚持把社情民意信息工作作为党员参政履职落脚点，强化信息员骨干队伍培养，定期开展辅导培训和信息沙龙，上报反映社情民意信息77篇。

【民主监督】2021年,市委会聚焦“中国基层治理最优城市”“民营经济高质量发展”“数字化改革”等主题,组织赴县(市、区)、对口联系部门等开展专项民主监督活动,形成并提交《推进智慧医疗应用,助力我市数字社会系统建设》等调研报告。担任各级各部门特约监督员及行风监督员的广大党员,围绕岗位要求,履行监督职责,发挥积极作用。

【组织建设】2021年,全市发展农工党新党员21人,推荐骨干党员参加省委统战部、省委会、市委统战部等组织的各类培训18人次。按照规定组织程序和要求,于9月1日完成市委会换届工作。新成立市经济科技总支,完成衢州学院支部届中调整、常山县总支换届等组织工作。坚持高标准建设活动阵地和精神家园,完成“中医药博物馆——衢州农工党党员之家”提升改造工程,常山县总支“农工党党员之家”基本完成建设,组织老党员开展“诗画衢州 有礼重阳”重阳节活动。党内监督深入基层,通过召开基层组织负责人座谈会、到基层组织开展走访调研等,广泛听取党员意见建议。充实和完善学习制度、会议制度、领导班子议事规则、财务管理制度等,明确职责,保证市委会机关工作有章可循、管理规范有序、枢纽作用发挥有力。

【助力共同富裕】2021年,市委会和各基层组织以开展环境与健康宣传周活动为契机,充分整合党内外力量,深化服务内容和形式,通过送科技医疗下乡、文明有礼服务、垃圾分类指导、爱心帮扶等形式,服务基层群众。9月,在农工党省委会带领下,赴贵州省大方县开展巩固脱贫攻坚成果、助力乡村振兴。党员舒慧云、柴志飞与4名家庭困难的新入学大学生签订帮扶协议,资助他们直至大学毕业。党员企业家向大方县政府提出中药材从种植、初加工到深加工的产业发展建议。

2021年9月1日,中国农工民主党衢州市第八次代表大会召开

2021年,全市各级组织开展义诊服务活动30余次,受益1万余人。市委会被农工党中央评为脱贫攻坚工作先进集体。

【品牌服务】2021年,积极争取上级组织支持,发挥农工党中央、省、市、县四级联动机制,开展社会服务。6月,农工党中央主管的中国初级卫生保健基金会中西部振兴与发展办公室与衢江区签订民生帮扶项目框架合作协议,国家标准化心血管诊疗中心、国家智能骨科疾病诊疗示范中心落户衢江。10月,发挥开化县中医医院农工党专家工作站优势,由农工党省委会牵头,省级基层组织专家组包括浙一、浙二、省中医院等专家一行40余人到开化开展结对医疗服务,让群众在家门口享受到省级专家贴心细致服务。市委会被省委会评为2021年社会服务工作先进集体。

【第七届中医科学大会召开】3月,市委常委、市委统战部部长傅根友带队赴农工党中央对接筹备工作,全国政协副秘书长、农工党中央专职副主席兼秘书长曲凤宏接见并座谈。7月,农工党中央社会服务部部长耿丽丽一行到衢州考察第七届中医科学大会筹备工作。8月,市政府成立第七届中医科学大会筹备工作专班,市委会机关全体人员加入专班,发挥市委会联络沟通的桥梁作用。

12月14—15日,由中国农工民主党中央委员会、国家中医药管理局主办,中共衢州市委、衢州市人民政府承办,中国中医科学

2021年12月14—15日，由中国农工民主党中央委员会、国家中医药管理局主办，中共衢州市委、衢州市人民政府承办的第七届中医科学大会在北京、衢州线上线下同时召开。图为衢州现场会

院等19家单位共同参与协办的第七届中医科学大会召开。本届大会主题为“同心抗疫，健康中国，中医药新时代的担当与贡献”。大会以线上线下相结合的方式，在北京、衢州分别设立线下会场全程线上直播。全国人大常委会副委员长、农工党中央主席陈竺出席开幕式并作题为《新时代的中西医融合：携手抗疫，健康中国》的大会主旨报告。“共和国勋章”获得者钟南山院士发表致辞。国家卫生健康委党组成员、国家中医药管理局党组书记余艳红致辞。中共衢州市委副书记、市长高屹代表东道主致辞，中国中医科学院书记查德忠代表协办单位致辞。全国政协副主席、农工党中央常务副主席何维，中国工程院副院长、中国医学科学院院长王辰，农工党中央副主席杨震、龚建明、曲凤宏、焦红、于文明等出席大会。农工党中央副主席曲凤宏主持开幕式并作闭幕讲话。来自以色列的2004年诺贝尔化学奖获得者阿龙·切哈诺沃、来自法国的2011年诺贝尔生理学或医学奖获得者朱尔斯·霍夫曼分别作《COVID-19,患者与治疗性医疗技术间的道路满布生物伦理障碍》与《先天性免疫及其演变与适应性免疫的对话及在感知和抵御SARS-CoV-2中的作用》两个主题报告。“人民英雄”、中国工程院院士张伯礼，中国工程院副院长、中国医学科学院院长王辰，国家中医药管理局副局长、中国工程院院士黄璐琦，上海中医药大学学术委员会主任、中国科学院院士陈凯先，国医大师、中国工程院院士王琦，国家传染病医学中心主任、上海市新冠肺炎医疗救治专家组组长张文宏等15名院士、24名知名专家交流中医药在抗击新冠肺炎中的作用。与会人员主要围绕COVID-19基础研究与临床试验、中西医结合与临床实践、中医药与感染免疫性疾病、药物药理学、针灸与神经科学、中医药与代谢性疾病、中医药与肿瘤等8个方面进行探讨交流。据不完全统计，本次大会在线观看人数累计超过30.8万人次。（徐丽萍）

九三学社衢州市委会

【概　况】2021年，九三学社衢州市委员会(以下简称社市委)团结带领广大社员，以“思想上坚定、履职上坚实、组织上坚强”为工作目标，聚焦高要求思想建设，政治基础不断夯实；坚持高水平参政履职，亲密关系不断升华；保持高标准组织建设，堡垒实效不断释放。

2021年，获得社中央先进个人1人次，获得社省委先进市级组织和基层组织11个，获得社省委先进个人18人次。刘红飞多次在大会上受到市委主要领导表扬，并在全市“两专”干部工作会议上作为8名代表之一作交流发言；社员吴守明积极参与合作共建浙大工程师学院衢州分院等多个产学研项目，并作为6名受邀专家学者之一在福建省2021科技论坛上作专题报告；刘慧琴连续多年专注于“衢椒”培育，“衢椒5号”通过国家登记；巫优良、周志方积极参与江山农产品航天育种工作，黄精种子搭载“神舟十二号”上天，全球首次开展黄精航天育种；社员吴文明编制衢州市地方标准“椪柑大棚设施栽培技术规范”；陈玮获评“全国优秀基层政协委员”荣

2021年6月9日，九三学社衢州市委员会开展"学党史 跟党走"学习教育活动

誉称号；徐成旺为夺取"大禹鼎"作出突出贡献，被授予个人嘉奖；尹志英、姜景卫、章敏、徐慧菲、汪舜、吕云茹、巫优良等社员入选市级115人才；樊燕霞入选全省青年创业导师；何飞熊、徐忠良、张峰等社员获"衢州市第四届名医、名中医、专家"称号。

【思想建设】 2021年，社市委始终把思想建设作为基础性工程，积极引领全市各基层组织及广大社员自觉把思想和行动统一到中共中央和省委、市委的决策部署上来。全方位开展党史主题教育，高质量开展专题学习会、座谈会、交流会等，并组织参加全市统一战线暑期读书会、政协线上读书会交流。开展现场观摩和教育，社市委先后组织赴浙东四明山抗日根据地旧址、开化浙西革命纪念馆举行"同心跟党走·重温历史缅怀先烈"主题教育活动，龙游、江山等地也分别组织赴龙泉市中共特委旧址、中南五区委纪念馆等红色基地开展实践教育。成功举办"铭刻百年风华 践行合作初心"庆祝中国共产党成立100周年文艺会演。在社中央征文活动中，原主委汪惠芳《忆全国人大代表那些难忘的事》获一等奖（全省唯一），徐丽琴《无言的传承》获得三等奖。在社省委组织的庆祝中国共产党成立100周年书画摄影展中，邹小红、毛肖帅、厉绍华3人多件作品入选，社市委获评为全省优秀组织奖。依托网站、公众号、新闻媒体等开展宣传。全年，微信公众号推送各级组织新闻通讯报道140余篇，其中推送榜样统战人物宣传报道7篇。《药品安全进乡村 柯城九三守护乡村健康》等20余篇报道被浙江新闻、《联谊报》、《衢州日报》等市级及以上媒体采用，其中，陈玮"在车来车往马路上现场急救事故伤员"的事迹先后被全国人大、浙江统战、浙江新闻等持续报道，社市委全年新闻工作在全市6个党派中名列前茅。

【建言资政】 2021年，社市委坚持"科学履职参政、民主协商议政、监督服务助政"，将征询意见会、通报会、座谈会等作为参政议政的主要载体，牢牢把握"面对面"政治协商的有利契机，以专业性、针对性意见履行参政党职能。在两会平台发出"九三声音"，累计在市级及以上平台提交议案、提案60余件，其中，社市委提交的《坚持问题导向 主攻制度突破 开展生态产品价值实现机制改革试点》获评为两会优秀发言一等奖；陈玮撰写的《关于平衡医保、医院、患者三方利益的建议》等3篇议案获得省长郑栅洁批示肯定；集体提案《关于加快建设东南数字经济研究院的建议》获评为优秀大会发言三等奖，并由市委常委、组织部部长陈玲芳领办，与《关于培育竞争优势加快打造物流"桥头堡"的建议》获评为优秀集体提案。《村级"一肩挑"背景下融协商机制构建》《有效发挥政协委员团结引导界别群众的主体作用的分析与建议》获评为2021年度优秀理论研讨论文。利用政协平台参政议政，先后完成《衢州市区优化物流布局的建议》等3篇材料，其中楼英俊撰写的《建立农村宅基地有偿转让和退出机制的调查与建议》等2篇调研报告在市政协常委会上作口头发言。组织九三界别政协委员围绕"学党史 话共富""高质量发展建设共同富裕示范区”“弘扬南孔文化 打响城市品牌”等多个主题开展“掌上履职”主题议政活动，提出的针对性意见建议10余条被吸收采纳。积极参与社省委2021年参政议政重点调研课题，联合完成《深入推进“县乡一体、条抓块统”改革 加快打造全国基层治理现代化示范区》的调研报告，为九三学社杭州市委员会等单位完成《深化数字乡村建设》等一批重点调研成果提供素材，《加快推进制造业数字化转型 实现工业经济高质量发展》《关于提升我省基层社会治理数字化水平的建议》等调研材料被评为社省委参政议政成果奖二等奖。全力做好社市委立项专题调研，推进“一选题一招标”工作，联合各基层组织完成课题30余篇，其中《两山银行和生态产品价值实现机制》通过信息直通车报送至市委。围绕“县乡一体、条抓块统”“有礼诗画风光带建设”等主题开展“请您来议政专题活动”3次，刘红飞撰写的《坚持问题导向 主攻制度突破 开展生态产品价值实现机制改革试点》等多篇材料转化为市政协大会集体提案。将社情民意信息作为履职落脚点，依托特邀信息员和信息导师制度，定期开展辅导培训和专题信息沙龙6次，社情民意信息工作实现量质新突破，全年累计上报社情民意信息150余篇。季婵燕撰写的《强村带弱村 建设乡村共同富裕基本单元的实践与建议》获省长郑栅洁批示，社市委在市委统战部信息考核工作中排名第1。精准开展专项民主监督工作，多次通过主委会、“浙政钉”开展线上、线下商讨，明确监督内容、职责和路径，并根据数字化改革重点，动态调整监督方向。邀请社省委民主监督调研组一行到衢州实地调研衢江区矛调中心、柯城区信安街道等地，为衢州的数字化改革提供智力支撑。

【服务中心】2021年，积极争取对接，“2021九三学社中央院士专家科普行活动”落户龙游，4名院士专家参加此次活动。参加民主党派“互看互学”活动，深挖九三学社助力“五水共治”实践基地、“九三学社中央多党合作乡村振兴示范项目”等一批实践基地，“龙游九三科技创新研究院”工作经验材料获得社中央副主席丛斌批示肯定。参加市统一战线“三同工程”（即开展“同心社会服务”活动、推行“同心矛盾调解”制度、构建“同心协商议事”机制）助力基层治理行动，省、市多名专家社员组团为乡村振兴献计出力。对接龙游浙江宗泰农业发展股份有限公司为丽水松阳金钟村量身定制“飞鸡”扶贫项目，并完成消费扶贫2.3万余元。依托省、市、县三级联动优势开展“三服务”活动，成立“衢州学院大学生实践基地”“九三学社天文科普教育基地”。全年开展科技服务、科普下乡、送医入村等活动30余场次，服务群众3万余人。广大社员积极投入抗击“烟花”台风，参与水质调控技术指导、巡查危旧房、复产指导、抢险排涝等。助力“双减”政策落地，社市委专门组织社员赴开化开展气象科普进校园活动，3000余名师生现场聆听，该项活动获评2021年衢州市优秀科普活动。11月25—26日，九三学社全省社会服务工作现场会首次在衢州举行，全省60余名领导和社员齐聚开化观摩交流。龙游县、开化县被授予第二批省级社

2021年9月，九三学社衢州市委员会到开化开展天文科普教育活动，助力“双减”政策落地

会服务示范基地。

【组织建设】 2021年，坚持把加强自身建设作为做好社务工作的重要基础，按照规范程序和要求，完成社市委换届工作。推进社员队伍建设，社市委领导班子成员积极参加各类培训班、大讲堂以及网络学院等学习。贯彻落实社中央提出的“人才强社”战略，新发展社员23人，截至年末，全市共有基层委员会5个、基层组织38个、社员489人，高中级职称比例83.9%，主体界别社员比例70.1%，担任县级以上人大代表、政协委员职务的社员77人次。社市委主委田俊带头赴社员所在单位开展走访，提升组织影响力，郑爱萍、李秋等走上重要岗位。扎实推进基层组织建设，通过召开基层组织负责人座谈会、骨干社员座谈会、到支社走访调研，广泛听取并收集来自基层组织和社员的意见、建议，支社活动覆盖率明显提升。完成衢江区基层委、衢州职业技术学院支社、龙游县基层委、冶金地质二队支社、市医卫支社5个基层组织的换届和调整工作。发动各基层组织“九三之家”应建尽建，完成衢江、江山、龙游、常山等基层组织创建。高质量完成九三学社中央组织和社员信息管理系统专项检查工作。配合做好省委统战部、市委统战部数字化改革工作，完成“浙统云”平台全市九三学社社员的数据采集和完善工作，数据完整率达100%。贯彻落实社中央《九三学社纪律处分办法(试行)》等文件精神，在社市委换届之际成立监督委员会，对社市委和各基层组织领导班子及其成员进行内部监督。 (徐 伟)

台盟衢州支部

【概 况】 2021年，台湾民主自治同盟衢州市支部委员会(以下简称支部)抓好思想、队伍、机制三大建设，履行政治协商、民主监督、参政议政三大职能，做好对台交流交往、盟员发展、台胞服务三篇文章。截至年末，有盟员10人，其中市本级4人，衢化2人，柯城区、衢江区各1人，龙游县2人。5月17日，支部召开全体盟员会议，会议审议通过主委黄惠权代表第二届支部所作的工作报告，选举产生第三届支部领导班子，刘迪婷任支部主委，凌云任副主委，黄爱华、余韵任支部委员。

【学习培训】 2021年，支部组织集体学习(调研)4次；选派4名盟员分别参加台盟中央、省台盟、衢州市统战部组织的培训班。5月，盟员刘胜欣参加在江西南昌举办的培训班，盟员高菲参加衢州市统战部在衢州市委党校组织的培训班。6月，主委刘迪婷、副主委凌云参加在陕西照金举办的长三角台盟组织培训班。7月，主委刘迪婷参加台盟中央在中央社会主义学院举办的中青年骨干盟员培训班。2021年，支部在2021年度台盟浙江省委会中共党史学习教育系列活动中被表彰，获优秀组织奖(第一名)，刘迪婷获先进个人(第一名)。

【组织活动】 7月，主委刘迪婷参加台盟中央“贺百年华诞——两岸青年学党史、忆盟史百人研习营”活动；参加台盟中央经典“咏”流传活动，录制朗读红色经典作品获台盟中央庆祝中国共产党成立100周年红色经典“咏”流传活动一等奖，在台盟公众号上推送《中国共产党简史》(朗读版)，并分享读书感受；参加台盟中央征

2021年5月17日，台湾民主自治同盟衢州市支部委员会召开全体盟员会议

2021年10月3日，台湾民主自治同盟衢州市支部委员会赴龙游县詹家镇浦山村未来社区——“凤凰部落”开展“共同富裕看家乡”主题活动

文活动，《薪火相传，大道同行》获三等奖。副主委凌云、委员余韵、盟员高菲参加台盟省委会、省台联“庆祝中国共产党成立100周年”座谈会。支部拍摄的《奋进百年路，画好同心圆》获台盟中央“共画同心圆”活动一等奖。10月3日，组织盟员通过参观、学习、交流、研讨等多种形式，开展“改革担当传精神，共同富裕看家乡”主题活动。盟员们赴“改革先锋”谢高华家乡——衢江区贺邵溪村“改革担当精神传承馆”参观学习；赴龙游县詹家镇浦山村未来社区——“凤凰部落”亲子游乐村，实地参观“一米菜园”、亲子民宿、主题餐厅等乡村振兴发展项目。走访台资企业衢州明旺乳业有限公司、盟员企业浙江和力电力设施有限公司。

【参政议政】2021年，支部盟员黄惠权、凌云向市政协提交提案6件，内容涉及民生，城市化建设、环境保护、基础设施建设、民生保障。两位委员参与政协衢州市台联、侨联界别委员开展的“走进基层、助推发展”集中走访、民主监督、民主评议、重点工程视察、“委员随手拍”等活动10余次。主委刘迪婷代表浙江省委会参加台盟中央第十届协商议政论坛，获最具实力奖（二等奖）。

【对台交流】4月24日，支部联合柯城区台联会开展“共读党史、共话未来”活动，共赴美丽乡村柯城区沟溪乡余东村参观学习；7月10日，与柯城区台联会共同开展“重温抗疫艰辛历程，回顾党史凝聚力量”主题知识竞赛暨爱国观影活动；7月31日，联合柯城区台联会针对河南暴雨、两次登陆浙江的台风“烟花”引起的灾情，筹划“美美衢台味 浓浓两岸情”公益活动。10月25日，与柯城区台联共同开展“中华两岸情，通史一起读”活动，活动在《团结报》、台盟中央微信公众号、浙江台盟微信公众号、衢州统战微信公众号等报道，是全省基层支部活动第一个在《团结报》和台盟中央平台上被报道。

【服务社会】2021年，支部重视当地台胞工作，平时通过家访、慰问等方式，关心、了解台胞工作生活情况，及时向上级反映台胞合理的利益诉求，力所能及地为台胞解决困难。年初，支部主委刘迪婷陪同台盟省委会秘书长陶骏赴江山、龙游慰问困难台胞。支部看望慰问帮扶结对的对象——柯城区农村残疾人余卫华。

（刘迪婷）

衢州市工商业联合会

【概　况】2021年，衢州市工商业联合会（以下简称市工商联）紧扣“两个健康”（非公有制经济健康发展和非公有制经济人士健康成长）工作主题，落实省工商联“四个第一”（把党对工商联的要求作为第一使命、把民营企业家的呼声作为第一主题、把民营企业家的关切作为第一视角、把民营企业家的认可作为第一标准）的要求，对标对表“打造四省边际共同富裕示范区”新目标新定位，全年工作交出较高分答卷，作为全省仅有的两个地市之一在全省“奔跑的工商联”推进会上作典型发言，获市委主要领导批示肯定。

【民营经济人士理想信念教育】2021年，在不同层级不同平台同频开展党史学习教育，组织30名民营企业家代表到西南政法大学培训，全面提升民营企业家素质。开展“书记讲，讲给党员听”

2021年1月28日，市科技局和市工商联联合举办政企恳谈会

“企业家讲，讲给企业家听”“青年讲，讲给青年听”系列宣讲活动，浓厚党史学习教育氛围，《市工商联全力助推涉企纠纷多元化解》案例入选市党史学习教育百法百例。起草并由市委办下发《衢州市民营经济统战工作的实施意见》，牵头举办知名浙商助力衢州跨越式发展等活动，为衢州发展聚力；创新设立商会调解室，举办3期“亲清直通车·政企恳谈会”，为民企提供服务；组织30余名企业家赴四川绵阳、宜宾等地开展东西部协作和投资考察，捐助爱心帮扶资金34万元，引导民企以实际行动助力共同富裕。依托“联企亲商·同心一家”和“南孔有礼·红色衢商”等两个党建服务品牌，开展“五个我为”（“我为群众办实事”“我为企业解难题”“我为商会作指导”“我为衢州献一策”“我为基层减负担”）系列活动，走访商会、企业300多家（次），帮助企业解决反映问题204个，帮助联系村解决帮扶资金20余万元，提交政协集体提案5篇，大会发言5篇，个人提案30余篇。推进“清廉民企”建设，实施“双强六好”党建标准，规范“三会一课”，开展“沿着红色足迹学党史”、党员“政治生日”等主题党日活动；牵头召开全市清廉民企建设纵深推进会，起草《衢州市清廉民企建设实施方案》，利用市工商联微信公众号、《衢商》杂志，开设专栏，宣传商会、民营企业推进清廉民企建设典型。

【服务中心工作】2021年，带领民营企业家学习中共十九届六中全会精神，为发展凝聚共识。2021年，通过执委会、常委会和民营企业家座谈会等形式，学习贯彻中共市委七届九次、十次全体（扩大）会议和产业高质量发展大会精神，把民营企业家的思想统一到中共衢州市委的决策部署上来、引导到“产业为王、工业立市”的正确跑道上来。成功举办2次重大活动，为发展凝聚合力。6月4—5日，省委统战部、省工商联、省农业农村局与市委、市政府共同举办知名浙商助力衢州跨越式发展活动，邀请200余名知名浙商参加盛会，会上汤飞帆、傅根友、徐利水等市领导宣传推介衢州营商环境和项目，项目签约总投资超24亿元。9月29—30日，与市委统战部联合承办第三届衢州人发展大会，周子学、叶檀、王俊豪、郑树森夫妇、徐逸等重量级乡贤齐聚一堂，《人民日报》、《光明日报》、中新社、“学习强国”学习平台等40余家主流媒体争相报道关注，推出近30条10万人次以上报道，单条最高阅读量174万人次以上，大会网络专题阅读量超1000万人次。会上10个重点项目进行集中签约，协议总金额53.15亿元。加大招商引资力度，为发展凝聚动力。一年来，市工商联主要领导带队赴外对接招商项目20多次，其中中特衢州东方特钢有限公司年产100万片造纸磨片、50万个矿山机械机头及20万套矿山机械加工新建项目，浙江康健缘健康产业数字经济项目、杭州高品自动化项目等通过研判；浚峰科技等项目完成市外固定资产入库，实际到位资金超亿元。招商实绩在61家单位中名列第25。

【实施“1+N+X”服务工程】2021年，市工商联坚持从企业的需求出发，在巩固深化现有服务平台的基础上，系统谋划“1+N+X”精准服务工作机制（“1”即工商联，“N”即相关涉企部门，“X”即“两个健康”精准服务的各项服务内容）。通过工商联这个“1”来联系和撬动“N”个部门，形成“X”项服务项目，在金融服务、法律服务、科技创新服务等方面，激发部门

2021年3月30日，衢州市中院、市工商联联合举办商会调解工作室揭牌仪式

合作叠加效应，切实帮助企业解决发展难题，不断优化营商环境。举办3期“亲清直通车·政企恳谈会”，累计收集问题（建议）293条，均已全部办结。建立常态化联系机制，依托“挂联企业社区网格”载体，深入企业开展常态化、精准化、系统化、智能化的“三服务”（服务企业、服务群众、服务基层）活动，及时掌握民营企业发展现状，着力破除企业生产经营中的痛点、难点。市工商联牵头挂联的27家企业和社区，走访企业80余家（次），帮助企业解决实际问题14个。与市中院联合建立商事调解机制，成立商会调解工作室，引导企业将矛盾纠纷交给商会组织、行业协会等来参与、处理，36名特邀调解员参与调解案件50余起，成功调解30余起。联合市总工会、市人社局，开展“工情直通车”活动，为商会会员企业现场讲解日常劳动用工风险预防和典型案例，提高企业学法、用法、守法能力。以“温暖如家”为目标，打造民营经济人士的“暖心”服务平台，完善企业家体检等关心关爱机制，并与民航、医院等加强合作，为民营企业家出行、看病等提供服务。

【谋划数字化应用场景】2021年，市工商联通过理论学习中心组学习会、党组会、干部学习会，学习数字化相关知识，加深对人工智能、大数据、云计算等新技术的了解，提升领导干部“两专”能力。聚焦市工商联职能，从思想政治、组织建设、服务民企、参政议政、党建纪检5个方面梳理重大任务事项，形成“颗粒化”清单，建立“任务树”。谋划“民营经济人士温暖之家”和“商会纠纷商会解”两个应用场景，其中“民营经济人士温暖之家”被省改革办作为衢州仅有的两个应用场景列入省委改革办一本账继续深化研究的项目之一。“商会纠纷商会解”应用跻身2021年衢州市改革突破奖前30名单。（胡琦琦）

群众团体

■ *Mass Organizations*

衢州市总工会

【**概　况**】2021年，全市工会系统围绕建设“红色工会、实干工会、为民工会、数智工会、品牌工会”工作目标，积极应对经济发展新常态，全面履行工会职责使命，坚持品牌化打造、系统化运作、专业化服务，与时俱进推进工会工作全面提升。职工疗休养、困难职工帮扶等工作在市委党的群团工作会议上受到市委书记汤飞帆表扬，快递行业联合工会组建、工会助力外地职工留衢过年等做法得到省总工会党组书记、副主席张才方的批示肯定。

【**思想政治工作**】2021年，深入开展党史学习教育，坚持把“四个我为”实践活动贯穿学习教育始终，组织各类学习实践活动54次，帮助职工群众解决难题35个。围绕庆祝中国共产党成立100周年，开展“我心向党”系列活动，组织劳模工匠和工会8090理论宣讲团进企业、进社区、进工地、进学校、进乡村宣讲1100场次，受众8万余人次；举办全市职工摄影展，开展职工思想政治工作优秀案例征集展评，市总工会党史党建和劳模工匠展示厅、巨化电石工业遗存被命名为首批浙江省产业工人思想政治教育基地。坚持以文育人、寓教于乐，举办市级职工篮球赛，带动全市各级工会举办文体赛事59场次，以多层次、有亮点、高品质的文化展演、体育比赛歌颂伟大祖国、伟大的党。衢州市职工摄影作品在全国总工会职工摄影比赛中获三等奖，江山劳诗豪合唱团参加全省职工大合唱比赛获银奖，两名工会8090新时代理论宣讲员在全省职工演讲比赛中获铜奖。开展先进典型推荐、评选、表彰和宣传工作，推荐评选全国五一劳动奖状1个、全国五一劳动奖章3名、全国工人先锋号3个和新时代浙江工匠21名。开展以“劳动创造幸福”为主题的志愿服务月活动，举办“红领巾与劳模工匠零距离”活动，组建267名劳模工匠宣讲团进校园宣讲50余场次，助力教育“双减”政策落地落实。建成市

2021年5月12日，衢州市总工会举办衢州市“劳动创造幸福”主题宣传月暨劳模工匠志愿服务月活动启动仪式

总工会党史党建和劳模工匠展示厅，成为衢州市“红色打卡点”和职工教育主阵地。组建380余人工会网络宣传队伍，开展“凝聚职工正能量、争做中国好网民”主题活动，牢牢掌握劳动领域意识形态斗争主导权。

【助推中心工作】2021年，持续推进产业工人队伍建设改革，加大对试点县（市、区）、乡镇（街道）、园区和企业的服务指导，总结形成非公有制企业产业工人队伍建设改革模式，召开全市非公有制企业产业工人队伍建设改革工作推进会，宣传推广试点经验，形成试点先行、示范引领、全域推进的工作局面，在省委产改专项督查中获得好评。开化七一电力器材有限公司入选长三角民营企业产改优秀案例，“功夫麻饼”入选长三角民营企业产改工作交流活动“工匠绝活”，1名工匠入选长三角工匠联盟首批入盟工匠名单。开展劳动和技能竞赛。围绕“五重”（重大战略、重大工程、重大项目、重点产业、重大活动）建设、新产业领域，开展以“八比八赛”（比质量、赛工程创优争一流，比安全、赛文明施工保安康，比进度、赛科学施工保工期，比投资控制、赛精益管理增效益，比科技创新、赛技术创新促发展，比廉洁、赛廉政工程促和谐，比环境保护、赛绿色清洁施工，比素质提升、赛工匠人才培育）为主要内容的立功竞赛活动，覆盖职工2万余人。2个单位获评长三角百项重大工程劳动竞赛组织奖，2名个人获评先进个

2021年4月30日，衢州市召开庆“五一”劳模工匠座谈会。图为劳模上台领奖

人。采取市—县—乡（镇）—企业四级联动模式，持续开展“十万职工学技能”活动；借助衢州工程技术学院、衢州中专等院校人才资源优势，在微信平台开办45个工种168期培训班，获益职工1.2万人次。举办全市第二届职工技能运动会、第六届数据挖掘大赛等技能竞赛306场次，148人获得荣誉称号，8个项目入选省级最受好评特色职工职业技能竞赛，数据挖掘大赛获评首批全省工会优秀创新项目，做法在市委党的群团工作会议上作交流。承办浙江省首届金融改革创新大赛，市委书记汤飞帆出席大赛开幕式并致辞。组队参加省级职工技能大赛40余场次，7名个人获一等奖、3个团队获二等奖。深入开展职工岗位技术创新。以推动经济高质量发展为主线，持续开展高技能人才（劳模）创新工作室创建、“名师带徒”和“安康杯”竞赛活动，命名市级高技能人才（劳模）创新工作室15家，新增“名师带徒”100对，衢州市职工提交的“金点子”获省级一等奖1个、二等奖2个、三等奖4个，市总工会获评优秀组织单位。

【服务职工】2021年，积极构建和谐劳动关系，部署开展全市职工队伍稳定风险专项排查化解工作，组织实施劳动关系“和谐同行”能力提升三年行动计划和“尊法守法·携手筑梦”农民工公益法律服务行动，组建10支法律服务队，对510家企业开展法律体检，推动建会企业集体协商建制率动态保持在90%以上。持续擦亮“衢工惠”帮扶服务品牌，制定出台“暖心六条”措施，助力外地职工留衢过年。深化困难帮扶工作，对849名职工开展转岗、再就业技能培训，帮助396名农民工提升学历与能力。深化职工医疗互助保障，全市参保职工17.8万人，为职工发放保障金10.8万人次741万元。认真执行助企服务政策，对3740家企业缓征工会经费1228万元，对1826家小微企业

返还工会经费563万元。持续推进“劳动者港湾”“妈咪暖心小屋”等服务阵地建设，全市累计建成职工服务站点492个，其中4个站点获评全国“最美站点”。举办暑期爱心托管班15个，组织“衢工缘”青年交友活动6场，职工群众的幸福感和获得感进一步增强。组织职工疗休养活动，修订完善职工疗休养政策，新创建省级职工疗休养基地12个，引导4万余名职工留在本市疗休养，发挥职工疗休养提振市场消费、助力乡村振兴的作用。市县工会与省内外40余个地区（单位）建立疗休养合作关系，吸引13万余名市外职工到衢州疗休养，直接消费支出4亿元以上。

【基层工会建设】2021年，持续推进基层工会组建，全年新建单建工会271家、联合工会19家，发展会员2.4万名。扎实推进新业态新就业群体建会入会工作，组建的快递行业工会联合会吸纳快递小哥4000余名，在全省率先实现快递行业建会入会全市域覆盖。推进基层工会规范化建设，加强与党群服务中心等阵地共建共享，推进区域职工活动阵地和企业“职工之家”建设。积极推进工会数字化改革，组织开展整体智治系统重点工作和核心业务梳理汇总，梳理重点任务、核心业务和子任务72项，建立发布工会专题门户和综合应用，成为全市第一个点亮门户的群团组织。聚焦职工“急难愁盼”问题，积极谋划建设多跨应用场景，市总工会建立智慧疗休养应用场景，实现职工疗休养业务办理“零跑腿”；全面升级市职工医疗互助应用场景，在全省率先实现医疗互助参保和报销“零跑腿”。（孙新志）

共青团衢州市委

【概　况】2021年，共青团衢州市委（以下简称团市委）按照市委和团省委部署要求，聚焦主责主业、强化责任担当，进一步提升共青团组织力、引领力、服务力和大局贡献度，推动衢州共青团事业实现新发展。全市共有团组织6928个，团员青年12.19万名；少先队组织266个，少先队员15.43万名。2021年，全市新发展团员4697人。

【党史学习教育】2021年，全面贯彻“学史明理、学史增信、学史崇德、学史力行”要求，对照“学党史、悟思想、办实事、开新局”目标，推动各级团干部、团员深化理论学习、讲好红色故事、守好红色根脉、传承革命精神。围绕擦亮8090新时代理论宣讲品牌，加强共青团8090宣讲团队伍建设，各级团组织、少先队组织开展学党史宣讲活动1200余场，覆盖青少年20万人次，用“青春潮音”推动新思想入脑入心。实施“真善美”种子工程，健全党、团、队一体化阶梯式培育模式，新成立学校少工委254个，建成红领巾学院85个，轮训少先队辅导员和队员3700余人次。红领巾思政育人体系得到团中央调研组肯定，工作做法在市委群团工作会议上作交流发言。用好“两微一抖”团属新媒体平台，累计发布“礼敬百年·有礼青年学党史”等主旋律图文、短视频1528条，播放量超8亿人次，点赞量2509万次。“青春衢州”抖音号多次位列全国地市级团组织抖音综合影响力榜首。

【青春建功实现新突破】2021年，围绕“我在窗口写青春”主题，制定《青春赋能四省边际共同富裕示范区建设十大行动实施方案》《推进衢雁回归九条举措》等政策，系统部署推进青春建功行动。开展青创农场创建，培育农村青年致富带头人。龙游胡秀秀被评为“全国乡村振兴青年先

2021年11月18日，衢州市青年联合会五届三次常委会议召开

2021年10月26日，浙江省第四届体育大会在衢州举行。图为青年志愿者在开展志愿服务

锋”、开化汪洋获评浙江省青春助力乡村振兴带头人“青牛奖”，13名青年企业家获评全省青年创业导师，10家农场获评全省青创农场。举办“未来乡村”长江经济带青年创新创业大赛，吸引40家农业数字服务商走进衢州，为23个乡镇发展“数字乡村”提供整体解决方案，促成6家未来乡村数字服务企业与衢州本土农业企业达成合作，助力产业发展。新建5家高校人才联络站，形成覆盖100家高校、203名联络员的招才网络，先后组织2批次共1000名在外学子回衢州实习实践，开展高层次青年人才基层行活动6场次。持续提升青年创业就业服务工作，推荐70名青年入选“浙江青年工匠”，2名获评“省青年创业奖”。

【“衢州有礼”青年志愿服务】 2021年，持续深化“衢州有礼”青年志愿服务工作，先后服务保障中国未来乡村发展大会、省四体会等重大赛事活动23场次。团市委获得市体育先进集体荣誉，并获集体嘉奖1次。新组建各领域志愿服务队200余支，参与生态环保、文明创建、普法宣传等工作。

【首个青年发展规划发布】 2021年，市委、市政府发布衢州首个青年发展五年规划，围绕建设“青年发展型城市”，明确青年发展主要指标，提出十项主要任务、八大重点工程。7月21日，团市委牵头召开青年工作联席会，全面部署实施青年发展规划。

【“双减”工作获省委副书记黄建发肯定】 2021年，全市1200余人次志愿者参与助力“双减”（减轻义务教育阶段学生作业负担和校外培训负担）志愿服务，服务青少年3.5万余名。省委副书记黄建发到衢州调研时予以充分肯定，相关做法在全省共青团助力“双减”工作会议上作经验介绍。深入实施新时代希望工程，开展“圆梦大学生”助学行动，对接资助困难学生194人。发动青年参与“浙里青年携手共富基金”99公益日活动，募集帮扶资金110万元。落实对口帮扶工作，组织新疆乌什县小学生到衢州参加“石榴籽一家亲”活动，筹措5万元资金，帮助253名乌什县青少年实现“微心愿”。

【青少年法治宣传】 2021年，全市开展青少年法治宣传活动281场次，“法治第一课”实现全覆盖。对4400余名重点青少年开展常态化帮扶教育1.3万余次。江山市、常山县开展公益诉讼志愿观察员省级试点工作，选聘公益诉讼志愿观察员38名，为未成年人提供公益诉讼14场次。

【数字化改革】 2021年，积极谋划数字化改革。推进团中央、团省委智慧团建、数字少年宫、志愿汇等平台在衢州贯通应用。开展共青团核心业务“V”字拆解，对照“三张清单”（需求清单、场景清单、改革清单）谋划新时代希望工程帮扶“一件事”应用场景和青年创业创新“一件事”子场景，开化县、江山市、龙游县分别谋划青年学子联盟“一站式”服务、青少年群体帮扶“一件事”、青年创业“一件事”应用场景。

【基层团组织改革】 2021年，江山市开展团中央县域共青团改革试点，龙游县开展青年发展规划试点，认真落实各项改革要求。创新组织覆盖形式，夯实传统领域团的组织阵地，扩大新兴领域团的组织覆盖，在快递物流业、电商行业成立团组织。深化推进少先队改革，强化团教协作、团建带队建，加强各级少工委建设，建成校外红领巾阵地105个、实践教育基地11个，打造红色精品研学10条。

【团干作风建设“三年行动”】 2021年，主动查改“六不倾向”（动机不纯、立志不长、能力不专、管理不严、落实不力、担当不足）问题28个。落实团干部双重领导责任，加强对县（市、区）团委班子配备协管，落实派员列席县级团委领导班子民主生活会机制。健全团干部常态化下基层调研制度，团市委2篇调研文章被团省委评为全省优秀课题。（童　星）

衢州市妇女联合会

【概　况】 2021年，衢州市妇女联合会（以下简称市妇联）将习近平总书记关于注重家庭家教家风建设重要论述和党史学习教育贯穿妇联工作全过程，忠实践行“八八战略”，完成村（社区）妇联组织换届，出台市级妇女儿童发展“十四五”规划，开展“四必访、四必知”[即生产经营遇到困难的创业女性必访、困难家庭必访、“空巢”老人及留守妇女儿童家庭必访、涉及婚姻家庭矛盾纠纷的家庭必访。即知晓本村（社区）家庭（户）基本情况；知晓妇女儿童的思想动态；知晓女性创业就业情况；知晓贫困妇女儿童情况，全面掌握本村（社区）妇情、家情]等工作。

【完成村（社区）妇联组织换届】 2021年，衢州市妇联围绕村（社区）妇联组织换届“三好一确保”（选出好“头雁”、好班子、好队伍，确保村社妇联换届在村社党组织领导下平稳有序进行）总目标，坚持把村（社区）妇联组织换届作为2021年最重要的政治任务和全年妇联基层组织建设的头等大事来抓，于2月24日全面完成村（社区）妇联组织换届工作。全市共产生村（社区）妇联主席1591人（其中2人为跨村任职），45周岁以下的690人，占比43.3%；大专及以上学历306人，占比19.2%；产生村（社区）妇联副主席2009人，执委11061人。实现村妇联主席100%进村“两委”的预期目标，33名上一届妇联主席当选为本届村（社区）“一肩挑”人选。女性参与基层民主管理比例进一步提高，各项指标进一步优化，交出村（社区）妇联组织换届“高分答卷”。

【衢州市妇女儿童活动中心更名为衢州市妇女儿童服务中心】 2021年，原衢州市妇女儿童活动中心（位于柯城区荷花街道清莲里28号）变更为“衢州市妇女儿童服务中心”，办公地址搬迁至柯城区白云街道花园中大道80号，机构性质为衢州市妇女联合会下属公益一类事业单位，事业编制9名。该中心总面积2500余平方米，设有妇女儿童素养和技能提升、家庭教育指导、婚姻家庭服务、创业创新展示和社会组织孵化等六大功能区域。

【举办2021年衢州市首届来料加工技能比武大赛】 11月24日，“2021年衢州市首届来料加工技能比武大赛”在衢州市柯城区航埠镇严村村举办。此次大赛由衢州市妇女联合会、衢州市农业农村局、衢州市总工会、衢州广电传媒集团主办，柯城区航埠镇人民

2021年11月24日，2021年衢州市首届来料加工技能比武大赛在柯城区航埠镇严村村举办

2021年8月27日，举办三衢巾帼8090新时代理论宣讲接力活动（柯城站）

政府协办，FM97.5衢州交通音乐广播承办。大赛设平车加工、饰品贴钻、手工编织三大比赛项目，每个项目获得第一名的选手，由衢州市总工会授予“衢州市金牌职工”；其中女性选手，由衢州市妇联授予“衢州市巾帼建功标兵”称号。

【出台衢州市妇女儿童发展“十四五”规划】 8月，《衢州市妇女发展规划(2021—2025年)》和《衢州市儿童发展规划(2021—2025年)》由衢州市人民政府正式发文，是浙江省第一个以地级市政府名义发布的妇女儿童发展“十四五”规划。该项工作于2021年1月正式启动，历时7个月，先后修改6稿，3次征求全体成员单位和县级妇儿工委办意见，收到建议意见100余条，召开全体成员单位会议、重点成员单位会议、专题讨论会、专家论证会等10余次，2次专题向市妇儿工委主任进行专题汇报，最终形成符合衢州市情的“十四五”规划。

【开展党史学习教育群众性宣传活动】 2021年，开展党史学习教育宣讲接力活动。8—10月，成立“三衢巾帼8090新时代理论宣讲团”，形成巾帼宣讲队10余个，以“三衢巾帼学党史 巾帼建功助共富”为主题，开展宣讲接力活动百余场。9—11月，开展“从家出发 为爱起航”2021家庭教育公益短视频大赛，2个月征集到参赛作品48件。经过初评、复评等环节，有9件作品获奖。11月，以“回望百年路 奋进新征程”为主题，在水亭门举办旗袍秀、红歌赛两场群众性思想引领活动。

【开展“四必访、四必知”】 2021年，以党史学习教育为契机，将“四必访”作为“我为妇女办实事”的有力抓手和新一届基层妇联执委履职能力提升的有效载体，于3月3日召开基层妇联组织“履新第一课”云培训，下发《关于开展基层妇联组织“四必访、四必知”专项行动助力基层社会治理的通知》，全面启动“四必访、四必知”专项行动。通过建立“四个一”机制(建立一张“巾帼网格”，厘清一本家庭情况账、绘制一幅“三色预警图”、形成一套服务体系)，做到四类群体“四必访”，面上情况“四必知”。9月18日，召开衢州市妇联“四必访、四必知”互看互学互比工作推进会，形成良好的比学赶超氛围。全年，全市1.2万名基层执委累计走访“四必访”对象41434户(次)，为群众办实事10871件户(次)。 (罗晓彧)

衢州市科学技术协会

【概　况】 2021年，衢州市科协围绕市委“1433”发展战略体系布局，坚持“四服务”(为科技工作者服务、为创新驱动发展服务、为提高全民科学素质服务、为党和政府科学决策服务)的职能定位，按照打造“五个群团”(红色群团、实干群团、为民群团、数智群团、品牌群团)工作部署，坚持问题导向、需求导向、目标导向，聚焦党建统领、产业创新、乡村振兴、科学素质、科技人才，团结带领广大科技工作者投身科技创新第一线、经济社会主战场，助力打造四省边际共同富裕示范区、建设四省边际中心城市。市科协被中国科协评为2021年全国科普日优秀组织单位。

【青少年科技竞赛活动】 2021年，市科协组织系列青少年科技竞赛活动。1月26日，由市科协、市教育局和团市委联合主办的2020年

2021年9月25日，衢州市科普创新实验作品大赛现场

全市青少年科技系列活动暨第十七届衢州市青少年科技创新大赛评审结果公布。在青少年科技系列活动方面，全市共有1044名学生参加9个大项、12个小项的科技竞赛活动，评出一等奖98人、二等奖200人、三等奖323人；在青少年科技创新大赛方面，全市有青少年科技创新项目103项、少年儿童科幻画168幅、科技实践活动85项、辅导员创新项目25项作品参赛，评出一等奖41个、二等奖53个、三等奖84个。2021年，以“科学筑梦·创造未来”为主题，市科协联合市教育局、团市委举办2021年衢州市青少年科技类竞赛，竞赛分为青少年科技创新、青少年人工智能、青少年电脑机器人、青少年科技制作、中小学天文知识、青少年科普创新实验暨作品6大类，全市2657名中小学生参加市级比赛，评出1147项个人奖、90项团体奖。联合团市委、市教育局、市体育局举办衢州市第六届“脑力无极限”校园智力运动对抗赛，全市1154名青少年参与，470名选手、89个学校代表队获奖。同时，组织全市青少年参加省级相关赛事，推荐53件作品参加省青少年科技创新大赛，选拔出172支队伍参加省科普创新实验暨作品大赛，组织参加浙江省“2020冲刺！科学+”总决赛，衢州市获团体亚军；组织13支队伍，参加第17届浙江省青少年电脑机器人竞赛，市青少年宫选手获全省第1，其他参赛队伍均获得奖项。

【服务科技工作者】2021年，市科协、市科技局、市人力社保局联合开展第二十三届衢州市自然科学优秀论文评选工作，评选出自然科学优秀论文112篇，其中工业类18篇、农业类10篇、医疗卫生类77篇、教育理科类7篇。评选出一等奖19篇、二等奖36篇、三等奖57篇。组织全市科技工作者参加第十一届浙江中西部科技论坛、第十八届长三角科技论坛、2021世界青年科学家（温州）峰会等各类学术交流活动。开展浙江省青年高层次人才协会会员、浙江省突出贡献青年科技人才、科技追梦人等推荐工作，6人被评为“浙江省科技追梦人”，其中，柯城区新世纪学校老师陈昱安获“浙江省十佳科技追梦人”称号。开展全市科协系统科技志愿服务工作先进典型评选工作，16个集体和26名个人获得表彰。

【博士创新站建设】2021年，联合市委组织部、市人力社保局、市农业农村局总结博士工作站建设经验，制订出台博士创新站建设工作方案，打造升级版，在全省率先开展“博士创新站”建设。截至年末，全市共建博士创新站99家，建站博士83人，达成合作项目240余项。5月18日，在衢州市召开全省院士专家智力集聚“一家三站”（院士之家、博士创新站、院士工作站、学会服务站）平台建设推进会；8月6日，省科协在衢州市召开“科创赋能 智汇山区”浙江博士创新站服务共同富裕示范区建设启动会。6月29日，由省科协、省委人才办和省教育厅联合印发《关于推进博士创新站建设的指导意见》，在全省推广衢州市建设博士创新站经验。

【院士工作站建设】2021年，走访100余家企业，根据需求邀请院士专家到衢州对接。组织“化工新材料产业高质量发展院士专家衢州行”等活动，会同市委人才办聘请6名院士担任六大产业首席科学家，举办7期院士专家讲堂，指导11家企事业单位与海内外院

第二十三届衢州市自然科学优秀论文获奖情况表

表16

一等奖(19篇)			
编号	作者	论文标题	推荐单位
qskx2021231001	占妍、徐勤容、齐向红、邵丽珍	*Perspectives and Experiences of Chinese Nurses on Quality Improvement Initiatives, A Mixed-Methods Study*(中国护士对质量改进计划的观点与经历:混合方法研究)	衢州市护理学会
qskx2021231002	熊晓华、卢俊梅	*Effect of the Oxygen Therapy Combined with the Vibration Expectoration Nursing on the Pulmonary Functions,the Exercise Tolerance and the Quality of COPD Patients*(氧疗联合振动排痰护理对COPD患者肺功能、运动耐受性及生活质量的影响)	衢州市护理学会
qskx2021231003	吕仙梅、郭秋生、许利明	*Study on the Chemotherapeutic Effect and Mechanism of Doxorubicin Hydrochloride on Drug-Resistant Gastric Cancer Cell Lines Using Metal-Organic Framework Fluorescent Nanoparticles as Carriers*(盐酸阿霉素以金属有机骨架荧光纳米粒子为载体对耐药性胃癌细胞株化疗效果及作用机制研究)	衢州市抗癌协会
qskx2021231004	王辉阳、丁文秀、彭礼军、范宏杰等	*Gadolinium-Loaded Solid Lipid Nanoparticles for Colorectal Tumor in MR Colonography*(载钆脂质纳米粒在结直肠癌磁共振成像中的应用)	衢州市医师协会
qskx2021231005	许德孝、杜武桃、李想、吴志祥等	*D-dimer/fibrinogen ratio for the prediction of progressive hemorrhagic injury after traumatic brain injury*(D-二聚体/纤维蛋白原比值预测外伤性脑损伤后进行性出血的预测)	衢州市医师协会
qskx2021231006	陈国海、Radouil Tzekov、姜方正、毛思红等	*Inverted ILM flap technique versus conventional ILM peeling for idiopathic large macular holes, A meta-analysis of randomized controlled trials*(内界膜翻瓣术与传统内界膜剥除术治疗特发性黄斑大裂孔的Meta分析)	衢州市医学会
qskx2021231007	符建云、余晓峰、王慧琴、蓝建文等	*MiR-205-3p protects human corneal epithelial cells from ultraviolet damage by inhibiting autophagy via targeting TLR4/NF-κB signaling*(MiR-205-3p通过TLR4/NF-κB信号抑制自噬从而保护人角膜上皮细胞免受紫外线损伤)	衢州市医学会
qskx2021231008	姜明、王惠菊、陈虹、韩勇	*SMARCD3 is a potential prognostic marker and therapeutic target in CAFs*[SMARCD3是癌症相关成纤维细胞(CAFs)潜在的预后指标和治疗靶点]	衢州市医学会
qskx2021231009	周春婷、宋伟、尹志英、李胜等	*Assessing the changes of mumps characteristics with different vaccination strategies using surveillance data, Importance to introduce the 2-dose schedule for China*[利用监测数据分析不同免疫策略下衢州市流行性腮腺炎流行特征的变化:评估引进2剂次免疫方案的必要性]	衢州市预防医学会

续表16

一等奖(19篇)			
编号	作者	论文标题	推荐单位
qskx2021231010	刘玲燕、单晓琼、张富坤、范小芳等	*YAP activity protects against endotoxemic acute lung injury by activating multiple mechanisms*(YAP蛋白通过激活多种机制来保护内毒素性急性肺损伤)	衢州市预防医学会
qskx2021231011	何新梅、陈丹青	妊娠期糖尿病孕妇血清CTRP6水平及意义	衢州市中西医结合学会
qskx2021231012	王思为、盛浩、白永凤、翁媛媛等	*Neohesperidin enhances PGC-1α-mediated mitochondrial biogenesis and alleviates hepatic steatosis in high fat diet fed mice*(新橙皮苷增强*PGC-1α*介导的线粒体生物发生并改善高脂饮食诱导的小鼠肝脏脂质变性)	衢州市中医药学会
qskx2021231013	周柯宁、赵健、祁丽芳、何颖颖等	*Kinesin family member C1 (KIFC1) accelerates proliferation and invasion of endometrial cancer cells through modulating the PI3K/AKT signaling pathway*(KIFCI通过PI3K/AKT信号通路促进子宫内膜癌细胞增殖和侵袭)	衢州市抗癌协会
qskx2021231014	顾怡红	*Effect of compressive strain of brake pads on brake noise*(制动衬块压缩应变对制动噪声的影响研究)	衢州职业技术学院科协
qskx2021231015	叶志斌、呼格吉乐、邓小雷、江舒	*13 J direct-liquid-cooled solid-state disk laser with an unstable cavity*(13 J 非稳腔直接液体冷却薄片固体激光器)	衢州市求是科技联合会
qskx2021231016	江舒	船用光纤光栅应变传感器开发与应用研究	衢州学院科协
qskx2021231017	郭勤卫、张婷、刘慧琴、章心惠	应用ISSR分子标记评价我国丝瓜种质资源遗传多样性	衢州市农林院科协
qskx2021231018	余丽萍、汪晨、兰小建、潘欣	衢州市双季晚稻秋季低温冷害风险评估模型	衢州市气象学会
qskx2021231019	赖瑞彬	雁阵启示下的小学科学团队构建与运作	龙游县科协

2021年2月13日，浙江豪邦化工有限公司院士工作站揭牌仪式

士开展项目合作。建立浙江豪邦化工有限公司颜德岳院士工作站。截至年末，全市有院士工作站15家。

【院士专家工作站建设】7月13日，由衢州市科协、衢州学院、衢州智造新城管委会联合主办的院士专家讲堂在衢州学院工程师学院报告厅举行。中国科学院院士、著名高分子化学家颜德岳院士作题为“淡出江湖情未了”的讲座，并举行浙江豪邦化工有限公司院士工作站揭牌仪式。

【“院士之家”建设】2021年，推进2家“院士之家”建设，“钱江源院士之家”加入“浙江院士之家联盟”，并被推荐为第一届副理事长单位。全年，邀请40余名海内外院士到衢州对接交流。

【院士专家心语征集活动】2021年，以“不忘初心 守正创新”为主题，邀请宋振骐、任洪强、都有为、桂建芳、沈树忠5名院士为庆祝中国共产党成立100周年题词。

【学会服务站建设】2021年，推动市委、市政府出台国家级学会、省级学会在衢州建立服务站的政策，并由市科协、市委人才办、市财政局联合出台《衢州市全国（省级）学会服务站建设管理办法（试行）》。实施全国学会智汇衢州行动，建立国家级学会服务站2家、省级学会服务站6家，围绕环境保护、健康食品开发、数字经济产业等方面进行产学研合作。

【中国（衢州）未来乡村大会】5月17—18日，承办由市委、市政府，浙江省科协，中国农学会等单位联合举办的“中国（衢州）未来乡村大会”。组织举办2021青年农业科学家高端学术会、2021浙江省乡村振兴战略研讨会、数字乡村最佳实践沙龙、电力能源数字化助力乡村振兴研讨会、四省九地市科协合作交流圆桌会等7个专场活动，近600人参与农业科技合作与交流，签约项目8个，推动衢州市人民政府与中国农学会签订战略合作协议，51名中国农学会青年科技奖获得者被聘为衢州市荣誉村民。新华社、人民网、新华网、《光明日报》、《经济日报》等媒体平台进行宣传报道，推送信息近400条次，有效提升衢州影响力。

【科普阵地建设】2021年，在衢州市电视台新闻频道开办“身边的科学”专栏，在《衢州晚报》开设“科普在线”科普专栏。利用“两微一端”（微信、微博、移动客户端）和科普e站的优势，开展“互联网+科普”，每周定期推送科学科技知识，全年累计推送256篇次。新认定市级科普教育基地52家。截至年末，全市有国家级科普教育基地1家、省级科普教育基地10家、市级科普教育基地87家。

【科技（科普）活动周】在全国科技周活动期间（每年5月第三个星期），以“百年回望：中国共产党领导科技发展”为主题，组织开展科技创新报告会、科技创新成果创新人才展示、科技惠企专项行动、“乡村振兴·科技有礼”系列活动等50余项科普活动。

【全国科普日活动】9月9日，由市科协、市委宣传部、市教育局、市科技局、市资源规划局、市生态环境局、市水利局、市农业农村局、市卫健委、市应急管理局、市社科联联合主办，柯城区科协、柯城区科技局承办的衢州市2021年全国科普日启动仪式，在衢州市市民健身公园举行。在全国科普日期间，围绕“百年再出发，迈向高水平科技自立自强”主题，全市举办科普活动190余场次，服务公众10万余人次；同时，通报表扬35家单位、21名科技志愿者、68项科普活动，“老科协在行动”等5

个科普活动被中国科协评为2021年全国科普日优秀活动。

【应急科普宣传】2021年，组织科普大篷车走进102个村，并利用衢州电视台新闻综合一套、"无线衢州"、"掌上衢州"、"衢州科普"微信公众号、289个科普e站等媒体媒介普及防疫知识，其中网络点击量累计110万人次以上。组织留衢州科普过大年活动，根据春节期间疫情防控工作需要，动员22家科普教育基地、科普场馆，面向外来务工人员及其子女免费开放或开办专题活动，累计举办科普活动364场，服务群众近3.5万人次。举办"破解疫苗犹豫"科普专项行动，联合市卫健委、市疾控中心、衢报传媒集团、衢州广电传媒集团等部门普及疫苗常识，相关文章和视频总点击量达30多万次；组织疾控专家深入社区、乡村一线开展"破解疫苗犹豫"科普巡讲，累计举办活动25场。

【"银龄跨越数字鸿沟"科普专项行动】2021年，开展"银龄跨越数字鸿沟"科普专项行动，市科协与移动衢州分公司、建行衢州分行分别签订战略合作协议。联合市文明办、市委老干部局、市教育局、市卫健委等10家单位，以"数智共享、跨越鸿沟"为主题，组织老年人智能手机使用和防诈骗培训，帮助老年人走出数字困境。全年，全市累计举办培训1332场次、服务139263人次。

【党史+科普知识竞赛】6月1—25日，由市科协、市直机关工委和市城市品牌打造专班联合举办"我心向党·衢州有礼"党史+科普知识竞赛活动，8支代表队参加线下现场竞赛，65462人线上参赛，累计答题529611人次，并评选出100名科普达人奖和100名科普优胜奖。

【青少年科普研学自由行】2021年，组织30余家科普教育基地，累计开展"走进基地·乐享科学"公益科普活动30余场次，吸引2万余名师生及家长参与。

【科普进校园】2021年，开展科普助力"双减"行动，联合市教育局组建由130余名专业人才组成的科普讲师团和科技志愿服务队，开展进校园活动。联合衢州学院、衢州职业技术学院，建立由15名博士、教授组成的博士讲师团，累计开展活动38场次；组织科普大篷车、流动科技馆走进44所校园，惠及师生3万余人次。开展青少年科技辅导队伍建设，举办青少年电子创新实验培训，全市53名科技老师参加。

2021年4月22日，举办衢州市"银铃跨越数字鸿沟"科普专项行动启动仪式

【科普进乡村】2021年，开展文化科技卫生"三下乡"活动，组织220余名科技工作者走进8个乡村，以"六个一"(一次科普图片展、一场科普电影播放、一场科普咨询会、一批科普资料发放、一场科普知识有奖问答、一台科普文艺表演)活动方式，普及"五水共治"、食药安全、应急避险等科学知识，服务群众千余人。开展卫生健康义诊活动，围绕健康中国建设，以"和谐生活·健康你我"为主题，联合浙江衢化医院、衢州爱尔眼科医院，组织千余名卫生健康科普志愿者走进116个村(社区)，免费服务群众万余人。

【科技下乡】2021年，根据农业产业发展情况和农民实际需求，发挥全市101家农函大分校教学点作用，以线上"空中课堂"+线下"实地教学"相结合的培训模式，有针对性地开展农村实用技术培训，带领农民科技致富。全年，开展培训200余班次，培训农民近2万人次，评定农民技术人员和农民助理技师224人。邀请22名专家教授和博士生走进9个乡镇，开展中草药和茶叶种植、水产养殖等技术指导，帮助群众解决生产技术难题。

【科技服务数字化改革】 2021年，聚焦群众科技、科普需求，探索"你点我来"科技服务数字化改革，依托"浙里办"衢州市"政企通"平台，建立服务"菜单"、需求征集、项目认定等场景，为群众提供服务内容查询、需求信息提交、项目申报认定、政策兑现"一网通办"服务。该系统被浙江省科协列入数字化改革"揭榜挂帅"第一批榜单项目。6月上线后，根据"点单"，全年开展服务140余次，服务群众4万余人次，兑付项目补助资金160余万元，被省科协评为优秀应用。

【社会组织建设】 2021年，成立衢州颐高科技创业园楼宇科协、衢州市风景园林学会，新建企业科协22家，扩大科协组织覆盖面。探索开展"科技工作者之家"建设，制定《衢州市"科技工作者之家"建设办法（试行）》，确定7家单位开展试点工作，组织开展活动100余次。（杜　韵）

衢州市归国华侨联合会

【概　况】 2021年，市归国华侨联合会（以下简称市侨联）认真开展党史学习教育活动，围绕中心，为侨服务，团结带领广大海外侨胞、归侨侨眷全面强化思想引领，全面推进数字化改革，全面服务高质量发展。

2021年3月30日，市侨联机关党支部全体党员赴龙游开展"沿着红色足迹学党史"主题党日活动

【数字化改革】 2021年，成立数字化改革工作领导小组，编制《衢州市侨联数字化改革工作方案》，建立定期研讨、清单管理、双向联络三大数字工作机制，梳理规范核心业务一级指标6个、二级指标13个，年度重点工作核心业务一级指标3个、二级指标7个。广大侨胞侨企积极参与数字化改革，其中衢州市留学人员和家属联谊会会长企业浙江海力股份有限公司率先而动，积极探索"数字车间"建设。

【"双招双引"】 2021年，响应市委"共同富裕、产业担当"的号召，充分发挥导流引流作用，引进东鹏特饮项目，投资6亿元建设饮料生产基地落地智造新城；邀请省侨商会、泰国浙江商会赴衢州考察，参加衢州市招商引资（智）推介会。邀请浙江侨创园相关负责人到衢州智慧新城考察，与智慧新城相关部门负责人进行洽谈。

【助力共同富裕】 2021年，开展"百个侨企帮百村"活动。10月14日，在市侨联七届六次全委会会议上，组织12个侨企和12个村结对签约。全年，全市完成40家村企结对签约工作。首批10家浙籍侨企与衢江区周家乡上岗头村等10个村结对并捐赠100万元结对帮扶资金，用于村基础设施建设、村庄风貌提升和村特色产业项目建设等。各地侨企帮村活动有效开展，浙江海力股份有限公司捐赠柯城区石室乡沙埠一村养老项目资金50万元，浙江广胜集团有限公司捐助衢州市慈善总会10.69万元，浙江威龙文迅电子有限公司投资江山市峡口镇枫石村200万元。

【维护侨益】 9月22日，针对基层侨联组织反映维护侨益力量不足问题，推动成立浙江省侨联法律顾问委员会柯城分站，引进省侨联法律顾问委员会服务柯城律师

2021年5月21日，市侨联机关党支部赴杭州市淳安县下姜村开展“重温习近平同志在浙江”主题党日活动

团入驻柯城区矛盾调解中心，进一步完善市侨联法律服务中心和城站社区维权服务站规范化运作，助力全市打造涉侨“四域一体”维权体系，推动市域、县(区)域、乡域和村域法律服务一体联动、一体推进。针对衢州纤纳新能源科技有限公司反映的人才引进问题，牵线企业与衢州学院、衢州职技院对接，签订技能人才引进合作协议。

【暖侨慰侨】 2021年，着眼国内外疫情情况，协助开展多轮涉境外人员摸排，协助做好在衢州华人华侨新冠疫苗接种工作。重点对接疫情相对严重国家和地区人员，分类施策，跟踪服务，引导侨胞侨眷安全回国并落实相关管控措施。在元旦、春节、中秋等重要节日，组织开展“侨干代您看家人”系列慰侨活动，累计慰问侨胞侨眷60余人次。

【文化交流】 11月24日，市侨联与衢州市大花园集团签订战略合作协议，在其下属单位衢州国际围棋文化交流中心挂牌“华侨国际文化交流基地”，打造围棋海外特色文化交流窗口，发挥侨联组织的作用，宣传推广衢州“两子”文化和“南孔圣地·衢州有礼”城市品牌，助力衢州打造四省边际文化高地。

【基层组织建设】 2021年，协助省、市统战部门建立省级海外领事保护服务联络处，推荐衢籍侨胞担任联络处负责人，进一步拓展海外为侨服务平台。推动市留联会开展会长轮执制度，每季组织集中活动，促进会员间的沟通与交流。 （刘 业）

衢州市文学艺术界联合会

【概 况】 2021年，市文学艺术界联合会(以下简称市文联)落实浙江省文联第九次代表大会和省委、市委文化工作会议精神，广泛团结引领广大文艺工作者繁荣创作、服务人民，繁荣发展文艺事业，积极打造文化高地金名片，为衢州市高质量发展建设四省边际共同富裕示范区、打造四省边际中心城市作出新贡献。衢州市文联获得2021年度浙江省文联系统成绩突出集体。

全年，新加入国家级协会10人，新发展省级会员61人、市级会员221人。10人入选第五届文化人才“香樟奖”。探索建立“三横三纵”基层文联组织，全市成立58家乡镇文联。完成办公场地省级文保单位“徽州会馆”整体修缮，通过市、省两级文物部门验收，持续打造格调高雅、功能完备的“文艺之家”。

【党史学习教育】 2021年，结合文联工作职能，开展“学党史、崇艺德、书时代、强服务”主题实践活动，推动党史学习教育走深走实。重点推动“四个我为”专题实践活动，收集“我为衢州发展献一策”建议9条，其中1条入选“百个金点子”，开展组团联社志愿服务29次。发动各文艺家协会开展“品红色经典，颂百年辉煌”文艺里学党史活动171场次。紧扣红色主题，发挥文艺家资源优势，运用文艺经典里的党史素材，组织文艺系统的8090新时代理论宣讲员开展百堂党课进社区、进乡村、进企业、进学校宣讲124课次。

【文艺精品创作】 2021年，围绕中国共产党成立100周年主题主线，组织开展主题文艺创作攻坚。反映衢州乡村振兴的报告文学《蝶变在新时代》、美术组图《百年峥嵘》、音乐组歌《追梦路上的你》、文学作品《父亲的1960》、音乐组曲《信仰的力量》等一批反映讴歌中国共产党成立100周年光辉历程的重大主题文艺精品创作推出，讲好中国共产党成立100周年以来的衢州故事，为中国共产党成立100周年献礼。长篇小说《营救》等17件作品入选第九批文艺精品扶持项目，散文集《衢州有意思》、动漫作品《雾山五行——灼源神火篇》等28部作品获第五届文艺精品“南孔奖”。全年文艺家协会会员创作作品11567件，省级以上发表（获奖）778件，其中毛芦芦《龚全珍——大山孩子的爱心奶奶》获第五届中国出版政府奖，龙凤隶书作品获“陆维钊奖”第九届浙江省中青年书法篆刻展优秀作品奖，姜明明篆刻作品获“贺知章杯”全国书法篆刻主题大展优秀作品奖，王明芝等摄影作品获第28届国展记录类入选奖。

【庆祝中国共产党成立100周年活动】2021年，组织开展“大美衢州 百花向阳”百年百场文艺活动。县市区三级联动，围绕中国共产党在衢州的奋斗史，深入挖掘蕴藏在三衢大地的红色资源，开展形式各异的展览展演等活动。开启“艺心向党，百花齐放”——衢州市文艺界献礼建党100周年“红色展览季”活动。全年，全市文艺界策划举办“百年峥嵘”美术展、“向阳花开”农民书法展、“百年印记篆刻展”等主题文艺活动28场，开展18.98万场红色公益电影进基层。

【“双百千村”文艺工程】2021年，持续深入开展“双百千村文艺赋能”工程，创建第三批衢州市特色文艺村（社）30个，提升第二批衢州市特色文艺村（社）18个。启动“艺”起打造未来社区（乡村）行动。以开化下淤为试点，开展全面战略合作，全方位助力未来乡村文艺，不断提升未来社区（乡村）文化内涵和艺术氛围，为打造乡村板块建设“重要窗口”的最美形态、最稳基石贡献文艺力量。各文艺家协会发挥优势，通过戏剧进校园、举办美术赏析等方式助力教育“双减”工作。全年开展文艺小分队服务基层23289场次，参与会员5660人次，惠及基层群众162740人次。其中柯城区余东村被中国文艺志愿者协会评为学雷锋文艺志愿服务“时代风尚”——最美文艺志愿服务社区。市文联“双百千村志愿服务”项目获省新时代文明实践志愿服务展示交流项目大赛优胜奖。

2021年4月28日，衢州市文艺界献礼建党100周年“红色展览季”启动仪式

【数智文艺】2021年，开展数智文艺建设。深化业务协同和数据共享，以“文艺赋能共同富裕”为目标，以解决基层文艺资源共融共享为工作向导，体现文联工作特色，构建数字赋能、多跨协同、闭环管控的工作机制，实现文艺人才、基层需求、阵地资源等数据信息资源集成。完成“百年峥嵘”美术展、“向阳花开”农民书展2个数字文艺云展览线上发布，完成宣传文化系统数智文化空间站中的初始信息库数据归集，谋划文艺家全生命周期应用场景，推动文艺人才、作品深度挖掘和开放应用，“艺智通”场景应用入选全省文联系统数字化改革试点，以数字化改革撬动文艺工作系统重塑。

【基层组织建设】2021年，推进县（市、区）基层文联组织建设，推动乡镇文联机构设立，探索建立“三横三纵”基层文联组织，全市成立58家乡镇文联。全面加强市文联与各县（市、区）文联的合作联动，进一步强化对市级各文艺家协会服务管理，巩固发展大文联工作格局。

【文艺交流】2021年，以市文联文艺之家为主阵地，举办文学、书法、美术等“文萃有约·一月一主题”文艺沙龙活动。邀请凌鼎年、池沙鸿等专家学者到衢州开展艺术点评、培训讲座活动；举办名家讲堂16期。探索建立四省边际文艺发展联盟，加大浙皖闽赣四省边际地区文艺交流与合作，策划举办首届“四省边际文学周”“品花园联盟 颂百年辉煌”四省四市书画联展活动，进一步拓展文艺合作的领域和深度，助力打造四省边际“文化高地”。

【庆祝中国共产党成立100周年美术作品展】6月25日，百年峥嵘——衢州市庆祝中国共产党成立100周年美术作品展在衢州市博物馆开幕，展览由中共衢州市委、衢州市人民政府主办，中共衢州市委宣传部、衢州市文联、衢州市美术家协会承办。市美术家协会组织全市美术工作者创作主题作品238件，入展120件。展览分峥嵘岁月、三衢春涌、花开盛世3个篇章，涵盖国画、油画、版画、水彩、雕塑、综合绘画等各艺术门类。此次活动的举办获市委、市政府“十条军规”正面典型通报表扬。（蓝　萦）

衢州市作家协会

【概　况】2021年，衢州市作家协会（以下简称市作协）紧紧围绕市委、市政府中心工作，认真履行协会职能，组织举办庆祝中国共产党成立100周年全国征文、四省边际文学周、衢州诗歌创作研讨会等系列活动，成立四省边际文学联盟和并开展相关活动，涌现一批骨干作者，并创作一批优秀作品。王钧毅获2021年第十一届中国校园“双十佳”诗歌提名奖，获第五届“名作杯”全国大学生文学作品大赛三等奖，衢籍作家孙剑获“清白泉”杯第三届全国清廉诗歌散文大赛一等奖，获第十一届“中国红高粱诗歌奖”入围奖和收获App双盲命题写作大赛9、10月赛奖，毛芦芦散文《大地上最亮的星》获第三十届“东丽杯”全国孙犁散文评选奖，衢州作家赵晖与作家海飞合著作品《内线》获首届“荣城·百花文艺周”第十九届百花文学奖“影视剧改编价值奖”。

【庆祝中国共产党成立100周年全国征文大赛】2021年，为庆祝党的百年华诞，回顾百年党史，牢记初心使命，凝聚发展合力，市作协牵头举办以“百年大党·衢州有礼”为主题的庆祝中国共产党成立100周年征文大赛活动。3月，发布征文公告，收到来自全国各地的1145篇征文。通过评委反复匿名评审，最终，评出特等奖作品1件、一等奖作品3件、二等奖作品6件、三等奖作品12件。特等奖作品中篇小说《姑妈的刺杀》在2021年第9期《人民文学》杂志发表。

【衢州诗歌创作研讨会召开】10月30日，衢州诗歌创作研讨会在常山县金源村召开。衢州市作协诗创委崔岩主持会议，梁晓明、沈苇、江离、飞廉等诗人应邀到会，近20名衢州诗人与会。会上，大家围绕近年来衢州诗歌创作现状及存在困境，地域文化对诗歌创作的影响，如何助推诗歌创作新繁荣等话题进行讨论和交流。梁晓明、沈苇、江离、飞廉四名诗人当场为衢州诗作进行点评。

【四省边际文学联盟成立】10月15日，衢州作协与安徽黄山、福建南平、江西上饶等四市作协共同成立“四省边际文学联盟”（以下简称联盟），并签署《四省边际作协合作倡议书》。联盟秘书处设在衢州市作协，负责联盟日常工作。联盟成立目的是贯彻落实衢州市委打造四省边际共同富裕示范区的战略部署，更好地发挥作协在服务四省边际区域发展中的积极作用。联盟自成立以来，四省作家交流往来频繁，成为四省交流合作交流的优秀样板。

【四省边际文学周】10月16日下午，浙江省作协和衢州市作协主办的“四省边际文学周”活动在市文联大厅启动。省作协党组副书记曹启文、省作协机关党委专职副书记王群峰、著名作家陈海飞等专门莅临指导。浙江作家网、《浙江作家》杂志、《衢州日报》以及安徽、福建、江西等省相关媒体发布相关报道，予以关注，《中国作协》简报专门刊发信息予以点赞。

【四省边际作家采风活动】2021年，由市作协牵头与县（市、区）党委政府合作，组织国内知名作家、四省边际区域作家和衢州市作家15—20人组成采风团，每个季度组织一次采风活动，每次确定一个县域。每年开展4次采风活动，计划用3年时间基本走完衢州市所有县（市、区）和安徽黄山、福建南平、江西上饶等市及部分县（市、区），以文学力量展示四省边际高质量发展新面貌，反映四省边际共同富裕新成果。2021年，完成开化县、衢江区、常山县3个县域采风，取得良好的宣传成效。

（张 翔）

2021年6月22—23日，衢州市记协组织市、县两级新闻工作者开展"寻红色印记·看美好'窗口'"异地采访活动

衢州市新闻工作者协会

【概 况】2021年，衢州市新闻工作者协会（以下简称衢州市记协）以庆祝中国共产党成立100周年为主线，深入学习习近平总书记关于新闻舆论工作的重要论述，深化"三项"（中国特色社会主义理论体系、马克思主义新闻观、职业精神职业道德）学习教育活动，增强"四力"（脚力、眼力、脑力和笔力），全面提升新闻队伍专业技术能力、专业科学精神，为打造四省边际共同富裕示范区、四省边际中心城市营造舆论氛围。

【庆祝中国共产党成立100周年】2021年，组织全市新闻工作者开展党史学习教育，传承红色基因，汲取奋进力量。6月22—23日，市记协根据省记协统一部署，组织市、县两级新闻工作者一行18人深入丽水、金华等地开展"寻红色印记·看美好'窗口'"异地采访活动，展示中国共产党百年光辉历史和伟大成就，接受党史教育，进一步增强新闻工作者的"四力"。

组织参加浙江省新闻界庆祝中国共产党成立100周年书画摄影展，6件作品获奖，其中，摄影作品《青春的声音 青春的力量》（组照）获金奖，国画《一唱雄鸡天下白》和摄影作品《2020年，村播元年》（组照）获银奖，另3件作品获优秀奖。

【新闻奖推荐报送和评选】3月，完成中国新闻奖、浙江新闻奖等年度新闻类奖项推荐报送工作；5月，完成衢州新闻奖评选工作。在2020年度衢州新闻奖评选工作中，对评选工作进行改革，分设报刊综合类和新媒体类两个评选组，首次对新媒体类作品单独进行评选。经评选，2020年度衢州新闻奖共计237件（个、幅）作品获奖，其中，一等奖44件、二等奖72件、三等奖121件。与2019年度相比，一等奖获奖数量减少4件，进一步体现衢州新闻奖的权威性。

在2020年度浙江新闻奖评选中，衢州市31件作品获奖，比2019年度增加8件。其中，《8090，以青春的名义宣讲》《衢州鼠疫战是"建构"的不实历史？上海学者"惊悚"言论引发强烈质疑》《拥抱》《青春的声音 青春的力量》《2020年衢州市"奇思妙想"创业大赛》等5件作品获一等奖，一等奖获奖数量比2019年度增加3件。

【新闻阅评】2021年，每月定期召开新闻阅评工作会议，全年编印《新闻阅评》12期，刊登建设性、探讨性、批评性意见189条，其中，57条提示、提醒类阅评意见均已落实反馈，形成工作闭环，突出阅评实

2021年7月15日，“浙江省新闻道德建设基层联系点”在开化传媒集团挂牌

效，得到省委宣传部和省新闻工作者协会、省新闻道德委员会领导的肯定。

【职业道德建设】2021年，全市新闻职业道德建设迈出新步伐。7月15日，“浙江省新闻道德建设基层联系点”在开化传媒集团挂牌，有效推动全市新闻职业道德规范化建设。

【新闻工作者援助项目】2021年，与中国记协、省记协对接，申报2021年中国新闻工作者援助项目。继2020年衢州市首次有3名新闻工作者获得援助后，2021年，因公导致伤残的衢州日报报业传媒集团记者王慧获得援助。

【《衢州市新闻志》编纂】2021年，《衢州市新闻志》初稿基本完成。《衢州市新闻志》编修工作于2019年7月全面启动，分报刊、广电、数字媒体、管理、经营、社团及其他、队伍、人物、丛录共9编37章，总计约100万字。（周建军）

中国国际贸易促进委员会衢州市委员会

【概　况】2021年，中国国际贸易促进委员会衢州市委员会（以下简称市贸促会）围绕市委、市政府中心工作，以统筹疫情防控和经济社会发展为主线，以稳外资稳外贸、保市场主体为重点，聚焦服务企业、服务四省边际共同富裕示范区建设、服务四省边际中心城市建设。

2021年，衢州市化工产品对外贸易预警点获评2020年度优秀预警点。市贸促会成功引进15亿元招商引资项目1个[中南（衢州）智能制造产业园]。共同富裕向上对接工作和成功化解企业外贸订单纠纷2项工作获市委、市政府表彰。争取3场省级会议在衢州举办，工作获市领导、省会领导批示肯定6次。

【举办2021在浙韩资企业（衢州）经贸交流会】10月28—29日，2021在浙韩资企业（衢州）经贸交流会在衢州召开。会议由浙江省贸促会、衢州市人民政府主办，衢州市贸促会、衢州市商务局、衢州市招商投资促进中心、衢州智造新城管委会承办，中国华东地区韩国商会（韩国人会）联合会支持。会上，中韩企业、韩国商务机构、韩国商会代表作推介发言。韩方企业与衢州市相关部门就贸易和双向投资作交流互动。浙江省国际商会与衢州智造新城管委会签署合作协议，双方将在国际经贸交流、共同促进对外贸易投资合作、共享经贸信息资讯、加强工作互助方面开展合作。衢州市国际商会与杭州韩国商会、义乌韩国商会达成合作意向，未来双方将保持经贸信息交流、强化贸易投资促进服务、组织互访活动、共享渠道资源。

【举办衢州市国际贸易投资推介会（韩国专场）】5月27日，2021衢州市国际贸易投资推介会（韩国专场）在上海举行。推介会由市贸促会（市国际商会）联合衢州市商务局、市协作中心、市驻长三角联络处、智造新城管委会共同举办。向韩国驻上海总领事馆、韩国省级政府以及贸促机构驻上海代表处及韩资企业等20余家单位，推介衢州市主导产业、人文环境和城市品牌，签订3个合作协议。

2021年7月20日，举办2021年浙江企业国际化经营合规风险排查活动（衢州专场）

【举办2021年浙江企业国际化经营合规风险排查活动（衢州专场）】 7月20日，市贸促会举办2021年浙江企业国际化经营合规风险排查（衢州专场）活动，邀请中国贸促会合规专家围绕10大重点领域、120个风险点为衢州市65家企业开展合规风险排查，尤其是涉及美国和欧盟的出口风险点，并免费出具专属分析报告，对行业企业出口管制、经贸摩擦经济制裁、知识产权保护等合规风险方面提出合理化建议。

【举办"名企衢州行"暨新发展格局下新材料产业发展交流活动】 6月17日，由浙江省国际商会主办，衢州智造新城、市贸促会、协作中心联合举办的浙江省国际商会"名企衢州行"暨新发展格局下新材料产业发展交流活动在衢州举行。由省贸促会（省国际商会）副会长张善坤带队的省国际商会企业代表团走进衢州，了解衢州的投资环境，探讨"国内国际双循环"新发展格局下新材料产业发展机遇。

【举办线上专业展会】 2021年，组织全市企业参加各类线上展会14场，自主举办2021浙江（衢州）出口网上交易会（全球站——机电机械类、化工氟硅、日用消费品专场）等线上展会8场，衢州市348家企业与法国、意大利、秘鲁等60余个国家335家专业采购商，完成900余场精准配对洽谈。

【国际经贸合作】 2021年，与韩国驻上海总领事馆、大韩贸易投资振兴公社杭州贸易馆、韩国忠清北道（省）政府上海代表处、京畿道上海代表处、中国华东韩国商会、杭州市韩国人商会、宁波市韩国人商会、绍兴市韩国人商会、义乌市韩国人商会9家韩国机构及商协会建立合作联系。

【商事认证服务】 2021年，服务企业用足用好自贸协定。1—12月，签发各类商事认证6929份，"单一窗口"申报率达99.58%，涉及自贸协定项下优惠原产地证出口金额7920.23万美元，为衢州市企业在国外减免关税396.01万美元。新增签发中国—巴基斯坦自贸协定优惠原产地证书，达到全口径签发中国自贸协定原产地证书。

【RCEP宣传推广】 2021年，举办RCEP（区域全面经济伙伴关系协定）主题线上线下企业培训4场，参训企业500家次，帮助企业掌握RCEP原产地规则、产品出口国关税减让对比等，引导企业在协定生效后用好政策红利。在"掌上衢州"以专栏形式开展RCEP系列宣传，发布10期RCEP知识、政策解读，总阅读量达4.6万人次。

【外贸预警服务体系】 2021年，用好化工、氟硅、特种纸、木门、机电行业5个国家级省级预警点，出台《产业预警平台规范化建设暂行办法》，建立重点企业库，涉及行业企业200余家。运用数字化改革理念，搭建"网站+微网站+电子月刊"3个预警信息发布平台，发布预警信息1500余条，编发产业电子期刊50期。

【外贸服务小分队】 2021年，按照市委、市政府企业社区组网服务的部署，市贸促会牵头组建外贸服务小分队，吸纳外贸领域专家，坚持定期走访服务企业，共同为企业"问诊把脉"，帮助企业解决国际经贸问题22个。成功化解企业外贸订单纠纷被列为市委"十条军规"正面典型案例。

【举办"贸E沙龙"】 2021年，举办6场"贸E沙龙"，搭建政商交流平台，邀请专家围绕外贸创强、自贸

2021年4月13日，市贸促会（市国际商会）与北京盈科（衢州）律师事务所共同签订框架合作协议

区联动创新区、汇率风险应对、金融和汇兑、法治体检、合规建设等主题进行专题授课。举办2场国际商会企业活动，联合衢报传媒集团，举办“抗疫有礼、留衢过年”特别季活动，组织12家会员企业拍摄“留衢过年”视频；开展市贸促会（市国际商会）走进企业活动，为企业及员工送福送春联，引导员工留在衢州过年。

【企业“法治体检”活动】2021年，与北京盈科（衢州）律师事务所开展合作，面向160余家外经贸企业开展法律服务需求摸底，帮助14家外经贸企业逐一排查“风险点”，构筑“防火墙”。龙游县、江山市获批全省首批基层贸促会调解联络点，实现省、市、县三级联动法律服务架构。市贸促会（市国际商会）与北京盈科（衢州）律师事务所共同签订框架合作协议，全面启动企业“法治体检”公益法律服务活动。

【提升干部“两勤”“两专”能力】2021年，举办19期“贸E课堂”，先后邀请外办、经信等涉外涉企部门和企业负责人、知名国际经贸律师等专家作专题辅导，不断提高干部服务产业、服务工业、服务企业的能力。先后选派多名干部参与招商引资、出口专班等重点工作，让干部在实践中锻炼提升。开展党史学习教育，走访100余家企业听取意见，“四个我为”帮助企业解决困难和问题20余个。

【推进数字化改革】2021年，将数字化改革作为重要工作来抓，坚持边学边干边谋划，不断强化数字化理念、深化数字化认知、运用数字化思维对贸促工作进行数字赋能，推进贸促业务重塑、流程再造、制度创新，以数字化改革来推动贸促工作。参与党建统领整体智治，开展重点任务和核心业务梳理，重点任务6项、核心业务2项（“一带一路”贸易投资促进、国际经贸法律服务）。参与省市公共数据平台数据仓建设，进行数据关联，促进公共数据回流基层，赋能基层数字化改革。坚持部门联动，会同市商务局、衢州海关等部门共同谋划“贸易风险预警应对”应用场景。　（饶　迅）

衢州市残疾人联合会

【概　况】2021年，衢州市残疾人联合会（以下简称市残联）深入践行习近平总书记关于残疾人事业的重要论述，推进衢州市残疾人事业高质量发展，促进残疾人共同富裕，全面完成年初确定的工作目标。2021年，全市持有中华人民共和国残疾人证91151人，其中男性52561人、女性38590人，肢体残疾42144人，占46.24%；听力残疾15401人，占16.90%；视力残疾9166人，占10.06%；言语残疾1019人，占1.12%；精神残疾12333人，占13.53%；智力残疾7582人，占8.32%；多重残疾3506人，占3.85%。2021年，积极做好疫情防控，助残纾困有力，全市减免残保金7916万元。

2021年，市残联认真开展党史学习教育活动，举办8090党史宣讲比赛，与市直机关工委联合下发《关于开展“百个支部千名党员志愿助残服务行动”的通知》。市本级机关党组织18批次150多人次参加党员志愿助残服务活动，与全市104家“残疾人之家”建立结对帮扶关系。完成残疾人

"微心愿"21个。持续加强清廉残联建设。市残联着力打造"两勤两专"("脑勤+腿勤"和专业技术能力、专业科学精神)残联干部队伍,在全市残疾人工作者中开展牢记初心与使命,当好"三个第一者"(努力成为残疾人的第一知情者、第一代言者、第一维护者)主题活动。全市残联系统实行残疾人证无纸化办理;柯城区残联"打造首个智慧无障碍公厕城区"被评为全省残联系统担当作为好案例;衢江区被省政府残工委列入省首批残疾人就业创业先行区;江山市"智慧助残"应用被列入全省数字化改革重大应用和"数字社会"第一批最佳应用。

【残疾人事业发展规划编制】 2021年,成立规划编制工作专班,系统谋划推进课题调研、意见征集等工作。结合残疾人基本服务状况和需求信息调查,精准掌握全市持证残疾人社会保障、教育就业等基础信息。按照浙江省推动高质量发展建设共同富裕示范区战略部署,参照省"十四五"规划稿,出台《衢州市残疾人事业发展"十四五"规划》,提出残疾人事业2025年发展目标和2035年展望,明确10个重点任务[一个窗口(中国特色残疾人事业的"重要窗口")、一支队伍(与"重要窗口"建设相匹配的残疾人组织队伍)、四个体系(更高质量残疾人社会保障体系、更高水平残疾人就业创业体系、更加精准残疾人康复服务体系和残疾人全周期服务管理系统体系)、四大品牌(衢州特色"残疾人之家"品牌、特殊教育品牌、残疾人文化体育品牌和无障碍环境建设品牌]、10个提升行动(提升残疾人基本保障、提升残疾人就业创业、提升残疾人托养庇护、提升残疾人康复服务、提升残疾人公共服务、提升特殊教育、提升无障碍建设水平、提升残疾人文体宣传、提升残疾人维权保障和提升组织建设)。

【残疾人民生实事项目】 2021年,落实以人民为中心的发展思想,做好各项民生实事涉残项目保障工作,完成5个涉残民生实事。35家"残疾人之家"提升建设,完成43家,完成率122.9%;4家残疾儿童康复机构规范化提升建设,完成4家,完成率100%;10个省级无障碍社区建设,完成11个,完成率110%;100个公共服务场所无障碍环境设施改造项目,完成110个,完成率110%;完成草地掷球主题公园建设,总面积约2870平方米。

【智慧助残】 2021年,以"全周期、一件事、智能速办"为导向,跨越残疾人服务数字鸿沟。江山市残疾人服务数字化应用得到省委、省政府主要领导肯定。5月8日,副省长王文序在衢州市上报的《江山市整合开发残疾人全生命周期管理服务系统成效明显》(浙江政务信息专报第412期)上批示:请省残联及时推行江山数字化改革经验。5月10日,市委常委、常务副市长陈锦标调研江山残疾人服务数字化应用工作,要求向上与省残联、省大数据局等部门沟通汇报。5月6日,副市长徐利水调研江山残疾人服务数字化应用建设,提出要扩大应用范围。7月16日,江山市残联在省残联举行的全省残联数字化改革推进会上进行项目路演交流。8月25日,副省长王文序调研江山市残疾人全生命周期数字化改革工作,提出"一地创新、全省共享"要求。8月29日下午,浙江省政府举行新闻发布会,发布半年来浙江省数字化改革重大应用成果,江山市委书记介绍江山市残疾人服务数字化应用情况。江山市残疾人服务数字化应用实现从"人找政策"到"政策找人"的转变。残疾人服务综合集成改革"一地创新、全省共享"获得省委改革突破奖铜奖,衢州市改革突破奖特殊贡献奖。

【残疾人基本保障】 2021年,配合民政部门理顺"两项补贴"操作流程,确保应补尽补。残疾人"两项补贴"(困难残疾人生活补贴和重度残疾人护理补贴)惠及7.17万人次,年度发放资金1.9亿元。符合条件的残疾人按单人户施保,全市2.23万名残疾人纳入最低生活保障。市残联、市民政局、市卫健委印发《关于建立衢州市残疾人生活自理能力评估制度工作的通知》,建立全市残疾人生活自理能力评估制度和市级工作指导组。市民政局、市残联印发《关于做好养老服务机构综合保险工作的通知》,统一招标市级养老服务机构综合保险。慈善危房改造274户(任务数164户),完成率

2021年8月26日，首期大学生"启航新征程"主题实践活动举行

167%。完成442户省慈善助残危房第五、六批验收，完成374户第一、二批市级危房改造项目补贴，补贴734.74万元。

【残疾人就业创业】 2021年，建立市域统筹培训机制，全年全市残疾人职业技能培训1746人。市人社局、市残联联合印发《关于在"残疾人之家"设立就业驿站和公益性岗位开发的通知》，在全省设立首个"残疾人之家"就业驿站。市残联、民政局、人社局、团委、妇联五部门联合下发《关于举办2021年衢州市首届残健共融公益创业创新大赛的通知》，建立残健共融公益创业创新赛制。举办全省残疾人电商客服技能培训班、全市残疾人手机维修技能、多肉种植等8期培训班，市残联、市总工会举办全市残疾人就业服务机构工作人员职业指导技能比赛。市残联、市财政局、市税务局、市人社局、市民政局、市发展和改革委员会联合印发《关于市本级用人单位安排残疾人就业补贴奖励的通知》，对新安置残疾人的用人单位给予1000元/人培训补贴。对超比例安置残疾人用人单位给予奖励。党政机关带头安置4人（任务数3人），其中公务员1人、事业单位2人、国企1人，完成率133%。全市新增就业1230人，实施灵活就业补贴2568人，其中市本级160人。衢州市残疾人创业孵化园被认定为省级残疾人创业孵化示范基地。举办首期大学生"启航新征程"主题实践活动。参加省第二届残疾人大学生职业生涯规划比赛获得二等奖1名，三等奖2名。

【残疾人康复服务】 2021年，出台《出生缺陷综合防治工作方案》；在全省率先将脑瘫、智障残疾儿童医疗康复项目纳入基本医疗保险特殊病种门诊管理；启动以家庭为中心的0—3岁听障儿童早期干预省级试点，完善新发疑似残疾儿童报告制度，建立新发疑似残疾儿童信息登记管理系统；开展残疾人社区康复示范站申报评估；继续实施残疾人家庭病床签约服务；按照医学康复、教育康复、心理康复、工程康复、职业康复、社会康复"六大"功能综合设计定位，加强康复综合体建设，市康复医疗中心，市辅助器具展示体验中心，市特殊儿童康复中心规范化提升。举办残疾人家庭签约医生、辅助器具基础知识、初级手语培训班。4月，成立衢州市特需儿童家长学校总校。开展群众性残疾预防主题宣教活动，残疾人预防日期间，开展"七个一"系列主题宣传活动，联合衢州美年大健康开展"爱无疆·助残行"送健康活动，为100名残疾人开展价值1000元/人的免费体检。

2021年，全市实施残疾人基本康复服务49535人，基本康复服务率100%；实施残疾儿童基本康复服务647人次，完成率129%；实施残疾人辅助器具配发3162例，完成率142%；纳入精神残疾人免费服药一站式结算系统保障5396人，产生费用400多万元，保障率100%；继续实施"阳光康护·家庭病床"行动，设立家庭康护病床3149张（任务3000张）；全市新增新发疑似残疾儿童36例；全年完成中省残联人才培训40人次（任务数28人次）；残疾人家庭医生签约率90.22%，残疾人精准康复服务率85.96%。

【残疾人公共服务】 2021年，合力推进康复综合体建设，市康复医疗中心康复门诊、心理咨询与治疗中心门诊启动营业，临床心理科病区整体搬迁至心理咨询与治疗中心，全面运营。提升改造市辅助器具展示体验中心，组织专场体验活动16场。提升市特需儿童康复中心（七彩梦幼儿园），做好校园常态化疫情防控，外出培训教师5名。为市区40户困难残疾人家庭实施“美丽家园·室内照明线路改造”项目。完善残疾人融合教育，与市教育局、市卫健委联合印发《关于加强残疾儿童少年融合教育工作的通知》，完善融合教育机制。市残联、市教育局建立适龄残疾儿童少年入学重要信息动态监测工作制度。出台《衢州市残疾学生和困难残疾人子女助学实施办法》，困难残疾学生扩面到残疾学生，补助标准从每人每年2000元提升至5000元；对残疾学生考取研究生或通过自学考试、成人教育取得的大学文凭和研究生文凭给予一次性补助，2021年惠及198人。王炳洋和朱琼获“浙江省特教园丁奖”和“浙江省特教园丁提名奖”。

【残疾人权益保障】 2021年，为确保中国共产党成立100周年活动期间社会稳定，印发《庆祝建党百年活动期间残疾人信访维稳应急预案》，开展维稳安全检查。组织观看《中华人民共和国民法典》讲座12次，组织在编干部职工参加学法用法考试，召开残疾人权益保障会议。残疾人人大代表、政协委员提交涉残议案提案7件，重点答复市政协七届五次会议第296号《关于巩固全国文明城市创建成果加快推进无障碍环境建设的建议》、第058号《关于推进我市无障碍环境建设的建议》提案的答复。办理信访件143件。

【残疾人文体活动】 2021年，组建全国首支残疾人草地掷球队，备战2022年杭州第四届亚残运会（受新冠疫情影响，未如期举办）。组织参加第十一届残疾人运动会暨第八届特殊奥林匹克运动会，残运会获3枚金牌，特奥会获3枚银牌、8枚铜牌。组队参加浙江省第五届残疾人冰雪运动季启动仪式暨浙江省第三届残疾人旱地冰壶锦标赛，获智力组冠军、听力组第七名的成绩。与市文旅局、市体育局联合组织市级残疾人文体基地“回头看”，对2013年以来创建的48家市级残疾人文化艺术体育健身示范基地开展复查，新命名29家市级文化艺术体育健身示范基地。与市文旅局联合举办“党的盛典 人民的节日——庆祝中国共产党成立100周年”残疾人文艺比赛，选送8个节目参加浙江省第九届文艺会演，获一等奖1个、二等奖1个、三等奖2个、优秀奖4个、辅导奖1个。与市宣传部、市文旅局、市文明示范街理事会主办“衢州有礼”周末文化广场演出。举办全市特奥趣味运动会。组织参加省残联“喜看新变化 我心永向党”主题征文、书画摄影创作和微视频演讲大赛，获一等奖2个、二等奖5个、三等奖4个。文化助残“五个一”工程受益5078人（任务数3000人），完成率166.7%。康复体育进家庭787人。匠心残韵工坊（江山市残疾人文化创意孵化基地）入选第二批全国残疾人文化创意产业基地。制定《衢州市残疾人参加体育赛事补贴奖励办法》。

【残联工作宣传】 2021年，完成市两会首次手语播报工作。组织开展“全国爱耳日”“全国助残日”等宣传活动。组织开展2020年度衢州市残疾人事业好新闻评选，推荐14件作品参加全省残疾人事业好新闻评选，10件作品获全省残疾人事业好新闻奖。江山市政府残工委被评为全国残疾人工作先进单位、程丽被评为全国残疾人工作先进个人。组织参加浙江省第二届“最美浙江人·最美残疾人家庭”评选，蓝轶红家庭获2020年“最美残疾人家庭”，徐竹生家庭获“最美残疾人家庭”提名。组织无障碍观影活动75场次，参与观影盲人7059人次。拍摄制作残疾人事业“十三五”专题片1部，拍摄辅助器具公益宣传片1部。

【建立适龄残疾儿童少年入学信息动态监测工作制度】 2021年，以“一人一案、分类安置”为原则，协同教育部门开展残疾儿童少年信息比对、科学安置、精准监测，首次动态监测持证残疾儿童少年2676人，3—18周岁残疾儿童少年学前教育、义务教育、高中段教育人员实现精准定位。融合教育安置支持体系、考核量化、康教融合、青少年特长生遴选等工作。

【全省首创“残疾人之家”就业驿站】 2021年，以适残助残为导向，拓展公益性岗位的开发思路。与市人社局在全市“残疾人之家”设立就业驿站97个，开发助残管理服务全日制公益性岗位、残疾人协管员非全日制公益性岗位，安置新增公益性岗位191人。

【“天使之翼”客服就业品牌】2021年，推进“天使之翼”残疾人客服基地建设，推广“集中＋居家”办公的残疾人客服就业模式，加强与阿里巴巴客户体验中心的沟通，建立客服培训课程体系，组建授课专家组。举办全省残疾人电商客服技能培训班，33名残疾人报名参加阿里巴巴客服面试，13名面试成功，4人达成就业意向，3人入职。加强客服岗位开发，放宽招聘条件，先后组织2022江山、龙游专场招聘会。

【社区康复站建设】2021年，扩大残疾人基本康复服务的有效供给，根据《残疾人社区康复工作标准》，建设衢州市市级残疾人社区康复示范站。新增市级残疾人社区康复示范站4家（柯城区万田乡卫生院、江山市保安乡卫生院、开化县池淮镇中心卫生院、龙游县人民医院医共体横山分院）。截至年末，全市市级残疾人康复示范站21家。

【“阳光康护·家庭病床”服务品牌提升】2021年，实施残疾人家庭病床签约服务，实施病床3149张。残疾人家庭签约医生以会代训和专题培训方式，培训140人。推广康复服务案例，扩大签约服务。联合市卫健委开展“阳光康护·家庭病床”专项督查，规范化签约服务，构建完整的责任链条和工作链条。升级智慧平台，强化服务数据的分析监控预警功能，打造预防、保健、医疗、康复四位一体的残疾人家庭精准康复服务品牌。开化县入选中国残联2021—2022年残疾人家庭医生签约服务重点联系点，出台《开化县残疾人家庭医生签约服务重点联系点工作实施方案》，试点建设“康复之家”，建成“康复之家”5家（芹阳中心卫生院，华埠镇中心卫生院封家分院，马金镇中心卫生院，池淮镇中心卫生院，村头镇中心卫生院）。

【辅助器具展示体验中心】2021年，建设市辅助器具展示体验中心，自2020年5月运营，已接待参观体验80多场次，接待人数近2000人，中心作为全省筹建最早、规模最大、功能最全的无障碍辅具专门场馆，被认定为2022年杭州亚残运会残疾人事业展示点。

【七彩梦幼儿园规范化提升】2021年，衢州市七彩梦幼儿园列入2021年浙江省残疾儿童定点康复机构规范化提升项目，围绕基础建设、专业设备、内部环境、人员配置、服务功能、管理制度、质量控制、安全保障、资质信用、延伸服务等十方面的内容做好整体提升方案。上半年收训残疾儿童64人，下半年收训66人。常态化疫情防控、应急演练，不松懈、不麻痹。线上线下康复教学。加强教师队伍建设，全年外送教师业务培训7人次，开展传帮带技能比武活动、省级巾帼文明岗创建活动。设立中国狮子联会浙江南孔志愿服务队爱心帮扶基地和衢州工程技术学校的大学生学习见习基地，引驻衢州职业技术学院心风尚志愿者服务队常年开展志愿服务。“百米画卷颂党恩 童心向党迎百年”欢度“六一”和元旦慰问活动，阳光人寿衢州分公司对在训儿童节日慰问，发放慰问金近5万元。

【“残疾人之家”衢州样板】2021年，全市“残疾人之家”辅助性就业全覆盖，组织首期“残疾人之家”辅助性就业产品和手工作品

衢州市七彩梦幼儿园

展销会。探索党建引领，组建南孔助残联盟服务小队，全市“残疾人之家”支部结对112个，结对党支部137个，其中市、县机关党支部113个。探索康复赋能，设立共享辅具驿站，开展短期租赁、配发服务，江山24家“残疾人之家”实现全覆盖。探索特色发展，全市统一示范性要求项目清单（“残疾人之家”机构的基础条件、服务功能、服务规范、社会整合、其他五大项目），评比优秀项目9个，制定星级评估细则，强化“残疾人之家”智慧管理系统数字化考勤，升级经费保障政策。全市共建“残疾人之家”119家，万人以上乡镇（街道）“残疾 人之家”全覆盖，其中三星及以上95家，占全市“残疾人之家”的80%；新增五星“残疾人之家”2个。庇护对象2191人，其中精神残疾729人、智力残疾872人、其他重度残疾590人。

2021年8月26日，衢州市孤独症人士及亲友协会第一次代表大会召开

【残疾人信息数据库平台建设】 2021年，下发《2020年度全市残疾人就业和职业培训实名制统计管理分析报告》，对就业和职业培训实名制系统运用进行强化。按月通报中国残联就业培训实名制系统、“残疾人之家”智慧管理系统和省智慧政务督查效能管理平台（民生地图管理）等系统录入数据。完成持证残疾人基本状况调查，调查完成率和App采集率均为100%。加强IRS系统（浙江省一体化数字资源系统）应用和衢州公共数据服务管理平台数据编目工作。落实按比例就业联网认证、残疾人两项补贴资格认定申请“跨省通办”。

【基层组织建设】 2021年，做好县级残联班子干部协管工作。推进“南孔助残联盟”服务品牌建设。依托“邻礼通”管理平台搭建“南孔助残联盟”平台管理系统，在柯城区府山街道开展试点。召开各专门协会联席会议，全市各专门协会参加全省残疾人专门协会特色亮点活动评选。成立市残联孤独症人士及亲友协会，柯城阮静波、常山廖慧忠2人被选为省孤独症人士及亲友协会代表。市肢残人协会承办全省肢残人协会“抖音直播带货”经验交流活动。衢州市盲协主席、副主席、盲摩机构代表、盲医代表等7人参加全省盲协举行“爱心1+1”双百公益行动启动仪式。衢州市精神残疾人及亲友协会（简称市精协）、衢州市智力残疾人及亲友协会（简称市智协）主席姜才美、副主席李晓良参加全省智协、精协和孤独症协会组织的党支部主题党日活动。做好推荐残疾人及残疾人工作者担任乡级以上人大代表和县级以上政协委员工作。

【全国残联专职委员知识竞赛决赛】 2021年，全市1313名乡镇（街道）、村（社区）残疾人工作专职委员参加省残联“喜迎建党100周年，建功立业展风采”浙江省首届残疾人工作专职委员知识竞赛、第五届全国残联专职委员竞赛。衢江区樟潭街道专职委员傅松作为省队成员，代表浙江省参加全国残联专职知识竞赛决赛，个人获得第三名，助力浙江代表队夺得全国冠军。

【无障碍环境建设】 3月23日，组织市无障碍环境督导员和志愿者40人，对市区无障碍改造示范街、浮石路无障碍环境体验督导。参与《衢州市城市环境无障碍设计导则》调研、协调会和方案修改。8月，《衢州市城市环境无障碍设计导则（试用版）》发布。选派王雪元参加创建“全国无障碍环境市”工作专班。做好城市精细化

2021年5月13日，“第三十一次全国助残日”活动暨“汇心智教　共护成长”特需儿童家庭赋能提升工程启动仪式在衢州市残疾人联合会体育馆举行

管理、微改造提升相关工作。完成残疾人家庭无障碍改造661户，完成率109%。

【残疾人证管理】 4月27日下午，衢州市第三代（智能化）残疾人证现场会暨首发仪式在智慧新城柏丽大酒店举行。5月始，全市全面启动三代证换发工作。开展2期残疾等级终评工作。通过“线上+线下”核实持证疑似死亡数据、注销死亡残疾人数据信息，夯实残疾人证数据库。

【国内首支残疾人草地掷球队组建和首个残疾人草地掷球训练基地成立】 5月10日，衢州市残疾人草地掷球队成立，正式队员26人（其中：肢体残疾人15人、视力残疾人11人）。组成国际残疾人草地掷球8个级别全组队的首支国内残疾人草地掷球队。12月，在柯城区礼贤街副195号，建成省内首个残疾人草地掷球主题公园，全国首个残疾人草地掷球训练基地。残疾人草地掷球主题公园被列入杭州2022年亚残运会残疾人事业展示点。

【“第三十一次全国助残日”活动】 5月13日上午，“第三十一次全国助残日”活动暨“汇心智教 共护成长”特需儿童家庭赋能提升工程启动仪式活动在衢州市残疾人联合会体育馆举行，通过成立特需儿童家长学校总校、组建市特需儿童家庭康复宣讲团、开展特需儿童家长培训帮扶、实施个案跟踪指导，最大限度地提升残疾儿童家庭康复效能，构建“机构康复、家庭康复、社会康复”三位一体协同发展的残疾儿童康复救助工作新格局。

【残健共融公益“双创”新赛制】 聚焦公益助残、创业共富，改革创业创新赛制。10月29日，围绕“谱有礼之城特殊乐章 筑残健共融创新梦想”主题，联合民政局、人社局、团委、妇联五部门举办全市首届残健共融公益创业创新大赛，总结和挖掘11个残疾人创业项目和12个公益助残项目，培育残疾人创业创新典型23个、公益助残社会组织24个。

【程丽获评全国残疾人工作先进个人】 7月15日，国务院残疾人工作委员会授予衢州市残疾人综合服务中心主任程丽全国残疾人工作先进个人荣誉称号。程丽，女，1974年7月出生，中共党员，1997年毕业于杭州大学中文系，文学士、公共管理硕士，残疾人工作者岗位24年。历任衢州市残联办公室文秘，就业服务中心副主任，康复指导中心副主任、主任，综合服务中心主任。她不忘初心使命，坚守残疾人事业。在就业中心工作期间，她被评为2012年度市政府廉租房工作先进个人；在康复中心工作期间，她被评为衢州市“十二五”残疾人工作先进个人，康复中心获衢州市三八红旗集体、衢州市“十二五”残疾人工作先进集体、2019年衢州市残疾人工作先进集体等荣誉。2019年，她被评为浙江省首届最美残疾人工作者。2015—2020年，她连续被评为先进工作者和优秀共产党员。（朱莉敏）

衢州市法学会

【概　况】 2021年，衢州市法学会贯彻落实习近平法治思想，紧紧围绕党委政府中心工作，积极履职尽职，推进法学研究，服务法治实践，开展法治宣传，为全市改革发展稳定大局，促进经济社会健康发展作出积极贡献，成为建设“平安衢州”“法治衢州”的重要力量。参与地方立法和服务企业、服务基层等工作得到省法学会的肯定。

【服务中心工作】 2021年，坚持立足本职，紧紧围绕市委、市政府中心工作，围绕转型升级、生态环保、项目征迁、企业转改、四省边际中心城市建设、打造共同富裕示范区建设等党委政府各阶段中心工作，为推进工作、破解难题建言献策。如聚焦市重大项目建设，组织市法律服务志愿团深入市高铁新城项目攻坚、危旧房拆除工作一线，为拆迁安置项目的论证、补偿、公证、司法救济等提供法治保障。运用法律手段帮助企业化解危机、渡过难关。各会员单位相继出台服务非公有制经济的措施、加大"僵尸企业"司法处置力度，助推衢州市供给侧结构性改革，并聚焦企业在涉法涉诉、破产重组、环境污染防治等方面遇到的难题瓶颈，为衢州市经济社会发展及产业集群化、规模化、高端化延伸提供法治保障。

【服务企业】 2021年，发挥市、县两级法学会会员法律专业优势，开展"法雨春风"法律服务月活动，全面排查化解涉及企业的矛盾纠纷，坚持把非诉讼纠纷解决机制挺在前面，通过释法、调解、协调等柔性手段，及时化解各类矛盾纠纷，降低企业涉法风险，为实现"两战赢"提供法律保障，为高质量发展保驾护航。聚焦"大干项目、干大项目"实施精神，运用法律手段帮助企业化解危机、渡过难关。组建"建设法治营商环境"普法讲师团，为企业、商会开展专题培训。组织300余名政法机关青年法学家、律师开展法律服务，会同法院、检察院、司法、安监等部门开展"以案释法"，召开营商环境法律服务新闻发布会。

【助推矛盾纠纷化解】 2021年，衢州市、县两级法学会围绕中心大局，发挥职能优势，创新工作模式，进驻矛调中心，建立日常值班、专家会诊和名律师接待日等制度，着力解决日常性群众信访涉法问题。对疑难纠纷和专业强的问题，定期会诊，驻点会员和名专家会员常态化解答咨询、参与纠纷化解。市法学会会员积极打造本土法律咨询服务团队，助力矛调中心发挥化解社会矛盾维护社会稳定的作用。衢州法学会通过进驻矛调中心工作站的方式，秉持公共服务"最多跑一次"、纠纷调解"最多跑一地"的理念，打通服务群众"最后一米"，以粉色暖心服务、绿色一体高效、蓝色智能互动的"三色"服务全方位提升矛盾纠纷调处水平，为群众提供"最后一公里"法律服务，切实践行"最多跑一次""最多跑一地"改革。

【助推基层治理】 2021年，市法学会聚焦基层治理难题，积极组织法学专家人才融入打造中国基层治理最优城市。在全国市域社会治理示范区建设试点中，充分利用法学团体专业人才优势，加强与有关部门联系，引领法学法律工作者参与法治实践，为地方法治建设提供理论支撑和智力支持。为衢州市地方性法规的出台提供智力支持。在全市县级矛调中心设立"法学会工作站"，实现全覆盖，及时解决群众涉法涉诉问题，提升基层治理的法律遵循。

【助推法治宣传】 2021年，强化法治宣传，强化法治素养培育，助力全民守法、遇事用法习惯的养成。围绕习近平法治思想集中宣讲等主题，先后邀请省委党校教

2021年11月25日，习近平法治思想集中宣讲进"矛调中心"活动在龙游县开展，省学习贯彻习近平法治思想宣讲团成员、省委党校法学教研部主任、教授、法学博士徐邦友作宣讲报告

授徐邦友和褚国建等法学界知名专家到衢州市矛调中心作专题报告，提升基层"运用法治思维和法治方式深化改革、推动发展、化解矛盾、维护稳定"的能力。借力法治文化基层行、社科联科普月、"12·4"宪法月等活动载体，组织法学、法律优秀人才赴基层一线、田间街头开展内容对口、形式多样的法治宣传。（徐一虹）

衢州市红十字会

【概　况】2021年，市红十字会积极投身四省边际共同富裕示范区建设，依法履行《中华人民共和国红十字会法》赋予的各项职责，推进红十字事业高质量发展，实现"十四五"良好开局。

【救灾救助】2021年，全市有8支红十字应急救援队，正式队员354人。全年，参与山地搜救、水上搜救及寻找失踪人员行动共出勤968次，受益群众超过3000人次。积极开展红十字博爱送万家、博爱助困助学等活动，全市红十字会系统投入经费180万元，受益群众2600余户；积极开展东西部扶贫协作，到四川省绵阳市等地开展实地帮扶、项目援助等，投入扶贫资金款物折价20万元。

【救护培训】2021年，开展应急救护推进年活动，实施"红十字救在身边"行动，与市委机关工委、市教育局、市交通运输局等部门协作，启动"救在身边·机关先行""救在身边·校园守护""救在身边·交通伴行"专项行动。2021年全市完成应急救护普及培训10.9万人，救护员取证培训1.3万人。

【民生实事】做好2021年为民办实事项目，有序推进公共场所AED（自动体外除颤器）配备和培训，完成AED安装118台，完成目标任务的118%。牢固树立以人民为中心的发展思想，着力为群众办实事、为企业解难题。主动申请牵头实施"千百万"工程，列入全市党史学习教育"我为群众办实事"首批项目。全市红十字系统共为82家企业开展应急救护培训97场，5120余名企业员工接受应急救护培训；实施红十字博爱项目24个，投入资金260余万元，6000多名困难群众受益；开展救灾救援、人道宣传等志愿活动512场次。

【关爱生命】2021年，实现造血干细胞入库登记341人，4人捐献造血干细胞；实现器官捐献33例，百万人口捐献率继续保持全省领先；实现遗体捐献5例。与市卫健委共同举办"12·1"世界艾滋病日宣传活动，慰问艾滋病患者10名。

【精神传播】8月23日，市红十字先锋救援队在市委党的群团工作会议上作典型发言。谢梨花当选为全国优秀红十字志愿者。曹建光、姚佳、马庆喜、杨子铖被评为中国红十字会"会员之星"。元立集团等一批爱心企业，百岁老人邹丁山和狄韦龙等一批器官捐献者，严红清、姚佳、谢梨花、马庆喜、阵玮等一批救援队员和志愿者的先进事迹，在《中国红十字报》、中红在线、《浙江红十字报》、《衢州日报》等全国、省、市媒体宣传。原创微剧作品《加密的爱》，在浙江省纪念"5·8"世界红十字日活动中展演。（陈　黎）

衢州市计划生育协会

【概　况】2021年，衢州市计划生育协会（以下简称衢州市计生协）紧扣改革转型这一主题，深入宣传贯彻中央《关于优化生育政策促进人口长期均衡发展的决定》，聚焦"生育关怀、健康促进、基层治理"三大主线，做精做优生育关怀专有性品牌，提升协会服务能力，持续增进计生家庭福祉。

【综合改革试点】4月，衢州市列入中国计生协第二批地方综合改革试点市。9月，市委办、市府办联合印发《衢州市计生协国家综合改革试点工作实施方案》，成立市委副书记为组长，分管副市长和协会会长为副组长，21个部门组成的改革工作领导小组。此次综合改革试点以实现群团"强三性去四化"（三性：政治性、先进性、群众性；四化：机关化、行政化、贵族化、娱乐化）为目标，按照"强基础、转职能、建机制"的总体思路，市县联动，整体推进。加强党对计生协的领导。市县两级计生协参公入序、建立党委政府计生协工作专题会议制度或听取计生协工作汇报制度，乡镇和村社协会明确党委书记（支部书记）任

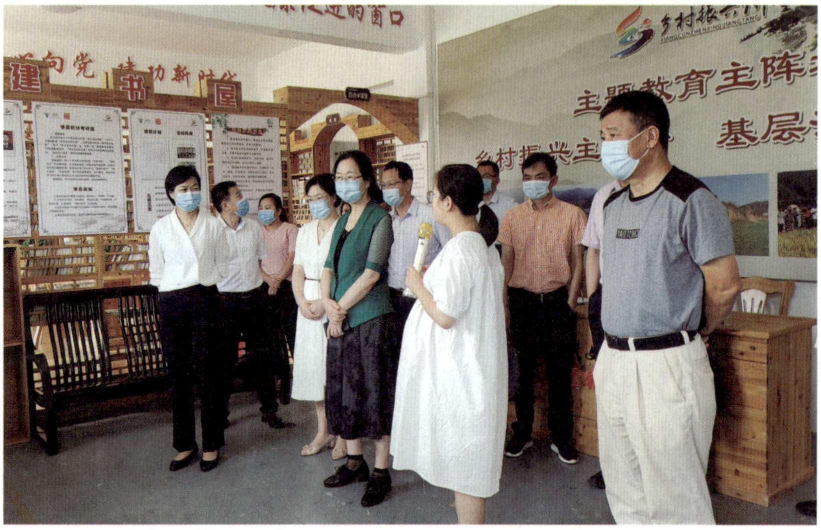

2021年8月19日，省计生协会会长陈艳华（中）在衢州调研

会长，增强党对各级协会的领导。巩固协会机构网络。借助改革，增加市县协会办事机构编制和职数（市计生协新增编制2名，科级职数1名），市县两级完成“新三定”。加快县级协会换届选举进程（常山、开化、江山、龙游完成换届），配齐配强会长和理事会成员。巩固基层队伍网络，保障人员待遇。开化县、常山县在改革实施方案中明确乡镇（街道）计生协秘书长享受中层待遇，在全省属首创。加快协会转型发展。在乡村两级广泛开展协会更名换牌工作。截至年末，全市56个乡镇（街道）和901个村（社）的计生协更名为“人口家庭协会”，覆盖全市50%以上乡镇街道、60%以上村社。探索协会工作人员身份转型，开化县率先在每个村设立健康助理员岗位，由村级协会会员小组长兼任，全市聘任健康助理员3947人。进一步梳理形成乡镇和村级协会具体工作职责，明确乡村两级主要负责“宣传教育、生育关怀、健康促进、基层治理”4大类15或16项职能，加快协会职能从原来的生育管理向生育服务和生育支持转型。8月，市委书记汤飞帆在全市群团工作会议中充分肯定计生协改革试点，市长高屹、副书记吴舜泽、副市长王良春等市领导关心关注改革，专门听取改革试点情况汇报并提出指导意见。省计生协会会长陈艳华先后2次到衢州指导工作，肯定衢州市计生协工作。受疫情影响，全省计生协改革推进会推迟至2022年在开化县召开。3月，杭州市计生协到衢州考察交流。

【生育关怀服务常态化】2021年，深入实施“暖心行动”。建立市县两级计生特殊家庭心理援助骨干团队7支近百余名队员，组织各类计生特殊家庭志愿者队伍286支，近5000名志愿者，为广大老年群体特别是计生特殊家庭提供精神慰藉、走访慰问、志愿服务、保险保障等服务。开展常态化走访慰问。市县两级计生协在春节、重阳等特殊节日走访慰问开化籍消防英雄丰晨敏等计生特殊家庭，全年走访慰问412户，发放慰问金50余万元。继续做好“春苗计划”助学活动，惠及7所学校58名学子，年度资助金额6.02万元，为困难计生家庭送去党的关怀。与中国人寿合作，连续8年为全市计生特殊家庭、育龄群众开展生育关怀系列保险服务。全年，计生特殊家庭保险人数2839人次，安康保险28.5万人次。生育关怀系列保险年度总保费2473.81万元，综合赔付率106.96%，其中计生特殊家庭保险理赔率99.92%。

【生育关怀服务数字化】2021年，在省内首创生育关怀保险智慧理赔服务，通过构建跨部门数据处理体系，实现计生特困家庭就医保险理赔“零跑直赔”。截至年末，生育关怀保险智慧理赔服务在全市22家医院上线运行，14家医院实现智慧理赔364人次，理赔金额42.31万元。“生育关怀保”应用场景成功入选首批省级卫生健康数字化改革基层创新储备库入库项目，在全省生育关怀保险工作推进会交流发言。

【生育关怀服务阵地化】2021年，持续抓好“暖心家园”建设，按照县级全覆盖的要求，年内新建4家。截至年底，全市有国家级暖心家园1家、市级3家、县级7家。积极探索建立“向日葵亲子小屋”，填补0—3岁婴幼儿教育养育资源缺口，全年全市新建“向日葵亲子小屋”4所，累计建成6所。

【健康促进工作】2021年，市计生协在健康促进领域不断探索，持续发力，并在全省健康促进现场会作交流发言。

*做优青春健康教育。*6月，市计生协组织开展第三期市级青春健康教育师资认证，新遴选市级师资17名。全市省级青春健康教育师资8名、市级师资43名、县级师资90名。全年开展“双减”系列讲座服务17场次，受益学生2826人次。全年新验收4家市级青春健康教育基地，分别是浙江省锦绣江山外国语学校、开化县北门小学、浙江省衢州数字工业学校（常山县）、衢州市柯城区书院中学。全市累计建成国家级青春健康教育基地1个、省级基地6个、市级基地8个。

*推进生殖健康教育。*以生殖健康社工培训为抓手，加强社区专业人才队伍建设。10月27日，全省首批生殖健康社工和能力提升培训班在开化县举办，210余名基层协会骨干参加。全市累计完成培训741人，初步打造一支具有职业素养、知识理论、实务操作能力的社区健康服务队伍。

*开展其他健康促进行动。*以“5·29”中国计生协会纪念日、“7·11”世界人口日、“9·26”世界避孕日等节点，深入推进全民健康促进行动。市计生协联合衢州学院、衢江区计生协等在杜泽镇开展纪念“7·11”世界人口日——儿童健康关爱系列活动暨女童守护站成立仪式，给山区留守儿童带去暑期课业辅导及青春健康知识。“12·1”世界艾滋病日期间，市计生协选派师资为各大中院校开展防艾滋病知识培训，普及健康生活理念。各县级计生协探索开展“围绝经期妇女免费取环”“百医进百村”健康巡诊等健康服务。（叶　俊）

法治

■ *Rule of Law*

人大立法

【概 况】2021年，市人大常委会坚持科学立法、民主立法、精准立法的原则，与政府相关部门协同发力，推进高质量立法和法治衢州建设。制定《衢州市历史文化街区保护条例》《衢州市居家养老服务条例》《衢州市围棋发展振兴条例》《衢州市工业固体废物管理若干规定》，并通过省人大常委会批准颁布。

【制定《衢州市历史文化街区保护条例》】根据市人大常委会立法计划安排，《衢州市历史文化街区保护条例》（以下简称《条例》）由市住建局牵头起草。2020年9月3日，市政府第58次常务会议讨论通过后，提请市人大常委会审议。2020年11月26日，市七届人大常委会第二十九次会议对《条例（草案）》进行第一次审议。会后，市人大常委会法工委将《条例（草案）》向社会各界征求意见，并召开各类座谈会、专家论证会10次，修改完善后形成《条例（草案修改稿）》。2021年3月31日，市七届人大常委会第三十二次会议审议通过。5月28日省十三届人大常委会第二十九次会议批准，于2021年8月1日起施行。

《条例》共五章四十四条，涉及历史文化街区申报批准、规划编制、保护利用、监督管理等内容，通过立法重点规范恢复和保护街区的肌理和文化，使整个历史街区保护、开发和利用在法律框架内进行，充分体现衢州特色，具有较强的可操作性。2021年6月11日，市人大常委会召开新闻发布会，就《条例》主要内容作介绍。

【制定《衢州市居家养老服务条例》】2021年，根据市人大常委会立法计划安排，《衢州市居家养老服务条例》（以下简称《条例》）由市民政局牵头起草。市民政局组织专门力量并委托起草团队开展具体起草工作，通过实地调研、问卷调查、基层座谈、专家论证等形式，完成《条例（草案）》起草任务。4月25日，市政府第67次常务会议讨论通过后，提请市人大常委会审议。5月31日，市七届人大常委会第三十三次会议进行第一次审议。会后，向社会各界征求意见，并召开各类座谈会、专家论证会9次，修改完善后形成《条例（草案修改稿）》。7月29日，市七届人大常委会第三十五次会议审议通过。9月29日，省十三届人大常委会第三十一次会议批准，于2022年1月1日起施行。

《条例》包括总则、服务设施、服务供给、保障激励、监督管理、法律责任、附则等七章四十六条，着力规范乡镇（街道）居家养老服务中心、村（社区）居家养老服务照料中心以及居家养老服务用房的配建标准，规定居家养老基本服务内容和助餐服务、医疗服务、老年人教育等方面具体要求。10月14日，市人大常委会召开新闻发布会，就《条例》主要内容作介绍。

【制定《衢州市围棋发展振兴条例》】 2021年，为弘扬烂柯围棋文化，推动围棋发展振兴，促进围棋国际交流与合作，市人大常委会将制定《衢州市围棋发展振兴条例》（以下简称《条例》）列入2021年立法计划一类项目，由市体育局负责起草，并委托浙江大学立法团队承担草案起草工作。起草过程中，广泛开展立法调研，学习省内外各地工作经验。7月19日，市政府第70次常务会议讨论通过后，提请市人大常委会审议。7月28日，市七届人大常委会第三十五次会议进行第一次审议。会后，向社会各界征求意见，并召开各类座谈会、专家论证会9次，修改完善后形成《条例(草案修改稿)》。9月28日，市七届人大常委会第三十六次会议审议通过。11月25日，省十三届人大常委会第三十二次会议批准，于2022年4月1日起施行。该条例是国内首部围棋方面的立法，在全国具有极高的辨识度，得到中国围棋协会的高度关注和肯定。

《条例》共七章四十五条，从围棋文化弘扬、围棋教育普及、围棋水平提升以及围棋产业融合发展等方面作出规定，旨在通过地方立法，进一步讲好烂柯围棋故事，浓厚全民围棋氛围，提高围棋竞技水平，赋能围棋产业发展。

【制定《衢州市工业固体废物管理若干规定》】2021年，为加强工业固体废物的管理，防治环境污染，维护生态安全，市人大常委会将制定《衢州市工业固体废物管理若干规定》(以下简称《规定》)列入2021年立法计划一类项目，由市生态环境局负责起草。8月18日，市政府第73次常务会议讨论通过后，提请市人大常委会审议。9月28日，市七届人大常委会第三十六次会议对《规定(草案)》进行第一次审议。会后，向社会各界广泛征求意见，并召开各类座谈会、专家论证会6次，修改完善后形成《规定(草案修改稿)》。11月30日，市七届人大常委会第三十七次会议审议通过。12月22日，省十三届人大常委会第三十三次会议批准，于2022年5月1日起施行。

《规定》共二十条，主要规范工业固体废物收运体系建设、工业固体废物利用处置要求、工业固体废物管理信息化建设、重点监管对象的管理、工业固体废物核查、禁止随意倾倒、堆放、丢弃、遗撒、贮存工业固体废物以及未明确危险属性的工业固体废物管理等内容。 (全新溪)

政法委与综治

【概 况】2021年，全市政法战线贯彻落实中央、省委和市委决策部署，以“平安护航建党百年、创成平安中国示范市”为主线，以数字化改革和“县乡一体、条抓块统”改革为牵引，全力推进政法领域改革攻坚，各项工作落实落地，取得新成果。全省率先迭代升级“一中心四平台一网格”[县级社会治理中心、基层治理四平台、村(社)网格]基层治理体系，参与探索“152”(“1”指一体化智能化公共数据平台，“5”指党政机关整体智治、数字政府、数字经济、数字社会、数字法治等五个综合应用，“2”即理论体系、制度规范体系)“141”(即“一中心四平台一网格”)体系衔接贯通，推动形成基层治理现代化的“衢州经验”，打造一批管用实用的数字法治应用场景，完成平安护航中国共产党成立100周年重大任务，实现平安市“十六连冠”。在12月15日召开的平安中国建设表彰大会上，衢州获“平安中国建设示范市”称号。

【平安衢州建设】2021年，坚持把党的领导贯穿平安建设各方面、全过程，构建“党委政府领导、行业部门齐抓共管、社会广泛参与”的大平安建设格局，一体推进

2021年3月8日，衢州市平安建设考核工作情况汇报会召开

平安衢州、法治衢州建设，强化数字赋能，持续完善风险闭环管控的大平安机制，深化平安突出问题专项整治，全域推进基层单元平安创建，夯实平安根基，拧紧平安建设责任链条，平安衢州建设的内涵质效、民生温度、群众满意率明显提升。2021年，全市电信网络诈骗案件受理数、损失数同比分别下降20.37%、3.5%，是全省实现双降的4个地市之一；各类安全生产事故起数、死亡人数与前两年平均数相比分别下降29.2%、29.6%，降幅排名全省第3和第2；道路交通死亡人数同比下降9.79%，降幅排名全省第4；火灾事故起数同比下降23.96%。

【维护政治社会大局稳定】 2021年，坚决贯彻总体国家安全观，筑牢维护国家政治安全的“铜墙铁壁”，防范化解社会矛盾纠纷，全市政治社会大局持续安全稳定。完成中国共产党成立100周年、中共十九届六中全会等各类重要活动的平安护航任务。深化重大决策社会风险评估提质、增效、扩面工作，全年完成社会风险评估381件，不予实施7件，中止实施2件，保障一大批重大项目、重要活动、重大决策平稳落地。推动出台房地产领域二十条、集体土地征收规范指引等一系列机制，从源头防范减少风险隐患。

【迭代升级“141”体系】 2021年，以“县乡一体、条抓块统”全市域改革试点为重大契机，在全省率先迭代升级“141”基层治理体系，先行先试，推进“152”和“141”贯通，推动形成基层治理现代化的“衢州经验”，在疫情防控、平安护航工作中发挥实战作用。实现县级矛调中心向社会治理中心迭代升级。制定《衢州市“县级社会治理中心”建设指导意见》，在做实矛盾纠纷调处化解、社会治理事件处置、社会风险分析研判功能基础上，新增重大应急管理、监管执法协调指挥、基层社会治理业务指导三大功能，打造基层治理共同体。持续擦亮“基层治理四平台”品牌，迭代升级“基层治理四平台”为党建统领、经济生态、平安法治、公共服务四个模块，全方位覆盖党的建设、经济生态、生态文明、社会治理、公共服务等各个领域，推进形成乡镇（街道）全域整体智治新格局。“基层治理四平台”迭代升级的“清湖模式”得到省委书记袁家军肯定。全面做实网格治理，出台全科网格建设二十条，深化“网格+警务”等工作，强化数字赋能网格，全面推进共享法庭建设，网格治理实效明显提升，网格事件规范率保持98%以上，网格化工作群众满意率在95%以上。

【数字法治系统建设】 2021年，对准省数字法治系统建设跑道，以“一件事”切入，小切口、大场景，全力推进数字法治系统场景建设，打造数字法治好应用。“易制毒化学品服务监管”列入省数字法治好应用，“掌上指挥”“综合治理执行难”（执行“一件事”）在全省推广，3个应用入选2021年全省有辨识度有影响力法治建设成果。社会治理“一件事”、欠薪处置“一件事”等5个应用场景列入省数字法治多跨应用场景1.0清单，承接省级重大多跨应用场景子场景28个。“网格+检察”法律监督平台应用，获评全省人民监督员十大优秀案（事）例。

【法治化改革】 2021年，深化执法司法责任体系、制约监督体系两项改革，制定衢州市执法司法责任体系改革和建设任务清单，明确15项具体目标任务，实行月度晾晒通报；出台构建规范高效司法监督体系实施方案和重点工作清单。全年培育有辨识度有影响力法治建设项目4个，其中，综合治理执行难协作应用系统入选全省有辨识度有影响力的法治建设成果。在省委政法委组织召开的全省综合治理执行难工作会议上，衢州市就综合治理执行难工作作典型发言。

【全国市域社会治理现代化试点】 2021年，对标对表中央试点创建工作指引和省域特色工作指引，做实专班化例会制、清单化销号制，开展动态评估，分阶段压茬推进试点工作补短板、创特色，基本完成各项指标，牢牢守住“负面清单”事项“零发生”的底线，总结提炼出一批特色亮点工作，其中，“县乡一体、条抓块统”改革、“一座最有礼的城市”成功认领中央政法委试点项目。

【常态化推进扫黑除恶专项斗争】 2021年，持续打好“扫黑除恶+树正打歪+行业治乱”组合拳，着力开展信息网络、自然资源、交通运

2021年3月1日，衢州市政法队伍教育整顿动员部署会召开

输、工程建设四大行业领域整治。全年，公安机关侦破各类涉黑涉恶案件共计3件，其中涉黑案件1件、涉恶团伙案件2件；查处涉黑涉恶腐败、“保护伞”和失职失责问题7人，其中党纪政务处分4人。

【政法队伍教育整顿】 2021年，全程高标准高质量推进政法队伍教育整顿，组建“8090青年干警宣讲团”，统一规范落实宽严相济政策，建立线索案件会商研判机制，边发现问题边建章立制，清除一批“害群之马”，靶向整治一批“顽瘴痼疾”。教育整顿期间，整改执法司法“六大顽瘴痼疾问题”130余个，74名干警主动说明问题，处理处分干警213人（含涉纪118人），其中立案审查26人，形成制度机制成果356项。持续巩固拓展政法队伍教育整顿成果，完善政法队伍建设制度机制，持续推进政法队伍革命化、正规化、专业化、职业化。

【政法舆论宣传】 2021年，结合“衢州有礼”城市品牌打造，把平安文化与法治文化、南孔文化有机融合、一体推进，以礼化人、法治创安。运用微信、抖音等新媒体，及时动态传递平安信息，“衢州政法”抖音号、头条号累计点赞超2600万次，总播放量超15亿次，长期入围全国政法影响力榜单，最高排名全国第2，并双双获全省政法系统10强，为全省11个地级市唯一，得到市委主要领导的批示肯定。（汪 文）

法治政府建设

【概 况】 2021年，衢州市深入学习宣传贯彻习近平法治思想，全面落实《浙江省法治政府建设实施纲要（2021—2025年）》，加快建设职能科学、权责法定、执法严明、公开公正、智能高效、廉洁诚信、人民满意的法治政府，行政诉讼发案量和败诉率实现“双下降”。

【地方立法】 2月24日，衢州市全面推进依法行政工作领导小组办公室印发《衢州市人民政府2021年立法实施计划》。2021年，《衢州市历史文化街区保护条例》《衢州市居家养老服务条例》《衢州市围棋发展振兴条例》《衢州市工业固体废物管理若干规定》经省人大常委会批准通过。落实政府立法协商机制，与市政协社法委开展立法协商活动3场，收到政协委员意见建议203条。

【行政执法监督】 2021年，持续开展“减证便民”行动，全市13项证明事项实行告知承诺制。围绕行政执法制度建设和落实、行政执法体制改革依法推进、行政执法质效评议等内容，开展多领域行政执法专项监督，评查行政执法案卷1043卷，制发行政执法监督通知书121份，衢州市司法局被司法部纳入省、市、县、乡四级行政执法协调监督工作体系建设试点单位。加强行政执法证件管理，完成8400余名行政执法人员证件换发，市县两级行政执法机关平均持证率96.6%。

【行政复议和行政应诉】 2021年，开展行政复议“以案治本”专项行动，编印《2019—2020年全市行政败诉案件典型案件汇编》，发放至各乡镇（街道）和10家重点执法部门，协助重点部门和地区查摆执法机制、执法流程、执法监管等方面存在的问题并督促整改到位。以发案量大、执法问题突出的部门、乡镇（街道）为重点，市县两级复议机构走访行政单位76家，发送行政复议意见书、建议书、商议函等23份，提出纠错意见32条，预防和减少行政争议的发生。全市处理行政复议申请355件，受理268件（含结转），受理前调解撤案65件，不予受理15件，审结案件209件，其中作出维持决定的53件，撤销14件，确认违法12件，责令履行3件，终止116件，驳回10件。2021年，建立《行政机关负责人出庭应诉评价通报机制》，行政机关负责人出庭应诉率98.43%。全市审结一审行政诉讼案件454件，败诉29件，败诉率6.39%。

【行政争议多元化解】2021年，制定《集体土地征收风险防范处置工作指引（试行）》《国有土地上房屋征收风险防范处置工作指引（试行）》，有效防范征收工作中行政争议易发高发问题。制定《衢州市行政争议联动化解处置办法（试行）》，建立案件信息共享、案件信息通报、败诉风险案件包案化解等机制，落实“一名包案领导、一个化解小组、一套化解方案”的“三个一”工作模式，全市交办行政败诉风险案件64件，成功包案化解27件。

【行政规范性文件合法性审核和清理】2021年，加强行政规范性文件合法性审核，审核处理市政府、市委办、市府办联发和经市政府同意的市级部门规范性文件58件，提出意见355条。加强行政规范性文件备案审查，按时报备市政府行政规范性文件8件，受理市级部门规范性文件备案74件，县（市、区）规范性文件备案62件，对2020年市级部门和各县（市、区）报备案中发现的24件问题文件反馈制定机关督促限期整改，其中15件完成整改，剩余9件在整改中。加强行政规范性文件动态管理，对2020年12月31日以前现行有效的市政府及市政府办公室行政规范性文件开展全面清理，公布继续有效的市政府行政规范性文件196件、需要修改的7件、决定废止的56件、宣布失效的18件，清理结果公布前已废止、失效的40件；对涉及行政处罚内容的行政规范性文件开展专项清理，市县两级共清理相关行政规范性文件206件，其中拟废止6件，拟修订3件，已废止1件；对涉及长江流域保护规范性文件开展专项清理，市县两级共清理相关行政规范性文件987件，无废止修订文件。

【重大行政决策合法性审查】2021年，市、县、乡三级政府及工作部门共283个单位完成2021年度重大行政决策事项目录编制并对外公布，公布率首次达到100%，其中市政府公布重大行政决策事项4项。审查市政府常务会议议题118个，提出意见132条，审查市长办公会议议题72个，提出意见105条。

【行政机关合同合法性审查】2021年，加强行政机关合同合法性审查，审查市政府及市级部门重大合同136件，提出审查意见1031条，为生命科学小镇项目、衢州高铁新城鹿鸣社区项目、爱琴海购物公园奥特莱斯等一批市政府重大项目的落地提供保障。

【学习宣传贯彻习近平法治思想】2021年，开展学习贯彻习近平法治思想集中宣讲活动和学习宣传贯彻习近平法治思想情况专项督察，营造笃学践行习近平法治思想浓厚氛围。市县两级党委理论学习中心组开展专题学习7次，在党校主体班次开设习近平法治思想专题课程18次，运用“两微一端”等平台刊登习近平法治思想宣传报道560篇，8090新时代理论宣讲团、普法讲师团等队伍开展习近平法治思想宣讲活动3620场次。

【领导干部学法用法】2021年，市

2021年10月26日，衢州市法治建设专题研讨班暨习近平法治思想集中宣讲主题辅导班在市委党校开班

县两级党委专题研究法治政府建设工作7次，市县两级政府常务会议专题听取汇报15次，政府常务会议学法29次。5月31日，市七届人大常委会第三十三次会议听取和审议市政府关于法治政府建设情况的报告。10月26—29日，市司法局和市委党校联合举办衢州市法治建设专题研讨班暨习近平法治思想集中宣讲主题辅导班，市、县、乡三级51人参加学习培训。（全 剑）

公 安

【概 况】2021年，衢州市公安局下辖柯城、衢江、柯山、开发区、机场5个（直属）分局和江山市公安局、龙游县公安局、常山县公安局、开化县公安局。全市有公安派出所57个。2021年，全市公安机关坚持“1244”发展战略（“1”指打造“全国治安首善之地”奋斗目标；“2”指“抓人促事、智慧治理”主线；第一个“4”指公安工作“社会化、法治化、智能化、精准化”四化战略；第二个“4”指队伍建设“党建统领、文化感召、能力跃升、警心凝聚”四大工程）不动摇，围绕“全国治安首善之地”总体目标，以服务保障高质量发展，建设共同富裕示范区为统领，以“融警务”建设探索现代警务模式“衢州实践”，做好保稳定、护安全、促发展各项工作。

全年，全市有效刑事治安警情同比下降5.2%；刑事案件10337起，同比上升4.9%，命案9起9破，电信网络诈骗发案数、损失数分别同比下降21.4%、6.4%；道路交通事故死亡258人，同比下降9.79%。在市级机关综合考核中连续8年保持优秀；群众安全感97.96%，位列全省第2，助力衢州市获“平安中国建设示范市”。

【完成中国共产党成立100周年大庆等安保工作】2021年，高标准开展中国共产党成立100周年大庆、中共十九届六中全会等安保工作，抓实抓细社会面巡防、矛盾纠纷化解、隐患排查等工作，严格落实7×24小时不间断网上巡查措施，确保全市社会大局持续稳定。

【庆祝首个“中国人民警察节”】1月10日，全市公安机关隆重举行首个“中国人民警察节”庆祝活动。组织民警、辅警面向警旗重温入警誓词；召开退休荣誉仪式和新警入警仪式；表彰先进集体和先进个人。

【疫情防控】2021年，牵头交通检疫组和区域协查专班工作，建立涉疫重点人员24小时数据“清零”制度，对2283名中高风险人员第一时间开展研判分析，精准推送属地开展靶向查控，实现管控率100%。作为全省唯一一个由公安牵头负责的境外人员转运工作，共派车155班次，接回来衢返衢人员318人，实现转运“零差错”。

【护航重大项目推进】2021年，聚焦党委政府关心关注的重要工作、重大决策、重点项目，深化“项目警官制”，通过在项目部建设警务室、派驻警力常驻等方式，做好矛盾纠纷化解、周边巡逻防控、风险隐患评估预判等工作，精准护航柯城黄家、百家塘、双西港片区和江山城东新城等集中征迁工作，确保浙江时代锂电等一批重点项目顺利推进。

【“护航2021”专项治理行动】2021年，联合检察机关开展打击

2021年3月3日，市公安局举行全市公安机关庆祝建党100周年安保工作启动仪式

2021年6月29日，衢州市副市长、市公安局局长王顺大（左一）与反诈宣传大使舒中胜（左二）共同为衢州市侦查中心刑事犯罪治理中心揭牌

企业内部职务犯罪、合同诈骗犯罪、侵犯知识产权犯罪的“护航2021”专项治理行动，重点围绕涉企积案开展“挂案”清理，共清理历年积案11起，清理率78.5%。

【常态化开展扫黑除恶专项斗争】 2021年，组织全市涉黑涉恶案件集中评查，刚性执行线索排摸“四长”（辖区派出所所长、刑侦大队大队长、分管副局长、局长）“零报告”制度，核查并全部办结各类线索45条。开展近三年以来侦办的88起涉黑涉恶团伙以上案件的提级评查工作，成功破获徐某某组织领导的黑社会性质案件，抓获犯罪嫌疑人18人，查扣金额3000余万元。

【电信网络诈骗综合治理】 2021年，市委常委会专题听取“反诈”工作汇报，市委主要领导对全市“反诈”工作进行系统部署，将“反诈”工作纳入市域社会治理现代化、社会信用体系示范区创建等市委重点工作，并作为全市10件难事之一重点推进。下发“全警反诈”和“全社会反诈 ”工作任务清单，采用周通报、月盘点、挂牌督办等措施，压实各成员单位主体责任，14个乡镇（街道）被20次挂牌。

【开展“昆仑2021”“剑锋”系列专项行动】 2021年，抓住森林公安转隶契机，整合内部力量，加强外部协作，进一步完善行刑（行政执法与刑事司法）衔接，开展“昆仑2021”“剑锋”系列专项行动，破获“食药环”刑事案件43起，抓获犯罪嫌疑人114人，同比上升142.6%。其中破获的“3·22”系列环境污染案，成功打击一个杭州到衢州非法倾倒固废的犯罪团伙，抓获38名犯罪嫌疑人。

【开展“平安”系列专项行动】 2021年，紧密结合社会面治安整治和疫情防控，开展“平安1—6号”系列行动，主题式推进娱乐场所清查、流动人口排查、寄递物流检查等专项战役。开展治安打击整治百日攻坚专项行动，重点开展社会面黄赌专项治理，黄赌警情同比下降33.1%。

【数字化改革】 2021年，聚焦制约公安工作的痛点、堵点，加强多跨场景谋划，梳理谋划多跨场景应用16个，7个被纳入全市典型应用“一本账S0”清单，实现由单点突破向全面推进转变。其中“一人一档一码”应用建设被确定为优秀试点单位，涉网犯罪源头综合治理平台获全省公安机关信息化实战应用模型大赛金奖，易制毒化学品服务监管应用被评为全省数字法治“好应用”。

【警情治理】 2021年，在衢江区试点开展的纠纷类警情“一件事”改革，实行需联动警情协同处置、共同治理模式。将警情数据作为撬动社会系统治理联动处置的支点。全年全市总接警量同比下降5.2%，刑事警情同比下降22%。

【“民转刑”案件防控】 2021年，围绕“民转刑”案件防控，起草并以市“平安办”名义下发《全市“民转刑”案件防控机制建设方案》，推动建立“隐患发现”“精准管控”“联动处置”“复盘追究”四大机制，部署“异常人员排查专项行动”“民转刑案件梳理、复盘专项行动”“民转刑命案防范专项行动”三项行动，在江山清湖、龙游湖镇等7个乡镇（街道）试点开展防控体系建设。

【“一窗通办”】 2021年，在103个乡镇（街道）便民服务中心开设公安“一窗通办”窗口，实现任何公安窗口均可办理治安、户籍、交管等全部政务事项，可办理事项数和办件量占便民服务中心的33.6%、41.6%，办事时间从2小时缩短至30分钟，受惠群众130余万人次。

【政法队伍教育整顿】2021年，开展政法队伍教育整顿。完成学习教育、查纠整改、总结提升三个环节，排查案件(线索)3300余起、涉案警情9.4万余起，发现整改问题569处，相关做法得到省指导组和中央督导组的肯定，1个集体和2名个人被评为全市教育整顿突出集体和个人。

【执法规范化建设】2021年，制定出台《衢州市县级公安机关中层领导执法“钉案”责任八项规定》，强化中层领导执法履职，进一步完善执法责任体系。以基层常见警情处置、突发性群体性事件处置为重点，开展红蓝对抗训练，从法言法语、技能动作、战术配合上持续增强规范执法能力。组织新警、单位中层领导、法制民警开展常态化法律业务测试40余期，以考促学全面推动执法素质提升。

【内部“最多跑一次”】2021年，以基层需求为导向，深化内部服务数字化改革，解决“多次跑”、“多头跑”、环节多、签字烦等突出问题，实现86个市、县两级高频事项审批“一次跑”甚至“不用跑”。创新推出拘留所“交人服务”，收拘时间从30分钟缩短到10分钟。 （陈 赢）

交通管理

【概 况】2021年，衢州市公安局交通警察支队(以下简称交警支队)紧紧围绕市委、市政府和省公安厅交通管理局工作部署，以建党百年交通安保为主线，全力推进“减量控大”“一创一治”“铁拳整治”“奋战八十天，护航百年庆典”等行动，坚持道路安全和城市畅通并举，确保衢州市道路交通安全形势持续平稳，各项工作取得成效。

【护航中国共产党成立100周年庆典】2021年，交警支队围绕中国共产党成立100周年安保目标，制定《庆祝建党100周年交通安保攻坚冲刺任务清单》。4月10日至6月30日，全市交警启动“奋战八十天，护航百年庆典”道路交通违法专项整治行动“八大行动”，持续开展酒驾醉驾、失格驾驶、分心驾驶等重点违法专项整治。查处酒驾1119起，同比上升43.09%；行人违法14821起，同比上升239.62%；非机动车违法68815起，同比上升5.52%；失驾毒驾216起，同比上升170%。全年累计处罚各类危化品运输车违法行为2408起，同比上升30.02%；载客汽车超员1237起，同比上升84.90%。安保进入决战冲刺阶段后，全市公安交警暂停休假，开展百年庆典攻坚阶段“十大行动”，进一步提升勤务等级，加强工作力度，坚守路面主阵地。

【加强队伍建设管理】2021年，交警支队扎实推进“两项教育”，紧紧围绕上级党史学习教育和政法队伍教育整顿统一部署，制定支队方案和任务清单，规范各项规定步骤和环节，确保全警学习、全程督导、全面落实目标，全年共组织专项检查26次，开展8期警营大讲堂，核查民警辅警违纪违法问题线索27件。全力开展“三能”(平常时间能看得出来、关键时刻能冲得出来、危急时刻能豁得出来)主题教育和辅警“三学三提升”(党史学习、法纪学习、业务学习，提升作风、提升形象、提升效能)两项活动，以抓实周一夜学制度为载体，制订出台“三学三提升”活动实施方案，配套下发任务清单、学习资料、谈话提纲等一系列文件，开展学习讨论、课题调研、心得交流等工作，促进两项活动走深走实。

【加强事故防控力度】2021年，交警支队通过“三个一”(一套组织架构、一套工作机制和一套管理新模式)，全面深化“融警务”机制建设，将交警四级体系融入市、县道安办，乡镇交通安全站和村社交通劝导站的市、县、乡、村四级体制架构，推动道路交通安全从公安一元管制为主的方式向多元主体整体协同、共建共治转变。联合人保财险公司，共同开展“走千村万户 筑平安之路”农村道路交通安全宣传活动，全年开展巡回宣讲841场。同时，建立亡人事故“三跟踪”工作机制(案件质量跟踪、隐患治理跟踪、队伍风险跟

2021年4月26日，衢州交警支队举行首场“走千村万户·筑平安之路”美丽乡村行农村地区道路交通安全宣传活动

踪），其中领导到场率100%，通过查案件、踏现场，全年完成150次亡人事故“三跟踪”调查，发现整改隐患65个，对江山市交通局、开化县人民政府进行“十条军规”通报。2021年度全市26处省、市级挂牌督办道路交通事故多发点段全部完成整改，针对重点公路开展“路口革命”专项排查工作，排查1215处隐患，整改率96%。推动救助基金垫付高效规范处理，全年市本级共受理救助基金垫付申请84笔，同比上升40%，垫付资金870.40万元，同比上升16.50%，追回资金566万元。

【推进重点源头管控】2021年，交警支队推出渣土车“六条”严管措施，联合海康公司打造“衢州市渣土车安全监管智控平台”。全年有30家企业、338辆渣土车接入平台，8月10日试运行以来，全市未发生涉及渣土车伤亡道路交通事故。全市“两客一危”（公路客运车、旅游客运车、危险品运输车）重点车辆“三率”（报废率、检验率、违法处理率）均达100%，其余重点车辆也均达标。组织开展电动三（四）轮车整治，采取高峰期市区限行措施，全年累计查扣无号牌车辆4591辆，处罚5516起。专案经营货车违法改装，查处铁路货场货车非法改装，岳洋物流、福中物流非法改装危化品运输车，消除17辆涉案车辆违法状态。对农村公路公交线路开展安全隐患排查，发现57辆站立式公交车行经三级及以上公路且未经过市、县人民政府评估，125辆站立式公交车行经四级及以下公路，全部完成整改。

【提升道路通行效率】2021年，交警支队持续深化“智慧交通”应用推广，依托“智慧交通城市大脑”中心数据，通过高德智慧交通公共服务平台预警，全年处置拥堵报警4495起，通过视频巡查核实较拥堵路口2233个。开展错峰出行调研，召开人大代表、政协委员座谈会，听取相关意见建议。全年对市区291个信号灯路口进行配时优化，对54个新建信号灯路口进行配时方案设计与下发，完成白云大道、花园大道、新元路等12条绿波联动设计，进一步提高车辆通行效率。完成白云大道与南海路路口“Z”形斑马线改造等项目，推动10条“Z”形斑马线、2条“潮汐”车道改造纳入2021年度城市精细化管理“十大专项”行动，实现白云大道平峰通行基本正常，高峰期间拥堵排队时间缩短20分钟，路段通行能力提高。

【推进交管服务改革】2021年，交警支队聚焦群众最关切和急需的现实问题，抓住“一件事集成改革”东风，推出交管“一件事”改革。全市参加车检改革检测机构，在全省率先全部通过测评，完成时间比规定的6月30日提前一个月，改造后全流程耗时减少2/3，群众反映强烈的“黄牛”拉客现象基本消失；机动车违停治理“一件事”改革红利释放，通过违停治理“小切口”，实现为民服务“大牵引”，全市线上流转办理4.15万起，违停处置15分钟处结率达到85%，平均处置时长缩短30分钟，群众违停治理满意率从33.78%大幅上升至96.44%；电动自行车“一件事”改革，系统测试版上线，在谋划全省推广，完成电动自行车公安末端管理向多部门多层级的前端治理转变。截至年末，事故处理“一件事”完成全市推广工作，应用系统演示功能及风险预警分析模块完成建设；隐患治理“一件事”改革，完成全市推广工作。全年，各区块共上报各类事件804件，办结311件，“一件事”应用模块运用正常。（符哲帅）

检　察

【概　况】2021年，全市检察机关贯彻落实《中共中央关于加强新时代检察机关法律监督工作的意见》（以下简称《意见》），抓住市委对《意见》的贯彻部署、府检联席会议的召开等重要契机，扛起法律监督的政治责任、法治责任、检察责任，助力衢州市开启跨越式高质量发展新征程。

【维稳工作】2021年，全市检察机关扛起中国共产党成立100周年维稳安保政治责任，依法打击各类刑事犯罪，批捕起诉4480人，同比上升28.4%；常态化开展扫黑除恶专项斗争，市检察院获评全省扫黑除恶专项斗争先进集体。严惩电信网络诈骗犯罪379人，公检法会签《关于办理涉及“两卡”刑事案件适用法律若干问题的会议纪要》，加强全链条惩治，起诉帮助信息网络犯罪等关联犯罪255人，筑牢“全民反诈”防线。扎实开展5年以内重复信访专项治理，常态化推进行政争议实质性化解，用好领导包案、公开听证、监督纠正等手段，推动化访积案、矛盾争议有效化解，江山市检察院“12309”检察服务中心被评为“全国文明接待室”。

【守护安全底线】2021年，围绕保障安全生产，稳步推进化工企业预防性刑事合规，与市生态环境、应急管理部门共建第三方监督评估机制，6家重点化工企业通过评审纳入合规管理，帮助企业守牢底线、健康经营。准确适用修订后的《中华人民共和国安全生产法》，加大安全生产领域公益诉讼办案力度，办理的督促整治企业自备储油加油设施安全隐患案被评为全国安全生产领域公益诉讼典型案例。围绕群众“舌尖上”“脚底下”“头顶上”的安全，深入开展涉食品药品、城乡道路窨井盖、高空坠物、烟花爆竹等领域专项监督，综合运用刑事追责、公益诉讼保护、检察建议治理等手段督促整治隐患顽疾。聚焦疫情防控，加强公共卫生领域法律监督，组织力量对全市疫苗接种点进行实地检查，督促解决医疗废弃物处置不规范等问题。

【守护“大花园”青山绿水】2021年，发挥职能作用，提前介入“3·22”跨界倾倒万吨固废等重大案件，批捕起诉破坏生态环境犯罪171人，立案办理生态环境公益诉讼87件。组成专案组立案办理中央环保督察组关于衢州市固废堆场污染环境线索，向生态环境部门发送诉前检察建议，督促清理电石渣2.3万立方米，督促、引导、支持环保部门办理生态环境损害赔偿磋商案。加强检察公益诉讼与河湖长制的协作配合，以“行政手段+司法手段”凝聚合力，督促修复林地耕地319亩，追偿生态环境修复费用254万元。常山县检察院在全省率先开展专项监督推动治理农药包装废弃物污染环境问题，助力乡村生态振兴，被评为全省精品案例。

【营商环境“清障”行动】2021年，联合开展“护航2021”打击侵害企业利益经济犯罪专项治理，严惩职务侵占、合同诈骗等犯罪

2021年4月23日，“法律体检”衢州检察志愿服务队授旗仪式

24人。清理既不移送起诉、也不撤销案件的涉企刑事“挂案”8件，实现检察环节清仓见底，为企业卸下包袱，解决诉累。依法服务创新驱动发展，实行知识产权刑事、民事、行政检察职能集中统一履行，从严追诉知识产权犯罪12人，市检察院办理的向某某、崔某某销售假冒注册商标的商品案入选浙江省检察机关保护知识产权典型案例。牵头出台打击洗钱犯罪10条意见，起诉6人，防范化解金融风险。

【联合打造“护企服工”法律监督通道】2021年，主动服务市委“工业强市”战略实施，从有效解决工业企业法律监督诉求入手，与市营商办合力打造“护企服工”法律监督通道，构建集办案协作、案件通报、会商研判、联合调研于一体的闭环工作机制，发挥营商办服务企业“中台”枢纽作用和检察机关法律监督职能，合力解决影响衢州市工业发展的相关问题。监督纠正涉企刑事强制措施、民事行政裁判、执行不当等案件60起。

【提升检察“民生指数”】2021年，建立“检察为民实事”滚动实施机制，全市两级检察院挂牌认领实事项目86个，发布典型案例8批次，《浙江新闻联播》专题报道相关做法。把司法民生保障与公益保护紧密结合，开展“为民办实事 破解老大难”公益诉讼专项活动，立案办理未成年人保护、英烈权益保护、个人信息保护等9大领域案件291起。开化县检察院推动辖区革命事迹全面系统保护并入选全国红色资源保护公益诉讼典型案例。注重以司法救助助力巩固脱贫攻坚成果，向158名生活困难的当事人及其近亲属发放司法救助金150余万元。

【推进诉源治理】2021年，适应刑事犯罪结构新变化，主动应对网络犯罪数量激增、“醉驾”案件持续上升新趋势，统筹落实宽严相济、“少捕慎诉慎押”刑事政策，出台常见犯罪相对不起诉办法，逐案开展羁押必要性审查，努力扭转“构罪即捕”“有罪必诉”传统思维，不捕445人、不诉1521人，同比分别上升2.5%、6.8%，诉前羁押率降至29%，为全省最优。适用认罪认罚从宽制度4425人次，适用率、量刑建议采纳率均优于全省平均水平，最大限度减少对抗、促进和谐。全市两级检察院首次实施法律监督年度报告制度，当好“法治参谋”。

【加强执法司法制约监督】2021年，以维护司法公正为立足点，强化对刑事立案、侦查、审判和执行活动监督，督促侦查机关立案(撤案)、纠正漏捕漏诉256人，规模是上年的2倍；对确有错误的刑事裁判提出抗诉15件；监督纠正刑事执行不当或违法行为189件，核查纠正脱管、漏管74人，同比均有大幅增长。以贯彻落实《中华人民共和国民法典》为契机，强化对民事诉讼、执行等活动监督，提出抗诉、再审检察建议64件，法院抗诉改判率100%，位列全省第1；监督纠正“假官司”59件，涉案金额1500余万元，移送立案侦查10人；开展信用惩戒执行、涉不动产查封等专项监督，支持和监督法院解决“执行难”。以推进行政机关依法履职为重点，强化对行政诉讼、执行等活动监督，率全省之先开展行政违法行为监督，省检察院发布的5起行政违法行为法律监督典型案例中，衢州占4例。行政诉讼跨区域集中管辖分工协作机制获省检察院肯定推广，市检察院作为唯一的市级院在全省行政检察会议上作典型发言。

【“数字检察”助力高水平整体智治】2021年，注重把数字赋能检察落脚到社会治理上，推进故意伤害类案件监督应用、司法鉴定数字化、自诉案件协同等多跨场景应用建设，从海量数据中研判监督线索，办理数字监督案件166件，有效整治网络司法拍卖监管漏洞、违规使用非成品油等具有普遍性、突出性问题。常山县检察院通过“数据碰撞”摸排耕地占用税线索，涉及农用地160余万平方米，督促追缴税款601万元。担好政法一体化办案应用建设的牵头责任，推进刑事案件协同办案全覆盖，开展一体化办案6200余件，以“卷宗不跑、数据跑”实现配合更加有效，以办案“全程在线”促进制约更加有力。衢江区检察院上线的人民监督员应用，入选全省人民监督员十大优秀事例，被全省推广使用。

【加强自身建设】2021年，坚持以党史学习教育为引领，融合推进使命教育、政治教育、警示教育、英模教育并贯穿始终，进一步筑牢政治忠诚根基。坚持自我加压、动真碰硬，在深入查改防止干预司法“三个规定”(《领导干部干预司法活动、插手具体案件处理的记录、通报和责任追究规定》《司法机关内部人员过问案件的记录和责任追究规定》《关于进一步规范司法人员与当事人、律师、特殊关系人、中介组织接触交往行为的若干规定》)落实不到位、违规经商办企业等6大顽瘴痼疾基础上，部署开展起底法律监督“灯下黑”活动，督促整改监督办案不规范问题270余个，查处检察人员违纪违法4人。坚持抓本治源、务实管用，两级院制定出台涉及队伍教育管理、检察内部制约监督等机制百余项，制度“笼子”进一步织密扎牢，有效促进常治长效。

【为教育整顿提供检察履职支撑】 2021年，担起检察机关在教育整顿中的双重责任，在市委政法委支持和兄弟政法机关配合下，深入开展法律监督专项检查，特别是发挥司法工作人员职务犯罪侦查职能作用，自行立案侦查司法工作人员徇私枉法、枉法裁判等职务犯罪6件10人，发现并向纪委监委移送线索16条，办案质效居全省前列，4件案件入选全省检察侦查典型案例，有力清除“害群之马”。以此为牵引，全面推动整治执法司法环节机械司法、程序空转、压案不查等问题，助力教育整顿走深走实。

【“两勤”“两专”建设】 2021年，开展重大法律监督事项季度交流、检察长年度同台展示等互学互看活动，举办全市控辩对抗赛、一案一总结等专题实训，一体提升“关键少数”和“绝大多数”专业能力。把高质量要求体现在业绩考评中，防止业务上的“躺平”，杜绝管理上的“内卷”，13人在全国、全省检察业务竞赛中斩获“标兵”“能手”称号，取得衢州市有史以来最好参赛成绩，20起案件入选全国、全省精品和典型案例。

（陶永强）

法 院

【概 况】 2021年，衢州法院以“五聚焦五强化”行动(聚焦党建统领，强化党对法院工作的绝对领导；聚焦履职担当，强化司法服务保障四省边际共同富裕示范区实效；聚焦数智赋能，强化新时代法院现代化建设；聚焦权力监督，强化人民群众司法获得感；聚焦队伍建设，强化法院系统塑造变革能力)为抓手，持续开展“三个建设年”(思想建设年、质量建设年、作风建设年)活动，全面深化“四项建设”(政治建设、规范化建设、智能化建设、基层基础建设)，各项工作取得新进展。全市法院诉前化解纠纷12015件，新收各类案件56067件，较2020年同期下降2.23%，结案率99.18%，居全省地区首位，其中，衢州中院新收9645件，下降4.46%，结案率为103.94%，居全省中院第1。省高院通报的“八升五降”核心质效指标(主要是指省高院提出的13项核心审执质效评估指标，具体包括8项需要提升的指标和5项需要下降的指标。其中，8项需要提升的指标包括当年结案率、正常审限内结案率、民事和刑事案件一审当庭宣判率、民事可调撤率、终本合格率、自动履行率、服判息诉率、有财产可供执行案件法定期限内实际执结率。5项需要下降的指标包括一审判决案件改判发回瑕疵率、月均存案工作量、12个月以上未结案数、一审民商事收案数、执行案访比)中，全市法院

2021年9月3日，市委法院工作会议召开

12项优于全省均值，衢州中院9项居全省中院第1。2021年，两级法院获最高法院、省高院、市四套班子主要领导批示肯定70余次。

【强化党对法院工作的领导】2021年，全市法院牢固树立"抓好党建就是最大的政绩"理念，建立党委领导支持法院工作新机制，在全省率先实现市、县两级党委法院工作会议全覆盖。持续深化"党建+"工作新模式，按照"支部建在庭上"的要求加强基层党支部建设。擦亮"有温度的党建"新品牌，强化关心关爱干警举措，推行"有温度的党建"十条措施，增强职业归属感；健全履职保障机制，依法追究侵害干警权益行为4件4人次，增强职业尊荣感；加强法院文化建设，打造"雕、廊、柱、塑、三中心"（法治文化浮雕、法治文化长廊、法治文化立柱、法学名家塑像及法警训练中心、悦读中心、党建文化中心）党性教育阵地和"先锋衢法"党建品牌，增强团队凝聚力；创新激励政策运用，发布奖惩通报14期，增强团队战斗力。

【强化司法服务】2021年，全市法院深入开展"十大专项行动"（队伍能力建设专项行动、优化法治化营商环境专项行动、数字经济司法保护专项行动、"一件事"集成改革专项行动、人民法庭建设专项行动、"联盟花园"司法协作专项行动、深化诉源治理专项行动、行政争议实质化解专项行动、民法典宣传专项行动、数字法院建设专项行动），出台服务保障高质量发展建设四省边际共同富裕示范区的意见、发布"衢州有礼"十大典型案例等文件，服务保障衢州打造四省边际共同富裕示范区和四省边际中心城市，助力衢州在全国营商环境评价中排名地级市第2，法院牵头的三项指标均入选全国标杆指标。与公安、检察联合召开打击"三类犯罪"推进会、联合开展专项督查、出台会议纪要，坚决维护诉讼秩序和司法权威。全市法院移送拒执犯罪55件次，查处涉虚假诉讼49件次，打击扰乱法庭秩序8件次。全面践行"两山"理念，推动环境资源旅游审判"三合一"及旅游巡回审判全覆盖，实现生态环境协同治理中心全部入驻矛调中心。推进"共享法庭"建设，打造江山清湖、衢江莲花、开化下淤等镇街、村社"共享法庭"样板，在金融行业、旅游景区、革命老区设立特设"共享法庭"。

【强化司法为民】2021年，法治助推平安建设，常态化、制度化推进扫黑除恶专项斗争，健全行政执法与刑事司法衔接机制，以案例指导规范认罪认罚从宽制度适用，助力衢州成功入选"平安中国建设示范市"。发布保护劳动者、未成年人合法权益典型案例，加强弱势群体保护。深化人民法庭与乡镇矛调中心融合发展模式和"一庭（人民法庭）一品（司法服务品牌）"创建，妥善保障民事权利。高规格召开府院联席会议，建立实质性化解行政争议"三大机制"（健全行政机关先行解决矛盾、鼓励行政机关自我纠错、深化行政争议调解中心实体化运作），全年新收一审行政诉讼案件465件，审结454件，行政诉讼案件调撤率44.05%，行政机关败诉率6.39%，两案例分别入选最高法院行政机关负责人出庭应诉典型案例、浙江法院十佳案例分析。坚决兑现胜诉权益，深化完善"134N"智慧信用治理模式2.0版（"1"指的是以"信安分"为载体，"3"指的是通过"衢州信用码"三色管理相结合，"4"指的是将相关当事人的信用信息对接入"政企

2021年9月9日，衢州市府院联席会议召开，专题研究行政争议预防和化解工作

通”“邻礼通”“村情通”和行政审批平台，“N”指的是多个应用场景），合力构建衢州市综合治理执行难协作应用系统，实现市域范围内高频协作事项的“全面集合、一网通办”。

【加强审判执行质效指标管控】 2021年，将深化清理长期未结案专项行动纳入“一把手”工程，开展“多次变更审限专项评查”，全市法院12个月以上未结案7件，同比减少6件，四家基层法院清零。深入推进民事“一件事”改革，推动市委政法委将“执前化解率”纳入县级矛调中心星级评比标准，提升衢州中院自动履行率至87.15%，位居全省第1，全市法院程序比1.434，排名全省第2。

【规范法院内部制约机制】 2021年，全面深化以院庭长监督为重点的司法责任制综合配套改革，开发案件瑕疵智能化监管系统，健全“自动识别+法官上报+主动过问”相结合的“四类案件”（涉及群体性纠纷，可能影响社会稳定的案件；疑难、复杂且在社会上有重大影响的案件；与本院或者上级法院的类案判决可能发生冲突的案件；有关单位或者个人反映法官有违法审判行为的案件）识别监管机制。厘清四级法院审级职能定位，在衢江、江山法院开展知识产权纠纷集中管辖，规范管辖上提标准。开展“规范与安全”周活动，全面加强规范化建设。衢州中院成立审判执行辅助事务集约中心，将30名司法辅助人员及审判执行辅助事务归集管理。

【畅通外部监督渠道】 2021年，完成配合市人大常委会对行政诉讼工作及行政庭员额法官履职专项评议，满意率均为100%。实现人大代表工作站和“天平之约”委员会客室在全市法院诉服中心和人民法庭全覆盖。协同检察机关开展执行规范化监督，完善公益诉讼协作机制，共同维护司法公正。开展法官与律师互评指标提升专项督办活动，稳步提升短板弱项。

【深化全域数字法院改革】 2021年，积极谋划数字法院建设总体构架，做好“派单”与“点单”、“统建”与“自建”、“迭代”与“新建”三者相结合的文章，“案件瑕疵智能化监管系统”等4个项目入选省2021年政法工作现代化创建项目，“行政争议协同治理”等6个项目被省高院确定为试点项目；综合治理执行难项目被列入市委重点推进项目并在省级“浙政钉”平台上线运行，相关工作成效被最高法院官方微信推送，并被评为浙江省2021年度有辨识度有影响力法治建设成果。衢州中院作为唯一政法机关在全市数字化改革推进会上作典型应用演示，全市法院在省高院“浙江全域数字法院”改革评价指标中位列第一方阵。

【强化现代化法院队伍建设】 2021年，开展党史学习教育“七个一”系列活动和中共十九届六中全会精神“六讲六做”大宣讲，实施“双百双千”行动，全部院领导到基层联系支部宣讲，全市法院4件作品入选庆祝中国共产党成立100周年全国法院系列优秀作品。在政法队伍教育整顿中整治顽瘴痼疾，核查完成262件问题线索，20名干警主动说明问题。创新将“三个规定”内容嵌入干警手机和固定电话彩铃，省委政法委书记王昌荣给予肯定。利用数字化技术辅助排查近30年办理的20万余件减刑假释案件等经验做法被全国教育整顿办肯定推广。衢州中院在政法队伍教育整顿学习教育环节评估得分排名市级政法单位第1，在总结评估中作为标杆单位发言，多项经验做法被全国教育整顿办、省教育整顿办肯定推广。全市法院2个集体、8名干警被评为全市政法队伍教育整顿先进集体和个人，1名干警（市法院原执行局局长殷一村）获评“全省最美法官”。以“两专”“两勤”为抓手，评选衢州市首届审判业务专家5人，选树先进典型16人。

【在全省率先召开党委法院工作会议】 为进一步提升全市法院工作水平，1—5月，衢州各县（市、区）分别以党委名义专门召开县（市、区）委法院工作会议。9月3日，市委召开法院工作会议，省高院党组书记、院长李占国，市委书记汤飞帆出席会议并讲话。市委副书记、市长高屹主持。吴国升、周伟江、吴舜泽、王顺大、王良海、危辉星、黄曙峰出席。会议就“十四五”时期党委政府全力支持人民法院高质量发展达成共识，为全省提供党委政府支持法院工作

2021年5月28日，龙游县人民法院在詹家镇浦山村举行"打卡'共享法庭'法治'童'行护成长"法治宣传活动

的衢州实践样本。

【集成"一站式"普惠司法共享】谋深做实"共享法庭"（"共享法庭"是依托移动微法院、浙江解纷码、庭审直播系统、裁判文书公开网等智能平台，架构在数字空间、虚拟在群众身边的人民法庭，依托镇街村社、行业组织现有硬件设施，用"一根网线、一块屏"作为标准配置，让群众在家门口就可享受到司法服务）"建管用融宣"五字文章，全面推进镇街、村社及特设"共享法庭"建设，实现场所设施、网格法官、有礼案例、解纷资源、司法服务的共建共治共享。以"龙游通+掌上法院"为蓝本，同步推进全市域"基层治理平台+共享法庭"建设，建设进度和应用效果均走在全省前列。充分发挥"共享法庭""5+1+X"功能（"5"是指原有的调解指导、网上立案、在线诉讼、普法宣传、基层治理五大功能；"1"是司法协助；"X"是各地自选模块，如江山清湖街道"共享法庭"具备线下开庭功能，龙游"共享法庭"增加"舒心驿站"功能），就地就近指导或协同化解矛盾纠纷2700余件，开展"让老人回家——寻回应尽的孝道""守护和谐家风""拒绝酒驾"等直播及普法宣传活动350场次，受众超20万人。

【发布"衢州有礼"十大典型案例】为弘扬社会主义核心价值观，擦亮"南孔圣地·衢州有礼"城市品牌，衢州中院将社会主义核心价值观融入司法裁判全过程，从全市法院精选10个弘扬社会主义核心价值观的案例，并配以10幅原创漫画，发布《"衢州有礼"十大典型案例》。忠实践行以公正裁判树立行为规则，让司法有力量、有是非、有温度，让群众有温暖、有遵循、有保障，为衢州市打造"一座最有礼的城市"贡献司法智慧和力量。获省高院领导、市四套班子主要领导批示肯定。

（郑　迪）

司法行政

【概　况】2021年，全市司法行政系统坚持以习近平法治思想为指导，以数字化、法治化改革为牵引，推动全市司法行政事业高质量发展，为衢州打造四省边际共同富裕示范区提供法治保障，全市司法行政系统获省部级领导批示3次，7个集体或个人获司法部表彰。

【法治化改革】1月18日，召开市委依法治市办第三次全体（扩大）会议暨深化法治化改革工作专班筹备会，成立市委深化法治化改革工作专班和六大抓手专项工作小组，制定《法治衢州建设六大抓手工作方案》。2021年，印发《衢州市乡镇（街道）法治化综合改革行动计划（2021—2023年）》，推动乡镇（街道）合法性审查实质性运行，公布首批10个市级法治建设示范乡镇（街道），其中6个纳入省级乡镇（街道）法治化综合改革试点。

【公共法律服务】2021年，与市工商联签订战略合作框架协议，组织动员全市41家律师事务所和85家商会（协会）建立"千所联千会"联系合作机制，搭建律商协作新平台。2021年，推动市场主体法律顾问网格化全覆盖延伸扩面，新增市物流行业协会、柯城区华墅乡等2个网格，全市市场主体法律顾问为市场主体提供法律咨询21828件次，开展法治宣传

1233场次，调处矛盾纠纷1012件，法律服务指引2208件次。推行不动产登记涉公证业务延伸办理、涉外公证和领事认证“一件事”联办等便民举措，实现公证法律服务“最多跑一次”。

【法律服务行业】2021年，实施律师行业“扬帆行动”和律所“三强双进”创建活动，全市新增律师119名，较上年底增长19.7%，律师万人比3.18，陈荣伟获评全国优秀律师，龚闻芳获评2021年浙江省优秀公益律师，姜素梅、黄伟获评浙江省律师行业优秀共产党员，浙江天赞律师事务所党支部获评浙江省律师行业先进基层党组织。3月27—28日，衢州市公证协会召开第三届会员代表大会，选举产生第三届理事会会长、副会长。全市律师行业业务累计16552件，收费2.09亿元；全市基层法律服务行业业务累计3756件，收费1556.95万元；全市公证行业业务累计10629件，收费1240万元；全市司法鉴定行业业务累计7004件，收费1095.51万元；衢州仲裁委员会立案50755件，标的额达55939万元。

【法律援助】2021年，开展法律援助扩面提升工程，以满足困难群体法律援助需求为导向，进一步拓展法律援助事项范围，全市办理各类法律援助案6091件，接待来电来访网络法律咨询22497人次，为困难群众挽回经济损失或取得应得利益8468万元。推进落实法律援助便民措施，全市“容缺受理”法律援助申请317件，通

2021年10月12日，开展学习宣传贯彻《中华人民共和国法律援助法》暨“法援惠民生 关爱老年人”主题志愿服务活动

过“经济困难状况承诺制”开辟经济审查减证便民绿色通道，除群体性案件及疑难复杂案件外均通过“主办责任制”做到当天受理、当天指派。按照“覆盖城乡、惠及全民”的理念，在103个乡镇（街道）司法所设立法律援助工作站、1482个村设立法律援助便民服务代办点，乡镇（街道）司法所配备公共法律服务自助机72台，加快实现公共法律服务均等化。

【爱民实践活动】3月，开展“法雨春风进万家”爱民实践活动，衢州市司法局获评全省“法雨春风进万家”爱民实践活动表现突出集体。活动期间，全市司法行政系统清理“烦企扰民”行政规范性文件719件；确定将70件被撤销、确认违法和责令履行法定职责的涉企案件纳入重点监督清单；开展企业“法治体检”12882家，为企业解决问题或困难1998个；组织开展《中华人民共和国民法典》宣传406场，开展《浙江省数字经济促进条例》宣传331场，《以案释法口袋书》覆盖企业2982家，覆盖群众128478人。

【数字法治】2021年，监管“一件事”、社区矫正应用、公证服务集成改革纳入衢州市数字化改革承接省重大应用“一本账S0”。推动省执法监督系统试点工作开展，共对线索中心106件处罚公示超期、公示未成年人案件、超出裁量基准等类型案件进行核查，对50件综合行政执法部门行政处罚案件进行线上评查。推动“衢州E法通”公共法律服务网络平台改造升级，将法律援助、仲裁、公证等13项公共法律服务功能整合进“衢州E法通”，累计注册用户8万多人，访问15万多人次，解答法律咨询5118条。

【普法与依法治理】2021年，市人大常委会表决通过《关于开展第八个五年法治宣传教育的决议》。

健全普法责任清单机制，市直单位共同发布共性清单10项，48家重点单位发布个性化清单203项。推出“法治信用贷”，通过“法治+信用+金融”模式形成法治信用运用和激励保障措施闭环，发放农村小额贷款授信额度1900余万元。12月，组织开展宪法宣传月暨“12·4”国家宪法日系列宣传活动，在柯城区沟溪乡碗窑村举行2021年宪法宣传月启动仪式。

2021年5月13日，衢州市8090新时代法治宣讲团启动仪式

【矛盾纠纷调解】2021年，成立衢州市知识产权纠纷人民调解委员会，在全市各大医院设立衢州市医调委驻医院工作室。开展以“明理释法、息诉罢访”为主题的优秀人民调解案例、卷宗评选活动，推动人民调解规范化建设。加强基层培优育新，贺村司法所、全旺司法所获评全国模范司法所，徐金根、叶进获评全国司法所模范个人，国昌调解工作室、舒心调解工作室、江城调解工作室、河流调解工作室4家品牌调解工作室获评省级金牌人民调解工作室。11月16—19日，举办全市司法所长培训班，全市司法行政相关处(科)室负责人、司法所所长等65人参加培训。全市调解案件24998件，调处成功24823件，调处成功率99.3%，其中疑难复杂案件2348件。

【监地协作】2021年，与省十里丰监狱、省第一监狱、省十里坪强制隔离戒毒所签订监所地衔接协作协议，探索监所地法治联合体建设。组建法律服务团队到省第一监狱开展“法雨春风进大墙”法律援助活动，为25名罪犯现场提供子女抚养、财产维权、刑事判决等方面法律援助。5月13日，从市县两级司法行政机关和驻衢州监所共13家单位中精挑优选72名宣讲员组成8090新时代法治宣讲团，衢州监(所)地双方共同举办8090新时代法治宣讲团启动仪式。

【特殊人群监管】4月14日，承办全省社区矫正“中华经典诵读大赛”启动仪式，衢州市司法局获组织奖。7月21—22日，司法部专家组到衢州开展部级“智慧矫正中心”验收，柯城区、衢江区创成司法部首批部级“智慧矫正中心”。2021年，与衢州市心理咨询师协会合作，有针对性地开展社区矫正对象心理疏导、心理健康教育和心理危机干预工作690余人次。组织百名公益大使开展《中华人民共和国社区矫正法》宣传活动，举行社区矫正公益大使聘任仪式暨公益大使“第一课”，提升社区矫正工作的社会参与度。全市累计接收社区矫正对象23259人，解除矫正21110人。

（金　剑）

军事

■ *Military*

衢州军分区

【概 况】 2021年，军分区党委贯彻党中央、中央军委和习近平主席决策指示，学习领会中共十九届六中全会精神，按照军委国防动员部、省军区党委部署要求，围绕庆祝中国共产党成立100周年重大政治任务，高举旗帜铸忠诚、聚焦主业抓备战、瞄准一流建窗口、全面从严正风气，军分区各项工作实现新发展、新跃升。

【党委四届七次全体(扩大)会议召开】 1月22日，衢州军分区召开党委四届七次全体(扩大)会议，传达学习军委国防动员部和省军区党委扩大会议精神，分析总结全面建设形势，部署2021年工作任务。军分区党委强调要抓住机遇、砥砺奋进，真抓实干、争创一流，在新的起点推进衢州国动事业高质量发展，并围绕“坚持以战领建，全面练兵备战，建设国动系统‘重要窗口’贡献衢州力量”主题，对军分区部队2021年工作任务作全面部署。市委书记、军分区党委第一书记徐文光出席会议并讲话。

【市委议军会】 12月24日上午，衢州市委召开议军会议。市委书记、军分区党委第一书记汤飞帆主持并讲话，强调全市军地各级要提高政治站位，切实增强党管武装的使命感、责任感。要聚焦练兵备战，提升动员力保障力。要注重形成合力，增强融合发展的系统性实效性。要优化服务保障，提升双拥共建的满意度尊崇度。军分区传达习近平强军思想和上级关于国防动员和后备力量建设的指示精神。会议审议并原则通过《关于加强新时代衢州民兵思想政治教育的意见》。

【党建工作】 2021年，军分区加强党委班子建设，抓好《军队党的建设条例》《中国共产党军队委员会(支部)工作规定》等新颁布的军队党建法规学习贯彻，召开师团两级党委民主生活会和组织生活会，专题组织师团党委班子成员集训，自下而上开展党组织规范化建设专项检查。常态落实“六帮”(帮理建设思路、帮强党委班

2021年12月24日，衢州市召开市委议军会

子、帮严作风纪律、帮解矛盾困难、帮抓工作落实、帮保安全稳定）工作机制，完成年初党委承诺的10件实事办理。推进党风廉政建设，开展“纠四风、治顽疾”教育整顿和军地交叉地带清理整治，做好军委国防动员部基层风气监察联系点工作。全面推进军地联合监督执纪执法试点工作，以“双管”人员为重点，建立正面、负面“两张清单”，下发军地联合监督执纪通报，增强监督执纪工作实效性。

【国防动员】2021年，军分区深化民兵调整改革，梳理形成操作版指导规范，优化编组基干民兵队伍，全区上下合力接受军委国防动员部民兵工作检查考评。针对“一年两征”（春季征兵、秋季征兵）新形势，抓好征兵工作，探索开展“百名征兵人新春进千家走访大学毕业生”活动，依托大数据探索形成“网上政考”“云上病史调查”等创新举措，全年大学生和大学毕业生征集比例分别为95.5%、56.3%，“五率”（报名率、合格率、上站率、贡献率、退兵率）考评连续5年全省排名靠前。深化国防教育系列特色做法，持续办好“衢州国防”栏目，定期开设《国防之窗》专刊，常态运行维护“兵道三衢”新媒体平台账号，推出“八一光荣榜”“信安头条”八一特别栏目，市、县两级分层开展全民国防教育日和省国防教育周系列活动，在市区主干道新建国防教育主题路，推动形成全社会尊崇军人、热爱军队、支持国防的良好风尚。

【基层建设】2021年，军分区先后组织2次实地观摩，采取乡镇自评与市县抽考相结合方式，分4个批次，完成全市所有基层武装部和村级民兵连规范化建设达标考评。组织对县（市、区）和市级机关62个部门党管武装实绩考核，召开市委议军会研究制定《关于加强新时代衢州民兵思想政治教育的意见》，试点探索建立民兵荣誉体系和专武干部推荐使用后备排名制度。组织人力资源队伍形势分析讲评，开展师团两级机关人员能力素质培训和“学法规、明职责、强能力”活动，坚持“导师带徒”“周一夜学”机制，厚实人才队伍支撑。开展“百日安全活动”，做好疫情常态化防控，落实周巡查通报、月自查自纠、季综合检查制度。

【“衢州民兵心向党”云上歌咏比赛】6月15日晚上，衢州军分区在龙游县红木小镇举办“衢州民兵心向党”云上歌咏比赛。6个县（市、区）民兵队伍合唱录制，用“红歌”阐述党的思想，用传唱展现党的历史，将党建与歌咏深度融合，表达衢州民兵爱党爱国爱军之情。比赛以“云上+展播”形式举行，组织衢州新闻网和市国防教育抖音、微博、今日头条网络平台等媒体联动传播，普及国防教育，扩大宣传影响力。采取“线下+综评”模式评选，逐个队伍进行录制打分、后期制作、云上展播、网络投票，综合线上线下情况评选歌咏比赛名次。

【党史知识竞赛活动】9月26日，衢州军分区在常山县举办党史知识竞赛，检验前期党史学习教育成果。此次竞赛设6支代表队参赛，由文职人员、职工、专武干部、基干民兵代表组成，比赛以党史、军史、新中国历史、改革开放史、社会主义发展史为答题内容，通过“沙场点兵、集体突围、先发制人、出奇制胜、决胜时刻”五个环节展开激烈角逐。通过竞赛，普及党史知识，营造学党史、悟思想的浓厚氛围。

【“百名征兵人新春进千家活动”】自2月12日（正月初一）起，衢州军分区抓住新春佳节在外大业生返乡有利时机，在全区开展“百名征兵人新春进千家访新兵”活动。市、县兵役机关和乡镇书记、镇长、专武部部长、民兵连连长采取“分级负责、分片包干、上门入户、逐人走访”的形式，围绕征集部队紧缺急需的专业人才，会同大数据、教育等部门，进村入户了解全市理工类在读大学生、大学毕业生的思想动态、家庭情况、家人意愿等情况，宣讲依法服兵役责任义务、国防和军队改革成就、大学毕业生入伍优待政策，并就征兵工作热点、焦点问题解疑释惑。

【疫情防控】2021年，军分区多次召开疫情防控工作领导小组会议、防控形势分析会和防控办公室会议，建立24小时值班和情况“零报告”等制度，印发《军分区新冠肺炎疫情常态化防控方案》《关于充分认清当前严峻形势毫不松懈做好常态化疫情防控工作的通知》等规定，修订完善应急处置预案。建立完善疫情防控“三项机制”（值班值守机制、情况通报机制、定期研判机制），严格落实疫情防控“八个一遍”（防控形势分析一遍、营区人员摸排一遍、门岗履职规范一遍、措施要求明确一遍、防疫纪律重申一遍、家庭亲友提醒一遍、应急预案修订一遍、物资器材补充一遍）。严格落实营门“四查两问”（查核酸、查体温、查健康码、查行程码，问来处、问去处）管控，落实快递、包裹、包装箱（袋）等物件消毒登记，坚决把隐患和危险隔离在营门之外。按照“应接尽接”要求，实现疫苗接种全覆盖，构筑人员免疫屏障。

（李政宏）

武警衢州支队

【概　况】2021年，武警衢州支队（以下简称衢州支队）党委贯彻落实习近平强军思想，坚持应势而谋、乘势而上，坚持稳字当头，稳中求进，坚持秉承“实、精、强”抓建理念、“八个一军营”建设蓝图（铁心向党的四铁军营、练兵如潮的火热军营、维稳制胜的胜战军营、井然有序的法治军营、以兵为本的和谐军营、安全稳定的绿色军营、风清气正的廉洁军营、人才辈出的活力军营），积极适应新变化、转变新观念、拿出新状态、推动新发展。年内，完成航埠抗洪抢险备勤及龙游工业区纺织厂火灾救援任务，有效检验部队战备水平。抓文化育人工作，继续抓好“金华会议”下篇文章，推进军史场馆建设，总队“书香军营”示范点建设得到充分肯定。先后涌现武警部队“四有”（有灵魂、有血性、有本事、有品德）优秀个人陈庆辉、武警部队新闻先进个人吴先德、武警部队参与脱贫攻坚先进个人朱捷安等先进典型。

【政治引领】2021年，衢州支队以习近平强军思想铸魂育人，深抓理论武装，突出学好习近平主席“七一”重要讲话、视察机动二总队重要讲话和中共十九届六中全会精神，抓紧抓实党委中心组带机关理论学习，擦亮忠诚底色。落实习近平主席重要批示，党委带头对照反思查摆，常委一线参加基层剖析，以高度负责的政治态度，确保活动走深走实，相关经验在《解放军报》刊登。深抓党史学习教育，坚持大事大抓，支队党委常委带头上党课、讲党史，年度为基层办实事全部落地，教育成效深入显著。深抓思想政治教育，注重典型引领，表彰“六个十佳”（十佳党员、十佳军嫂、十佳军官、十佳警士、十佳训练标兵、十佳执勤标兵）人员，先后推出武警部队“四有”优秀个人陈庆辉、新闻先进个人吴先德、参与脱贫攻坚先进个人朱捷安等先进典型。深抓文化育人工作，继续抓好“金华会议”下篇文章，继续推进军事场馆建设，“书香军营”示范点建设受充分肯定。继续摸索规范基层文化活动，逐步形成特色品牌，参加总队“一队一品”特色文化队伍网上会操暨新时代忠诚卫士组歌评比活动，3个单位榜上有名。

【演训演练】2月4日，衢州支队组织冬季大练兵体育竞赛活动。2月5日下午，武警衢州支队与省一监、省三监专题召开联席会议。3月4—17日，衢州支队完成衢州火车站和城区联勤武装巡逻勤务。6月18日上午，支队会同市公安局组织联勤武装巡逻“过勤务”活动。8月13日，衢州支队组织参谋人员参加总队比武，检验支队参谋人员备战打仗的能力素质。

【应急抢险】5月27日下午，衢州支队机动中队防汛应急力量参与衢州市2021年防汛抢险应急救援演练。7月1日凌晨，受强降雨影响，衢州市柯城区航埠镇出现内涝险情，衢州支队官兵第一时间前往一线前置备勤。同日，浙江省第三监狱莲心湖水位上涨，泄洪口排水不及，大坝出现管涌险情。衢州支队驻监中队官兵第一时间出动处置险情，避免损失。

【军民共建】7月31日，衢州支队联合衢州市退役军人事务局、市文旅局开展“赓续本色颂党恩，军民携手开新局”八一军民联欢晚会。10月9日，衢州支队会同龙游县公安局就新所建设推进情况进行实地论证，并召开联席会议。10月21日，衢州市柯城区8090新时代理论宣讲团到衢州支队开展文化艺术交流。12月1日，武警衢州支队部分官兵到衢州市华博纸品包装有限公司“残疾人之家”开展共建活动。12月11日，衢州支队深入对口帮扶的衢江区灰坪乡上坪田村开展工作调研，为上坪田村奔康致富，实现接续发展提供支撑保证。

【教育活动】6月26日上午，衢州支队70余名党员代表走进衢州市改革担当精神传承馆开展“开天辟地追梦人，党员担当永传承”主题党日活动。9月27日，武警部队宣讲分队深入衢州支队基层单位，宣讲习近平总书记“七一”重要讲话精神，士官学校副教授樊惠萍以多元素内容组合和多角度切入的讲述方式，开展宣讲辅导。9月30日上午，衢州支队官兵代表与驻地党政领导和社会各界群众代表到衢州市府山烈士陵园，参加烈士纪念日公祭活动。

【后装保障】2021年，衢州支队加快推进转型升级，加强保障体系建设。狠抓后勤队伍建设，及时完善战储物资，定期组织拉动检查，提高应急保障水平。组织军械员、理发员、“四小工”(小电工、小木工、小水暖工、小泥瓦工)、炊事员、驾驶员等专业兵集训，提升专业兵素质。组织后勤重点行业领域专项整治，稳步推进资产大清查工作，摸清资产底数，规范后装管理。衢州支队被武警部队表彰为车辆管理先进单位。紧贴任务需求和官兵需要，认真做好医疗巡诊、装备巡修、官兵体检、被装精准申领等工作。抓好新冠肺炎疫情防控，实现“零感染”目标。

（陆宇晖）

人民防空

【概　况】2021年，衢州市人民防空工程办公室(以下简称人防办)围绕省人防办和市委、市政府工作部署，扎实开展人防工程产权制度综合改革、人防数字化改革、人防规划编制及指挥所“三年行动”推进等工作。

【人防工程产权制度综合改革】2021年，与衢州学院签订合同，成立市人防工程产权制度综合改革工作小组，对市本级人防工程开展调研。通过收集整理全省开展人防工程产权制度改革试点做法，吸取成功经验，形成以海宁模式为样板，兼具衢州特点的《衢州市人防工程产权制度综合改革实施意见》(以下简称《意见》)。多次组织相关部门、街道、社区、银行、房开、物业召开市人防工程产权制度改革讨论会，广泛听取和吸收意见建议，对《意见》加以修改完善。

【人防数字化改革】2021年，为贯彻落实省人防办关于数字化改革的任务部署，建设衢州市现代人民防空体系，市人防办于3月份组建专班，研究打造全省首个人防工程全生命周期管理系统，着力实现人防工程从规划—审批—建设—运维全过程数字化管理，推进人防工程治理体系和治理能力现代化。

【人防宣传教育】2021年，市人防办宣传普及民防知识，提高民众防灾减灾能力，构建坚强“护民之盾”，持续深化人防宣传教育“五进”(进机关、进学校、进社区、进企业、进网络)工作，在“3·1”国际民防日、“5·12”防灾减灾日、“九一八”事变等重要节点在党校、机关、学校、社区、商业广场等地组织不同类型的宣传活动，包括设置展板、发放宣传册、人防知识小课题、应急救援培训活动、文艺演出等。常山县结合原有展衣山北公园基础设施，新建常山人民防空主题公园，融入人防元素，让群众了解人防、关注人防、参与人防。

（周　睿）

城乡规划建设与管理

■ *Rural-Urban Construction Planning and Management*

城乡规划和国土资源管理

·综 述·

【概 况】2021年，市自然资源和规划局（以下简称市资源规划局）聚焦“产业为王、工业强市”，全力争先创优，全面完成年度目标任务，为打造四省边际共同富裕示范区、四省边际中心城市提供要素保障。2021年，完成国土空间规划“三区三线”（三区指生态空间、农业空间、城镇空间，三线指生态保护红线、永久基本农田、城镇开发边界三条控制线）第二轮方案试划；一次性争取到预支浙江时代锂电材料国际产业合作园新增用地计划指标2320亩；省政府乡村全域土地综合整治与生态修复现场会在衢州召开；全省唯一争取到中央财政支持最大的单个林业项目（诗画浙江大花园核心区国土绿化试点示范项目）；全市土地指标调剂价款195.3亿元，同比增长77.8%，全省第1；全市商品住宅用地出让成交价款246.7亿元，同比增长15%。

2021年11月11日，全省乡村全域土地综合整治与生态修复现场会在衢州召开

【基层站所规范化建设】2021年，通过“六个一”（出台一个指导意见、召开一次现场会议、制定一套标识规范、推动一批试点先行、融合一项试点改革、抓好一支队伍建设）举措，全面实施自然资源基层站所规范化建设，基层所整体内部管理、人员素质、服务质量和办公环境明显提高和改善。截至年末，全市103个基层自然资源所，54个基层所完成规范化创建工作，其中示范所6个。

·国土资源工作·

【概 况】2021年，全市土地总面积8844.57平方千米，其中耕地1054.18平方千米、园地834.35平方千米、林地5661.68平方千米、草地43.41平方千米、湿地9.85平方千米，城镇村及工矿用地620.41平方千米、交通运输用地98.89平方千米、水工建筑用地12.14平方千米、水域350.18平方千米、其他土地159.48平方千米。

【立法工作】2021年，市资源规

划局全程参与《衢州市历史文化街区保护条例》《衢州市围棋文化促进条例》《衢州市工业固体废物环境管理若干规定》《衢州市居家养老服务条例》4部地方性法规的立法配合工作，牵头开展《衢州市城市建筑风貌管理条例》立法前期调研准备工作。

【依法行政】2021年，市资源规划局列入衢州市政府重大决策目录事项1项；完成10件行政规范性文件合法性审核，清理并公布33件行政规范性文件；建立行政执法岗位责任制度，行政执法证持证率90.8%；严格落实"双公示"和"双随机、一公开"制度，"双随机"抽查28件，抽查率100%，累计出动执法人员46人次；办结人大建议、政协提案66件。

【普法宣传】2021年，干部学法用法考试参与率和合格率均为100%；在"4·22"世界地球日、"6·25"全国土地日、"8·29"《中华人民共和国测绘法》宣传日等节点，开展8090普法宣讲。

【争议化解】2021年，办理行政应复案件7件；办理一审、二审、再审行政应诉案件40件，全年无败诉案件。全年受理406件信访件，办结率100%。

【完成衢州市第三次全国国土调查】2021年，完成衢州市第三次全国国土初始调查和以2019年12月31日为统一时点的更新调查系列工作任务。全面查清全市土地的现状、分布、权属、地类变化等情况，充实土地整理开发的资源潜力，有力支撑国土空间规划编制、土地利用、生态修复、耕地保护等各项自然资源管理工作。

【土地要素保障】2021年，争取新增建设用地指标9903亩，统筹保障全市急需用地项目需求。其中争取到省自然资源厅一次性预支浙江时代锂电项目全部新增建设用地计划指标2320亩，破历年纪录。

【"十类地"综合处置】2021年，对全市清查出来的历年批而未供土地9.39万亩，采取硬核举措处置。出台《关于开展"十类地"综合处置攻坚 助力衢州高质量发展的通知》，综合运用红黄区警示、暂停商品住宅用地出让审批、暂停新增建设用地指标安排、暂停城乡建设用地增减挂钩指标调剂等举措，累计消化历年批而未供土地16968亩、盘活存量建设用地11355亩，位列全省第3，获得奖励指标2193亩。

【土地供应】2021年，全市供应土地771宗，面积3.4万亩，土地出让和划拨价款288.60亿元。加大土地供应，缓解市场需求，平抑房地价格。全年商品住宅用地供应52宗，面积3690亩，成交价款246.7亿元，为历年最高水平。完善住宅供应结构，面向偏远区域、乡镇区域、安置项目加大住宅用地的市场投放，达到满足结构性需求、平抑总体房价的目标。落实全市未来社区建设部署，将全市住宅用地供应融入未来社区模式。完成未来社区用地供应3宗，面积466亩。

2021年4月9日，全市全域土地综合整治与生态修复暨"十类地"处置高质量提升现场会召开

【土地指标调剂】2021年，按照土地指标对外调剂统筹管理制度和"五个一"(一套机制人马操作、一个小组谈判、一本土地指标预算大账、一个指导价格、一个口子对外)工作机制，有序推进指标外调，促进资源转化。经市政府同意、省自然资源厅批准调剂杭州等山海协作地区土地指标23047亩，取得调剂收入173.7亿元。

【耕地保护工作全省第一】2021年，完成垦造耕地面积2.09万亩，完成全市千亩方、万亩方永久基本农田集中连片整治任务，获2020年市级耕地保护目标责任制考核全省第一。

【查处违法用地】 2021年，市资源规划局开展“违建别墅”“扫黑除恶”“农村乱占耕地建房”等专项行动，将专项行动作为重大的政治任务抓紧抓实，聚焦重点，分步推进，依法处置。对排查出的违建别墅问题13个，全部整治到位并销号；扫黑除恶专项斗争上级交办的78件线索100%核查完结，线索核查发现的27宗违法违规行为100%依法依规处置到位；推进农村乱占耕地建房问题专项行动，对部、省下发的11.52万个图斑和信访件以及市信访局梳理出7212件信访件进行调查核实，全面摸清底数，梳理上报问题1694宗。

【“百千万”永久基本农田集中连片整治工作】 2021年，开展“百亩方、千亩方、万亩方”（耕地连片面积最少100亩，少于1000亩的方划为百亩方；1000亩以上，少于1万亩的方划为千亩方；多于1万亩的方划为万亩方）永久基本农田集中连片整治工作，全市通过“垦造+修复”模式，归整碎片化耕地，完善农耕路网和沟渠建设，实现耕地连片面积56.61万公顷。其中江山市该项工作被浙江省政府列入2021年浙江省政府督察激励事项。

【推进全域土地综合整治与生态修复】 2021年，获2021年度乡村全域土地综合整治与生态修复工程绩效评价全省第1，6个县（市、区）均进入全省前16，其中4个县（市、区）全省前6，柯城区全省第1，并获评2021年度省政府督查激励评价优秀县，获得奖励指标100亩。4个项目入选省示范工程，位居全省第1。正在实施的54个项目列入省计划项目，动工率100%，完成投资166.07亿元。11月11日，全省乡村全域土地综合整治现场会在衢州市召开。

【推进钱塘江源头区域山水林田湖草生态保护修复工程试点】 2021年，钱江源头区域山水林田湖草生态修复国家试点项目总体进度达75%以上，累计完成投资56.26亿元。

2021年8月26日，钱塘江源头区域山水林田湖草生态保护修复工程试点现场会在常山县召开

【土地储备工作】 2021年，开展市区土地储备专项规划编制工作，制订“一图一库四计划”（“一图”是指编制市区土地储备专项规划图，“一库”是指市级分区土地储备资源信息库，“四计划”是指年度做地计划、年度土地储备计划、年度土地储备资金计划、年度储备土地供应计划）。

【土地整治工作】 4月，下发《关于高质量推进土地整治工作赋能乡村振兴的通知》，在全省率先提出双监理、后期管护兜底等制度，通过项目实施和后期管护，实现项目全生命周期闭环管理。全年完成垦造耕地项目新增耕地面积20916亩，其中水田17409亩；完成建设用地复垦新增耕地面积4753亩。

【推进废弃矿山生态修复】 2021年，省政府重点工作涉及的7座矿山治理修复工作全面完成；中央环保督察整改涉及的13座矿山，年内完成7座，剩余6座矿山治理修复工作有序推进。

【推进地质灾害防治规划编制工作】 2021年，全面完成全市及各县（市、区）地质灾害“十四五”规划的编制和发布。结合国土空间总体规划和“整体智治”三年行动，编制落实“十四五”地质灾害防治专项规划，为风险管控打好基础，实现地质灾害管理源头把控。

【重点矿产资源保障服务】 2021年，科学规范设置矿地综合利用项目采矿权，保障重大项目、重大工程、重点产业的矿产资源需求。保障杭衢高铁建设所需建筑石料。12月底累计供料400万吨，分别为衢江区149万吨、江山市211万吨、龙游县40万吨。指导协助开化县做好开化黄山萤石矿探转采工作，为巨化发展提供资源保障。持续推进江山铁锤山、龙游石佛和江山四都3个矿地综合利用项目，3个项目共计可出让资源量2.3亿吨，可利用土地1600亩，有效缓解衢州市空间受限、土地瓶颈和石料紧张的局面。

【不动产登记继续领跑全国】 2021年，全国率先完成商品房“一件事”改革，改革成果得到自然资源部充分肯定，“浙江衢州深化不动产单元码应用实现商品房生命全周期‘一码网上办’”的经验做法被自然资源部专刊报道推广，并获得2021年度全省自然资源系统改革创新优秀案例；牵头完成不动产登记抵押、查询、预告3个事项“跨省通办”，受到市政府“十条军规”通报表扬。衢州市被自然资源部列入全国15个居住权登记工作联系点之一，全省唯一，受邀参与自然资源部不动产登记规程的起草工作。结合《中华人民共和国民法典》规定，在全省率先谋划并推出抵押登记方面两项改革（规范开展不动产抵押登记和抵押期间不动产转移登记工作）。

【推进自然资源统一确权登记工作】 2021年，按要求完成列入全省6个自然保护地之一的江山浮盖山省级地质公园自然资源统一确权登记登簿前主体工作。制定印发《衢州市自然资源统一确权登记工作计划（2021—2023年）》，梳理确定全市重点区域自然资源48处，完成8处自然资源确权登记登簿前所有主体工作。

【实施地质灾害“整体智治”三年行动】 2021年，全市完成6个县（市、区）1∶50000地质灾害风险普查，验收10个乡镇1∶2000地质灾害风险调查成果，累计建成专业监测点69个，新增或共享68个雨量监测站，完成地质灾害综合治理项目63处。11月，省自然资源厅在衢州举行九华山片区流域性地质灾害风险隐患综合治理项目启动仪式。该项工程的启动，标志着浙江省地质灾害治理进入区域性综合治理新阶段。

【“跨省通办”改革再创佳绩】 2021年，依托国家一体化政务服务平台、浙江省政务服务2.0、浙江政务服务网、“浙里办”等平台，不动产、地矿、测绘3个领域16项高频政务服务实现跨省通办。

【自然资源执法督察】 2021年，衢州市开展国家自然资源督察上海局2020年土地例行督察反馈问题整改工作。涉及衢州市共7类117个问题，其中7个重点督促整改典型问题。全年完成整改95个，整改率81%。7月11—14日，国家自然资源督察上海局生态修复督察组进驻衢州开展矿产资源督察。11月5—11日，国家自然资源督察上海局在衢州开展2021年耕地保护督察工作，开展内业核查和外业核查。

·国土空间规划工作·

【概　况】 2021年，围绕打造四省边际中心城市，建设大花园最美核心区要求，全市上下积极推进“多规合一”（指将主体功能区规划、城乡规划、土地利用规划等多个规划融合到一个区域上，实现一个市县一本规划、一张蓝图）国土空间总体规划编制和“三区三线”划定试点工作。强化市域统筹，努力构建生产空间集约高效、生活空间宜居适度、生态空间山清水秀的国土空间格局。推进城市规划引领专项行动，同步推进国土空间规划实施监督信息系统建设，做好规划成果数据汇交、预审和入库工作，逐步形成国土空间规划“一张图”管理。

【推进国土空间总体规划编制】 2021年，市、县两级国土空间总体规划已全部形成征求意见稿，并向市人大第六十五次主任会议进行专题报告，完成全市过渡期城镇开发边界划订方案编制工作，并获省政府批准，确保规划过渡期国土空间规划管理工作平稳有序推进。深化基数转换、双评价、双评估等基础性工作，以底线管控、指标传导、用途管制分区、空间布局优化等为重点落实全域全要素国土空间整体治理要求。按照永久基本农田、生态保护红线、城镇开发边界的优先顺序完成两轮“三区三线”划定试点工作。全面落实四省边际中心城市发展定位，做好与“十四五”规划的对接，

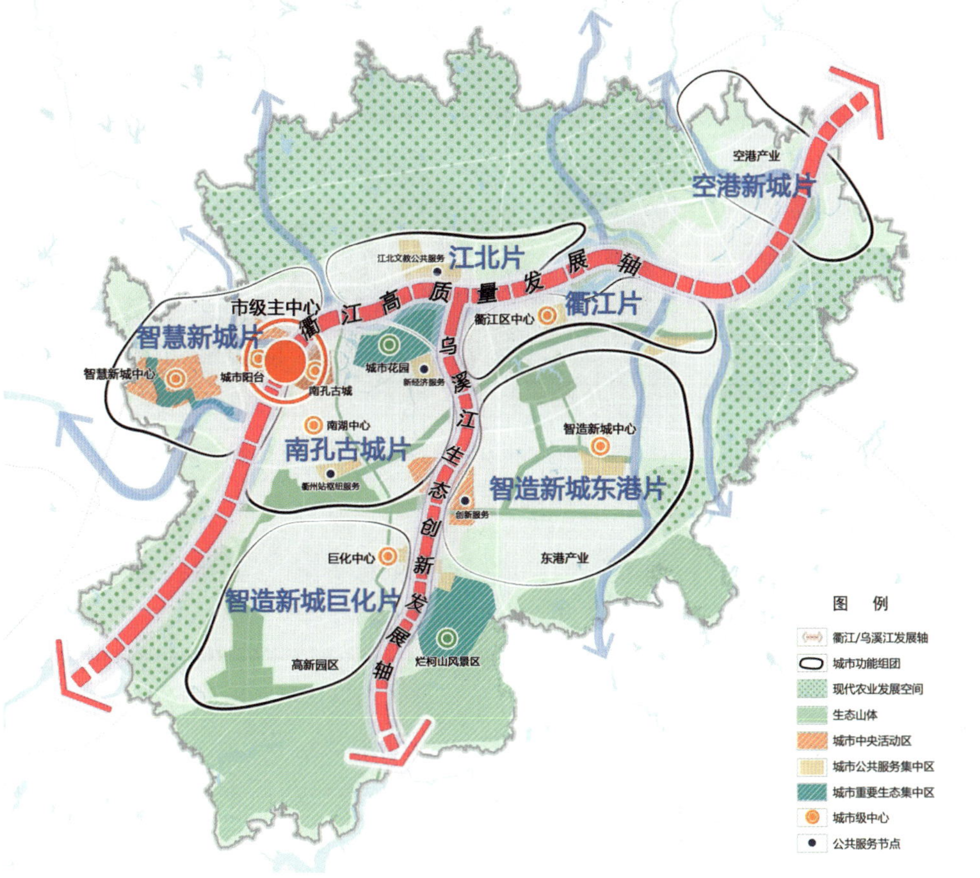

衢州市国土空间总体规划(2020—2035年)

积极构建拥江发展中心城市空间格局,强化区域协同、综合交通、安全防护、空间布局、流量专题、重大项目保障等专题支撑,结合智能推演和城市体检工作,推进以人为核心的新型城镇化,坚持“两山”转化,将市委“1433”发展战略体系和“大小三城”进一步落细落实。

【推进城市设计编制】 7月,衢州市被列为浙江省国土空间设计(城市设计)唯一试点城市,率先开启探索全域全要素管控背景下城市设计技术路径,打造高质量城市发展与空间重塑、品质重构的衢州方案。并以列入全省国土空间设计试点为契机,同步规划编制城市街道设计、建筑风貌控制、滨水空间设计3个导则,进一步强化城市风貌管控。

【推进重大专项规划编制】 2021年,开展《衢州市综合交通专项规划》《衢州市历史文化名城保护规划(修编)》等17项专项规划编研工作,完成《衢州市生态修复、城市修补专项规划》《衢州市烂柯山风景区详细规划》等5项规划,为进一步完善国土空间规划体系、加快四省边际中心城市建设提供技术支撑。为充分践行“两山”理念,提升衢州市城乡整体空间形象,为全省开展国土空间规划设计提供范式和技术经验,开展国土空间设计(城市设计)省级试点工作,完成《衢州市国土空间设计(城市设计)》方案成果。完成“拥江发展”战略、省级新区空间研究课题、江北片区战略规划研究、城市辨识度提升和地标性建筑选址研究等16项重大规划专题研究。按照省自然资源厅专项工作部署,完成省级13个村庄规划编制(试点)工作,为下一步全面开展村庄规划和美丽城镇、美丽乡村建设夯实基础。

【"衢州有礼"诗画风光带规划管控】2021年,正式发布《衢州有礼诗画风光带管控导则》,进一步传导概念规划中的规划引导和建设管控要求,贯彻落实"自然味、农业味、乡村味"规划理念,加强风光带范围内用地分区分类准入和风貌景观引导,从保护与利用两个角度形成七色分区,提炼"十要十不要"(要错落不要单一、要衢派不要外来、要低矮不要高大、要素雅不要艳丽、要乡土不要城市、要透景不要挡景、要融合不要张扬、要自然不要造作、要实用不要浪费、要生态不要硬质)风貌景观引导。为进一步营造诗画风光带美丽宜居环境,改善空间品质,彰显地域特色,提升业态活力,服务乡村振兴,市资源规划局积极开展"衢州有礼"诗画风光带示范段景区化改造概念设计工作,为诗画风光带各辖区段改造提升提供样板。

【规划审批保障项目建设】2021年,服务古城双修系列项目,旅游配套工程、风貌衔接工程、文化产业园、南湖文旅综合体项目均完成建设工程规划许可证核发。持续参与未来社区落地研究,礼贤未来社区在300亩的实施单元基础上,谋划提升1平方千米的规划单元整体风貌,完善相关配套设施,做到新旧小区风貌和谐衔接,打造优美的三江口城市景观,确保衢州首个未来社区项目顺利推进。服务民生工程,按照社区生活圈理念,保障一批公共服务配套设施(包括幼儿园、居家养老中心、卫生服务中心、健身中心等)落地建设,做好土地综合开发利用,首推幼儿园与公共地下停车场综合开发模式,服务西安路、双叶线等一批城市主干道路改造提升快速落地。

2021年7月9日,衢州市测绘与地理信息行业协会成立大会暨第一次会员代表大会在市城市展示馆召开

【落实城乡风貌管控】2021年,为进一步贯彻落实衢州市委七届八次会议精神明确的"大三城""小三城"规划控制要求,加强城市(乡镇)规划管理工作,《衢州市城乡规划管理(建筑管理)技术规定》于5月正式发布实施,该技术规定明确"小三城"的空间形态,通过管控建筑高度,打造错落的城市天际线;通过管控建筑外立面风格,打造片区融合、各具特色的城乡建筑风貌。年内共组织11次规划委员会办公室会议,按照衢州市城乡风貌管控要求进行项目审查。按规划委员会要求落地的古城双修系列项目充分契合衢州南孔儒城城市气质,彰显南孔儒城"有礼"城市内核。

【推进综合测绘改革】2021年,建设工程项目综合测绘成果报告规范化率和技术服务示范合同使用率均超过95%。强化测绘项目质量监管,省内首创综合测绘成果复核机制,为全省提供衢州样板。全年市本级共组织实施规划验线579栋建筑物,实施测绘成果复核项目122个,建筑面积341万平方米,复核中累计发现少计算建筑面积5000余平方米。11月,衢州市提出的综合测绘"三个30%"目标全部实现,初步实现服务效率提升30%以上、服务收费降低30%以上和优良品率提升30%以上的"三大目标"。12月17日,印发《衢州市建筑工程房产预测绘成果复核工作制度(试行)》,正式推行房产预测绘成果复核机制。

【推进数字化改革】2021年,国土空间治理改革列入省、市两级牵一发动全身重大改革。国土空间规划"一张图"、用地智治、地址智配、林业碳账户、数智绿化等五个场景和地址关联工具、通用空间分析工具两个工具上线试运行，国土空间治理改革实现重大突破。用地智治、生态修复、矿产品管理违法处置"一件事"列入省自然资源厅省域空间治理数字化平台2.0场景试点，林业碳账户被省林业局列为全省唯一一个全市域浙林碳汇核算试点，地址关联工具、通用空间分析工具列入省自然资源厅省域空间治理数字化平台2.0工具试点。地址关联工具成为衢州市级部门上线IRS（浙江省一体化数字资源系统）两个组件之一，有力支撑衢州"3·13"疫情防控。林业碳账户改革获全国政协常委、国家林草局副局长刘东生批示肯定，并在三明林业碳汇论坛上作经验介绍。（赖　俭）

乡村建设

【概　况】 2021年，衢州市牢固树立"绿水青山就是金山银山"的发展理念，深化推进"千村示范、万村整治"工程，聚焦"衢州有礼"诗画风光带打造，全面推进新时代美丽乡村建设，深化农村人居环境综合整治，推进未来乡村迭代升级，提升美丽乡村建设品质和内涵，诗画风光带和未来乡村逐渐成为展示衢州市"诗画浙江大花园"最美核心区的重要窗口。

【美丽乡村建设】 2021年，成功创建省级新时代美丽乡村达标村421个（含141个省级新时代美丽乡村精品村）、省级美丽乡村示范乡镇9个、省级美丽乡村特色精品村26个、省级美丽风景线5条。龙游县获评2021年度浙江省新时代美丽乡村示范县。柯城区、衢江区、龙游县获评2021年度全省深化"千万工程"建设新时代美丽乡村（农村人居环境提升）工作优胜县（市、区）。衢州市新时代美丽乡村建设工作得到省委、省政府主要领导和分管领导批示肯定14次，在全省深化"千万工程"建设新时代美丽乡村现场会作未来乡村建设典型发言，全年得到央视《新闻联播》、《人民日报》、《农民日报》、《浙江日报》等聚焦报道100余次。

【诗画风光带建设】 2021年，全面完成诗画风光带管控导则、26千米示范段景区化改造控制性规划设计、示范段启动区6千米详细设计和县（市、区）诗画风光带总体规划编制。全市"1+5"示范段（"1"是"衢州有礼"诗画风光带市

省级美丽乡村特色精品村——龙游县詹家镇山后村

诗画风光带示范段——龙游段

级示范段，即衢江区浮石街道宾港大桥—龙游县红船头村示范段，启动区为衢江区浮石街道宾港大桥—云溪乡孟姜村示范段；"5"是柯城区航埠镇叶家大桥—航埠镇严村村示范段、龙游县小南海镇团石村—翠光岩村示范段、江山市四都镇双溪村—双塔街道大夫第村示范段、常山县何家乡长风村—何家村示范段、开化县芹阳办事处密赛村—音坑乡姚家村示范段）完成投资11.61亿元，完成年度计划的93.32%；6个"一县一园"（柯城区石梁镇柑橘小镇、衢江区浮石街道尺方间文化创意园、龙游县龙洲街道浙江龙和蔬菜产业园、江山市峡口镇华欣湖羊生态示范园、常山县同弓乡金色同弓田园综合体、开化县池淮镇茶产业融合示范园）完成投资9.81亿元，完成年度计划的117.63%；12个标杆村完成投资5.51亿元，完成年度计划的130.51%；78个重点项目完成投资110.67亿元，完成年度计划的109.76%。8月，经省委、省政府同意，衢州以诗画风光带为主题的试点方案作为全省唯一市级试点向农业农村部申报设立全国农村改革试验区（待批复中）。衢江区以示范段启动区为核心区，成功申报2022年度全省农村综合改革集成建设项目，龙游县"瀫水诗画、活力龙脊"示范带入围全省首批共同富裕新时代美丽乡村示范带。

【农房体系构建和风貌提升】2021年，围绕农民建房服务好、农村风貌提升好、资源转化利用好"三个好"的目标，持续做好农房整治"后半篇文章"，深入推进拆后利用示范村建设、乡村经营品牌化发展等各项重点工作。全年完成30个拆后利用示范村建设。7月1日，《衢州市农村住房建设管理条例》正式施行。全市全年通过房地信息系统受理农民建房12399宗，完成审批9857宗，涉及农村建房信访问题总量同比下降30%以上。全面启动乡村品牌化经营策划研究，探索乡村发展新思路。

【农村生活垃圾分类】2021年，坚持"资源化、减量化、无害化"原则，着重在推进源头减量、提升处理能力、强化典型引路、培养分类习惯、健全长效管理方面下功夫。全市推进农村生活垃圾分类处理建制村1423个、农村生活垃圾分类覆盖率96%、农村生活垃圾回收利用率56%、资源化利用率100%、无害化处理率100%。完成165个省定农村生活垃圾分类处理任务村、20个省级高标准农村生活垃圾分类处理示范村建设。衢江区、龙游县、江山市获评2021年度全省农村生活垃圾分类处理工作优胜县（市、区）。衢江区获评2021年度全国清洁行动先进县，衢江区反应器堆肥技术模式入选全国典型案例。

【省级历史文化（传统）村落保护利用】2021年，按照"保护为主、抢救优先、合理利用、加强管理"的原则，万田乡下蒋村、全旺镇岩头村、湖镇镇星火村等第七批5个省级历史文化(传统)村落保护利用重点村完成项目验收,推进柯城区九华村、衢江区上岗头村、龙游县张家埠村、江山市广渡村、常山县泰安村、开化县唐头村等6个省级第八批历史文化(传统)村落保护利用重点村、55个一般村建设,柯城区航埠镇严村村、衢江区黄坛口乡茶坪村等6个省级第九批历史文化(传统)村落保护利用重点村、34个一般村建设。衢江区杜泽镇杜一村、常山县球川镇球川村、开化县音坑乡下淤村3个村获评省级历史文化(传统)村落保护利用示范村。

【未来乡村建设】2021年,围绕"一统三化九场景"("一统"指抓党建统领,"三化"指人本化、数字化、生态化,"九场景"指未来邻里、未来产业、未来教育、未来健康、未来文化、未来风貌、未来交通、未来低碳、未来治理),创新推出"五个三"(围绕人本化、生态化、数字化,依靠原乡人、归乡人、新乡人,通过造场景、造邻里、造产业,实现有人来、有活干、有钱赚,彰显乡土味、乡亲味、乡愁味)核心要义,全面推行"4+X"(标准配置"4"项基本内容,即各乡村未来社区要配置社区服务中心、邻里中心、健康之家、创业家园四类硬件,实现智慧治理,传承文化文明,保障卫生康养,促进创业就业;突出配置"X"项特色内容,即各乡村未来社区可结合自身主题配置特色内容,如余东美术馆、大陈汪氏宗祠等)建设配置,迭代升级、编制发布《未来乡村建设规范》,系统推进第一批6个、第二批12个未来乡村建设。柯城区余东、衢江区莲花、龙游县溪口、江山市大陈、常山县芳村和开化县下淤等第一批6个未来乡村核心区已基本建成并转入常态化运营,常住居民人均可支配收入平均增幅比全市面上高3个百分点,村集体经营性收入平均增幅达60%,最高增幅实现翻番,群众的获得感、幸福感、安全感和认同感大幅提升。该项工作得到省委书记袁家军等省委、省政府领导批示肯定14次,衢州市在2021年全省深化"千万工程"建设新时代美丽乡村现场会作未来乡村建设典型发言,各未来乡村获国家级、省级荣誉近30项,获得央视《新闻联播》、新闻频道、农业农村频道和《人民日报》、新华社、《农民日报》、《浙江日报》、浙江卫视等聚焦报道100余次。 (卢晓丽)

龙游溪口未来乡村

城市建设

·城市基础设施建设管理·

【概　况】2021年,围绕大小"三城记"(智慧新城、智造新城、空港新城"大三城"和南孔古城·历史街区、核心圈层·城市阳台、高铁新城·未来社区"小三城")的定位和七个"桥头堡"(综合交通"桥头堡"、商贸物流"桥头堡"、教育医疗"桥头堡"、绿色金融"桥头堡"、人才集聚"桥头堡"、美丽经济"桥头堡"、数字经济"桥头堡")的目标,加快重点项目建设,优化城市功能布局,推进城市基础设施建设管理。全年实施项目78个,其中代建项目39个,总投资61.69亿元,累计完成投资11.6亿元。

【荷一路过江通道工程】9月30日,荷一路过江通道工程提前109天实现试通车。该项目处于常山港与江山港汇水口位置,距离双港大桥约1.1千米，距离衢江大桥约0.7千米，是衢州市中心区与智慧新城的重要越江通道。隧道起于双岭南路与九华中大道交叉口，下穿鹰潭西路、常山港支汊、环岛西路、严家淤岛、环岛东路、衢江、衢江南路、双港路，终于荷一路与新元路交叉口，隧道北线全长2156.21米，南线全长2172.69米。线路平均全长2.16千米，项目总投资10.96亿元。

【荷一路（新元路—府东街）改造工程】 项目自2019年底开始谋划，2020年7月开工，2021年6月竣工。道路改造总长度约1400米，原双向两车道水泥混凝土改为双向四车道沥青混凝土路面，人行道改为透水步砖。原有的行道树（梧桐）移植，重新种植红枫。重新埋设雨污水管道、燃气管道、给水管道，原有杆上电力线路、通信线路下地。概算总投资9463万元。此项目被列入2021年省民生实事项目，作为荷一路过江通道向东延伸段，建成后对该片区交通拥堵情况起到较好的缓解作用，原有道路雨季排水不畅造成的内涝情况得到明显改善。

【双叶线（新元路—叶家大桥）道路改造工程】 10月开工，总投资64703万元。西起叶家大桥东，东至新元路，全长约2.8千米，改造为双向6车道的城市道路，红线宽度约44米，建设内容包括桥梁工程、道路工程、排水工程、景观工程、交安工程、照明工程等；优化改造沿线相交路网，衢江南路延伸建设、双港西路和凯胜路连通等内容。截至年末，完成老桥爆破拆除及通信、给水管道迁改，完成桩基120根。

【斗潭公园地下停车场项目】 12月，斗潭公园地下停车场项目完成主体结构施工，项目总投资6085万元。该项目位于斗潭公园内，包括水亭门北停车场和斗潭公园地下停车场两个子项。水亭门北门停车场子项工程位于新河沿以北、斗潭公园以南地块。总用地面积2476.6平方米，总建筑面积为3259.53平方米，建筑占地面积为151.50平方米，地上1层，地下4层，地下停车位总数为120个，地下停车库属于室内无人员停留且无车道的智能垂直升降式平面移动类停车库。斗潭公园停车场子项工程位于斗潭公园内北门路西侧，总用地面积1614.0平方米，总建筑面积2728.6平方米，建筑占地面积343.0平方米，地下停车位总数72个，采用地下升降式平面移动停车方式。

【荷一路周边地下停车场项目】 该项目总投资5758万元，包括清莲里停车场（位于荷一路以北清莲里停车场地块）和市民健身公园地下停车场（荷花中路以东、荷五路以南市民健身公园内）两个子项。2021年，清莲里停车场基本完成建设，市民健身公园地下停车场完成主体结构。清莲里停车场设停车位99个，采用地下平面移动机械式停车，总建筑面积2785平方米。市民健身公园地下停车场设停车位90个，采用地下平面移动机械式停车，总建筑面积2850平方米。配套建设给排水、综合管线、照明、绿化、交通设施等工程。

【西安路提升改造工程】 2021年，西安路提升改造工程完成管线迁移及西安路、衢江中路道路施工并通车。该项目总投资6656万元，建设内容包括西安路西段（衢江中路至浮石路）由双向六车道拓宽为双向八车道，道路中央设绿化隔离带；西安路东段（浮石路至府东街）做局部翻新；

2021年9月30日，荷一路过江通道试通车

西安路提升改造工程

衢江中路(北起西安路,向南约240米)由双向六车道拓宽为双向八车道,改造街边绿化3685平方米;斗潭路(北起西安路,向南长约260米)由双向六车道拓宽为双向七车道;在斗潭路新建人行天桥。

【衢化中央道改造工程】2021年,启动通信管线迁改。该项目总投资5405万元。位于衢州市衢化片区,西起巨化集团公司东南门、东至孔家桥东端,全长约1120米,宽32米(除去与文昌路交叉口已实施约160米),按城市次干路等级改造设计,对孔家桥进行拓宽改造。配套建设给排水、强弱电、绿化、照明、交通设施及其附属工程等。

【衢州高速东出入口综合改造工程】1月,衢州高速东出入口综合改造工程完工。该项目于2020年7月开工建设,项目总投资5697万元。工程北起杭金衢高速东出入口收费站,南至迎宾大道与滨港北路交叉口,长约1200米。建设内容包括改造道路沥青面层长1200米,宽55米,将4厘米厚原道路面层洗刨,新铺沥青混凝土路面,同时对道路交叉口实施渠化改造;新建和改造绿化面积11.93万平方米;新建综合服务用房600平方米,配套建设停车场,新建停车位58个;配套建设给排水、路灯照明及景观亮化等工程。

【市政设施管养】2021年,完成道路修复1540平方米,人行道修复3542平方米,调整修复侧石254米,维修或更换井盖214块,改造积水点21处,完成市区161条道路人行道脱空检测,对火车站片区基础设施和上下街无障碍坡道口进行改造提升,保障市政设施完好率和正常运行。引入市政养护监理,协助对各养护单位进行考勤、巡查等日常工作,并提供技术支持及专业性建议。加强对辖区市政设施养护单位的督查考核,通过设施维护微信平台,实行设施养护按月制订计划并维修,月度与日常考核相结合模式,杜绝突击养护,强化设施维修的计划性、均衡性。

【桥梁管护】2021年,做好桥梁检测,完成辖区35座桥梁的定期检测工作;加强桥梁日常巡查、维修力度,强化桥梁养护单位的日常养护考核,定期组织应急物资安全检查,确保桥梁安全运行。完成九华大道隧道、紫薇路隧道、三江中路隧道、荷一路隧道命名工作,完成辖区桥隧一桥一档资料收集,完成浮石大桥结构定期检测。

【内河水系治理】2021年,启动内河水系治理提升工作,加快推进市区内河水系治理提升项目,进一步提升城市污水收集处置能力、改善内河水生态环境,共谋划治水项目8个,总投资3亿元。

【湖塘水系管护】2021年,做好湖塘水系保洁清捞工作,联动街道、社区劝导不文明行为,采取人工清扫、疏通车冲刷等方式定期对城区河道易积污点进行冲洗。全年累计清理水系漂浮物150吨,城区水环境有效提升。完成城区排水管疏通160千米,清理窨井4000座次,清理淤泥110吨。

【坊门街管理】2021年,坊门街街区日常保洁、绿化养护、设施维护、广告店招联合审批、秩序管理等工作有序开展。全年清运垃圾1520车,更新垃圾桶15个,更换窨井盖8块,步砖修复70平方米,路面维修50平方米,定期更换时花180平方米,更换补缺花草5次,修剪绿化1100平方米,审批广告店招55个,开业店庆活动审批5件，有效改善街区环境和秩序。普及"文明城市创建"知识，落实"门前三包"责任制，安装更新宣传标牌13块。联合执法部门开展街区非机动车辆乱停放、乱贴乱挂、占道经营、空调水直排主街面、餐厨垃圾乱堆放、违规设置广告牌等专项整治工作。

【路灯照明养护】2021年，负责建成区255平方千米内约3.2万盏路灯管养，主城区、智慧新城、智造新城、衢江区亮灯率保持在98%以上，达到国家文明城市标准；全年完成修复路灯3624盏、修复电缆5733米、修复控制箱故障426台，保障路灯照明设施完好率和正常运行。

【景观亮化养护】2021年，对城区故障景观庭院灯、投光灯、灯带、地埋灯等，做到随坏随修，保障所辖城区亮化设施正常运行。全年更换亮化电缆及电线574米，各类灯具维修2048套，各类LED灯带879米，重点对上下街、坊门街、新桥街、斗潭公园、江滨公园、健身公园、信安阁、南湖公园、南湖广场等节点亮化设施进行日常巡查和维修更新，确保亮化设施正常运行。

【沿岸亮化提升工程】2021年，浮石大桥、庙源溪大桥、信安湖东岸（西安门大桥至浮石大桥段）沿岸亮化提升工程全面完工，总投资约700万元，通过对沿岸景观带及浮石大桥桥体新建霓虹灯、投光灯、小品灯等照明手法的方式，提升城市夜景效果，打造城市夜景亮化第二风貌。　（周　睿）

·城市公用事业建设管理·

【概　况】2021年，推进城镇老旧小区改造、拆墙透绿、海绵城市等城市精细化管理十大专项行动，城市供水、供气、排水、污水处理、地下市政基础设施等公用事业稳步发展，开展"城市体检"，查找"城市病"，为城市发展提供"良方"，全面实施城市有机更新和城市安全保障专项行动，助推实现衢州市建设四省边际中心城市战略。

【城市体检】4月，衢州市再次被住建部列为2021年"城市体检"59个样本城市之一。在2020年"体检"的基础上，围绕8个方面65项目指标，因地制宜，系统联动，整合资源，科学制订"1+5""城市体检"工作方案（"1"即总的体检报告，包括自体检、第三方体检和社会满意度调查；"5"指5个专项体检，分别为城市供水与污水、城市防涝、城市环境卫生、城市园林绿化、城市社区公共服务设施），查找城市建设和发展中的短板与不足。根据"城市体检"结果，系统制订建设计划，统筹推进城市发展"十大专项"行动，不断提升城市风貌、城市品质和服务功能。

【海绵城市】2021年，编制《衢州市海绵城市专项规划》《衢州市海绵城市实施方案》《衢州市海绵城市区域化评估自评报告》，调整重点建设区域。印发《衢州市海绵城市低影响开发建设项目管理暂行规定》《衢州市海绵城市建设工程方案或初步设计及施工图设计文件审查要点（试行）》《衢州市建设项目海绵城市设施竣工验收管理办法》，使衢州市海绵城市建设前期立项、规划审批、竣工验收、运营维护和管理有据可依。全年，衢州市海绵城市建成项目24个，4.9平方千米。

【城镇老旧小区改造】2021年，完成城镇老旧小区改造48个，改造建筑面积160.05万平方米，投入资金3.87亿元，涉及15364户，改造内容包括杆线上改下、道路修缮、雨污分流、立面粉刷、绿化景观提升、增设停车位、集中充电桩增设、照明设施升级等。编制《衢州城镇老旧小区改造技术导则》，引导各类设施、业态在空间上的合理布局与优化落实，确保"多改合一、一次建成"，打造5—10—15分钟幸福生活圈（以居民居住地为圆心，以步行5分钟、10分钟、15分钟距离为半径，在这个半径里划定居住生活圈，配套生活设施）。

【未来社区建设】2021年，全域推进未来社区建设，实行创建制，全市共有23个项目纳入省级四批试点（创建）名单，试点数居全省前列。其中，礼贤未来社区安置房开展精装修施工，完成形象进度88.5%；邻里中心项目主体已结顶，商品房项目完成整体建设进度的51%；鹿鸣未来社区完成先行展示区。衢州礼贤未来社区试点创建推进办团队被评为年度"最美建设人"。衢州共有12个试点列入全省首批城乡风貌样板区试点，城市风貌样板区和县域风貌样板区试点各6个。

【城镇污水处理】2021年，完成衢州市城东污水处理厂清洁排放改造和衢州市污水处理厂节能降耗改造，稳步提升污水处理水平。全市新建改造污水管网94.6千米，排查管网75千米。以“污水零直排区”建设为发力点，统筹截污纳管、基础设施配套等项目建设，因地制宜，积极探索，形成“标准零差距、进度零拖延、监管零盲区、责任零缺位、思想零懈怠”的“五零模式”，投入资金3.68亿元，完成全市193个居民小区类“污水零直排区”建设任务，实现市级全域创建。

【拆墙透绿】2021年，坚持以“共享敞开空间、提升绿化品质”为理念，按照“应拆尽拆、治旧控新、因地制宜、分类实施”的原则，结合城镇老旧小区改造，全面推进拆墙透绿工作，着力打造一座“无围墙、无边界、无障碍”的绿色共享城市，提升广大市民的幸福感和获得感。坚持“简洁、通透、生态、人文、应景、节约”的原则，结合老城复兴、现代活力、未来都市、工业等4个风貌区，分类实施，精准施策，随境而异。全年，全市完成“拆墙透绿”住宅小区18家，拆除围墙0.9万米，建成口袋公园21个，绿化整治微提升9.2万平方米。

【城市燃气】至2021年末，市区有城市门站2座（能源公司浮石站、航埠站），LNG储配站1座（新奥公司下张站），机动车加气站6座；铺设燃气管道1645.39千米；居民用户13.81万户，非居民用户1565户；最高日供气量83.6万立方米，供气总量22193.36万立方米。年内新增燃气管道301.31千米，最高日供气量增加8.2万立方米，供气总量增加3757.04万立方米。以“最多跑一次”改革为牵引，优化工作流程，简化接气申请，压缩办理时限，提高用气接入效率和服务水平。

【燃气数字化改革】2021年，全面拆解瓶装燃气、管道燃气监管任务171项与328项，谋划气瓶、场站、从业人员、管网、配送车辆、安全检查、行政执法等7个应用场景，并配套《衢州市燃气行业气瓶、从业人员、配送车辆三色管理制度》等7个制度，扎紧城镇燃气生产、经营、运输、使用全过程安全防控链条，防控气瓶超期脱检、燃气管道占压损坏、居民违规用气等风险点。同时，在龙游县率先开展瓶装燃气应用试点，通过一码赋能、一图管控、一站服务“三个一”机制，对全县7万只气瓶、4个储配站、160辆配送车辆实现瓶装燃气全要素信息可溯、气瓶使用全流程数字监管。

【城市节水】2021年，修编《衢州市市区节水中长期规划（2021—2030）》。完成衢州市节约用水办公室综合管理信息系统的维护升级，并对系统进行等保测评。对市区公共管网供水的707家年耗水量2000吨以上的非居民用水户进行用水计划（定额）考核，实行非居民超定额用水累进加价政策。落实《衢州市区城镇非居民用水超定额累进加价实施意见》文件精神，走访调查135家企业（单位），至年末，共对67家用水户试点实施定额用水管理。落实节水设施“三同时”管理制度（节水设施应当与主体工程同时设计、同时施工、同时投产），参加市档案馆新馆（二期）、新新街道白沙村公寓安置点、官庄家园工程项目建筑设计、礼贤未来社区规划等64个建设项目设计审查和竣工验收。推进节水载体建设，成功创建省级节水型企业7家、省级节水型单位4家、省级节水型小区6个。创成节水标杆企业3家、节水标杆单位3家、节水标杆小区6个。同时，开展节水宣传活动，年内赴衢州学院、斗潭社区、市交投集团等单位进行节水宣传，并对部分单位开展管网免费测漏服务。制作节水公益广告短视频2个，在市区主要路口广告大屏进行滚动播放。组织“8090新时代理论宣讲”6次，深入社区、工地、学校等地进行节水知识宣讲。（周　睿）

·城市环境卫生建设管理·

【概　况】2021年，按照优于全国文明城市、国家卫生城市的标准，制定《衢州市环境卫生管理作业规范》，落实“冲洗、大扫、机扫、流动保洁、动态垃圾捡拾”的18小时全方位动态作业机制，完善精细化洗扫作业工序，辖区道路可机械化清扫率100%，生活垃圾清运率100%，生活垃圾无害化处置率100%。

【环卫体制改革】2021年，总结第一轮市场化的经验，严格标准，细化措施，对照省内周边地市的环卫作业情况，对现有环卫作业范围、内容、要求进行重新梳理。顺利完成第二轮环卫作业市场化招标工作，实现人员队伍稳定，平稳交接。按照“统一领导、分级负责、责权一致、管理高效”的原则，推动市区“一把扫帚扫到底”环卫体制改革，建立重心下移，区块为主，作业移交，属地管理；减少层级，高位监管，统一标准，统一政策；强化经费保障，区块自负；明确层级责任，市级监管考核，区块日常管理的市、区两级环境卫生管理作业新体制，提升市区环境卫生管理作业水平，巩固全国文明城市、国家卫生城市创建成果，推动衢州市环境卫生质量再上新台阶。

【完善垃圾治理体系】2021年，全面构建“能卖有害虎哥收，易腐清源光大运，其他垃圾光大处”的生活垃圾处理体系，和市级监管、两区日常管理的市区建筑垃圾治理体系。整个体系贯穿前端分类、中端收运和后端处置等各个环节。可回收物和有害垃圾由虎哥环境有限公司按照“前端收集一站式、循环利用全链条、智慧监管一张网”的模式，以市场的形式，进行分类收集、运输、处置。易腐垃圾分餐厨垃圾和厨余垃圾两条线进行处置。餐厨垃圾由清源公司负责分类收集、运输、处置，厨余垃圾由光大集团负责分类收集、运输、处置工作。其他垃圾由各市场化主体将小区、沿街店面、道路果壳箱收集后统一运送至生活垃圾中转站，通过中转站转运至焚烧厂进行处置。建筑垃圾实施市级监管、两区日常管理的模式。由柯城区、衢江区建立建筑垃圾资源化利用厂，柯城区、衢江区、智慧新城、智造新城分别设置工程渣土临时调剂场。全年清运生活垃圾320635吨，焚烧厂处置生活垃圾491761吨。

【生活垃圾分类】2021年，全市662个小区、1410家机关事业单位、国有企业以及中小学校实施垃圾分类工作，分类收集覆盖面达到100%，全市生活垃圾资源化利用率达100%，建成省级高标准生活垃圾分类示范小区50个，较2019年生活垃圾实现“零增长”；衢州市城区生活垃圾回收利用项目正式运行，建成118个回收站点和1.5万平方米的分拣中心，日处理可回收物和有害垃圾约40吨；衢州市区厨余垃圾收运处项目已试运行，新增收运车辆22辆。

【建筑垃圾管理】出台《衢州市建筑垃圾管理办法(试行)》，于2021年1月8日起施行。开展多部门跨区域联合整治，累计检查市区建筑工地180余个，运输企业25家，现场处罚181起，下发问题整改告知书33份，进一步加强建筑垃圾收运、贮存、分类、处置全过程管理。实施推进柯城、衢江、常山建筑垃圾资源化处置项目，着力实现县县全覆盖。

【打造环卫优质工程】5月，衢州市生活垃圾填埋场封场及生态修复工程通过完工验收，为浙江省内市本级率先完成封场及生态修复的填埋场，该项目获衢州市级优质工程奖。2021年，衢州市区生活垃圾焚烧发电项目获2020—2021年度中国建设工程鲁班奖。

【公厕革命】2021年，对城市公厕设施进行再整治再提升，完善公厕各项硬件设施，改善公厕各项

2021年12月14日，衢州市区生活垃圾焚烧发电项目获评2020—2021年度中国建设工程鲁班奖

设施。对工人文化宫公厕、健身公园公厕等公厕进行美化提升,进一步完善和规范公厕导向牌、内部标志牌、夜间指示灯箱等设施。完成狮桥街、儿童公园等10座公厕的智慧化改造。2021年,完成衢州市域范围内167座公厕的新建、改建、服务提升。 (周 睿)

·城市园林绿化建设管理·

【概　况】2021年,全市建成区新增城市绿地约212.57公顷,新增公园绿地约45.28公顷,新建绿道63.2千米。截至年末,全市建成区绿化覆盖率约44.26%,建成区绿地率39.97%,人均公园绿地面积16.08平方米,公园绿地服务半径覆盖率90.14%,建成各类绿道约813千米。龙游县小南海镇等8个镇获省级园林镇称号;柯城区悦蓉府等7个小区获浙江省园林式居住区称号;智造新城凤凰湖公园等3个公园获浙江省优质综合公园称号;衢江区信安西路等5条道路获浙江省绿化美化示范路称号;衢江区沿江景观带绿道获浙江省第五届"最美绿道"称号。

【全省绿道网建设暨城市园林绿化工作现场会】11月9—10日,全省绿道网建设暨城市园林绿化工作现场会在衢江区召开。省建设厅党组书记、厅长项永丹参加会议并讲话。会上,公布第五届"浙江最美绿道"名单和第三届"绿道健走大赛"获奖名单,并对健走大赛部分获奖单位进行颁奖。与会代表观看衢州市绿道和园林绿化工作宣传片,现场参观衢江区拆墙透绿项目、沿江美丽公路绿道衢江区段、十里江滨景观带、孔子文化公园,切身体会衢州的人文风貌与地域特色。此次现场会充分展示衢州市近年来在绿道网建设和城市园林绿化工作方面的成就。

【"文化小品进公园"行动】3月,编制《衢州市"文化小品进公园"行动实施方案》,启动"文化小品进公园"行动,进一步弘扬衢州深厚历史文化,营造独具特色的公园文化氛围。9月,梳理衢州市文化主、次目录及三个层次的内容,形成《衢州市"文化小品进公园"公共艺术策划方案》,开展"南孔圣地·衢州有礼"——中国·衢州公共艺术方案全球征集活动。活动历时3个多月,通过36个网站与专业平台进行推广,受到国内外公共艺术界人士的关注与支持,收到来自十余个国家的艺术家、设计师近800件作品。开展"文化小品进公园"试点公园建设,在府山公园、十里江滨景观带各建设4组文化小品,提升空间艺术品质,丰富公园文化内涵。

【市区公园绿地微提升工程】2021年,市区公园绿地微提升工程是在日常养护过程中进行绿地品质提升的新模式的一次探索。全年市区公园绿地微提升工程总投资约1300万元,改造面积约8万平方米。主要对迎宾大道、荷花公园、浙赣铁路北侧闲置地块及部分道路绿地进行底层绿化改造提升,改造后绿地面貌焕然一新。

【市区最佳最差绿地考核】全年考核绿地306处,其中公园绿地157处、道路绿地149条。有针对性地进行现场指导,考核后及时通报结果,借助新媒体平台做好对外宣传工作。2021年,首次将园林绿化养护企业纳入考核,充分调动养护企业积极性和主动性,形成良好市场氛围。考核工作有效提升市区绿地养护精细化管养,促进园林绿化景观质量、养护水平整体提升。

【园林绿化养护管理】2021年,做好400万平方米绿地、1.2万余株行道树的日常养护管理工作。完善《衢州市园林绿化管理服务中心园林绿化养护考核办法》,全面落实绿化养护质量标准。利用微报修平台,从绿地养护、安全生产、内部管理等方面进行量化考核,提高公园绿地管理水平。完成衢化路、衢化西路、火车站片区、迎宾大道、荷花公园区块市场养护服务采购。

【"修行"大行动】9月,市园林中心联合《衢州晚报》一起,启动衢城市区修理行道树大行动(以下简称"修行"大行动),为衢州城区城市道路两旁的行道树进行修剪整枝。"修行"大行动具体包括以下四类:一是树枝茂密,遮挡居民楼的视线和采光;二是树枝挡住道路交通信号标识,以及街面的广告牌、路灯等;三是有树枝断裂或枯枝掉落,存在一定安全隐患;四是有病虫害,影响环境,危害树木健康。该项行动连续近10次被《衢州晚报》宣传报道,被选为

南环公园提升工程

“四个我为”典型案例。

【市区鲜花亮丽工程】2021年，配合市级重要会务活动，以及国庆、春节等节日布置和市区的公共绿地色彩美化，在府山公园、礼贤公园、健身公园、上下街、荷花三路、衢化路、新元路、迎宾大道等城市主要景观节点处布置鲜花约100万盆，品种20余种；春节期间在火车站站前广场、府山公园、民航大道、高速东出口等处布置鲜花立体造景；在上下街、迎宾大道、荷花中路、民航大道等主要城市道路悬挂灯笼，悬挂数量1600余杆，烘托节日气氛，营造绚烂多彩的景观。

【南环公园提升工程】2021年，南环公园提升工程作为衢州市城市赋能“十大专项”——市区园林绿化底层治理行动重点项目之一，总改造面积约10万平方米。项目位于衢州市柯城区荷花五路以南、浙西大道以北、衢化西路以东、市民足球场以西，主要提升内容包括园路、铺装、绿化、亮化、设施等系统性提升，增设公共活动空间等。

【斗潭公园提升工程】2021年，斗潭公园改造提升工程是“古城双修”十大工程建设项目之一，总投资约3497万元，工程涉及总改造面积约8.5万平方米，其中公园绿地改造面积约6万平方米。围城文化复兴、以AAAAA级景区创建为指引，打造市民需求与古城旅游并重，生态保护与公共生活并举，串联水亭门与北门街历史街区，展现生态型健康休闲乐活空间。

【信安湖环湖绿道工程(沙湾至鸡鸣段)】信安湖环湖绿道工程(沙湾至鸡鸣段)为2021年衢州市打造提升“九个一”工作重点项目之一，总投资约1000万元，2021年10月开工，2021年12月完工。该项目位于衢江右岸，西接北门堤绿道，衔接鸡鸣绿道，东至乌溪江大桥，总长度约4.9千米。主要建设内容包括：新建沙湾绿道、鸡鸣与乌溪江大桥衔接绿道，原有鸡鸣绿道增设配套设施，提升沿线绿化景观节点及基础设施等。

(周　睿)

·保障性住房建设管理·

【概　况】2021年，衢州市完善城镇住房保障政策体系，加大住房保障力度，深化“最多跑一次”改革，规范公租房管理，推进保障性租赁住房工作。截至年末，全市发放公共租赁住房租赁补贴2938户，完成计划的139%，其中市区(含市本级、柯城区、衢江区)公共租赁住房租赁补贴1384户，完成计划的161.9%，租赁补贴发放788.79万元。市本级政府投资建设公租房(含租赁补贴)累计保障家庭5960户，受益9505人，全市城镇住房保障受益覆盖率21.87%。

【棚户区改造】2021年，坚持“重开工”向“重竣工”“重交付”并重转变，全市棚户区改造开工2742套，基本建成15648套，实现2017年底前开工建设的棚改安置住房项目百分之百竣工，推进在建棚户区改造项目加快施工和交付进度，改善棚户区居民居住条件。

【推进公租房数字化改革】2021年，全面梳理公租房权力清单、公租房问题清单、公租房需求清单，明确公租房资格审批确认、租赁使用情况、租金缴纳情况、到期腾退情况、维修管理情况等各个环节改革需求。继续推进住房保障统一管理系统改造升级，以购买第三方服务的方式完成衢州市本级保障性住房日常动态管理系统建设，通过嵌入式监督和数字赋能开展公租房监督管理应用场景建设，打造公租房保障从申请到退出全流程线上一站式系统集中管理服务，构建全流程智慧监督体系，助推市本级公租房管理服务工作上新台阶。在公租房单元楼道口加装摄像头，实现对承租户的24小时动态管理，以人脸抓拍的方式掌握承租户进出情况，有效减少转租、转借、长期空置等问题发生。

【扩大公租房受益覆盖面】2021年，拓宽城镇中等偏下及以下收入住房困难家庭公租房申请资格受益面，经济准入条件由47407元调整为49630元。按照省建设厅《公共租赁住房保障基本公共服务导则（试行）》等文件精神，进一步规范公租房准入条件，户籍准入条件由“衢州市区居民户口且实际居住一年以上”调整为“主申请人具有衢州市区城镇户籍”；住房准入条件调整为“申请家庭成员在衢州市域范围内无住房，且在申请当月前5年内无转让房产记录，或家庭人均住房建筑面积低于18平方米”。调整和新增财产条件规定，将原规定“申请人和家庭成员在企业（公司）或个体工商户中的出资额不超过20万元”调整为“家庭成员在企业或个体工商户投资（含出资认缴额）累计不超过30万元”；放宽对车辆的限制，申请家庭成员名下可以有一辆机动车且机动车辆价格低于12万元；新增货币财产条件，家庭人均货币财产低于28.4万元。全年新增受理中等偏下及以下收入住房困难家庭申请224户，其中符合保障条件家庭177户，不符合保障条件家庭47户；受理新就业无房职工151户，其中符合保障条件家庭139户，不符合保障条件家庭12户；受理分类保障定向配租家庭47户，其中符合保障条件家庭44户，不符合保障条件家庭3户；受理5家企业人才周转住房54户，其中符合保障条件家庭49户，不符合保障条件家庭5户。全年安排摇号选房实物配租7次，111户参加摇号选房，新增实物配租家庭61户。

【实施社会救助家庭住房保障】2021年，依托浙江省大救助信息系统获取低保、低保边缘人员家庭信息，全面摸排社会救助家庭住房情况，主动告知住房保障政策并做好指导服务工作。市本级累计排查低保低边等社会救助家庭916户，已在保383户、不符合保障条件531户、审核中2户。

【公租房日常管理】2021年，继续通过年审和季度动态审核，定期对在保家庭房屋、收入、人口等情况进行比对查询，对不符合公租房条件的家庭予以退出。开展市本级公租房实物配租动态监管，加强租金收缴力度，对已配租房屋开展入户检查，对转租、转借、空置等违法违规行为严肃处理。截至年末，以电话、短信、发函通知以及上门走访等形式对841户欠租家庭进行租金催缴，对其中35户欠租家庭提起法院起诉，对22户欠租家庭申请法院强制执行。公租房在保家庭动态退出172户，其中租赁补贴90户、实物配租82户。年审退出60户，其中实物配租31户、租赁补贴29户。

【白云小区人才公寓竣工】2021年，白云小区人才公寓“拎包入住”改造工程项目提前5个月竣工，配备床、桌椅、空调、热水器等相关配套设施，达到“拎包入住”的要求，室内两次空气检测合格后移交承租户入住，为衢州市加速构筑高质量发展的人才“高地”提供硬件支撑。

【保障性租赁住房管理】2021年，市政府办公室印发《关于加快发展市区保障性租赁住房的通知》，明确以解决新市民、青年人等群体的住房困难问题为发展保障性租赁住房的出发点和落脚点，通过多主体、多渠道增加保障性租赁住房供给，推动实现职住平衡。“十四五”期间，衢州市区新增保障性租赁住房占新增住房供应总量的比例力争达15%以上，筹集保障性租赁住房9000套（间）。市住建局印发《市区保障性租赁住房项目新（改）建操作细则》，明确市区保障性租赁住房建设条件、建设流程、运营管理、监督管理，确保保障性租赁住房工作有效推进。委托编制《衢州市区保障性租赁住房“十四五”专项规划及2022—2024年三年行动计划》，并开展《衢州市区保障性租赁住房需求分析专题研究》《衢州市区保障性租赁住房供给潜力专题研究》2项专题研究，加强规划引领。

（周　睿）

衢州智慧新城

【概　况】2021年，智慧新城在全力抓好新冠肺炎疫情防控的同时，做好招商引资、项目建设、城市管理、国企改革、安全生产等工作。全年，完成固定资产投资127.3亿元，增速37.6%；实现税收收入19.28亿元，同比增长101.36%；一般公共预算收入10.35亿元，同比增长97.7%。招商引资到位资金12.32亿元，完成全年目标任务的112%。落地10亿元以上项目7个；引进数字经济项目60个，完成全年目标任务的157.84%；引进47家税源型项目。创建省级高新技术产业园区。筹措各类资金60.28亿元，其中申报专项债资金26.30亿元；完成供地32宗2007.5亩，收缴土地出让和划拨价款98.74亿元。数字红盟党群服务中心被评定为“省级百个数字赋能、集成示范”党群服务中心。

【项目建设】2021年，提速提质抓项目建设。全年实施项目66个，完工项目15个，12个项目春节前完工；前期类项目39个，已转实施项目21个。9月，高铁新城外国语学校投入使用；同月，体育场及周边道路工程顺利完工，为浙江省第四届体育大会顺利举办打实基础；三江中路连通工程10月1日实现主道路通车，比合同工期提前4个月；“两中心”项目B、C、E座春节前完工；鹿鸣半岛时尚文化创业园项目原大草坪区域春节前对外开放；市政广场和市民文化公园改造项目春节前完工；核心圈层夜景照明一期工程春节前亮灯。

【城市管理】2021年，全国文明城市国家和省级复评中实现零失分。高位推进扬尘治理，处置扬尘污染、渣土车违法行为411件，罚款22.75万元，形成扬尘治理高压态势，确保市民出行安全。夯实城市治理基础。对亭川东路、回龙渠以及内涝积水点周边管网开展全面排查，完成城镇污水排查管网7千米，完成指标的350%；做好全市易涝风险“一张图”建设；推进二次供水改造，文奕苑等7个小区进场施工，其他15个小区按计划陆续开工。

【国企改革】2021年，基投公司拥有7家全资子公司，5家参股公司，运营园区5个，酒店3家，承接市场化建设项目6个。在获得AA+评级基础上，成功争取国开行、农发行融资支持，为衢州市城市有机更新项目推进提供资金保障；用5个月时间，获得13亿元非公开公司债批文。经过对接银行及非银机构，截至发债前，已经争取到10家银行约20亿元的投债授信及13家非银机构的投债支持，为下一步非公开公司债的发行奠定基础。园区平台活力迸发。创新大厦注册企业586家，实现营收21.24亿元，税收1.68亿元；258园区注册企业330家，实现营收23.41亿元，税收2.81亿元。衢州希尔顿逸林酒店于11月28日开业，拖延5年之久的历史问题得到成功解决。

【招商引资】2021年，坚持招商引资“一把手”工程，开展全员招商和驻点招商，持续深入推进招商引资攻坚年活动。姚家地块五星级酒店综合体项目和北航数字经济产业园项目已签约；总投资30亿元的华夏航空国际飞行培训学校及华东区域总部于7月开工建

2021年7月7日，市委书记高屹（中）在智慧新城调研

2021年5月19日，衢州市中电海康智慧交通产业总部基地项目签约仪式

设；总投资30亿元的生命科学小镇项目于8月开工建设，开展二期住宅销售；总投资11亿元的爱琴海购物公园奥特莱斯项目于11月开工建设；总投资15亿元的飞来酒店项目于11月开工建设；总投资20亿元的中电海康智慧交通产业总部基地项目已签订投资协议，正开展方案设计等工作；总投资37亿元的衢州客厅项目已与浙江省建设投资集团股份有限公司签订协议；高铁新城片区综合开发项目签约落地。

【安全生产】围绕"七张问题清单"整改，抓整改、建制度，成立四大安全专委。全年共排查道路交通隐患点位116处，整改隐患点位112处，4处正在整改推进中；开展消防隐患排查68次，整改隐患412处；对在建项目开展专项检查77次，发现隐患124个，均已整改完毕。通过压实责任、监督检查，扎紧扎牢楼宇企业、项目工地、商场超市等人员密集场所疫情防控工作。全面完成应家山地块国有土地上房屋收购，推进原棉纺厂地块和原河西砖瓦厂危旧职工宿舍收购工作，保障重大项目顺利推进。

【党史学习教育】先后开设先锋讲堂、智慧讲堂和实景讲堂，创新学习形式，丰富教育载体。其中，8090宣讲团开展党史专题宣讲16场次，开展"智慧讲堂·党史轮训"学习班5期，累计参加1000余人次。把学习和城市建设、项目招商和城市管理等重点业务工作相结合，用实践检验学习效果。开展"大干项目一百天，献礼建党一百周年"活动，推动高铁新城综合管廊等一批重点项目快速推进；常态化开展企业服务，累计走访122家重点企业，收集问题116项，落实解决112项。党史学习教育特色做法入选《衢州党史学习教育百法百例》。（冯彬彬）

城市管理

【概　况】2021年，市综合行政执法局以推动综合行政执法事业高质量发展为主线，以"省内做标杆、全国创一流"为目标，深化"大综合一体化"改革，以"服务大局、服务群众，让市委、市政府和群众满意"为要求，圆满完成各项初定目标。2021年，获住建部"强基础、转作风、树形象"表现突出单位、抗击新冠肺炎疫情先进个人1人；省厅级先进集体荣誉6项，先进个人3人；市级先进集体荣誉4项，先进个人11人。

【综合执法体制改革】2021年，坚持"统筹在市里归集、资源在县（市、区）整合、触角向乡镇延伸"的思路，在打造整体智治、高效协同指挥体系、县域综合执法集成改革和乡镇"一支队伍管执法"改革领域实现破题，并不断迭代升级。60%的执法事项纳入综合行政执法范围。截至年末，共有1400项执法事项。综合行政执法事项占整体执法事项22%以上，覆盖60%以上的执法领域，60%的行政执法量由综合行政执法部门承担；80%以上的执法力量下沉一线；两级执法平台运行率100%；部门专业执法队伍种类精简50%以上。常山县创新形成综合执法+市场监管、生态环境、交通运输、应急管理、卫生健康"1+5"的执法架构和"综合执法+专业执法+联合执法"的行政执法体

2021年3月4日，省委秘书长陈金彪（左二）在江山市考察调研“县乡一体、条抓块统”工作

系，得到副省长高兴夫专门批示肯定，成为全省县域综合行政执法改革的样板。3月4日，省委常委、省委秘书长陈金彪到江山市考察调研“县乡一体、条抓块统”改革。7月15日，在全省综合执法改革推进会上，常山县作典型交流发言。根据2020年12月18日出台的《衢州市乡镇（街道）“一支队伍管执法”改革指导意见》，10月，完成35个中心镇和较大乡镇（街道）的“一支队伍管执法”改革，组建35支乡镇（街道）综合行政执法队，每个乡镇（街道）平均下放450项执法事项，数量位居全省第1，形成“一图四表八机制”[一图指衢州市乡镇（街道）综合行政执法队“1+X”布局图。四表指必须下放执法事项清单、可放可不放执法事项清单、综合行政执法队人员名单、乡镇（街道）“综合查一次”联合执法清单。八机制指依法行政工作机制、执法办案机制、执法保障机制、执法监督机制、协作配合机制、日常管理机制、信息化管理机制和行风效能等八方面机制]和“四有六化”[乡镇（街道）综合行政执法队伍有人员、有服装、有场所、有装备，队伍管理一体化、执法事项一体化、指挥协调一体化、办案流程一体化、监督保障一体化、信息共享一体化]标准建设体系，创新的“1+X”执法模式[以部门派驻执法力量为“1”，与驻地相邻的乡镇为“X”，部门派驻力量开展跨乡镇街区域执法，构建“1+X”执法模式，推动执法力量集中使用、执法资源优化配置，实现103个乡镇（街道）执法全覆盖]、执法证打通、证据互认的做法及建议，被省人大吸收进省综合执法条例和省改革办全省改革的指导意见中。

【机构更名和调整】2月7日，经中共衢州市委机构编制委员会办公室批复同意，“衢州市综合行政执法局绿色产业集聚区分局”更名为“衢州市综合行政执法局智造新城分局”，下设中队统一调整为白沙中队、高新园区中队、东港中队3个中队。衢州市综合行政执法局柯城分局下设的中队统一调整为府山中队、荷花中队、信安中队、双港中队、衢化中队、新新中队、航埠中队、石梁中队、直属中队9个中队。衢州市综合行政执法局智慧新城分局下设的中队统一调整为白云中队、高铁新城中队2个中队。3月2日，中共衢州市综合行政执法局智造新城分局党组成立。

【城市精细化管理】2021年，围绕文明城市复评省测、国测工作和城市顽疾，针对性组织开展专项整治行动。牵头推进便民利民惠民的“十大专项”行动（城市精细管理平台建设行动、新时代文明生活示范行动、市容环境优化行动、拆墙透绿深化行动、园林绿化提升行动、夜景亮化提升行动、交通出行优化行动、小区品质提升行动、无障碍环境建设行动、韧性城市建设行动十个方面的专项行动），31个子行动、68个具体任务稳步推进。施划非机动车标线19532.4米，非机动车停车标识1397个，箭头1067个。开展城市问题整治1.64万余次，劝纠、清理占道经营行为14.38万余次；推进城区“五水共治”，摸排并推进全市2162家“六小行业”（小餐饮业、洗车业、沐浴业、美容美发业、洗涤业、小旅馆业）无证经营户证照办理工作；清理乱张贴20.59万余张；查处曝光不文明行为230起；查处非法加油70起，罚没违法收入并处罚款25.07万元；查处渣土运输违规行为423起，罚款37.54万元；查处人行道机动车违停与非机动车违停1.65万起，罚款247.26万元。同时，借助数字手段统筹解决城市管理问题。自2013年数字城管系统运行以来，共立案、交办、解决各类城市问题80余万件，问题解决率98.55%，按期处置率93.58%。其中，2021年立案、交办、解决各类城市问题161802件，问题解决率99.17%，按期处置率95.35%。

【执法办案】 2021年，聚焦房地产、建筑行业等专业执法领域，推进重点领域积案清零行动、新领域案件破零行动、重复投诉件专案处置行动，有效处置府山别墅违建案、新宏香榭丽舍违建案、中梁望府违建案、祥生观棠府违建案等一批历史遗留、群众意见大的案件，罚没款2.7亿多元。全年办理各类案件13272起，其中办结一般程序案件7874起，同比增长531.94%。

【香榭丽花园小区违法建设案】 10月12日，香榭丽花园小区违法建设案办结，罚没款项3580余万元。该案作为房开“二改”行为的典型案例，涉及小区业主144户，相关建筑企业9家，违法建筑面积达13万余平方米，时间跨度6年，涉及国有资产流失、群众直接切身利益与房地产领域乱象等多方面热点、敏感点问题，案件情况复杂，查办人员压力大。该案的处理，对正处于高速、蓬勃发展的衢州市房地产行业中潜藏的各类乱象问题起到震慑作用，展现执法机关“执法必严，违法必究”的决心，维护全市房地产市场健康稳定的发展环境。

【衢州市城市综合管理服务平台立项建设】 7月，衢州市城市综合管理服务平台通过市发展和改革委员会的立项审批，于同年11月完成招标开始动工建设。该平台搭建“1+1+N”体系，即一个市县一体化的指挥平台，实现对全市城市管理工作的统筹协调、指挥调度、监督考核及态势展示；一个综合性城市管理数据库，形成国家、省、市、县四级城市管理数据汇聚交换体系；若干个涉及市政公用、市容环卫、园林绿化、城管执法等城市管理领域的行业应用系统，首批建设人行道秩序监管、犬类智能化管理、城市建筑垃圾运输智能监管、综合管网地理信息、排水防汛在线监测、瓶装燃气全生命周期监管、桥隧安全监测、环卫综合监管、园林综合监管等9个涉及监管、安全的应用系统，将根据城市管理实际不断充实完善。该平台计划于2022年3月试运行，6月正式运行，建成后将形成快速感知、高效处置、全位分析、智能预警、综合服务为一体的协同治理体系，提升城市管理精细化智慧化水平，为建成城市运行中心、推进城市运行管理“一网统管”改革奠定基础。

【犬类管理】 2021年，推进违法养犬治理体系数字化改革，将犬类管理平台融入城市管理综合管理服务平台系统，推进数字技术与城市管理深度融合，完成智能犬牌更新迭代，优化犬类智能化管理系统，实现犬类管理平台与智能犬牌、移动端执法互联互通，实现违法遛犬行为的“非现场执法”。推动社会服务领域“关键小事”智能速办，完成“浙里办”平台“宠物犬证服务”关键小事的市县贯通、全域共享，实现“智能犬牌申领”省心办、快速办、无感办。“宠物犬证服务”智能系统成为全省首批上线的50件“关键小事”之一。衢州市犬类智能化管理系统是全省首创，走在全国前列，累计接待全国30多个地市350余人次参观考察。（吕舒涵）

交通运输·邮政

■ *Transportation, Postal Services*

综　述

【概　况】 2021年，市交通运输局以党史学习教育活动为主线，以交通强国建设试点为契机，加快交通基础设施建设，打造四省边际共同富裕示范区和四省边际综合交通“桥头堡”。全年，全市综合交通建设计划总投资142亿元，实际完成投资约160亿元，完成年度投资的112.68%。其中，铁路轨道交通33亿元，实际完成投资36.5亿元，完成年度投资的112.2%；公路水运机场完成投资109亿元，实际完成投资121.4亿元，完成年度任务的111.3%。2021年，351国道开化段建成通车，305省道衢江区松园至上田铺段改建工程、衢江港区二期工程、柯城寺桥水库公路等开工建设。谋划一批交通项目：铁路方面，衢黄（衢州—黄山）铁路、衢南（武夷新区）铁路；轨道方面，市区轨道1号线；公路方面，甬金衢上（宁波—金华—衢州—上饶）高速公路、320国道龙游平山桥至衢江区平塘段改建工程、320国道航埠至百家塘段改建工程；水运方面，马金溪航道、江山江航道、浙赣运河等项目。

2021年11月12日，351国道开化段通过交工验收

【抗击疫情服务企业】 2021年，市交通运输局严格做好交通运输领域常态化疫情防控，全面加强对长途客运站、出租车、物流园区、码头、高速公路服务区、铁路、机场等重点防控场所的巡查督查力度，建立交通主导的铁路、机场疫情防控协调机制，筑牢严防疫情输入防线。动员落实交通重点人群新冠肺炎疫苗前接种工作，完成接种任务6000余人，做到应种尽种。

【交通重要指标情况名列全省前茅】 2021年，全市交通部门坚持党建统领、市县联动，通过“插党旗”“立功竞赛”“组团联项”等行动，克服土地报批、政策处理、强降水和雨雪冰冻天气等影响，全年交通有效投资保持增长态势。全市综合交通完成入库投资117.72亿元，同比增长5.4%，全省排名第4。涉及地区生产总值指标的旅客、货物周转量高位增长，其中，全市公路客货运综合周转量同比增长65.68%，全省排名第1。

【推进共同富裕示范区建设】2021年，推进共同富裕示范区建设，3个"1小时交通圈"人口覆盖率为100%。会同联盟花园专班及有关部门积极建设"95联盟大道"，交通美丽经济走廊建设进一步扩面。市区城乡客运一体化改造全面完成，市区所有乡镇全部2元一票制公交化运营，全市公交一体化率从53.6%跃升至82.8%。

【交通产业培育】2021年，轨道交通产业发展试点项目、龙游轨道交通装备研发制造示范基地试点项目进一步落地培育，中浙高铁高速列车转动系统综合试验台建成并正在优化之中。会同龙游县编制《浙江省轨道交通创业园创建方案》，交通强省领导小组办公室拟同意龙游县创建浙江省轨道交通特色产业园，衢州市轨道交通产业发展取得重大突破。顺丰集团在浙赣地区唯一一个投资项目——顺丰丰泰产业服务综合体成功落地，总投资20亿元，衢州拥有本地的快递分拣中心。

【"双碳"工作】2021年，紧扣行业"双碳"（碳达峰、碳中和）工作特点，坚持试点先行、示范引领，树立典型性、有代表性、可操作、可复制的试点工作思路，以道路运输企业碳账户"小切口"为切入点，结合数字化改革契机，在全省交通系统率先开展"碳账户"建设，打造以数字化应用与管理为特征的衢州市道路运输企业"碳账户"应用场景1.0版，并于2021年末上线试运行，开启交通"双碳智治"的工作格局。截至12月，全市纳入交通"碳账户"建设企业55家，其中2家企业成功获批绿色金融"零碳贷""低碳贷"低息贷款1.14亿元。

【行业管理】2021年，坚持安全监管与管理服务齐抓并举，以"安全生产综合治理三年行动交通运输专项整治、道路交通领域'遏重大'、平安交通建设年"为工作主线，部署开展"百吨王"（车货总重达100吨以上的严重超限超载违法货运车辆）、"两客一危"（公路客运车、旅游客运车、危险品运输车）、打击站外揽客及超范围营运包车、扫黄打非、扫黑除恶、成品油市场突出问题等专项整治行动，完成护航建党百年、中共十九届六中全会、浙江省第四届体育大会等特殊时段交通安全保障，全市交通行业安全形势总体稳定。实施行政执法规范化建设，全年办结案件2352起，案件数量同比增长729%。高速公路超限率0.01%以下，全市普通国省道超限率1.56%。在全市化工行业安全整治提升攻坚行动中，市交通运输局与应急管理、市场监管、公安交警等部门通力合作，推进清退不符合条件的道路运输危货企业工作，压减危货运输企业5家。

【民航发展】2021年，衢州机场飞机起降6308架次，比2019年增长76%，比2020年增长33%；旅客吞吐量4703259人次，比2019年增长16%，比2020年增长22%，为全省唯一对比2019年正增长机场。航班时刻量和航点均取得较大增长。"衢航家"服务柜台服务质量和服务内容均取得较大提升。

【运输生产及管理】2021年，出台《衢州市社会保障卡居民服务"一卡通"区县公交互通实施方案》，举办居民服务"一卡通"区县公交互通机具安装培训，于8月15日率先在常山县公交试点，8月底前实现市区与龙游、江山、开化公交互通。各县（市）均已设置第三代社保卡公交业务办理窗口。12月25日，公交公司完成特殊群体持社保卡实现优惠乘车系统开发。

【城乡客运一体化改造】2021年，提前完成衢州市区城乡客运一体

2021年4月30日，衢州市城乡公交一体化方案发布暨公共交通服务提升年活动仪式举行

化改造。5月1日起，衢州市区（柯城区、衢江区）正式实施城乡公交一体化，衢州市区城乡公交票价全面试行"两元一票制"。整合成立城乡公共交通有限公司负责经营，首批新购置60辆（其中新能源车型45辆），并同步完善GPS调度终端机、防疫劳驾驶系统等信息化设施，实施票价均等化，城市、城乡公交统一"两元一票制"。对现有线路进行优化，灵活采用定时班车、周末班车等模式，确保村村通公交。实施城乡公交一体化后，城乡公交日均客流量提升30%以上。7月底，联合市发展和改革委员会发文明确从10月8日起市区城乡公交实行"两元一票制"及其他优惠政策。

衢州市交通碳账户建设由市政府主导，市政府先后印发《关于印发衢州市碳账户金融建设实施方案（试行）的通知》和《关于印发衢州市交通运输领域碳账户建设试点方案（试行）的通知》，分两批将61家城市公交、城乡公交、城际客运、巡游出租车、规模以上货运企业纳入碳账户建设范围。

（梅新然）

公路建设与管理

【概　况】 截至2021年末，衢州市境内有8条国道（其中4条国家高速公路）、3条省道、190条县道，公路总里程8682.62千米（含村道），公路网密度为98.16千米/百平方千米。全市等级公路8682.62千米，其中高速公路422.37千米、一级公路486.53千米、二级公路740.85千米、三级公路682.38千米、四级公路4642.85千米、准四级公路1707.65千米。等外公路0千米。等级公路占公路总里程的100%，其中二级及二级以上公路1649.74千米，占公路总里程的19%（国省干线1008.76千米均为二级及二级以上公路，占路网二级及二级以上公路的61.15%），三级公路占公路总里程的7.86%，四级公路占公路总里程的53.47%，准四级公路占公路总里程的19.67%。通过改造提升消除等外公路。全市公路铺装、简易铺装路面里程8652.73千米，占公路总里程的99.66%，其中，高级即铺装路面里程8652.73千米（水泥砼路面5324.80千米，沥青砼路面3327.93千米）、次高级即简易铺装路面里程0千米（国省干线公路路面铺装率达100%，农村公路即县乡村道路面铺装率达99.61%）；未铺装路面里程29.892千米，未铺装率0.39%。

杭金衢高速公路改扩建工程二期项目施工现场

【国、省道及重要县道新改建工程】 2021年，计划完成投资国、省道及重要县道54.1亿元（含计划外项目），全年完成投资66.9亿元，完成年度计划投资额的123.8%。

【养护专项工程】 2021年，完成普通国省道养护大中修项目68.4千米，其中涉及沥青路面大修1.3千米、中修22.2千米、预防性养护34.2千米、逐段病害处治10.7千米，总投资8255万元。高速公路养护工程实施路面预防性养护（含病害处治）单向里程34.2千米，路面大中修单向里程17.7千米，总投资5704万元。全市完成普通国省道桥梁维修加固工程7座，隧道维修3座，消除国省道三类以下桥梁。

【"四好农村路"】 2021年，全市"四好农村路"完成投资9.5亿元，其中新改建324.4千米，完成投资5.28亿元；大中修工程494.99千米，完成投资3.68亿元；危桥改造25座，完成投资2708.3万元；农村公路生命安防工程116.56千米，完成投资3008.8万元；建设农村公路服务站10座。

省政府农村公路民生实事项目方面，农村公路新改建民生项目完成293.2千米，农村公路养护民生项目完成404.85千米，农村公路安防民生完成79.53千米。

【国、省道公路养护绿化】2021年，全市公路绿化里程7454.04千米，国、省干线公路绿化率100%。

【衢州公路网技术状况监测】2021年，全市完成由交通运输部组织的全国干线公路养护管理评价之国家公路网技术状况监测。根据年底检测数据，全市普通国省道公路路面技术状况指数PQI均值93.30，名列全省第1；高速公路路面技术状况指数PQI均值95.17，较2020年提升0.39。国省道总体路况处于全省前列。

【桥梁普查】2021年，全市公路桥梁总长198245.7延米/2743座，其中互通式立交桥6086.52延米/35座。按跨径划分，特大桥长15345.04延米/11座，大桥118648.8延米/430座，中桥33894.78延米/615座，小桥30357.08延米/1687座。全市隧道总长128136.9延米/162道，其中特长隧道16084延米/4道，长隧道70929延米/38道，中隧道19103.7延米/27道，短隧道22020.2延米/93道。全年，全市公路桥梁增加13座4409.44延米，公路隧道增加8道8325延米。

【运输行业】2021年，完成建设乡镇运输服务站2个，港湾式停靠站8个，更新农村客车186辆，压减危化品运输企业5家，淘汰老旧营运货车801辆，建成2个客货邮综合服务站，开通5条客货邮合作线路。完成省第四届体育大会交通运输保障工作，提供大型客车668台次，保障志愿者、学生、运动队等近3万人的接驳需求。建设改造公交站点10个，城乡客运一体化改造全面完成，城乡公交全面施行"两元一票制"公益票价，实现基本交通运输公共服务向城乡扩面、延伸，全市城乡公交一体化率从78.7%上升至82.8%，排名全省第5。完成衢州市卧铺车1辆、57座以上营运客车30辆淘汰工作。建立"95128"（全国统一出租汽车电召服务号码）电召平台，组建一个由40辆出租汽车组成的老年人、残疾人出租车爱心服务车队，完成《衢州市网络预约出租汽车经营服务管理实施细则》修订工作，于2021年12月30日正式发文，2022年1月30日起正式施行。（郑　洁）

航运管理

【概　况】截至2021年末，全市渡口13个，其中衢江3个、柯城2个、龙游2个、江山2个、常山3个、开化1个，正常渡运10个。全市水路客运企业1家，货运企业4家。实施渡运公共服务均等化项目3个，更新渡船2艘，改建渡埠2个，争取省级补助资金177万元。参加内河船员培训76人次。全市有渡船14艘、营运旅游客船6艘，其他船舶136艘。全年完成营运检验船舶156艘。

【航运建设】截至12月底，衢州港完成港口吞吐量534.54万吨、集装箱5054标箱，吞吐量同比增长80.78%。全市完成水路货运量40.22万吨，周转量9244.19万吨千米，同比分别增长106.05%、127.42%。完成水路客运量1.5万人次，周转量24.02万人千米。完成水运建设投资1.5亿元。

（郑　洁）

交通运输综合执法

【概　况】衢州市交通运输综合行政执法队正式成立于2019年8月，主要承担辖区公路路政、道路运政、水路运政、航道行政、港口行政、地方海事行政、工程质量监督管理的行政处罚以及与行政处罚相关的行政检查、行政强制等行政执法职责。2021年，市本级累计结案860起，处罚金额291.48万元。

【交通综合改革】1月，原公路局、运管局、港航局人员转隶到位。5月，整合交通运输领域执法职能，按照执法队运行机制运行，统一以交通运输局名义执法。开展交通运输执法领域突出问题专项整治行动，建立健全综合执法制度和内部管理制度40余项，从组织和制度上确保执法队各项工作顺畅运行。

【联动机制构建】2021年，推动浙闽赣皖四省九市交通执法第一次联席会议召开，签订《四省周边区域治超联动合作协议》，共同构筑

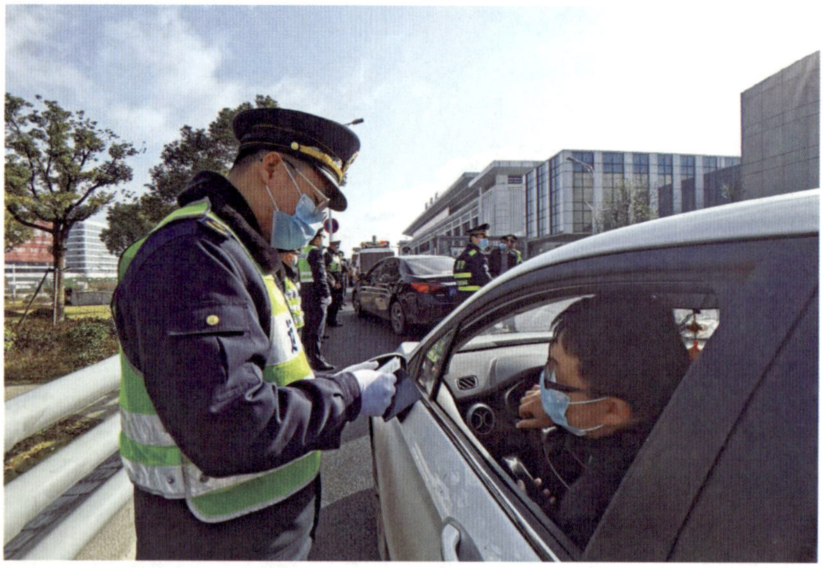

2021年8月27日，衢州市交通运输综合行政执法队执法人员在火车站查处非法营运司机

省际区域联合治超防线。强化应急队伍建设，组建水上应急队伍，按照应急联动要求做好24小时备勤，提升应急联动处置能力。

【水上交通专项执法】2021年，开展水上交通安全综合治理行动，规范水上无线电通信秩序，强化船上人员安全操作检查等；查处未按规定正常使用AIS(船舶自动识别系统)案件2起，通过非现场执法查处不按要求穿戴救生衣案件1起。开展内河客(渡)运安全治理专项行动，规范信安湖游船夜游经营行为；检查渡口5个，客渡船5艘，水路客运企业1家。

【"数字打非"】全年，在浙江省道路客运数字打非管理系统认领任务书284个，发现线索121条，布控107次，排查85辆重点监控车辆，新增录入5辆重点疑似车辆和11辆重点抓捕车辆。通过"数字打非"开展抓捕行动12次，现场检查7辆，查实并处罚4辆。

【超限超载及尾气超标排放专项整治】8月15日至10月31日，联合、交警、环保等部门开展市本级超限超载及超标排放整治工作，出动1619人次，出动执法(检测车辆)643辆次，查处超限超载车辆513辆次，超标排放车辆21辆次。

【"百吨王"专项整治】2021年，完成19家重点货运源头企业称重数据和监控视频接入省治超监管平台任务，完成率82.6%；完成26条非现场执法车道建设任务并进行设备调试，完成率100%；非现场执法设备完好率93.3%，"百吨王"治超非现场执法审核率、查处率均为100%，高速公路、普通公路超限超载率分别控制在0.1%、4%以内。全年出动交通、公安执法人员31993人次，查获超限超载车辆8378辆，卸载货物35.5万吨，处罚金额1939.4万元，分别同比增长8.7%、55.7%、58.4%、34.6%，路面查处数量在全省名列前3。

【行政处罚案件"一案一审"】2021年，推进普通程序案件一案一审制度。全年累计审核普通程序案件657件，其中重大案件90件，组织重大案件集体讨论27次；开展案件质量评查工作，累计评查案卷102份，有效提升案件质量和执法水平。

【护航中国共产党成立100周年"两客一危"道路运输安全专项整治】6月1日至7月10日，组织开展护航中国共产党成立100周年"两客一危"道路运输安全专项执法行动，出动执法人员464人次、执法车辆165辆次，检查车辆618辆次、企业94家次，查处各类案件12起。

【全省交通运输综合行政比武】4月，在全省执法知识线上答题竞赛环节，胡寒星获个人一等奖，汪洋获三等奖。6月8—9日，在全省公路与道路运输执法比武中，衢州代表队以总分第六名的成绩获得公路与运输现场执法技能比武三等奖。其中路政组以全省第四名的成绩获个人单项三等奖。10月28日，在全省公路与道路运输执法比武执法知识线上答题竞赛中，衢州交通代表队获得第一名。最终，在全省交通运输综合行政比武中，衢州代表队以全省第三名总成绩获团体二等奖。胡寒星个人积分居全省第1，胡寒星、苏小伟、汪洋3人入围全省"十佳执法能手"。

【绿色交通建设】2021年，全市查处抛洒滴漏车辆165起，处罚金额16.24万元。集中开展内河船舶危防(防治船舶污染内河水域环境管理规定)管理以及港口码头污染物接收情况专项检查,督促港务公司和抵港船舶做好油污水、生活污水收集、接收、登记等工作,累计登船检查300余艘。按计划完成燃油硫含量快速检测仪采购,并组织开展燃油硫含量快速检测仪实操培训,完成10艘船舶的油品质量抽检。

(吴晓军)

交通质监

【公路水运工程质量检查】 2021年,辖区内公路水运工程质量合格率为100%。平安百年品质工程建设持续推进,指导各在建项目根据自身情况制订"平安百年品质工程"实施方案;通过参与各新改建、大中修养护等交通项目的图纸审查,修正以往施工过程中发现的设计缺陷、不足;做好"质量强市"工作,坚持开展"质量月"活动;组织开展安全质量专项整治"利剑"行动、"平安交通建设年"专项整治、"平安护航建党百年"安全生产大排查大整治、"遏重大"攻坚等专项行动,并在全省交通质监系统中率先引入第三方专业机构省特种设备科学研究院开展特种设备、大型设备专项检查。认真做好辖区内监理、检测行业信用评价工作。完成全市公路水运工程24个监理机构、8家试验检测机构、42个工地试验室、320名监理人员和216名试验检测人员信用评价初审。加强工程质量监督抽检管理,从源头控制,抓好工程材料质量。全年对主管国道、省道及水运工程抽检原材料、常用产品439批次,现场实体抽检12406项次。根据监督抽检结果,清退不合格原材料39批次,工程实体不合格10项,并要求建设单位组织参建单位限期整改,确保工程建设质量。

【工程质量监督】 2021年,全市交通建设工程质量可控,未发生质量安全责任事故。品质工程建设持续推进,指导各在建项目根据自身情况制订"平安百年品质工程"实施方案,根据品质工程"三大专项行动"要求,用心打造"品质工程"样板;向全市所有参建单位及人员灌输"品质工程"建设理念,增加"品质工程"意识,确保品质工程建设深入人心、落到实处。开展安全生产月活动,承办2021年全市交通建设工程边通车边施工交通事故应急救援演练现场会,通过实战演练增强从业人员自我安全防范意识,提高从业单位应急救援队伍实战能力和应急管理水平。加强监理检测行业管理,推行"监理+代建"等管理模式,推动监理企业转型发展,发挥监理专业化作用和防止监理退位意识。数字化改革初显成效,"钉钉云"监理、BIM技术在351国道上的应用为市交通质监站积累成功经验。以全省数字化改革为契机,市交通质监站持续推动新改建交通建设项目的智慧化建设。截至年末,全市取得一定成果的示范项目有205国道开化县音坑至华埠段改建工程、桑淤大桥及接线工程。全年累计开展各类检查走访205次,下发检查意见书233份,督促整改质量安全隐患800余处,整改率100%;对12个项目(含大中修项目)进行竣(交)工评定,工程合格率达100%。(孙勤民 赵珊珊)

铁路轨道交通建设管理

【概 况】 2021年,衢州市铁路轨道交通建设管理中心紧扣"四省边际共同富裕示范区""四省边际中心城市"战略目标,致力"构筑米字网、打造桥头堡"核心使命,一手抓谋划推动,一手抓攻坚推进,铁路建设取得积极成效。年内,杭衢铁路在全省铁路建设指数评价中取得满分,全省地方铁路质量安全综合检查连续位列第1。杭衢铁路全年完成投资65.1亿元,其中衢州段完成35.3亿元。衢黄铁路列入国家发展和改革委员会《长江三角洲地区多层次轨道交通规划》,衢丽铁路试行全行业第一个全过程咨询,南孔家宴·高铁热链项目在衢州站成功上线。

【杭衢铁路建设】 2021年,杭衢铁路按"抢进度、守底线、创品牌"要求,全力推进杭衢铁路建设,累计完成路基工程的75%、桥梁工程的71%、隧道工程的55%。破难题、抢进度,有效攻克一批"有

2021年5月10日，市铁路轨道交通建设管理中心主任蔡小龙（左三）在衢州高铁西站施工现场调研

分歧、有博弈、有矛盾"的"硬骨头"，在全省率先突破取土场政策变化难题；创新三电迁改四方协议与EPC模式（由承包方按照合同约定对三电迁改工程的设计、采购、施工等实行全过程的总承包，并对其所承包工程的质量、安全、费用和进度负责），一个区域一张清单，一条线路一个方案，41处高压迁改与81处低压基本完成；在前期创造58天土地报批速度基础上，再创征迁清零速度，8月底最后一个征迁难题龙游开启能源敲定路径；全线首个火工品仓库在龙游率先担当破题；妥善解决震损炮损问题，制定指导意见，明确检测评估、补偿标准、办理程序，在全省面上推广；攻克外部电源重大难题，明确报批和出资建设方式；协同推进规划交叉，智慧新城路网、水网、管网与杭衢铁路5处重大交叉工程全面委托、顺利实施；江山接轨难题持续攻坚，完善必要性、可行性和补亏方案，委托中国铁道科学研究院集团有限公司完成安全评估。抓示范、创品牌。着力探索"PPP+EPC"示范。积极探索PPP管理18项规范、"1+N"职责清单（一张清单，N个管理办法）的杭衢模式，有效防控超概、模式冲突、合同调整等风险。着力打造数智杭衢。以数字征迁、工程建设BIM技术、工程质量二维码溯源、民工工资线上监管、施工动态监控等"五大场景"实践数字化改革应用。着力推进工程技术应用创新。全省首个40米高铁箱梁投入使用。保安全、守底线。严格概算控制，以"前期贷+项目贷"组合模式降低贷款利率，减少融资成本20.7亿元。严守安全底线，汛期面对常山江特大桥的严峻形势，专业研判、科学拼抢，实现项目建设与安全度汛"两不误"。强化疫情防控，衢州段3000余名省外参建人员实现核查全覆盖。

【重大项目前期规划】2021年，以"米"字形铁路枢纽总图为引领，坚持"两勤""两专"（"两勤"指干部要做到"脑勤"和"腿勤"，"两专"是指干部要具备专业技术能力和专业科学精神），高频对接，积极争取，取得突破。重点规划争规入库。衢武铁路、衢南铁路、金衢城际等均列入《浙江省铁路网中长期布局规划》；衢黄铁路纳入《长江三角洲地区多层次轨道交通体系规划》干线铁路远期规划，衢南铁路成为《国家综合立体交通网规划纲要》长三角至粤港澳主轴通道组成部分。重大前期积极推进。衢丽铁路（衢州至松阳段）从龙游南站并站争取到龙游站并站，衢江站由预留站到开站并争取到1万平方米建设规模。常山南方水泥专用线完成初步设计编制，江山巨油能源有限公司上铺油库铁路专用线完成施工图等编制。围绕"空港新城"战略成立专班，论证研究机场专用线、货场搬迁等。重大课题研究有序开展，"衢黄铁路规划方案研究""衢州至南平（武夷新区）铁路规划方案研究""衢州高铁物流布局研究""衢甬铁路通道研究""衢州铁路枢纽总图""衢州铁路轨道多网融合规划研究"持续深化研究。

【高铁热链项目】2021年，促成衢州市与上海铁路局、衢州东方集团在衢州上线高铁热链配餐项目。1月20日起，铁路方、衢州市与衢州东方集团联合推出地方特色互联网热链订餐服务，衢州"三头一掌”（兔头、鸭头、鱼头、鸭掌）等地方特色美食以点单现煮、到站配送的形式送上列车。旅客通过“12306”App订餐服务页面按需下单，便可在座位上品尝到原汁原味的南孔家宴·三衢味。衢州站单日送餐最高峰近1000份，实现高铁带货、高铁营销。全年送餐超13万份。（邵凯锋）

2021年9月28日，市交通运输局党委书记、局长朱政（中）在衢州火车站检查防疫工作

铁路客运

【概　况】 2021年，衢州市境内有衢州、龙游、江山、龙游东、衢州东、后溪街、上铺、贺村、新塘边、常山、辉埠、开化、杨林、全旺、龙游南15个火车站，分别位于杭长高铁、沪昆线、衢九铁路、衢宁铁路，属中国铁路上海局集团有限公司金华车务段管辖。主要担负衢州市及周边地区的旅客运输、货物运输和沪昆线区段的列车解编任务。其中，衢州、龙游、江山、常山、开化、龙游南6个车站办理客运业务。

【安全生产】 2021年，坚持强基达标、从严务实、综合治理。开展“安全生产月”活动，修订安全生产责任制，推进安全治理体系和治理能力建设。加强新《中华人民共和国安全生产法》的宣传贯彻，深化安全双重预防机制，从卫生环境抓起，统筹外美与内实。完善安全基础设施，保持安全投入力度，以标准化促安全，以规范化促管理。开展安全专项检查活动，重点排查整治“冷门死角”。全面抓好安检查危、消防反恐、网络安全，确保“七一”前后、中共十九届六中全会、上海进博会等重要时期安全稳定。

【疫情防控】 2021年，坚持把人民生命安全放在首位。认真落实“外防输入、内防反弹”“人、物、设备、环境同防”的总体要求，毫不松懈抓好疫情常态化防控。坚持属地管理原则，完善路地联防联控体系，健全应急响应机制，科学精准施策，守牢铁路防线。持续做好旅客进出站测温、身份核验、劝返等工作，组织内部员工接种新冠疫苗，杜绝疫情通过铁路传播，杜绝员工感染，守住铁路疫情防控和人民生命健康防线。

【旅客运输】 2021年，坚持推动运输经济提质增效。密切跟踪疫情变化，强化市场导向下的有效供给，抓住每次调图契机，补空档、调密度、增运能，列车均衡性得到改善，实现运能资源再平衡、再优化。不断完善常态化客运营销机制，建立车站客运营销分析报告，用数据说话，客运分析更加理性、客观，新产品更符合旅客需求。全年，衢州、龙游、江山、常山、开化、龙游南6个客运车站发送旅客518.38万人次，占全段旅客发送总量的15.71%；客运收入54028.23万元，占全段客运收入总量的15.94%。其中，衢州站发送旅客335.07万人次，客运收入3.58亿元。

【客运服务】 2021年，坚持向一流的服务水平迈进。聚焦客运高质量发展，坚持客运标准化规范化建设，开展员工标准话术、服务礼仪等针对性培训，打造温馨、高效、舒适、便捷的现代化车站。建立无“有责投诉”天数榜，客运服务质量明显提升，全年旅客投诉率大幅下降。全面实施客运站台网格化“一加三”作业法（“一”是指网格化执行“有形化”作业法，“三”是指阶梯式站台接车法、接力式站台卡控法、拓展式通道巡视法），客运站台安全管控能力进一步提升。龙游站新站房按期投入使用，衢州站完成“验检合一”改造，客运软硬件环境持续改善，出行效率稳步提升，旅客幸福感直线飙升。（刘珂妤）

铁路货运

【概　况】 2021年，衢州市境内有4个火车站铁路货场（龙游东、衢州、江山上铺、贺村），隶属中国铁路上海局集团有限公司金华货运中心衢州经营部管辖。

2021年，衢州经营部以庆祝中国共产党成立100周年和党史学习教育为动力，在复杂严峻的疫情冲击下，把住防疫关口，守住无疫货场；全面完成“两坚守、两实现”（坚守安全平稳底线，实现职工收入稳步增长；坚守盈亏目标底线，实现全年主要目标任务）攻坚目标，实现安全年目标，运输经营任务创历史最好水平。

【货物发送】 2021年，衢州经营部深入贯彻落实中国铁路上海局集团有限公司“以货补客”目标要求，按照“以能定装”生产组织思路，推进衢州地区“4+1”卸车组织协调机制，通过“点单式”生产组织方式和横班劳动竞赛，整体协调区域卸车，做到“统一指挥、分工协作、积极响应、主动配合”，确保衢州地区卸车组织工作高度融合、运作顺畅。建立发到两端联动的装卸车协调机制，以运输效率最大化为目标，发挥发送、到达两端各自优势，合理分工，消除运输瓶颈，深挖运输潜能，形成以卸促装的良好格局。经营部加强板块营销力度，抓住重点客户，做实核心项目，促进装车上量。

衢州铁路货场在装卸货柜

全年，完成运输总收入1.99亿元，境内发送货物422.3万吨。其中，衢州站发送货物129.3万吨，江山站（含上铺、贺村站）发送货物255.7万吨，龙游东站发送货物4.8万吨，衢宁线货场发送32.5万吨。

【标准化创建】 2021年，衢州经营部持续推进标准化规范化货场创建，按照“外美内实”要求，做好衢州东正面吊场地改造等基础建设，改善货场作业条件。组织举办衢州经营部标准化现场会（衢州东），延伸拓展标准化规范化管理内涵，确保制度有人抓有人管，逐级负责层层落实。

【党建引领安全生产】 2021年，以党建引领促进现场安全生产。融入中心，组织开展“争创金牌当先锋、我为党旗添光彩”党内主题实践活动。扎实开展党史学习教育，赓续传承红色基因。深入开展“建设命运共同体、奋力作出新贡献”主题宣讲，从思想上、行动上引导干部职工以企业文化为引领，不断深化命运共同体建设。加强疫情防控，有效确保职工、关联单位人员的防疫安全。

（黄建伟）

民用航空

【概　况】 2021年，衢州机场保障航班6308架次，同比增长32.77%；旅客吞吐量470235人次，同比增长21.78%；货邮吞吐量1003.5吨，同比增长43.46%。安全生产形势总体平稳，没有发生重大差错和不安全事件，完成重要时期的航空安全保障工作，通过新一轮安保审计和“平安民航”考核等相关工作，实现第29个航空安全年。

2021年3月30日，衢州—三亚航班首飞仪式

【航班航线】 2021年，积极争取国家民航局、民航华东地区管理局的支持，全年运行航班22个，同比增加7个；通航点达到20个，同比增加6个；夏航季衢州机场时刻量达到190个/周，同比增长63.79%，冬航季时刻量达到192个/周，同比增长41.18%。1月1日，新增衢州—郑州航班；3月28日，加密成都、海口、昆明航班；3月30日，新增南宁、三亚、厦门3个航点；10月31日，加密广州航班至每天一班；10月31日，将原华夏航空执飞的衢州—成都、衢州—北京航班改为由中国国际航空执飞；10月31日，将原深圳航

2021年衢州机场客货运输量情况表

表17

航 线	客运量(人次)	客座率(%)	货运量(吨)
北 京	79393	51.5	15.7
深 圳	31829	37.8	388.1
大 连	17409	37.7	1.8
青 岛	18169	43.8	5.8
昆 明	24729	50	87.3
济 南	16057	41.4	3.4
海 口	28866	53.7	7.3
西 安	9092	70.9	11.2
重 庆	55873	70.3	165.4
成 都	56320	73.1	234.2
贵 阳	24649	68.7	0.8
广 州	37138	49.9	81.3
舟 山	14385	40.4	0.1
武 汉	7852	56.2	0
珠 海	4864	47.9	0
郑 州	20418	66.1	0.6
太 原	94	52.8	0
厦 门	3470	59.1	0
南 宁	9361	65.7	0.5
三 亚	9996	74.9	0
天 津	271	38.1	0

空深圳—衢州—大连航班更改为厦门航空的衢州—深圳直飞航班。2021年，夏航季衢州—舟山省内航线正式进入局方红头(局方正班航班数据库)，成为历史航班(局方数据库里的正式航班)。

【严守机场疫情防控关口】2021年，衢州机场落实疫情防控主体责任，加强机场疫情防控组织领导，做好每日进出港旅客测温验码工作。强化多跨协同，完成核酸检测演练，完善医废垃圾转运、入境旅客处置等流程。全面落实属地管控要求，守牢衢州“空中门户”。全年共保障测温航班6308架次，旅客470235人次，累计对2898名重点管控人员进行查验处置，移交207人次，实现防控零差错，实现每周2次的常态化核酸检测。

【平安机场建设】2021年，衢州机场进一步完善各项安全管理制度，开展安全专项整治，深化安全作风建设，加强“三基”(基层建设、基础工作、基本功训练)建设，推进平安机场建设。全年，制定完善《控制区工具物料管理办法》《安全保卫方案》等20个机场安全生产制度性文件。开展安全专项整治集中攻坚工作，夯实机场安全生产基础。强化队伍建设，组建公司监察员队伍，制定监察员管理办法，并开展培训、考核，提升监察员检查水平。强化识别管控，对风险管理和隐患排查制度进行修订，完善安全风险隐患识别、评估、管控等措施。开展公司、部门两级各类自查95次，新增风险源30个，发现隐患问题81项。确保闭环整改，通过建立安全风险、隐患“两个清单”，确保风险受控、隐患整改闭环。持续推进安全作风建设。完善公司作风建设制度，修订《衢州机场安全从业人员工作作风建设管理办法》，确保安全作风建设有效开展；持续做好安全宣传教育，全年组织各类安全宣传教育培训303次，培训员工5710人次；开展安全作风工作督察，提升机场规章执行力度。深化“三基”建设。保障部门配置班组长，进一步完善安全管理层级；加强岗位技能培训，开展安检、服务等岗位技能竞赛；创新岗位培训方式，提升培训有效性；开展离岗信息系统故障演练等各类演练35次，提升应急处置能力。聚焦重点工作，持续巩固安全专项整治集中攻坚年各项成果，重点加强跑道安全、净空管理；完成新版安保审计，此次安保审计是新审计规则下浙江辖区的首次应用，共审计89个审计点，符合率为75.28%；审计355个审计要素，符合率93.80%。完成“平安民航”考核和民航浙江监管局空防处的行政检查。

【绿色机场建设】 7月，成立衢州机场碳达峰碳中和工作领导小组，助力碳达峰碳中和工作的开展。引入城际公交常山县至衢州机场线路1条，方便旅客乘机出行。完成候机楼值机柜台区域LED节能灯具局部改造，降低候机楼能耗。完成采购新能源车辆4辆：公安内场新能源巡场车1辆，地勤行李传送车、客梯车、行李小拖车新能源车辆各1辆。

【智慧机场建设】2021年，完成视频监控管理平台建设；完成仪表着陆系统集中监控项目，浙江省衢州机场管理有限公司与电子科技大学长三角研究院(衢州)合作，建成衢州机场飞行区视频监控平台；完成机场公交站智能站牌系统的安装，旅客能实时掌握公交车动态及发车时间，提升旅客换乘出行的便利性。

【人文机场建设】2021年，衢州机场改进服务设施，创新服务举措。更新航显内容与图标，更新候机楼广播系统，新增自助值机，增加儿童洗手池，增加“人才库”特殊服务，推出手语服务等举措，提升机场形象。理顺各部门保障工作链条，提高航班放行正常率。全年航班放行正常率为91.16%，同比提高0.51%。结合城市文化加强“衢航家”服务品牌建设，推出系列服务举措，全年，“衢航家”办理团队预约服务138个、5758人次，为旅客送出生日祝福52人次，归还旅客遗失物品累计金额约8.9万元。未发生旅客有效投诉，未发生因责任原因或处置不及时导致的重大媒体曝光及上级主管单位通报批评的服务质量事件。 (王　颖)

邮政业管理

【概　况】2021年，衢州市邮政管理局围绕市委“1433”战略体系，

2021年10月14日，衢州市四县(市)邮政管理局揭牌仪式

始终坚持工作重心下沉，发挥行业管理职能，聚焦“快递+”工程建设，服务衢州经济社会发展。全年，全市邮政行业业务收入(不包括邮政储蓄银行直接营业收入)累计完成104275.8万元，同比增长7.5%；业务总量累计完成129920.9万元，同比增长20.4%。全年，衢州市快递服务企业业务量累计完成11278.7万件，同比增长22.4%。衢州市快递业务量首次突破1亿件。2021年，全市行业内新增批准设立快递法人企业4家，分支机构4个，备案快递末端网点568个。邮政快递业税费减免254.48万元，惠及8家快递企业。

【快递业党群工作】 7月，衢州市快递物流行业委员会成立。9月，实现全市6个县(市、区)快递行业工会联合会全覆盖。10月，相继成立市快递行业妇联、市快递物流团工委。在全市开展快递物流行业党建“五大行动”(铸魂强基行动、组网服务行动、岗位创优行动、成长赋能行动、暖心关爱行动)，将衢州市城市品牌与暖心快递深度融合，打造“衢州有礼·暖心快递”党建特色品牌，对全市所有快递车辆外观形象进行标识统一，打造快递“暖心车”，行业影响力进一步增强。

【县级邮政管理机构组建】 10月14日，江山、龙游、常山、开化四县(市)邮政管理局揭牌成立，进一步夯实全市邮政管理系统监管体系基础,促进邮政、快递市场发展更加规范有序、安全平稳。

【行业安全监管】 2021年，不断强化邮政快递行业市场监管。开展寄递渠道涉枪涉爆风险隐患排查、市场秩序整治、中国共产党成立100周年安保、禁毒百日攻坚等专项行动，重点建立与公安、国安等部门联合检查机制。全年开展安全检查281次，发现隐患145个，发放责令改正通知书77份，立案处理19起。推动全市246家快递网点配备人证比对系统。全年，全市邮政快递行业总体安全平稳，未发生重大安全生产事故。

【疫情防控】 2021年，按照省邮政管理局“一停二消三查四保”(即停止转运，开展消杀，追查邮件快件流转过程，保证寄递渠道畅通)和衢州市新冠肺炎疫情防控要求，抓紧抓实疫情防控各项措施，完成行业从业人员全面接种新冠疫苗，做好突发事件应急处置，全年，全市邮政快递业无发生重大疫情事件。

【“快递进村”工作】 2021年，实施“两进一出”(快递进村、快递进场、快递出海)工程试点工作。因地制宜，采取快快合作、邮快合作、交快合作、快商合作等模式，稳步推进6个县(市、区)“快递进村”工作。快递助力农产品上行、工业品下乡作用明显。全年，全市农村地区快递业务投递量累计完成2822.75万件，同比增长76.1%。

【快递绿色发展】 2021年，推动快递绿色发展纳入衢州市“无废城市”建设任务体系，快递业生态环保工作获地方联合治理支持。衢州地区“2582”工程[开展重金属和特定物质超标包装袋与过度包装专项治理，力争年底可循环快递箱(盒)使用量达500万个、电商快件不再二次包装率达80%，新增2万个设置标准包装废弃物回收装置的邮政快递网点]完成情况：采购使用符合标准的包装材料应用比例达80.1%，按照规范封装操作比例达74%，电商快件不再二次包装达85%，新增可循环快递箱(盒)使用量3000个，新增设置符合国家或地方标准包装废弃物回收装置的邮政快递网点数量247个，快递企业及网点全面推广使用宽度为45毫米以下的“瘦身胶带”。办理行业绿色

2021年7月27日，四省边际顺丰丰泰产业服务综合体项目签约仪式

发展执法案件7起。

【重大项目引进】2021年，衢州市邮政管理局成功引进投资额20亿元的四省边际顺丰丰泰产业服务综合体项目。该项目位于柯城区衢化东路以东、白沙村以南，计划开工时间2022年2月，预计2024年2月建成。2021年7月27日，顺丰集团与衢州市政府签订投资协议。

【信访申诉处理】2021年，衢州邮政业消费者申诉中心受理"12305"热线各类消费申诉6251件，挽回经济损失171915.08元；受理"12345"及信访平台转办161件，挽回经济损失26333.68元。信访工作在全市第二、三、四季度市级机关单位信访"效能指数"中获满分。

【末端服务建设】2021年，开展智能信包箱建设工作，在柯城区礼贤未来社区植入智能信包箱试点工作，第一期为1200名住户安装智能信包箱。（黄俊士）

邮政经营服务

【概　况】2021年末，衢州市邮政分公司（以下简称衢州邮政）全市邮政网点109处，邮政储蓄网点（不含邮储银行网点）46处，邮政汽车185辆，邮路68条，总长（单程）2756千米。邮政从业人员900人，固定资产1.87亿元。邮政业务总收入实现3.22亿元，同比增长16.60%。

【留衢过年 邮爱回家】2月3日，衢州邮政与市总工会赴衢州元立集团、华友集团开展走访慰问，向留衢过年的外籍员工送去爱心书刊、贺卡、新春礼包、寄递优惠券和人身意外险等，并组织现场收寄年货和书写"报平安"家书等活动。同时，衢州邮政定制48万余元温暖回乡路杂志同步发放，通过火车站、客车站、社区及邮政网点、报刊亭等渠道发放到各返乡及留衢务工人员手中。

【衢州市快递行业协会召开三届一次会员大会】6月1日，衢州市快递行业协会三届一次会员大会在衢州国际大酒店召开，大会审议并表决通过协会二届理事会工作报告、财务报告，选举产生协会第三届理事会，并通过三届一次会员大会决议。衢州邮政党委书记、总经理俞亮当选新一届快递行业协会会长。

【衢州市首个"小哥驿站"揭牌成立】8月20日，"衢州有礼　暖心快递"——"小哥驿站"、衢州市快递行业工会联合会职工之家揭牌仪式在荷一路邮政营业所举行，标志着衢州市首个开放式"小哥驿站"正式运营。衢州邮政从全市109个服务网点中，挑选一批经营环境好、服务设施齐全的邮政金融网点，分批次建成"小哥驿站"，为全市快递小哥、外卖小哥提供便利服务和安全保障。

【服务乡村振兴战略】2021年，衢州邮政成立服务乡村振兴战略专项工作组，上对接政府，下对接新型农业主体和农户，利用邮政多元化经营优势，提供资金、销售、寄递全环节供应链服务，完成常山胡柚、江山猕猴桃等7个农产品服务项目。仅胡柚项目，销售600余万公斤，为农户节约邮费近700万元，发放惠农贷款1478万元，服务产业链客户3428人。

【助推数字化改革】2021年，衢州邮政开通43个警医邮网点提供交管业务"一站式服务"，服务3万余人次。与市、县两级法院共同设立"共享法庭"，真正让人民群众在家门口享受便捷、高效、全流程的司法服务，破除人民群众的司法需求与人民法院的司法服务在时间和空间上的制约，助推实现“小事不出村、大事不出镇、矛盾不上交”。

【加快推进“两进一出”，搭建三级物流体系】 2021年，衢州邮政在14个乡镇建成三级物流体系中转中心，自筹资金建成“共富驿站”（农村共配点）954个，覆盖65.1%的建制村，与全部民营快递开展邮快代投合作；为811家企业提供“快递进厂”服务；与衢州市商务局、衢州市跨境电商公共服务中心、衢州职技院举办大型跨境推介会，为企业单独举办培训45场次，为476家企业及个人卖家提供服务，服务范围涵盖直邮、专线、海外仓等跨境物流服务。

【举办“庆祝中国共产党成立100周年”集邮展览】 5月28日，“庆祝中国共产党成立100周年”衢州市集邮展览开幕仪式，在衢州市柯城区文化馆举行。此次邮展，展出衢州市集邮爱好者自己制作的44部、82框邮集作品，见证中国共产党领导中国人民走过的百年光辉历程，代表衢州集邮界向党的百年华诞献礼。

2021年5月28日，“庆祝中国共产党成立100周年”衢州市集邮展览开幕仪式

【陈云明获评衢州市无偿献血第十三届香樟奖】 6月11日，在2011衢州市无偿献血表彰大会上，衢州邮政的陈云明获评衢州市无偿献血第十三届香樟奖。陈云明从2008年开始义务献血，累计献血总次数83次，总计量2.62万毫升。2021年，献成分血9次，2700毫升。6月1日，市政府副市长王良春等领导上门看望慰问陈云明。 （冯　君）

信息化建设

Informationization Construction

无线电管理

【概　况】2021年，市无线电管理局办结各类行政许可603件，同比增长28.3%。指配无线电频率49个（组），核发无线电台识别码12个，收取无线电频率占用费14.99万元。注销行政许可145件。截至年末，全市登记在册各类无线电台站56597个。建有无线电监测固定站4座、小型站7座，配备移动监测车2辆、监测设备31台、检测设备12台。

3月，衢州市无管局党组织隶属关系由衢州市政府办公室机关党委划入浙江省无线电监测中心党总支。

【无线电频率台站管理】1—3月，组织全市69家单位（个人）提交无线电频率、台站使用年度报告102份，全省书面核查结果显示衢州市年报提交率与合格率均达100%。7—10月，指导42家用频单位通过浙江政务服务网完成频率占用费缴纳14.99万元，到费率100%。2021年，做好到期许可的集中新办工作，指导31家设台单位按要求填报许可资料，确保新旧记录衔接有序和频占费规模稳定。组织开展5G网络蜂窝基站执照申请、审批工作，全年核发5G基站执照8673张。12月，帮助衢州移动争取市政府支持，审批办理700M频段5G基站执照1581张，加快推进农村地区5G信号覆盖。

【无线电管理行政执法】2021年，依据频率监测结果和用户提供的无线电频率使用年度报告，对24家用频单位开展频率使用率评价。常态化开展打击治理“黑广播”“伪基站”违法犯罪工作，按照联动机制，与公安、文广等部门协同查获“黑广播”案件3起。开展行政检查掌上执法工作，全市除监狱系统以外49家被许可单位全部人机见面，检查个人用户16家。7月，完成无线电频率、台站使用年报专项检查工作，录入241份检查记录，并向8个许可审批地市反馈年报异常问题57个。7—11月，参加常山县渣土处置“监管一件事”试点工作，建立与市住建局、综合执法局、交通运输综合执法队、交警以及智造新城等部门联动机制，共同打击渣土车GPS干扰器违法安装和使用行为，减少对正常GPS信号干扰隐患。10月，开展无线电频率、台站、识别码许可对象“双随机”行政现场检查8次。11月，查处擅自使用无线电频率和擅自设置使用无线电台一般程序处罚案件1起，没收违法使用的无线电台15部，并处罚款5000元。11月，联合国安局、公安局对辖区内安装无人机无线电反制设备情况进行摸底，指导中国华电集团乌溪江电厂稳妥推进无人机反制设备项目。

【无线电发射设备销售市场管理】10—12月，开展杭州亚运会前期无线电发射设备生产、销售等领域专项整治行动。组织全市销售商集中收看“企业码”平台直播讲座，并进行现场讲解和答疑。与市场监管部门完成无线电发射设备销售商的“双随机”联合检查。与市财政局联合出台《关于加强衢州市无线电发射设备类商品政府采购管理的通知》，加强对无线电发射设备采购工作的管理。对衢州市“政采云”平台开展线上检查，及时通知下架不合格无线电发射设备商品。12月，组织10家商户完成无线电发射设备销售备案19单，其中，4家对讲商户登记销售设备386部，6家手机商户登记销售手机1704部。

【无线电监测和干扰排查】2021年，11个无线电监测固定站累计监测41063小时，移动监测682小时，行程7534千米，同时开展调频广播、广播电视等频段的信号标注工作。主动对接衢州机场、铁路相关部门，开展专用频率保护性监测，监测里程约349千米。全年受理无线电干扰投诉8起，全部查结并向投诉人反馈结果，维护设台用户合法权益。5月，与绍兴、金华联合开展无线电监测业务训练演练活动，提高队伍综合素质，增强团队协作能力。10月21日，配合柯城区人防办开展“打击非法电台”实战演练活动，以无线电信号侦测定位为重点提升与人防系统的协调配合能力。

【社会服务与安全保障】2021年，先后完成元旦、春节、全国两会、国庆等重大节日无线电监测值班工作。完成省公务员录用笔试考试、高考等考试保障23次，派出人员480人次，动用车辆107台次，保障考点70个。两次组织人员赴淳安、桐庐实地勘察亚运场馆建设情况并开展电磁环境测试工作，制定无线电节点建设方案和衢州片区组无线电安全保障工作方案。1月1日，承担2021年全国新年登高健身大会江山主会场无线电保障任务，全程监控大会周边电磁环境，确保直升机航拍、无线音视频传输、卫星转播车、演艺音响等所用频率安全畅通。6—7月，为保证考场无线电信号阻断效果，联合市教育考试院组织通信运营商、承建单位多次召开座谈会，先后派出技术人员70余人次对全市14个考点开展阻断测试，关闭运营商基站扇区500余个，降功率扇区3个，受到考务部门高度肯定；同时，组织教育考试院、三大运营商、考点设备管理员工作联络群，明确规定使用时间，不得擅自使用无线电信号阻断器，降低对公众移动通信影响。9月，派出3人参加第八届世界互联网大会无线电安全保障工作。

【赋能无线电相关产业发展】6月，联合衢州市经信局、大数据局、统计局制定发布衢州市无线电产业统计目录（试行），明确统计范围，探索建立无线电产业统计监测体系，为下步做好无线电产业相关研究提供基础。9月，推进浙江省无线电产业基地（衢州）建设任务，《浙江省无线电产业基地（衢州）发展规划》顺利通过专家评审。9月，联合市经信局结合衢州产业特色，邀请华为技术专家通过浙江省“企业码”举办“服务5G应用扬帆行动”专题讲座，为加快构建衢州5G应用场景和产业生态打下基础。2021年，邀请华为、东南大学、省物联网协会等到衢州实地考察，做好政策咨询和项目招商。走访调研衢州市无线电相关产业等企业近50家次，深入了解企业运行情况和问题困难，有效响应解决数字化转型交流平台搭建、联系对接产业基金、生产用频优化配置等企业诉求9个。

【无线电管理普法与科普】2021年，以“传承红色基因、铸就无线忠诚”为主题，从追忆百年党史无线电红色印记出发，开展层次丰富、形式多样的系列宣传活动。

2021年5月5日，衢州市2021年无线电技术科普暨“5·5中国业余无线电节”空中通联活动举行

全年在各类媒体刊发无线电管理新闻信息25篇、图片30幅，并利用33块户外电视大屏全天候循环播放《浙江：无线电红色印迹》《无线电助推5G生活》和《无线卫士》等宣传视频。3—5月，先后组织运营商和5G研发厂商赴浙江衢化氟化、龙游电力座谈交流，为5G应用和企业数字化转型搭建专业化交流平台。5月，依托"5·5中国业余无线电节"连续两次举办无线电技术科普活动，联合市资规局在城市展示馆打造红色无线电的党史课堂，为百余位青少年、市民讲述红色通信传奇故事并演示设台通联，反响热烈。9月，认真组织开展宣传月系列活动工作，新制红色通信主题展板10块，H5格式电子音乐海报1幅；在省经信厅官微和官网发表文章和工作动态3篇、原创宣传视频4部、图文海报1套；通过衢州新闻综合频道电台播出普法节目10期；联合市科协和业余无线电爱好者科普下乡，组织知识问答，宣传红色通信历史贡献，衢江电视台现场报道。

【无线电技术设施建设】2021年，实施完成乌石山固定站更新二类站项目和便携式监测测向设备购置项目。编制常山小型站更新改造项目、众包智能化移动监测节点项目可行性研究报告。9—11月，完成龙游站、巨化小型站的测试验证工作，及时发现龙游站高频段天线故障。11月，升级巨化、江山、开化等站点原子服务协议，至此衢州所有固定监测站点全部接入浙江省无线电管理一体化平台，智能化水平达到全省联调共享。（汪　萍）

长途电信传输

【概　况】2021年，衢州长途电信传输局围绕"2021，实干实绩"思路，立足干线，拓展服务，转型升级，提质增效，建设"红色基因，长线铁军"党建品牌，完成全国两会、浙江省重大项目开工、世界互联网大会等重大活动和防汛抗台等通信保障，助力"活力新衢州、美丽大花园"建设。2021年，通过浙江省文明单位复评，获2020年度市级"平安单位"称号。

【光缆维护】2021年，精心维护国防光缆，确保全年干线无责任性线障。借助20个"全球眼"视频监控点动态循环进行光缆防障点管理，提高防障现场管控力度，改善线路维护防障环境；采用执法记录仪记录外界处理，避免推诿扯皮，提升业主和施工方履约自觉性；通过ECP短信、微信群开展护线宣传，通过科技平台与挖机业主和操作手等强化互动、紧密联系，提升挖机手安全意识和主动联系意识，有效阻止光缆障碍的发生。

【防障配合】2021年，接应当地政府做好江山贺村城南地块开发建设、江山市解放路、鹿溪路、中山路、环城西路雨污管网改造项目、江山市双塔街道2013006区块建设、常山县辉何公路建设、205国道开化县音坑至华埠段改建工程、开化县2019年常绿阔叶林种质资源库建设、龙游詹家镇安置小区建设、衢州市三江隧道工程、衢州市古城双修配套项目6号地块改造项目、杭金衢高速公路拓宽及衢江互通连接项目、西安路提升改造工程、衢州市双叶线（新元路—叶家大桥）道路改造工程等外界以及"美丽乡村建设"等重点工程的外界防障配合工作。全年，累计新增干线防障点67个，

2021年2月24日，衢州长途电信传输局开展两会及防汛抗台应急演练

结束防障点42个。截至年末，干线防障点45个，其中A级3个、B级2个。各防障点添设宣传标志牌1000余块、彩带布线环境6万余米、毛竹条护线围栏4000余米。对外签订各类迁改及防障协议书98份，发送护线宣传单100余份，处理违章不合格隔距6处。配合完成杭金衢高速公路拓宽及衢江互通连接项目多条光缆迁改6.8千米，江山市双塔街道2013006区块建设光缆迁改1.99千米，龙游詹家安置小区多条光缆迁改4.02千米，衢江区廿里镇园区大道路改造光缆迁改2.3千米。完成各类管线交越加固保护231处3341米。

【重要通信保障】2021年，在全国两会、浙江省重大项目开工、世界互联网大会等关键节点，走访沿线的乡镇、企业、相关部门，开展恶劣天气后的联动、巡回、排查、整治工作，开展架空线路专项整治工作，确保党、政、军重要通信保障业务的安全畅通。

【护线宣传月活动】5月，举办衢州市军警民"管线"设施安全保护暨防范电信网络诈骗宣传月活动。与市线路管道保护协会共同承办护线宣传活动。动用军车、警车等在干线沿线开展护线宣传，通过巡查、张贴宣传通告等方式，提高群众爱线护线意识。以军、警、民联合护线活动为契机，走访座谈各级政府机关、部门单位、乡镇村77家，在干线沿线乡镇设护线宣传摊点1处。通过张贴通告、分发宣传单、发放护线手册及护线用品等多种形式进行护线宣传。在线路沿线张贴护线通告500余份，送护线宣传手册和护线函以及上门宣传等。加强与建设施工点的防障联系和协作配合，将护线责任落实到单位到人。

【岗位创新】2021年，继"互联网+平台管控GPS定位测距""互联网+行政执法仪威慑管控""互联网+微信互动 亮点推送""移动型宣传牌的制作及使用""巡检系统临时性替代方案""长途光缆外力预警系统""互联网+平台管控施工放样、定位测距"等岗位微创新成果的应用后，主推"互联网+人孔井盖智能管控"。启动智慧物联网平台建设，从普通井盖—防盗井盖—智能井盖发展变化过程，依托数字化、信息化手段推动人孔井盖精细化管理，联合衢州电信分公司、科技智能公司对江滨路联合管道、浮石路道路改造施工现场安装智能井盖设备，同时建立"物联云"管理虚拟团队。智能井盖系统在市内重要管道运行效果良好，为管道光缆维护提供数字化方向，为地方建设输出传输局智慧。（袁　谨）

中国电信

【概　况】2021年，中国电信股份有限公司衢州分公司（以下简称衢州电信）坚持党建统领，全方位推进网络强基赋能，全力支撑地方经济社会数字化转型。全年，电信业务收入5.6亿元。年末，移动电话用户数46.1万户，互联网宽带接入用户数38万户。中国电信浙江衢州分公司号码百事通运营中心（"12345"政府服务热线）获中华全国总工会授予的"工人先锋号"荣誉，衢州电信获得浙江省互联网协会颁发的年度反诈先进集体奖，衢江团支部获集团"五四红旗团支部"荣誉称号，西安路营业厅被评为中央企业青年文明号称号。

【践行网络强国战略】2021年，衢州电信深入贯彻网络强国战略，推进网络能力和光网质量双提升。工程建设方面，完成5G三期414个室外站和27套室分的建设，实现城区、工业区5G的连续覆盖。4G网络能力提升方面，通过压降质差小区，均衡网络负荷，全年完成402个高负荷800M小区扩容。持续开展弱覆盖梳理和解决，增强覆盖深度和广度，测量报告覆盖率97.06%，异常掉话掉线率0.02%，无线资源控制重建比例0.89%，主城区长期演进语音承载覆盖率97.67%，长期演进语音承载端到端接通率98.55%，端到端掉话率0.08%，实现长期演进语音承载质量感知与无线通信网络同比。开展电联共维共优、4G/5G协同优化。完成4900个4G小区的4G/5G互操作参数优化，5G回落重定向成功率达到100%，语音业务从5G回落到4G，依托长期演进语音承载确保语音业务的连续性时延<5秒占比达到98.93%，时延均值3.34秒。通信保障方面。完成低功耗广域网

全网异频组网和小区参数优化工作，覆盖优良率达到98.9%。完成政企5G2B项目支撑20余个。积极响应政府、前端部门等保障需求，参与并完成庆祝中国共产党成立100周年、浙江省第四届体育大会、第七届中医科学大会等20余次重大通信保障任务。

【筑牢网信安全屏障】2021年，衢州电信主动落实省电信公司及市反诈联席办布置的各项工作，对在网用户提供保护性防诈措施。2021年，累计免费开通天翼防骚扰业务46万用户，保护性关停沉默电话卡20余万张，保护性限制国际境外来电客户10万余户。派驻公安反诈专员1名，全年度处理“协助快速查控通信号码通知书”42张，其中协助公安机关查询涉案电话211个、协助公安机关信令倒查171次、快速停话1个、查询信息40次，限制呼入167个（其中4个号码查询信令查不到）、处理协助紧急拦截涉骗通信呼叫通知书10张，踢线复线16次，取消呼叫转移9次。完成60家营业网点无纸化设备和蓝牙读卡器等二代身份证识别仪设备的配置，确保无纸化受理及人脸活体认证能力全覆盖，实体渠道实名受理率100%，活体认证率100%。开展物联网卡净化行动，全员签订反诈责任书1536份，覆盖率100%，实名签订率100%。全年累计发送网信安全及反诈防诈公益短信700万余条，发放宣传小卡片1.6万张，网络安全知识宣传手册2000份，宣传海报200余张，出色完成“12321”电话举报综合服务平台、公安部平台管控试点任务，获得浙江省互联网协会颁发的“2021年度反诈先进集体奖”。

【助力四省边际枢纽港建设】2021年，衢州电信主动开展智慧农业示范推广行动，与农业农村局（乡村振兴局）、经信局等部门和乡镇合作，依托5G、物联网、大数据、人工智能、区块链等技术，推进全市种植业、畜牧业、乡村未来社区、现代物流业的数字化改造，为全市上千家企事业单位和近三百个乡村提供定制数字化服务。衢江分局在聚焦“城乡一体、条抓块统”试点项目中，获衢江区委、区政府批示表彰，肯定衢江电信助力四省边际枢纽港建设的贡献。

【数字科技赋能乡村建设】2021年，衢州电信全面接应集团公司《中国电信数字乡村建设实施方案》落实落地。通过搭建数字乡村云平台，提供乡村智慧党建、平安乡村、环境监测、视频会议、天翼大喇叭等标准化应用服务。2021年，全市签约数字乡村269个，开通数字乡村云平台235个，发展天翼看家2300余户，示范村170个，点亮村55个。

【浙江省棋文化进农村】 10月20日，中国电信2021年浙江省棋文化进农村文化礼堂活动暨衢江区象棋选拔赛在莲花镇莲花村文化礼堂举行。此次活动以“庆建党百年华诞 迎杭州亚运盛会”为主题，由中共浙江省委宣传部、浙江省体育局、2022年第19届亚运会组委会办公室、浙江省农业农村厅主办，中国电信浙江分公司、中国电信衢州分公司等协办，并由电信提供全程在线直播。在莲花村文化礼堂，来自衢江区各村镇（街道）30名象棋爱好者参赛，前16名棋手获奖。

【建设“爱心翼站”便民服务项目】2021年，衢州电信践行“人民邮电为人民”的公益活动，提升衢州电信社会形象。在中国电信浙江分公司和市总工会的指导下，建成“爱心翼站”39家，为环卫工人、快递小哥等户外劳动者以及老年人、残疾人、孕妇、军人等群体，提供助老助残产品体验、爱心大使专人接待等特色服务，提供进厅休息、饮水供给、手机充电、手机消毒、餐食加热、洗手间使用、轮椅和雨伞借用等12项基础服务。在衢州电信厅店、社区开展“幸福课堂”240余场，为老年朋友开展智能机应用、反诈防诈等宣讲，开展免费贴膜公益活动，年累计服务2100余人次。

【“两山银行”智慧云脑平台助力建设共同富裕示范区】2021年，电信公司负责开发“两山银行”智慧云脑平台，助力常山县政府“两山银行”成功入围全省第一批数字政府“一地创新、全省共享”应用主体。“两山银行”智慧云脑平台包括基础数据库、“两山银行”业务管理平台、生态资源数字驾驶舱三大模块。截至2021年末，收储资源总额3.5亿元，撬动社会资金19.6亿元，为176个行政村实现增收1701万元，成为常山县

2021年11月11日，浙江省委常委、常务副省长陈金彪(右二)一行在衢州调研“两山银行”工作

委、县政府对外推荐、交流的项目之一，受到省国资委党委委员方建平等领导的肯定。

【保障浙皖闽赣“联盟花园”云签约】 1月22日，浙皖闽赣四市“联盟花园”建设工作领导小组第一次会议暨签约仪式采用视频会议形式举行。会上，浙江省衢州市、安徽省黄山市、福建省南平市、江西省上饶市四市共同签订《浙皖闽赣(衢黄南饶)“联盟花园”合作共建协议》。为满足市委、市政府云上签约会议需求，衢州电信成立视频会议保障专班，为四省四市分会场管理、媒体连线、音频输出、线上会议等场景提供“高分辨率、高速率、大连接、低时延”的天翼云会议(专业版)网络服务。专班成员用一周时间完成方案拟定、设备组装搭建、视频音频连通调测、现场会议技术保障等环节。团队跨越四省，对衢州、黄山、南平、上饶会议中心云会议终端联调彩排、对通信机房设备网络防护检测巡查，完成四省联盟花园视频会议及云上签约的技术保障，得到衢州、南平、上饶、黄山4个市政府会议组织方的肯定。 (周睿智)

中国移动

【概　况】 2021年，中国移动衢州分公司(以下简称衢州移动)运营收入15亿元、增幅19.7%，上缴各类税金近1.4亿元，服务手机客户199.1万户、家庭宽带客户57.6万户、政企单位3.1万家，收入规模与客户规模均居本地区行业第1。2021年，获评全国信息通信行业用户满意企业、衢州市政府特别奖——智慧产业之星等荣誉。

【通信基础建设】 2021年，扎实推进新型通信基础设施建设，累计开通5G基站2758个，实现全市6个县(市、区)城区、重要乡镇和AAAAA级景区、杭金衢高速、重点产业园区5G信号连续覆盖，以及全市70%以上行政村5G网络覆盖。启动千兆宽带升级改造，完成407台OLT万兆上联扩容、67台OLT千兆部署，千兆网络用户接入能力超35万户。打造新型云网能力，建成具有1295核CPU、341T块存储能力的融合边缘云，具备“一跳入云”、近源安全、云主机等多元云网能力，IDC出口带宽扩容至580G，IDC装机能力达156架。

【电信普遍服务】 2021年，创新开展偏远山区合作建站，累计建成通信站点375个，有效解决开化林山、龙游外杆栏等偏远山村1.03万用户的信号需求；持续推进提速降费，手机上网流量单价降幅15.7%，企业专线、宽带资费降幅分别为30.8%、22.7%，合计让利企业800余万元。

【网络安全保障】 2021年，为有效打击治理电信网络诈骗犯罪，衢州移动积极与当地公安部门建立联防联动机制，强化本地监管模型开发应用，在全市范围内重拳“打猫”(打击多卡宝、GoIP等插卡集群设备)，共同推进“断卡行动”，全年组织员工开展反诈宣传1.3万场，协助公安破获本地校园贷等多个诈骗案件，衢州涉案、骚扰电话治理成效明显。

【“银龄跨越数字鸿沟”专项行动】 4月22日，衢州市“银龄跨越数字鸿沟”科普专项行动在衢州移动举办启动仪式，衢州移动党委书记、总经理夏斌，衢州市科协党组书记、主席陈利民等领导出席仪式。该次行动，衢州移动面向老年客户推出专属智能手机、通信套餐和绿色通道，同时组织服务志愿者在老年大学、乡村振兴讲堂等地点为老年人讲解智能手机使用、电信反诈等常用知识，切实提高老年人对智能手机的应用能力，让老年人融入现代信息社会。

【浙江移动红色文化教育基地揭牌】 4月23日，浙江移动红色文化教育基地揭牌仪式在浙西革命斗争纪念馆举行。衢州移动党委委员、副总经理鲁国良，开化县委组织部常务副部长詹里增，开化县档案馆馆长胡小斌等一行40余人出席揭牌仪式。衢州移动以此次揭牌仪式为契机，贯彻落实习近平总书记“用好红色资源，传承好红色基因”的指示精神，推进5G等信息化技术在红色文化教育基地的创新性应用，打造“VR党建馆”，助力基地开展红色宣教工作，讲好浙江党史故事。

【白云IDC机房通过多项认证】 6月10日，衢州移动白云IDC机房通过公安部“等保2.0”三级认证。2021年，白云IDC机房先后通过ISO20000服务体系认证、ISO 27001安全体系认证、ISO 27017云服务信息安全管理体系认证、ISO 27018云中数据保护准则认证以及ISO 22301业务连续性管理体系认证。这些认证的通过标志着该机房在质量管理、信息安全技术服务、业务连续稳定性管理等方面得到客户业务的检验和专业认证机构的认可，机房的业务承揽能力和综合竞争力得以提升。

【浙江省第四届体育大会通信保障】 10月22日，衢州移动联合衢州市公安局在全省首次将基于5G公安切片专网的5G+无人机、AR智能头盔、巡逻机器人、移动布控球等多项安防创新应用投入实战，助力浙江省第四届体育大会开幕式顺利召开。

【衢州“智慧医保”项目启动会】 12月13日，衢州市“智慧医保”项目启动会在衢州移动召开，衢州移动、市医保局、大数据局等单位领导出席会议。根据浙江省“智慧医保”开发项目的总体进度安排，衢州市新医保结算系统将于2022年2月20日进行整体切换上线。

（汪旭莹）

2021年4月23日，浙江移动红色文化教育基地揭牌仪式在开化县浙西革命斗争纪念馆举行

中国联通

【概　况】 2021年，中国联合网络通信有限公司衢州市分公司（以下简称衢州联通）抢抓发展机遇，全面加快数字化专项行动，各项工作取得明显成效。截至年末，衢州联通移动网用户数42.01万户，互联网宽带用户数4.51万户，实现主营业务收入2.3亿元。

【网络建设】 2021年，加快基础网络建设，优化网络服务能力，为客户提供高品质网络服务体验。网络建设投资4100万元，新建5G宏站158个，室分站点16个；新建4G宏站19个，室分站点87个，开通4G搬迁站点26个。截至年末，4G站点累计达2056个（含与电信共享基站），5G站点累计达759个（含与电信共享基站）。加快千兆网络建设，提前全面完成EPON局点改造及县城以上10GPON千兆接入建设。完成新建小区/楼宇宽带接入73个，小区扩容143

个。实现全量号线资源可视化，网络资源可视化工作全省第1。

【率先完成EPON千兆升级10G PON部署】 3月18日，衢州联通顺利完成江山永康里10G PON设备开通，标志着衢州在全省率先完成EPON千兆升级10G PON建设，是全省范围内第一个100%完成10G OLT部署的地市。随着国家宽带战略的出台以及“云视频”“智慧家庭”的发展，推动固网入户宽带需求急剧增长，千兆接入规模部署迫在眉睫。虽原有GPON已经覆盖，但只能零星接入千兆宽带，为配合市场发展需求，衢州联通多次讨论、认真研究、合理布局，确认对EPON覆盖区域用户少于100户局点进行业务割接，其余局点完成新建10G PON建设。10G PON网络开通后，可实现高质量千兆以上的宽带网络覆盖，将和5G网络、物联网、工业互联网、车联网等新型基础设施一起加速推动经济社会高质量发展。

【强雷暴天气网络通信抢险保障】 5月10日起，受强对流天气影响，衢州市出现雷阵雨天气，并伴有强雷电、8—10级雷雨大风、短时强降水、局地小冰雹等强对流天气，造成大面积停电，传输光缆严重受损，大量基站阻断。衢州联通第一时间启动灾情通信保障应急机制，组织网络部、区县综合维护、代维公司、施工单位等45名人员组成网络抢险保障队伍，克服恶劣天气以及复杂危险的交通险阻，冒雨在网络故障现场抢修维护，加强网络24小时监控分析，对基站运行状态进行实时通报，至5月11日，衢州联通累计出动抢修人员118人次，修复基站故障51个，消除安全隐患4个，确保通信畅通。

【“衢黄南饶联盟花园一码游”服务平台建设】 8月23日，衢州联通中标“衢黄南饶联盟花园一码游”服务平台项目。该项目采用联通沃云、一码游、区块链等自研软件产品，利用5G专网、区块链、云计算、人工智能、物联网等技术打通并整合浙江衢州、安徽黄山、福建南平、江西上饶等景区、乡村、酒店、民宿、商户等各方资源，覆盖衢州、黄山、南平、上饶四市9个AAAAA级、83个AAAA级全域旅游资源，通过数字化手段为全国游客提供服务，推动跨省四市数字化赋能旅游产业发展，助力衢州四省边际共同富裕示范区建设。截至年末，“衢黄南饶联盟花园一码游”服务平台项目有序推进中。

【城市体检服务项目助力智慧城市发展】 9月，衢州联通联合中国城市规划设计研究院，通过联通自有数据能力及大数据底座开发能力，整合中国城市规划设计研究院前沿城市规划数据算法，融合AI（人工智能）等技术，成功搭建衢州城市体检平台。该平台通过智慧化大数据系统对城市生态宜居、城市特色、交通便利、健康舒适、城市活力等8个维度进行体检测评，为衢州城市发展提供数据支撑。

【完成浙江省第四届体育大会开幕式网络保障服务】 10月22日晚，浙江省第四届体育大会开幕式在衢州市体育中心举行，衢州联通作为通信保障运营商，参与负责现场联通网络覆盖保障工作。开幕式前一个月，衢州联通根据覆盖评估、业务模型等，制定保障优化方案，规划数字化室分全覆盖看台、贵宾室、停车场，新建美化仿生树基站覆盖体育场入口及周边道路。覆盖基站列入重点保护清单，每日安排现场巡检，机房24小时值守，监控小区负荷和KPI（关键绩效指标），随时应对突发事件和故障抢修。在衢州联通全力保障下，开幕式现场联通网络稳定、网速流畅，4G网络平均速率达20兆比特每秒，5G网络平均速率达400兆比特每秒，为用户提供良好的网络体验感知。

【完成2G网络退网目标】 截至11月30日，衢州联通共关闭2G基站1600个，联通2G网络正式退出历史舞台。2G网络退网工作开展伊始，衢州联通成立2G网络迁转专项领导小组，公司总经理亲自挂帅，相关专业人员参与会审方案，紧盯2G网络迁转攻坚进度。公司市场部、网络部、政企事业部、客服部、各县分公司分工合作、网业协同、倒排计划，分区域、分场景、分客户群开展用户迁转服务工作。退网工作中，衢州联通融入3G网络优化补盲、4G网络建设和5G网络规划，同步打造一张非2G的语音承载网，支撑2G用户迁转。在实施过程中，公

2021年5月14日，“奋斗百年路·青春向党”为主题的衢州联通共青团庆祝建党百年主题团日活动暨党史学习教育活动

司网络部依照网络结构、用户数量、业务种类，实时动态调整清退优先级，分批次推进2G基站退网，将用户网络影响控制到最小。全年，2G基站清零累计降本144.05万元。

【防疫管理平台助力常态化疫情防控】2021年，衢州联通发挥大数据整合能力和信息化技术手段，先后为四省边际中心医院、市中医院、柯城区卫生健康局、江山人民医院等搭建自动化出入口防疫管理平台。自动化疫情防控平台将疫情防控过程中身份核验、体温检测、健康码核验、手工登记等繁杂的手续化繁为简。疫情防控平台的搭建让百姓真切体会到数字化、智能化便利，同时有效解决医院人手不足、防疫压力大的痛点问题。

【与衢州电信携手共建4G/5G一张网】2021年，衢州联通与衢州电信以“降成本、扩覆盖、提感知”为目标，以5G共建共享区域为基础，聚焦4G网络资源，充分发挥双方网络资源互补优势，推动“双覆盖”区域并网；加快设备盘活利旧，推动“双盲”区域共建，逐步推动“单覆盖”区域共享，持续推进4G/5G一张网，实现网络覆盖和效益的双提升。截至年末，通过双方共同努力，5G网络实现全量共享，联通电信合建427站，共建共享率100%；4G共享电信1431小区，共享给电信809小区，双方合计共享2240小区，有效共享率63.34%，全省第2。

【庆祝中国共产党成立100周年和党史学习教育活动】4月21日，衢州联通开展庆祝中国共产党成立100周年之“扛起浙西斗争精神旗帜 红色之旅迈进仙霞关”主题党日实践活动，公司领导班子、中层干部、党员及员工代表等百余名代表参加。5月14日，衢州联通共青团开展以“奋斗百年路，青春心向党”为主题的团日活动暨党史学习教育活动。公司25名团员代表参加衢州博物馆举办的“5·18”国际博物馆日主题活动，现场聆听抗美援朝战争老战士、援越抗美战争老战士、对越自卫反击战老战士代表讲述革命故事。之后，衢州联通团委书记万艳为全体团队讲授《从党史中再识长征》专题团课。

【举办援疆设备捐赠仪式】9月30日，衢州联通在九华北大道355号联通大楼内举行援疆设备捐赠仪式，向新疆阿克苏地区捐赠价值12万元的网络设备板件，是衢州联通首次对新疆阿克苏地区捐赠设备。捐赠的设备主要是OLT板卡，用于新疆阿克苏地区宽带网络建设。此次捐赠活动，在盘活衢州联通闲置资产，促进省际资产资源调拨的同时，进一步推进衢阿两地联通公司合作。

（季志航）

水利·电力

■ *Water Conservancy, Electric Power*

水　利

【概　况】2021年，市水利局围绕省、市重点决策部署，坚持“两勤”“两专”，将党史学习教育与推动水利中心工作结合起来，突出项目支撑，践行创新为魂，全面做实“记工分”考核，着力提升干部的执行力、凝聚力、服务力、争先力，扎实推进水利各项工作。2021年，市水利局在全省水利综合争先考核中排名第1，获水利部全面推行河长制湖长制工作先进集体，省、市“建设清廉机关、创建模范机关”先进集体；衢州市获浙江省政府第22届水利“大禹杯”铜杯奖，获浙江省政府“十三五”水土保持目标责任制考核优秀；信安湖国家水利风景区被水利部授予“全国摄影创作基地”；乌引工程入选浙江省十大“最美水利工程”；信安湖、乌引工程入选首批浙江省“五水共治”实践展示窗口。

【水利规划与建设】2021年，全市水利部门加快推进一批重点水利项目建设，全年全社会完成水利投资51.3亿元，首次突破50亿元大关。全市水利系统共争取到位省级以上水利补助资金20.33亿元，创历史新高，占全省补助总额的20.51%，全省排名第1。全市全力推进重大水利项目建设，投资23.5亿元的寺桥水库、投资45.35亿元的开化水库、投资13.8亿元的衢江治理二期工程等一批重大项目全面开工并加快推进。市水利局谋划“衢州有礼·幸福水岸示范区”项目，其中33个子项目列入《浙江省水安全保障“十四五”规划》，总投资829.91亿元，同比“十三五”增长196%。结合共同富裕示范区建设，谋划推进“衢州幸福水网系统治理示范区”项目，涵盖“一县一库”、水库扩容提升、水库连通、水资源转化利用、水生态修复、水利数字化等工程，总投资1300余亿元。

【防汛抗旱防台】2021年，衢州市年降雨量2155.1毫米，较常年(1818.9毫米)偏多18.5%。6月10日入梅，7月5日出梅，梅期25天，较常年偏少5天。梅雨期间出现3轮强降雨过程(6月18—22日、6月27—28日、6月29日至7月2日)，全市平均梅雨量464毫米，较常年梅雨量(403.2毫米)偏多15%，降雨量最大为开化县616毫米，为全省梅雨量最大县。

梅汛期间受降雨影响，全市大中型水库蓄水总量有所增加，7月5日出梅日大中型水库蓄水总量达22.64亿立方米，蓄水率89.6%，较入梅日增加1.42亿立方米。7月1日凌晨2时40分衢江衢州站出现洪峰，水位62.89米，超警戒水位1.69米，洪峰流量6010立方米每秒。7月2日凌晨零时30分，衢江衢州站再次出现洪峰，水位63.63米，超警戒水位2.43米，洪峰流量6960立方米每秒，为1998年以来最大流量，这是继7月1日凌晨衢江洪峰后24小时内出现的第二次洪峰，是极为少见的“双洪峰”。

台汛期间，第6号台风“烟花”影响衢州市，总体受台风影响不大，未造成损失。8月9—17日出现倒黄梅天气，全市面雨量147.6毫米，8月15日龙游县出现

2021年11月19日，柯城区寺桥水库工程开工仪式

短时强降水，沐尘乡三源岭水山洪暴发，由于预警及时、处置有效，双戴、梧村、庆丰等沿河村落71户95人成功避险转移。

7月5日出梅以来，全市气温异常偏高。截至10月19日，全市平均气温27.5℃，较常年同期偏高1.6℃，破历史最高；总雨量306.6毫米，较常年(386.4毫米)偏少20.7%。

由于梅汛期降水偏多，全市水利灾情偏重。据统计，全市堤防损坏1529处，护岸损坏351处，水闸损坏22座，塘坝冲毁146座，灌溉设施损坏242处，水文测站损坏2个，机电泵站损坏10座，水利经济直接损失1.57亿元。

【水利民生实事】2021年，全面完成省、市民生实事。完成新(改)建水文测站241座，干堤加固24.86千米，中小河流综合治理83.11千米，建设美丽河湖11条，建设水美乡镇9个，完成农村池塘整治78个，完成病险水库除险加固11座，完成山塘整治51座，完成环信安湖绿道6.5千米。

【寺桥水库开工建设】11月19日，寺桥水库破土动工。寺桥水库是省“百项千亿”防洪排涝重点项目之一，是柯城区首座中型水库，总投资25.02亿元，以距衢州市区约15千米的石梁镇坎底村为坝址，工程任务以防洪、灌溉和改善生态环境为主，兼顾发电，是石梁溪流域的防洪控制性工程，也是衢江防洪总体布局的工程性措施之一。工程建成后，坝址下游石梁溪河段防洪标准从现状不足10年一遇(部分护岸不足5年一遇)，提升至整体10年一遇以上，并为下游石梁镇、九华乡、航埠镇、沟溪乡、万田乡、姜家山乡六乡镇的5.53万亩农田提供农业灌溉用水，常年为智慧新城提供生态供水保障。

【创建省市美丽河湖】2021年，贯彻落实省委、省政府为民办实事，加快创建全域美丽河湖工作。成功创建12条市级美丽河湖，其中除石塘垄水库外，庙源溪、芝溪(莲花段)、衢江(龙游城区段)、保安溪等11条美丽河湖获评2021年省级“美丽河湖”。

【取水许可电子证照实现“跨省通办”】9月3日，由衢州市牵头，安徽黄山市、福建南平市、江西上饶市签署四省边际城市水利政务服务数字化“跨省通办”合作协议，率先在全国水利系统实现取水许可电子证照“跨省通办”，并发出首张“跨省通办”取水许可电子证照，为四省边际城市水利政务服务数字化“跨省通办”的发展奠定良好的基础。

【数字化改革赋能水库管理】2021年，衢州市在全省率先打造水库智慧管家数字化平台，以数字化手段开创小型水库“无人化”管理、大中型水库“一站式”管理模式，集防汛预警、工程巡查、问题会商等于一体，初步实现“可纳雨量”实时查、“问题水库”精准查、“险情会诊”线上查、“两山指数”一键查的场景应用，得到常务副省长陈金彪、省水利厅厅长马林云批示肯定。

【节水行动】2021年，柯城区、江山市通过县域节水型社会达标建设水利部复核验收。继2020年在全省率先实现水利行业节水机关建设全市域覆盖后，2021年全市有4家水利单位完成水利行业节水型单位建设。在节水引领行动上，全市4家酒店、5家学校、8家小区、10家企业获评“省级节水标杆”荣誉称号。衢州市结合经济社会发展和用水趋势，编制完成节约用水“十四五”规划，为全市高质量用水奠定基础。

【河道审批与管理】按照全省统

一部署，完成全市范围内的重要水域划定公布。全年完成13段堤防安全鉴定，完成双叶线（新元路—叶家大桥）道路改造工程等8项涉河项目审批，开展6个在建项目批后监管。反馈涉河管理和防洪影响等意见50余个。整改河湖“四乱”问题74个，其中省部级督查问题25个。

【水土保持】 2021年，全市审批水土保持项目515个，其中市本级100个。人为水土流失防治责任面积23.65平方千米。开展2次监督检查，监督检查项目432个612次。新增治理水土流失面积53.73平方千米。2021年，全市完成水土保持重点工程包括衢江区依坦、麻蓬等6条小流域综合治理项目，江山市青阳殿溪小流域综合治理项目，开化县丰盈坦等4条小流域水土流失综合治理项目、长虹等6条小流域水土流失综合治理项目、下湾等4条小流域水土流失综合治理项目，总治理任务36.1平方千米。12月11日，水利部副部长陆桂华一行到衢州调研，对衢州水土保持工作情况汇报作出批示肯定：“水土保持利国利民。衢州的做法值得总结推广，请水保司阅研！”

（胡文佳）

乌引工程管理

【概　况】 2021年，市乌溪江引水工程管理中心（以下简称乌引中心）根据年度工作目标，推动供水服务、防汛抗旱、项目建设、安全生产等重点工作顺利开展。7月，获浙江省十大“最美水利工程”；8月，获浙江省“五水共治”实践窗口。10月21日，由浙江省水利厅、浙江经视联合出品的微纪录片《丰碑3——逆天改命的江南红旗渠》播出，提升乌引形象。

【供水服务】 2021年，坚持“计划供水、科学调水”的供水方针，以保证灌区居民生活、工农业生产等用水为首要目标，突出生态供水，确保各类用水需求。乌引工程向灌区供水1.17亿立方米，其中向金华供水2100万立方米，向衢州城区供水6000多万立方米，保障城区生态用水。柯山电站发电量2382万千瓦时，发电产值1048万元，对外维修保养创收200余万元。

【防汛工作】 2021年，降雨量总计2079毫米，比常年平均偏多20%，梅汛期短时强降雨天气频繁，特别是5月降雨量创历史新高，降雨量达500毫米，是常年平

乌溪江引水工程枢纽大坝

2021年5月20日，乌引中心组织开展2021年防汛演练

均值的180%。乌引中心防汛工作始终贯彻“安全第一、常备不懈、以防为主、全力抢险”防汛方针，围绕“不死人、少伤人、少损失”的防汛总目标，确保安全度汛，减少、避免灾害损失。建立健全防汛机制，修改完善《乌引工程防汛抗旱预案》。汛前，对自身管理区段内所有渠道、建筑物、机电设备等进行全面防汛安全检查，对发现的安全隐患进行及时整改。5月20日，组织开展2021年防汛演练活动。模拟开闸过程中拦河闸断电、油路故障等突发情况，达到以演练为实战的目的，检验乌引中心防汛的责任意识和应急抢险的能力。认真落实24小时防汛值班制度，在非常时期严格按《防汛值班规程》落实领导带队值守，确保全年安全度汛。

【项目建设】 2021年，乌引中心组建项目专班，加快推进乌引灌区“十四五”续建配套与现代化改造工程建设进度。按照2021年底需完成投资1.25亿元任务要求，倒排工作计划。加强与省水利厅、省发展和改革委员会、省财政厅及市级相关部门汇报、对接，开展项目前期工作。4月25日，省发展和改革委员会发文批复该项目可研。9月14日，省发展和改革委员会发文批复该项目初步设计。10月底完成2021年度实施标段招投标工作，11月初开工建设，12月完成投资1.34亿元，超额完成年度中央下达任务。通过“十四五”项目实施，消除工程安全隐患，提高水资源利用，改善水生态环境，加快数字化转型，提升管理水平，保障粮食安全，助力美丽乡村建设。

【省水利厅主题党建活动首站到乌引中心】 6月10日，省水利厅“共走七大灌区百里长渠，追寻艰苦奋斗最美记忆”主题党建活动首站来到乌引中心，省水利厅党组成员、副厅长冯强一行共走乌引渠道，重温乌引建设历史，带领党员们重温入党誓词，感受老一辈水利人战天斗地建设“浙江红旗渠”的壮举，感悟水利初心，研究院农水所党支部与乌引中心党支部开展石室古街灌区节水、防溺水宣传活动，面向灌区管理人员举办灌区现代化改造思路及对策培训，发挥“党建联动联创”促进服务基层水利的纽带作用。

（徐　柔）

铜山源水库管理

【概　况】 2021年，市铜山源水库管理中心围绕市水利局党委工作部署，立足抗旱供水本职，创新“渠长制”运行机制，巩固提升水库水质，推进全域旅游开发项目。全年累计向灌区供水5066.66万立方米，切实满足灌区群众用水需求。

【防汛抗旱】 全年库区降雨1962.5毫米，入库径流2.12亿立方米。其中，汛期降雨1451毫米，入库径流1.76亿立方米。水库于7月2日13时开始泄洪，至7月6日13时结束，下泄水量178.60万立方米。抗旱期间，水库于5月2日首次向灌区抗旱供水，至12月3日结束，全年累计供水5066.66万立方米。

【“渠长制”试运行】 4月16日，衢州市铜山源水库管理中心、衢江区政府试点实施铜山源灌区衢江区渠系“渠长制”工作，建立一支分级管理的“渠长”队伍，7名乡镇“渠长”于8月经公开招聘全部上岗到位。衢江区财政每年安排200

2021年4月16日，市铜山源水库管理中心联合衢江区政府召开铜山源灌区衢江区渠系试行渠长制工作会议

万元“渠长制”运行经费，用于铜山源灌区衢江区范围内干支渠的维修养护、标准化运行管理和乡镇渠长考核奖励等。试点以来，有效提升灌区服务保障水平，化解灌区镇村之间的供水矛盾，提升水资源利用率，促进农民增产增收。11月15日，市委书记汤飞帆就铜山源灌区首创“渠长制”进行批示：市水利局“渠长制”试点卓有成效，体现“两专”精神和务实作风，望在总结成绩的基础上，全面扎实推进，惠及更多群众。

【铜山源水库灌区“十四五”规划获批】 8月3日，铜山源水库灌区“十四五”规划获水利部、国家发展和改革委员会正式批复；8月13日，项目建议书获省发展和改革委员会正式批复；12月3日，项目可行性研究报告通过省水利厅技术审查。该规划按照《水利部办公厅、国家发展改革委办公厅关于开展“十四五”大型灌区续建配套与现代化改造实施方案编制工作的通知》要求开展编制，规划主要内容为灌区续建配套建设、智慧水利建设及水生态文明体系建设等，规划项目总投资约2.8亿元。

【铜山源水库灌区续建配套与节水改造工程（2016—2020年）入选省标化优良工地】 12月7日，浙江省住建厅发布2021年度浙江省建筑施工安全生产标准化管理优良工地榜单，衢州市铜山源水库灌区续建配套与节水改造工程（2016—2020年）成功入选，成为全省11个入选的水利工地之一。

【铜山源水库灌区农业水价改革】 5月，衢州市铜山源水库管理中心向市发展和改革委员会提出灌区农业水价调整申请。市发展和改革委员会在开展调研、召开座谈会、成本调查等基础上，提出农业水价调整方案。11月23日，市发展和改革委员会、市财政局、市水利局印发《关于调整铜山源水库灌区农业水价的通知》，灌区基本田亩水费调整为12元/亩，按方计量水费标准不变，仍为0.025元/立方米。（滕　菲）

电　力

【概　况】 2021年，国网浙江省电力有限公司衢州供电公司（以下简称国网衢州供电公司）坚持“强基固本、品质发展、特色竞争、源头引领”发展定位，大力推进浙江省电力有限公司与衢州市委、市政府战略布局有效对接，聚焦浙江电力在衢州的事业发展，支撑服务工业强市、产业兴市，奋力推进电网和公司高质量发展，各项工作取得新成绩。全年，衢州地区全社会最高负荷341.86万千瓦、同比增长8.17%。售电量163.35亿千瓦时、同比增长15.98%。公司先后获国网公司东西人才帮扶工作先进集体、衢州市政府特别奖（杰出贡献奖）、衢州市级机关部门综合考核优秀单位、衢州市改革突破奖特别贡献奖等荣誉。

【安全生产】 2021年，高质量开展安全生产专项整治三年行动，常态化推进安全稽查、“四不两直”督查和风险隐患排查。深化“三透三看”强基固本，10个专业完成构建全流程“安全责任链”体系。开展线路“六防”治理，打造输电“立体巡检+集中监控”运维体系，500千伏及以上线路自主巡检率达100%。完成南竹变等12座变电站综合检修。完成杭衢铁路高压输电线路迁改。全县域110千伏变电站实现属地化运维，挂牌成立衢州东运检站。提升配网不停电作业能力，全口径不停电作业化率达93.55%，停电时户数同比压降36.59%。组织开展网络安全攻防演习及专项督查，完成“建党百年”“护网2021”等重大活动网络安全保障。面对电力供需紧张状况，成立市县两级有序用电工作领导小组和电力保供专班，全省率先完成高耗能企业有序用电方案修订，推动出台《有序用电政企合署办公、联合执法工作机制》，打赢电力保供与能耗双控阶段性战役。常态化做好疫情防控和抗疫保电。

【电网建设】2021年，制订新型电力系统示范区建设方案，以“一源、一环、四核”为重点，形成“五年一台阶，十五年一跨越”总体部署。编制完成“十四五”电网发展规划、能源互联网等专项规划，促成“十四五”主网项目全部纳入政府能源发展规划、500千伏衢北变纳入省能源发展规划后备项目库。衢江衢南山区高弹性配网规划入选省公司多元融合高弹性电网优秀案例。建成衢江大川乡村高弹配网示范区。顺利投产220千伏士元变、110千伏姑蔑变、球川变和山海变，建成投运龙翔光伏和周家乡光伏并网线路，完成110千伏全姜、衢庄线路动态增容。1项基建工程获评国网“五好”示范工地。

【优质服务】2021年，深化“阳光业扩一站通”服务平台建设及试点应用。推动构建电水气管网配套设施建设“一件事”联办机制，确保落地项目开工前具备快速接电接水接气条件。全省率先实现“社会救助对象认定+免费用电基数申请”线上联办。推动出台全国首个“绿电交易”纳入碳账户体系建设实施意见，鼓励社会各类主体积极参与“绿电交易”。促成政府出台全省首个基于“亩产效益”提升的负荷聚合商支持政策。推动电力业务全面进驻村级便民服务中心。构建数字乡村能源服务平台，推广应用乡村版“绿能码”，打造衢江莲花、龙游溪口、开化金星等“电绘未来”样板工程。促成政府出台全省首个地市级电动汽车充电设施发展“十四五”规划，完成充电量877.07万千瓦时。建成全国首个一体化可移动式充电站。

2021年4月15日，国网衢州供电公司大川村零碳智慧台区投运启动仪式

【经营管理】2021年，持续推进提质增效专项行动。修订公司工作规则、党委工作规则等四项基本制度。与智造新城、智慧新城管委会签订电力资产无偿移交框架协议，全省率先实现政府园区电力资产整体移交。打赢电费催收攻坚战，实现全年电费“颗粒归仓”。开展重点经营风险自查自纠，推动审计问题整改。强化线损管控，全年入选“国网十强市”1次、“国网百强县”10次，综合指标保持全省前列。深化应用现代智慧供应链体系，建成投运公司供应链运营中心。持续梳理和清理产业单位陈欠款。推进产业单位绿色转型，全省率先完成全市整县光伏开发合作签约，累计签约容量10.2万千瓦，并网容量8万千瓦。

【科技创新】2021年，坚持政府主导、电力主动，平稳有序落实低压供售同期调整、大工业调价、代理购电等政策执行。出资参股成立衢州光明新能源汽车科技有限公司，注册成立衢州市柯建光明新能源开发有限公司。深化“创新168工程”，编制科技创新三年行动计划，稳步推进28项研究开发项目。连续四次获衢州市政府大科创专项资金政策奖励。投运全国首套配网分布式无功补偿装置及控制系统。开展“双碳”目标下

2021年5月17日，中国(衢州)未来乡村大会电力能源数字化助力乡村振兴研讨会在衢州召开

电价政策机制创新研究，推动衢州市小水电峰谷时段优化调整。智慧能源碳排放管理平台纳入国网公司能源互联网专项试点。深化“党建+科技创新”，推进“书记项目”27项，二级党组织书记参与全覆盖。实施青年创新“揭榜挂帅”。成立红船共产党员科技攻关团队8支，入选省公司团队1支。多个项目获评省公司科技进步奖二等奖2项、三等奖1项，中电联职工技术创新奖三等奖1项，首届国际发明家创新者大赛金奖1项，衢州市竞争性科技攻关项目1项。

【企业党建】 2021年，高质量开展党史学习教育，各级党委带头落实“第一议题”制度，深入学习贯彻习近平总书记“七一”重要讲话精神和中共十九届六中全会精神。深入开展“百名党员接力读党章”“红色供电所巡礼”等主题活动。实施“党建+班组建设”精优工程，班组建设案例获评全国首届电力班组创新创效大赛二等奖。开展“为民服务日”“建党百年红船行、人民电业为人民”专项行动，206个“我为群众办实事”项目扎实推进。开展“靠企吃企”“酒驾醉驾”、省管产业专项治理等行动，认真配合国家电网党组巡视监督，落实意见反馈和问题整改。严格执行选人用人制度，选优配强各级领导班子和领导人员。深化新员工“墩苗”工程，连续3年组织58名新员工集中适岗培训。全力争取人才政策同城化待遇，428名员工申领衢州市高层次人才津贴。为职工办实事，首创户外作业职工“休憩小站”，并在全省系统推广。深入实施“青马工程”，5家单位获评省公司五四红旗团支部，1个项目获评国网公司青创赛金奖。加强宣传策划和主题传播，多个作品获中国电力新闻奖一等奖、能源奥斯卡一等奖、全国品牌故事大赛一等奖等荣誉。意识形态领域态势向好，舆情保持平稳。

（刘 敏　黄 俊）

生态环境

Ecological Environment

综　述

【概　况】2021年，全市生态环境系统学习贯彻习近平生态文明思想，落实市委“1433”发展战略体系，打好污染防治“三大战役”[治气攻坚战、治水长效战、治土(清废)持久战]，推进环保督察整改，推进产业绿色低碳转型，拓宽“两山”转化通道，“诗画浙江”大花园核心区建设取得阶段性成果。全市水质继续保持5个100%达标且全部达到Ⅱ类及以上，即12个国控断面、15个省控断面、21个市控断面、5个跨行政区域交接断面、8个集中式饮用水水源水质均实现100%达标，属全省首个全部达到Ⅱ类水的地市，地表水环境质量在全国339个地市中排名第21。衢州市连续7年夺得“五水共治”大禹鼎，成为浙江省首批获得金鼎的三个地市之一。市区$PM_{2.5}$(大气中空气动力学当量直径小于或等于2.5微米的颗粒物，空气质量指数)浓度均值24微克/立方米，同比下降7.7%，空气质量优良率95.6%，市、县城市空气质量全面优于国家二级标准，衢州市、常山县被评为浙江省清新空气示范区。生态环境公众满意度近五年持续提升，蝉联全省第1。

【生态文明示范创建】2021年，衢州市创成国家生态文明建设示范市，是全省同时收获国家生态文明建设示范市和“绿水青山就是金山银山”实践创新基地两块金字招牌的两个地市之一。龙游县、常山县创成省级生态文明建设示范县，实现省级生态文明建设示范市县全覆盖。柯城区“两溪”(石梁溪、庙源溪)流域生态环境导向的开发模式入选国家EOD模式(生态环境导向的开发模式)试点。《中国环境报》连续2年头版头条专题介绍衢州“两山”实践工作经验。

2021年10月，衢州市获评国家生态文明建设示范区

【生态环境数字化改革】2021年，迭代升级生态环境数字平台3.0版，形成环境眼AI感知、环境码数据归集、环境芯智能分析、环境链协同治理“四位一体”数字化综合应用系统，其中环境眼电子围栏应用在全省推广使用，“碧水提质精准智控”应用场景被列为省级试点项目。

环境质量

【概　况】2021年，衢州市区环境空气质量优良天数349天(优142天、良207天)，占全年总有效监测天数95.6%。县级以上集中式饮用水源水质达标率100%，衢江及支流水质持续稳定。全市声环境质量较好，辐射环境安全。

【环境空气质量】2021年，衢州市区环境空气质量评价结果以优、良为主，其中，优为142天，良为207天，轻度污染16天，其中13天为臭氧污染物超标，1天为$PM_{2.5}$超标和PM_{10}（可吸入颗粒物指空气动力学当量直径≤10微米的颗粒物）同时超标，2天为PM_{10}超标，无中度及以上污染。衢州市区环境空气质量六项常规监测指标中，SO_2（二氧化硫）、NO_2（二氧化氮）和CO（一氧化碳）达到国家环境空气质量一级标准，$PM_{2.5}$、PM_{10}和臭氧达到国家环境空气质量二级标准。市区$PM_{2.5}$年均浓度值为24微克/立方米，日均浓度范围为3—100微克/立方米，日达标率99.7%。市区PM_{10}年均浓度值为51微克/立方米，日均浓度范围为7—191微克/立方米，日达标率99.2%。市区SO_2（二氧化硫）年均浓度值为6微克/立方米，日均浓度范围为2—20微克/立方米，日达标率100%。市区NO_2（二氧化氮）年均浓度值为28微克/立方米，日均浓度范围为7—59微克/立方米，日达标率100%。市区臭氧日最大8小时滑动平均浓度第90百分位数为142微克/立方米，日最大8小时滑动平均浓度范围为17—210微克/立方米，日达标率96.4%。市区CO（一氧化碳）24小时平均浓度第95百分位数为1.0毫克/立方米，日均浓度范围为0.3—1.2毫克/立方米，日达标率100%。

【酸　雨】2021年，全市采集有效降水样品438个，单次降水PH（指酸碱度指标）值范围在3.05—7.78之间。市区及各县（市）的降水PH年均值范围为5.13—6.23，降水PH年均值最小为常山县5.13，最大为龙游县6.33，全市降水PH年均值为5.48。全市酸雨率62.9%。其中，江山市酸雨率最高，达89.8%，其余依次为常山县76.8%、开化县76.0%、衢州市区36.3%、龙游县17.0%。与2020年相比，除衢州市市区和开化县酸雨率分别下降49.7和15.6个百分点外，其他县（市）酸雨率均有所上升。

【地表水环境】2021年，21个市控以上地表水监测断面均满足水环境功能区目标水质要求，达标率100%，与2020年相比持平。湖南镇水库大坝断面水质由Ⅱ类上升为Ⅰ类，其余断面水质类别均与2020年持平。

与2020年相比，常山港、江山港、乌溪江、灵山江、衢江水质无明显变化。常山港：3个监测断面均符合水环境功能要求；与2020年相比，3个监测断面水质均维持Ⅱ类。江山港：5个监测断面均符合水环境功能要求；与2020年相比，5个监测断面水质均维持Ⅱ类。衢江：4个监测断面均符合水环境功能要求；与2020年相比，4个监测断面水质均维持Ⅱ类。马金溪：3个监测断面均符合水环境功能要求；与2020年相比，2个监测断面水质维持Ⅰ类、1个监测断面水质维持Ⅱ类。苏庄溪：1个监测断面符合水环境功能要求；与2020年相比，1个监测断面水质均维持Ⅱ类。乌溪江：1个监测断面符合水环境功能要求；与2020年相比，1个监测断面水质维持Ⅱ类。灵山江：1个监测断面符合水环境功能要求；与2020年相比，1个监测断面水质维持Ⅱ类。水库：3个监测断面符合水环境功能要求；与2020年相比，2个（黄坛口水库、铜山源水库大坝）监测断面水质维持Ⅱ类、1个（湖南镇水库大坝）监测断面由Ⅱ类上升为Ⅰ类。

【集中式饮用水水源地】2021年，全市县级以上集中式饮用水水源地包括黄坛口、龙潭、枧头、峡口水库、碗窑水库坝头、洪畈水库、社阳水库大坝和芙蓉水库8个，均符合《地表水环境质量标准》（GB 3838—2002）Ⅲ类标准，其中3个监测断面水质为Ⅰ类，占比37.5%；5个监测断面水质为Ⅱ类，占比62.5%。与2020年相比，3个监测断面水质维持Ⅰ类，4个监测断面水质维持Ⅱ类。龙游县的社阳水库、高坪桥水库为新增水源地，2020年无数据。

【城市声环境】2021年，衢州市区、常山县、开化县、龙游县、江山市城市区域环境噪声昼间平均等效声级分别为56.0分贝、55.0分贝、53.8分贝、49.8分贝、52.7分贝。与2020年相比，衢州市区、开化县和常山县区域环境噪声昼间平均等效声级分别上升2.5分贝、0.4分贝和2.2分贝，江山市和龙游县区域环境噪声昼间平均等效声级分别下降0.6分贝和0.3分贝。全市功能区噪声1类功能区平均等效声级为昼间47.2分贝、夜间38.4分贝，2类功能区平均等效声级为昼间52.0分贝、夜间42.6分贝,3类功能区平均等效声级为昼间56.8分贝、夜间50.7分贝,4类功能区平均等效声级为昼间61.2分贝、夜间53.5分贝。与2020年相比,2021年全市1类、2类、3类和4类功能区的昼间、夜间平均等效声级除了3类和4类功能区的昼间、夜间有所上升外其余的均有所下降。衢州市区、常山县、开化县、龙游县、江山市道路交通噪声昼间平均等效声级分别为66.8分贝、66.1分贝、65.1分贝、65.0分贝、65.6分贝,声环境质量好。衢州市区及各县(市)的交通噪声昼间等效声级均值均低于国家70分贝控制值内。与2020年相比,衢州市区、龙游县和开化县的交通噪声昼间等效声级均值有所下降,常山县和江山市的交通噪声昼间等效声级均值有所上升。

【辐射环境】 2021年,全市辐射环境质量与2020年相比无明显变化。陆地辐射监测点瞬时环境γ辐射剂量率(未扣除宇宙射线响应值),按监测点统计,范围为64.3—7.4nGy/h(纳戈瑞/小时),年均值为66.0nGy/h(纳戈瑞/小时。考虑宇宙射线的影响,与1983—1990年全国环境天然放射性水平的测量结果[范围为11.3—172.5nGy/h(纳戈瑞/小时),平均值为72.2 nGy/h(纳戈瑞/小时)]相比,无明显变化;与历年监测结果相比,为同一水平。环境电磁辐射与历年监测结果相比无明显变化。2021年衢州市环境电磁综合场强测值范围为0.27—0.32伏/米(平均值为0.30伏/米),远低于《电磁环境控制限值》(GB 8702—2014)规定的公众照射参考导出限值12伏/米。

综合整治

【概　况】 2021年,持续推进治气攻坚战、治水长效战、治土(清废)持久战三大战役,开展环保专项整治行动,落实环保整治措施,污染防治三大战役取得实效。

【治水长效战】 2021年,持续打好治水长效战,巩固和提升水环境质量。印发《衢州市水生态环境保护"十四五"规划》,夯实"十四五"水生态环境保护工作基础。建立"蓝黄红"国控省控断面水质预警机制,完成12个国控断面走航排查、分析报告与"一点一策"治理方案。实现全市县域出境水水质全部达Ⅱ类水。完成4个工业园区、193个城镇生活小区、10个镇街"污水零直排区"建设,衢州高新技术产业园区创成工业园"污水零直排区"标杆园区。全力保障饮用水安全,完成2020年省生态环境保护督察办暗访检查发现的32个饮用水水源地问题整改销号。建成河湖生态缓冲带22.35千米,新增12条美丽河湖,完成9个"水美乡镇"建设。柯城区石梁溪、开化县马金溪入选全国美丽河湖优秀案例。

【治气攻坚战】 2021年,持续开展治气攻坚战。开展减污降碳协同治理,在全国首创工业碳账户体系,发布浙江省首个工业企业碳账户体系地方标准《工业企业碳账户碳排放核算与评价指南》。2个乡镇、19个村(社区)入选全省首批低(零)碳镇(街道)、村(社区)碳试点。制定《化工园区整治提升行动方案》,淘汰存在安全环保隐患的化工企业78家,完成挥发性有机物源头替代和深度治理

"污水零直排"标杆园区——衢州高新技术产业园区

项目46个，完成水泥超低排放项目19个，淘汰现有小燃气锅炉8个，新建210蒸吨/小时大型燃气锅炉2台，完成35蒸吨以上燃煤锅炉超低排放改造1台，完成工业炉窑深度治理项目6个。江山经济开发区被列入浙江省级绿色低碳工业园区名单，华友新能源科技（衢州）有限公司、维达纸业（浙江）有限公司两家企业被列入浙江省级绿色低碳工厂名单。全市所有车辆检测站均通过省级“车检一件事”改革验收，成为全省首个完成任务的设区市。加强柴油货车、非道路移动机械监管，全年淘汰国Ⅳ营运车801台。开展城市面源防治，新建露天焚烧高空瞭望预警设施70套、道路扬尘自动监测点位34个。

【治土持久战】2021年，持续开展治土持久战，继续加大固废危废管理力度。工业危险废物和医疗废物无害化处置率100%，受污染耕地安全利用率96.04%，污染地块安全利用率100%，畜禽养殖资源化利用率98%以上，农村黑臭水体治理率100%。继续推进“无废城市”创建工作，制定《衢州市全域“无废城市”建设实施方案》，完成《衢州市工业固体废物管理若干规定》立法。提高固废危废处置利用水平，处置能力建设方面，新建固废危废处置项目3个，新增填埋能力40万立方米，新增处置能力39万吨/年；收运体系建设方面，小微企业危废集中收运体系实现市域全覆盖，完成开化县、江山市、智造新城、龙游县4个小微危废转运中心建设并投入运营。开展固体废物专项整治，印发《衢州市危险废物治理“五报五查五管控”专项行动方案》（五报：开展危险废物产生单位、经营单位、收集单位、运输单位、利用处置单位的申报和承诺，五查：重点排查危险废物产生、经营、收集、运输和利用处置等环节管理措施落实情况，五管控：全面落实清单化管控、专业化管控、数字化管控、网格化管控、社会化管控五方面管控措施），对废物产生、经营、收集、运输及利用处置等环节进行专项申报和排查，全年排查出问题322个，固废堆场78个，均按要求完成整治。建立新冠肺炎涉疫废物应急处置预案制度，明确衢州市清泰环境工程公司为常规性处置单位，光大环保能源（衢州）有限公司为应急处置单位，应急处置总能力100吨/日，全年收集处置医疗废物5196吨。开展土壤污染防治，完成50%以上受污染耕地源解析，全市受污染耕地安全利用率96%以上。实施农村污染防治，开展1508个20吨以上农村生活污水处理设施监督性监测，完成9个黑臭水体、17个行政村农村环境整治。

【固体废物数字化监管】2021年，升级完善固体废物和危险废物全过程监控平台，实现危险废物持证经营单位100%联网监控，3吨以上危险废物产废单位、100吨以上一般固废产废单位100%联网监控。平台系统注册登记产废企业2396家，危废经营企业104家（其中市外企业82家），危废运输企业105家，运输车辆873辆。

生态环境执法

【概　况】2021年，继续抓好生态环境保护督察发现问题整改，开展各类生态环境专项执法行动，未发生较大以上突发环境事件。

【生态环境保护督察整改】2021年，各项督察整改任务按序时推进。第一轮中央环保督察反馈涉及的7项整改任务、交办的343件信访件均完成整改；第一轮省级环保督察反馈的26项整改任务，完成整改24项；交办的216件信访件均完成整改。第二轮中央生态环保督察涉及的11项整改任务，完成7项整改，提前完成第二轮中央生态环保督察警示案例整改销号。2020年省委生态环境保护专项督察，交办的10个问题，整改完成9个。长江经济带警示片披露问题，涉及衢州市1项整改任务，即常山县辉埠镇钙行业整治不到位、镇区水体污染严重问题，完成整改销号，该问题整改情况被列入2021年长江经济带警示片正面典型案例，被列入“省委七张问题清单”示范榜。省委“七张清单”生态环境问题，涉及12项生态环境领域问题，完成11项整改。

【生态环境执法】2021年，开展大排查大整治、“雷霆斩污”2.0、百日攻坚、危废治理“五报五查五管控”“绿剑”行动等执法行动。全年出动执法人员2.3万余人次，排查企业4500余家次，查处环境违法案件248件，罚款2329万元；其中查封扣押15件、移送拘留11件、移送公安涉刑案件3件。

【环境污染问题发现能力建设】 2021年，印发《衢州市建立健全环境污染问题发现、整改和评价奖惩机制实施方案》，出台《衢州市生态环境违法行为举报奖励实施细则》，引导和鼓励群众广泛参与环境污染防治。强化问题清底建档，通过“督察在线”系统建立突出环境污染问题库，建立问题销号、督办等制度。全年共对生态环境违法行为举报奖励2.5万元。持续推进环境污染问题发现能力建设，完成142家重点排污单位自动监控设施安装联网，出台《衢州市“电子围栏”监管平台运行管理实施细则》。

2021年4月13日，在衢州市衢江区千里岗省级自然保护区发现的古氏草蜥，为浙江省首次发现该物种的野生种群

生态建设

【概　况】 2021年，以改善环境质量为目标、持续加大生态建设和环境保护工作力度，稳步推进生态文明建设各项工作。

【生态系统保护与修复】 2021年，开展“绿盾2021”专项行动，对古田山国家级自然保护区15个人类活动遥感问题开展现场核查，完成名山公园建设投资7451万元。开展生物多样性保护，衢江、江山、开化3个重点地区开展12项生物多样性本底调查评估。完成乡村全域土地综合整治与生态修复工程13个，废弃矿山生态修复8个。创成省级生态文明教育基地4个，省级绿色家庭12家。

【生态产品价值实现机制】 2021年，开展衢州市生态系统生产总值（GEP）核算，推进GEP进生态共富“标准地”，核算出“标准地”应有生态价值，使资源收储价格与GEP挂钩。搭建市级交易服务、县级主体运营、乡村资源入股的“两山银行”平台体系，全市成立1个交易服务中心、7个开发运营公司，6个“两山银行”。

【生态环境损害赔偿】 2021年，推动生态环境损害赔偿制度改革向常态化、制度化转变。年内，办结生态环境损害赔偿案例6件，涉及10个赔偿义务人，赔偿金额共计2213.7万元。2件生态环境损害赔偿磋商案例入选全省首批十大典型案例，其中浙江利盛材料有限公司违规堆放危险废物生态环境损害赔偿案入选全国第二批生态环境损害赔偿磋商十大典型案例，被生态环境部发文表扬。

（毛俊杰）

治水工作

【概　况】 2021年，衢州市推进“五水共治”共建生态家园工作领导小组办公室（衢州市河长制办公室）贯彻落实省委、省政府“五水共治”决策部署，继续保持七夺“大禹鼎”的良好态势，锚定“八夺大禹鼎、再夺金鼎”目标，以“布新局、树新标、强推进”为工作主线，按照“争三拼一”的要求，纵深推进“五水共治”碧水行动，加快补齐治水短板，完成“五水共治”（河长制）年度目标任务，为打造四省边际共同富裕示范区提供水生态环境保障。5月18日，在浙江省建设新时代美丽浙江暨中央环境保护督查整改推进大会上，衢州市被省委、省政府再次授予“大禹

2021年5月18日，衢州市获得“五水共治”最高奖——“大禹鼎”金鼎

鼎”，衢州连续7年获得“大禹鼎”，在全省首批获得“五水共治”最高奖——“大禹鼎”金鼎。市委副书记、市长汤飞帆上台领奖，并作典型发言。

【巩固水质提升成果】2021年，紧盯国控、省控断面，每月开展水质会商分析，及时研判预警，针对个别断面部分时段水质不稳定的问题，实施“一点一策”系统治理、精准管控。利用生态环境数字化监管平台，组织开展“无人船”“无人机”监测走航，其中监测走航200千米，排查203个排水（污）口，提出整改措施60余条，梳理出水质提升工程87个；建立“蓝黄红”预警机制，对不稳定断面及时开展“一点一策”溯源分析，进一步优化8个县级以上集中式饮用水水源保护区划分方案，完善“千吨万人”（供水人口在1万人或日供水在1000吨以上）及其他乡镇级饮用水水源保护区划分工作，完成全市12个国控断面“一点一策”方案编制。1—12月，衢州市水环境状况在全国338个地级市位列第21。出境水水质连续5年稳定保持Ⅱ类；12个国控断面、15个省控断面、21个市控断面、5个跨行政区域交接断面、8个集中饮用水水源地水质实现“五个100%”达标，全部达到Ⅱ类以上水质。

【“污水零直排区”建设】2021年，紧盯目标任务，克服开工晚、资金缺口大等问题，建立“一周一督导、一周一分析、一周一例会”工作机制，倒排时间、倒排工期、挂图作战，完成4个工业园区、193个生活小区、10个城镇“污水零直排区”（以下简称零直排区）建设任务，柯城区、江山市、常山县完成全域“污水零直排区”创建，衢州市实现全域零直排区建设“五年任务四年完成”的目标。同时，组织开展“回头看”，健全长效运维，巩固创建成效。各地积极创新，大胆探索，总结出具有区域特色的经验做法：柯城区荷花街道针对“污水零直排区”建设中的“乱、简、漏、疏”等问题，首创“1616”［前一个“16”指的是对施工单位实行10种不良情形经济处罚制度和对监理公司实行6种情形经济处罚制度；后一个“16”则是指网格负责人监管10项职责，社区书记（主任）监管6项职责］质量监管办法；衢江区廿里镇以数字化赋能提升零直排区建设成效；龙游县溪口镇在零直排区建设中有机融入乡村未来社区建设；江山市廿八都镇把古街保护文化旅游开发与零直排区建设充分结合，一体建设一体推进；开化齐溪镇立足山区特点，探索山区零直排区建设新模式。

2021年3月18日，全市“五水共治”（河长制）工作暨找短板寻盲区查漏洞挖死角专项行动动员部署会召开

【治水督查】2021年，贯彻落实省治水办“找寻查挖”专项行动工作和市委、市政府“防风险守底线”的总体部署，组织开展“找寻查挖”专项行动。4月7日，常务副市长陈锦标主持召开全市“五水共治”暨“找寻查挖”专项行动动员部署会，对专项行动进行部署并提出具体要求。市治水办对标

省治水办“十查”要求，研究制定方案文件，动员各方力量，全方位、无盲区、无死角开展大排查、大整治。通过聘请有资质的第三方机构、借助无人机高科技手段等形式提高问题排查质量。市治水办干部开展一线督查，先后组织乡自查、县互查、市级督查、省内地市交叉检查等多轮行动，下发交办单110件、提醒单10件，形成专项行动周报30期，对排查发现的问题全部纳入“四张清单”进行闭环销号管理。通过找寻查挖，解决一批历史遗留难题。

柯城区大俱源溪余东村段

【河长履职】2021年，按照守水有责、治水尽责、护水担责的要求，19名市级河湖长率先垂范，积极履职，各河湖长联系部门积极作为，全年累计开展巡河400余次，推动乌龙坑等一批历史顽疾得到有效解决。严格执行“首日巡河制度”，加大乡、村两级河长巡河履职，各级河湖长巡河率位居全省前列。推广总河长会议、河湖长例会、总河长令、河长令等制度，全市各县(市、区)均发布县级总河长令，县级总河湖长会议实现全覆盖。健全河湖长制信息报送和问题交办机制，全年印发河长专报12期，报送市、县两级河湖长告知函(报告函)466份；办结“12345”热线投诉63件，办理衢州公众护水平台投诉5704件。强化党建统领河湖长制，主动融入“县乡一体、条抓块统”等中心工作，全域推广多通融合“掌上基层”普及运用，首轮通过省“十三五”河长制实施绩效评估。

【美丽河湖创建】2021年，以“美丽河湖+”为主线，以江河流域高质量发展与民生福祉提升为主要目标，以“百江千河万溪”水美工程建设为主要抓手，统筹推进水美乡镇、农村池塘整治等民生工程，全年共建设市级美丽河湖12条。率先在全省实现省市级河道省级美丽河湖全覆盖。柯城区入选2021年省级幸福河湖试点县，成功入选水利部2022年水系连通及水美乡村建设试点县，可获补助资金1.6亿元，衢江区入选2022年省级幸福河湖试点县；开化县马金溪入选生态环境部美丽河湖提名案例。

【治水宣传】2021年，挖掘衢州市治水亮点，在省治水简报刊发信息10篇，在省治水办微信平台录用单篇、组稿80篇；拓展治水外宣渠道，8篇治水新闻登上《浙江日报》头版，央视《新闻联播》等栏目先后4次报道衢州治水亮点，治水宣传持续走在全省第一方阵。以七夺大禹鼎、首夺金鼎为契机，与衢州日报社、衢州广播电视台等多方联动，宣传报道衢州治水工作。制作讲述衢州市夺取“大禹鼎”金鼎背后故事的专题宣传片《衢州治水一刻》，在“美丽浙江”等多个省级平台亮相展播；制作“大禹治水”纪念邮票，打造独具特色的“衢州有礼”治水名片。以衢州公众护水平台为载体，组织开展蓝马甲“巡河湖 找问题 赢奖励”“水美衢州”手机摄影大赛等群众喜闻乐见的护水活动，广泛发动社会各界参与治水护水，提升群众幸福感、获得感。

（郑　丽）

农业农村

Agriculture and Rural Affairs

农村经济

【概 况】2021年，全市有100个乡镇（街道）、1482个行政村，农户74.71万户，农村人口160.50万人。家庭承包经营的农户59.52万户，家庭承包经营耕地面积137.65万亩。有市级农经机构（农村合作经济指导处）1个、县级农经机构7个、乡级农经机构101个，农经队伍实有人数264人。

【农民增收】2021年，农村常住居民人均可支配收入29266元，同比增长11.3%，增幅位居全省第2；低收入农户人均可支配收入16016元，同比增长15.9%，增幅位居全省第2。

【巩固提升村级集体经济】2021年，实施村级集体经济巩固提升行动，全市所有行政村集体经济总收入16.02亿元、经营性收入6.48亿元，村均总收入108.1万元、经营性收入43.75万元，较2020年分别增长26.62%和36.50%，村级集体经济总收入增幅较全市农民人均可支配收入增幅高出15.32个百分点。全市1482个行政村经营性收入20万元以上村达100%，307个村经营性收入达50万元、占20.72%，103个村经营性收入达100万元、占6.95%。衢州市在2020年度全省集体经济巩固提升工作考评中排名全省第1。

【深化新时代乡村集成改革】2021年，作为全省首个全市域、全方位推进新时代乡村集成改革的试点市，按照“全市域统筹、一县一主题、百村做示范”的改革思路，打造柯城区山谷经济、衢江区“县乡一体、条抓块统”、龙游县农民集聚、江山市宅基地制度改革、常山县“两山合作社”、开化县“开化龙顶”品牌培育为重点的“一县一主题”改革品牌。

【深化土地制度改革】2021年，积极推进土地集中连片流转，培育土地集中连片流转示范村50个，农村土地经营权流转面积73.83万亩，比上年新增2.03万亩；流转面积占全市农民承包耕地总面积的53.64%。开展宅基地和农房盘活利用，培育宅基地和农房盘活利用示范村30个。深化江山市宅基地制度改革全国试点，制定《江山市关于推进农村宅基地制度改革试点工作的实施意见》“1+13”政策体系，在贺村镇、峡口镇开展试点，初步实现基础数据“一个库”，农民建房“一件事”，多跨场景“一平台”。（卢晓丽）

农 业

·综 述·

【概 况】2021年，全市农业农村系统紧扣“全力打造四省边际共同富裕示范区”的战略目标，以深化农业供给侧结构性改革为主线，推进重要农产品稳产保供、“3+X”（3个特色主导产业、X个新兴特色产业）特色农业产业发展、农业“双强”（科技强农、机械强农）、三产融合发展等重点工作，加快现代农业发展取得新的成效。全市农林牧渔业总产值和增加值分别为141.18亿元、89.35

亿元，分别同比增长3.8%、2.9%。

【农业"碳账户"建设】2021年，衢州市在全国率先以传统种植养殖生产、畜牧业循环利用、肥料使用等环节作为减排关键点，确定农作物秸秆综合利用、土壤固碳机制、畜禽粪污资源化利用三条"碳中和"路径，提出用全生命周期方法量化农产品生产"碳足迹"的理论模型。全年，完成复种面积100亩以上水稻种植企业、年出栏1000头以上生猪养殖企业和所有有机肥生产企业数据采集，共计845家主体。12月30日，发布《农业碳账户碳排放核算与评价指南（试行）》，明确种植业、养殖业和有机肥企业生产过程中引起的温室气体的核算边界、核算步骤与方法等内容。

【农产品质量安全监管】2021年，加强农产品质量安全风险预警机制建设，加大农产品质量安全监督抽检监管执法力度。开展农产品质量安全专项整治"利剑"行动，严厉打击农产品质量安全领域违法违规行为。全年定量抽检农产品4526批次，其中监督抽检1800批次以上，立案查处13起，实施风险预警43次，全市农产品质量安全省级例行监测合格率99.03%。全市累计出动监管执法人员2.1万余人次，检查生产经营主体1.86万家次，发放和张贴宣传资料9.86万份，行政立案13起。推进以食用农产品合格证制度的农产品质量安全可追溯体系建设。全市3000余家农业经营主体纳入农产品质量安全追溯平台管理，其中2000余家实现合格证二维码可追溯管理。

【农业行政执法】2021年，围绕实施乡村振兴战略和农业农村高质量发展的新任务、新要求，坚持问题导向，突出农业执法主责主业，抓好"绿剑"护农执法、"利剑"保供执法、"亮剑"渔政执法。全市全年开展各类执法行动910余次，出动执法人员1.27万人次，查办各类案件174起，罚款没收违法所得28.97万元。5月，市农业行政执法队获评为全国农业综合行政执法示范窗口。

【"肥药两制"改革示范店创建】2021年，根据《浙江省农业农村厅关于开展"肥药两制"改革农资店创建工作的通知》精神，以"肥药两制"改革（化肥、农药等农业投入凭实名制购买，以及定额制施用改革）农资店创建为重要抓手，加强农药化肥生产、经营、使用等全环节的源头监管力度。全年完成96家"肥药两制"改革农资店示范创建，提前一年超额完成省级示范店创建任务。

·种植业·

【概　况】2021年，全市粮食播种面积8.95万公顷，粮食总产量55.37万吨。其中，水稻播种面积6.41万公顷，占粮食播种面积的71.62%；总产量45.73万吨，占粮食总产量的82.59%。规模种粮主体1106家，规模种粮面积50.88万亩，其中规模早稻种植面积23.73万亩。全市42家种粮大户开展粮食加工营销，承包土地面积4.74万亩，种植水稻面积6.66万亩，创建大米品牌28个，全年销售大米3.92万吨。全市蔬菜播种面积3.86万公顷，产量107.09万吨。2021年，衢州市获全省粮食安全责任制考核优秀单位，衢州市农业农村局被农业农村部授予"全国粮食生产先进集体"荣誉称号。

【耕地"非粮化"整治】2021年，严格贯彻中央和省委、省政府关于制止耕地"非农化"防止耕地"非粮化"，开展粮食生产功能区整治优化的工作部署，按照防增量、去存量、控抛荒的要求，突出重点、标本兼治、分类分步，尊重农民意愿、尊重历史事实、尊重客观规律，积极稳妥有序推进"非粮化"整治优化工作。全年完成审计发现粮食生产功能区"非粮化"整治5.73万亩，占审计发现任务的100%，其中清理腾退2.41万亩，拟调整优化3.32万亩。

【高标准农田建设】2021年，完成高标准农田建设4.79万亩，高效节水灌溉1.07万亩，累计建成高标准农田152.24万亩。积极向上争取绿色农田建设试点，江山市大桥镇社墩畈绿色农田建设项目、衢江区全旺镇绿色农田建设项目、常山县四都畈绿色农田建设项目3个项目成功入选省级首批绿色农田试点项目。10月20日，衢江区在全省高标准农田建设工作现场会上作典型发言，衢州市、江山市农业农村局农田建设做法入选现场会书面交流材料。

【推广水稻主导品种】2021年，全市推广水稻主导品种29个，分别是甬籼15、中嘉早17、中早39、中组143、中组100、中组18、中组53、株两优831、中浙优8号、浙优18、浙粳优1578、甬优538、甬优1540、甬优15、秀水121、泰两优217、嘉丰优2号、华浙优1号、中浙优H7、甬优7860、甬优7850、浙两优274、春优927、泰两优1332、华浙优71、嘉禾优7245、宁88、浙粳99、浙粳96。全市主导品种推广面积56086.7公顷，占全市水稻总面积的84%。

【鲜食春甜玉米创“浙江农业之最”】2021年，龙游王正伟家庭农场王虎(技术指导:浙江省农业科学院玉米与特色旱粮研究所赵福成、王桂跃，龙游县种植业发展中心陈宏伟)在龙游县詹家镇坑头村玉米示范基地种植的品种“浙甜19”，经浙江农业之最委员会办公室组织专家测产验收，确认百亩方亩产1424.96公斤、攻关田亩产1455.26公斤，双双创下“浙江农业之最”鲜食春甜玉米最高百亩方亩产、最高亩产新纪录。

【鲜食秋大豆创“浙江农业之最”】2021年，龙游涵萱家庭农场有限公司李正泉(技术指导:龙游县种植业发展中心袁敏良，衢州市农业技术推广中心李诚永)种植的鲜食秋大豆品种“萧农秋艳”，经浙江农业之最委员会办公室组织专家测产验收，百亩方亩产1057.49公斤、攻关田亩产1140.32公斤，创下“浙江农业之最”鲜食秋大豆最高百亩方亩产、最高亩产新纪录。

【旱半夏创“浙江农业之最”】2021年，衢州市衢江区帮你富农业开发有限公司吴炜(技术指导:衢州市农业技术推广中心夏秋、江德权、王宏航)种植的旱半夏品种“野生驯化品种”，经浙江农业之最委员会办公室组织专家测产验收，亩产335.92公斤，创下“浙江农业之最”旱半夏最高亩产新纪录。

【种子储备】2021年，全市落实储备种子902.25吨。其中，早稻中早39、中嘉早17、甬籼15、金早47、金早09、台早518等种子850吨，油菜浙油51、浙双72、浙大622、越优1301、嘉油1427等种子11.63吨，济单7号、浙凤糯3号种子2.5吨，大豆浙农6号种子12吨，蔬菜苏州青种子4.1吨，短叶13萝卜种子2.0吨。全市共动用储备种子518.17吨。

【承办全省春耕备耕现场会】3月16日，全省农业春耕备耕暨送科技下乡启动仪式在衢州江山市凤林镇中岗村江山如画农场举行。市委副书记、市长汤飞帆致辞，省农业农村厅党组书记、厅长王通林讲话，省供销合作社党委书记、理事会主任邵峰，省农科院党委副书记、副院长林福呈，省农业农村厅副厅长唐冬寿，市领导吴舜泽、徐利水出席。活动现场发布2020年浙江省农业科技进步贡献率，成立市级农科院农业科技联盟，正式上线“浙农号”新闻客户端。

【“好稻米”评选活动】2020年12月至2021年8月，成功举办2021年度“衢州好稻米”评选活动，获得金奖品种分别为甬优7850、嘉科优11、南粳46、嘉禾香1号、桃湘优莉晶；优质奖品种分别为华浙优1号、泰两优1413、泰两优217、华浙优261、泰丰优2号。中浙优8号(衢州市馨玥智慧生态农业发展有限公司)、甬优15(江山市奋发农业发展有限公司)获

2021年3月16日，全省春耕备耕现场会在江山市召开

“2021浙江好稻米”优质奖。

【获省农业丰收奖】2021年，市农业技术推广中心申报的“甬优1540绿色高产高效栽培技术集成与推广应用”获2020年度浙江省农业丰收奖二等奖。

【再生稻生产标准创建】4月26日，衢州市农业技术推广中心、常山县种植业发展中心、常山县数字乡村与科技教育中心联合起草并发布地方标准《再生稻生产技术规程》。

【省级良种繁育基地】2021年，成功认定省级良种繁育基地5个，其中龙游县良种繁育基地县（水稻）获得省级认定；浙江龙游县五谷香种业有限公司（龙游县）、浙江省勿忘农种业股份有限公司（龙游县）、江山市郎峰种子有限公司（江山市）和杭州种业集团有限公司（衢江区）4个水稻良种繁育基地获得省级认定。

【柑橘产业转型】2021年，全市全年以高接换种为主发展柑橘新品种4258亩，其中常山香橙推广面积1767.9亩，全市柑橘品种结构得到进一步调整优化，加工产品双柚汁受市场青睐。加快推广无核椪柑，市级建成高标准无核椪柑示范基地30亩，柯城区建成万田乡慈张村无核椪柑示范基地112亩。

【举办柑橘网销年货节】2月1—28日，“好吃衢州”精品年货节活动在浙江网上农博平台举办，开设品柑橘、尝小吃、看直播、享特惠、领红包、逛区县六大专区，全方位呈现“好吃衢州”，引导消费者体验“好吃衢州”。此次活动吸引全市90家农业主体报名参加，其中柑橘类36家、小吃类16家，销售农产品14847单、165万元。

【参展茶产业博览会】5月21—25日，第四届中国国际茶叶博览会在杭州国际博览中心举办。在本届茶博会上，衢州市设精品茶叶和“中国茶机之都”两个展区，面积216平方米，参展企业20家，参展规模为历年最大。其中，茶机企业首次组织参展，衢州是全场唯一由官方组织茶机企业参展的地市，进一步打响“中国茶机之都”品牌。10月16日，组织开化县茶企参加青岛国际茶产业博览会，扩大衢州茶叶品牌在全国的影响力。

【农业植物疫情防控】2021年，组织植物疫情防控会议83次，部署落实柑橘黄龙病（木虱）、水稻细菌性条斑病、梨树疫病、红火蚁等重大农业植物疫情防控措施，有效控制重大农业植物疫情，保障全市农业生产和生态安全。举办各类培训班75期，受训人员6154人次，发放资料11834份，参与重大植物疫情普查人员4185人次，其中专家339人次，调查作物面积298.5万亩，防控面积87.1万亩，防除龙游县红火蚁116.1亩、柑橘黄龙病13.8亩。

【农药废弃包装物回收处置】2021年，进一步完善“经营单位回收、专业机构运输、资质单位处理、财政补助扶持、部门监督协调”的农药废弃包装物回收处置模式，建立健全农药废弃包装物政策支撑、回收处置和监管机制。全年回收农药废弃物294.02吨，完成省级考核目标138.13%，实际处置368.77吨。

【绿色防控和统防统治】2021年，全市创建省级绿色防控示范区15个，绿色防控推广面积110.86万亩，培育县级以上统防统治示范性服务组织39个，完成统防统治面积88.82万亩，农药减量74.5吨。

·畜禽养殖·

【概　况】2021年末，全市生猪存栏91.47万头，同比减少1.36%。其中能繁母猪存栏9.47万头，同比增长9.99%。生猪累计出栏120.45万头，同比增长33.16%。羊存栏4.80万只，同比增长10.60%；累计出栏4.50万头，同比增长8.33%。兔存栏0.21万只，同比增长22.41%；累计出栏0.35万只，同比减少58.74%。家禽存栏1544.79万羽，同比增长3.57%；累计出栏4621.51万羽，同比增长26.50%。牛存栏21935头，同比增长35.14%；累计出栏19989头，同比增长70.10%。蜂存栏25.29万箱，同比增长15.17%。禽蛋产量5.23万吨，同比增长4.03%。牛奶产量9662吨，同比增长23.11%。全年未发生重大动物疫情和畜产品质量安全事故。

【创建美丽牧场】2021年，继续推进全市域畜牧业绿色发展示范创建，完成创建省级美丽牧场10家。持续抓好畜禽粪污资源化利用，严守养殖不污染环境的底线，畜禽粪便综合利用率99.92%，规模养殖场粪污处理设施装备配套率100%，病死畜禽无害化处理率100%。

【打造精品畜牧业】 2021年，坚持特色化、优质化、精品化战略，进一步优化产业结构。江山市蜜蜂养殖量23.29万箱，连续30年位居全国第1。在江山中蜂和开化中蜂养殖的带动下，全市中蜂养殖户5270户，同比增长7.46%；中蜂养殖数为8.46万箱，同比增长3.39%。加速发展湖羊产业，重点以江山华欣湖羊、柯城久华湖羊经济产业循环项目为抓手，培育一批品种优良、管理规范、生态高效养殖主体。全年，全市湖羊存栏3.79万只，同比增长11.81%。

【动物疫病防控】 2021年，积极组织开展春、夏、秋、冬四次集中免疫行动。全年使用高致病性禽流感疫苗3868.98万毫升，免疫家禽5360.29万羽；使用新城疫疫苗1811.5万毫升，免疫家禽1466.31万羽；使用牲畜口蹄疫疫苗513.82万毫升，免疫生猪64.07万头，免疫牛羊23.56万头；使用猪瘟疫苗132.3万头份，免疫生猪76.34万头；使用狂犬病疫苗3.75万头份，免疫犬3.73万只。

【非洲猪瘟监测体系建设】 2021年，全面开展非洲猪瘟市、县、主体三级预警检测体系建设。市、县7家兽医实验室均获得非洲猪瘟检测资格授权，生猪定点屠宰企业对非洲猪瘟实行每日一检，存栏5000头以上规模猪场100%开展场内自检，推进病死动物无害化集中处理场所非洲猪瘟检测能力建设，全市兽医实验室、养殖场、屠宰场和无害化处理场等重点场所检测能力全覆盖，全市非洲猪瘟监测预警能力大幅提升。

【人畜共患病监测】 2021年，做好H7N9防控、奶牛“两病”（奶牛布鲁氏菌病、结核病）、牛羊布病和牛血吸虫病监测等工作。其中，对5个场点393头奶牛开展结核病检测，检出阳性奶牛1头并按规定扑杀及无害化处理；对5个场点549头奶牛开展布病监测，未检出阳性病例；对62个场点1822头其他牛开展布病监测，未检出布病阳性病例；对192个场点6159头羊开展布病检测，检出布病阳性羊9头，已按规定扑杀阳性羊及同群羊共32头并作无害化处理；对15个场点419头家畜开展牛血吸虫病血清学监测，对60个场点897头家畜开展血吸虫病原监测，均未检出阳性病例。

【重大动物疫病免疫评估】 2021年，开展4次免疫效果分析评估，全市检测各类免疫抗体样品44775份，合格42003份，总体合格率93.81%。其中，口蹄疫抗体9105份，合格7151份，合格率78.54%；禽流感抗体23014份，合格22196份，合格率96.45%；猪高致病性蓝耳抗体2619份，合格2136份，合格率81.56%；猪瘟抗体5212份，合格4648份，合格率89.18%；新城疫抗体3189份，合格2984份，合格率93.57%；小反刍兽疫抗体1636份，合格1280份，合格率78.24%；非洲猪瘟检测样品数23328份，均为阴性。

【“两化”创建】 2021年，全市158个畜禽养殖场参与兽用抗菌药减量化和饲料环保化（以下简称“两化”）创建工作，其中兽用抗菌药减量化示范场7个、试点场121个，饲料环保化示范场3个、试点场27个。全市围绕“层层动员培训、每月例会推进、统筹评估总结”等措施抓好试点示范工作落实，重点做好成效评估、采样监测评估和指导整改工作。在完成省级规定项目的基础上，衢州市主动作为，对29个试点场拓展细菌耐药性监测，对8个主体开展非洲猪瘟病毒核酸检测，走出具有

2021年10月27日，衢州市开展畜牧业“两化”工作“互看互学互评”暨验收推进活动

衢州特色的成效评估采样检测之路。至年末，全市有127个创建主体通过评估，其中兽用抗菌药减量化示范场7个、试点场106个，饲料环保化示范场3个、试点场11个。

·水产养殖·

【概　况】2021年，全市水产养殖业围绕乡村振兴战略和"活力新衢州、美丽大花园"建设的具体要求，在服务渔业经济发展、保护渔业生态环境、推动渔业现代化建设、促进渔民持续增收和保障水产品安全有效供给等方面取得新成效。全市水产养殖面积9184公顷，水产品总产量7.48万吨，渔业经济总产出29.9亿元，其中，一产产值15.7亿元。

【区域特色渔业】2021年，打造柯城鲟鱼小镇、常山"长风渔家乐一条街"等休闲渔业，推广龙游稻渔轮作模式、江山工业化循环水渔业，推进开化蓝龙虾全产业链项目建设。组织实施省土著溪流性鱼类规模化人工繁育项目，开展土著溪流性鱼类种质资源采集保存与开发利用研究。以稳粮促增收为目的发展稻渔综合种养，创建省级稻渔综合种养示范县1个，示范基地4个。

【洁水渔业】2021年，以开展健康养殖示范创建活动为抓手，以规范行业管理、提高质量效益为重点，推动全市渔业绿色高质量发展。成功创建渔业健康养殖示范县1个，国家级、省级水产健康养殖示范场18家。以实施省级地方标准《山塘小型水库洁水养殖技术规范》为契机，在充分利用水资源开展洁水养殖的同时，开展渔业资源增殖放流，全市放流各类鱼苗1亿余尾。加强养殖尾水治理监测，持续开展重点渔业水域水质监测评价，确保水质达标。

【生态洁水渔业精品示范基地】2021年，创建龙游溪流性特种鱼类原良种场，推广开化清水鱼品牌，实施生态洁水渔业精品示范项目，打造洁水渔业示范点。推动水产养殖肥药双减，打造"肥药两制""用药减量"示范点6个。

·农业产业化·

【概　况】2021年，全市坚持特色强农、产业富民，以绿色化、数字化、园区化、标准化、融合化、品牌化为导向，加快构建特色鲜明、优势集聚、产业融合、竞争强劲的"3+X"特色农业产业体系[即每个县(市、区)聚焦培育3个特色优势产业、若干个新兴农业产业]，推动生产高效率、产品高质量、产业高效益、农民高收入。

【"3+X"特色农业产业】2021年，衢州市政府办公室出台《关于聚焦"3+X"特色产业推动农业高质量发展的指导意见》，要求加大对特色产业政策扶持力度，明确柯城区、衢江区重点培育柑橘、中药材、蔬菜产业，龙游县重点培育畜禽、渔业、笋竹产业，江山市重点培育蜜蜂、食用菌、猕猴桃产业，常山县重点培育胡柚、食用菌、油茶产业，开化县重点培育茶叶、油茶、清水鱼产业。鼓励各地发展鲟鱼、香柚、中蜂、黄茶、红高粱等新兴特色产业。12月，在"3+X"特色产业高质量发展年度考评中，江山市获评一等奖、获奖补资金400万元，常山县、龙游县获评二等奖，各获奖补资金200万元，开化县、柯城区、衢江区获评三等奖，各获奖补资金150万元。

【农业"一区一镇"建设】2021年，以三产融合为着力点，加快要素集聚，拓展农业功能，延伸产业链条，积极创建现代农业园区和特色农业强镇，打造农旅融合聚集发展平台。开化县何田乡(清水鱼)列入农业农村部2021农业产业强镇建设名单，龙游县横山现代农业园区列入2021年度省级现代农业园区创建名单，江山市江郎山省级现代农业园区、常山县省级现代农业园区、开化县大溪边红高粱特色农业强镇通过省级验收。省农业农村厅将衢州市柯城区、江山市、开化县纳入浙江"浙八味"道地药材产业集群项目建设范围。常山县、柯城区入列农业农村部2021年农产品产地冷藏保鲜整县推进试点名单。

【培育提升新型经营主体】2021年，组织开展农业龙头企业、农业产业化联合体申报认定，浙江茗皇天然食品开发股份有限公司、天蓬集团有限公司被认定为国家级农业龙头企业，衢州市柯城区柑橘产业化联合体、衢州市衢江区柑橘产业化联合体、龙游县龙和渔业产业化联合体、江山市猕猴桃产业化联合体、开化县佳信现代农业产业化联合体等5个农业产业化联合体被认定为省级农业产业化联合体。积极开展新型经营主体提升行动，全市现有家庭农场9388家，其中县级以上示范性家庭农场754家，省级示范性家庭农场239家；农民专业合作社3544家，入社成员52464个，其中县级以上示范社541家，省级示范社44家，国家级示范社19家；加大农创客培育力度，全年新培育农创客1808名。

【农业品牌建设】2021年，继续实施品牌战略，推进农产品品牌化建设。衢江区岭洋乡茶叶，获评全国“一村一品”。江山市特色主导产品茶叶、衢江区特色主导产品柑橘、龙游县特色主导产品莲藕、开化县特色主导产品油茶等4个特色农产品成功创建浙江省特色农产品优势区。

【农产品“三品一标”培育认证】2021年，全市申报绿色食品60个，完成龙游麻鸡、开化清水鱼、衢州玉露茶、七里茄子、常山山茶油、江山黄精6个地理标志农产品登记保护。全市有效期内“三品一标”（无公害农产品、绿色食品、有机产品、农产品地理标志）总数488个，主要食用农产品“三品”认证比例60.20%。常山胡柚成功申报国家农产品地理标志登记保护工程，争取资金450万元用于产业扶持发展，常山胡柚绿色精品基地完成建设。

【“农家乐”乡村休闲游】2021年，全市建成“农家乐”特色村186个，特色点（各类农庄、山庄、渔庄）217个，经营农户1577户，直接从业人员9630人。全年接待游客1631.75万人次，营业收入17.19亿元。柯城区沟溪乡余东村入选2021年中国美丽休闲乡村。组织26家主体参加浙江首届乡村美食大会，龙游发糕+葱花馒头、一鸡两吃、开化清水鱼获浙江省首届乡村美食大会技艺比赛农家特色小吃/农家菜金奖，麦香饼、余记烤饼、柯城农家京笋、黄精乌鸡煲、大桥泥鳅干获优质奖。

2021年7月13日，农业专家开展茄子种植技术指导

【参展浙江农博会】12月24—30日，2021浙江网上农博会首次以“全线上”形式举办，衢州馆累计成交金额1018万元，其中批发88万元，累计商品销售量为8.44万件。

·农业机械化·

【概　况】2021年，全市农作物耕种收综合机械化水平69.3%，水稻耕种收综合机械化水平86.4%，畜禽养殖机械化率49.27%，水产养殖机械化率46.22%，设施农业机械化率32.17%。全市农机总动力128.48万千瓦。其中，耕作机械动力15.87万千瓦，种植机械动力1.08万千瓦（841台），植保机械动力13.12万千瓦（农用无人机179架），排灌机械动力27.67万千瓦，收获机械动力8.28万千瓦，谷物烘干机1012台，设施农业温室0.44万公顷。

【“机械强农”和农机社会化服务】9月27日，衢州召开乡村振兴大会暨农业高质量发展大会，具体部署“机械强农”行动。2021年，全市完成分区域、分产业、分作物、分环节的农机化发展现状调查表581份，拟制“十四五”期间全市“机械强农”行动的思维导图、作战图、任务表、工作方案，形成11个本地农业特色主导产业与领域的“机械强农”一业一策，县(市、区)均制订"一县一方案"。建成省级特色产业农业"机器换人"高质量发展先行县1个、农机服务中心8个、全程机械化应用基地15个,农机创新试验基地1个,数字农机应用基地3个。9月28—29日,全省推进"机械强农"行动暨农机社会化服务现场会在龙游县召开。10月29日,江山市"滴滴农机"数字化服务平台建设项目在全省数字应用创新大赛中获三等奖,是全省乡村振兴类唯一获奖作品。

【创全省农机技能竞赛最好成绩】10月12日,衢州市代表队3名农机驾驶操作选手在2021年全省农机驾驶操作技能竞赛中取得好成绩,衢州市选手程胜、徐星星获一等奖,楼俊获三等奖,创全省农机技能竞赛历史上市级代表队的最好成绩。

【农机安全生产】2021年,全市农机安全生产形势良好。全年未发生拖拉机道路交通甲方事故,未发生道路外农机亡人事故,未发生较大及以上农机安全生产事故,实现农机道路交通零事故、零伤亡。组织举办全市拖拉机和联合收割机技能培训,培训操作手49人,提高农机手的安全意识和操作技能。实施农机政策性保险,全年参保农户434个,参保农机具673台(套),总保额7.17亿元,缴纳保费107.39万元(其中地方财政补贴保费的80%)。清理牌证管理的拖拉机和联合收割机,提高检验率,全市拖拉机和联合收割机年检率在全省率先达到100%,检验机具总量1106台,其中,轮式拖拉机510台、手扶拖拉机233台、联合收割机363台。

【变型拖拉机清零后防反弹】2021年,全市警农协作(公安交警和农业农村部门),共组织拖拉机专项检查179次,出动检查人员608人次,发现本地未规范处理的变型拖拉机46辆,均规范处置到位。4月,农机中心协调工作专班、衢州市道路安全专业安委会办公室开展变型拖拉机专项整治"回头看"暗访检查活动,并对未处置到位变型拖拉机,以督办单形式督促各地限期整改。6月,衢州市农业专业安委会办公室组织开展全市农业安全生产督导检查,将变型拖拉机防反弹作为重点检查内容。2021年,市农业农村局组织安全生产检查、变型拖拉机整治"回头看"7次。

·数字乡村建设·

【概　况】2021年,衢州市推进数字乡村建设,明确全市数字乡村建设发展目标和实施路径,提出加快乡村信息基础设施建设、推进乡村产业数字化转型、推进乡村数字化治理、推进乡村公共服务数字化建设四大工作举措。全力攻坚数字化改革,共有6个场景入选《衢州市数字化改革承接省重大应用"一本账S0"》,其中低收入农户帮促应用、畜牧保供增收应用、智慧粮脑、"乡村大脑"数字化管理应用、农民培训管理与服务等5个应用入选数字政府系统清单,农民建房全周期服务应用入选数字社会系统清单。

【信息进村入户】2021年,全市建成益农社1506个,其中,柯城区177个、衢江区277个、龙游县267个、江山市316个、常山县202个、开化县267个,行政村覆盖率100%,按照"六升六好"标准,持续打造"六个标准"升级版(即有场所、有人员、有设备、有宽带、有网页、有持续运营能力),建成"六个好站"服务点(公益服务好站、便民服务好站、电商服务好站、产业服务好站、乡村治理好站、信息集成好站),保持创建"衢州市示范性益农信息社"30个。

【浙江农民信箱】2021年,全市注册农民信箱用户数171275人,其中,掌上农民信箱用户数28207人,占注册用户总数16.47%。浙江农民信箱"每日一助"涉农信息发布326条,信息反馈联系次数765次,成交意向金额88.01万元。

【万村联网工程】2021年,万村联网工程建设行政村(社区)网站1456个,自主建站率100%。

【"村播"营销建设】2021年,持续开展全国"村播"基地建设,引进浙江妙趣互娱电子商务公司等优秀"村播"企业15家,培育"村播"学员4952名,开展系列"村播"活动121场,全市1200多个农业主体开展直播活动。3月,在柯城区启动"一村一播"试点,把直播间搬进田间地头,推出民宿"住播",运动"走播",农品"吃播",实现"一村一IP""村村有网红"。2021年,在国内主要电商平台上,衢州市农产品网络零售额达114079.6万元，同比增长6%。

·农业教育培训·

【概 况】2021年，围绕建设一支懂科学、有技术、善经营、会管理的农村实用人才队伍，以乡村振兴讲堂为依托，深入实施“千万农民素质提升工程”，持续开展农村实用人才培训和高素质农民培育，培训农民4.14万人次，其中，培训农村实用人才13627人次、高素质农民1769人次、农民普及性培训27817人次。

【农民学历教育】2021年，全市农广校农民学历教育新招收中专生450人，在校生883名，历年累计招生4402人。市农业农村局与衢州电大合作，继续开设农业经济管理大专班，新招收学员100名，在校学员200名。

【农业职业技能竞赛】2021年，全市农业职业技能大赛因新冠疫情原因停办一年。在全省农业职业技能大赛上，衢州代表队获一等奖5人次、二等奖2人次、三等奖6人次，总成绩排名全省第2，创造衢州市历年来最佳成绩。

【高素质农民及农村实用人才培训】2021年，举办高素质农民培训班35期，培育高素质农民1769人。举办农村实用人才培训班260期，培训农村实用人才13627人次，其中，中级培训班40期，培训1892人次。

·农村能源·

【概 况】2021年，推进省级资源化利用示范点和农村能源综合利用示范工程项目建设。启动8条氮磷生态拦截沟渠系统建设，开展农村沼气工程建档928处。全市农作物秸秆综合利用率96.25%。

【秸秆资源综合利用】2021年，发展农机化作业，示范推广方便秸秆回收的新型农业机械，促进农作物秸秆回收利用。推行秸秆还田，促进资源转化，从基料化、能源化、饲料化、原料化、肥料化等多角度、多途径，对秸秆资源化、商品化利用进行技术攻关，示范推广秸秆培养食用菌、秸秆饲料化利用等项目。利用衢江区、柯城区秸秆处理中心，探索区域性农作物秸秆换肥机制，持续完善秸秆收储体系建设。全市农作物秸秆综合利用率96.25%。

【氮磷生态拦截沟渠系统】2021年，遵循“源头减量、过程拦截、养分回用、生态修复”原则，启动8条氮磷生态拦截沟渠系统建设，总长度10145米，总投资468.61万元，农田覆盖面积7371.51亩。

【农村沼气安全利用】2021年，开展农村沼气工程建档928处，其中，柯城区10处、衢江区97处、龙游县464处、江山市180处、常山县50处、开化县127处。

·耕地质量管理·

【概 况】2021年，全市实施标准农田质量提升4.82万亩，测土配方施肥推广面积173.9万亩(次)，推广使用商品有机肥10.61万吨，推广应用配方肥7.09万吨，推广绿肥种植19.89万亩，实施水肥一体化应用面积5.03万亩。化肥定额制示范面积1.42万亩，减少不合理施用化肥(实物量)1022吨。

【化肥定额制】2021年，各县(市、区)出台化肥定额制实施方案。全市实施化肥定额制规模主体150家，示范面积1.42万亩，化肥定额制配套技术应用推广面积20.5万亩。开展化肥利用率田间实验6个，化肥利用率逐步提高到40%以上。

【土壤污染防治】2021年，全市设立土壤环境监测点110个，其中，常规监测点75个，综合监测点35个，监测工作运行正常。完成全市耕地土壤质量类别划分工作，对耕地实行分类管控措施，实施受污染耕地安全利用面积18.83万亩，实现安全利用率93%以上。严格管控面积1.27万亩，100%完成种植结构调整。

【自然资源资产负债表(耕地)编制】2021年，对2019年耕地质量等级进行分析，编制2019年度自然资源资产负债表(耕地)。2019年度耕地质量等级由4.08提升至4.04。

(卢晓丽)

农林科技

【概 况】2021年，衢州市农业林业科学研究院(以下简称市农林科学院)围绕市委、市政府推进“三农”高质量发展、建设四省边际共同富裕示范区的决策部署，以打造四省边际农业科研示范高地为目标，扎实推进建设高层次农业人才团队、打造高能级农业科创平台、创建高品位科研示范基地、开展高效率农业科技服务四项任务，努力夯实农业高质发展乡村产业振兴科技支撑。年末，全院在职员工45人，其中副高级以上职称13人。

【科研成果】2021年，市农林科学院实施科研项目46个、到位科研经费460.5万元，其中省级以上项目23个、到位科研经费275.2万元，同比分别增长9.5%、7.2%；新申报科研项目11个、争取科研经费535万元，同比分别增长10%、105%，其中省级科研项目7个、争取科研经费420万元，同比分别增长133%、366%。其中大豆、薯类、油菜、水稻、辣椒、柑橘6个学科进入“十四五”浙江省农业新品种选育重大科技专项，14名科技人员进入省重大科技专项创新团队，6个项目列入省重大科技专项团队项目，同比分别增2个学科、5名科技人员、2个项目。全年有8个科研项目通过省、市专家评审验收，同比增长33.3%，授权专利8项，发表科技论文26篇，发布市级地方标准《衢州市“一米菜园”建设规范》《低丘红黄壤红美人栽培技术规范》2项，编辑出版《南方地区山药品种及栽培技术》图书1册。种质资源收集保存情况。组织开展具有衢州特色的农产品种质资源调查，收集保存农作物、蔬菜、柑橘、中药材、茶叶等种质资源1960份，其中辣椒(648份)、大豆(505份)、丝瓜(459份)、柑橘(139份)4个品种资源收集保存量位居全省市级农科院第1，高标准建立相应的种质资源圃。新品种选育情况。以优良种质资源为亲本，开展蔬菜、大豆等作物杂交育种，新增杂交组合253个；对辣椒株高基因进行定位与分子标记开发，首次将辣椒育种推进到分子育种水平；与中国航天育种研究中心开展合作，选送衢橘、椪柑、胡柚、辣椒、毛豆5个品种种子搭载“神舟十二号”进入太空，填补衢州市航天育种空白；“衢椒5号”辣椒、“冈鲜豆1号”毛豆、“衢薯2号”番薯、“衢薯6号”番薯、“浙大635”油菜5个品种通过登记、审定，创五年来新高，其中白辣椒及鲜食大豆良种选育持续走在全省前列。良种示范推广情况。承担国家大豆、水稻良种区域试验任务，参试良种229个、同比增长59%，年完成田间记载、考种数据2万余个；承担2021年浙江种业博览会衢州分中心建设任务，集中展示蔬菜瓜果新品种190个，得到省农业农村厅、省农科院领导、专家及广大农业主体好评；“衢鲜5号”大豆及“衢椒1号”“衢椒5号”“玉龙椒”等辣椒新品种被列为浙江省种植业主导品种或浙江省种业博览会专家推荐品种，2021年全省推广衢鲜系列大豆品种15.3万亩、白辣椒系列品种1.5万亩，自主选育的早熟椪柑品种“秋饴”在衢州市精品柑橘擂台赛中，连续4年获椪柑类一等奖。科研基地建设情况。根据事业单位机构改革要求，接收市农业农村局下属单位十里丰、龙游

2021年6月3日，市农林科学院举办蔬菜瓜果展示活动

县贵塘山等2个基地，加上原有的城西基地和东湖基地，有科研基地4个、面积800亩，经过资源整合优化形成各有侧重、功能互补的基地格局，基地规模和建设水平居四省边际前列。按照数字化赋能、前沿化引领、模块化打造、景区化提升的思路，全面加强基地的水、电、路、大棚设施等建设，开展土地平整和土壤改良，绿化美化环境，回填优质土壤2.4万立方米，平整土地100余亩，新建连栋钢架大棚30亩、水肥一体化设施120亩，整改安全隐患21个，完善导示标牌，特别是十里丰基地实现一年大变样，面貌焕然一新。市校(院)合作情况。依托中国工程院副院长、华中农业大学邓秀新院士团队技术支持，积极创建国家级椪柑良种繁育创新中心，建成高标准无核椪柑示范基地40亩，收集保存椪柑种质资源18份，繁育无核椪柑种苗1万株，成为国内最大的无核椪柑研究示范基地，得到国家柑橘创新团队成员、华中农业大学伊华林教授，以及浙江省农科院、浙江省柑橘研究所领导、专家的充分肯定；依托国家柑橘产业技术体系衢州椪柑综合试验站引进示范柑橘新品种5个、推广生草栽培等新技术3项；依托浙江大学周伟军教授工作站成功选育高油新品种“浙大635”，示范推广彩色油菜近1000亩；依托省农科院万红建博士专家工作站合作开展蔬菜(辣椒)分子育种。与浙江中医药大学、浙江农林大学、浙江大学农业与生物技术学院、浙江省农科院等科研院校对接洽谈，建立深度科技合作关系，初步达成9个具体合作项目。围绕全省农业“双强行动”(科技强农、机械强农)，积极推进科研合作，组织申报农业科技联盟“三农九方”项目3个，争取项目资金120万元，分别占全省总数的15.0%和14.3%。

2021年5月12日，市农林科学院举办鸡尾葡萄柚培训班

【人才队伍建设】2021年，围绕提升干部“两专”(专业技术能力、专业科学精神)能力，加大年轻干部和学科带头人的培养力度，新增5人入选衢州市“新115人才工程”培养、占当年农业专项人数的20%，“115人才”总数11人，其中第一层次2人；1人被推荐为全国三八红旗手，1人被评为浙江省农业科技先进工作者，1人选派到上海招商引资团队，2人选派到市“五水共治”专班、第七届中医科学大会筹备专班工作，1人担任市农村工作指导员。积极参与第七届中医科学大会筹备工作，牵头做好衢州市首届十大药膳评比活动筹办工作。

【科技助农服务】2021年，开展科技挂联服务。结合党史学习教育“我为企业解难题”专题实践活动，组织科技人员与家庭农场、农民合作社、农业企业等建立“一对一”科技挂联服务，每个院领导挂联帮扶2家以上，每个科技人员挂联帮扶1家以上，全年挂联帮扶农业主体45家、技术指导服务2500多人次。开展科技特派员下乡服务。选派5名优秀科技人员担任市级科技特派员，占全市总数的1/6，其中派驻服务的衢江区杜泽镇下溪村，通过提纯复壮农家丝瓜品种，推广穴盘育苗、地膜覆盖、肥水一体化等技术，使“下傅丝瓜”的品质、产量实现质的飞跃。该村丝瓜面积480亩，瓜农100户，产值超1000万元，助农人均增收3000元。开展技术宣传培训活动。围绕农业新品种、新技术、新模式推广，全年举办各类培训班20期，培训农民1072人次，其中围绕柑橘冻害恢复管理，及时举办种橘大户培训班5期、培训404人，有效地促进柑橘冻害恢复。积极参与市政协、市科协、市农业农村局举办的送科技下乡活动，全年为农民赠送蔬菜、农作物种子2000包、柑橘种苗3000株，现场解答专业技术问题。开展农业科普活动。在市实验学校、新华小学等学校普及农作物全生育期，科普学生1160人；与衢州第二中专签订战略合作协议，帮助提供蔬菜教学实践平台和理论指导，培养蔬菜专业学生20名；为江山市四都学校建设橘香校园提供技术支撑，形成橘香、书香、德香融为一体的特色“橘文化”。（王家强）

林　业

【概　况】 衢州“七山一水二分田”，为浙江省三大重点林区之一，省森林资源监测数据统计，全市林地面积63.78万公顷，森林蓄积量3186.78万立方米，乔木林单位面积蓄积量71.55立方米/公顷，森林覆盖率69.66%，位列全省第2。衢州是全国9个生态良好地区之一，全球12个具有国际意义的生物多样性分布中心之一，也是党中央、国务院《长江三角洲区域一体化发展规划纲要》确定的“长三角绿色生态屏障”重要组成部分，连接武夷山国家公园、黄山等风景名胜区，是四省边际生态核心，自然禀赋得天独厚，拥有江郎山、乌溪江等10个国家级自然保护地，是全国首批十个国家公园体制试点区之一的钱江源国家公园所在地，自然保护地面积占全市国土面积的10%以上。

【森林浙江考核全省优秀】 3月10日，浙江省人民政府办公厅印发《关于2020年度森林浙江建设目标责任制考核结果的通报》，衢州市被评为2020年度森林浙江建设目标责任制考核优秀单位。

【衢州市林业发展“十四五”规划发布】 6月28日，衢州市发展和改革委员会、衢州市自然资源和规划局联合印发《衢州市林业发展“十四五”规划》。

【全面推行林长制】 10月21日，市委办公室、市政府办公室联合印发《关于全面推行林长制的实施意见》，明确市委、市政府主要领导担任市级总林长；市政府分管林业的领导担任常务副总林长，市政府分管公安的领导担任副总林长兼林区总警长，其他市政府领导担任副总林长。

【党政领导义务植树】 2021年，以“全民植绿四十载 共建美丽大花园”为主题，汤飞帆、周伟江、吴舜泽等市四套班子领导100余人在衢江区莲花乡村国际未来社区芝溪沿岸开展义务植树活动，种植无患子、樱花、枫杨、海棠等珍贵彩色树800余株。全年，全市累计义务植树535.88万株，参与人数119万人次。

【新增百万亩国土绿化行动全省领跑】 2021年，全市新增造林施工完成面积3.88万亩，占年度任务（2.64万亩）的146.97%。百万亩市级核查核定结果为37358.54亩，是百万亩年度任务2.64万亩的141.51%。省林业局工作进度通报19次，衢州市18次位列全省第1。

【推进国土绿化试点示范项目】 2021年，国土绿化试点示范项目获得中央财政支持1.5亿元，总体建设进度顺利。印发项目实施工作方案、项目资金管理办法（试行）和项目管理办法（试行），市长担任项目工作领导小组的组长，研究制定“会商研判、质量监管、跟踪审计、资金拨付、竣工验收和长效管护”六大机制。项目可行性研究报告、初步设计完成编制，市发展和改革委员会已受理批复。项目立体感知综合监管应用场景

2021年3月11日，全市“关注森林”工作会议召开

上线试运行。项目作业总体设计通过专家评审。项目预算数37460万元，2021年中央财政、省级财政和市县财政的到位资金共计28603.98万元，预算执行数9043.07万元，预算执行率24.14%。完成营造林29207亩、油茶林营造1036亩，任务完成率20.38%。

【推进千万亩森林质量精准提升工程】2021年，围绕战略储备林、美丽生态廊道和健康森林三大建设任务，完成千万亩森林质量精准提升工程100551亩，任务完成率为104%。

【森林品牌系列创建扩面】2021年，开化县通过义务植树拜年、主题宣传活动等推进国家森林城市建设；常山县启动《国家森林城市建设总体规划》的编制。全市成功创建省级森林城镇14个，建成“一村万树”示范村29个（省下达任务数为22个），任务完成率为131.82%。

【开展油茶保供行动】2021年，全市油茶造林施工完成面积1.26万亩，占油茶新造年度任务的112%，油茶籽产量达2.08万吨。与市农业农村局等4个部门联合印发《关于切实抓好2021年粮油生产保供工作的通知》，谋划《衢州市“十四五”油茶产业高质量发展行动计划》，相关建设内容写入“衢州林业发展‘十四五’规划”。

【林业产业发展】2021年，《衢州市森林旅游规划（2019—2035年）》通过专家评审，修改完善后形成最终成果。开化县成为省级森林休闲养生城市，江山市廿八都镇建成省级森林康养名镇，开化森古生物科技有限公司建成国家林下经济示范基地。成功创建省级“森林人家”8个、浙江森林氧吧14个、省林下道地中药材种植基地5个，新培育省级林业重点龙头企业1家、监测合格6家，新（改）建林区道路80千米。完成食用林产品安全专项监测和例行监测的年度任务，监测合格率98%以上，不合格处置率100%。

【推进钱江源国家公园体制试点】2021年，钱江源国家公园体制试点“垂直管理，政区协同”体制进一步优化，“钱江源国家公园集体土地地役权改革的探索实践”从全球26个国家的258个申报案例中脱颖而出，成功入选全球19个“生物多样性100+全球特别推荐案例”之一。

【安全防控体系建设】2021年，认真履行行业安全监管责任，强化安全生产风险防控。全市全年共发生地质灾害灾险情32起（灾情18起、险情14起），其中滑坡29起、崩塌2起、泥石流1起，无人员因地质灾害导致伤亡；发生森林火灾1起，受害面积30.3亩，在重大节日、重要时段未发生森林火灾；未发生工程项目、场所消防等其他安全事故，总体形势平稳可控。

【森林防火】2021年，成功打造以水灭火“衢州模式”，“百千万工程”完美“收官”。自2019年实施森林防火基础设施“百千万工程”三年行动以来，衢州市投入建设资金2417.72万元，在全市森林旅游景区、公益林、火灾多发区、公墓散坟、寺庙和高压输配电线沿线等重点区域安装森林消防蓄水桶12648只，总蓄水量4万吨，为全市森林防火尤其是森林火灾扑救提供坚实的设施保障。2021年，根据《浙江省林业局森林火灾风险普查方案》，全市落实森林火灾风险普查专项资金822.5万元，完成森林可燃物调查标准地229个、大样地24个外业调查及数据录入工作。

【野生动物管理】2021年，综合防控野生动物，构建人与自然和谐。野生动物肇事责任险全市域全覆盖。各县（市、区）共计交纳野生动物肇事责任险保费95.9万元，保额5000万元。累计赔偿985起，理赔金额56.79万元，在一定程度上缓解保护野生动物和维护群众权益之间的矛盾。防控野猪危害综合试点工作有序推进。积极协调开化县列为全省3个防控野猪危害综合试点县之一，完成辖区内野猪种群调查评估。“驱兽护园”应急行动正常开展。2021年，全市有5个县开展猎捕野猪活动，共许可13批次57个乡镇，猎捕野猪42头，在一定范围内遏制野猪的危害。

【松材线虫病疫情除治】2021年，全市清理枯死松树17.15万株，除治松林面积14.12万亩，粉碎、烧毁、掩埋等无害化处理疫木4.46万吨，注射免疫针剂25.2万支，拔除疫点乡镇5个，初步实现疫情发生乡镇、疫区发生面积和枯死松树数量“三下降”。（赖　俭）

工业

■ *Industry*

综　述

【概　况】2021年，在面对新冠肺炎疫情防控常态化和复杂严峻的国内外形势下，衢州市实现工业经济主要指标稳步增长。全市有规模以上工业企业1197家，实现规模以上工业总产值2494.05亿元，同比增长29.8%，其中，实现新产品产值861.12亿元，同比增长37.1%；实现规模以上工业增加值517.91亿元，同比增长13.8%，其中，实现数字经济核心产业制造业增加值57.15亿元，同比增长29.8%；实现利税287.54亿元，同比增长48.6%；实现利润228.51亿元，同比增长55.7%；同时，全市规模以上企业亏损面缩小，亏损企业数从年初的472家减少至年末的274家。全市有亿元以上企业397家（按法人统计），其中百亿元以上企业1家（衢州元立金属制品有限公司），全市10亿元以上企业45家，较上年增加12家。全市新增A股IPO排队企业7家，新增上市公司5家，上市总数达到11家。

【工业强市】7月18日，衢州市产业高质量发展大会上提出"工业强市"战略。8月25日，中共衢州市委、衢州市人民政府印发《关于实施工业强市战略推动工业高质量发展的若干意见》，形成衢州市工业强市工作专班组建方案，工作专班以实体化方式运作。8月27日，工业强市领导小组办公室印发《衢州市工业强市十大专项行动方案》；11月19日，印发《衢州市工业强市六大要素保障方案》。全年，组织召开工业强市推进会5次，汇编周专报19期。

【"腾笼换鸟、凤凰涅槃"攻坚行动】2021年，全市规模以上工业亩均税收和亩均增加值（快报数）分别达到16.6万元/亩和95.1万元/亩，同比分别增长41.1%和27.6%，规模以上制造业全员劳动生产率达到29.8万元/人，规模以上工业单位增加值能耗下降率为7.4%。进一步调整完善亩均效益评价机制，全市参评企业达到3196家，其中规模以上企业1004家，规模以下企业2192家。全年通过资源要素优化配置正向激励A、B类企业，支持财政奖补资金2.9亿元，通过电力直接交易降低用电成本1.17亿元，新增供应用地

巨化氟化工先进制造业基地

3841.5亩，支持用能指标54.5万吨标煤，新增排污指标891.2吨；反向倒逼末档企业，征收差别化电价1258.4万元，削减用能指标2.8万吨标煤，削减排污指标17.7吨。制定出台《衢州市低效工业企业整治提升三年行动方案（2021—2023年）》，启动新一轮低效企业整治提升行动，全年完成低效企业改造提升596家。在2021年度新一轮制造业“腾笼换鸟、凤凰涅槃”攻坚行动的全省考核评价中，获得450亩新增建设用地计划指标奖励。

【衢州巨化一体化发展】2021年，召开衢州巨化一体化融合高质量发展推进会4次，滚动形成工作清单103项，项目清单16项。103项工作中，以2021年12月前为时间节点的38项，完成32项；16个项目中，7个投资类项目，有5个子项目建成投产；3个平台类项目，2个完成目标任务；4个基础设施类项目，3个基本建成。2021年，巨化集团22家规模以上工业企业实现工业总产值255亿元，完成年度目标的170%；外贸出口22.57亿元，完成年度目标的125%。

【产业链提升工程】2021年，全市六大产业链（新材料、新能源、智能装备、集成电路、生命健康、特种纸）产值1410亿元，完成年度目标的117.5%；工业投资完成209亿元，同比增长20.9%。2021年，围绕六大产业链，建立市政府领导挂联、市经信班子担任链长的工作机制。6月，印发《衢州市六大标志性产业链提升方案》，绘制形成产业链全景图、鱼骨图及招商地图。全市6个县（市、区）各明确2个主导产业，建立市领导联系区块主导产业工作机制，编制主导产业提升方案，形成市、县（市、区）“6+12”主导产业链。

【数字化转型】2021年，工业企业“两化”（信息化和工业化）融合发展指数88.38，居全省第二梯队。巨化集团入围省级“未来工厂”名单，衢州杭甬变压器有限公司、浙江金沃精工股份有限公司等15家企业入选省级数字化车间/智能工厂；江山欧派门业股份有限公司列入工信部新一代信息技术与制造业融合发展试点示范，浙江喜尔康智能家居有限公司、浙江尤尼威机械有限公司等16家企业入选省新一代信息技术与制造业融合发展试点示范企业；维达纸业（浙江）有限公司、浙江哲丰新材料有限公司等5家企业入选省工业互联网平台创建名单，浙江天际互感器有限公司等3家企业入选省第一批制造业“云上企业”，电子化学品、江山门业入选省产业集群新智造试点。江山创新推出“工程样本”示范、“合同样本”推广的产业数字化改革模式，获得工信部领导和省委书记袁家军批示肯定。

【工业项目决策咨询和投资】2021年，全市1018个工业项目通过决策咨询服务，同比下降25.0%；项目计划固定资产总投资1202.4亿元，同比增长89.6%；计划出让土地13725.9亩，同比增长39.7%。同时，因不符合园区产业定位和布局要求、存在环保安全风险等原因，否决项目113个，涉及固定资产投资约34亿元。其中，市区1—12月，有332个工业项目通过决策咨询服务，同比增长1.2%；项目计划固定资产总投资709.1亿元，同比增长227.1%；计划出让土地6465.9亩，同比增长131.3%；否决项目14个，涉及固定资产投资约6亿元。2021年，全市工业投资增长20.9%，增速排名全省第2；制造业投资增长16.3%，排名全省第7，工业投资增速创近10年的新高，工业投资占固定资产比重为23.6%，为近三年来最高。

【创新驱动】2021年，全市规模以上工业新产品产值861.1亿元，增加值233.2亿元，同比增长37.14%；全市规模以上工业新产品产值率为34.53%，比上年提高1.84个百分点。完成省级工业新产品（新技术）备案262个，鉴定验收160个，有18个项目产品列入省重点技术创新专项和重点高新技术产品开发项目计划，华友新能源科技（衢州）有限公司开发的“动力电池用单晶NCM6系正极材料前驱体”等12个产品列入“浙江制造精品”名单；浙江开山压缩机股份有限公司等7家企业列入制造业单项冠军省级培育库名单；仙鹤股份有限公司企业技术中心列入第28批国家企业技术中心名单，衢州英特高分子材料有限公司等3家企业技术中心列入第28批省级企业技术中心名单，衢州华友资源再生科技有限公司等10家企业技术中心列入第19批市级企业技术中心名单，浙江培华建设集团有限公司列入第4批市级建设行业企业技术中心名单。

【传统制造业改造提升】2021年，聚焦智能化，推进未来工厂建设，组织规模以上企业借助省新智造公共服务平台开展线上问诊，全市规模以上工业企业线上诊断覆盖率超65%。加大对数字经济服务业企业招商引资，已招引服务机构2家。总结推广企业数字化转型中的新技术、新模式、新场景，引导巨化参与数字化改革，谋划多跨场景“零手动操作”。浙江喜尔康智能家居股份有限公司、金瑞泓科技（衢州）有限公司等16家企业被列入省2021年新一代信息技术与制造业融合发展试点示范企业。聚焦绿色化，推进化工行业专项整治提升，制定印发《衢州市化工行业安全整治提升攻坚行动方案（2021—2022年）》，通过开展整治提升攻坚行动，有效遏制较大以上及有重大社会影响的生产安全事故发生，促进危化品监管能力和化工行业本质安全水平提升，初步奠定化工行业高质量发展基础。

【绿色制造】2021年，编制全市工业和钢铁、建材、化工、造纸领域碳达峰专项行动方案，出台《衢州市绿色低碳工厂评价办法》和《衢州市绿色低碳园区评价办法》。全年推进35家企业开展清洁生产审核，20家企业完成节能诊断，全市共创建国家绿色工厂1家、绿色设计产品2个、绿色供应链管理企业1家，创建工信部工业产品绿色设计示范企业3家；创建省级绿色低碳工业园区1个、省级绿色低碳工厂2家；创建省级节水标杆企业10家、省级节水型企业创建8家，5个项目列入省级节能减碳技术改造项目储备库；创建市级绿色低碳工厂37家，市级绿色低碳工业园区1个。

【企业服务和降本减负】2021年，深化全市企业服务机制，持续优化企业发展环境，为28家“放水养鱼”入库培育企业，争取省专项扶持资金700多万元；评选百家龙头标杆企业，兑现“大科创政策”4.36亿元；全市推荐申报工信部启明计划15人、省海外引才计划5人，通过职称评审评定318人，协助华友等企业新引进高层次人才700余人。全年，全面落实国家、省、市各级减负政策，累计为全市企业降本减负63.21亿元。

主要产业

·新材料·

【概　况】2021年，全市新材料产业共有规模以上企业167家，实现规模以上产值440.3亿元，较上年度增长50.1%，占全市规模以上工业总产值的17.7%；实现规模以上工业增加值92.35亿元，较上年度增长23%，占全市规模以上工业增加值的13.9%。主要包括氟硅新材料、电子化学材料、动力电池材料等细分产业。

【电子化学材料】12月，浙江凯圣氟化学有限公司的电子级氢氟酸、中建材衢州金格兰石英有限公司的半导体高纯石英基础材料、杉杉新材料（衢州）有限公司的锂离子电池电解液等3个产品入选第一批省重点首批次新材料认定奖励名单，其中浙江凯圣氟化学有限公司的电子级氢氟酸是全省唯一一个技术水平国际先进且打破国际垄断的产品。

【动力电池材料】7月18日，浙江时代锂电材料国际产业合作园项目在衢州开工建设，这是衢州历史上单体投资最大的先进制造业项目。项目规划布局新能源锂电材料、电池级硫酸镍、新型动力电池、钴及锰配套，以及天然气能源、环保、空分制氧中心公用工程等七大板块，将有力带动衢州新材料、新能源等相关产业发展。

·高端装备制造业·

【概　况】2021年，全市装备制造业企业数量405家，实现规模以上总产值596.45亿元，增加值120.1亿元，同比增长20.1%；高端装备制造业规模以上企业163家，增加值56.85亿元，增速7.6%。装备制造业规模以上总产值占规模以上工业总产值比重达23.57%，同比下降0.33个百分点。有15个产品被认定为2021年浙江省装备制造业重点领域省内首台（套）产品，有6个项目列入省首台（套）技术攻关名单；同景新能源科技（江山）有限公司等3家企业列入2021年浙江省首台（套）产品保险补偿项目清单；浙江科力车辆控制系统有限公司列入2021年度浙江省首台（套）装备应用奖励名单。组织浙江骏隆五金制造有限公司等10家企业实施铸造产能置换，置换产能3.68万吨。

【空气动力与掘进机械】 2021年，市本级、柯城区和衢江区，是国家空气动力机械特色产业基地，其中整机生产企业近30家，形成开山集团、红五环集团、志高机械为龙头骨干的一批矿山专用设备生产企业。开山集团的螺杆机头技术处国际领先水平，空压机制造产业链配套相对齐备，具有大规模制造成本优势。志高机械是国内唯一一家自主生产液压凿岩机的厂家，液压凿岩机可替代瑞典阿特拉斯、法国蒙特贝同类产品。志高机械"高端装备智造产业园建设"项目一期"志高动力"建成投产。

【轨道交通专用设备及配件】 2021年，全市建成轴承成品生产线150余条，基本完成自动连线改造，部分企业完成数字化改造试点，形成轴承成品生产能力1亿套/年；轴承车件生产能力1.5亿套/年；拥有锻造生产线70余条，年消耗轴承钢15万吨以上。光明铁道控股有限公司、浙江贝尔轨道装备有限公司、浙江金沃精工股份有限公司等行业骨干企业，在钢轨、道岔、扣件等轨道交通专用设备及配件等领域竞争优势明显。金沃精工投资15.98亿元的"年产12亿件高精度轴承套圈及汽车零部件产研园项目"部分投产。中浙高铁高速动车组牵引控制传动系统综合试验中心的建设（一期）项目入选2021年国家生产制造方式转型示范项目。

【输配电】 2021年，全市输配电产业共有规模以上企业90家，工业总产值198.12亿元，同比增长24.1%；工业销售产值205.71亿元，同比增长29.65%，形成以高低压开关柜、电力变压器、电器元配件、电线电缆等系列产品为主的较为完善的产业链，重点企业有科润智能控制股份有限公司、衢州杭甬变压器有限公司、浙江天际互感器有限公司、开化七一电力器材有限公司等。

【消防器材】 2021年，全市共有生产企业200余家，规模以上企业21家。浙江亚宁消防设备有限公司与中国船舶重工集团、海军工程大学动力工程学院联合共建舰艇消防安全研发试验中心；浙江恩萨科技有限公司研制的新型酸性危化品捕消器填补国内酸性危化品救援的空白。

【节能环保】 2021年，开山集团研发螺杆膨胀发电站等余热发电设备，进一步在北美、印尼等地收购大量地热资源，拓展海外市场；浙江中泰环保股份有限公司从事烟气脱硫脱硝、高效除尘等装备的研发与应用；衢州佰强新材料科技有限公司生产的各类氟塑钢换热器产品广泛应用于电力、冶金、化工、建材等行业。

·电子信息产业·

【概　况】 2021年，全市规模以上电子信息企业105家，实现产值294亿元，同比增长45.7%；实现工业增加值57.1亿元，同比增长29.8%；实现营业收入334亿元，同比增长55.1%。产值增速、增长值增速、营收增速均列全省第2。

【太阳能光伏】 2021年，衢州市光伏企业发展有新突破。浙江隆基乐叶光伏科技有限公司被工信部列入第二批智能光伏试点示范企业名单，实现衢州市首次入围；一道新能源科技（衢州）有限公司被

浙江隆基乐叶光伏科技有限公司

列入符合《光伏制造行业规范条件》企业名单。

【集成电路】 2021年，制定出台《集成电路产业链提升方案》。金瑞泓微电子投资34.6亿元的年产180万片集成电路用12英寸硅片项目通过窗口指导，产能持续爬坡中。

【锂电池材料】 2021年，华友新能源、华海新能源、永正锂电上榜2021年浙江省电子信息产业百家重点企业名单。

·特种纸产业·

【概　况】 2021年，全市有规模以上造纸业（含其他纸制品）企业73家，实现工业总产值250.76亿元，同比增长32.4%，占全市规模以上工业比重的10.05%；实现新产品产值153.72亿元，同比增长39.81%；实现出口交货值24.45亿元，同比增长49.21%；规模以上工业造纸和纸制品业1—12月平均用工人数14034人。主板上市2家（仙鹤股份、五洲特纸），新三板上市4家（金昌股份、华邦特西诺采、恒达新材、凯丰新材）。

【国家级企业技术中心】 2021年，仙鹤股份被认定为国家级企业技术中心，开创造纸企业获国家级企业技术中心的先河。

·生命健康产业·

【概　况】 2021年，全市生命健康产业有规模以上企业83家，实现工业总产值129.74亿元。其中全市医药产业规模以上企业20家，实现规模以上产值23亿元，同比下降0.7%。全市食品饮料规模以上企业63家，实现工业总产值106.74亿元，同比增长15.1%。食品饮料规模以上企业中农副食品加工业企业35家，实现产值38.77亿元，同比下降1.3%；食品制造业企业17家，实现产值26.26亿元，同比增长14.7%；酒、饮料和精制茶制造业企业13家，实现产值41.71亿元，同比增长18.9%；主要代表企业有明旺乳业、衢州娃哈哈、龙游伊利、浙江华康药业等。

2021年2月9日，浙江华康药业股份有限公司首次公开发行A股上市仪式在上海证券交易所举行

【承办第七届中医科学大会】 12月，由中国农工民主党中央委员会、国家中医药管理局主办，中共衢州市委、衢州市人民政府承办的第七届中医科学大会在衢州召开。本届大会以"同心抗疫，健康中国：中医药新时代的担当与贡献"为主题，在北京、衢州分别设立线下会场，并在线上线下同步召开。

【主板上市】 2月9日，浙江华康药业股份有限公司成功登陆上交所主板，成为开化县首家上市公司。2021年，该企业获"质量管理创新奖"，实现衢州市多年来浙江省政府质量奖"零的突破"。

中小企业

【概　况】 2021年，全市有规模以上中小企业1185家；全年新增省级认定小微企业园5家，新增工信部"专精特新""小巨人"企业6家，新增省级"隐形冠军"企业1家，新增"专精特新"企业50家。

【中小企业培育】 2021年，贯彻落实《浙江省民营企业发展促进条例》，帮助企业解决实际困难。全年开展企业"小升规"工作，完成企业升规158家，全年争取工信部支持"专精特新"高质量发展专项资金749万元。

【小微企业园建设】 2021年，全市新开工建设小微企业园3家，开展全市小微企业园绩效评价及安全整治工作；天蓬集团小微企业创业园获评浙江省园区数字化示范小微企业园；落实对小微企业园优惠电价政策，全市5个小微企业园内近120家小微企业享受到优惠电价。柯城区、开化县分别获得山区26县（市、区）小微企业园提升省补助资金400万元和300万元。

【中小企业公共服务平台】2021年，服务平台主要为中小微企业提供信息服务、政策咨询、人才培训、管理咨询、融资担保、技术创新、创业辅导、法律维权八大类服务。组织举办各类培训班22期，服务企业1023家次，培训各类企业经营管理人才2009人次，开展“企业码”线上直播课程12期，点击人数12156人次。完善“企业码”生态，市级专区完成上架23个应用，各县（市、区）均完成3个以上应用上架地方专区，“企业码”活跃度持续提高。同时，各项涉企活动依托“企业码”平台不断推进，全市举办线下活动128场，服务人数6520人次，举办线上活动40场，服务39543人次。“企业码”（政企通）上架政策1987条，兑现“大科创”经信口资金6277.04万元。组织举办2021创客中国·浙江好项目中小微企业创新创业大赛（衢州赛区）活动，在省总决赛中，衢州市推荐的衢州纤纳新能源科技有限公司的“钙钛矿薄膜光伏技术的研究与应用”获三等奖、浙江贝尔轨道装备有限公司的“贝氏体合金钢整组道岔”获优胜奖。（郑　欣）

个私（民营）企业

【概　况】截至12月末，全市实有私营企业55227户，同比增长10.10%，注册资本3074.19亿元，同比增幅11.80%。2021年，全市实有个体工商户203421户，同比增长7.95%，资金数额411.54亿元，同比增长16.75%。

2021年，全市新登记私营企业9357户，比上年同期增加2.43%，注册资本383.83亿元，比上年同期下降20.72%。全市新设个体工商户33197户，同比下降4.89%，资金数额86.37亿元，同比增长1.93%。注销16277户，同比增长3.61%。

【批发零售业、制造业及租赁和商务服务业】2021年，从行业分布来看，除第二产业外，以批发零售业、租赁和商务服务业为主的第三产业占据主导，这两大行业全年新增个私（民营）户数分别为19997户和4470户，分别占新开业总数的47%和10.5%，并继续保持平稳发展。批发零售业、租赁商服务业、科学研究和技术服务业继续成为全市投资热点。从行业结构来看，衢州市私营企业绝大部分集中于批发和零售业、科学研究和技术服务业、制造业、租赁和商务服务业和建筑业。尤其是批发和零售业，累计实有18171户，占总户数的32.9%；新开业3004户，占本期开业总数的32.10%。

2021年衢州市不同行业私营企业分布及占比情况表

表18

行业分类	期末实有企业数（户）	占总户数的比例（%）	户数同比增长（%）	期末实有注册资本金（万元）	占总资本比重（%）	资本同比增长（%）
农、林、牧、渔业	2994	5.42	4.83	649732	2.11	−3.18
采矿业	76	0.14	16.92	22382	0.07	15.85
制造业	6466	11.71	3.36	5355050	17.42	2
电力、热力、燃气及水生产供应	263	0.476	14.35	215207	0.7	13.75
建筑业	4308	7.8	19.87	4823499	15.69	21.88
交通运输、仓储和邮政业	1932	3.49	6.15	976550	3.18	16.07

续表18

行业分类	期末实有企业数(户)	占总户数的比例(%)	户数同比增长(%)	期末实有注册资本金(万元)	占总资本比重(%)	资本同比增长(%)
住宿餐饮	416	0.75	6.94	130876	0.43	14.85
信息传输、软件和信息技术服务业	1840	3.33	16.75	654156	2.13	31.99
批发和零售业	18171	32.9	7.94	5144628	16.73	12.38
租赁和商务服务业	6277	11.37	15.47	4612868	15	16.24
科学研究和技术服务业	6491	11.75	14.04	4311475	14.02	3.99
金融业	354	0.64	8.59	1094740	3.56	50.11
房地产业	1376	2.49	6.17	1530131	4.98	5.69
水利、环境和公共设施管理业	445	0.81	6.46	356055	1.16	8.65
居民服务、修理和其他服务业	1280	2.32	8.84	262858	0.86	5.45
教育	892	1.62	−0.11	48877	0.16	−4.58
卫生和社会工作	265	0.48	26.79	153818	0.5	1.41
文化、体育和娱乐业	1371	2.48	25.78	383434	1.25	29.09
其他	10	0.02	6.56	15531	0.05	4.69
合计	55227	—	—	30741867	—	—

（冯旭娟）

巨化集团有限公司

■ *Juhua Group Corporation*

综　述

【概　况】 2021年，巨化集团有限公司围绕“绿色化发展、数字化改革、新巨化起航”工作主线，统筹安全和发展两大要务，经受住前所未有的困难和挑战，企业竞争力、创新力、控制力、影响力、抗风险能力显著增强，多项经营指标大幅度增长，创历史最好经营业绩，效益总量及增幅在浙江省属国有企业中名列前茅，实现“十四五”开门红。全年累计实现营业收入362.9亿元，同比增长6.9%；利润53.8亿元，同比增长121.3%；利税60.4亿元，同比增长107.3%；外贸出口4.4亿美元，同比增长85.7%；资产负债率54.2%，同比下降5.1个百分点。坚持“高产稳产优质低耗”经济运行模式，主要生产装置开工率93.5%，第三代制冷剂、离子膜烧碱产量创历史新高，聚四氟乙烯（PTFE）、聚偏氟乙烯（PVDF）、电子化学材料等20余种产品产量同比增加10%以上。全年固定资产投资23亿元，股权投资8.3亿元，研发费用8.94亿元，获授权专利115件，获国家科技进步奖二等奖1项，获中国化工学会科技进步奖一等奖1项，获浙江省科技进步奖二等、三等奖各1项，获“浙江制造”团体标准1项，承担国家和省级科技项目7项，产生重要研发成果17项。下属氟化公司入选第五批全国制造业单项冠军示范企业，新增1家国家高新技术企业。引进省“万人计划”杰出人才1人、省海外“引才计划”专家1人、省特级专家1人、全国技术能手1人、浙江工匠1人、浙江青年工匠19人，新申报浙江大工匠1人、浙江杰出工匠2人。截至年末，共有员工10568人，全员劳动生产率166.8万元/人。

巨化位列中国石油和化工企业500强第61、中国制造业企业500强第272。被授予“全国石油和化学工业先进集体”，“十三五”全省能源“双控”和煤炭消费减量替代工作成绩突出集体，衢州市政府特别奖“杰出贡献奖”一等奖。

【接受十四届省委第十三轮巡视】 2021年，十四届省委开展第十三

巨化集团有限公司全景图

轮巡视。9月13日至11月26日，省委巡视组对巨化集团党委进行巡视。集团党委成立工作专班，全力配合巡视，确保服务保障、资料审核、应急处突“三到位”。接受巡视期间，集团共向巡视组提供五大类84份巡察材料、36份工作清单、276份文件资料、56套案件卷宗，集团及下属单位原始会议记录154盒卷宗共1138本，保障省委巡视顺利推进。

【构建“H”型人才发展通道】 2021年，集团积极探索干部队伍有机更新的模式创新和制度创新，在全省国资国企系统首创人才“H”型发展通道。年内制定出台《关于建立人才“H”型发展通道的实施意见(试行)》，设立“首席技术官”“首席科学家”等14类集团“首席”岗位，形成干部和技术人才互通机制，实现干部序列和技术序列良性互动，促进各类人才找准“跑道”实现自身价值。2021年，聘任各类“首席”12名。

【实施国企改革三年行动】 2021年，集团项目化清单化推进国企改革三年行动各项任务，积极稳妥推进集团混合所有制改革，全面完成33家子企业“党建进章程”和董事会应建尽建，董事会“外大于内”完成率达91%。推进中巨芯公司、锦华公司上市培育，其中，中巨芯公司完成IPO材料申报，并作为浙江省优秀案例选送全国混改典型。下属3家单位入选“省级科改示范行动”单位。

【推进制造业绿色化发展】 2021年，积极响应全省新一轮制造业“腾笼换鸟、凤凰涅槃”攻坚行动，亩均税收、全员劳动生产率、万元工业增加值、投资增长等牵引性指标，以及规模以上制造业R&D经费占比等引导性指标均达到省控目标。坚决淘汰整治高耗低效产业和主体，完成制药厂、巨新公司、电石公司等14家主体攻坚处置。盘活闲置土地资产，完成西片区等970余亩闲置土地及外围空间连片规划。抓好节能减排降碳，全年减煤量达12.5万吨，能源消费强度同比下降48.2%。

【推进资产证券化】 2021年，强化上市公司市值管理和新上市公司培育，提高资产证券化率。巨化股份(600160)产业创新升级布局有序推进，保持高水平产销运行，逐步改善经营业绩，有效发挥国有控股上市公司平台作用。9月22日，巨化股份以19.53元股价、527亿元总市值收盘，首次跃上500亿元市值平台。

【实施子企业中长期激励试点】 10月，根据《国有科技型企业股权和分红激励暂行办法》文件精神，对技术中心、工程设计公司2家下属企业实施中长期激励试点。其中，技术中心作为浙江省属企业第一家实施国有科技型企业股权和分红激励的试点单位，实行以科研项目经营收益、科技成果转化收益等为标的，采取项目收益分红激励方式。通过建立“收益共享、风险共担”，科研要素参与成果转化收益分配的激励机制，解决科研单位成果转化难、人才留用难、骨干激励难等实际问题。

【产学研合作】 2021年，集团与北京化工大学合作推动超重力技术应用推广，多个应用项目推进顺利。其中环氧氯丙烷装置应用超重力技术后运行成本大幅降低，VDC在原装置基础上改造建成万吨级产业化装置，高纯电子化学品氢氟酸产品达到PPT级；R143a装置原料利用率由91%提高至97%。双方合作成果“超大规模集成电路用超高纯化学品制备关键技术”通过石化联合会组织的5位院士联合鉴定，项目成果获中国化工学会科技进步一等奖；联合申报科技部“揭榜挂帅”重点专项、国家发展和改革委员会绿色低碳技术攻关专项。集团与浙江大学联合创建高端化学品省技术创新中心，联合申报的“氢气规模化提纯与高压储存装备项目”获国家科技进步奖二等奖。

企业数字化改革与管理

【构建“124N”数字化改革工作体系】 2021年，响应全省数字化改革号召，构建“124N”数字化改革工作体系(一个数字石化基地，智能制造+智慧管理两大主线，未来工厂、精良装备、企业大脑、数字产业化四大核心领域，多个多跨应用场景)，通过智能制造+智慧管理双线驱动，以未来工厂、企业大脑、精良装备、数字化产业四大核心领域推动数字化改革与业务创新融合发展。2021年，完成73套生产装置实施“零手动”改造，自动化率达99%以上，每年产生经济效益约2亿元；启动实施330台（套）精良装备升级，海外工厂全面试行“零备机”；实施以SAP ERP（企业资源计划管理系统）为核心的企业大脑建设，打造形成业务、财务、风险管控一体化协同平台；助力衢州市启用四省边际产业数字化赋能中心。集团纳入省第二批“未来工厂”试点，“56168”物流配载交易系统入选浙江省2021年度数字经济“五新”案例。

【推动卓越运营管理体系建设】 2021年，巨化持续融合霍尼韦尔、杜邦、埃森哲等先进企业最佳实践，逐步构建具有巨化自身特色的卓越运营管理体系。通过卓越运营管理体系（JES）提质扩面，全年挖潜增效超5000万元；持续推动杜邦安全管理实践的复制推广，培养一批内训师队伍；加快推动以SAP ERP为载体的管理信息化集成，基本形成数据驱动下的整体智治格局。

巨化集团试点省纪委“e企廉”智慧监督系统

【省纪委“e企廉”智慧监督系统试点】 7月，浙江省纪委、省国资委明确由巨化承担“国资国企公权力智慧监督”应用场景——“e企廉”智慧监督系统试点，旨在通过数据高度归集、业务高度集成、监督高效协同、运行高度智能，着重解决国资国企公权力监督难点、痛点、堵点问题。系统于12月17日上线试运行，3个月内主动发现预警问题2854条，核实问题104项，规范管理流程12项，优化业务系统功能15项，完善采购、招投标等制度8个，初步实现监督手段从人工、人力向智能、智慧转变，监督效果由线下事后向线上实时转变的目标。（王云峰）

经济开发区

Economic Development Zones

衢州智造新城

【概 况】2021年，衢州智造新城规模以上工业总产值1363.6亿元，同比增长37.8%。工业增加值(收入法)287.9亿元，同比增长54.94%。2021年财政收入完成58.3亿元，比上年增长39.1%。

【经济发展】2021年，实现地区生产总值341.5亿元，按可比价格计算，比上年增长43.6 %。其中，第二产业增加值完成312.35亿元，同比增长47.8%，第三产业增加值完成29.15亿元，同比增长9.7%。全年税收收入55.8亿元，增长32.9%。“四上企业”(规模以上工业企业、资质等级建筑业企业、限额以上批零住餐企业、国家重点服务业企业4类规模以上企业的统称)主营业务收入1768.91亿元，同比增长41.1%，“四上企业”利润总额145.5亿元，同比上升82.7%。其中，规模以上工业企业营业收入1533.99亿元，上年同期数1077.01亿元，同比增长42.4%；利润总额141.74亿元，上年同期数76.59亿元，同比增长85.1%。

【产业发展】2021年，共有高端电子材料、氟硅新材料、电子化学品、锂电新材料、传感器与微电子、生物医药与大健康、智能装备制造七大主导产业，产业集群效应初具规模。高端电子材料产业总产值572.13亿元，氟硅新材料产业总产值301.5亿元，电子化学品产业总产值86.68亿元，锂电新材料产业总产值190.93亿元，传感器与微电子产业总产值20.48亿元，生物医药与大健康产业总产值50.89亿元，智能装备制造产业总产值103.33亿元。

【电子商务】2021年，全区2021年网络零售额72.52亿元，同比增幅3.7%。跨境电商监管方式出口2.83亿元，占衢州市出口总额50.1%。成功引进跨境电商综合服务平台国贸数字。数字化领域，“小微入驻一件事”云平台入围衢州市首批“政企通”试点。

【科技创新】2021年，核心区重点区块高新技术产业总产值570.67亿元，同比增长56.1%。截至年末，拥有国家级工程技术研发中心1家(国家氟材料工程技术研究中心)，国家级技术中心3家(巨化集团公司国家级企业技术中心、开山集团国家级企业技术中心、仙鹤股份有限公司技术中心)，国家级高新技术企业217家，省级企业研究院30家，省级高新技术研发中心59个，省级科技型企业413家。市级重点创新团队8家。

【“万亩千亿”新产业平台建设】衢州高端电子材料“万亩千亿”新产业平台于2020年2月被省发展和改革委员会列入第二批平台培育名单。2021年，平台实现工业总产值572.1亿元(2019年为235亿元，2020年为309亿元)，位居全省前四，同比增长85.2%，其中主导产业工业总产值521.8亿元；累计完成固定资产投资75.4亿元，同比增长91.4%，其中产业项目投资72亿元；累计新引进标志性项目7个，同比增长40%，实现产业发展加速、平台能级跨越的阶段性目标。引进省级高层次人才21人，新增浙江省特聘专家1

人，国家引才计划2人，省引才计划2人，院士2人，省"海外工程师"75人，引进创新创业团队5个。2021年，浙江衢州外贸转型升级基地（锂电新材料）获批国字号外贸转型升级基地，电子化学材料产业群入选第一批省级"新星"产业集群培育名单，化学新材料产业链获评"链长制"优秀示范单位。着力发展高端电子化学材料、高端动力电池材料、高端电子信息材料三大产业，不断优化提升产业链，产业集聚度达91%，实现从弱到强、从传统到高端、从跟随到逐步领先的跨越式发展。

2021年7月18日，浙江时代锂电材料国际产业合作园(一期)开工建设

【上市挂牌企业】 至2021年末，主板上市企业5家，新三板挂牌企业11家。主板5家：浙江巨化股份有限公司、牧高笛户外用品股份有限公司、仙鹤股份有限公司、衢州五洲特种纸业股份有限公司、浙江永和制冷股份有限公司。新三板11家：浙江海昇药业股份有限公司、浙江圣安化工股份有限公司、浙江海力股份有限公司、浙江美安普矿山机械股份有限公司、浙江上洋机械股份有限公司、浙江启超电缆股份有限公司、浙江永力达数控科技股份有限公司、浙江爱吉仁科技股份有限公司、衢州龙威新材料股份有限公司、浙江强顺饲料股份有限公司、浙江明辉蔬果配送股份有限公司。

【衢州高新区再次入选中国化工园区30强】 在6月举办的2021中国化工园区与产业发展论坛上，衢州国家高新技术产业开发区（以下简称衢州高新区）再次入围2021化工园区30强，这是衢州高新区第四次入围中国化工园区30强。

【项目审批改革】 2021年，率先在全市实现电子营业执照和电子印章同步发放，并在商事登记、涉税事项、员工就业参保等领域中应用，实现政务服务事项线上签字、远程确认、全流程网上办结。针对企业新增建筑转贷难问题，通过流程再造，对原抵押权注销登记、新增建筑物不动产权变更登记、抵押权变更登记进行优化组合，实现三个流程合并为一个流程，时间从15天以上缩短到1个工作日内办结。建立产业园区水电气管网配套设施提前介入服务"一件事"联办机制，超前开展园区水电气管网配套设施建设和提前介入服务。

【重大项目招引】 2021年，紧盯"链主型""链条型""科技型"企业招引，全年新引进项目48个，其中亿元以上项目42个，10亿元以上项目10个，20亿元以上项目5个，100亿元以上项目1个，协议总投资794.84亿元；全年实现到位资金81.08亿元，其中制造业占比93.9%；全年累计利用外资4149万美元，占全市到位外资比重为54%。浙江时代锂电、巴莫科技、一道新能源、天赐、拓烯、致合、国泰超威、东鹏饮料等一批主导产业"链主"型、带动力强的优质项目先后签约落地，为衢州市经济高质快速发展积蓄充沛能量。5月17日，总投资约479亿元的浙江时代锂电材料国际产业合作园项目正式签约，并成功列入省长工程和省重大产业项目（实施类），有望成为推动衢州工业经济高质量发展的里程碑式项目。

【服务业发展】 2021年，全区规模以上服务业营业收入25.3亿元，同比增长13.9%；实现新入库规模以上（限上）服务业企业12家。完成"大科创""大商贸"政策兑现，并实现零差错。

【外贸发展】 2021年，全区实现外贸进出口316.5亿元，同比增长63.06%，全市占比64.4%，其中出口总额165.8亿元，同比增长54.07%，全市占比52.5%；进口总额150.72亿元,同比增长74.25%,全市占比85.8%。

【基础设施建设】2021年,加强基础设施建设。实施政府投资基础设施建设项目194个,全年累计完成投资约3亿元,其中投资超亿元基础设施项目3个(慧谷工业设计院、5GW高效单晶电池+3GW高效组件项目厂房及配套设施建设工程、原柯城小微企业孵化园)。新建城市道路2.31千米,建成道路面积7万平方米;改造城市道路1.57千米,改造道路面积2.52万平方米;清淤排水管网80千米,新增、改造雨污水管网6.65千米,新建改造供水管网1千米;新增公园绿化面积3.97公顷。(陈淮贵)

柯城区航埠工业园区

【概 况】截至2021年底,园区共有企业176家,规模以上企业21家。全年规模以上工业企业总产值24.07亿元,同比增长14.65%;主营业务收入25.15亿元,同比增长17.76%;从业人员2898人,劳动报酬总额2.19亿元。累计完成固定资产投资5.84亿元,同比增长44.77%。从投资结构上来看:民间投资完成4.53亿元,同比增长70.55%;制造业投资完成3.06亿元,同比增长38.76%;高新技术投资完成1.85亿元,同比增长217.5%。

【机构调整】8月17日,航埠工业功能园区管理中心经柯城区委机构编制委员会研究决定更名为衢州市柯城区生态工业服务中心。10月26日,服务中心"三定"方案通过批准。根据方案,服务中心为衢州市柯城区人民政府直属公益一类事业单位,机构规格相当于正科级。

【高新园区创建】12月,省科技厅、省发展和改革委员会联合发文同意创建衢州智慧新城高新技术产业园区,园区包括智慧新城和航埠2个片区,航埠片区东至凤山三路,西至刘山路,南至兴航三路,北至兴航路,总面积2.38平方千米。

【项目建设】2021年,园区有在建或拟建项目42个。基础设施提升项目12个,主要建设内容包括小微企业孵化园、时尚消费体验中心、企业人才及员工之家、企业总部及会展中心等,项目总投资约4.3亿元,在建项目10个,拟建项目2个;产业类项目24个,在建项目12个,拟建项目12个,总投资计76.3亿元,其中10亿元以上大项目4个,亿元以上项目16个;在谈项目6个,总投资25.49亿元,用地需求255亩,其中20亿元以上项目1个(衢州东巨康光科技有限公司)。

【工业低效用地整治行动】2021年,成立以书记、区长为双组长的领导小组,制订精准工业低效用地整治行动方案,明确按照"收储

航埠工业园区全景图

一批、整合入园一批、整改提升一批、关停搬离一批”的“四个一批”推进分类整治。区领导分片包干、责任到人，根据“一企一档”制订工作方案，通过联合执法、财政供养人员交办等措施有效推进整治。完成141家企业的整治工作，腾挪土地700余亩。

（严　晨　俞乐宾）

江山经济开发区

【概　况】 2021年，江山经济开发区围绕“活力园区，魅力新城”发展目标，以产业招商突破年、城市能级提升年、重大改革攻坚年“三个年”活动为主抓手，下好先手棋，确保全年红，主要经济指标实现逆势增长。园区规模以上工业总产值246.5亿元，同比增长29%；完成固定资产投资27.29亿元，同比增长36.51%，其中工业投资完成20.99亿元，同比增长36.22%；规模以上服务业销售额53.99亿元，同比增长22.58%；实现税收收入16.5亿元，同比增长28%，其中工业企业税收收入15亿元，同比增长26.76%；新增国家高新技术企业12家、小升规企业33家；规模以上工业企业研发经费6.81亿元，同比增长39.3%，占规模以上工业营业收入比重达2.56%。

2021年，被中共浙江省委组织部、中共浙江省委“两新”工委授予浙江省示范党群服务中心，成功创建浙江省绿色低碳工业园区、省级众创空间，获评浙江省产业链“链长制”特色示范试点单位。

【机制改革】 2021年，贯彻落实浙江省、衢州市开发区（园区）整合提升要求，推动市委、市政府制定出台《江山市开发区（园区）整合提升方案》和《关于剥离江山经济开发区管委会社会管理事务实施方案》，将经济开发区负责的综治维稳、安置小区管理、集体土地报批和征迁、道路交通安全、城市管理等社会管理事务剥离，理顺开发区管理体制机制。

【争先进位】 2021年，浙江省经济开发区综合考评报告出炉，江山经济开发区的经济规模、发展质量、增长速度、综合效益等主要指标在全省省级开发区综合考评中排名第34，比2018年前进7位，比2019年前进5位，提前两年完成《开发区整合创新促进高质量发展三年行动计划》目标。

【平台提升】 2021年，编制完成开发区产城融合规划和城南核心区城市设计及控规，加快推进江东化工园区控规和整体发展规划编制工作。完成江东化工园区“园中村”444户征地拆迁、江贺经济走廊土地有机更新和整治提升方案编制，产业邻里中心、双创中心、江东污水处理厂等一批基础配套和功能性配套项目完成各项前期工作。

【招商引资】 2021年，制定出台《关于进一步健全完善招商引资项目落地服务机制的操作办法》，围绕时尚门业智能家居和智慧能源装备两大着力培育的特色主导产业，紧盯锂电新能源重点领域，

江山经济开发区全景图

招引项目38个，协议总投资108.8亿元，固定资产投资92.5亿元，新增用地144.8公顷，创历史新高。研一二期、碳一新能源、金石资源、吉成智能制造产业园等一批10亿元以上项目落地。

【项目建设】 2021年，项目开工率90%以上，力促研一新型锂盐、欧派特种门窗产业园、科润高端装备、天际未来工厂、省重点S315—S316连接线工程等54个项目快推快建，研一一期、交科设施产业园、澳宇、汉宝等36个项目竣工或投产投用，在全市重大项目推进“互看互比互学”活动中获“金牛奖”。

【产业培育】 2021年，重点推进57个智能制造试点和提质扩面项目，累计完成投资6亿元，完成验收项目28个。推动企业股改上市和创新研发，天际互感器入选工信部首批重点“小巨人”，加快股改进程；科润智控入选工信部第三批专精特新“小巨人”。

【要素保障】 2021年，完成研一二期、洪干山区块、江东污水厂等项目约23.33公顷土地农转用报批组件，推进碳一新能源、下份水库、礼贤区块等24个区块约173.33公顷土地报批组件。超额完成全市“十类地”处置，全年消化批而未供建设用地104.9公顷，完成率145.94%。

【山海协作】 2021年，江山—柯桥山海协作产业园实现工业总产值90.98亿元，同比增长45.57%。签订《“山海协作产业飞地”项目共建协议》，总投资120亿元，重点布局新材料、高端装备等产业。省发展和改革委员会公布2021年度山海协作工程和山海协作产业园考核结果，江山—柯桥山海协作产业园以绩效考核满分的成绩，连续5年获得省级一等奖，实现“五连冠”。

【服务园区企业】 2021年，落实落细课题制、专班制、责任制、清单制、督办制、奖惩制六大工作机制，健全各类问题收集、交办、督办、反馈等闭环管理机制，结合党史学习教育，重点抓好园区企业“大走访”，推动难题“大化解”，全年收集交办督办各类问题清单285项，其中完成办理257项，办结率90.18%以上。（侯晨捷）

龙游经济开发区

【概　况】 2021年，开发区工商登记市场主体2800余个，其中工业企业700余家、服务业企业700余家、个体工商户1450余家。规模以上工业企业178家，累计实现规模以上产值241.42亿元，同比增长28.42%，占全县比重68.66%；实现入库税收8.69亿元，同比增长20.52%，全县占比25.2%；20家限上贸易企业完成销售额17.42亿元，同比增长30.31%，全县占比7.55%；14家规模以上服务业完成营收6.79亿元，同比增长12.7%，全县占比45.27%；进出口总额46.16亿元，全县占比84.38%；完成全社会固定资产投资34.5亿元，全县占比30.56%。入围省级先进制造业和现代服务业融合试点区域、首批浙江省现代服务业创新发展区名单，成为浙江省示范党群服务中心；获衢州市先进基层党组织、市文明单位、市道路交通安全综合治理先进集体等荣誉，富民小微园获得市绩效评价A档。

【省委书记袁家军调研开发区】 7月13日，浙江省委书记、省人大

建设中的龙游产业创新服务综合体

常委会主任袁家军在龙游经济开发区调研山海协作产业园建设发展情况，考察园区展厅，走访开发区企业浙江吉成新材股份有限公司。

【代省长王浩调研开发区】10月16日，浙江省委副书记、代省长王浩到龙游调研山区26县发展和经济运行情况，走访开发区内中浙高铁轴承有限公司、浙江吉成新材股份有限公司、龙游伊利乳业有限责任公司3家企业。

【招商引资】2021年，新落地2000万元以上招商工业项目67个，协议总投资额188.77亿元，其中新增用地项目45个，成交出让土地2417.71亩；资产重组"腾笼换鸟"类项目4个，盘活闲置土地157.5亩。107个在库招商项目累计实现到位资金23.77亿元，其中制造业项目累计招商到位资金18.03亿元，占比75.85%。2021年开发区自引亿元以上工业项目8个（可景新材、鸿澍新材、广汇科技、李子园二期、浙建机、政田科技、东迦科技、佳悦光电），谋划的数控机床产业园项目获得市招商引资项目谋划大赛一等奖、市重大项目谋划成果大比拼谋划奖。

【项目建设】2021年，44个基础设施投资项目实现投资10.5亿元，同比增长19.73%；30个政府性投资项目实现投资9亿元，同比增长67.29%。机器人产业园东组团（中孚）、纸浆物流交易中心（一期）、危废中转库、中水回用工程、220千伏士元变等项目完工。机器人产业园一期（4—6组团）获省建筑施工安全生产标准化工地、市建设工程"衢江杯"奖（优质工程）。

【国资改革】2021年，浙江新北园区开发有限公司正式升级为浙江新北园区开发集团有限公司，构建新发集团+综合能源、善建房地产、道一科技、汇龙供应链、华安驾培、新北市政园林的"1+6"母子公司体系。2021年，新发集团（含子公司）资产总额13.79亿元，同比增长82.6%；营业总收入1.68亿元，同比增长151.21%；项目投入（实际支付数）2.1亿元，同比增长68.51%；新增银行授信15.4亿元，融资到位2.62亿元。

【恒盛能源上市】8月19日，浙江龙游恒盛能源股份有限公司在上海证券交易所主板挂牌上市，正式登陆A股资本市场，实现龙游县本土企业A股上市"零的突破"。

【禾川科技IPO过会】11月，浙江禾川科技股份有限公司通过科创板上市委审议，成为山区26县第一家冲刺科创板并有实质性进展的企业。该公司成立于2011年，是一家技术驱动的工业自动化控制核心部件及整体解决方案提供商，主要产品包括伺服系统、PLC等，近年沿产业链上下游延伸，涉足上游的工控芯片、传感器和下游的高端精密数控机床等领域。

【疫情防控】2021年，龙游经济开发区管委会守牢疫情防控底线。中高风险地区人员到龙游累计信息核查5675人次，累计管控945人。通过"削减清零"行动，累计接种疫苗2.9万针剂次。（周　晖）

常山经济开发区

【概　况】2021年，浙江常山经济开发区（以下简称县开发区）正式获得浙江省科学技术厅、浙江省发展和改革委员会批复，常山信息材料高新技术产业园区被列入省级高新技术产业园区创建名单；12月21日，浙江省小微企业园工作联席会议办公室发文认定浙江（常山）万洋众创城为省级小微园。2021年，县开发区的常山—慈溪山海协作产业园省级考核认定优秀，位于第一档。常山县经济技术开发区"红锤"党群服务中心通过中共浙江省委党支部认定，设立为浙江省示范党群服务中心。2021年，县开发区116家规模以上企业实现工业总产值157.68亿元，同比增长31.82%；实现总税收10.79亿元，同比增长9.65%，其中规模以上企业税收7.07亿元，同比增长27.39%。

【园区项目建设】2021年，园区有167个在库项目，完成固定资产投资约33.62亿元，同比增长41.38%。其中新入库项目72个，完成投资约9.4亿元；续建项目95个，完成投资约24.22亿元。浙江鹏华纺织有限公司、浙江新纺机械有限公司、浙江宇帆化纤科技有限公司、常山永宸环保科技有限公司、衢州格劳威服装有限公司等19家企业完成项目决策，衢州万博塑料制品有限公司、格劳威健康科技（衢州）有限公司、浙江桔园纺织

浙江中精轴承有限公司生产车间

有限公司、浙江鸿华纺织有限公司、浙江铭基工贸有限公司等36家企业签署入园协议。

【基础设施建设】2021年，开发区四大片区基础设施建设投资约2.9亿元。其中约7800万元用于新都片区恒升路、竹亭路等道路改造，升级园区交通体系；约8000万元用于金川片区纬九路、纬八路等景观提升。启动2亿元专项债投资计划，2021年完成投资1亿元。推进重大项目。启动新都片区部分主干道道路改造、辉埠片区聚鑫路建设、金川片区纬七纬八路景观提升、科创中心等重大项目。提升路网体系。对新都片区恒升路、竹亭路，辉埠片区恒泰路、紫亭路，生态园区林家路、凯隆路等主干道进行改造提升。完善园区基础配套。提升园区要素保障能力，统一整治园区内部道路交通安全隐患点，排查与修缮全路段积水点与破损路面，确保排水顺畅、交通便利。提升园区形象。在四个片区设置临时便民摊区，实行集中统一管理，通过提升园区道路两旁及中央隔离带的绿化，树立良好的园区形象。

【招商入园成效】2021年，召开决策会19次，合计决策通过55个项目，其中亿元以上项目11个，总投资约31亿元，固定资产投资约26亿元，新供地入园项目19个。主要为浙江富瑞新材料有限公司（年产2万套智能家居跑步机项目）、杭州大和热磁电子有限公司（半导体装备精密部件及消费电子设备制造项目）、小乔（浙江）智能制造有限公司（小乔科技健身器材、智能小家电系列产品项目）、浙江友洋电子科技有限公司（年产300万片电子制冷片项目）、浙江万星智能设备有限公司（年产5000台智能果蔬贩卖机生产线项目）等重大制造业项目。

【提质转型】2021年，全面打响开发区提质转型攻坚战。此项工作涉及宗地企业37家，完成土地收储1207.5亩；完成签约62家，签约率达98.4%。宗地企业收储后重新规划为四类：根据产业集聚原则，结合原有产业的发展情况建设专业小微园，涉及土地总面积147.72亩；开展邻近企业集中连片收储，共收储连片地块总面积694.63亩；纳入产城融合产业带，将回购的开拓休闲（63.68亩）沿创新南路部分地块（约32亩）、欧益服饰（49.45亩）沿新都大道闲置地块（约17亩）、原柚缘食品（6.47亩）、原宝象陶瓷（30.87亩）、原志明物流（10.52亩）等地块土地性质类别调整为商住或者服务业，整合土地总面积约131.6亩；对剩余几类宗地遵循产业对路、提升亩产税收的原则因区制宜，再开发、再利用。（涂江浩）

开化经济开发区

【概　况】2021年6月，根据市开发区整合提升要求，开化经济开发区与华埠镇部分新增区块整合（包括通航小镇部分区块、杨村工业园区三期、朝阳健康城与华康药业连片地区等，共12.23平方千米），总规划面积增至25.31平方千米。至2021年底，入驻企业186家，其中规模以上企业63家，产值10亿元级企业5家，产值亿元级企业19家，国家级高新技术企业19家，初步形成新能源、新材料、大健康与数字经济融合的“3+1”主导产业体系。全年规

浙江爱津生物科技有限公司生产车间

模以上工业企业实现产值118.98亿元，同比增长46.2%，占全县规模以上工业总产值的83%；完成新产品产值32.86亿元，占全县比重95.4%；完成工业投资7.9亿元，同比增长21.4%，占全县比重64.2%。

【产业培育发展】 2021年，加快转型升级步伐，通过政策指导、创新驱动、服务关怀等，着力培育发展以数字经济为引领，以智慧大健康、新材料新装备、新能源互动支撑的主导产业体系，并做好有机硅、糖醇两大百亿级核心产业链。全区数字经济产值为42.56亿元，同比增长52%，占工业总产值的35.8%；新材料、新能源、大健康产业产值分别为29.93亿元、37.59亿元和18.69亿元，分别同比增长45.5%、53%和11.4%，占工业总产值的72.5%。

【平台提质增效】 2021年，通过强化平台拓展、基建完善、低效整治等工作，进一步优化空间布局、功能要素，推动平台提质增效。新材料新装备产业园基本完成化工园区总体规划编制和控规调整，集中供热等重大基础设施项目开工，合成中试车间项目、普康化工改造提升项目、胡涂硅搬迁改造项目土地全部摘牌；创业谷二期标准厂房主体工程全部完工，三期建设工程完成土地摘牌并动工；"十类地"整治累计消耗批而未供土地838.6亩，占年度任务的169%，提前超额完成，低效利用土地盘活479.8亩；省级循环化改造示范试点工作于9月通过专家评审，在参评的8个园区中排名第4，完成终期验收。

【"双招双引"】 2021年，聚焦大项目、好项目，并瞄准"3+1"主导产业链，关注链主型、长链型企业，开展"双招双引"工作，全年赴杭州、绍兴等地开展招商活动50余次，接待客商170余次。招商引智成果丰硕，与26个招商项目签订入园协议，其中20亿元以上项目1个，亿元以上项目10个，总协议投资额48.38亿元，同比增长61.3%；拿地项目14个，用地面积1093.15亩；签订框架协议1个，另有在谈重点项目7个，预计总投资额14亿元。

【安全环保】 2021年，认真学习贯彻上级安全环保会议精神，强化主体责任落实，扎实推进问题整改，守好安全环保底线。高度重视省委"七张清单"重大问题整改销号工作，整改销号问题4个；集中力量攻坚化工园区整治提升工作，制定并落实"一园一策"提升方案和整治提升项目动态清单，消除化工园区A、B类高风险，达到C类；深入推进木制品企业专项整治，压实有限空间、粉尘涉爆、消防等方面安全生产工作，关停11家，完成整治提升14家，县内搬迁1家；闭环市级挂牌督办重点单位1家，县级挂牌督办重点单位13家，全部完成整改工作。

【党员服务群众实践活动】 2021年，以党史学习教育为抓手，依托组团联企、红色物业联盟、"两新"党建季度评优评先等载体，开展"我为企业解难题"、全国文明城市创建、营商环境清障等党员服务群众实践活动，将学习成果转为实效。全年发动机关党员、干部及企业党员志愿者为企业、社区服务500余人次，代办营商事项30余项，解决困难问题20余个，认领企业职工微心愿16个，捐赠书籍800余册。　（汪文军）

建筑业·房地产业

Construction Industry,Real Estate

建筑业

【概 况】2021年，围绕“质量和效益”主题，突出对建筑业的指导、引领和培训工作，提升建筑业的产业地位，引导建筑企业转型升级、改革创新，主动适应经济新常态，推进全市建筑业持续健康高质量发展。全市共有建筑业企业1134家，其中一级施工总承包企业36家，一级专业承包企业24家。全市建筑业总产值446.78亿元，同比增长11.3%，其中省内建筑业产值393.07亿元，同比增长15.2%。2021年新签合同额467.21亿元，同比增长7.4%。

【惠企减负】2021年，通过采取惠企政策、信用赋能、财政补助等多项措施为企业减负，加快推动建筑业高质量发展。全面落实保证金融改革各项惠企措施，2021年全市为49152家(次)企业释放保证金金额93.65亿元，总计为建筑业企业减负3.6亿元；推进施工过程结算，全市开展施工过程结算项目10个，合同价16.25亿元；推进财政补助工作落实，根据《关于加快建筑业高质量发展的实施意见》，在开拓市场、创优夺杯、科技创新等方面，为93家企业兑现财政奖励4930万元。

【企业培育】2021年，在企业资质升级、市场开拓、人才培养、品牌效应、发展规划等方面，开展指导服务工作，指导17家龙头骨干培育企业制订战略发展规划。搭建交流平台，促进本地企业与进衢央企、国企之间的合作，提升本地企业业务水平。全市先后有7家企业取得一级资质，审核推荐11家建筑业企业共计29项省级工法，较往年大幅度增长。

【创优夺杯】2021年，深入开展创优夺杯系列活动，通过优质工程引领示范，强化工程质量安全管理。全市1个项目获鲁班奖(国家优质工程)，5个项目获钱江杯奖(优质工程)。评定市级建设工程“衢江杯”奖(优质工程)34个，市级房屋建筑“优质结构”工程40个；评定市级标准化工地34个，获得省级标准化工地14个；全年评选出市级“红色工地”优秀项目16个，先进企业5家，通过优质工程引领示范，强化工程质量安全管理。

【装配式建筑】2021年，统筹推进建筑工业化发展，装配式项目全面实施承诺制+过程精细化管理，全市新开工装配式建筑349.84万平方米，新开工装配式建筑面积占比31.4%，完成年度任务的116.1%，连续5年超额完成省定年度任务。鼓励企业申报建筑工业化示范基地、创新案例等多种途径，引导衢州市建筑企业转型发展，其中浙江宝红建筑工业化制造有限责任公司入选第二批浙江省建筑工业化产业基地，H型钢智能生产线和装配式建筑工程项目智慧管理平台2项案例成功申报全国第一批智能建造新技术新产品创新服务典型案例。

【实名制管理】2021年，全面实施《衢州市建筑施工企业信用评价实施细则》，形成“监管+信用”“市场+现场”联动评价体系，开发并依托“智慧建设”系统，强化农民工实名制管理，常态化开展根治欠薪专项行动。全面实施《关于进一步加强市本级在建项目建筑工人实名制管理工作的通知》，全年开展民工工资专项检查4次，全年累计处置纠纷96起，涉及工人1651人，涉及金额2295.93万元，市本级范围内未发生农民工工资讨薪群体性事件，无立案调查项目。

【企业管理】 2021年，市本级开展证照分离承诺制企业核查工作，开展资质改革政策的宣传贯彻，完成证照改革衔接。市本级建筑业企业88家，施工总承包一级企业9家，专业承包一级6家，信用A等级企业9家。指导帮助企业做好资质申报、转型升级和分立重组的具体工作。2021年，市本级4家企业升为一级资质，招商引资进1家一级企业（浙江良辉建设，机电安装一级）。开展企业动态核查工作15家，对动态核查发现不达标的7家企业发放限期整改通知书，有效规范市本级建筑业市场。做好日常人员录入审核工作，累计审核企业上报人员信息5000余条。

【工程项目】 2021年，市本级办理项目施工许可证114项，面积373.26万平方米，其中建筑类73项合同额127.20亿元，市政类41项合同额10.61亿元，共计137.81亿元，与上年相比数量减少12.31%，造价增长20.67%。市本级共监督在建工程项目236个，其中房建项目126个，面积872万平方米；市政项目110个，造价65.5亿元。2021年，新开工工程项目145个，其中房建受监工程78个，建筑面积339万平方米；市政受监工程67个，造价约17.5亿元。完成验收监督单体项目1558个。检测公司出具检测报告98775份。

【全过程工程咨询】 2021年，牵头联动市监管办制定《衢州市市本级全过程工程咨询企业履约评价细则（试行）》，结合全过程工程咨询合同履约日常检查和市重点项目"互看互学"评比，加强事中事后监管，进一步强化全过程工程咨询企业合同履约行为，提高全过程工程咨询服务质量，加快全过程工程咨询企业培育。搭建全过程工程咨询企业履约评价系统，构建科学、便捷、高效的咨询服务市场机制。系统一期建设于10月上线试运行，17家全过程工程咨询企业，42个全过程工程咨询项目纳入系统管理。

【巡查服务试点】 2021年，高效推进监理巡查服务试点。全年共安排430万元资金，用于开展监理巡查服务试点工作，重点从质量安全、建筑市场、投诉处理等方面开展巡查服务，有效解决监管力量不足和检查专业性不足的问题，强化政府对工程建设全过程监管，逐步形成"衢州模式"。出台《建设工程第三方质量安全巡查服务评价办法》，对监理巡查单位的巡查工作进行跟踪评价和履约评估，建立政府购买监理巡查服务企业"红名单"和"黑名单"制度，提高巡查服务单位工作积极性。

【绿色建筑】 2021年，城镇新建民用建筑全面实施绿色建筑设计标准，实施高星级绿色建筑示范工程8项，其中7个项目获绿色建筑设计二星级标识，1个项目获绿色建筑设计三星级标识。衢江区智慧旅游管理中心（睿银集团区域性总部办公大楼）项目获省建设厅公布的三星级绿色建筑设计标识，为衢州市首次获得最高级别绿色建筑评价标识。

【智慧监管】 2021年，新建项目应用工程质量安全监管系统（省统建系统、市县系统）占比85%以上；"智慧工地"系统覆盖率达85%。全年，新办理质量安全监督手续982个，新建项目均运用智慧监管系统。截至年末，已建立并运行浙里工程建设现场管控应用（衢州）系统，实现全市所有工程项目的全过程智慧化管理。

【新技术应用示范项目】 2021年，在新型建筑工业化、绿色建筑、建筑节能等方面，推动建筑企业科技创新，提高施工技术水平，根据《浙江省建筑业新技术应用示范工程管理办法》，衢州市7个项目入选省建设厅公布的浙江省第二十二批建筑业新技术应用示范工程立项名单。

【建设职业教育】 2021年，市建设职业学校分102个批次，为建设行业从业人员开展培训、考核26486人次。其中建筑施工现场管理人员、三类人员岗位培训考试3966人次；建筑工人职业技能培训鉴定考核4058人次；建筑施工特种作业人员培训考核2667人次；农村建筑工匠继续教育408人次；建造师、建筑施工现场管理人员、三类人员、建筑工程技术人

员、特种作业人员的继续教育15387人次。（周 睿）

房地产业

【概 况】2021年，受国家收紧房地产金融政策、房地产税试点政策及部分头部房地产企业负面舆情的影响，上半年衢州市房地产市场发展势头较为强劲，下半年整体表现放缓。房地产开发投资254.38亿元，同比增长22.2%；其中住宅投资207.49亿元，同比增长22.5%。房屋施工面积1264.55万平方米，同比增长13.9%；竣工面积82.95万平方米，下降54.5%。全年商品房新上市286.02万平方米，增长3.3%。其中，商品住宅新上市207.98万平方米，同比增长10.1%；商业营业用房新上市78.04万平方米，下降11.4%。商品房销售面积204.97万平方米，下降4.5%，其中，住宅销售面积180.57万平方米，增长0.7%；商业营业用房销售面积6.43万平方米，下降67.6%。商品房销售额321.51亿元，增长21.6%，平均单价14237.42元/平方米，其中，住宅销售额306.14亿元，增长25.8%；商业营业用房销售额6.23亿元，下降56.2%。尽管下半年受调控政策、土地供应节奏等因素影响，房地产市场发展趋势明显下行，但总体平稳可控。

【房地产市场调控】2021年，完成江山、龙游、常山、开化4个县（市）"一县一策"方案的备案。召开全市房地产市场平稳健康发展工作会议，贯彻习近平总书记关于住房工作的重要指示批示精神，落实党中央、国务院和省委、省政府关于房地产调控的要求，坚持"房子是用来住的、不是用来炒"的定位。市区2次发布调控新政，出台《关于进一步规范市区房地产市场秩序的通知》《关于进一步促进市区房地产市场平稳健康发展的通知》，从优化土地供应、实行限购和区域限售、加强房价管控、强化资金监管、加强税收调节、建立二手住房成交参考价格发布机制等方面加强房地产市场调控，贯彻落实房地产长效机制，使地价、房价、房租水平保持在合理区间。截至年末，市区有25个地块实行限房价政策。深化房地产市场大数据监测预警机制、商品住宅销售备案价格会商机制和商品住宅市场联合监管机制，建立健全房地产市场分析联席会议工作机制，出台《关于进一步健全房地产市场分析联席会议工作机制的通知》，加强房地产市场形势分析研判，推动实现稳地价、稳房价、稳预期目标，促进房地产市场良性循环和健康发展。全年办理16个项目的40次预（现）售方案备案审核及现场施工进度勘察；参与市区商品住宅销售备案价格会商8次；组织或参与四部门（住建、资规、综合执法、市场监管）监管服务29次。

【规范房地产市场秩序】2021年，完善联合监管服务机制，出台《关于完善市区房地产项目开发建设联合监管服务工作机制的通知》，从加强项目开发经营管控、建立维稳处置机制、探索房开企业资质和信用监管体系三方面，进一步完善市区房地产开发项目联合监管服务工作机制，并明确各环节的牵头部门，实现房地产项目开发建设的全过程监管。针对地下空间矛盾纠纷多发的顽疾，出台《关于完善市区房地产项目地下空间联合监管服务机制的通知》，从源头规范地下空间区域的管理，及时防范化解相关的矛盾纠纷。出台《衢州市持续整治规范房地产市场秩序工作方案》，开展市场秩序专项整治三年行动。出台《关于建立健全房地产市场信息发布制度的通知》，稳定市场预期，提升房地产市场透明度。起草《衢州市区存量房买卖交易资金监管办法》，规范存量房交易市场秩序，维护交易双方的合法权益，保障交易资金的安全。起草《衢州市房地产经纪行业信用评价实施细则》，建立健全经纪行业信用评价体系，加强经纪机构和经纪人员信用评价管理，规范经纪机构及其从业人员的市场行为，保障房地产经纪市场健康发展。

【物业管理】截至年末，全市有物业服务企业206个，物业管理项目549个，管理面积4062.47万平方米，住宅小区成立业主委员会459个。物业服务企业从业人数7102人；物业服务企业全年营业收入3.74亿元，营业利润0.29亿元。全市物业专项维修资金累计归集213135.28万元，其中商品房212123.85万元、房改房1011.33万元、其他用房0.1万元。通过开展《衢州市物业管理条例》执法检查，完成对《衢州市物业管理条例》贯彻实施情况的检查评估。组织开展“邻礼通·满意物业万户评”和2021年衢州市市级物业服务示范住宅小区（大厦）考评工作，将考评结果纳入“红黑榜”考核评价标准，加强现场交办引导和推动物业服务企业增强服务意识、服务品质。开展2021年物业服务企业信用等级评定，衢州市本地企业共有2家获AAA级，2家获A级，58家获B级。出台《衢州市物业服务合同示范文本》《衢州市业主大会议事规则》《衢州市物业管理项目承接查验协议示范文本》等示范文本，联合市发展和改革委员会完成《衢州市普通住宅小区物业服务“菜单式”服务标准》制定出台工作，促进衢州市物业管理规范化、制度化发展。通过现场观摩交流，搭建“互学互鉴”平台的方式，组织召开2021年度物业服务现场会，评选物业服务领域现场教学点，指导各县（市、区）组织召开业委会培训8次，提升物业服务领域相关人员专业化服务水平和物业服务质量，促进物业行业服务向多方位多维度发展。

【白蚁防治】2021年，全市完成新建房屋白蚁预防面积389.5万平方米，安装白蚁监测控制装置2.04万个，监测控制技术应用率达100%；老旧房屋灭治1493户，面积37.45万平方米；监测控制装置回访2.5万余个，回访面积400万平方米；扩大白蚁防治覆盖面，将尚在15年包治期范围小区的公共绿化纳入免费治理范围，解决困扰群众多年的白蚁难题，园林绿化白蚁危害检查和灭治面积约250万平方米；在全省范围率先启动红色基地白蚁危害专项治理工作，对全市30个红色基地开展白蚁危害调查和灭治工作并安装监测控制装置，同时设白蚁防治责任牌，建立长效防治机制；完成90处省级以上文保单位白蚁危害调查；推动衢州市历史文化村落白蚁防治工作有序开展，出台《衢州市传统村落和历史文化名城名镇名村白蚁防治专项工作三年行动计划》《关于推荐建设系统白蚁防治专家库人选的通知》，截至12月底，全市历史文化村落白蚁治理项目启动82处，启动率69.5%，专家参与项目指导15处，完成年度工作目标。

【直管公房】2021年，根据市政府办公室《市城投集团改革发展若干事项南湖广场文旅综合体项目设计方案汇报会备忘录》文件精神，将市住房中心名下833套（间）直管公房注入城投集团。12月底，完成资产划拨及所有房屋实物交接，自2022年1月1日起，直管公房将由衢州市城市资产经营有限公司管理。（周　睿）

商 贸

Commerce and Trade

商贸流通

2021年12月，柯城区入选首批浙江省夜间经济样板城市。图为智慧新城吾悦综合体

【概 况】2021年，衢州市商务局贯彻落实省委、省政府关于推动高质量发展，建设共同富裕示范区的决策部署及省商务厅关于大力推动消费新基建等十三项重点工作，市委、市政府关于争创四省边际社会主义现代化先行市的指示要求，围绕打造四省边际商贸物流“桥头堡”目标任务，加快融入国内国际双循环，推动商务数字化改革，优化营商环境，搭建商贸发展平台，推动各项指标争先进位。2021年，衢州市社会消费品零售总额839.17亿元，同比增长11.6%，增幅位列全省第2。衢州市电商网络零售额504亿元，同比增长29.6%，居全省第2，超出全省平均18个百分点；居民网络消费245.9亿元，同比增长6.2%，网络零售与网络消费实现顺差258.1亿元。

2021年，指导柯城区入选首批省级夜间经济样板城市，指导衢江、江山、常山入围浙江省数字生活新服务样板县创建名单，指导柯城、衢江、龙游、常山、江山入选全省商务领域共同富裕试点项目。争取省级以上涉企政策性资金7141.2万元，其中中央资金3241.2万元、省级资金3900万元。推动衢州市入选第二批省级供应链创新与应用试点城市，并获专项激励。促消费工作受市政府执行“十条军规”典型事项通报表扬1次。

【促消费工作】2021年，通过权重商品促消费系列活动拉动社会消费品零售额增长，全年谋划汽车消费展、家电和建材消费月、消费促进月、金秋购物节、数字生活嘉年华等九大类活动。通过系列活动，实现销售额超20亿元，其中举办车展10场，累计销售汽车3939辆、销售额6.03亿元；市本级、柯城区、衢江区实施汽车消费财政补贴资金3000万元，参与活动的68家汽车经销企业销售汽车6057辆，拉动汽车销售总额达8.88亿元，投入拉动比达到1∶29.6。组织发放180万元近3万张家政服务消费券；搭建本地生活消费平台，60个品牌商家参加衢州本地家装建材展，现场成交562单，成交金额超1200万元，意向成交订单超800单，意向成交金额超3000万元；市区6个家装建材专业市场203个品牌家装建材惠民消费月活动实现销售额1.10亿元，同比平均增长174%，环比平均增长119%。举办2场家电惠民消费月活动，27家企业45个门店销售额达1.03亿元。

【商贸试点】2021年，开展供应链创新与应用试点工业供应链生态体系建设，实达实和早田2家企业成为供应链创新与应用试点成果展参展企业，实达实集团入选全国100家国家供应链创新与应用试点示范企业。全市7家企业入选2021年中央农商互联农产品供应链试点，获补助资金1271万元。有序推进全市省级智慧商圈试点、省级现代商贸特色镇和商贸发展示范村创建；2家企业申报公益性农产品市场。全面推广“好吃衢州”城市品牌，稳步推进地方特色美食发展，实施第二批在杭州的衢州餐馆城市品牌形象打造工作。截至年末，8家餐馆装修改造工程已完工。

【数字经济发展】2021年，完成网销农产品“新品质、新形象”提升工程，累计开展线上线下培训2500余人次，服务企业50余家，检测产品批次3031个。完成村播培训563场、培训22637人次，建成村播学院7个、村播教学实训基地23个、村播直播间511个、村播产品分拣基地4个。全市18个村、54个站点新入选浙江省省级电子商务示范村、农村电商示范服务站（点）名单；56个村、13个乡镇（街道）入选浙江省省级电子商务专业村（镇）。全年在点淘、抖音、快手平台实现直播商品零售额15亿元，直播场次31834场，累计观看4.5亿人次。全年开展“美好生活——浙播季”系列直播202场。“南孔直播群英·同心荟”、柯城村播分别入选浙江省及全省商务系统共同富裕示范区典型案例。谋划一批数字生活地图等数字化应用平台，其中衢江区县乡一体化数字服务应用列入“浙里消费”跑道下属应用场景先行示范点。在水亭门街区打造智慧化特色步行街，先后获评浙江省首批高品质步行街和浙江省首批示范智慧商圈。推广布局各类新零售网点，新零售社区小店增至1442个，无人零售网点增至362个。引进四省边际顺丰丰泰产业服务综合体、银泰“云店”、小牛凯西等一批新零售企业和项目。承办2021“之江创客”全球电子商务创业创新大赛供应链赛区赛事，挖掘培育衢州城乡数字供应链服务平台、蜂产品数字智能产销一体化等优质项目。

【数字化改革】2021年，“享家政”“跨境电商线上平台”“跨境电商海外仓”等应用场景成功上线“浙里办”“政企通”平台，“外贸大脑之风险预警应对”纳入“赛道”，“工业购”应用场景成为省商务厅储备项目，成功上线实达实智慧供应链服务集成至“浙政钉”数字经济数字贸易“跑道”并被副省长卢山批示借鉴推广。“享家政”列入省级数字化改革“跑道”，成为全省数字社会“享系列”第一个上架“浙里办”应用。“工业购”、乡村物流智达通等3个应用场景获评省商务厅优秀案例。（祝飘枫）

粮食和物资储备

【概 况】2021年，衢州市粮食和物资储备工作聚力聚焦粮食安全考核、行业发展、粮食收购、储备管理、流通监管、应急保障等重点工作，不断提升粮食和应急物资保供能力，为经济社会发展夯实安全基础。

【粮食安全责任制考核】2021年，发挥市粮食安全办公室牵头协调职能，推动粮食安全纳入市对县（市、区）综合考核，市、县、乡党委、政府逐级签订粮食安全责任书，落实党政同责，衢州粮食安全工作被省政府评为优秀。

【粮食物资发展规划】2021年，为加快粮食和物资储备行业高质量发展，根据《浙江省粮食和物资储备发展“十四五”规划》和《衢州市国民经济和社会发展第十四个五年规划纲要》，结合全市粮食和物资储备行业实际，编制形成《衢州市粮食和物资储备发展第十四个五年规划》。

【粮食收购和储备】2021年，聚焦保护种粮农民利益、服务粮农增收，对早稻实行应订尽订、应收尽收，实现区域内早稻订单全覆盖。支持粮农扩大粮食生产，为129户农户发放预购定金1300万元、办理质押贷款4179万元。2021年，全市国有粮食收储企业收购早稻10.25万吨，同比增长7.85%；收购晚稻3.7万吨，同比增长468%。严格落实新增储备任务，明确储备轮空期及各月末库存数量等规定，晚稻储备比例达到43%。

【粮食购销领域专项整治】 2021年，贯彻落实中央、省、市粮食购销领域专项整治工作精神，配合衢州市委第四巡察组做好涉粮领域专项巡察工作，聚焦粮食购销领域重点环节和“关键少数”，开展专项整治自查自纠行动，全面查找涉粮工作薄弱环节，立足边查边改边治，持续推进涉粮领域管理规范化、法治化。

【粮食执法检查】 2021年，贯彻落实《浙江省粮食安全保障条例》（以下简称《条例》），专题向衢州市人大报告全市粮食安全保障工作情况。做好省人大对衢州市粮食安全执法检查迎检准备，全面梳理《条例》中涉及粮食行政部门职责的评价指标、数据清单、出台的政策文件、工作举措及落实情况，形成工作台账，通过省人大对衢州市的粮食安全执法检查。

【粮食产业发展】 2021年，常山县“中国好粮油”项目和巨香食品应急保障项目通过验收，有效增加全市优质粮油产品供给。持续推进“放心粮油”工程，对评定的2020年度“放心粮油”企业16家和供应店80家分别给予1万元、0.2万元补助；向浙江丰禾粮油有限公司等5家市级粮食加工企业发放库存贴息补助15.4万元，助力粮油企业发展。

【节粮爱粮宣传】 2021年，衢州市粮食收储有限责任公司和衢州市库米赛诺粮食机械制造有限公司被列入全省第一批爱粮节粮典型案例；曹昊、董红专2名粮食从业人员获评浙江省首届最美粮食人。衢州市发展和改革委员会联合市农业农村局、市教育局、市科技局、市妇联等部门组织开展2021年世界粮食日暨全国粮食安全宣传周粮食宣传进社区、进学校等活动，衢州电视台、《衢州晚报》等媒体对全市世界粮食日活动作了报道；组织3家全市优质粮油企业、7个粮食工作案例在“世界粮食日”省级主会场宣传展示。

【物资保障】 2021年，衢州市本级采购应急救灾物资22个品种1.4万件，价值181.16万元；采购防疫物资15个品种98.25万件，价值259.8万元。结合全国防灾减灾日活动，在衢州市应急物资储备库举行防灾减灾培训及演练，提升应急物资储备管理人员的灾害风险防范意识和应急能力。

（项梦琦）

2021年10月16日，“世界粮食日”宣传活动在新荷社区举办

供销合作服务

【概　况】 2021年，认真落实市委、市政府和省供销社决策部署，全力推进各项工作，供销工作取得新成效。各项主要经济指标保持平稳增长态势，全市供销系统实现总经营收入98.1亿元，同比增长20.5%；实现销售总额92.8亿元，同比增长23.1%。

【“三衢味”品牌培育深入推进】 2021年，全市“三衢味”授权企业147家，授权产品347个。全年，衢州三衢味品牌公司实现销售额8645万元，入选2021年浙江省新零售示范企业，获2021年度衢州

2021年全市供销社为农服务情况表

表19

指 标		单位	数 量
农资供应		万元	88265
其中	化 肥	吨	278912
	农 药	吨	5720
为农推销农产品		万元	799829
专业合作社（累计）		家	175
入社社员（累计）		户	16622
带动农户		户	95706
种植（养殖）面积		公顷	27901

市政府特别奖商贸产业之星奖；“三衢味”授权产品年销售额突破70亿元。“三衢味”工作获衢州市政府通报表扬1次。“三衢味”品牌培育工作得到市委书记汤飞帆、市长高屹批示。2021年，“三衢味”智能货柜正式上线。在水亭门旗舰店打造“三衢味”直播基地，常态化开展直播活动。通过“三衢味”官方抖音号、微信公众号等平台，在衢州市政府机关食堂新设3个“三衢味”专柜；新发展市内外“三衢味”营销网点20家。先后组织开展各类展示展销活动24场，开展“品牌联农带农共富·三衢味金秋消费季”活动，发放超20万张消费券，累计带动销售1400万元；“三衢味”高铁热链订餐销售超17万份；为防疫集中隔离点配送热链套餐超20万份；新华社《中国名牌》、《浙江日报》等各类媒体刊载稿件120篇。

【“三位一体”改革持续深化】2021年，“三位一体”（生产合作、供销合作、信用合作）改革步入新阶段。柯城区农民合作经济组织联合会列入省级“三位一体”改革示范创建单位。累计组建产业农合联35个，会员4850名，联结农户6万余户，提供土地托管服务3.5万亩，农机作业服务6.5万亩，飞防服务（即飞防植保，是指利用小型遥控无人机，进行农药低空喷施，实现对农作物病虫害防治的一种新型农作物保护方式）10万余亩。浙江省委党刊《政策瞭望》整篇推广衢州产业农合联经验。累计建成区域性现代农业服务中心35家，为农业主体和小农户提供农资、技术、培训、品牌、信贷、担保等综合性服务，服务功能、服务装备、服务手段得到提升。全市建立省农信担保公司办事处5个，全年发放担保556笔，担保额4.85亿元。全省10个基层农信担保优秀办事处表彰，衢州占5个，农信担保服务排名全省第1。

【助农增收途径有效拓宽】2021年，聚力打造“供富大篷车”2.0版。以日用消费品下乡、农资农技进村、农产品进城为主要服务内容，统一服务标识，规范运行机制，保障服务质量，助力偏远山区群众共同富裕。开通大篷车23辆，服务覆盖16个乡镇80个村。自10月启动以来，累计帮助山区农民上万人次。推动东西部消费帮扶。牵头对接四川省结对单位，发动社会力量采购当地优质特色农产品622万元，组织社会捐款2万元。打造山海协作升级版，落实浙江省供销社关于支持山区26县跨越式高质量发展的意见，各县（市、区）供销社与结对经济强县签订山海协作战略合作协议，签订年总销售额1440.15万元的采购意向书，在市外组织展销活动17场，实现农产品销售额3319.5万元。

【社有经济稳步发展】2021年，加强社有资产监管，培育壮大社有企业，推动社有经济高质量发展。完成供销系统集体资产清产核资工作，厘清“家底”。全市供销系统集体资产总额22526.90万元，社有资产净额12147.94万元，其中市本级2424.05万元，解决历史遗留长期往来款挂账956.56万元。组织开展财务领域风险防控自查自纠，共自查社有企业和基层社39家单位，解决历史问题13个，落实整改措施18项。招大引强推进项目建设，协议引进浙农控股集团投资5亿元的新型肥料多功能综合性为农服务项目，共同打造省级“新型化肥储备中心+现代农业服务中心”。

【基层组织建设全面加强】2021年，健全供销社基层组织体系，提升服务能力，年内新建基层供销社21家，新增社员近5000人，改造升级薄弱基层社7家，创建全省百强基层社3家，新认定国家级示范社4家，示范社占比远超省社35%要求。基层社建设排名全省第1。开化县金星供销社成为全市首家村级供销社。开化县供销社入围2021年度全省20强县级社；江山市长台镇蜜蜂产业农合联获全省“十佳合作经济组织”，2名专业合作社负责人获全省“十佳合作经济人物”。

【数字农合联建设稳步推进】2021年，全面启动农合联数字化改革，市本级及6个县（市、区）数字农合联全面建成上线，县域覆盖率100%。市本级上线“三衢味”品牌数字管理、柯城区上线蔬菜示范基地数字管理、开化县上线清水鱼溯源管理等特色应用。县域覆盖率、7+1特色场景应用（指数字农合联平台7个固定应用模块+1个自主开发特色场景应用）、功能模块数据、平台用户量和活跃度等指标，排名全省第1。

【新型冠状病毒疫情防控】2021年，做好新型冠状病毒疫情防控、物资保障等工作。发挥组织体系和经营服务网络优势，在保供应、稳物价、惠民生上主动作为。协调“三衢味”授权企业、农合联会员企业、农民专业合作社等保障产品供应，储备米面粮油、肉禽蛋、蔬菜水果、食用菌等农产品7977吨；组织货源，统筹做好化肥、农药等农资调运、储备、供应，累计调运、储备农资货源17915吨。

【“三衢味”浙江省优质品牌农产品秋季选品会举办】9月8日，以“优选‘浙’里 携手共富”为主题的“三衢味”浙江省优质品牌农产品秋季选品会在衢州举行。选品会由浙江省供销社、省农合联与衢州市人民政府共同主办。现场陈设11个市区域公用品牌展位和浙农集团展位，来自浙江全省和四川、新疆、吉林等对口地区的近千种优质品牌农产品参展。上海蔬菜集团、叮咚买菜、美团优选、盒马鲜生、网易严选等52家长三角头部农产品采购单位到活动现场选品、对接。选品会组织开展“浙里一桌菜”品鉴活动，通过优选全省特色农产品原料，烹制成15道特色名菜供与会嘉宾品鉴。浙江省21家区域公用品牌运营企业和省内外52家知名生鲜网商、直播平台、商超、餐饮企业、配送企业的负责人等参加。

【好吃“三衢味”长三角鲜辣美食挑战赛（上海站）决赛举办】11月6日，好吃“三衢味”长三角鲜辣美食挑战赛（上海站）决赛在上海城隍庙海上梨园举行。活动由衢州市人民政府主办，衢州市供销社承办。活动以“三衢味 三衢辣 三衢鲜”为主题，现场围绕“三衢味”产品开展鲜辣才艺大比拼、美食

2021年9月8日，“三衢味”浙江省优质品牌农产品秋季选品会在衢州举行

网红达人推介、现场制作推介衢州美食等活动,启动全球全网《三衢味 三衢辣 三衢鲜》主题短视频征集衢州美食,并在海上梨园露台展示“三衢味”商品。活动通过线下主题活动和线上宣传引流,让“三衢鲜辣”引爆上海年轻消费群体,进一步宣传推广“三衢味”品牌。

【开展“走红色贸易线 创供销新业绩”活动】2021年,挖掘开化“红色贸易线”革命故事,开展“走红色贸易线 创供销新业绩”活动,受到全国供销合作总社、浙江省供销社和市委党史学习教育巡回指导组肯定。4月21—23日,《中华合作时报》“传承红色基因 寻找扁担传人”首站赴衢州市、开化县开展专题调研采访,并刊发微信公众号和报纸专版。5月19—20日,全国供销总社庆祝中国共产党成立100周年合作经济理论与实践研讨会在福建龙岩古田干部学院举行,市供销社在会上作题为《开展党史学习教育 传承红色贸易精神》的经验介绍(全国仅3个地市发言)。9月15—16日,中华全国供销总社声像中心赴衢州市拍摄系列纪录片《红色供销 百年足迹》视频(全国仅拍摄10集)。 (雷益芳)

烟草业

【概 况】2021年,实现烟草批发销量95987箱,同比增长1.8%;实现批发销售额48.46亿元,同比增长5.63%;实现单箱销售额5.05万元,同比增长3.77%;实现税利13.42亿元,同比增长5.23%;上缴财政总额9.07亿元,其中上缴中央6.75亿元、上缴地方2.32亿元。

2021年5月13日,衢州市烟草专卖局工作人员在衢州市经济犯罪治理中心开展案件研判

【联合治理经济犯罪】2021年,持续深化衢州市经济犯罪治理中心实战,已有涉及烟草、保险、涉税等经济犯罪案件入驻中心,开展联合专题研判50余次。全年共计查获涉烟案件713起,卷烟8367.88件,案值6719.4万元,有效净化卷烟市场环境;累计破获非涉烟类经济犯罪案件160起,挽回经济损失8666.21万元,有力维护地方经济安全和社会稳定。中心先后接待公安部,国家税务总局,省委改革办,省公安厅经侦总队,衢州市委、市政府等考察调研,并被省公安厅经侦总队定位为浙江省涉烟情报建设高地。

【数字化改革】2021年,持续推进衢州烟草数据分中心建设,探索解决架构设计、数据下行、目录梳理3大难关,累计存储6.1亿条数据资源,为实现数据价值化奠定坚实基础。顺利争取到云资源(ODPS)支持,完成分中心存储库中所有数据表的迁移上云,实现数据弹性存储。持续深化衢烟数据团队建设,设置运营、技术、场景3个分组,常态化举办专题培训、访学交流、产品发布等活动,有效营造“数据、激情、活力”的团队文化氛围。2021年,团队数据产品先后获全省烟草系统QC评比一等奖2个、二等奖2个;其中一个项目被中国质量协会评为“2021年全国优秀质量管理小组”荣誉。

【服务社会】2021年,积极履行扶贫帮困职责,对外捐赠118万元。主动融入“南孔圣地·衢州有礼”城市品牌打造,助力文明吸烟环境建设。2018年以来累计投入资金400余万元,建设吸烟亭9

个、吸烟点3300余个。其中，2021年投入资金133万元，建设吸烟点2129个。组织开展公益捐赠活动，受赠对象覆盖18个村、6个社区、3家小学以及众多困难和弱势群体，彰显国企使命担当。（李承倩）

盐 业

【概 况】 2021年，衢州市盐业有限公司(以下简称公司)在省国资委和集团公司的领导下，对照各项经营目标，优化产品结构，推进公司持续发展。销售各类盐产品73464吨，同比增长10.90%。其中小包装食盐5970吨，同比增长8%；食品加工盐5573吨，同比增长74.16%；工业盐61921吨，同比增长7.65%。

【盐品配送】 2021年，公司加强渠道建设，关注市场动态，做好全年指标落实，分解到区域、到月、到人。充分利用外勤365软件，实行定时、定量、定线路配送，掌握客户动态与购、销、存情况。实行全员营销、巩固特通渠道。开展食盐放心消费“四进”(进食堂、进社区、进学校、进小区)活动，提高消费者对健康食盐、科学补碘的相关知识。全年累计组织开展“四进”活动96场，参加员工22人，覆盖人数8.6万人。

【市场管控】 2021年，公司协同市市场监管局开展联合检查，切实规范食盐市场经营秩序，确保人民群众食盐消费安全。11月16日，全省首场浙盐雪涛·“美好生活 健康食盐”宣导活动中，公司积极参与“防治碘缺乏病日”宣传活动，并联合卫生防疫部门在各县(市、区)通过设摊宣讲、发放宣传资料、展出展板、赠送盐品等形式，向广大市民和经营户宣传碘缺乏病防治知识，普及群众在防控新冠肺炎疫情的同时做好科学补碘工作。与市妇联、市见义勇为基金会一起开展公益宣传活动，丰富消费者科学用盐知识。

2021年9月8日，衢州市盐业有限公司在衢州碧桂园凤馨苑开展健康食盐宣传活动

【储备盐存储】 2021年，公司抓好政府食盐储备落实工作。从入库、轮储、应急供应等方面制定各项管理制度，规范储备盐管理，定期向主管部门报送数据。疫情期间，公司全力以赴，保障市场盐品供应，平息11月的“抢盐”风波。（唐诗语）

旅 游 业

【概 况】 2021年，衢州市以建设“诗画浙江”大花园核心景区为目标，通过完善城市功能、增加产品供给、创新思路理念，推动旅游高质量发展。综合运营商手机信令大数据，2021年全市接待游客1437.2万人次，同比增长11.2%，增长幅度位列全省前三，旅游收入177.4亿元，成功入选第二批国家文化和旅游消费试点城市。

【全域旅游示范区建设】 2021年，以“诗画浙江”大花园核心景区为标准，市县联动构建形成国家级、省级全域旅游示范创建梯队。2021年，衢江区、常山县入选第四批省级全域旅游示范县(市、区)，截至年末，全市5个县(市、区)列入省级全域旅游示范县，具备创建省级全域旅游示范市条件。灵鹫山省级旅游度假区、江郎山省级旅游度假区获省政府批复。新增国家AAAA级旅游区1家(大陈古村)，国家AAA级旅游景区10家。截至年末，全市累计有国

家AAAAA级景区2个、AAAA级景区14个、AAA级景区53个。深入实施“百千万”工程，认定衢江区、常山县、龙游县为AAA级景区城。新增浙江省景区镇27家，浙江省景区村274家。新增省级红色旅游教育基地1家（衢江区红色千里岗景区入选浙江省第五批省级红色旅游教育基地）。

【区域协作】2021年，坚持“区域协作，旅游先行”，推动浙皖闽赣国家生态旅游协作区创建，“联盟花园”建设工作纳入四市（衢州、南平、黄山、上饶）“十四五”规划。推进“联盟大道”建设，全长1995千米的“95联盟大道”串联起9个AAAAA级景区、众多AAAA级景区以及古镇、村落，规划配建驿站、自驾露营地、民宿集聚区等。截至年末，衢州段基本成形。整合打通四市旅游“一码游”数据平台。“一码游”集展示、宣传、服务、销售等功能为一体，一码预订、一码导览、一码购物上线运行。构建产品体系，组织四省（浙闽赣皖）四市骨干旅游企业，联手研发设计“九五尊享”神奇之旅、“革命摇篮”红色之旅、“梦里老家”乡愁之旅、“千里钱塘”亲水之旅和“寻根问道”文化之旅五大主题板块100个游线产品套餐。

【文旅消费】2021年，衢州市改变长期以来单一卖景点资源的局面，培育发展文旅新业态、新产品，拉长产业链。结合体育运动，推出森林运动大荫山、极限运动奥陶纪、攀岩运动千里岗、登高运动江郎山等一批体育运动项目。

AAA级景区村——龙游县湖镇镇文林村

适应年轻人消费特点，打造杭衢钱塘江诗路之旅、信安湖水上游、“水亭门之夜”等文旅产品。2021年，全市新增省级红色旅游教育基地1家（衢江区红色千里岗景区）、省级工业旅游示范基地3家、“诗画浙江·百县千碗”省级体验（示范）店16家，水亭门历史文化街区被评为省级夜间文化和旅游消费集聚区。3月，举办春季旅游采购大会，签约一揽子文旅产品采购协议和102万人次的游客输送订单。

【乡村旅游】2021年，坚持把乡村作为文旅发展的重要增长极，依托美丽乡村和诗画风光带建设成果，新增浙江省AAAA级景区镇15家，AAA级景区镇12家，A级景区村274家（含AAA级景区村61家）。新增22家省级乡村旅游重点镇、10家省级乡村旅游重点村。2021年，全市乡村旅游接待游客516.6万人次，乡村旅游经营总收入12.94亿元。推出“阙里人家”民宿整体营销品牌，全市新增省高等级民宿20家，省级文化（非遗）主题民宿5家，民宿综合体14家，民宿集聚村16家，常山村上酒舍民宿被评为全国甲级民宿，是全省上榜的两家民宿之一。实施“现代旅游根据地”计划，对乡村闲置资源进行改造升级，常山金源村试点项目接待游客5.2万人次，旅游总收入620万元，带动就业和农产品销售220万元。

（程梓朔）

招商引资

【概　况】2021年，衢州市招商投资促进中心（以下简称市招商中心）坚持招商引资主责主业不动摇，理顺工作体系，构建服务平台，丰富活动载体，稳步推进招商引资、山海协作工作。招商引资方面，全市招商引资项目到位市外资金302.77亿元，同比增长

37.4%；新签约亿元以上项目204个，其中新签约10亿元以上项目40个(制造业项目27个)，20亿元以上项目18个(制造业项目11个)，50亿元以上项目2个、100亿元以上项目1个。山海协作方面，全市新签约山海协作产业合作项目163个，到位资金198.35亿元，实现消费帮扶1.98亿元，开展人力资源培训23021人次。全市6个山海协作产业园新增基础设施投资15.63亿元，新增社会性投资93.44亿元，实现工业总产值199.65亿元。

【衢州市招商投资促进中心授牌】 9月30日，在第三届衢州人发展大会上，市委书记汤飞帆为"衢州市招商投资促进中心"授牌，衢州市人民政府经济技术协作中心更名为衢州市招商投资促进中心，进一步聚焦主职主业，更好适应新时代招商引资工作要求。

【重塑招商体系】 2021年，按照"流程再造、机制重构、系统重塑"的要求，制定《关于进一步优化招商引资工作机制的若干意见》，从组织体系、招商队伍、招引机制、项目导向、考核机制五个方面对招商引资机制体系进行系统重塑。组建驻北京、上海、杭州、深圳四个片区产业招商组，制定《衢州市"两专工程"招商引资队伍专项培养办法》，会同市委组织部抽调101名业务骨干于10月8日起开展驻外招商，创建"月比季赛年考"驻外招商工作体系。围绕衢州海创园理顺体制机制，将运营管理权进行整合，制定《衢州海创园运营管理办法》，明确园区定位、项目准入、决策流程、考评激励，优化提升海创园运营管理体系。

【明确招商工作导向】 2021年，牵头开展市本级六大产业链的研究工作，绘制主导产业树、产业招商地图，梳理目标企业库，开展产业链精准招商。建立以"签约率、落地率、开工率、资金到位率和制造业资金占比率"为指标的八个区块"赛马机制"；实行以"有效招商信息数、引进亿元以上项目数"为重点的驻外招商片区"赛马机制"；用好"月度招商之星、年度招商能手和末位淘汰"的招商组内"赛马机制"，形成"实绩论英雄、排名看能力"的鲜明导向。

【山海协作"产业飞地"建设全面启动】 2021年，按照省委、省政府推进山区26县跨越式高质量发展，加快推进"产业飞地"建设要求，抢抓发展机遇、市县一体推进，以开辟税源增收渠道、增强内生发展动力为目标，在杭州、绍兴、宁波等地高能级平台选址，投资共建6个"产业飞地"，实现当年启动、当年平台签约、当年项目入园、当年落地开工，在全省实现"四个率先"(率先实现首个"产业飞地"签约、率先实现首个入园项目签约、率先实现首个全市域"产业飞地"全覆盖、率先实现首批项目落地开工)。10月21日，常山县代表衢州市在全省山区26县跨越式高质量发展工作推进会，就"产业飞地"建设作经验介绍。截至年末，全市6个"产业飞地"11个项目签约入园，协议投资120.7亿元，其中6个项目开工建设。

【山海协作助力乡村振兴发展】 利用援建资金打造28个山海协作乡村振兴示范点，因地制宜壮大产业，强化内生动力培育。柯城区余东、斗目垅、碗窑、五十都等村联合打造共同体，投入援建资金490万元，围绕一幅画、一篮菜、一盏茶、一棵树、一碗面、一口窑"六个一"产业，连点成线、串线

2021年9月30日，衢州市招商投资促进中心授牌仪式

2021年10月26—27日，央企走进26县建设共同富裕示范区活动（衢州站）。图为10月26日结对签约现场

成面；龙游县团石村示范点投入援建资金260万元，导入结对区技术、管理和品牌经营理念，撬动水果番茄项目实施，带动农户和村集体分别增收近30万元。精准对接结对地区消费市场，创新“基地+合作社+公司+市场”等模式，促进农产品提产量、优质量、扩销量，全年实现消费帮扶金额1.68亿元，带动本地优势特色产业发展。在结对地区建设6个“消薄飞地”实现返利3875万元，返利收益15.44%，带动491个薄弱村抱团发展，惠及54万人。

【推进数字化精准招商应用平台建设】 2021年，加快“数字化改革”步伐，依托“数字营商”平台搭建“数字招商”应用场景，集成“投资导航”“招商雷达”“招商服务”三大应用，实现信息报送汇总，研判交办，跟踪服务全流程网上办理。以“数字招商”为核心的“数字营商”平台被列入省数字政府“浙里营商”跑道的创新案例，登上省“观星台”优秀应用。

【举办央企走进26县建设共同富裕示范区（衢州站）活动】 10月26—27日，举办央企走进26县建设共同富裕示范区活动（衢州站），大会主题是：深化央地合作，推进共同富裕。71家央企、10家省属国企的131名嘉宾出席活动，现场签约项目49个、总投资1438.34亿元，其中产业类项目26个、投资额575.49亿元、占总投资额的40.0%（含制造业项目14个、投资额350.32亿元、占总投资额的24.4%）。金融类合作项目1个（国开行授信1000亿元）。6个县（市、区）与6家央企结对（柯城区与中国节能环保、衢江区与中国物流股份、龙游县与中车株洲电机，江山市与华电浙江公司、常山县与南方水泥、开化县与中国电建股份），建立常态化机制，开展全方位合作，确立第一轮合作项目27个、协议投资额608.4亿元。

【衢州海创园开园】 11月8日，衢州海创园落成开园仪式在位于杭州未来科技城的衢州海创园二期中心广场举行。市委书记汤飞帆、中电海康集团有限公司总经理程瑜致辞，市委副书记、市长高屹主持开园仪式。现场举行签约仪式，“中电海康—衢州”成果转移转化和产业培育中心、复旦科技园国际创新中心、启迪科创集团海创园科创中心、新湖中宝新能源关键材料经营管理总部、开域集团全球总部、浙江禾川科技股份有限公司6个高新技术平台型项目正式签约入驻。（方胜利）

外向型经济

【概　况】 2021年，全力推进衢州跨境电商综合试验区、自贸试验区联动创新区、海关特殊监管区“三大平台”建设。积极融入全市工业强市十大专项行动，扎实开展“外贸提档升级专项行动”“开发区创强专项行动”，推动全市开放型经济发展形成“滚雪球”效应。

全年，衢州市外贸进出口总值491.4亿元，同比增长36.4%，进出口增幅位列全省第2。其中，出口315.8亿元，同比增长24.6%，出口增幅位列全省第5；进口175.6亿元，同比增长64.4%，进口增幅位列全省第2。

全市新设外资企业25家，同比增长78.57%；全市合同外资35673万美元，同比增长190.73%；实际利用外资7678万美元，同比增长18.87%。全市对外投资总额2558.4万美元，中方投资总额2543.4万美元，涉及8家企业10个项目，其中新设项目9个，增资项目1个。对外工程承包总额7637.4万美元，首次实现"零的突破"。全市国际服务贸易进出口总额8.23亿元，同比增长2.79%，其中，出口2.07亿元，同比增长90.18%；进口6.16亿元，同比下降10.96%。

6月7日，中国(浙江)自贸试验区衢州联动创新区获省政府授牌。2021年，氟硅新材料、锂电新材料2家基地获批国家级外贸转型升级基地。8月31日至9月1日，举办浙江省第十八届国际投资促进机构联席会议暨新材料产业链招商引资活动。11月4日，举办"之江创客"2021全球电子商务创业创新大赛供应链赛区决赛。12月7日，承办全市开放型经济发展暨中国(浙江)自由贸易试验区衢州联动创新区建设推进会。

【对外贸易】12月6日，市政府印发《衢州市外贸提档升级千亿行动方案》，明确目标任务、重点举措，实施八大专项计划，推动衢州开放型经济发展上规模、上水平。探索"互联网+外贸"模式，依托"云参展""云招商""云洽谈"等载体，组织动员114家外贸企业参加线上线下广交会，达成意向订单金额2546.26万美元。指导龙游新丝带公共海外仓(全省唯一一家入驻南美洲的公共海外仓)连接浙江省海外仓服务在线，为包括浙江、江苏、安徽等省的100余家外贸企业提供报关、国际物流等服务。发挥巨化外经贸综合服务体系建设试点美国仓储加工基地作用，提升衢州氟硅产品在美国周边国家市场终端占有率。为9家企业争取浙江省海港投资运营集团有限公司低价配舱，缓解外贸企业出口运输难题。迭代升级"大商贸"等一批新政，帮助企业共克时艰。2020年，首次将非衢州地产品出口列入大商贸政策补助范围，激励本地贸易公司做大做强。继续推行"政+银+保+保"("政府政策扶持+银行授信+政策性信保+融资公司补充担保")"衢贸贷"贸易融资模式，为13家外贸企业发放7180万元贷款，平均放款500余万元，为中小企业注入"金融活水"。推动省进出口银行、省中信保与衢州市人民政府签订战略合作协议，为全市外贸企业争取省进出口银行500亿元授信金融支持。招引全市首家外贸综合服务企业"衢州市融易通外贸服务有限公司"，为衢州外贸小微企业提供进出口、通关、物流、结算、信保、供应链融资一体化服务。组织开展企业反倾销反补贴应对策略与国际贸易风险防范线上培训。江山龙腾笔业有限公司胜诉巴西铅笔反倾销案，赢得最低关税税率，提振我国外贸企业信心；文达进出口有限公司胜诉乌克兰铝制梯子反倾销调查，为企业挽回400万美元年出口额。举办外经贸企业合规现状调查工作座谈会、2021年"浙"里有"援"法律服务月暨RCEP政策培训会。

【利用外资】2021年，整合招商引资工作力量，以跟踪问效倒逼进度落实，帮助有意向的企业对接各部门资源。全年提供并追踪项目信息16个，其中桃酱、宁波萌恒、浙江音默森、杭州魔域等7个项目通过市级项目研判，4个项目成功落地或计划落地，3个项目在重点跟进中。联合市贸促会筹办2021衢州市国际贸易投资(上海)推介会(韩国专场)，接待海通证券、日企考察团、戴德梁行等企业考察团到衢州考察洽谈项目合作事宜，宣传推介衢州投资环境和政策。承办第十八届浙江省投资促进机构联席会议暨新材料产业链招商引资活动，150余位代表出席会议，有效助推全市新材料产业链招商。密切跟踪外资大项目进展情况，在浙江省国际投资促进"单一窗口"系统内跟踪外资大项目8个(2个已投产)，其中省级重大项目2个；商务部外资项目直报系统内跟踪外资企业2家。组织参加中东欧国家博览会、浙江投资贸易洽谈会。浙洽会期间

2021年6月7日，中国（浙江）自由贸易试验区衢州联动创新区获授牌

衢州推出重点招商引资项目30个，合计签约项目7个，总投资135.7亿元，其中外资项目3个，总投资10.65亿美元。

【对外经济合作和服务贸易】 2021年，积极推动衢州企业参与“一带一路”建设，组织外经和外运物流企业参加“丝路鸣笛”——中欧（义新欧）班列高质量发展企业论坛、浙江本土跨国公司成长论坛等经贸活动。支持通天星集团境外工业园（柬埔寨）建设。帮助境外投资企业出国人员开展定点接种疫苗，协调解决滞留海外未归国企业人员就地接种疫苗，共计265人次，其中海外接种16人次。落实“浙外防”工作，形成常态化“打卡”和管理工作机制，开展境外项目疫情通报。推进动漫游戏、数字出版等数字商品贸易发展，引进数字贸易出口企业魔域网络公司，探索以高端服务为先导的“数字+服务”新业态新模式，调整和完善全市服务贸易结构。

【跨境电商综合试验区建设】 2021年，出台“跨境六条”政策，制定十一条金融支持政策。柯城休闲用品、衢江特种纸、龙游五金机械、江山木门列入省级试点产业集群名单。引入桃酱跨境电商、东鹤电商等5家企业。帮助跨境电商企业注册海外品牌商标56个，独立站82个，高新技术企业认定101家。完成线上综合服务平台项目一期建设，60余家企业完成注册备案，通过平台实现“9710”“9810”出口超1000单，出口额约5.27亿元。走访全市外贸及跨境电商企业742家，举办孵化班9期，实现跨境电商出口约2.5亿元。加强与院校、有关部门对接，开设项目制培训班、人才培养班、高级营销班等，其中衢职院首届跨境电商培养班首月成交量破7000单。开展金融支持跨境电商综试区建设劳动竞赛，120家企业完成进出口业务总笔数1030笔，累计总金额2677万美元，融资累计总金额2679万美元。

【自贸试验区联动创新区建设】 6月7日，中国（浙江）自由贸易试验区衢州联动创新区获得省政府授牌。7月30日，参加全省中国（浙江）自由贸易试验区建设新闻发布会，系统介绍衢州自贸联动创新区“3384”建设体系（第一个“3”是战略定位，以建成“一平台、一基地、一高地”为目标，打造四省边际区域联动的开放平台、国际多式联运商贸物流集散地、具有国际影响力的产业新高地。第二个“3”是功能布局，即形成“一体两翼”、覆盖衢州市119.57平方千米的多片区联动发展格局。在开放创新、营商环境、市域联动、产业创新方面探索突破。“8”是指复制推广自贸区经验、打造四省边际“双循环”新发展格局的枢纽等八项具体举措。“4”是衢州特色创新的主要方向：一是抓绿色金融改革，衢州是国家绿色金融改革创新试验区；二是抓最优营商环境打造；三是抓产城融合一体化；四是抓四省边际枢纽建设，打造四省边际数字贸易高地）以及通过自贸联动创新区加快推动共同富裕采取的系列举措，推动政策、资源、人才、项目等要素汇聚，打造四省边际商贸物流、产业发展、开放协同新高地。

【海关特殊监管区建设】 2021年，统筹推进综合保税区等海关特殊监管区项目谋划申报建设工作，赴义乌等地学习调研，牵头起草调研报告，遴选可行性研究编制专业团队，明确选址和建设主体，完成项目可行性研究编制招标。商务、衢州海关、资规、智造新城等部门联合开展项目建设前期可行性研究，组织开展综合保税区建设项目前期可行性研究编制招标工作，推动衢州海关特殊监管区力争实现“零的突破”。

（祝飘枫）

金融业

Financial Industry

金融管理

【概　况】 2021年，衢州市人民政府金融工作办公室（以下简称市金融办）紧紧围绕市委、市政府打造四省边际共同富裕示范区和四省边际中心城市战略目标，突出"标准+产品+政策+流程"改革要素，着力打造绿色金融改革"衢州样板"，发挥金融力量助推经济高质量发展。截至年末，全市金融业增加值131.91亿元，同比增长8.8%，占地区生产总值比重7.03%；全市金融机构本外币存款余额3529.54亿元，比年初新增394.10亿元，同比增长12.57%；全市金融机构本外币贷款余额3577.02亿元，比年初新增530.37亿元,同比增长17.41%；全市银行业不良贷款余额19.58亿元，不良贷款率0.55%，比年初下降0.17个百分点，低于全省平均值0.26个百分点，列全省第5位；全市7家政府性担保机构注册资本11.87亿元，担保贷款余额39.55亿元，放大倍数3.75，高于全省平均0.45；全年证券交易量7833.6亿元，同比增长8.4%；新增5家上市企业，全市累计11家。

【深化绿色金融改革】 2021年，以共同富裕、工业强市为目标，研究起草《关于全力打造绿色金融改革示范区的实施方案》《衢州市推进企业上市专项行动方案》《衢州市工业强市金融要素保障方案》等政策，承办2021年度浙江证监局辖区上市公司董秘大会、浙江银行业保险业支持山区26县跨越式高质量发展现场推进会等省级重要会议；累计推出绿色信贷创新产品206个、绿色保险产品38个、绿色债券15个、绿色基金28个、融资新模式137项。全国首创碳账户金融体系，创新推出低碳贷等34款碳账户金融产品，发放碳账户贷款74.4亿元，降低企业融资成本3000余万元，撬动企业降碳减排技改投入46亿元。"碳账户金融应用"成为2021年全省唯一入选省委改革办"一地创新、全省共享"数字化改革金融项目，并成功入选"最佳应用"名单。市农信系统对"两山银行"给予总体50亿元授信支持，全省首张"两山银行"生态资源储蓄单、首届"两山银行"学术研讨会、首笔森林碳汇价值质押贷款

2021年7月9日，浙江上市公司董秘例会在衢州召开

落地衢州。

【实施融资畅通工程】2021年，全面实施融资畅通工程，存贷总量明显提升，推动“绿色金融服务信用信息平台”（以下简称“衢融通”）迭代升级，打造“信易贷”平台，被国家发展和改革委员会授予“全国中小企业融资综合信用服务示范平台”称号，衢州在全国261个城市信用状况监测排名中位列地级市第1；截至年末，本外币存款余额3529.54亿元，同比增幅12.57%，位列全省第4；本外币贷款余额3577.02亿元，同比增幅17.41%，位列全省第6，高于全省平均1.99个百分点；贷款结构持续优化，发放还款方式创新贷款663.15亿元，全市25.74%普惠型小微企业实行无还本续贷，位列全省第1；信用贷款占比20.42%，高于全省0.4个百分点；全市企业贷款平均利率4.89%，同比下降0.22个百分点；小微贷款平均利率（普惠口径）5.56%，同比下降0.29个百分点，历史上首次低于全省平均利率5.57%。构建以市信保公司为龙头、市县一体的政府性融资担保体系，成功争取国担、省担入股市信保公司8000万元（全省仅3家），全市7家政府性担保机构注册资本从7.3亿元增至11.87亿元，同比增长62.6%，担保贷款余额39.55亿元（同比增长97.45%），放大倍数（在保余额/净资产）为3.13；“衢融通”平台累计注册企业数162021家，入驻金融机构338家，累计贷款21658次、贷款额1129亿元；组建33个金融服务小分队，解决企业资金问题344个，新增贷款30.04亿元，节约资金成本438.9万元。

【推进企业上市和直接融资】2021年，贯彻落实“凤凰行动”计划，优化上市政策、破解上市障碍、加大企业对接多层次资本市场服务力度，帮助优质企业抓住多层次资本市场改革新机遇，全市企业上市和直接融资再创佳绩。全市新增上市公司5家（首发上市4家：华康股份、金沃股份、永和股份、恒盛能源，市外引入1家新湖中宝），总数达到11家，其中柯城区、龙游县、开化县均实现上市公司“零的突破”。新增A股IPO排队企业7家（鸿盛新材、志高机械、金龙股份、禾川科技、恒达新材、科润智控、中巨芯）；新增辅导企业6家（东方股份、南高峰、中天东方氟硅、海昇药业、喜尔康家居、金昌股份）；上市公司总市值1368.82亿元，同比增长69.66%，高于全省平均水平41.20个百分点；非金融企业直接融资213.61亿元，较2020年高出82.07亿元，同比增长62.39%；全市上市公司资本市场融资特别活跃，达到71.61亿元（其中首发融资27.58亿元，增发11亿元，可转债33.03亿元）；全市企业直接融资占全社会新增融资规模比重达26.4%，比2020年增长6.4个百分点。

【邀请6家省级金融机构与市政府签订战略合作协议】8—12月，中国银行股份有限公司浙江省分行、中国农业发展银行浙江省分行、中国农业银行股份有限公司浙江省分行、浙江省担保集团有限公司、国家开发银行浙江省分行、中国进出口银行浙江省分行6家省级金融机构与市政府签订战略合作协议，约定“十四五”期间提供超4000亿元资金支持。

【召开衢州绿色金融改革创新成果新闻发布会】1月29日，召开衢州绿色金融改革创新成果新闻发布会，对外发布衢州市三年来开展“国家绿色金融改革创新试验区”建设工作取得的成果。

【举办浙江省首届绿色金融改革创新大赛】10月20—21日，浙江

2021年1月29日，衢州绿色金融改革创新成果新闻发布会召开

省首届绿色金融改革创新大赛决赛在衢州市举办。本次大赛由省总工会、中国人民银行杭州中心支行主办，衢州市总工会、人民银行衢州市中心支行、衢州市人民政府金融工作办公室、中国银行保险监督管理委员会衢州监管分局承办。衢州市包揽全省体制机制创新、产品服务创新2个一等奖，并获8个二等奖中的3个。

【“信易贷”平台被国家发展和改革委员会授予“全国中小企业融资综合信用服务示范平台”称号】11月，衢州市“信易贷”平台被国家发展和改革委员会授予“全国中小企业融资综合信用服务示范平台”称号，衢州在2021年城市信用状况监测排名中位列地级市榜首（“信易贷”平台为衢州市绿色金融服务信用信息平台迭代升级而成，集市场主体信用信息收集、绿色标识、银企融资对接、担保融资、“一证办”、政府扶持、网格化数据分析系统和预警系统等功能于一体，满足政府、银行、企业多方面的需求）。

【召开浙江银行业保险业支持山区26县跨越式高质量发展现场推进会】11月9日下午，浙江银行业保险业支持山区26县跨越式高质量发展现场推进会在衢州市召开。省政府副秘书长陈重、市委书记汤飞帆等领导出席。浙江银保监局局长包祖明解读《浙江银行业保险业支持26县跨越式高质量发展行动方案（2021—2025）》，省地方金融监管局局长张雁云主持，市委副书记、市长高屹致辞。

【绿色金融发展竞争力连续3年位列长三角第一】11月28日，“中国高校绿色金融研究联盟2021年会暨绿色金融创新助力贵州高质量发展高峰论坛”召开，会上发布《长三角“40+1”城市群绿色金融发展竞争力研究（2021）》报告。衢州市绿色金融发展竞争力连续3年位列长三角第一。

（方伟翔）

银行业监管

【概　况】2021年，中国银行保险监督管理委员会衢州监管分局（以下简称衢州银保监分局）贯彻落实上级各项决策部署，发挥银行业力量，加强监管保障，为建设四省边际中心城市、四省边际共同富裕示范区提供金融支持。年末，全市金融机构本外币各项存款余额3529.54亿元，新增394.10亿元，同比增长12.57%；各项贷款余额3577.02亿元，新增530.37亿元，同比增长17.41%。

【推进金融支持共同富裕】10月25日，结合衢州全域纳入浙江省山区26县跨越式高质量发展建设的实际和市委、市政府打造四省边际共同富裕示范区的目标定位，联合印发《衢州银行业保险业支持全域六县跨越式高质量发展建设四省边际共同富裕示范区行动方案（2021—2025年）》，锚定十个主要目标，提出二十条重点任务。制订衢州辖内6县（市、区）跨越式高质量发展“一县一策”方案，细化完善“一县一策”金融服务清单。11月9日，联合承办浙江银行业保险业支持山区26县跨越式高质量发展现场推进会，展示衢州城市形象和金融改革创新成果，并吸引优质金融资源聚集衢州、惠及衢州，现场会上衢州本地签约项目占比达四成。引导推动辖内银行保险机构向上对接争取各类倾斜政策。截至年末，有16家机构与衢州签署战略

2021年11月9日，浙江银行业保险业支持山区26县跨越式高质量发展现场推进会在衢州召开

合作协议，有12家机构争取到上级行特定试点落户衢州。

【推进绿色金融改革】8月5日，印发《支持衢州市银行业保险业绿色专营机构发展的意见》，明确“绿色金融试点机构—绿色金融专营机构—‘零(低)碳’金融机构(绿色金融示范机构)”的转型路径。截至年末，设绿色金融事业部36个，培育绿色金融试点行28家，其中绿色专营银行11家，确定首批5家绿色专营银行打造“零(低)碳”网点。联合相关部门创新六大碳账户体系，推动银行创新产品、优化机制，加大信贷支持力度。指导辖内金融机构持续推进与各县(市、区)生态资源管理公司合作，发展碳排放权、用能权、排污权等绿色权益抵质押融资业务，创新“生态贷”等系列金融产品，推动落地全国首笔清水鱼活体抵押专项贷款。

【强化重点领域金融保障】2021年，强化制造业金融服务，落实市委、市政府“产业为王，工业强市”决策部署，明确制造业贷款投放任务目标，加强监测督导。4月30日，印发《推动衢州银行业保险业科技金融改革创新工作的指导意见》，加强科技金融服务，落地全市首家科技专营机构。推动金融支持经济恢复和高质量发展，辖内机构累计发放“双保”(保就业、保市场主体)助力贷19.41亿元、支持就业2.81万人。保障小微企业融资，推进数字化小微园金融服务试点工作，辖内机构全面完成“两增”目标[单户授信总额1000万元以下(含)小微企业贷款同比增速不低于各项贷款同比增速，贷款户数不低于上年同期水平]，普惠型小微企业贷款无还本续贷占比长期稳居全省首位，企业信用贷款占比、小微企业信用贷款占比分列全省第2、第3位。强化数字赋能，推动信息共享互通，“衢融通”成为全省第二家与浙江省金融综合服务平台打通的市级平台。

【防范化解金融风险】1月20日，印发《衢州银行业信用风险防控“清旧、控新、化险”行动方案》，深化信用风险防控，全辖不良率持续控制在1%以内。12月末，全辖不良贷款余额19.58亿元、不良率0.55%，较年初均有所下降。逾期60天以上对公贷款基本纳入不良贷款。坚决落实“房住不炒”要求，在保证合理需求基础上，落实房地产贷款集中度管理要求，科学稳控居民杠杆率，开展银行业个人贷款综合治理工作，源头治理房地产领域金融风险。持续深化金融消费者权益保护。联合市中院印发金融纠纷多元化解实施方案，深化“行业调解+矛调中心+司法确认”的“一站式”纠纷化解模式，在全省范围内率先实现调解工作室6个县(市、区)全覆盖。推进启用衢州首家金融行业“共享法庭”，实现金融纠纷调解线上指导。指导辖内机构加强适老金融服务，深入推进网点适老化、智能化改造，探索建立无障碍金融服务体系。 (王怡倩)

中国人民银行衢州市中心支行

【概　况】2021年，中国人民银行衢州市中心支行(以下简称市人行)统筹推进党的建设、业务发展、内部管理等各项工作。碳账户金融工作取得突出成绩，先后获总行行长易纲、副行长刘桂平、杭州中心支行行长殷兴山，省长郑栅洁、市委书记汤飞帆、市长高屹的批示肯定。

截至年末，全市存贷款总量突破7000亿元。其中，本外币存款余额3529.54亿元，比年初新增394.10亿元，同比增长12.57%。人民币存款余额3493.21亿元，比年初新增385.00亿元，同比增长12.39%。本外币贷款余额3577.02亿元，比年初新增530.37亿元，同比增长17.41%。人民币贷款余额3564.90亿元，比年初新增534.76亿元，同比增长17.65%。

2021年，全市证券交易量7833.60亿元，同比增长8.35%；实现佣金收入2.26亿元，同比增长0.78%；实现利润0.98亿元，同比下降18.64%；开户总数81万个，新开户个数4.95万个。全市产、寿险保费总收入77.04亿元，同比增长7.13%。其中，产险保费收入24.76亿元；寿险保费收入52.28亿元，同比增长7.91%。

【落实货币信贷政策】2021年，聚焦“稳总量”，切实用好货币政策工具。新增3000亿元的支小再贷款额度，保持企业融资的延续性。截至11月末，再贷款余额52亿元，其中3000亿元支小再贷款余额为10.1亿元。全市法人金融机构累计向11526户普惠小微企业实施阶段性延期还本付息政策，累计向1.79万户普惠小微企业发放符合央行资金支持条件的信用贷款超37亿元。聚焦“优结构”，重点打造“1+4+2”资金保障体系（乡村振兴为中心；民营、小微、制造业、外贸4个重点领域；科创和绿色2个关键环节）。以6个县（市、区）均纳入高质量发展山区26县有利契机，落实金融支持乡村振兴优惠政策；开展企业社区组网服务等活动，深化“首贷户拓展三年行动”，积极探索“贷款码+”服务，持续开展“订单+清单”融资对接，加大对民营企业、小微企业、制造业、外贸企业4个重点领域的信贷投入；落实科技金融合作贷款方案，出台金融支持碳账户体系建设的指导意见，突出对科技创新和绿色发展2个关键环节的金融支持。截至12月末，全市民营经济、普惠小微企业贷款余额同比分别增长18.47%、23.81%。聚焦“稳利率”，不断加强金融机构的利率管理。1—12月，全市企业贷款、小微企业贷款、普惠小微企业贷款加权平均利率为4.89%、5.18%、5.56%，同比分别下降22个、25个、29个基点，其中普惠口径小微企业贷款利率自9月起低于全省平均水平。

【深化绿色金融改革】2021年，在全国率先推出碳账户体系建设，建立工业、农业、能源、建筑、交通运输、个人六大碳账户。至12月末，碳账户覆盖全市1147家工业企业、178家种养殖大户及有机肥生产企业、97家能源企业、12家交通企业、40家既有建筑主体和233万个社会居民。以金融应用为突破口，借助浙江省数字化改革契机，围绕“金融支持谁”“金融如何支持”“如何提高金融支持效率”三大问题，构建碳排放e账本、碳征信e报告、碳政策e发布、碳金融e超市、碳效益e评估的碳账户金融“5e”闭环系统。至12月末，形成895份企业碳征信报告，全市27家金融机构推出35款碳账户金融产品，碳账户金融贷款达74.44亿元。碳账户金融应用于10月被纳入浙江省第一批数字政府系统“一地创新、全省共享”应用项目；12月，被列为浙江省数字化改革第二批“最佳应用”。充分发挥劳动竞赛的示范带动作用，承办全省首届绿色金融改革创新大赛，围绕绿色金融、普惠金融等重点工作，联合市总工会、市财贸工会开展6项劳动竞赛项目，营造比学赶超的氛围。

【提升金融服务水平】2021年，深化征信服务体系建设，推广应收账款融资服务平台，推进“政采贷”线上融资模式向县域延伸。全省率先制定《衢州市农村金融消保服务站管理办法（试行）》，在全市建立54个农村金融消保服务站。持续优化农村支付环境，助农服务点移动支付受理覆盖率达79%，新创9条移动支付应用示范街区（商圈），组织完成30家机构195个网点的暗访督导。支持财税体制改革，做好四项非税收入征管职责划转后的收缴管理。开展“人民币整洁度提升年”活动，深入推进现金服务网格化管理，提升现金服务水平。稳步推进贸易投资便利化改革，促使跨境投融资资金使用效率同比提升80%；成功落地全市首笔出口信保保单

2021年10月20—21日，市人行承办浙江省首届绿色金融改革创新大赛。图为市委书记汤飞帆在开幕式致辞

融资；联合银行推动企业汇率避险，前三季度全市远期结售汇增幅位列全省第三。联合市营商办召开全市金融机构数字化改革现场推进会，成体系地推进金融服务领域“数字化”改革，金融服务“一证通办”模式从10家试点银行向全市银行推广，不断提升金融服务和治理能力现代化水平。

【加大金融政策宣传】2021年，组织开展金融知识普及月宣传活动。利用上级行平台宣传衢州金融工作成效，全年在“人行杭州中心支行”微信公众号专题宣传6篇，子网站宣传43篇，“衢州发布”微信公众号宣传10期。利用地方政府门户网站宣传政策，主动公示行政许可信息2069条，政务信息公开25条。发挥电视台、电台、报纸等地方传统媒体优势，开展碳账户金融等政策宣讲20余次。制作年度工作纪实、金融为民、绿色金融改革等主题宣传片3部，全景式展现工作成效。

2021年11月12日，市人行举办2021年衢州市金融机构反洗钱专业劳动竞赛（案例分析）

【加强金融风险管理】2021年，抓好金融风险防控，完善金融风险常态化监测机制，重点关注“亚健康”地方法人银行，有序推进风险化解。2021年末，全市不良贷款率为0.55%，比上年末下降0.17个百分点。构建反假人民币警银协作、群防群治工作机制。健全防控治理体系，创新制定标准化开户流程，构建存量账户风险排查长效机制；保持打击治理电信网络诈骗高压态势，从“打、防、控、管、宣”五点发力，1—12月，衢州电信网络诈骗的立案数、案损数同比降幅列全省第1。提升反洗钱监管效能，成功推动衢州市首起毒品洗钱案定罪宣判；协助破获银行卡境外盗刷等5起案件，维护支付市场秩序。 （严心怡）

2021年末衢州市银行业金融机构本外币存贷款情况表

表20

单位名称	存款		贷款	
	余额（万元）	同比增长（%）	余额（万元）	同比增长（%）
农业发展银行	188344	16.12	1225782	26.91
工商银行	4687375	3.54	4366088	15.17
农业银行	3913628	11.82	5339723	20.40
中国银行	1931284	16.71	2530158	24.62
建设银行	2778059	7.78	3769199	19.19
交通银行	431882	41.64	663161	32.17

续表20

单位名称	存款		贷款	
	余额（万元）	同比增长（%）	余额（万元）	同比增长（%）
中信银行	409424	18.83	458068	21.17
华夏银行	334610	118.91	282160	31.01
招商银行	638989	22.04	732045	2.23
浙商银行	777094	–16.27	830671	–4.92
浦发银行	463811	19.08	805899	11.95
北京银行	242854	–13.44	347213	–17.44
宁波银行	363947	141.59	493231	91.32
杭州银行	367125	28.28	720663	–1.89
温州银行	619503	7.44	533708	69.26
金华银行	354307	17.09	245685	3.52
稠州银行	145325	26.92	166244	24.51
台州银行	216900	14.78	393057	14.57
泰隆银行	1094559	21.20	870386	13.01
民泰银行	248787	31.24	195708	15.43
柯城农商行	2441548	12.91	1778617	15.08
衢江农商行	2022435	15.14	1480926	15.31
龙游农商行	1883850	8.96	1485497	16.47
江山农商行	2925329	14.64	1999510	14.90
常山农商行	1285018	14.82	972571	18.93
开化农商行	1481859	17.12	1101367	17.21
邮政储蓄	1695387	20.74	1322985	19.61
龙游义商村镇银行	58289	21.77	75429	14.61
常山联合村镇银行	99551	18.98	116029	7.29
衢江上银村镇银行	33923	17.84	32718	9.00
江山中银富登村镇银行	48889	1.74	55611	57.02
巨化财务公司	332094	0.90	351872	8.27

中国农业发展银行衢州市分行

【概 况】2021年，中国农业发展银行衢州市分行（以下简称市农发行）贯彻落实市委、市政府及上级行各项决策部署，树立党建引领、自我加压、实干实绩“三个导向”，把握解放思想、改进作风、提升素质“三个重点”，深耕“三农”（农业、农村、农民）不松劲，倾力支持地方经济发展。农发行浙江省分行与衢州市政府签订《银政协调助力衢州市高水平建设四省边际共同富裕示范区专项合作框架协议》。年末，各项贷款余额122.58亿元，同比增加25.99亿元；日均贷款余额105.84亿元，同比增加15.91亿元。各项存款余额30.40亿元，同比增加4.79亿元；日均存款余额30.01亿元，同比增加3.52亿元。年末，同时实现“零不良”（零不良类贷款）和“零关注”（零关注类贷款），资产质量达到历史最好水平。

【做好粮食文章】2021年，累放累收粮油贷款16.5亿元，支持收购、储备、调入粮油29万吨，市农发行客户占全市粮油供应市场份额52%。开展粮食购销领域腐败问题专项整治，确保粮食信贷资金安全。

【服务乡村振兴】2021年，提高政治站位，助力乡村振兴集成改革。持续推进长江大保护信贷业务，积极研究各地“十四五”规划方案，提前介入，做好项目培育，并提供针对性项目融资方案。全年投放15.8亿元用于支持常山一江两岸（常山江两岸）共同富裕提升、衢州六春湖景区开发等项目，涵盖改善农村人居环境、农村路网建设等领域。高质量推进乡村全域土地综合整治与生态修复工作，对符合市农发行准入同时存在资金缺口项目，主动上门提供金融服务，全年投放农地类贷款6.9亿元。推动城乡融合均衡发展。支持以县城城镇化为重点的新型城镇化建设，服务城乡基础设施和公共服务建设，投放近20亿元贷款用于支持杭衢高铁衢州西站综合交通枢纽及配套项目、柯城区九华未来社区建设项目、衢江区科教产业园等项目。

市农发行支持建设的常山县辉埠镇全域土地综合整治及生态修复工程项目

【推进绿色金融】2021年，牢固树立“两山”理念，支持地方“三农”领域绿色发展和生态文明建设，助力构建衢州绿色生态长廊。截至年末，绿色贷款余额73.12亿元，净增22.03亿元，绿色信贷占比59.65%，列衢州市金融机构首位。推进碳账户金融场景应用，制订“三农低碳贷”碳账户操作指引和场景应用方案，在“衢融通”发布碳账户产品，实现碳账户金融贷款有效投放8500万元。

【助力扶贫普惠】2021年，投放扶贫类贷款1.8亿元，帮助脱贫地区引入无偿帮扶资金50万元，累计发动员工捐款及购买农产品21.5万元，带动112人脱贫人口每人增收近千元。累放利率首年优惠贷款4.4亿元，降低企业融资成本1182万元，惠及企业38家。全面推广“手机银行”“交互屏”和“超级网银”，累计办理业务3.2万笔，年末电子渠道签约客户覆盖率100%，电子支付替代率99%。被市人行评为年度金融统计先进集体。

【强化风险管理】2021年，加强信贷风险防控，加大风险监测力度，对正常贷款出现逾期欠息、展期、他行不良或违约等风险信号，及时发出预警，跟踪处置动态，推动风险化解，做到早发现、早预警、早报告、早处置，有效防止风险积聚，资产质量劣变。全年无新增关注类贷款，无新增不良贷款。

（陈童月）

中国工商银行衢州分行

【概 况】 2021年，中国工商银行衢州分行（以下简称市工行）围绕“打造四省边际中心城市”“七个桥头堡”“产业为王、工业强市”等战略部署，坚守金融本源与初心，聚焦支持实体经济、制造业、普惠金融、绿色金融、乡村振兴等重点领域，发挥国有大行在助推衢州经济高质量发展中的主力军作用。截至年末，各项存款余额470.87亿元，较年初新增17.47亿元；各项贷款余额436.61亿元，较年初新增57.5亿元。

【加大对重点领域的金融支持力度】 2021年，持续加大对乡村振兴、制造业、民营企业、普惠金融等重点领域的支持力度。系统谋划，全面推进乡村振兴战略。成立工作专班，积极指导辖内各支行制订“一县（市、区）一方案”，加快项目谋划，全年获批乡村振兴类项目贷款28笔，授信69.95亿元，投放35.84亿元，投放全省工行系统首笔水库移民扶贫解困项目贷款1.1亿元，投放全省工行系统首笔智能化、规模化及生态化生猪养殖项目贷款0.5亿元；加大“兴农贷”涉农贷款推广，落地全省工行系统首笔“农户e贷”，“农户e贷”服务农户364户、余额4886万元，提款率全省工行系统第1；乡村振兴业务指标全省工行系统考核排名第3。精准施策，全力推动制造业高质量发展。聚焦新材料、新能源、集成电路、智能装备、生命健康、特种纸六大标志性产业链提升工程和化工、水泥、造纸、机械等传统制造业改造提升项目，并在资源配套上给予专项优惠利率、专项规模倾斜等优先保障，推动制造业向高端化转型发展。年末制造业贷款余额85.52亿元，同业领先。加大供给，支持民营企业做优做强。贯彻实施“融资畅通工程”，强化“稳企业、保就业”金融服务。年末民营企业贷款新增19.36亿元，增幅20.15%，高于各项贷款平均增速4.98个百分点。高标引领，持续深化普惠金融服务。坚持普惠业务长期发展和长期经营的理念，深化“普真惠、真普惠”的发展理念，扩大支行审批权限，在县域支行全部设立小微中心，进一步提高效率。年末银保监口径普惠贷款余额97.5亿元，总量继续保持同业第一市场地位，新增20.2亿元，增幅26.13%。

【服务衢州经济转型和区域战略发展】 2021年，各项贷款新增57.5亿元，同比增加28.5亿元，增量创该行历史新高。支持重大项目建设。把握衢州高质量融入长三角一体化战略时机，积极对接“大三城”“小三城”建设、市县一体化发展以及城市有机更新、工业园区有机更新、农村有机更新领域的重大项目，通过各种形式向上级行反映衢州经济高质量发展态势，争取政策倾斜，全年新批重大项目28个，总授信额69.95亿元。支持未来社区建设。响应创建未来社区战略举措，出台助力未来社区建设专项服务方案，全面支持未来社区在拆迁、安置、建设、运营等各阶段的资金需求，通过行内银团方式支持礼贤未来社区、鹿鸣未来社区2个先行示

2021年9月3日，市工行领导走访浙江大夫第现代农业科技有限公司，助力乡村振兴

2021年5月27日，市工行与“南孔圣地·衢州有礼”城市品牌打造专班联名打造的“衢州有礼”城市品牌卡正式发布

范项目，累计投放贷款13.5亿元。支持绿色金融发展。始终坚持“绿色+特色”理念，积极融入“碳达峰”“碳中和”重大国家战略，成功争取衢州分行获批全省工行系统内首家碳金融场景试点行，创新推出“低碳易贷”“碳易快贷”特色产品，助推衢州绿色金融改革创新试验区建设。年内国标绿色金融贷款新增19.2亿元，增幅76.49%，高于各项贷款平均增速61.32个百分点；碳账户应用贷款投放量同业领先。

【打好金融风险防控攻坚战】2021年，坚持底线思维，防范化解重大金融风险隐患，维护区域金融安全稳定，充分发挥国有银行金融“稳定器”作用。持续夯实信贷资产质量。加强大户风险管控，定期召开大户风险分析会，精准定位客户实质性风险，制定客户风险管控策略；加强逾期贷款催收工作，积极联合同业、政府共同制订最优风险化解方案，综合运用债务重组、呆账核销、批量转让、资产证券化等手段清收处置不良贷款1.17亿元，年末不良贷款余额9137万元，不良率0.21%，分别同比下降4779万元和0.16个百分点，资产质量保持稳定。加强业务合规管理。积极落实监管要求，开展贷款用途真实性、受托支付、项目贷款、房地产贷款、理财双录等专项检查和治理，防范账户、理财、涉敏、反洗钱领域风险。持续推进防范电信诈骗犯罪治理工作。开展“3·15”金融消费者权益日、存款保险、防诈骗、防范非法集资等各类宣传活动，普及金融知识；深入推进打击治理电诈各项工作，年内成功堵截电信诈骗40起，避免客户资金损失215万元。

【践行国有大行社会责任】2021年，开展捐资助学公益活动，连续第8年在衢州市特殊教育学校设立“工行奖德金”，为特殊教育学生提供就业帮扶和就业指导；结对龙游县沐尘畲族小学，开展“沐浴阳光、工迎希望”爱心助学活动，帮助留守儿童实现30个微心愿。开展无偿献血献爱心活动。连续第22年组织员工无偿献血，向社会奉献大爱，2021年，获浙江省卫生健康委员会、浙江省红十字会颁发的“百场献血 庆建党百年”爱心参与单位殊荣。参与全国文明城市创建活动，对接相关街道社区共同筹建“特色文化小巷”。（周江波）

中国农业银行衢州分行

【概　况】2021年，中国农业银行衢州分行（以下简称市农行）围绕市委、市政府建设四省边际共同富裕示范区、四省边际中心城市的各项部署，为衢州高质量发展注入动力，为衢州市国有银行中网点和人员最多、服务中小微企业和个人客户最多、服务“三农”力度最大的行。年末，市农行各项存款总量391亿元，各项贷款总量534亿元，存贷款规模同业第一。其中，各项贷款增量90.48亿元、增速20.4%，存贷款总量连续跨越800亿元和900亿元两个大关，居同业首位。

【促成省农行与市政府签订1000亿元战略合作协议】11月9日，在全省银行业保险业支持山区26县跨越式高质量发展现场推进会上，省农行与市政府签署战略合作协议，计划5年内向衢州地区提供总额不低于1000亿元的融资额度，为衢州加快建设四省边际共同富裕示范区、四省边际中心城市提供持续稳定的金融支持。年内为新湖中宝、浙江时代锂电、树兰医院等新重点引进项目提供金融支持;同时,全力支持制造业发展,年内新合作上市或拟上市企业4家、规模以上企业28家,其中专精特新企业合作覆盖面达到88%,实现制造业贷款“两个不低于”(制造业贷款增速不低于各项贷款增速,制造业中长期贷款增速不低于制造业贷款增速)。

【服务地方经济发展】2021年,开展服务衢州高质量发展建设四省边际共同富裕示范区、新巨化起航、乡贤工作等,推进浙江时代锂电材料国际产业合作园项目银团贷款、碳账户金融场景应用贷款工作。多项工作得到市委、市政府7次肯定批示。市委书记汤飞帆、市长高屹均对市农行服务衢州高质量发展建设四省边际共同富裕示范区若干意见专报、关于浙江时代锂电材料国际产业合作园项目银团贷款推进情况报告作出批示肯定;市委常委、巨化集团党委书记董事长周黎旸,市委常委、统战部部长傅根友,副市长王良春分别对市农行服务新巨化起航、服务乡贤工作、碳账户金融场景应用贷款工作专报作出批示肯定。

【银政合作】5月8日,与市委统战部、市金控集团推出“乡贤宝”金融服务。7月15日,与市农业农村局签署金融助力全面推进乡村振兴战略合作协议,未来五年,市农行将向衢州乡村振兴投放总额不少于500亿元的意向性融资额度,推进全市农业农村现代化建设。2021年,与市交投集团及柯城区、衢江区、开化县政府签订战略合作协议,在银行机构中独家成为市政府金融领域专家智库单位。

【服务乡村振兴】2021年,围绕农业银行建设服务乡村振兴领军银行目标,研究制定《服务衢州高质量发展建设四省边际共同富裕示范区25条意见》,通过“三级联动”“一县一策”“一行一策”,服务全市县域“三农”。全年县域存、贷款份额“双提升”,县域贷款增量居四大行第1。推出“惠农通+惠农e贷+农村金融六自治+乡镇挂职干部”组合拳,推进山区26县跨越式高质量发展,县域贷款增量40.31亿元。支持乡村产业高质高效发展,农业贷款余额33.49亿元;乡村产业贷款余额39.56亿元。支持“强农、惠农、富农”,推广服务“三农”拳头产品“惠农e贷”,余额28.61亿元;创新推出“农宅保”“乡贤贷”等产品,支持新乡贤回归创业企业147户、融资24.9亿元。

2021年5月12日,举办农业银行乡村振兴金融服务大讲堂

【数字化转型】2021年,持续深化金融“最多跑一次”改革,大力推广商户场景、掌上银行等服务,聚焦“数字社会”综合应用建设,全市首家建成5G智慧网点。率先与“浙里办”联通,实现公积金“不见面”贷款;搭建市级单位“智慧食堂”便利化金融场景。推进“最多跑一次”“最多签一次”,及时对接衢融通、省金融服务平台等线上通道,推广“小微网贷”“抵押e贷”“纳税e贷”等线上产品,在线直接生成授信,随借随还、循环使用,线上贷款余额104.61亿元、线上化率19.59%,位列全省第4,高出全省平均1.17个百分点。

【支持绿色金融发展】2021年,市农行以第一名成绩获得衢州市绿色金融之星奖。全年,绿色贷款总量159.1亿元,增量55.8亿元，同比增长54%，高出各项贷款33.6个百分点。绿色贷款余额164.3亿元，占各项贷款比重30.2%，提升6.9个百分点，贷款增量和占比均居四大行首位。

【发放全国首笔工业减碳助力贷】 7月20日，市农行发放全国首笔“工业减碳助力贷”，实现碳账户金融场景的衢州首创落地。该行以人民银行衢州市中心支行《关于金融支持碳账户体系建设的指导意见》为指导，第一时间出台《中国农业银行衢州分行“绿色减碳贷”操作指引》，成功向江山市双氧水有限公司发放全国首笔绿色减碳贷500万元。该笔贷款用于企业对二氧化碳储存扩容，项目投产后有效回收利用二氧化碳从原来的年1.5万吨提升到3万吨以上。该产品同时获浙江省绿色金融改革创新大赛产品服务创新二等奖。全年，市农行投放碳账户贷款8.48亿元，是全市碳账户贷款投放的最大银行。

【发放全省首笔绿色并购贷款】 4月21日，发放全省首笔绿色并购贷款，向巨化集团收购2家绿色环保企业提供贷款3.93亿元。该次并购是巨化集团为解决污染防治、技术改造和产业升级，加快实现传统工业向绿色安全生产转型的战略调整，拟并购衢州市清泰环境工程有限公司及衢州巨泰建材有限公司两家绿色企业全额股权。市农行充分运用“绿色并购”金融产品，通过“贷款+债券”形式，支持巨化集团抽背式发电、脱硫脱硝等技术改造升级，可实现每日4.18万吨的生产废水和每日2000吨危险废弃物、化工废液、污泥等污染物的处理能力。截至年底，成功发放首笔资金5000万元。

【创新推出系列金融产品】 2021年，利用大数据和人行、银保监政策工具，创新信贷产品，拓展“惠农e贷”服务场景。创新推出“乡贤贷”“农宅保”“公积金不见面贷”等应用场景，推广智慧食堂综合结算服务。其中，“乡贤贷”共支持新乡贤回归创业企业147户、融资24.9亿元；成功发放全市首笔“农宅保”贷款，截至年底已累计办理担保贷款5户、总计170万元；为市机关事务管理局、市人民医院等8家单位提供智慧食堂服务。

【开展“大提升”“大整改”活动】 2021年，组织开展“运营精细化”“财会精细化”“信贷精细化”三大年提升和内外部巡察、检查问题“大整改”活动。围绕固优补短，提升管理质效，聚焦财会领域定价管理、费用管控、招标采购，风险领域风险排查、尽职监督、贷后管理，以及运营领域的运营质量和文明服务，对照内外部检查发现问题，逐条、逐项建立“问题、责任、任务、期限”四个清单，提高整改措施完成率和问题整改率。坚持严管就是厚爱，通过召开警示教育大会、组织学习员工违规行为处理办法、“双四十严禁”等，持续加强对员工的经常教育、专题教育、反复教育；严肃查处员工违规违纪行为。（陈艺文）

中国银行衢州市分行

【概 况】 2021年，中国银行衢州市分行（以下简称分行）抢抓衢州市全力打造四省边际共同富裕示范区、四省边际中心城市和山区26县跨越式高质量发展的机遇窗口，推进普惠金融、绿色金融和县域金融发展，助力衢州市乡村振兴共同富裕，经营绩效创历史新高。年末，分行本外币各项存款余额193.32亿元，较年初新增20.90亿元，增幅12.12%；各项贷款余额252.94亿元，较年初新增49.77亿元，增幅24.62%。

【“碳账户”金融场景应用试点】 7月，衢州市发布“碳账户”金融建设实施方案，在全国首创企业“碳账户”体系。为助力实现“碳达峰、碳中和”目标，分行第一时间获批成为全省中行系统“碳账户金融场景应用试点行”，在“碳账户”金融场景创新上先行先试，面向大公司、中小微企业和个人客户分别开发“绿碳贷”“双碳贷”“碳惠贷”三类“碳账户”特色产品。截至年末，分行共投放“碳账户”场景应用贷款7.74亿元。

【中行首笔人防工程易地建设保函开立】 9月3日，分行成功为衢州鹿鸣置业有限公司开立人防工程易地建设保函，金额为1400万元。此保函是分行保函业务品种新突破，为分行首笔人防工程易地建设保函，以银行保函代替项目所需缴存的人防工程易

2021年8月3日，中国银行浙江省分行与衢州市人民政府签订战略合作协议

2021年8月3日，中国银行浙江省分行党委书记、行长吴敏（右一）代表省行向常山县青石镇飞碓村捐赠帮扶资金60万元，用于"乡村振兴 共富果园"项目建设

地建设费押金，保证企业按照政府相关规定建设人防工程要求的担保。

【中行浙江省分行与衢州市政府签署全面战略合作协议】 8月3日，中国银行浙江省分行与衢州市人民政府在衢州市政府行政中心会议室举行全面战略合作协议签约仪式。在中国银行浙江省分行党委书记、行长吴敏和衢州市委副书记、市长高屹见证下，中国银行浙江省分行副行长袁龙代表中行浙江省分行与衢州市政府副市长王良春进行现场签约。根据协议，"十四五"期间，浙江省分行将向衢州提供不低于500亿元的意向性融资额度，重点支持衢州重大公共服务、工业产业以及"共同富裕"领域项目建设，助力衢州打造四省边际共同富裕示范区、四省边际中心城市。

【向青石镇飞碓村捐赠帮扶资金】 8月3日，"巩固消薄消困成果 助力乡村振兴"捐赠仪式在衢州市政府行政中心会议室举行。中国银行浙江省分行党委书记、行长吴敏代表中行浙江省分行向衢州市常山县青石镇飞碓村捐赠帮扶资金60万元，用于"乡村振兴 共富果园"项目建设。衢州市委副书记、代市长高屹，常山县委副书记、县长张少华，浙江省分行副行长袁龙，相关部门主要负责人参加捐赠仪式。　（周稼雨）

中国建设银行股份有限公司衢州分行

【概　况】 2021年，中国建设银行股份有限公司衢州分行（以下简称衢州分行）遵循"守规矩、强基础、重创新、比贡献"的主基调，坚守服务实体经济本源，全面实现"业务发展有面子、收入增长有里子、系统内外有美誉"的目标。2021年末，一般性存款时点余额269亿元，较上年新增16.3亿元；各项贷款余额377亿元，较上年新增61亿元。衢州分行获衢州市公安局第七轮银行业金融机构安全评估国有银行序列第1、获国家外汇管理局衢州市中心支局2021年度银行外汇业务合规与审慎经营评估A类银行、在2021年度衢州市级机关部门综合考核中列金融机构序列第1、获2021年度衢州市银行业金融机构综合评价A等行第一名(政策性及国有商业银行类)、2021年衢州市金融机构服务乡村振兴评估考核(国有大型银行序列)第一名、2021年度人民银行金融消费者权益保护工作评估A档第一名,获建行总行2021年兴建旺行首季综合金融服务活动先进团队称号,获2021年建行浙江省分行“金智惠民 乡村振兴”万名学子暑期下乡实践活动优秀组织奖。

【提升“三个能力”】2021年,服务经济社会民生能力不断增强,全年绿色信贷增速85.54%,制造业贷款新(含贴现)计划完成率196.8%,增速28.84%,对公民营企业非贴贷款增速25.47%,战略新兴产业贷款增速73.58%。年末各项涉农贷款余额107.28亿元,比年初新增36.14亿元。防范化解金融风险能力持续加强,不良处置实现“应处尽处”,全年处置1.43亿元,核销回收总额0.23亿元。全年压降高风险低价值客户贷款1986万元,计划完成率179.4%。国际业务竞争力不断提升,国际结算业务收入744万元,增幅25.49%;代客交易收入2688万元,增幅20.53%;对公结售汇量3.99亿美元,增幅24.30%。衢州分行是全省两个完成跨境人民币双向资金池客户落地分行之一,是全市首家试点行开展人行汇率避险模块业务测试并落地首笔业务。

【夯基提质】2021年,衢州分行客户基础持续夯实。对公有效客户增幅18.67%,国际收支客户增幅3.55%,单位人民币结算账户数2.02万户,个人有效客户增幅5.62%,个人有资产客户增幅3.67%,个人金融资产当年增幅10.62%。推进“建行生活”平台建设,年末“建行生活”平台新注册用户12.48万户。供应链融资保持领先,年末余额4.82亿元,比年初新增3.01亿元,计划完成率142.37%;供应链交易客户65户,计划完成率106.67%,债券承销和认购业务发展步入快车道。当年合计承销债券7.6亿元,取得衢州金控集团中票和衢州交投集团超短融的承销资格,联动建信理财子公司参与衢州国资公司、衢州交投集团、衢州汇盛投资等客户的债券投资6.1亿元。私人银行业务实现新突破,年末私人银行客户数222户、银行资产管理规模(AUM)余额25.95亿元,增速分别达22.12%、20.65%。私人银行客户金融资产占比13.45%,比年初提升1.65%,私人银行客户数新增占比44.23%,金融资产余额新增占比75.47%。全年完成产品创新51项,计划完成率425%。

【党建与业务融合发展】2021年,衢州分行将党建与业务融合发展。各机关网点党支部瞄准强村富镇,以党建为桥梁和纽带,探索“党建+裕农通+普惠”模式。在共建过程中结合助力乡村振兴、打造共同富裕示范区,达成整村签约合作项目13个,实现整村授信5.7亿元。加强党风廉政建设工作,加强网点党支部建设,成立独立网点党支部16个,独立网点党支部占比达66.7%,较上年提高50个百分点。

【住房租赁金融业务】2021年,衢州分行住房租赁业务实现突破,住房租赁交易资金监管系统、资金监管账户入账超千笔。江山支行完成公租房系统签约并发起代扣。开发区支行向政府人才公寓项目授信住房租赁支持贷款9000万元,已投放5769万元。

【普惠金融】2021年,衢州分行普惠金融有序发展。围绕“数字、平台、生态、赋能”的发展理念,持续完善“大普惠”经营格局。年末,普惠8项贷款新增15.27亿元,计划完成率102%,“惠懂你”授信户新增1006户,计划完成率118%。

【银政合作】2021年,衢州分行与衢州市自然资源与规划局合作,土拍系统上线;抓住医保市级统筹改革机遇,中标城乡居民基本医疗保险账户;与司法系统合作再上新台阶,中标衢州市三衢地区人民检察院账户合作;江山支行率先落地全市首笔“矿业权网上交易模式”投标保函;常山支行开启与常山县妇幼保健院的全面合作。

【绿色信贷】2021年,推动绿色信贷,提升服务实体能力。衢州分行推动绿色发展与乡村振兴、制造业、基础设施领域业务结合,重点支持美丽城乡建设、绿色建筑、传统制造业转型升级、清洁能源和节能环保等重点领域和项目,提高绿色信贷占比。年末,绿色信贷贷款余额44.94亿元,增速

85.54%。积极参与中国人民银行衢州市中心支行“碳账户”建设试点工作，实现名单内贷款投放7.34亿元，计划完成率122.33%。制造业贷款余额（含贴现）43.96亿元，比年初新增9.84亿元，计划完成率196.8%，增速28.84%。对公民营企业非贴贷款（总行考核口径）余额56.81亿元，增速25.47%。战略新兴产业贷款余额23.16亿元，增速73.68%。

【践行乡村振兴战略】2021年，衢州分行践行乡村振兴战略，加大农业重点领域、农村重点客群的信贷投放。年末，涉农贷款余额107.28亿元，新增36.14亿元，其中对公涉农贷款增速49.46%。探索“整镇（乡）合作”模式，被总行确定为全国系统唯一的二级试点分行，通过“整镇合作”支持乡村振兴，全年签约13个村镇，实现整村授信31.7亿元。累计发放共富贷790笔，发放金额3.17亿元。

（蓝凌浩）

交通银行衢州分行

【概　况】2021年，交通银行衢州分行（以下简称交通银行）贯彻落实总分行经营工作的总体部署和监管部门的工作要求，在做好疫情常态化防控的同时，夯实基础，优化结构，各项工作平稳运行。年末，交通银行人民币各项存款余额43.1亿元，比年初增长12.7亿元；各项贷款余额66.32亿元，比年初增长16.14亿元。

【抓普惠小微增长】2021年，交通银行抓普惠小微增长，增强服务实体经济能力。依托线上普惠类产品优势，持续推动小微业务增长。截至12月末，交通银行两增口径线上类贷款余额较2020年增长23889万元。开展板块联动，通过营销行内优质核心企业办理国内信用证开证业务，同时续做国内证项下的福费廷业务，提升两增贷款余额增长，累计为8户小微企业办理26笔国内证福费廷业务，带动两增贷款余额增长7961万元。在支持“双碳”金融场景应用探索方面走在前列，为碳达峰、碳中和工作做好产品创新，创新推出“碳达通”系列产品，并获批全省碳账户金融服务首批试点行资格，为2户碳账户企业提供信贷支持2亿元，完成当地人行2021年碳账户金融场景应用信贷目标任务的200%。

【创新金融新业务】2021年，交通银行创新尝试新业务，提升盈利能力。交通银行实现多项业务产品应用的“零的突破”。如首次办理跟单托收业务、首次实现国内信用证项下的“电费证”的结算、首次应用福费廷业务项下的买方付息模式、首次办理国内证线上开证及融资业务、首次办理“政采云”平台项下的政府采购贷业务，从业务全面性上挣取效益。

【聚焦内控合规】2021年，交通银行聚焦内控合规，提升风险管理水平。开展案件警示教育学习，自主编写分行警示教育案例，通过小班化教学、行长讲合规、警示教育课堂等多种形式的学习，取得良好的学习效果。开展“案件防控我来说”征文活动，每位员工通过学习教育，对案件案例进行举一反三，完成学习心得撰写。开展2021年内控案防专项治理工作，通过制订相应工作方案，案防工作例会落实动员，组织各条线部门协同开展，落实各项监管工作。推进“个贷综合治理”“经营贷进房市”“内控合规建设年”等监管专项行动工作自查及整改问责。

（方佳慧）

中国邮政储蓄银行衢州市分行

【概　况】2021年，中国邮政储蓄银行股份有限公司衢州市分行（以下简称市邮储银行）按照“坚持质量第一，加快转型升级，勇于创先争优，实现高质量发展”的总体思路开展各项工作。全市邮政金融机构有网点66个，其中银行自营网点20个，从业人员453人；邮政代理网点46个。年末，各项存款余额140.40亿元，比年初增加19.68亿元，增幅16.31%；各项贷款余额110.60亿元，比年初增加22.75亿元，增幅25.90%；不良率及不良额均实现“双降”。

【助推金融发展】2021年，市邮储银行强化党建引领，组织开展党史学习教育，将党建融入发展。积极开展“我为群众办实事”实践活动，共计组织普惠金融知识进社区、进校园、进乡村活动200余

2021年3月26日，市邮储银行客户经理走访躬耕家庭农场农贷通客户

次。以"党建共建"促进业务融合，与政府、商会、园区、银行等单位开展共建，通过共建活动平台、整合工作资源、交流工作经验、解决实际问题，实现党建引领、资源共享、优势互补。

【助力乡村振兴】2021年，为强化普惠金融担当，服务乡村振兴战略，市邮储银行加大支农扶贫、普惠小微贷款投放力度。截至年末，涉农贷款结余60.83亿元，净增6.27亿元；普惠型涉农贷款结余25.73亿元，净增3.67亿元。持续开展银村合作，推进"整村授信"工作。挖掘乡镇、村特色产业，投放信用村小额贷款。截至年末，累计建成信用村619个，评定信用户1.49万户，实现新型农业经营主体贷款结余1.94亿元，农户信用小额贷款结余1.89亿元；推进美丽乡村农房项目合作，助力农村人居环境改善，全年累计落地美丽乡村农房项目5个，贷款结余4518万元；积极开展与省农业担保公司、邮政分公司、农业农村局业务合作，提升对当地"三农"客群的信贷支持力度，年末，累计发放农业担保小额贷款4.45亿元，结余1.55亿元，净增2628万元。

【"绿色银行"建设】2021年，为进一步提高"绿色银行"建设的政治意识，全面助力实现碳达峰、碳中和目标。市邮储银行聚集衢江绿色专营支行建设，打造绿色发展样本，出台《衢江绿色专营支行绿色金融绩效考核办法》，对专营支行给予适当的人、财、物倾斜，引导衢江绿色专营支行加快绿色低碳信贷发展和"绿色银行"建设。积极贯彻监管要求，出台企业碳贷款相应优惠政策，优化流程，支持企业"碳减排"，全年为15户工业企业发放碳减排贷款7068万元。继续压降高耗能、高污染企业贷款，全行"两高一剩"贷款较上年减少12.75亿元。加大绿色信贷力度，截至年末，全行累计发放碳金融贷款1.43亿元。

【打造"线上化、高效率"银行】2021年，为深化科技赋能，提高服务质效，打造"线上化、高效率"银行。市邮储银行加快产品"线上化"，持续推进"邮享贷""极速贷""E捷贷"等自营线上产品及网商贷、旺农贷、惠农经营贷等平台合作类线上产品的应用，全年零售贷款累计放款2.21万笔，其中线上放款1.93万笔，"线上化"率为87.33%。加快流程"线上化"，实现贷款业务抵押登记"线上化"，线上抵押替代率达86.73%；推动"一次不用跑"工程，移动展业设备网点覆盖率100%，通过移动展业全流程数字化操作车贷业务，实现车贷100%线上受理；小企业贷款整体业务时效缩短12%。加快服务"线上化"，推动柜台服务、线下服务向线上迁移，优化客户体验，企业网银开通率82.91%，手机银行月活跃客户规模3.2万户。

【服务公共民生】2021年，为做好民生公共服务，努力践行金融社会责任，全面提升金融安全水平。市邮储银行充分发挥"自营+代理"差异化竞争优势，邮银合力推进第三代社保卡准入工作，推动实现社保事项便捷"一网通办"；加强对特殊人群的关爱与服务，全辖网点开设"邮爱驿站"，通过共享网点服务设施，为社会公众提供便民惠民、人文关怀、公众宣教三大关爱服务；持续开展防范电信网络诈骗和金融普及教育工作，重点面向农村地区、老年人群，通过线上线下相结合方式，组织开展宣传教育活动40余场，全年成功堵截金融诈骗案件11起，挽回客户经济损失13.68万元；继续落实减费让利政策，取消ATM跨行取现手续费，继续免收账户管理费，取消票据业务收费，对电子银行服务、转账汇款、账户开户等费用实行应降尽降，充分传导银行卡刷卡手续费让利政策。

【支持政府重大项目建设】 2021年，为助力衢州市委“1433”发展战略体系建设，市邮储银行发挥自身资金充足优势，为衢州市绿色交通运输、绿色制造企业、绿色环保项目提供金融支持，助力衢宁铁路项目(浙江段)、巨化集团、开山集团、衢州礼贤未来社区等项目开发。全年重大项目累计投放7.90亿元，较上年度增长87.20%。

【支持山区26县跨越式高质量发展】 2021年，市邮储银行出台《中国邮政储蓄银行衢州市分行2021年支持全域六县跨越式高质量发展成本费用相关政策》，给予相关财务资源支撑；优化县域金融服务供给，强化信贷业务下沉二级支行，提升客户经理服务县域、乡镇实体经济发展的能动性；加大县域金融资源配置力度，对普惠型小微企业贷款设置收入补贴和小微企业贷款专项费用奖励。

(郑祖惠)

浙江省农村信用社联合社衢州办事处

【概　况】 2021年，浙江省农村信用社联合社衢州办事处(以下简称衢州农信)以党建为统领，贯彻市委“1433”战略体系，强化金融要素保障，落实乡村振兴战略、抗疫情助小微、“最多跑一次”改革、“党建+金融”、助脱贫攻坚等大事要事，服务实体经济，推进“以人为核心的全方位普惠金融”。

2021年末，各项存款余额1204亿元，年增量145.6亿元，年增幅13.76%；各项贷款余额881.85亿元，年增量121.56亿元，年增幅15.99%。存款、贷款总量、增量、份额和服务客户数均居全市银行业首位。信贷支持在当地，税收贡献在当地，辖内6家农商行全年缴纳税收4.58亿元，纳税额均居当地服务业前列。

【发行三代社保卡】 2021年为三代社保卡的首发之年，衢州农信作为三代社保卡全市唯一首发金融机构，在发卡前期组织赴外地学习、与市人社局展开多轮商谈、向政府主要领导专题汇报、召开多次推进会等，保证三代社保卡发行准备工作的第一时间响应及有效落地。在发卡过程中融入政府“最多跑一次”改革，派员工常驻社保中心服务，所有营业网点实行社保卡专窗服务模式，实现社保卡服务“一次办”“就近办”“马上办”。承接绝大部分偏远山区、低收入群体的政府惠民资金代缴代发工作。截至年末，三代社保卡共发行58.52万张，社保卡市场份额78%，较年初提高3个百分点。

【“三资”系统】 2021年，为进一步融入乡村治理体系，提升农村集体“三资”(农村集体所有的资金、资产和资源)管理和服务水平，衢州农信贯彻落实省农业农村厅和省农信联社的工作部署，建立市、县两级工作协调机制，助力当地农业农村部门，将推动农村集体“三资”管理数字化改革作为推进数字“三农”工作的“先手棋”，试点先行，全面推进新型农村集体“三资”管理数字化平台推广工作，促进农村集体“三资”管理顺畅、资源共享、全面监管、深度应用，响应金融支持乡村振兴，数字赋能村集体经济发展。“三资”系统的上线，进一步健全党风廉政建设，加强源头治理，按制度办事，用制度管人，以制度管权。5月，在全省率先实现全市所有行政村新版“三资”系统上线全覆盖；10月，实现全市所有乡镇及行政村组织信息、农户基础信息录入全覆盖。

【丰收驿站】 2021年，衢州农信自启动丰收驿站提质增效建设以来，始终将丰收驿站定位为紧扣“五位一体”(金融、政务、电商、物流、民生)的基础金融业务的“排头兵”、巩固农村阵地的“桥头堡”、乡村(社区)基础政务服务的“联络员”、凝聚村民(居民)关系的“金纽带”。通过不断拓宽服务渠道，丰富服务内涵，加强资源整合，深化跨界服务，将客户拓展、零售业务推广、延伸政务服务、宣传农信服务“三农”小微的情怀作为根本，实现“最后一公里”服务综合化。截至年末，全市共设1427家丰收驿站，标准型驿站919家，占比64.40%，较年初提高10个百分点；四星级以上丰收驿站733家，占比51.37%，较年初提

丰收驿站

高2.41个百分点。年内，新建成6家社区精品驿站，获评省联社百佳丰收驿站15家，占全部驿站的1.05%，占比全省最高。站点进驻村级便民服务中心144家，业务办理65种。

【碳账户贷款】 2021年，衢州农信率全省乃至全国之先发放首笔个人碳账户贷款和首笔农业碳中和项目贷款，实现金融服务绿色化、低碳化。围绕"碳账户"应用目标，丰富系统内容，搭建平台应用，对不同碳排放标签的个人和企业实施全流程差异化金融政策。"碳账户贷款"产品的全国首创，在浙江省首届绿色金融改革创新大赛中包揽产品创新和机制创新两项赛事的一、二等奖。截至年末，碳账户贷款合计发放17.58亿元，绿色贷款提升48.96亿元，绿色贷款较上年增长353.65%。

【有礼金融】 2021年，在2020年作为全省农户小普惠贷款试点地的成功实践经验基础上，衢州农信坚持需求导向、问题导向，以数字化改革引领农户小额普惠贷款工作迭代升级，全面推行"有礼金融"，以金融赋能，实施精准普惠，促进农民创业创新，缩小城乡收入差距，坚实迈向共同富裕目标。将普惠授信主体从个人扩大到村集体经济组织，授予村集体10万—50万元的授信额度，并完成新符合授信年龄农户的无感授信，年增授信户数达1.5万户。开展足额工程，对已授信基本额度的农户进行多维度再评估提额，探索农户线上自主提额机制，年增授信金额超过77亿元。通过利率优惠券、客户精准画像利率定价等方式减轻农户利率负担。年末，农户小额普惠贷款利率较2020年同期再降30%。全年，农户小额普惠贷款用信率较年初提高7.67个百分点，用信金额增幅13.35%，线上用信占比较年初提升27.1个百分点。

【公积金"不见面"贷款】 2021年，衢州农信借助衢州市住房公积金中心成为"全国首批公积金贷款'不见面'办理"改革试点单位的有利契机，积极对接当地党委政府及相关部门，成为第一批试点合作金融机构。围绕"数据、简约、赋能"转型思路，完成公积金贷款线上办贷流程的重塑工作，变"分步串联"为"协同并联"，提高审批效率，解决办贷过程当中存在的"五大堵点"（资料多、审批慢、耗时长、体验差、多跑路）。截至年末，将原有的近10种纸质资料、40张表单、15次签字的流程整合成只需4条验证短信、3次刷脸、2次线上签名和1次线上表单填写，办贷时间由原来的90分钟以上压缩至30分钟以内。

（黄　飞）

上海浦东发展银行衢州支行

【概　况】 2021年，上海浦东发展银行衢州支行（以下简称支行）围绕总、分行疫情防控的总体部署要求和"保收入、创生态、增效能、提质量、优管理"的经营主线，全行各项业务发展取得新进展、新成效。截至年末，各项存款余额46.38亿元，较年初新增7.43亿元。各项贷款余额80.59亿元，较年初新增8.6亿元。不良贷款余额587.89万元，不良贷款率0.07%，不良率低于区域内金融机构平均水平。

【拓展客户】 截至年末，支行完成有价值客户1234户，较年初新增

294户;支行零售基础及以上客户13938户,比年初新增5653户;中高端客户4955户,比年初新增200户。

【碳账户金融创新】截至年末,支行碳账户融资金额69780.4万元,其中公司碳账户贷68655.4万元,零售碳账户贷款余额1125万元,比市人行下达任务数多58655.4万元,完成率686.55%。

【普惠小微惠及客户】截至年末,对公普惠一般性贷款余额4.77亿元,较年初净增0.77亿元,超目标完成0.37亿元,全年完成率192.5%。支行开展"助企业复工复产""百行进万企"等专项行动。2021年,支行领导累计走访企业67户,搜集企业反馈问题35个,解决企业问题30个,提供融资15.73亿元(含转贷),为企业疫情期间资金需求提供保障。

(梅利云)

保险业监管

【概　况】截至2021年末,辖内有市级保险机构39家,保险中介机构56家。全年,实现保费收入77.06亿元,同比增长7.22%;累计赔付支出26.72亿元,同比增长16.76%。辖区保险业为全社会提供风险保障93340.95亿元,同比增长84.70%。其中,财险领域中,机动车辆保险风险保障10159.97亿元,同比增长47.56%;责任保险风险保障4106.17亿元,同比下降65.63%。人身险领域中,人寿保险风险保障1468.36亿元,同比增长5.99%;意外保险风险保障29096.09亿元,同比增长42.88%;健康险风险保障45298.11亿元,同比增长534.32%。

【推进行业合规文化建设】2021年,开展"强合规、优环境,推动衢州保险业高质量发展"主题活动,从机构自治、行业自律、监管推动、各方协同四个工作维度,提出16条具体意见,推动形成行业内外工作合力。推进"内控管理合规建设年"活动,指导机构根据经营实际,结合监管重点工作落实、信访投诉处理等全面开展自查自纠。

【推进保险服务社会民生】2021年,强化民生服务保障,推动基础性、普惠性保险增品扩面。发挥"惠衢保"补充医疗作用,推动保险公司压实责任、加强推动,"惠衢保"参保人数169.19万人,参保率达73%,位居全省第3;3.83万人获医保一站式理赔,赔付人数32.90万人次,赔付金额15656.5万元、赔付率92.5%,位居全省第1。累计对综合改革后的车险业务、专属商业养老保险、长期护理保险、融资性信保业务、应急救援保险等重点民生领域开展专项调研7次,推动辖内保险业提升服务质量和效率。

【保险助力绿色金融】2021年,创新碳账户在保险领域运用,推动落地全国首笔碳账户保险业务;指导辖内保险机构创新碳账户保险产品6个,全部上线"衢融通"碳保险专区;推动将企业碳征信报告纳入安全生产和环境污染综合责任险中的环保体检报告。指导辖内保险公司开发生猪远程理赔辅助系统,持续推动"5G+智能养殖场无害化处理"模式。以乡村振兴为落脚点,引导辖内机构加快创新特色农业保险,会同相关部门共同商议稳妥有序推进价格指数保险、完全成本和收入保险等农险产品的试点和推广工作举措。全年辖内保险机构农业保险实现保费收入1.2亿元,为12.6万户农业主体承担风险保障32亿元,基本实现农、林、牧、渔主导产业全覆盖。

【全国首笔碳账户保险】2021年,指导中银保险衢州中心支公司创新性地将碳账户信息内嵌至关税保证保险条款中,对符合碳排放标准、低碳环保的衢州华友钴新材料有限公司,在同等条件下将企业的风险保障金额由800万元提高到1600万元,满足企业需求,提升企业办理出口时通关缴税资金使用效率。

【保险行业乱象整治】2021年,持续整治车险乱象,积极构建"监管推动+行业协作+执法联动+公司为主"的四道防线,推进反保险欺诈,净化保险行业生态。加强与司法部门合作,指导市保险行业协会抽调辖内3家主要财险公司工作人员成立乱象整治工作小组,全面开展案例梳理和数据分析,筛选"衢州疑似车险乱象信息清单"。成立反欺诈小组,推动建立"衢州疑似人伤黄牛信息清单",联合下发《衢州市司法鉴定案件专家库及疑难复杂案件评议制度》。开展飞行督查、"EAST+"智能检查、命题式内审等检查，加大检查问责力度，推动辖内保险机构规范经营行为。（王怡倩）

保 险 业

【概 况】2021年，衢州市保险业积极应对疫情防控，持续开展保险业合规文化、清廉金融文化建设主题教育活动，推动行业乱象整治。开拓创新，绿色保险成效引人瞩目。至年末，全市有市级保险机构39家（财产险15家，人身险24家），其中分公司2家、中心支公司34家、营销服务部3家。保险从业人员11672人，其中保险营销员9564人（产险1294人、寿险8270人）。

全年，全市实现保费总收入77.04亿元，同比增长7.13%。其中，产险保费收入24.76亿元，同比增长5.53%；寿险保费收入52.28亿元，比上年同期增长7.91%。保险深度4.11，保险密度3369.35元/人。赔款与给付26.05亿元，同比增长17.02%。产险赔款支出16.82亿元，同比增长13.49%，简单赔付率67.94%。车险赔款11.90亿元，同比增长0.11%，简单赔付率72.67%。其中，交强险4.55亿元，同比增长11.92%，简单赔付率110.58%；非车险赔款4.92亿元，同比增长67.70%，简单赔付率58.70%。人身险公司累计发生赔（给）付支出9.23亿元，同比增长24.04%。其中，满期给付3.03亿元，同比增长7.94%；年金给付2.11亿元，同比增长12.69%；死伤医疗给付1.83亿元，同比增长29.09%；短险赔款支出2.25亿元，同比增长68.41%。

【扶持产业发展】2021年，实施积极承保政策，扩大信用保险覆盖面。中银保险衢州中支以共保的形式，连续3年参与环保企业生产的电厂配套除尘设备首台（套）重大技术装备综合保险，全年提供保险保障837万元，并运用其"碳账户"分类结果，制订承保服务方案，成功承保关税保证保险1笔，提供保险保障1600万元，减轻企业压力。中国出口信用保险衢州营业部全年总承保规模突破15亿美元，其中短期出口贸易险承保规模首次突破10亿美元，同比增长38%，并在常规降费政策基础上，通过开展短期出口贸易险专项降费行动，为符合降费标准的企业降低10%—15%投保成本。突出重点，支持稳定产业链供应链。针对衢州市化工、生物医药、新能源等重点产业链企业提供倾斜性、差异化专项服务支持措施，全年支持衢州市重点产业链出口规模超4亿美元。发挥融资增信作用，支持融资畅通工程。加强与在衢州银行合作，聚焦融资畅通，发挥政策性信保增信功能，全年保单融资增信规模超6.2亿元，同比增长37.8%，为外贸企业提供融资便利。辖内财险公司运用共保体保险机制优化用电营商环境保险推行企业电费月结，释放企业资金活力，惠及衢州市市级2000家企业，释放近2亿元的电费质押金。

【支持绿色发展】2021年，着力迭代升级，支持绿色发展。人保财险衢州市分公司试点创建绿色保险专营机构，8家财险公司设立绿色保险部，推进绿色金融专营机构扩面增效。经过三年的探索实践，安环险"监管+保险+服务+科技"模式不断升级，安环险共保体试点从最初的危化和冶金行业扩展到七大行业，保障企业从90家增加到800余家，保障人数从3万人提升至6万人，覆盖区域从市本级延伸到全市6个县（市、区），累计提供风险保障318亿元。持续推广生猪保险与病死猪无害化处理联动模式。2021年，衢州市共为生猪、能繁母猪提供17.8亿元的风险保障，累计处理病死猪39.28万头，支付赔款6907.46万元，受益主体1.19万户次，实现处理率、收集率100%，有力保障生猪产业增产保供。创新融资畅通工程，继续开展生猪活体抵押贷款工作试点，并推动银行、保险创新推出"活融通"生物活体资产银保套餐，通过"银行贷款+农业保险+保险担保"的模式，为养殖主体提供成本更低、效率更高、保障更全的银保服务。截至年末，累计为4户农业主体担保贷款本息合计1117万元，通过保险的增信功能，为缓解养殖企业融资难题创造信贷条件。创新开办生猪期货价格保险，运用“保险+期货”的模式，帮助养殖户抵御猪价下跌风险，进而促进整个生猪产业稳健发展。至年末，为2户养殖主体提供925.5万元风险保障，保费收入27.7万元，赔付金额67.5万元，简单赔付率243.68%。切实做好柯城区食品安全公共责任险运营模式的全市推广落地工作。发挥柯城区食品安全责任保险运营服务中心挂牌成立四年试点经验，升级为全市农村集体聚餐、“农家乐”、学校幼儿园食堂、建筑工地食堂、养老机构食堂、食品生产企业、食品配送企业等7大类食品生产经营主体提供食品安全风险保障。

【助力乡村振兴】2021年，在各项政策支持下，衢州保险业丰富产品供给，助力乡村振兴。先后开办柯城“一村万树”珍贵树木保险、龙游莲子种植保险、江山猕猴桃种植保险、江山茶叶低温气象指数保险、江山湖羊养殖保险、常山油茶低温气象指数保险、常山胡柚种植保险、开化茶叶低温气象指数保险、开化中药材种植保险、开化清水鱼养殖保险、开化中蜂养殖保险、衢江茶叶高温、低温气象指数保险等12个地方特色农险产品，为种、养殖户撑起更多的“保护伞”。其中，湖羊养殖保险为湖羊养殖户提供549万元风险保障，支付赔款18万元。常山县柑橘（橙、柚）低温气象指数保险在年底落地，标志着常山“两柚一茶”产业基本实现保险保障全覆盖，进一步提振企业、农户生产信心，推动常山农特产业高质量发展。开化人保财险公司与开化县“两山”集团、开化农商行成功签约清水鱼抵押及渔光互补项目，公司对齐溪水库的清水鱼办理水产养殖保险，“两山”集团通过农险保单质押的方式，向开化农商银行贷款3000万元，为全省首笔养殖险保单质押贷款项目。在2020年“衢农保”农业综合保险方案基础上，2021年推出的“衢农保”包含“农场保”“农机保”“农质保”“农粮保”“生猪保”“柑橘保”六项套餐，供农业主体自主选择，持续探索农业保险支持农业结构调整、农民增收，助推现代农业转型升级，保费收入781万元，同比增长56.83%，其中农险保费270万元，同比增长67%。运用科技创新服务农业保险。人保财险创新推出农险A平台，兼具保险验标及理赔服务功能，安排专人负责平台管理，梳理作业流程，不断提高A平台在承保、理赔中的使用率，以提高现场到达率、资料完整性、信息真实性、过程合规性，为农业保险工作提高效率、赋能减负。全年利用A平台验标保单3775单，保单验标率84.45%；利用A平台查勘案件11903件，查勘率80.53%。

2021年12月10日，人保财险常山支公司与常山县柚谷农业开发有限公司签订全省首单胡柚、香柚（香橙）低温气象指数保险协议

【强化保险保障】2021年，强化保险保障，造福民生百姓。贯彻落实2020年中共中央、国务院发布的《关于深化医疗保障制度改革的意见》文件精神，加快发展商业补充健康保险、丰富健康保险产品供给。衢州保险业配合政府积极行动。2020年12月，衢州市首款定制型商业补充医疗保险“惠衢保”由衢州市医疗保障局、衢州市财政局、国家税务总局衢州市税务局、衢州银保监分局四部门共同指导，对全市范围内基本医疗保险参保人员实行全民准入，

2021年10月25日，衢州市医保助推共同富裕示范区建设暨"惠衢保"2022年工作部署会召开

不设置投保年龄、健康状况、既往病史、职业类型等前置条件，实现全体职工、城乡居民基本医疗保险参保人员无差别保障。2021年，全市"惠衢保"参保人数达168.91万人，参保率72.9%，其中城乡参保居民参保人数为1226375人，参保率达77%。"惠衢保"的推广，在一定程度上，减轻乡镇居民看病难、看病贵的负担，为防止居民因病致贫现象的发生提供强有力的抓手。截至2021年12月31日，根据医保系统及特药平台数据显示，全市发生赔付34.48万人次，结算报销款15669.02万元，赔付支出占比为92.61%，受益3.84万人次，占总投保人数的2.27%。支付方式中通过医保一站式结算报销款14862.42万元，药店垫付报销款806.60万元。中国人寿与各级政府开展合作，面向农村居民、低收入人群等弱势群体发展普惠保险，在全市范围推广城乡居民基本医疗补充保险（以下简称"城医补"）、低收入农户医疗补充政策性保险等惠民产品。其中，"城医补"项目以基本医疗为主，大病保险、医疗救助为辅的医疗保险项目，全年参保人数261769人；低收入农户医疗补充政策性保险按照"不落一户，不落一人"要求，实现建档立卡低收入农户参保全覆盖、低收入农户医疗补充政策性理赔直付结算，全年参保人数81737人。创新理赔直付。中国人寿衢州分公司积极响应省委、省政府关于数字化改革的工作要求，推进"互联网+医疗健康"公共服务应用，开展"五免"（免申请、免填单、免资料、免临柜、免等待）理赔直付，在卫健民生服务领域积极探索，推出"生育关怀保"理赔直付系统，实现"最多跑一次"或"客户一次不跑"工作目标，直付业务范围涵盖计生特困家庭户、男女性安康保险，服务合作的医院全市达到22家，全年处理赔案371件，给付金额43.36万元。

【深化政保合作】2021年，深化政保合作，深耕"保险+"发展。通过"保险+科技+服务"的模式，推进建设工程绿色综合保险，重点做好建设工程投标保证保险，争取进入各级政府的系统平台，实现投标保证金保险线上投保。8月，人保财险开化支公司和开化县公共资源交易中心签订线上投标保证保险试点合作协议，结束线下保函的时代，同时其他县域也在积极探索投标保证险共保体模式，助力企业发展。国寿财险继续做好养老机构综合责任险的承保和服务工作。为全市的养老机构和农村养老服务中心的老人和残疾人员等提供意外保险保障。2021年共计承保126家养老机构和农村养老服务中心等机构，保费15.87万元，提供2.19亿元保险保障。国寿财险结合开化县山区实际，试点开展野生动物肇事公众责任保险，为山区农民提供因野生动物肇事造成的农村经济作物和农村人员伤害的损失，助力山区乡村振兴。4月，承保开化县钱江源国家公园管理局的野生动物肇事公众责任保险，保费14.26万元，保额600万元，赔款金额9.27万元。太保财险衢州中心支公司推出的"防贫保"团体人身医疗保险，根据当地防贫工作重点、难点灵活选择，形成定制化保障方案。截至2021年12月31日，承保"防贫保"团体人身医疗保险保费金额18.34万元，承保残疾人保障保险保费33.28万元，承保精神病人监护人责任险保费4.71万元。

2021年衢州市产险公司保费和赔付一览表

表21

公　司	保费收入（万元）	比上年增长(%)	市场份额(%)	赔付（万元）
人保财险	128738.4	10.79	52	85171.44
太保财险	23918.96	3.41	9.66	16903.55
天安财险	3895.91	–1.24	1.57	2603.71
中华财险	9762.52	6.97	3.94	6779.14
平安财险	31910.5	7.24	12.89	21132.8
永安财险	1561.96	–8.35	0.63	1289.87
大地财险	5077.93	–5.36	2.05	3536.96
大家财险	232.58	–69.08	0.09	459.09
阳光财险	10343.91	–12.6	4.18	8742.55
中银财险	2200.25	17.43	0.89	1688.14
国寿财险	23479.58	–3.36	9.48	16792.73
太平财险	2011.17	–18.14	0.81	1547.86
浙商保险	2929.56	16.25	1.18	1149.03
英大保险	1480.57	–9.62	0.6	397.34
安信农业	19.21	555.63	0.01	0

2021年衢州市寿险公司保费和赔(给)付一览表

表22

公　司	保费收入（万元）	比上年增长（%）	市场份额（%）	赔(给）付（万元）
国　寿	175597	5.62	33.59	39851.78
太保寿险	46867.52	16.25	8.96	14693.42
泰康人寿	26070.52	7.65	4.99	4475.07
新华人寿	26281.9	5.11	5.03	4841.1
民生人寿	4266.5	–2.72	0.82	1014.84
合众人寿	6184.64	–3.55	1.18	855.28
农银人寿	8930.12	15.16	1.71	1329.99
中德安联	6580.67	–3.97	1.26	755.11
平安人寿	17293.21	–0.91	3.31	1090.77

续表22

公　司	保费收入（万元）	比上年增长（%）	市场份额（%）	赔(给）付（万元）
富德生命人寿	20387.12	42.47	3.9	1188.39
信泰人寿	22386.72	37.09	4.28	1543.53
华泰人寿	5053.79	-2.68	0.97	611.36
君康人寿	9222.3	-44.44	1.76	228.82
阳光人寿	16554.55	-1.98	3.17	4265.9
人保人寿	20775.48	7.73	3.97	2675.21
长生人寿	9271.35	6.68	1.77	513.48
太平人寿	11064.73	1.60	2.12	911.17
中韩人寿	9933.24	-7.60	1.9	1383.22
君龙人寿	2,071.13	16.35	0.4	107.7
国华人寿	6,266.99	-27.67	1.2	442.82
华夏人寿	50366.83	18.54	9.63	8557.82
百年人寿	11642.32	100.80	2.23	464.25
幸福人寿	3398.29	5.96	0.65	245.99
建信人寿	6337.91	28.17	1.21	233.47

证 券 业

【概　况】截至2021年末，全市有证券分公司、营业部25家，无新增营业部。全年证券交易量7833.6亿元，同比增长8.35%；实现佣金收入2.26亿元，同比增长0.78%；期末保证金余额24.14亿元，增长29.32%；托管市值659.25亿元，增长72.28%；实现利润0.98亿元，减少18.64%；新开证券账户809975个，增长100%。全市上市企业11家，2021年新增上市企业5家。

【财通证券衢州分公司（含营业部）】分公司成立于2017年7月，下辖衢州、江山、龙游、开化、上饶5家营业部。2021年，新开账户10758户，客户累计98497户，全年股基交易量1386.89亿元，为国家和地方实现税收6390万元。2021年，分公司全力推进“深耕浙江”战略，提升投行服务面和影响力，践行“金融顾问制度”，完善“1+N”链式综合金融服务模式，金融顾问结合实践经验和专业优势，积极建言献策，当好企业“金融家庭医生”和政府“金融子弟兵”，助力衢州实体经济高质量发展。2021年，走访企业150余次，上市报会企业1家，成功发行公司债4单，完成IPO签约1单，引进上市公司证券托管市值超100亿元，成功落地衢州首单股权激励业务引进永和股份有效资产近1亿元，“一站式”股权激励服务系统（ESOP）签约使用企业3家。

【浙商证券股份有限公司衢州荷花中路证券营业部】2021年，营业部围绕财富管理、两融等重点任务，做好推进和服务工作。全年实现利润总额4667.9万元，财富管理创收794.09万元，交易额1107.91亿元，服务覆盖率43.32%，各类业绩均创新高。2021年，机构业务“走出去”，主动与交投、城投等系列国资平台及实体企业做深度交流，推出融资方案。全年新增两单财务顾问协议签约，分别是化工企业伟荣药化的IPO项目和上市公司华图山鼎后续要约收购项目。营业部多次组织线下反洗钱、打击非法证券、反诈骗金融知识宣传等投资者教育活动。

【申万宏源证券衢州县西街证券营业部】2021年，衢州中心营业部下辖常山定阳北路和丽水成大街两家卫星营业部。围绕公司规划部署，积极推动财富管理业务转型，落实公司战略发展的工作要求和财富管理工作部署，以客户为中心，以抓住重点产品、重点业务为突破方向，坚持综合业务挖掘和布局，进一步推动金融服务实体经济的能力，截至12月31日，营业部指定与托管证券市值34.19亿元，开立账户共计39243户，全年交易额765.76亿元。近年来，衢州中心营业部完成承揽IPO、新三板、股改项目有：一是恒盛能源新三板挂牌及主板IPO，该企业于2021年8月18日完成首次公开发行股票并在上交所主板上市，成为龙游县第一家上市公司；二是金昌股份新三板挂牌；三是旭荣纸业新三板挂牌辅导中；四是常山双明轴承股改项目。营业部利用自身专业优势，服务县域经济发展，助力中小企业产业升级。营业部多次走进社区，走进学校，走进乡镇，走进企业，围绕“证券投资金融风险防范”“期货投资金融风险防范”“理财市场的金融风险防范”、反洗钱知识、反欺诈知识等内容，结合具体案例，通过通俗易懂的方式向社会大众传播金融知识。

【申万宏源证券常山定阳北路证券营业部】隶属于衢州县西街中心营业部下辖卫星营业部，营业部一直秉承“简单金融 成就梦想”的企业使命，围绕公司发展的战略规划，坚持以客户为中心，坚定财富管理转型的信念，实现综合业务的不断突破，截至年12月31日，营业部指定与托管证券市值39.58亿元，开立账户共计23410户，全年交易额223.78亿元。申万宏源证券多年来陪伴中小企业共同成长，搭建企业和资本市场对接的桥梁。

衢州市上市企业名称和上市时间一览表

表23

序号	上市企业名称	上市时间	股票代码
1	巨化股份	1998年6月26日	600160.SH
2	江山欧派	2017年2月10日	603208.SH
3	仙鹤股份	2018年4月20日	603733.SH
4	牧高笛	2017年3月7日	603908.SH
5	五洲特纸	2020年11月10日	605007.SH
6	永和股份	2021年7月9日	605020.SH
7	新湖中宝	1999年6月23日	600208.SH
8	华康股份	2021年2月9日	605077.SH
9	恒盛能源	2021年8月19日	605580.SH
10	浙江交科	2006年8月16日	002061.SZ
11	金沃股份	2021年6月18日	300984.SZ

2021年衢州市证券机构一览表

表24

分支机构类型	分支机构名称
分公司	财通证券股份有限公司衢州分公司
营业部	财通证券股份有限公司衢州世纪大道证券营业部
营业部	财通证券股份有限公司江山中山路证券营业部
营业部	财通证券股份有限公司龙游人民路证券营业部
营业部	财通证券股份有限公司衢州开化积魁路证券营业部
营业部	浙商证券股份有限公司衢州荷花中路证券营业部
营业部	浙商证券股份有限公司衢州衢化学院路证券营业部
营业部	浙商证券股份有限公司江山南市街证券营业部
营业部	浙商证券股份有限公司开化芹南路证券营业部
营业部	浙商证券股份有限公司龙游荣昌大道证券营业部
营业部	国泰君安证券股份有限公司衢州柯城证券营业部
营业部	国泰君安证券股份有限公司衢州荷花中路证券营业部
营业部	申万宏源证券有限公司衢州县西街证券营业部
营业部	申万宏源证券有限公司常山定阳北路证券营业部
营业部	中信证券股份有限公司衢州新桥街证券营业部
营业部	方正证券股份有限公司衢州龙游人民路证券营业部
营业部	光大证券股份有限公司衢州白云中大道证券营业部
营业部	国信证券股份有限公司衢州白云北大道证券营业部
营业部	华金证券股份有限公司衢州花园东大道证券营业部
营业部	中国银河证券股份有限公司衢州须江路证券营业部
营业部	东方财富证券股份有限公司衢州振兴东路证券营业部
营业部	中航证券有限公司衢州五圣街证券营业部
营业部	中泰证券股份有限公司衢州须江路证券营业部
营业部	中金财富衢州花园大道证券营业部
营业部	方正证券衢州世纪大道营业部

（赵含雨）

财政·税务

Finance,Taxation

财 政

【概 况】2021年，衢州市实现地区生产总值1875.61亿元，按可比价格计算，同比增长8.7%，其中第一产业增加值87.11亿元，同比增长2.8%；第二产业增加值811.05亿元，同比增长10.7%；第三产业增加值977.45亿元，同比增长7.8%。三次产业结构为4.7∶43.2∶52.1。按常住人口计算，2021年全市人均生产总值82174元，同比增长8.1%。全社会固定资产投资总额增长16.2%。社会消费品零售总额839.17亿元，同比增长11.6%；进出口总额491.44亿元，同比增长36.4%。全市城镇居民人均可支配收入54577元，同比增长10.7%；农村居民人均可支配收入29266元，同比增长11.3%。全市财政总收入272.13亿元，同比增长19.0%；一般公共预算收入163.93亿元，同比增长16.3%，其中税收收入139.80亿元，同比增长18.5%；全市一般公共预算支出518.87亿元，同比增长12.9%。市本级（含两区）财政总收入150.10亿元，同比增长19.1%；一般公共预算收入89.23亿元，同比增长15.0%，其中税收收入74.41亿元，同比增长19.1%；市本级一般公共预算支出236.73亿元，增长12.4%。全市及市本级财政收支平衡。

2021年10月20—22日，省财政厅党组成员、副厅长沈磊（中）一行到衢州开展2022年财政工作思路调研

【强化收支管理】2021年，进一步强化收支管理。开展税源专项行动。落实“链主”企业激励机制，建立部门协同联动护税机制，规范建筑类企业税收征管。规范非税收入管理。推进非税收入划转税务部门征收工作，分析研判政策变动对地方政府的影响，对接资规、税务等部门，保障非税收入均衡入库。全市实现非税收入516.51亿元，同比增长28.5%，其中纳入一般公共预算管理的非税收入24.13亿元，增长5.2%。规范部门预算行为。出台市级部门预算调剂管理办法和预算追加管

理办法，压减一般性支出项目，市级全口径"三公"经费支出较2019年、2020年两年平均数下降16.9%。

【支持"工业强市"】2021年，打出财政"组合拳"，支持"工业强市"。推进减税降费。落实增值税小规模纳税人起征点提高、制造业研发费用加计扣除比例提高等税收优惠政策，延续实施增值税留抵退税、阶段性降低事业保险费率、地方水利建设基金停征等政策，全年新增减税降费22.30亿元。强化政策支撑。调整大科创、大商贸、大"三农"(指农业农村领域财政专项政策)、大文旅专项政策，资金总盘子达11.77亿元。组建工业产业基金，支持新材料、新能源、集成电路等六大产业发展，首期到位资金10.00亿元。实现市信保基金市域一体化运作，年末在保余额21.98亿元。保障项目建设。争取浙时代锂电产业园项目安友基金出资6.00亿元。全年新增地方政府债券资金113.75亿元。助力国企发展。出台市属国企投建管运一体化项目运营成本规制办法，推动市大花园集团股权结构调整，全年向市属国企注入资金资产174.51亿元。

【保障改善民生】2021年，全市民生支出361.37亿元，同比增长8.9%，占一般公共预算支出的69.6%。推动教育发展。全市安排教育支出62.67亿元。支持学前教育事业发展，全市学前教育财政总投入3.19亿元。落实义务教育经费保障机制，市属公办中小学生均公用经费分别提高至1200元/人·年、1000元/人·年。落实生均财政预算定额机制，确保中职学生公用经费预算安排不少于2800元/人·年。安排专项经费4000万元，支持衢州学院高水平应用型大学建设。完善社保体系。全市安排社会保障和就业支出66.55亿元。推进企业职工基本养老保险省级统筹、基本医疗保险基金市级统筹。对65周岁及以上原发性高血压、2型糖尿病患者实行门诊免费用药。将城乡居民基本医疗保险财政补助标准提高至1000元/人·年，基本公共卫生财政补助标准提高至92元/人·年。安排疫情防控预算资金1.37亿元，保障疫苗接种和核酸检测等工作。支持文旅发展。全市安排文化体育旅游与传媒支出11.95亿元。落实电子科技大学长三角研究院和浙大两院经费，支持科技人才集聚和创新发展。推进浙皖闽赣"联盟花园"等文旅品牌打造，保障"信安湖水上运动""衢州·烂柯杯"中国围棋冠军赛等体育赛事开展。推进乡村振兴。安排专项资金3.1亿元，支持美丽乡村建设、农民增收共富，实施"衢州有礼"诗画风光带项目246个，累计吸引各类投资312.78亿元。统筹整合财政涉农资金，支持壮大村集体经济，全市1482个行政村集体经济全年经营性收入超过15万元。

2021年8月26日，市财政局局长方世忠(左二)在九洲化工有限公司开展"三服务"

【深化财政改革】2021年，持续深化财政改革。推进预算管理改革。深化财政"大统筹"改革，编制政府"大预算"总表，实现市域财力统观统揽。推进预算一体化改革，实现预算编制、预算执行、会计核算全环节上线运行。推进财政数字化改革。搭建完成数字财政综合应用门户，完善集中财力办大事系统，点亮道路交通事故社会救助基金垫付"一件事"、非税执收业务等数字化场景，形成一个数据仓、一个驾驶舱和若干应用的"1+1+N"财政数字化改革框架。推进"放管服"改革。落实国库集中支付扩面改革，将采购、工资福利等支出由直接支付调整为授权支付，财政支付审核实现"一网通办"。财政执法事项"双随机"覆盖率和掌上执法率均达到100%。优化政府采购营商环境，全市通过"政采云"平台完成采购金额82.11亿元，减费（投标文件工本费）8250万元。推进项目试点改革。指导各县（市、区）参与重大项目立项竞争，全市争取财政金融协同支农数字化改革、"三农"新基建、美丽乡村示范等试点项目50个。

【强化风险防控】2021年，持续强化风险防控，确保财政资金安全。防控债务风险。建立债务风险应急处置预案机制，评估政府投资项目财政承受能力、资金来源落实情况及债务风险状况。防控社保基金风险。建立社保基金收支运行分析机制，对基金运行风险进行预警预测。将国有土地使用权出让收入计提社保风险准备金比例由8.0%提至10.0%。防控资金运行风险。建立财政监督市域巡查机制，开展公务用车运行维护经费、科研基地运行管理资金使用情况等专项检查。出台市级政府投资项目建设控制标准，规范概算、预算、结算、决算全过程管理体系。全市评审政府投资项目4825个，送审资金564.45亿元，审减资金63.45亿元，审减率11.2%。防控基层财政风险。推进乡镇公共服务平台建设，在衢江全境、常山县芳村镇等地开展内部控制信息化试点，打通财经政策法规落地"最后一公里"。

【加强队伍建设】2021年，落实市委"两勤""两专"的部署要求，深化财政干部队伍建设。突出党建引领。开展党史学习教育，依托"三会一课"、支部联建等载体，推动学习成果转化，形成"礼财之窗"党建阵地品牌。推进"四个我为"专题实践，为衢州先行建言献策47条。加大人才投入。将市级人才专项资金由5000万元调整到1亿元，推动人才平台建设，投入1950万元支持东南数字经济发展研究院发展。强化队伍建设。实施"青年财俊政担当"素质提升工程，搭建青年成长计划、处长论财道、每月一课、柔性挂职等平台，推进学习团、宣讲团、导师团、墩苗赛马团建设，锻造"两勤两专"干部队伍。注重事业激励。开展中层干部选拔、职级晋升和职称竞聘工作五批次，提任科级职务24人，晋升职级职称18人。市财政局在市级机关部门综合考核中获优秀等次，在政府部门序列排名第1。　（黄　蕊）

税　务

【概　况】2021年，全市税务系统组织税收收入255.86亿元，同比增长19.1%；组织社保费及非税收入240.97亿元，同比增长124.8%；税费收入合计496.83亿元，同比增长54.3%。全年新增减税降费22.3亿元，办理出口退税23.05亿元，实现经济税收协调发展。

2021年，全市税务系统获得4项省部级以上荣誉，即衢州市税务局第二税务分局团支部获评全国五四红旗团支部、江山市税务局纳税服务股（办税服务厅）获评

2021年6月4日，浙江省税务局党委书记、副局长龙岳辉（右三）参观衢州市税务局"税越儒歌"党建文化展厅

全国巾帼文明岗、开化县税务局获评浙江省文明单位、龙游县税务局祝攀获浙川东西部扶贫特殊贡献荣誉称号。衢州市税务局第二税务分局、衢江区税务局第一税务所、龙游县税务局机关党委、江山市税务局双塔税务所、开化县税务局5家单位获评全省税务系统先进集体。全年,全市税务系统累计获得市县级以上荣誉60项,获得省税务局和市委、市政府主要领导肯定性批示19次。

2021年12月1日,衢江区税务局干部走进洁肤妮日用品有限公司"残疾人之家",与庇护人员联合开展直播活动

【税收征管】2021年,推进两批6项非税收入征管职责划转,完成国有土地使用权出让收入等4项非税收入划转试点工作。构建"税收智治"应用场景,归集35家单位187类4.17亿条涉税数据,入选全省第一批数字经济系统优秀地方特色应用。启动"税收洼地"平台企业精准监管首批试点项目,成为国家税务总局贯彻落实《关于进一步深化税收征管改革的意见》直报联系点和精准监管专项试点。深化国际税收征管协作,办结全市首例非居民间接股权转让案件。推动发票电子化改革,全市通用电子发票开具率达88%,增值税电子普通发票开具率达97.97%,新办纳税人增值税专用电子发票推行比例达96.92%。构建个人所得税年度汇算常态化工作机制,全市16.41万人参与个税汇算申报。

【优化税收营商环境】2021年,牵头建立十三部门联合的纳税缴费便利化改革工作机制,出台5方面16条便民办税缴费新举措,实现申请办理事项100%全纳入和"网上办""掌上办"功能100%全覆盖,全市网上综合办税率达到97.71%,自然人社保费缴费业务网办率达99.4%。开展"我为纳税人缴费人办实事暨便民办税春风行动",落实10类31项112条便民事项,联合市工商联推进"春雨润苗"专项行动,召开"税企恳谈会"8场次。深化税银合作,为纳税信用等级高的3847户小微企业授信36.71亿元。优化出口退税服务,构建"精准定位+精心服务"助企上市涉税服务体系,帮助4家企业成功主板上市。在2021年全国纳税人满意度调查中,柯城行政区域税务部门代表衢州市获全国第13名。

【税务稽查】2021年,深化"双随机、一公开"稽查,联合建成全省首家地市一级的经济犯罪研判和治理中心,严厉打击假企业、假出口、假申报"三假"税收违法行为,成功查处一批大案要案,完成84批次1566户次风险应对任务,全年稽查立案检查139件、结案234件,查补税款2.14亿元。

【红色税务】2021年,扎实开展党史学习教育,创新构建学思融通、讲听联通、知行贯通的8090党史宣讲"三通机制",深入开展"四个我为"(我为群众办实事、我为企业解难题、我为基层减负担、我为地方谋发展)专题实践活动。持续落实"纵合横通强党建"制度机制体系,市县两级全面建成"党旗红 税务蓝"文化场景,全面实现"支部建在科股上",衢州市税务局、柯城区税务局、江山市税务局、开化县税务局获全市清廉机关、模范机关创建先进集体。

(吕凤娇)

经济管理

Economic Management

发展改革

·综　述·

【概　况】2021年,衢州市发展和改革委员会统筹推进常态化疫情防控和经济社会发展,实现"十四五"发展和共同富裕示范区建设良好开局。统筹推进12个专班(8个新设立)工作。全市投资增长16.2%,连续两年获全省第1;城镇居民收入增长10.7%,全省第1;单位地区生产总值能耗下降0.8%,全省第2;规模以上服务业营收增长21.7%,全省第4。获省政府"生猪增产保供成绩突出集体"、省政府办公厅"打赢蓝天保卫战成绩突出集体"、市政府集体三等功表彰,获市委、市政府"十条军规"通报表扬6次,在市政府第74次常务会议市级机关部门工作"比、晾、晒"中获得第一名,工作多次获市委、市政府领导批示肯定。

【机构改革】2021年,设立衢州市委社会建设委员会(以下简称市委社建委),机关增设综合协调和督导处,社会与城镇发展处更名为社会发展和改革处,农业农村经济发展处更名为农业和城镇发展处。不再保留市能源行政执法队,机关增设节能监管处,承担市能源行政执法队回归委机关的职责。市服务业发展中心更名为市发展规划院,挂市服务业发展中心牌子。提拔任用3名正科级干部、4名副科级干部,新招录公务员、事业编制人员9名。

市委社建委于12月1日揭牌并召开第一次主任办公会议。市委社建委作为市委派出机关,与市发展和改革委员会合署办公,承担拟订全市社会发展战略、规划和重大政策、重大改革方案,统筹推进社会建设领域数字化改革,承担市高质量发展建设四省边际共同富裕示范区领导小组具体工作等职责。6个县(市、区)委社建委于12月7日前全部完成揭牌成立,实现市县全覆盖。

·计划管理·

【概　况】2021年,聚力推进"工业强市、产业兴市",交出统筹常态化疫情防控和经济社会发展的高分报表,主要经济指标增速位居全省前列,改革创新亮点纷呈,开放格局不断打开,中心城市加快建设,社会保持和谐稳定,完成发展改革各项目标任务。

【要素保障规划与实施】2021年,衢州机场迁建列入国家"十四五"民航发展规划,常山江航电枢纽列入国家"十四五"现代综合交通运输体系发展规划,5个抽蓄项目列入国家抽水蓄能中长期发展规划,16项衢州元素写入省"十四五"规划纲要,甬金衢上高速等一批重大项目列入省级各类专项规划。争取到上级各类资金补助10.7亿元。其中,中央预算内投资9.6亿元,占全省的16.1%;9个项目获得2022年省公共建设投资补助4700万元,占全省的14.3%,位居全省第2。5批次66个地方政

常山江航电枢纽项目规划图

府专项债券项目累计发行78.75亿元。205国道等8个项目争取到新增建设用地指标5354亩。

【融入长三角一体化发展】2021年，联合黄山、南平、上饶打造“联盟花园”，创新推出“95联盟大道”旅游品牌，案例入选省推进长三角一体化发展第一批“最佳实践”名单。率先全省实现县（市、区）山海协作“产业飞地”建设全覆盖，衢州海创园二期开园。255家定点医疗机构纳入长三角门诊医疗费用跨省直接结算范围。浙大衢州“两院”新院区和中试基地落成，电子科大长三角研究院（衢州）新院区投用。与浙江中医药大学签订战略合作协议，与温医大学合作进入实质阶段，温医大附属第一医院向衢州输送首批学科业务精湛临床专家。

【融入海洋强省建设】2021年，牢固树立沿海意识，深挖海洋经济发展潜力，争取涉海衢州项目、衢州元素纳入省级规划，四省边际多式联运枢纽港、衢黄南饶“联盟花园”、四省九方经济区建设、跨境电子商务综合试验区、义甬舟开放大通道西延工程等列入《浙江省海洋经济发展“十四五”规划》。龙游港区桥头江作业区二期、衢州港衢江港区大路章作业区二期工程、常山江（辉埠—双港口）航电枢纽项目、衢州陆港现代物流中心、甬金衢上高速、龙游县临港物流园区、四省边际顺丰丰泰产业服务综合体等7个项目纳入《浙江省海洋经济发展“十四五”重大建设项目库》。编制实施《衢州市海洋强省建设实施方案》。围绕亮点、增长点和突破点，深入梳理挖掘衢州市海洋强省相关产业、项目、平台等，编制实施《衢州市海洋强省建设实施方案（2021—2025年）》。

【义甬舟开放大通道建设】2021年，全力推进义甬舟开放大通道西延行动，编制发布《衢州市推进义甬舟开放大通道建设发展“十四五”规划》，梳理形成重大平台10个、重大项目30个（总投资2800亿元）。完成衢州四省边际多式联运枢纽港总体规划研究编制工作，项目列入《浙江省综合立体交通网规划（2021—2050年）》，衢江港区大路章作业区二期签约落地并开工建设。加强与宁波舟山港“海河联运”战略合作，衢州港2021年货物吞吐量合计416.1万吨，同比增长82.2%。顺丰物流四省边际顺丰丰泰产业服务综合体、万科物流浙西数智供应链产业园等一批重大物流项目签约落地。

【对口工作持续推进】2021年，高质量推进东西部协作、对口支援和对口合作各项工作，打造衢州特色对口工作金名片。调整优化东西部协作结对关系，首创"1+2+4"结对帮扶模式，安排援川资金7800万元，实施29个援川项目，引导浙江飞鸿旅游、杭州奕米生态科技等20余家企业赴四川投资兴业，实际投资超过10亿元，加强柯城—北川和衢江—平武东西部协作产业园建设，采购或帮助销售四川农副产品1.47亿元，帮助打造8个乡村振兴示范点，全面完成东西部协作年度指标任务。实施援疆项目推进专班制，安排援疆资金2.82亿元，实施35个援疆项目，其中援疆资金数额位列阿克苏地区榜首，新签约援疆项目39个，签约合同金额52.29亿元，项目数和资金数均取得历史性突破，实施"十城百店"(在浙江10个地市有序建设阿克苏特色农产品公共仓，辐射100家以上市场销售门店)、"百村千厂"[在阿克苏地区和兵团一师阿拉尔市100个左右中心乡(镇)、村(社区)，累计建成1000座左右标准厂房(车间)]、"万亩亿元"(利用新疆阿克苏地区万亩果园废弃果树枝条，研发高产高效基质配方和菌棒生产工艺，实现黑木耳等菌菇产值超亿元)工程，帮助销售阿克苏农特产品5024吨，实现销售收入1.04亿元，促进"疆果东送"和消费助农，实施南孔文化润疆"1323"行动(在乌什建立1个儒学馆、培育3所"有礼学校"、打造2条南孔文化长廊、建设3个展示平台)，推动衢州智慧新村、乌什县南孔儒学馆、南孔书屋建设。开展"有礼学校"创建，组建乌什县8090南孔文化宣讲团，推广南孔文化和"衢州有礼·乌什有情"品牌。深入探索对口合作产业园建设，积极引导浙商赴公主岭投资，高效推进吉浙(公主岭)产业园建设，范家屯智慧物流园区的韵达吉林快递电商总部基地项目一期建成投产，启动浙吉汽车零部件产业合作，帮助销售公主岭市农业产品1390万元，"南孔圣地 衢州有礼"城市品牌创作团队参与公主岭市城市品牌设计，"德行天下公主岭"城市品牌正式发布，探索利用吉林一汽集团汽车品牌、技术、共享汽车运营管理等优质资源，为"95联盟大道"提供新能源共享汽车现代出行方案。

【经济社会发展年度计划执行情况】 2021年，12项主要经济指标全部位居全省前6，8项指标位居全省前3。全市地区生产总值1875.6亿元，增长8.7%，位居全省第3。第一、二、三产业分别增长2.8%、10.7%和7.8%。全市规模以上工业总产值2494.1亿元，增长29.8%；规模以上工业增加值517.9亿元，增长13.8%。全市粮食播种面积134.30万亩，粮食总产量5.54亿公斤；生猪存栏91.5万头，年内出栏120.5万头，同比增长33.2%。规模以上服务业企业营收增长21.7%，位居全省第4；其他营利性服务业增长37.8%，位居全省第1。固定资产投资增长16.2%，位居全省第1。其中：制造业投资增长16.3%，生态环保、城市更新和水利设施投资增长23.7%，高新技术产业投资增长22.4%，民间投资增长7.8%，交通投资增长5.4%，房地产投资增长22.2%。社会消费品零售总额增长11.6%，位居全省第2；网络零售增长29.6%，位居全省第2。外贸进出口总额增长36.4%，高于全省平均14个百分点，位居全省第2。其中，出口增长24.6%、位居全省第5，进口增长64.4%、位居全省第2。规模以上工业企业实现利润总额228.5亿元、增长55.7%，位居全省第2。财政总收入272.1亿元，增长19%，位居全省第2；一般公共预算收入163.9亿元，增长16.3%，位居全省第2；税收收入139.80亿元、增长18.2%，税收收入占一般公共预算收入比重达85.3%。全体居民人均可支配收入42658元，增长12.5%，位居全省第1；城镇居民人均可支配收入54577元，增长10.7%，位居全省第1；农村居民人均可支配收入29266元，增长11.3%，位居全省第2。

·项目投资·

【概　况】 2021年，全市贯彻落实市委、市政府工作部署，开展"重大项目推进年"活动，在扩大有效投资、重大项目推进、争先创优等方面，取得较好成绩，交出2021年有效投资高分报表。

【项目投资和建设】 2021年，全年固定资产投资增长16.2%，投资增速再夺全省第1。5个结构性指标3个超过10%：高新技术投资增长

2021年7月18日，浙江时代锂电材料国际产业合作园(一期)开工仪式

22.4%，全省第4；制造业投资增长16.3%，全省第7；生态环保投资增长23.7%，全省第3；民间投资增长7.8%，全省第7；交通投资增长5.4%，全省第4。房地产投资增长22.2%，全省第2。全年，865个5000万元以上项目完成投资945.1亿元，年度投资完成率112.5%。其中，40个省重点项目完成投资290亿元，完成年度投资的132.9%；38个省共同富裕集中开工项目提前2个月实现100%开工；18个省市县长工程落地率82.3%。衢江区获三季度全省投资"赛马"激励。衢丽铁路、寺桥水库、开化水库、钱江源通用机场等一批重大前期谋划项目关键节点取得实质性突破。市本级重大项目建设为四省边际中心城市建设注入强劲动力。10月22日，衢州市体育中心成功承办省第四届体育大会开幕式；11月28日，四省边际中心医院实现整体投运；杭衢铁路最大跨度连续梁实现合龙；杭金衢拓宽二期国庆节前完成五里枢纽至吕塘角枢纽八车道施工；351国道开化段通过交工验收、常山段争取春节前主体完工。

【浙江时代锂电项目实现3项第一】 2021年，浙江时代锂电材料有限公司年产30万吨高镍型动力电池用三元正极联动年产40万吨前驱体项目能评获省能源局批复(新增能耗71.5万吨标煤)，为2021年省能源局批复的第一个也是唯一一个项目。项目入选2021年4个省长工程之一，为衢州市第一个省长工程，是全省唯一通过绿色通道转为实施类的省重大产业项目，获得省自然资源厅2320亩土地指标预支。

【投资环境持续优化】 2021年，深化重大项目数字化改革，开发上线投资项目全流程监管服务系统，打通重大项目监管平台3.0和招投标、预算结算、资金支付、合同备案、竣工验收等系统平台，形成全链条平台应用系统，推动项目建设提速提效。完成西安路提升改造等重大投资项目审批209件，其中政府投资项目审批88件(次)、节能审查14件、企业投资项目核准6件、备案101件。

【谋划创建衢州浙西省级新区】 2021年，牵头起草《衢州市人民政府关于恳请设立衢州浙西新区的请示》，获省政府主要领导"请发改委研提意见"的重要批示。邀请省发展和改革委员会领导和业务处室到衢州市调研衢州浙西新区，争取省发展和改革委员会对衢州创建省级新区工作支持。与省发规院、中规院课题组深入对接，就省级新区谋划的紧迫性、必要性、可能性和路径、方向进行深入的探讨，编制《谋划设立衢州省级新区战略研究》课题。新区初步设定总面积约232平方千米，包括智造新城、空港新城、江北(含老机场)3个片区。

【开发区(园区)整合提升】 2021年，全市6个开发区(园区)全部列入2021年浙江省开发区(园区)名单，其中，市区开发区(园区）整合形成智造新城、智慧新城两大平台，4个县（市）各整合成1个平台。协调推进智慧新城完成筹建，智造新城去“筹”取得重要进展，省商务厅已就智造新城去“筹”征求省级有关部门意见。

【高端电子材料“万亩千亿”新产业平台培育】2021年，在全省率先印发2021年工作要点，清单化推进平台建设。平台全年实现工业总产值572.1亿元，同比增长85.2%，其中主导产业工业总产值521.8亿元；累计完成固定资产投资75.4亿元，同比增长91.4%，其中产业项目投资72亿元；平台招商引资取得重大突破，累计新引进产业项目16个，总投资724亿元；新认定省级以上重点研发机构14家，新引进院士2名、国千省千人才8名、省级高层次人才21名，新增国家、省级“小巨人”企业8家、省“隐形冠军”企业1家，中巨芯获2021年度电子化工材料专业前十企业。巨化装备工程集团有限公司与浙江大学等单位联合申报的《氢气规模化提纯与高压储存装备关键技术及工程应用》项目上榜国家科学技术进步奖二等奖，实现“国奖”新突破。

·能源建设·

【概　况】2021年，能源工作突出重点，建管结合，天然气“县县通”工程、电网基建工程等能源重点项目落地见效，能源运行调节、能耗“双控”工作（能源消费总量与社会用电总量双控）等取得新成效。

【发布全国首个用能预算化管理应用场景】2021年，按照省能源局的决策部署，探索年度用能预算分配方法，搭建用能预算管理平台，以数字化手段对重点企业用能实施全过程预算化管理，推进能源资源优化配置，助力实现碳达峰碳中和目标。12月29日上午，“衢州市用能预算化管理应用场景”启动上线，标志着全国首个基于能耗产出效益评价的用能预算化管理数字化产品正式推出。

【能源安全保障】2021年，印发《衢州市能源发展“十四五”规划》，组织开展《衢州市区集中供热与热电联产发展规划（2021—2030年）》编制工作。开展油气长输管道领域安全专项整治，督促各责任主体加强管道安全保护和巡查。强化对第三方施工管控，重点做好杭金衢高速扩建、杭衢高铁建设等第三方施工管控工作，防范化解风险。编制修订《2021年衢州市有序用电方案》，稳妥推进有序用电。联合国网衢州供电公司并联动各县（市、区），创造15万千瓦全市负荷侧调控历史新高，保障冬季用电需求。建立非居民可中断用户清单，落实不低于上年日峰值用气量15%的可压减气量，对民生用气进行兜底保障。编制《衢州市区天然气“压非保民”预案实战演练方案》，组织市区天然气“压非保民”预案实战演练，为供暖季期间有序实施压减做好预备。

【能耗双控】2021年，紧盯单耗下降2.2%以上的目标任务，密切关注节能降耗形势，坚持有保有压导向，分类施策，科学推进能耗“双控”工作开展。全年全社会用电量210.6亿千瓦时，同比增长12.04%，增幅全省最低；严把节能审查关口，全力做好优质项目用能保障，全年审批年综合能耗5000吨标准煤以上项目40个，涉及总投资530.96亿元，能耗总量170.8万吨标煤，增加值合计310.73亿元，平均单耗0.55吨标煤/万元；坚决遏制“两高”项目盲目发展，切实开展“两高”项目排查整治，排查出的45个“两高”问题项目均完成整改；加强事中事后监管，对30家重点用能企业开展节能监察；深入挖潜，腾出存量用能空间34.8万吨标准煤。

【能源改革】2021年，创新运用保险机制推行企业电费月结工作，为8524家企业盘活资金超11.05亿元。1—9月，组织全市3880户企业参与普通直接交易，可交易电量达40.62亿千瓦时；852户企业参与售电市场交易，可交易电量超41.01亿千瓦时，参与交易的企业数量同比增长167%，共计为全市工商业企业争取降本空间1.3亿元，降本空间同比增长31%。10月，全省取消电力直接交易，开启电力市场化改革工作。

【清洁能源发展】5月17日，常山—开化天然气管道正式投产试运行，投产后每年能为常山县、开化县两地输送超过9000万立方米的管道天然气。至此，衢州市全面实现管道天然气“县县通”。继续稳步推进衢江抽水蓄能电站建

智慧产业园(二期)项目

设;做好新一轮抽水蓄能中长期规划编制工作,全市5个项目纳入国家能源局《抽水蓄能中长期发展规划(2021—2035年)》。推进光伏项目建设,全市全年并网光伏项目2281个,装机29.79万千瓦,超额完成省下达的29万千瓦年度任务目标。研究制定清洁能源应用项目奖补条款具体细则,对在工商业建筑和公共建筑屋顶建设的光伏发电项目,按项目并网容量进行补助,补助标准为0.4元/瓦,单个项目补助不超过50万元;对在新建商业建筑、新建厂房建设的建筑光伏一体化发电系统,按项目并网容量进行补助,补助标准为0.8元/瓦,单个项目补助不超过100万元。

【公共机构节能管理】 2021年,推动节约型机关创建,提高节约型机关覆盖率,发挥节约型机关示范引领作用,推进全市公共机构节能工作。宣传生态文明建设,培育和践行节约集约循环利用的资源观,倡导勤俭节约的社会风尚,形成节能低碳的办公和生活方式;推进节能项目改造,通过推动绿色照明节能改造、节能开水机改造、太阳能热水系统改造等技术改造项目的实施达到节约能源目标;推进能源监控平台建设,强化公共机构能耗统计工作,加强节能目标管理控制,抓好节能管理体系的构建完善,公共机构实行人均能耗下降率目标管理。开展电力需求响应集中示范工程,推进党政机关等公共机构办公建筑需求响应绿色改造。

·生态环保·

【概　况】 2021年,以大花园核心区建设为统领,协同推进低碳经济发展,探索碳达峰碳中和新路径。以"四个一"建设("一盘棋"统领改革,打造市县联动新格局、"一杆尺"引领改革,创新生态富民新机制;"一块地"集成改革,打造生态共富新模式;"一本账"深化改革,探索生态价值实现新路径)为抓手,打造"两山银行"改革2.0新样板。

【推动长江经济带发展】 2021年,推进长江经济带生态环境整治,彰显衢州生态之美、人文之美。完成4个工业园区、10个镇(街)、201个生活小区"污水零直排区"建设工作。大花园建设再结硕果,开化县被浙江省推进"四大建设"工作联席会议办公室评为大花园示范县,衢江区获得2020年省政府大花园建设督查激励,钱江源和仙霞古道列入全省首批大花园耀眼明珠(全省16个),24个省大花园重大项目超额完成年度投资任务。衢州古城、烂柯山等9颗"珍珠"列入全省首批拟重点挖掘擦亮诗路珍珠名单(全省38颗)。积极打造特色小镇2.0版,开化根缘小镇成为省特色小镇"亩均效益"领跑者。龙游溪口镇入选省第二批千年古城复兴试点。

【探索"双碳"新路径】 2021年,以碳账户体系建设撬动碳达峰碳中和。开展碳达峰碳中和系列方案(意见)编制工作。全国首创各领域、各区块、各主体全覆盖的"碳账户",已上升为全省"双碳"精准智治平台基础,入围全省改革突破奖。建立工业碳账户2392家,实现规模以上工业、能源领域全覆盖,建筑领域109家、交通领域55家、农业(林业)领域845家、居民领域233.5万个。碳金融贷款总额74亿元,"零废生活"覆盖71个社区9.5万户活跃用户。碳账户金融、节能降碳一本账分别入选第一批和第二批“一地创新、全省共享”榜单。

【推动低碳经济发展】2021年，衢州高新技术产业开发区入选国家环境污染第三方治理园区名单（全省2个、全国46个）。常山县入选全省首批低碳试点县。改造提升557家低效企业，淘汰57家化工企业。实施工业强市能源保障行动。按照“十四五”工业翻番目标要求，编制形成《衢州市工业强市能源保障行动方案》。开展“两高”项目排查整治，分类别督促整改落实，有效遏制“两高”项目盲目发展。建立重心前移的项目用能审查机制，对高耗能项目在决策咨询环节进行预评把关，避免项目未批先建。制定元立、巨化节能降耗“一企一策”，推动重点企业腾出用能空间。

【新能源发展】2021年，全市6个县（市、区）全部列入国家整县推进屋顶分布式光伏开发试点。组织实施光伏倍增计划，在省下达“十四五”光伏装机150万千瓦的任务基础上自我加压，计划新增至160万千瓦。全年实现并网项目2277个、装机29.67万千瓦。5个抽蓄项目列入国家抽蓄中长期规划。提高用能智慧化管理水平。率先探索实施能源预算化管理制度，全国首发用能预算化管理系统，实现有序用电方案一键生成、用能预算一键分配，对企业有序用电方案和预算执行情况做到实时监测、动态调整和全面评估，依托数字化改革促进能源优化配置。

【塑料污染治理】2021年，市县同步印发《塑料污染治理三年攻坚行动计划（2021—2023年）》《塑料污染治理专项工作机制方案》，加强部门协调配合，统筹开展禁限使用不可降解塑料袋等十大专项行动。通过报纸、公众号、全市69块LED大屏、海报、宣传月活动等多种宣传形式，开展塑料污染治理宣传20余次，引导居民践行绿色低碳生产生活方式。

·服务业发展·

【概　况】2021年，围绕打造服务业高能级平台和消费提质扩容，深挖潜力，培育服务业发展新动能，推进服务业提质升级，实现服务业经济高质量发展，成为经济社会发展的重要支撑。

【服务业提质升级】2021年，全年服务业增加值977.5亿元，增速7.8%。全年规模以上服务业企业营业收入增速21.7%，增速全省排名第4；其他营利性服务业增长37.8%，增速全省排名第1。全市服务质量满意度评分87.63分，较上年提高0.45分。

【培育示范型企业（园区）】2021年，江山市省物流创新发展试点县和浙江驰骋物流有限公司省物流新业态新模式发展试点通过验收。柯城供应链数字贸易创新发展区等3个列入全省首批现代服务业创新发展区试点。天子股份鲜活农产品全程冷链供应链骨干基地等3家入选首批省级冷链物流骨干基地（冷链物流园区）。

【消费提质扩容】2021年，印发《衢州市2021年促消费十件实事分阶段工作任务清单》。加快新零售业态的布局，扩充新零售示范企业群体，成功创建第二批国家文化和旅游消费试点城市。7个列入省促消费“十件实事”重大项目，全年完成投资23.35亿元，完成年度目标的102%。

【物流降本增效】2021年，印发《衢州市物流降本增效2021年工作安排》，推进物流降本增效工作。安能·常山众卡产业园成功创建省物流园区提质增效试点。常山众卡运力供应链管理有限公司、巨化集团公司汽车运输有限公司列入2021年度全省服务业重点行业规模以上企业“亩产效益”领跑者名单（现代物流业），分别为全省第9位和17位。

【三次产业融合发展】2021年，龙游经济开发区等3家入选首批省级“两业融合”（先进制造业、现代服务业）试点。7月，争取3个省级农村产业融合发展示范园创建，分别是衢江区盒马农村产业融合发展示范园、江山市食用菌农村产业融合示范园、常山县“金色同弓”农村产业融合示范园等3家农村产业融合发展示范园，全部入选第三批省级创建名单。

·经济改革·

【概　况】2021年，立足民生和高质量发展，以推进四省边际共同富裕示范区建设为目标，强化系统谋划，突出重点难点，深化改革，协调推进社会事业发展，助力共同富裕。

【统筹推进共同富裕】2021年，印发《衢州高质量发展建设四省边际共同富裕示范区行动计划(2021—2025年)》。衢州市打造新时代文明生活示范市、衢江区“三生”融合乡村新社区、龙游县生态工业跨越式高质量发展试验区建设3个项目列入省共同富裕示范区首批试点(全省28个)，入选数和入选率均居全省第1。5个案例入选全省首批典型案例，入选数高于同一梯队的湖州市、丽水市，全省第5。开化县《打造“3455”区域联盟体系助力共同富裕》获省委副书记黄建发批示肯定。印发县域跨越式高质量发展五年行动计划，谋划重大项目236个、重大平台46个、重大改革(政策)23项。6个县(市、区)均获省级部门“一县一策”支持。

【推进数字社会系统建设】2021年，全面推进数字社会系统建设，聚焦12个“有”跑道，谋划建设上线“浙里办”应用50个，上线“浙政钉”管理端门户应用7个、“邻系列”应用4个、“享系列”应用2个。推进“2+4”领域应用落地未来社区和未来乡村，在数字社会专区“我的家园”上线未来社区10个、未来乡村5个，5个场景应用纳入数字社会典型案例集，“智慧助残”应用列入全省数字化改革最佳应用，获改革突破铜奖。公积金贷款“不见面”的创新经验在《中央城市工作会议精神落实情况交流》汇编中刊发，并入选省党史学习教育“我为群众办实事”专题实践活动最佳实践案例。“衢州医保无感智办”被提炼成“浙里医保无感智办”向全省推广。形成一批理论研究成果和标准规范文件，形成《衢州数字社会系统研究报告》《公积金贷款“不见面”标准规范》《未来乡村建设规范》等制度文件56个、制定标准化文件22项，形成条例2个，印发全省首个市级数字社会系统网络安全实施规范。全市向上争取省级试点示范50个。门户建设水平保持全省第一方阵，在省数字社会专班组织的几次评审中，衢州市门户建设综合排名位列全省第4、第5，在全省第一批实现省市县三级门户全贯通，第一个在移动端实现省市县全贯通。衢州经验和做法累计在中央、部委级刊物上刊发2篇，在《数字化改革(领跑者)》上刊发1篇；在《数字化改革(工作动态)》上刊发3篇；在“浙里改”微信公众号《竞跑者》上刊发5篇；在《衢州政研与改革(数字化改革)》上刊发6篇，同时多项工作成果被央视新闻频道、《浙江新闻联播》等节目报道。

2021年8月29日，衢州市“智慧助残”应用在全省新闻发布会上发布

【协调推进社会事业发展】2021年，牵头推动社会事业领域5大领域16项改革任务，推进职教改革获省委书记袁家军批示肯定，获评全省2020年度职业教育发展考核优秀单位一类地区一等奖。编制形成衢州市“一老一小”整体解决方案和衢州市基本公共服务标准(2021年版)，开展衢州市优化生育政策实施细则制定。推进城镇居民收入增长，召开全市城镇居民收入增长“争先创优”攻坚推进工作会议，开展城镇居民收入分析，共同富裕示范区相关指标、目标制定和“四张清单”梳理，全面部署落实城镇居民收入增长举措，城镇居民收入增速从一季度的全省第7位，逐步进位到二季度的全省第5位、三季度的第3位、全年第1位。会同市文旅局编制印发《衢州市旅游专班投资推进专题小组工作方案》

《衢州市文化和旅游2021年重点项目投资计划》,其中实施类项目108个,总投资832.34亿元,2021年度计划投资102.07亿元。开展2021—2022年度省产教融合“五个一批”项目申报工作,申报衢州学院高端装备智能制造创新实践基地等8个工程项目,以及浙江金昌特种纸股份有限公司等1个试点企业。争取中央预算内资金。完成教育、养老、托育等社会领域2021年中央资金申报,争取到衢州市工程技术学校一期扩建等3个项目资金6060万元。申报衢州学院氟硅钴新材料绿色制造训研创基地2022年教育强国推进工程中央预算内投资6425万元。争取到2021年浙江省诗路文化带资金4661万元。衢州古城、烂柯山、江郎山、钱江源、衢江、常山江、东坪古道、仙霞古道、开化根缘小镇9颗“珍珠”被列入《钱塘江诗路建设三年行动计划(2021—2023)》首批拟重点挖掘擦亮的38颗“珍珠”名单。完成《衢州市公共服务提升“十四五”规划》编制和印发。根据省基本公共服务标准,会同25个市级部门,结合衢州市实际制定11大领域95项公共服务标准。编制形成衢州市2022年优质公共服务投资项目清单,经过多轮修改完善,共有项目92个,2022年计划完成投资48.3亿元。

【“两山银行”改革走在全国前列】2021年,探索建立生态账户,首创生态共富“标准地”建设机制,实现生态资源可储蓄可分红可融资。6.8万亩农林地等闲散资源储存到“两山银行”(生态资源开发运营有限公司),向村集体和农户分红3787万元,撬动银行生态授信63.8亿元。改革经验获央视、《人民日报》等媒体广泛关注。在全省生态产品价值实现工作推进会暨2021年“两山银行”试点视频会上,衢州市及衢江区、江山市、常山县分别作交流发言。常务副省长陈金彪3次批示肯定,推广衢州市经验做法。启动“生态大脑”系统开发,全力建设生态孪生第一城。

【深化价格体制改革】2021年,率先全省出台初始排污权有偿使用费优惠政策,明确市区“十四五”初始排污权有偿使用费征收标准,全年为全市工业企业减负4100万元。实施市区城乡公交客运2元一票制,实现市区城乡公交票价一体化。发布义务教育阶段学科类校外培训收费标准,研究论证晚托收费标准,推进“双减”配套价格政策落实。规范行业协会收费行为,清理转供电环节不合理加价行为。

【推进电力市场化改革】自2021年12月1日起,全省工商业电力用户取消目录电价,电量电价由市场化决定。会同供电公司、相关售电公司深入分析研判,强化政策宣传贯彻,妥善落实电力市场化改革各项任务。

【“两业”融合试点】2021年,对照国家、省级“两业”(先进制造业和现代服务业)融合试点申报要求和标准,重点围绕衢州市特色制造业产业和现代服务业重点行业、重点领域开展试点区域和企业创建。建立省市两级试点创建梯队,评选市级“两业”融合试点单位11家,实达实集团、浙江禾川科技和龙游经济开发区等3家单位成功列入省级“两业”融合试点,实达实集团经省发展和改革委员会推荐申报国家级试点。

【省级工程研究中心】2021年,衢州学院智能化输配电装备技术浙江省工程研究中心、华康药业功能性糖醇浙江省工程研究中心等2家单位成功申报2021年省级工程研究中心。巨化集团新型氟材料省级工程研究中心被评为优秀省级工程研究中心。

【淘汰落后产能】2021年,全市严格开展自查自纠,确保无地条钢“死灰复燃”问题,确保元立集团粗钢年产量不超过498万吨。帮助元立集团购买台州华迪实业有限公司20万吨钢产能指标,以加快推动实施产能置换。严格落实国家发展和改革委员会令,将虚拟货币“挖矿”作为淘汰类产业,印发《衢州市整治虚拟货币“挖矿”活动工作方案》,全市关停各类矿机144台,删除没收“挖矿”软件13套。

【“一带一路”建设】2021年,成功创建自贸试验区联动创新区,推进跨境电商综试区发展,指导推动民营企业在柬埔寨等地建设境外经贸合作区,不断强化国际产业合作园建设。龙游新丝带商贸有限公司的林晓煜和衢州市中医医院的蒋丽迁获2020年度浙江省“一带一路”建设先进个人荣誉称号。

【特色小镇】2021年，全市4个小城市培育试点中，江山市贺村镇、龙游县湖镇镇、柯城区航埠镇考核优秀，衢江区廿里镇考核良好，优秀率75%，位居全省第1。龙游县溪口镇获省第二批千年古城复兴试点。

·物价管理·

【概　况】2021年，深化重点领域价格改革，降低企业运营成本。推进电力、教育、交通等领域改革，提升社会公众满意度。持续企业用电、用气等价格优惠政策，累计为企业节省成本超6亿元。完善收费目录清单管理，继续推进水资源费、人防工程易地建设费按规定标准的80%收取，为企业减负超1000万元。

【电价改革】2021年，严格落实大工业电价政策。从2021年1月1日起，降低大工业销售电价平均每千瓦时5.2分，年内降低企业用电成本5.13亿余元。贯彻落实“市场交易电价+输配电价+政府性基金及附加”的市场化电价形成机制，配套执行电网企业代理购电政策。成功争取小水电峰谷时段调整试点。在保持小水电峰谷总小时数不变的情况下，优化调整全市小水电上网峰谷时段，促进衢州市可再生能源更好消纳，全力支撑能源领域低碳转型，助力实现“碳达峰、碳中和”目标。在全省率先出台电力接入工程费用分担机制实施意见，进一步减轻企业用电负担，优化营商环境。

【气价改革】2021年，降低非供暖季天然气价格。从2021年4月1日起降低全市非供暖季非居民天然气销售价格为2.94元/立方米，较供暖季下降0.18元/立方米，降低企业用气成本5300余万元。合理疏导供暖季天然气价格。针对供暖季天然气门站价格大幅上涨的现状，为保障天然气供应，及时对全市天然气价格进行全额疏导，11月1日起调整全市非居民天然气销售价格至4.69元/立方米。虽然涨幅较大，因前期工作比较到位，企业反映较为平稳。同时争取地方财政对居民用气的价格补贴，确保居民天然气价格保持稳定。

【教育收费改革】2021年，落实教育“双减”政策（减轻义务教育阶段学生作业负担、减轻学生校外培训负担）。开展义务教育阶段课后服务费和学科类校外培训收费调研和成本调查，制定出台义务教育阶段课后托管服务收费标准和学科类校外培训收费标准，推进“双减”收费政策落地，切实减轻家长负担。调整民办学校收费政策。根据民办学校收费调研和成本调查结果，制定出台华茂初中、高铁新城外国语学校、应用技术学校学费收费政策，促进民办学校可持续发展。开展菁才中学、博文中学、仲尼中学等三家民办高中成本监审工作，规范民办高中收费。完善幼儿园收费政策。开展幼儿园收费和托育服务收费调研，会同教育等部门出台暑期托管服务、公办幼儿园放学后园内托管服务政策，规范幼儿园收费。

【交通收费改革】2021年，出台城乡公交票价一体化政策。根据衢州市区城乡客运一体化改造方案，通过召开听证会，出台市区城乡公交客运2元一票制，实现市区城乡公交票价一体化，最远线路由原来的28元/人减少至2元/人，提高农村居民公交出行满意度。完善出租车运价管理。出台出租车春节期间临时加价政策，调动出租车驾驶员积极性，保障春节期间城市交通运力和正常营运秩序，满足市民春节期间交通出行的需要。化解出租车价格矛盾。因供暖季天然气价格上涨导致巡游出租车运营成本提高，驾驶员反响强烈。经多方多次协调，会同市交通运输局积极争取财政补贴，化解价格矛盾。

【其他收费改革】2021年，出台垃圾收费政策。开展生活垃圾收费调研及厨余垃圾成本调查，出台全市非居民厨余垃圾处理计量收费机制，健全垃圾处理收费制度。持续推进非居民用水超定额累进加价制度，促进水资源可持续利用。出台垃圾收费政策。开展生活垃圾收费调研及厨余垃圾成本调查，出台全市非居民厨余垃圾处理计量收费机制，健全垃圾处理收费制度。率先在全省出台初始排污权有偿使用费优惠政策。明确市区“十四五”初始排污权有偿使用费征收标准，为全市工业企业减负4100余万元。加强景区门票价格管理。组织全市开展降低重点国有景区门票价格"回头看"行动，贯彻落实省发展和改革委员会关于景区门票价格管理政策，进一步规范景区门票价格管理工作，助推全省旅游业高质量发展。规范物业服务收费。会同住建部门出台衢州市普通住宅小区物业"菜单式"服务标准，并指导推进两区前期物业收费调整工作，协调解决物业收费矛盾。

【价格服务】 2021年，向上对接争取补贴。成功争取元立资源综合利用自备电厂每年减免超2000万元的农网还贷资金，成功争取沼气及石煤发电项目上网电价政策，为开启能源、顺康牧业及虎霸集团等企业争取到近1400万元的电价补贴。协调蒸汽价格矛盾。经多方多次沟通协调，解决煤价快速上涨引发的东港片区蒸汽价格矛盾，进一步完善煤热联动机制方案。及时回应社会关切。解答群众关于天然气、管道安装、停车收费、民办学校收费、出租车价格等政策咨询问题。

【成本调查监审】 2021年，围绕政府关心、百姓关注问题，组织开展水电气行业、校内课后服务、校外培训、民办教育、公交营运等11个项目的成本调查和监审，审核成本8.17亿元，核减不合理成本超2.5亿元，核减率30.6%，为科学有效实施价格决策、服务企业降本增效提供基础支撑作用。完成年度生猪、粮食、油菜籽、蔬菜等农业生产成本调查和数据分析工作，为制定价格政策和实施宏观调控提供数据支撑。（项梦琦）

国有资产监督管理

【概　况】 2021年，市国资委以全面深化新一轮国资国企改革为主线，按照"保六争三拼第一"的要求，推进国有企业发展能力、国有资产监管能力和国资国企干部队伍履职能力建设，努力构建以管资本为主的国资监管体系和以市区一体的国有企业发展体系，为衢州高质量打造四省边际共同富裕示范区、四省边际中心城市发挥重要支撑保障作用。截至年末，市本级（含柯城区、衢江区）国有企业资产总额1669.23亿元、净资产839.63亿元，同比分别增长39.35%、54.31%，增幅均列全省第1；营业收入83.92亿元，同比增长82.36%，增幅列全省第2；利润总额13.65亿元，为历史最好水平。

【国资国企改革】 2021年，落实全国、全省国企改革三年行动要求，启动全市新一轮国资国企改革，制定出台衢州市全面深化国有企业改革实施方案，召开衢州国资国企史上规模最大、规格最高的全市深化国企改革大会，从组织建设、业务建设、队伍建设、效能建设、党的建设等五大方面实施改革攻坚。截至年末，全市完成国企改革三年行动省定任务的80%，其中市本级完成84%，提前完成"保70%争80%"的省定年度目标。实施国企发展能力提升工程，通过"注资赋能转化一批、项目建设形成一批、存量盘活导入一批、价值重构提升一批、市场并购拓展一批"，强化财资协同，以"债转股""拨改投"等方式优化财政资金拨付和使用路径，年内为市本级国企赋能144亿元，累计赋能264亿元；梳理盘活市本级房产、停车场等可形成经营性现

2021年8月17日，全市深化国有企业改革大会召开

金流的资产14.5亿元。

【保障重大项目】2021年，市属国有企业实施项目202个，其中完工项目75个、在建项目69个、新建项目58个；完成投资257.79亿元，其中固定资产投资192.04亿元、股权投资65.39亿元、金融投资0.36亿元；新增融资249.27亿元，其中直接融资99.5亿元、间接融资149.77亿元，提前超额完成全年“实施100个项目、完成100亿元投资、新增100亿元融资”的目标。衢州海创园二期、浙大“两院”、体育中心、四省边际中心医院等一批重大项目按期建成，浙江时代锂电产业园、衢州机场改扩建、鹿鸣社区等项目如期开工。

【国资布局优化】2021年，梳理完善国资国企权责事项清单，明确市属国有企业功能定位和主责主业，推动“两类公司”(国有资本投资、运营公司)改革，改组市国资公司，组建衢州资本和衢控集团，调整完善市大花园集团股权结构，组建市人才集团等；对接资本市场和专业机构，引进优质战略投资者，持续培育国企上市，推动实施新湖中宝总部迁址注册衢州、艺龙网(北京)增资入股衢州东方集团、开域集团与衢州资本开展战略合作等工作；推进国资创新平台建设，东南院、信安数智被纳入全省科改示范行动创新平台和科技型企业；统筹开展经营性国有资产集中统一监管，完成县(市、区)国有资产域内统筹管理，全市42家原行政事业单位出资企业全部纳入统一监管。

【国有资金集中管理】2021年，优化完善国资“资金池”运营管理，做好调剂借款、资金存放、投债激励等，发挥好“资金池”乘数效应，构建银企合作共赢的良好金融生态。截至年末，71家单位纳入“资金池”统一管理，市本级(含柯城区、衢江区)国有投资公司资金归集率100%，资金余额114.32亿元，归集余额179.18亿元(含调剂借款余额64.86亿元)，有力支持衢州海创园二期等一批重点项目建设；年内累计收益7.27亿元，平均年化收益率达3.75%。

【国资监管】2021年，编制完成《衢州市国资国企改革发展“十四五”规划》，计划到“十四五”末，全市国有企业资产总额达到4000亿元，净资产达到1600亿元，其中市区国有企业资产总额力争达到2500亿元，净资产力争达到900亿元；全市新增AAA级企业1家，市属国有控股上市公司数量达到2家。以全面预算管理为“牛鼻子”，按照“顺着预算建制度、带着制度管预算”的思路，在市属国有企业推行全面预算管理制度，构建全面预算管理的工作支撑、监管制度和考核评价体系。研究制定并出台《衢州市市属国有企业投资管理暂行办法》《衢州市国资委权责事项清单》《衢州市市属国有企业外部董事管理办法》等13项管理制度，形成“1+N”(《衢州市全面深化国有企业改革实施方案》+N项国资监管制度)国资监管工作制度体系，为推动以管资本为主的国资监管职能转变提供支撑保障。

2021年12月24日，衢州市人民政府、新湖集团举行战略合作签约暨新湖中宝迁址落户衢州仪式

【国有企业党的建设】2021年，深化“党建统领+国资治理”，推进国资国企党建“12349”(落实1个目标，贯彻2个条例，建立3个机制，实施4项行动，持续推进9项工作)工作体系，实施党建领航行动和国企“双融”(把党的领导融入公司治理各环节，将党建工作与生产经营深度融合)工程，落实国企党建工作“三十条”，推动“人才强企”和基层党组织“三化一创”三年行动，建立“第一议题”和理论学习中心组学习巡听旁听制度。落实党委班子“四联”(联企业、联村社、联项目、联支部)机

2021年3月2日，市国资委组织市属国有企业、在衢央企和省企党员干部赴嘉兴南湖开展“红船映初心 启航新征程”党建主题活动

制，推进国企“五强”（维护力强、引领力强、担当力强、服务力强、廉洁力强）班子建设，建立市县国资国企“1223N”党建联建工作机制，构建市域国企党建工作共建大格局。截至年末，28家市属国企、在衢央企党组织与27家县属国企党组织开展联建结对，建成标准化支部43个、打造国企党建品牌47个、书记领办项目124个，东方集团、市交投集团和市国资委机关党委获省、市“两优一先”表彰。制定国企高层次和紧缺型人才“目录清单”制度及重点高校重点专业人才招引政策。截至年末，市属国有企业新引进本科及以上学历人才230名，其中硕士研究生33名。深入推进清廉国企建设，组织实施“清廉国企”建设八大行动（政治建设大强化行动、“四责协同”大推进行动、廉洁风险大排查行动、重大决策大规范行动、作风建设大提升行动、监督格局大完善行动、巡视巡察全覆盖行动、清廉文化大建设行动），完成13家国企“清廉国企”示范点创建；开展国企领域突出问题专项治理工作，根据“七张问题清单”（巡视、审计、督查、生态环保、安全生产、网络舆情、群众信访七个方面问题）整改要求，落实风险防范长效机制。（毛 磴）

衢州市金融控股集团有限公司

【概 况】2021年，衢州市金融控股集团有限公司（以下简称市金控集团或集团）围绕市委、市政府中心工作，立足“工业强市 产业兴市”战略部署，坚守“金融基础设施建设者、金融产品服务供应商”基本定位，以服务产业创新为使命，稳步推进投资、小微、交易、供应链、贸易等多个业务板块发展，着力构建“金融+产业”深度互动的战略格局，积极助力四省边际共同富裕示范区和四省边际中心城市建设。

截至2021年末，市金控集团资产总额382.72亿元，净资产291.87亿元，全年营业收入17.84亿元，利润总额2.18亿元。

2021年，集团强化“两勤”“两专”队伍建设，拓宽人才招引渠道，完善选人用人机制。2021年，金控党校开展13场培训，参训700余人次；打通校企合作渠道，被中国人民大学确定为“大学生就业实习基地”，被评为全市首批、国企唯一的“人才工作示范单位”。至年底，21名干部获提拔任用；集团本科以上学历84人，占总人数98.82%，其中研究生学历21人（含H类高层次人才19人），具有副高级职称2人、中级职称11人、初级职称14人，取得法律职业资格4人，注册会计师资格2人；引进73名各领域专家顾问，借力借智助推集团发展。

【服务重大项目】2021年，市金控集团主动融入长三角，倾力服务全市域，全年新增投资28.35亿元。全力推进时代锂电项目投融资工作，成功组建首支12亿元专项基金，争取项目前期贷款10亿元，第一阶段43亿元银团贷款获各大银行103.4亿元贷款意向。引进上市公司新湖中宝迁址落户衢州，该公司为衢州市第12家上市公司，为衢州市导入科技型产业赋能。

【助力产业发展】2021年，集团下属衢州市国资信安资本管理有限公司（以下简称信安资本）管理的

2021年9月24日，衢州市天使基金2021年度项目评审会召开

产业基金新增投资规模8.35亿元，年内产业基金投资收益980万元；私募股权基金新增管理规模12.2亿元，基金运营管理及金融服务等收益1300余万元，合计实现利润7780余万元，信安资本获评全省最佳政府产业基金管理机构。年内区域产业基金投资项目12个，投资规模18.49亿元，撬动各类资本50.66亿元，加速时代锂电、金瑞泓、纤纳光电、柏拉阿图等衢州市十亿、百亿级重点战略项目建设。完成总规模50亿元的工业基金组建，成为“产业为王 工业强市”的重要支撑；完成总规模50亿元的华泰绿色基金协议谈判，助推衢州巨化一体化融合高质量发展。年内首批4个天使基金项目落地，支持人才项目2个，东南数字研究院科技成果转化项目2个。

【支持小微“三农”】 2021年，集团下属衢州市信保融资担保有限公司(以下简称信保公司)管理的信保基金业务规模实现高速增长，2021年末在保余额突破23亿元，服务户数3728户，同比分别增长174%和198%；在保余额地区生产总值占比达1.23%，列全省第2。推进市域一体，股权投资落地。提前4个月完成政府性融资担保体系市域一体化建设目标，12月底，信保公司获国、省两级8000万元股权投资，注册资本金增至6.54亿元。坚持数智赋能，提升服务效率。全国首创“移动微担保”，实现“小额免审，中额24小时审批，大额限时办结”。强化产品创新，丰富要素供给。年内推出衢担总对总、乡贤保、国担快贷、E贷保、绿碳保、农宅保、生态工业保等7个新产品，满足客户差异化融资需求。深化务实合作，助力共同富裕。与省担保集团保持密切合作，合力做好金融支持龙游县生态工业发展和江山宅改试点工作，多措并举助力山区26县高质量跨越式共同发展。

【提升交易平台】 2021年，集团下属衢州市产权交易中心有限公司(以下简称产交中心)全年交易总量7.69亿元，同比增长48.7%，业务规模实现较快增长。11月10日，根据省委、省政府数字化改革要求，产交中心挂牌成立浙江产权交易所衢州分中心，正式启用“浙交汇”系统，实现省市国有资产交易“一个平台、一网通办、一体监管”。

【探索市场化业务】 2021年，集团与省交投集团、巨化集团等省属国企开展供应链贸易合作，实现贸易额1.54亿元；创新开拓固定收益投资和市场化股权投资业务，全年投放8.2亿元；与开山集团、一道新能源、纤纳光电等企业合作，创新开展厂商租赁和光伏租赁业务，助力高端装备产品和光伏产品销售。2021年，集团纳税3700万元，融资租赁累计投放44亿元，净资产收益率8.21%，人均创利437.69万元。

【深化国企改革】 11月，根据《衢州市国有资本运营有限公司组建方案》，市金控集团下属衢州控股集团有限公司(以下简称衢控集团)上翻成为衢州市国有资本运营有限公司(以下简称衢州资本)一级子公司，市金控集团100%股权无偿划转至衢控集团。衢州资本和衢控集团实现“两块牌子、一套班子”统一管理。衢州资本作为市属功能类企业，经授权履行部分出资人职责，并承担服务市委、市政府发展战略与加强市场化运作等功能；衢控集团突出资本运作主平台作用，负责金融和类金融、产业投资基金、产业引导基金等业务。 (叶添祺)

衢州市交通投资集团有限公司

【概 况】 2021年，衢州市交通投资集团有限公司（以下简称集团）全面完成国企改革年度任务和各项年度经济指标。截至2021年12月底，集团总资产281.88亿元，比2020年同期增加79.58亿元，同比增长39.34%；净资产154.17亿元，比2020年同期增加46.75亿元，同比增长43.53%；资产负债率45.31%，比2020年末下降1.6个百分点；完成营业收入20.74亿元，同比增长134.81%；实现利润总额2.13亿元，同比增长30.31%；完成固定资产投资42.69亿元，同比增长32.25%；上缴税金1.78亿元，同比增长42.37%。集团有员工1155人，下属企业66家。

【规范企业管理】 2021年，紧抓规范管理不放松，发展能力持续增强。强化战略引领。完成集团“十四五”战略规划编制，全面完成2021年度主要经营目标。强化制度体系建设。修订完善并出台61项管理制度，通过管理体系认证证书年度审核。明确党委会前置程序，完善“三重一大”决策机制，健全运转高效的法人治理结构，做到集团上下权责明确、管理有序。强化财务管理。推行财务集中管控，做好统分结合，突出集团财务中心作用；用好财资平台，提高资金效率，增加净资产超50亿元。强化风控审计管理。出台内部审计制度，建立审计整改责任制，突出审计闭环管理；根据内审计划组织专项审计，2021年组织专项审计3项，累计发现问题48项。强化安全生产管理。进一步完善安全管理制度，落实风险分级管控和隐患排查治理“双体系”建设，做好遏重大工作，完成集团安全生产综合治理三年行动年度目标。做好疫情防控，全面贯彻落实市委、市政府疫情防控各项决策部署，积极履行市疫情联防工作领导小组成员单位职责，坚持防疫生产“两手抓”，统筹抓好集团重点项目推进、经营管理事项的落实。强化子公司管理。2021年，各子公司在全面落实疫情防控，实现防控闭环管理的同时，经营管理有序推进，集团化改造初显成效，生产经营动能进一步放大。

【资金保障】 2021年，集团资金保障充足。集团完成AA+信用主体和Ge-1最高绿色企业等级续评工作，通过中票、企业债债项评级，获得境外债绿色债券认证。融资储备不断充实，截至2021年

1月，衢州市交通投资集团有限公司获评“Ge-1绿色企业”称号

2020年和2021年衢州市交通投资集团有限公司经济指标情况表

表25

指标名称	2020年（亿元）	2021年（亿元）	比上年增长率（%）
总资产	202.3	281.88	39.34
净资产	107.41	154.17	43.53
营业收入	8.83	20.74	134.81
利润总额	1.63	2.13	30.31
固定资产投资	39.46	42.69	32.25
上缴税金	1.25	1.78	42.37

底，项目总授信金额达102.55亿元，累计放款约37.54亿元；流贷、融资租赁、信用证、贸易融资等短期融资产品授信额度达13.5亿元；中票、超短融等直融产品获批金额30亿元，境外债获批金额3亿美元。

【续建项目】 截至12月底，高铁新城智慧产业园（1—6期）项目累计完成投资59.46亿元，完成总投资的67.39%。

【新建项目】 2021年，新建重点项目主要是华夏航空航校项目和西站综合交通枢纽项目，其中华夏航空航校项目于6月开工建设，截至12月底累计完成投资6.17亿元，完成总投资的46.8%；西站综合交通枢纽项目于2021年8月开工建设，截至2021年12月底累计完成投资1.66亿元，完成总投资的13.38%。

【项目谋划和前期管理】 2021年，前期项目方面，总投资约35亿元的信安大厦、常山江航运开发、机场改扩建等项目前期工作均按要求快速推进。谋划项目方面，积极配合衢州机场迁建、甬金衢上高速、杭淳开高速等重点项目前期工作，项目储备不断优化和充实。

【对外合作】 2021年，对外合作多元开展。与宝业集团合作，宝红建筑工业化和地产开发项目1—12月并表收入7.87亿元。与浙江交工合作，交通建筑工业化合作项目建成并投产。与中铁五院合作，并购重组公司衢州市交通设计有限公司运行情况良好，1—12月完成收入1.22亿元。与中石化合作，综合客运枢纽、安顺、机关、翁梅等合作加油站稳定运营。与华夏航空合作，签订航校合作协议，完成航校项目用地摘牌并开工建设。与绿城集团合作，完成合资物业管理公司组建，市场化开展城市服务业务。与国网电力合作，推动“新基建”充电桩合作项目。与省交通资源公司合作，合资矿业公司运营稳定。与物产中大、网盛生意宝合作，开展供应链贸易，做强集团现金流，2021年1—12月供应链贸易营收超9亿元。与农发行衢州分行合作，签署战略合作协议，在投融资服务等领域开展更深层次合作。2021年集团成立全资子公司信安能源公司、瑞城科技公司、瑞达汽车公司，全面拓展新能源、城市服务、汽车服务业务板块，同时与浙商证券签订顾问服务协议，加强外部优质标的比选，拟通过并购实现控股上市公司，至年底已确定2家标的公司。

2021年8月20日，衢州市交通投资集团有限公司与物产中大国际贸易集团有限公司签署战略合作协议

【拓展主责主业】 2021年，围绕主责主业，结合集团自身业务资源，拓展新能源、汽车服务业务板块。9月成立信安能源公司，与市城投集团合作成立联合工作专班，年底完成能源光伏项目建设方案制定；11月成立瑞达汽车公司，市场化开展驾培、汽修、旅游服务，年底完成经营团队组建。立足集团现有检测业务，全力打造综合性检测企业，成立智信集团公司，在市国资委的支持下，市市场监管局下属方圆检测有限公司、市住建局下属的市建设工程质量检测有限公司划转到位。

【获批全市首单境外债】 7月8日，集团获批衢州市首单3亿美元境外债券，所筹资金用于项目建设和补充营运资金。此次境外债券的成功获批，是集团在直接融资方面的尝试，也是走向国际市场的关键一步，不仅有助于拓展市交投集团海外融资渠道，提升地方政府海外影响力，形成市交投集团在境内、境外多种渠道融资的格局，又可充分发挥国际资本市场低成本资金的积极作用。

【全面完成城乡公交一体化】根据市政府统一部署，自2021年5月1日起，由交投集团下属公交公司统一承接和经营管理市区城乡客运班线，全市城乡公交一体化正式运营，全面试行2元一票制，至此，市域范围内“城区—城乡—镇村”三级一体化的公交网络初具规模。10月8日起，市区城乡公交全面执行60—69周岁老年人半价乘车、70周岁以上老年人免费乘车、90分钟内享受一次免费换乘等优惠政策。该项民生实事项目的落地，为市民出行提供便利，提升老百姓的满意度，2020年投诉率0.215件/万人次，2021年投诉率0.174件/万人次，同比下降19.1%。

【国资国企“市域一体化”】2021年，为贯彻落实市委、市政府推进国资国企“市域一体化”的部署，市交投集团充分利用AA+主体信用等级优势，按照市属国企担保的相关规范要求，为开化县国资公司发债提供征信担保。5月，开化县国资公司2021年非公开发行公司债券成功发行，发行规模10亿元，期限3年，票面利率4.88%。本次发债通过市交投集团提供征信担保，既帮助开化国资成功发债，又降低发债成本，每年节省利息支出约2000万元，3年共计6000万元。同时，市交投集团将担保收益返投参股开化国资子公司，支持开化经济发展。（赵晓宁）

衢州市城市建设投资集团有限公司

【概 况】2021年，衢州市城投集团（以下简称集团）按照“当好城市建设者，做好投资运营商”的目标定位，在助力建设四省边际中心城市、推动高质量发展的道路上取得新突破。

2021年，集团全年实现营业收入21.56亿元，同比增长340%（2020年同期4.90亿元）；资产总额219.86亿元，同比增长46.13%（2020年同期150.45亿元）；负债率为52.27%，净资产104.93亿元，上缴税收6403.3万元，实现利润总额17341.62万元，提供就业岗位6000多个。

【项目投资超额完成】2021年，集团在建23个项目总投资121.63亿元，目标总投资为22.25亿元，实际完成总投资约28亿元，为原定目标值的126%。

【项目攻坚】2021年，四省边际中心医院连续攻坚150余天，在市长高屹两次亲自督查指导下每天开展“扫楼+销号”，制定“四定”（定问题、定责任人、定时间、定措施）清单，采用“总表+分表”，并联制推进。自项目攻坚以来，累计解决各类质量细节、设备安装、系统调试、工程验收等问题14172项。10月28日，中心医院顺利开诊营业。南湖广场文旅综合体项目年度投资超额完成，招贤里安置房较合同工期提前2个月完成。

【项目谋划】2021年，在“双碳”背景下谋划总投资40亿元的建筑业智慧产业园项目。在“品质生活提高”的背景下谋划总投资100亿元的城市有机更新项目。在“打造文化高地”的背景下谋划总投资150亿元的烂柯山片区开发建设项目。在“生态文明”实践背

衢州市城投集团承建的招贤里安置房

景下谋划总投资1.7亿元的高铁新城水环境治理再生水厂项目。

【民生保障服务】2021年，供水安全有保障，夏季最高供水达到32.3万吨/日，并达到浙江省现代化水厂优质出厂水标准。市污水处理厂完成一、二期提标改造工程，处理能力达到15万吨/日，出厂水标准从一级A提高到准四类。衢州首个建筑垃圾循环再利用环保项目——万川建筑垃圾处置中心完成存量垃圾处置17万吨。对标未来社区理念，对斗潭菜场、南湖菜场进行提质改造，打造符合"五化"（智慧化、便利化、人性化、规范化、特色化）要求的星级农贸市场，南湖菜市场于12月30日重新开张营业。旗杆巷18号中共衢县支部旧址修复，获市委"十条军规"通报表扬一次。

【市场化转型】2021年，在服务贸易板块，城联贸易公司从2020年底的6455.93万元营业额累计增加到2021年末营业收入6.5亿元，全年实现营业收入5.88亿元。承接海创园、两大街区、四省边际中心医院物业服务项目，实现管理面积近70万立方米，合同金额约0.6亿元。在合作开发板块，与绿城合作开发的礼贤未来社区推售房产1457套，已售1291套，去化率达89%。投资合作的浙江辉博电力设备制造有限公司，从2020年的0.7亿元营业额增加到3.5亿元。在涉水产业板块，水业集团中标1715.5万元衢江区十个集镇污水处理厂运营项目。同时，成立衢州市清泉物资有限公司营销涉水产品，为企业增收创效近1100万元。

2021年9月28日，天王塔沉浸式艺术馆开业运营

【资本运作水平提升】2021年，接收移交1183宗行政事业单位房产，全面完成产权办理注入工作。梳理形成资产一图、一表、一报告（资产分布图、资产状态报表、资产运营报告）。通过清产核资工作梳理集团及下属17家公司资产及负债情况，挖掘资产总额约1.5亿元，盘活增加集团公司资产总额约1.71亿元。获得融资授信32.24亿元，到位30.24亿元。完成2021年第一期非公开公司债券发行工作，规模8亿元，利率3.91%，取得2021年以来规模5亿元以上同评级同期限最低利率。

【业态产业运营】9月28日，衢州首个全景数字化沉浸艺术馆开业运营，通过全景数字化沉浸、多维探索式交互的方式展现禅意艺术，该馆在国庆节期间接待游客近万人，水亭门景区整体吸引游客近15万人；12月31日，水亭门国际围棋交流中心交付使用，成为国内外围棋文化展示、国手训练、赛事举办、交流联络的重要窗口和平台。

【"一区一园"创建】2021年，作为创建主体单位，集团按照市委、市政府"项目化、清单式、销号制"要求，重点围绕标识导览系统更新、基础设施配套完善、智慧服务功能提升，细化制定《4A扩容攻坚"销号增分"清单》，累计销号87项难点问题。儒学文化产业园创建专班紧紧围绕市委、市政府决策部署，按照"一区一园"创建工作推进会议精神和市委书记汤飞帆提出的"文化植入、产业导入、人流引入"三篇文章工作要求，培育和发展文化旅游、研学教育、数字文化、工艺美术四大重点产业，打造一批文化产业集群，努力打造具有特色竞争力的衢州"金名片"。

【南孔文化植入】2021年，集团联合衢州市西安高腔传习所在水亭门街区全年开展常态化演出130余场。大型音乐情景剧《大宗南渡》的沉浸式演出广受好评，在弘扬民族优秀传统文化、展现古城衢州深厚儒学文化的同时，为街区引流20余万人次。

（范幸子　翁　冰）

衢州市大花园建设投资发展集团有限公司

【概　况】2021年，衢州市大花园建设投资发展集团有限公司（以下简称大花园集团）围绕衢州市打造四省边际共同富裕示范区和四省边际中心城市的战略目标，以“资产”“项目”双轮驱动，注重发挥“市县一体、市域联动”的定位和资源优势，推进农、文、旅、水、体等产业协同发展。全年资产总额117.44亿元，同比增长817.74%；净资产109.78亿元，同比增长3720.71%；营业收入4.68亿元，同比增长275.63%；利润总额6536.82万元，同比增长665.82%；净利润5209.67万元，同比增长509.7%。集团本部及全资企业员工56人，下设职能部室6个，下属企业15家（其中全资子公司7家、控股子公司8家）。

【“衢州有礼”诗画风光带示范段启动区建设项目】2021年，重点打造的“衢州有礼”诗画风光带示范段启动区位于衢江区北侧，西起滨港北路塔底村，东至安仁铺枢纽，南至衢江南岸，北至迎宾大道东沿线，岸线长5.8千米，总占地面积1.5万亩，约10平方千米，主要开发区域为一岸二村三岛（一岸即北岸，二村即溪滩村、孟姜村，三岛即鞋滩岛、菱滩岛、上中洲岛）。明确以“市区两级平台联合直投”模式开发示范段启动区，以衢江区子公司为平台，启动衢江北岸中国衢州—花语花园生态综合体项目建设。完成农业种植园2000余亩土地流转，稳步推进基础设施建设，统一作物种植，解决抛荒地与农作物种植杂乱等问题，预计每年可为区域内农民增收1600万元。与衢江区通力合作，成功申报省财政厅农村综合集成改革项目，获得6000万元省级补贴，与衢江区共同反哺项目建设。

【“两山银行”建设项目】2021年，组建衢州市两山生态资源管理有限公司，开展生态资源收储、整合、交易工作，同步拓展资源变现通道，实现衢州市生态产品交易服务平台平稳移交。全国首创系统集成“两山银行”实践模式，谋划打造财务中心、交易中心、投融资中心、建设中心、服务中心“五大中心”体系，条抓块统推进“两山银行”业务开展。初步建立市、县、乡三级生态资源交易市场体系，2021年农村产权交易业务范围实现全市覆盖，全年累计完成交易业务444宗，较上年同期增长21.2倍；交易金额2.52亿元，较上年同期增长16.5倍；溢价金额4188万元，溢价率19.83%。招标代理业务成交项目13宗，控制总价325万元，成交总价227万元，节资总额48万元，节资率14.91%。

【“联盟花园”建设项目】5月28日，成立衢州市衢黄南饶联盟花园有限公司，推进项目运营。推进“一码游”平台试运行工作，确定近百家景区和商户签约入驻。结合联盟大道公路驿站建设，打造云朵花园、盒子花园、精神堡垒等一批网红打卡点。花园驿站自10月1日起正式营业，累计接待游客10万余人次。分别于10月

2021年11月10日，“衢州有礼”诗画风光带花园兔亲子农场项目和衢州众园艺术度假酒店项目获“强基筑梦·共富花园”——衢州市文旅系统项目谋划擂台赛“十佳项目”

2021年4月28日，中国国家围棋队训练基地揭牌仪式暨2021国家队选拔赛开棋仪式在衢州举行

22日、10月29—30日牵头举办衢黄南饶“联盟花园”“95联盟大道”自驾游活动，组织开展摄影大赛、大花园奇妙夜之烧烤露营节等多场活动。

【围棋文化产业建设项目】5月28日，组建混合所有制子公司衢州烂柯文化产业发展有限公司，市场化、专业化推进围棋产业发展。4月28日，中国国家围棋队训练基地揭牌仪式暨2021国家队选拔赛开棋仪式在衢州举行，衢州市“世界围棋圣地”建设工作领导小组组长、市政协主席周伟江，衢州市副市长徐利水，中国围棋协会主席林建超，中国国家围棋队总教练俞斌等参加活动。承办全国少数民族围棋赛、“烂柯首局”对弈、拉丁美洲围棋巡回赛、“烂柯杯”第六届欧洲围棋大满贯赛等多场国内国际围棋赛事活动。12月31日，率先建成全国第一家国际围棋文化交流中心并投入运营；协助专班引进葛玉宏围棋道场落户衢州，达成总部搬迁衢州合作共识。

【水利工程建设项目】2021年，完成衢州市水电发展公司成建制划转，承担市本级水利重大项目衢江治理二期压潮堤项目、百家塘南村段项目、信安湖环湖绿道工程(衢州花园至塔底段)等项目建设管理任务。全年累计完成投资1.2亿元，投资完成率140%。其中，衢州市本级衢江治理二期工程百家塘堤南村段于9月15日开工建设，累计完成投资1723万元；压潮堤于8月6日开工建设，累计完成投资3384万元。信安湖环湖绿道工程(衢州花园至塔底段)代建项目于12月27日开工建设，累计完成投资1042万元。

【信安湖水上项目】2021年，信安湖水上游船于3月11日恢复常态化运行，途经四喜亭码头、礼贤桥、水亭门、信安湖喷泉、文昌阁、西安门大桥、书院大桥等景点。单趟限载24人，往返45分钟。全年共计开航246次，接待游客3657人次。杭衢游轮作为衢州直达杭州的唯一水上观光游览线路，途经信安湖、水亭门、七里扬帆、富春山居图、杭州宋城、钱塘江等10余个著名景点，单趟限载135人，往返行程共4天，于10月18日顺利复航，2021年完成4趟航行。新增携程、美团等10余项宣传推广渠道，赴衢州旅游人数较2020年同期增幅超40%，旅游产品在杭州销售总额提升33%。

【“好听衢州”古城国风音乐会】9月30日，举办首场“好听衢州”古城国风音乐会，首次采用视频直播模式，通过今日头条、搜狐、衢州发布、无线衢州等15家媒体平台宣传活动资讯，依托媒体集群，打好文化传播组合拳。

(巫荟蕙)

统　计

【概　况】2021年，衢州市统计局围绕“用数字说话、为决策服务”的工作主线，主动抓监测评价、做分析研究，扎实推进统计现代化改革，客观真实反映衢州市经济运行态势，保障全市实现“十三五”圆满收官和“十四五”良好开局。在全国第七次人口普查先进表彰中，衢州市2个集体、1名个人被表彰为国家级先进，1个集体、7名个人受到省级表彰。市统计局服务能源“双控”“减煤”目标工作被市政府授予集体三等功，在市级机关综合考核中获得“优秀”等次。

【统计服务水平提升】2021年，围绕“工业强市”“打造四省边际共同富裕示范区”等中心工作，开展专题分析和对标城市比较分析，做好风险预判预警分析，为市委、市政府科学决策、有效施政提供可靠的统计支撑。2020年衢州市市级领导班子和领导干部推动高质量发展综合绩效考核评价分析材料获市委办通报表扬。及时为专班、部门提供数据咨询、资料。定期形成《各区块主要经济指标运行情况分析》，为党政领导区块挂联提供数据基础。借力市委“七张问题清单”，跟踪县(市、区)季度主要指标完成情况，在《衢州日报》刊出《前三季度各县(市、区)主要经济指标完成情况通报》，通过“比、晾、晒”促发展。开发区(园区)整合提升后全面实施属地统计，存在多年的“市本级”难题初步得到解决。全年牵头开展培训指导、季度座谈20余次，“两城两区”(指智慧新城、智造新城和柯城区、衢江区)新体制机制下，属地统计、数据生产取得预期成效。围绕市委发展战略，确定制造业投资、体育产业发展路径、民宿经济等课题研究方向，与高校、行业协会等部门(单位)开展合作，挖掘数据价值，初步形成课题报告。

【普查调查掌握市情民情】2021年，第一时间向社会公众发布衢州市第七次全国人口普查数据公报，加强普查数据解读，宣传普查成果，合理引导社会预期。以人口普查数据为基准，修订2011—2019年常住人口及城镇化率历史数据，多次向市委、市政府领导专报常住人口变动及影响有关材料。开展先进表彰、技术业务文章评选、普查资料分析培训及普查课题研究招标工作。及时准确发布全市经济运行月度、季度指标，加强数据解读和形势分析。发布《2020年衢州市国民经济和社会发展统计公报》，宣传衢州市经济社会发展成就。《中国共产党成立100周年衢州经济社会发展成就》被市委办信息、“浙江统计”公众号刊发。全年通过“114”民情直通车完成“县乡一体、条抓块统”改革评估调查、“八个一”系列有礼行动民意调查、“政府为民办十方面实事”满意度调查等6个社情民意调查项目，调查访问群众5000余人，收集意见建议1000余条。

2021年12月8日，浙江省“12·8”《中华人民共和国统计法》颁布纪念日大型宣传活动启动仪式在常山县文峰广场举行，市委常委、常务副市长陈锦标(右三)，省统计局党组成员、副局长金川(右二)等出席

【统计普法宣传】抓住2021年12月8日全国第38个《中华人民共和国统计法》颁布纪念日节点，主动提前对接省统计局，成功争取在常山县举办以“深入学习贯彻习近平法治思想，加快推进新时代统计法治建设”为主题的大型广场宣传活动，省统计局分管领导出席活动，现场发放各类统计法治宣传资料1500余册，各界群众500余人参加活动。该活动被中国网、《杭州日报》、《衢州日报》等多家媒体报道。推动落实统计法规学习列入全市党校主体班次课程；开展调查对象统计权利义务告知书签署行动，签订4000余份；深入村、社、企发放普法资料6000余份，普法3500余人次。

【衢州市入围省统计局碳排放智能统计核算平台应用场景试点】2021年，市统计局参与碳账户专班统筹统建谋划，领衔专班数据资源组，协调完成规模以上工业企业增加值、税收、重点企业产品产量历史数据采集、推进构建规模以上工业企业碳账户数据校核机制。衢州市被纳入省统计局碳排放智能统计核算平台应用场景试点。

【衢江区入围省统计局统计单位全生命周期管理试点】 7月，率先获得省统计局统计单位全生命周期管理试点（衢江），10月底"达规"单位纳统场景应用正式上线"浙政钉"，实现11个区级部门数据共享，涉及统计单位6618家，其中"一套表"单位454家。通过数字化手段，规范和简化流程，提高企业入库通过率。（季圣凯）

国家统计调查

【概　况】 2021年，国家统计局衢州调查队开展住户收支与生活状况调查、工业生产者价格调查、居民消费价格调查、房地产价格调查、农作物播种面积和产量调查、畜牧业调查、劳动力调查、采购经理调查、小微企业跟踪调查等常规调查工作。开展全面从严治党民意调查、衢州"有礼指数"（CI）测评等重大专项调查和社情民意类调查工作。

【统计调查】 2021年，据住户收支与生活状况调查，全市居民人均可支配收入42658元，同比增长12.5%。其中，城镇居民人均可支配收入54577元，同比增长10.7%；农村居民人均可支配收入29266元，同比增长11.3%。据工业生产者价格调查，全市工业生产者出厂价格累计上涨14.7%，购进价格累计上涨23.7%。据居民消费价格调查，衢州市区居民消费价格累计上涨1.4%。

（朱乔琪　刘珉）

2021年2月，国家统计局衢州调查队党组书记、队长姜理平（后排右二）一行在开化走访调查

市场监管

·综　述·

【概　况】 2021年，市市场监管局锚定"智治法治、专业专注、精准精彩"的工作目标定位，切实推动"34315"任务体系（第一个"3"：锚定新坐标、拓展新思路、扛起新使命；"4"：讲政治、守纪律、讲规矩、塑形象；第二个"3"，智治法治、专业专注、精准精彩；"1"个地位作用愿景：奋力成为打造营商环境最优城市和四省边际中心城市的排头兵和主力军；"5"大方面工作：立足"大市场"、突出"大质量"、强化"大监管"、保障"大民生"、建设"强队伍"）落到实处，各项工作取得积极成效。全年累计获得省、市各级领导批示16件次，国家、省、市各类表彰荣誉14次（其中市委、市政府"十条军规"表扬5条次），在贯彻"八八战略"、践行"八个嘱托"、推进"八大任务"、实现衢州"十四五"跨越式高质量发展中展现新担当、新作为，奋力成为四省边际共同富裕示范区、四省边际中心城市建设的排头兵、主力军。

【营商环境优化】 2021年，打造"智能化申报、集成化服务、自动化预警、闭环化管理"的开办新模式。企业首套免费印章从4枚增至5枚，推广税务免费Ukey，附赠"开办大礼包"，企业和群众满意度、获得感持续提升。推动市场

企业开办实现“一窗专办、一网通办”。图为市营商办企业开办专窗

监管领域39项高频事项，纳入四省边际城市“跨省通办”事项清单。成为国家市场监管总局简易注销第二批试点，简易注销公告时间从45天缩减为20天，扩大简易注销适用范围，建立“税务预检”机制，允许撤销和多次申报，实现公章备案信息、食品经营许可证、破产企业注销“一次申报、同步办理、全项办结”。

【“证照分离”改革】2021年，组织市级36个许可部门开展事项梳理，10月26日印发《衢州市深化“证照分离”改革进一步激发市场主体发展活力工作方案》和改革事项清单，其中“爆破作业单位许可”等4个事项进一步压缩办理时限。对市级及以下186个事项（含70项委托下放事项）开展集中部署，要求严格按照事项改革举措，及时出台相应配套制度，确保新一轮改革及时落地。

【企业登记档案改革】3月1日，在全省率先制定出台《企业登记档案管理及服务规范》市级标准，并于4月1日起正式实施。代省市场监督管理局起草《浙江省企业登记档案数字化建设业务规范（试行）》和《浙江省企业登记档案数字化建设技术规范（试行）》，在全省复制推广。截至年末，杭州、金华、绍兴、台州等地，复制衢州市“企业登记档案查询”经验，提升改革示范性、影响力。

【小微企业培育提升】4月8日，在全省率先召开全市小微企业三年成长计划工作推进会，启动实施新一轮小微企业三年成长计划工作。制定出台《2021年衢州市“小微企业三年成长计划”工作检查方案》，自我加压增加6个特色指标。构建江山木门产业、龙游特种纸产业等五大质量基础“一站式”服务平台，为企业提供全产业链条、全经营周期的综合服务。积极争创省级以上众创空间、科技企业孵化器，全市获国家级备案的众创空间4家、省级备案的14家，认定市级众创空间12家；获批的省级科技企业孵化器6家。开展“贷款码”运用与推广工作，依托“衢融通”平台，实现“衢融通”平台与省企业信用信息平台互联互通。

【“双随机、一公开”监管】2021年，发挥“牵头+带头”作用，推动全市行政执法部门在市场监管领域实现“双随机、一公开”监管全覆盖，并带动部门联合“双随机、一公开”监管常态化。全年，发起及参与部门联合随机抽查任务64个，涉及农业农村、教育、人力社保、民政等14个部门，涉及养老机构食堂食品安全、机动车检测机构、校外培训机构办学行为、医保单位等联合检查项目。

【食品经营电子许可证多场景应用】2021年，在实现食品经营许可“全省通办”、在线“跨省通办”和电子许可证全面推广应用的基础上，全国率先试水食品经营许可电子证书“一码聚合”多跨场景应用，相继将“浙食链”“浙冷链”“浙江外卖在线”等食品安全监管多跨场景融入“聚合码”。成功开发食品经营许可电子证书，将原有的食品经营许可电子证书仅反映证面信息的单一性静态码升级为互动性聚合码，在全省首次实现主体信息和“放管服”信息一码聚合，三端联动。

【电子营业执照多场景应用】2021年，创新推出电子营业执照“企业身份码”，率先在全国实现市场主体“应办、已办、未办”三个层级许可状态精准标注归集，打

2021年3月25日，市市场监管局召开电子营业执照多场景应用座谈会

造个性化、专属化的电子证照空间。依托“企业身份码”，构建“一码四端联动”(以“企业身份码”电子亮照亮证，推动“企业端、公众端、执法端、政府端”的四个端口实现多跨场景联动)应用架构体系，打造政府、企业、社会等多元共治格局。创新将“企业身份码”作为电子亮照亮证数据通道新模式，创设电子营业执照在政务共享、登录验证、取号、授权、共富码等10余个应用场景。

【“衢药安链”项目】 2021年，围绕市委、市政府“数字化改革”工作要求，在全省创新性构建“衢药安链”中药追溯系统，通过“一码三端三体系”(“一码”即中药饮片唯一追溯码，“三端”即监管端、企业端、消费端，“三体系”即风险预警系统、产品追溯系统、中药饮片知识系统)对在衢州生产、流通环节和外地入衢的中药饮片建立闭环中药追溯系统，初步实现来去可查、责任可究、风险可控、品质可看的全流程溯源和预警的目标。

【“药e前哨”系统】 2021年，创新运用数字化手段，在全省率先探索开发药店退热、止咳、抗病毒、抗菌等四大类疫情监测药品的“药e前哨”系统。通过重塑药品零售管控机制，实现对购买四大类监测药品675个监测品种的精准管控，确保“未经登记卖不出、登记信息漏不了”。

【公平竞争审查】 2021年，在全省率先引入第三方评估机构，为公平竞争审查工作深入推进提供理论支撑和智力支持。4月，组织市发展和改革委员会、市财政局、市商务局等部门，对市经信局代市政府出台的《关于进一步优化衢州市工业投资项目决策咨询服务制度的通知(送审稿)》重大政策文件进行公平竞争审查联合会审。协助市司法局对市级各部门和各县(市、区)政府发布的行政规范性文件进行审查，提出相关条款的修订意见。

【助推共同富裕示范区建设】 2021年，坚持“腿勤脑勤+全员招商”工作导向，多次赴上海、河南开展招商对接，在上海举办“衢州市产业对接推介会”，取得良好反响。与衢职院签订战略合作协议，双方互聘客座专家推进人才共享，在检验检测中心设立实训基地，依托国家中心、试验室等资源，组建科研团队开展技术攻关，推动成果转化，成为助推共同富裕示范区建设的新引擎。加大与省研究院、医药高专、省药学会等高端平台对接力度，成功引进2名“省千人才”在衢州落地创办公司。巨泰药业的头孢克肟片成为全国首个通过一致性评价品种，头孢拉定成功中标全国集采。

【疫情防控】 2021年，通过“浙冷链”精密智控系统累计为进口冷链食品赋码41.86万个，扫码74.5万次，2个集中监管仓累计处理进口冷链食品2224吨，检测暴露人员2.7万人次。做好药品和疫苗质量监管工作，累计发现问题245项，约谈药店94家，停业整顿43家，发布应急监测信息49336条，巡查疾控中心和接种点516家次。严格执行“四个一律”(市场一律清洗消毒、市场经营人员一律戴口罩、市场一律张贴和滚动播放防控宣传资料、市场主办方一律签订防控责任状)和“三个到位”(亮码+测温+戴口罩)，在全市84家农贸市场形成上下贯通的三级联动防疫工作机制，坚决守好“门”、测好“温”、扫好“码”、落实好责任。

【民生实事】 2021年，提前大幅超额完成民生实事项目，建成食品生产企业“阳光工厂”210家；建成农村家宴“阳光厨房”148家；建成学校食堂“阳光厨房”575家；新增全程可追溯食品生产经营主体1958家；改造提升10家农贸市场；建设民生药事服务站25家。

【放心消费】2021年，严格落实“八有八无”（有证照明示，无乱摆乱放；有承诺公示，无虚假宣传；有清晰追溯，无“三无”产品；有质量保证，无假冒伪劣；有明码标价，无价格欺诈；有公平计量，无短斤缺两；有纠纷快处，无维权障碍；有放心消费，无烦心闹心）等系列创建标准，以市场在线放心消费智慧监管平台为抓手，在金融、通信、粮油等领域进行提质培育，树立省内一流的放心消费单位典型。全年培育放心消费单位7026家（其中无理由退货承诺单位3342家）、放心工厂696家，申报放心消费示范商圈（街区）13个，申报长三角异地异店无理由退货企业11家。重点拓展业态丰富、主体多元的乡村未来社区，将放心消费建设向农村延伸。

【监管执法】2021年，以“亮剑”系列专项执法行动为抓手，加大农村假冒伪劣食品、“药械化”、药品网络销售、保健食品非法添加等重点领域案件查办力度。牵头开展全市非法加油站点专项整治，通过“一件事”平台流转处置事件共39件，100%办结。立案查处无合法来源、质量不合格、无照经营等各类成品油违法案件43件，没收油品13.07万升，罚没款144.2万元。围绕保护老年人和青少年切身权益，组织开展“护苗助老”专项行动，包括“守护夕阳红——医疗、医疗美容、药品、食品、医疗器械虚假违法广告整治”和“呵护青少年健康成长——教育培训类广告清理整治”两项专项整治，实施精准打击，全链条查办，全面净化广告市场环境。

2021年2月9日，市委书记汤飞帆（右三）带队在智慧新城吾悦广场永辉超市开展节前检查

·知识产权工作·

【概　况】2021年，市市场监管局将实施知识产权战略作为市场主体发展壮大的重要抓手，全力推进市场主体树立品牌意识，推动商标和知识产权工作亮点频出。

【注册“南孔圣地·衢州有礼”集体商标】2017年以“衢州有礼”申请商标注册，但因含县级以上地域名称，2018年6月被国家商标局驳回。经过反复推敲法律条款，深入研究同类注册商标成功经验，走访调研知名代理机构，遵照《中华人民共和国商标法》第十条规定变换商标注册类型，在第39类（旅游相关行业）找到突破口，以集体商标注册的形式提请“南孔圣地·衢州有礼”商标申请。最终历经三年时间、两次驳回和十余次汇报对接，汇编200余页答辩材料和3万余字答辩书，于2021年3月18日成功注册“南孔圣地·衢州有礼”集体商标。

【知识产权数字化】2021年，支持和引导491家创新型企业上线浙江知识产权在线平台，基本实现“一窗口统办”“一平台交易”“一链条保护”“一站式管理”“一体化服务”。浙江知识产权在线融入衢州地方模块。

【知识产权转化运用】2021年，全市知识产权质押融资再创新高，全年累计超过6.5亿元，完成发明专利授权650件，专利许可备案128件，商标有效注册量51973件，12家品牌指导服务站通过省级评价，6家培育建设成功。浙江冠标知识产权代理有限公司"标冠科技创新服务平台建设与推广"项目列入浙江省第一批专利转化专项计划重点项目（平台），为衢州产学研合作及专利转化实施提供服务新路径。

【知识产权维权】2021年，在柯城区航埠镇设立衢州市首个基层知识产权纠纷调解室，通过"调解优先、诉讼断后"双平台对知识产权纠纷进行调解处理。协助衢州市民营企业成功赢得霍尼韦尔国际公司中国专利无效案。

·质量技术监督·

【概　况】2021年，市市场监管局紧贴地方中心工作，以"活力新衢州、美丽大花园，发展高质量、治理现代化"为目标，聚焦质量强市建设、特种设备安全、产品质量监管、居民生活领域"双碳"工作等重点，推动质量技术监督相关工作落实落细。

【政府质量奖】2021年，优化政府质量奖培育机制。截至年末，全市拥有县级政府质量奖企业110家、市政府质量奖企业51家，覆盖工业、建筑业、农业、医疗、教育、生命健康、新材料等领域。组建创省政府质量奖专家帮扶指导组，为企业提供"一对一"保姆式服务，华康股份、衢州二中2家单位进入现场评审阶段，其中华康股份获2021年省政府质量管理创新奖，取得创省政府质量奖的历史性重大进展。

【"品字标"建设】2021年，推出"品字标浙江农产"。全市拥有70家"品字标浙江制造"企业，15家农产企业入选2021年度"品字标浙江农产"重点培育名单，江山金陵饭店成为全省首批"品字标浙江服务"（饭店）企业。制定《衢州市"品字标"企业实现"四个百分百"（质量承诺100%公示、品牌产品100%贴标、厂区车间100%亮标、广告宣传100%植入）工作方案》，引导全市"浙江制造"企业规范贴标用标，加大资金增强品牌运营，全方位宣传推广品牌标识，同时拓展培育领域向"专精特新"覆盖。

【特种设备安全】2021年，推进特种设备安全"遏重大"专项隐患治理工作，排查治理各类风险隐患1467起，完成各类特种设备检验24578台（套），完成压力管道检验323.6千米，其中燃气管道270.6千米。

【产品质量安全】2021年，牵头部署电动车"浙江e行在线"和"141体系"贯通工作，构建"浙品码"数字化追溯链，强化人、车、池信息关联，着力保障群众的人身和财产安全。开展产品质量抽查1647批次，其中生产领域监督抽查559批次，合格率92.31%，全市生产企业产品质量状况总体稳定，没有明显的区域性、行业性产品质量问题。推进工业许可证产品"浙品码"赋码工作，140家企业完成赋码，赋码产品214个。

【标准化建设】2021年，鼓励企业积极主导或参与各级标准制修订，推进具有自主知识产权的技术和专利及时转化为标准，牵头或参与制（修）订国际标准1项、国家标准20项、行业标准16项、省级地方标准2项。按照"国际一流、国内领先"要求，依托衢州地

2021年6月28日，省市场监管局副局长章一文（前排左一）带队督查指导特种设备安全工作

方优势产业推进“浙江制造”标准工作，发布“浙江制造”标准19项。

【“对标达标”专项行动】 2021年，积极部署开展“对标达标”专项行动，鼓励企业对标国际先进标准，提升产品质量。组织全市“品字标”企业、行业龙头、“隐形冠军”企业进行对标达标提升专项行动专题培训。发挥各专业标准技术委员会、各行业协会、各类技术机构作用，为对标达标企业提供国外标准检索、对标参数设置、质量水平分析等技术帮扶。推动制定24个对标技术方案，1004家企业完成对标达标自我声明，发布自我声明1041条，在全国175个城市中排名第9。

【居民生活领域“双碳”工作】 2021年，创新开展碳账户建设，通过“零废生活”应用归集碳排放信息，核算转化为个人碳积分，引导居民生活方式向绿色低碳转变，累计回收生活垃圾9608吨，核算碳减排12429吨。完成工业、能源、交通、建筑、农业碳账户标准发布，个人碳账户团体标准由省金融学会发布。

【检验检测能力提升】 12月10日，正式成立“浙皖闽赣四省边际特种设备检验检测技术研究联盟”，实现人员、检验检测技术、大型检测设备、标准信息的互联互通。高质量完成“三品一械”（药品、保健食品、特殊医学用途配方食品、医疗器械）复查认证+扩项认证，255项现场试验、1284项参数一次性通过考核。加大以非营利方式开放实验室力度，国家中心实验室全年为市内10家企业累计减免检测费用60余万元，服务相关从业人员422人次。

（梅昕知）

审计监督

【概　况】 2021年，衢州市审计局完成审计项目22个，查出主要问题金额128088万元，其中违规金额17373万元、管理不规范金额110714万元。审计处理处罚金额74186万元；移送司法机关、纪检监察机关和有关部门处理事项18件，移送处理30人，移送处理金额1298万元；审计促进整改落实有关问题金额64425万元；审计后挽回（避免）损失18万元。出具审计报告和专项审计调查报告29篇，被批示、采用14篇；审计提出建议91条，被采纳88条；促进被审计单位制定、完善规章制度110项；提交审计信息47篇，被批示、采用46篇。向社会公告审计结果7篇。

【财政审计】 2021年，优化审计项目审计组织方式，加强不同类型审计项目的统筹融合和相互衔接，探索融合式、嵌入式、“1+N”（1个主项目+N个专题）等审计项目组织方式，开展财政审计项目3个。在2021年市本级财政同级审中，结合开展大文旅专项资金审计调查，努力做到“一审多项”“一审多果”“一果多用”，最大限度扩展审计覆盖面。同步实施政府财务报告、政府债务限额管理2个专题，反映7大类22项问题，问题金额总计2.07亿元，审计报告、审计专报获市领导批示15篇次（其中市委、市政府主要领导批示6篇次）。在2020年度市级预算执行和其他财政收支的审计工作报告中，反映紧扣预算执行和财政政策落实审计、紧扣构建新发展格局和经济高质量发展审计、紧扣深化改革和公共投资审计、紧扣民生福祉和社会保障审计、紧扣领导干部权力运行和责任落实审计、紧扣清廉衢州建设加大对违纪违法行为查处情况、紧扣衢州市域治理着力完善制度机制情况7大板块、62个问题事项，市第七届人大常委会第三十五次会议听取审议审计工作报告；“三个报告”（2020年度市级预算执行和其他财政收支的审计工作报告、市级2020年度预算执行和其他财政收支情况的审计结果报告、2020年度市级预算执行和全市其他财政支出情况的审计报告）获市领导批示5篇次（其中市委、市政府主要领导批示3篇次）。

【经济责任审计】 2021年，开展领导干部经济责任和自然资源资产审计项目11个。审计对象覆盖党政工作部门领导、事业单位领导、经济强镇领导和国有企业领导等多种类型。配合完成5家单位省管领导离任交接，18家单位市管领导离任交接。制定《乡镇（街道）领导干部履行经济责任负面清单》，涵盖政策落实、经济决策、内部控制、资金管理、资产管理、资源管理、党风廉政7大类

2021年4月16日，衢州市审计局召开全市经济责任审计工作会议

58个问题，促进领导干部守规尽责、扎实干事。出台《领导干部经济责任审计“亮码画像”操作办法（试行）》，立足于“审”，致力于“评”，着眼于“用”三大关键环节，以绿码、黄码、红码“亮码画像”的方式，更加直观反映领导干部科学决策、担当作为，依法履职、严守规矩的意识和能力。

【政策跟踪审计】 2021年，聚焦乡村振兴、文化教育、公共卫生、污染防治、社会保险等民生实事，组织开展审计项目8个，推进绿色转型发展。统筹全市社保审计力量，全面摸清全市社保（养老、医保）基金底数、揭示政策制度存在的问题和各类违法违规问题，促进全市各项社会保险制度改革顺利进行。审计发现5大类13个问题，审计发现的问题被浙江省审计厅综合报告采用，获省领导多个批示。

【农业农村审计】 2021年，实施6个审计项目，提炼问题类审计专报19篇，宣传信息3篇，获市委、市政府等领导批示27篇次；衢州市2020年度为民办实事专项审计调查项目，审计专报和审计报告获市委、市政府主要领导批示18篇次，推进完善制度12项。

【企业审计】 2021年，重点开展国企改革重点任务落实情况和市本级科创飞地管理运营情况专项审计调查项目，推动衢州市国有企业改革工作落地落实和市本级“飞地”管理体制机制创新再造，助力市本级国有企业运营管理进一步规范。探索企业审计新思路、新方法，从完善体制机制落手建言献策，共推动本级党委政府完善制度文件10项、推动被审计单位上级主管部门完善制度文件22项；撰写审计专报10篇，审计报告及专报获市领导批示16人次（其中市委、市政府主要领导批示6篇次）。

【审计整改】 2021年，对内完善整改协同机制，厘清审计组、业务处室、整改督查处三方职责，实施审计整改动态、闭环管理。对重大问题整改情况，及时召开会议进行集体研判，做到审计业务工作与审计整改“后半篇文章”的有效衔接；对外完善联合督查机制，做好“重大审计问题清单”建设，并就应用贯通专门开展培训会。2020年度上级审计机关审计发现的问题，全部完成整改，市级《审计工作报告》揭示的问题，整改完成率96.4%。

【审计质量管控】 2021年，召开27次业务会议，专项讨论审计项目的实施方案，审计质量和审计成效提升明显，相关做法被《浙江审计简报》刊发推广。树牢全过程质量管控理念，围绕质量立审“九项标准”，印发质量管控“两制度”（《衢州市审计局全员全流程审计业务质量控制办法》《衢州市审计局关于争创优秀审计项目的若干意见》）和“两清单”（衢州市审计局审计质量风险防范清单、审计项目分级质量控制责任清单）。通过建立包含程序链、责任链、因素链的审计质量管控的完整链条，形成审计质量控制闭环系统，着力提升审计项目质量。在浙江省审计厅表彰的2021年优秀项目中，上报6个项目全部获奖（其中3个二等奖、3个三等奖），创近年来最好成绩。

【毛子荣一行到衢州市调研】 5月13日，浙江省审计厅党组书记、厅长毛子荣一行到衢州调研。调研组全面听取衢州市、县两级审计工作情况汇报以及关于国家审计在构建新发展格局中的作用、审计数字化改革推进情况等方面的意见建议。毛子荣对衢州市推动审计工作创新发展提出相关工作要求。

【出台科研课题结项评审标准】 9月1日，出台《衢州市审计局科研课题结项评审标准》，从选题意义、研究基础、课题设计、研究方法4个方面共14项指标对审计科研课题进行结项评审，将课题结项评审结果分为优秀、良好、一般、差四档，其中评审结果为差的课题，不予结项，规范审计科研课题结项管理，提高审计科研工作水平。

【"做三会干部·创五最机关"活动】 6月，出台《2021年度全市审计系统做"三会干部·创五最机关"活动考核实施细则》，在全市审计系统开展"做三会干部·创五最机关"活动（"三会干部"指的是会审、会写、会讲；"五最机关"指的是打造最忠诚、最担当、最有礼、最团结、最清廉的审计机关）。以考核细则为抓手，树立"以实绩论英雄"的鲜明导向，提振干部担当作为精气神。在浙江省审计厅表彰的2021年优秀项目中，市审计局上报的6个项目全部获奖（其中3个二等奖、3个三等奖），创近年来最好成绩。（聂 红）

海 关

【概 况】 2021年，衢州海关坚持统筹疫情防控和经济社会发展，坚持融入地方、服务"三衢"的工作理念，强化监管、优化服务，聚焦工作重点，更好发挥作用，促进衢州市开放型经济高质量发展。

全年，衢州海关审核报关单2067份；征收入库税款1.42亿元；监管进出境货运量9.3万吨；新增海关进出口收发货人备案272家，其中高级认证企业4家；开展稽查作业13家次；办理加工贸易手册80份；缉私行政立案8起；检验检疫出入境货物20342批，货值75.3亿元；签发各类原产地证书14753份，货值15.1亿美元；签发各类检验检疫证书8926份。

【贯彻落实习近平总书记重要指示批示精神】 2021年，认真学习习近平新时代中国特色社会主义思想，贯彻落实习近平总书记重要指示批示精神，严格落实"第一议题"制度，组织召开例会12次，开展专项督查12次。开展党史学习教育，开展"我为群众办实事"实践活动。开展"现场监管与外勤执法权力寻租"专项整治。开展"国门利剑2021"专项行动，严禁洋垃圾入境，打击象牙等濒危物种及其制品走私。扎实做好海关统计分析研究工作，参与重点商品调研成果获中央领导批示，统计研究专报获省领导批示5篇次，市委、市政府领导批示5篇次。

【常态化疫情防控】 2021年，坚持人物同防、内外共防、科学防控、精准防控；强化进口冷链食品、高风险非冷链集装箱货物监管，加强出口防疫物资质量安全监管；保持与地方卫健委等部门的密切沟通与信息共享，持续深化联防联控机制。

【筑牢国门安全防线】 全年，加强进出口食品、农产品的检验检疫，对118家出口农产品企业实施分

2021年3月10日，衢州海关工作人员在浙江通天星集团股份有限公司查验进口牛皮

类管理,检疫监管出口农产品6915批,货值18.1亿元;检出不合格37批次,同比增长311%;建立120余种出口危险品商品档案、健全125家进出口重点企业档案;开展外来有害生物监测576次,采取风险消减措施,确保国门生物安全。保障国家税收安全,全年减免税费约3.3亿元。反走私工作获海关总署等四部委颁发的打击虚开骗税违法犯罪两年专项行动成绩突出集体。

【加强服务供给】 2021年,出台《衢州海关关于支持衢州市开放型经济高质量发展的若干意见》,推出5个方面18条具体服务举措;编印《海关政策一本通》《海关业务"百问百答"知识手册》《"十四五"期间自贸协定享惠指南》等,加强海关法规政策宣传。

【提升贸易便利化水平】 2021年,深化"三服务2.0",升级关企互动机制,组建海关专业服务小分队,实施网格化服务机制,将全市422家经常性外贸进出口企业纳入网格管理。加强数字化改革应用,深化通关一体化,全面推进"两步申报""两段准入"改革。两步申报应用率81.3%,位列杭州关区第1;全面推广出口原产地证书"智能审核+自助打印"智慧审签模式,自助打印率91.3%,位居杭州关区前列。

2021年8月5日,衢州海关关长孔先利(左二)在龙游港区调研

【助力外向型经济提档升级】 2021年,组建专班,加强企业培训指导,优化企业备案流程,推动跨境电商平台建设,指导辖区企业首次通过衢州综试区跨境电商线上综合服务平台完成"9710""9810"报关。深入调研、主动对接,加强综合保税区、保税物流中心的项目研究谋划,及时为市委、市政府提供有关建议,综合保税区申建工作正式启动。引进杭州海关技术中心资源,推进系统检测资源整合,加大资源投入、扩大检测能力,搭建食品农产品等检测公共服务平台,确保主要进出口产品实现海关本地化检测服务,服务产业发展。（郑龙仙）

科学技术

Science and Technology

综　述

【概　况】 2021年，衢州市科技局围绕市委、市政府“工业强市、产业兴市”的目标任务，实施“工业强市”科技“2+1”专项行动（科技型中小企业培育、高新区进位、科技要素保障），以超常规举措建设高端科创平台，打造市校合作样板，推进创新链产业链加速融合，为打造四省边际共同富裕示范区、四省边际中心城市提供科技支撑。8月31日，衢州市被省委、省政府评为2019—2020年度省科技特派员工作成绩突出单位。

【省高端化学品技术创新中心】 2021年，根据浙江省人民政府办公厅印发的《关于加强技术创新中心体系建设的实施意见》，衢州市组建省高端化学品技术创新中心创建工作专班，依托高端化学品产业领域优势，统筹浙大衢州研究院和巨化集团公司，全力争创省高端化学品技术创新中心。11月创建方案通过专家评审，12月30日通过省政府决策，成为浙江省首批六个技术创新中心之一，是衢州市首个省级战略性科创平台。

【“十四五”科技创新发展规划】 7月20日，市科技局联合市发展和改革委员会下发《衢州市科技创新“十四五”发展规划》，指出到2025年，衢州市要基本形成全链条、全生态、全系统、全周期的创新体系，基本建成四省边际数字经济发展高地、四省边际科技创新策源地，实现全社会研发经费投入占地区生产总值比重的2.8%左右，基础研究经费占研发经费比重倍增，高新技术产业增加值占规模以上工业增加值超过50%，每万人高价值发明专利拥有量达4.5件，PCT（专利合作协定）国际发明专利申请量达260件，新增国家高新技术企业420家、新增科技型中小企业1300家。

【科技企业“双倍增”行动计划】 2021年，根据《衢州市科技型中小企业培育专项行动方案》，全市计划新增国家高新技术企业80家、科技型中小企业250家。5月12日，由衢州市科技局和省科技宣传教育中心联合举办2021年度衢州市高新技术企业申报管理线上培训，国家高新技术产业开发区管委会、各县（市、区）科技局分管领导和相关负责人，拟申报高新技术企业的企业负责人和财务人员，企业科技特派员等500余人参加培训。年末，根据科技部火炬中心和高新技术产业开发中心联合下发的《关于对浙江省2021年认定的第一批高新技术企业进行备案的函》及《关于浙江省2021年认定的高新技术企业进行第一批补充备案的函》，全市新增国家高新技术企业113家（不含重新认定的98家），累计有效国家高新技术企业555家。市科技局分别认定四批省级科技型中小企业301家，累计省级科技型中小企业1733家。

【科技人才队伍】 9月10日，第三批“衢州市首席技术官”名单公布，共有66名。12月，全市1人入选“省领军型创业人才”。

科技研究

【概 况】2021年，全市争取到国家、省财政科技补助经费8620万元。组织9批“大科创”专项资金经费兑现，共兑现7921万元。

【科技攻关项目】2021年，承担国家重点研发计划项目1项、省级重点研发计划项目16项，分获国家、省财政补助经费3000万元和5620万元。实施省、市、县三级科技特派员项目101项，其中省级科技特派员项目65项，到位补助经费650万元；实施市级科技计划项目110项，安排项目经费3566.88万元。

2021年衢州市国家重点研发计划项目一览表

表26

项目名称	项目承担单位
数据中心液冷热管理材料研发与应用示范	巨化技术中心

衢州市2022年度“尖兵”“领雁”研发攻关计划立项项目一览表

表27

序号	项目名称	项目承担单位	组织方式
一、“尖兵”计划项目			
1	高性能锂电多元正极材料短程绿色制造关键技术研发与产业化示范	华友新能源科技（衢州）有限公司	择优委托
2	茶园自走式中耕施肥机	浙江红五环制茶装备股份有限公司	竞争性
3	胡柚全果高值化利用加工技术研究和应用	浙江艾佳食品有限公司	竞争性
4	基于*CarbonCure*转化提升为*CarbonMix*的混凝土高效固封CO_2关键成套技术研究与工程示范	浙江省建材集团浙西建筑产业化有限公司	竞争性
二、“领雁”计划项目			
5	面向百兆瓦年产能的钙钛矿太阳能电池关键材料和平米级组件制备技术及其应用	衢州纤纳新能源科技有限公司	竞争性
6	耐撕裂抗菌加成型医用液体硅橡胶的开发及产业化	中天东方氟硅材料有限公司	竞争性
7	高端成套装备激光再制造关键技术与应用	中浙高铁轴承有限公司	竞争性
8	多臂大型全液压钻车核心部件国产替代与智能化集成应用技术研发及示范应用	浙江志高机械股份有限公司	竞争性
9	用于轻质柔性太阳能组件的ETFE封装材料的制备及产业化	浙江歌瑞新材料有限公司	竞争性
10	退役三元锂电清洁循环利用关键技术及示范	衢州华友资源再生科技有限公司	竞争性
三、其他类（重大社会公益等）项目			
11	高端聚烯烃原材料生产质量优化关键技术与工业示范	浙江大学衢州研究院	竞争性
12	功能性糖醇连续化制备关键技术及工程放大	浙江华康药业股份有限公司	竞争性
13	优质营养胚芽米加工关键技术及应用	浙江星菜农业科技有限公司	竞争性
14	高性能竹材生物基纱线清洁制备技术与产业化示范	浙江舜浦新材料科技有限公司	竞争性
15	柑橘NFC果汁及皮渣中高附加值成分绿色联产技术研究	浙江金明生物科技有限公司	竞争性
16	高性能应急救援移动泵车关键技术研发与应用	衢州学院	竞争性

2021年衢州市省自然科学、公益性基金项目一览表

表28

序号	项目名称	项目承担单位	项目类型
1	发展新型固体核磁共振方法研究金属有机框架材料的微观结构和主客体相互作用	浙江大学衢州研究院	公益性
2	具有高效和鲁棒性的皮革外观缺陷自动检测技术研究及应用	衢州学院	公益性
3	贝叶斯学习驱动的长距离供热负荷预测研究及应用	衢州学院	公益性
4	电子级H2O2纯化用富氧型活性炭制备及产业化研究	衢州学院	公益性
5	高速精密数控机床双主轴部件系统研发及关键技术应用	衢州学院	公益性
6	新型调光绝热防弹防砸复合玻璃的关键技术研发	衢州学院	公益性
7	胡柚黄龙病可视化波谱检测系统研究	衢州学院	公益性
8	基于全生命期城市基础设施系统韧性研究及提升策略	衢州学院	公益性
9	基于混合学习的电动汽车智能充电实时风险评估系统研发	衢州学院	公益性
10	多模式融合驱动的电动汽车充电智能预测与优化方法	衢州职业技术学院	公益性
11	基于视觉显著性的薄壁轴承表面缺陷快速检测系统的研发	衢州职业技术学院	公益性
12	光学相干光断层扫描和血管成像定量分析视网膜血管结构的改变及其与颈内动脉狭窄之间的相关性	衢州市人民医院	公益性
13	基于5G+物联网的“滴滴”式医院后勤人员管理系统研究	衢州市人民医院	公益性
14	肥料运筹对大豆—玉米轮作体系下养分资源利用及土壤微生物环境变化的应用研究	衢州市农业林业科学研究院	公益性
15	PLGA静电纺丝纳米纤维鞘管联合SS/SF线性化导向的多通道神经导管修复周围神经缺损的实验研究	衢州市人民医院	联合基金
16	TiAl复合材料多组元多尺度增强相调控与强化性机制	衢州学院	联合基金
17	含氟废弃光伏背板再生合成含氟共聚酯合金及其结晶行为	衢州学院	联合基金
18	对象级高分辨率SAR图像城市精细变化监测方法研究	衢州学院	联合基金
19	时变拓扑结构下的移动机器人集群分布式估计方法研究	衢州学院	联合基金
20	高压凝固Mg-Ni-RE合金中LPSO形成机理与储氢性能研究	衢州学院	联合基金
21	融合约束和反馈信息的变桨系统状态监测与故障诊断	衢州学院	联合基金
22	高效去除水中全氟辛酸污染物的铋基光催化剂的构筑	衢州学院	联合基金
23	R290旋转压缩机壳体内制冷剂非稳态相变机理研究	衢州学院	联合基金
24	基于激光辅助的蓝宝石基片高效水合抛光方法研究	衢州学院	联合基金
25	硅负极用高性能含氟高分子黏结剂的设计与结构演化原位表征	浙江大学衢州研究院	联合基金
26	基于新型绿色溶剂的乏燃料中镧系、锕系元素分离技术研究	浙江大学衢州研究院	省自然科学基金
27	高性能含氟双酚A类聚芳酯可控制备	浙江大学衢州研究院	联合基金
28	脊髓ErbB调控TRPV1介导骨癌痛大鼠中枢敏化及电针干预机制研究	衢州市中医医院	省自然科学基金

2021年衢州市"揭榜挂帅"项目一览表

表29

序号	项目名称	项目承担单位
1	可降解食品包装用纸关键技术的开发及产业化	仙鹤股份有限公司
2	低磨损率消磁型振动马达板的开发	衢州顺络电路板有限公司
3	MVnex550高端智能开关柜研发及产业化	浙江联能电气有限公司
4	PEM燃料电池用具有微纳米结构多梯度孔隙碳纤维纸的研发及产业化	浙江金昌特种纸股份有限公司
5	钙钛矿太阳能电池量产工艺关键技术研发	衢州纤纳新能源科技有限公司
6	液晶高分子材料关键单体对羟基苯甲酸高效绿色合成技术及产业化	浙江圣效化学品有限公司

产业赋能

【高新技术产业开发区】 2021年，根据《衢州市开发区创强高新区进位专项行动方案》，对标对表浙江省高新区评价指标体系，以提档进位为目标，推动开发区、高新区创优创强，实现争先进位。12月28日，根据浙江省科技厅和浙江省发展和改革委员会联合下发的《关于同意创建常山信息材料高新技术产业园区和衢州智慧新城高新技术产业园区的函》，新增加2个省级高新技术产业园区。截至年末，全市拥有1个国家级高新园区和4个省级高新园区。

【新型研发机构】 12月31日，浙江省科技厅下发《关于公布2021年度省级新型研发机构名单的通知》，电子科技大学长三角研究院（衢州）新型研发机构上榜，除副省级城市之外，衢州累计新型研发机构数排名位列全省第2。

【企业研发机构】 12月29日，浙江省科技厅下发《关于公布2021年新认定省级企业研发机构名单的通知》，衢州市的浙江省森日液体硅橡胶高新技术企业研究开发中心等14家研发中心被认定为省级高新技术企业研究开发中心，累计166家；浙江省巨塑氯碱新材料企业研究院等2家被认定为省级企业研究院，浙江省功能性糖醇重点企业研究院等3家被认定为省重点企业研究院，累计省级（重点）企业研究院57家。7月28日，市科技局下发《关于公布2021年度市级工程技术研究开发中心名单的通知》，衢州佰强新材料科技研发中心等17家研发中心被认定为市级工程技术研究开发中心，累计285家。

【众创空间】 12月15日，浙江省科技厅下发《关于公布2021年度省级备案众创空间名单的通知》，衢州市3家众创空间被纳入备案名单，分别是衢州职业技术学院大学生创业园、衢江区农产品电子商务信息中心、江山市工业设计基地众创空间，累计18家省级众创空间，4家国家级众创空间。

科技合作与交流

【概　况】 2021年，围绕"工业强市"战略，依托G60科创走廊和杭州都市圈等重要区域创新协作平台，深化拓展科技合作。加速推进浙大衢州"两院"建设，浙大衢州"两院"新院区和中试基地落成活动顺利举办。强化政产学研合作交流，与清华大学、浙江大学、西安交通大学、上海大学、中科院过程所、江苏省产业技术研究院等省内外著名高校院所开展项目洽谈和产学研交流，与浙江中科应用技术研究院共建浙江衢州中科创新技术研究院。与市经信局共同牵头举办校企"双走进"（企业走进院校、院校走进企业）系列活动，与市教育局共同牵头召开重大平台联席会议。组织企业参加"南孔圣地·衢州有礼"——2021北京·衢州科技合作活动、衢州市"专精特新"（高新技术）企业校企对接"双走进"活动。鼓励引导衢州市新型研发机构参与2021

2021年10月18日，北京化工大学—衢州市政企代表团科技交流对接会召开

年度全面创新改革任务，承接全省10项改革揭榜任务中的2项试点改革任务——浙江大学衢州研究院、衢州学院承担"新型研发机构科教融合培养产业创新人才"试点改革任务和电子科技大学长三角研究院(衢州)承担"横向科研项目结余经费出资科技成果转化"试点改革任务。

【浙大衢州"两院"新园区落成】 9月29日，浙大衢州"两院"新院区和中试基地正式落成。浙江大学党委书记任少波出席活动并讲话，市委书记汤飞帆宣布落成，副书记、市长高屹致辞。浙江大学党委副书记张宏建，中国化工学会副理事长兼秘书长华炜、江苏省产业技术研究院院长刘庆、中国化工学会副秘书长戴国庆、省级相关部门领导和衢州市领导吴国升、周黎旸等出席落成仪式。同时，浙大衢州"两院"被授予中国化工学会实践教育基地和浙江省衢州氟硅钴新材料工程师协同创新中心。

【"五院"联席"双走进"】 2021年，根据8月24日市委常委、组织部部长陈玲芳带队到电子科技大学长三角研究院(衢州)和浙大衢州"两院"等调研时提出的要求，建立平台联席会议机制，组织衢州学院、衢州职业技术学院、浙大衢州"两院"、电子科技大学长三

2021年科技合作对接交流一览表

表30

序号	活动名称	时 间	部门、企业	对接单位	活动地点
1	赴江苏省产业技术研究院对接交流	8月31日至9月1日	市科技局、市财政局、市国资委、市市场监管局、智慧新城、浙大衢州"两院"等	江苏省产业技术研究院	江苏南京
2	全球科技精准合作"云对接"系列活动——芬兰低碳和可持续发展专场	9月16日	衢州市相关企业	芬兰各创新机构负责人	线上
3	衢州市"专精特新"(高新技术)企业校企对接活动——电子科技大学长三角研究院专场	9月28日	日新电气、上洋机械、禾川科技等10余家企业技术负责人	电子科技大学长三角研究院(衢州)	衢州
4	"南孔圣地·衢州有礼"——2021北京·衢州科技合作活动	10月17—20日	中科锂电、巨化技术中心、中天东方氟硅、开化合成材料等企业代表	清华大学、北京化工大学、中科院过程所	北京
5	衢州市"专精特新"(高新技术)企业——浙大衢州"两院"产学研合作交流会	11月3日	10余家化工新材料企业代表	浙江大学衢州研究院	衢州
6	2021浙吉跨区域科技创新合作推进会	11月10—11日	2家相关企业代表	浙吉高校院所、企业、科技金融机构	绍兴

角研究院(衢州)、东南数字经济发展研究院等重大平台按季度召开联席会议。由市教育局、市科技局轮流组织负责联席会议(首次联席会议由市教育局组织),建强用好平台。组织专精特新"小巨人"企业、"隐形冠军"企业,走进浙大衢州"两院"、电子科技大学长三角研究院(衢州)等高校院所,加强技术交流,实现科技与产业的更好结合。市科技局、市经信局联合谋划常态化开展校企"双走进"活动,分别于9月28日、11月3日组织相关行业领域企业技术负责人走进电子科技大学长三角研究院(衢州)和浙大衢州研究院开展技术交流和需求对接。

【发明专利产业化】6月28日,衢州市科技局下发《关于下达2021年技术交易额和授权发明专利产业化任务指标的通知》,分解任务至各区块。全年全市实施发明专利产业化项目47项,完成任务数的151.61%,平均新增产值3522.38万元、平均新增利润277.84万元,平均资助额度10.64万元。

【科技成果拍卖会】4月26日,2021浙江科技成果竞价(拍卖)会衢州职业技术学院专场在衢州举行,共拍卖科技成果7项,涉及电子信息、装备制造、农业等技术领域,总成交价480万元。11

2021年衢州市发明专利产业化项目一览表

表31

序号	专利名称	承担单位	当地财政补助金额(万元)
1	一种抗穿晶断裂失效模式的汽车转向节及其制造方法	衢州恒业汽车部件有限公司	20
2	一种6-羟基-2-萘甲酸的纯化方法	衢州英特高分子材料有限公司	20
3	一种高压三元锂离子电池电解液及含该电解液的锂离子电池	杉杉新材料(衢州)有限公司	20
4	一种羟胺盐的制备方法	浙江圣安化工股份有限公司	10
5	一种铝型材在线挤压淬火冷却工艺及装置	衢州市岳泰铝业有限公司	10
6	一种聚甲基三乙氧基硅烷反应尾气的处理方法	浙江衢州正邦有机硅有限公司	7.5
7	一种提高聚甲基三乙氧基硅烷反应收率的装置及方法	浙江衢州正邦有机硅有限公司	7.5
8	一种环保仿真装饰纸及其制备工艺	浙江夏特新材料有限公司	20
9	太阳能电板便于清洁的太阳能路灯	衢州恒创新能源科技有限公司	6.67
10	双侧照明的太阳能路灯	衢州恒创新能源科技有限公司	6.67
11	太阳能电板能够自动向阳的太阳能路灯	衢州恒创新能源科技有限公司	6.67
12	一种高层间结合强度美纹纸原纸的制备工艺	浙江晶鑫特种纸业有限公司	15
13	消失模专用改性可发性聚苯乙烯共聚颗粒及其生产方法	浙江凯斯特新材料有限公司	10
14	一种气熔连拉石英棒的生产工艺	中建材衢州金格兰石英有限公司	10
15	一种磷系有机硅型阻燃剂的制备方法	普信氟硅新材料(衢州)有限公司	5
16	一种有机硅阻燃剂的制备方法	普信氟硅新材料(衢州)有限公司	5
17	压头移动式液压裁断机及其方法	衢州台威精工机械有限公司	10
18	电力电缆异常检测方法、系统及分布式光纤测温主机	浙江日新电气有限公司	15

续表31

序号	专利名称	承担单位	当地财政补助金额（万元）
19	一种全氟己酮的制备方法	浙江利化新材料科技有限公司	7.5
20	一种全氟己酮前体六氟环氧丙烷的制备方法	浙江利化新材料科技有限公司	7.5
21	一种用于物流运输的蔬果保鲜装置	浙江佳农果蔬股份有限公司	0
22	一种安全可靠的电动汽车充电桩	浙江辉博电力设备制造有限公司	0
23	一种配电柜的置顶式散热装置	浙江辉博电力设备制造有限公司	0
24	一种具有美白抗氧化功效的组合物及其护肤霜	衢州市益年堂农林科技有限公司	10
25	一种高性能纳米复合重质碳酸钙及其制备方法	衢州市华顺钙业有限公司	0
26	垃圾收集装置的底盖开合机构	一清环境管理(浙江)有限公司	0
27	一种结膜强度高黏结力优的乳化剂及其制备方法	龙游富田造纸精化有限公司	20
28	一种纸巾及其制造方法和应用	龙游旭荣纸业有限公司	20
29	一种钢瓶旋压成型工艺	浙江汇金机械制造有限公司	20
30	抽取式压花面巾纸的制备方法	维达纸业(浙江)有限公司	20
31	一种电子元件包装用纸及其制备方法	浙江金泽纸品科技有限公司	0
32	一种激光打孔机的光束控制装置	龙游特美纸制品有限公司	0
33	防霉菌蓝色卡纸的研发	浙江一树纸业有限公司	20
34	一种储物柜结构	江山花木匠家居有限公司	50
35	一种无缝钢管的缩径装置及其缩径方法	浙江金航钢管科技有限公司	30
36	防爆接头组件及其举升油缸	浙江科力车辆控制系统有限公司	15
37	一种驾驶室液压举升装置	浙江科力车辆控制系统有限公司	15
38	一种快速插拔开合式电流互感器	浙江天际互感器有限公司	10
39	一种中压户外开合式电流互感器	浙江天际互感器有限公司	10
40	一种有效解决断丝现象的再生涤纶纤维纺丝工艺	浙江逸含化纤有限公司	20
41	一种五氧化二磷高效冷凝与加热水循环一体机	江山市艺康化学有限公司	20
42	设导热膜层可双面发光的LED射灯	浙江雷士灯具有限公司	0
43	一种抗裂修复的免漆门PVC门皮	江山市皇朝装饰材料有限公司	0
44	一种自动脱料装置	常山亚瑞轴工有限公司	20
45	一种色纺纱计算机测配色方法	浙江省常山纺织有限责任公司	0
46	一种辐射状铁芯饼的制作方法	浙江科升电力设备有限公司	0
47	一种颗粒状异麦芽酮糖醇的连续制备方法	浙江华康药业股份有限公司	0

月16日，浙江科技成果竞价（拍卖）会衢州职业技术学院第二专场在中国浙江网上技术市场3.0线上进行，这是浙江网上技术市场3.0首场线上科技成果拍卖，来自衢州职业技术学院的两项科技成果顺利成交。12月10日，第三届浙闽赣皖四省边际应用型大学联盟科技成果竞价（拍卖）会在衢州科技大市场以线上线下相结合的形式举办。该次拍卖会有衢州学院、武夷学院、上饶师范学院、黄山学院、浙江理工大学等高校参与，共征集到拍卖科技成果10项、科技成果路演项目5项，涉及新材料、数字经济、先进制造、农业等技术领域，总起拍价170万元，最终成交价280万元，溢价率64.7%。12月30日，第三届浙闽赣皖四省边际应用型大学联盟科技成果竞价（拍卖）会第二专场以线上竞拍的方式成功举办。衢州学院的2个科技成果“基于量化的集值卡尔曼滤波方法”“生产设备故障预警平台”分别以50万元和60万元的价格被杭州超耐德科技有限公司和好梦来家纺有限公司竞得。

【科技大市场】2021年，组织线上线下各类技术培训、科技沙龙、企业外出学习交流等科技活动13场。

2021浙江科技成果竞价（拍卖）会衢州职业技术学院专场一览表

表32

序号	成果名称	转化方单位	竞得单位
1	工业互联网可编程控制实训系统	衢州职业技术学院	杭州瑞亚教育科技有限公司
2	一种用于机械配件生产的自动造型系统	衢州职业技术学院	衢州市永方机械制造有限公司
3	一种用于建筑电气工程施工的信息协同系统	衢州职业技术学院	衢盛建设集团有限公司
4	一种车辆测速抓拍及大屏显示系统	衢州职业技术学院	浙江信安智能科技有限公司
5	5G数智乡村用户端平台	衢州职业技术学院	浙江方大通信有限公司
6	一种磁流变悬置器	衢州职业技术学院	衢州市盛瑞精密机械有限公司
7	鲜活帝王蟹保活暂养技术	浙江大学舟山海洋研究中心	浙江蟹曾鲜科技有限公司

2021浙江科技成果竞价（拍卖）会衢州职业技术学院第二专场一览表

表33

序号	成果名称	转化方单位	竞得单位
1	一种用于旋装油分永磁螺杆机工作状态在线监测系统	衢州职业技术学院	宁波宾威能源设备有限公司
2	一种医用自动调光冷光源的系统	衢州职业技术学院	衢州思汉医疗设备有限公司

第三届浙闽赣皖四省边际应用型大学联盟科技成果竞价（拍卖）会一览表

表34

序号	成果名称	转化方单位	竞得单位
1	一种多源融合的电力设备在线监测及故障诊断技术	衢州学院	浙江日新电气有限公司
2	硬脆材料表面高速高质量加工磨料磨具及其制备方法	衢州学院	衢州极目光电科技有限公司

续表34

序号	成果名称	转化方单位	竞得单位
3	一种连续流反应合成3-甲基吲哚的方法	衢州学院	衢州乾达科技有限公司
4	一种橘皮纤维素基过渡金属阳离子表面印迹聚合物合成方法	衢州学院	浙江环资检测集团有限公司
5	3-甲氧基丙烯酸甲酯合成的催化剂及固载、使用方法	衢州学院	浙江恩萨科技有限公司
6	一种轴承生产设备故障诊断及预测平台	衢州学院	好梦来家纺有限公司
7	基于物联网和大数据的养猪盒子智能控制技术	衢州学院	衢州市牧子科技有限公司
8	化工循环冷却水换热器的耐腐蚀防护处理方法	衢州学院	浙江常山利盛新材料有限公司
9	纳米碳酸钙改性苯丙乳液的制备方法	浙江理工大学	衢州市华顺钙业有限公司
10	一种多源融合的电力设备在线监测及故障诊断技术	衢州学院	浙江日新电气有限公司

第三届浙闽赣皖四省边际应用型大学联盟科技成果竞价(拍卖)会第二专场一览表

表35

序号	成果名称	转化方单位	竞得单位
1	基于量化的集值卡尔曼滤波方法	衢州学院	杭州超耐德科技有限公司
2	生产设备故障预警平台	衢州学院	好梦来家纺有限公司

2021年衢州科技大市场科技活动一览表

表36

序号	活动名称	日期
1	华友钴业挑战赛项目签约仪式	2月24日
2	衢州市科技局新昌科创云平台调研活动	3月3日
3	2021浙江科技成果竞价(拍卖)会衢州职业技术学院专场	4月26日
4	衢州学院走访调研遂昌金属制品综合体	4月29日
5	龙游县科技局新昌科创云平台调研活动	5月7日
6	衢科学堂“伍一线上巡讲”系列活动(6场)	5月24日
7	衢州学院技术对接活动	7月28日
8	校企联姻——助推“揭榜挂帅”	8月6日
9	专利转化校企对接活动	10月25日
10	2021浙江科技成果竞价(拍卖)会衢职院线上拍卖活动	11月16日
11	第三届浙闽赣皖四省边际应用型大学联盟科技成果竞价(拍卖)会	12月10日
12	江山校企对接活动	12月13日
13	衢州市新材料产业知识产权联合会成立大会	12月16日

科技成果与应用

【概　况】2021年，开发省级新产品试制计划项目385个，登记技术成果90个；全市技术合同登记808份，技术市场实现交易总额42.15亿元。

【浙江省科学技术奖】6月15日下午，浙江省科学技术奖励大会在省人民大会堂召开，衢州市推荐的科技成果获省科学技术二等奖2项，三等奖3项。其中，衢州学院的“特种有机硅清洁生产过程资源集约利用技术创新及产业化”、巨化锦纶的“氨肟化合成己内酰胺关键技术及产业化应用示范”2个项目获省科技进步二等奖，禾川科技的“高速高精度磁编码器开发”、华邦特种纸的“透气阻菌型纸基医用防护包装基材制备关键技术及应用”2个项目获省科技进步三等奖，衢州学院的“层状金属化合物的表面特性与超薄磁性纳米器件设计”项目获省自然科学奖三等奖，实现衢州市省自然科学奖“零的突破”。

衢州市获2020年度浙江省科学技术奖项目一览表

表37

序号	获奖项目	获奖单位	奖励等级
1	特种有机硅清洁生产过程资源集约利用技术创新及产业化	衢州学院	二等奖
2	氨肟化合成己内酰胺关键技术及产业化应用示范	衢州巨化锦纶有限责任公司	二等奖
3	高速高精度磁编码器开发	浙江禾川科技股份有限公司	三等奖
4	透气阻菌型纸基医用防护包装基材制备关键技术及应用	浙江华邦特种纸业有限公司	三等奖
5	层状金属化合物的表面特性与超薄磁性纳米器件设计	衢州学院	三等奖

防震减灾

【概　况】2021年，以建设工程地震安全监管检查和地震灾害风险普查为重点，做好防震减灾各项工作。

【建设工程地震安全监管检查】11月，对新建一般工程、学校、医院抗震设防要求执行情况，重大建设工程地震安全性评价开展情况，区域地震安全性评价抗震设防要求落实情况进行检查，确保工程地震安全。通过行业自查、统一核查，全市共检查建设工程220项，其中核查出重大建设工程1项，开展地震安全性评价的1项，合格率100%；核查出学校、医院建设工程41项，其中按规定提高抗震设防要求或提高1度采取抗震措施的28项，合格率68.3%；其他一般工程合格率100%。

【地震灾害风险普查】4月12日，召开全市地震灾害风险普查工作启动暨业务培训会，普查工作正式启动。会议邀请省地震局专家到现场为全市地震部门分管领导和具体工作人员进行指导培训。至12月底，全市各县（市、区）全面完成普查第一阶段任务，取得阶段性成果：完成地震构造资料收集与补充调查，完成1∶250000地震构造图数据库及地震构造图编制和说明书编写工作。完成地震安全性评价工程场地钻孔、岩土工程勘察报告等资料收集与整理工作，完成场地地震工程地质条件调查报告编制和数据库建设。完成地震动概率危险性分析，编制基岩地震危险性图、场地地震危险性图、场地地震危险性等级图及地震危险性分析报告。

【“防震减灾能力提升工程”列入“十四五”发展规划】2021年，将“实施防震减灾能力提升工程”作为“八大工程”之一编入《衢州市科技创新“十四五”发展规划》，规划上报省地震局备案。（黄幸路）

气象服务

2021年9月10日，浙江省气象局、钱江源国家公园管理局、开化县人民政府举行共同推进钱江源国家公园气象保障服务与生态科学研究合作协议签订仪式

【概　况】2021年，市气象局落实市委、市政府各项决策部署，牢记“气象为民服务”宗旨，落实“监测精密、预报精准、服务精细”气象工作要求，履责尽责，推动衢州气象防灾减灾和公共服务工作发展迈上新台阶。

【气象服务保障】2021年，灾害天气特别是极端天气事件频发强发并发，市、县雨量均居全省首位，遭遇4轮强降水，暴雨预警信号正确率全省第1，全年启动点对点叫应110万人次，全市发布橙色以上预警167次。完成浙江省第四届体育大会专业气象服务，机场迁建、杭衢高铁专题气象服务等重大活动、重大工程气象保障18次。

【强化气象防灾减灾】2021年，打造“网格化”气象防灾减灾模式。气象灾害风险预警防控融入基层治理，全市实现预警网格一键直达、灾情及时反馈，“网格+气象”获评全国气象部门创新项目和市政府“十条军规”正面典型表彰。聚焦条抓块统改革，融入基层治理四平台，实现气象数据赋能乡镇，灾害风险防控闭环场景在省委“条抓块统、县乡一体”改革现场会现场演示，相关做法成效在省委《浙江信息》和《数字化改革工作动态》刊登。

【生态气象服务】 2021年，深化生态品牌创建。全市域创成“中国天然氧吧”国字号生态品牌，常山获评全省首个“中国气候宜居城市(县)”。深化钱江源“国家公园”生态气象建设，促成浙江省气象局、国家公园管理局、开化县政府签订三方合作协议，融合推进生态气象监测研究。

【“中国天然氧吧”衢州全域全覆盖】2021年，衢州生态环境持续向好，全年空气质量优良以上天数为350天，全市平均负氧离子浓度达到3213个/立方厘米。自2016年开化获得第一张“中国天然氧吧”金名片以来，衢江、柯城、江山、常山先后创成“中国天然氧吧”，2021年龙游完成创建。至此，衢州6县(市、区)全部成功创建“中国天然氧吧”国字号品牌。

【农业气象服务】2021年，深化县域气象助力乡村振兴建设。首批省级气象服务乡村振兴示范点完成建设，龙游建成农业现代园区，江山贺村耕读农场建立24节气气象文化展示长廊。龙游绿春湖、常山油茶研究所基地纳入省第二批乡村振兴气象服务示范点建设。创新气象指数保险理赔，以油茶、胡柚低温指数保险理赔“一件事”为切口，开发“气象指数保险智能速办”应用场景上线“浙里办”，被列入衢州市首批“关键小事智能速办”重点谋划清单。

【气象基础设施建设】2021年，争取中央和省级项目资金近5000万元用于气象基础设施等建设，推进“衢州新一代天气雷达”“常山防灾减灾综合工程”“江山综合业务用房”“衢江业务大楼”等项目建成投入使用。

【提升气象业务科技能力】2021年，发布衢州气象“十四五”发展规划，确定建设美丽大花园生态气象保障等四大工程，工程建成后衢州市的生态气象保障水平等三领域将达到全省先进水平。实施监测预报能力提升工程，全市气象监测站网间距从6.6千米提升到5.6千米，气象信息全面接入衢州“三通一智”、“浙里办”平台、网格治理等应用场景，实现尾矿库区、AA级以上景区、在建项目工程责任人预警信息全覆盖。推进气象灾害风险普查专项任务，整体进度位居全省前列。

【服务惠民便企】2021年，积极融入政府数字化改革。气象安全政企共治、江山“网格+气象”防灾减灾应用、常山“气象指数保险智能速办”应用场景三项工作列入浙江省气象局数字化改革试点。防雷安全监管融入“企业身份码”，实现防雷安全“一件事”联办，融入“企业管家”，率先建立非现场监管模式。（丁 兮）

2021年7月21日，衢州市“人才码”专题推荐会召开

浙江省绿色产业发展研究院

【概 况】2021年，浙江省绿色产业发展研究院（以下简称绿研院）按照省市人才工作部署，建好一个引才、驻才平台，引育两支“两专”兼备的高素质专业化人才队伍（“政企双聘”人才、“编制池”人才），创建三项具有衢州辨识度的人才服务品牌（“人才码”、“智汇圈”、专才），为打造四省边际共同富裕示范区、四省边际中心城市提供智力支撑。2021年，协助市级各事业单位引进硕士以上学历人才43名，为东南数字经济发展研究院等重大平台引聚急需紧缺人才272名，并为相关重点产业平台、企业5名高层次人才落实事业身份。

【引育“两专”人才队伍】2021年，落实市委、市政府“工业强市、产业兴市”战略部署，加强“政企双聘”（政府给编制、企业给待遇）人才队伍建设，协助高铁新城外国语学校、东南数字经济发展研究院、中浙高铁轴承有限公司等重点平台引进高层次人才5名，其中智能装备、数字经济等产业引进副高级及以上层次人才3名，教育事业引进省特级教师2名，均落实事业身份。聚焦优化“两专”干部队伍结构，依托“编制池”机制加快优秀青年干部引育，面向北京大学、清华大学、中国人民大学等重点高校招引30名管理后备干部；围绕数字经济、城建规划、项目管理、经济金融、医疗卫生、生态环境等重点领域专业干部储备，面向“双一流”及国内外重点高校，为市属事业单位引进专业技术人才13名（“双一流”高校人才占46.1%、海归人才占38.5%）。

【人才工作数字化改革】2021年，协助市委人才办迭代“衢州人才码”应用，围绕本地热门、政务服务、双创服务、生活服务等5大主题推出100余项人才专属服务事项，全市8万余名人才申领“人才码”，各类服务事项使用量超过7.9万人次。建成全市重点工作领域“两专”专家智库系统，首批94名来自数字化改革、共同富裕、城市发展、产业创新等重点领域专家入库。建成人才租房补贴即申即享系统，打通5个部门数据接口，归集学历、不动产、企业信息、社保、医保、人才公寓租赁等8类36个字段数据，系统自动校验申请人资格，从原先需提交6份材料变为0材料，从6环节变为3步走，实现“单位一键提交—系统自动校验—资金即时兑现”，累计兑现资金55万元，惠及23家企业98名人才。优化“全球衢籍乡贤人才地图”系统功能，归集知名企业、高校院所、党政机关等4100余名海内外乡贤人才信息，重点梳理北京、上海、杭州、深圳等区块乡贤信息，协助四个驻外招商组开展“双招双引”。

【营造人才工作大生态】2021年，组建全市高层次人才“智汇圈”，吸纳行政部门、高校院所、重点企

2021年10月28日,衢州市化工新材料领域"博士沙龙"

业、"人才飞地"等10余个重大人才平台,协同浙大衢州"两院"、电科大长三角研究院、巨化集团等举办论坛讲座、联谊联络、暑期实践、技术比武等活动20余场次,吸引院士专家、知名学者、青年人才等近千名高层次人才参加。发挥绿研院人才平台功能,主动承办"博士沙龙""致敬创新者、奋进新时代""智享衢城、美好生活"等人才活动主题,邀请数字经济、教育医疗、文化宣传等领域的院士及国家、省级"引才计划"人才等300余人到衢州市,浓厚高端人才圈层氛围。拓宽人才层次认定范畴,在市委人才办指导下,开展本年度专才认定工作,来自文体教育、文化艺术两个领域33名人才(F类4人、H类29人)认定为第二批专才,分批兑现相关津贴。抓好人才生活保障,依托行政服务中心人才服务窗口,为人才家庭申领公积金贷款超2.4亿元,帮助40余名高层次人才子女解决就学问题,协助市本级20名专才申领奖励津贴,为浙大衢州"两院"、电科大长三角研究院、东南院及华友钴业等科研、产业平台调剂新改造人才公寓150余套。

(金泽环)

东南数字经济发展研究院

【概　况】 2021年,东南数字经济发展研究院(以下简称东南院)以产业数字化为主、以推广应用为主、以平台建设为主,紧贴中心工作,围绕省、市重大战略部署和重点产业布局,融入数字化改革发展浪潮,聚力聚焦数字工业、基层治理、数字健康、传感器智能制造、数字政务五大产业领域,纵深推进省数字经济(智慧产业)产业创新服务综合体、省新型研发机构、省大众创业万众创新示范基地等高能级平台建设。截至2021年底,东南院走访企业2200余家次,累计实施各类数字经济领域重点项目182个,项目资金合计9800余万元,申报知识产权130余项,着力打造数字经济人才集聚高地、数字经济技术创新高地、产业数字化综合服务高地。

【释放数字经济人才磁场效应】 2021年,东南院先后赴安徽、江苏、上海等地参加各类招聘活动91场次,全职引进国内外知名高校硕士20名。截至年末,东南院累计引聚数字经济高端人才273人,其中自主引进85名数字经济领域人才,含博士17人、硕士66人,数字经济类人才规模列全市首位,获首批"衢州市人才工作示范单位"称号。开展精准引才,结合衢州市数字经济产业需求,发布"揭榜挂帅·全球招贤"亿元榜单,农业物联网、智慧医疗等团队成功揭榜;创新人才培育协同机制,坚持以企业为主体、以市场为导向,与仙鹤股份有限公司达成产学研合作协议,在创新成果转化的基础上有针对性地开展应用型人才培养,提升企业数字经济人才培育能力。主动对接高校、科研机构,为衢州数字经济企业搭建产学研协作桥梁,与衢州职业技术学院信息工程学院达成合作协议,探索"工学交替"新模式,培养复合型、应用型人才;加快省级博士后科研工作站建站工作,遴选2名博士后人选拟入驻工作站;优化研发团队研发实力。建立优胜劣汰机制,对发展缓慢、工作成果不突出的研发团队进行优化整合,取消1个研发中心、4个项目团队,整合力量打造5个具备一定优势的研发中心,打造衢州

2021年7月23日，举办浙江省2021年省级专业技术人员“前沿数字技术推动乡村创新发展”高级研修班暨数字乡村大讲堂

数字经济“最强战队”。

【创新平台建设】 2021年，先后赴乐清、德清、新昌等典型产业综合体考察调研，结合衢州市实际，制定以“六横三纵”(技术创新、产学研协同转化、数字场景集成服务、创新创业孵化服务、数字人才服务、开放式公共服务六大服务体系，统一数字化运营、立体式空间载体、综合体协同合作三大支撑架构)为架构的“省衢州数字经济(智慧产业)产业创新服务综合体”建设运营方案和资金管理办法，启动无人化智慧巡检服务网、区域级工业互联网等平台建设，引进北京盈科(衢州)律师事务所和衢州金远知识产权代理有限公司等近20家第三方服务机构；完善省“双创”示范基地、省新型研发机构建设方案，其中新型研发机构成功入选“省级科改示范行动”。坚持“开放办院”，与国研软件股份有限公司、浙江衢州东方集团股份有限公司、红五环集团股份有限公司等企业达成战略合作；成功举办“前沿数字技术推动乡村创新发展”省级高研班、“基于5G+的制造企业数字化升级改造之路”省级高研班、2021年全国开放式分布与并行计算学术年会(DPCS 2021)等学术活动，打响四省边际数字经济发展高地金名片。2021年，东南院承接各级各类数字经济课题研究、规划编制等项目，为智造新城55家工业企业智能化改造提供“上门诊断”服务。牵头编写《基于城市大脑的5G智慧医疗系统》，撰写《衢江区企业新智造调研诊断报告》《衢江区钙产业数字化诊断报告》《衢江区重点企业智能化诊断报告》等报告，自主申报《网络协同与智能工厂整体规划方案研究》，主持完成《衢州市智慧新城数字经济智慧产业发展规划(2021—2025年)》课题研究。

【核心科研技术攻关】 2021年，东南院紧跟衢州市重大战略发展方向，深耕数字工业、数字乡村、数字政务等领域，攻克“数字孪生”“基于多视角的3D—AI目标识别定位”“复杂交通环境下的视频目标智能跟踪”“基于深度学习的AI视觉关键技术”“一种大规模并行化有氧能力分群方法”等一批具有自主知识产权的核心关键技术。2021年，申请发明专利，获得软件著作权，承接国家、省、市级科技项目共74项，其中专利35项，软件著作权25项，国家、省、市级科技项目14项，发表学术论文7篇(其中4篇核心期刊)。携手阿里巴巴集团、衢州职业技术学院等联合申报工业场景数字孪生技术浙江省重点实验室、5G网络协同制造工业浙江省工程中心；自主申报2个省基础公益项目；参加浙江省第一批行业产业大脑建设试点“揭榜挂帅”项目答辩评审；“基于特种纸行业的5G+定制化智能制造创新应用”项目获第四届浙江省青工创新创效大赛“制造类”项目铜奖，是衢州市近年来唯一入选项目；成功入选“省级科改示范行动”，是全省唯一一个地市级单位；“基于无人机巡检的地物目标检测与定位关键技术研究”“基于深度学习的AI视觉关键技术研究及在工业场景中产业化应用”“视频数据融合与分析应用技术研究”“碾米机数字孪生体的关键技术研究及其产业化应用”4个市科技计划项目成功立项；生产数字大脑及数字孪生平台、无人机智慧巡检服务网2个项目获得市人才创业园项目立项，获C类200万元资助；网络协同与智能工厂整体规划方案研

2021年4月30日，东南数字经济发展研究院召开未来工厂院企对接会

究、2021年全国开放式分布与并行计算学术年会(DPCS 2021)2个项目成功入选衢州市科协重点学术活动。

【推进创新技术成果转化】 2021年，东南院紧盯制造业企业数字化改造、基层治理、数字政务等方面，加强院企、院政对接协作，促进技术匹配转化。深化“组团联企、创新助企、服务暖企”行动，建立专家组团联企机制、东南院各研发团队常态化访企业、进车间，为浙江阮小二食品有限公司、浙江牧高笛户外用品有限公司、仙鹤股份有限公司等37家企业量身定制智能化改造方案。有针对性地邀请企业、部门到东南院考察，推介东南院技术研发成果，展示助推企业数字化转型案例，培养企业经营管理人才数字化意识。举办12批次圆桌座谈会，先后与3家企业签订深度战略合作协议。截至年末，成功孵化6家数字经济创新企业，营收累计达2761.7万元；发挥衢州市东南数研科技有限公司作为东南院技术研发成果、对外承接项目、开展合作的总集成作用，承接24个技术开发和服务项目，总金额687.41万元。开发三维数字治理系统，率先在柯城区府山街道应用，入选全市基层治理“一件事”优秀案例，获得衢州市委书记汤飞帆批示肯定，其中“残疾人之家”智慧助残系统亮相央视《新闻联播》；研发的常山县辉埠镇无人化智慧巡检平台项目成功入选2021中国未来乡村大会数字乡村最佳实践案例，获“2021年度浙江省城市大脑(智慧城市)场景应用优秀案例”。围绕人才工作数字化转型需求，开发建设市、县两级“人才码”，集成5大主题推出23大类104小项人才服务事项，有81235名高层次人才在市库(省库同步成功58425名)，10252名人才领码享受服务。 (蒋刘莹)

教育

■ *Education*

综　述

【概　况】2021年，全市有各级各类全日制学校和幼儿园776所。其中，普通高校2所（本科、专科各1所），各类中等职业学校14所，普通高中32所（含完全中学7所、高级中学24所、十二年一贯制学校1所），初中57所（含九年一贯制学校6所），小学196所，幼儿园468所，独立设置的特殊学校7所。其中，民办学校339所（中职学校6所、十二年一贯制学校1所、完全中学6所、高级中学7所、九年一贯制学校2所、初级中学4所、小学6所、幼儿园307所）。普通高等教育学校全日制在校生16846人；中、小学生和幼儿园在校生312589人，其中幼儿园73302人、小学132215人、初中68469人、普通高中38603人；特殊教育582人；中等职业学校25462人。全市有中小学（含中等职业学校、特教学校、幼儿园）教职工31213人，其中，专任教师

2021年衢州市教育事业发展情况表

表38

类　别	学校数（所）	毕业生数（人）	招生数（人）	在校生数（人）	专任教师（人）
基础教育					
1.普通中学	89	35829	35829	107072	9237
高中	32	12302	12302	38603	3517
初中	57	23527	22467	68469	5720
2.小学	196	22454	22018	132215	9218
3.幼儿园	468	22662	23975	73302	5265
4.特殊教育学校	7	98	65	582	215
中等职业教育					
中等职业学校	14	7544	8038	25462	1754
高等教育					
普通高校	2	5686	6033	16846	819

2021年3月4日，2021年度全市教育系统工作会议召开

25689人。专任教师中幼儿园5265人、小学9218人、初中5720人、普高3517人、中职1754人、特教215人。专任教师学历合格率，幼儿园、小学、初中、普高、中职、特教分别达到100%、100%、100%、99.66%、97.90%、100%；小学、初中高学历比例分别达到99.93%、97.31%。中职双师型教师分别占专业课教师数的82%。

全市报考高中考生16636人，较上年增加723人。全市报考普通高校考生13587人（其中普通类11451人、艺术类1469人、体育类667人），较上年增加20人。全市普通高校录取新生12379人，较上年12127人增加252人，录取率91.11%，较上年提高1.72%。单独考试招生录取新生2771人，较上年增加651人，录取率90.88%，较上年提高0.51%。高职报名人数3049人，较上年增加703人；高职提前招生录取新生902人，较上年增加84人，其中，普通高中考生被高职提前招生录取715人，中职类考生被高职提前招生录取187人。

【百年党史教育】 2021年是中国共产党成立100周年，衢州教育人贯彻落实习近平总书记关于基层党建重要论述精神和省、市基层党建工作会议精神，打响“南孔学地·教育有礼”党建品牌，推进“一校一品”党建品牌创建活动，市教育局党委“南孔学地·教育有礼”党建品牌入选“全省中小学校党建工作精品案例”。组建以8090新时代理论宣讲团为主力的“大宣讲团”，在全市教育系统开展党史宣讲“六进”和中共十九届六中全会精神“六讲六做”大宣讲活动，推动“书记（校长）示范讲”“宣讲骨干特色讲”“8090青年教师巡回讲”，累计开展相关宣讲900余场，受众30余万人次，实现全市教育系统宣讲全覆盖。全面开展“沿着红色足迹学党史”等学党史主题党日活动，充分挖掘和利用衢州党史资源，推出“铭历史”“江山美”等红色研学精品路线6条，累计参加学生15万余人次。

【“双减”工作】 2021年，“双减”（义务教育段学生校内作业减负和校外培训减负）政策出台后，衢州第一时间响应，省委副书记黄建发批示并在全省推广衢州市群团组织助力“双减”工作典型做法。在省教育厅公布的2021年11月1日至12月24日全省各地“双减”新闻宣传和案例推广情况积分排名中，衢州市和江山市分获全省设区市及县（市、区）的第一名。

衢州多项“双减”举措在全省首创。10月22日，率先公布《衢州校内减负提质标准体系》，率先开展专班集中办公，率先推出校外培训机构资金“三色”管理办法（红、黄、蓝三色资金预警）等。各地各校各部门的课后服务“金点子”做法频出，全市通过“比项目”“比质量”“比服务”“比协作”“比特色”，最终评选出30个课后服务工作“金点子”案例。衢州市义务段学校100%开展课后服务，营利性学科类校外培训机构率先100%压减。学生参与率95.47%排名列全省第1，教师参与服务率95.86%排名列全省第2。家长满意度98.74%，高出全省均值7.87%，高出全国均值8%。

【“两专”教育人才】 2021年，从严抓“两专”、从实带队伍，激发人才培养新活力。高规格举办教师节表彰大会，首次评选表彰南孔教育名师，首次给予20年、30年班主任、各类创新团队重奖，发布

2021年9月9日,衢州市发布"两专"教育人才新政

"两专"教育人才新政"硬核十二条",吸引高端人才竞相到衢州市就业,首次实现省外特级教师"倒流"衢州(共引进3名省外特级教师),首次成功招聘博士生1人,首次招录全球QS排名前20的国外高校硕研3人。加强师德师风建设,开展师德专题教育"三大工程"(师德示范引领工程、师德规范践行工程、师德警示宣教工程"),修订《衢州市中小学在职教师违规开展有偿补课处理办法》。

【学前教育补短提质】2021年,开展学前教育补短提质十大行动,新增公办幼儿园(教学点)22所,新增学位5250个,投入资金4.09亿元;改扩建公办幼儿园17所,新增学位2430个,投入资金1.43亿元。2021年公办幼儿园在园幼儿占比42.13%,较上年提高5.33%,增幅14.48%。全市新获评省一级园4所,省二级园28所,可提供优质学位8960个。全市优质园在园幼儿占比76.12%,较上年提高6.21%。

【教育数字化改革】2021年,整合多部门、多层级的力量,围绕"学有所教",打造以教育驾驶舱、数据仓、智慧服务中心、智慧治理中心、智慧教学中心的"两仓(舱)三中心"总体架构。"智慧双减·暖心教育"教育数字化改革项目成功申报全国"5G+智慧教育"应用试点项目,被教育部、工信部列为全国首批试点项目。6项改革项目入选全省教育领域数字化改革第一批创新试点项目名单,9个未来社区(未来乡村)被省教育厅纳入数字社会未来教育重点场景先行建设单位。"校膳云链"在《浙江政务督查》刊出,获省长郑栅洁批示肯定。市、县两级7个项目上线"浙里办",6个案例入围全省教育领域数字化改革实践案例,列设区市第1。衢州市区域整体推进智慧教育综合试点通过省教育厅认定。创建智慧教育示范区被列入衢州市推进共同富裕工作"四张清单";"回阙里"衢籍大学生分析与精准引智应用获衢州市第六届数据挖掘大赛第一名。

【项目建设】2021年,新开工建设完成13所公办幼儿园,新增公办学位3270个。电子科大衢州实验学校、第五实验学校、新华第二小学、城南初级中学市区4所义务段学校项目正在内部装修,将于2022年秋季学期投入使用;省义务教育薄弱环节改造提升项目全面完成;市区9所小区配套幼儿园整治项目均开工建设;衢州一中5号学生公寓、衢州二中篮球场风雨操场、市实验学校教育教学场地等项目完成施工。高铁新城外国语学校顺利开学,电子科大长三角研究院、浙大衢州"两院"投入使用,教育发展中心等"三合一"项目和中央美术学院附属衢州中学项目进入扫尾阶段,衢州高级中学迁建项目陆续封顶。

【公民同招】2021年,围绕"市域一体 市区先行"原则,推行市区流动人口随迁子女积分入学制度和预警机制,打破柯城区、衢江区两区之间无法自由就学的瓶颈。全年有47036人次通过网上平台报名,录取义务教育段新生43976人,其中,小学21524人、初中22452人。高中段"公民同招"有序开展,全市有12433名学生进入普通高中学习,其中两区录取普通高中学生4663名,衢州籍回流高中学生全省最早最快平稳妥善安置。

【城乡义务教育共同体】2021年,

全市新增60所城乡义务教育共同体学校(以下简称教共体学校),实现义务教育段教共体学校全覆盖。教共体学校之间开展同步课堂2648节、网络研修1637次、专递课堂181节、线下教研676次,完成教师交流3608人,有效推进城镇学校的教师与课程资源优势辐射乡村学校。在2021年省政府民生实事"好差评"活动中,教共体工作好评率达98.8%。在2021年浙江省城乡教共体典型案例评比中,衢州推送的2个区域案例和8个学校案例被评为浙江省教共体典型案例,在该项目绩效考核中居全省第1。

【职教"五统筹"】11月4日,衢州职业技术学院牵头成立衢州市职业教育集团,以深入推进区域职业教育产教融合、校企合作,推动衢州市职业教育"五统筹"(专业统筹、师资统筹、招生统筹、实训统筹、就业统筹)改革,形成人才集聚合力,更好地服务区域经济社会发展。启动省产教融合"五个一批"(一批产教融合联盟、一批产教融合示范基地、一批产教融合型企业、一批产教融合工程项目、一批产学合作协同育人项目)项目建设,评选推荐9个项目申报省级产教融合项目。实体化运作浙闽赣皖四省边际职业培训联盟,搭建"一站式"就业平台,全年职业培训量达4万人次以上,中职毕业生就业率99.32%。"衢州月嫂"品牌培训在上海及省内多地复制推广。衢州市职教改革获评2020年度职业教育发展考核优秀单位一类地区一等奖,典型做法得到省委书记袁家军的批示肯定。

学前教育

【概　况】2021年,全市有幼儿园468所(其中公办幼儿园161所,占34.40%),比上年提升2.25个百分点。在园幼儿73302人。学前三年入园率98.34%,比上年提升0.14个百分点。全市幼儿园专任教师5265人,学历合格率100%,大专以上学历5159人,占98.30%。

【推进补短提质行动】2021年,市委教育工作领导小组印发《落实〈中共衢州市委衢州市人民政府关于学前教育深化改革规范发展的实施意见〉十大行动的通知》,通过十项最紧要的任务,引导和支持全市学前教育发展。8—9月,市教育局会同市财政局对各县(市、区)2020年学前教育经费进行实地核查,根据考核情况提出市级学前教育经费分配方案,下达学前教育经费911.6万元。

【推动扩容改薄工程】2021年,以乡镇中心园建设为重点,扩充优质资源。加大财政投入力度,引导镇(村、企)投资捐资建园,优质学位资源显著增长。新增公办幼儿园22所,新增公办学位5250个。以省政府为民办实事为抓手,推进薄弱园改造提升。以等级园创建为平台,推进办园行为规范。创建一级园4所、二级园43所(含预评),等级园比例比上年提高2%以上。

【开展学前教育宣传月活动】2021年,下发《开展2021年全国学前教育宣传月活动的通知》,制订衢州市2021年学前教育宣传月活动方案,在全市范围开展各类宣传活动。通过"三衢教育"微信公众号推送市、县(市、区)教育局"一把手"谈认识、谈变革、谈举措、表决心视频,省一级幼儿园园长谈变化、谈体会、谈经验视频,一地一期,共推出7期专栏,提高衢州市学前教育的社会知晓率、影响力。各县(市、区)以优质园为单位,开展进社区、进文化礼堂、进幼儿家庭等"三进"活动,宣传科学育儿理念、育儿方法,在宣传月期间推动"流量"、输出"质量",提高学前教育影响力和美誉度。

【举办首届幼儿园教师素养大赛】4月底,衢州市首届幼儿园教师素养大赛在江山市江东科技幼儿园举行。参赛队伍6支、参赛选手48人,由县(市、区)教育局通过县级素养大赛选拔而出。大赛评委及出题专家采用外聘形式,由丽水市教育局推荐产生。此次大赛分个人赛与团队赛,共评出个人赛一等奖17人(有2人并列等分)、二等奖31人,团队赛一等奖2个、二等奖4个,优秀组织奖4个。

义务教育

【概　况】2021年,全市义务教育普通中小学253所,在校学生200684人,比上年减少1637人;

2021年10月22日，衢州市义务教育学校深化课后服务工作互看互学现场会在柯城区鹿鸣小学召开

专任教师14938人，比上年增加144人。义务教育入学率、小学巩固率、小学毕业生升入初中比例、初中阶段巩固率、九年义务教育完成率均为100%。切实保障女童、进城务工随迁子女、少数民族和残疾儿童同步接受义务教育。全市小学196所，招生22018人，毕业生22454人，在校生132215人，比上年减少376人，校均规模为675人，专任教师9218人，专任教师学历合格率100%，大专及以上学历占比99.93%，生师比14.34∶1。初中57所（含九年一贯制学校6所）；招生22467人，毕业生23527人，在校生68469人，校均规模1202人。专任教师5720人，专任教师学历合格率100%，本科及以上学历占比97.31%，生师比11.97∶1。

【“双减”校内提质减负】 2021年，全市义务教育学校累计开展课后服务8256课时，开发校本课后服务精品项目2345个，开展不同年段作业公示35614期次，课后服务学生参与率95.5%，教师参与率95.86%。在教育部开展的学生和家长对校内减负提质满意度调查情况反馈中，98.74%的家长表示满意，98.67%的学生表示满意。

【初中薄弱学校提升】 5月28日，2021年全市初中薄弱学校提升研讨会在衢江区廿里镇初级中学召开，各县（市、区）派代表交流学校提升工作方案；通过实地查看、听工作汇报、访谈一线教师、听随堂课等方式对18所薄弱初中的薄弱环节改善和能力提升项目进度情况进行评估验收。

【城乡义务教育共同体】 2021年，全年新增60所城乡义务教育共同体学校。构建各类教共体132对，覆盖全市243所义务教育阶段学校。其中，融合型9对，覆盖18所学校；共建型115对，覆盖209所学校；协作型8对，覆盖16所学校；融合型与共建型教共体占教共体总数93.4%，提前完成省教育厅提出的目标任务。新增的60所教共体学校之间共开展同步课堂教学767节次、网络研修428次、线下教研176次、教师交流52人。截至12月3日，衢州市新增教共体在省政府民生实事“好差评”活动中参与评价38866人，好评率98.8%。在2021年浙江省城乡义务教育共同体区域和学校典型案例项目评比中，衢州市有2个区域案例和8个学校案例被确定为浙江省城乡义务教育共同体典型案例，在典型案例项目绩效中排名全省第1。

普通高中教育

【概　况】 2021年，全市普通高中学校32所，其中完全中学7所、高级中学24所、十二年一贯制学校1所。招生12655人，比上年减少430人；在校生38603人，比上年减少94人。专任教师3517人，比上年增加98人，学历合格率为99.55%，生师比10.98∶1。

【推进普通高中分类办学改革】 2021年，积极推进新时代普通高中育人方式改革，引导全市普通高中学校不断丰富和提升学校内涵，探索普通高中学校分类办学、特色发展的有效做法和经验。5月，成立普通高中八校联盟；9月，公布衢州市普通高中10门学科创新基地，加快区域内优质高中资源合作。

【深化课程改革】2021年，组织普通高中新课程标准学习培训活动，开展限制学生选课选考等违规行为督查。举办全市初中、高中教育质量提升研讨活动，推进学校管理方式创新、深化课程改革、促进教学组织形式变革、合理调配教师及有关资源。根据教育部、省教育厅的统一部署，衢州市普通高中2021年秋季高一、高二年级全面实施《普通高中课程方案（2017年版2020年修订）》和配套课程标准，全面使用新教材，到2022年覆盖普通高中所有年级。

【推进考试招生改革】2021年，推进义务教育均衡发展，区域内每所优质普通高中学校招生指标名额的65%定向分配到区域内所有初中学校，定向指标分配生录取分数线控制在招生学校统招生最低录取分数线25分以内。加强四类高考研究课题项目成果转化应用，加强学业规划、三位一体等高等教育招生模式应对能力，全市高考上一段（一本）线人数实现连续8年增长。

职业教育

【概　况】2021年，全市中等职业教育学校14所，其中，国家级改革发展示范校3所、国家级重点职校6所、省级改革发展示范校5所、省中职名校3所、省三级以上中职学校11所。秋季中职招生9979人，中等职业学校与普通高中招生比为0.45∶0.55。在校生28924人，专任教师1757人，专业课及实习指导教师971人，双师型教师837人，“双师型”教师占专业课、实习指导教师总数的86.2%。

【立德树人】2021年，落实党对职业教育的全面领导，将党的创新理论贯穿教育教学全过程。持续开展“一校一品”和“清廉学校”创建活动，“南孔匠心·红蓝器质”“三创三心”等8个案例入选2021年省“献礼建党百年·致敬职教力量”中职党建品牌优秀案例，衢州中等专业学校等3所学校被评为市级“清廉学校”示范点。衢州中等专业学校和衢州工商学校被评为衢州市中小学校园文化建设“十个一”十佳案例。

【政策保障】2021年，出台《衢州市职业教育“十四五”发展规划》《关于深化职业教育“五统筹”改革实施意见》《衢州市职业教育提质培优行动计划（2021—2025）》，完成《衢州市职业教育校企合作促进条例》二类立法项目，在职业教育规划、重大项目安排、经费投入、人力资源开发等方面形成政策合力。

【聚力专业建设】2021年，主动对接市场需求，新增“茶艺与茶营销”等3个当地产业急需的专业布点，转设5个专业，撤销1个专业。修改完善“制浆造纸工艺”等8个地方特色的专业教学标准和5个中高职一体化、职技融通一体化的教学标准。持续推进“1+X”证书试点，有1990人参加考证，较上年增幅142.1%。

【推进课程改革】2021年，承办省中职电子电工专业教研大组理事会、省中职“提质培优 共同发展”等省级主题教研活动3场，开展中职师生技能竞赛专题研训会，邀请30余名省中职特级教师到衢州指导。1部教材入选“十四五”首批职业教育国家规划教材省级推荐名单。11个案例入选省职业教育改革典型案例，其中优秀典型案例2个、典型案例9个。

【深化产教融合】2021年，由衢州职业技术学院牵头，联合巨化集团、衢州华友钴新材料有限公司等18家企业和12所中职学校共同成立衢州市职业教育集团，探索“中高职企”一体化人才培养。搭建政校企合作平台，促进优质资源开放共享，为形成生源链、产业链、师资链、信息链、就业链和成果转化链提供有利条件。成立校村命运共同体，建立汽修产业学院、工匠学院等。推进产教融合项目建设，衢江区职业教育集团入选第二批国家级示范性职业教育集团培育单位，2个项目入选省中德先进职业教育合作项目，8个项目获评2021年度省级职业院校产教融合项目，9家企业入选省第二批产教融合型企业建设培育名单，9个项目申报2021—2022年度省产教融合“五个一批”项目。

【打造“双师”队伍】2021年，探索建立教师“编制池”，建立职业院校教师“三梯度两模块”（领军人才、骨干教师、新任教师“三梯度”和院校教师、兼职教师“两模块”)培养模式,推进中高职师资协同培养。建立教师教学创新团队20余个,推选2个团队参加省级遴选。组织开展指向“三教改革”(教师、教材、教法改革)与“双高建设”(高水平学校建设和高水平专业建设)的中职教师教育创新能力提升等各类培训8场,527名教师参加培训。组织73名校长和骨干教师参加省“双高”建设高级研修班、省中高职一体化课程改革专题研修班等培训。成立10余家教师企业实践流动站,新增5家市外中高职院校大师工作室。

【聚焦质量提升】2021年,加大中职学校与高职院校、中职与应用型本科一体化贯通培养,打通中职升学通道。全年全市11所中职学校招收中高职、中本一体化人才2322名,其中3所中职学校开展中本一体化培养试点,招收中本一体化学生115名。升入各类高一级学校毕业生4995人,占毕业生总数的60.19%。高考质量稳步提升,本科录取291人,较上年增加31人,上线率11.11%,高于全省5.27%,22人列全省专业前十名。单考单招升入高等职业院校学生2616人,中高职一体升学1440人,自主招生185人,升入技师学院等其他途径716人,衢州中等专业学校首届“中本一体化”毕业生38人直升本科。先后组织衢州市中职学校学生技能大赛、“创新创业类”职业素养比赛、“多彩课堂”评比等7个赛项,并择优推荐参加省赛。最终获省级各类比赛一等奖5项、二等奖14项、三等奖40项。举办全市中职学校“文明风采”优秀案例和作品评选活动,推选2个案例和16件作品参加省级评选,2个优秀案例入选省级优秀案例,12件作品入选省级优秀作品。

【加强社会服务】2021年,落实职业院校育训并举职责。搭建“一站式”就业平台,联合人社部门组织开展5场“百企千岗”进校园招聘活动,300余家企业参与,2021年中职毕业生就业率(含升学)99.32%,其中本地就业率31.48%。成功举办2021年衢州市暨常山县职业教育活动周,开展各类活动171项,参与师生34145人、企业413家。全市中职学校面向企业职工、职业农民、退役军人、农村转移就业劳动者等群体开展各类职业技能培训4.94万人次。

特殊教育

【概　况】2021年,全市独立设置的特殊教育学校7所,特殊教育学校在校学生712人,在编教师205人,其中专任教师203人,专任教师学历合格率100%。学前段持证残障儿童327人,入园192人,在各级各类康复机构康复110人,安置率92.35%,其中随园就读169人,占比51.68%,在各级康复机构康复110人,占比33.64%。义务教育段持证残疾少年儿童1590人,安置率100%;其中在特殊教育学校就读367人,占比23.11%,随班就读955人,占比60.13%,送教上门153人,占比9.63%。高中段持证残疾学生678人,入学或在“残疾人之家”安置635人,安置率93.66%,其中随班就读263人,占比38.79%,特殊教育学校就读184人,占比27.14%,送教上门26人,占比3.83%。

【推进融合教育】2021年,出台融合教育政策,市教育局、市残联、市卫健委联合下发《关于加强残疾儿童少年融合教育工作的通知》。各县(市、区)特殊教育专家委员会均规范开展入学评估工作。打造资源教室建设“学段链”,加强资源教室建设动态管理,全市新建资源教室23个,资源教室总数170余个。6月底,完成第三批市级示范性资源教室评估验收工作,全市评出第三批示范性资源教室14个。定期开展融合教育活动,5月,在柯城区教工幼儿园举行学前融合教育研讨活动;11月,在龙游桥下小学开展康复教学研讨活动。

【师资队伍建设】2021年,开展分层分级培训,各县(市、区)组织开展随班就读资源教师和随班就读学校管理人员全员初级培训。市指导中心组织3次中级培训。4月和9月,组织全市60余位随班就读骨干资源教师和特殊教育学校骨干康复教师参加二期康复技能培训;7月,组织特殊教育教师脑瘫康复技能中级培训;9月,组织全市特教中心主任和特殊教育学校校长赴结对地区绍兴学习交流。选送省基本功大赛一、二等奖获得者参加省融合教育“种子教师”培训，组织全市随班就读巡回指导教师参加省巡回指导教师第二期培训。推进教研活动常态化。3月，完成全市六个特教教研大组第二轮新组长聘任工作；4月，组织衢绍沪三地生活数学研讨活动和衢丽两地生活适应课标解读暨研讨活动；5月，举行衢丽金三地市康复教育研讨活动；10月，衢绍两地开展“实践+体验”专题教学研讨活动。推进评比活动系列化。5月，组织随班就读学生书画作品评比；5月19—21日，选送2项典型经验和2项实践案例在省特殊教育德育工作研讨活动中作分享；10月，组织全市随班就读资源教师第二届基本功大赛，选送7人参加省资源教师基本功大赛，获二等奖3人、三等奖4人；11月，组织全市特殊教育学校教师基本功大赛。

成人教育

【概　况】2021年，全市乡镇（街道）成人文化技术学校103所，其中省级现代化成校16所，省级标准化成校102所，标准化达标率99%。省成人教育品牌项目17个，省学习型城市5所。

【推进全民终身学习】2021年，全市有成人中等学历教育在册学生数3295人，毕业人数2725人，成人高等学历教育在册学生数20108人，毕业人数5907人。成功举办2021年衢州市暨柯城区全民终身学习活动周启动仪式。开展“数智起航 悦享书衢”全民读书周活动，市、县联动推出23项主打活动和上百场系列读书活动，100余家出版社、5万余种图书参展。开展“游南孔圣地 品有礼文化 迎建党百年”古城亲子研学系列活动，全市48所学校1.5万余名学生及家长参与。获国家“百姓学习之星”1人、省“百姓学习之星”2人、省“终身学习品牌项目”2个、省社区教育进农村文化礼堂学习品牌3个、省“在浙学”市民终身学习体验基地6个。江山市上余镇成人文化技术学校和衢江区廿里镇成人文化技术学校被评为2021年省现代化社区学校。

【加强社会培训】2021年，全市教育系统开展成人非学历培训569592人次，其中面向企业职工培训73815人次，农村转移就业劳动者培训114556人次，失业人员培训24100人次，退役军人培训4309人次，职业农民培训93815人次，“两后生”（城乡家庭初中毕业未升入高中、高中毕业未升入普通高校的应往届学生）培训2475人次，家政及养老服务从业人员培训14289人次。

【助力老年人跨越“数字鸿沟”】2021年，全面推进老年人智能技术应用培训，助力老年人跨越“数字鸿沟”。全年组织培训1685场，服务147132人次，累计投入经费166.88万元。编写教材45本，录制视频资源360个。组织“三入（入户、入社区、入养老机构）志愿服务”631次，服务27626人次。柯城区荷花街道老年学堂和开化县马金镇老年学堂被评为省优质（示范）老年学堂，推荐9个项目参加省级“智慧助老”优质工作案例、教育培训项目及课程资源项目评比。

【推进学分银行建设】2021年，开展终身教育学分银行工作，召开社区教育和学分银行工作推进会暨培训会，各级各类成人教育学校和社区教育学校培训学习成果数录入累计65.6万人次，占全市常住人口比例28.8%。建立市、县（市、区）、乡镇（街道）、村（社区）四级老年教育网络，依托市老年开放大学，开展各类老年教育培训活动，在全市各级电大、老年大学及教育、文化、体育、民政、农办等系统开展老年学习教育活动，全年老年教育培训学习成果数录入累计10.49万人次，占全市老年人口比例18.12%。

办学条件

【概　况】2021年，全市中小学占地面积1006.8万平方米，校舍建筑面积516.12万平方米，其中，小学占地面积369.17万平方米，建筑面积168.67万平方米；中学占地面积513.06万平方米，建筑面积274.09万平方米；中等职业教育学校占地面积124.56万平方米，学校建筑面积73.36万平方米。固定资产总额87.01亿元，其中，小学29.78亿元、中学41.65亿元、中等职业教育15.57亿元。学校拥有数字终端80248台，其中，小学35513台、中学35813台、中职8922台。中小学图书拥有量，小学536.51万册、初中335.74万册、高中238.69万册、中职119.98万册。生均图书小学40.58册，初中49.04册，高中61.83册，中职47.12册。

【教育经费】2021年，全市教育经费总投入94.45亿元。其中：一般公共预算安排的教育经费投入75亿元，占经费总收入的79.41%，比上年增长8.26%；政府性基金预算投入3.57亿元，占总收入的3.78%；国有及国有控股企业办学中的企业拨款0.01亿元，占总收入的0.01%；其他属于国家财政性教育经费0.05亿元，占总收入的0.05%；民办学校中举办者投入0.01亿元，占总收入的0.01%；捐赠收入0.62亿元，占总收入的0.66%；事业收入11.73亿元，占总收入的12.41%；其他教育经费3.46亿元，占总收入的3.67%。

全市全年教育经费支出93.90亿元，较上年87.92亿元增长6.80%。其中教育部门教育经费支出79.81亿元，较上年76.50亿元增长4.33%。在教育部门教育经费支出中，工资福利支出51.27亿元，占64.24%；对个人和家庭的补助支出3.72亿元，占4.66%；商品和服务支出12.78亿元，占16.01%；其他资本性支出(专项公用支出)3.40亿元，占4.26%；其他资本性支出(专项项目支出)6.47亿元，占8.11%；基本建设支出2.16亿元，占2.71%；其他支出0.1亿元，占0.01%。

【教育扶困助学】2021年，实现各级各类教育学生资助体系全覆盖，包括实行学前教育阶段“五类生”(低保家庭子女、烈士子女、福利机构监护的未成年子女、五保供养的未成年子女和残疾学生)免保育费，义务教育阶段学生免学杂费、教材费、作业本费及提供农村爱心营养餐，为普通高中学生提供国家助学金及“五类生”免学杂费，为中等职业学校学生提供国家助学金及免学费，为贫困大学新生提供助学金及助学贷款，残疾儿童少年免费接受15年教育等。全市全年累计资助幼儿2698人次，发放学前教育资助金471.85万余元；享受农村义务教育爱心营养餐16216人次，发放资助金1132.38万元；资助高中段家庭经济困难学生6071人次，发放资助金736.2万余元；享受免学费教育中职学生55130人次，免除学费8351.87万元，实现中职教育全免费。

在政府资助同时，通过多种渠道联系社会各界捐资助学，团市委、关工委、慈善总会、计生协会、中天集团等部门企业共资助大学新生223人，资助资金约131.82万元。争取民间资助315.08万元，资助家庭困难的中小学生950人次。市本级和各县(市、区)教育局协助市农商行开展助学贷款政策宣传，有347人办理助学贷款，资金354.82万元。

【教育专项资金项目进行竞争性评选】 2021年，市财政局、教育局组织实施评选会，由市发展和改革委员会、大数据局、财政局、审计局、教育局组成评审专家组。竞争性项目涉及资金3171.69万元，其中公办学校各类资金2585.69万元和民办教育发展资金586万元，市直7所公办学校和4所民办学校，共71个项目进行竞争性评选。

【创建省义务教育标准化学校】2021年，有义务教育段学校253所，较2020年减少5所，年内创建标准化学校5所，标准化学校总数累计248所，占比98.02%。同时各县(市、区)标准化学校达标率均在90%以上，其中农村标准化学校达标率98.47%。

【完成省、市民生实事项目】 2021年，全市开工新(改扩)建农村普惠性幼儿园7所、新增学位1440个；开工新建(续建)城区幼儿园10所、新增学位3510个；开工新(改扩)建中小学3所、新增学位5280个。新增共建型、融合型义务教育城乡教育共同体结对学校(校区)60家，开展同步课堂教学767节次，网络研修428次，线下教研176次，完成教师交流52人。

【完成并投入使用的新(改、扩)建中小学】2021年，市本级高铁新城外国语学校、衢江区育才小学、龙游县志棠小学和十里铺小学、江山市窑里小学、常山县钳口中心小学和开化县芹阳小学均完成项目建设工作并于秋季学期投入使用，新增学位7350个，新增建筑面积18.69万平方米，累计投资101030万元。

2021年8月12日，衢州求益中学建设项目开工典礼举行

【市区7所学校开工建设】 2021年，市区新建城南初中、新华第二小学，第五实验学校、电子科技大学实验学校、衢州高级中学、求益中学、中央美术学院附属衢州中学都于年内开工建设，至年底建筑结构全部结顶，计划2022年秋季投入使用。

【新建2所高等教育研究院】 2021年，浙大衢州"两院"新校区总用地面积约163亩，建设面积约15.8万平方米，于2020年11月正式开工建设，于2021年9月29日投入使用。浙大衢州"两院"自2018年落户衢州市以来，主要聚焦化工、能源、材料、资源环境、生物医药、分子智造工程等研究领域，设立电子化学品研究所、新能源材料研究所、生物医药研究所等七大研究所，建有分析测试中心、中试实验实训基地，研究方向与衢州市重点发展产业高度契合。电子科大长三角研究院(衢州)项目总用地面积约218亩，总建筑面积约14万平方米，于2020年9月开工建设，于2021年9月投入使用。电子科技大学长三角研究院(衢州)聚焦数字经济、公共安全技术等科技领域，开展科学技术研究、成果孵化转化、科研育人等工作；对接衢州产业，开展技术攻关，积极推动校友产业园建设，促进衢州乃至长三角产业转型升级，努力在电子信息等领域建成全国一流、国际先进的集科研、成果转化、科研育人和专业技术培训于一体的创新创业平台。

教师队伍

【概　况】 2021年，全市有中小学(含中等职业学校、特教学校、幼儿园)教职工31213人，其中，专任教师25689人(含幼儿园5248人、小学8479人、初中5970人、普高4023人、中职1754人、特教215人)。专任教师学历合格率，幼儿园、小学、初中、普高、中职、特教分别达到100%、100%、100%、99.66%、97.90%、100%；小学、初中高学历比例分别达到99.93%、97.31%。中职双师型教师分别占专业课教师数的82%。

【队伍建设】 2021年，举办庆祝第37个教师节表彰大会，教师节期间集中开展"为教师亮灯"公益活动，全市25处地标建筑、305所学校、市区350辆公交车、57个银行网点宣传关心关爱教师。组织进行国家级、省级各类骨干教师培训的选拔和推荐工作，推荐参加国家级培训104人、省级培训86人。参加衢州市名师名校长高端研修培训107人；举办两期师德培训班，参加教师324人；与杭州师范大学合作举办衢州市中小学教科研骨干教师培训班，参加教师50人；与国际儒学联合会、衢州南孔文化发展中心联合举办2021年中华优秀传统文化交流研修活动，参加教师79人；举办衢州市中小学骨干班主任素养提升培训班，参加教师108人；举办新任教师培训，2020年和2021年入职新教师175人参加培训；举办幼儿园园长岗位培训班，111名未取得任职资格证书园长(副园长)参加培训；举办2021年中小学新任校长岗位培训，中小学新任校长(副校长)108人参加培训。受新冠肺炎疫情影响，通过培训项目研制、培训项目联评联审、网上选课、改进模式等工作，在浙江省师训平台共申报完成培训项目65个，参训教师5785人次，总体获

2021年9月9日，衢州市庆祝第37个教师节表彰大会上，首批“两专”人才接受表彰

得185120学分。

【人才新政】8月，出台《关于加快培育“两专”教师队伍推动教育事业高质量发展的实施意见》，于9月9日在庆祝第37个教师节表彰大会上发布。“两专”教育人才新政聚焦高素质教育人才培育与集聚，按“引才、育才、用才、留才”四部分拟定12条硬核举措。从“优化引才机制、加大住房补助、强化引才服务”三方面举措加大教育人才招引力度；从实施“两工程、两计划”，即“青蓝工程”“三名工程”“学历攀登计划”“青年校长培养计划”四方面举措加大教育人才培养力度；从“做强学科创新团队、做优名师工作团队”两方面举措加大教育人才团队建设力度；从“优化教师荣誉制度、优化岗位设置与聘任、优化绩效考核与分配”三方面举措加大教育人才激励力度。新政发布后，首次评选南孔教育名师，首次认定57名衢州市“两专”教育领军人才，首次评选出10个创新学科教学团队（基地），首轮认定工作满20年、30年荣誉班主任，61名工作满20年班主任一次性奖励3万元/人，12名工作满30年班主任一次性奖励5万元/人。

【招考引才】3月，面向社会启动“智汇衢州”市县联动高层次、紧缺人才引进工作，4个岗位60人报名，经资格比选、面试面谈，4人入围体检，最终引进高层次人才4人。3月底，启动市直学校公开招聘工作，14个岗位1160人报名，入围考核25人。10—11月，赴北京师范大学、南京师范大学、浙江师范大学，面向全国高校公开招聘2022届优秀毕业生，签约94人（含市实验学校教育集团50人）；12月，组织第四轮面向全国高校公开招聘2022届优秀毕业生云面试工作，签约6人。

【优秀教师评比】2021年，评选衢州市第七届学科带头人100人、衢州市中小学优秀班主任100人、衢州市教坛新秀50人、衢州市第六届红烛奖50人、南孔教育名师5人。获评浙江省中小学教坛新秀16人；获评教育部乡村优秀青年教师培养奖励人选1名；派出长三角地区交流挂职教师2名、管理干部3名；完成2021年衢州市“新115人才”推荐工作，入选第一层次1人、第二层次8人、第三层次39人。新增衢州市有突出贡献中青年专家2人。

【职称评审改革】2021年，全市自主评聘试点学校26所，其中，新增8所中等职业学校，分别是衢州中等专业学校、衢州市工程技术学校、浙江省衢州理工学校、衢州工商学校、衢州交通学校、衢州第二中等职业学校、浙江省衢州数字工业学校、衢州旅游学校，纳入高级讲师及以下职称自主评聘改革范围。新增1所普高（龙游县横山中学）纳入高级教师及以下职称自主评聘改革范围。全市自主评聘学校完成职称评审工作，通过中级职称184人、高级职称126人。12月，完成全市非自主评聘单位2021年高级职称评审工作，共评审通过中小学高级职称教师294人，其中中学段（含教管）132人，小学段（含幼教、特教）164人。组织开展2021年正高级教师评审工作，获评正高级教师8人。

【教师资格评定及注册】2021年，全市全年教师资格认定网报对象2291人，符合认定条件2100人。市教育局于4月26—30日、10月20—22日组织现场确认，最终认定具有高级中学教师资格264人、中等职业学校教师资格29人、中等职业学校实习指导教师资格1人。各县（市、区）认定具有幼儿园教师资格、小学教师资格和初级中学教师资格1682人。教师资格证书补发换发94本。在职教师进行教师资格定期注册941人，其中市直学校71人，各县(市、区)870人。

【银龄讲学】2021年，向社会公开招募有教育情怀的优秀退休教师到中小学校任教，特别是到山区、农村学校和薄弱学校，全市全年招募银龄教师40人，其中28人在农村学校任教。

【援疆援藏】2021年，选派24名教师开展援疆工作。完成2021年衢州市干部人才赴新疆乌什县交往交流项目计划。

校园安全保障

【概　况】2021年，全市贯彻落实上级部门关于学校安全工作的决策部署，以深化平安校园建设为核心，完善学校安全责任体系和"预防为先、科学处置"的运行机制，确保校园安全稳定。全市中小学(幼儿园)未发生校园安全责任事故和师生群体性事件。

【安全教育】2021年，完成学校师生安全素养提升三年行动计划。以衢州市安全教育平台为载体，开展常态化、系统化、科学化安全教育。全市参与该平台学习师生及家长28万余人，课程授课率及学习率均在95%左右。6月1—19日，组织333名学校后勤管理干部安全实操培训，学员考试合格率100%。

【预防溺水】4—6月，组织开展"衢州市2021年中小学生(幼儿)防溺水专题教育"活动。5月，在江山市峡口小学举办全市学校防灾减灾应急演练暨防溺水安全教育现场会，部署开展"学生安全千万家"教师家访活动与《致全国中小学生家长的一封信》签字回执单收存工作。7月、8月，开展防溺水宣传车进村入户宣教活动。

【"三防"建设】2021年，加强"三防"(人防、物防、技防)建设，深化中小学幼儿园安全防范建设三年行动计划，全市所有中小学(幼儿园)按标准配备安全防护器械，安装更新监控探头3.5万余个。全市城乡中小学幼儿园专职保安员配备率，校园封闭化管理率，一键式紧急报警、视频监控系统达标率，城市校园"护学岗"设置率等四个指标均百分之百达标。结合"雪亮工程"二期建设，推进人脸识别、行为识别等信息技术在校园日常安全检查、门禁管理等方面的应用。全市创建AAAAA级平安校园124所、AAAA级平安校园169所、AAA级平安校园82所、AA级平安校园17所。

【食品安全管理】2021年，开展食品安全守护行动，优化学校及供餐公司食堂卫生安全、食材采购、验收、入库、保管、销售等一系列制度。全市300人以上学校A、B等级食堂比例为96.12%，300人以上学校阳光厨房比例为77.99%(其中智慧阳光厨房建成117家)，大宗食品统一配送比例为92.63%，品牌超市比例为100%。在衢江区推行"校膳云链"工程，一期总投入128.88万元，上线学校52所，食堂档口93个，服务师生3万余人，过秤验收率达100%。全面保障师生"舌尖上的安全"，全市未发生校园食品中毒事故。

【消防安全】2021年，建成7所消防标准化试点学校，探索推进消防安全智慧化管理和建设。落实消防防火"日巡查、月检查、重要节点重点检查"机制，建立校园志愿消防队，抓好消防安全"进校园、进课堂、进军训"工作，推进消防安全"四个能力"建设。指导各级各类学校稳步推进智慧用电系统建设。全市115所学校安装智慧用电监测系统946套。

【隐患排查与整治】2021年，定期开展安全隐患排查、整治，结合教育系统安全工作特点，及时部署假期以及中国共产党成立100周年、国家重大会议、节日等重点时段维稳安保工作。以平安护航建党百年为主线，建立全市安全管理干部交叉检查工作机制，坚持全面查和重点查，定期不定期开展安全隐患排查整治分析工作，做到全市校园及周边隐患排查全覆盖。针对校园安全管理薄弱环节、群体性安全事故易发环节，会同政法、公安、市场监管等部门，对各地中小学开展检查，对发现问题逐一向县(市、区)教育局、学校反馈，并督促整改。

【校园周边安全防控"一件事"】2021年，通过对基层平台、部门预警、物联感知等进行综合集成，跨系统、跨领域、跨部门汇总校园周边安全事件数据，实现主动预警、线上交办、快速联动、及时处置、全程监督，构建校园周边安全防控新机制，优化校园周边安全环境，保障师生安全。全市共上报校园周边安全隐患328件，办结301件，办结率91.77%。

【防范电信网络诈骗】2021年，全面开展“防电诈”各项工作，构建市、县、校、班级四级防诈骗工作管理网格，实行网格“定人、定责”，实时动态掌握“电诈”苗头，构建完善“横向到边、纵向到底”的网格化管理体系。全年教育系统发案较上年大幅下降，得到副市长、公安局局长王顺大的肯定。

【学生交通保障工程】2021年，全面淘汰非专用校车，共计328辆。全市专用校车210辆，开通线路357条，服务农村学校67所，保障12719名学生上下学。常山县智慧专用校车工程获副省长成岳冲批示肯定。

【护航建党百年平安】2021年，针对幼儿园（尤其是民办幼儿园）保安力量弱的特点，全市所有幼儿园均配备2名男保安。强化师生安全教育，以提高个人安全防范意识，重点做好防溺水、防诈骗、防意外等工作。根据气象灾害响应等级，强化防汛防台安全教育工作，做好安全避险准备，确保教育教学秩序和师生安全不受雨汛影响。检查中小学校幼儿园513家，发现隐患66个（重大隐患0个），整改完成62个。坚持把风险化解工作贯穿于排查全程中，做到边查边改、查改同步进行。

其他教育活动

【教育系统疫情防控】2021年，实时布置防控工作任务，发布教育系统防控工作动态。牵头全市教育系统疫苗接种工作，积极宣传发动组织开展3—17岁人群疫苗接种工作。根据疫情发展态势，实时摸排涉疫情防控重点区域师生情况，对政策进行解读和说明，确保解释到位，上情下达。严格落实校园疫情防控工作。组织开展中小学疫情防控工作交叉检查，强化校园封闭式管理，做好人员信息摸排管控，落实晨午检制度，抓好疫苗接种工作，抓好个人健康教育。

【打造衢州特色德育品牌】5—10月，组织开展全市中小学生“衢州有礼·知书达礼”主题读书征文活动，评定一等奖25名、二等奖40名、三等奖65名。6—9月，组织2021年全市班主任基本功大赛，市直中小学与各县（市、区）59名选手参赛，选送6名选手参加浙江省班主任基本功大赛，龙游中学尹明月获高中组省一等奖并代表浙江省参加长三角地区班主任基本功大赛。11月20日，在市新华书店举行“百年潮涌·红星闪闪放光彩”主题读书教育演讲复赛，评定一等奖4名、二等奖10名、三等奖14名。12月，面向全市义务段学生开展“沐南孔儒风 诵《论语》经典”活动，进一步推动学校传承中华文明、弘扬南孔文化，丰富校园生活，发挥衢州市“两子”文化优势，挖掘孔子思想在现代教育中的育人作用。

【儿童青少年近视防控】2021年，完成全市范围内2.9万套可调节课桌椅更换任务，完成率100%；完成1730间教室灯光改造任务，完成率100%。2019年至2021年，全市所有课桌椅更换到位，所有教室灯光改造完成。全市儿童青少年近视率54.31%，较上年降低1.17%。衢州工商学校等8所学校被评为第二批浙江省近视防控特色学校。

【研学与劳动教育】4月20日，在龙游红木小镇召开衢州市中小学研学旅行现场会，共推介红色研学精品路线7条。11月17日，衢州市中小学劳动教育与垃圾分类现场会在常山育才小学召开。认定衢州职业技术学院中小学生研学实践教育基地等12家基地为衢州市中小学生第三批研学实践教育基地。推荐白云山韵泽盈劳动实践基地等13家基地申报浙江省中小学劳动实践基地（第三批）暨学农基地。与市文明办、市文化广电旅游局、市城投集团等部门联合举办以“游南孔圣地 品有礼文化”为主题的2021年衢州古城亲子研学系列活动。南孔文化实践教育基地等8家单位被评为浙江省首批中小学思政课教师实践教育基地。

【家庭教育】2021年，积极推进中小学数字家长学校建设，全市中小学（含中职）数字家校累计认定103家，其中2020年认定34所，

2021年认定69所，认定比例37.9%，超额完成“市、县（市、区）数字家校认定比例达到中小学总数的25%”的任务。

【体育竞赛】2021年，加大体质健康测试抽测力度，开展全市高中体质健康测试抽测。2020学年全省高校新生学生体质健康测试，衢州市总成绩合格率为93.22%，排名全省第1；优良率为22.55%，排名全省第2。市直学校学生体质健康监测连续3年合格率、优良率排名全省前10，衢州市中小学生体质健康优良率达57.26%。市教育局作为全省唯一地市在全省学生体质健康监测部署会上进行交流发言。大力开展校园足球工作，全国校园足球特色中小学校累计61所。持续推进学生阳光体育游泳、篮球、足球、乒乓球四大联赛。浙江省第十二届中小学足球联赛（高中男子超级组）总决赛中，衢州第一中学足球队代表衢州市参赛并取得亚军。

【丰富艺术活动】2021年，浙江省中小学生艺术节衢州市6个节目入选省级现场展演。艺术表演类节目获省一等奖12个，美术作品获省一等奖18个，美育改革创新优秀案例获省一等奖1个。衢州市白云学校、衢江区第一初级中学、龙游县实验小学、锦绣江山外国语学校获优秀组织奖。衢州市实验学校教育集团、柯城区新华小学被推荐为全省美育示范学校。市教育局与市级相关部门先后联合举办“唱支红歌给党听”少儿声乐比赛、衢州市第三届少儿器乐大赛暨第十五届少儿钢琴大赛、第六届“尼山杯”衢州市中小学《论语》朗诵演讲大赛、高中生辩论赛等赛事。

【健康教育】2021年，积极参与实施“健康衢州”行动计划，举办健康促进学校建设培训会，指导创建省、市级健康促进学校。新增健康促进学校金牌7所、银牌16所、铜牌36所，全市新创建健康促进学校59家，新建率为19.09%；有健康促进学校297家，累计创建率为96.12%。

【国防双拥工作】2021年，全市各普通高中、职业高中均组织开展军训活动，完成年度学生军训任务。对部队现役军人子女入学给予特殊优惠照顾政策。

衢州学院

【概　况】2021年，衢州学院（以下简称学院）占地面积863亩，设有10个学院（部），开设29个本科专业；有全日制普通本专科学生7769人，教职员工700人（含特聘教授4人），专任教师516人，其中正高级职称教师65人、副高级职称教师171人，具有博士学位教师181人。拥有国家级一流本科专业1个、国家级一流本科课程2门，省级一流学科4个、省级一流本科专业9个、省级学科平台10个、省级一流课程78门，入选中职与应用型本科一体化培养试点专业1个。校舍总建筑面积22.7万平方米，教学科研仪器设备资产总值2.35亿元，馆藏纸质图书103万余册。设有附属学校教育集团1个。

2021年，学院锚定“高水平特色鲜明的应用型大学”目标定位，坚持从严治党，落实立德树人根本任务，统筹疫情防控和事业发展，实施“干好‘十四五’、实现‘五翻番’”的“1455”（“十”大战略抓手、“四”大融合基地、“五”大标志性成果、“五”个核心指标各翻番）战略任务，实现“十四五”开好局、开门红。

【强化党的政治建设】2021年，学院以党史学习教育为契机，组织

2021年4月29日，“我把青春献给党”衢州学院庆祝中国共产党成立100周年红歌大合唱比赛

开展庆祝中国共产党成立100周年系列活动，做到学党史、悟思想、办实事、开新局。加强基层党建，培育和打造样板支部、标杆院系，获评省先进基层党组织1个，市先进基层党组织2个；获评省高校优秀党务工作者1名、优秀共产党员1名，市优秀党务工作者1名、优秀共产党员1名，市担当作为好支书2名。深化清廉校园建设，制定加强对“一把手”和领导班子监督责任清单215条，组织开展“1020廉线”（取“要廉爱廉”谐音，每月10日、20日校院两级纪委通过常态化组织专题学习、廉政教育、谈心谈话、专项检查等形式，让师生始终筑牢防线、守住底线、不越红线，逐渐把廉洁化为一种习惯）行动，深化警示教育，一体推进“三不”（不敢腐、不能腐、不想腐）机制建设。

【教育教学成果】2021年，学院入选教育部新一轮本科教育教学审核评估试点高校。新增国家级一流本科专业建设点1个，省级一流本科专业建设点2个，获批省级一流课程38门。获2021年省教学成果奖一等奖1项、二等奖2项。获批教育部产学合作协同育人项目25项、省产教融合“五个一批”产学合作协同育人项目3项，立项数为2020年的4倍多。《化工原理》获浙江省首届教师教学创新大赛教学设计创新专项奖。汉语言文学专业通过师范类专业二级认证，完成化学工程与工艺专业工程教育专业和小学教育专业认证专家进校考察工作。与英国纽卡斯尔大学等签署合作协议，举办2场国际学术会议。

【学生成长发展】2021年，深化“导师+项目+团队”育人模式，全年A类学科竞赛获省级三等奖及以上奖项180项，在全国节能减排、工程实践与创新能力等赛事中实现突破，学科竞赛排名在全国675所新建本科院校中位列第38。考研升学再创新高，2021届毕业生考研录取率22.5%，居全省同类院校前列。创新创业扎实推进，获批浙江省第四批省级创业孵化示范基地，入选新时代“浙江青年工匠”1人，获2021年度衢州市高技能人才（劳模）创新工作室1个、衢州市技能大师工作室1个。聚力打造共青团“四维”（凝聚青年、服务大局、当好桥梁、从严治团）工作格局，涌现出全国高校活力团支部、中国大学生自强之星、浙江省暑期社会实践风采大赛百强团队等一批先进团体和个人，追爱忆衢——侵华日军细菌战受害者记录帮扶志愿服务项目获第十三届中国青年志愿者优秀项目奖。

【思想政治工作】2021年，四门思政课入选省一流本科课程。与附属学校教育集团合作，推进大中小学思政课一体化建设。统筹推进课程思政建设，成立学校课程思政教学研究中心和分中心，课程思政覆盖率87.6%。获省首届高校教师教学创新大赛“课程思政”微课专项赛一等奖1个。聚焦思想引领，学院新时代理论宣讲团全年开展560余场次宣讲，累计受众6.6万余人次。

【招生就业】2021年，录取新生2533人，新生报到率98.4%，衢州籍生源比例9.8%；6个专业录取最低位次和5个专业录取最高位次较上年有所提升，12个专业的录取最低位次排名取得进步。落实毕业生就业工作“一把手工程”，2021届毕业生就业率为94.64%，高于全省高校平均水平；毕业生留衢率15.54%，较上年提高4.4%。2020届毕业生毕业一年后就业率、毕业生对母校总体满意度、用人单位对毕业生总体满意度均高于全省本科高校平均水平。

【师资队伍建设】2021年，加大高层次人才引进力度，引进教育部“新世纪优秀人才支持计划”1人、入编博士36人，博士引进数量同比增长71%。加强和改进职称评聘工作，新增教授5人、副教授16人、高级实验师3人。

【科研学科成果】2021年，获2020年度浙江省自然科学奖三等奖1项、浙江省科技进步二等奖1项、浙江省哲学社会科学优秀成果奖二等奖1项。氟硅钴新材料绿色制造训研创基地顺利申报教育强国推进工程项目。“智能化输配电装备技术浙江省工程研究中心”被认定为省级工程研究中心。全年获省部级以上高层次科研计划项目33项，各类外来科研活动经费3800余万元。与电子科技大学长三角研究院（衢州）筹建“未来信息技术学院”，与浙江大学衢州研究院联合申报的“绿色低碳化工新材料科教融合学院”列入科技部、国家发展和改革委员会“2021年度全面创新改革任务揭榜清单”。

【社会服务】 2021年，与衢州市社会科学界联合会合作共建“四省边际山区共同富裕研究院”，设立省际山区共同富裕研究中心“龙游溪口山区共同富裕观察点”，助力四省边际共同富裕示范区建设。巩固深化博士工作站成果，新认定博士创新站19家，相关实践探索被省委人才办、省教育厅和省科协联合向全省推广。发挥学校人才、技术和智力集聚优势，全年服务企事业单位423家，达成合作项目182项，获得横向科研经费突破3000万元。完善知识产权转移转化体系建设，完成专利转化52件，转让金额147.7万元。完善科研成果转移转化机制，召开第三届浙闽赣皖四省边际应用型大学联盟科技成果竞价（拍卖）会，拍卖科技成果10项，成交总价370万元。规范发展继续教育，新建校外函授站点4所，组织完成各类培训项目52期、培训学员4253人次。

【办学条件改善】 2021年，以开展为师生办实事为契机，完成田径场升级改造、教学楼智慧教室一期改造、教师发展多功能厅建设、校园环境提升工程等年度为民办实事项目，配合实施“拆墙透绿”工程，完成图书馆玻璃幕墙隐患排险项目，推进美丽校园建设，学校整体面貌焕然一新。加快数字校园建设，出台数字化改革推进方案，以数字化改革撬动其他领域改革，提升学院整体智治水平。

2021年4月29日，衢州学院在求是报告厅召开本科教育教学审核评估启动会

【中国共产党衢州学院委员会第二次代表大会召开】 1月8—9日，衢州学院召开中国共产党衢州学院委员会第二次代表大会，选举产生新一届中共衢州学院委员会和中共衢州学院纪律检查委员会，明确学校未来五年的指导思想、战略目标、发展思路和重点任务。

【人事任命】 2月24日，衢州学院召开教师干部大会。省教育厅党委副书记干武东等领导出席会议并讲话。省委组织部干部三处副处长李春柳在会上宣读省委文件，郑友取任衢州学院党委委员、党委副书记，提名任衢州学院院长。

【本科教育教学审核评估启动会召开】 4月29日，衢州学院召开本科教育教学审核评估启动会。教育部高等教育教学评估中心副主任李智，教育部审核评估专家组副组长、江苏理工学院党委书记朱林生出席会议。

【党史学习教育专题讲座】 5月14日，教育部教育发展研究中心党总支书记、主任彭斌柏应邀作题为《认真学习贯彻习近平总书记教育重要论述 坚定不移扎根中国大地办好社会主义大学》的专题讲座。

【市委书记汤飞帆到校慰问一线教师】 9月8日，在第37个教师节来临之际，市委书记汤飞帆、市委秘书长王良海到校慰问一线教师。

【省委第七巡视组对衢州学院党委开展政治巡视】 9月13日至11月26日，省委第七巡视组对衢州学院党委开展政治巡视。9月14日，省委第七巡视组巡视学校党委工作动员会议召开，巡视组组长俞志壮出席会议并作动员讲话。

【学校“十四五”事业发展规划编制】 2021年，衢州学院系统研判学校未来发展面临的形势任务、机遇挑战，制定学院“十四五”事业发展规划、4个专项规划和7个二级学院发展规划。规划明确“高水平特色鲜明的应用型大学”的目标定位，通过实施开放融合发展战略，围绕“三步走”（第一步，到2023年，办学层次实现跃升，成为硕士学位授予单位；第二步，到2025年，学科专业结构进一步优化，办学水平进一步提升，达到万人大学办学规模，基本达到更名大学的设置标准；第三步，到2030年，综合办学实力全面提升，应用型办学特色凸显，力争建成衢州大学，领跑四省边际高等教育。展望2035年，即升本25周年，全面建成高水平特色鲜明的应用型大学，跻身全国同类院校一流行列）战略目标，实施“干好‘十四五’、实现‘五翻番’”的“1455”战略任务，奋力打造“三名一窗口”（城市发展的名片、省际高校的名牌、产教融合的名校，力争成为新建应用型本科高校建设的“重要窗口”）。

【研究成果获省委、省政府、省政协主要领导批示】2021年，学院教授吴锡标等的研究成果《关于高质量实施南孔文化基因解码工程的对策建议》获省委、省政府、省政协主要领导批示。

【多个项目获省科学技术奖、哲学社会科学优秀成果奖】2021年，学院“特种有机硅清洁生产过程资源集约利用技术创新及产业化”项目获省科技进步二等奖；学院“层状金属化合物的表面特性与超薄磁性纳米器件设计”项目获省自然科学三等奖；学院《孔氏南宗文献丛书》获浙江省第二十一届哲学社会科学优秀成果奖二等奖。

【机械设计制造及其自动化专业入选国家级一流本科专业建设点】2月10日，根据《教育部办公厅关于公布2020年度国家级和省级一流本科专业建设点名单的通知》，机械设计制造及其自动化专业入选国家级一流本科专业建设点。

【《孔氏南宗文献丛书》新书发布暨南孔文化研讨会召开】5月20日，由市委宣传部、市社会科学界联合会、衢州学院、国家图书馆出版社联合主办的《孔氏南宗文献丛书》新书发布暨南孔文化研讨会在国家图书馆举行。《孔氏南宗文献丛书》共48册，收录孔氏南宗族人的著述41种，记载孔氏南宗的著述2种。《孔氏南宗文献丛书》的编纂出版，是继明代衢州知府沈杰整理汇编《三衢孔氏家庙志》之后，对孔氏南宗文献所进行的第一次全面而系统的搜集整理和汇编出版。为开展南孔文化研究提供较为完备的文献资料，具有重要的文化意义和学术价值。

【联合开展硕士生培养】2021年，衢州学院与浙江工业大学、杭州电子科技大学、浙江师范大学开展联合培养硕士研究生工作，共招收联培生39名，研究生招生取得实质性进展。

【第七届世界名山学术研讨会暨区域经济发展论坛召开】12月18日，衢州学院举办第七届世界名山学术研讨会暨区域经济发展论坛，来自国内外20余所高校近50名专家学者参会，共同探讨如何在高质量发展中促进共同富裕。

【“一带一路”文明交流互鉴与应用型外语人才培养国际研讨会召开】11月26—28日，衢州学院举办“一带一路”文明交流互鉴与应用型外语人才培养国际研讨会，来自国内外60余所高校近100名专家学者参会，为推进地方应用型本科高校国际合作、校政企联合办学拓宽思路、渠道和资源。

【位列全国高校机器人竞赛指数（本科）TOP10%—15%】7月16

2021年5月20日，《孔氏南宗文献丛书》新书发布暨南孔文化研讨会在国家图书馆举行

日，中国高等教育学会工程教育专业委员会联合浙江大学机器人研究院发布第三轮全国高校机器人竞赛指数2021版（本科），衢州学院在776所本科院校中位列TOP10%—15%。

【获“全国高校活力团支部”称号】 6月23日，团中央基层建设部、《中国青年报》主办的2020—2021学年高校活力团支部评选结果揭晓，衢州学院教师教育学院18中文2班团支部获“全国高校活力团支部”称号。

（贾凯锋　王宏奕）

衢州职业技术学院

【概　况】 2021年，衢州职业技术学院（以下简称学校或衢职院）以献礼中国共产党百年华诞为主线，全面推进习近平总书记关于教育的系列论述和对职业教育作出的重要指示在衢职院落地生根，全力推进党史学习教育，以推进高水平院校建设，打造四省边际职业教育“桥头堡”为引领，各项事业呈现出高质量发展态势。先后被评为国家级节约型公共机构示范单位、省文明单位、省普通高校毕业生就业工作优秀单位、省治安安全示范单位、省卫生先进单位、省征兵工作先进单位等。师生党员“百人话百年”专题采风活动影响广泛，被“学习强国”学习平台、《中国共青团》杂志等各级媒体多次报道。设有医学院、艺术设计学院、经济管理学院、信息工程学院、机电工程学院、文化旅游学院、继续教育学院等7个二级学院，25个高职专业，其中教育部骨干专业2个，中央财政支持专业2个，省高校优势和特色专业6个，省高水平专业群建设目录2个。现有全日制在校学生6900余人，教职工489人，其中专任教师323人、具有高级职称133人、具有硕士及以上学位348人。

近年来，学校坚持以服务地方和促进就业为人才培养导向，学生就业率稳中有升，2021届毕业生毕业去向落实率达到98.49%。不断深化衢州市职业教育“五统筹”（统筹专业、统筹师资、统筹招生、统筹实训、统筹就业）改革，组建衢州职业教育集团，发挥四省边际职业培训联盟作用，服务衢州经济社会发展，与全市300余家企业就科研项目培育和学生本地实习、就业达成合作，年度社会培训规模达1.6万人次以上，其中“衢州月嫂”培训品牌获全国创业创新优秀项目奖，入选浙江省精准扶贫十大案例，“2021中国高职院校科研与社会服务竞争力”排名位居全国第53，全省第13。

【省委授权巡视高职高专第九组对学校党委开展政治巡视】 3月30日至5月17日，省委授权巡视高职高专第九组对学校党委进行巡视。8月31日，省委授权巡视组向学校党委反馈巡视意见。校党委认真落实巡视整改各项工作任务，注重系统思维和成果运用，以巡视整改成效促进学校各项事业持续健康发展，推动学校治理体系和治理能力的提升。

【制定学校“十四五”事业发展规划】 2021年，学校第四届教职工暨工会会员代表大会第三次会议审议通过《衢州职业技术学院“十四五”发展规划》，进一步锚定“双高”院校建设的奋斗目标，以高水平专业群建设为引领，推进高水平高职院校建设。出台“双高”建设（高水平高职院校建设、高水平专业群建设）三年行动计划，印发《医护康养和工业互联网专业群建设方案及三年行动计划》。

【“双高”建设】 2021年，《基于“乡村振兴综合体”培育高素质农民的探索与实践》《助产专业（群）改革助推母婴服务业高质量发展的“衢州模式”探索与实践》分获省教学成果一、二等奖，2个师生团队分别在全国大学生电子设计竞赛、中国国际“互联网+”大学生创新创业大赛中获国家二等奖。

【获省领导批示】 2021年，专报信息《小专业撬动大产业 高水平助推高质量——衢州职业技术学院以医护康养专业发展推进母婴健康产业提升的做法》得到副省长成岳冲批示，肯定学校高质量发展医护康养专业、助推母婴产业发展的实践和探索。

【专业结构优化】 2021年，围绕衢州市六大特色产业（新材料、新能源、集成电路、智能装备、生命健康、特种纸），动态优化专业结构。新增针灸推拿、工业机器人技术专业2个，重点打造医护康养和工业互联网2个省级高水平专业群，改造升级数字创意设计、现代商贸服务、智能制造技术等3个校级重点专业群，新建运动休闲旅游、材料与化工智能制造等2个新兴专业群，形成国家级、省级、校级三个层面专业群建设体系。国控针灸推拿专业获教育部批复并实现高分段招生。医护康养和工业互联网入选省高水平专业群。

【师资队伍建设】2021年，全年引进博士研究生、全国技术能手、省杰出工匠等省级人才5名，获第十四届全运会塑质球女子三人赛冠军，入选省技术能手和省黄炎培职业教育奖杰出教师奖3人。新建浙江山海机械有限公司博士创新站、衢州清献文化发展有限责任公司博士创新站市级博士创新站2个，与浙江省机械工程学会共建浙江省机械工程学会衢州科技创新服务站1个，选派14名教师参加市科技服务小分队，获衢州市人才工作示范单位。

【8090新时代理论宣讲】2021年，学校8090新时代理论宣讲团成员中有5人入选市级骨干宣讲团成员，1人入选浙江省微党课青年宣讲团。先后获得2021年度省青年理论宣讲暨微型党课大赛情景式决赛一、二等奖，2021年度浙江省高校思政微课大赛一等奖，第七届全省高校微型党课大赛二等奖以及衢州市“8090说”新时代理论宣讲电视大赛2021年度第二季比赛“金话筒”。

【“六个一批”专项行动】2021年，学校提出服务地方发展“六个一批”（走访一批企事业单位、征集一批校企合作需求、签订一批技术服务合同、培育一批教科研项目、推进一批科技成果转化、促进一批学生就业）专项行动，共走访企事业单位500余家，签订横向技术服务合同72项，技术服务到款额446.90万元。

【开展“留衢就业”行动】2021年，制定出台《全面落实学生本地实习提升留衢就业工作方案》，组织毕业班学生跟岗实习“双选会”（用人单位和就业者之间相互选择的招聘会），年内实现留衢州跟岗实习学生占比79%，留衢州顶岗实习生34%，留衢就业学生18.31%。

【“四省边际中心城市大健康公共实训中心”揭牌暨共建衢州市中医医院智慧新城院区签约仪式在学校举行】6月11日，“四省边际中心城市大健康公共实训中心”揭牌暨共建衢州市中医医院智慧新城院区（衢职院附属医院）签约仪式在学校举行。校党委书记徐须实，校长吕延文，党委委员、副校长傅元勋，党委委员、副校长何百通，市发展和改革委员会党委委员、副主任郑建林，市卫健委党委委员、计生协会专职副会长刘文勇，智慧新城管委会党工委委员、管委会副主任王立平，市中医医院党委书记陈伟，党委副书记、院长廖小方出席仪式。

【市长汤飞帆到校作党史学习教育专题宣讲】4月22日，市委副书记、市长汤飞帆到学校作党史学习教育专题宣讲，并希望学校通过党史学习教育，进一步坚定听党话、跟党走的思想自觉政治自觉行动自觉，提升围绕中心、服务大局的能力，努力在改革创新上奋楫争先、走在前列，不断提高“两专”水平。

【出台《关于加快推进衢州职业技术学院建设高水平高职院校的若干意见》】7月12日，市委、市人

2021年6月11日，四省边际中心城市大健康公共实训中心揭牌暨共建衢州市中医医院智慧新城院区签约仪式举行

民政府印发《关于加快推进衢州职业技术学院建设高水平高职院校的若干意见》（以下简称《意见》），对推动学校“双高”建设作出部署。《意见》指出加快推进衢职院建设高水平高职院校，充分发挥衢职院在助推衢州高质量发展中的重要作用，进一步明确衢职院新时代发展的主要目标、主要措施以及保障机制。

【市退役军人学院挂牌成立】 10月11日，衢州市退役军人学院在学校挂牌成立，衢州市退役军人学院为衢州市退役军人提供学历提升、技能培训、就业指导、创业孵化、创新培育、政策咨询、崇军爱军等服务。

【市长高屹到校走访慰问教师】 9月7日，市委副书记、市长高屹，市政府秘书长郑河江到校走访并慰问一线教师。

【羽毛球世界冠军黄雅琼到学校考察交流】 10月10日，羽毛球世界冠军、衢州城市形象大使黄雅琼到学校考察交流。

【获第七届中国国际“互联网+”大学生创新创业大赛银奖】 10月12—14日，第七届中国国际“互联网+”大学生创新创业大赛总决赛中，《白鹤东南“非”——最懂非洲的研产销一体化日化行业新星》获总决赛职教赛道项目银奖。

【牵头成立衢州市职业教育集团】 11月4日，衢州市职业教育集团正式成立。衢州市政府副市长王良春出席成立大会并讲话。衢州市职业教育集团是衢州市职业教育改革发展工作领导小组指导成立的区域职业教育产教融合组织。衢州市职业教育改革发展工作领导小组办公室对集团的建设、改革、发展进行宏观指导与政策支持，教育、人社等相关主管部门负责对专业群建设、人才培养等进行具体指导。集团实行理事会负责制。集团设常务理事会，常务理事会为集团的主要决策机构。集团下设秘书处，秘书处作为集团的常设机构，设在衢州职业技术学院。衢州市职业教育集团的成立旨在搭建政校之间、校企之间、校际之间相互合作的平台，创新合作机制与发展模式，形成以职业院校为主体、以行业、企业、科研院所和培训机构为依托的多层次、立体化办学体系，深化中高职统筹发展，持续推进专业群对接区域产业群合作发展，大幅度提高学生留衢就业人数，有力促进区域职业教育与经济社会持续协调发展。

同日，衢州市职业教育集团举行预备会议暨第一届理事会议，讨论并举手表决通过《衢州市职业教育集团章程》，选举产生理事长、副理事长、秘书长和常务理事。衢州职业技术学院被推选为理事长单位，巨化集团有限公司、衢州华友钴新材料有限公司、衢州中等专业学校等9家企业和学校当选副理事长单位；衢职院党委副书记、校长吕延文当选为理事长，李军、方圆、余雨生等9人当选为副理事长；衢职院副校长何百通当选秘书长，衢州市工程技术学校等24家企业、学校及其负责人当选常务理事单位及常务理事。

【举办第三届“中国·衢州月嫂节”】 11月23日，学校举办第三届“中国·衢州月嫂节”，市政协副主席徐旭卿出席并宣布第三届“中国·衢州月嫂节”开幕。校党委书记徐须实为浙闽赣皖四省边际职业培训联盟培训基地授牌。市教育局等有关部门领导、

2021年10月10日，羽毛球世界冠军黄雅琼（左二）到学校考察交流

2021年11月23日，举办第三届"中国·衢州月嫂节"开幕式暨母婴护理发展论坛

协会学会负责人、浙闽赣皖四省边际职业培训联盟成员单位领导、省家政服务产教融合联盟负责人、母婴护理产品企业负责人、母婴护理研究及培训机构和母婴护理中介机构负责人、护理专业教师代表、"衢州月嫂"代表、育婴员培训班学员等200余人参加。通过举办母婴护理发展论坛、月嫂职业技能大比武等活动，集中展示衢州市母婴护理培养培训的专业化水平及母婴护理服务人才的精神风貌，向长三角地区、浙闽赣皖四省边际区域展示衢职院社会培训品牌特色，提升"衢州月嫂"在长三角地区和国内的影响力，为打造四省边际共同富裕示范区服务。

（吴　琳）

衢州广播电视大学

【概　况】2021年，衢州电大立足"重要窗口"的新目标新定位新嘱托和"探索终身学习型社会的衢州示范"的新思路新要求，各项指标均创历史新高。本级学历教育招生工作继续保持全省电大系统领先地位。全年开放教育招生2715人（其中春季1021人、秋季1557人），在全省地市级、县（市、区）级共72所电大中，位居绝对数第2、万人比第1，招生规模持续位居全省之首。网络教育继续发挥互补作用，实现招生223人。在2021年度全省电大系统综合考核中位居中第2，位列A等次，成功创建"践行南孔文化，争当有礼电大人"全省开放大学校园文化品牌，学校获2020—2021年度全省开放大学系统思想政治工作先进单位、浙江开放大学2021年度招生先进单位、2021年度浙江开放大学奥鹏管理中心招生先进单位、2016—2020年度浙江省现代远程教育学会科研先进单位等荣誉，1人获评国家开放大学师德标兵和衢州市"两专"教育领军人才荣誉称号。

【"衢州有礼"社区教育品牌建设】2021年，注重社区教育内涵提升，组建社区教育专家库，选聘市级社区教育专家25名，其中郭然、徐贵祥担任省级社区教育指导专家。依托社区教育进农村文化礼堂项目，培育"学习品牌"6个，特色课程50门，其中柯城余东农民画、江山银龄助老、开化大厨获评省级学习品牌。开展"在浙学"市民终身学习体验基地遴选建设，6个项目获评省级终身学习体验基地。启动老年教育提质工程，柯城区荷花街道老年学堂、开化县马金镇老年学堂获评省级优秀老年示范学堂。面向全市小学（含柯城、衢江两区）三年级学生，组织开展2021年"游南孔圣地 品有礼文化 迎建党百年"古城亲子研学系列活动，共计48所学校1.8万余名学生、家长参与。活动旨在培育深化"衢州有礼"社区教育品牌，突出"建党百年"主题，融合衢州红色历史地标，推出"红色文化知多少"栏目。活动设计融入传统节日元素，开展"品读端午 粽享欢乐""月满中秋 诗韵水亭"等4个主题教育活动。启用南孔古城亲子研学活动管理平台，采用大数据可视化技术清晰查看各类数据。

【启动实施"e伴乐龄"科普志愿服务行动】2021年，配合市科协牵头的"银龄跨越数字鸿沟"科普专项行动（2021—2023年），围绕老年人群体的特色需求，结合衢州本地的交通出行、挂号就医、生活消费等实际应用场景，开发《手

2021年6月15日，市电大在柯城区衢化街道滨三村社区举办老年人智能手机应用培训

机中的“秘密”》《衢州行——你行吗?》《看病难，智慧解决》《警钟长鸣，反诈骗》等5个教学课程，编印《e伴乐龄 老年“智生活”》教材4000册，配套制作《衢州医》《衢州行》等22个系列微课资源。依托全市电大系统开放教育在职学生的本地生源优势，组建“e伴乐龄”志愿服务队，发起“数字时代 携老同行”倡议书，通过“短期+长期”“线上+线下”“教学+实践”的方式开展老年人智能手机应用培训，计划三年内完成全市70个社区350场8000人次培训。截至年末，累计开展培训30场，服务老年学员1300人次。

【老年开放教育】 年初，因疫情影响全面暂停线下办班的老年开放大学。3月，重新恢复线下办学招生。发挥“老年开放教育”的市域示范引领作用，打造一批老年文艺品牌节目。2021年(国家开放大学)首届全国老年教育优秀成果展评比中，《红船，从南湖启航》获朗诵类作品一等奖，《最炫太极风》获太极类作品三等奖，《绣红旗》获戏剧类作品三等奖；指导开化电大选送的《灯火里的中国》、《心声》获舞蹈类作品二等奖。学校获得“优秀组织单位”荣誉。

【提升教学教务水平】 2021年，按照疫情防控常态化期间“停课不停教、停课不停学”的要求，将所有面授教学环节全部转为“钉钉”线上进行。制定并常态化实施教学值周检查，建立校领导轮班进课堂听课和课前课件资源审查机制，开展在线教学示范分享、网上教学示范交流等活动，强化线上教学质量管理。课题建设方面，共有21项课题获得立项，其中3项课题获得省教育厅、省教育规划课题立项；国内外各类期刊公开发表论文24篇。教学比赛方面，14人在省开大级(开放大学)思政课教师教学技能竞赛、青年教师教学技能竞赛、多媒体学习资源比赛、科研成果评选比赛、线上线下混合式教学设计方案竞赛中获奖，其中一等奖2人、二等奖3人，三等奖9人；22人在市远程教育学会论文评选、全市电大微党课比赛中获奖，其中一等奖3人、二等奖5人、三等奖6人。

【衢州开放大学转型升级】 2021年，以“建设四省边际终身教育‘桥头堡’”为主题，赴四省边际大花园联盟地市黄山、上饶、南平三所地市电大开展考察调研，探索、谋划四省边际中心城市社区(老年)教育发展合作机制，以及电大(新校园)转型发展路径。深入分析结合开放大学的发展形势与问题挑战，围绕思政教育改革、人才培养、师资队伍、专业建设、科学研究、社会服务等维度进行纵深探索，编制出台《衢州广播电视大学事业发展“十四五”规划》。主动对接协调新校园建设项目，认真研究部、省两级综合改革方案，召开全市电大综合改革推进交流会，落实衢州开放大学综合改革工作。 (何 苗)

浙大衢州“两院”

【概 况】 2021年，浙江大学工程师学院衢州分院、浙江大学衢州研究院(以下简称浙大衢州“两院”)，秉承“学科—人才—科研”一体化理念，狠抓工作落实，推进改革发展，各项事业蓬勃发展。2021年，基于衢州市工业生态基础和产业结构特点，增设分子智造工程研究所，形成7个研究所、1个中试实验实训基地和1个分析测试中心的“7+1+1”全链条科研布局。分析测试中心（含工艺安全评估实验室）获得检验检测机构资质认定证书（CMA）。联合衢州学院获批“绿色低碳化工新材料”科教融合学院，被列入国家发展和改革委员会2021年度全面创新改革“新型研发机构科教融合培养产业创新人才”牵头单位。创建浙江省高端化学品技术创新中心，打造国内氟硅钴新材料、电子化学品领域创新策源地。

2021年，共有教职工132人，其中科研人员89人，包括中国工程院院士1人，国家级人才计划入选者4人，国家级青年人才计划入选者14人；含教授24人，副教授12人，特聘研究员18人，特聘副研究员22人。招收专业学位工程硕士研究生34人。2021年，浙江大学工程师学院衢州分院党支部有党员51人，其中教工党员17人，学生党员34人。7月2日，获浙江大学先进基层党组织，浙江大学工程师学院衢州分院2019级硕士研究生田振江获浙江大学优秀共产党员。

2021年7月2日，中共浙江大学工程师学院衢州分院党支部获浙江大学先进基层党组织。图为党支部书记朱耕宇（右四）上台领奖

【浙大衢州“两院”常山港院区及中试实验实训基地落成启用】9月29日，浙大衢州“两院”常山港院区及中试实验实训基地落成启用活动在衢州市教育小镇举行。浙江大学党委书记任少波出席并讲话，衢州市委书记汤飞帆宣布落成，市委副书记、市长高屹致辞。常山港院区位于衢州市高铁新城教育小镇，规划用地163亩，总建筑面积15.8万平方米。中试实验实训基地位于衢州市智造新城高新园区内，占地50亩，建筑面积2.32万平方米。

【科学研究】2021年，陈丰秋教授团队的超高纯锂离子电池电解液添加剂项目和张庆华教授牵头的环保型有机硅海洋防污树脂的研发及产业化项目落地衢州。2021年，获批成为国家自然科学基金优秀青年科学基金项目（海外）的依托单位，组织引进两位海外博士申报；获批国家自然科学基金项目8项，包括优青项目、面上项目和青年项目等；首次组织申报浙江省2022年度“尖兵”“领雁”研发攻关计划项目，作为牵头单位和参与单位共申请6项，获批5项，立项率83.3%；获批成为浙江省基金和公益项目依托单位，申报15项，获批4项。

2021年，与本地企业签订技术开发横向合同12项；为24家化工企业提供检测评估技术服务，完成反应安全风险和热稳定性评估等各项检测逾400次；联合衢州市经信局、科技局举办衢州市“专精特新”（高新技术企业）产学研合作交流会。申请各项专利共50件，其中发明专利申请受理46件，授权10件；发表高水平论文93篇，其中10余篇发表在*Nat. Nanotechnol.*、*Nat. Commun.*、*J. Am. Chem. Soc.*、*Adv. Mater.*等国际顶级期刊。

【人才引育】2021年，招录博士学位研究人员90人，其中42人具有美国、加拿大、德国、瑞典、日本、韩国、澳大利亚、沙特等国家和地区高水平大学博士学位，或一年以上境外科研工作经历，到岗40人。招录硕士学位技术人员和行政管理人员16人。2021年，杨启炜、杨轩、李中坚、肖成梁入选国家级青年人才计划；教授包永忠被衢州市人民政府授予“衢州市有突出贡献中青年专家”荣誉称号；冯连芳、LIM KHAK HO（林

2021年7月24日，参加2021年浙江大学衢州研究院海内外优秀青年学者论坛嘉宾合影

嘉河）获衢州市“两专”教育领军人才；杨彬等入选衢州市“115”人才项目[第一层次：杨彬；第二层次：张才亮、吴可君；第三层次：祟明本、段金汤、王青月、LIM KHAK HO（林嘉河）、余承涛、陈俊、李静]。7月24—25日，“浙江大学衢州研究院海内外优秀青年学者论坛”在衢州举行。吸引北京大学、浙江大学、中国科学技术大学、新加坡国立大学、香港科技大学、复旦大学等海内外高水平科研院校的60名优秀青年学者参会，20余名优秀青年加盟浙大衢州“两院”。9月29日，“新时代大学与城市协同发展专家讲座”在衢州举行。中国工程院院士、科学技术部原副部长徐南平，中国工程院院士、中国工程院党组成员、秘书长陈建峰，中国工程院院士、浙大衢州“两院”院长任其龙分别作主题报告，展望大学与城市发展的协同创新之路。11月，获批设立浙江省博士后工作站。

【研究生培养】 7月，2020级34名硕士研究生结束在浙大本校的理论课程学习，正式入驻衢州，参与建设课题组实验室，开展科研工作，并赴巨化集团进行为期42天的暑期专业实践训练。9月，浙江大学工程师学院衢州分院2021级34名硕士研究生入学。9月28日，中国化工学会与浙大衢州“两院”合作共建实践教育基地签约仪式举行。9月29日，浙江省衢州氟硅钴新材料工程师协同创新中心正式授牌浙江大学衢州研究院；中国化工学会与浙大衢州“两院”合作共建实践教育基地授牌仪式举行。

【领导专家到校调研指导】 2021年，先后有衢州市委副书记、市长汤飞帆（2月2日），衢州市委副书记、政法委书记吴舜泽（3月19日），香港中文大学（深圳）副校长朱世平（3月26日），浙江省人大常委会党组副书记、副主任李卫宁（4月22日），浙江省副省长卢山（6月4日），中国工程院院士、中南大学冶金与环境学院院长柴立元（7月20日），浙江省科技厅党组副书记、副厅长孙旭东（8月4日），衢州市委常委、组织部部长陈玲芳（8月24日），浙江省委组织部副部长胡旭阳（8月26日），中国化工学会副理事长兼秘书长华炜（9月28日），浙江大学党委书记任少波（9月29日），衢州市委副书记、市长高屹（9月7日），衢州市委书记汤飞帆（9月29日、10月21日），中国工程院院士、科学技术部原副部长徐南平（9月29日），中国工程院院士、中国工程院党组成员、秘书长陈建峰（9月29日），浙江大学党委常委、副校长严建华（12月11日），中国科学院院士、浙江大学学术委员会主任张泽（12月11日）等领导、专家实地考察调研浙大衢州“两院”，对各项工作进展给予肯定，并对今后发展提出建设性意见和建议。（郑家琪）

电子科技大学长三角研究院（衢州）

【概 况】 2021年，电子科技大学长三角研究院（以下简称研究院）秉持服务衢州经济高质量发展的初心与使命，发挥校地双方资源整合优势，研究院对准跑道，坚持高层次人才引育、创新性科学研究、导向性成果转化和需求型产业吸附，扎实推进产学研用高质量融合发展，院地联动、全面起势，打造筑牢“数字经济”桥头堡，为实现共同富裕注入动能。

2021年，院内培养研究生206人。引进欧洲科学院院士、国家优秀青年科学基金获得者等国家级人才8人、全职博士后3人、博士23人；有教职工92人，硕博以上学历77人（博士57人、硕士20人），科研人员65人，高级职称48人（正高级27人、副高级21人）。2021年，研究院获批浙江省新型研发机构、某创新平台和浙江省无线电产业基地（衢州）等省部级产业服务平台。此外，集群化打造成电E创（国家备案众创空间）衢州分中心、新型微波探测技术教育部工程研究中心衢州分中心等高端创新平台。

2020年12月22日，研究院成立首届中共衢州市电子科技大学长三角研究院支部委员会，正式党员9人，预备党员1人。2021年，研究院加强党支部建设，发挥党支部战斗堡垒作用。

2021年12月22日，举行首届中共衢州市电子科技大学长三角研究院支部委员会选举，成立首届中共衢州市电子科技大学长三角研究院支部委员会

【强化科研实力】2021年，研究院坚持“四个面向”（坚持面向世界科技前沿、面向经济主战场、面向国家重大需求、面向人民生命健康，不断向科学技术广度和深度进军）。围绕浙江省三大科创高地（即“互联网+”、生命健康和新材料），立足衢州市产业结构布局和未来发展方向，对标地方产业发展需求，围绕数字经济、数字社会、数字服务等重要领域，实施政策体制机制改革，以“国字号”人才为核心组建八大研究所（即智能传感研究所、5G与未来通信网络研究所、机器人与智能装备研究所、人工智能与区块链研究所、数字健康研究所、智能天线及系统研究所、高端电子材料研究所、集成电路与系统研究所），在智能传感、高端装备、5G通信、数字健康等研究领域布局，支持和服务当地产业换代升级。获批国家自然科学基金项目12项，总经费940万元，其中重点项目2项、面上项目3项、青年科学基金项目7项；国家统计局重大项目1项；申报浙江省“尖兵”“领雁”指南10余项。申请国家发明专利60余项、软件著作22项、软件产品1项，发表国际及国内高水平论文60余篇。

【提升育人】2021年，研究院秉承立德树人，产教融合，培养规模突破200人，发表SCI（科学引文索引）、EI（工程索引）论文43篇。组织党建活动铸魂、长三角论坛、长三角博萃讲堂，以思政教育、联谊活动、文体赛事、在衢州招聘等形式高质量培养优秀研究生。

【力促合作发展】2021年，研究院在院际合作、院企合作、院地合作上成果显著。支持衢州学院提高办学水平，研究院协助衢州学院成功申报“智能化输配电装备技术浙江省工程研究中心”。与四省边际中心医院签订医工合作协议，共建医工交叉创新中心，全面展开医疗系统在人民生命健康领域的科创合作。顺利搭建机场场面智能监视系统并交付使用。同时，研究院对接衢州本地需求，推动衢州本地企业提质增效，服务衢州六大产业链（即新材料、新能源、集成电路、智能装备、生命健康、特种纸）。持续与衢州本地企事业单位开展科研项目合作30余项，研究院与企业共建联合实验平台(创新中心)5个，总合同经费800余万元，其中电子信息协同创新中心1个，总合同经费300余万元。

【增强产业吸附】2021年，研究院致力于推动高校创新资源优势与区域产业资源有效对接，与多家企事业单位签订战略合作协议，为本地企事业单位开展技术攻关，充分发挥电子科技大学长三角校友会作用，引导校友及校友企业到衢州投资创业。全年，邀请120余家校友企业到衢州考察交流，吸引14家企业落户衢州。作为浙江省无线电产业基地(衢州)主要建设单位，充分调研衢州产业发展现状，委托中国通信院起草《浙江省无线电产业孵化基地(衢州)发展规划(2021—2025)》，规划拟由衢州市人民政府、浙江省经济和信息化厅、电子科技大学三方共同印发。

【搬迁至智慧小镇新院区】11月，研究院搬迁至智慧小镇新院区。新院区位于闽江大道以南，智慧大道以西，三清山项目东侧，常山港北面，项目总投资12.2亿元，总用地面积约150亩，总建筑面积约12.6万平方米，建有数字科创培训中心、培训交流中心、后勤服务中心、配套服务楼等。截至年末，科创培训楼E楼、后勤服务中心已投入使用，2022年将全面投入使用。

【人才队伍建设】2021年，研究院引进国家级人才8人，其中欧洲科学院院士1人，国家级人才计划3人，国家级青年人才计划4人。研究院发挥省级博士后工作站“磁力场”作用，截至年末，在站博士后10人，其中博士后师少龙入选“香江学者计划”，崔菲菲等博士后依托研究院获批国家自然科学基金青年基金项目4项。同时，研究院做好人才服务工作，关心关爱人才，营造全院重视、支持人才发展的良好氛围，做好人才引进后的本地化人才服务工作。创造人才交流空间，促进高层次人才圈合作，鼓励人才扎根衢州、服务衢州，推动人才向产业集聚，提升科研成果服务地方经济水平，提升毕业生留衢率。

【揭榜国家全面创新改革任务】2021年，研究院积极申报国家发展和改革委员会、科技部“2021年度全面创新改革任务揭榜清单”，并成功列入国家2021年度全面创新改革任务“横向科研项目结余经费出资科技成果转化”试点单位，研究探索结余经费投资方式、参股方式和收益分配机制，拟将科研人员的技术成果及横向科研项目结余经费，以“技术+现金”入股公司，由科研人员和研究院共同持股。深入实地调研，以案促改，以新方式探索支持科技成果转化，力争形成可复制可推广的改革经验。

【举办博士后工作站揭牌仪式】5月25日，研究院举行博士后工作站揭牌仪式。衢州市人力资源与社会保障局副局长方茂盛、电子科技大学师资办公室(博士后管理办公室)主任许之等出席。博士后工作站于2020年11月26日，经浙江省人力资源与社会保障厅批准设立。

【召开第四次理事会】6月3日，研究院第四次理事会召开。电子科技大学校长曾勇，市委副书记、市长汤飞帆出席会议并讲话。电子科技大学副校长杨晓波、副市长王良春参加。会议听取电子科大—衢州市合作项目规划和“三步走”战略、电子科技大学长三角校友会产业建设和发展思路等汇报，审议《电子科技大学长三角研

电子科技大学长三角研究院(衢州)实景图

2021年6月4日,副省长卢山(右二)到研究院调研考察办学情况

究院(衢州)章程(审议稿)》《电子科技大学长三角研究院(衢州)发展战略咨询委员会章程(审议稿)》和《电子科大—衢州学院共建未来信息技术学院合作方案》事项,提出产学研平台建设和加强理事会常态化工作机制等议题。

【市委书记汤飞帆到院慰问师生】 9月8日,衢州市委书记汤飞帆在市委秘书长、市政协副主席王良海,市教育局局长季根寿等陪同下慰问电子科技大学长三角研究院教师和学生。

【副省长卢山到院调研指导】 6月4日,浙江省人民政府副省长卢山到研究院调研考察办学情况,对研究院短期内取得的发展成效表示肯定。衢州市委书记汤飞帆、市政府副市长王良春、市政府秘书长郑河江等陪同调研。

【教授邹权入选“全球高被引科学家”名单】 11月16日,科睿唯安(Clarivate Analytics)发布2021年度“高被引科学家”(*Highly Cited Researchers 2021*)名单,获此殊荣的科学家们所发表的高被引论文的被引频次位于年度WOS核心合集同学科领域的前1%。研究院教授邹权连续四年入选科睿唯安“全球高被引科学家”名单,获生物学与生物化学、计算机科学双学科“全球高被引科学家”称号。

【提升行政管理业务能力】 11月25日,研究院第一期“提升行政管理业务能力”培训班在研究院新院区开班,研究院27名行政管理人员集体参加培训。该次培训立足研究院入驻新院区后步入快速发展新阶段的实际需要,以全面提升“专业知识技能、沟通协调能力、团队合作能力、服务师生水平”四大关键行政业务能力为根本目的,旨在建设一支活力十足、规范高效、创新进取的机关工作队伍。

【市长高屹到院调研指导】 12月7日,衢州市委副书记、市长高屹到电子科大长三角研究院调研指导工作。研究院执行院长胡进峰、副院长吴杰陪同调研。

【获批新型研发机构】 12月23日,研究院上榜2021年度浙江省新型研发机构名单。新型研发机构具有投资主体多元化、管理制度现代化、运行机制市场化、用人机制灵活的特征,是国家重点支持发展的创新载体。开展新型研发机构的申报,旨在推进科技体制机制创新,强化产业技术供给,促进科技成果转移转化,推动科技创新和经济社会发展深度融合。该研发机构的申报对科研能力、科研经费投入、高学历科研人员比例等均有较高要求。(魏昕瑜)

卫生健康

Hygiene and Health

综　述

【**概　况**】2021年，全市卫生健康工作围绕打造四省边际医疗“桥头堡”的目标定位，坚持疫情防控和卫生健康工作两手抓、两促进，主动融入高质量建设四省边际共同富裕示范区建设，纵深推进“1+5”改革攻坚战（“1”指最多跑一次；“5”指县域医共体、医学高峰、智慧医疗、健康浙江、“三医”联动），全面实施机制建设年、内涵建设年、规范管理年、队伍建设年“四个年”活动，交出“十四五”开局高分答卷。连续2年获健康浙江考核优秀等次，获省委、省政府2018—2020年健康浙江建设先进集体称号。医养结合、“两慢病”全周期健康管理改革、突发公共事件急救信息扁平化共享联动机制、无偿献血等多项工作获国家、省级肯定和推广。经过三年创建，衢州市被国际自然医学会认定为“世界长寿之都”。

【**医疗卫生服务体系**】至年末，全市医疗卫生机构总数1787家，包括医院85家，基层医疗卫生机构1659家［社区卫生服务中心（站）61家，卫生院90家、门诊部33家，诊所、卫生所和医务室共计522家，村卫生室机构953家］，专业公共卫生机构30家，其他医疗卫生机构13家。

【**医疗卫生服务能力**】截至年末，医疗卫生机构总床位16244张，其中医院床位13986张，基层医疗卫生机构床位1490张，专业公共卫生机构床位数615张，其他卫生机构床位153张。卫生人员（在岗职工）总数24617人，按人员类别，卫生技术人员20309人、执业（助理）医师8028人、注册护士8760人、药师（士）1196人，较上年均有增长。

【**医疗卫生基础设施**】截至年末，医疗卫生机构房屋建筑面积185.37万平方米，其中医院119.09万平方米，社区服务中心（站）4.11万平方米。万元以上设备台数21947台。

【**人才学科**】截至年末，全市有卫生高级职称2518人、博士研究生24人（含柔性引进14名）、硕士研究生553人。其中，市本级卫生高级职称818人、博士研究生22人（含柔性引进）、硕士研究生361人；各县（市、区）卫生高级职称1700人、博士研究生2人、硕士研究生192人。全系统获国务院特

2021年9月28人日，新建成的四省边际中心医院（市人民医院）启用

殊津贴1人;有省级名中医3人、省级基层名中医9人、省卫生创新人才培养对象7人、省医坛新秀培养对象36人;入选市拔尖人才29人次(其中3人连续三年入选获拔尖人才荣誉称号)、市青年拔尖人才4人、市“新115人才工程”第二层次24人和第三层次69人。全系统被列入厅局级的重点学(专)科(含中医)共27个(含浙江省非公立医疗机构临床特色学科1个),浙中区域专病中心建设单位1个、培育单位2个,浙江省非公立医疗机构临床特色学科1个,市级医学重点学科24个。省部级及以上立项共19项,其中国家级2项、省部级17项。

【共同富裕】2021年,成立由委主要领导任组长的卫生健康领域推进高质量发展建设四省边际共同富裕示范区领导小组,制定印发《关于卫生健康领域推进高质量发展建设四省边际共同富裕示范区实施方案(2021—2025年)》及2021年度重点任务清单,提出10个重大任务76项具体工作内容,明确牵头领导和责任处室。编制形成重点任务、突破性抓手、重大改革、典型案例“四张清单”,梳理形成6个典型案例,其中衢州急救云服务模式获全省市县复制推广。

【系统党建】2021年,党史学习教育走深走实,“四个我为”(我为群众办实事、我为基层减负担、我为企业解难题、我为衢州先行献一策)专题实践活动成效明显。红色根脉筑牢基层根基,实施公立医院“院科两优、德医双强”工程,公立医院党委领导下的院长负责制成熟定型;民营医院党组织实现应建尽建,符合条件的民营医院党组织覆盖率达100%;高级知识分子(以下简称高知)党员比例明显提高,在高知群体和党员队伍中的占比分别为42.73%、48.03%。清廉医院建设纵深推进,召开全市清廉医院建设暨医疗服务行业腐败问题专项整治工作电视电话会议,制定《衢州市纵深推进清廉医院建设实施方案》《衢州市推进清廉医院建设部门联动工作机制方案》,创新提出党建引廉、整治立廉、改革促廉、制度护廉、数字助廉和文化育廉“六廉”建设。衢州市妇保院上榜2021年市级清廉单元建设标杆名单。创新月度巡回警示制度,对6家下属单位开展巡回警示教育活动。

新冠肺炎疫情防控

【概　况】2021年,市卫健系统坚持“外防输入、内防反弹”不动摇,充分发挥专业优势,在统筹协调、流调溯源、核酸检测、医疗救治、新冠疫苗接种等方面不懈努力,为全市新冠肺炎疫情防控作出重要贡献。

【集中办公】12月27日,为全面做好疫情防控工作,市新冠肺炎疫情防控指挥部再次启动集中办公,市卫健委派出8名人员参与集中办公,人员涉及指挥部办公室及流调溯源、核酸检测、医疗救治、新冠疫苗接种等工作专班,是参与集中办公人数最多的部门。

【现场流调】2021年,全市无本土新增确诊病例和无症状感染者报告,入境归国人员共报告无症状感染者3例,复阳病例1例,排查密接人员47人,次密人员333人,及时转运至定点医院进行治疗或落实集中隔离医学观察。排除一起监管场所混检初筛阳性事件,处置进口汽车配件、桂圆、带鱼、奶枣等物品阳性事件,开展新冠肺炎疫情密接、次密接排查管控,精密智控流调系统外地协查密接103人,次密接505人,均按照防控要求开展流行病学调查。做好农贸市场等重点场所监测,全市共采样99776份,其中从业人员38911份、物品25182份、环境35583份,结果均为阴性。保障重要会议活动近60场次,出动应急队员150人次。圆满完成驰援大连、绍兴上虞等疫情防控任务。

【核酸检测】2021年,市、县两级成立核酸检测专班,建立保障常态化运行的工作机制。制订并印发《衢州市大规模新冠病毒核酸检测工作预案(修订版)》《衢州市新冠病毒核酸检测能力提升建设方案》等文件。截至年末,全市大规模核酸检测能力为13.68万管/日。全市具备临床细胞分子遗传学资质的核酸检测人员541名。以县(市、区)为单位科学合理规划设置采样点,全市共设置固定采样点1599个,设置采样通道3199人,确定包括5372名采样人员在内的采样点工作人员25627

2021年12月15日，衢州市卫生应急队55名疾控人员驰援绍兴

人，每万常住人口采样人员达23.6人。市级统筹抽调市、县两级医疗机构医务人员，设立24支共1200人规模采样应急支援机动队，成立7支共399人规模核酸检测预备队。印发《关于开展新冠病毒核酸检测岗位练兵和技能比武活动的通知》和《关于组织开展全市2020—2021年期间新取得临床基因扩增检验技术上岗证人员业务轮训的通知》，举办全市核酸新冠病毒核酸检测业务培训，进一步提升核酸检测各环节实战能力和水平。

【医疗救治】 2021年，坚持全市"一盘棋"思想，动态修订《衢州市新冠肺炎疫情医疗救治工作方案》，结合实际对全市发热门诊、定点医院、后备定点医院、方舱医院等分层级救治体系架构进行完善。按照"应检尽检"原则全面落实医疗机构核酸检测。全市共确定7家定点医院，总床位5506张，其中重症床位252张、负压病房25间、负压床位46张；其中市级定点医院衢州市人民医院浮石院区具备"三区两通道"（三区：指清洁区、污染区和半污染区；两通道：指医务人员专用通道、病人通道）收治床位212张。全市确定后备定点医院7家，总床位数1723张；确定方舱医院选址7处，经改造建设最大可使用床位1650张。全市组建医疗救治专家组（7支共142人）、重症医疗队（1支共100人）、预备医疗队（15支共380人）和应急医疗队（7支共140人）四大队伍762人规模专业救治队伍。全市配备负压救护车20辆。

【疫苗接种】 2021年，率先全省各地市完成新冠病毒疫苗分人群、分阶段目标任务。截至年末，3岁以上人群累计接种481.1万剂次，其中第一剂次累计接种214.8万人，覆盖率为97.2%；全程累计接种210.1万人，覆盖率为94.9%；加强针累计接种52.2万人，可接种人数覆盖率为56.4%；60岁以上人群接种覆盖率为86.1%（位居全省第1），80岁以上人群接种覆盖率为60.4%（位居全省第1），60岁以上和80岁以上人群接种覆盖率为全省唯一"双达标"的地市（60岁以上和80岁以上人群目标任务分别为82%和55%）。

【健康教育】 2021年，开展新冠防控常态化健康教育，在"衢州发布"微信公众号、《衢州日报》、衢州电视台第二频道《卫生与健康》等媒体专栏宣传新冠疫苗接种知识要点、行程卡星号解答，防控三件套（科学佩戴口罩、保持社交距离、注意个人卫生）、六还要（口罩还要继续戴、社交距离还要留、咳嗽喷嚏还要遮、双手还要经常洗、门窗还要尽量开、疫苗还要及时种）等热点问题累计150篇；省、市、县健康素养讲师团巡讲新冠疫苗接种等防控知识和技能累计2550场。新建网约出租车宣传平台，衢州市区521辆出租车利用电子屏宣传"防新冠打疫苗"等核心信息。

卫生健康数字化改革

【建立卫生健康数字化改革工作机制】 2021年，成立由委主要领导任组长、各分管领导任副组长的衢州市卫生健康数字化改革领导小组，下设推进办以及党政机关整体智治、数字政府、数字经济、数字社会和数字法治5个工作组。制定《衢州市卫生健康数字化改革实施方案》，明确目标任务，细化责任分工，确定时间表、路线图，建立"赛马"和"相马"工作机制。

【数字社会门户建设】2021年，完善“幼有所育”“病有所医”领域数字社会门户的数据归集工作，归集7岁以下儿童保健服务、门诊服务次数、卫生资源数量等30余项静态数据，上线孕产妇死亡率、低出生体重比例、每千人口拥有3岁以下婴幼儿托位数、人均预期寿命等监测预警，规范录入全市妇保院和医院、卫生院等地图资源。加强网络安全运营体系建设，做好“浙里办”上架应用“健康通”的19个子应用的日常监测和督查，保障应用好用、易用、管用。在“浙里办”热门服务栏目上线“健康通”和“母子健康手册”两大应用，其中“健康通”包括门诊信息、门诊处方、住院信息、住院小结、检验信息、检查信息、健康体检、健康档案等10余种数字健康应用子场景，并不断加强宣传推广力度，努力提升数字社会应用的访问量、办事率和好评度，避免出现“只建不用”的情况。

【医学检查检验结果互认共享】2021年，制定《关于全面推进医疗机构间医学影像检查资料和医学检验结果互认共享工作的实施意见》，率先全省（除杭州、嘉兴2个先行试点市）实现二级甲等及以上医疗机构医学检查检验结果共享互认，提前完成省、市、县、乡四级医疗机构上下贯通。2021年，市检查检验互认平台共接入27家市县级医院、12家县域医共体成员单位和1家第三方医学检验实验室，接入医生工作站1825个，累计跨院调阅检查检验数据25177项，实现互认10650项，为患者节省检查检验费用76.61万元。

【推广“浙里急救”应用】2021年，在全省以市域为单位率先探索实施院前急救“一件事”改革，上线“市域急救一体化智慧云平台”，打通省、市、县、乡多层级急救资源，成功打造“上联省级、下通乡镇、一键通达、全域互联”的一体化院前急救指挥调度云平台，全市5个急救中心25个急救站点70辆救护车全面接入云平台，该做法获全省复制推广，并在全省院前急救“一件事”数字化改革大会上作经验交流。自7月6日全省领先上线以来，市急救指挥中心急救指令下达时间平均缩短1分钟，云平台累计通过手机基站定位呼救人位置8万次，短信链接报送精准位置1716次、“浙里办”网络精准定位99次，呼救者点击查看救护车动态轨迹1.42万次，急救车辆到达现场时间平均缩短5分钟，急救现场准确率提高30个百分点。

【推进“基层创新”项目】2021年，衢州市惠民平台“无偿献血惠”+“生育关怀保”等4个项目入选首批省卫生健康基层创新储备库入库项目，其中“无偿献血惠”场景应用惠及全省5万余名无偿献血荣誉证获得者，可以“智享”全市公立医院门诊诊查费、15家公园景区门票费用、主城区公共交通费用三类费用减免，被列入“浙江省献血优待一码通”四个试点市之一。

【探索“5G+医疗健康”应用】2021年，在全市7家医疗机构试点开展5G+远程急救、5G+远程超声、5G+远程探视、5G+远程查房、5G+远程手术示教等九个智慧医疗场景应用。通过5G+“120”急救车，实现院前急救与院内救治的无缝衔接；通过5G+VR探视新模式，助力常态化疫情防控下患者家属关爱保持零距离。“5G+中医诊疗”等4个项目列入国家“5G+医疗健康”应用

2021年8月18日，衢州市在全省院前急救“一件事”数字化改革工作推进会上作院前急救云平台先行先试经验交流

浙江省未来乡村——柯城区余东村健康场景建设

试点。

【建设未来社区(乡村)健康场景】2021年,全面推进浙江省未来乡村(社区)——柯城区余东村、斗潭社区、衢江望江苑社区健康场景建设。通过"健康通""邻礼通"和"村情通"等"浙里办"入口,在全市各个县(市、区)未来社区(乡村)建设数字健康新服务。在柯城区、衢江区和常山县等地推广省数字社会建设第二轮"揭榜挂帅"项目——"开化县'两慢病'全周期数字健康服务"应用场景。柯城区和开化县完成省卫健委智慧化社区卫生服务站(村卫生室)星级评价路演。

医疗服务与质量安全

【概　况】2021年,全市医疗卫生机构总诊疗1983.57万人次,比2020年增加82.25万人次,同比增长4.3%。其中医院853.91万人次,占比43%;基层医疗卫生机构1023.62万人次,占比51.6%;专业公共卫生机构104.87万人次,占比5.29%。全年全市医疗卫生机构出院人数45.87万人次,同比增长3.8%。其中医院40.39万人次,占比88.05%;基层医疗卫生机构2.81万人次,占比6.13%;专业公共卫生机构出院2.64万人次,占比5.76%。

【浙大衢州医联体建设】2021年,全市浙大医联体合作医院共有109个临床科室接受浙大各附属医院指导帮扶,引进应用新技术、新项目103个,上派至医联体上级医院进修学习80人次,浙大各附属医院下派专家14052天次,开展门诊服务37424人次、手术3720台次、查房29702人次,带教培训15863人次。

【县域医共体建设】2021年,重点组织各县(市、区)以医共体为单位全面实施全员岗位管理和职称自主评聘,推进牵头医院与成员单位专业技术人员的岗位交流力度以及医共体牵头医院与成员单位管理人才双向交流。常山县总院下派中层干部、骨干人员任分院负责人6人,基层分院负责人任总院中层干部3人;衢江区新选拔15名人才充实到分院领导班子。推进全市各医共体账户统一管理、预算统一管理、资产统一管理,建立编制总体预算、成员单位分预算。所有医共体内均实现资产统一规划和使用管理,药品、耗材、器械等实施统一采购和全流程信息管理。进一步推进医共体内双向转诊机制,1—12月,全市医共体内双向转诊15039人次,较上年增长25%,其中医共体成员单位上转患者10324人次,较上年增长23%;医共体总院下转患者4715人次,较上年增长29.78%。

【医疗卫生"山海"提升工程】2021年,制定印发《衢州市医疗卫生"山海"提升工程实施方案》,建立月度追踪督导工作机制,确保各项目标任务有序推进。医疗卫生"山海"提升工程实现县(市、区)全覆盖。全市6家与省级医院建立协作关系的县级医院共有81个临床科室接受帮扶(其中重点托管的临床科室24个),引进应用新技术、新项目73个,上派至省级医院进修学习63人次,省级帮扶医院下派专家142人(其中担任受援医院业务副院长6人,担任临床科主任57人;中级职称占比35.92%、高级职称占比62.68%)。下派专家累计在岗天数9587天,开展门诊服务17308人次、手术2647台次、查房22871

2021年12月14—15日，第七届中医科学大会在衢州希尔顿逸林酒店召开

人次，带教培训16318人次。

【三医联动综合医改】2021年，积极推进开化县省级综合医改试点工作。5月，开化县成为2020年度全省唯一获公立医院综合改革领域国务院督查激励的地方。2021年，会同医保部门出台《关于调整公立医院部分医疗服务项目价格等有关事项的通知》，定向调整电生理诊疗等共计18项与降价耗材相关医疗服务项目价格。建立机制化医保DGRS支付方式改革对接协商机制，收集整理需求建议，合理确定调整方案。协同建立谈判药品"双通道"管理机制，满足国家医保谈判药品供应保障、临床使用等方面的合理需求。联合市医保局印发《关于恢复分级诊疗审批报销工作的通知》文件，快速推进分级诊疗转诊政策有序恢复。

【中医药传承与发展】2021年，委托浙江大学历史上首次编制贯通事业和产业发展的《衢州市中医药"十四五"发展规划》，积极创建"浙江省中医药综合改革先行市"，探索具有衢州辨识度的针灸行业发展模式和路径。市卫健委实现单设中医药管理处，承担全市中医药事业中长期发展规划等职能。衢州市中医医院与浙江中医药大学实施合作共建项目实现落地。成功申报2022年度浙江省中医药科技计划立项项目4项。年内新增1名省级名中医，2名浙江省中青年临床名中医项目培养对象，3名浙江省中医护理优秀人才项目培养对象，并成功申报1个省级名中医工作室。成功以线上线下相结合形式承办由农工民主党中央和国家中医药管理局主办的第七届中医科学大会。

【医疗质量管理】2021年，编印下发《关于新设立和调整市级医疗质量控制(技术指导)组织机构及人员组成的通知》和《衢州市医疗质量控制中心和医疗技术指导中心管理办法(试行)》，市级共设立29个质控中心、8个技术指导中心。以季度为单位组织专家对全市二级及以上公立医院进行监测分析，先后印发4期《衢州市公立医院运行绩效评价报告》，有效推动公立医院实现精细化管理。完成两轮医疗机构质控联合检查工作，将市、县公立医院和市本级民营医院纳入检查范围，检查内容覆盖16个专业。

【急救信息共享机制】2021年，组织建立跨部门急救信息共享机制，依托衢州市急救中心"120"报警平台，将接报的伤人事件信息通过"浙政钉"群组按事权点对点反馈给应急管理、公安交警等部门进行"吹哨"提醒；同时，事权部门通过接警平台进行初判，并决定是否向卫健部门进行"吹哨"，提出调派优势医疗资源支援处置信息的请求，由卫健委组织专业医疗专家等资源参与精准处置，为有效处置各类突发事件提供保障。

【医疗保障服务】2021年，完成市两会、2021年高考和公务员考试、衢州市道德模范暨第九届“最美衢州人”十大年度人物颁奖典礼、2021年中国围棋队选拔赛、2021衢州金庸武林大会、2021年浙江省第四届体育大会、庆祝中国共产党成立100周年文艺演出、“初心向党·实干担当”先进事迹报告会暨市委书记讲党课、2021衢州市产业高质量发展大会、衢州市七届人大七次会议、纪念孔子2572年诞辰祭祀典礼、衢州市庆祝第37个教师节表彰大会、第三届衢州人发展大会、浙大衢州“两院”落成仪式、双港老桥爆破拆除、2021年浙江省足球超级联赛（衢州赛区）等活动期间的医疗保障任务30余次。

规划工作

【“十四五”规划编制】2021年，编制卫生健康、爱国卫生、老龄事业、医疗机构设置、中医药发展等“十四五”规划，相关经验做法在全省工作会议上作典型发言。

【重点项目建设】9月，高质量建成四省边际中心医院，获省委书记袁家军点赞。总投资30亿元的生命科学小镇项目成功招商落地。市公共卫生服务中心项目获1.3亿元专项债券支持并顺利开工。市老年人活动中心项目列入省保障性安居工程，获中央预算内投资2028万元。

【对外合作】2021年，温医大附属衢州医院合作项目顺利实施，12位专家常驻医院开展工作，引进应用新技术、新项目42项；与浙江中医药大学合作共建四省边际中医院（衢州临床医学院）、杨继洲学院项目签约启动，派驻市中医医院的主要领导到位并开展工作。市中医医院与杭州市第三人民医院、市第三医院与杭州市第七人民医院、市第三医院与武汉市精神卫生中心等合作项目成功签约。

【社会办医】2021年，继续服务和推进衢州康复医院、中西医结合医院、衢州骨伤科医院、达康康复医院、物产凤凰等社会办医项目优质发展。

2021年9月27日，衢州市人民政府与浙江中医院大学举办共建浙江中医院大学附属四省边际中医院（衢州临床医学院）、杨继洲学院签约仪式

生育管理

【概　况】2021年，全市出生人口（含补报）15396人，同比下降14.28个百分点；二孩率43.34%，同比下降3.62个百分点。

【出生“一件事”】2021年，迭代升级出生“一件事”原有场景应用，全程参与测试省统建系统新功能的开发以及原功能的完善优化，在全省率先将出生“一件事”从“全市通办”“全省通办”延伸至“跨省通办”，率先在全省出台《衢州市推进出生“一件事”“跨省通办”“全省通办”实施方案》。全市出生“一件事”掌上办人次达到同期分娩数的97%以上，“好差评”评价系统服务环节零差评，国务院办公厅职改办、省卫健委等相关部门先后到衢州实地调研出生“一件事”“跨省通办”事项。

【出生缺陷综合防治】2021年，推进出生缺陷综合防治“一扩面九免费两减免”[一扩面：指一级预防中免费补服叶酸受益人群由农村扩展到城乡统筹，二级预防中血清学整合筛查项目从中孕期延伸至早中孕期，三级预防中新生儿疾病筛查扩大至6周岁以下儿童发育筛查；九免费：指婚前医学检查、孕前优生健康检查、增补叶酸、遗传代谢病筛查（苯丙酮尿症、先天性甲状腺功能减低症、先天性肾上腺素皮质增生症和葡萄糖-6-磷酸脱氢酶缺乏症四种)、听力筛查、早中孕期血清学整合筛查、先天性心脏病筛查、儿童孤独症筛查、0—3岁儿童发育筛查;两减免:指产前诊断、发育诊断性评估]工作,市卫健委联合五部门印发《衢州市出生缺陷综合防治工作方案》,成立出生缺陷综合防治工作领导小组,构建覆盖城乡居民,涵盖婚前、孕前、孕期、新生儿和儿童各阶段的"九免两减"出生缺陷综合防治体系。

【婴幼儿照护服务】 据浙江省智慧托育平台数据显示,至年末,衢州市共有3岁以下婴幼儿托育服务机构269家,托位数7652个,其中经卫健部门备案的托育机构14个,托位数1101个;每千人口拥有3岁以下婴幼儿总托位数3.36个,列全省首位;城镇社区婴幼儿照护服务机构覆盖率71.7%;7家妇幼保健机构均建立规范化、标准化照护服务指导中心和实训基地,托育服务供给体系初步建立。龙游县婴幼儿照护相关做法在《浙里改》刊登。

【生育关怀服务】 2021年,市计生协主导的计生特殊家庭心理援助骨干团队有7支百余名队员,各类志愿者队伍286支,近5000名志愿者,为广大老年群体特别是计生特殊家庭提供精神慰藉、走访慰问、志愿服务、保险保障等服务。全年走访慰问412户,发放慰问金50余万元。本年度"春苗计划"助学活动惠及7所学校58名学子,资助金额6.02万元。全年,计生特殊家庭保险人数2839人次,安康保险28.5万人次,生育关怀系列保险年度总保费2473.81万元,综合赔付率106.96%,其中计生特殊家庭保险理赔率99.92%。2021年,在省内首创生育关怀保险智慧理赔服务,通过构建跨部门数据处理体系,实现计生特困家庭就医保险理赔"零跑直赔"。截至年末,生育关怀保险智慧理赔服务在全市22家医院上线运行,14家医院实现智慧理赔364人次,理赔金额42.31万元。"生育关怀保"应用场景成功入选首批省级卫生健康数字化改革基层创新储备库入库项目,在全省生育关怀保险工作推进会交流发言。2021年,按照县级"暖心家园"建设全覆盖的要求,新建4家"暖心家园"。全市有国家级"暖心家园"1家、市级3家、县级7家。全年全市新建"向日葵亲子小屋"4所,累计建成6所,填补0—3岁婴幼儿教育养育资源缺口。

疾病防控与应急

【概 况】 2021年,做好新冠疫情和重点传染病防控工作,不断提升公共卫生应急工作能力和检验检测能力,加强卫生应急体系建设能力,推动疾病预防控制工作再上新台阶,保障全市公共卫生安全。

【重点传染病防控】 2021年,结合农村居民健康体检,对65岁以上农村老年人特别是肺结核病例密接者、糖尿病患者、2020年应筛未筛人群、陈旧性肺结核病患者开展肺结核免费筛查。全市免费筛查农村65岁以上老年人21.16万人,新发现肺结核194例,疑似肺肿瘤285例,肺肿瘤37例,矽肺15例,支气管炎5518例,慢性阻塞性肺病550例,肺气肿3844例。

【70岁流感免费接种】 为有效降低重点人群流感疾病负担和病死率,减少流感相关疾病带来的危害,9月起,对全市70周岁以上的老年人,按照自愿的原则,实施流感疫苗免费接种。全年全市70周岁以上老年人流感疫苗免费接种项目共接种免费流感疫苗56881人,任务完成率为103.42%(56881/55000),6个县(市、区)均完成原定任务目标。

【重点人群结直肠筛查】 2021年,全市完成筛查(完成问卷调查及至少一次粪便隐血检查)89429人,初筛阳性13430人,初筛阳性率15.05%;完成结直肠镜检4974人,结直肠镜检参与率37.04%,超过33%的预测参与率;1589人进行病理检查,总病理检查率31.95%;检出结直肠癌40例,检出率0.81%;进展期息肉348例,检出率7.01%;非进展期息肉714例,检出率14.83%;良性病变808例,检出率16.28%。未检出高级别上皮内瘤变。患者得到及早救治,提高患者的生存率和生存质量,有效降低全市医保基金支出和个人卫生支出占卫生总费用的比重。

【慢性非传染疾病防制】 2021年，为进一步提高患者服药率、规范管理率和血压、血糖控制率，减少患者医疗费用支出，延缓、降低“两慢病”相关并发症，降低致残率和死亡率。在全省首个全市域实施65周岁及以上原发性高血压、2型糖尿病患者免费服药政策，对“两慢病”患者所需的20种药物及相关检测项目、一般诊疗费等予以免费，该政策惠及140444名患者。通过项目的实施，高血压管理人数新增22308人，规范管理率无明显变化，服药率和血压控制率分别增加3.0个百分点和3.8个百分点。糖尿病管理人数新增6752人，规范管理率、服药率和血糖控制率分别增加1.5个百分点、5.0个百分点和2.0个百分点。

【健康危害因素监测】 2021年，开展饮水安全和环境健康危害因素监测与评价，全市完成407份水样监测，合格375份，合格率92.14%。做好城乡饮用水水质监测与信息发布工作。做好环境污染（雾霾）与人群健康影响监测项目和人体生物监测，开展环境污染与健康影响评估与研究。统筹职业卫生专题调查和监测，提高职业卫生、放射卫生、环境卫生检验检测能力。截至年末，完成食品安全风险监测任务2514份，达到1.13份/千人。2021年贯彻落实学生常见病和健康影响因素监测与干预工作，全市总体近视率54.47%，营养不良率9.09%，超重率11.83%，肥胖率9.35%，龋齿检出率44.00%，脊柱弯曲异常检出率1.48%，贫血检出率14.41%，沙眼检出率0.14%。

【卫生应急体系建设】 2021年，修订完善《衢州市突发公共卫生事件应急预案》和《突发急性呼吸道传染病事件应急预案》。全面完成8个传染病院（病）区改造和5个疾病预防控制中心标准化改造项目。

【严重精神障碍管理治疗】 2021年，坚持以加强部门协作、加强基层能力建设、落实监测评估、强化数据质控、宣传普及知识及开展心理健康服务为重点，扎实做好医疗救助，进一步规范严重精神障碍社区管理治疗。全市有精神疾病专科医院7家，其中公立2家、民营5家，核定床位1297张，实际开放床位2150张；全市9家二甲以上综合性医院按标准开设精神专科门诊。精神科执业医师和执业助理医师199人，从事精神科护理的执业护士337人，心理治疗师8人，心理咨询师21人。建立市、县、乡、村四级精防业务网络，与各相关医疗机构上下联动，确保各项工作有序开展。

2021年4月17日，衢州市精神卫生专科联盟授牌仪式举行

【职业病防治项目】 2021年，开展重点职业病监测、工作场所职业病危害因素监测、尘肺病信息核查与随访专题调查、职业性放射性疾病监测、医疗卫生机构医用辐射防护监测、非医疗机构放射性危害因素监测等职业病防治项目，4月和7月，分别举办全市疾控系统卫生监测业务工作及项目培训、推进会。

【职业病防治法宣传周】 4月25日至5月1日，在全市范围内开展以“共创健康中国，共享职业健康”为主题的《中华人民共和国职业病防治法》宣传周活动。活动新闻媒体报道2次，短信、微信等新闻平台报道9次，线下现场宣传39次。发放宣传材料4900份，现场咨询人数400人次，深入企业发放材料6200份，督促职业健康体检200余人次。

【院前急救】 2021年，组织开展反恐防暴和模拟急救演练11次、岗前培训考核8期。4月，与台州、金华、丽水联合举办台金丽衢第五届院前急救调度培训班。10—11月，组织开展第六届衢州市院前急救知识和技能操作竞赛，选拔并组织参加第八届浙江省院前急救职业技能竞赛，获得市级团体三等奖。组织救护师进学校、社区、企事业单位等开展急救知识和技能普及培训活动13次，发放宣传资料800余份，受益1000余人。9月12日世界急救日，联合市红十字会招募首批100名“急救侠”急救志愿者，为“邻里救、村村救”急救志愿者服务筹备主体力量。2021年，全市接听“120”报警电话78608次，“120”急救电话畅通率100%；“120”急救电话平均受理和调度时间为49秒，受理派车时间符合要求率99.8%；有效出车16680次；平均出车时间1.85分钟，2分钟及时出车率69.2%，回车率为0，主城区平均反应时间9.57分钟。有效处置3人以上重大突发事件79起，电话回访院前急救服务对象1825人，总满意度99.7%。开展急救知识普及培训13次，发放宣传资料和宣传用品800余份，1000余人受益。

老龄工作

【概　况】 2021年，全市60岁及以上老年人口61.12万人，占比23.88%。

【新时代老龄工作】 6月，印发《衢州市老龄事业发展“十四五”规划》，科学全面推进老龄事业与经济社会协调发展。7月，印发《衢州市老龄工作委员会工作规则》《衢州市老龄工作委员会成员单位职责》，建立完善市老龄委工作机制。市、县两级财政为全市年满80周岁及以上的老年人购买老年人意外伤害保险。9月，衢江区黄坛口乡茶坪村、江山市虎山街道东门社区被国家卫生健康委、全国老龄办命名为全国示范性老年友好型社区。

【“世界长寿之都”创建】 1月，衢州正式通过国际自然医学会、世界长寿乡调查团、世界长寿乡科学认证委员会的最终认定，获“世界长寿之都”称号，为国内第三个获该荣誉的地级市。7月16日，“世界长寿之都”揭牌仪式暨衢州市长寿文化研究会成立大会在开化县举行。世界长寿乡调查团经过实地调查，调研报告显示：衢州的“长寿”特质非常明显，体现在生态环境、文化底蕴、医疗保障等方面。

【老年健康服务体系】 2021年，优化老年医疗资源，全市二级及以上综合医院和二甲及以上中医医院规范设置老年医学科的比例超过30%，每个县(市、区)新增1家医疗机构开展康复护理、长期照护或安宁疗护。全市完成27个老年友善医疗机构创建。7月12—18日，围绕“关注口腔健康　品味老年幸福”主题开展老年健康宣传周活动。10月全国“敬老月”，全市开展老年健康知识宣传活动。

【医养结合工作】 2021年，全市共有医养结合机构23家，其中开展养老服务的医疗卫生机构13家，设立医疗卫生机构的养老机构9家，嵌入式1家。医养结合机构有医疗总床位1247张，养老总床位3713张。医养签约900对，其中医疗卫生机构与养老机构建立签约合作关系106对，与日间照料中心等建立签约合作关系794对。开展2021年衢州市医养结合机构服务质量提升行动，组织医务人员参加全国老年医学人才培训项目、全国医养结合人才能力提升项目。

预防保健

【健康体检与医疗保健】 2021年，通过微调体检项目、加强体检组织工作力度、合理安排体检单位与时间等办法继续提高全市干部的体检参检率。各承检医院组成由分管院长负责的体检工作领导小组，建立体检服务绿色通道。为一级保健干部、正县处级领导干部和离休老干部办理“医疗保健就诊卡”，开通就医绿色通道。聘任专门的干部保健工作联络员，提供最方便快捷的优质服务。5月，重启市行政中心“健康咨询室”，开展“一对一”健康指导服务。定期开展上门医疗巡诊服务，做好保健对象连续、动态、个性化的健康监测和健康干预，有针对性地提出预防保健及治疗建议，减少疾病发生。全年，完成300余名一级保健干部和正县处级领导干部的健康体检和评估工作。

【健康教育与健康管理】 2021年，结合新冠疫情、热点问题、健康生活等，编发《干部保健知识专辑》

24期1万余册，发送短信52期3万余条短信，定期向市一级保健干部和正县处级领导干部发放《新保健》《健康博览》《健康之路》等权威健康杂志5000余册。基地医院根据保健对象需求，编制常见病、多发病、慢性非传染性疾病等方面的宣传小册子。市人民医院继续办好医院宣教橱，组织开展专科专病的知识讲座。市中医医院在带诊过程中向保健对象作中医特色的健康保健知识宣教。下发《关于进一步加强干部保健新冠肺炎防控工作的通知》，以上门采样和专设定点采样点的形式，做好全国、省、市两会等各类会议参会对象共2300余人次的核酸检测工作。有序开展保健对象的新冠疫苗接种工作，按需为保健对象提供防控物品，疫情期间保健对象未有1例感染者。

【免疫规划】2021年，全市国家免疫规划疫苗基础免疫报告接种率继续维持在较高水平，全市卡介苗、脊髓灰质炎疫苗3、百白破疫苗3、麻腮风疫苗1、乙肝疫苗3、乙脑疫苗1、流脑A2和甲肝疫苗报告接种率均在99%以上；全市乙肝疫苗首针及时接种率为99.70%。全市脊髓灰质炎疫苗4、百白破疫苗4、麻腮风疫苗2、白破疫苗、乙脑疫苗和流脑AC疫苗1接种率均在99%以上。完成九价HPV疫苗的网络预约接种，开展接种门诊的预防接种服务排查工作，推进全市预防接种门诊规范化和数字化建设。免疫针对性传染病疫情平稳，无重大疫情发生；非免疫规划疫苗供应稳中有升，全市免疫规划工作有序实施。

【妇幼健康服务】2021年，推进妇幼保健机构发热门诊规范化建设和PCR（基因扩增）实验室建设，衢州市妇保院、江山市妇保院、开化县妇保院均建成规范化发热门诊并正常开诊。先后下发《衢州市妊娠风险评估与管理工作规范》《关于进一步加强全市急危重症和流动孕产妇及儿童管理工作的通知》《关于进一步规范妇幼保健管理工作的补充通知》，对规范全市急危重症孕产妇管理工作，提高危重孕产妇和新生儿抢救水平和服务质量提出更高更实的要求。开展孕产妇死亡和新生儿死亡评审，加强对重点地区的督导。2021年，全市母婴安全形势总体平稳，全市辖区内活产数12608人，孕产妇死亡率15.86/10万，婴儿死亡率2.54‰。持续做好出生人口监测，全年，全市出生人口（含补报）15396人。

基层卫生

【概　况】2021年，紧扣全省基层卫生工作重点任务和全市卫生健康中心工作，紧抓基层疫情防控和年度目标不放松，以提升基层服务能力为切入点，持续深化医共体框架下基层服务体系、基本公共卫生服务、家庭医生签约等工作。

【基层医疗卫生机构疫情防控】2021年，制定下发《关于进一步加强诊所等基层医疗卫生机构疫情防控工作的通知》和《关于开展全市诊所等基层医疗卫生机构疫情防控常态化督查工作的通知》，构建常态化的督查、执法、整改、反馈闭环工作链条，累计下发督查问题清单15份，整改问题151个。成立以各县（市、区）卫健局长为总网格长，局机关班子成员及干部作为一级网格员，医共体牵头医院干部为二级网格员，并增加设立医共体分院（乡镇卫生院/社区卫生服务中心）领导干部作为三级网格员的网格监管体系，实行分片包干责任制，市卫生监督所执法人员补充到各县（市、区），对全市所有村卫生室、诊所和门诊部进行全覆盖、拉网式大排查。全市101家乡镇卫生院（社区卫生服务中心）发热诊室（传染性疾病专用诊室）建成基层发热哨点。

【基层医疗服务能力】2021年，全市新增村卫生室（社区卫生服务站）90家，纳入省、市两级民生实事项目，共投入建设资金1917.54万元，其中新（改）建64家，扩、迁建26家，村卫生室标准化率达85.19%，较2020年提高8.51个百分点。

【家庭医生签约】2021年，与民政、残联、退役军人事务局等部门做好对接，梳理困难人群、残疾人、退役军人、重点优抚对象等人群数量，指导开化县成功申报残疾人家庭医生签约服务国家重点联系点，完成芹阳分院、华埠分院等5家“康复之家”建设，定制残疾人群签约"个性化服务",提升残疾人在签约服务中的获得感。指导常山县招贤镇中心卫生院、衢江区大洲镇卫生院通过省级"家庭医生签约服务培训基地"复评。全市19名基层医护人员获评省级"优秀家庭医生""优秀社区护士""优秀乡村医生"称号。结合"世界家庭医生日"宣传活动,通过"健康衢州"微信公众号等媒体平台,对各县(市、区)获2021年度浙江省"优秀家庭医生""优秀社区护士""优秀村医"医务人员的先进事迹进行报道,提高居民对家庭医生的认可和信任度。截至年末,全市共组建签约服务团队762个,签约覆盖率46.12%,十类重点人群签约覆盖率88.54%。

【基本公共卫生服务项目】2021年,下发《关于印发衢州市2021年基本公共卫生服务项目技术指导和人员培训工作计划的通知》,层层组织项目培训和理论规范测试,邀请省、市专家授课,在线听课340人次。印发《关于调整衢州市基本公共卫生服务项目管理办公室成员和明确职责分工的通知》,强化基层卫生项目办公室工作职能,并定期开展网络督导,形成问题清单跟踪落实整改。建立季度档案质控通报制度,健全定期信息核对机制,定期通过市疾控慢性病监测系统获取死亡数据,与电子档案进行大数据分析,从源头上提高档案数据的完整性、准确性、规范性与一致性。2021年,衢州市国家基本公共卫生服务项目绩评价位列全省第5。

【"两慢病"医防融合改革】2021年,全力推进常山县、开化县"两慢病"(高血压、糖尿病)全周期健康管理试点应用。4月开化县成功"揭榜挂帅",7月在"浙里办""浙政钉"上线,9月相关经验在省数字化改革工作动态中刊登,10月在2021浙江数据开放创新应用大赛总决赛中获三等奖。下发《关于做好基层医疗卫生机构慢性病一体化门诊建设工作的通知》,统筹规划基层慢性病一体化门诊标准化建设,统一LOGO和标识标牌。各县(市、区)试点基层机构配备糖尿病足底筛查箱、幽门螺杆菌检测仪、免扩瞳眼底照相机、肺功能检测仪、人体成分分析仪等,提升综合服务能力,全市完成8家基层分院慢性病一体化门诊改造项目。紧抓"两慢病"全周期健康管理试点和未来乡村建设契机,充分发挥县域医共体总院龙头带动作用,全力推进"两慢病"全周期健康管理应用,提供"预防—发现—治疗—康复"的闭环式服务,打造智慧化村卫生室,线上推出健康档案、健康指数、智能随访、贴心诊疗、健康报告五大核心应用,提供远程诊疗、健康指导、预约挂号、线上开方等智慧健康服务,线下打造"智慧健康小屋"帮助群众在家门口自检自查,实现慢性病治疗、预防、宣教等"一站式"服务。

【优质服务基层行】2021年,按照"面上全覆盖、达标分批次"的原则,全市92家(含推荐)基层医疗卫生机构达到国家基本标准,覆盖率88.46%;19家机构达到国家推荐标准。同时,以基层特色科室创建为切入点,培养和扶持一批适合基层医疗卫生机构开展的特色服务项目,形成与县级医院功能互补、差异化发展的格局。2015—2021年,全市建成市级基层医疗卫生机构特色科室(专科)75个,其中2021年新创建16个。

卫生监管

【概　况】2021年,市卫健委立案、市卫生监督所承办的"某口腔诊所未将使用后的一次性医疗用品进行无害化处理案"入选2020年度全国卫生健康行政执法优秀典型案例,累计7年获评全国优秀案例。

【智慧卫监】2021年,迭代升级新冠肺炎院感防控智慧监管系统,在市域内98家重点医疗机构上线人脸口罩智能识别功能模块,对发热门诊等关键监控点人员是否戴口罩进行24小时不间断监测和预警,实现疫情防控关键环节"佩戴口罩"监管事项的全时段、全流程智能监管。运用信息化手段,对医疗机构、公共场所等7类重点场所、重点领域开展网络巡查。全市共有850个监控点位和474个在线监测点位,上线率达96%以上,发现并解决异常事件1592件,开出网络执法信息交办单29份。推进住宿场所透明保洁试点工作,全市共有84家住宿场所在消毒间内安装智能插座和监控设备，有2家住宿场所实施安装布草流转的监控、监测设备。开展游泳场所水质卫生智能监管试点项目，全市共有25家游泳场所的在线监测数据连入省游泳场所水质卫生智能监管平台。

【妇幼健康执法实训】2021年，加强妇幼健康执法实训基地的软件、硬件建设，打造国家级实训基地"金名片"。2021年，实训基地组织开展国家级实训班2期，省级实训班1期，实训省内外卫生监督员共计75人次。积极争取拓展建设妇幼健康执法实训基地，1460平方米的妇幼健康执法实训基地项目纳入衢州市公共卫生服务中心建设项目。

【"双随机"执法】2021年，全市各卫生监督机构共领取并执行"双随机"任务1966家，其中国家级任务954家、省级任务1012家。市本级共领取并执行"双随机"任务262家，其中国家级任务194家、省级任务68家。截至11月底，国家、省级"双随机"任务全部完成。

【行政审批制度改革】2021年，优化行政审批流程，推进"信用+执法监管"工作。全市范围内对公共场所卫生行政许可等4个事项实行证照分离告知承诺制发证，对集中式供水单位卫生许可等9个事项实行证明事项告知承诺制发证。推行卫健审批事项"全市通办""全省通办""跨省通办"，不断提高政务服务水平。5月，成功办理医护人员执业许可"跨省通办"业务1起，实现群众跨省异地"不见面"业务办结。扎实推进政务服务2.0平台运用，截至8月底，卫生健康所有审批事项全部接入政务服务2.0平台，实现依申请卫健政务服务事项"一网通办"率100%。持续提升卫健审批效能，年内窗口开展各类特色服务150余次，其中行政指导43次、延时服务100余次，办理各类行政审批事项2595件，期内办结率100%。服务质量群众测评优秀率100%，收到办事群众表扬（感谢）信33封、锦旗5面，每月星级考评均为"五星"。

【行政处罚】2021年，全市卫生监督机构行政处罚结案数2676起，其中简易案件1035件、一般程序案件1641件，罚没款总额583.29万元。市本级行政处罚结案数125件，其中28件简易程序、一般程序97件，罚没款总额102.22万元。

【投诉举报管理】2021年，受理投诉举报115起，立案处罚31起。其中市本级受理投诉举报40起，立案处罚9起。

【食品标准备案管理】2021年，完成企业标准备案36件，备案及时率100%。全市收集到2项食品安全国家标准及2项地方标准跟踪评价问卷调查表122份，整理出有效修改意见、建议42条。

【公共场所卫生监督】2021年，开展游泳场所卫生执法专项行动，全市对正常经营的71家游泳场所进行全覆盖检查，立案查处违法行为40起。开展幼托机构、校外培训机构、学校采光照明"双随机"抽检，抽取21家托幼机构，20家校外培训机构以及56家学校，立案查处学校10家。开展秋冬季住宿场所专项整治，全市开展监督检查277家，立案查处167起，处罚金额5.7万元。随机抽查县（市、区）住宿场所14家，发现问题单位11家，均移交县（市、区）进行处理。开展公共场所集中空调通风系统专项整治，全市完成摸排144家，开展培训110家，签订承诺书110份，完成检查46家，发现问题并责令限期整改4家，依法予以立案查处4家，完成检测23家，检测结果均为合格。抓好公共场所自查自律系统推广，推动提升公共场所经营单位自律意识。结合巩固文明城市创建成果，开展公共场所卫生监督巡查，共巡查5713家次，发现并解决问题669个。2021年，全市开展禁烟执法27次，查处违法行为43起。

【医疗机构执业监督】2021年，打击非法医疗美容专项整治，全市办理案件50起，罚款金额为99.99万元。开展未成年人文身专项治理，全市检查提供文身服务经营单位44家，医疗美容机构37家，生活美容、美发场所680家，未发现有向未成年人提供文身服务的经营行为。开展非法人类辅助生殖技术专项整治，全市现场检查107家医疗机构（其中市本级检查6家），未发现人辅技术相关的违法行为。开展打击无证行医等专项执法检查，全市查处无证行医案件53件，罚款106.31万元。开展抗（抑）菌制剂等专项行动，全市检查2家生产企业和79家经营单位，对13个抗（抑）菌制剂采样送检，检测出违法添加激素产品4个，对2家存在违法违规行为的经营单位予以立案调查。开展传染病防治分类监督综合评价，对518家单位进行传染病防治分类分级监督综合评价，评出优秀单位132家，合格单位369家，需要重点监督单位17家，2021年的未定级医疗机构综合评价比例为22.7%。开展放射诊疗机构专项检查，全市检查放射诊疗机构114家，依法查处47家，罚款额11.78万元，其中市本级处罚4家，罚款额0.4万元。推进“无废城市”创建评估，开展医疗废物专项整治，全市检查1418家，处罚225家，其中市本级检查80家，处罚11家。开展医疗废弃物综合管理排查，全市20家二级及以上医疗机构输液瓶袋回收处置率达80%以上，有27家医疗机构通过市级“无废医院”创建评估验收。开展医疗机构依法执业检查，全市出动卫生监督员4795人次、检查医疗卫生机构2089家次，立案处罚812家，其中市本级出动卫生监督员100人次，检查医疗卫生机构40家次，立案查处11家。

【职业病防治卫生监督】 2021年，对省卫生健康委移交的26家用人单位粉尘监测超标线索进行核查，有15家用人单位存在作业岗位粉尘超标现象，对其中2家单位分别予以罚款1万元，其余13家受到警告行政处罚。全市新增职业病用人单位19家（其中市本级2家），新增疑似职业病用人单位21家（其中市本级3家），共立案查处18起，罚款金额149.4万元，其中市本级立案2起，罚款金额63.5万元。推广应用用人单位职业健康数字化应用平台，确定300家左右企业开展职业卫生分类分级监督执法试点。上线衢州市职业健康培训平台，开展职业卫生法律法规规章等培训学习。参加平台培训学习人员达到3068人次，取得证书人员2242人。制作发放职业卫生《行政指导意见书》20余份，进一步加强对企业的法律指导和服务，帮助企业进一步堵塞管理漏洞，保障劳动者职业健康。

医教科研

【概　况】 2021年，出台医疗卫生学科人才新政《关于加快建设高水平学科集聚高层次医疗卫生人才的实施意见（试行）》。自实施以来在学科发展、人才引进、育才留人等方面均有较大的突破。

【人才招引】 2021年，拓宽引才政策宣传渠道，制作招才引智专题宣传片，并在各医学高校播放。9月4日，《新闻深呼吸》栏目衢州籍著名主持人舒中胜为衢州招引高层次医疗卫生人才发声。12月2日，与丁香园平台合作开展空中宣讲。优化人才招引程序，全年滚动式实时开展人才招引工作，并对紧缺人才开辟绿色通道。快速落实人才待遇，规定市本级各单位在与高层次人才签订聘用协议后15日内落实安家费、租房补助、科研启动金等待遇，全年发放476万元，让人才在衢州落户安家。2021年，全市引进100名硕士研究生及以上高端人才（市本级54名硕士），其中博士6名（衢江、柯城各1名，市人民医院3名，市中医院1名），引进人数较上年增长51%。

【人才培育】 2021年，出台《衢州市本级医院临床医疗人员进修培

2021年8月18日，举办庆祝第四届中国医师节活动

2021年7月2—6日，举办浙江大学·衢州医联体建设衢州市卫健系统管理干部综合能力提升培训班

训工作暂行规定》，明确进修期间待遇不下降，让工作人员安心外出进修。全年外派进修人员134人，其中品牌学科、特色专科62人。鼓励学历提升，经批准的重点学科团队成员在职攻读研究生的，除全额报销学费外，还给予一次性奖励，年内有93名医护人员递交硕士研究生以上学历教育申请，在职取得博士学位1人。深化浙大衢州高水平医联体“五横平台”培训教育基地合作项目，举办4期针对不同群体的综合能力提升培训班。2021年，全市卫健系统斩获省级卫生创新人才3人，医坛新秀11人，入选人数较2020年增长27.2%，入选总人数高于丽水、湖州、绍兴等地市，位列全省地级市居中水平。入选市级突出贡献中青年专家荣誉称号2人，市“新115”人才第二层次9人、第三层次37人，总体人才数量、层次均呈上升趋势。

【学科建设】 3月，公布首批衢州市医疗卫生重点学科目录，确定11个品牌学科、13个特色专科；并编制出台品牌学科、特色（专）科建设三年发展规划。针对市直各医院存在的龙头地位不突出、资源重复投入、学科发展空间受限等问题，按照“撤并、整合、联盟、共建”等形式，整合产科业务，建立精神科联盟、病理中心诊断中心、人类辅助生殖中心，实现相关学科规模化、集约化、专业化发展。出台《衢州市医疗卫生“258重点学科人才培养工程”实施办法》，推选出第一批258重点学科人才培养对象75名（10名凤凰医学学者、25名雄鹰医学英才、40名雏鹰医学新锐）。组织开展衢州市第四届名医（中医）、名专家评选活动，全市卫健系统评选出名医60名、名中医15名、专家25名。2021年，衢州市人民医院眼科学、衢化医院烧伤外科学两个学科跻身全国100强；行业精英多次在省级及以上学科技能竞赛比武中斩获一等奖（学科类竞赛获省级以上荣誉40余项，其中一等奖8项）。

【继续医学教育】 2021年，完成住院医师规范化培训报名招录工作和新模式住院医师规范化培训年度考核工作。全年招录98名新学员，220名学员参加住院医师规范化培训年度考核考试。12月14日，完成2021年衢州市新模式住院医师规范化培训年度基地考核。2021年公布国家级西医备案项目2项，省级西医项目公布31项，备案15项；国家级中医药项目2项，省中医药继续教育项目2项。国家级继续教育项目立项数创历史新高，获批2022年国家级继续教育新项目30项，省级继续教育新项目38项；申报2022年国家级中医药继续教育项目5项，省中医药继续教育项目29项（还未公布）。2021年全市审批通过市级继续医学教育项目171项，其中线上项目57项。完成乡村医生注册培训的教学管理工作，863名乡村医生参加培训。开展2020级社区护士岗位培训（29人）的理论培训、考试，结业审定29人合格领证。

【科研申报】 2021年，获国家自然科学基金面上项目1项，实现全市卫健系统在该项目上“零的突破”。全市组织91项课题申报省卫生医药科技计划，获立项22项；组织32项课题申报省中医药科技计划，获立项4项。组织开展市科技计划项目申报，获市级指导性科技计划项目立项94项。

【医学鉴定】2021年，依法依规开展医疗事故、医疗损害等医学鉴定工作。全年收到医疗损害鉴定委托16起，经审核，受理15起，完成鉴定15起。衢州市医学鉴定办公室推荐的鉴定案例获2021年浙江省医学鉴定典型案例展评三等奖。

爱国卫生

【概　况】2021年，衢州市深入贯彻习近平总书记关于爱国卫生运动系列重要指示精神，认真落实《国务院关于深入开展爱国卫生运动的意见》和《浙江省人民政府关于高水平推进爱国卫生运动的实施意见》文件要求，围绕市委、市政府决策部署，以推进健康衢州建设为目标，以打造健康宜居人居环境、倡导文明健康绿色环保生活方式、推进社会卫生健康综合治理为重点，全面推进新时代爱国卫生运动纵深开展，助力打造四省边际共同富裕示范区。

【政策制定与宣传贯彻】2021年，按照全国、省爱卫办要求，认真做好《国务院关于深入开展爱国卫生运动的意见》《浙江省人民政府关于高水平推进爱国卫生运动的实施意见》的宣传贯彻和组织实施工作，早谋划、早部署、早行动，推动各项工作落地见效。3月4日，市爱卫会制定下发《衢州市爱国卫生工作"十四五"规划》，为2021年及"十四五"期间爱国卫生工作开好局、起好步、谋好篇奠定坚实基础。7月13日，市政府出台《衢州市全面推进新时代爱国卫生运动实施方案》，是全省最早出台的地市。

【群众性爱国卫生运动】2021年，围绕提升环境卫生质量、培养文明卫生习惯、抓好病媒生物防制等重点内容，组织开展"清洁家园"爱国卫生专项活动和季节性爱国卫生运动，市爱卫办通过"健康衢州"微信公众号在全市范围内发出《防疫有我，爱卫同行——致广大市民的倡议书》。4月，市爱卫办、市文明办、市健康办等3部门联合开展以"文明健康始于心"科普活动、"绿色家园齐守护"共建活动、"低碳环保践于行"实践活动为主要内容的第33个爱国卫生月活动，发布"市民健康公约"——《衢州市新时代文明生活健康十条》，并将其编成抖音短视频、快板等在全市范围内的新媒体广泛宣传。

【卫生乡镇创建巩固】2021年，下发《衢州市国家卫生城市常态长效管理督查通报制度》，全年开展督查12次，下发督办单50份。衢州市区通过2021年度国家卫生城市省级综合评估，江山市通过国家卫生城市复审全国爱卫办暗访。全域开展国家卫生乡镇创建工作，推荐上报18个乡镇全部通过省级评审，良好率达55.6%。新创浙江省卫生村160个、衢州市卫生村102个。结合卫生村镇创建工作，督促、指导农村户厕改造数据规范登记相关工作，江山市和常山县接受全省户厕改造现场核查，获省爱卫办通报点名肯定。

【病媒生物防制】2021年，全市共开展越冬蚊灭杀活动65次，灭杀控制面积约97.6万平方米。按照"四统一"（统一指挥、统一行动、统一时间、统一用药）原则，组织开展春秋季灭鼠工作，并在报纸、电视台、微信等官方媒体上做好灭鼠知识科普宣传。6月，市爱卫办、市卫生健康委和市总工会联合举办全市第二届病媒生物防制职业技能竞赛活动，采取"疾控+PCO"竞赛模式，评出"衢州市金牌职工"2名，选送5名优秀选手参加省级决赛，获优秀组织奖和团体优秀奖。将"病媒生物智能监测平台"正式应用于衢州市建成区病媒生物日常监测工作。利用智能化评估软件，完成43个国家卫生乡镇和1个街道病媒生物控制水平评估C级及以上达标认可工作。与市农业农村局联合推进以灭蚊灭蝇为重点的"除四害"村建设工作，将"除四害"村建设融入未来乡村和健康村建设，全市共建设"除四害"达标村21个，其中6个村推荐为省级样板村。

【健康细胞建设】2021年，下发《衢州市健康村镇评价实施方案（试行）》，组织开展健康村镇评价工作，公布健康乡镇15个和健康村198个，国家卫生乡镇中健康乡镇建设比例达57.7%。全市新增健康家庭3万余户，累计达4.4万余户。全市新创建浙江省健康促进学校金牌7家、银牌16家、铜牌36家，全市中小学校健康促进学校占比达97.3%，2家健康促进医院通过省级复评。全市新增健康单位81家，健康社区175家，健康食堂5家，健康学校18家，健康餐厅（酒店）5家，健康步道1条，健康主题公园3个，健康小屋（健康加油站）7个，健康一条街3条。

【无烟党政机关建设】 2021年，广泛开展控烟知识宣传，统一设计标识和印发宣传资料，利用“衢州有礼”“健康衢州”等微信公众号以及《衢州日报》全方位、多角度宣传报道无烟党政机关建设工作。将无烟党政机关建设纳入市文明办“有礼指数”测评，开展部门联合督查，组织第三方对市本级和各县（市、区）机关事业单位开展无烟环境建设调查评估，巩固控烟成果。全市2000余家单位开展无烟党政机关建设，基本实现无烟党政机关全覆盖。省爱卫办公布2021年度控烟暗访结果，衢州市无烟党政机关建设在控烟暗访中位居全省第3。

无偿献血

【概　况】 2021年，全市无偿献血人次与献血总量创历史新高，无偿献血30955人次。其中，献全血28287人次，献全血总量8794.55升；献机采血小板2668人次，机采血小板3869.7治疗量；300毫升及以上比例为81.3%；全年临床用血总量9078升；输红细胞类手术开展自体输血总例次2944人次，手术患者回输自体血总量6488.48单位，自体输血率48.6%。无偿献血占临床用血比例为105.4%，成分输血率99.8%。每千人献血13.54人次。继续保持临床用血100%来自志愿无偿献血。

【用血费用报销】 2021年，以“最多跑一次”改革为抓手，落实“用血服务不用跑”政策。实现献血者本人用血直免率100%，家属用血直免率98%以上，在全省处于领先水平。全市用血报销777人次，报销金额567902.78元，还血比率5.87%。其中，医院直免761人次，减免金额552192.78元；App直报16人次，直报金额15710.00元。本人医院用血直免率100%，家属医院用血直免率98%。

【无偿献血宣传】 2021年，开展不同形式的无偿献血主题志愿活动11次，154人次参与，服务时长753.81小时，无偿献血知识宣传覆盖面1万余人次。充分发挥8090宣讲团职能，走进乡镇、社区、学校、企事业单位宣讲无偿献血知识，普及无偿献血知识3500余人次。全市400余辆公交车及全市多家A级景区、市本级60余处醒目处LED大屏在“6·14”期间循环播放以“献血，让世界继续跳动”为主题的宣传海报及视频。组织成分献血者开展“不一样的血红色”联谊活动，100余名成分献血者参与；开展“热血先锋、红心向党”礼敬建党百年无偿献血活动启动仪式，通过微信公众号、大众媒体等平台发布“热血先锋、红心向党”礼敬建党百年无偿献血倡议VCR。与全国31个城市爱心同行，参与由热血跑组委会、深圳市血之缘公益基金会主办的“热血重走长征路 献礼建党百周年”2021年无偿献血线上健康公益跑活动，100名献血者参与活动。

【表彰先进献血者】 2021年，召开全市无偿献血工作会议，市政府四套班子领导参加会议。会议对在无偿献血工作中做出显著成绩的单位及个人进行表彰。2021年，增设“衢州市百次献血英雄奖”“无偿献血最美家庭奖”“无偿献血终身荣誉奖”等荣誉称号，全市164家单位、17个团体及266名个人获表彰。

【关心关爱献血者】 2021年，市委、市政府领导开展专项慰问，市献血办联合市红十字会开展“博爱有礼 关爱生命”困难献血者家庭人道救助活动，救助贫困家庭献血者10人，发放救助金5万元。联合深圳血之缘公益基金会开展关爱献血者项目，为困难献血者提供扶贫济困，完成衢州职业技术学院及衢州学院两所高校共11人的捐助，合计资助1万元。

【创新无偿献血激励政策】 3月，成立“无偿献血惠”项目专项小组。7月，在全省率先完成浙江省无偿献血荣誉证（献血量累计4000毫升）“三免政策”（免费游览政府投资主办的公园、旅游风景区等场所，到非营利性医疗机构就诊免交门诊诊查费，免费乘坐城市公共交通工具）电子化功能，全省近5万名获荣誉证的献血者在衢州市享受“三免政策”时可直接或凭二维码直接减免相关费用。截至年末，衢州市享受“三免政策”有3197人。全市所有非营利性医疗机构（含基层医疗卫生服务机构91家）共115家门诊诊查费智能减免工作全部完成，位列全省第1。全年减免门诊诊查费21204人次，减免240082元；减免城市公交车票4222人次，减免8444元；减免景点（公园）门票173人次，减免8650元。该项目被列为浙江省卫生健康数字化改革基层创新储备库项目之一。

【推动无偿献血事业健康发展】2021年，市、县两级均成立以由政府分管领导任组长、部门单位分管领导为成员的献血工作领导小组，负责无偿献血工作的统筹协调，下设献血办，负责具体工作的落实。下发《关于做好2021年度无偿献血工作的通知》，将无偿献血工作单列纳入市委、市政府对各县（市、区）党委、政府及市本级有关部门考核，促进无偿献血工作落实。制定出台《关于进一步加强血液工作健康发展的实施方案》，将无偿献血工作与精神文明建设、健康浙江建设、卫生城市创建等结合，并纳入衢州市卫生健康“十四五”规划、衢州市医疗卫生服务机构建设“十四五”规划、衢州市公共卫生服务体系“十四五”规划进行具体实施。制定《衢州市突发事件血液保障应急预案》，完善血液应急保障体系建设。

财务审计

【公立医院财务分析】2021年，每季度开展市直公立医院财务报告分析，从医院财政保障水平、医疗费用控制、收入费用结构、成本管理能力等多维度，对各家医院运行情况进行分析归纳，并对业务量和业务收入等关键点作出重点分析，推动业财融合（强化预算、成本、绩效、内控管理意识，将经济管理各项要求融入医院核心业务流程和质量控制环节，促进业务与资源管理深度融合；强化医疗服务行为转化为经济行为的流程管控和内部监管）、提质增效。

【内部控制建设】2021年，开展全市卫健系统财务人员规范履职、内控制度建设自查整改活动，涉及2020年以来各单位内控制度建设、财务管理制度建设、财政财务管理制度执行、选人用人等四个方面49项内容。在各单位自查基础上，对13家市直卫生健康单位和18家县（市、区）单位自查整改落实情况进行重点抽查，针对抽查中发现的问题，以问题清单形式交办有关单位，推动内控管理建设。下发《关于进一步规范市直卫生健康单位房产出租管理的通知》，推动各单位完善预算、收支、政府采购、资产管理、基本建设、经济合同等6项经济活动内控制度及风险点和流程图内控制度，进一步规范房产出租行为。汇编第二版《衢州市卫生财会管理中心制度汇编》和第五册《衢州市卫生财会管理中心内部控制手册》，建立比较完整的规章制度体系，为各集中核算单位提供参考。内控建设和实施方面经验获全市案例征集大赛一等奖。

【“公立医疗机构经济管理年”活动】2021年，采用自查自评方式，对市本级及各县（市、区）“公立医疗机构经济管理年”活动开展评价工作。组织人员对市直公立医院、各县（市、区）经济管理年活动及评价情况进行督查，针对督查中发现的问题及不足，及时指出并要求相关单位落实整改。同时，组织各县（市、区）开展互查互学，形成以查促改、以查促学的良好氛围。组织申报公立医院经济管理年优秀案例4篇（衢州市卫生财会管理中心2篇，衢州市人民医院1篇，衢州市中医医院1篇），其中3篇申报案例被列入全省公立医院经济管理年优秀案例汇编。

（谢云芳）

体育

Sports

综　述

【概　况】2021年，市体育局围绕市委、市政府加快建设“四省边际共同富裕示范区”和“四省边际中心城市”的战略目标和各项决策部署，紧扣年度目标和重点任务，统筹推进群众体育、竞技体育、体育产业等各项工作，为全市经济社会高质量发展提供有力支撑。全年，举办300余项体育赛事活动。严格落实社会风险评估、疫情防控等体育赛事风险管控措施，未发生体育赛事安全事故。

【完善全民健身公共服务体系】2021年，重大体育基础设施建设取得新进展。完成市体育中心体育场建设，江山市虎山运动公园、衢江区体育中心、常山县全民健身中心等项目在加紧建设中。建好管好体育场地设施，完善市全民健身中心、市民健身驿站建设管理，加强基层体育场地设施供给。全年，建设完成83个体育场地设施民生实事项目。五年来，累计完成866个基层体育场地设施建设任务。

2021年5月9日，浙江省第四届体育大会登山比赛在衢江区举办

【体育数字化改革】2021年，统筹推进体育现代化建设。不断规范体育社团建设，全市31家市级体育社团AAA等级以上达到23家，占比74.2%，位居全省第1；深化科学健身指导服务，完成国民体质测试样本上传10616个。青少年体育俱乐部服务管理项目和体育产业一张图被列入省体育数字化改革第一批“揭榜挂帅”项目。初步完成数字社会门户网站“体有所健”板块建设，全市3891个体育场地和3428名社会体育指导员信息导入“浙里办”公共体育服务平台，实现每百万人有效服务人次全省第2。

群众体育

【概　况】2021年，开展全民健身活动300余场。承办浙江省第四届体育大会、衢州市第六届运动会、全国举重锦标赛暨第十四届全国运动会举重比赛预赛、2021全国新年登高健身大会、2021衢州金庸武林大会等300余项体育赛事活动。构建完善全民健身公共服务体系，重大体育基础设施建设取得新进展，建好管好体育场地设施，统筹加快推进体育现代化建设。严格落实社会风险评估、疫情防控等体育赛事风险管控措施，全年未发生体育赛事安全事故。

【承办浙江省第四届体育大会】10月22日晚，浙江省第四届体育大会在市体育中心体育场开幕，于10月28日在衢州中专闭幕。市体育局历时7个月，牵头完成46个大项、457个小项的所有比赛承办任务。此届体育大会上，衢州代表团取得金牌榜第2的历史最好成绩，吸引近2万人到衢州参加活动，现场观众3.2万人次，中央广播电视总台、《中国青年报》、《中国体育报》等90余家媒体参与报道，点击量、阅读量突破5000万人次。

【推进“世界围棋圣地”建设】2021年，市体育局牵头起草《衢州市人民政府和中国围棋协会战略合作协议》，明确中国围棋协会和衢州市合作的十个重点方向和目标任务。牵头起草全国首部围棋法——《衢州市围棋发展振兴条例》（以下简称《条例》），经过4次调研、9次座谈会、8次大改，做到开门立法。2021年11月25日，《条例》经省人大常委会会议审议，表决通过予以批准，将于2022年4月1日起施行。

为打造“烂柯杯”围棋赛事品牌，加强围棋人才培养，2021年1月成功举办第八届“衢州·烂柯杯”中国围棋冠军赛决赛。谋划创办“衢州·烂柯杯”世界围棋公开赛，打造一年一度世界三大围棋公开赛之一。衢州国际围棋文化交流中心在全国5个中心率先揭牌、率先建成。12月2日，举办“烂柯对弈·新千年烂柯谱第一局”活动。经过多年努力，将13岁的衢州棋手张歆宇培养成衢州有史以来第一位职业棋手。

2021年12月31日，衢州国际围棋文化交流中心建成，并投入运营

【基层体育场地设施建设】2021年，基层体育场地设施建设列入省、市两级政府民生实事项目之一。衢州市建设任务数总计83个，其中社区多功能运动场20个、笼式足球场3个、体育设施进公园4个、村级全民健身广场4个、百姓健身房52个（城市7个、农村45个）。结合年度建设目标和各县（市、区）申报情况，3月初制订《2021年全市基层体育场地设施建设实施方案》，明确各单位的建设任务，并指导完成选点定位工作，并于2021年9月30日提前完成83个项目的建设任务。

【完善体育公共服务平台】2021年，实现场地、健身指导“在线搜索”，为市民健身提供便利，将全市3891个体育场地和3428名社会体育指导员信息导入“浙里办”公共体育服务平台。截至11月，市区百姓健身房监测人流量实现232613人次，体育公共服务专区对全市市域内每百万人有效服务数据为106743.3人次，位列全省第2。

【数字化“掌上运动健身”】2021年，围绕全省数字化改革12条跑道之一“体有所健”，开展“揭榜挂帅”项目建设。衢州市2个项目上榜全省体育数字化改革“揭榜挂帅”项目（全省共13个），占比15.4%，位列全省第2。在全省率先打造青少年体育俱乐部服务管理项目，优化“学校+俱乐部”合作模式，实现学校、俱乐部、体育局三方“线上”多跨协同合作，受到学校和俱乐部欢迎。谋划建设体育产业一张图应用，将体育企业等数据进行有效归集展示，破解体育企业统计数据获取难、监管不够有效、展示载体不够丰富等问题。同时，紧盯数字化改革“体有所健”主跑道，建好管好用好老百姓身边的体育场地和设施，丰富老百姓身边的体育赛事和活动，谋划加强老百姓身边的科学健身指导和服务，鼓励各县（市、区）争创省级体育现代化县，让公共体育服务为全民共享。

竞技体育

【概 况】2021年全面提升竞技体育水平，竞技体育大赛成绩取得新突破，奥运会、全运会、省四体会等赛事成绩喜人；强化后备人才培养输送，创建省体育后备人才基地、省体育传统项目阳光体育后备人才基地学校各3个；建立健全竞技体育管理办法，规范竞技体育奖励政策。

【大赛成绩新突破】2021年，黄雅琼获东京奥运会羽毛球混合双打项目银牌；33名衢州运动员参加全运会，获得第一名3个、第二名至第六名及第八名各1个，特别是省足球队勇夺金牌，衢州市有2名队员参加决赛，为夺取金牌作贡献；1名运动员获钢架雪车欧洲杯积分赛铜牌，2名运动员在全国举重和射箭锦标赛获得冠军。浙江省第四届体育大会衢州代表团夺得58.5枚金牌，取得全省11个地市金牌榜第二位的历史最好成绩。

【后备人才培养输送】2021年，朱杨琪成为钢架雪车国家队备战北京冬奥会重点运动员，向国家队输送2名运动员（钢架雪车、羽毛球项目），向省队输送2名试训运动员（艺术体操、举重项目），省外引进2名举重运动员、3名拳击项目运动员，并与杭州陈经纶体校、绍兴市少体校等单位开展运动员联合培养。成功创建省体育后备人才基地、省体育传统项目阳光体育后备人才基地学校各3个。

【建立健全竞技体育管理办法】2021年，出台《衢州市竞技体育贡献奖励办法》，对在奥运会等重大赛事中获得名次的衢州籍运动员及原带训教练员、衢州运动员及带训教练员等予以奖励。

体育产业

【概 况】2021年，体育彩票安全运营，超额完成年初销量目标。推进体育产业示范平台建设，新增2个项目入选国家级产业示范平台，7个赛事列入省级品牌赛事名录库。开展“环浙步道”试点建设，被省体育局列为全省3个“环浙步道”建设试点城市之一。

【体彩安全健康发展】2021年全年全市体彩销量38168.95万元，提前67天完成全年3亿元体育彩票销售目标，增幅31.83%，增幅排名全省第3，市场占比达55.09%，其中市本级筹集体彩公益金2275.65万元，以“建设负责任、可信赖，健康持续发展的国家公益彩票”为发展目标，衢州体彩实现安全健康发展。

【体育产业示范平台培育】2021年，衢州市国家级产业示范项目取得重大突破。新增牧高笛户外用品股份有限公司和健盛之家功能性运动面料研发项目2个项目入选国家级产业示范平台；7个赛事［衢州马拉松、钱江源国家公园马拉松、全国新年登高健身大会南方主会场、“烂柯杯”全国围棋冠军赛、灵鹫山百公里国际越野赛、中国山地自行车公开赛总决赛（浙江常山站）、中国·江山全国“美丽乡村”攀岩系列赛］被列入省级品牌赛事名录库；柯城区两溪绿道（骑行）—飞鸿神网谷（绳网运动）—大荫山丛林穿越探险乐园（丛林穿越）入选2021年度浙江省运动休闲旅游精品线路，龙游龙山户外拓展项目等入选2021年度浙江省运动休闲旅游精品项目；全力推进灵鹫山国家级森林运动乡镇和江山石门省级运动乡镇建设，2021年度争取到省级体育产业发展专项资金650万元。

【开展“环浙步道”试点建设】2021年，衢州市被省体育局列为全省3个“环浙步道”建设试点城市之一，建成300千米示范段，北接杭州，南启丽水，打造“山上运动之道”。（俞翰珍）

媒体

■ *Media*

衢报传媒集团

【概　况】2021年，衢州日报报业传媒集团（以下简称衢报传媒集团）按照市委、市政府的决策部署，践行“两勤”“两专”，加快推进媒体深度融合，通过全媒体联动、全方位报道、全视角呈现，高质量完成全国及省市两会、中共十九届六中全会及省委、市委全会精神的报道，完成党史学习教育和庆祝中国共产党成立100周年等系列重大主题报道，舆论引导有力，舆论监督高效，发挥党的新闻舆论工作主力军、主渠道、主阵地作用。

【习近平新时代中国特色社会主义思想系列宣传报道】2021年，衢报传媒集团持续开展习近平法治思想、《习近平在浙江》系列采访实录、“习近平科学的思维方法在浙江的探索与实践”等一系列重大主题报道。在做好报道转发的同时，集团注重挖掘本地化新闻，如全文转载《习近平在浙江》的同一天，《衢州日报》推出“衢州践行‘八大嘱托’进行时系列报道”。通过系列报道展示衢州的发展成就，与《习近平在浙江》采访实录形成呼应，取得较好传播效果。衢报传媒集团在《衢州日报》“理论与实践”版面开设“习近平法治思想”和“学习贯彻习近平法治思想”两个专栏。同时，与市依法治市办对接，邀请衢州市公检法司相关部门“一把手”撰写理论文章，畅谈对习近平法治思想的学习体会，刊发6篇具有衢州工作特色和亮点的法治理论文章。据统计，2021年全媒体平台各类发稿共计1230余条。

【市两会报道】市两会期间，衢报传媒集团对报道方案早谋划早安排，先行做好会前报道，组织采写人大、政协常委会综述，人大、政协上年议案提案办结情况等稿件，并在《衢州日报》《衢州晚报》开设“喜迎市两会”“喜迎市两会倾听百姓声”专栏，为大会召开营造声势。会中，聚焦两会热点和市委、市政府中心工作，打造重点专栏，推出两会圆桌、两会走笔、两会现场、两会镜头等栏目，记者主动出击，抢抓鲜活新闻，采写侧记内容，有效传达代表、委员的心声，激发广大代表、委员的履职热情。其间，《衢州日报》《衢州晚报》推出2020年为政府民办实事项、“十三五”成就回眸（数读）专版，以图文并茂的形式，解读两会主要内容。为配合做好会议宣传报道工作，采访中心通过多方面采集、多角度解读、多文本生成、多平台发布的方式，对大会进行全方位报道，从版面、栏目、内容、形式、字数、条数，每一天、每一个程序，全过程落实到位，保证精准、求实、鼓劲，传递衢州的声音。

【市委七届九次全会报道】1月20日，市委七届九次全会召开。为配合做好会议宣传报道工作，衢报传媒集团通过精心策划，线上线下互动、整体宣传造势，全媒体、多视角、多文本的立体式发布进行全方位报道，为衢州市迈进“十四五”，奋进新征程营造强大舆论氛围。会前，连续推出《“‘十三五’里品变化”系列报道》《“数读2020”系列报道》，系统梳理总结“十三五”期间衢州经济社会发展成果，做好预热报道，为全会召开营造浓厚氛围。会中，及时向“掌上衢州”App进行图文推送；次日《衢州日报》《衢州晚报》采用消息、特写等形式，全方位、多角度阐释全会精神，生动呈现大会亮点。会后，连续推出《开启争创四省边际社会主义现代化先行市新征程》《打造“七个桥头堡”融入新发展格局》《创新驱动方能赢得未来》《坚持产业为王 实现富民强市》《以高水平开放打造发展新优势》《念好“最”字诀 营造最优整体环境》《锚定新坐标 展现新作为》7篇高质量评论员文章，为推动全会精神的学习宣传和贯彻落实发挥正确的舆论引导作用。之后，《衢州日报》推出“开启‘十四五’奋进新征程”系列报道，进一步营造全市上下齐心协力谋发展的良好氛围。

【庆祝中国共产党成立100周年“七个一百”红色系列报道】2021年是中国共产党成立100周年，百年华诞恰逢开展党史学习教育，衢报传媒集团精心策划推出“奋斗百年路·启航新征程《衢州日报》庆祝建党一百周年红色”系列报道，通过系统、立体、完整回顾三衢大地上一百年来一代代共产党人前赴后继、筚路蓝缕的奋斗历程，展示衢州市传承“红色基因”、讲好“红色故事”、建设“重要窗口”的优秀实践，讴歌来之不易的幸福生活。“七个一百”(“百个红色堡垒晒党建、百名书记谈党建、百年党史理论研讨会、百张红色底片看党史、百名群众话党恩、红色巡礼特刊、百名党员接力颂百年”等七个“100”为主的系列主题报道)红色系列大型融媒体报道环环相扣，层层推进，从不同的侧面反映中国共产党好、中国特色社会主义好。红色堡垒侧重支部力量，用故事反映三衢儿女在中国共产党领导下发生的翻天覆地的变化，和走向小康生活的喜悦；红色底片是在党史学习教育背景下推出的反映衢州本地党史的内容，许多图片是第一次披露，弥足珍贵；红色见证通过老百姓的口颂扬中国共产党好；红色力量，通过各层级的党组织书记畅谈如何通过围绕发展抓党建，抓好党建促发展的经历和故事；红色巡礼将红色系列报道推向高潮，100个版融合整个集团的力量，在“七一”前夕推出。这是衢报传媒集团历史上时间跨度最长、采访对象最全、版面数量最多、稿件种类最齐、走进基层最深的一次主题报道策划。整组报道起到重温一段历史、推出一批好稿、营造一种氛围、锻炼一支队伍、打造一个品牌的目的。

【“网红点上问共富”系列报道】“七一”之后，《衢州日报》适时推出“网红点上问共富”系列报道。旨在通过典型个案剖析，反映各地推进“乡村振兴、实现共同富裕”的经验和成效，探寻未来发展方向。该系列报道采访细致、调查扎实，从小切口切入，抓住“网红点”上的某一特色亮点，用一个个生动的故事，展现一个个共同富裕示范样本的生动实践。最后配以“问道”短评，从理论的高度，对样本进行归纳、总结、提升，发人深思。文章见报后，中国新闻网、浙江在线等网络媒体均予以逐篇转发，引发社会广泛关注和热评点赞，形成主流舆论强势。

【产业高质量发展宣传报道】2021年，衢报传媒集团围绕全力打造四省边际共同富裕示范区、四省边际中心城市的重要举措开辟专栏，浓厚衢州市产业高质量发展氛围。紧扣产业高质量发展主题，突出舆论先行，强化典型引路，推动全媒联动。通过全方位、多视角、立体化的宣传报道，凝聚起全市上下大抓产业、大抓工业的强大合力。8月23日，开设“产业为王 工业强市”专题专栏，聚焦工业平台、聚焦“隐形冠军”、聚焦行业龙头、聚焦小微科创等，宣传衢州市推进产业高质量发展的实招硬招和成效，报道企业高质量发展的典型案例。开展营商环境“清障”行动专项舆论监督，以“今日直击”舆论监督平台为依托，围绕营商环境工作中出现的难点、堵点和工作不到位的问题，开展监督报道，曝光反面典型，查找问题症结，助推问题解决，为企业破难解困提供舆论支撑。在日常报道中，及时组织精干力量采写相关报道，加强与市经信委、各县(市、区)和智造新城、智慧新城管委会等部门对接联系，深入典型企业挖掘高质量发展的成功经验，推出相关报道。不断改进创新，充分运用媒体融合发展成果，发挥各类宣传阵地作用，确保产业高质量发展主题宣传有声有色、出新出彩，扩大影响力、增强震撼力。

【全市碳账户宣传报道】2021年，衢州市是国家级绿色金融改革创新试验区，衢州在全国首创工业、农业、个人领域三大碳账户体系，系统推进工业、农业、居民生活三大重点领域绿色低碳转型。对此，衢报传媒集团通过聚焦"双碳"工作、聚焦衢州实际、聚焦媒体创新报道，以全媒体、全平台、全资源要素推动这项工作对外发声传播。通过专栏专题的方式推出《我市在全国首创工业、农业、个人领域三大碳账户》《厉害了！衢州在全国率先试点银行"个人碳账户"》《衢州全国首创工业碳账户体系 助力实现"双碳"目标》《我市发放全国首笔个人碳账户优惠贷款》《浙江衢州建立工业碳账户体系》等文章，在金融等改革领域备受关注，并被省级、中央级媒体转载报道；针对"碳账户"改革创新的内容建设，推出《我市构建三大碳账户体系》《"华飞轻纺"获龙游首笔工业"碳账户易贷"》《中国银行衢州市分行首笔"双碳贷"落地》等文章；在报道中，加强场景应用方面的宣传，如《建行发放"工业碳账户"场景应用贷款》《我市发放首笔"碳账户"场景应用贷款》《衢州市发放首笔"碳账户"场景应用贷款》等，把工作创新直接与场景应用关联起来，让新闻"活起来"。

【中共十九届六中全会宣传报道】11月8—11日，中共十九届六中全会在北京召开，衢报传媒集团提高站位、精心谋划、提前部署、创新手段方法，圆满完成六中全会宣传报道任务。在报道形式上有突破，使用两张图片，并在报眼位置刊发公报摘要。会后，集中人力、版面资源，及时转发全会决议，并在一版、二版、《理论与实践》开出"学习宣传贯彻党的十九届六中全会精神"专栏；之后又在一版推出"六中全会精神在基层"专栏，营造浓厚的宣传氛围，将学习宣传贯彻中共十九届六中全会推向高潮。在全省地市报中，率先推出评论员文章和《大家谈》专版。高质量的评论和版面，在社会各界引发强烈反响。

【8090新时代理论宣讲报道】2021年，衢报传媒集团把党史学习教育、8090新时代理论宣讲，与推动中央、省委决策部署落地落实，与衢州正在做的、将要做的事紧密结合起来。推出《以青春之名，为新时代发声——衢州市"8090新时代理论宣讲团"特别报道》专版，把"8090新时代理论宣讲"一周年结合中国共产党成立100周年，通过评论、综述等方式，回溯8090新时代理论宣讲团发展脉络，详解衢州如何以"8090新时代理论宣讲团"为载体，凝聚起建设"重要窗口"的青春力量，形成青年理论宣讲大格局。同时，将"8090新时代理论宣讲"与"最美现象"相结合，在2021年最美颁奖晚会报道中，集团运用的"直播+评论+动态消息+特刊"媒体矩阵，让人印象深刻。

【"纪念孔祥楷先生"特刊】9月28日，在纪念孔子2572年诞辰典礼结束后，孔子第75代嫡长孙孔祥楷去世。孔祥楷是联通南孔文化历史与未来的重要标志性人物，他在"让南孔文化重重落地"的进程中，在推进南孔文化的创造性转化、创新性发展的事业中，发挥独特而无可替代的作用。他的离世令社会各界万分悲痛，10月2日，集团推出"纪念孔祥楷先生"特刊。此后，社会各界的悼念文章络绎不绝，通过文化副刊部的编辑、整合，在"掌上衢州"推送。10月10日，浙江省副省长徐文光写的《不可忘却的纪念——回忆孔祥楷先生》一文，追思与铭记他在衢州任市委书记期间与孔祥楷的往事，并于10月11日在《衢州日报》人文周刊首发，引发媒体和网民关注。新华网、中国新闻网、中国小康网、澎湃新闻网、《新京报》等网媒和"富贵门""之江瞭望""法治浙江""中新浙里"等微信公众号转载文章，累计阅读量超5000万人次。其中，"富贵门"微信公众号单篇阅读量12小时超10万人次。互动区域中，网民借文章表达哀思和悼念。

【《在衢州，遇见有礼中国》特刊】5月10日，《衢州日报》人文周刊以4个版面刊发《在衢州，遇见有礼中国》特刊，学习贯彻落实省委书记袁家军在省宣传思想文化工作领导小组会议上提出"培育'浙江有礼'省域品牌"的要求，图文并茂全景回溯"衢州有礼"城市品牌建设如何走向浙江，走向全国的过程，为全省高质量推动"共同富裕示范区"建设，提供精神支持。整组报道实现创新、突破和超越，获得省领导点赞。

【"联盟花园"专版】 2021年，衢州市主动作为，牵头发起浙皖闽赣（衢黄南饶）"联盟花园"合作共建的倡议。为传播市委、市政府的重要决策，《衢州日报》率先开设"联盟花园"专版，版面开设联盟视野、花园地图、盟友动态、花园漫谈等栏目，图文并茂地讲述"联盟花园"好故事，发出"联盟花园"好声音，展现四地"联盟花园"好风光。自2月23日"联盟花园"版首期见报以来，策划衢州、黄山、南平、上饶四市相关负责人解读"联盟花园"旅游新格局的采访报道活动，发表《"联盟花园"：换新出发，剧透未来》《跨区域协作向来不易，这四个省是如何打造"风景共同体"？》《"联盟花园"一码游，探索全域智慧旅游新模式》等具有影响力的文章，不仅为四地文化旅游事业、产业的发展营造良好舆论氛围，并通过整合信息、新闻资源、全媒体融合互动，为推动区域协调发展这一重大国家战略和后疫情时代释放出的巨大旅游市场需求，打造"双循环"发展新格局、提振消费信心、促进共同发展提供重要载体。"联盟花园"版得到市领导的多次认可。

【联合承办"县乡一体、条抓块统"理论研讨会】 2021年，为系统总结衢州"县乡一体、条抓块统"改革试点经验，提炼改革精髓，同时查漏补缺，进一步推进改革试点工作向纵深推进，由浙江大学、中共衢州市委主办，浙江省公共政策研究院、浙江大学公共政策研究院、衢报传媒集团承办浙江省"县乡一体、条抓块统"理论研讨会。此次研讨会嘉宾档次高，市委组织部、市委改革办要求高，而且筹备时间紧。集团成立专班，创意策划公司负责会务接待，时政新闻中心、视觉视频部和编辑中心负责内宣和外宣工作。各部门密切配合，细化方案，圆满完成会务接待、内外宣报道的所有任务，取得社会效益、经济效益双赢。

【古城文化挖掘报道专班成立】 习近平总书记在浙江工作期间，曾先后8次亲临衢州，并寄予衢州"八个嘱托"，这其中一个重要嘱托就是"让南孔文化重重落地"。年初，省委书记袁家军对衢州提出要持续擦亮"文化高地"等6张金名片要求。7月27日，市委七届十次全会提出全力打造四省边际共同富裕示范区、四省边际中心城市，率先在四省边际地区展现共同富裕美好社会的基本图景。其中，非常重要的就是要形成具有衢州辨识度的文化标签和独具特色魅力的文化高地。衢报传媒集团快速出击，主动作为，发挥部门人文积淀优势，以及由一批文史专家组成的衢报人文智库智囊团作用，第一时间成立古城文化挖掘报道专班，围绕南孔古城历史文化和现实生活、保护、传承、利用的关系，对衢州古城墙、历史街区、非遗项目、南孔文化等文旅资源，进行全方位梳理，力求摸清文化家底，厘清文化脉络。积极策划采写"衢州置州1400周年考证""东南阙里，古城旧居"等文化报道，为衢州市打造文化高地献智出力。其中，采写的内参《倾力打造南孔古城"组合式名人旧居博物馆"》受到市委书记汤飞帆的批示；在发起"衢州置州1400周年考证活动"后采写的《关于设立衢州"南孔古城保护月"的建议》，得到市委书记汤飞帆和市委宣传部部长钱伟刚的批示。

【《今日直击》栏目】 4月，根据省、市要求，衢报传媒集团恢复《今日直击》栏目，报道专班围绕市委、市政府的中心工作开展监督，由于选题精准、定位明确、采访扎实、报道客观，《今日直击》监督对象均能迅速进行整改，取得很好的监督效果。市委宣传部《新闻阅评》认为：《今日直击》监督力度大、效果好，敢于直面百姓关注的热点、难点问题，不回避、敢碰硬，一追到底，最终促成问题的解决。对于一些不适合公开见报、题材又重要的内容，《今日直击》采用《衢州日报内参》的形式报市领导参阅。从7月衢州市营商环境"清障"行动开展以来，《衢州日报内参》开设"营商环境'清障'行动专题"，刊发多期，并得到市主要领导多次批示肯定。

【"联盟花园"系列活动】 2021年，"联盟花园"，党媒先行。集团主要领导带队，分赴黄山、南平、上饶三地报社，对接融媒矩阵战略合作，推进4月21日"联盟花园"融媒矩阵战略合作签约上线

2021年4月21日，举行浙皖闽赣(衢黄南饶)“联盟花园”融媒矩阵战略合作签约仪式

仪式圆满举行；在集团分管领导的推动下，“学习强国”浙江学习平台专门为“联盟花园”开通专区，这是衢州在“学习强国”开设的首个专区；成功举办衢黄南饶四市记者行走“联盟花园”红色之旅大型融媒体采访活动，促进四市媒体间的友谊和今后的协作。在“联盟花园”品牌标志和推广口号全球征集活动中，新媒体采编部利用设计等专业所长，在较短时间里完成公告、比选、评审和投票等工作。“联盟花园”系列活动成功开展，得到市领导的肯定，受到央媒和衢黄南饶四市媒体的关注，成为全面展示“联盟花园”的“重要窗口”。

【“学习强国”长三角五平台总编一行走进衢州】 7月16—18日，“学习强国”长三角联盟(上海、江苏、安徽、江西、浙江)总编一行考察衢州。考察期间，“学习强国”长三角五平台以“衢州有礼”诗画风光带为窗口，深度解读推进共同富裕示范区建设的衢州样本，五平台累计发稿量达40篇以上，“学习强国”总平台突出位置同步刊播活动内容，各平台总点击量突破千万人次以上。

【下淤未来乡村系列项目】 4月27日，衢报传媒集团与开化县下淤未来乡村运营项目签约以来，结合下淤未来乡村的定位开展系列活动。5月17日起，下淤未来乡村“慢直播”在“掌上衢州”开播，并在“掌上衢州”抖音号、衢报传媒集团视频号同步“慢直播”。这是全国首个未来乡村“慢直播”基地，是下淤未来乡村迎接八方来客的全新尝试。衢报传媒集团和音坑乡政府联合开展“音坑十景”和“下淤未来乡村”标识征集活动。6月10日，举办“文艺赋能乡村 品牌共鉴未来——‘艺’起打造未来乡村主题活动启动仪式暨‘下淤未来乡村’品牌标识发布系列活动”，“下淤未来乡村”标识与“音坑十景”正式公布。活动现场，还举行签约仪式。通过衢报传媒集团策划的系列活动，提升音坑乡和下淤未来乡村的知名度、美誉度和吸引力，是衢报传媒集团“创意赋能乡村”的生动体现。

【首届水亭门“云上庙会”】 2021年新春，水亭门历史文化街区的“云上庙会”“庙”趣横生。由衢报传媒集团联合衢州市城投集团主办的首届衢州水亭门历史文化街区“云上庙会”，为就地过年的留衢人员和衢州市民送上丰盛的“文化大餐”。集团新媒体采编部创新形式，通过“互联网+”的形式，突破地域限制，观众通过指尖滑动手机屏幕，跟随南孔爷爷和快乐小鹿的脚步逛“庙”会，同时设置祈福墙。2月9日，掌上衢州“云上庙会”融媒体产品上线后，刷屏朋友圈。截至2月22日19时，浏览量超120万人次，用新潮的形式展现传统节日活动，打响“掌上衢州”新媒体品牌，获得市委主要领导高度肯定，为政府“留衢抗疫”添砖添瓦，更好地推广“南孔圣地 衢州有礼”品牌，让更多人感受到衢州浓厚的文化气息。

【衢报人文盛典】 2021年初，衢报人文盛典以“致敬时代·致敬新闻·致敬情怀”为主题拉开帷幕，此活动原为衢报人文周刊的年度回眸，发展成为展现衢州如何切实当好“重要窗口”的建设者、维护者、展示者，彰显衢州在打造四省边际人文高地的担当作为的重要平台。其中“共襄人文·云上盛典”颁奖仪式尤为受人关注，该仪式由记者主持、记者颁奖的“云”上颁奖典礼，以新闻人的视角致敬这座城市里的人和事，激励人文工作者奋力前行。活动视频点播量达36万多人次。

【“请你来协商·民生议事堂”走进未来社区活动】2021年，“请你来协商·民生议事堂”是政协走进基层、服务群众，“问政于民、问需于民、问计于民”的有效载体。在全面推进数字化改革和未来社区建设的背景下，衢报传媒集团充分运用媒体融合的优势，与衢州市县两级政协联动，推出“请你来协商·民生议事堂”走进未来社区系列活动，以数字赋能创新“融协商”模式，广开言路，开门协商，立体传播，助力打造多跨应用、党政管用、群众受用的“融协商”品牌，擦亮衢州未来社区建设“金名片”，在推进社会治理能力现代化中发挥作用。

【“学习强国”衢州学习平台正式上线】9月起，衢报传媒集团承担“学习强国”衢州学习平台建设工作，抢先抢赢申报在前的温州、台州，实现衢州学习平台上线。在筹备组建过程中，集团高度重视，对标全国一流，落实好人财物等各项保障。从内部抽调和招聘10名优秀员工组成衢州学习平台专班；分管领导带队专程赴杭州、宁波、湖州等地考察“学习强国”地方平台建设情况；调剂180平方米的办公场地用于平台办公；投入资金200余万元用于平台硬件软件建设。衢州学习平台由App客户端、PC端两大终端组成，开设“践行‘八个嘱托’”“每日推荐”“党史理论”“六张金名片”“8090宣讲”“衢州有礼”“衢州学堂”“县级融媒”“民生服务”等九大栏目，包含“权威发布”“六讲六做”“共同富裕”“四好衢州”等子栏目，旨在坚持思想性、新闻性、综合性、服务性相统一，创新理论学习方式和组织形式，为广大党员干部群众提供权威、准确、丰富、新颖的学习内容，充分展示四省边际共同富裕示范区与四省边际中心城市的风采和魅力，展示衢州形象、展现衢州之礼、讲好衢州故事、传播衢州声音，打造主题突出的思想平台、资源丰富的学习平台、交流互鉴的文化平台、特色鲜明的传播平台。12月30日，实现“学习强国”衢州学习平台正式上线，成为浙江省第四家地市级学习平台。省委宣传部副部长赵磊亲自出席上线仪式，并现场致辞，对衢州学习平台的工作予以肯定。衢州学习平台的工作受到市委宣传部主要领导的赞许，得到总平台、省平台以及兄弟地市平台的肯定。

2021年12月30日，“学习强国”衢州学习平台正式上线

【“享家政”平台】2021年，在全面推进数字化改革的背景下，集团公司依托技术优势，抓住全省数字化改革契机，在集团原有“96811”家政服务平台基础上，打通政府与市场数据流通渠道，通过多跨协同、流程再造，重塑业务模式，衢州“享家政”平台于8月18日在“浙里办”上架，是浙江省数字社会“享系列”第一个上架的应用，被纳入省数字社会典型案例集，是全省商务系统数字化改革“优秀案例”，受到省、市各级领导的关心和表扬。应用做到省、市、县管通贯通，省级与“浙里好家政”进行数据共享交换，市县两级在该应用内完成，自“享家政”上线以来，下单2000余单。“享家政”推动实现“数据化、可视化、点单式、智能推荐”的智慧家政新模式。打造优质家政服务品牌，推动行业健康发展，以此建立家政服务行业数字化改革一系列行业标准。

【参与并完成第三届衢州人发展大会】9月29—30日，衢州市第三届衢州人发展大会召开。衢报传媒集团作为协办单位，紧密结合市委七届十次全会精神和大会主题，推出3个“战略”、6张“金名片”、8个新突破、共富大道、“开往四省边际共同富裕示范区衢州站的高铁”等版块，让众多乡贤、领导、嘉宾纷纷打卡合影，中央级媒体、“学习强国”、省市级媒体、“联盟花园”城市媒体和各大商业媒体平台、短视频平台等40余家媒体关注会议的召开。衢报传媒集团完成各项筹备工作任务，激发天南地北衢州人心归业归，燃起三衢儿女助力打造四省边际共同富裕示范区、建设四省边际中心城市的热情，奏响衢州人奔向共同富裕的时代乐章，为打造衢州城市品牌奠定基础。衢报传媒集团得到市委统战部通报表扬。

【好吃“三衢味”长三角鲜辣美食挑战赛】11月6日，好吃“三衢味”长三角鲜辣美食挑战赛(上海站)决赛在上海举行。此次活动由衢州市人民政府主办，衢报传媒集团新媒体中心全程策划执行。活动通过线上+线下整体宣传，邀请知名up主(上传者，网络用语)“盗月社食遇记”全程参与，话题热度突破5亿人次，2次登上全国热搜(其中热搜第1一次)，两项数据创下衢州推介活动之最。再一次打响衢报传媒集团在策划执行市委、市政府重大活动方面的知名度。

（傅云燕）

广播电视

【概　况】2021年，衢州广电传媒集团(以下简称集团)学习贯彻习近平新时代中国特色社会主义思想，牢记新时代党的新闻舆论工作职责使命，围绕市委、市政府中心工作，讲政治、守规矩、强“两专”、促创新、树正气，各项工作有新气象。

【新闻宣传】2021年，推出“奋斗百年路 启航新征程”“学党史 悟思想 办实事 开新局”“我心中的共同富裕”“寻找身边的‘两专’典型”等20余个主题宣传报道，紧扣“加快建设四省边际中心城市”“全面实施两专工程”“工业强市产业兴市”等市委中心工作，狠抓《衢州新闻联播》头条及前三条，创新“主播说衢州”“联播快评”等形式，推进系列报道，为中心工作的落实营造浓厚舆论氛围。

【舆论监督】8月，《聚焦时刻》由原来的每周一期调整为每周两期，全年播出44期，播出频次更高、监督力度更大。每期节目都由集团主要领导审稿审片，确保选题精准、导向正确、监督到位。《衢江区十里运动休闲长廊：“网红沙滩”遍地垃圾 城市精细化管理任重道远》《市区多条内河出现脏臭现象》《部分重点场所防疫举措落实不严 市民防疫意识有待加强》等一批报道得到市委、市政府主要领导肯定。围绕城市环境和基层治理、衢州有礼、营商环境清障、安全生产、新时代文明生活示范市等党委政府关注、群众关心的议题，推出电视问政《请人民阅卷》节目6期、“失礼曝光台”9期、影像内参1期。

【对外宣传】2021年，对外宣传持续发力，集团广播电视媒体全年完成对外宣传数量1399条，其中中央级媒体113条次(含《新闻联播》23条、央广新闻10条)，继续位列全省地级台前茅。

【媒体融合】2021年，集团新媒体围绕中心、创新方法，推出《衢州产业之你绝对想不到》《衢州教育的精神谱系》《衢州的这些桥，你走过几座?》等一系列有创意的新媒体产品。集团全媒体平台全年发布短视频786条，在抖音平台总点击量超过7427万人次、在快手平台总点击量超过6251万人次，46条短视频点击量超过百万人次。其中，《93岁抗美援朝老兵余元利匍匐倒地展英姿》在微信视频号发布当晚点赞量突破7万人次，被《人民日报》、新华社、美丽浙江等上级媒体转发后浏览量超过2亿人次，抖音、快手等平台观看超过4000万人次、点赞超过1300万次、评论240余万条，新浪微博开设热搜话题阅读超8000万人次。完成“无线衢州”管理后台底层核心技术升级，平台用户互动能力得到加强。作为乡村振兴讲堂“五位一体”中的智慧大脑，乡村振兴融媒体中心在平台开发、新闻宣传、经营创收等方面保持较好的发展势头。集团乡村振兴融媒体中心(全媒体智慧平台)接连被评为2021全国广播电视媒体融合典型案例(全国仅15例)和2021长三角广播电视媒体融合典型案例。

【新闻创优】2021年,新闻创优取得新突破,电视社教专题《拥抱》、社会活动《2020年衢州市"奇思妙想"创业大赛》、公益广告《斑马线前 人人有礼》获得省级一等奖。《"舒北北和舒圆圆的公益广告时间"交通安全系列之言传身教》被评为浙江省广电局一类扶持项目,两部电视公益广告被评为三类扶持项目。在全省年度第一批通用性电视对农节目遴选中,集团5个节目被录用,数量在市级台中仅次于杭州和宁波。

【民生新闻】2021年,坚持不懈办好"寻亲"栏目。自2016年栏目开办以来已摄制播出寻亲短片600余部、举办寻亲现场活动20余场、帮助196个离散家庭实现团圆,新闻《双胞胎失散54年后首次"云相见"》以超千万热度跻身抖音热榜社会榜首位。寻亲团队善举深得寻亲委托人和社会各界赞誉,收到锦旗近200面,并入选衢州市第十届"最美衢州人"。经视小黄人志愿服务队与党支部联合开展"学党史 守初心 办实事"主题党日活动,通过投放"有礼小红伞"、为老人送羽绒服、为杭衢铁路项目工友送慰问、助力"微心愿"圆梦等方式,展现广电人的社会担当,赢得市民群众的口碑。

【贯彻市委七届九次全会精神】1—2月,《衢州新闻联播》先后推出《贯彻市委七届九次全会精神·解码"十四五"》《贯彻市委七届九次全会精神·部门一把手谈落实》《贯彻市委七届九次全会精神·提问"十四五"开启新征程》等多个系列专栏,全面解读全会精神,营造浓厚学习氛围,深受各界好评。

【"创新驱动在衢州"系列报道】3月,《经视新闻》结合自身栏目定位,策划推出系列报道6篇,展示"创新"在衢州工业、农业、科教、生活等各方面的成绩和作用。

2021年9月25日,"寻亲"团队走进常山县

【"奋进·乡村振兴正当时"系列报道】3月,围绕全市各县(市、区)美丽乡村的村容村貌、村集体经济、村民增收等方面,播出《常山东乡:千亩油菜花盛放迎客》《柯城斗目垅:"樱花村"的蜕变》等系列报道41篇,以当地乡村振兴典型事例,展现农村新风貌。

【奋斗百年路 启航新征程】3—10月,为庆祝中国共产党百年华诞,集团推出《奋斗百年路 启航新征程》系列专栏,播出《中共衢县支部旧址——衢州革命的星星之火在这里点燃》《开化县何田乡:传承红色基因"红军鱼"变身"致富鱼"》《8090说党史:学党史凝聚奋进伟力 讲党史谱写时代华章》等稿件近200篇,营造庆祝中国共产党成立100周年氛围。

【贯彻市两会精神报道】4—5月,《衢州新闻联播》栏目通过头条、主题报道、动态消息、《政府工作报告》摘要、《县(市、区)长访谈》等形式播出稿件50余篇,对市两会精神进行全方位、立体式的报道,让市两会精神的贯彻落实真正入脑入心。

【《党史上的衢州》栏目】5月,播出《林维雁:青春似火 血洒黎明》《李子珍:青年的良师益友》等11篇系列报道,通过历史资料的展现及烈士后人的讲述,让观众更加深刻了解党史上留名的衢州籍人物,在观众中引起热烈反响。

【致敬劳动者】5月,《衢州新闻联播》围绕"全国劳动五一奖状、奖章""全国工人先锋号""浙江工匠”等先进典型，播出《骆志荣：一纸一世界 专注造纸30余载》《姜振军：专注研发34年 为变压器装上科技“芯”》《市营商办：持续擦亮衢州营商环境“金名片”》等报道10余篇，宣传报道获奖者的先进事迹和典型经验，营造良好社会氛围。

【“数字化改革进行时”系列报道】 5—12月，播出《衢州：打造数字化蔬菜工厂 高科技助力农业高质量发展》《衢黄南饶水利政务服务实现“跨省通办”》《柯城余东村：打造乡村未来社区 加速村庄“智”变》等系列报道，通过专班、部门、区块、全社会四个方面反映全市数字化改革成效。

【牢记使命再出发·学习贯彻习近平总书记“七一”重要讲话精神】 7月，围绕衢州各级各部门多种形式学习贯彻习近平总书记“七一”重要讲话精神，播出《市委组织部：培育“两专”干部 推动组织工作高质量发展》《国资国企：以实干实绩践行初心使命》等报道近20篇，营造浓厚学习氛围。

【“共同富裕 产业担当”系列报道】 7月，2021衢州市产业高质量发展大会召开，选取杰出贡献奖、企业成长之星奖、亩均效益之星奖等十个类别获奖企业进行采访，探寻企业高质量发展背后的故事。通过记者出像+航拍等形式，让市民直观了解到项目进展情况，展现各部门为大花园建设做出的努力。

【《走进乡村看小康/中心城市新亮点》专栏】 7—12月，播出《衢州：讲堂开拓思路 助力乡村振兴》《衢州：因地制宜打造特色品牌 高效农业推动共同富裕》等报道200余篇，从城市和农村两个层面，展现衢州全力打造四省边际中心城市的探索与实践。

【“工业强市 产业兴市”系列报道】 8—12月，紧扣高质量发展主题，突出舆论先行，强化典型引路，播出《江山：全方位推进智能制造 高质量推动产城融合》《龙游：瞄定大平台构筑新引擎 持续做好“筑巢”文章》《常山：腾笼换鸟换道提速 高质量创建省级高新区》等系列报道150余篇，聚焦工业平台和专精特新企业进行巡礼报道，凝聚全市上下大抓产业、大抓工业的强大合力。

【新乡贤回归项目巡礼】 9月，围绕第三届衢州人发展大会，推出新乡贤回归项目巡礼，播出《金沃精工轴承套圈产研园：冲击轴承套圈行业世界第一目标》《衢江新田铺田园康养综合体：荒坡变景区 打造乡村振兴试验示范区》《白鸽湖商埠文化园：挖掘文化资源 赋能区域发展》等报道。

【“打造文化高地金名片”系列报道】 9月，围绕水亭门历史文化街区、聚力围棋事业、传承白瓷非遗技艺、走近西安高腔等极具衢州传统文化地标和非物质文化遗产，推出《打造文化高地金名片》系列报道7篇，进一步挖掘衢州优秀文化元素，擦亮衢州文化“明珠”，多角度深层次向观众展现文化魅力。

【寻找身边的“两专”典型】 9—12月，播出《刘红飞：“两山银行”改革的“土”专家》《徐拥华：不忘初心 在科技创新路上砥砺前行》《柴宏良：“铁人”老柴 爱生如子》等系列报道70余篇，贯彻落实市委、市政府“腿勤”“脑勤”精神，加大力度报道具有专业技术能力和专业科学精神的典型人物，发挥典型的引领作用。

【“共奔好光景”主题报道】 10月，挖掘“共同富裕”道路上的典型人物和例子，对衢州优秀共富经验进行详细报道，共播出45篇。报道推出后，推动当地旅游产业的发展，为百姓架起致富桥梁，引起各个乡镇的强烈反响，利于将优秀共富经验进行复制推广。

【联播快评】 10—12月，围绕市委、市政府中心工作，适时推出短小精悍、掷地有声的电视评论，播出《奋力冲刺夺取全年红》《先行先试 为改革发展提供更多“衢州样板”》《好干部要更加“专”起来》等近10篇，起到鼓舞士气、抢占舆论制高点的先发优势作用，为中心工作的推进做好鼓与呼。

【主播说衢州】 10—12月，创新播报形式，播出《95联盟大道：沿海意识 开放包容》《浙江时代锂电：见证新时代的“衢州速度”》《南北携手 儒风浩荡》等报道近20篇，展现衢州在推进中心工作过程中涌现出的大事、好事、喜事。

【“五水共治”助力共同富裕系列报道】 11月，播出《柯城区响村底村：清水育大鱼“鲟”出共富路》《衢江区莲花镇：美丽河湖擦亮生

态底色 未来乡村绘好共富篇章》《龙游县湖镇镇:锦鲤"游"出共富路》等系列报道10余篇,分享衢州市治水带来的巨大变化和群众不断增强的获得感、幸福感。

【来自蹲点一线的报道】 12月,选择一批具有代表性的重大项目、重要创新点,建立骨干记者"两专"观察点进行蹲点报道,播出《江山四都镇"一讲三评"的有益探索(上):小故事暖人心 "红黑榜"增效能》《江山四都镇"一讲三评"的有益探索(下):"三色"考评激活力 做实网格善治理》等报道。

【浙江省第四届体育大会报道】 2021年,作为衢州建市以来规模最大的一次文体活动,浙江省第四届体育大会开(闭)幕式从3月开始筹备。在半年多时间里,广电团队与导演团队密切配合,圆满完成现场演出执行、文案视频创作、舞台排练监督、后勤服务保障、直录播等工作,10月22日、10月28日,浙江省第四届体育大会分别举行开幕式和闭幕式均取得圆满成功,得到省、市领导的高度肯定和参会嘉宾、社会各界的普遍赞誉。

【"8090说"衢州市新时代理论宣讲电视大赛】 3月10日,集团承办的"8090说"衢州市新时代理论宣讲电视大赛2020年度总决赛在万田乡乡村振兴综合体举行,活动得到市委常委、宣传部部长钱伟刚的肯定。9月10日、9月14日,集团策划执行两场"8090说"衢州市新时代理论宣讲电视大赛战区预赛,此次"8090说"电视大赛迭代升级,由个人赛升级为团队赛,让更多"80后""90后"展现青春风采,体现8090的团队特色,展现群体的凝聚力和向心力,加快推动8090新时代理论宣讲工作提档升级。10月9日,集团承办的"8090说"新时代理论宣讲电视大赛战队总决赛圆满收官。

2021年3月10日,"8090说" 新时代理论宣讲电视大赛2020年度总决赛在万田乡乡村振兴综合体举行

【中国(衢州)未来乡村大会】 5月18日,集团承办的"中国(衢州)未来乡村大会"在智慧新城东方大酒店举行。整场大会设置成2轮签约、4轮颁奖、3轮启动仪式,与学术报告相互贯穿融合,使大会呈现出高端大气又富有内涵的效果,受到现场上百位青年科技工作者和嘉宾的连连点赞。

【知名浙商助力衢州跨越式发展大会】 6月4日,集团策划执行的"知名浙商助力衢州跨越式发展大会"在衢州召开。大会紧扣"助力乡村振兴 推进共同富裕"的主题,创意设计二十四节气农民画的"手拉手"结对仪式,获得圆满成功。

【衢州市产业高质量发展大会】 7月18日,由集团承办的"2021衢州市产业高质量发展大会"在衢州市工人文化宫举行。大会开场短片《产业·担当》创新形式,首次用8名企业家采访串起全片,用原创节目音诗画《为产业 不止步》替代颁奖中的致敬词环节,集中展现过去一年衢州产业创新发展成果以及企业家们的决心。

【2021年全民读书周暨第十三届衢州书展】 11月19日,由中共衢州市委、衢州市人民政府主办,衢州市委宣传部、衢州广电传媒集团、衢州市新华书店共同承办的2021年全民读书周暨第十三届衢州书展在新华书店开幕。活动持续3天,先后举行《衢州有意思》新书发布会、《小林的书签》栏目特别活动等近十场子活动,推动"书香衢州"建设,为打造"一座最有礼的城市"提供丰厚的精神

滋养。

【“南孔圣地·衢州有礼”衢州城市品牌云推介会（昆明、阿克苏专场）】12月5日，集团承办的“南孔圣地·衢州有礼”城市品牌昆明专场云推介活动在昆明市举行。活动中，衢州不仅提出“招才引智”的主题，进一步促进高端人才的流动与集聚，还推出面向昆明市民的免费游政策，鼓励两地文旅企业加深合作，吸引更多云南地区游客畅游衢州、尽享浙江古城的人文山水之美。中央驻滇和云南省20余家主流媒体参加推介会。12月8日，集团承办的“南孔圣地·衢州有礼”城市品牌阿克苏专场云推介活动在阿克苏举行。阿衢两地通过云连线、云互动、云推介，对两地城市品牌、文化旅游资源、特色农产品进行分享交流。人民网、新华网及阿克苏本地媒体等12家主流媒体参加推介会。

【第七届中医科学大会】12月14日，由中国农工民主党中央委员会和国家中医药管理局主办，衢州市委、市政府承办，集团策划执行的第七届中医科学大会开幕式在北京、衢州两地同时举行。此次大会为期两天，采取线上线下相结合的方式举行，网络连接京衢两地，并向全球直播。

【开展巡察“回头看”】2021年，根据市委统一部署，市委第二巡察组进驻集团，从10月28日至11月11日开展为期半个月的巡察“回头看”。集团严格按照巡察组要求，及时客观、真实全面地提供相关资料和数据，配合开展好巡察“回头看”工作。

【广告经营】2021年，集团上下按照“巩固机关、深耕县市、扩展企业、做大外地品牌广告”的思路，坚定信心、团结拼搏，巩固广告经营稳步增长的良好态势。2021年，集团广告播量累计完成9008.08万元，完成全年任务的137.99%，同比增长14.63%。其中电视广告播量同比增长19.08%、全媒体新闻中心增长37.44%，增幅继续领跑全省地级台。连续圆满承办浙江省第四届体育大会开（闭）幕式、2021衢州市产业高质量发展大会、中国衢州未来乡村大会、四省边际中心医院落成典礼等一系列重大活动，提升活动创收总量的同时，进一步擦亮承办重大活动的“金品牌”。

【安全保障】2021年，完成全国两会、中国共产党成立100周年、“十一”等6个重要保障期（共计26天）和全年的安全播出保障任务。圆满完成广播电视直录播活动技术保障150余场、网络视频直播200余场。完成电视公共频道和电视经济信息频道高清化播出改造，集团所有电视频道实现全面高清化，为广大市民提供更高质量、更加丰富多彩的电视节目，集团电视高清化进程位居全省地级台前列。在2021年度浙江省广播电视节目技术质量金鼎奖评比中，集团送评的11个作品全部获奖，其中二等奖8个、三等奖3个，创造新的历史纪录。集团技术中心被评为2020年度浙江省广播电视安全保障工作成绩突出集体。集团技术人员刘曦获2021年全省广播电视职业技能竞赛网络安全团队奖第二名。

【落实“两专工程”】2021年，市委部署全面实施“两专工程”以来，集团党委高度重视，组织班子成员、中层干部、年轻干部三个层面分别开展座谈交流，集思广益，研究出台“广电两专20条”。其中，对外助力浓厚全市“两专”氛围、对内提升新闻工作者“两专”素质各10条，每一条都有具体的抓手和载体。年底创新举办“今天我做‘两专’主角”——全市广电系统创新节目展示活动，获得各界广泛好评。

2021年，在衢州市新“115人才”工程培养人员申报评选中，集团5名职工入选，是近年来入选人数最多的一次。在衢州市专才（偏才）认定工作中，集团2名职工被认定为专才，享受H类人才待遇。严格按照规定程序开展事业编制员工和编外用工招聘工作，招聘事业编制员工8人、编外用工13人。根据《专业技术岗位竞聘工作方案》，组织实施岗位竞聘，送评正高级职称1人、送评和聘任副高级职称6人、送评和聘任中级职称5人。开展部聘晋升台聘工作，20名部聘员工晋升为台聘。组织开展“星级员工”评审，全年有280人次获评星级员工。

（严勇波 汪海波）

档案·史志

Archives,Chronicles

档　案

【概　况】2021年，全市档案部门深入学习贯彻习近平总书记对档案工作重要批示精神，以贯彻实施新修订的《中华人民共和国档案法》为契机，以数字化改革为牵引，编制实施“十四五”档案事业发展规划，为高质量建设四省边际共同富裕示范区、庆祝中国共产党成立100周年和党史学习教育等提供档案服务。2021年，市委书记汤飞帆批示肯定衢州市代表队获得全省档案职业技能大赛一等奖。

截至年末，市档案馆馆藏档案338个全宗，53.14万卷、25.08万件，资料2.51万册，实体照片8268张、电子照片621吉字节（GB），电子档案120太字节（TB），接待查档利用2450人次3678卷（件）次。

【举办庆祝中国共产党成立100周年档案图片展】6月25日至10月31日，在市档案馆举办“百年

2021年衢州市档案系统基本情况表

表39

档案馆名称	全宗（个）	档案		资料（册）	照片（张）	查档接待（人次）	查档接待（卷次）	馆库面积（平方米）
		（卷）	（件）					
衢州市档案馆	338	531416	250768	25100	8268	2450	3678	17887
柯城区档案馆	73	40550	38400	3988	4913	1503	1497	2100
衢江区档案馆	121	157292	161973	13400	4158	1357	1084	4180
龙游县档案馆	168	125123	30168	6840	4067	1526	2161	1440.1
江山市档案馆	175	193473	156704	16626	4814	4125	15730	2570.62
常山县档案馆	184	102011	312197	11359	6342	3529	7506	5141
开化县档案馆	128	153977	103553	8295	7964	2543	5870	3200
市城建档案馆	0	109447	—	1064	14144	858	6521	948.87
全市档案室	—	6211983	4576077	—	47442	99039	154043	28078.05
合计	1187	7625272	5629840	86672	102112	116930	198090	65545.64

追梦 光辉历程——衢州庆祝中国共产党成立100周年档案图片展”，共梳理800多个历史事件，收集1200余张图片。6月25日，市委书记汤飞帆带领市四套班子领导到市档案馆参观展览并举行集中宣誓活动。接待全市5000多名党员干部观展。获市委2021年第二季度执行“十条军规”正面典型通报表扬。“建党百年 初心如磐——长三角红色档案珍品展”同期展出 。

【档案工作服务农村基层社会治理试点】2021年，柯城区荷花街道、信安街道，衢江区后溪镇，龙游县石佛乡通过档案工作服务农村基层社会治理省级试点验收。其中，龙游县石佛乡实现村级档案数字化全覆盖，探索建立“村档乡管”模式，并依托“龙游通”进一步优化基层档案公共服务能力，建立可查询政府公开档案和民情档案的网络系统，形成“领导重视、保障有力，局馆协同、乡村推进，乡统村收、村档乡管”的档案管理模式，为衢州市推进档案工作服务农村基层社会治理工作提供借鉴和具体方案。

【组织实施非国有企业退出市场档案处置试点工作】2021年，衢州市档案局积极申报衢州青年传动系统制造有限公司为全省非国有企业退出市场档案处置试点。成立由市档案局、市档案馆、衢州中院组成的试点工作领导小组，明确市档案局、市档案馆、衢州中院及破产管理人各方的权责，指导监督试点单位做好档案处置工作，规范档案移交、利用等环节的具体流程及相关程序，努力为全省非国有企业退出市场档案处置提供衢州经验和具体方案。

【全省档案职业技能大赛获奖】11月24—25日，由浙江省档案局、浙江省档案馆、浙江省总工会联合主办的浙江省档案职业技能大赛在杭州举行。衢州市代表队获团体一等奖。衢州锐晨数字化工程技术有限公司陈媛获归档文件整理考核第一名，衢州市档案馆徐靖波获数码照片归档管理考核第二名、个人三等奖，市委书记汤飞帆作出批示肯定。

【市级部门档案数字化工作】2021年，市财政安排300万元用于市级机关事业单位室藏档案数字化加工，由市档案馆统一组织实施。全年完成市卫健委、市地名办等10家市直单位4.66万卷、4.39万件档案的数字化加工任务。

【市档案馆新馆(二期)项目】3月23日，市发展和改革委员会可行性研究报告批复，市档案馆新馆(二期)项目建筑用地面积20.5亩，总建筑面积32000平方米，其中，地上工程28000平方米，包括库房12000平方米、市方志馆5000平方米、柯城区档案馆5000平方米、附属用房6000平方米；地下工程4000平方米；配置机动车停车位143个，非机动车停车位168个。工程投资估算2.52亿元，计划2022年上半年开工，计划于2024年建成。

（江　潇　赵灵洁）

【城建档案管理】2021年，市城市建设档案馆接收房建项目工程竣工档案296个、市政项目工程竣工档案39个。出具建设工程竣工档案接收凭证106份；开具建筑房产确权登记证明72份。接待档案利用咨询用户858人次，提供档案6521卷，复印档案28158张，档案利用人数同比增长14.7%。完成296个竣工项目档案的整理，组织消毒、编流水号、造册上架6257卷。档案装订外包项目四期完工，完成工程档案规范化整理装订3007卷，档案扫描加工10231卷，包括文字材料1010702页(其中A3面幅16289页)、图纸材料31617页的扫描工作；完成档案条目著录99995条。截至年末，馆内档案数字化率95.9%。

（周　睿）

党史和文献工作

【概　况】2021年是中国共产党成立100周年。全市党史文献工作聚焦中国共产党成立100周年献礼、党史学习教育和党史编研等工作，通过举办大型展览、打造党史教育阵地、出版党史书刊、开展党史知识宣讲等活动，服务市委中心大局，发挥党史工作“以史鉴今、资政育人”作用。2021年，举办庆祝中国共产党成立100周年主题展4场，开展党课宣讲148场，出版党史书籍6部，赠送党史书籍千余册。

【举办衢州市庆祝中国共产党成立100周年展览】6月25日，“百

年追梦 光辉历程——衢州市庆祝中国共产党成立100周年”大型展览在市档案馆开展，市委书记汤飞帆带领四套班子党员领导观展。该次展览共收集1000余张图片，100多件实物。展览内容分“革命篇”“建设篇”“改革篇”“新时代篇”“未来篇”5个板块，通过以图叙事、以文传情方式，展现衢州百年来的荣光历程、激情岁月和辉煌巨变。全市90多个部门5000余名党员干部到现场观展。

【编纂衢州庆祝中国共产党成立100周年画册】7月1日前夕，完成《百年追梦 光辉历程——衢州庆祝中国共产党成立100周年画册》编纂出版。画册收录图片1500余帧，分为“革命篇”“建设篇”“改革篇”“新时代篇”“未来篇”，图文并茂展现中国共产党领导衢州人民进行革命、建设和改革开放的光辉历程和取得的伟大成就。

【推出百张“红色底片”忆党史专栏】2021年，联合衢州日报社共同推出“奋斗百年路 启航新征程”——百张“红色底片”忆党史专栏，通过历史图片和红色档案讲述衢州地方党史在全省乃至全国有影响的党史事件或党史人物。该栏目3月6日起刊，每天1期，共刊出100期，日点击量达5万人次，得到较好反响。

【打造党史教育阵地】2021年，在联合市人大共同对棋杆巷18号衢州第一个党组织——中共衢县支部活动地旧址开展调研，向市委提出建设衢州革命纪念馆建议并作为议案提交七届人大四次会议的基础上，根据市委常委会作出的建立中共衢县支部旧址纪念馆决定，全面负责完成纪念馆图片资料收集、展陈大纲制订、专家论证、纲目修改等各项工作。该馆作为全市党史学习教育一号工程，6月25日正式开放，市委书记汤飞帆，市委副书记、市政府党组书记高屹等领导共同为旧址揭牌，市委书记汤飞帆在旧址揭牌仪式上讲话，浙江卫视等新闻媒体作了报道。2021年，接待参观群众万余人次，成为网红红色打卡点。组织开展第四批省级和市级党史教育基地评选，“浙西革命斗争纪念馆”等7处基地入选第四批市级党史教育基地并由市委命名公布；开化浙西革命斗争纪念展馆和旧址群、常山县西源革命纪念馆入选第四批省党史教育基地。指导市退役军人事务局、江山市坛石镇做好衢州革命烈士纪念馆、上王竹子林革命斗争纪念馆展陈大纲制订工作。

2021年6月25日，市委书记汤飞帆（中）带领四套班子党员领导到衢州市档案馆参观“衢州市庆祝中国共产党成立100周年红色档案展览”

【开放新四军集结组编旧址】2021年，开放坐落于开化县城政义坊弄21号的新四军第一支队司令部和政治部的旧址。旧址改造后，分为“历史背景”“中共中央对南方红军游击队集中的方针和部署”“新四军第一、二、三支队在开化集结组编时的活动”“新四军第一、二、三支队出征抗日及部队沿革”等板块，展示新四军第一、二、三支队于1938年2月至4月在开化集结组编的历程。6月16日，新四军集结组编旧址开放仪式举行。中国新四军和华中抗日根据地研究会常务副会长徐红，北京新四军研究会会长、开国大将张云逸之孙张晓龙，浙江省新四军历史研究会会长、浙江省人大常委会原副主任程渭山，上海新四军历史研究会副会长兼秘书长、少将颜伏之子颜宁，开化县委

2021年6月16日，新四军集结组编旧址开放仪式举行

书记鲁霞光，开化县委副书记、县长毛献明等领导嘉宾共同为新四军集结组编旧址揭牌。

【党史学习教育】2021年，立足职能优势，服务全市党史学习教育。邀请省委党史和文献研究室副主任王祖强为市委党校中青班学员和市直机关党务工作者等上专题党课，全市250余名干部聆听报告；1月31日，与江山史志研究室共同在江山石门镇灵岗口村举办"缅怀革命先烈，传承红色精神"主题活动暨中共石门区委仙居寺旧址揭碑仪式。市县两级党史部门负责人、革命先烈亲属代表及江山市有关部门、乡镇党员干部50余人参加。向市直部门单位赠送《中共衢州党史》第一卷、《中国共产党衢州历史》第二卷、《潮涌三衢——衢州改革开放新时期党史专题辑(一)》《衢州中共党史人物》等党史文献资料，为全市党员干部开展党史学习教育提供生动的乡土教材；配合做好全市党史学习教育动员大会筹备工作，提供全市30家党史现场学习基地和10条党史研学线路推荐名单，供广大党员开展以"沿着红色足迹学党史"为主题的学习教育实践活动。深入基层单位，开展党史宣讲148场。做好全市党史学习教育领导小组办公室和巡回指导组工作。委派人员进驻市党史学习教育领导小组办公室，做好综合组日常工作；代表衢州市参加"百年潮涌 浙江印记"党史知识大赛；参加市党史学习教育领导小组第十二巡回指导组，指导10家正处级单位开展党史学习教育工作。参与市广电总台党史纪录片拍摄，《小城故事：童家巷没有忘记》《奋斗百年路，起航新征程》等专题片在衢州电视台黄金时间播出；利用媒体平台开展有"衢州味"的党史宣传。主持开展全市面向"学习强国"学习平台的红色文物故事征集报送工作，累计被中央平台采录28篇。与市社科联、市委党校、衢报传媒集团等部门联合举办"衢州红色革命精神理论研讨会"，围绕党的百年光辉历程和三衢儿女的革命斗争历史研讨衢州革命精神。6月26日，《衢州日报》对研讨会作了专题报道。

【党史编研资政】2021年，按照《浙江省2021—2025年党史和文献工作规划》要求，修订完善正本编撰方案，调整编撰计划，明确进度安排和责任分工，组建专家库，推进《中国共产党衢州历史(1978—2002)》第三卷专题编写、资料编纂等工作。出版《潮涌三衢——衢州市改革开放新时期党史专题辑》(一)，启动《潮涌三衢——衢州市改革开放新时期党史专题辑》(二)和《中共衢州市委文件选编》编纂，为三卷正本编撰积累史料。完成《中共衢州市委执纪政事2020年》一书编纂，为市委领导决策提供参考。全书40余万字，客观记录过去一年，市委团结带领全市人民统筹推进疫情防控和经济社会发展，做好"六稳"工作、落实"六保"任务，开展"三个年"活动，推进"活力新衢州、美丽大花园"建设，当好"重要窗口"的建设者、维护者、展示者所作的重点工作、重要决策部署和取得的主要成就。

【党史资料征集】2021年，围绕中国共产党成立100周年，通过《衢州日报》等主流媒体发布公告，向全社会公开征集中国共产党成立以来的红色档案资料，共征集到各类档案3000余件，其中包括侵华日军细菌战衢州受害者协会首任会长杨大方收集积累形成的大量侵华日军细菌战诉讼相关的档案资料，以及他作为新中国第一代飞行员的飞行活动记录、驾机轰炸大和岛文件材料和有关二野的文件材料等珍贵档案。主持开展全市红色文物故事征集工作，向省党史学教办提供红色文物故事合计30篇。（梁国宏　吴云锋）

地　方　志

【概　况】 2021年，衢州市地方志系统组织开展地方综合年鉴编纂工作；组织《衢州市志音像版（2006—2018）》和《品读衢州》丛书编纂，推进方志馆建设；指导《衢州市卫生志（1992—2015）》出版；加强地方志资源开发利用，参与庆祝中国共产党成立100周年相关活动；完成《浙江年鉴（2021）》（衢州部分）编纂等上级布置任务。

【《龙游年鉴（2020）》入选国家第五批“中国精品年鉴”】 4月19日，《龙游年鉴（2020）》入选国家第五批“中国精品年鉴”。该鉴设30个类目、217个分目、1308个条目，全面系统记述龙游县2020年度的社会发展全貌，装帧精美、分类科学、有时代性。获奖事迹得到龙游县县长祝建东和衢州市市长汤飞帆批示肯定。宣传材料在《衢州政务（信息动态）》第17期刊出。《龙游年鉴（2020）》同时被评为第八届全国地方志（年鉴类）优秀成果特等荣誉。

【《开化历代方志集成》出版】 7月，《开化历代方志集成》由浙江工商大学出版社出版。该书由开化县档案馆主持整理，是新中国成立以来开化出版的第一部大型旧方志丛书，为了解和研究开化政治、经济、社会、文化和历史变迁的重要典籍，具有较高的存史、资政和学术价值。全书计300余万字，收录整理包括明崇祯四年（1631）、清顺治九年（1652）、康熙二十二年（1683）、雍正七年（1729）、乾隆六十年（1795）、光绪二十四年（1898）6部纂修、续修刊本和民国38年（1949）稿本。七部旧志脉络相沿，承先启后，从疆域、沿革、山川、河流、特产、税赋、人物、风俗、艺文、祀典、古迹等多方面，真实客观地再现开化古近代政治、经济、文化、社会等各方面的发展轨迹。

【《衢州市卫生志（1992—2015）》出版】 11月，《衢州市卫生志（1992—2015）》由中国文史出版社出版。该志由浙江省衢州市卫生志编纂委员会编，主编何建刚，计145万字。卷首设图照、卫生机构分布图、序言、凡例、概述、大事记；主体部分设13篇，分别为环境与居民、医疗、医疗机构、疾病防制、卫生监督、爱国卫生、妇幼保健、教育科研、交流合作、卫生改革、卫生行政、党派群团、人物，下设62章、187节、15篇专记，含照片302幅，图表309个；卷末设附录。断限为1992年1月1日至2015年12月31日，上接1997年出版的《衢州市卫生志》，下至衢州市卫生局更名年年末；概述、大事记、人物、附录等篇延伸至2019年。该志编纂启动于2016年9月，2020年形成初稿，并进行2次专家评审，2021年6月定稿。

【《衢州年鉴（2021）》出版】 12月，由方志出版社出版，中共衢州市委、衢州市政府主办，市地方志编纂委员会办公室、市档案馆编纂，主编蓝水高，计110万字，时限为2020年1月1日至2020年12月31日，记载在中共衢州市委、市人民政府领导下衢州市各项事业的发展历程和成就。该鉴由卷首、百科、卷末3部分组成，卷首设编纂委员会名单、编辑说明、地图、城市名片、彩页、中文目录、英文要目；百科设特载、特辑、大事记、市情概览、中共衢州市委员会等38个类目；卷末设附录。基本结构分类目、分目、条目3个层次，部分分目设置次分目。在附录之后设索引，以方便读者检索；制作

2021年12月，《衢州年鉴（2021）》出版

"衢州年鉴"微信小程序，方便阅读和检索。

【《衢州年鉴(2020)》获评第八届全国地方志(年鉴类)优秀成果一等奖】 12月，中国地方志指导小组发文通报第八届全国地方志优秀成果(年鉴类)，《衢州年鉴(2020)》被评为一等奖。该鉴于2020年12月由中国文史出版社出版，计100万字，时限为2019年1月1日至12月31日，百科部分设特载、特辑、中共衢州市委员会等类目39个。自该卷起，《衢州年鉴》书名以出版年份标识，新设全鉴要目，在附录之后设索引，以方便读者检索。

【《常山年鉴(2020)》获评2021年度浙江省精品年鉴】 12月，《常山年鉴(2020)》被评为2021年度浙江省精品年鉴。该鉴由方志出版社公开出版，精装16开本，77.4万字。全鉴由卷首、百科、卷尾三部分组成，百科按类目、分目、条目三个层次框架编排。卷首设彩页、特载、专记、大事记、县情概览；百科设中国共产党常山县委员会、常山县人民代表大会、常山县人民政府等25个类目；卷尾设附录和索引。记载时限从2019年1月1日至12月31日，系统记载常山县行政区域自然、政治、经济、文化、社会等各方面的情况。

（钱道本）

公共文化

Public Culture

公共文化服务

【概　况】2021年，衢州市公共文化服务围绕“以文化人，以文赋能”的总目标，以“补短板、提水平、惠百姓”为导向，不断提高群众对文化需求的获得感、满意度。2021年，围绕中国共产党成立100周年主题，举办“永远跟党走”——衢州市庆祝中国共产党成立100周年文艺演出等系列活动。实施公共文化强基工程，全市新建南孔书屋18家，乡镇（街道）综合文化站、村（社区）文化活动室实现全覆盖，龙游县成功创成省级公共文化服务体系示范区。实施文化惠民工程。

【公共文化基础设施建设】2021年，衢州市文化艺术中心启动二次装修，衢江区文化艺术中心完成地下室主体结构建设，龙游县文化艺术中心主体结顶，江山市文化艺术中心二期项目土建工程进入收尾阶段并启动二次装修前期，常山县慢城文化旅游博览中心完成主体工程建设的80%，开化公共文化广场项目竣工。全市完成南孔书屋建设18家，累计建成南孔书屋55家。

【文化惠民工程】2021年，持续实施流动文化服务品牌，贯彻落实省文化惠民“百千万”工程和党史学习教育活动，开展送演出、送书、送展览讲座和文化走亲等文化惠民活动。全年累计完成送书下乡126992册，送演出下乡2060场、送展览讲座518场，开展文化走亲106场。编印12期《衢州市文化惠民服务指南》，向群众发放3.6万余份。承办浙江省第十一届群众曲艺大赛、浙江省群众（乡村）合唱大赛、首届浙江乡村文化艺术节暨乡村舞蹈大赛3个省级示范性群众文化活动。

【第七次文化站评估定级】2021年，开展第七次乡镇（街道）综合文化站省级评定工作，全市100家乡镇（街道）综合文化站中，获评特级站2个、一级站25个、二级站20个、三级站53个，等级上线率100%。

【文化基因解码】2021年，全市梳理出2007个衢州本地文化元素清单，其中124个重点文化元素全部完成解码，2个解码报告获省级优秀，25个项目获省级优秀解

柯城区文化中心

码成果。开展文化标识培育，南孔文化等7个获省级文化标识培育项目。南孔文化实践教育基地列入首批浙江省中小学思政课教师实践教育基地，南孔文化发展中心入选浙江省国际人文交流基地，南孔文化品牌走出国门走向国际。

【文化示范户和文化能人】2021年，开展首批省级文化示范户、乡村文化能人推荐，市级文化示范户、乡村文化能人培育评选。入选省级文化示范户35家、省级乡村文化能人71人；评定市级文化示范户65家，市级乡村文化能人158人。

【创建工作】2021年，沟溪乡获“2021—2023年中国民间艺术之乡”称号。龙游县成功创成浙江省公共文化服务体系示范区，获第一批浙江省高质量建设公共文化服务先行县培育资格。龙游县詹家镇获评“省级文化强镇”称号。黄家街道王千秋村、横山镇志棠村、齐溪镇大龙村、何家乡樊家村、石梁镇麻蓬村5个村获“省级文化示范村”称号。全市15个公共文化场馆列入全省第一批公共文化场馆服务功能拓展先行先试单位。常山县招贤镇、柯城区九华乡2个乡镇获评“省级民间文化艺术之乡”称号，柯城区沟溪乡、龙游县詹家镇、江山市廿八都镇、开化县大溪边乡、开化县马金镇、开化县苏庄镇6个民间文化艺术之乡复评通过。

文娱活动

【概　况】2021年，以打造文化高地金名片为引领，围绕庆祝中国共产党成立100周年、提升城市艺术氛围、推进国有院团改革等重点工作，创作文艺精品、举办文娱活动、推进项目建设。

【庆祝中国共产党成立100周年文艺演出】2021年，为献礼中国共产党成立100周年，讴歌党的百年征途，6月25日晚，“永远跟党走”衢州市庆祝中国共产党成立100周年文艺演出在衢州学院大会堂举行，活动由衢州市委、市政府主办，市委宣传部、市委组织部、市文化广电旅游局承办。市领导汤飞帆、高屹、吴国升、吴舜泽，市法院院长、市检察院检察长、副厅级以上离退休老干部、市级机关有关单位主要负责人及党员群众代表等一同观看演出。演出以“颂歌”的风格作为主要情绪基调，以交响乐队和合唱队为主要表现形式，综合运用独唱、舞蹈、戏曲、情景再现、朗诵、视频（大屏背景）等艺术手段，以诗画的形式呈现党的百年历史。演出由上篇《烽火岁月》、中篇《激情年代》、下篇《逐梦未来》组成，分别展现伟大革命征程、社会主义建设时期和建设活力新衢州、美丽大花园的追梦年代。篇章前以《唱支山歌给党听》作序，篇章末以《中国进入新时代》作尾，整台演出以全场合唱《没有共产党就没有新中国》结束。

【庆祝中国共产党成立100周年系列活动】2021年，举办衢州市庆祝中国共产党成立100周年文

2021年6月20日，迎建党百年　享美好生活——浙江省群众（乡村）合唱大赛开幕式文艺演出

艺演出、“迎建党百年 享美好生活”衢州市庆祝建党100周年群星视觉艺术（摄影、书法）展览、衢州市群众（乡村）合唱大赛暨“迎建党百年 享美好生活”浙江省群众（乡村）合唱大赛衢州选拔赛、“童心向党，衢州有礼”庆祝中国共产党成立100周年全市中小学生征文大赛等活动，承办“迎建党百年 享美好生活”浙江省第十一届群众曲艺大赛和浙江省群众（乡村）合唱大赛，与市残联联合举办庆祝中国共产党成立100周年衢州市残疾人文艺会演。

【文艺精品创作】2021年，创作曲艺作品《独轮车》参加浙江省第十一届群众曲艺大赛；《龚全珍——大山孩子的爱心奶奶》入选第五届中国出版政府奖图书奖、童话作品《素心梅》入选中国当代获奖儿童文学；创排新编革命历史折子戏《林维雁》，计划参加2022年浙江省第15届戏剧节和浙江省第15届精神文明建设“五个一”评选；强化与浙江交响乐团的合作，提升本地乐团水平，并在曲目创作、乐团排练培训等方面取得成果。

【“水亭门之夜”沉浸式演出】2021年，为做好水亭门景区文化提升“六个一”工作要求，充分利用好以水亭门文化街区为中心的南孔古城沿街点位，营造群众积极参与互动的文化氛围，进一步打造水亭门“夜经济”文化，组织开展“水亭门街区文化植入沉浸式演出”项目。以“水亭门之夜”作为统一的宣推品牌，采取专业化演出、流动式流出、自助式演出相结合的方式，通过音乐剧、戏曲、器乐、舞蹈、非遗技艺、民俗文化等表演形式，实现“多场景、沉浸式、个性化”演出效果。自7月20日进入试演出阶段后至2021年末，演出131场，助推南孔圣地文化旅游区建设，让市民和游客身临其境，感触衢州南孔古城深厚的文化底蕴和市井风俗。

文化遗产

【概 况】2021年，贯彻执行“保护为主、抢救第一、合理利用、加强管理”与“保护为主、抢救第一、合理利用、传承发展”的文物和非遗工作方针，开展文化遗产保护各项工作。衢江区云溪乡土墩墓群考古发掘成果丰硕，中国考古学会理事长、社科院考古研究所所长王巍，浙江省文物局局长杨建武、浙江省考古研究所所长方向明等国内知名专家一致认为，该墓葬群极有可能是姑蔑国王陵。组织开展第五批国家级非物质文化遗产代表性项目名录推荐申报工作，邵永丰麻饼制作技艺和白瓷烧制技艺成功入选。公布第四批衢州市市级非物质文化遗产代表性项目代表性传承人名单，全市共75人。

【新增2项国家级非物质文化遗产代表性项目】5月24日，国务院公布第五批国家级非物质文化遗产代表性项目名录，邵永丰麻饼制作技艺和白瓷烧制技艺成功入选。截至年末，全市累计有国家级非遗代表性项目12项。

【文保员郑荣良获2021年度全国“最美文物安全守护人”称号】2021年，衢州市柯城区九华乡下坦村村民郑荣良义务守墓30年，与盗墓贼斗智斗勇，保护荥阳侯夫人墓及相关文物的安全。6月12日，郑荣良获国家文物局授予的2021年度全国“最美文物安全守护人”称号。

【入选第三批浙江省优秀非遗旅游商品名单】6月16日，浙江省文化和旅游厅公布第三批100项浙江省优秀非遗旅游商品名单，衢州市“年景牌”龙游发糕、乌米系列制作食品、硒莲液莲子酒、常山三衢山牌水英索面4件（套）非遗旅游商品入选。

【中共衢县支部旧址正式开馆】6月25日，位于衢州市棋杆巷18号，由市文旅局负责陈列布展的中共衢县支部旧址正式开馆，展览得到市领导的肯定，并获市委2021年第二季度执行“十条军规”正面典型通报表扬一次。

【入选第五届“最美浙江文物守望者”】7月8日，省文物局公布第五届“最美浙江文物守望者”名单。常山县西源革命纪念馆入选红色根脉守护团队，江山市文旅局毛建强和常山县业余文保员王荣华入选基层文物治理模范。

【新增75名衢州市非物质文化遗产代表性传承人】7月8日，经过专家评审、市文旅局党委会讨论、公示等程序，公布第四批衢州市市级非物质文化遗产代表性项目代表性传承人名单,新增市级非遗代表性传承人75人。截至年末,全市累计有市级非遗代表性传承人290人。

【入选第十五届全省博物馆陈列展览精品项目】7月14日,省文物局公布第十五届全省博物馆陈列展览精品项目获奖名单。衢州市博物馆"人民的战役"——衢州市抗疫纪实综合展获特别奖(全省4个),龙游县博物馆基本陈列获精品奖。

【入选第五批国家级非物质文化遗产代表性项目保护单位名录】9月18日,文化和旅游部公布第五批国家级非物质文化遗产代表性项目保护单位,浙江邵永丰成正食品有限公司和衢州火神瓷业有限公司入选,项目名分别为国家级非遗项目邵永丰麻饼制作技艺和衢州白瓷烧制技艺的保护单位。

【新增七名浙江省非物质文化遗产代表性传承人】11月22日,浙江省文化和旅游厅公布第六批浙江省非物质文化遗产代表性传承人名单,衢州市新增省级非遗代表性传承人7人。截至年末,全市累计有100名省级非遗代表性传承人。

【全市文物安全专题工作会议】12月6日,市委副书记、市长高屹主持召开全市文物安全专题工作会议,市委宣传部部长钱伟刚、副市长徐利水出席,各县(市、区)政府分管领导及市级有关部门主要负责人参加。该次会议是衢州市文物史上规格最高的一次。会上,高屹强调,各地各部门要深入学习贯彻习近平总书记关于文物保护工作的重要指示批示精神,认真落实全省文物安全专题工作会议要求,以更加管用有效的实招,把承载历史文脉、体现衢州人文精神的文物资源保护好,持续擦亮文化高地"金名片",扎实推进全市文物安全大排查大整治大提升攻坚行动。

【实施文物保护工程】2021年,全市推进实施各级文物保护单位修缮工程38项。省级文物保护单位衢州书院、徽州会馆、达源号钱庄通过竣工验收,衢州市博物馆安防工程完工,衢州城墙东段残址现状保护修缮工程进入设计方案、施工方案编制阶段。公安机关侦破柯城区荥阳侯夫人墓盗掘未遂案、龙游县系列古墓盗掘案,抓获犯罪嫌疑人,并追回涉案文物。

2021年11月10日,衢江区云溪土墩墓群考古成果专家座谈会召开

广播电视管理

【概　况】2021年,广播电视工作按照"传输高质量 安全无事故"的总目标,围绕安全播出和意识形态责任制落实开展。至2021年末,市、县两级传媒集团下设广播电台6个、电视台6个,开办广播节目7套、电视节目7套。全市自制广播节目时间1.81万小时,电视节目时间1.05万小时;播出广播节目时间4.1万小时,电视节目4.33万小时。

【广电惠民服务】2021年,农村广播电视村村通村村响。广播电视人口综合覆盖率100%,全市农村有线电视入户率116.64%。有线电视乡镇村联网率100%。乡镇广播站建有率100%,行政村(社区)广播室建有率100%。无线覆盖工程完成验收,实现广播电视无线全覆盖。城市建成区4K高清网建设有序推进,市、县城区4K高清网建设达92%,重点乡镇4K高清网正在推进。继续开展广电低保惠民工程。全市完成广电低保低边6万户,100%低保低边户享受到免费收看有线电视的政策，做到“应保尽保”。

【广播电视安全播出】 2021年，根据省广播电视局（以下简称省局）的统一部署，按照安全播出无事故，内容传输高质量的要求，确保中国共产党成立100周年安全播出万无一失，市安全播出指挥部制定《迎接中国共产党成立100周年广播电视和网络视听安全播出保障专项工作方案》。结合国家广播电视总局、省局的会议要求，按季度召开安全播出工作会议，分析衢州市安全播出形势，通报安全播出事件事故，总结交流安全播出工作。省局考核良好。组织安全播出大检查，确保检查、培训、演练、预案、人员、保障等“六个全覆盖”。进行全覆盖安全播出培训演练，组织两期全市安全播出全员教育培训，组织两次全市性应急演练。全市各播出责任单位，组织多轮次实战性演练。加强中国共产党成立100周年重要保障期管理，完成全国两会、中国共产党成立100周年、“十一”等7个重要保障期（31天）的安全播出保障任务。

【非法卫星电视接收设施整治】 2021年，完善全市非法卫星电视接收设施整治综合协调机制，成立领导小组，进行专题部署。积极组织整合力量，对进行非法境外卫星地面接收设施大检查大整治，省局考核优秀，获通报表扬。全市开展执法行动148次，出动人员947人次；取缔非法销售点4个、收缴非法接收设备40套/件；拆除非法卫星电视接收设施138户，其中自行拆除79户；发限期整改通知书93份，立案调查3件，处罚非法销售3件；发放宣传资料4042份，向省局报送整治工作信息和图片信息65篇，有效打击非法销售、使用安装卫星电视地面接收设施的行为。 （程梓朔）

南孔文化

Southern Confucian Culture

综　述

【概　况】2021年，为贯彻落实习近平总书记“让南孔文化重重落地”的重要嘱托，让省委、省政府“打造衢州文化高地金名片”的要求在衢州落地生根、开花结果，衢州南孔发展中心挖掘南孔文化内涵，讲好南孔故事，围绕打造“四省边际共同富裕示范区”和“文化高地金名片”的战略部署，创新突破，主动融入，加快推动南孔文化高质量发展，为建设四省边际中心城市、打造四省边际共同富裕示范区贡献南孔智慧和南孔力量。

2021年是衢州南孔文化发展中心揭牌成立一周年。一年来，衢州南孔文化发展中心体制机制不断完善，依托衢州孔氏南宗家庙、衢州儒学馆和衢州市文史研究馆等载体，南孔文化品牌活动成效显现，学术研究领域进一步拓展，对外交流合作日益深化，为彰显“南孔圣地·衢州有礼”城市品牌提供有力支撑。衢州儒学馆全年免费开放，参观总人次255650人次。孔氏南宗家庙的管理、维护与日常运行正常，票价10元/人(学生半票、老年人免票)，全年门票收入106.22万元。全年组织各类研学活动近80场，6900余人参与；举办各类国学体验和培训271场，10221人次参加；举办讲座25场，受益群众1300人次；举办《泗浙同源》《南孔文化基因解码》《中国年的回忆系列之年画展》等展览12场。

2月25日，孔子第76世嫡长孙孔令立当选政协第七届衢州市委员会常务委员。3月8日，衢州南孔文化发展中心被衢州市社区教育工作领导小组办公室通报表彰为“游南孔圣地 品有礼文化”衢州古城亲子研学系列活动先进单位特别贡献奖。12月22日，衢州南孔文化发展中心被浙江省人民政府新闻办公室、浙江省文化和旅游厅命名公布为浙江省国际人文交流基地，是全市唯一入选的单位。12月31日，衢州南孔文化发展中心(衢州儒学馆)被中共衢州市纪委办公室公布为2021年市级清廉单位建设标杆单位“清廉文化建设标杆”。12月31日，南孔文化实践教育基地被浙江省教育厅办公室公布为首批浙江省中小学思政课教师实践教育基地。

【孔祥楷在衢州逝世】9月28日21时，衢州市政协原党组成员、副主席，衢州孔氏南宗家庙管理委员会主任，孔子第75世嫡长孙孔祥楷，因病医治无效在衢州逝世，享年84岁。10月18日，由衢州市委统战部牵头组织的孔祥楷先生追思会在衢州孔氏南宗家庙有朋堂举行，市委原主要领导代表、省级单位有关领导、市级有关单位负责人等参加追思会，参会代表追忆与孔祥楷交往的点滴，感佩他对南孔文化的忠实守护和传承，并对他的逝世表示沉痛哀悼。病重期间，衢州市委书记徐文光，衢州市委常委、统战部部长傅根友，市委常委、宣传部部长钱伟刚，政协副主席、市委秘书长王良海等领导到衢州孔氏南宗家庙，看望慰问孔祥楷。

南孔文化交流活动

【概　况】2021年，衢州南孔文化发展中心坚持“围绕中心有作为、服务大局有成效”的工作理念，持续擦亮南孔文化金名片，讲好南孔故事，全国各地各级领导、企业家等纷纷到衢州考察、调研孔庙，参观衢州儒学馆，持续举办“南孔文化季”系列品牌活动，开展南孔文化交流，推动南孔文化创造性转化、创新性发展。

【郑建邦一行到衢州孔氏南宗家庙参观考察】4月13日，全国政协副主席、民革中央常务副主席郑建邦一行8人到衢州孔氏南宗家庙参观考察，市领导汤飞帆、周伟江、傅根友、周庆、王良海，孔子第76世嫡长孙孔令立陪同，并在有朋堂座谈交流。

【曹兴信一行考察调研衢州孔氏南宗家庙】5月19日，中组部公务员三局副局长、一级巡视员曹兴信一行6人到衢州孔氏南宗家庙考察调研，衢州市委副书记、市长汤飞帆，市政协副主席、市委秘书长王良海，市政协常委、孔子第76世嫡长孙孔令立陪同。

【朱志钢一行到衢州孔氏南宗家庙调研】5月26日，浙江省十里丰监狱监狱长朱志钢一行4人到衢州孔氏南宗家庙，与市政协常委、孔子第76世嫡长孙孔令立就打造监狱“南孔文化”教育品牌，以儒家传统文化来教育、感化、引领服刑人员积极改造进行交流，随后参观衢州儒学馆，并在衢州儒学馆召开座谈交流，双方签署战略合作协议。

【嘎玛泽登到衢州考察研学旅行发展情况】6月15日，文化和旅游部科教司司长嘎玛泽登到衢州调研考察研学旅行发展情况。嘎玛泽登现场观摩衢州孔氏南宗家庙和衢州儒学馆开展的研学活动。省文化和旅游厅副厅长刁玉泉，市政府副市长徐利水，市政协常委、孔子第76世嫡长孙孔令立陪同。

【许罗德考察调研衢州孔氏南宗家庙】8月17日晚，省委常委、省纪委书记、省监委主任许罗德一行8人到衢州孔氏南宗家庙考察调研。衢州市人民政府市长高屹，市政协常委、孔子第76世嫡长孙孔令立陪同。

【江西鹰潭孔氏族人到衢州孔氏南宗家庙交流】10月21日，江西鹰潭孔氏族人一行6人到衢州孔氏南宗家庙参观交流，衢州市政协常委、孔子第76世嫡长孙孔令立向他们赠送《孔氏南宗谱》。

【夏俊友到衢州孔氏南宗家庙考察调研】8月18日上午，浙江省军区司令员夏俊友到衢州孔氏南宗家庙考察调研。衢州市政协常委、孔子第76世嫡长孙孔令立陪同。

【贾德永一行到衢州调研南孔文化】8月23日，国际儒学联合会秘书长贾德永一行到衢州开展南孔文化工作调研，先后考察衢州孔氏南宗家庙和衢州儒学馆，并在市委宣传部召开南孔文化座谈会，市委常委、宣传部部长钱伟刚出席。

【高屹调研“南孔圣地”文化旅游区AAAAA级景区和儒学文化产业园国家示范产业园创建工作】7月4日，衢州市委副书记、代市长高屹带队调研“南孔圣地”文化旅游区AAAAA级景区和儒学文化产业园国家示范产业园创建工作，实地考察衢州孔氏南宗家庙和衢州

2021年10月21日，江西鹰潭孔氏族人到衢州孔氏南宗家庙交流。图为孔子第76世嫡长孙孔令立（左四）向族人赠送《孔氏南宗谱》

2021年其他领导考察访问衢州孔氏南宗家庙一览表

表40

时间	地点	到访领导	领导职务
1月15日	衢州孔氏南宗家庙	王高瞻	舟山市委常委、统战部部长
3月10日	衢州孔氏南宗家庙	阮云富	温州市退役军人事务局党组书记、局长
3月31日	衢州孔氏南宗家庙	洪亚雄	生态环境部土壤与农业农村生态环境监管技术中心党委书记、主任
4月8日	衢州孔氏南宗家庙	宋卫平	绿城集团创始人、蓝城集团董事长
4月11日	衢州孔氏南宗家庙	吴志强	国务院政府特殊津贴专家、瑞典皇家工程科学院院士
4月23日	衢州孔氏南宗家庙	韩跃新	东北大学资源与土木工程学院院长、教授、博士生导师
4月24日	衢州孔氏南宗家庙	孟庆国	国家督学、天津市首席督学
5月27日	衢州孔氏南宗家庙	胡潍康	浙江省商务厅一级巡视员
5月30日	衢州孔氏南宗家庙	李仁府	华中科技大学航天航空学院教授
6月6日	衢州孔氏南宗家庙	尼牙孜·阿西木	新疆阿克苏地委副书记、行署专员
6月9日	衢州孔氏南宗家庙	李肇星	外交部原部长
6月20日	衢州孔氏南宗家庙	陈国权	浙江大学教授
6月27日	衢州孔氏南宗家庙	胡晓仪	人力资源和社会保障部原副部长
7月1日	衢州孔氏南宗家庙	孙永春	党史学习教育中央第五指导组组长、贵州省人大常委会原副主任
8月10日	衢州孔氏南宗家庙	毛雨时	中国共产党第十五届至第十九届全国党代表、 湖南省韶山市韶山村党委第一书记
8月17日	衢州孔氏南宗家庙	俞慧敏	中共浙江省委宣传部副部长、省文明办主任
10月15日	衢州孔氏南宗家庙	徐宇宁	浙江省宁波市政协主席
10月21日	衢州孔氏南宗家庙	王建亮	深圳智慧医疗协会会长、北京优峰生物CEO
11月8日	衢州孔氏南宗家庙	芮　宏	浙江省文化和旅游厅副书记、副厅长
11月9日	衢州孔氏南宗家庙	夏文星	湖州市委副书记

儒学馆，了解南孔文化传承发展情况，副市长徐利水，市政协常委、孔子第76世嫡长孙孔令立陪同调研。

【2021南孔文化季·“泗淛同源”孔子文化交流活动】9月6日，2021南孔文化季·“泗淛同源”孔子文化交流活动在衢州市博物馆启动，国际儒学联合会会长刘延东发来贺信，衢州市委书记汤飞帆，尼山世界儒学中心副主任、孔子博物馆馆长郭思克，浙江省社科联副主席范钧，山东省曲阜市政协主席孔令玉致辞，国际儒学联合会副会长张践、衢州市政协主席周伟江、市政府副市长徐利水和市政协副主席、市委秘书长王良海出席活动，市委常委、宣传部部长钱伟刚主持启动仪式，山东省曲阜市政协主席孔令玉代表曲阜向衢州赠送“泗淛同源”牌匾，孔子第76世嫡长孙孔令立上台接匾，市政府副市长徐利水代表衢州回赠南孔祭祀剪纸长卷，“泗淛同源”孔子文物展同日在衢州市博物馆开展，展览分“孔子文化展”“衢州新桥街孔氏南宗家庙500周年特展”两个展区，展出孔子博物馆、衢州市博物馆所藏珍贵文物90余件。

【纪念孔子2572年诞辰祭孔大典】9月28日9时，纪念孔子2572年诞辰祭孔大典在衢州孔氏南宗家庙举行，衢州市委副书记、市长高屹，孔子第76世嫡长孙孔令立，衢州市委常委、宣传部部长钱伟刚分别担任主祭人、陪祭人、司祭人，市人大常委会主任吴国升等市有关领导，国际儒学联合会、中国人民大学、浙江师范大学、浙江省孔子学院以及孔氏宗亲参祭团、最美衢州人代表、青年志愿者代表、8090宣讲团成员、抗疫先进代表、优秀教师代表、“两优一先”代表、南孔奖获奖代表等社会各界代表齐聚孔氏南宗家庙大成殿前，共同追怀伟大的思想家、教育家孔子。此次祭典新增南北孔庙交流互动环节，山东曲阜的祭孔大典上播放衢州南孔祭典的画面。

2021年9月6日，2021南孔文化季·“泗淛同源”孔子文化交流活动在衢州市博物馆启动。图为山东省曲阜市政协主席孔令玉（左二）代表曲阜向衢州赠送“泗淛同源”牌匾，孔子第76世嫡长孙孔令立（右二）上台受匾

【设立官方账号“Confucius Says（子曰）”】11月9日，衢州南孔文化发展中心与中国网合作在FACEBOOK设立官方账号“Confucius Says（子曰）”，作为海外宣传推广平台，向世界展示南孔文化。

【新桥街家庙建成500周年“云纪念”活动】12月18日，衢州新桥街家庙建成500周年“云纪念”活动在孔氏南宗家庙举行，活动采用“云直播+云互动”的形式进行，市委常委、宣传部部长钱伟刚出席活动并致辞，并与孔子第76世嫡长孙孔令立为复刻明代宰相谢迁《明正德衢州重建孔氏家庙碑》、新刻《正德孔氏家庙500周年碑记》揭碑，中国孔庙保护协会发来贺信，来自意大利、喀麦隆等十余个国家孔子学院代表通过屏幕发来祝贺，孔氏族人及其他孔庙单位赠送贺礼，中国网、凤凰网、掌上衢州、无线衢州以及抖音、快手、新浪、今日头条、哔哩哔哩等新媒体平台进行“云直播”。

【“打卡中国 在浙过年”活动摄制组到衢州孔氏南宗家庙录制节目】2月7日，由浙江省委网信办主办的“打卡中国 在浙过年”活动摄制组一行到衢州孔氏南宗家庙进行节目拍摄，孔子第76世嫡长孙孔令立陪同录制。

【举行庄月江藏品捐赠仪式】2月8日，《衢州日报》原副总编庄月江藏品捐赠仪式在衢州儒学馆三楼围棋教室举行，衢州南孔文化发展中心主任盛雄生为其颁发捐赠证书。庄月江此次捐赠他平日积

2021年7月8日，新疆阿克苏地区乌什县中小学师生代表到衢州孔氏南宗家庙开展“衢乌有礼·童心同行”2021年乌什县中小学生暑期研学实践教育活动

累留存的一些关于孔氏南宗家庙的老照片及胶卷、信件、书籍、文稿等资料，为南孔文化研究提供有价值的基础性资料。

【举办第三期《论语》背诵争章活动】 2月24日，第三期《论语》背诵争章活动在衢州孔氏南宗家庙后花园拉开帷幕，150名中小学生报名参加活动。与前两期相比，本期《论语》背诵争章活动创设新玩法，增加“亲子互动”板块，让孩子和爸爸妈妈一起背《论语》。共有76名学生完成《论语》50句背诵，14名学生完成《论语》1至5篇背诵，2名学生完成《论语》1至10篇背诵，3名学生完成《论语》1至15篇背诵，江山坛石初中七(2)班赵澜锦、衢州珍维幼儿园中(4)班周沁言2名学生完成全本《论语》背诵，孔子第76世嫡长孙孔令立为背诵《论语》章句考核合格的同学们进行颁奖。

【学生实践教育体验活动】 7月8日，新疆阿克苏地区乌什县中小学师生代表一行18人到衢州孔氏南宗家庙和衢州儒学馆，开展“衢乌有礼·童心同行”2021年乌什县中小学生暑期研学实践教育活动，市政协常委、孔子第76世嫡长孙孔令立在有朋堂与师生代表座谈交流。10月30—31日，来自浙江大学和浙江农林大学的40余名优秀留学生到衢州，参加2021孔子学院奖学金生南孔文化体验系列活动，市政协常委、孔子第76世嫡长孙孔令立出席启动仪式并致辞。

南孔文化学术研究

【概　况】 2021年，衢州南孔文化发展中心围绕市委、市政府的中心工作，挖掘南孔文化内涵，深化南孔文化研究，通过举办研讨会、开展基因解码、出版史料书籍、谋划宋韵文化课题研究等，持续做深做精做透南孔文化文章，为市委、市政府打造“南孔圣地·衢州有礼”城市品牌、开展“南孔圣地”文化旅游区AAAAA创建暨儒学文化产业园国家示范创建等重要工作提供文化支撑，进一步扩大南孔文化的对外知名度和影响力。

【举办第二届南孔文化创造性转化、创新性发展研讨会】 为深入贯彻落实习近平总书记“让南孔文化重重落地”的重要嘱托，9月6日下午，第二届南孔文化创造性转化、创新性发展研讨会在衢州儒学馆举办，市委常委、宣传部部长钱伟刚主持研讨会。会议邀请国内著名的儒学研究领域专家学者共商“共富”发展大计。国际儒学联合会副会长、教育传播普及委员会主任张践，中国人民大学哲学院教授、博导、杰出学者、山东省泰山学者温海明，国际儒联理事、浙江省儒学学会副会长、浙江国际阳明学研究中心主任、浙江省社会科学院哲学所研究员钱明，中国计量大学人文与外语学院教授、院长邱高兴，杭州师范大学人文学院教授、国学院副院长范立舟，中山大学中文系、中国非物质文化遗产研究中心教授、民俗学专业博士生导师王霄冰，以及衢州学院教授、孔氏南宗文化研究中心主任吴锡标等儒学研究领域专家，围绕“儒家文化与共同富裕”主题展开研讨，他们对衢州南孔文化的挖掘、传承、弘扬和传播，以及南孔文化创造性转化、创新性发展提出许多真知灼见。

2021年12月18日，国际儒学联合会第12次普及工作座谈会在中国儒学馆举行

【实施南孔文化基因解码工程】 2021年，按照浙江省文化和旅游厅的工作部署，衢州南孔文化发展中心深入实施南孔文化基因解码工程，组织成立工作领导小组和专家小组，通过资源普查、走访调研和召开专家座谈会、论证会等方式，梳理南孔文化元素154个，涉及3个主类、12个亚类、27个基本类型，对20项南孔文化重点元素进行解码，形成南孔文化基因解码报告、转换利用手册、基因图谱等成果。8月4—5日，浙江省文化和旅游厅在绍兴市越城区召开全省"文化基因解码工程"暨文化标识建设推进会，衢州南孔文化发展中心被推荐在会上作经验交流发言。在通过市文旅局召开的文化基因解码评估验收会的基础上，根据省文化和旅游厅的综合评定，南孔文化基因解码成果被评为"优秀"等次，南孔文化被列为首批"浙江文化标识"培育项目，大宗南渡、孔氏南宗家庙、南孔祭典、南孔圣地品牌等4个项目被评为"优秀解码项目"。

【整理出版《孔氏南宗史料》】 2021年，衢州南孔文化发展中心组织人员力量，在衢州南孔文化研究专家徐寿昌线装版《南孔史料》的基础上，对孔氏南宗史料进行较为系统的整理、核校与汇编，9月，与浙江古籍出版社合作正式出版《孔氏南宗史料》书籍。该书为精装版，70余万字，每套书籍分为上、下两册，是首次对衢州南孔史料梳理工作的总结，也是首次关于孔氏南宗零星史料的结集出版，为进一步开展南孔文化研究提供重要文献资料。12月18日，在衢州新桥街家庙建成500周年云纪念活动现场，组织举办向衢州市档案馆、衢州市图书馆、衢州二中、衢州一中、衢州高级中学、尼山小学等单位赠书活动。

【举办国际儒学联合会第十二次普及工作座谈会】 12月18日，国际儒学联合会第十二次普及工作座谈会在衢州儒学馆举行。受新冠肺炎疫情影响，会议采用线上线下相结合的形式举行，在衢州、北京设立分会场。座谈会由国际儒学联合会主办，国际儒学联合会普及委员会、衢州南孔文化发展中心承办，主题为中华优秀传统文化进校园。国际儒联秘书长贾德永，国际儒联副会长、普及委主任张践，衢州市委常委、宣传部部长钱伟刚等领导嘉宾出席开幕式。国际儒联荣誉顾问王殿卿作《文化·道德·德育——中华美德教育30年的回顾与思考》主题报告。国际儒联副会长于建福作《文以载道 文以化人 为新时代青少年培根铸魂》主题报告。

【加强南孔文化课题项目研究】 2021年，衢州南孔文化发展中心加强与国际儒联、省社科联、市社科联等单位的联系，谋划筹备国家和省、市社科课题项目的研究。开展《南孔文化穿透性研究》《孔氏南宗文物的整理与研究》《孔氏南宗与尚武精神》等课题项目申报，其中《孔氏南宗文物的整理与研究》《孔氏南宗与尚武精神》获得衢州市社科课题立项。参加浙江省文史研究馆"人文之美"征文活动，选送的《以南孔文化为支撑着力打造衢州文化高地金名片》入选第一届浙江"人文之美"研讨会重点发言论文。同时谋划宋韵文化研究项目，参加浙江省儒学学会举办的"朱子学与宋韵思想形态"专题培训班，做好省社科课题《南孔文化》系列丛书立项谋划。（王其旗 张朋华）

社会生活

Social Life

民政事务

·综　述·

【概　况】2021年，全市民政系统围绕四省边际中心城市、四省边际共同富裕示范区目标，坚持“民之所盼、政之所向”理念，战疫情、兜底线、保稳定、优服务、促发展、暖民心，推进基本民生保障、基层社会治理、基本社会服务等职责落实落细，助力四省边际共同富裕示范区建设有新作为、民政数字化改革有新突破、精准救助保障有新成效、幸福颐养衢州样板有新亮点、基层社会智治有新模式、民政公共服务质量有新提升。2021年，市民政局被市大督考办通报表扬第一季度质量示范型单位，3个集体和6人获表彰。

【全市“红色物业联盟”服务篇现场会召开】10月20日，召开全市“红色物业联盟”服务篇现场会。会议主题是以红色物业联盟为抓手，提升社区服务水平。市委副书记、政法委书记吴舜泽、副市长徐利水出席会议。

2021年10月20日，衢州市“红色物业联盟”服务篇现场会召开

·社会福利·

【乡镇(街道)居家养老服务中心实现全覆盖】2021年，市政府继续将乡镇(街道)居家养老服务中心建设列入衢州市民生实事项目。街道居家养老服务中心示范点实现配备生活服务、康复护理、家庭支持、托养服务、心理疏导、康复辅具器具租赁六项服务功能，乡镇居家养老服务中心示范点实现配备生活服务、康复护理、家庭支持、托养服务四项服务功能。2021年，全市新建30个乡镇(街道)居家养老服务中心，并委托养老服务专业机构运营。全市累计建成102个乡镇(街道)居家养老服务中心，实现全覆盖。

【实施困难老年人家庭适老化改造工程】2021年，将适老化改造工程实施对象扩展至“三老”人员(指中华人民共和国成立前入党的农村老党员、老游击队员和老交通员)和计划生育特殊家庭失能、部分失能老年人等群体。根

柯城区府山街道中心食堂为老年人提供上门送餐服务

据老年人的实际需求对居家环境进行改造，提升老年人生活自理能力和居家生活品质。2021年，全市完成生活困难老年人家庭适老化改造项目1692户，超额完成省政府目标任务，完成率141%，累计实施2271户。个别县（市、区）适当提高补助标准，其中柯城区7000元/户，衢江区7500元/户，常山县7000元/户。

【推进社区共享食堂建设】 2021年，继续推进实施街道中心食堂和社区共享食堂（助餐点）建设，解决老年人特别是独居老人、空巢老人的日常用餐难题。2021年，全市建成街道中心食堂11个、社区共享食堂（助餐点）40个。衢州市城区累计建成街道中心食堂20个、社区共享食堂（社区助餐点）77个，服务覆盖面超过80%。

【推进康养联合体试点建设】 2020年起，衢州市开展康养联合体建设试点工作，整合康复、养老等服务资源，以养老机构、乡镇（街道）居家养老服务中心等为主体，联合或依托医疗机构，探索建设市级、县级和乡镇级不同层级的康养联合体模式，缓解老年人的康复护理需求。2021年，建成各级康养联合体8个。

【开展养老机构等级评估】 2021年，组织全市养老机构申请等级评定工作，通过在公众号、纸媒等发布公告，公开招募养老机构等级评定专家，组建评定专家库。截至年末，组建15人组成的专家团队，并录入"浙里养"系统。

【举办市级养老护理员职业技能竞赛】 8月4日，市民政局联合市人力社保局、市总工会举办衢州市养老护理职业技能竞赛。7个代表队34名选手参赛，内容分为理论知识和操作技能考核两部分。经过角逐，江山市社会福利院姜云燕获个人一等奖，并获"金牌职工""技术能手"称号；龙游广和长青养老服务中心钱银云、傅素琴获个人二等奖；龙游广和长青养老服务中心毛莹、衢州市逸和源恰东篱堂金菁、江山市颐年养老院刘敏获个人三等奖。江山市代表队、龙游县代表队、市本级养老机构联队分获团体奖一、二、三名。

【参加全国养老护理职业技能大赛浙江赛区选拔赛】 8月31日至9月1日，衢州市选派5名选手参加全国养老护理职业技能大赛浙江赛区的选拔赛，获团体进步奖，钱银云、傅素琴选手获职工组个人三等奖，在个人奖项上实现"零的突破"。

【落实市级养老服务体系建设资金扶持政策】 2021年，市级财政部门下拨补助资金557.38万元，其中市区民办养老机构床位建设、运营补贴100.48万元，市本级养老机构综合保险补助1.9万元，市区城乡社区居家养老服务照料中心运营考核补助221万元，市区困难老年人家庭适老化改造补助156万元，市区街道中心食堂、社区共享食堂（助餐点）补助78万元。

【儿童福利工作】 年末，全市孤儿123人，其中机构养育孤儿52人，社会散居孤儿71人。列入保障的困境儿童3779人，其中事实无人抚养儿童398人，其他困境儿童3381人。实际发放孤儿和困境儿童基本生活费2971.44万元，其中孤儿发放生活费370.02万元，困境儿童发放生活费2601.42万元。儿童福利机构养育的孤儿年基本生活最低养育标准，按不低于当地上一年度城镇常住居民人均生活消费支出的70%确定；社会散居孤儿年基本生活最低养育标准，按不低于当地儿童福利机构孤儿养育标准的80%确定，全市福利机构孤儿和社会散居孤儿月平均补助标准分别为1553元、1217元；困境儿童参照社会散居孤儿补助标准补差发放，每年年初按照标准重新核定一次。推进“添翼计划”（7—18周岁贫困家庭重病和残疾儿童集中养育康复项目）提升工程，2021年超额完成“添翼计划”任务目标数，惠及64名贫困家庭重病和残疾儿童。办理收养业务127件。其中成立关系126件、解除关系1件。儿童福利机构送养119件，三代以内同辈旁系血亲送养6件，继子女送养1件。

【未成年人保护工作】2021年，市、县（市、区）全面建立未成年人保护工作协调机制。建成未成年人救助保护中心5个，其中经编办批准挂牌2个，建成乡镇（街道）未成年人保护工作站12个。截至年末，全市累计建成325家示范型“儿童之家”，其中省级示范（规范化）55家、市级示范200家、县级示范70家，基础型“儿童之家”应建尽建。据不完全统计，各类“儿童之家”开展服务活动3000余次，服务11万人次。

【全面完成残疾人“两项补贴”移交工作】2021年，落实《浙江省民政厅浙江省残疾人联合会关于做好残疾人两项补贴发放移交前期工作的通知》文件精神，履行民政部门职责，加强与残联、财政等部门的沟通协商、密切协作，年底前，全面完成残疾人“两项补贴”（困难残疾人生活补贴和重度残疾人护理补贴）移交工作。截至年末，衢州市享受困难残疾人生活补贴和重度残疾人护理补贴对象7万余人，全年发放两项补贴资金约2亿元。

·社会救助·

【社会救助工作】2021年，市民政局加大兜底保障力度。及时启动低保提标工作。自2021年7月1日起，全市城乡低保标准由每人每月850元调整为每人每月910元，年低保标准为10920元，实现省民政厅既定目标。截至12月，全市城乡低保对象42694户58959人，全年累计发放低保金4.86亿元。全市城乡低保边缘对象7506户16248人。衢州各县（市、区）民政部门均上调特困供养标准，全市特困供养标准平均为每人每月1187元，超过低保标准的1.3倍。截至12月，全市特困人员3997户4008人，全年累计发放特困供养资金5360万元。加强和改进临时救助，确立“救急难”责任意识、落实“分级审批”“先行救助”等政策规定，稳妥实施临时救助。全年全市开展临时救助4179户8069人（次），支出临时救助金975.86万元。

【大救助信息系统应用】2021年，依托全省数字化改革契机，不断完善社会救助核心业务和应用场景，按照《关于印发〈浙江省推进困难群众救助“一件事”集成改革实施方案〉的通知》和《浙江省社会救助事业发展“十四五”规划》文件要求，全市各级民政部门推进困难群众救助“一件事”联办改革落地，打通社会救助管理部门之间的信息数据壁垒，加快社会救助对象的信息数据共享，建立“一窗对外、信息共享、分工负责、部门协作、整体服务”的工作协同机制，提供救助“一件事”一站式线上、线下办理。截至年末，救助“一件事”累计办理2453件。市民政局按照“市域一体、条抓块统、资源统筹、精准救助”的总体思路，创新建立“统衢助”工作运行机制，依托该机制逐步完善并上线运行“统衢助”微信小程序，完成线上救助15508件，办件率96%以上。充分调动、统筹和链接政府、市场、社会等各方资源力量，建立县级“统衢助·助联体”，探索开展助联体建设试点工作。截至年末，全市建成6个县级助联体，实现全市域覆盖。通过梳理各社会救助部门数据资源，丰富并形成“幸福清单”，开发完善“幸福码”，做到“一户一码”。

【“三老”人员住房救助】根据中共浙江省委组织部、浙江省民政厅、浙江省住房和城乡建设厅印发的《关于开展“三老”人员走访摸排工作的通知》和中共浙江省委组织部等五部门联合印发的《关于开展为困难“三老”人员改善住房条件工作的通知》文件要求，民政部门及时会同组织、住建等部门开展为全市11户“三老”

人员走访慰问活动，实地了解老人居住情况和生活状况。经走访了解，4户老人及家属均同意对房屋进行改善。后经省相关部门确定全市符合适老化改造且同意改造3户（其中柯城区1户、江山市2户），C级结构住房1户。截至年末，全市困难“三老”人员住房改善工作全部完成。

【革命老区认定】 2021年，根据《浙江省民政厅关于开展革命老区村镇调整认定工作的通知》文件要求，市民政局及时部署指导各县（市、区）开展革命老区村镇调整认定工作。革命老区村的认定，由村民委员会提出申请，经乡镇人民政府（街道办事处）审核，送县（市、区）民政局复核汇总，市民政局审批，并将最终审批意见报送省民政厅。下发《衢州市民政局关于同意认定龙山村等155个村为革命老区村的批复》，确定龙山村等155个村为革命老区村。革命老区乡镇（街道）的认定，由乡镇人民政府（街道办事处）提出申请，经县（市、区）民政局审核，市民政局复核汇总后，报省民政厅审批。省民政厅下发《浙江省民政厅关于认定杭州市余杭区鸬鸟镇等515个乡镇（街道）为革命老区乡镇（街道）的通知》，确定衢州市灰坪乡等18个乡镇为革命老区乡镇。

【慈善宣传】 2021年，在全市推广“中华慈善日”主题宣传，开展以“慈善一日捐”为代表的全民性慈善活动。9月开始，在全市组织开展2021年度“慈善一日捐”活动。9月9日，衢州市民政局开展“慈善一日捐”活动，全体机关干部和直属单位共175人参加捐赠仪式，募集善款18450元。截至9月27日，全市503家机关和企事业单位，21424人次捐款，共捐款829.29万元，开具捐赠票据652份。所得善款为全市近20个慈善项目提供资金支撑，项目受益群体均为民政救助对象及其他需要帮助的困难群体。

【推动互联网慈善】 2021年，创新开发“统衢助”微信小程序。稳步推动“互联网+慈善”的模式创新，方便群众开展慈善公益活动。围绕解决民生救助资源分散、救助手段单一、救助力量分散等问题，用好用实“统衢助”微信小程序，开创“群众线上求助、民政平台统筹、社会组织领办、快速线下救助”的智慧救助新模式，实现困难群众“求助一点灵”、救助力量“行动一声令”，满足非政策的个性化、人性化帮扶需求。截至年末，通过“统衢助”，线上集结社会组织150余家，上门服务贫困眼疾人员500余人次、完成零星点对点救助1.5万余次。

【慈善力量助力共同富裕】 2021年，依托市、县级慈善基地，鼓励慈善组织开展慈善活动，运用慈善基地撬动效应，在培育慈善组织、孵化慈善项目、弘扬慈善文化、对接慈善资源等方面发挥作用。11月17日，在市政府主办、市民政局承办“凝聚慈善力量助力共同富裕”工作推进会暨“三衢有福”慈善项目签约仪式上，号召大家践行共富、慈善先行，引导社会组织、爱心人士投身四省边际共同富裕示范区建设。会上，六个县（市、区）现场签约12个慈善引资项目，签约金额超2000万元。全市汇集形成50项慈善项目，慈善合作意向资金7000余万元。实现公益活动的项目化实施、品牌化打造、社会化运作、事业化发展。

·基层社会治理·

【城乡社区治理】 截至年末，全市建成乡镇服务中心82个，街道服务中心18个、农村社区服务中心1482个、城市社区服务中心120个，正常运行社区服务中心实现全覆盖，村务公开达标率100%。创建省级引领型农村社区25个。创建市级示范型农村社区30个，补助专项经费300万元。其中：柯城区8个乡、2个镇、8个街道，213个村和62个城市社区，建成乡镇服务中心10个、街道服务中心8个、农村社区服务中心213个、城市社区服务中心62个，社区服务中心实现全覆盖，村务公开达标率100%，创建省级引领型农村社区5个，创建市级示范型农村社区4个，补助专项经费40万元；衢江区8个乡、10个镇、2个街道，279个村和6个城市社区，建成乡镇服务中心18个、街道服务中心2个、农村社区服务中心279个、城市社区服务中心6个，社区服务中心实现全覆盖，村务公开达标率100%，创建省级引领

2021年衢州市乡镇(街道)行政村(社区)情况表

表41　　单位：个

地 区	乡	镇	街 道	村	社 区
柯 城	8	2	8	213	62
衢 江	8	10	2	279	6
江 山	5	11	3	292	18
龙 游	7	6	2	263	12
常 山	5	6	3	180	11
开 化	6		8	255	11
合 计	39	35	26	1482	120

说明：乡（镇、街道）100个，村（社区）1602个。

型农村社区4个，创建市级示范型农村社区5个，补助专项经费50万元；江山市5个乡、11个镇、3个街道，292个村和18个城市社区，建成乡镇服务中心16个、街道服务中心3个、农村社区服务中心292个、城市社区服务中心18个，社区服务中心实现全覆盖，村务公开达标率100%，创建省级引领型农村社区4个，创建市级示范型农村社区5个，补助专项经费50万元；龙游县7个乡、6个镇、2个街道，263个村和12个城市社区，建成乡镇服务中心13个、街道服务中心2个、农村社区服务中心263个、城市社区服务中心12个，社区服务中心实现全覆盖，村务公开达标率100%，创建省级引领型农村社区4个，创建市级示范型农村社区6个，补助专项经费60万元；常山县5个乡、6个镇、3个街道，180个村和11个城市社区，建成乡镇服务中心11个、街道服务中心3个、农村社区服务中心180个、城市社区服务中心11个，社区服务中心基本覆盖，村务公开达标率100%，创建省级引领型农村社区4个，创建市级示范型农村社区5个，补助专项经费50万元；开化县6个乡、8个镇，255个村和11个城市社区，建成乡镇服务中心14个、农村社区服务中心255个、城市社区服务中心11个、社区服务中心基本覆盖，村务公开达标率100%，创建省级引领型农村社区4个，创建市级示范型农村社区5个，补助专项经费50万元。

【衢州市获评“全国社区治理和服务创新实验区”称号】12月6日，民政部公布全国社区治理和服务创新实验区结项评估结果，衢州

开化县城西社区“邻礼汇”

市上榜，成为第四批全国实验区中仅有的两个地级市之一。2019年3月27日，衢州全市域成为第四批全国社区治理和服务创新实验区试点单位，实验主题是以智治促善治，打造数字化背景下的社区治理和服务新模式。衢州市通过搭建三通一智（治）（邻礼通、村情通、政企通）数字化平台，开展红色物业联盟、村社全科网格、“有礼小区”创建、“邻礼汇”等探索，形成上下贯通、信息畅通、整体联动、整体智治的数字化治理格局。2021年2月3日，《人民日报》第7版刊发《新技术助力基层治理智能化》一文，点赞衢州借助大数据、云计算、人工智能等技术，解决基层治理技术供能不足问题。2021年3月20日，衢州市民政局、衢江区人民政府联合申报的“‘邻礼通’撬动大治理：以智治促善治的衢州市域治理创新”被中国社会治理研究会评为2020年全国市域社会治理创新优秀案例。2021年9月22日，衢州市全国社区治理和服务创新实验区创建结项评估汇报会召开，民政部专家组认为衢州试点成效显著，形成可借鉴可复制的市域技术治理的“衢州样板”和“衢州经验”。

2021年5月13日，衢州市社会工作领军人才培养开班仪式

【社会工作机构和社会工作职称】 2021年，组织发动全社会人员参加社会工作者职业水平考试，全市新增报考人数5096人，通过人员476人，其中初级340人、中级136人；全市累计取得国家级社会工作者职称5020人，其中初级3969人、中级1051人。建立专业社工机构119家、乡镇（街道）社会工作站50家。市本级取得国家级社会工作者职称995人，建立专业社工机构2家，建立衢州市社会工作总站。柯城区取得国家级社会工作者职称729人，建立专业社工机构18家、乡镇（街道）社会工作站12家；衢江区取得国家级社会工作者职称647人，建立专业社工机构15家、乡镇（街道）社会工作站8家；龙游县取得国家级社会工作者职称700人，建立专业社工机构8家、乡镇（街道）社会工作站8家；江山市取得国家级社会工作者职称920人，建立专业社工机构20家、乡镇（街道）社会工作站9家；常山县取得国家级社会工作者职称401人，建立专业社工机构20家、乡镇（街道）社会工作站7家；开化县取得国家级社会工作者职称628人，建立专业社工机构14家、乡镇（街道）社会工作站6家。

【社会工作宣传和咨询服务】 3月，开展第十五个国际社会工作节系列宣传活动。市县联动，全市举办社会工作宣传和咨询服务活动20余场，服务500余人。9月29日，举办衢州市第二届“社工好故事”演讲比赛，16名选手参赛。实施第二批衢州市“社会工作领军人才”培养计划，经过近一年时间社会工作督导培养，10名市级“社会工作领军人才”通过最终考核。

【社会组织管理】 2021年，全市新登记社会组织211家（社团85家、民非123家、基金会3家），注销147家（社团34家、民非112家、基金会1家）。截至年末，全市共有社会组织18718家，其中正式注册登记4318家，社区备案1.44万家，每万人拥有注册登记社会组织16.8家，居全省各地市前列。

【引导社会组织助力共同富裕】 2021年，以“民生使者·立心利社”社会组织党建品牌凝心聚力，开展“百社结百村”行动，发动全市社会组织对接100个村(社),开展产业帮扶、教育帮扶、医疗帮扶、智力帮扶、生活救济、精神抚慰等活动,累计投入资金547万余元,受益2万余人,推动改善乡村生活环境、人文环境和生态环境,助力乡村振兴。开发"五社联动"(社区、社会组织、社会工作者、社区志愿者、社会慈善资源)数字化平台。通过强化横向协同和纵向联动,提升社区与社会组织、社会工作者、社区志愿者、社会慈善资源的联动效率,增强社区社会组织活力。截至年末,集聚社会组织321家、持证社工618名、社会慈善资源365条,累计资金600余万元,认领开展矛盾化解、为老服务、困难帮扶、儿童照护等社区服务活动346场次,受益居民2万余人次。

【开展社会组织公益创投活动】自2015年开展社会组织公益创投项目以来,围绕福彩公益金"扶老、助残、救孤、济困"的使用范围,参照《民政部本级彩票公益金使用管理办法》,致力于发展公益慈善事业、提升社会组织能力、服务人民群众需求,为助力共同富裕贡献力量。2021年,市本级投入116万元,用于补助26个公益创投项目建设。

·水库移民工作·

【概　况】2021年,紧贴省移民办,市委、市政府工作重点,围绕"高质量发展引共融、高水平建设促共富"主题,坚持固化优势、补足短板、改革创新,促进水库移民融合发展。组织县(市、区)谋划共富项目。围绕擦亮"大花园核心景区"金名片,实施后期扶持项目271个。组织县(市、区)分组开展后期扶持项目检查。完成后期扶持人口年度复核工作。2021年,全市后期扶持人口167683人,其中直补人口114965人,项目扶持人口52718人,发放直补资金0.7亿元。做好新建水库移民安置工作。2021年,移民人均可支配收入达到当地农村居民平均水平的99.2%。

副省长王文序先后两次到衢州调研水库移民工作,对衢州市移民创业致富、智慧村居建设等工作予以肯定,省民政厅厅长王剑侯、副厅长陈平多次到衢州调研水库移民工作,对衢州市美丽移民村建设、新建水库移民安置等工作予以肯定。衢州市"数智增美""移民培训"典型案例入选水利部水库移民工作典型案例集。衢州市分别在全省水库移民工作会议和全省水库移民稽查专家培训会上作新建水库移民安置和监督检查工作经验介绍。

【组织实施移民共同富裕项目】2021年,通过县级筛选,市级审查,省级评审,全市入选浙江省水库移民共同富裕示范项目6个,总投资约2亿元,获省移民办补助资金4250万元,占省移民补助资金的14.1%,预计惠及125个移民村1.52万移民,带动移民村集体创收1690万元。同时,对参选但未入选的3个项目,争取到省单独补助后期扶持资金556万元。以助推移民共同富裕为目标,围绕擦亮"大花园核心景区"金名片,结合当地美丽乡村示范县、示范乡镇、精品村的创建,实施后期扶持项目271个,总投资3.3亿元,移民资金1.78亿元。其中,全年实施美丽家园类项目164个,着重打造新时代美丽移民村40个;因地制宜,实施生产开发类项目66个,投入移民资金0.68亿元。

【新建水库移民安置工作】2021年,及时上报2021年度全市新建水库移民安置计划,指导督促衢

2022年1月11日,红船豆枢纽及船闸工程竣工移民安置工作通过省级终验

江抽蓄电站、开化水库、柯城寺桥水库按照规划大纲、规划报告做好移民安置实施工作，严格执行移民安置设计变更相关规定，帮助解决新建水库疑难问题11个，保障移民权益。指导高坪桥水库做好竣工移民安置验收筹备工作；组织开展红船豆、安仁铺枢纽工程竣工移民安置验收工作，并通过竣工移民安置终验。

【监督检查工作】抽取衢江、常山、江山开展2021年全市移民监督检查工作，查出各类问题15个，实行销号制管理。开展全市2018—2020年度监督检查问题整改销号工作，对近三年的监督检查问题整改情况进行复核，全面督查整改情况的合规性、完整性，逐一进行规范销号。

【低收入移民帮扶】2021年，针对低收入移民在就医就学创业等方面的困境，联合教育局、农业农村局、人力社保局等单位建立困难移民创业贴息贷款、困难救助、教育资助等帮扶机制。截至年末，全市投入移民资金450.33万元对低收入移民开展专项救助，救助困难移民5214人次，教育救助126人次，低收入移民数量从原先8130人减至3708人。

【智慧村居建设】2021年，立足打通服务移民"最后一米"的目标，以江山市为试点在全省率先开展水库移民"数智增美"工程建设，利用"互联网+"技术、江山华数4K高清电视平台及移民业务"掌上办"、"村里办"平台等，为移民生命财产安全保驾护航，推进美丽移民村建设向智慧移民村建设转型升级。

·专项社会事务·

【婚姻登记】2021年，衢州市有婚姻登记机关7个，市本级及柯城、衢江、龙游、江山、常山、开化各1个，其中市本级为涉外婚姻登记处。全年，衢州市结婚登记12357对，其中涉外结婚登记28对、柯城区3250对、衢江区2016对、龙游县1789对、江山市2633对、常山县1301对、开化县1340对。衢州市离婚登记3555对，其中涉外婚姻登记9对、柯城区849对、衢江区665对、龙游县562对、江山市601对、常山县502对、开化县367对。

【婚俗改革】2021年，衢州市积极开展婚俗改革，指导江山市、龙游县做好浙江省婚俗改革试点工作。严格执行离婚冷静期制度，各婚姻登记处受理离婚申请5227对，其中，夫妻双方或者其中一方在"冷静期"内提出撤回申请的5对，1136对"自动撤回"。通过政府购买服务，与社会工作室合作，安排导师在婚姻登记处辅导室坐班等形式，累计为1500余对意向离婚夫妇提供婚姻家庭辅导，劝止非理性离婚1203对。在"3·14""5·20"、七夕等重要节点，加班登记结婚。举办具有特色的颁证仪式或集体婚礼活动。衢州"邂逅千年古城·见证百年好合"等集体婚礼受到媒体广泛关注和省、市领导肯定。龙游县打造姑蔑城、红木小镇两个室外颁证基地，邀请各级领导、金婚老人累计为1073对新人颁证。江山市出台《关于聘请祝瑜英等同志为结婚登记颁证师的通知》等文件，建立地方领导、社会名人、金婚夫妇等颁证制度，鼓励当事人邀请亲朋好友共同见证缔结合法婚姻。11月11日，龙游县婚姻家庭协会召开成立大会，成为浙江省第九家县级婚姻家庭协会。

【补领婚姻登记证】5月，衢州市被列为全省集中开展补领婚姻登记证试点市。开展婚姻登记历史数据补录工作，完成衢州市国内婚姻登记历史档案数据比对59.2万条。组织"拉网式"巡回，婚姻登记机关逐个进村(社区)现场提供集中宣讲、政策咨询、预约服务等便民服务，累计巡回1356个村(社区)，服务302天，占村(社区)总数的84.60%，发放宣传提纲11.78万份，试点期内完成补领婚姻登记证1.8万余件，同比增长720%。

【惠民殡葬】2021年，聚焦殡葬公益属性，各地出台乡村公益性墓地价格管理办法，对乡村公益墓地实行收费限价管理。在四项殡葬基本服务(遗体接运、冷藏、火化、骨灰寄存)免费基础上，推进惠民殡葬提标增项扩面。在市区范围探索遗体接运、遗体冷藏、遗体守灵、遗体告别、遗体火化、骨灰安葬、祭扫等殡葬基本服务项目实行全流程免费。推进生态殡葬综合改革，出台《衢州市乡镇(街道)节地生态安葬公益性墓园建设规范》，推动殡葬设施建设规划纳入国土空间规划，实现多规合一，实施“两改”（公墓改公园、地上改地下）工程，建成树葬点214个、骨灰堂28个、安葬格（穴）位近27万个，创建省级公益性节地生态安葬示范点8个，节地生态安葬乡镇（街道）覆盖率86%。出台《衢州有礼殡葬实施方案》，建立追悼、安葬、祭祀、抚慰等殡葬全流程有礼标准，通过免费举办追思会、开辟礼敬墓区等形式，助推殡葬事务规范化、殡葬习俗文明化。

【数字殡葬】 4月23日，衢州市数字化群众身后“一件事”联办中榜浙江省数字社会第二轮“揭榜挂帅”。联办系统集成死亡证明线上开具、逝者待遇及时调整、业务进度一键查询等功能，创建点单派单式殡葬服务模式，实现逝者信息申报、遗体接运、悼念、火化等殡葬业务全流程在线办理。建立健全殡葬管理服务体系，成立殡葬协理员队伍1587个，确定殡葬协理员6892人，作为群众身后“一件事”联办“协办员”、殡葬政策法规“宣传员”、后事办理的“服务员”、骨灰跟踪信息“收集员”，宣传文明节俭治丧、节地生态安葬、低碳环保祭扫，助力殡葬数字化改革。

·民政执法·

【概　况】 2021年，市民政执法队落实工作责任，衢州民政法治建设有成效。《中国民政杂志》（2021第10期）及“中国民政”微信公众号刊发《“三三”工作法丰富民政法治“衢州模式”》。《中国民政杂志》（2021第20期）刊登《执法细节诠释行政执法程序的合法性——市某服务中心诉某市民政局撤销登记案》一文。

【行政执法】 2021年，全市民政系统办理一般程序行政处罚案件15起，其中立案案件15起，结案14起；办理简易程序案件4起。将案件录入到省统一行政处罚办案系统，形成全套电子化档案。先后13次派人员赴柯城、衢江、龙游现场联合执法，指导县（市、区）办理要案及疑难案件。

【出台《衢州市居家养老服务条例》】 2021年，牵头完成衢州首部民政法律《衢州市居家养老服务条例》（以下简称《条例》）的制定。《条例》立法项目，列入2021年市人大重点调研课题。《条例》于2022年1月1日施行。召开五次内部修改讨论会，历经19稿，最终形成提交市政府常务会议的《条例（草案）》。4月25日，《条例（草案）》经市政府第67次常务会审议通过。5月31日，《条例（草案）》通过市七届人大常委会第33次会议一审。7月29日，《条例（草案）》通过市七届人大常委会第35次会议二审。9月29日，《条例》通过浙江省第十三届人民代表大会常务委员会第三十一次会议批准。

【推进“互联网+监管”】 开展“综合查一次”的跨部门执法模式。联合公安、综合执法、市场监管等部门，在清明期间，开展“清明节”丧葬用品联合执法检查。通过浙江省行政执法监管（“互联网+监管”）平台，共入户检查54家，其中单部门检查24家、跨部门检查18家，即时检查12家。检查任务完成率100%，跨部门监管任务率83.33%，应用信用规则率100%，掌上执法率100%。

【执法标准化】 2021年，代省民政厅起草完成《浙江省民政行政处罚案件办理程序规范（试行）》《浙江省行政处罚案件集体讨论规则》《浙江省行政处罚案件评查办法》，并对《浙江省行政处罚自由裁量基准》提出建议。

开展“综合查一次”的跨部门执法模式。联合公安、综合执法、市场监管等部门，在清明期间，开展清明节丧葬用品联合执法检查。根据全市“互联网+监管”工作推进会的相关要求，完成行政检查事项的认领及备案，提高监管事项入驻率至100%。同时按照省民政厅要求，完成省监管库行政处罚关联法律法规事项审核57项。

【民政行政执法改革】 2021年，经省“大综合一体化”改革后，行政处罚事项原97项，划转60项行政处罚事项至市综合执法局，保留社会组织领域全部行政处罚事项，共计37项。撤销市民政行政执法队，在市水库移民管理中心增设民政事务监管科。划转空编2个和转隶2个至市综合行政执法局。（刘青青）

衢州市慈善总会

【概 况】2021年,衢州市慈善总会以《中华人民共和国慈善法》为依据,结合"南孔圣地·衢州有礼"的文化底蕴,积极创新探索,挖掘慈善力量,弘扬慈善文化,传播慈善精神,畅通慈善平台,在善款募集、慈善救助等方面夯实工作基础,推进全市慈善事业高质量发展。各县(市、区)慈善总会主动开展慈善救助活动。柯城区慈善总会向四川省绵阳市北川羌族自治县慈善总会捐赠110万元,为老人和儿童提供关爱服务。衢江区慈善总会开展鄞州—衢江山海协作"爱心康养"鄞衢慈善助医项目。江山市出台《江山市加快慈善事业高质量发展实施意见》,并开发慈善数字化捐赠平台应用系统。龙游县慈善总会以慈善文化建设基地,设立精准帮扶、组织孵化、文化建设等功能的慈善服务平台,并投入10.50万元,发起第二期"改善微环境 筑梦小书房"公益慈善项目。常山县慈善总会联合县民政局募集善款685.90万元,建立"早上好"共同富裕慈善基金。开化县慈善总会与浙江省慈善联合总会合作,开展"善行浙里"计划;与桐乡市慈善总会签约"善缘书屋"项目,为开化县30名6—16周岁困境儿童打造"温暖小书房"。

2021年6月11日,市慈善总会开展"慈善助医,共促健康"活动,向市人民医院捐赠100万元助医补助资金

【善款募集】2021年,全市慈善总会募集善款9075.81万元。其中市本级3384.56万元、柯城区122.74万元、衢江区448.23万元、龙游县229.66万元、江山市3067万元、常山县1098.55万元、开化县725.07万元。

【善款支出】2021年,全市慈善总会支出救助资金8061.21万元,其中助学支教3140万元、扶贫助困1257万元、助医救助722万元、助残支出330万元、赈灾救济139万元、助老支出38万元、助孤支出6万元,其他救助支出2429万元。

【慈善助医】6月11日,为助力打造四省边际共同富裕示范区建设,提高四省边际中心城市在区域内的影响力,着力推进衢州市慈善事业高质量发展,衢州市慈善总会联合衢州市人民医院开展"慈善助医,共促健康"活动,市慈善总会向市人民医院捐赠100万元助医补助资金,用于部分困难家庭病患者的医疗救助。该项目对白内障手术患者、乳腺癌手术患者和髋膝关节患者分别给予3000元、5万元和1万元的补助。全年,帮助210名患者完成治疗,摆脱病痛,重回健康,重返工作。

【慈善助学】2月2日,为帮助更多家庭困难的残疾孩子实现读书的梦想,助力特殊儿童成长,衢州市慈善总会会长毛建民一行向特殊教育学校捐赠10万元善款,用于该校19名特困残疾学生生活补助、28名家庭困难残疾学生交通费用补贴、全体学生校服制作和33名学生的学习用品、生活用品的购置等。8月26日,为进一步帮助解决家庭困难子女考取全日制本科院校上学难的问题,帮助贫困学子圆梦大学,衢州市慈善总会出资60万元,开展"慈善助学 圆梦启航"困难家庭大学新生助学活动,为80名被全日制本科院校录取的大学新生每人发放8000元爱心助

2021年6月3日，江山市数字化慈善捐款平台正式上线

学金。

【慈善助残】12月15日，为切实帮助困难残疾人家庭提高生活质量，衢州市慈善总会出资20万元，联合衢州市残疾人联合会开展“慈善家电送温暖活动”，为柯城区和衢江区的108户低保残疾人家庭送去冬日的慰问，并向万田乡、九华乡、樟潭街道、高家镇的8户低保残疾人家庭送去电冰箱、洗衣机、电热水器、空调、电视机等家用电器，帮助他们解决生活上的困难，提高生活质量，传达党和政府对残疾人的关心和关爱。

【助力共同富裕】12月31日，衢州市慈善总会副会长杨继、秘书长郑天顺会同衢州市民政局副局长刘升在衢州市民政局八楼视频会议室参加第八届“西湖论善”视频会议。会上，江山市贺村镇入选第二批省级示范慈善分会名单，龙游县塔石镇里王村、江山市大陈乡旱田坂村、江山市大桥镇陈家村、江山市大桥镇湖游村、江山市贺村镇通贤村、江山市塘源口乡塘源村、江山市峡口镇地山岗村入选第二批省级示范慈善工作站名单。

【慈善志愿服务】12月31日，衢州市慈善总会联合衢州职业技术学院校工会，在学校“爱心超市”发起“心·新相映”志愿服务积分兑换活动，持续营业29天，300余人次累计兑换近1600件“爱心物品”，总计兑换2.4万余志愿小时。“爱心超市”让家庭经济困难学生能够通过志愿活动获得生活用品、学习文具、防疫物资等。

【鄞州—衢江山海协作】2021年，衢江区慈善总会开展鄞州—衢江山海协作“爱心康养”鄞衢慈善助医项目。其中，青少年视力矫正补助项目，拨付资金25万元，为500名青少年提供视力矫正器具；困难家庭髋、膝关节置换患者和胆、肾结石患者的手术费补助项目，发放补助资金7.5万元对15人进行救助；脑中风患者康复补助项目，拨付衢江区中医医院20万元计划补助100人。

【江山市慈善数字化捐款平台启动】2021年，江山市慈善总会投入资金20余万元，依托海盐科技有限公司开发慈善数字化捐款平台应用系统。6月3日，江山慈善总会举行慈善数字化捐款平台启动仪式。江山数字化慈善捐款平台正式上线，是江山市慈善数字化·运用场景的新探索，是全省首批、衢州市唯一的慈善数字化捐赠新平台。

【慈善助残危房改造】2021年，省慈善联合总会副会长吴桂英、省慈善联合总会执行副会长廖卷清率调研组一行，到开化县慈善总会调研“慈善助残危房改造”项目实施情况，县领导汪宇祥、陈崇等陪同调研。省慈善助残危房改造项目始于2018年，由省慈善联合总会、省残联、省财政厅联合实施，旨在帮助26个加快发展县解决残疾人危房改造困难。该项目省补助资金555.2万元，为开化118户困难残疾人实现安居梦。

【“善行浙里”计划】2021年，开

化县慈善总会与浙江省慈善联合总会合作，借助互联网平台，发起网络众筹，开展“爱心血透情满开化”的“善行浙里”计划，为20位困难家庭血透或腹透尿毒症患者提供每次50元每人50次的透析补助。该项目是衢州市首次借助互联网公益平台发起的网络众筹项目。（姜璐萍）

劳动与就业

【概　况】 2021年，全市城镇新增就业6.77万人，完成目标任务的338.43%；年末城镇登记失业率1.64%，维持在较低水平；帮扶就业困难人员实现就业3550人，完成目标任务的142%。全市受理各类欠薪举报投诉案件5964件，同比下降8.42%，没有发生一起因欠薪引发的群体性事件，工程建设领域六项制度平均落实率80.17%，全省排名第3。

【城乡就业】 2021年，城镇失业人员实现再就业2.8万人，完成目标任务187.49%。衢州市大学生创业园智慧新城园被认定为全国创业孵化示范基地，实现此项工作“零的突破”。衢州市在全国首个开展企业就业环境评价试点，研究制定企业就业环境评价指标体系，有效引导企业改善就业环境。

【劳动关系】 2021年，全市6个县（市、区）和智造新城全部一次性通过“无欠薪”县（市、区）创建考核验收，完成既定目标。2021年，衢州市人社系统受理各类欠薪举报投诉案件7058件；全市工程建设领域“六项制度”（实名制、工资保证金、工资专户、银行代发、足额支付、维权告示牌制度）平均落实率89.17%。

【劳动保障监察】 2021年，将1100多页电子台账上传省劳动保障监察信息系统。全面开展自查，并将自查报告报省根治欠薪领导小组办公室。省保障农民工工资支付工作考核组赴常山县、衢江区开展检查考核，共检查20个在建工程项目，考核结果为B等次。

【调解仲裁】 2021年，全市各级人力社保部门处理劳动人事争议案件2286件，其中各仲裁院立案处理劳动人事争议案件30件、结案30件、调解16件、网络办案率22.2%，结案率和调解率分别为98.3%和88.6%。

【劳动保障电话咨询】 2021年，受理“通衢问政”网络咨询事项192件，办结率100%。即时办结“12345”政府服务热线交办工单309件。

【职业能力建设】 2021年，衢州市职业技能培训7.43万人次，新增高技能人才9779人，成功入选浙江大工匠1名、浙江杰出工匠4名、浙江工匠21名、浙江青年工匠87名，新增省级技能大师工作室2家，新增技工院校3家，实现技工院校各县（市、区）全覆盖。

【信息化建设】 2021年，衢州市推进居民服务“一卡通”，全市发行社保卡267万张，全市所有国有文博场馆100%实现社保卡购票、入馆、图书借阅功能，居民可凭社保卡在全国300余个城市刷卡乘车，并在全国各地享受医疗费用就医刷卡。2021年，衢州市深化“一网通办”，推动30个高频政务服务事项“跨省通办”，实现全省系统2.0政务服务事项100%“全省通办”。

【农民工管理服务】 2021年，全市农民工总量约6.95万人，与2020年相比增加近6100人，增幅为9.58%，从事第一产业0.2万人、第二产业4.21万人、第三产业2.54万人。

【对口支援和结对帮扶】 2021年，吸纳中西部建档立卡人员到衢州市稳定就业达1.7万人。赴云南保山、四川绵阳等地举办专场招聘会39场，服务企业978家次，达成意向6000余人。赴湖南、贵州、云南等地开展人力资源交流考察，建立云南宣威驻衢州劳务协作工作站。（施煜航）

社会保险

【概　况】 2021年，衢州市养老、工伤、失业三项社会保险基金收入211.63亿元，支出212.36亿元，当年缺口2.04亿元，累计结余40.64亿元。全市法定户籍人口基本养老保险应参保人数203.24万人，参保率为99.72%，排名全省前列。养老、工伤社会保险基金收入208.36亿元，支出210.4亿元，当年缺口2.04亿元，累计结余33.51亿元。

【基本养老保险】 2021年，衢州市企业职工基本养老保险参保人数为87.85万人，比上年同期增加3.62万人；企业职工基本养老保险基金收入160.55亿元，支出168.29亿元，当年缺口7.74亿元，基金累计结余1.79亿元。城乡居民基本养老保险参保人数为86.07万人，基金收入18.08亿元，支出13.92亿元，当年结余4.16亿元，累计结余23.78亿元。被征地农民基本生活保障参保人数2.35万人，同比减少0.06万人；被征地农民基本生活保障基金收入2.77亿元，支出1.60亿元，当年结余1.17亿元，累计结余18.52亿元。

【工伤保险】 2021年，全市工伤保险参保人数55.02万人，同比增加7.93万人。全市工伤保险基金收入2.94亿元，支出2.40亿元，当年结余0.54亿元，累计结存2.20亿元。

【失业保险】 2021年失业保险全市总收入3.27亿元，其中市本级1.19亿元，全市总支出1.96亿元，其中市本级0.49亿元。

【社会保险政策】 2021年，衢州市在全省率先实施城乡居民养老保险提档补缴工作，办理补缴人员补缴后平均缴费水平从最初的300元/年提高至2898元/年。

【社会保险经办管理】 2021年，持续推进"网上办""掌上办""自助办"，全市社保高频事项网办率达86.15%。全面推行机关事业单位工作人员职业生涯全周期"一件事"线上经办，全年共办理公务员及事业单位招录、调动18840人。2021年，衢州市职工工伤认定5935人，其中市本级1168人。衢州市工伤鉴定2976人次，其中市本级鉴定1268人，委托指导县（市、区）鉴定机构鉴定1708人；因病鉴定213人次，其中市本级鉴定120人，委托指导县（市、区）鉴定机构鉴定93人。 （施煜航）

医疗保障

【概　况】 2021年，市医保局围绕国家、省医保局的改革要求和决策部署，夯实基础、深化改革、创新集成，全市医疗保障制度运营、服务、监管的运行框架更加成熟，数字化改革、惠衢保、电子医保凭证推广应用等多项工作走在全省前列。

【基本医疗保险】 截至年末，全市参加城镇职工基本医疗保险74.91万人，同比增长6.20%；全年基金（含大病）收入35.54亿元，同比增长32.62%；基金（含大病）支出28.69亿元，同比增长33.43%；基金（含大病）累计结存44.16亿元。全市参加城乡居民基本医疗保险161.95万人，同比减少2.54%，其中转职工医保54293人；全年基金收入24.89亿元，同比增长5.06%；基金支出21.84元，同比增长13.29%；基金累计结存17.11亿元。截至2021年末，全市户籍人口基本医保参保率99.97%，全省排名第1。

【大病保险】 1月29日，市医保局、市财政局、市卫健委联合转发《关于进一步完善大病保险制度切实减轻群众就医负担的通知》，自2021年2月1日起，衢州市大病保险补助标准从60%调整为70%；医疗救助对象大病保险补助标准从65%调整为80%。

【医疗救助】 2021年，市医保局、市民政局等7部门联合转发《浙江省医疗保障等7部门关于印发〈浙江省巩固拓展医疗保障脱贫攻坚成果促进共同富裕有效衔接乡村振兴战略实施意见〉的通知》，将低保、低边、因病致贫人员医疗救助报销比例分别提高到

2021年7月28日，"未来社区 医保到家"项目正式启动

80%、70%、60%。全市困难群众资助参保率和医疗救助政策落实率100%。2021年，全市医疗救助基金支出17737.03万元，资助参加基本医疗保险95971人，金额为4798.60万元。

【疫情防控】2021年，全市支付新冠疫苗及接种费用2.55亿元。合理降低新冠病毒核酸检测费用，将检测费用从80元/次调整为40元/次，混检价格从20元/次调整为10元/次。

【牵头制定省级地方标准】2021年，衢州市牵头制定的《浙江省医疗救助服务规范》《浙江省医保数字化经办规范》分别是浙江省医保领域首个省级地方标准和首个数字化经办省级地方标准。其中，《浙江省医疗救助服务规范》于2021年1月30日开始实施。

【电子医保凭证】2021年，衢州市在全省率先完成医保电子凭证推广应用目标，全市医保电子凭证激活率87.56%，结算率21.36%，100%完成定点医药机构改造。7月27—28日，全省医保经办现场推进会在龙游县召开。会议由省医保中心主任周坚主持，省医保局局长杨烨出席会议并讲话，省医保局副局长徐伟伟出席会议并作具体工作部署。

【基本医保市级统筹】1月1日起，开始实施《衢州市关于推进基本医疗保险市级统筹工作的实施意见》。截至年底，完成医保基金统收统支，收支经办规程、预算管理办法等配套政策的制定，结余基金自查和归集等工作。

【惠衢保】2021年，根据惠衢保的参保率，及时会同保险公司启动年中二次报销和年末补报销工作，对惠衢保待遇重新调整，确保赔付率不低于90%。截至2021年12月31日，全市共发生赔付34.48万人次，结算报销款1.57亿元，赔付支出占比92%以上；受益3.84万人，占总投保人数的2.27%。

【国家医保智能监控示范点】2021年，在全国率先建成智能监控、智能审核、智能风控“三智融合”医保云管家平台。8月，在国家医保局智能监控示范点终期评估中获“优秀”等次。

【医保数字化改革】2021年，市医保局数字化改革工作在全市数字化改革工作推进会和全省医疗保障工作会议上作演示汇报。衢州市“浙里医保·无感智办”和常山县“意外伤害‘医’触即办”被省发展和改革委员会纳入数字社会案例集。医疗费用一站式结算做法得到国务院推进政府职能转变“放管服”改革简报宣传推荐，省委省政府和国家医保局领导批示推广，并入选浙江省公共服务优质共享典型案例。

【医保支付方式改革】2021年，聚焦解决DRGs（按疾病诊断相关分组分类）实施中出现的矛盾和问题，完善精神病、康复治疗的床日标准，落地50个DRGs支付同病同价目录，出台中医倾斜、特色专科倾斜等管理规定，开展全市病案交叉检查工作，促进医保的精细化管理和医疗费用的精准支付。

【医疗服务价格改革】2021年，出台“腾空间、优结构”的价格改革新方案，利用国家省集采药品耗材降价节约的空间，对冠状动脉搭桥术、髋关节置换等23项医疗服务项目价格进行调整，调整总量约991万元。

【医保药品目录】2021年调整后的《国家基本医疗保险、工伤保险和生育保险药品目录（2021年）》内药品总数为2860种，与2020年相比目录内药品总数增加60种。2021年，衢州市协议期内谈判药共报销23.75万人次，平均实际报销比例62.57%。通过谈判降价和医保报销，年内累计为患者减负10870.34万元。

【药品耗材带量采购】2021年，全市共执行国家5个批次223个品种药品和1个批次10个品种耗材集中带量采购工作，其中药品平均降幅60.6%，耗材平均降幅93%；执行省级1个批次8个品种药品和1个批次137个品种耗材集中带量采购工作，其中药品平均降幅41%，耗材平均降幅57.8%。国家、省级带量药品和耗材品种合计378个，节约患者医疗费用约2.25亿元。

【打击欺诈骗保】2021年，全市共计查处违规违约案件444起（定点医疗机构385家、定点零售药店59家、参保人员22人），暂停医保服务25家，移交司法机关10人，追回违规金额1892.41万元，其中作出行政处罚7.60万元。2019—2021年，衢州市解除医保服务66家，暂停医保服务176家，移交司法机关26人，追回违规金额1.24亿元，百万元以上大案14件。出台信用管理办法，指导成立衢州市中药饮片产业协会，强化行业自律，全力构建医保基金监管社会共治、齐抓共管工作氛围。

（黄　芳）

住房公积金管理

【概　况】2021年，衢州住房公积金中心推进公积金领域数字化改革，全国首创推出住房公积金贷款“不见面”办理应用场景，获衢州市改革突破奖一等奖、2021年度衢州市行政服务中心平台“改革先锋团队”“群众最满意窗口”等荣誉。

【住房公积金归集】2021年，全市6319家单位缴存住房公积金，缴存职工230659人。全市归集住房公积金61.66亿元，同比增长8.62%；累计归集住房公积金467.8亿元，归集余额123.77亿元。

【住房公积金提取】2021年，全市住房公积金提取合计51.45亿元，同比增长12.3%，累计提取住房公积金344.04亿元。

【住房公积金贷款】2021年，全市发放住房公积金贷款5827户，合计18.72亿元，同比减少1.62%；累计向109102户家庭发放个人住房公积金贷款275.91亿元，贷款余额110.96亿元，存贷比为89.65%，比2020年12月下降8.95个百分点。住房公积金个贷风险控制良好，全市逾期贷款率为0.03‰。

【住房公积金收益】2021年，全市实现住房公积金业务收入4.06亿元，同比增长0.46%；业务支出1.91亿元，同比减少6.18%，实现增值收益2.15亿元，同比增长7.5%。年末，全市增值收益账户存款余额10.18亿元。

【全国首创公积金“不见面”贷款】2021年，聚焦公积金贷款繁、难、长问题，与12个部门、13家合作银行多跨协同，开展流程再造、制度重塑，突破贷款必须线下面对面办理模式，创新推出“4321”贷款线上面签模式（即4条短信、3次刷脸、2次签名、1张电子表单），全国首创实现公积金贷款“不见面”办理。6月22日，在浙江省政务平台“浙里办”（服务端）正式上线；8月，初实现县（市、区）“不见面”业务全覆盖。贷款办理时间从原来的90分钟左右缩短至申请、面签各15分钟左右，最快5分钟即可办结。群众足不出户，通过手机端就能轻松自助办理公积金贷款，为因为疫情、异地工作、行动障碍等难以现场办理的情形提供最佳解决方案。自6月22日上线至年末，全市贷款“不见面”受理1157笔，公积金贷款4.12亿元，商业贷款6.64亿元。获得住建部公积金监管司、省建设厅和市委、市政府的肯定，入选浙江省党史学习教育“我为群众办实事”专题实践活动最佳实践案例。

【推进住房公积金政务服务优化】2021年，从提升办事群众、企业体验角度入手，进一步完善政务服务2.0平台，优化现有办事事项，丰富2.0接入公共事项和业务情形，全面提升2.0服务体验；持续推进公积金一体化办理。首批实现长三角异地购房提取公积金服务“一网通办”，作为首批八个试点城市之一，通过跨区域数据共享、业务流程再造，推动公积金提取“减环节、减材料、减时间、减跑动”。实现公积金高频事项全国

2021年6月22日，衢州市住房公积金中心贷款“不见面”启动仪式举行

跨省通办、四省边际通办、衢(衢州市)绵(绵阳市)通办,让群众办事更安全快捷。

【联动开展公积金建制30周年宣传活动】2021年,部、省、市三级联动,开展公积金建制30周年宣传。收集整理衢州市30年以来公积金最有影响的事件和人物,通过视频拍摄、宣传画册、宣传展板、发放政策宣传小折页等多种形式,全方位宣传公积金政策、历史和改革成效。浙江省住房公积金30周年宣传画册将衢州公积金作为重要篇章宣传,住建部住房公积金建制30周年宣传工作牵头组织部办公厅宣传处及一批中央媒体至全国代表城市采访宣传,衢州作为全国入选3个城市(衢州、上海、广州)中的首个城市接受采访,创新改革和政务服务深受好评。

【保障住房公积金资金安全】2021年,配合国家审计署开展住房公积金专项审计,组织内审稽核处业务骨干开展公积金政策执行及业务合规性、业务稽核、财务收支审计。分析问题缘由,分类开展整改,提升中心公积金业务规范化水平。优化公积金贷款业务流程,通过数据同步共享,协同合作银行实现“并联”审核,采用数据源比对、区块链存证基数,防范骗贷风险,资金管控更安全。加强信息安全防控工作,建立日常巡检机制,组织参加全省护网攻防演练,总结问题并开展整改,保障信息业务系统和网络安全。

(娄宇扬)

居民生活

【概　况】2021年,衢州围绕“高质量发展建设四省边际共同富裕示范区”的总目标,在促进就业、发展产业、推进改革、强化保障上下功夫,居民增收工作成效显著。2021年,全市居民人均可支配收入42658元,同比增长12.5%,增速位列全省第1。全市城镇常住居民人均可支配收入54577元,同比增长10.7%,人均生活消费支出31434元,同比增长17.3%;农村常住居民人均可支配收入29266元,同比增长11.3%,人均生活消费支出17872元,同比增长18.2%。

【城镇居民收入】2021年,全市城镇常住居民人均可支配收入54577元,首次突破5万元,同比增长10.7%,比全省平均(9.2%)高出1.5个百分点,增幅位列全省第1,收入水平与全省差距逐步缩小。2021年,全市城镇居民人均可支配收入相当于全省平均(68487元)的79.7%,同比提高1.1个百分点。在宏观经济稳步增长,企业效益持续向好,养老金发放标准和最低生活保障标准逐年提高等多重利好的推动下,城镇居民四大项收入(工资性收入、经营净收入、财产净收入、转移净收入)稳步增长。2021年,全市城镇居民人均工资性收入32907元,同比增长10.7%,占可支配收入比重60.3%,拉动可支配收入增长6.5个百分点,是收入增长的主要动力;人均经营净收入7567元,同比增长13.4%,占可支配收入比重13.9%,拉动可支配收入增长1.5个百分点;人均财产净收入5288元,同比增长11.3%,占可支配收入比重9.7%,拉动可支配收入增长1.0个百分点;人均转移净收入8815元,同比增长8.1%,占可支配收入比重16.1%,拉动可支配收入增长1.7个百分点。

【城镇居民消费支出】2021年,全市城镇常住居民人均生活消费支出31434元,同比增长17.3%。从消费结构看,八项支出(食品烟酒、衣着、居住、生活用品及服务、交通通信、教育文化娱乐、医疗保健、其他用品和服务)呈现全面增长态势。2021年,全市城镇居民教育文化娱乐、交通通信等支出大幅增长,且两年平均增速实现2位数增长。随着居民生活水平不断提高,居民消费观念不断升级,教育文化娱乐、交通通信等支出逐渐成为强劲的消费增长点。而随着疫情的发生,居民对家庭备用医疗器械药品和自身健康更加重视,医疗保健支出较快增长。2021年,城镇居民人均教育文化娱乐支出、交通通信支出、医疗保健支出、生活用品及服务支出、其他用品和服务支出分别为4924元、3770元、2250元、1871元和782元,同比分别增长36.6%、26.3%、16.6%、21.2%和32.3%,两年平均分别增长16.1%、12.2%、10.0%、13.2%和14.9%。2021年,全市城镇居民人均居住支出、食品烟酒支出和衣着支出分别为8026元、7751元和2061元，同比分别增长8.9%、11.8%和11.7%，两年平均分别增长4.1%、7.0%和7.0%。随着居民生活水平的提高，衣食住三项生活基础消费支出稳步增长，但占总生活消费支出的比重有所下降，从2020年的60.3%下降至2021年的56.7%，下降3.6个百分点，城镇居民消费结构持续优化。

【农村居民收入】2021年，全市农村常住居民人均可支配收入29266元，同比增长11.3%。从收入来源看，收入四大项(工资性收入、经营净收入、财产净收入、转移净收入)除经营净收入外均实现两位数增长。工资性收入17497元，同比增长12.1%，占可支配收入比重59.8%，是收入增长的主要动力。规模以上企业职工工资上调、“打零工”日均工资及最低工资标准的上涨、疫情防控趋稳就业时间充分等因素促进工资性收入稳步增长。经营净收入6688元，同比增长9.5%，占可支配收入比重22.9%。增长主要得益于各类批零住餐等产业在低基数上实现快速增长、蔬菜等种植业产销两旺、乡村旅游持续恢复、消费市场补偿性增长等。财产净收入480元，同比增长21.3%，占可支配收入比重1.6%。居民存款增加投资理财收益增长、农村“三地一房”(三地指宅基地、耕地、集体土地，一房指房屋)改革持续深化、土地流转扩面等因素推动财产净收入快速增长。转移净收入4601元，同比增长10.2%，占可支配收入比重15.7%。低保残保标准继续上调、政策性补贴及时兑现等因素推动农村居民转移净收入稳步增长，是农民增收的重要支撑。

【农村居民消费支出】2021年，农村居民人均生活消费支出17872元，同比增长18.2%。从消费结构看，八项支出(食品烟酒、衣着、居住、生活用品及服务、交通通信、教育文化娱乐、医疗保健、其他用品和服务)呈现全面增长态势。其中，其他用品和服务、衣着、教育文化娱乐、生活用品及服务支出较快增长，交通通信、居住、食品烟酒、医疗保健支出平稳增长。2021年，全市农村居民人均其他用品和服务支出252元，同比增长34.6%；人均衣着支出999元，同比增长30.8%；人均教育文化娱乐支出2264元，同比增长27.2%；人均生活用品及服务支出912元，同比增长23.5%；人均交通通信支出2115元，同比增长19.9%；人均居住支出4526元，同比增长18.9%；人均食品烟酒支出5449元，同比增长13.7%；人均医疗保健支出1354元，同比增长5.7%，农村居民生活呈稳中向好态势。

(朱乔琪　刘　珉)

县(市、区)

Counties(Cities, Districts)

柯城区

【概况】2021年,柯城区总面积606.57平方千米,其中建成区49.79平方千米;辖2个镇、8个乡、8个街道,有213个行政村、62个社区;年末总户数18.28万户,年末户籍人口44.21万人,全年出生新生儿3086人,死亡2713人。

地区生产总值595.54亿元,按可比价计算,比上年增长8.1%。第一产业增加值8.49亿元,比上年增长1.3%;第二产业增加值240.99亿元,比上年增长12.4%;第三产业增加值346.06亿元,比上年增长5.6%。三次产业占比为1.4∶40.5∶58.1。按户籍人口计算,人均生产总值134762元,比上年增长8.0%;全区固定资产投资比上年增长27.0%(以上数据均包含智造新城、智慧新城“两城”范围);财政总收入22.27亿元,比上年增长16.2%,其中一般公共预算收入12.87亿元,比上年增长10.0%。

实现农、林、牧、渔业总产值11.38亿元,比上年增长2.2%。粮食总产量2.38万吨,比上年增长4.5%;油料产量0.30万吨,比上年增长2.6%;瓜果类产量1.09万吨,比上年下降11.3%;蔬菜及食用菌产量15.83万吨,比上年增长3.5%;禽肉产量494吨,比上年下降11.0%;禽蛋产量825吨,比上年增长0.1%;新增稻渔综合种养省级示范基地1个,省级高品质绿色科技示范基地3个。

年末,规模以上工业企业30家,累计实现工业增加值83.5亿元,比上年增长9.5%;高新技术

柯城区石室乡鲟鱼养殖基地

产业增加值99.76亿元，同比增长15.0%；金沃精工成为柯城区首家上市企业；数字经济核心产业增加值33.93亿元，增速达25.8%，均位列全市第1。

商品房销售面积73.47万平方米，比上年下降27.7%；完成建筑业总产值115亿元，比上年增长5.79%（以上数据均包含“两城”范围）。有资质的建筑业企业150家；房地产投资额136.80亿元，比上年增长23.6%；

年末，境内公路总里程726.05千米；公路密度提高到119千米/百平方千米以上。

实现社会消费品零售总额222.32亿元，比上年增长7.1%，入选省级首批夜间经济试点城市；实现进出口总额10.54亿元，比上年增长0.66%；累计接待游客（含市辖区）309.7万人次，比上年增长17.8%；旅游总收入41.7亿元，比上年增长19.0%，灵鹫山省级旅游度假区通过验收。

全区有小学25所，在校学生24815人；初中8所，在校学生9854人。1家企业申报省级重点科研计划项目获立项，选拔推荐10个项目申报市级科技计划项目，完成区级指导性科技计划项目立项22项。全区有效发明专利拥有量1751件，较2020年增长29.42%，万人发明专利拥有量33.1件/万人；专利授权量为2468件（其中发明专利341件、实用新型专利1838件、外观设计专利289件）。全区共有医疗卫生机构373家，卫生系统有在岗职工1702人，其中正式在编职工1100人（区人民医院614人、区中医医院65人、区妇幼保健院56人、乡镇卫生院和社区卫生服务机构365人）。

柯城区万田乡中心幼儿园

养老保险参保总人数203360人，其中企业养老保险参保人141134人，城乡居民养老保险参保人数62226人；医疗保险参保总人数329625人，其中职工医疗保险参保人数106957人，城乡居民医疗保险参保人数222668人；生育保险参保总人数62060人。全区社会福利院数1个（含市本级1家），中心敬老院7所。全体居民人均可支配收入51826元，比上年增长11.5%。

辖区内4个省控及以上断面和18个乡镇（街道）交接断面水质达标率均为100%，城区$PM_{2.5}$平均浓度为24微克/立方米，空气质量优良天数比例为95.6%。

2021年，柯城区入选水利部2022年水系连通及水美乡村建设试点县公示名单和2021年度全省幸福河湖试点县建设名单，获“2017—2020年度全国群众体育先进单位”“五水共治”工作大禹鼎优秀县（市、区）、“四好农村路”省级示范县、万里美丽经济交通走廊达标县；成为自然资源部发布的全域土地综合整治国家级试点，成功创建全国首批司法部“智慧矫正中心”。中国立春文化（柯城区）展示体验区建设项目被列入传承发展浙江优秀传统文化工作积极主动、成效明显的市、县（市、区），受到省政府激励表彰等荣誉。

【疫情防控】2021年，柯城区守住防控底线，城区未发生本土确诊病例。储备专业人员队伍，培训采样人员997人，核酸检测检验人员68人。全真模拟预案预演，开展重点场所、重点人员、环境和物品的风险监测工作，应对突发事件调查处置工作79起，累计集中隔离3115人（含“两城”范围），累计居家医学观察715人。公共卫生应急管理体系不断完善，规范化发热门诊和隔离病房、大规模核酸检测基地投入使用。

【“两溪”流域生态环境导向的开发项目被列入全国首批试点】 4月27日，生态环境部公布基于生态环境导向的开发模式试点项目名单，柯城区“两溪”（石梁溪、庙源溪）流域生态环境导向的开发项目为全国36个试点项目之一。该项目由柯城区国有资产经营有限责任公司牵头实施，试点区域范围为柯城区“两溪”流域范围，主要涉及的乡镇为石梁镇、九华乡、万田乡，项目试点期限为2021—2023年。

【获美丽浙江建设两项荣誉】 5月18日，在全省建设新时代美丽浙江暨中央生态环境保护督察整改工作推进大会上，柯城区获2020年度美丽浙江建设（生态文明示范创建行动计划）工作考核优秀单位、“五水共治”（河长制）工作优秀市县“大禹鼎”两项荣誉。成功入选省级幸福河湖试点县和2022年水利部水系连通及水美乡村建设试点县。“五水共治”公众满意度（幸福感）成绩位居全省第1。高标准完成4个建制乡镇（街道）及91个生活小区的“污水零直排区”建设；省级“美丽河湖”石梁溪（大头至寺桥段、坎底至新堰段）、大俱源溪（茗坑口至余东村段）、庙源溪（全流域），市级“美丽河湖”常山港（严村段）、白沙溪（三孔闸—三衢路段）建设完成并高分通过验收；航埠镇、七里乡、沟溪乡、九华乡、万田乡、石梁镇6个“水美乡镇”建设完成。配备县级河长14人、乡级河长54人、村级河长162人，县、乡、村三级河长巡河率均为100%；完成涉及农村13.19万人饮用水达标提标建设任务，全区农村饮用水达标人口覆盖率95%、农村供水工程水质达标率100%、城乡规模化供水工程覆盖人口比例90%，基本实现城乡居民同质饮水。乡镇（街道）环境空气质量自动监测站实现全覆盖，完成城区建筑工地扬尘治理面积76万平方米；完成水减排项目1个、气减排项目1个。全区规模以上工业企业用能总量10.51万吨标准煤。

【柯城区供应链数字贸易创新发展区入选首批浙江省现代服务业创新发展区名单】 10月21日，浙江省服务业发展工作领导小组办公室印发《关于公布首批浙江省现代服务业创新发展区名单的通知》，柯城区供应链数字贸易创新发展区入选。该发展区依托实达实集团有限公司、四省边际顺丰丰泰产业服务综合体项目，以电商赋能新风朝、百汇等专业市场供应商，拓展产品网络销售新渠道，集聚22家大型专业市场、1000多个知名品牌进驻，搭建起“专业市场管理云平台”“市场城智慧治理中心”等数字化智慧管理服务平台，建立“专人+专班+组团”线下服务企业2.0机制。

【首家A股上市公司诞生】 6月18日，浙江金沃精工股份有限公司在深圳证券交易所创业板挂牌上市，成为柯城区第一家A股上市公司。该公司是集轴承套圈研发、生产、销售于一体的专业化制造公司，主要生产球类、滚针类和滚子类等产品，产品远销欧美，近三年总营收额达16.6亿元。公司有发明专利1项、实用新型专利33项、核心技术7项。

【沟溪乡被评为2021—2023年度中国民间文化艺术之乡】 11月3日，文化和旅游部公布2021—2023年度“中国民间文化艺术之

2021年7月27日，柯城区人民政府与顺丰集团签订四省边际顺丰丰泰产业服务综合体项目投资协议

乡”名单，沟溪乡依托特色民间文化资源“农民画”名列榜单之中。沟溪乡余东村农民画诞生于20世纪60年代文化部门的一次非正式培训，当时村里有6名绘画爱好者参加培训，此后队伍逐渐壮大。截至2021年底该村共有村民800余人，参与农民画工作达300多人。近年，将农民画与农民增收相结合，走文化产业可持续发展之路。农民画成为经济发展的龙头产业，带动“农家乐”产业、旅游产业以及农业产业的提升与发展。

【花园街道上洋村被列入全国村级议事协商创新实验试点单位】 11月23日，民政部公布全国村级议事协商创新实验试点单位，花园街道上洋村入选。近年，该村开展基层治理和议事协商的探索实践，在村规民约修订、村级自治、民主决策、矛盾调解等方面取得领先优势，以“政治、自治、德治、法治、智治”推动基层治理；建立“一支三会”共同参与的工作机制，设立调解工作室，依托“村情通”小程序等，构建线上线下相结合的议事协商机制。该村先后获得“全国民主法治示范村”“全国乡村治理示范村”“全国文明村镇”等荣誉。

【入选首批浙江省夜间经济样板城市】 12月23日，省商务厅等7个部门联合公布首批“浙江省夜间经济样板城市”，柯城区入选。近年，全区围绕城市商务中心、自然和文化遗产、城市商圈地标及上下街十里长街商业经济带等重点区域，通过环境改造、亮化工程、文化植入、业态丰富、休闲配套等措施，提升商业基础设施，以“商圈”建设逐步取代传统“夜市”。根据人口分布及老城区、南区、智慧新城三大片区特色，围绕夜间经济商圈、特色街、新地标3个层次进行布局，同时打造余东未来乡村夜市、七里乡村音乐晚会、夜游石室荆溪花海、万田夜直播基地等乡村夜间经济亮点，全区启动31个夜间经济配套项目，建成夜间经济集聚区10个，举办夜间经济活动94场，培育夜间店铺1000余家。

荷花街道风貌

【荷花街道入选美丽城镇建设山区县县城城镇省级样板】 11月13日，浙江省美丽城镇办对全省2021年度创建城镇进行考核验收，荷花街道入选美丽城镇建设山区县县城城镇省级样板，成为全省4个、全市唯一入选的城镇。荷花街道是主城区中心街道，面积5.6平方千米，下辖9个社区和1个村，常住人口8万余人。近年，荷花街道推进公共基础设施建设，实施公共文化设施改造提升项目120余个，实现居家养老服务中心全覆盖；实施以组团联社、“两委”联格、党员联户为主要内容的“三联”工程，构建57个基层党支部，1699名各级党员参加联户服务，实现力量下沉一线，首创构建“小区党支部+业主委员会+物业服务企业+业主+各类社会组织”的“红色物业联盟”；以荷花小区为试点，成立老旧小区改造委员会，让居民群众参与改造项目确定、设计、实施、监督全过程，打造社区与居民共谋、共建、共评、共管的老旧小区改造“荷花样板”。

【数字经济综合评价位居山区26县第一】 2021年，形成一批具有柯城辨识度的数字化改革成果：“药店360°”集成智管应用相关做法被衢州市委改革办《衢州政研与改革》刊登，“零废生活”应用率先上线“浙里办”；余东未来乡村入选全省首批未来乡村数字化改革试点单位;谋划共建"实达实工业购数字化协同与应用""浙里柑橘""浙里技师"等场景应用,其中"实达实工业购数字化协同与应用"被列入省数字经济系统应用场景推广目录,"浙里柑橘"被省农业农村厅评为全省农业农村数字化改革第一批优秀应用,"易制毒化学品服务监管"入选全省数字法治系统"好应用","宗教场所建筑安全监测预警"被省委改革办纳入全省数字化改革重大应用"一本账S0"目录,被省委统战部纳入首批全省统战系统重点培育应用场景目录;在全市率先举办数字化改革项目谋划擂台赛,率先出台《区领导牵头推进数字化场景应用建设制度》,数字政府、数字法治等五大系统拆解重大任务数806项,形成重大应用39项,区级数字化改革应用"一本账S1"基本形成;建设开发典型应用24个,承接省"一本账S1"应用17个,进入省级部门试点15个,上线应用13个。 (俞乐宾)

衢江区

【概况】2021年,衢江区总面积1747.54平方千米,其中建成区23.12平方千米;辖2个街道、10个镇、8个乡,有279个行政村、6个城市社区。年末总户167724户,总人口数为410901人,比2020年减少726人。

地区生产总值269.73亿元,按可比价计算,比上年增长8.7%。其中:第一产业增加值21.23亿元,增长6.9%;第二产业增加值123.63亿元,增长8.4%;第三产业增加值124.87亿元,增长9.2%。三次产业结构由上年的10.4∶36.2∶53.4调整为7.9∶45.8∶46.3。全区人均生产总值按户籍人口计算为65586元,比上年增长8.8%。全年固定资产投资比上年增长10.3%。财政总收入19.23亿元,比上年增长1.9%,其中,一般公共预算收入13.34亿元,增长8.0%。年末金融机构人民币存款余额315.96亿元,比上年增长10.2%;金融机构人民币贷款余额为357.85亿元,增长17.9%。

实现农、林、牧、渔业总产值32.33亿元,按可比价计算,比上年增长10.6%。粮食总产量12.95万吨,比上年增长0.05%;油料产量1.17万吨,增长0.5%;水果总产量20.37万吨,下降20.8%;蔬菜产量28.45万吨,下降20.5%;肉类产量3.38万吨,增长105.1%;禽蛋产量1.4万吨,增长12.4%;水产品总产量1.44万吨,下降1.5%;人工造林195公顷,人工更新45公顷,森林覆盖率67.49%。

年末,规模以上工业企业191家,全年实现工业增加值87.22亿元,按可比价格计算,比上年增长11.6%;高新技术产业增加值7.82亿元,增长46.1%;规模以上工业企业全年实现营业收入432.4亿元,同比增长21.63%,实现利税总额49.63亿元,同比增长12.9%。新登记企业5644家,较2020年同期增长11.17%。

完成房地产投资14.71亿元,增长13.9%;商品房销售面积17.72万平方米,下降57.4%;资质以上的建筑业企业164家,全年建筑业实现增加值62.79亿元,按可比价计算,比上年增长10%。

年末,境内公路总里程1763.78千米,民用汽车拥有量11.67万辆。

实现社会消费品零售总额79.70亿元,比上年增长6.1%。全年外贸进出口总额(不含一达通)人民币口径100亿元,比上年同比增长18.32%。全年接待游客662.6万人次,比上年增加6.6%;实现旅游总收入44.61亿元,下降11.33%;拥有省级风景名胜区1个、省级生态旅游区3个、景区景点7个。

全区拥有学校118所,在校学生49095人。获得省重点研发项目立项2项,获得市级科技计划项目立项17项;专利授权数1199件。年末,共有医院、卫生院24家,卫生技术人员1450人。在全国及全省各类体育比赛中,获得2021年浙江省青少年拳击锦标赛第一名,浙江省青少年跆拳道锦标赛第三名。浙江省第六届青少年学生阳光运动会跆拳道比赛获2银4铜好成绩。

年末,城乡居民社会养老保险和医疗保险参保人数分别为15.69万人和358445人,参保率分别达到99.85%和99.96%;各类养老服务机构13个;城镇居民人均可支配收入45632元,增长9.3%;

城镇居民人均生活消费支出25758元,比上年增长16.7%,农村居民人均生活消费支出16277元,比上年增长18.0%。城乡最低生活保障标准提高到910元/月。

全区地表水环境功能区达标率为100%,城市集中式饮用水水源地水质达标率为100%,跨行政区域河流交接断面水质达标率为100%,空气质量(AQI)优良天数比例95%,$PM_{2.5}$浓度平均值为每立方米25微克。

【推进数字化改革】2021年,衢江区始终坚持将数字化改革作为全面深化改革的总抓手,不断推动全区数字化改革工作出彩出新。6月7日,一体化、智能化公共数据平台上线。7月8日,“掌上指挥”应用作为全省数字法治首批3个场景之一,在省人民大会堂发布。12月,由区经信局开发的“数商兴农服务”应用入选全省数字经济系统地方特色应用。区应急管理局开发的“急线烽”应用两大组件被应急管理部肯定推广。全区全年上线典型应用22个,争取省级试点19个,承接省市回流数据5824万条,归集本地数据480万条,数据调用量达1616万次,成功封装上架组件6个。探索“152”体系(“1”即一体化智能化公共数据平台;“5”即五个综合应用,分别是党政机关整体智治综合应用、数字政府综合应用、数字经济综合应用、数字社会综合应用和数字法治综合应用,包含“产业大脑+未来工厂”“城市大脑+未来社区”等核心业务场景;“2”即数字化改革的理论体系和制度规范体系)和“141”体系[“1”即县级社会治理中心;“4”即乡镇(街道)基层治理“四个平台”(综治工作、市场监管、综合执法、便民服务);“1”即村社网格]衔接贯通,梳理核心业务43项、高频需求86项、贯通至乡镇应用39个。形成区级理论成果46项、制度成果56项。典型经验被省市媒体报道、专报刊发、领导批示、现场发布等合计推介30余次。

2021年6月17日,衢江区数字化改革应用场景谋划大赛开赛

【助推乡村振兴】5月27日,衢江区作为全国唯一县级代表在全国乡村振兴促进法实施座谈会上交流发言。12月28—29日,衢江区在第十六届中国全面小康论坛暨首届中国经济社会高质量发展论坛上获评“2021年度中国乡村振兴十大示范县市”称号。衢江区通过构建“党建统领+基层治理+乡村振兴大花园建设”,建立具有衢江特色的“3752”(“3”即做到统筹规划布局、统筹政策资源、统筹工作保障“三个统筹”;“7”即做好农房整治、人口集聚、资源盘活、改革创新、产业振兴、乡村治理、党建统领“七篇文章”;“5”即推动乡村产业、人才、文化、生态、组织“五大振兴”;“2”即实现基层党建全领域建强、全区域提升“两全”)乡村振兴方案;坚持经营乡村的理念,立足乡村特色资源,大力发展生态农业、放心农业、数字农业,积极做好“农业+旅游”“农业+文化”,促进农民增收、产业融合。2021年,实现农林牧渔业总产值36亿元,同比增长10.5%,农村居民可支配收入26127元,增速11%,城乡居民收入倍差1.75;在“防返贫一件事”基础上,打通民政、医保、教育等部门数据,建立防返贫监测预警体系,实现低收入对象防返贫监测、补助兑现、诉求提交等“一码通办”、即时处置;通过“雨露计划”资助471人次;通过一站式结算医疗救助17.69万人次,救助金额共计256.7万元;产业扶贫到位专项扶贫资金3656万元;光伏小康工程扶贫分

配给低收入农户521.37万元。

【创建盒马农村产业融合发展示范园】5月，衢江区盒马农村产业融合发展示范园以全省第一名的成绩被列入第三批省级农村产业融合发展示范园创建名单。该园位于杜泽镇，总面积约13平方千米，总投资110894万元，创建周期为2021—2023年。该园以国家、省、市乡村振兴战略为指导，建立健全农村一、二、三产业融合发展机制和政策支持体系，树立“数字农业示范区、衢通天下盒马村”标杆，做大、做强、做深以茭白、莲藕为主的水生蔬菜产业链，深化研究水稻等其他作物产业链的延伸；拓展“农业+旅游”等方式，通过“盒马村”示范基地、阿里数字农业培训基地实现产业融合发展，促进乡村休闲旅游、田园康养旅游发展。2021年乡村旅游年接待量突破200万人次，年旅游收入超1.5亿元。

【在中农办“三农”政策座谈会上作交流发言】7月19日，衢江区作为县级代表在中农办“三农”政策座谈会上交流发言，并被列为全国十个“三农”政策基层联系县(研究基地)之一。作为首批部省共建乡村振兴示范区，衢江区在做好“三农”工作、推进乡村振兴过程中，重点解决“人、钱、地”三大难题，通过改革破题、创新赋能、要素集聚、政策集成，使衢江乡村国际未来社区成为推动乡村振兴和共同富裕的有效载体。在全域土地综合整治的基础上，以全域旅游为抓手，做好一、二、三产融合文章，推动美丽资源转化为美丽经济，打造农村产业融合示范园，衢江新田铺、荷鹭牧场2个项目成功入选国家级、省级农村产业融合发展示范园。围绕共同富裕主题，聚焦“一统三化九场景”(未来社区建设遵循坚持党建统领，以人本化、生态化、数字化为价值导向，构建未来邻里、教育、健康、创业、建筑、交通、低碳、服务、治理九大场景。)，以“五个三”(即人本化、生态化、数字化；原乡人、归乡人、新乡人；造场景、造邻里、造产业；有人来、有活干、有钱赚；乡土味、乡亲味、乡愁味)为着力点，打造莲花乡村国际未来社区经营新模式，进一步拓宽该村共富通道，实现农民人均可支配收入3万余元，同比增长15.1%；村集体经营性收入54万余元，同比增长62.4%；全年吸引游客30万人次。

2021年7月9—11日，2021中国帆船城市超级联赛揭幕战在衢江举办

【承办2021中国帆船城市超级联赛揭幕战】7月9—11日，2021中国帆船城市超级联赛揭幕战在衢江举办，来自全国10个城市的200多名选手参加比赛，深圳、上海、海口代表队分获冠、亚、季军。赛事期间，传统纸媒发稿150多篇，央视全方位报道，各平台总直播时长18小时，宣传覆盖超过1亿人次。中国帆船城市超级联赛是国内龙骨型帆船的顶级赛事，依托此项赛事，衢江区获评“中国帆船发展城市”称号。近年来，该区秉承“办一项赛事、兴一方文化、强一个产业、富一方百姓”的理念，做好“体育+”文章，打好打响“活力新衢江，康养大花园”城市品牌。

【浙江时代锂电材料国际产业合作园开工】7月，衢江区开工建设浙江时代锂电材料国际产业合作园，总投资479亿元，用地面积5038亩，规划布局40万吨锂电三元前驱体生产板块、30万吨高端正极材料生产板块、电池级硫酸镍板块、新型动力电池板块、钴及锰配套板块，以及天然气能源中心、环保中心等公用工程生产板块等七大板块。项目全部建成后，预计可实现产年工业总产值1013亿元，工业增加值近200亿元，带动衢州市地区生产总值增长12%以上。

【数字贸易创新发展区入围浙江省现代服务业创新发展区】10月，衢江区数字贸易创新发展区入围首批浙江省现代服务业创新发展区，规划总面积4.88平方千米。该区聚焦数字贸易、现代物流两大发展方向，通过华东（衢州）数字经济示范区、多式联运枢纽港、新农都农产品交易中心等平台和载体建设，激发服务业发展活力，将把创新发展区打造成全省数字贸易和现代物流双向融合示范区、衢州多式联运枢纽港支撑区和衢江服务业高质量发展引领区。2021年，发展区范围内已建项目4个：衢州新农都、衢江区中心粮库、衢州市粮食电子商务产业园、衢江港区大路章作业区一期；在建项目3个：华东数字经济示范区项目、衢江港区大路章作业区二期项目和万洋众创城项目。已招商项目2个：浙西数智供应链产业园和衢州保税物流中心（B型）。

【全省"县乡一体、条抓块统"改革工作现场推进会在衢江召开】11月9日，全省"县乡一体、条抓块统"改革工作现场推进会在衢江举行。近年来，衢江区作为全省首个"县乡一体、条抓块统"改革综合试点区，认真贯彻省市部署，以数字化改革为牵引，推动"六大体系"（构建明晰化区乡权责体系、构建模块化镇街职能体系、构建精细化组团服务体系、构建集成化联动指挥体系、构建数字化平台支撑体系、构建制度化考评管理体系）基本形成，在"七个一"（基层治理一件事、监管执法一队伍、综合指挥一枢纽、应急管理一张图、矛盾调解一扇门、服务管理一网格、争先激励一考评）关键领域取得重点突破，17个基层治理"一件事"全域推广运行；建好用好9支综合行政执法队，完成"基层治理四平台（党建统领、经济生态、平安法治、公共服务）"与"云智衢江"的迭代升级，区社会治理中心获批全国第七批社会管理和公共服务综合标准化试点项目，成为全国首个"最多跑一地"标准化试点项目，"四维考评（考核评价内容由岗位赋分、模块评分、组团积分、专班计分组成）"等相关经验做法在省委改革办《竞跑者》上刊登；推动"152"和"141"体系全面贯通，推进县域整体智治，为全省推广提供样板。

2021年11月9日，全省"县乡一体、条抓块统"改革工作现场推进会在衢江区举行

【全省绿道网建设暨城市园林绿化工作现场会在衢江召开】11月10日，全省绿道网建设暨城市园林绿化工作现场会召开，衢江区向全省各系统部门展示省级绿道1号线暨美丽沿江公路绿道风采。该项目按照"绿道健行游+水岸诗画游+公路赏景游的体验型交通"设计方案，以针灸文化为脉络，樱花大道为主题，结合智慧康养运动，将"美丽+智慧"融合发展，把智慧交通、智慧管理、智慧服务建设融入项目实施，打造集休闲、运动、康养、景观于一体的沿江诗画风光带。衢江区段共串联起18个精品村，17处景观节点；依托十里运动休闲长廊及江滨路道路建设，在城区内建成城镇型绿道12.5千米；结合衢江上下山溪流域综合治理项目，完成郊野滨水型绿道11.5千米。

【云溪土墩墓群考古成果专家座谈会在衢江召开】11月10日，云溪土墩墓群考古成果专家座谈会在衢江召开。专家座谈会由浙江

衢江区发现的疑似西周姑蔑国王陵

省文化和旅游厅党组成员、浙江省文物局局长杨建武主持，中国社会科学院学部委员、历史学部主任、中国考古学会理事长王巍等10多名专家出席。该墓群位于衢江区云溪乡棠陵邵村和孟姜村，发现10座大型土墩墓，是浙江迄今发现同期规模最大、等级最高的王级大墓，出土各类文物2800余件(组)，主要为青铜器、原始瓷器、玉石器；部分文物极具地方特色或为首次发现，包括中国年代最早的“人”字形木桲结构。王巍认为以衢江区为中心的区域文化面貌独特，不论是从随葬品的种类、数量还是土墩的营建方式上都具有非常强烈的区域文化特征，应是一个单独的区域文化中心，存在一个明确的古代政治实体。根据考古发现，结合文献记载，该墓群极可能为西周时期姑蔑国王陵墓葬。12月，浙江衢州发现疑似西周姑蔑国王陵入选央视2021年度国内十大考古新闻。

【莲花乡村国际未来社区获“国际花园社区”大奖】12月8日，在意大利罗马举行的第20届联合国国际花园城市竞赛中，衢江莲花乡村国际未来社区从全球30多个项目中脱颖而出，以第一名的成绩获“国际花园社区”大奖(环境可持续发展项目奖)，实现中国乡村在该奖项上“零的突破”。衢江区三年来“乡村未来社区试点”的探索获国际性的认可。2019年以来，衢江区开展实施莲花乡村国际未来社区创建，对照联合国SUC(可持续城市与社区项目)标准，围绕共同富裕目标，构建以未来文化、生态、建筑、服务等九大场景创新为重点的集成系统，实施生态环境保护、人居环境整治、基础设施提升等八大工程，整合集成项目50余个，探索建设全国第一个乡村版国际未来社区和全国唯一一个以农业为主的田园类型乡村未来社区，成为乡村振兴和乡村社区可持续发展的新样本。3月16日，全国首个乡村国际未来社区指标体系与建设指南——《莲花乡村国际未来社区指标体系与建设指南》在衢江区发布。(童玮雯)

江山市

【概况】2021年，江山市总面积2019.03平方千米，其中建成区面积18.90平方千米；辖街道3个、镇(乡)16个、行政村292个、社区18个；年末户籍户数20.59万户、户籍人口61.08万人，同比增加541人。

2021年地区生产总值360.61亿元，按可比价格计算，同比增长8.3%。其中，第一产业增加值23.11亿元，增长3.0%；第二产业增加值159.09亿元，增长7.1%；第三产业增加值178.41亿元，增长10.2%，三次产业增加值结构比为6.4∶44.1∶49.5。按常住人口计算，人均生产总值58916元，增长8.8%。财政总收入42.60亿元、同比增长21.9%；一般公共预算收入25.63亿元，增长20.3%，增速均居衢州第1。全年财政支出82.76亿元，同比增长14.7%。年末金融机构本外币存款余额656.18亿元，同比增长10.6%，本外币贷款余额549.26亿元，同比增长16.0%。其中，人民币存款余额656.07亿元，同比增长10.5%。江山农商行发放全省26县首笔“农房贷”。

全市农业总值38.52亿元，同比增长-5.8%。粮食总产量15.60

万吨，同比增长0.5%。其中，谷物产量14.39万吨，增长1.1%；油料产量1.31万吨，增长4.5%；蔬菜产量26.58万吨，增长4.1%；果用瓜产量1.30万吨，增长-27.4%。全年猪牛羊兔禽肉产量4.64万吨，增长17.8%。创成省稻渔综合种养重点示范县。江郎山省级现代农业园区通过验收。奋发农业发展公司"新生稻花米"（甬优15籼粳米）入选"浙江好稻米"，获评优质奖产品。天蓬集团有限公司入选农业产业化国家重点龙头企业，十罗洋茶场获评省最美精品绿色农产品企业。江山乌猪、江山乌骨鸡、白耳黄鸡3个品种列入国家畜禽遗传资源品种名录，居全省之首。年末养蜂量17.17万箱，养蜂规模与经济效益连续30年位居全国各县（市）之首。获中央财政支持国土绿化试点项目资金3995万元。全年完成造林面积400公顷。森林面积1404.73公顷，森林覆盖率69.54%。四都镇、上余镇、碗窑乡获评省级森林城镇。全市16个非城区乡镇全部跨入省级森林城镇行列，成为衢州市第一个实现森林城镇全覆盖县（市、区）。

全年完成工业增加值136.74亿元，按可比价格计算，同比增长10.6%。全市规模以上工业企业单位353家。其中，轻工业95家、重工业258家。技改投资13.67亿元，增长18.5%；高新技术产业增加值37.63亿元，同比增长7.2%。8家企业入选省"专精特新"中小企业名单。总投资近25亿元的研一（二期）锂盐项目从决策到动工仅耗时40天。70家企业进驻数字消防创新大厦，实现营收2.4亿元。时尚门业智能家居列入省"一县一策"试点，"轻量化智改+样本化推广"智能制造新模式全省推广，门业产业集群入选省产业集群新智造试点，江山—柯桥山海协作产业园连续5年获得省级工业类产业园绩效评价一等奖，累计获得专项补助1.5亿元。全社会用电量29.45亿千瓦时，同比增长9.8%。建筑业实现增加值31.56亿元，同比增长6.7%。房屋竣工面积231.38万平方米。

全年固定资产投资123.99亿元，同比增长10.7%。其中，民间投资80.97亿元，增长13%；国有投资41.17亿元，增长19%。迭代升级招商打法，新引进亿元以上项目41个，其中10亿元以上项目5个。"衢州有礼"诗画风光带完成投资20.9亿元。天际未来工厂、双氧水技改等项目开工建设。吉成智能制造产业园、浙江交通安全设施产业园、坚膜科技、芯岛晶圆载具、超重力产业化应用等重大产业项目落地。

全市境内公路总里程1859千米，同比增长0.43%，高速公路里程76.28千米。机动车保有量142348辆。其中，民用汽车120172辆、挂车1445辆、摩托车20731辆。全年公路货物运输量达3690.24万吨，增长10.6%。公路旅客运输量684.56万人次，增长49.8%。完成交通运输、仓储和邮政业增加值17.52亿元，同比增长22.2%。城乡公交顺利搬迁至综合客运枢纽开启营运，实现公铁"零换乘"。兰溪至江山公路清湖至凤林段公路工程和淤头至衢州绿色产业集聚区贺村姜家公路工程验收合格。

全年社会消费品零售总额176.09亿元，同比增长18.2%。4个超亿元市场成交额48.3亿元，同比增长24.8%。实现网络零售额216.69亿元，增长39.2%。进出口总额68710万美元，同比增

"衢州有礼"诗画风光带江山市示范段风貌

2021年7月29日，江山市仙霞古道入选全省首批大花园“耀眼明珠·森林古道”

长27.02%。新批“三资”企业3家，新启动出口业务企业31家。实际利用外资918万美元。列为国家批发零售业改造提升试点。仙霞古道入选省首批大花园耀眼明珠。全市接待国内旅游者289.8万人次，旅游总收入35.3亿元。入选全国城市传播百强榜，首批长三角高铁旅游小城。

全市有普通高中8所，在校生9429人；普通初中15所，在校生15923人；中等职业教育学校3所，在校生6377人；双塔小学落成开学，小学增至40所，在校生30265人；全市有幼儿园85所，在园幼儿15442人。江山两岸联谊交流展示馆揭牌，贺村镇温习馆开馆。浙江天际互感器有限公司工会获评全国模范“职工之家”，大陈乡旱田坂村“儿童之家”获评浙江省示范“儿童之家”。大陈纪念馆入选省青少年红色基因传承基地，新塘边镇勤俭村成功创建省级生态文化基地，天蓬集团有限公司获评浙江省企业文化品牌建设优秀单位。全市新增授权专利1223件，申请商标注册1280件。有线电视用户12.25万户，电视节目综合人口覆盖率87.64%。全市卫生机构124家，卫生技术人员3509人。连续3年获健康浙江建设考核优秀。清湖街道清泉村入选全国乡村治理示范村，碗窑乡凤凰村获评全国民主法治示范村。全省农村文化礼堂运动会总决赛在凤林镇白沙村举行。全年举办市级以上各类体育竞赛活动62次，19606人参加。共获得国家级金牌1枚、银牌3枚、铜牌1枚，名次奖2个；省级金牌19枚、银牌15枚、铜牌11枚，名次奖26个；衢州市级金牌61枚、银牌43枚、铜牌37枚。体育局、教育局获评全国群众体育先进单位。

全市参加城镇基本养老保险人数为42.25万人，其中，职工基本养老保险人数17.70万人，城乡居民养老保险参保人数22.70万人；基本医疗保险参保人数54.32万人，其中，城乡居民基本医疗保险参保人数为41.47万人，职工基本医疗保险人数为12.85万人。工伤保险、失业保险参保人数分别达9.54万人、7.3万人。年末享受失业保险职工人数为959人。全市各类养老机构41家。全市城镇常住居民人均可支配收入57279元，同比增长10.2%；全市农村常住居民人均可支配入31730元，同比增长11.7%。城镇居民人均生活消费支出29181元，同比增长16.8%；农村居民人均生活消费支出20893元，同比增长17.6%。城镇居民人均住房建筑面积48.5平方米，农村居民人均住房建筑面积84.1平方米。启动全国文明城市创建，打好城乡品质提升战，江滨二区等9个老旧小区基本完成改造，防盗窗改造惠及3922户，中山路等8条道路完成综合改造。周家青、通禄门、乌木山社区列入省未来社区创建名单。城市花园门户示范段初具雏形。大陈未来乡村建成。

生态环境公众满意度“五年连升”。峡口—白水坑水库获评省优级饮用水水源地。国控、省控、衢州市控断面水质均100%达标，后溪出境断面水质稳定Ⅱ类标准，县级以上集中式饮用水水源地水质100%达标，五夺全省“五水共治”工作优秀县“大禹鼎”，两夺“大禹鼎”银鼎。$PM_{2.5}$年均浓度33微克/立方米，空气质量指数优良率93.4%，空气质量全面优于国家二级标准。全面推进

“无废城市”建设,水泥窑协同处置固废项目、垃圾焚烧处置发电项目、餐厨垃圾处置中心等一大批固废处置项目相继建成投入使用。入围第十一届中华环境奖候选单位。江山金陵大酒店、江山东方商厦成为衢州首个“无废酒店”“无废商场”。创建贺村第一小学、江山市人民医院、大陈乡早田坂村等“无废细胞”20处,创成数量及类型均列衢州第1。

跻身全国营商环境百强县(市),获2020年全省26县发展实绩考核第1,获得省财政补助资金近亿元,奖励用地指标13.33公顷。获省数字生活新服务样板县专项激励。获评全国农情基点工作优秀县、中国农业社会化服务平台优秀推广县、省新时代美丽乡村优秀县、全省农村生活垃圾分类处理工作优胜县等称号。

数字化改革走在全省前列,“智慧助残”应用入选全省数字化改革最佳应用。基层公权力大数据监督平台等16个应用场景纳入“揭榜挂帅”名单。一体化智能化公共数据平台建设跻身全省15强。贺村镇、虎山街道入选省数字生活新服务特色镇。

【获全国文明城市提名】1月4日,中央文明办公布2021—2023年创建周期全国文明城市提名城市名单,江山市名列其中。自2008年成功创建省示范文明城市以来,江山市文明城市创建秉持“文明让城市更美好、文明让生活更幸福”的理念,汇聚创建合力;按照“经济发展、功能完善、品位提升、环境改善”的工作思路,打造幸福家园;始终把弘扬践行社会主义核心价值观作为提升文明城市创建水平的核心,引领时代风尚;坚持“一把手”负责、“三驾马车”分工协作、相关部门紧密配合、社会各界和全体市民积极参与的良好创建机制,推进常态长效。城市基础设施建设、城市管理水平、环境整治成效、社会文明程度和市民综合素质不断提高。

【君澜·江山国际度假酒店被评为五星级旅游饭店】1月4日,君澜·江山国际度假酒店获得全国旅游星级饭店评定委员会批准,被评为国家五星级旅游饭店。该酒店位于须江河畔,占地3.2公顷,建筑面积6万平方米,融喷泉、假山、荷池、湖廊于一体,绿化面积超过70%。3月25日,五星级旅游饭店揭牌仪式举行。酒店升级为五星级旅游饭店为江山市打造全域旅游发展的优质品牌提供支持。

【两条“黄金通道”通过验收】1月18日,兰溪至江山公路清湖至凤林段公路(以下简称通景公路)工程和淤头至衢州绿色产业集聚区贺村姜家公路(以下简称姜家公路)工程交工验收合格。通景公路全长23.9千米,姜家公路全长12.9千米,均为省重点工程,是连接江山市区与江郎山AAAAA级景区、莲华山工业园区及205国道的两条重要通道,是促进江山市南部工业、旅游业发展的两条“黄金通道”。

【凤凰村获评全国民主法治示范村】2月,江山市碗窑乡凤凰村获评全国民主法治示范村。凤凰村是2010年10月新建的下山脱贫新村,村民从10多个乡镇搬迁而来,有103个姓氏,为减少邻里矛盾纠纷,建起法治宣传栏、法治文化长廊、反邪教基地、矛盾调

2021年1月4日,君澜·江山国际度假酒店获评五星级旅游酒店

解室、法治图书阅览室，营造尊法学法守法用法氛围。村“两委”班子干部带头学法，坚持“公正治村、民主治村、依法治村”原则，完善推行重大事项集体决策制度，制定修改村规民约，以法治定纷止争，以德治春风化雨，以自治共治共享民主法治，催生和谐发展。

【第三次省市专班联席（扩大）会议在江山召开】3月4日，第三次省市专班联席（扩大）会议在江山召开，中心议题是实施“县乡一体、条抓块统”改革，推进县域治理体系和治理能力现代化。会议要求，坚持以数字化改革为引领，加强与党政机关整体智治系统对接，确保重大任务落到最基层；加强与数字社会系统对接，丰富基层治理服务应用场景；加强与数字法治系统对接，推进“大综合一体化”行政执法改革；迭代升级“基层治理四平台”，完善县乡综合信息指挥体系；坚持线上线下联动，深化基层治理“一件事”集成改革；聚焦数字化“识人识事”，完善县乡考评管理制度。要建立健全工作体系，进一步强化专班运作、揭榜挂帅、督察考评、建章立制，加强联动、合力推进，力争尽早取得标志性成果，交出改革的高分报表。

【全省农业春耕备耕暨送科技下乡启动仪式在江山举行】3月16日，全省农业春耕备耕暨送科技下乡启动仪式在江山市凤林镇中岗村江山如画农场举行。此次活动以“送科技下乡 促春耕生产”为主题，由省农业农村厅、省供销合作社、省农科院、浙江日报社和衢州市人民政府联合主办。会议部署春耕备耕工作，要求各地加大粮食生产力度，发展高效生态农业，高质量做好农产品稳产保供；突出现代农业生物技术、绿色智慧高效农业、农产品质量与生命健康三大主攻方向。活动现场发布2020年浙江省农业科技进步贡献率，举行市级农科院农业科技联盟成立仪式，上线“浙农号”新闻客户端。

【入选全国城市传播百强榜】3月28日，2021全国城市传播热度排名发布，江山市入选城市传播百强榜，排名县级市第20。国家统计局和微热点大数据研究院数据及相关标准显示，2020年2月13日至2021年2月12日，江山市在《人民日报》等中央级媒体发布重点报道456篇，其中《人民日报》33篇（纸媒4篇）、新华社44篇（纸媒3篇）、求是网3篇、央视17条、“学习强国”学习平台226篇，新闻媒体（含微博、微信、客户端、网站、论坛等全网信息）的品牌传播热度为10.89。

【新一轮农村宅基地制度改革试点工作启动】4月10日，江山市启动新一轮农村宅基地制度改革试点工作，试点地为贺村镇山底村和峡口镇枫石村、王村村。江山市是浙江省26个山区县和衢州市唯一列入新一轮全国农村宅基地制度改革试点的县（市），是浙江省改革试点的1市5县之一。通过改革，构建宅基地管理“1+N”政策制度体系，出台一系列文件；系统推进宅基地基础信息调查、宅基地及住房确权登记发证、村庄规划编制等基础工作；完善农民住房保障多种实现形式，推动人口集聚；打通农民住房财产权（含宅基地使用权）抵押融资通道；利用闲置宅基地和农房推进引导“两进两回”（科技进乡村、资金进乡村，青年回农村、乡贤回农村）；通过开发相关数字化应用平台，实现宅基地数字化管理。

【礼贤村入选省地名文化遗产名单】4月21日，第二批浙江省“千年古镇（古村落）”地名文化遗产名单发布，江山市贺村镇礼贤村名列其中。礼贤村建于后汉乾祐元年（948），南宋咸淳三年（1267）至元至元十三年（1276）间，为江山县治。现存礼贤老街、城隍庙等古迹。2011年，礼贤城隍庙被公布为省级文物保护单位。

【村歌剧《大陈见面》获评浙江最受欢迎原创演艺节目】4月21日，2020浙江文化和旅游总评榜揭晓，江山市村歌剧《大陈见面》获评浙江最受欢迎原创演艺节目。村歌剧《大陈见面》选取大陈村的经典孝文化，主要讲述汪氏祖先普贤公与其继母的一段孝道故事。采用沉浸式的表演方式，在大陈汪氏宗祠演绎代代相传的村歌故事。该剧22名演员，有18名是本地村民。

【江山市城市建设投资有限公司非公开发行债券】4月29日，江山市城市建设投资有限公司2021年非公开发行公司债券（第一期）

成功发行，发行规模3.5亿元，期限3年，票面利率4.99%。5月7日，3.5亿元资金如约到账。这是江山市城市建设投资有限公司在资本市场首次发行债券。

【发布十大名菜、名小吃、名冷盘名单】4月30日，经相关部门评定，江山市十大名菜、名小吃、名冷盘出炉。十大名菜：碗窑水库大鱼头、江郎药膳冬白鹅、清漾毛氏红烧肉、保安黄精乌鸡煲、大桥特色煸泥鳅、廿八都镇风炉仔、峡口农家烙蛋皮、清湖码头炒地衣、石门神仙草豆腐、锦绣江山大团圆；十大名小吃：边城古镇铜锣糕、书香汪氏大陈面、江山咸菜鲜肉粽、四都古法蒸培糕、凤林紫苏素蛤蟆、石门薄皮小馄饨、和睦什锦饭胚粿、思亲艾香清明粿、赵家鲜辣汤粉干、上余手工打麻糍；十大名冷盘：凉拌清爽金针菇、椒盐竹林土蜂蛹、外婆什锦和家菜、辣味盐水毛豆荚、须江风味小鱼干、峡里土味风猪肝、豆豉酱拌柚子皮、蘸汁水晶猪皮冻、仙霞古道拌笋丝、酱汁松针熏豆干。本次发布会后，由江山十大名菜、十大名小吃、十大名冷盘中的部分菜品组合而成的“锦绣江山宴”，进入市餐饮行业协会成员单位的宴席菜单。

【全国举重锦标赛在江山开幕】5月10—20日，中国·江山“江郎山杯”2021年全国举重锦标赛在江山举行。这是国内举重运动最高级别的赛事，来自全国各地的34支代表队1500余人参与比赛，548名运动员分男、女两个阶段进行，争夺全运会最后的入场券。经角逐，有1人超世界成年挺举纪录，1人超世界成年总成绩纪录，2人破全国成年抓举纪录，2人3次破全国成年挺举纪录，1人2次破全国成年总成绩纪录，另有16次超世界青年抓、挺以及总成绩纪录，20次打破全国青年抓、挺以及总成绩纪录。

【2021精准中药助力乡村振兴研讨会在江山举行】5月29日，2021精准中药助力乡村振兴研讨会暨中国·江山黄精产业发展论坛在江山市举行。本次活动由中国中药协会精准中药专业委员会、中药材规范化生产教育部工程研究中心、中国农村专业技术协会中药材专业委员会、国家中药材产业技术体系根及根茎类岗位、江山市中药材产业发展服务小组共同举办。活动为期3天，主题为“构筑精准中药产业体系，助力乡村经济振兴发展”，来自全国15所大学、研究机构，40个县（市）农林部门，以及中药生产种植、加工、销售企业的200多名参会代表参加。其间，举行“江山黄精”农产品地理标志发布、证书颁发仪式，以及建立精准药材联合研发与技术集成基地、浙江中医药大学与江山市农业农村局黄精开发项目、“江山黄精”电子商务项目等签约仪式。

【周家青、市心社区入围省级未来社区创建名单】5月25日，省发展和改革委员会、省住建厅联合印发《关于公布2021年未来社区创建名单的通知》，周家青社区被列入整合提升类未来社区，市心社区（通禄门社区）被列入拆改结合类未来社区。江山市实现省级未来社区创建“零的突破”，项目质量及体量均居衢州前列。

【浙江省群众（乡村）合唱大赛在江山举行】6月20日，“迎建党百年享美好生活”浙江省群众（乡村）合唱大赛决赛在江山举行。全省18支队伍参与决赛。每支队伍演唱一首规定曲目和一首自选曲目，展现全省人民奋进新时代全民奔小康的精神风貌和奋斗热情，突出“喜迎一百年、唱响新时代、建设新农村、共筑中国梦”主题。江山市大陈村农民合唱团、双塔街道周家青社区爱乐合唱团亮相决赛舞台，贺村、保安等8个乡镇的合唱团参与开幕式演出。此次比赛，评出金奖作品5件、银奖作品8件、入围作品5件、优秀组织单位4个及优秀编导若干名。

【阳光志愿服务中心跻身全国百强榜】6月28日，江山市阳光志愿服务中心在共青团中央举办的志愿汇“百强志愿·挥洒仲夏”活动中，获评志愿服务比学赶超·百强志愿服务组织。江山市阳光志愿服务中心是经江山市民政局注册登记的非营利公益组织，成立3年来，志愿者人数达445人，以“倡导亲子公益培养阳光少年”为宗旨，开展留守儿童陪伴、阳光童梦教室、彩虹桥等各类公益活动，科普、助学、敬老、助残、支教、技术服务等慈善性援助220余场次，公益服务时长超3.98万小时，获省市级荣誉及奖项30多项，各级媒体报道100余篇。

【**莲塘村获评全国首批地质文化村(镇)**】7月6日,江山市双塔街道莲塘村获评全国首批挂牌筹建地质文化村(镇)。莲塘村有"八亿年地质、七百年人文"的历史,地质遗迹资源丰富,寒武系江山阶"金钉子"、震旦纪叠层石和岩溶石林特色显著,是国内外地质高校、科研院所良好的野外实习和科学研究基地。

【**汪衍君获全国优秀党务工作者称号**】6月28日,大陈乡大陈村党总支书记、村委会主任汪衍君被评为全国优秀党务工作者,在北京人民大会堂接受表彰。汪衍君连续担任村党组织书记17年,坚持走党建引领乡村振兴发展道路,建立党群"1+7"联心模式,倡导村歌文化,发展红色旅游经济,打造集听村歌、看村戏、品美食、住民宿、购特产为一体的乡村体验游,大陈村成为全国文明村。汪衍君先后获得全国模范退役军人、浙江省兴村(治社)名师等荣誉。

【**省委书记袁家军到江山调研**】7月13日,省委书记袁家军在衢州调研省委十四届九次全会精神贯彻落实情况。其间,到江山市大陈乡早田坂村和清湖街道清泉村,调研党建联盟和"县乡一体、条抓块统"改革工作。在早田坂村,袁家军走进文化礼堂、南孔书屋等,详细了解通过农村党建联盟推进先富帮后富及农村群众精神文化生活等情况。在清湖街道综合信息指挥室,详细了解"县乡一体、条抓块统"改革试点工作情况。在清泉村,考察乡村振兴综合体,了解农村电商促进村集体增收,带领300多户农户走上致富路的情况。在江山市恒亮公司,了解"农业龙头企业+合作社+农户"运营管理模式助力蜂农增收致富的情况。

【**江山"两山银行"公司揭牌**】7月19日,江山市生态资源运营开发有限公司("两山银行")揭牌成立,为国有独资企业,由市旅发公司注资5000万元创办,主要负责市级"两山银行"和生态资源市场交易平台运营工作,市国资中心履行监管职责。7月28日,公司向塘源口乡洪福村农民邱宝金发放《生态资源存储单》,这是全国首张夯土房资源储蓄单。按银行规定,储蓄20年,除可获得10.5万元保底收入外,还可得到相应的溢价分红。12月,公司对外营业。

2021年6月28日,江山市大陈乡大陈村党总支书记、村委会主任汪衍君获评全国优秀党务工作者

【**农行江山市支行发放全国首笔工业"碳账户"贷款**】7月20日,农行江山市支行向江山市双氧水有限公司发放500万元工业"碳账户"绿色减碳贷,利率4.3%,较原有执行贷款利率低30%。这是全国首笔以"碳账户"为主要参考指标的专项贷款。贷款用于降低二氧化碳排放量的技术改造,使二氧化碳回收利用量从每年1.5万吨提升到3万吨以上。

【**在全省率先上线低收入农户帮促数字化应用**】8月8日,江山市低收入农户帮促数字化应用在全省率先上线。江山市是省农业农村厅确定的低收入农户帮促应用场景"先行先试"县。该应用含1.2万户低收入农户基本信息、低收入农户"幸福清单"数据、"低收入农户帮促"信息,有"浙政钉"、"浙里办"和网页管理端3个应用端口。结对干部可通过查看低收入农户"幸福清单",全面掌握结对农户当前享受的各部门帮促和补助政策,实时记录新的帮扶动态。低收入农户可进行信息查询、政策咨询、提出诉求等,由对应结对干部负责回答和解决。

【全省儿童青少年近视防控关爱行动在江山启动】9月22日，全省“美好视界”儿童青少年近视防控关爱行动启动仪式在江山举行。本次行动由省妇女儿童基金会、省光明快车公益基金会、上海雨虹物业管理有限公司联合江山康利眼科医院携手启动。江山是全省儿童青少年近视防控关爱行动首批试点之一，城北小学、城南小学、上余初中、城北中学、双塔小学5所中小学得到60万元捐赠款，用于7000余名儿童青少年近视预防、治疗补助。

【江山市入选省数字乡村建设试点县】10月11日，江山市被列入第二批省级数字乡村建设试点县，成为衢州市唯一入选县（市），获得补助资金8000万元。江山市是中央农办、农业农村部实施全国新一轮农村宅基地制度改革的试点县，全市292个村的省农村集体“三资”管理数字化系统推广使用率为100%；在全省率先上线江山市低收入农户应用系统，乡村信息基础设施、农业产业数字化转型、乡村数字化治理、乡村公共服务数字化具有一定基础。

【全国首个互感器方舱实验室落户江山】10月28日，全国首个互感器远程智控方舱计量实验室在浙江天际互感器有限公司揭牌运营。该方舱实验室由浙江省计量科学研究院在全国率先建设，配有远程智控系统，检测人员通过智控中心的大屏幕实现两地交流互动，远程下达指令，控制方舱实验室内计量标准器和被检样品按照设定程序运行，检测流程全程可视，自动采集、计算、处理分析数据，生成证书报告。建起方舱实验室，天际公司高低压互感器样品检测时间从7天缩短到4小时，送检成本直线下降。

【塘源口乡入选首批浙江省气候康养乡村】9月30日，江山市塘源口乡入选首批“浙江省气候康养乡村”。塘源口乡境内峰峦叠嶂、曲溪秀水，气候宜人、空气清新，森林覆盖率94%。近年，该乡借力全域旅游发展之势，挖掘山区生态优势、文化特色，打造星级民宿品牌、特色餐饮，依托中央确定的红色美丽村庄试点建设，探索乡村经济发展新模式。

【江山市上榜中国旅游百强县市名单】11月2日，江山市从全国1871个县域旅游竞争力评价中脱颖而出，上榜中国县域旅游综合竞争力百强县市名单。江山市旅游资源丰富，是全省唯一同时拥有世界自然遗产地、AAAAA级景区和全域旅游示范区的县（市、区）。江山以县域旅游资源富集度、旅游经济活跃度、旅游设施完善度、生态环境优势度、政府推动实效度、旅游品牌美誉度等6个方面集成的竞争力指数，列中国旅游百强县市前12位。

【贺村镇、虎山街道入选省数字生活新服务特色镇】11月20日，浙江省数字生活新服务特色镇名单公布，江山市贺村镇、虎山街道榜上有名。至2021年10月，贺村镇重点生活性服务业的上线率为50%以上，有电子商务专业村或示范村5个，电子商务示范站点10个。虎山街道有市场主体1.4万家，大部分为商贸等服务型企业或个体经营户；营业收入1亿元以上的商贸企业有10家，大型商贸综合体、智慧商圈8处，特色数字商业街、步行街5条；在建总投资10亿元的网营物联（江山）智能供应链运营中心。

【浙江省木门产品质量检验中心在江山成立】11月23日，浙江省木门产品质量检验中心在江山市揭牌，是衢州市唯一一家省级木门检测中心，这标志着江山木门检测技术能力建设进入新阶段。浙江省木门产品质量检验中心有实验室面积约2000平方米，检测项目覆盖63种产品，797个项目参数，木门检测覆盖率80%以上，全面覆盖江山市木门产业的检测需求。

【全国单体最大的湖羊养殖基地在江山落成】11月28日，全国单体最大的湖羊养殖基地浙江华欣湖羊生态养殖示范园在江山市峡口镇三卿口村落成，2000余只种羊进场。基地有120栋羊舍，分成核心区、养殖区、育成区等8个区块，每栋羊舍都配备有中控室、兽医室，采用最新的数字化自动设备。基地总规划面积2436亩，总投资12亿元，建成后年存栏湖羊24万只，年生产有机肥10万吨、年产饲料10万吨，形成一条集湖羊原种繁育、肉羊养殖、牧草果树种植、饲料加工、有机肥生产、羊文化宣传、食羊餐饮及旅游观光服务于一体的产业链。

【毛丽丽家庭获评全国"最美家庭"】 11月28日，2021年度全国"最美家庭"揭榜，江山市毛丽丽家庭榜上有名。2014年秋，毛丽丽的公公患上渐冻症，全身肌肉萎缩瘫痪在床。为方便照顾，毛丽丽和丈夫把公公婆婆从乡下老家接到城里同住。毛丽丽在衢州一家公司上班，丈夫是独子，常年在外地工作，儿子上小学。毛丽丽每天驾车100多千米往返于江山、衢州，早晨6点多起床、半夜12点才睡成为日常，直到公公离世。

【江山跻身全国营商环境百强县(市)】 12月7日，《中国县域品牌影响力报告(2021)》在北京发布，江山市跻身全国营商环境百强县(市)，列第49名，是衢州地区唯一入榜县(市)。江山市营商办坚持政务最优、投资最优、开放最优、信用最优、法治最优、服务最优的"六最"营商环境建设要求，以数字化改革为抓手，创新企业服务新模式，打造具有江山特色的"135服务圈"，简单问题1天、跨部门问题3天、复杂问题最长5天内办结，或形成完善方案提交市领导审批，提高涉企问题的办事效率。

【江山市入选首批长三角高铁旅游小城】 12月13日，首批长三角高铁旅游小城名单揭晓，江山市榜上有名，是衢州市唯一入选县(市、区)。江山地处浙闽赣三省交界，区位优势突出，杭长高铁、京台(黄衢南)高速、浙赣线铁路贯穿全境，与京、沪、杭、甬等大都市之间的交通便捷；拥有江浙沪唯一的世界自然遗产——江郎山，有国家AAAAA级景区1处，AAAA级景区3处，AAA级景区13处，是全国休闲农业与乡村旅游示范市、中国优秀旅游城市、首批国家全域旅游示范区。近年，修缮幸福大陈、书香清漾、秀美耕读、古韵浔里、七彩保安、醉美碗窑等各具特色的文化古村落，推出世遗江郎风采线、古镇养生风韵线等乡村休闲旅游精品线路。

【"江山黄精"种子从神舟载人飞船回到江山】 12月14日，15克"江山黄精"鲜种子从神舟十二号载人飞船回到江山。当天上午，"江山黄精"航天种子交接仪式在市农业农村局举行。江山黄精是"衢六味"中药材之一、国家农产品地理标志登记产品，江山市种植历史悠久，栽培面积超万亩。为全面提升黄精品质和产量，江山市精选15克黄精鲜种子于6月17日9时22分，伴随神舟十二号载人飞船升空，利用太空环境中的强辐射、高真空、微重力、大温差、宇宙粒子、交变磁场和空间飞

2021年1月15日，江山市综合交通客运枢纽投入试运营，市民乘座高铁站火车、城乡公交车、长途汽车实现"零距离"换乘

国家AAAAA级旅游景区——江郎山

行动力学等特殊条件，诱变产生具有优质、高产、早熟、强抗性等优良性状的太空黄精新品种。9月17日13时34分，神舟十二号载人飞船返回舱在东风着陆场成功着陆，“黄精种子”返回地球。这批黄精鲜种子将在2022年3月驯化育苗，选育出优新品种后在全市推广种植。

【勤俭村入选省生态文化基地】 12月17日，新塘边镇勤俭村入选第11批浙江省生态文化基地。勤俭村曾以农民学哲学用哲学闻名全国。改革开放以来，勤俭村以产业兴旺、生态宜居、乡风文明、治理有效、生活富裕的高标准开展村庄整治提升工作，借助毛泽东像章馆、柬埔寨西哈努克亲王接待室、哲学陈列馆等特色景观节点，弘扬生态文化、发展绿色文旅产业，形成生态环境优美、民风淳朴、村民和谐共处的新景象，成为展示浙江“人与自然和谐共生、生态文明高度发达”的鲜活样板。

【江郎山景区入选省级名山公园名单】 12月15日，经过大众网络评选和专家综合评审，浙江省第二批名山公园名单公布，江郎山景区成功入选。江郎山地处浙、闽、赣三省要冲，是国家级风景名胜区、国家AAAAA级旅游景区和浙江省首个世界自然遗产，有着“三石凌空拔地起，壁立千重刺破天”美誉，既是浙江省自然和文化资源典型代表，又符合景村融合和绿色经济发展高地的理念。

【江山市实现省级众创空间“零的突破”】 12月18日，省科技厅公布2021年省级众创空间名单，江山市工业设计基地众创空间榜上有名，成为全市首家省级众创空间。该众创空间位于江山经济开发区，建筑面积3950平方米，设有120个工位、1个大型多功能会议中心和1个创业咖啡厅，引进4家科研院所设立分中心（工作站）、2家高级产学研合作与技术转移机构，具备专业服务能力的专职人员5人，专兼职创业导师12人，开展创业沙龙、路演、创业大赛、创业教育培训等活动70多场，深入服务企业50多家。众创空间自2019年1月运营，入驻在孵企业22家，累计毕业企业13家。

【江山市创成省稻渔综合种养重点示范县】 12月19日，江山市稻渔综合种养重点示范县建设以96分的高分通过省农业农村厅组织的验收。2021年，江山市稻渔综合种养面积为724.13公顷，养殖有稻鱼、稻小龙虾、稻藕、稻蛙、稻鳅、稻蟹、稻鳖7种种养模式，集成创新稻鱼共生轮作生产技术、稻小龙虾轮作生产技术2种重点模式；建立稻渔综合种养生产经营主体数据库71家、建成省级稻渔综合种养示范基地4家、稻渔产业配套的工厂化设施育秧基地、水稻生产社会化服务组织10家、水产良种场繁育示范基地3家。制定《江山市农产品质量安全智慧监管工作制度（试行）》，规范水产养殖，建立稻米和水产品的质量可追溯体系；对种养主体的稻渔产品进行药残、农残抽检，2021年抽检主体26户，抽检面积518公顷，抽检覆盖率71.55%，合格率100%。以大桥镇、凤林镇为重点，开展稻渔文化建设；大桥镇连续举办两届稻鱼丰收节和稻花鱼烹饪比赛，“赏民俗风情、品舌尖美味、庆稻渔丰收”成为该镇休闲旅游的重头戏。

【“健盛”上榜浙江本土民营跨国公司经营50强】 12月20日，浙江健盛集团股份有限公司上榜浙江本土民营跨国公司经营50强，列28位。健盛集团是一家全球化和产业链一体化的针织运动服饰制造企业，在A股主板上市。公司专注于棉袜和针织无缝运动服饰类产品的研发、设计、制造和服务，在浙江江山和绍兴、贵州三穗、越南等地建有6大生产基地，拥有7000多台先进织机和近万名员工，产品畅销欧洲、美国、日本、澳洲及国内市场。

【大陈古村获评国家AAAA级旅游景区】 12月22日，大陈古村景区被浙江省旅游区(点)质量等级评定委员会公布确定为国家AAAA级旅游景区。该村位于江山市西北10千米处，总面积3.6平方千米，历史悠久，文化积淀厚重，是中国历史文化名村、中国十大最美村庄、中国村歌发祥地、省美丽乡村特色精品村。村中古建筑鳞次栉比，楼阁亭台搭配有致，以清代建筑为主，遗存完整的清至民国时期古建筑(古民居、古祠堂、古戏台等)79处，青石古道3000余米。其中，省级文保单位2处，市级文保单位19处。

(徐义祥)

龙游县

【概　况】 2021年，龙游县总面积1143.33平方千米，其中建成区面积15.40平方千米；辖2个街道、6个镇、7个乡，有263个行政村、12个社区。年末户籍户数16.91万户，户籍总人口39.71万人。

地区生产总值288.02亿元，比上年增长9.5%；第一产业增加值13.07亿元，第二产业增加值130.41亿元，第三产业增加值144.54亿元，分别增长1.1%、10.4%和9.7%；三次产业比重4.5:45.3:50.2。按户籍人口计算，人均生产总值72284元，同比增长10.2%。财政总收入37.28亿元，增长17.6%。其中一般公共预算收入23.00亿元，增长17.2%；预算支出67.31亿元，增长2.0%。金融机构本外币存款余额440.60亿元，增长6.5%；贷款余额438.60亿元，增长17.1%。

农林牧渔业总产值25.93亿元，按可比价格计算，增长2.0%。农业产值9.64亿元，增长4.9%。粮食产量12.31万吨，增长0.19%；油料1.41万吨，下降9%；水果9.6万吨，下降18.8%；蔬菜14.95万吨，增长22.2%；肉类4.54万吨，增长9.6%；禽蛋0.6万吨，下降12.4%；水产2.24万吨，增长2.5%。实施农业“两强一革新”行动(“两强”即科技强农、机械强农，“一革新”即深化互联网、数字化渠道革新)，中国TOP直播电商产业园龙游基地吸引90家企业入驻，举办大型直播活动4场。农产品稳产保供扎实推进，粮食功能区“非粮化”整治优化面积超2.5万亩。横山现代农业园区入选省级现代农业园区，茗皇天然成为全县首家国家级农业龙头企业。

规模以上工业企业258家，工业增加值80.62亿元，增长15.4%。24家企业被认定为国家高新技术企业，44家企业被认定为省科技型中小企业。深入实施工业强县“531”工程(“5”，即平台能级提升、产业集聚培育、科技创新联动、制造方式数字化变革、资源要素高效保障“五大行动”；“3”，即招大引强、企业上市、亩均效益提升“三大攻坚战”；“1”，即跻身浙江工业大县行列)，规模以上工业总产值达351.63亿元、增长23.8%。恒盛能源A股上市，实现本土企业上市“零的突破”，规模以上工业亩均税收11.2万元，增长26.4%，经济开发区入围省级先进制造业和现代服务业融合试点区域，禾川科技、贝尔轨道入选工信部第三批专精特新“小巨人”名单，鑫佳硕科技、中浙高铁等6个项目成功入围省“五个一批”重点技术改造示范项目计划，龙成耐火材料、冠诚科技、华邦古楼等4个项目入选省重点技术创新专项，台钰精机“多轴车铣复合数控机床”入选省重点高新技术产品，亿洋智能、威仕喜流体等2个项目入选省级首台（套）产品工程化攻关项目。

完成房地产投资32.42亿元，增长33.7%。商品房销售面积35.49万平方米，增长26.5%；销售额42.27亿元，增长38.6%。有资质建筑企业数162个，增长17%，实现建筑业增加值22.86亿元、增长2.6%。系统重塑空间战略体系，谋划推进“龙游湖”建设。新区面貌加快呈现，荣昌东路东延、滨江路、城东滨水休闲带完工，城东公共文化服务中心主体结顶，子鸣路、集贤路、礼贤安置小区等项目有序推进。旧城持续更新，完成老旧小区改造3个，“污水零直排”小区建设36个，城区生活污水集中收集率达到75%，归仁、翠光、礼享3个未来社区列入省级创建名单，大南门历史文化街区挑水巷片区基本建成，龙商会馆、游客中心等主体完工。乡村迸发活力，“一镇一品”推进美丽城镇建设，红木小镇特色产业样板区、溪口—沐尘县域风貌样板区被列入全省首批试点，湖镇镇、沐尘畲族乡成为美丽城镇省级样板，“瀔水诗画 活力龙脊”共同富裕新时代美丽乡村示范带成为全省十条示范带之一。

公路通车里程1553.43千米，增长0.96%；公路旅客运输量860.65万人，增长14.09%；公路旅客运输周转量16407.25万人千米，增长6.52%；货物周转量358884.45万吨千米，增长65%。港口吞吐量301.36万吨，增长25.19%；快递业务量1341.8万件，增长26.7%；快递收入9927.2万元，增长31.5%。

社会消费品零售总额175.53亿元，增长9.5%。外贸进出口总额54.67亿元，增长9.7%。其中出口总额44.55亿元，增长14.1%。实际利用外资203万美元，下降69.2%。全年旅游总收入21.4亿元，增长10.2%，接待国内旅游193.6万人次，增长14.1%。六春湖旅游度假区游步道项目全线完工，龙和渔悦酒店建成投用，白鸽湖商埠文化园、姑蔑城改造提升、龙山运动康养旅游度假区等有序推进。“95联盟大道”龙游段建设完成阶段性目标，新改建驿站9个。荷花山遗址启动世界文化遗产申报。连续3年入围全国县域旅游综合实力百强县，成为全省文旅产业融合发展试验区、全省旅游业“微改造、精提升”试点县。

各类学校135所，比上年下降7.53%；在校学生48662名，下降1.89%；专利授权量1437件，增长0.35%。新增市级专利示范企业4家，减少20%。文艺团队568支，与上年持平；卫生机构352家，下降0.28%，卫生技术人员2453人，下降0.28%；先后组织260余名运动员参加省青少年田径锦标赛、省少年儿童田径冠军赛、省羽毛球锦标赛、省羽毛球冠军赛、省拳击锦标赛、省阳光中小学生田径比赛、市级各项锦标赛及阳光运动会等15项省市级赛事，取得42金、55银、62铜的成绩，向省体育职业技术学院输送羽毛球、举重、山地自行车运动员各1名。顺利承办全国花鸟画作品展、省首届乡村文化艺术节等文艺活动，在山区26县中率先创成省级公共文化服务体系示范区。

基本医疗保险参保人数396628人，参保率达99.98%，增加0.1%；最低生活保障标准910元/月；困难残疾人生活补贴273元/月；城镇居民人均可支配收入56738元，增长11.2%；人均消费支出32268元，增长17.1%。农村居民人均可支配收入30045元，增长12.4%；人均生活消费支出15998元，增长18.4%。

以数字化改革牵引各领域改革。主要指标全面完成，综合应用功能上线率、贯通率均达100%，县级公共数据平台、8个门户综合应用上线。应用成果持续涌现，5个应用纳入全省“一本账”、12个应用成为省级试点，“智慧粮脑”“燃气安全在线”得到省领导批示肯定。“龙游通”迭代升级步伐加快，50余个功能应用开发上线。

2021年，龙游县成为共同富裕示范区建设“缩小区域差距”的首批试点、山区26县跨越式高质量发展的生态工业样本县。

【龙游宗泰公司在全国脱贫攻坚表彰大会上受奖】2月25日，全国脱贫攻坚总结表彰大会在北京人民大会堂举行。浙江宗泰农业发展股份有限公司获“全国脱贫攻坚先进集体”，受到表彰。2018年11月，浙江宗泰农业发展股份有限公司创建的“龙游飞鸡”项目，作为衢州市东西部协作扶贫项目落户四川省叙永县。经过两年多的发展实践，扶贫带动作用日益显现，发展建档贫困养殖户1000多户，累计发放20万只鸡苗，养殖户平均年增收2万元，带动3000多人脱贫。

【入选省级农业绿色发展先行县】 3月，省农业农村厅公布2020年度省级农业绿色发展先行创建认定结果，龙游县入选省级农业绿色发展先行县。龙游县树立“绿水青山就是金山银山”的发展理念，以实施乡村振兴战略为统领，以推进农业供给侧结构性改革为主线，强化顶层设计与基层实践并重、试点先行与全面推进并举、目标实现与制度创新并行，建立农业绿色发展的制度体系和长效机制，着力绘就乡村振兴的龙游新画卷。

【2021年上半年重大项目开工】 3月4日，龙游县2021年上半年重大项目开工暨湖镇镇白鸽湖商埠文化园开工仪式举行。湖镇镇白鸽湖商埠文化园是省市县重点建设项目，总投资35亿元，涵盖金鼎级酒店、商业文化综合体、人文社区、企业会馆等建设内容。项目建成后，将形成以红木小镇、白鸽湖湿地、舍利塔院、明清古街为核心的滨江风光带，提升湖镇的集聚功能，为湖镇打造县城副中心、“融杭接金通义”的桥头堡注入强劲的动力。

【衢州市四省边际研学研究院在龙游县成立】 3月16日，衢州市四省边际研学研究院揭牌仪式在龙游县溪口未来社区举行，龙游县委书记张晓峰和衢州学院党委委员、副院长郑文山共同为衢州市四省边际研学研究院揭牌。衢州学院和溪口镇、衢州金色假日旅游有限责任公司联合创建的四省边际研学研究院是全市第一个乡村研学金字招牌，通过开展政校企村四方合作，资源共享、优势互补，推进协同创新，构建新型的政产学研合作机制，聚焦研学人才培养、研学项目开发、研学标准研制、研学指数发布四大主攻领域，立足衢州，面向四省边际，依托溪口乡村未来社区，以乡村研学撬动三产融合与农文旅融合，促进乡村全面振兴，将溪口乡村未来社区打造成为四省边际乡村研学高地。

【捧回“一星平安金鼎”】 3月30日，省委、省政府召开全省建设平安浙江工作暨扫黑除恶专项斗争总结表彰会议，表彰全省2020年度平安市、平安县（市、区）和平安建设工作突出单位。龙游县平安建设工作再创佳绩，实现“平安县”建设“十五连创”，被授予全省各市、县（市、区）平安建设中最高奖项“一星平安金鼎”。近年来，龙游县推进“平安龙游”建设，完善应急管理体系，防范化解重大安全风险，深化扫黑除恶专项斗争，生产安全事故起数、死亡人数逐年下降，社会保持和谐稳定，群众获得感、幸福感、安全感持续增强。

【“龙游通+全民网格”模式入选全国创新优秀案例】 3月30日，中国社会治理研究会发布“全国市域社会治理创新优秀案例(2020)”，龙游“龙游通+全民网格”模式入选。近年来，针对群众反映意见不畅通等问题，龙游县创新“龙游通+全民网格”模式，通过实时微信、App，及时公布村级重要事项及百姓关心的热点问题，形成“党建、平安、管理、服务、信用”五大体系，走出一条低成本、可复制、可推广的基层共建共治共享治理之路。“龙游通”覆盖全县263个行政村、11个社区和工业园区，实名认证人数18.4万余人，成为为民办实事的“好帮手”、基层治理的“好工具”，发布信息39.4万余条，总浏览量突破1.4亿人次，办理群众举报、反映、建议、求助等事项6.9万余件，办结率100%。

【龙游溪口基层治理信用应用场景入选省优秀案例】 4月23日，在全省信用数字化改革应用场景观摩评选会中，龙游溪口基层治理信用应用场景被评为2020年度信用数字化改革应用场景十大优秀案例，成为全省唯一入选的乡镇场景。近年来，龙游县聚焦基层治理难题，突出共治共享理念，以溪口镇为试点，探索省市公共信用信息平台与省基层治理四平台在网格层面融合应用，以市场主体为关键群体，以信用联动为关键措施，依托“龙游通+全民网格”，构建信用评价指标体系，实现分级管理、分类服务、数据共享和重点监管，打造乡村“整体智治”模式。该场景实践以来，信用监管绩效、群众治理配合度、基层治理效率、社会共治氛围均明显提升，集镇商户约75%完成授信，累计授信1.8亿元，800余名志愿者常态化开展志愿服务活动超过1万小时。

【获评首批法治浙江（法治政府）建设示范单位】 5月，在省委法治浙江建设工作会议上，龙游县获评法治浙江（法治政府）建设示范县（市、区）。近年来，龙游县推进法治龙游建设，压紧压实法治建设第一责任人职责，围绕法治督察、乡镇（街道）合法性审查全覆盖、乡镇（街道）一支队伍管执法改革、行政执法“三项制度”全面落实、法治化营商环境等推动法治政府建设。2017年以来实现行政败诉率“三连降”。深化司法体制综合配套改革，在全国率先创新开展“无证明县”建设。2020年度被评为全省法治建设先进单位，创建成功全市首批法治建设示范乡镇2个，执法司法规范化水平、公信力、满意度稳步提高，2020年度法治浙江建设社会满意度调查综合排名全市第1、全省第6。

【《龙游年鉴（2020）》获评中国精品年鉴】 4月19日，中国地方志指导办公室公布第五批入选中国年鉴精品工程“中国精品年鉴”名单，《龙游年鉴（2020）》成为此次浙江省唯一入选的地方综合年鉴，也是衢州历史上“零的突破”，是一次市县协同、专业深化、勇于争先的良好示范实践。《龙游年鉴》由中共龙游县委、龙游县人民政府主办，龙游县地方志编纂委员会编纂，自2005年开始一年一鉴，至2020年已出版16部。《龙游年鉴（2020）》全书共分30个类目、217个分目、1308个条目，突出年度特色、时代特色、地方特色，提升年鉴内容资料价值、存史价值。与往年相比，《龙游年鉴（2020）》分类更科学、编排更有序、内容更丰富、装帧更精美。

【获评2020年度新时代美丽城镇建设优秀县】 5月，浙江2020年度新时代美丽城镇建设优秀设区市、优秀县（市、区）名单在浙江全省美丽城镇建设工作现场会上公布，龙游县被评为2020年度新时代美丽城镇建设优秀县。近年来，龙游借助天然生态优势，把美丽城镇创建作为融入浙江绿色大通道建设，引领乡村振兴的首要工作来抓，形成鲜明的龙游特色，聚焦衢江、灵山江“两江走廊”，围绕“点上可出彩、整线成风光、面上不反弹、长远可持续”目标，重点推进“拆后利用、庭院整治、裸土复绿、串珠成链、基础设施提升”，全方位打造高品质节点，形成“一镇一品、一乡一貌、一村一景”的两江诗画风光带。溪口镇文化景观柱、老街、乡村版未来社区应运而生，詹家镇左崇棠古井、红砖金牛、凤凰部落等相继落成。

【获评2020年度市县党政领导科技进步目标责任考核优秀单位】 6月15日，在浙江省科学技术奖励大会上，龙游县等22个县（市、区）获2020年度市县党政领导科技进步目标责任考核优秀单位。近年来，龙游聚焦政策引导、平台提升、服务提质，优化创新环境，谋求产业转型，培育科技主体，科技创新发展取得明显进步。2020年全县研发经费投入5.19亿元，同比增长20.98%，占地区生产总值比重2.1%；实现高新技术产业增加值30.97亿元，占规模以上工业增加值比重50.5%；规模以上工业企业研究开发费7.59亿元，占营业收入比重2.65%；高新技术企业78家；科技型中小企业数232家，每千家企业中科技型中小

2021年5月，龙游县县城风貌

企业数59.38家。

【入选高质量发展建设共同富裕示范区首批试点】7月，省高质量发展建设共同富裕示范区领导小组办公室印发《关于公布高质量发展建设共同富裕示范区首批试点名单的通知》，龙游县入选建设共同富裕缩小地区差距领域试点。2020年，全县地区生产总值和工业增加值增速分别高于全省0.8个和1.4个百分点；“3+3+1”(高端装备产业、新材料产业、智能制造产业+特种纸产业、绿色食品产业、高档家具产业+竹产业)体系初步形成，产值10亿元以上企业3家，亿元以上企业66家，“隐形冠军”企业3家，维达纸业、伊利乳业、浙西建材园、云墨碳谷、绿色循环全竹产业园等一批大好高项目落户龙游；做大“二期在龙游”品牌，伊利、维达、李子园等25家龙头企业技改扩建上“二期”，总投资超230亿元。

【入选浙江省生态文明建设示范县】8月，浙江省政府公布第五批省级生态文明建设示范市、县(市、区)，龙游县榜上有名。近年来，龙游县围绕环境质量稳提升、转型升级求发展、生态效益高体现这一主线推进生态文明建设，生态环境公众满意度从2015年的75.41分提升到2020年的86.69分，“五水共治”三夺鼎，环境空气改善幅度居全省前列，跻身全省加快传统制造业改造提升成效明显县，获全省渔业健康养殖示范县、农业绿色发展先行县等多项荣誉，成为全市唯一的省级资源循环利用示范基地试点和全国首个县级“国家绿色生态城区”，并获得2020年度绿色中国特别贡献奖。

【龙游火车站新站房正式启用】6月28日，龙游举行“迎建党百年华诞 开浙西明珠新窗”——龙游火车站新站房建成启用仪式。龙游火车站改扩建工程于2019年11月启动，新站房总建筑面积15785平方米，能够同时容纳2600余人候车。站台设计采用中国古建筑中“五脊殿”式造型，内部装修融入龙游石窟特有的石刻肌理元素，站房建筑共三层，其中两层为进站候车层，第一层为出站层，上进下出的模式解决旅客进出站分流问题。改扩建后，龙游站新增列车23趟，恢复普铁业务。

2021年6月28日，龙游火车站新站房正式启用

【“8090宣讲”入选共同富裕示范区首批典型案例】8月，省共富办印发《高质量发展建设共同富裕示范区重点任务清单、突破性抓手清单、重大改革清单和典型案例清单》的通知，评选出51个共同富裕示范区首批典型案例。龙游“以8090新时代理论宣讲 推动党史学习教育‘飞入寻常百姓家’”入选浙江省打造精神文明高地典型案例。近年来，龙游县发挥青年力量，用青春的声音传播红色故事，组建百个青年研习小组，成立“初心服务团”，开展“周一党史夜校”等活动，成立党史主题巡回宣讲团，累计开展党史主题宣讲2000余场次，覆盖人员20余万人。

【“科创飞地”项目在临安开工】9月2日，浙江禾川科技股份有限公司青山湖研发中心项目开工仪式在杭州市临安区举行，项目占地面积15亩，总投资预算1.4亿元，总建筑面积2.1万平方米，将充分发挥“科创飞地”跨区域创新合作平台作用，集聚技术、人才等高端要素，加快向高、精、尖发展。这标志着临安与龙游的协作迈出实质性的一步。

【恒盛能源A股上市】8月19日，龙游恒盛能源股份有限公司在上海证券交易所主板挂牌上市，登陆A股资本市场，这是龙游本土企业A股上市“零的突破”。近年来，龙游实施“凤凰行动”计划，加快企业股改挂牌上市步伐，实施建设区域证券市场强县战略。本次公开发行的“恒盛能源”股票代码为605580，发行价8.38元，开盘价10.06元，当天的敲锣仪式后最新价为12.07元，成交量249977股，涨幅44.03%。龙游恒盛能源股份有限公司主营业务为蒸汽的生产和供应、电力的生产和销售。企业上市后，所募集的资金主要用于三期热电联产技改扩建项目、集中供压缩空气工程项目等。

【成功创建省级公共文化服务体系示范区】9月，浙江省文化和旅游厅公布第四批浙江省公共文化服务体系示范区（项目）名单，龙游县榜上有名，成为山区26县和衢州市首个成功创建省级公共文化服务体系示范区单位。2018年起，龙游县围绕省公共文化服务体系示范区创建标准，高标准打造城市文化地标，提升公共文化服务水平。龙游县博物馆开馆；建成南孔书屋5家、图书分馆8个、文化分馆15个、社区市民文化驿站10个、“8090新时代理论宣讲”示范点20个、乡村文艺“三团三社”基层服务站15个；建成社区文化服务中心13个，农村文化礼堂198个，村文化服务中心64个，农家书屋覆盖100%，特色农家书屋26个，文化广场35个，固定电影放映点42个。

【上榜2021年全国县域旅游综合实力百强县】9月，全国县域旅游研究课题组、北京华夏佰强旅游咨询中心联合发布第三届全国县域旅游研究成果《全国县域旅游研究报告2021》暨“2021年全国县域旅游综合实力百强县”名单，龙游县列第62位。近年来，龙游县全域旅游发展品质全面提升。以“两江走廊”为核心，推进红木小镇、大南门历史文化街区、六春湖等重大文旅项目建设；“95联盟大道”一期获评钱塘江诗路文化体验游的诗路精品旅游线路；成功创建AAA级景区城，AAAA级景区镇3个，AAA级景区村24个；华岗纪念馆入围浙江省52个红色根脉打卡地之一。

【首届浙江乡村文化艺术节暨乡村舞蹈大赛在龙游开幕】9月23—25日，“幸福像花儿一样——首届浙江乡村文化艺术节暨乡村舞蹈大赛”在龙游举办，本次大赛由省文化和旅游厅、省农业农村厅、浙江日报报业集团主办，龙游县委、县政府，省乡村文化振兴促进会，省新农村建设促进会，市文化广电旅游局和天目资讯客户端承办。比赛舞种分为民族民间舞（舞台舞、广场舞）和当代流行舞（排舞），吸引排舞组16支队伍290人、广场舞组27支队伍500人和舞台舞组26支队伍480人参赛。最终评选出金穗奖一等奖8名、二等奖10名、三等奖13名、优胜奖32名，并评选出10名人气奖。

【央企走进26县建设共同富裕示范区活动在龙游举行】10月27日，央企走进26县建设共同富裕示范区活动在龙游举行，长江设计集团、中国三峡建工（集团）有限公司、浙江交通资源投资有限公司、浙江建材集团浙西建筑产业化有限公司、浙江省二轻集团、中国华电集团、浙江省海港集团、国家能源集团浙江电力有限公司、中国三峡新能源（集团）股份有限公司等央企、国企与龙游成功牵手。

【入选2021年度全国科技创新百强县市】10月，2021年中国中小城市高质量发展指数研究成果在《光明日报》整版发布，公布《2021年度全国科技创新百强县市》名单，龙游排第84位，成为全市唯一进入该榜单的县（市、区）。2021年，龙游聚焦科技龙游建设工作总要求，抓主体、抓平台、抓攻关、抓生态，全年新申报认定高新技术产业24家，同比增长90%，并全部通过省级专家评审，县级财政补助资金首次由原先的150万元大幅提升至2000万元，撬动企业研发经费总投入为1.75亿元。

【入围首批浙江省现代服务业创新发展区】10月，浙江省服务业发展工作领导小组印发《关于公布首批浙江省现代服务业创新发展区名单的通知》，龙游县现代服务业创新发展区入选。该区分临港物流片区和商贸物流片区两个片区，总规划面积10.44平方千米。其中，临港物流片区四至范围包括G60高速公路以南、童家公路以东、南至丁新洲，规划面积1.84平方千米；商贸物流片区四至方位包括东至七都村、南抵杭长客运专线、西起环城东路、北接龙游港衢江航道，规划面积8.6平方千米。发展区内以临港物流、现代商贸为现有主导产业。未来打造辐射四省边际多式联运枢纽、“衢龙一体 联金通甬”贸易支点、浙西南供应链重要节点，高水平融入陆海统筹、东西互济、量质并举的双向开放格局。

【入选第二批省全域旅游示范县】 11月，浙江省人民政府公布第二批全省全域旅游示范县（市、区），龙游县入选。近年来，龙游依托万年文明、千年石窟、百年商帮，以“两江走廊”（衢江、灵山江）为主阵地，挖掘衢江、灵山江、三江口及周边文旅资源和非物质文化遗产资源，加快红木小镇、六春湖旅游度假区两大平台建设，构筑“两江”文化旅游中心带，开创衢江、灵山江“两江化一龙”旅游大格局。

【获评2021年度全省深化“千万工程”建设新时代美丽乡村（农村人居环境提升）工作优胜县】 12月，浙江省“千村示范、万村整治”工作协调小组办公室公布2021年度全省深化“千万工程”建设新时代美丽乡村（农村人居环境提升）工作优胜县，龙游县获评。近年来，龙游县以深化“千万工程”、推进共同富裕示范区建设为牵引，坚持标准化推进、精细化建管、数字化赋能、品牌化经营、人文化引领、均等化服务，努力实现新时代美丽乡村“全域共美、环境秀美、数智增美、产业壮美、风尚淳美、生活甜美”标杆创建先行示范，全力打造“诗画浙江”大花园核心景区的精品景区、“两山”转化重要窗口，致力于为全国和省市推进乡村振兴发展提供龙游智慧、龙游经验、龙游方案、龙游模式。

（叶凌豪）

常 山 县

【概　况】 常山县总面积1097.3平方千米，其中建成区面积17.7平方千米；辖3个街道、6个镇、5个乡、180个行政村、11个社区；年末户籍人口总户数为124695户，比上年增加225户，总人口（不含服现役人员）为339690人，比上年减少1877人。

实现地区生产总值1875787万元，按可比价格计算，比上年增长9.8%。其中，第一产业增加值82993万元，增长2.9%；第二产业增加值854057万元，增长11.9%；第三产业增加值938737万元，增长8.8%。三次产业增加值结构比为4.4∶45.5∶50.1。全年实现财政总收入247827万元，比上年增长24.5%；公共财政预算支出615529万元，增长12.4%。年末金融机构人民币存款余额3004714万元，增长10.4%。在各项人民币存款中，住户存款余额1909087万元，增长17.5%。年末金融机构人民币贷款余额3035018万元，增长28.6%。

实现农林牧渔业总产值132555万元，比上年增长5.3%。粮食作物总产量60639吨，比上年增长0.8%；油料产量6633吨，与上年持平；蔬菜产量103510吨，增长0.5%；瓜果类产量22212吨，增长9.8%；柑橘总产量123385吨，下降15.0%，其中胡柚产量为102158吨，下降13.7%；茶叶产量为258吨，增长21.1%；肉类总产量为15344吨，增长56.3%，其中猪肉7901吨，增长101.6%；禽肉7216吨，增长26.9%；鸡鸭鹅蛋产量2320吨，下降26.3%；水产品产量6869吨，比上年增长2.2%。

城市有机更新强势推进，片区征收“五战五捷”，累计征收房屋2250户36万平方米。渡口片区20天实现572户房屋100%腾空。在全市率先采用ABO模式（指在当地政府的授权下，由片区开发建设主管部门将片区土地整理、基础建设、投资促进和经济发展等社会公共服务职能，授权和委托至成功转型平台公司或社会资本方企业，并以特许经营形式加以实施，政府履行规则制定、绩效考核等职责，同时支付授权运营费用的合作开发模式），启动总投资50亿元的狮子口片区开发项目建设。危旧房安置区31万平方米全面投用，2111户危房户喜圆安居梦。启动打造“十个一”工程，实施入城口景观提升、城南第二通道等35个重点项目。“污水零直排”实现城区全覆盖。奥运冠军杨倩担任城市品牌形象公益代言人，“一切为了U”城市品牌重磅打响。房地产销售面积314494平方米，同比下降10.5%。常山县共有总承包或专业承包资质的建筑业企业65家，其中具有一级资质企业2家、二级资质企业7家、三级资质企业56家。全年建筑业实现增加值210506万元，比上年增长10.1%。

年末常山县有规模以上工业企业单位140家，全年工业增加值643629万元，比上年增长12.5%，其中规模以上工业增加值487628万元，增长12.1%。高新技术产业、高端装备制造业、人工智能产业增加值增速均居衢州市第1。全年新认定省科技型中小企业37家、新增国家高新技术企业12家、新增省级企业研发中心1家、市工程技术研发中心5家。规模以上工业销售产值1774121万元，增长28.5%，产销率97.4%，下滑1.1个百分点。完成规模以上工业出口交货值120002万元，增长41.1%。规模以上工业企业实现利税238592万元，比上年增长28.9%，其中利润186809万元，增长35.3%。

年末境内共有3条国家高速公路、2条国道、1条省道、33条县道、32条乡道、388条村道，公路总里程达到1127.8千米。完成公路货物运输量1371.8万吨，比上年增长10.5%；公路客运量1087万人次，增长230%。

实现社会消费品零售总额844763万元，比上年增长18.5%。实现进出口总额261015万元，比上年增长2.1%。出口184844万元，下降2.7%；进口76170万元，增长15.8%。全年累计接待游客180.3万人次，实现旅游总收入22.4亿元。

常山县有中小学校39所，其中高中5所（含民办完中1所、民办高中1所、职高1所）、初中7所、小学27所（含2所完小）。有特殊教育学校1所，幼儿园57所（其中公办幼儿园19所），成人文化技术学校14所，教师进修学校1所，浙江广播电视大学常山学院1所。中小学在校生30862人（普通高中4617人、职业高中1987人、初中段8095人、小学段16112人、特教51人），在园幼儿8071人，在职在编教职工2230人。全年完成专利授权量649件，其中授权发明46件。常山县共有各级各类医疗机构271家，卫健系统共有在编专业技术人员1261人。

常山县职工基本养老保险和城乡居民社会养老保险参保人数共216775人。工伤保险参保人数共54727人，当年增加12551人。机关养老保险参保11199人，当年增加275人。全年有7774户（9830人）纳入城乡最低生活保障，低保占比达到2.8%。7月1日实施最低生活保障标准提标，最低生活保障标准统一调整为910元/月·人。成功创建全国无障碍环境示范县。全体居民人均可支配收入36135元，比上年增长12.8%。按常住地分，城镇和农村居民人均可支配收入分别为46653元和26901元，分别同比增长11.4%和11.9%，其中城镇居民人均可支配增速位居浙江省山区26县第1。

常山港流域地表水质100%符合水功能区要求，饮用水水源地水质100%符合要求，出境水全面达到II类水标准，其中I类水占比44.1%；城区环境空气持续改善，有效监测天数为365天，空气质量优良天数为360天，优良率达98.6%，城区$PM_{2.5}$浓度为26微克/立方米，比2020年同期（27微克/立方米）下降3.7%，创2014年监测以来的新低。主要污染物减排指标化学需氧量、氨氮、二氧化硫、氮氧化物预计完成上级下达目标任务。

【常山县爱丽莎高性能环保壁纸研究院被认定为省级企业研究院】 1月，省科技厅、省发展和改革委员会、省经信厅3部门联合公布2020年新认定省级企业研究院名单，常山县爱丽莎高性能环保壁纸研究院在榜。至此，常山县已有省级企业研究院3家。爱丽莎环高性能环保型壁纸升级研究院成立以来，至2021年底，建立企业自主技术人员与高校技术团队的合作模式，有人员33人；与衢州学院、浙江科技学院等科研院校签署合作协议，开展生产工艺的改进、室内装饰用纸基新材料的研发等，其中，县级项目室内装饰用纸基新材料的研发及产业化通过验收，省级新产品UV发泡壁纸、抑制发泡壁纸获省科技厅立项。2021年度研究院申请实用新型专利10项、外观专利9项，其中，获得授权实用新型专利证书5项，外观专利6项，其他的已获受理，待审查下证。

【常山县文旅工作获多项省级奖项】 1月，省文化和旅游厅公布全省第四批省级红色旅游教育基地和第

常山县城东新区

四批省级旅游风情小镇创建名单，西源革命纪念馆入选省级红色旅游教育基地，全市唯一；新昌乡入选浙江省第四批省级旅游风情小镇。根据省文化和旅游厅公布的2020年度旅游拔尖人才培育资助名单，常山县京源文化发展有限公司法人周建明获评“浙江省旅游管理精英人才培育对象”，全市唯一。根据省旅游饭店星级评定委员会评定结果公示，常山县华府慢城生活酒店成功获评“金鼎级”特色文化主题饭店，全省12家，全市2家。

【新昌岩前萤石矿入选第二批全国绿色矿山名录】1月11日，浙江紫晶矿业有限公司新昌岩前萤石矿被列为全国绿色矿山名录，成为第二批入选的国家级绿色矿山，全省10个，全市唯一。至2021年，常山县有常山南方水泥有限公司辉埠石灰石矿、常山县中兴矿业有限公司辉埠灰山石灰岩矿、浙江紫晶矿业有限公司新昌岩前萤石矿3家矿山被纳入全国绿色矿山名录库。浙江紫晶矿业有限公司新昌岩前萤石矿资源储量800多万吨，是截至2021年底全国储量最大的单一萤石矿。2017年投产以来，公司年采选萤石矿30万吨、精矿粉11万吨，是中国萤石行业规模最大的企业，创立以“资源节约、循环利用、清洁生产、绿色发展”为核心的“新型绿色矿业发展模式”，在选矿工艺、资源循环利用、绿色矿山建设等方面拥有多项专利，处于全球领先水平。

【张孝成获全国“抗击新冠肺炎疫情突出贡献农民”称号】1月28日，青石镇大塘后村农民张孝成，被农业农村部授予“抗击新冠肺炎疫情突出贡献农民”称号，全省仅4名，全市唯一。张孝成全身心投入疫情防控，严格要求自己，在不折不扣执行疫情防控的各项规定的同时，第一时间向其组织关系所在的县个（民）协党支部请战，挺身而出，主动担当作为，累计向大塘后村村民委员会和其他单位捐赠口罩2000余只，金额2600余元。

【“治钙”案例入选美丽浙江生态环境治理十佳优秀案例】1月，常山县“综合治‘钙’，促百年产业转型的生动实践”案例入选美丽浙江生态环境治理十佳优秀案例，是全市唯一入选的县（市、区）案例。2013年以来，常山县启动生态治理工程，围绕碱性水生态治理、轻钙企业后续处置、矿山生态修复、石灰渣处置等，对钙产业链条开展系列整治。至2020年，关停拆除16家轻钙企业、165孔石灰立窑和201条石灰钙生产线，削减二氧化硫1.63万吨、氮氧化物4800吨，环境空气优良率从87.6%上升到100%，出境水质达到Ⅱ类以上标准，主要地表水体和集中式饮用水水源地水质100%达标。2020年，国家长江办将辉埠镇碱性水治理工作列入正面典型；省委生态环境保护督察办公室将轻钙产业整治工作列入中央环保督察整改成效典型案例。

【常山—慈溪山海协作产业园年度考核全省第二】3月，根据2021年省发展和改革委员会公布的工业类产业园绩效评价结果，常山—慈溪山海协作产业园考核评分为85.45分，在全省9个山海协作工业类产业园中排名第2，获一等奖。至2021年底，产业园开发土地面积4.7平方千米，累计出让土地面积1.12平方千米，建成投产面积0.63平方千米，引进企业17家；2021年，协议总投资125.17亿元，完成投资49.50亿元。2020年度考核获全省山海协作工业类产业园一等奖。

【首家轴承企业入围省“隐形冠军”培育企业】 1月，浙江双明轴承股份有限公司入围2020年省“隐形冠军”培育企业，此前常山县已有3家省“隐形冠军”培育企业。该企业的入围，标志着常山县轴承产业实现新突破。双明轴承股份有限公司成立于2002年7月，2019年10月完成股份制改造，是专业从事轴承锻造、精车加工的国家高新技术企业。

【常山县轴承产业大脑入选全省首批建设试点“揭榜挂帅”榜单】 5月27日，省经济和信息化厅举行第一批行业产业大脑建设试点发榜仪式，从全省申报的65个产业大脑中，最终确定15个产业大脑试点。常山县“轴承产业大脑”入选，全市唯一。轴承产业是常山传统主导产业，经过50余年发展，形成较为完善的产业链。2020年，常山县制定《关于鼓励常山县数字产业化发展的若干意见》《关于加快推进产业数字化的若干政策》，全年完成20余家企业数字化改造工作，投资3.2亿元，以轴承产业为核心的常山县精密基础件产业创新服务综合体入围省级创建名单。

【入选2021年度省级乡村振兴集成创新示范建设县】 4月12日，省财政厅公布2021年省级乡村振兴集成创新示范建设范围的25个县（市、区）名单，常山县位列其中。常山县获4000万元省级奖励资金，计划用于常山县胡柚产业高质量发展。

【常山赛得森林康养基地被评为省级森林康养基地】 4月，省林业局等4部门联合公布2020年度浙江省森林康养基地，常山赛得森林康养基地榜上有名，全市仅一家。至此，常山县拥有2家省级森林康养基地。赛得健康小镇由浙江赛得健康集团投资，以“健康管理”为核心，健康产业全产业链服务为特色，按照国家AAAA级旅游景区、全龄化高品质人文生活社区、健康产业全产业链健康产业园区“三区合一”，“人、产、镇”融合的模式打造，集健康管理、养生度假、康体运动、亲子游乐、乡村休闲、健康商贸六大功能于一体，是宜居、宜游、宜养的特色康养基地。

常山先导公司轴承车间

【农村饮用水工作获评省地方水利改革创新最佳实践案例】 4月15日，省水利厅公布2020年度地方水利改革创新最佳实践案例，其中最佳实践案例10个、优秀实践案例20个。常山县农村饮用水“两标准八提升”长效运维工程入选最佳实践案例，排名第3。2020年4月，常山县人民政府办公室印发《2020年常山县农村饮用水“两标准八提升”攻坚实施方案》。由县水务公司统一负责农村饮用水项目建设，建成后直接纳入水务公司统管；赋予基层组织、党员、网格员农村饮用水安全协管职能及责任，全县2680多名党员干部群众参与其中，化解农村饮用水建设推进矛盾纠纷430多起。新建2座乡镇水厂，城乡规模化供水农村受益人口从73%提升至91%；2020年冬季旱情期间解决10个村6000余人的饮水困难问题。通过政府运维补贴与市场化运营结合的方式，构建“专业运维+数字管护+量化考评”的农饮水运维管理体系；实行“1中心+7站所+80名专业人员”模式，实现水源地原水、制水、管网、末端4个环节的数字化在线监测。给予全县低保户5吨/月的用水减返优惠政策；以3年为期限，对同意拆除或收归自建饮水设施的农户，给予5吨/月的用水减返优惠政策。

【常山县省级创新型领军企业实现“零的突破”】4月，省科技厅下发《关于公布2020年浙江省创新型领军企业名单的通知》，浙江天子股份有限公司被纳入省领军型企业培育名单，成为常山县首家省创新型领军培育企业。该企业确立“面向市场，加快科技创新，提高核心技术竞争力”的指导思想，设有专门的研发中心，采取总经理负责制，由公司董事长兼总经理担任主任，建立省级企业技术中心、专家工作站等高端技术的创新研发团队。作为柑橘囊胞果汁生产龙头企业，公司建立从原料种植到冷链物流的全产业链体系。

【4家文化礼堂上榜全省五星级农村文化礼堂名单】5月11日，2020年验收合格的全省五星级农村文化礼堂名单公布，青石镇大塘后村文化礼堂、何家乡樊家村文化礼堂、芳村镇洁湖村文化礼堂、紫港街道孔家弄村文化礼堂榜上有名。大塘后村有胡柚林2000多亩，其文化礼堂体现丰富的胡柚元素，同时也是村播培训场所。樊家村是明代南京刑部尚书、廉吏樊莹故里，村文化礼堂贯彻廉吏文化主题，展示廉吏樊莹生平事迹。洁湖村文化礼堂由村内徐氏宗祠改建而成，徐氏宗祠是县内保存最完整，历史最悠久的宗祠之一。孔家弄村是浙江省美丽乡村特色精品村、常山县第三批美丽乡村精品村，村文化礼堂建成后，组织文化活动走进礼堂，走进村民生活。

【常山县实现省级服务型制造示范企业“零的突破”】6月，经省经信厅组织评审，浙江双明轴承股份有限公司入选浙江省服务型制造示范企业，成为常山首家省级服务型制造示范企业。2019年，双明轴承“院士专家工作站”成立。近年，企业借助院士专家工作站及专家团队，有11项科研成果获得转化，开发新产品22项，其中5项获省级工业新产品。企业最新研发的国家专利“激光强化粉末”进入申请环节。

【常山县2个应用场景被列入全省多跨应用场景首批试点】6月9日，省农业农村厅公布多跨应用场景第一批先行先试单位，常山县农村“三资”智慧监管、低收入农户帮促两项数字化应用名列其中。常山县在全省率先打造“信息化运行、多系统集成、全方位监管、全流程公开”的农村“三资”智慧监管系统，集成管理、监督、公开和大数据分析四个子平台，破解“三资”监管质量低、制度落实不到位等难题。低收入农户帮促数字系统以“浙农码”为总入口，使农户信息集成一个码、帮促动态集成一个体系、帮促政策集成一张清单、帮促效果集成一幅地图，让低收入农户帮促需求“一键即达”、部门帮促“一单即联”、社会帮促“一点即上”、帮促工作责任“一查即明”。

【常山华凯木业专业合作社获评国家农民合作社示范社】6月28日，农业农村部、国家发展和改革委员会、财政部等8个部委公布2020年国家农民合作社示范社和全国农民用水合作示范组织名单，常山华凯木业专业合作社榜上有名。全省林草类仅3家，系全市唯一。常山华凯木业专业合作社经营林地面积10899亩，森林覆盖率98.9%。乔木林蓄积41456立方米。近年来，该专业合作社创新采用“合作社—林区—林班—小班”四级森林区划系统，实现5个林区森林经营水平显著提升。

【常山县代表队在浙江省第四届体育大会无线电测向比赛中获全省最佳】7月，在全省第四届体育大会无线电测向比赛中，衢州数字工业学校、常山育才中学师生代表衢州市出战，夺得2块金牌（青年男子标距个人全能、青年女子标距个人全能）、2块银牌（成年男子标距个人全能、成年女子标距个人全能），金牌及奖牌数量均列全省第1。

【常山县入选全国行政备案规范管理改革试点】7月，据国务院办公厅批复，常山县成功入选全国行政备案规范管理试点，全国仅15个县（市、区）上榜。近年，常山县深化县“两法衔接”（行政执法、刑事司法衔接）办案中心建设，成功列入全省应用县级试点，“两法衔接”应用入选全省公安执法数字化改革首批典型应用场景。

【招贤镇入选“浙江省民间文化艺术之乡”】8月25日，省文化和旅游厅公布2021年度“浙江省民间文化艺术之乡”名单公布，招贤镇以“喝彩歌谣”民间文艺项目入选。招贤镇位于常山县东部，人文历史底蕴深厚，是国家级非物质文化遗产项目——常山喝彩歌谣的主要传承基地，也是该非遗项目代表性传承人所在地。近年，招贤镇加大艺术之乡创建力度，挖掘民俗文化的底蕴和内涵，开展文艺队伍建设，加强对外宣传力度，组织民间艺术普及活动。

【常山县入选国家智能社会治理实验基地】 9月14日，中央网信办公布消息，常山县入选国家智能社会治理实验基地（社区治理特色基地），成为该项目全省唯一入选单位。常山县以国家智能社会治理实验（特色）基地为载体，立足常山发展实际，以建优建强县社会治理中心（一个“智治大脑”+矛盾调处、应急处置、综合执法、社会协同、法治保障、治理指导6个功能模块）为牵引，依托镇街治理四平台（综治工作、监管执法、应急管理、公共服务）和社区网格，通过党建统领社区治理、社会组织协同、智治常山支撑，谋划平安小区法治建设、流动人口管理服务等“一件事”多跨场景。

【常山县入选首批全国农作物病虫害绿色防控示范县】 10月，农业农村部种植业管理司发布首批全国农作物病虫害绿色防控示范县名单，常山县成功入选，全省8个，全市2个。2021年，融合推进统防统治与绿色防控，建立绿色防控示范区49个、2.11万亩，带动面上统防统治13.07万亩、绿色

金川街道十五里村

防控16.26万亩次，减少农药用量45吨，减量比例12%，超额完成考核任务；12月，常山洪乐农业科技有限公司、常山皓锡农业科技有限公司、常山佳可农业发展有限公司被评为“省级示范性统防统治服务组织”，常山县徐桦家庭农场、常山县金兰家庭农场、常山县珍兰粮食专业合作社3个绿色防控示范区被评为“省级病虫害绿色防控（农药定额制施用）示范区”。

【村上酒舍民宿被评为全国甲级民宿】 11月8日，在全国旅游标准化技术委员会公布的首批等级民宿中，村上酒舍民宿获全国最高等级（甲级）民宿称号，全省仅2家。村上酒舍民宿位于常山县新昌乡对坞村，村中保留明清古建筑、流传古法酿酒技艺。该民宿建于2017年，由一座古宅改造而成，以古法酿酒为主题，院子围墙镶嵌装饰用的酒坛，每个房间内都保留原有的传统门窗，古色古香，曾获由中国古迹遗址保护协会颁发的“中国乡村遗产酒店”称号。

【常山县林业工作获多项省级荣誉】 12月，根据省林业局、省关注森林组织委员公布2021年度“浙江省‘一村万树’示范村”“浙江省森林城镇”名单，东案乡金源村、何家乡钱塘村、金川街道十五里村、同弓乡关庄桥村4个村上榜，至此常山县建成省级“一村万树”示范村30个；何家乡、东案乡2个乡镇上榜“浙江省森林城镇”名单，至此常山县创成省森林城镇8个。

【中国观赏石博览馆入选第十一批省生态文明教育基地名单】 11月10日，省生态环境厅公布“第十一批浙江省生态文明教育基地”名单，中国观赏石博览馆榜上有名。中国观赏石博览馆是常山赏石小镇的核心项目，馆内有数千件展品。近年，该馆以生态、石产业为特色，推进生态文明建设，先后被评为浙江省文化产业示范基地、浙江省成长型文化企业等。

【入选2021中国健康旅游名县】 12月7日，在由中国旅游报社宣

传推广中心、世界旅游城市联合会品牌部联合主办，中国社会科学院舆情调查实验室学术支持的“美丽中国行·2021健康旅游发展论坛”推选活动中，常山县入选2021中国健康旅游名县。常山县域生态环境优良，森林覆盖率71.2%，常年空气质量保持在二级以上，$PM_{2.5}$≤31微克/立方米，县城负氧离子浓度最高达1万个/立方厘米以上，出境水水质常年保持Ⅱ类水以上标准，是全球绿色城市、中国天然氧吧、国家重点生态功能区、浙江省重要生态屏障。有国家地质公园1个（常山国家地质公园）、国家森林公园1个（三衢国家森林公园），AAAA级景区2个（三衢石林、梅树底），AAA级景区7个（奇石馆、黄冈山、黄塘、桃花源、不老泉、彤弓山、东方巨石阵），红色旅游景区1家（常山西源革命纪念馆）。（涂江浩）

开化县

【概　况】2021年，开化县总面积2230.77平方千米，辖8个镇、6个乡，255个行政村和11个社区。年末户籍总户数12.31万户，户籍总人口35.87万人，全年出生人口2215人，死亡人口2251人。

2021年，地区生产总值169.44亿元，同比增长8.5%。第一产业增加值13.59亿元，同比增长1.4%；第二产业增加值62.88亿元，同比增长10.2%；第三产业增加值92.97亿元，同比增长8.6%。三次产业增加值结构比为8.0∶37.1∶54.9。固定资产投资同比增长18.9%。财政总收入17.37亿元，同比增长7.5%，其中一般公共预算收入11.07亿元，同比增长8.5%。年末金融机构人民币存贷款余额606.47亿元，同比增长20.5%，其中存款余额305.11亿元，同比增长18.1%；贷款余额301.36亿元，同比增长23%。全年新增贷款56.41亿元，超过2020年17.48亿元。民营经济、普惠小微企业和制造业贷款比年初分别增加25.19亿元、19.51亿元、0.85亿元。

2021年，实现农林牧渔业增加值13.79亿元，同比增长1.5%。粮食总产量6.08万吨，同比增长-1.6%；油料产量1.07万吨，同比增长-4.9%；蔬菜产量11.02万吨，同比增长13.5%；食用菌产量1.31万吨，同比增长2.9%；果用瓜产量0.68万吨，同比增长-3.2%；茶叶产量3178.40吨，同比增长35.2%；园林水果产量0.64万吨，同比增长-30.5%；肉类总产量1.14万吨，同比增长44.3%；禽蛋产量0.22万吨，同比增长125.8%；蜂蜜产量214吨，同比增长49.7%；水产品产量0.55万吨，同比增长4.4%。新增造林1.25万亩，森林覆盖率80.96%。高质量举办茶王争霸赛系列活动，发布“中国高品质红茶开化共识”，获评“百县·百茶·百人”茶产业助力脱贫攻坚、乡村振兴先进典型县。“钱江源”品牌列入全省第二批“一县一策”试点，建成“钱江源”品牌馆7家，钱江源品牌产品销售额达1.5亿元。清水鱼全生命周期“浙农码”被列入省级首批先行先试项目，开化被列入浙江“渔业产业大脑”第一批建设先行单位。

年末，共有规模以上工业企业单位82家，其中，营业收入亿元以上企业26家，中型企业4家。华康药业成功上市，实现“零的突破”，获评省级“隐形冠军”2家，“专精特新”中小企业1家。全部工业增加值38.43亿元，同比增长19.4%，其中规模以上工业增加值27.14亿元，同比增长27.4%。规模以上工业实现总产值143.16亿元，同比增长44.0%。规模以上工业实现销售产值142.66亿元，同比增长43.9%。高新技术产业增加值18.92亿元，同比增长22.7%。规模以上工业企业实现营业收入160.66亿元，同比增长49.3%；利润总额14.75亿元，同比增长124.5%；利税总额17.36亿元，同比增长108.7%。

7个省重点项目、6个省集中开工项目、94个市重点建设项目年度投资完成率均超100%。3个省市县长工程全部开工落地。衢黄高铁列入《长三角多层次轨道交通体系规划》，钱江源通用机场初设获批，杭淳开高速线位方案通过评审，351国道开化段提前2个月建成通车。开化水库工程初步设计成功获批，先行用地最快获批，特许经营权招标圆满完成，

10天实现1159户征迁户100%房屋征收签约。房地产开发投资21.60亿元，同比增长95.2%。商品房销售面积18.11万平方米，同比增长51.4%。建筑业增加值24.45亿元，同比增长-1.1%。全县51家资质以上建筑业企业总产值74.09亿元，同比增长-1.7%。

全县公路总里程达1652.97千米，其中国道4条225.01千米（2条国家高速公路111.80千米），县道33条538.25千米，乡道36条228.13千米，村道358条661.59千米。公路运输完成货物运输量917.58万吨，同比增长10.6%；货物周转量17.16亿吨千米，同比增长65.2%。公路运输完成旅客运输量456.54万人次，同比增长50%；周转量1.28亿人千米，同比增长6.8%。交通运输、仓储和邮政业增加值6.66亿元，同比增长23.0%。

全社会消费品零售总额101.06亿元，同比增长14.1%。开化县成功列入2021年度浙江省数字生活新服务样板县创建名单。货物贸易进出口总额22.91亿元，同比增长14.9%；新批外商投资企业28家，合同利用外资108万美元。旅游人次和收入分别为291.1万人次、36.3亿元，占全市28%、29%。建成1个国家AAAAA级景区、2个国家AAAA级景区、8个AAA级景区、1个AA级景区、省A级景区村庄203个。根缘小镇连续3年亩均效益领跑，浙西红色根雕艺术博物馆顺利开馆。

年末，中小学校55所，有证幼儿园54所。2021学年，全县中小学生、幼儿38915人。高考特殊类型招生控制线（原一本线）上线实现六连增，开化中学增长率和衢州旅游学校本科率、重点率均位列全市第1。在全省率先完成学科类校外培训机构压减率100%、转型率100%目标。开化县图书馆获浙江省“满意图书馆”、新建南孔书吧4家及各类南孔书屋主题馆3家、有声图书墙10家。年末有疾控中心1家，卫生监督所1家、医疗机构188家。少体校运动员在省级计划内赛事中取得4枚金牌、3枚银牌、1枚铜牌。成功承办浙江省第四届体育大会比赛项目7个。直接接待参赛人员1万人次，拉动游客10万人次，创造经济效益1亿元。

年末，参加企业职工基本养老保险8.08万人，参加城乡居民基本养老保险15.43万人，参加职工基本医疗保险4.37万人（不含退休1.67万人），参加城乡基本医疗保险24.88万人。参加失业保险2.81万人。全县有社会福利院1个、床位170张、机构养老床位数2406张。建设示范型居家养老服务中心15个，培训机构养老护理员120名，家庭照护者302名。全体居民人均可支配收入32432元，同比增长13.0%，位居全市第2。其中城镇常住居民人均可支配收入43746元，同比增长10.8%；农村常住居民人均可支配收入23165元，同比增长12.2%。全体居民生活消费支出19581元，同比增长19.8%，城镇、农村常住居民人均生活消费支出分别为26117元、14227元，分别同比增长17.7%、18.7%。城镇、农村居民家庭人均住房面积分别为58.3平方米、90.2平方米。城乡低保标准全市统一提高到每人每月910元。

全县出境水有效监测天数361天，Ⅰ类水质215天，Ⅱ类水质146天，Ⅱ类水质以上占100%。环境空气质量有效监测天数360天，其中AQI达标天数357天，空气质量为优天数225天，空气质量为良天数132天，AQI优良率为99.2%。$PM_{2.5}$均值19微克/立方米，低于国家二级标准年均浓度（35微克/立方米）。成功摘获省首批“大花园”示范县，钱江源国家公园入选省首批“大花园”耀眼明珠。获2021中国最美乡村和乡村振兴“双百佳”称号，金溪画廊诗画风光带示范段和标杆村建设评比全市第1。先后获批全省国乡合作经营试点县、天然林保护修复方案编制试点县、省数字化改革试点县等。凤凰新城和钟山社区列入省首批未来社区试点，下淤未来乡村成为全市样板。

2021年，开化县获2021中国县域旅游强县、2020年度信访工作“三无”县、2021年全国乡村建设评价样本县、2020年度美丽浙江建设考核工作优秀县、2020年度“五水共治”（河长制）工作“大禹鼎”优秀县、2020年度全省政务信息工作考核县（市、区）一等奖

(第一名)、2021年度全国“返家乡”社会实践重点开展县、“森林浙江”建设工作突出贡献集体、全国百强健走示范区。公立医院综合改革成效明显获得国务院督查激励。位列2020年度浙江省政务公开第三方评估县(市、区)政府全省第3。

【开化中学正式加盟杭州第二中学教育集团】 2月26日,浙江省杭州第二中学与开化中学合作办学签约仪式在杭州举行,标志着开化中学正式加盟杭州第二中学教育集团。协议约定,两校将本着“集团办学、资源共享、深化改革、多维辐射、互助互利”原则,开展紧密型深度合作办学,以海带山、以城带乡、以优扶弱、优质均衡、共同发展,全力打造杭衢山海协作教育合作样板;按照“管理共进、合作办班、师资共育、竞赛共训、教学共研、资源共享、学生互动”的要求,进一步优化工作机制、加强考核激励、营造良好环境,形成可复制可推广的“校共体”建设模式。

【根缘小镇再获省级特色小镇“亩均效益”领跑者】 3月26日,全省制造业高质量发展大会在杭州召开,浙江省2020年度省级特色小镇“亩均效益”领跑者名单发布。开化根缘小镇入围,连续3年获评省级特色小镇“亩均效益”领跑者。2020年,作为浙江省首批命名授牌的旅游类特色小镇,发挥文旅产业发展主平台和招商引资主阵地的作用,加快推进小镇南大门、醉根广场、中国根艺美术博览园三期提升工程等重点项目建设,进一步丰富小镇新产品业态;钱江源“浙江院士之家”落户;小镇核心区根宫佛国文化旅游区成功挑战吉尼斯世界纪录,成为“全球最大的根雕博物馆”。

【获全省政务公开第三方评估第三名】 3月29日,省政府办公厅发布《浙江省人民政府办公厅关于2020年度全省政务公开第三方评估情况的通报》,开化县以90.03分位居全省90个县市区第3。近年来,开化县在规范公开内容、丰富公开方式、扩大公众参与、加强政民互动等方面开展探索,实现县域政务公开行政争议、行政败诉五年“零发生”;制定全县政务公开“两目一图”(政务公开“主动公开目录”、“26+1”重点试点领域公开目录、“一看就懂、一学就会”政务公开流程图)公开规范,让基层人员操作简单化、群众查阅明了化。2020年开化县门户网站发布信息数20272条,网站总访问量2200余万次。

【实现平安县“十六连冠”】 3月30日,全省建设平安浙江工作暨扫黑除恶专项斗争总结表彰会议上,开化县以全省第九名、全市第一名的成绩实现平安县“十六连冠”。2020年,围绕“创建平安开化,服务保障发展”的目标,在疫情防控、维护公共安全、扫黑除恶等方面取得显著成效,全年亡人交通事故和刑事案件收案分别同比下降17.65%、33.73%,实现社会治安状况持续好转、社会大局持续稳定的目标。

【“全国百城百台”大型融媒新闻行动在开化启动】 4月12日,来自全国交通广播播出机构的140多家广播电台,以及《人民日报》、新华社、“学习强国”学习平台等共计200余人集聚开化,启动“畅行中国·献礼建党100周年‘钱江潮涌·100小时行走的浙江’”“全国百城百台”大型融媒新闻行动。本次大型融媒新闻行动沿浙江母亲河钱塘江而下,深入开化、杭州等多个典型区域采访,并首

2021年2月26日,浙江省杭州第二中学与浙江省开化中学合作办学签约仪式

2021年4月12日，开化县开展“全国百城百台”大型融媒新闻行动

次采用100小时不间断“全景式、全天候、全直播”的方式，全面展现浙江建设新时代中国特色社会主义“重要窗口”的生动实践，集中反映浙江在“数字化改革、乡村振兴、生态文明、精神富有”等领域的特色做法和典型经验。

【全省首个山海协作“产业飞地”签约】 4月14日，绍兴滨海新区管委会与开化县人民政府共建山海协作“产业飞地”框架协议签约仪式在滨海新区举行，这是全省新一轮首个山海协作“产业飞地”合作协议。仪式现场，双方签订共建山海协作“产业飞地”框架协议。“产业飞地”将用于双方山海协作“飞地”产业园建设，实行一次规划、分期建设，重点发展生物医药、集成电路、高端装备等产业项目。“产业飞地”实行统一规划、统一招商、统一政策，建设与发展规划和滨海新区规划配套衔接。

【举办首届“钱江源英才”创新创业大赛总决赛】 4月29日，开化县举办首届“钱江源英才”创新创业大赛总决赛暨2021年“揭榜挂帅”项目发布仪式。本次大赛以“海纳天下才，智汇钱江源”为主题，聚焦生命健康和数字经济两大领域。大赛历时5个月，94位来自中国、美国、英国、日本等地的创业者报名参赛，经过杭州分站赛、视频选拔赛和精准对接会等赛程，最终产生十强选手晋级总决赛，Consensor AI故障探测器项目在10个比赛项目中脱颖而出，获一等奖。同步启动“钱江源英才”创新创业计划评选，活动现场为入选项目兑现最高600万元的项目启动资助。

【获“大禹鼎”“无违建县”“美丽浙江建设优秀单位”3项省级大奖】 5月18日，全省建设新时代美丽浙江暨中央生态环境保护督察整改工作推进大会在杭州召开。会上，开化县被省委、省政府授予2020年度“五水共治”(河长制)工作优秀市县“大禹鼎”、浙江省第四批“无违建县(市、区)”和2020年度美丽浙江建设(生态文明示范创建行动计划)工作考核优秀单位3项荣誉。2020年，开化出境水Ⅰ、Ⅱ类水质占比98.9%，其中Ⅰ类水质207天，创历史最好水平。至2021年5月，全县累计拆除违法建筑800.26万平方米，实施“三改”(旧住宅区、旧厂区、城中村改造)项目建设925.34万平方米，完成“三改”面积30.03万平方米。

【年产30亿片易开盖项目签约】 5月8日，浙江省赞成集团有限公司年产30亿片易开盖生产项目签约仪式在开化县举行。项目总投资5亿元，新建厂房约4万平方米，购置10条生产线，形成年产30亿片易开盖生产能力。项目一期建成投产后3年内(2022—2024年)年主营业务收入分别为1亿元、2亿元、3.5亿元。

【10亿元公司债成功发行】 5月11日，开化县国有资产经营有限

责任公司2021年非公开发行公司债券成功发行，发行规模10亿元，期限3年，票面利率4.88%，实现一次申报、全额发行。这是开化县国有企业在资本市场的首次成功亮相，同时也是2021年以来衢州市范围内县级国有公司单笔最大发行规模。

【第十六届浙江山水旅游节启幕】 5月7日，以“诗画浙江·根缘开化·开化是个好地方”为主题的第十六届浙江山水旅游节在开化下淤乡村未来社区启幕。浙江山水旅游节是浙江省文化和旅游厅重点品牌活动，是推介“诗画浙江”、提升浙江文旅知名度的重要平台。开幕式围绕水起钱江源、至味在开化、诗画叙新篇3个篇章展开，通过山水歌舞、高峰对话、诗歌采风、美食体验等一系列活动，串起古今文脉、山水风景和全域旅游发展之“链”。旅游节活动包括“国家公园城市背景下的休闲文旅产业新发展”高峰对话、“百县千碗·钱江源味道”百桌宴、红色旅游主题线路踩线、文旅优惠大礼包赠送、“我在钱江源向党献首歌”等。

【两个社区上榜浙江省2021年未来社区创建名单】 5月25日，省发展和改革委员会、省住建厅联合印发《关于公布2021年未来社区创建名单的通知》，开化县钟山社区、凤凰新城社区入列省创建名单（全省90个）。钟山社区项目为拆改结合类，规划单元69公顷，实施单元20.6公顷，以打造“大花园版人文山居社区标杆”为总目标，以“漫享西渠，文韵钟山”为设计愿景，突出“最宜人花园山居社区形象、最悠然漫享生活居住体验、最人文崇教尚学社区精神”三大创建亮点。凤凰新城社区项目作为2021年全省未来社区创建名单中4个规划新建类创建项目之一，规划建设用地面积约52公顷，申报创建方案的实施单元面积约20.51公顷，主要建设内容包括邻里中心、九年一贯制学校、创业中心、人才公寓、商业街区、住宅等，项目估算总投资约38.74亿元。

【获两项省科技进步奖】 6月15日，浙江省科学技术奖励大会在省人民大会堂隆重举行。开化县易晓食品有限公司作为第七完成单位与中国农业科学院茶叶研究所等单位联合申报的“夏秋茶高值化利用关键技术创新与应用”科研项目，开化合成材料有限公司与衢州学院联合申报的“特种有机硅清洁生产过程资源集约利用技术创新及产业化”科研项目分别获浙江省科技进步一等奖和二等奖，实现历史性的突破。

【浙西红色文化根雕艺术博物馆开馆】 6月27日，浙西红色文化根雕艺术博物馆开馆仪式举行。浙西红色文化根雕艺术博物馆位于根宫佛国华夏根文化景区，共有红色文化主题根雕作品500余件，是国内体量最大、内涵最丰富的红色文化题材根雕艺术巨作。展馆一楼根雕作品以百年党史为核心，有开国五大书记、开天辟地、开国大典等重要历史事件的主题群雕；二楼以党的方针政策以及伟大成就为主题，由中国梦、浙江精神、名城衢州、红色开化四大板块构成。

【首家“钱江源”品牌旗舰店开业】 7月8日，开化县钱江源品牌旗舰店（荷花广场点）开业，主营开化限量版优质农产品，走高端精品化路线，并以“有缘·自然相见”为品牌口号，通过“源”与“自然”内在因果关系的构建，向消费者讲述钱江源品牌的区域生态价值。钱江源品牌发展战略是开化借助生态优势，提升开化农旅产品价值的武器、增加农民收入的工具、促进开化农旅融合的桥梁，也是

2021年5月7日，第十六届浙江山水旅游节在开化县启幕

2021年7月22日，首届“开化论坛”开幕

农旅产业发展的必然趋势。

【首届“开化论坛”开幕】7月22日，“开化论坛”在开化开幕。该论坛由国家乡村振兴局中国扶贫发展中心指导，由中国农业大学人文与发展学院和开化县人民政府共同主办，致力于打造以乡村振兴共同富裕为主题的全国交流平台，旨在会聚国内外学术研究者、政策制定者和实践行动者交流研讨，为乡村振兴的理论研究、政策设计和实践行动输送新方案，为共同富裕诠释思想内涵、探索有效路径，为世界各国解决好农业农村农民现代化问题贡献中国方案。研究乡村振兴主题的专家和青年学者、从事乡村振兴工作的政策制定者和基层行动者300余人参加会议。全国人大常委会、社会建设委员会副主任委员、中国社会科学院学部委员李培林通过VCR致辞，16位教授和青年学者围绕乡村振兴主题作学术分享。

【入选全国乡村建设评价样本县】7月23日，开化县被住房和城乡建设部列为全国乡村建设评价样本县，全省共3个县入选。乡村建设评价采取第三方评价方式开展，从发展水平、农房建设、村庄建设、县城建设等4方面对县域乡村建设进行分析评价。评价成果作为编制“十四五”乡村建设相关规划、制定有关政策、确定乡村建设年度计划和项目库的重要依据。近年来，开化县推进美丽宜居示范村创建、农村危房改造、传统村落和历史文化名镇名村保护利用等取得明显成效。金星、树范、下淤等29个村先后被列入省级美丽宜居示范村创建名单，获得省级补助资金近6000万元；全县完成5699户困难家庭危房改造；姜坞、高田坑等7个村被列入国家级传统村落名录，东山、龙上等9个村被列为省级传统村落，霞山村被评为国家级历史文化名村，马金镇被评为省级历史文化名镇，龙门村被评为省级历史文化名村。

【全国首笔清水鱼活体抵押贷款发放】9月23日，依托开化“两山银行”，开化县两山投资集团有限公司收到开化农商银行发放的清水鱼产业专项贷款3000万元，用于盘活全县闲置坑塘、水库，发展清水鱼产业。这是全国首笔清水鱼活体抵押贷款。此前，在开化“两山银行”的支持下，开化农商银行出台《浙江开化农村商业银行股份有限公司生物活体资产抵押贷款管理办法》，创新清水鱼抵押的贷款模式，以清水鱼换额度，盘活渔业企业、个人（名下）活体资产。

【“钱江源国家公园集体土地地役权改革的探索实践”入选生物多样性100+全球特别推荐案例】9月27日，作为联合国《生物多样性公约》缔约方大会第十五次会议（CBD COP15）的八大平行论坛之一的非政府组织平行论坛在云南昆明开幕。会上，论坛组委会公布“生物多样性100+案例”全球征集活动结果，“钱江源国家公园集体土地地役权改革的探索实践”从全球26个国家的258个申报案例中脱颖而出，入选“生物多样性100+全球特别推荐案例”。钱江源国家公园试点区是中国10个国家公园体制试点区之一。2018年，钱江源国家公园管理局在全国创新开展集体土地地役权改革，在不改变土地权属的基础上，通过建立科学合理的地役权改革补偿机制和社区共管机制，有效实现国家公园范围内集体土地的统一监管，实现全民所有自然资源资产在实际控制意义上的主体地位。

【开化水库工程初步设计获水利部批复】10月21日，开化水库工程初步设计报告获批，标志着开化水库工程勘察设计审批工作全部完成，进入全面建设阶段。开

2021年11月19日，351国道龙游横山至开化华埠段公路工程（开化段）通车仪式

化水库是浙江省唯一列入国家重点推进的150项重大水利工程建设项目，为开化县有史以来单个体量最大的水利工程。该水库是一座以防洪、供水和改善流域生态环境为主，结合灌溉，兼顾发电等综合利用的大（2）型水库，由主坝、副坝、溢洪道、引水发电系统及输水工程组成，概算总投资45.54亿元。

【351国道龙游横山至开化华埠段公路工程（开化段）正式通车】 11月19日，351国道龙游横山至开化华埠段公路工程（开化段）举行通车仪式。351国道龙游横山至开化华埠段公路工程是衢州市50个重大前期项目之一，是衢州市“十三五”规划中“六纵五横”之一横，横贯整个衢州中北部地区，构建成为衢州“环城北线”。项目分为主线和园区连接线建设。主线全长10.90千米，实际建设里程8.92千米，起点位于开化县华埠镇严家隧道，与351国道常山段相接，按双向四车道一级公路标准建设，设计速度80千米/小时，路基宽度24.5米。园区连接线全长6.50千米，终点与205国道相交，以双向两车道二级公路标准建设，设计速度60千米/小时，路基宽度12米。该工程使开化与衢州其他县（市、区）之间的公路网密度增大，与丽水、台州等地区的空间距离缩短。

【开化“灵活就业”全省首播】 12月1日，浙江新闻客户端首期播发《我的数字化改革故事：“赚钱、顾家两头都不耽误”》，讲述开化探索共同富裕新路子，创新开发“灵活就业”应用，为闲散劳动力打造全流程闭环体系，实现招工、求职的良性互动。视频播发后四个小时阅读量超过30万人次。

（汪雅茹）

人物·荣誉

■ *Characters and Honors*

人物传

【孔祥楷】（1938.1—2021.9），浙江衢州人，孔子七十五世嫡长孙，孔氏南宗奉祀官，国家级非物质文化遗产祭孔大典（南孔祭典）传承人。

1953年，孔祥楷就读衢州二中。1956年，考取西安建筑工程学院（现西安建筑科技大学）。1961年7月，分配至冶金部河北承德寿王坟铜矿工作。1965年，调至河北唐山金厂峪金矿工作，历任基建科副科长、副矿长、矿长。1983年，加入中国共产党。1989年，任沈阳黄金学院副院长。

1993年4月，孔祥楷回到衢州，历任衢州市政府市长助理，市委统战部部长。1995年4月，任衢州市政协副主席。其间，他坚持党的统战工作方针，与民族宗教界人士、各民主党派和无党派爱国人士广交朋友，推进多党合作和政治协商的制度化、规范化落实；他经常组织政协委员就社会关注和群众关心的问题，进行广泛深入的调研和视察，提出的意见建议为市委、市政府科学决策提供重要参考。

2000年4月，孔祥楷不再担任衢州市政协副主席职务，专任孔氏南宗家庙管理委员会主任，大力振兴南孔文化。2000年，牵头复建孔氏南宗家庙的家祠、孔府和花园，使孔氏南宗家庙的面积以及格局恢复到历史上最兴盛的时期。2004年，主持恢复中断多年的孔氏南宗祭孔大典，促使“当代人祭孔”的理念广为流传。2012年，由他作曲的音乐作品《东南阙里》获浙江省第十一届精神文明建设“五个一工程”奖。2018年5月，孔祥楷被文化和旅游部公布为国家级非遗项目“南孔祭典”的代表性传承人。

孔祥楷常年在学校、社区、企事业单位宣传南孔文化、儒家文化；创作话剧《大宗南渡》和一系列交响音乐作品，丰富南孔文化内涵。经他倡议，衢州中小学生《论语》学习比赛、大学生《论语》大赛先后创立，并走向周边省市。他推动与中国国家汉语国际推广领导小组办公室（孔子学院总部）合作开展国际人文交流活动，亲自为留学生上课，南孔研学游成为孔子学院国际人文交流的重要品牌。在他的推动下，2018年7月25日，“南孔圣地 衢州有礼”城市品牌向全球发布。

【袁国序】（1941.4—2021.12），浙江衢州人，1956年11月参加工作，1980年12月加入中国共产党。历任衢县林业科岭头区林业站干部，县林业局文书、秘书，县委政工队秘书，航埠公社文书、团委书记，县林业局秘书股副股长，衢州市（县级）委办公室秘书、副主任，衢州市委办公室副主任、副秘书长（正处级）、办公室主任，市委秘书长、保密委员会主任、党史研究室主任（兼），衢州市人大常委会党组副书记、副主任。

【杨伟昭】（1935.1—2021.4），江苏武进人，浙江大学机械系毕业，高级工程师。1984年起，历任衢州市煤矿机械厂压力容器车间主任、副总工程师，衢州市缸套厂厂长。1990年起,任市二届政协常委、九三学社衢州市委会副主委、主委,兼任市科委副主任,柯城区四届人大代表,浙江省四联实业有限公司董事长兼总经理。1989—1991年,杨伟昭连续3年获衢州市直属工商企业先进厂长称号。1991年,获浙江省工业企业管理协会机械工业优秀管理工作者奖。1995年起,任政协第三、四届衢州市委员会副主席。

【刘炳炎】(1964.10—2021.6),江山人,民盟盟员,1987年8月参加工作。衢州师范学校教师、教科室副主任、主任,民盟衢州市委会副主委,衢州市综合中等专业学校教务处主任、副校长,衢州市柯城区区长助理、副区长,民盟衢州市委会主委,市社会主义学院副院长(兼),衢州广播电视大学校长。2005年4月,任衢州市政协副主席。2019年7月,任衢州市政协一级巡视员。 (吴云峰　钱道本)

【叶廷芳】(1936.11—2021.9),浙江衢县峡口(今衢江区峡川镇)人,诗人、作家、德语翻译家、卡夫卡研究专家,中国作家协会会员,第九、十届全国政协委员。1961年毕业于北京大学西方语言文学系德语专业。1961—1964年,北京大学西语系教师。1964年进中国社会科学院外国文学研究所,历任研究员、博导、外国文学研究所学术委员(至2003年);中国社会科学院外国文学研究所文艺理论室副主任、《世界文学》杂志编辑,中北欧文学室主任(至2001年)。中国德语文学研究会会长,中国环境艺术学会理事,中国残联评委会副主任,中国肢残人协会副主席。享受国务院特殊津贴。

在担任第九届、第十届全国政协委员时,他对国家大剧院的设计方案提出反差之美的观点,最终中标方案与之相符。他两次提案反对重修圆明园。2013年12月20日,他在《文荟》副刊上发表的《保护废墟,欣赏废墟之美》一文,呼吁国人培养对废墟的审美意识,积极保护中国的废墟遗址。这篇具有独创学术观点的文章,引起各方关注,翌年成为北京市高考语文试卷阅读理解题的考试内容。2015年,他患皮肤癌和膀胱癌,两次手术后,仍坚持写文章、做演讲。

叶廷芳被称为“译介卡夫卡于中国学界的第一人”,先后翻译过卡夫卡的小说、随笔、日记和书信;主编并参与翻译《卡夫卡全集》,凭着对卡夫卡作品的深刻理解和对这位孤独作家的体悟,成为卡夫卡研究的权威学者。他的主要著作有《现代艺术探险者》《卡夫卡——现代文学之父》《卡夫卡及其他》《现代审美意识的觉醒》《美的流动》《不圆的珍珠》等。编著与译著有《迪伦马特喜剧选》《溺殇》《德语国家散文选》《世界名家随笔金库》《外国百篇经典散文》《论卡夫卡》《卡夫卡全集》等30余部。

叶廷芳对家乡始终充满情谊,他撰写了30篇赞颂衢州的文章在《人民日报》《光明日报》等主流媒体发表,其中《告慰白居易》《再慰白居易》等记述衢州兴建乌溪江引水工程的情景。衢州市政协组织编纂的《悠悠衢江:叶廷芳随笔集》,于2018年由上海人民出版社出版。 (潘玉光)

【郑荣华】(1920.7—2021.2),衢江区后溪镇后溪村人。1939年衢州中学高中毕业后,先后在衢州樟塘小学任教员,在龙游县政府任会计。

1942年,日军侵入衢州,郑荣华家的房屋被烧,其外祖母一家十口被杀。悲愤之余,郑荣华报名参军,入编国民政府三战区208师638团二营六连。1943年,所属部队到江西瑞金集训,后在长沙郊区对日作战。1943年底,经湖南株洲、广西到云南腾冲,集训3个月。1944年,作为中国远征军的一员,郑荣华在缅甸参加战斗。在一次战役中,他所在的部队营救英国士兵1700余人。1944年底,随部队回到江西古田,短暂集训后,于1945年初重新开赴腾冲,准备第二次出征,随后日本宣布投降。1946年复员,参加国民政府国防部新闻工作人员训练班。3个月后被分配到江苏泰兴县国防部人民服务队承担宣传工作。1948年调往88军预备教育某团任排长,年底到国防部预备干部训练团当学员(时任总队长为贾亦斌)。1949年4月7日,随贾亦斌起义。此后在后溪小学、后溪镇工商业联合会等单位任职。

2017年9月4日,央视网以《探访98岁抗战老兵,说到国恨家仇眼圈发红》为题对郑荣华进行报道，称他为“衢江区最后的一位抗战老兵”。

（吴云峰　钱道本）

【刘景春】（1926.8—2021.6），山东博兴人，1943年7月参加革命，1945年8月加入中国共产党，历任山东省博兴县疃子村行政村村长、支部书记，渤海区青年干事、区委委员、宣传科科长，金华地委组织干事，开化县马金区工委会书记、华埠区委书记，衢县财政经济委员会主任、书记，衢县县委委员、副县长，衢县县长、副书记、书记处书记，江山矿务局副主任、副书记，金华地区革委会生产指导组农林办公室副主任、黄土丘陵开发办公室主任，金华地区畜牧兽医站副站长等职。1984年3月离休，享受地专级待遇。

1954年7月至1966年4月，刘景春任衢县县长、政协副主席、县委副书记。其间，积极投身血吸虫病防治和黄土丘陵开发事业。

粪便检测是血吸虫病检查的重要一环，不少群众不愿意将粪便样本上交筛查。1958年，刘景春以身作则，身背粪筐到莲花乡挨门挨户收集大便用于粪检，令广大群众十分感动。经过不懈努力，血吸虫病疫情逐步缓解。1964年，一度疫情较为严重的莲花乡，第一次向部队输送一名健康的义务兵。

1958年，刘景春带领一支500余人的土壤普查队，开赴衢县各地，克服乡间不通公路、吃住在农家的艰苦条件，对全县的地貌特点和土壤分布进行为期半年的大规模的综合普查，形成黄土丘陵地貌地质图，摸清衢县黄土丘陵的优势和劣势，为全面开发奠定基础。

【王学珍】（1926.8—2021.12），龙游县小南海镇人。1944年，入浙江省立第八中学（现衢州第一中学）求学。1947年，就读北京大学法律系。1948年1月，加入地下党外围组织中国民主青年同盟。1948年7月，加入中国共产党。1948年8月，组织成立新法学研究会，在北京大学师生中广泛宣传党的方针、路线、政策，团结师生反对南迁、保护校产，为迎接北平和平解放作出积极贡献。

1950年3月起，王学珍在北京大学工作，曾任校党委组织部副部长、部长、副校长、教务长、党委常委、党委副书记、书记等职。1978年，任副校长期间，他积极贯彻“科教兴国”战略，以“面向现代化，面向世界，面向未来”为目标指引，推动快速恢复教学秩序，为北京大学建设世界一流大学打下坚实基础。1980年，任教务长，推动学校选课制、学分制的施行，逐步恢复政治学、社会学等专业。1984年3月至1991年1月，任北京大学党委书记，带领北京大学进行一系列高等教育体制改革，推动教育教学质量大幅提升，为党和国家事业发展培养大批杰出优秀人才。曾任中国共产党第十二届、第十三届中央候补委员，第八届全国政协委员。1991年2月退居二线后，任北京大学校务委员会第一副主任、中国李大钊研究会首任会长、全国高等学校设置评议委员会副主任、全国高等学校校史研究会会长、中国高等教育学会理事、中国新闻法制研究中心第一主任、中国埃德加·斯诺研究中心主任、北京市高等教育学会副会长等职务。1998年7月离休。

1986年，王学珍任北京大学党史校史研究室主任，组织力量搜集党史校史资料，先后编写出版《北京大学史料（1898—1949）》《北京大学纪事（1898—1997）》《战斗在北大的共产党人》《西南联大校史》（合作）等，为编写校志提供基本资料。20世纪90年代后期，着手《北京大学志》校志编写。历时十余年，《北京大学志》于2021年由北京大学出版社出版，王学珍担任主编。该志上自1898年京师大学堂创立，下迄1997年12月百年校庆前夕；全志共四卷，设27章，250余万字，图版53页，收录150余幅图片。王学珍担任中国李大钊研究会会长期间，先后举办多次全国性学术研讨会，编辑出版《李大钊文集》《李大钊全集》等文献，填补中共党史研究领域的空白。

1994年，王学珍回乡，为《衢州日报》题词：“向家乡读者问好！”。2012年衢州一中110周年校庆，他为母校题词：“认真贯彻党的教育方针，把一中办成全国著名中学”。

【徐之河】（1917.5—2021.2），浙江江山人，经济学家，中国民主建国会会员，全国政协第六届、第七届委员。

1942年，徐之河从重庆中央大学经济学系毕业后进入国家资源管理委员会经济研究所工作。1944年赴美留学，先后在哥伦比亚大学商学院、宾夕法尼亚大学沃顿商学院学习。1946年获得工商管理硕士学位后回国，历任暨南大学、上海商学院、复旦大学和上海财经学院教授。1958年，进入上海社会科学院从事经济理论研究和人才培养工作。1984年起，任上海社会科学院部门经济研究所所长、名誉所长、研究生导师等职。

徐之河曾开设公司理财、商业信用、会计学、工作研究、动作时间研究、劳动组织、技术定额、企业组织与计划、大公司的组织与管理等课程。出版专著《美国通用汽车公司的组织与管理》《中国国有企业管理发展史（1927—1965）》《中国国有企业管理发展史续篇（1966—1992）》等5部。主编《工业经济词典》《上海经济（1949—1982）》《证券市场的理论与实践》《上海旅游业的今天和明天》*China Modernization and Open Economic Policy*、*China's Economic Reform*（1978—1988）等12部。参与撰写专著30余部，发表论文60余篇，译文译著《战后世界历史长篇》《目标管理》《在哈佛商学院学不到的经营之道》等。其中，《工业经济词典》和《上海经济（1949—1982）》先后获得上海市哲学社会科学优秀著作奖。发表论文《试论组建股份有限公司》《论上海证券市场》（英文）《论国有大中型企业的公司制改革》等。编撰《辞海》（试行卷）《中国企业管理百科全书》《社会主义企业管理》等。1986年创办主持《上海经济年鉴》编撰出版工作。90周岁以后着手撰写回忆录，百岁诞辰前夕出版《百岁回眸——变迁与求索》。

徐之河是中国较早涉足股份制研究，最早倡言引进国外股份公司组织形式与理论的经济学家之一。20世纪80年代，接受时任上海市委主要领导邀谈改革发展问题时，提交《国企股份制改革设想》书面发言稿；国际学术研讨会上，提出“大力开发证券市场，从速建立证券交易所”。

徐之河积极参政议政，建言献策，在全国政协大会上作3次大会发言。2019年11月，他于1984年全国政协六届二次会议上提交的《关于改革我国企业管理体制》提案，被评为全国政协成立70年以来100件有影响力的重要提案之第21条。

20世纪90年代，中央政治局原常委、国务院副总理李岚清致信徐之河，对其“数十年如一日致力于经济理论的耕耘”深为钦佩。（潘玉光）

【朱云亨】（1938.9—2021.12），江山人，中共党员，曾任中共江山市委史志办公室副主任、支部书记等职务。

1961年8月，朱云亨金华师范学院毕业，先后在峡口中学、江山中学任教。1985年，任江山市志办公室副主任(主持工作)。1993年，任市委史志办公室副主任、主任科员。1995年，被省志办公室聘请为特约副研究员。

任教期间，朱云亨从事语文教学，研究古汉语、现代汉语、文学史等。1990年，朱云亨任副主编的《江山市志》由浙江人民出版社出版，赢得省内方志专家的好评。主编《江山城关镇志》《江山交通志》《江山市民政志》《江山土地志》《江山供销合作社志》《江山市粮食志》《江山市工会志》等志书及地情资料，共600余万字。其中，《江山城关镇志》获评衢州市社会科学优秀成果奖二等奖。1990年和1992年两度获评浙江省地方志优秀工作者，其业绩被《中国当代方志学者辞典》收录。

2006年，参与《江山市志（1998—2007）》编纂工作，出任副主编。其间，主持标点整理清康熙五十二年（1713）《江山县志》；编辑出版《江山姓氏渊源考略》《心画集》等著作。参与编著的《江山姓氏渊源考略》获评浙江省地方志优秀成果奖二等奖。

【方岳年】（1928.12—2021.4），字亨衡，笔名岳年，浙江龙游人。中共党员，曾任江山市文联副主席，江山市书法家协会主席，衢州市书法家协会理事，浙江省书法家协会会员。

1950年8月，方岳年从衢州师范毕业，到江山任教。历任峡口中学教导主任、校长、廿八都中学负责人、县文教局调研室负责人等职。1978年，调任江山一中任校长。教学之余，与志同道合的书法爱好者成立须江书画社。1980年底，调任江山中学担任校长、党支部书记。1984年4月，任县文联副主席。1989年退休后，受聘担任江山市政协学习文史委特聘委员。1994年，参加江山市老年书画研究会，担任顾问兼书法老师，历任第一、二、三届副会长，是江山诗词学会创始人之一，担任多届江山市诗词学会会长和顾问。

【徐　云】（1916—2021.6），浙江省江山市人，原江山电机厂离休干部（享受县级政治、生活待遇）。1949年5月参加革命工作，1952年10月加入中国共产党。历任中国人民解放军某营机炮连文化干事、警卫连文化干事，万县解放军收容大队六连副连长，志愿军某营机炮连文化教员，解放军某营机枪连文化教员，某营八二迫炮连排长、副政治指导员、政治指导员，青海省西宁市民政局干部，江山县供销社干部，江山铝土矿干部，江山电机厂干部等职。

【尹学信】（1914—2021.9），山东临朐人，原江山县委组织部离休干部（享受县级政治、生活待遇）。1948年9月参加工作。历任华东野战军某营二连班长、副排长、政治部解训队副排长、排长，衢州军分区军法处解训队排长、政治部管训处副指导员，衢州公安处牢管科指导员，省公安厅衢州窑厂管教股股长、协理室组织干事，江山县委会计部会计辅导员、县农业局秘书股股长、特产股股长、党组成员、副局长、巡视员（副局长级）、县委组织部组织员等职。（徐义祥）

【丰晨敏】（1988.10—2021.4），开化县村头镇石畈村人。2007年12月入伍，为上海消防战士。2009年9月，考取昆明消防指挥学院，毕业后任职上海消防总队金山消防支队。2012年4月加入中国共产党，后任上海市金山区金卫消防救援站副站长，三级指挥员消防救援衔。

丰晨敏所在的消防救援站，保卫对象包括150余家精细化工企业、70余家危化品企业。任职后，他通过勤恳钻研，对化工品理化性、灭火处置要求等了然于胸，战友们都称呼他为“丰教授”。工作之余，他自考叉车证、危险品驾驶证、押运证，练就一专多能的过硬本领。丰晨敏先后参与处置灭火救援、抢险救灾、社会救助4000余起，营救被困群众150人，获嘉奖3次，被评为总队“优秀基层干部”。

2013年6月24日，金山区金环路某化工车间发生爆炸燃烧，临近爆炸现场有2个满装2吨环氧乙烷、树胺原料的大储罐，被烈火炙烤扭曲变形。丰晨敏接到命令，带领纬八中队指战员第一时间到场，冒着二次爆炸危险，开辟救生通道，成功将6名被困人员救出。

2021年4月22日13时30分，金山区林盛路胜瑞电子科技（上海）有限公司发生火灾。上海市消防救援总队先后调派56个消防救援站、123辆消防车、近千名指战员赶赴现场处置。丰晨敏主动请缨，带领攻坚小组，深入内部搜救4名被困员工。15时30分许，在向现场指挥部反馈发现被困人员并组织施救过程中，遇火情突变失联，壮烈牺牲。

2021年4月26日，丰晨敏被应急管理部、上海市人民政府分别评定为烈士。2021年4月28日，迎接丰晨敏烈士英灵回乡和安葬仪式在衢州市开化县举行。2021年7月，被评为上海市优秀共产党员。

（吴云峰　钱道本）

全国五一劳动奖状

衢州市营商环境建设办公室（衢州市“最多跑一次”改革办公室）

全国五一劳动奖章

王定飞　浙江巨化检安石化工程有限公司检修班班长，高级技师

姜振军　浙江江山变压器股份有限公司副总经理，高级工程师

骆志荣　浙江夏王纸业有限公司技术总监，高级工程师

全国工人先锋号

中国电信股份有限公司衢州分公司号码百事通运营中心（“12345”政府服务热线）
衢州杭甬变压器有限公司总装车间
中浙高铁轴承有限公司综合管理部

新时代浙江工匠

陈　芳　浙江衢化氟化学有限公司DCS主操，高级技师
朱小泉　江山南方水泥有限公司质量管理技术员，高级技师
李群勇　开化丽群农业发展有限公司技术总监，技师
丁建文　衢州市西奥电梯有限公司工程经理，技师
陈志良　衢州元立金属制品有限公司主任工程师，高级技师
郑胜华　浙江先导精密机械有限公司技术部部长，高级技师
毛耀民　浙江四联机械有限公司技术总监，高级技师
姜敏华　浙江省开化七一电力器材有限责任公司金工车间主任，技师
徐红泉　国网浙江省电力有限公司衢州供电公司调控中心自动化运维班班长，高级工程师，高级技师
徐玉清　浙江金昌特种纸股份有限公司造纸工程师，技师
江碧舟　衢州市柯城区炬先金属制品厂车工，高级技师
徐成正　浙江郜永丰成正食品有限公司董事长，技师
祝燕清　浙江开山重工股份有限公司电工班长，高级技师
黄雪梅　浙江德辉食品有限公司总经理，技师
饶钦泉　衢州杭甬变压器有限公司设备质量主管，技师
王俊勇　衢州元立金属制品有限公司车工，技师
郑肖飞　浙江盛汇化工有限公司焊接技术负责人，高级技师
王　盛　浙江申达电气制造有限公司常务副总经理，技师
葛毅辉　开化简土陶瓷有限公司总经理，高级技师
周晓光　仙鹤股份有限公司生产技术部部长，技师
占金忠　浙江开化合成材料有限公司焊工，高级技师

（孙新志）

2021年全国最美家庭

【李香如家庭】李香如，浙江巨香食品有限公司总经理。其家庭被评为2020年浙江省最美家庭。李香如凭着坚定不移的信念和二十年如一日的干劲，从2万元起家，租赁场地创办挂面小作坊，发展成占地面积72亩的现代化企业。她和丈夫在做大企业的同时，热心公益事业。为帮助新疆乌什当地百姓脱贫致富，他们舍近求远与当地面粉厂签订年销万吨面粉的合作协议，助力东西部扶贫工作开展，助力当地百姓拓宽增收渠道。面对突如其来的新冠疫情，得知医务工作者及广大群众口罩、消毒用品和生活物资等短缺，夫妻俩连忙采购相关物资，慰问抗“疫”志愿者和广大群众。2020年6月她雨中为衢州残疾人送雨伞的故事，更是传为佳话。她开展“有礼小红伞 关爱你我他”雨伞捐赠活动，将3000把“小红伞”放到车站、医院等公共场地，免费借给需要的人使用，被大家赞扬：“一把小红伞，温暖一座城”。他们孝敬父母，工作再忙也要抽时间看望父母。他们关心关爱孩子，注重培养他们独立、自强的品格。他们经常带着子女一起参与扶贫、看望孤寡老人、结对助学等爱心活动，激励孩子做一名有责任、敢担当、有善心的大爱之人。

2021年全国三八红旗手

【刘慧琴】衢州市农业林业科学研究院蔬菜所所长。在市农林科学院工作20余年，一直从事蔬菜新品种选育和栽培技术研究与推广。刘慧琴在白辣椒新品种选育和新品种成果转化上达到国内领先水平。2006年，她从菜农口中得知，白辣椒有着良好的种植效益，但衢州市场上好的品种屈指可数，菜农要想增收，必须突破品种瓶颈。她利用专业技能，通过翻阅资料，多次求助专家，先后培育出“衢椒1号”“玉龙椒”“衢椒5号”等辣椒新品种。其中“衢椒1号”因为田间长势、果实外观、口感等各方面的不俗

表现，自2017年开始连续5年被省农业厅、省农业农村厅推选为浙江省农业主导品种。除了在衢州本地大批量种植外，还被推广至福建、广东。近五年，新品种累计在省内外10万余亩土地上推广应用，新增效益2亿余元。菜农们称其为“辣椒仙子”。工作之余，刘慧琴围绕乡村振兴，积极参与“三联三送三落实”“一米菜园”建设、“请你来协商”“科技下乡三服务”等活动，开展技术培训、现场指导、参政议政，举办技术培训50余期，受训人员3000余人次。近年来，刘慧琴先后被推选为中国妇女代表大会代表、衢州市政协委员、衢州市妇联执委、衢州市科协常委和九三学社衢州市委委员等职务。（罗晓彧）

2021年度衢州市现役军人获二等功以上荣誉名单

【平志伟】男，汉族，浙江省衢州市衢江区东港街道人，1983年9月入伍，1987年7月毕业于南昌陆军学院，后留校任教。1990年8月至2017年7月在某指挥学院工作。2017年8月起，调任某学院，任该学院大校教授，享受国务院特殊津贴。他深入贯彻习近平强军思想，聚力改革创新，为部队中心工作做出突出贡献，被中央军委表彰为“全军备战标兵个人”，被国家教材委员会表彰为“全国教材建设先进个人”。2021年，立二等功1次。

【严曙光】男，汉族，湖北省安陆市巡店镇桑树街人。1998年9月入伍，2002年6月毕业于空军工程某学院。2002年2月在某部队服役，任该部队高级工程师（专业技术上校）。2021年，连续安全保障飞行18年，圆满完成上级的各项任务，立二等功1次。

【杨　勇】男，汉族，河南省西平县出山镇吴堂村一组。1998年9月入伍，2001年6月毕业于空军某航校。2002年2月在某部队从事航空机务工作，任某部队修理厂电子工程师（专业技术上校）。2021年，连续安全保障飞行18年，圆满完成上级的各项任务，立二等功1次。（刘蓉蓉）

2021年度衢州市政府特别奖获奖企业和个人

一、杰出贡献奖

一等奖

巨化集团有限公司
衢州元立金属制品有限公司
浙江省烟草公司衢州市公司

二等奖

国网浙江省电力有限公司衢州供电公司
江山虎集团有限公司
常山南方水泥有限公司
江山南方水泥有限公司
衢州五洲特种纸业股份有限公司
江山欧派门业股份有限公司
开山控股集团股份有限公司

三等奖

浙江明旺乳业有限公司
维达纸业（浙江）有限公司
常山皮尔轴承有限公司
浙江中天东方氟硅材料股份有限公司
浙江衢州东方集团股份有限公司
浙江豪龙建材有限公司
浙江通天星集团股份有限公司
浙江华康药业股份有限公司
浙江健盛集团江山针织有限公司
江山欧派木制品有限公司

二、招商贡献奖

方　圆（浙江时代锂电材料有限公司）
马国庆［水发（龙游）竹产业发展有限公司］
纪建伟（龙游天元旅游开发有限公司）
郭富德（浙江研一新能源科技有限公司）
贺贤汉（杭州大和热磁电子有限公司）

三、产业投资贡献奖

金瑞泓微电子(衢州)有限公司
常山众赢运力供应链管理有限公司
浙江交投龙新矿业有限公司
浙江哲丰新材料有限公司
衢州科城商贸建设发展有限公司
晓星新材料科技(衢州)有限公司
衢州海嘉建设有限公司
浙江富乐德石英科技有限公司

四、工业企业上台阶之星奖

浙江仙鹤控股集团有限公司
衢州华友钴新材料有限公司
晓星氨纶(衢州)有限公司
浙江卡游科技有限公司
衢州南方水泥有限公司
浙江开化合成材料有限公司
浙江衢州永正锂电科技有限公司
恒盛能源股份有限公司
衢州新瑞冶金渣综合利用有限公司
华邦古楼新材料有限公司
索尔维蓝天(衢州)化学品有限公司
华电浙江龙游热电有限公司
浙江凯丰新材料股份有限公司

五、企业成长之星奖

一等奖

浙江泓芯半导体有限公司
衢州杭氧特种气体有限公司
衢州顺通建材科技有限公司

二等奖

衢州市百邦包装材料有限公司
浙江中硝康鹏化学有限公司
浙江旭盛电子有限公司
浙江博旭电子科技有限公司
浙江多力塑胶有限公司
浙江超亿消防装备有限公司
浙江鑫佳硕科技有限公司

六、亩均效益之星奖

一等奖

衢州艾可洛新材料有限公司
浙江勇辉智能科技有限公司
浙江爱津生物技术有限公司

二等奖

浙江西亚特特种气体有限公司
浙江兆和化工有限公司
仓谷医疗科技(浙江)有限公司
浙江先导精密机械有限公司
江山市华顺有机硅有限公司
浙江先导热电科技股份有限公司
衢州新导电子科技有限公司

七、智慧产业之星奖

中国移动通信集团浙江有限公司衢州分公司
阿里巴巴(衢州)信息服务有限公司
浙江信安数智科技有限公司
顺丰集团衢州运输有限公司
衢州华数广电网络有限公司
浙江隆基乐叶光伏科技有限公司
浙江矽盛电子有限公司
浙江泰明新能源有限公司
金瑞泓科技(衢州)有限公司
浙江凯圣氟化学有限公司

八、幸福产业之星奖

(一)文化产业

浙江圣丰工艺品有限公司
衢州市华颐达包装有限公司
浙江龙游新西帝电子有限公司

(二)旅游产业

衢州醉根艺品有限公司
江山市旅游发展有限公司
浙江瑞云国际旅行社有限公司
江山金陵大酒店有限公司
江山国际大酒店有限责任公司

（三）体育产业

牧高笛户外用品股份有限公司

江山市航宇文体用品有限公司

衢州丁盛体育服务有限公司

（四）康养产业

龙游县广和长青养老服务中心

龙游骨科医院六顺颐养院

常山县绿城颐养中心

九、商贸产业之星奖

（一）电子商务及新零售

浙江疆界互联网科技有限公司

江山市一诺网络科技有限公司

浙江实达实工业购科技有限公司

赢家时尚（江山）电子商务有限公司

衢州市桔子花开商贸有限公司

衢州三衢味品牌发展有限公司

（二）外向型经济

华金新能源材料（衢州）有限公司

一道新能源科技（衢州）有限公司

美卓奥图泰重工（衢州）有限公司

衢州市建沃精工机械有限公司

十、乡村振兴产业之星奖

浙江茗皇天然食品开发股份有限公司

浙江不老神食品有限公司

浙江艾佳果蔬开发有限责任公司

浙江三禾生物工程股份有限公司

浙江荷鹭乳业有限公司

浙江余氏飞龙山茶油有限公司

衢州鲟龙水产食品科技开发有限公司

浙江巨香食品有限公司

十一、绿色金融之星奖

中国农业银行股份有限公司衢州分行

上海浦东发展银行股份有限公司衢州支行

宁波银行股份有限公司衢州分行

中国人民财产保险股份有限公司衢州市分公司

衢州市信保融资担保有限公司

十二、建筑产业之星奖

一等奖

贝林集团有限公司

浙江安都建设有限公司

二等奖

浙江培华建设集团有限公司

启天建设集团有限公司

衢州市政园林股份有限公司

十三、业态模式创新奖

衢州珠江文体发展有限公司

浙江安沿科技有限公司

虎哥（衢州）环境有限公司

衢州蜂窝电子商务有限责任公司

浙江千叶印刷有限公司

浙江善蒸坊食品股份有限公司

浙江龙和水产养殖开发有限公司

浙江凯西食品科技有限公司

十四、政府质量奖

华友新能源科技（衢州）有限公司

浙江日新电气有限公司

衢州市中医医院

浙江金龙再生资源科技股份有限公司

陈德水（浙江华康药业股份有限公司）

2021年度衢州市荣誉

1月4日 东南数字经济发展研究院入选工业和信息化部命名的2020年工业互联网试点示范项目名单。

1月11日 衢州市被浙江省城乡环境整治工作领导小组命名为2020年度新时代美丽城镇建设优秀设区市。龙游县、常山县被授予全省美丽城镇工作优秀县。

1月12日 江山市、龙游县、常山县被浙江省“千村示范、万村整治”工作协调小组办公室授予2020年度全省深化“千万工程”建设新时代美丽乡村工作考核优秀县。

1月14日 衢州水亭门步行街被省商务厅等11个部门确认为首批浙江省高品质步行街。

1月14日 常山县被农业农村部命名为第三批全国农村创业创新典型县。

1月15日 衢江区、龙游县被省委、省政府命名为浙江省示范文明城市(县城、城区)。

1月18日 江山市被国家卫生健康委员会命名为2018—2020年全国计划生育优质服务先进单位。

1月19日 衢州市林业局、柯城区林业局、衢江区林业局、龙游县林业水利局、江山市政府、江山市峡口镇政府、常山县林业水利局、常山县白石镇政府、开化县政府被浙江省委、省政府评为“森林浙江”建设工作突出贡献集体。

1月19日 2020年“浙江省宣传思想文化工作创新项目奖”揭晓,衢州“8090新时代理论宣讲”获特别项目奖,为全省唯一获此殊荣的项目。

1月20日 巨化集团有限公司被人力资源和社会保障部、中国石油和化学工业联合会评为第三届全国石油和化学工业先进集体。

1月22日 衢州市构建“县乡一体、条抓块统”高效协同治理格局入选2020年度浙江省改革创新最佳实践案例。

1月22日 衢州市住建局、龙游县住建局被浙江省垃圾分类领导小组评为2020年度浙江省生活垃圾分类工作成绩突出集体。

2月1日 常山县被住建部、中国残联等五部委授予全国无障碍示范县。开化县齐溪镇被命名为全国无障碍环境达标乡镇。

2月3日 衢州宪法公园获全省“十大宪法宣传阵地”第一名。

2月7日 柯城区沟溪乡余东村、衢江区高家镇湖仁村、龙游县湖镇镇地圩村、江山市碗窑乡凤凰村、常山县金川街道赵家坪社区被司法部、民政部公布为第八批“全国民主法治示范村(社区)”

2月25日 浙江宗泰农业发展股份有限公司、浙江艾佳果蔬开发有限责任公司被中共中央、国务院授予全国脱贫攻坚先进集体。

2月25日 柯城区花园街道新苑社区、龙游湖镇镇新光村被国家减灾委员会、应急管理部、中国气象局、中国地震局命名为2020年度全国综合减灾示范社区。

3月1日 常山县妇联被全国妇联授予2021年“全国巾帼建功先进集体”。

3月10日 衢州市、江山市、常山县、开化县被省政府办公厅评为2020年度森林浙江建设目标责任制考核优秀单位。

3月12日 衢江区社会治理中心获批全国第七批社会管理和公共服务综合标准化试点项目,成为全国首个“最多跑一地”标准化试点项目。

3月18日 柯城区、江山市被浙江省乡村振兴领导小组评为全省实施乡村振兴战略实绩考核优秀单位。

3月20日 衢州市民政局、衢江区人民政府联合申报的“‘邻礼通’撬动大治理:以智治促善治的衢州市域治理创新”被中国社会治理研究会评为2020年全国市域社会治理创新优秀案例。

3月27日 衢州市平安市创建实现“十六连冠”和全域“满堂红”,其中衢州市和柯城区、衢江区、龙游县、常山县、开化县被授予“平安牌”。江山市连续12年获评平安县(市、区),衢州市和江山市被授予“平安金鼎”。

是月 2021全国城市传播热度排名发布会在人民日报社举办,衢州市入选城市传播百强榜,排地级市第51位。

4月7日 衢江区、江山市被省政府办公厅评为全省农村饮用水达标提标先进集体。

4月12日 衢州市消防救援支队被应急管理部评为集体三等功。

4月19日 江山市、龙游县被省委全面依法治省委员会授予2021年法治浙江(法治政府)建设示范市(县、区)。

4月19日 《龙游年鉴(2020)》入选由中国地方志指导小组办公室公布的第五批中国年鉴精品工程“中国精品年鉴”。12月31日,该年鉴被中国地方志指导小组评为特等年鉴。

4月21日 龙游县交通运输局被交通运输部授予全国交通运输脱贫攻坚成绩突出集体。

4月23日 衢州公共资源交易信用应用场景入选浙江省2020年度信用数字化改革应用场景十大优秀案例。

4月26日 首届中国年度IP评选颁奖盛典在北京举行，衢州城市IP“南孔爷爷”获中国年度IP品牌文化铜奖。

4月27日 衢州市营商环境建设办公室（衢州市“最多跑一次”改革办公室）被全国总工会授予全国五一劳动奖状。

4月27日 柯城区“两溪”整治项目获批国家（EOD）模式试点。

5月1日 龙游县、开化县被国家信访局授予2020年度信访工作“三无”县。

5月7日 “南孔圣地·衢州有礼”集体商标正式获国家知识产权局商标局注册公告，获商标专用权。

5月7日 开化县被国务院办公厅通报为公立医院综合改革成效明显，获国务院督查激励。

5月7日 衢江区获得浙江省政府办公厅3项督查激励（大花园建设督查激励、全省数字经济工作督查激励、农业增产保供督查激励），常山县被浙江省政府办公厅授予服务纾困小微企业和个体工商户、激发市场活力成效较好的县。

5月8日 柯城区、衢江区被浙江省交通强省建设领导小组办公室评为2020年全省万里美丽经济交通走廊达标县（市、区）。

5月9日 2021年中国品牌价值信息发布暨中国品牌建设高峰论坛，发布中国地级市品牌综合影响力指数前100名城市名单，衢州排名第35。

5月13日 红绿交融之旅——开化红色茶乡之旅被中国农业国际合作促进会命名为全国百条红色茶乡旅游路线。

5月17日 衢州市被省委、省政府授予“大禹鼎”金鼎，江山市获得“大禹鼎”银鼎；柯城区、开化县获得“大禹鼎”。

5月17日 柯城区、开化县被省委、省政府命名为2020年度美丽浙江建设考核工作优秀单位。

5月25日 衢江区获评“中国帆船发展城市”称号。

是月 衢州市被国家发展和改革委员会评为全国营商环境评价招标投标指标表现优异城市。

是月 民进衢州市委会被民进中央评为民进全国社会服务暨脱贫攻坚先进集体。

是月 衢州市水利局被水利部评为全面推行河长制湖长制先进集体。

6月4日 衢江区、龙游县被省委、省政府评为2020年度党政领导科技进步目标责任制考核优秀县（市、区）。

6月6日 柯城区、龙游县、江山市被省政府办公厅命名为浙江省“四好农村路”示范县（市、区）。

6月7日 中国（浙江）自由贸易试验区衢州联动创新区获省政府授牌。

6月10日 衢州市依托“智慧+信用”创新招投标全过程综合监管入选全国招投标领域十项典型示范经验。

6月10日 钱江源国家公园被国家林草局命名为全国首批国家青少年自然教育绿色营地。

6月21日 常山县、开化县入选2021年全国农民合作社质量提升整县推进试点。

6月23日 衢州市被浙江省保护耕地和全域土地综合整治与生态修复领导小组办公室评为2020年度市级政府耕地保护责任目标考核优秀单位。

6月28日 常山县入选行政备案规范管理国家试点。

6月28日 开化县华埠镇金星村党支部被中共中央授予全国先进基层党组织。

6月30日 衢州市国家外贸转型升级基地（锂电新材料）被商务部命名为国家外贸转型升级基地（全国首家以锂电新材料冠名），争取到195万元激励扶持资金。

7月5日 农工党衢江总支被农工党中央评为农工党脱贫攻坚工作先进集体。

7月5日 衢州市商务局被省政府评为2020年稳外贸和应对中美摩擦成绩突出集体。

7月8日 衢州市被省委省政府健康浙江建设领导小组办公室授予2020年健康浙江建设考核优秀等级。

7月12日 衢州市实达实集团有限公司被商务部等八部门命名为第一批全国供应链创新与应用示范企业。

7月15日 柯城区、江山市被水利部公布为第四批节水型社会建设达标县(市、区)。

7月15日 江山市人民政府残疾人工作委员会被国务院残疾人工作委员会评为全国残疾人工作先进集体。

7月16日 衢州"世界长寿之都"揭牌仪式在开化举行,衢州市成为全国第三个正式获评"世界长寿之都"称号的地级市。

7月21日 龙游县、常山县被省政府命名为省级生态文明建设示范县(第五批)。

7月23日 浙江省高质量发展建设共同富裕示范区领导小组办公室组织完成共同富裕示范区建设首批试点遴选工作。衢州市入选打造精神文明高地领域试点,衢江区入选建设共同富裕现代化基本单元领域试点,龙游县入选缩小地区差距领域试点。

7月23日 柯城区、常山县入选全国2021年农产品产地冷藏保鲜整县推进试点。

7月23日 开化县被住建部命名为2021年全国乡村建设评价样本县。

7月29日 常山县被浙江省碳达峰碳中和工作领导小组办公室命名为全省首批低碳试点县创建名单。

7月30日 衢州籍运动员黄雅琼获东京奥运会羽毛球混双银牌。

8月3日 乌溪江引水工程被浙江省寻找"最美水利工程"组委会评为浙江省十大"最美水利工程",铜山源水库工程被评为浙江省十大"最美水利工程"提名工程。

8月31日 衢江区、开化县被省委、省政府授予2019—2020年省科技特派员工作成绩突出单位。

是月 衢州再度获"全国围棋之乡"称号。自2011年首获"全国围棋之乡"后,该荣誉一直与衢州结缘。

是月 衢州《打造"一座最有礼的城市"以新时代文明风尚推动构建市域德治体系》被中央政策研究办公室列入全国市域社会治理现代化"发挥德治教化作用"试点项目。

是月 衢州市被省政府评为"十三五"水土保持目标责任制考核优秀市。

是月 衢州市信安湖、乌溪江引工程入选首批浙江省"五水共治"实践展示窗口。

是月 衢江区家事调解中心(衢江法院)被团中央、最高人民法院命名为2019—2020年度全国"青少年维权岗"。

9月2日 衢州市财政局科教文处、衢州市体育局、衢州市足球协会、柯城区自行车运动协会、衢江区文化和广电旅游体育局、龙游县文化和广电旅游体育局、江山市教育局、常山县文化和广电旅游体育局、开化县体育中心被体育总局授予2017—2020年度全国群众体育先进单位。

9月6日 开化县报送的《红军血战菜刀岗 冒雪翻越南华山》获民政部区划地名司、民政部地名研究所联合举办的"红色地名 礼赞百年"有奖征集活动三等奖。

9月13日 巨化集团有限公司被中国石油和化学工业联合会、中国化工企业管理协会评为2021中国石油和化工企业500强(综合类企业第61名)。

9月14日 巨化集团有限公司被中国企业联合会、中国企业家协会评为2021中国制造业企业500强(第272名)。

9月16日 柯城区统计局、龙游县东华街道张王村被国务院第七次全国人口普查领导小组评为第七次全国人口普查先进集体。

9月17日 常山籍运动员余依婷在第十四届全运会上夺得女子400米混合游泳冠军。

9月18日 文化和旅游部公布第五批国家级非物质文化遗产代表性项目保护单位名录,浙江邵永丰成正食品有限公司和衢州火神瓷业有限公司分别入选,项目名分别为国家级非遗项目邵永丰麻饼制作技艺和衢州白瓷烧制技艺。

9月23日 衢江区莲花镇被被中央农办等六部委命名为第二批全国乡村治理示范村镇,柯城区新新街道官庄村、江山市清湖街道清泉村、常山县辉埠镇东乡村、开化县音坑乡下淤村命名为命名为第二批全国乡村治理示范村。

9月25日 巨化集团有限公司与北京化工大学合作成果"超大规模集成电路用超高纯化学制备关键技术"被中国化工学会评为2021年度中国化工学会科学技术进步奖一等奖。

9月26日 衢州市在全国率先建成智能监控、智能审核、智能风控“三智融合”医保云管家平台，在国家医保局智能监控示范点终期评估中获优秀等次。

9月28日 《雾山五行》被国家新闻出版广电总局评为第18届中国动漫金龙奖最佳系列动画金奖。

9月30日 江山市贺村镇、龙游县湖镇镇、柯城区航埠镇被浙江省中心镇发展改革和小城市培育试点领导小组办公室认定为2020年度小城市培育试点考核优秀，衢江区廿里镇为良好。

是月 江山市大陈村被农业农村部列入第二批全国文明乡风建设典型案例。

是月 衢州市入选国家发展和改革委员会命名的全国营商环境评价指标标杆城市。

10月11日 开化县被省委宣传部授予浙江省农村文化礼堂建设示范县。

10月14日 联合国生物多样性大会生态文明论坛在云南昆明举行，衢州成功创建国家生态文明建设示范市，并接受表彰授牌。

10月25日 衢州市退役军人事务局被退役军人事务部办公厅评为2021年度宣传工作先进单位。

10月27日 衢州市入选文化和旅游部公布的第二批国家级文化和旅游消费试点城市。

10月29日 衢江区全旺司法所、江山市司法局贺村司法所被司法部评为全国模范司法所。

10月29日 龙游县被省政府命名为浙江省第二批全域旅游示范县。

是月 民革衢州市委会、衢州学院民革支部被民革中央评为助力脱贫攻坚工作先进集体。

是月 开化县通过浙江省首批大花园示范县验收。

11月1日 衢州市“公筷公勺”推广使用标准化试点项目被国家市场监督管理总局、国家标准化管理委员评为2021年度国家级服务业标准化试点项目。

11月3日 柯城区沟溪乡被评为2021—2023年度中国民间文化艺术之乡。

11月12日 江山市、开化县被竞争力智库、中国经济导报社等授予2020中国县域旅游综合竞争力百强县市。

11月3日 衢州市“信易贷”平台以全国第4名的成绩被国家发展和改革委员会、国家公共信用信息中心认定为2021年度“全国中小企业融资综合服务示范平台”称号。

11月3日 巨化装备工程集团有限公司与浙江大学等单位联合申报的“氢气规模化提纯与高压储存装备关键技术及工程应用”、浙江上洋机械股份有限公司与安徽农业大学等单位联合申报的“绿茶自动化加工与数字化品控关键技术装备及应用”获国家科学技术进步奖二等奖，刷新衢州市获国家级奖项纪录。

11月10日 柯城区获得省水利部、财政部命名的2022年水系连通及水美乡村建设试点县。

11月15日 衢州市在全国率先实现医疗费用一站式结算，被国务院推进政府职能转变和“放管服”改革协调小组办公室《政府职能转变和“放管服”改革简报》(第143期)“放管服”专刊宣传推荐，并入选浙江省公共服务优质共享典型案例。

11月16日 衢州市人力资源和保障局、衢州市卫生健康委员会、开化县人民政府残疾人工作委员会、江山市匠心残韵工坊(市残疾人文化创宇产业孵化基地)被省政府残疾人工作委员会评为“十三五”期间浙江省残疾人工作成绩突出集体。

11月18日 巨化集团有限公司被上海市企业联合会等机构评为“2021长三角制造业企业100强”百强企业。

11月19日 衢州市《以衢黄南饶联盟花园建设为牵引，打造长三角向内陆拓展桥头堡》案例入选浙江省推进长三角一体化最佳实践名单。

11月22日 柯城区政府、开化县政府被省政府办公厅评为浙江省“十三五”实行最严格水资源管理制度成绩突出集体。

11月22日 柯城区沟溪乡余东村被文化和旅游部评为2021年文化和旅游领域学雷锋志愿服务先进典型名单(最美志愿服务社区)。

11月22日 江山市被中国科协办公厅授予2021—2025年度第二批全国科普示范县。

11月23日 柯城区花园街道上洋村入选民政部公布的全国村级议事协商创新实验试点单位。

11月23日 开化县被中国疾病预防控制中心

授予全国百强健走示范区。

11月23日 柯城区航埠镇中心小学、龙游县实验小学、开化县朝阳小学、江山实验小学被教育部办公厅授予第三批全国中小学中华优秀传统文化传承学校。

11月24日 柯城区“浙里柑橘”被省农业农村厅评为全省农业农村数字化改革第一批优秀应用。

11月25日 衢江区数字贸易创新发展区、柯城区供应链数字贸易创新发展区、龙游县现代服务业创新发展区获评浙江首批现代服务业创新发展区。

11月29日 开化县被省农业农村厅命名为浙江省渔业健康养殖示范县。

11月29日 常山县被国家气候中心授予中国气候宜居县。

11月30日 衢江区“改革担当精神”传承地、浙西红色文化根雕艺术博物馆、江山市塘源口乡洪福村红色研学基地被浙江省关心下一代工作委员会命名为浙江省关心下一代教育基地。

是月 民进衢州市委会被民进中央评为民进全国反映社情民意信息先进集体。

12月1日 衢州市总工会职工服务中心户外劳动者服务站点、柯城区荷花街道户外劳动者服务站点、柯城区邻礼未来社区服务中心户外劳动者服务站点、常山县紫港社区职工服务中心被中华全国总工会确认为2021年“最美工会户外劳动者服务站点”。

12月3日 民政部公布全国社区治理和服务创新实验区结项评估结果，衢州市上榜，为第四批全国实验区中仅有的两个地级市之一。

12月3日 国网衢州供电公司被国家电网有限公司评为国家电网有限公司东西帮扶先进集体。

12月6日 常山县被中国旅游报社宣传推广中心、世界旅游城市联合会品牌部命名为2021中国健康旅游名县。

12月7日 常山县、开化县被团中央青年发展部命名为2021年度全国“返家乡”社会实践重点开展县。

12月8日 在意大利罗马举行的第20届联合国国际花园城市竞赛上，衢江莲花乡村国际未来社区以第一名的成绩获“国际花园社区”大奖（环境可持续发展项目奖）。

12月14日 市科协被中国科协办公厅评为2021年全国科普日活动优秀组织单位。

12月14日 衢江区人民检察院被全国妇联评为全国维护妇女儿童权益先进集体。

12月15日 平安中国建设表彰大会在北京举行。衢州市被授牌命名为平安中国建设示范市，市委书记汤飞帆代表衢州市在北京接受大会表彰，并受到习近平总书记的亲切接见。

12月15日 衢州学院被省政府授予浙江省第二十一届哲学社会科学优秀成果奖二等奖。

12月15日 龙游县、柯城区、衢江区被浙江省“千村示范、万村整治”工作协调小组办公室评为2021年度全省深化“千万工程”建设新时代美丽乡村（农村人居环境提升）工作优胜县（市、区）。

12月16日 衢州市治水办、衢州市生态环境监测中心、柯城区治水办、中共衢州市衢江区莲花镇委员会、江山市治水办、中共常山县何家乡委员会被省委、省政府评为全省“五水共治”工作先进集体。

12月16日 龙游县创成浙江省公共文化服务体系示范区，获首批浙江省高质量建设公共文化服务先行县培育资格。

12月17日 柯城区、衢江区社区矫正中心被司法部评为全国首批智慧矫正中心。

12月20日 2021年度国内、国际十大考古新闻发布，衢州西周土墩墓列国内十大考古新闻第9位。

12月21日 衢州市人大常委会监察和司法工作委员会、柯城区司法局、龙游县司法局、常山县市场监督管理局被浙江省委办公厅、省政府办公厅评为2016—2020年全省普法工作先进集体。

12月22日 衢州市林业局、衢州市生态林业管理中心、柯城区林业局、衢江区林业局、龙游县林业水利局、江山市政府、江山市林业局、常山县林业水利局、开化县林业局被省政府办公厅评为全省松材线虫病防治工作和全面禁止非法交易、滥食野生动物工作突出贡献集体。

12月22日 衢州南孔文化发展中心被省政府新闻办公室、省文化和旅游厅命名为浙江省国际人文交流基地。

12月23日 江山市被浙江省委、省政府命名为2018—2020年健康浙江建设先进县(市、区)。衢州市卫健委、衢州市生态环境局、开化县卫健局为2018—2020年健康浙江建设先进集体。

12月24日 衢州市区生活垃圾焚烧发电项目获得中国建筑业协会颁发的2020—2021年度第二批中国建设工程鲁班奖。

12月26日 北京林业大学发布2021年度中国“绿都”评价研究成果,衢州获评“中国绿都”称号。

12月27日 衢江区工商联、龙游县工商联被中华全国工商业联合会评为2020—2021年度全国“五好”县级工商联。

12月28日 衢州市公安局柯城分局、衢江区人民检察院、中共江山市委办公室被中宣部、司法部、全国普法办命名为2016—2020年全国普法工作先进单位。衢州市司法局、龙游县湖镇镇人民政府被命名为依法治理创建活动先进单位。

12月28日 民革江山市委会被民革中央评为民革全国机关工作先进集体。

12月29日 2021第十六届中国全面小康论坛暨首届中国经济社会高质量发展论坛在广东省广州市黄埔区举行,衢州市获“2021年度中国高质量发展典范城市”称号。衢江区获“2021年度中国乡村振兴十大示范县市”暨“2021年度中国乡村振兴百佳示范县市”前十名。

12月30日 2021中国幸福城市论坛在北京举行,常山县入选“2021中国最具幸福感城市之宜业宜居之城”名单。

12月30日 巨化集团有限公司被省政府办公厅评为“十三五”全省能源“双控”和煤炭消费减量替代工作成绩突出集体。

12月31日 电子科技大学长三角研究院(衢州)入选省科技厅公布的2021年度省级新型研发机构名单。

12月31日 《衢州年鉴(2020)》获评第八届全国地方志优秀成果(年鉴类)一等奖。

12月31日 衢州市南孔文化实践教育基地、柯城区中共衢县支部旧址、衢江区改革担当精神教育讲堂、衢江区盈川清廉文化馆、龙游县龙南党史教育基地、江山市大陈红色经典教育基地、江山市塘源口乡洪福村党史研学教育基地、开化县衢州醉根思政培训基地被省教育厅办公室命名为首批浙江省中小学思政课教师实践教育基地。

12月31日 省文化和旅游厅、省商务厅授予水亭门街区为“诗画浙江 百县千碗”美食街区。

是月 柯城区被省商务厅等7部门命名为首批浙江省夜间经济样板城市。

是月 省文化和旅游厅、省发展和改革委员会、省商务厅公布第一批省级夜间文化和旅游消费集聚区名单,水亭门历史文化街区入列。

是月 衢州市营商环境建设办公室被中国信息协会大数据分会评为2021年度第二届全国政务服务软实力数字化实践典型案例。

是月 衢州健康综合支部被民革中央评为民革全国示范支部,江山民革党员之家被评为全国优秀民革党员之家。

是年 根据省文化和旅游厅的综合评定,南孔文化基因解码成果被评为优秀等次,南孔文化被列为首批“浙江文化标识”培育项目,大宗南渡、孔氏南宗家庙、南孔祭典、南孔圣地品牌等4个项目被评为“优秀解码项目”。

是年 衢州市税务局第二税务分局团支部被评为全国五四红旗团支部。

是年 衢州海关实验室被省政府评为科技进步三等奖。

是年 牧高笛户外用品股份有限公司和健盛之家功能性运动面料研发项目2个项目入选国家级产业示范平台。

是年 中国立春文化(柯城区)展示体验区建设项目被列入传承发展浙江优秀传统文化工作积极主动、成效明显的市、县(市、区),受到省政府激励表彰。

是年 衢江区被人社部列为“社银通”试点地区。

是年 开化县何田乡(清水鱼)列入农业农村部2021农业产业强镇建设名单。

附录

■ *Appendix*

2021年衢州市国民经济和社会发展统计公报

2021年，衢州市坚持以习近平新时代中国特色社会主义思想为指导，认真贯彻落实党中央和省委省政府决策部署，全力打造四省边际共同富裕示范区、四省边际中心城市，持续巩固拓展疫情防控和经济社会发展成果，经济呈现稳步恢复、稳中加固、稳中向好态势，发展质量稳步提升，生态环境持续改善，民生福祉保障有力，社会事业繁荣发展，实现“十四五”高质量发展良好开局。

一、综 合

初步核算，2021年全市生产总值1875.61亿元，按可比价格计算，比上年增长8.7%，与2019年相比，两年平均增长6.0%。分产业看，第一、二、三产业增加值分别为87.11亿元、811.05亿元和977.45亿元，比上年分别增长2.8%、10.7%和7.8%。第三产业中：交通运输、仓储和邮政业增加值增长21.9%，批发和零售业增加值增长13.3%，住宿和餐饮业增加值增长15.5%，金融业增加值增长8.8%，房地产业增加值增长2.0%。三次产业增加值结构比为4.7∶43.2∶52.1。人均地区生产总值为82174元（按年平均汇率折算为12737美元），比上年增长8.1%。经最终核实，2020年，全市生产总值为1627.24亿元，按可比价格计算，比上年增长3.4%，三次产业增加值结构比为5.6∶40.0∶54.4。

全年市区居民消费价格比上年上涨1.4%，商品零售价格上涨2.2%。工业生产者出厂价格比上

图1 2016—2021年衢州市生产总值及其增长速度示意图

2021年市区居民消费价格变动情况表（上年=100）

表42

居民消费价格总指数	101.4
一、食品烟酒	100.7
#粮食	101.5
鲜菜	105.8
畜肉	79.7
水产品	114.8
蛋	108.9
鲜果	102.7
二、衣着	99.6
三、居住	101.2
四、生活用品及服务	101.6
五、交通和通信	103.2
六、教育文化和娱乐	102.5
七、医疗保健	102.8
八、其他用品和服务	97.1

年上涨14.7%,工业生产者购进价格上涨23.7%。

全市城镇新增就业人数6.77万人,比上年下降8.6%,年末城镇登记失业人数0.87万人,比上年末下降11.9%,城镇登记失业率为1.64%,比上年末下降0.14个百分点。

全年数字经济核心产业增加值77.84亿元,按可比价格计算比上年增长21.2%。规模以上工业中,高技术产业、数字经济核心产业制造业、文化制造业、装备制造业、战略性新兴产业增加值分别增长30.9%、29.8%、27.3%、20.1%、19.4%。规模以上工业新产品产值率为34.5%;网络零售总额504.0亿元,增长29.6%;居民网络消费245.9亿元,增长6.2%。

全年财政总收入272.13亿元,比上年增长19.0%,两年平均增长10.4%,其中一般公共预算收入163.93亿元,增长16.3%,两年平均增长9.4%。一般公共预算收入中实现税收收入139.80亿元,增长18.5%,其中增值税54.16亿元,增长14.8%;企业所得税26.71亿元,增长40.1%;个人所得税5.49亿元,增长9.6%。一般公共预算支出518.87亿元,增长12.9%。规模以上工业企业营业收入2660.62亿元,增长33.9%;规模以上服务业企业营业收入220.32亿元,增长21.7%。

二、农业和农村建设

全年农林牧渔业增加值89.35亿元,比上年增长2.9%。

全年粮食播种面积89535公顷,比上年增长0.3%;油料播种面积30229公顷,增长2.0%;蔬菜种植面积38610公顷,下降0.8%;瓜果类种植面积3847公顷,下降27.4%。

全年粮食总产量55.37万吨,比上年增长0.5%。油料产量5.93万吨,下降2.1%;其中油菜籽产量5.51万吨,下降4.4%;蔬菜产量107.09万吨,下降1.5%;食用菌产量3.55万吨,下降46.9%;瓜果产量12.17万吨,下降29.1%;茶叶产量7921吨,增长0.8%;水果产量55.63万吨,下降12.0%,其中柑橘产量48.15万吨,下降13.4%。

全年肉类总产量18.13万吨,比上年增长28.8%;其中猪肉10.80万吨,增长34.3%。全年生猪出栏120.45万头,增长33.2%;家禽出栏4621.51万羽,增长26.5%;禽蛋产量5.23万吨,增长4.0%;牛奶产量9662吨,增长23.1%;水产品产量7.48万吨,增长1.8%。

年末累计建成粮食生产功能区总面积59.06万亩。累计成功申报7个省级现代农业园区,通过省级验收3个。累计申报8个省级特色农业强镇,建成验收省级特色农业强镇8个。

年末建制村已全部实现生活垃圾集中收集有效处理。全年创建省级美丽乡村示范乡镇9个、特色精品村26个,省高标准农村生活垃圾分类示范村20个,省历史文化(传统)村落保护利用示范村3个。完成第七批历史文化村落保护利用项目45个,其中重点村5个、一般村40个;建设实施第八批、第九批项目共101个,其中重点村12个、一般村89个。

全年"千万农民素质提升工程"培训4.14万人,其中各类农村实用人才1.54万人。100%的行政村集体经济总收入达到20万元且经营性收入10万元以上。全市低收入农户年人均可支配收入增长15.9%

三、工业和建筑业

全市年末共有规模以上工业企业1197家,其中,营业收入亿元以上企业411家,大中型企业107家。

全年全部工业增加值663.81亿元,比上年增长12.0%,两年平均增长7.6%。规模以上工业产值2494.05亿元,增长29.8%,其中,重工业1845.12亿元,增长30.9%;轻工业648.93亿元,增长27.0%。分经济类型看,国有控股企业增长25.4%,私营企业增长27.9%,外商及港澳台商投资企业增长37.3%。规模以上工业销售产值2448.23亿元,增长29.8%,产销率98.16%。规模以上工业出口交货值218.44亿元,增长37.9%。

规模以上工业中:机械行业产值445.21亿元,比上年增长21.9%;化工行业423.88亿元,增长40.1%;黑色金属冶压业293.80亿元,增长31.6%;造纸行业250.76亿元,增长32.4%;建材行业180.94亿元,增长26.8%;电力生产供应业172.12亿元,增长16.4%;通信设备制造业137.22亿元,增长67.1%;有色金属冶压业136.15亿元,增长37.2%;木材加工业70.03亿元，增长28.3%；纺织业43.23亿元，增长7.2%；饮料制造业41.71亿元，增长18.9%；食品加工业38.77亿元，下降1.3%；食品制造业26.26亿元，增长14.7%。

全年规模以上工业企业利税总额287.54亿元，比上年增长48.6%，两年平均增长27.9%，其中利润总额228.51亿元，增长55.7%，两年平均增长33.6%。分行业看，化工行业利润总额42.75亿元，增长145.8%；造纸行业30.87亿元，增长42.4%；建材行业25.69亿元，增长16.8%；黑色金属冶压业23.18亿元，增长121.7%；机械行业20.65亿元，增长14.8%；有色金属冶炼业18.28亿元，增长142.2%；饮料行业9.30亿元，增长1.8%；食品制造业3.04亿元，下降19.3%。规模以上工业利润中，装备制造业利润总额增长38.0%，战略性新兴产业增长70.3%。规模以上工业研发费用增长45.4%。

全年建筑业增加值148.23亿元，比上年增长5.6%。全市有总承包或专业承包资质的建筑业企业512家，其中，具有一级资质企业36家，二级资质企业105家。全年建筑业总产值446.78亿元，超亿元产值的企业93家。

2021年主要工业产品产量情况表

表43

产品名称	单位	绝对数	比上年增长(%)
饲料	万吨	64.11	–2.5
饮料	万吨	55.83	35.1
纱	万吨	10.56	18.2
轻革	万平方米	1625.21	16.1
人造板	万立方米	42.46	58.2
机制纸及纸板	万吨	285.59	33.8
硫酸（折100%）	万吨	25.15	100.2
烧碱（折100%）	万吨	50.31	1.3
单晶硅	万吨	0.5	27.8
多晶硅	万吨	0.49	74.8
化学纤维	万吨	11.2	16.5
塑料制品	万吨	11.49	8.2
硅酸盐水泥熟料	万吨	1272.73	–1.4
水泥	万吨	1962.14	8.8
钢材	万吨	500.7	2.9
镍	万吨	1.27	8.8
铜材	万吨	1.21	–30.3
气体压缩机	万台	15.65	33.5
滚动轴承	万套	7348.9	28.3
变压器	万千伏安	2667.87	10.1
太阳能电池（光伏电池）	万千瓦	325.67	24.9
电光源	万只	19543	–5.1

四、固定资产投资和房地产业

全年固定资产投资比上年增长16.2%，两年平均增长11.9%。非国有投资增长6.6%，占50.1%；生态环保、城市更新和水利设施投资增长23.7%，高新技术产业投资增长22.4%，民间投资增长7.8%，交通投资增长5.4%；工业投资、制造业投资分别增长20.9%、16.3%。

年末全市共有命名、创建和培育类省级特色小镇8个，其中命名类特色小镇2个，创建类特色小镇4个，培育类特色小镇2个。

全年房地产开发投资254.38亿元，比上年增长22.2%；其中住宅投资207.49亿元，增长22.5%。本年房屋施工面积1264.55万平方米，增长13.9%；竣工面积82.95万平方米，下降54.5%。商品房销售面积204.97万平方米，下降4.5%，其中，住宅销售面积180.57万平方米，增长0.7%；商业营业用房销售面积6.43万平方米，下降67.6%。商品房销售额321.51亿元，增长21.6%，其中，住宅销售额306.14亿元，增长

25.8%；商业营业用房销售额6.23亿元，下降56.2%。

年内全市棚户区改造开工2746套，基本建成15648套，实现2017年底前开工建设的棚改安置住房项目100%竣工；发放家庭租赁补贴2938户。

五、国内贸易

全年社会消费品零售总额839.16亿元，比上年增长11.6%，两年平均增长5.6%。按经营地统计，城镇消费品零售额725.45亿元，增长11.5%；乡村消费品零售额113.71亿元，增长12.4%。按消费类型统计，商品零售额720.18亿元，增长9.6%；餐饮收入额118.98亿元，增长19.1%。

全市限额以上社会消费品零售额201.88亿元，比上年增长15.8%。限额以上批发和零售业零售额中，日用品类增长147.7%，石油及制品类增长35.4%，粮油、食品类增长27.1%，通信器材类增长12.1%，汽车类增长7.9%，服装、鞋帽、针、纺织品类增长1.1%，家用电器及音像器材类下降0.9%，中西药品类下降4.7%，化妆品类下降6.8%，五金、电料类下降34.5%。限额以上批发和零售业单位通过公共网络实现的零售额比上年增长33.9%。

六、对外经济

全年进出口总额491.44亿元，比上年增长36.4%，两年平均增长18.8%。其中出口315.77亿元，增长24.6%，两年平均增长15.1%；进口175.67亿元，增长64.4%，两年平均增长26.2%。

全市有出口实绩的企业1078家，比上年增加54家；出口额在100万元以上企业761家，其中1000万元以上的企业373家，增加41家。

全市出口排前三位的市场依次是：美国、韩国、欧盟。对美国出口56.33亿元，比上年增长14.5%；对韩国出口52.0亿元，增长75.9%；对欧盟出口41.84亿元，增长38.1%。对这三大主要市场出口额合计占全市出口总额的47.6%。

在主要商品出口中：机电产品出口86.36亿元，比上年增长19.3%；服装、纺织品出口24.32亿元，下降7.1%；高新技术产品出口17.90亿元，增长36.4%。

全年新批外商投资企业25家，合同利用外资3.57亿美元，比上年增长190.7%；实际利用外资0.77亿美元，增长18.9%。

七、交通、邮电和旅游

全年交通运输、仓储和邮政业增加值66.31亿元，比上年增长21.9%。

全年各种运输方式完成货物运输量13416.27万吨，比上年增长11.0%，其中，铁路389.84万吨，增长18.3%；公路12986.11万吨，增长10.6%；水运40.22万吨，增长106.0%；民航1003.5吨，增长43.5%。全年各种运输方式完成旅客运输量3957.97万人，增长46.2%，其中，铁路515.45万人，增长27.8%；公路3394.0万人，增长49.8%；水运1.50万人，增长256.1%；民航47.02万人，增长21.8%。

年末民用汽车拥有量53.41万辆，比上年增长5.0%，其中，载客汽车47.29万辆，载货汽车5.91万辆；私人汽车48.05万辆，增长4.4%。全市摩托车拥有量10.42万辆。年末共有城乡公共汽车营运车辆1458辆，运送乘客7375.5万人次，其中城市公共汽车533辆，运送乘客4130.8万人次。年末共有巡游出租汽车781辆。

年末各类公路里程8682.62千米，其中高速公路422.37千米，一般国道381.24千米，省道205.15千米，县道2427.90千米，乡道1259.61千米，村道3986.34千米。

全年邮政业务收入（不包括邮政储蓄银行直接营业收入）10.42亿元，比上年增长7.5%；电信业务总量24.93亿元，增长27.2%。全年邮政函件业务累计完成124.9万件，包裹业务累计3.0万件，报纸业务累计3342.8万份，杂志业务累计141.8万份。年末全市共有快递法人企业36家，全年实现业务收入7.16亿元，增长5.2%；快递收件11278.7万件，增长22.4%，其中国际及港澳台收件8.9万件，增长6.3%；快递派件14156.3万件，增长25.3%。年末移动电话用户247.61万户，增长2.6%。互联网宽带接入用户数100.29万户，增长6.9%。

初步测算，全年国内游客收入177.37亿元，按可比口径计算，比上年增长14.5%，接待游客1437.12万人次，增长11.2%；住宿设施接待入境游客收入21.3万美元，下降34.6%，接待入境过夜游客776人次，下降18.6%。全市拥有星级饭店28家，星级饭店客房间数4085间。至年末，全市共有A级旅游景点63个，名胜风景区4个。

八、金融、证券和保险

全年金融业增加值131.91亿元，比上年增长8.8%。

年末金融机构本外币存款余额3529.54亿元，比上年末增长12.6%，两年平均增长13.0%，其中人民币存款余额3493.21亿元，增长12.4%。年末金融机构本外币贷款余额3577.02亿元，增长17.4%，两年平均增长18.3%，其中人民币贷款余额3564.90亿元，增长17.6%。年末住户本外币存款余额1767.52亿元，增长12.4%；住户贷款余额1867.40亿元，增长14.4%。

年末共有证券营业部24家，与上年持平，全年证券交易量7833.6亿元，增长8.4%；佣金收入2.26亿元，增长0.8%；期末保证金余额24.14亿元，增长29.3%；托管市值659.25亿元，增长72.3%；实现利润0.98亿元，下降18.6%；新开证券账户49540个，增长56.3%。

年内新增A股上市公司4家、引进1家、迁出1家，年末总数达到11家，总市值1368.82亿元，其中龙游县、开化县均实现上市公司"零的突破"；年末共有新三板挂牌公司27家。

年末共有保险机构39家，全年保费收入71.63亿元，比上年增长6.6%，其中，寿险保费收入50.28亿元，增长10.9%；财产险保费收入21.35亿元，下降2.4%。支付各类赔付额25.60亿元，增长13.8%，其中，寿险业务赔付额10.29亿元，增长28.9%；财险业务赔付额15.31亿元，增长5.6%。

九、教育和科学技术

全市拥有普通高校2所，其中本科1所、专科1所，在校生16846人。中等职业教育学校14所，在校生2.55万人；普通高中32所，在校生3.86万人；普通初中57所，在校生6.85万人；小学196所，在校生13.22万人；幼儿园468所，在园幼儿7.33万人；特殊教育7所，在校生582人。

全市学前教育入园率98.3%，小学入学率100%，初中入学率100%，初中毕业升高中段的比例98.1%，"三残"儿童入学率100%。

全市有普通高校专任教师819人；普通高中专任教师3517人，学历合格率99.7%；初中专任教师5720人，学历合格率100%；小学专任教师9218人，学历合格率100%；幼儿园专任教师5265人，学历合格率100%；中等职业教育专任教师1754人，学历合格率97.9%；特殊教育专任教师215人，学历合格率100%。

全市拥有国家高新技术企业555家，国有独立研发机构25家，企业技术开发机构498家。全年获得省级科技进步奖5项。全年专利授权量7940件，其中发明专利授权量773件。

财政一般公共预算支出中，科学技术支出17.31亿元，比上年增长16.7%。

十、文化、卫生和体育

年末共有专业艺术表演团体2个，艺术表演场所建筑面积8500平方米。公共图书馆7个，南孔书屋55个，总面积62320平方米，藏书量4372.40千册。博物馆6个，面积37639平方米。文化馆7个，面积60497平方米。文化站100个，面积135699平方米。有广播电台6座，广播节目综合人口覆盖率100%。电视台6座，电视节目综合人口覆盖率100%。数字电视用户数71.56万户。全市日均发行《衢州日报》5.6万份，《衢州晚报》4.3万份。年末有综合档案馆7个和国家专门档案馆1个，面积37467.59平方米，馆藏档案有1254个全宗。

年末共有卫生机构（含村卫生室）1787个，其中医院85个，基层医疗卫生机构1659个，专业卫生机构30个。卫生机构共有病床床位16228张，卫生技术人员20189人，其中医生8035人。孕产妇和5岁以下儿童死亡率分别为15.86/10万和4.12‰。

全年举办市、县运动会334次，参加人次12.5万人。在全国及全省各类体育比赛中，全市共获金牌169枚、银牌129枚、铜牌133枚。年内成功承办浙江省第四届体育大会、全国举重锦标赛暨第十四届全国运动会举重比赛预赛、2021年第八届衢州"烂柯杯"中国围棋冠军赛、2021年全国新年登高健身大会、衢州市第六届运动会、2021年衢州金庸武林大会、“中国人寿杯”2021年度市级职工篮球比赛、2021年浙江省青少年山地自行车冠军赛、浙江省大学生羽毛球锦标赛、2021“三衢味·江山”杯第四届“美丽乡村”全国攀岩系列赛、2021年衢州市青少年武术散打比赛等重大赛事。

全年销售体育彩票3.82亿元，比上年增长31.8%。

十一、人口、人民生活和社会保障

年末户籍总人口255.94万人，其中男性人口130.33万人、女性人口125.60万人，分别占总人口的50.9%和49.1%。全年出生人口1.65万人，出生率为6.45‰；死亡人口1.62万人，死亡率为6.30‰；全年自然增加人口0.04万人，自然增长率为0.15‰。据2021年5‰人口变动抽样调查推算，年末全市常住人口228.7万人。

全年全体居民人均可支配收入42658元，比上年增长12.5%，扣除价格因素增长10.9%。按常住地分，城镇和农村居民人均可支配收入分别为54577元和29266元，增长10.7%和11.3%，扣除价格因素分别增长9.2%和9.8%。全体居民生活消费支出25048元，增长19.1%，扣除价格因素增长17.5%。按常住地分，城镇居民和农村居民人均生活消费支出分别为31434元和17872元，增长17.3%和18.2%，扣除价格因素分别增长15.7%和16.6%。

全市城镇居民人均住房建筑面积52.0平方米，农村居民人均住房建筑面积81.4平方米。

年末全市参加基本养老保险的人数183.48万人，比上年末增长1.8%，其中，企业职工参保人数87.85万人，增长4.3%；机关事业参保数9.55万人，增长2.7%；城乡居民社会养老保险参保人数86.07万人，下降0.7%。参加基本医疗保险的人数236.95万人，下降0.3%，其中，城镇职工基本医疗保险参保人数75.0万人，增长5.8%；城乡居民基本医疗保险参保人数161.95万人，下降2.9%。参加工伤、生育保险的职工分别为55.02万人和43.58万人，增长16.8%和6.1%。正常缴费企业退休人员基本养老金月均水平4037元；城乡居民基本养老保险基础养老金最低标准提高到225元/月。

年末拥有提供住宿的社会工作机构数119个，

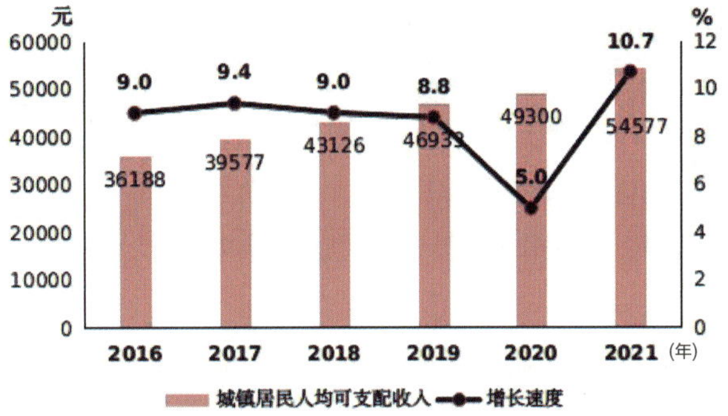

图2 2016—2021年城镇常住居民人均可支配收入及其增长速度示意图

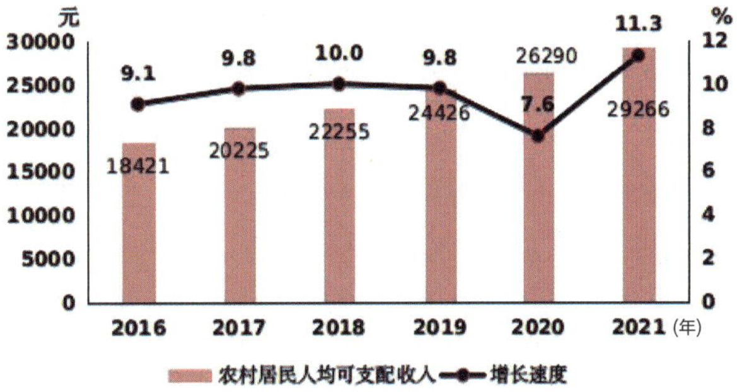

图3 2016—2021年农村常住居民人均可支配收入及其增长速度示意图

2021年常住居民每百户主要耐用消费品拥有量情况表

表44

指标	单位	城镇居民	农村居民
洗衣机	台	98.8	93.2
电冰箱	台	108.8	112.2
空调	台	222.5	162.3
摩托车	辆	4.2	12.3
家用汽车	辆	58.6	35.5
彩色电视机	台	160.1	164
移动电话	部	264.2	270.1
家用计算机	台	84.2	41.5

床位13575张，人数6080人。年末在册低保对象58959人，其中城镇2526人、农村56433人，最低生活保障标准每人每月910元。低保资金(含各类补贴)支出4.86亿元，增长13.7%。

全市共销售福利彩票3.11亿元，筹集福彩公益金0.95亿元。

十二、资源、环境保护和社会安全

全年平均降水量为2155.1毫米。全市水资源总量为125.64亿立方米。

全年完成造林更新面积2.82千公顷，其中，人工造林2.49千公顷，迹地更新0.33千公顷。森林抚育面积2.92千公顷，完成义务植树535.88万株。

全市地表水环境功能区达标率为100%，县级以上城市集中式饮用水水源地水质达标率为100%，全市跨行政区域河流交接断面水质达标率为100%。市区空气质量(AQI)优良天数比例95.6%；市区$PM_{2.5}$浓度平均值为每立方米24微克。市区区域环境噪声昼间56分贝，符合功能区要求。

初步预计，四项减排指标年度计划目标均可全面完成。全年规模以上工业企业能源消费量比上年增长5.4%，单位工业增加值能耗下降7.4%。

全年自然灾害受灾人口10.85万人，倒塌房屋76间，因灾死亡4人。农作物受灾面积8.09千公顷，绝收面积1.11千公顷。因灾害造成的直接经济损失3.70亿元，其中农林牧渔业经济直接损失1.08亿元。

全年共发生各类事故68起，死亡50人，受伤37人。从行业领域来看，工矿商贸领域共发生事故17起、死亡14人；道路运输领域共发生事故51起、死亡36人。全年共发生1起较大事故，死亡3人(道路运输领域)。水上运输、渔业船舶、铁路运输等行业领域未发生生产安全事故。

十三、城市建设

全市城区面积992.53平方千米，其中建成区面积150.85平方千米，城区人口约88.32万人(含暂住人口)。全市日供水能力68.38万立方米/日(含自建设施供水)，全年供水总量约1.47亿立方米。全市燃气用气人口88.32万人，普及率100%(按城区人口计算)。全市液化气供气量约3.04万吨，天然气供气量约3.66亿立方米。全市共有生活污水处理厂6座，日处理能力33.5万立方米，城市污水处理率97.37%。城市生活垃圾处理率100%。人均城市道路面积28.18平方米。全市建成区绿化覆盖率43.1%，建成区绿地率38.68%，全市人均公园绿地面积16.08平方米(城区范围)。

注释：

1.本公报所列2021年各项数据为年度初步统计数据。部分数据因四舍五入原因，存在与分项合计不等的情况。

2.全市生产总值和各产业增加值绝对数按现行价格计算，增长速度按可比价格计算。

3.规模以上工业统计指标范围为年主营业务收入2000万元以上企业；固定资产投资统计指标范围为500万元以上项目；限额以上批发业为年主营业务收入2000万元及以上企业；限额以上零售业为年主营业务收入500万元及以上企业。

(衢州市统计局 供稿)

2021年市委、市政府规范性文件选目

2021年中共衢州市委规范性文件一览表

表45

序号	文 号	文件标题	发文日期
1	衢委发〔2021〕1号	关于制定衢州市国民经济和社会发展第十四个五年规划和二〇三五年远景目标的建议	1月22日
2	衢委发〔2021〕3号	关于印发《全力打造四省边际人才集聚“桥头堡”加快创新驱动发展十二条政策》的通知	1月19日
3	衢委发〔2021〕7号	关于加强新时代党的群团工作的实施意见	3月17日
4	衢委发〔2021〕13号	关于纵深推进清廉衢州建设的实施意见	4月30日
5	衢委发〔2021〕15号	关于印发《衢州市贯彻落实〈新时代公民道德建设实施纲要〉实施方案》的通知	7月8日
6	衢委发〔2021〕16号	关于加快推进衢州职业技术学院建设高水平高职院校的若干意见	7月12日
7	衢委发〔2021〕17号	关于加强机关基层党建工作的实施意见	8月2日
8	衢委发〔2021〕19号	关于贯彻落实《中国共产党组织工作条例》的实施意见	8月4日
9	衢委发〔2021〕22号	关于全面实施“两专工程”提升党员干部队伍推进现代化建设新能力的实施意见（试行）	8月13日
10	衢委发〔2021〕24号	关于印发《衢州高质量发展建设四省边际共同富裕示范区行动计划（2021—2025年）》的通知	8月22日
11	衢委发〔2021〕25号	关于实施工业强市战略推动工业高质量发展的若干意见	8月25日
12	衢委发〔2021〕26号	关于印发《高水平建设新时代美丽衢州规划纲要（2020—2035年）》的通知	8月31日
13	衢委发〔2021〕27号	关于高质量打造文化高地金名片的实施意见	9月23日
14	衢委发〔2021〕30号	关于持续深化“县乡一体、条抓块统”改革 加强基层治理体系和治理能力现代化建设的实施意见	11月8日
15	衢委发〔2021〕32号	关于印发《衢州市县域跨越式高质量发展行动计划（2021—2025年）》的通知	11月25日
16	衢委发〔2021〕39号	关于印发《衢州市青年发展规划（2021—2025年）》的通知	12月31日
17	衢委办发〔2021〕4号	印发《关于推进宅基地和农房盘活利用的指导意见》的通知	3月17日

续表45

序号	文 号	文件标题	发文日期
18	衢委办发〔2021〕8号	关于印发《巩固全国文明城市创建成果奋力打造新时代文明生活示范市实施方案（2021—2023年）》的通知	4月12日
19	衢委办发〔2021〕9号	关于印发《衢州市数字乡村建设实施方案》的通知	4月21日
20	衢委办发〔2021〕20号	印发《关于加强新时代衢州民营经济统战工作的实施意见》的通知	7月20日
21	衢委办发〔2021〕21号	关于印发《衢州市自然灾害防治能力提升行动实施方案》的通知	7月26日
22	衢委办发〔2021〕23号	印发《关于清廉机关清廉村居清廉学校清廉医院清廉国企清廉民营企业清廉交通清廉文化建设等实施方案》的通知	8月5日
23	衢委办发〔2021〕27号	关于印发《衢州市村级集体经济巩固提升行动方案》的通知	9月2日
24	衢委办发〔2021〕28号	关于印发《进一步加强新时代衢州法院工作的实施意见》的通知	9月2日
25	衢委办发〔2021〕31号	印发《关于进一步优化招商引资工作机制的若干意见》的通知	11月4日
26	衢委办发〔2021〕32号	印发《关于促进农民持续普遍较快增加收入推动共同富裕的实施意见》的通知	11月5日
27	衢委办发〔2021〕38号	印发《关于进一步加强家庭家教家风建设的若干措施》的通知	12月30日
28	办字〔2021〕19号	印发《关于全面推行林长制的实施意见》的通知	10月21日

2021年衢州市政府规范性文件一览表

表46

序号	文号	文件名称	印发日期
1	衢政发〔2021〕1号	关于明确征收市区集体土地地上附着物和青苗等补偿政策的通知	2月18日
2	衢政办发〔2021〕6号	关于印发2021年全球免费游衢州活动方案的通知	4月12日
3	衢政办发〔2021〕20号	关于印发衢州市竞技体育贡献奖励办法的通知	8月16日
4	衢政发〔2021〕18号	关于调整全市最低工资标准的通知	10月27日
5	衢政发〔2021〕19号	关于印发衢州市区国有土地上房屋征收补助和奖励标准的通知	10月30日
6	衢政发〔2021〕20号	关于调整全市最低生活保障标准的通知	11月1日
7	衢政发〔2021〕21号	关于全面做实基本医疗保险市级统筹实施方案的通知	11月4日
8	衢政办发〔2021〕30号	关于公布市政府及市政府办公室行政规范性文件清理结果的通知	11月15日
9	衢政办发〔2021〕33号	关于公布衢州市综合行政执法事项划转清单（2021年）的通知	12月31日

2021年衢州市政府民生实事项目

2021年，经衢州市第七届人民代表大会第六次会议投票表决，确定十个项目为2021年市政府民生实事项目。截至2021年末，2021年度民生实事项目全部完成，其中24项工作超额完成年度目标任务。

推进食品安全工程

建成食品生产企业“阳光工厂”74家，完成率113.8%；
建成农村家宴“阳光厨房”56家，完成率112%；
完成学校食堂“阳光厨房”572家，完成率100%；
新增全程可追溯食品生产经营主体387家，完成率112.8%；
提升改造农贸市场10家，完成率100%。

实施车辆检测“一件事”提升工程

完成15家汽车检测站软硬件环境大提升，并通过省级考核测评，完成率115.4%；
“双随机”监督检查工作实现100%全覆盖；
下发非营运小微型汽车环保免检延长文件，推行非营运小微型汽车环保免检年限延长至10年改革。

实施健康服务体系提升工程

完成传染病院（病）区改造项目8个，完成率100%；
完成疾病预防控制中心标准化改造项目5个，完成率100%；
完成民生药事服务站建设25个，完成率119%；
已有148038个高血压、糖尿病患者享受免费服药项目，完成率283.2%。

实施关爱帮扶工程

完成1692户困难老年人家庭适老化改造，完成率141%；
组织开展8个康养联合体试点，完成率100%；
新建30个乡镇（街道）社会工作站，并全部投入使用，完成率150%；
提升建设43家“残疾人之家”，完成率122.9%；
提升建设4家规范化残疾儿童康复机构，完成率100%；
创建11个省级无障碍社区，完成率110%；
完成110个公共服务场所无障碍环境设施改造工程，完成率110%。

实施农村公路改善工程

新（改）建农村公路293.2千米，完成率127.5%；
完成农村公路养护400.6千米，完成率114.5%；
完成农村公路安防工程79.5千米，完成率113.6%，并实现临水临崖及4米以上高落差路段安防设施全覆盖；
完成穿村（镇）道路安全整治提升项目30个，完成率100%；
完成市区城乡客运一体化改造，公交票制票价统一为每人次“两元通票”，优化80条城乡公交线路的车型配比和班次计划，更新城乡公交60辆，完成率100%。

构建完善幸福生活圈层

新建乡镇（街道）居家养老服务中心30家，完成率100%；
新建或改造提升中心食堂10个，完成率100%；
建成社区共享食堂或社区助餐点40个，完成率100%；
新增村卫生室（社区卫生服务站）90个，完成率100%；
建成市本级南孔书屋自助图书馆3家，完成率100%；
新增体育公园（体育设施进公园）4个，完成率100%；
新增足球场（含笼式足球场）3个，完成率100%；
新增村级全民健身广场4个，完成率100%；
新增社区多功能运动场20个，完成率100%；
新增百姓健身房52个（城市7个、农村45个），完成率100%；
建成残疾人草地掷球主题公园1个，完成率100%；
新建绿道50千米（含信安湖环湖健身绿道6.5千米），完成率100%。

实施交通出行提升工程

完成荷一路（新元路—府东街）改扩建，实现全线双向四车道通车，完成率100%；

完成10个公交站点建设改造，完成率100%；

开通“95128”出租车电召服务平台，并组建由40辆出租车组成的老年人、残疾人出租车爱心服务车队，完成率100%；

新增停车位8072个（其中公共停车位1054个），完成率231%。

提升基层应急救援能力

新增规范化避灾安置场所111个，完成率116.8%；

组建衢江、江山、开化3支社会应急救援队，完成率100%；

新增直升机临时起降点7个，完成率100%；

完成118台AED布设及人员培训，完成率118%。

实施教育补短板工程

开工新（改扩）建农村普惠性幼儿园7所，新增学位1200个，完成率100%；

开工新建（续建）城区幼儿园10所，新增学位3510个，完成率100%；

开工新（改扩）建中小学3所，新增学位5280个，完成率100%；

新增共建型、融合型义务教育城乡教育共同体结对学校（校区）60家，其中新受援校（校区）30家，完成率100%。

实施山塘、水库、干堤整治提升工程

新（改）建水文测站241个，完成率110%；

加固病险水库11座，完成率110%；

整治病险山塘51座，完成率100%；

完成干堤加固24.8千米，完成率113%；

完成中小河流域综合治理83.1千米，完成率111%；

整治农村池塘78个，完成率111.4%；

建设美丽河湖11条，完成率137.5%；

建设水美乡镇9个，完成率128.6%。

柯城区庙源溪鲶鱼湾堰

索引

■ *Index*

说明：本年鉴因开发了“衢州年鉴”小程序，主题索引可以通过“衢州年鉴”检索，仅制作表格索引。全书表格均可通过索引进行检索。表格索引按序号排列，仅标注所在页码，不标注分栏。